Ricker/Schiwy
Rundfunkverfassungsrecht

Rundfunkverfassungsrecht

von

Dr. Reinhart Ricker M. A.

Professor für Medienrecht und Medienpolitik
an der Johannes Gutenberg-Universität Mainz
Rechtsanwalt in Frankfurt am Main

und

Dr. Peter Schiwy

Rechtsanwalt in Berlin, Honorarprofessor der
Hochschule für Verwaltungswissenschaften, Speyer

unter Mitwirkung von

Dr. Hans-Joachim Schütz
Professor an der Universität Rostock

Ministerialdirigent Dr. Joachim Krech, Schwerin

Rechtsanwalt Friedrich Müller-Malm, Frankfurt

C. H. Beck'sche Verlagsbuchhandlung
München 1997

Die Deutsche Bibliothek – CIP-Einheitsaufnahme

Rundfunkverfassungsrecht / von Reinhart Ricker und
Peter Schiwy. Unter Mitw. von Hans-Joachim Schütz sowie
Joachim Krech; Friedrich Müller-Malm. – München: Beck, 1997
ISBN 3-406-40162-7
NE: Ricker, Reinhart; Schiwy, Peter;

ISBN 3 406 40162 7

© 1997 C. H. Beck'sche Verlagsbuchhandlung (Oscar Beck), München
Satz und Druck: digital color, Garching
Gedruckt auf säurefreiem, alterungsbeständigem Papier
(hergestellt aus chlorfrei gebleichtem Zellstoff)

Vorwort

Das Grundrecht der Rundfunkfreiheit unterscheidet sich gleich mehrfach und dabei auch in besonderer Weise von anderen verfassungsrechtlichen Verbürgungen. In den knapp fünf Jahrzehnten seit Schaffung des Grundgesetzes hat der stetige, vor allem schnelle technische Fortschritt die Bedeutung des Grundrechts der Rundfunkfreiheit erheblich modifiziert. Diese Entwicklung ist keineswegs abgeschlossen; neue Möglichkeiten multimedialer Kommunikation werden ihr einen weiteren Schub geben. Damit sind auch neue Ausprägungen dieses Grundrechts zu erwarten.

Eine weitere Besonderheit der Rundfunkfreiheit ist in diesem Zusammenhang bedeutsam. Wegen ihrer Wichtigkeit für die Willensbildung des Einzelnen und der Gesellschaft hat das Bundesverfassungsgericht Inhalt und Umfang des Grundrechts in einer Weise beschrieben, die erhebliche dogmatische Unterschiede im Vergleich zu anderen Grundrechtspositionen aufweist. Die höchstrichterliche Definition führt in ihren Ausprägungen im Einzelnen auch zu Strukturen, die sich aus der Verfassung unmittelbar nicht ablesen lassen. Dabei hat das Gericht den dynamischen Entwicklungsprozeß des Rundfunks als originären Teil seiner Grundrechtsbetrachtung einbezogen. Es hat somit auch für die Zukunft die Absicht erkennen lassen, seine Rechtsauffassung zu Wesen und Struktur des Rundfunks den Neuerungen des Kommunikationsprozesses anzupassen.

Vor diesem Hintergrund bemüht sich das vorliegende Werk darum, die Rundfunkstruktur, wie sie vor allem das Bundesverfassungsgericht entwickelt hat, im systematischen Zusammenhang darzustellen, zu problematisieren und bisweilen auch alternative Ansätze zur Problemlösung zu entwickeln. Dabei waren die Autoren bemüht, Tendenzen zukünftiger Entwicklungen zu berücksichtigen.

Nach einem historischen Rückblick auf die vergleichsweise junge aber dramatische rechtliche Entwicklung des Mediums werden der Rundfunkbegriff und die unterschiedlichen Ausprägungen der Rundfunkfreiheit dargestellt. Ausgehend von der hier vorherrschenden objektiv-rechtlichen Sichtweise und der damit verbundenen besonderen Verantwortung des Gesetzgebers, werden sodann bestehende, aber auch mögliche Rundfunkmodelle vorgestellt und gewürdigt. Danach werden Strukturfragen von Hörfunk und Fernsehen unter den das Grundrecht prägenden Aspekten der Staatsfreiheit und des Pluralismus erörtert. Es folgt eine Analyse der Programmfreiheit und ihrer Schranken, die vor allem durch Art. 5 Abs. 2 GG gezogen werden. Da die Rundfunkveranstaltung erst durch die Rundfunkverbreitung ihre massenmediale Funktion erreicht und mithin beide Elemente den Rundfunkbegriff prägen, gilt ein weiterer Schwerpunkt der Würdigung verfassungsrechtlich relevanter Probleme der Weiterverbreitung. Gerade in diesem Kontext ist auch das letzte Kapitel des Werkes zu sehen, das sich der in der Praxis wachsenden Relevanz der europarechtlichen Aspekte der Rundfunkverfassung widmet.

Der systematische Aufbau des Werkes macht es freilich unausweichlich, daß Fragen entscheidender rundfunkverfassungsrechtlicher Bedeutung mehrmals vertieft an unterschiedlichen Stellen unter verschiedenen Aspekten dargestellt werden. Dieses Verfahren sichert dem Leser auch beim Nachschlagen in einzelnen Kapiteln eine dem jeweiligen Thema angemessene Erörterung.

Vorwort

Der Rundfunkstaatsvertrag 1997, vor allem das neue Recht zur Sicherung der Meinungsvielfalt, wird ausführlich gewürdigt. Soweit in diesem Zusammenhang landesgesetzliche Regelungen noch auf den Rundfunkstaatsvertrag 1991 verweisen, konnte nur auf diesen eingegangen werden, sofern keine Anpassung erfolgt war. Die einschlägige Rechtsprechung und Literatur wurde mit Stand August 1996, teilweise bis Ende 1996, aufgenommen.

Diese Darstellung wäre nicht möglich geworden ohne die tatkräftige Mithilfe Dritter. Besonderer Dank gebührt Frau Assessor jur. Jutta Schneider, Frau Assessor jur. Dr. Cornelia Schwarz und den Herren Rechtsanwälten Martin Schellenberg und Ulrich Kaufmann sowie Herrn Dr. Volker Schmits LL. M. und Herrn Dipl.-Kaufmann Andreas Berger für ihre wertvollen Anregungen und Hilfe bei der Abfassung des Buches.

Nachhaltiger Dank gebührt der Hanns Martin Schleyer-Stiftung und hierbei vor allem Herrn Dr. Friedhelm Hilterhaus. Ohne seine tatkräftige und langjährige Unterstützung wäre dieses umfängliche Forschungsvorhaben nicht Wirklichkeit geworden.

Schließlich gilt der Dank aber auch dem Verlag C. H. Beck, der bereit war, dieses umfangreiche Werk zu verlegen und der die Autoren sehr persönlich und geduldig unterstützte.

Es war das Bestreben der Autoren, durch die Beschreibung des Rundfunks als unerläßlichen Bestandteils des Meinungsmarktes selbst einen Beitrag zu dem ihn prägenden pluralistischen Diskurs zu leisten. Dabei sehen sie den Grundsatz „in dubio pro libertate" als grundlegende Auslegungsregel der Rundfunkfreiheit und damit als Wegweiser für ihre Arbeit an.

Frankfurt/Main und Berlin, im Mai 1997

Reinhart Ricker   Peter Schiwy

Bearbeitervermerk

Prof. Dr. Ricker M. A.: Kap. B I.–II., Kap. C, Kap. E, Kap. F, Kap. G

Prof. Dr. Schiwy: Kap. A, Kap. B III., Kap. D

Prof. Dr. Schütz: Kap. B IV., Kap. H

Inhaltsverzeichnis

Abkürzungsverzeichnis . . . . X IX
Literaturverzeichnis XXV

A. Geschichte des Rundfunkverfassungsrechts

I. Vorbemerkung   1

II. Anfänge des Rundfunks und sein Aufbau in der Weimarer Republik .   1

  1. Gouvernementales System   3
  2. Vorgaben für eine förderative Rundfunkstruktur   3
  3. Auseinandersetzung zwischen Reichspostministerium und Reichsinnenministerium über die publizistische Funktion des Rundfunks   4
  4. Vertragsrechtliche Rundfunkzulassung   5
  5. Die ersten Rechtsgrundlagen und ihre Defizite   6
  6. Anfänge der Rundfunkwerbung   9
  7. Gründung von regionalen Rundfunkgesellschaften und der Weg zur ersten Rundfunkordnung von 1926 10
  8. Die zweite Rundfunkordnung von 1932: Zentralisierung und Verstaatlichung 14

III. Rundfunk in der Zeit nationalsozialistischer Herrschaft 16

  1. Machtübernahme durch die NSDAP 16
  2. Auflösung der Länderzuständigkeiten 17
  3. Reichsrundfunkkammer 18
  4. Ausbau der Sendetechnik und Volksempfänger 18
  5. Der Fernsehfunk 19
  6. Rundfunk im Krieg 19

IV. Der deutsche Rundfunk in der Besatzungszeit 21

  1. Kapitulation und Neubeginn 21
  2. Entstehen von Rundfunkanstalten in den westlichen Besatzungszonen 22
    a) Amerikanische Besatzungszone 22
    b) Britische Besatzungszone 23
    c) Französische Besatzungszone 23
    d) Sonderlage Berlin 24
  3. Sowjetisch besetzte Zone 25

V. Entstehung der Rundfunkanstalten in der Bundesrepublik Deutschland 26

  1. Die Landesrundfunkanstalten 26
  2. Der Kompetenzstreit zwischen Bund und Ländern 27

Inhalt

a) Aktivitäten der Intendanten 28
b) Rundfunkpolitische Ziele des Bundes 29
c) Bund-Länder-Versuche der Zusammenarbeit 30
d) Alleingang des Bundes, Entwurf eines Bundesrundfunkgesetzes 33
3. Das Verfassungsgericht ordnet den Rundfunk 37

VI. Die rundfunkrechtliche Entwicklung bis zur Gegenwart 38

1. Ende des ARD-Monopols 38
2. Ein Staatsvertrag der „dritten Ebene" für das ZDF? 38
3. Rundfunkgebühr und Werbung 39
4. Das Entstehen privaten Rundfunks 40
Die Unterzeichnung des Rundfunkstaatsvertrages 41

B. Verfassungsrechtliche Grundlagen

I. Inhalt des Art. 5 Abs. 1 GG 42

1. Allgemeine Bedeutung 42
2. Inhalt der Meinungsfreiheit 47
3. Die Informationsfreiheit 50
   a) Inhalt und Bedeutung 50
   b) Die Allgemeinzugänglichkeit 51
   c) Schutz der Empfangstechnik 52
   d) Gebührentragungspflicht im Rundfunk 53
   e) Schrankenvorbehalt des Art. 5 Abs. 2 GG 53
   f) Der Informationsanspruch der Medien 54
4. Das Zensurverbot 55
   a) Art. 5 Abs. 1 Satz 3 GG 55
   b) Inhalt und Bedeutung 55
   c) Bundesprüfstelle und Selbstkontrolle beim Film 56
   d) Rundfunkkontrolle 58
      aa) Öffentlich-rechtlicher Rundfunk 58
      bb) Privater Rundfunk 59
5. Der Rundfunkbegriff 61
   a) Merkmale des Rundfunkbegriffs 61
      aa) Allgemeinheit 62
      bb) Darbietung 67
      cc) Verbreitung 68
   b) Berichterstattung 70
   c) Einordnung einzelner Dienste 73
      aa) Teletext 74
      bb) pay-tv/pay-per-view 74
      cc) near-video-on-demand 76
      dd) video-on-demand 77
      ee) Interaktives pay-tv-system 79
   d) Rechtliche Folgerungen für Dienste außerhalb des Rundfunkbegriffs . . 81
6. Funktionen der Rundfunkfreiheit 82
   a) Bedeutung des Rundfunks 82
      aa) Interesse des Einzelnen und der Gesellschaft 83

bb) Rundfunkfreiheit als dienende Freiheit 86
  b) Die Rundfunkfreiheit als Abwehrrecht 89
    aa) Allgemeines Grundrechtsverständnis 89
    bb) causa des Abwehrrechts 90
    cc) Beispiele für das Abwehrrecht 91
    dd) Umfang des Abwehrrechts 92
  c) Institutionelle Garantie der Rundfunkfreiheit 94
    aa) Der objektivrechtliche Gehalt des Art. 5 Abs. 1 GG 94
    bb) Die öffentliche Aufgabe des Rundfunks 95
    cc) Der Staat als Garant der Rundfunkfreiheit 102
    dd) Auswirkungen der institutionellen Garantie 104
  d) Mittelbare Drittwirkung des Art. 5 Abs. 1 GG 105
  e) Individualrecht oder abgeleitetes Rundfunkrecht 109
    aa) 1. Auffassung: Abgeleitetes Recht 109
    bb) 2. Auffassung: Individualgrundrecht 109
    cc) Stellungnahme zum Meinungsstreit 110
    dd) Erstarkung zum Individualrecht und rechtliche Konsequenzen 113
7. Die Träger der Rundfunkfreiheit 117
  a) Grundrecht der Rundfunkanstalten und der gesellschaftlich relevanten Gruppen . 117
  b) Grundrecht der Landesmedienanstalten 119
  c) Grundrecht der Veranstalter 121
  d) Grundrecht der redaktionellen Mitarbeiter 122
  e) Grundrecht der Rezipienten 124

II. Die Grenzen der Rundfunkfreiheit 126

1. Der Schrankenvorbehalt der allgemeinen Gesetze 126
2. Der Schrankenvorbehalt des Jugendschutzes 130
3. Der Schrankenvorbehalt des Ehrenschutzes 131
4. Die besondere Hervorhebung des Jugend- und Ehrenschutzes 132
5. Die Wesensgehaltstheorie nach Art. 19 Abs. 2 GG 132
6. Das Zitiergebot des Art. 19 Abs 1 GG 134
7. Einordnungsverhältnisse als Schranke der Rundfunkfreiheit 134
8. Die Landesrundfunkgesetze: Schranken- oder Ausgestaltungsregelungen . . . 136

III. Verhältnis zu anderen Grundrechten 137

1. Allgemeine Handlungsfreiheit 137
2. Glaubens- und Bekenntnisfreiheit 138
3. Kunstfreiheit 139
4. Vereinigungsfreiheit 140
5. Berufsfreiheit 141
6. Eigentumsgarantie 144

IV. Die Kompetenzen 146

1. Europarechtliche Beschränkungen nationaler Regelungskompetenzen 146
2. Die Kompetenzverteilung nach deutschem Verfassungsrecht 146
  a) Die grundsätzliche Kompetenzverteilung zwischen Bund und Ländern gemäß
    Art. 30 GG 146
  b) Gesetzgebungskompetenzen 147

Inhalt

aa) Gesetzgebungskompetenz des Bundes gemäß Art. 73 Nr. 7 GG 147
bb) Gesetzgebungskompetenz des Bundes gemäß Art. 73 Nr. 9 GG 150
cc) Gesetzgebungskompetenz des Bundes gemäß Art. 73 Nr. 1 GG 150
dd) Gesetzgebungskompetenz des Bundes gemäß Art. 74 Nr. 11, 16 GG 151
ee) Gesetzgebungskompetenz des Bundes gemäß Art. 74 Nr. 1 GG 153
ff) Gesetzgebungskompetenz des Bundes gemäß Art. 74 Nr. 1, 7 GG 153
gg) Gesetzgebungskompetenz des Bundes gemäß Art. 75 Nr. 2 GG 153
hh) Bundeskompetenz „kraft Natur der Sache" 155
ii) Bundeskompetenz „kraft Sachzusammenhangs" 156
jj) Der Grundsatz der Bundestreue als Kompetenzausübungsschranke 156
c) Einordnung der „neuen Medien" in das Schema der Kompetenzverteilung
zwischen Bund und Ländern für die Gesetzgebung 157
aa) Video-, Kabeltext 159
bb) Bildschirmtext 159
cc) Pay-TV 161
dd) Die Bund-Länder-Absprache vom 1. Juli 1996 161
d) Verwaltungskompetenzen von Bund und Ländern 162
aa) Grundregel 162
bb) Bundeseigene Verwaltung im Bereich des Fernmeldewesens
(Telekommunikation) 162
cc) Der Grundsatz der Bundestreue 163
e) Kompetenzverteilung zwischen Legislative und Exekutive 164
f) Kompetenzverteilung zwischen staatlichen und nichtstaatlichen
Verwaltungsträgern 165

C. Die Rundfunkmodelle

I. Die Wahlfreiheit des Gesetzgebers
. . . . 166

II. Das Ziel: Sicherung des Pluralismus
. . . . 166

1. Das Demokratieprinzip als Wurzel des Pluralismus 166
2. Das Sozialstaatsgebot als Wurzel des Pluralismus 167
3. Gestaltungsspielraum des Gesetzgebers 169

III. Darstellung der bestehenden Modelle im Überblick
. . . . 175

1. Der öffentlich-rechtliche Rundfunk 175
   a) Der „vergesellschaftete" öffentlich-rechtliche Rundfunk 175
   b) Der Intendant als Exekutivorgan 175
   c) Der Verwaltungsrat 176
   d) Der Rundfunkrat als binnenplurales Strukturelement 176
   e) Kompetenzabgrenzung Intendant und Rundfunkrat 177
2. Weitere öffentlich-rechtliche Rundfunkmodelle 177
   a) Das Komplementärmodell in Bayern 177
   b) Alternatives Modell öffentlich-rechtlichen Rundfunks 181
   c) Veränderung der bestehenden Fernsehstrukturen 183
3. Der private Rundfunk 185
4. Weitere private Rundfunkmodelle: Das „Zwei-Säulen-Modell" in NRW 186

Inhalt

IV. Das Verhältnis öffentlich-rechtlicher und privater Rundfunk 191

1. Sinn des dualen Rundfunksystems 191
2. Öffentlich-rechtliche und private Veranstalterkooperationen 193
   a) Landesgesetzliche Sonderregelungen 193
   b) Gründe für eine Ausdehnung des öffentlich-rechtlichen Rundfunks 193
   c) Programmautonomie und Gesetzesvorbehalt 194
   d) Gemeinschaftsprogramme und Kartellrecht 195

V. Die Rundfunkfinanzierung 198

1. Regelungsverpflichtung des Gesetzgebers 198
2. Finanzierung des öffentlich-rechtlichen Rundfunks 198
   a) Die finanzielle Gewährleistungspflicht des Staates 198
   b) Finanzierungsregelungen des Rundfunkstaatsvertrages 199
      aa) Erhebung und Verteilung der Rundfunkgebühr 199
      bb) Werbung 201
      cc) „Sonstige Einnahmen" 203
   c) Feststellung der Rundfunkgebühr 206
   d) Modalitäten des Finanzierungsvolumens 208
      aa) Kriterium der Erforderlichkeit 208
      bb) Kriterium der Wirtschaftlichkeit und Sparsamkeit 208
      cc) Kriterium des Informationszugangs 209
      dd) Kriterium der Sozialverträglichkeit 209
   e) Zuständigkeiten bei der Feststellung der Rundfunkgebühr 210
3. Finanzierung des privaten Rundfunks 212
4. Alternative Finanzierungsmodalitäten 214

D. Die Staatsfreiheit

I. Grundlagen 217

II. Einwirkungen staatlicher Ordnung 223

1. Organisation des Rundfunks 223
   a) Errichtung von öffentlich-rechtlichen Rundfunkanstalten 223
   b) Landesmedienanstalten 224
   c) Auslandsrundfunk 224
   d) Rechtsaufsicht 225
   e) Staatliche Finanzkontrolle 229
2. Staatliche Mitwirkung an der Kontrolle und Zulassung 230
   a) Öffentlich-rechtlicher Rundfunk 230
   b) Privater Rundfunk 236
      aa) Beteiligung bei den Landesmedienanstalten 236
      bb) Zulassung 238
3. Frequenzen 248
   a) Notwendigkeit gesetzlicher Zuordnungsvorschriften und Zuständigkeiten 248
   b) Gesetzliche Aufteilungskriterien 251
4. Staatliche Mitwirkung am Programm 252

Inhalt

a) Staatliche Sendebeteiligung 252
  aa) Staat (Land und Bund) 252
  bb) Parlamente bzw. Parlamentsmitglieder als Rundfunkveranstalter 254
  cc) Gemeinden als Programmträger 256
  dd) Parteien als Rundfunkveranstalter 259
b) Staatliches Verlautbarungsrecht 260
  aa) Grundsätzliches 260
  bb) Servicedurchsagen 261
  cc) Fahndungs- und Suchmeldungen 261
  dd) Direktübertragung von Parlamentsdebatten und anderen wichtigen staatlichen
     Ereignissen 262
  ee) Stellungnahmen von Regierungsvertretern 262
  ff) Staatlich geförderte bzw. produzierte Ratgebersendungen 262
  gg) Drittsendungen 262
  hh) Verlautbarungspflichten im öffentlich-rechtlichen Rundfunk 262
  ii) Verlautbarungspflichten im privaten Rundfunk 264
c) Staatseinfluß bei der Festlegung von Werbezeiten 265
5. Wahlwerbesendungen der politischen Parteien 268

E. Der Pluralismus

I. Grundlagen 272

1. Das Gebot des Pluralismus im Rundfunk 272
2. Der Begriff des Pluralismus 273

II. Der Organisationspluralismus 275

1. Begriff   275
2. Binnenpluralismus im öffentlich-rechtlichen Rundfunk   275
  a) Die Rundfunkräte 276
  b) Bestimmung der Rundfunkräte 276
  c) Rechte der Rundfunkräte 278
  d) Intensivierung der Effektivität der Rundfunkräte 280
  e) Alternativer Pluralismusschutz im öffentlich-rechtlichen Rundfunk . . . 282
    aa) Beteiligung der Zuschauer 282
    bb) Das „Sachverständigen"-Modell 284
3. Veranstalterpluralismus im privaten Rundfunk 286
  a) Auswahlverfahren 287
  b) Konzentrationsverbote 294
    aa) Intramediäre Konzentration 296
    bb) Intermediäre Konzentration 310
4. Kontrollpluralismus im privaten Rundfunk 313
  a) Bestimmung der Medienräte 315
  b) Kontrolle nach dem „Sachverständigen"-Modell 316

III. Der Programmpluralismus 318

1. Der Begriff 318

2. Programmpluralismus im öffentlich-rechtlichen Rundfunk 318
   a) Die Grundversorgung   318
      aa) Die technische Erreichbarkeit 320
      bb) Die weltanschauliche Vielfalt 320
      cc) Die Spartenvielfalt 322
   b) Tätigkeiten der Rundfunkanstalten außerhalb der Grundversorgung 324
      aa) Eigene zusätzliche Programme 325
      bb) Gemeinschaftsprogramme mit privaten Veranstaltern 327
3. Programmpluralismus im privaten Rundfunk   330
   a) Der Grundstandard 330
      aa) Die technische Erreichbarkeit 330
      bb) Die weltanschauliche Vielfalt 330
      cc) Die Spartenvielfalt 331
   b) Grundversorgung durch Private 332
   c) Folgerungen einer Grundversorgung durch Private 335
      aa) Finanzierungsfragen 335
      bb) Die Verteilung der Übertragungswege 337

F. Die Programmfreiheit und ihre Grenzen

I. Der Begriff der Programmfreiheit 339

II. Die Programmfreiheit als Abwehrrecht 344

III. Programmfreiheit und Rundfunkordnung 346

IV. Die Programmfreiheit im öffentlich-rechtlichen Rundfunk 347

1. Grundversorgung 347
   a) Rundfunkprogramme der Grundversorgung 348
   b) Rundfunkprogramme außerhalb der Grundversorgung 351
2. Programmgrundsätze 356
   a) Mindestmaß von Ausgewogenheit, Sachlichkeit und gegenseitiger Achtung . . 356
      aa) Das Gebot der Ausgewogenheit 356
      bb) Die Gebote der Sachlichkeit und gegenseitigen Achtung 359
   b) Weitere Programmauflagen im Interesse der dienenden Funktion 362
3. Werbung als Teil der Programmfreiheit? 364
4. Zusammenarbeit mit Dritten im Bereich des Programms 368
   a) Gesellschaftsrechtliche Beteiligung der Rundfunkanstalten 368
   b) Gemeinschaftsprogramme durch Tochterunternehmen 370
5. Programmbegleitende und sonstige Aktivitäten im öffentlich-rechtlichen Rundfunk 371
6. Erwerbswirtschaftliche Tätigkeiten außerhalb der Programmtätigkeit 374

V. Die Programmfreiheit im privaten Rundfunk 376

1. Grundstandard 376
2. Programmgrundsätze 379
   a) Mindestmaß an Sachlichkeit und Achtung 379

Inhalt

b) Weitere Programmgrundsätze 379
c) Qualitative Programmquoten 380
3. Verpflichtung zur Aufnahme von Programmteilen von Minderheiten 382
4. Regionalfensterprogramme 383
5. Frequenzsplitting 385

VI. Die Schranken der Programmfreiheit nach Art. 5 Abs. 2 GG 390

1. Der Schrankenvorbehalt des Art. 5 Abs. 2 GG 390
   a) Allgemeine Gesetze 390
   b) Jugend- und Ehrenschutz 391
   c) Das Verhältnis von „allgemeinen Gesetzen" zum Jugend- und Ehrenschutz 391
2. Schranken oder Ausgestaltungsregelungen 392

VII. Grenzen der Programmfreiheit im einzelnen 394

1. Drittsendungen religiöser Art 394
2. Parteiensendungen 397
3. Kurzberichterstattung 403
4. Werbebeschränkungen 408
   a) Formale Werbebeschränkungen/Trennung von Programm und Werbung 409
      aa) Kennzeichnungspflicht 410
      bb) Blockwerbung 411
      cc) Unterbrecherwerbung 412
      dd) Schleichwerbung und Product Placement 413
      ee) Sonderregelung des Sponsoring 415
   b) Inhaltliche Werbebeschränkungen 417
      aa) Verbot der ideellen Werbung 417
      bb) Reglementierung der Alkohol- und Tabakwerbung 420
      cc) Werbung an Kinder 422
   c) Beschränkungen im Umfang der Werbung 423
      aa) Die 20.00 Uhr-Werbegrenze im öffentlich-rechtlichen Rundfunk 423
      bb) Die Brutto-Netto-Problematik im privaten Rundfunk 428
5. Gerichtsberichterstattung 430
   a) Verbot der Gerichtsberichterstattung 430
   b) Sitzungspolizeiliche Anordnungen 433
6. Jugendschutz 434
7. Ehrenschutz 437
8. Abgabenpflicht im privaten Rundfunk 441

G. Rundfunkverbreitung

I. Grundlagen 445

1. Veranstaltung und Verbreitung 445
2. Verbreitungsarten 445
3. Betroffene Grundrechte 446
   a) Die institutionelle Garantie der Rundfunkfreiheit 446
   b) Der subjektivrechtliche Gehalt der Rundfunkfreiheit 446

c) Die Informationsfreiheit 447
d) Das Verhältnis der Rundfunkfreiheit zur Informationsfreiheit 447

II. Terrestrische Verbreitung 448

1. Bedeutung und verfassungsrechtliche Grundlagen 448
2. Notwendigkeit der Frequenzverteilung 448
3. Kompetenz zur Frequenzverteilung 449
   a) Kompetenz im föderalen Bundesstaat 449
   b) Funktionale Kompetenz 449
4. Die Auswahlentscheidung 450
   a) Kriterien 450
   b) Präferenzfolge 450
   c) Auflagen der Zulassungsbehörde für die Frequenzvergabe 452
5. Frequenzvergabe an bundesweite Veranstalter 452

III. Satellitenverbreitung 455

1. Verbreitung über Satellitenkapazitäten, die der deutschen Verfügungsgewalt
   unterliegen 455
   a) Zuordnung 455
   b) Zulassung 456
2. Verbreitung über Satellitenkapazitäten, die der deutschen Verfügungsgewalt
   entzogen sind 457
   a) Anwendbares Rundfunkrecht 457
   b) Inländischer Regelungsvorbehalt 458
   c) „Forum-Shopping" 459
3. Empfang von Satellitenprogrammen 460
   a) Allgemeinzugängliche Quellen 460
   b) Schranken der Informationsfreiheit 460

IV. Kabelverbreitung 463

1. Technische Voraussetzungen 463
2. Zuständigkeit 463
3. Verfassungsrechtliche Vorgaben für die Auswahlentscheidung 464
4. Beurteilung der Rangfolgeregelungen in den Landesmediengesetzen 465
5. Verfassungsrechliche Anforderungen an eine Rangfolgeregelung 469
6. Verbreitung von ausländischen Programmen 470

H. Europarechtliche Aspekte der Rundfunkverfassung

I. Regelungskompetenz der EG für das Rundfunkwesen 473

1. Die Regelungstätigkeit der EG im Bereich des Rundfunkwesens 473
2. Der Kompetenzgrundsatz der begrenzten Einzelermächtigung 475
3. Kompetenzen der EG zur Regelung wirtschaftlicher Aspekte des Rundfunks
   aufgrund „wirtschaftsrechtlicher" Bestimmungen des EG-Vertrages? 475

Inhalt

⋌ a) Der Standpunkt der EG 475
   b) Meinungsstand im Schrifttum 476
      aa) Gegner einer Rundfunkkompetenz der EG 476
      bb) Befürworter einer allgemeinen und umfassenden Rundfunkkompetenz
          der EG 477
      cc) Vermittelnde Auffassungen 478
   c) Eigene Stellungnahme 478
   d) Regeln für die Kompetenzabgrenzung im Einzelfall 479
      aa) Abgrenzung nach dem Schwerpunkt der Regelungsmaterie 480
      bb) Grundsatz der Gemeinschaftstreue 480
      cc) Subsidiaritätsprinzip 482
      dd) Grundsatz der Verhältnismäßigkeit 484
      ee) Mitgliedstaatliche Verfassungsbestimmungen als Kompetenzausübungs-
          schranke? 485
   4. Die Kulturkompetenz der EG als Anknüpfungspunkt für eine Rundfunkkompetenz
      der EG? 487
   5. Ergebnis und Folgerungen insbesondere für die Fernsehrichtlinie 490

II. Europäisches Grundrecht der Rundfunkfreiheit 493

   1. Das Fehlen eines ausdrücklich normierten Grundrechts der Rundfunkfreiheit
      im EG- und EU-Vertrag 493
   2. Die Dienstleistungsfreiheit der Art. 59 ff. EG-Vertrag 493
   3. Die Niederlassungsfreiheit (Art. 52 ff. EG-Vertrag), Arbeitnehmerfreizügigkeit
      (Art. 48 ff. EG-Vertrag) und Warenverkehrsfreiheit (Art. 9 ff., 30 ff. EG-Vertrag) . . 498
   4. Rundfunkfreiheit als allgemeiner Rechtsgrundsatz des Europarechts 500
      a) Der Normtyp des allgemeinen Rechtsgrundsatzes im Europarecht 500
      b) Keine Geltung eines Grundrechts der Rundfunkfreiheit in den
         Rechtsordnungen aller 15 EG-Mitgliedstaaten 500
      c) Entwicklung eines europäischen Grundrechts der Rundfunkfreiheit
         auf der Grundlage der Europäischen Menschenrechtskonvention 501
         aa) Die Verankerung eines Grundrechts der Rundfunkfreiheit in Art. 10 EMRK . 501
         bb) Unmittelbare Geltung des Art. 10 EMRK für die EG? 501
         cc) Geltung des Grundrechts des Art. 10 EMRK im EG-Rechtsbereich
             als allgemeiner Rechtsgrundsatz 501
         dd) Der Inhalt („Schutzbereich") des Grundrechts 502
         ee) Träger des Grundrechts 505
   5. Die Wirkweise des europäischen Grundrechts der Rundfunkfreiheit 506
      a) Abwehrrecht 507
      b) Objektiv-rechtliche Verbürgung 508
      c) Drittwirkung 511
   6. Schranken des europäischen Grundrechts der Rundfunkfreiheit 512
      a) Die Beschränkungen der vier Freiheiten des EG-Vertrages 512
      b) Die Beschränkungen des Art. 10 EMRK 512
      c) Werbeverbote, Jugendschutz 514
      d) Die Quotenregelung der Fernsehrichtlinie 516

III. Schluß 518

Sachregister 519

Abkürzungsverzeichnis

a.A . . . . .anderer Ansicht
a.a.0. . . . . .am angegebenen Ort
abgedr . . . . .abgedruckt
Abl . . . . .Amtsblatt
Abs . . . . .Absatz
a. F. . . . . .alte Fassung
AFF . . . . .Aktion Funk und Fernsehen e.V
AfP . . . . .Archiv für Presserecht
AG . . . . .Aktiengesellschaft
AktG . . . . .Aktiengesetz
amtl. Begrdg. . . . . . .amtliche Begründung
Anm . . . . .Anmerkung
AöR . . . . .Archiv des öffentlichen Rechts
AP . . . . .Arbeitsrechtliche Praxis
ArbGG . . . . .Arbeitsgerichtsgesetz
ArchVölkR . . . . . . .Archiv für Völkerrecht
ARD . . . . .Arbeitsgemeinschaft der öffentlich-rechtlichen
                       Rundfunkanstalten der Bundesrepublik Deutschland
Art . . . . .Artikel
Aufl . . . . .Auflage
AVR . . . . .Archiv des Völkerrechts
AWD . . . . .Außenwirtschaftsdienst des Betriebsberaters (1958-1974)
Bad.-Württ . . . . . . .Baden-Württemberg
BAG . . . . .Bundesarbeitsgericht
BAG AP . . . . .Bundesarbeitsgericht-Arbeitsrechtliche Praxis
BAGE . . . . .Entscheidungen des Bundesarbeitsgerichts (Band, Seite)
Bay GVBL . . . . . . .Bayerisches Gesetz- und Verordnungsblatt
BayLVerf . . . . .Bayerische Landesverfassung
BayMEG . . . . .Gesetz über die Erprobung und Entwicklung neuer Rundfunkangebote
                       und anderer Mediendienste in Bayern (1987)
BayMG . . . . .Bayerisches Mediengesetz (1992)
Bay.VBl . . . . .Bayerische Verwaltungsblätter (Jahrgang, Seite)
BayVerfGH . . . . . . .Bayerischer Verfassungsgerichtshof
BayVGH . . . . .Bayerischer Verwaltungsgerichtshof
BBC . . . . .British Broadcasting Corporation
Bd . . . . .Band
BDZV . . . . .Bundesverband Deutscher Zeitungsverleger e.V.
BetrVG . . . . .Betriebsverfassungsgesetz
BGB . . . . .Bürgerliches Gesetzbuch
BGBl . . . . .Bundesgesetzblatt
BGH . . . . .Bundesgerichtshof
BGH LM . . . . . . .Nachschlagewerk des Bundesgerichtshofs, hrsg. von Lindenmaier,
                       Möhring u.a.
BGHZ . . . . .Entscheidungen des Bundesgerichtshofs in Zivilsachen (Band, Seite)
BK . . . . .Bonner Kommentar
BLM . . . . .Bayerische Landeszentrale für neue Medien
BMPT . . . . .Bundesminister für Post und Telekommunikation
BPS . . . . .Bundesprüfstelle für jugendgefährdende Schriften
BR . . . . .Bayerischer Rundfunk
Brem. GVBl . . . . . .Bremer Gesetz- und Verordnungsblatt
BRFG . . . . .Bundesrundfunkgesetz = Gesetz über die Errichtung von
                       Rundfunkanstalten des Bundesrechts vom 29.11.60

Abkürzungen

BT	Bundestag
BT-Drs.	Bundestags-Drucksache
Btx	Bildschirmtext
BVerfG.	Bundesverfassungsgericht
BVerfGE	Entscheidungen des Bundesverfassungsgerichts (Band, Seite)
BVerfGG	Bundesverfassungsgerichtsgesetz
BVerwGE	Entscheidungen des Bundesverwaltungsgerichts (Band, Seite)
bzgl	bezüglich
DAR	Digital Audio Radio
DB	Der Betrieb (Jahrgang, Seite)
DBP	Deutsche Bundespost
ddp	Deutscher Depeschen Dienst
DDR	Deutsche Demokratische Republik
ders	derselbe
DFF	Deutscher Fernsehfunk
d.h.	das heißt
DJT	Deutscher Juristentag
DJZ	Deutsche Juristen-Zeitung
DLM	Direktorenkonferenz der Landesmedienanstalten
DÖV	Die öffentliche Verwaltung
DP	Deutsche Partei
dpa	Deutsche Presseagentur
DRADAG	Drahtloser Dienst AG.
DRP	Deutsche Reichspost
DtZ	Deutsch-Deutsche Rechts-Zeitschrift
DVBl	Deutsches Verwaltungsblatt
DVO	Durchführungsverordnung
DWW	Deutsche Wohnungswirtschaft
ECS	European Communications Satellite
EG	Europäische Gemeinschaft
EGMR	Europäischer Gerichtshof für Menschenrechte
EGV	EG-Vertrag
EMRK	(Europäische) Konvention zum Schutz der Menschenrechte und Grundfreiheiten
Entw	Entwurf
epd/kifu	Evangelischer Pressedienst/ Kirche und Rundfunk
etc.	et cetera
EU	Europäische Union
EuGH	Europäischer Gerichtshof
EuGHMR	Europäischer Gerichtshof für Menschenrechte
EuGRZ	Europäische Grundrechtszeitschrift
EuR	Europarecht
EuZW	Europäische Zeitschrift für Wirtschaftsrecht
e.V.	eingetragener Verein
EvStL	Evangelisches Staatslexikon
EWG	Europäische Wirtschaftsgemeinschaft
EWGV	Vertrag zur Gründung der europäischen Wirtschaftsgemeinschaft
f	folgende
FAG	Fernmeldeanlagengesetz
FAZ	Frankfurter Allgemeine Zeitung
ff	fortfolgende
FFG	Gesetz über Maßnahmen zur Förderung des deutschen Films
FK	Funkkorrespondenz
FN	Fußnote
FRAG	Freie Rundfunkstunde AG

FS ....Festschrift
FSF ....Freiwillige Selbstkontrolle Fernsehen
FSK ....Freiwillige Selbstkontrolle der Filmwirtschaft
FuR ....Film und Recht
G ....Gesetz
GBl ....Gesetzblatt
GewArch ....Gewerbearchiv
GewO ....Gewerbeordnung
GfK ....Gesellschaft für Konsumforschung
GG ....Grundgesetz
ggfs ....gegebenenfalls
GjS ....Gesetz über die Verbreitung jugendgefährdender Schriften
GmbH ....Gesellschaft mit beschränkter Haftung
GmbHG ....GmbH-Gesetz
GPRSA ....Gesetz über den Privaten Rundfunk in Sachsen-Anhalt
GRUR ....Gewerblicher Rechtsschutz und Urheberrecht
GRUR Int ......Auslands- und internationaler Teil zu Gewerblicher Rechtsschutz und
                Urheberrecht
GVBl ....Gesetz- und Verordnungsblatt
GVG ....Gerichtsverfassungsgesetz
GWB ....Gesetz gegen Wettbewerbsbeschränkungen
GYIL ....German Yearbook of International Law
HAM ....Hamburgische Anstalt für Neue Medien
HamMedG ......Hamburgisches Mediengesetz
HdbStR ....Handbuch des Steuerrechts
HDTV ....High Definition Television
Hess. GVBl ......Hessisches Gesetz- und Verordnungsblatt
h. M. ....herrschende Meinung
Hmb ....Hamburg
HPRG ....Hessisches Privatrundfunkgesetz
HR ....Hessischer Rundfunk
Hrsg ....Herausgeber
HS ....Halbsatz
IDW ....Institut der Deutschen Wirtschaft
i.e.S. ....im engeren Sinne
insb ....insbesondere
INTELSAT ......International Telecommunications Satellite Organisation
i.S.v. ....im Sinne von
IuKDG ....Informations- und Kommunikationsdienste-Gesetz
i.V.m. ....in Verbindung mit
JA ....Juristische Ausbildung
Jb ....Jahrbuch
JGG ....Jugendgerichtsgesetz
JöR ....Jahrbuch für öffentliches Recht
JÖSchG ....Gesetz zum Schutz der Jugend in der Öffentlichkeit
JR ....Juristische Rundschau
JuS ....Juristische Schulung
JZ ....Juristenzeitung
Kap ....Kapitel
KEF ....Kommission zur Ermittlung des Finanzbedarfs der öffentlich-rechtlichen
                Rundfunkanstalten
KEK ....Konzentrationsermittlungskommission
KG ....Kammergericht
KtK ....Kommission für den Ausbau des technischen Kommunikationssystems
KUG ....Gesetz betreffend das Urheberrecht an Werken der bildenden Künste und
                der Fotografie

Abkürzungen

KW . . . . .Kilowatt
LBO . . . . .Landesbauordnung
LfR . . . . .Landesanstalt für Rundfunk
LG . . . . .Landgericht
lit . . . . .Buchstabe
LKV . . . . .Landes- und Kommunalverwaltung
LMBG . . . . .Lebensmittel- und Bedarfsgegenständegesetz
LMG . . . . .Landesmediengesetz
LPG . . . . .Landespressegesetz
LRG . . . . .Landesrundfunkgesetz
LT-DS . . . . .Landtags-Drucksache
MDR . . . . .Mitteldeutscher Rundfunk
Meckl.-Vorp. . . . . .Mecklenburg-Vorpommern
Med.StV Bln./Br. . . .Medienstaatsvertrag Berlin/ Brandenburg
MEG . . . . .Medienerprobungs- und Entwicklungsgesetz (Bayern)
Mirag . . . . .Mitteldeutsche Rundfunk AG
Mio . . . . .Millionen
Mrd . . . . .Milliarden
m.w.N. . . . . .mit weiteren Nachweisen
MuW . . . . .Markenschutz und Wettbewerb
MVRG . . . . .Rundfunkgesetz für das Land Mecklenburg-Vorpommern
NJW . . . . .Neue Juristische Wochenschrift
NDR . . . . .Norddeutscher Rundfunk
NDR-StV . . . . . . .Staatsvertrag über den Norddeutschen Rundfunk
nds. . . . . .niedersächsisch
n.F. . . . . .neue Fassung
NJW-RR . . . . .Neue Juristische Wochenschrift, Rechtsprechungs-Report
Norag . . . . .Nordische Rundfunk AG
Nr . . . . .Nummer
NSDAP . . . . .Nationalsozialistische Deutsche Arbeiterpartei
NVwZ . . . . .Neue Zeitschrift für Verwaltungsrecht
NVwZ-RR . . . . . .Neue Zeitschrift für Verwaltungsrecht, Rechtssprechungs-Report
NW . . . . .Nordrhein-Westfalen
NWDR . . . . .Nordwestdeutscher Rundfunk
OLG . . . . .Oberlandesgericht
Orag . . . . .Ostmarken-Rundfunk AG
ORB . . . . .Ostdeutscher Rundfunk Brandenburg
OVG . . . . .Oberverwaltungsgericht
PartG . . . . .Parteiengesetz
pass. . . . . .passim, durchgängig, an verschiedenen Stellen
PersVG . . . . .Personalvertretungsgesetz
PRG . . . . .Privatrundfunkgesetz
RB . . . . .Radio Bremen
RB-Gesetz . . . . . . .Radio-Bremen-Gesetz
RdfkStV . . . . .Rundfunkstaatsvertrag
Rdz . . . . .Randzeichen
RfinzStV . . . . . . .Rundfunkfinanzierungsstaatsvertrag
RGBl . . . . .Reichsgesetzblatt
RgebStV . . . . .Rundfunkgebührenstaatsvertrag
RGMV . . . . .Rundfunkgesetz für das Land Mecklenburg-Vorpommern
RGZ . . . . .Entscheidungen des Reichsgerichts in Zivilsachen
Rh.-Pf. . . . . .Rheinland-Pfalz
RIAS . . . . .Rundfunk im Amerikanischen Sektor
RIW . . . . .Recht der internationalen Wirtschaft (1945-1958)
RL . . . . .Richtlinie(n)

RM	Reichsmark
Rn	Randnummer
RPG	Reichspreßegesetz
RPM	Reichspostministerium
RRG	Reichsrundfunkgesellschaft mbH
Rs	Rechtssache (beim EuGH)
RStV	Rundfunkstaatsvertrag
RTV	Reichs-Telegraphenverwaltung
RuF	Rundfunk und Fernsehen
S	Seite
Saarl.	Saarland
sächs.	sächsisch
Schl.-Holst.	Schleswig-Holstein
SDR	Süddeutscher Rundfunk
SES	Société Européenne des Satellites
SFB	Sender Freies Berlin
SGG	Sozialgerichtsgesetz
S.H.	Schleswig-Holstein
SID	Sportinformationsdienst
SKE	Satellitenkommunikationsempfangseinrichtung
Slg	Sammlung
s.o.	siehe oben
SR	Saarländischer Rundfunk
StGB	Strafgesetzbuch
StK	Staatskanzlei
StPO	Strafprozeßordnung
str.	streitig
st. Rspr.	ständige Rechtsprechung
StV	Staatsvertrag
stv	stellvertretend
s.u.	siehe unten
SÜRAG	Süddeutsche Rundfunk AG
SWF	Südwestfunk
SWR	Südwestdeutsche Rundfunkdienst AG
SZ	Süddeutsche Zeitung
TG	Gesetz über das Telegraphenwesen des Deutschen Reiches
TKG	Telekommunikationsgesetz
TPRG	Thüringisches Privatrundfunkgesetz
TV	Television
UAbs	Unterabsatz
UFITA	Archiv für Urheber-, Film-, Funk- und Theaterrecht
UKW	Ultra-Kurzwelle
ULR	Unabhängige Landesanstalt für das Rundfunkwesen in Schleswig-Holstein
UrhG	Urheberrechtsgesetz
u.U.	unter Umständen
UWG	Gesetz gegen den unlauteren Wettbewerb
v	vom
VblBW	Verwaltungsblatt Baden-Württemberg
VE	Volksempfänger
VerfGH	Verfassungsgerichtshof
VerfGHE	Verfassungsgerichtshofentscheidung
VerwR	Verwaltungsrecht
VG	Verwaltungsgericht
vgl.	vergleiche
VGH	Verwaltungsgerichtshof

Abkürzungen

VO . . . . Verordnung
VPRT . . . . Verband Privater Rundfunk und Telekommunikation
VVdStRL . . . . Veröffentlichungen der Vereinigung der deutschen Staatsrechtslehrer
VWD . . . . Vereinigte Wirtschaftsdienste
VwGO . . . . Verwaltungsgerichtsordnung
VwVfG . . . . Verwaltungsverfahrensgesetz
WARC . . . . World Administrative Radio Coference
WDR . . . . Westdeutscher Rundfunk
Wefag . . . . Westdeutsche Funkstunde AG
Wirufa . . . . Wirtschaftsstelle für Rundfunkapparate-Fabriken
WRP . . . . Wettbewerb in Recht und Praxis
WRV . . . . Weimarer Reichsverfassung
WUM . . . . Wohnwirtschaft und Mietrecht
WuW/EBKartA . . . Wirtschaft und Wettbewerb
ZaöRV . . . . Zeitschrift für ausländisches öffentliches Recht und Völkerrecht
ZAW . . . . Zentralausschuß der deutschen Werbewirtschaft
z.B. . . . . zum Beispiel
ZDF . . . . Zweites Deutsches Fernsehen
ZFP . . . . Zeitschrift für Politik
ZHR . . . . Zeitschrift für das gesamte Handels- und Wirtschaftsrecht
Ziff . . . . Ziffer
zit . . . . zitiert
ZMR . . . . Zeitschrift für Miet- und Raumrecht
ZPO . . . . Zivilprozeßordnung
ZRP . . . . Zeitschrift für Rechtspolitik
ZUM . . . . Zeitschrift für Urheber- und Medienrecht

Literaturverzeichnis

Abel, Karl-Dietrich, Presselenkung im NS-Staat, Berlin 1968

Abschlußbericht der EKM Bad.-Württ. 1981, Bd. I–III

Achterberg, Norbert (Hrsg.), Besonderes Verwaltungsrecht, Heidelberg 1990

Adler, Hans/Düring, Walther/Schmaltz, Kurt, Rechnungslegung und Prüfung der Unternehmen, Stuttgart 1978 ff.

AFF (Hrsg.): Fernsehzuschauer im Rechtsnotstand, Köln 1992

Ahrens, Wilfried, Astra, Fernsehen ohne Grenzen, Eine Chronik, Düsseldorf 1993

Albath, Jürgen, Die Organisationsformen der Rundfunkträger, Jur. Diss., Göttingen 1953

Alexy, Robert, Grundrechte als subjektive Rechte und als objektive Normen in: Der Staat, 29. Band (1990), S. 49 ff.

ders., Theorie der Grundrechte, Frankfurt 1986

Allert, in: Seidel, Martin (Hrsg.), Hörfunk und Fernsehen im gemeinsamen Markt, Baden-Baden 1983

Anschütz, Gerhard, Die Verfassung des Deutschen Reichs vom 11. August 1919. Ein Kommentar für Wissenschaft und Praxis (unveränd. reprograf. Nachdr. d. 14. Aufl. v. 1933), Darmstadt 1960

Apelt, Willibald, Der verwaltungsrechtliche Vertrag. Ein Beitrag zur Lehre von der rechtswirksamen Handlung im öffentlichen Recht, Leipzig 1920

Arbeitskreis Werbefernsehen der deutschen Wirtschaft (Hrsg.), Europafernsehen und Werbung, Baden-Baden 1987

ARD-Jahrbuch 1993, 25. Jahrgang, hrsg. von der Arbeitsgemeinschaft der öffentlich-rechtlichen Rundfunkanstalten (ARD), Hamburg 1993

ARD und ZDF zu Fernsehen ohne Grenzen, Gemeinsames Schreiben der Intendanten Friedrich Wilhelm Räuker/ARD und Dieter Stolte/ZDF an die EG-Kommission, ZUM 1985, S. 314 ff.

Arndt, Adolf, in: Zehner, Günter (Hrsg.), Der Fernsehstreit vor dem Bundesverfassungsgericht, Bd. II, Karlsruhe 1965

ders., Begriff und Wesen der öffentlichen Meinung, in: Löffler, Martin (Hrsg.), Die öffentliche Meinung, München/Berlin 1962, S. 1 (Schriftenreihe der deutschen Studiengesellschaft für Publizistik, Bd. 4)

ders., Das Werbefernsehen als Kompetenzfrage, JZ 1965, S. 337 ff.

ders., Die Rolle der Massenmedien in der Demokratie, Schriftenreihe der deutschen Studiengesellschaft für Publizistik, Bd. 6, 1966, S. 1 ff.

Astheimer, Sabine, Rundfunkfreiheit – ein europäisches Grundrecht, Eine Untersuchung zu Art. 10 EMRK, Baden-Baden 1990

Astheimer/Moosmayer, Europäische Rundfunkordnung – Chance oder Risiko?, ZUM 1994, S. 395 ff.

Aufenanger, Stefan/Charlton, Michael/Hoffmann-Riem, Wolfgang, Fernsehwerbung und Kinder, Opladen 1995

Bachof/Rudolf, Verbot des Werbefernsehens, Frankfurt 1966

Badura, Peter, Die Wirtschaftstätigkeit der öffentlichen Hand und die neue Sicht des Gesetzesvorbehalts, in: Baur/Hopt/Mailänder (Hrsg.), Festschrift für Ernst Steindorff, S. 835 ff., Berlin 1990

ders., Das Recht auf freie Kurzberichterstattung, ZUM 1989, S. 317 ff.

ders., Gleichgewichtige Vielfalt im dualen System des Rundfunks, JA 1987, S. 180 ff.

ders., Rundfunkfreiheit und Finanzautonomie, Frankfurt/Main/München 1986, Beiträge zum Rundfunkrecht (35), S. 1 ff.

ders., Verfassungsrechtliche Bindungen der Rundfunkgesetzgebung, Frankfurt a. M. 1980

Bandura, Albert, Die Sozial-Kognitive der Massenkommunikation, in: Groebel, Franz-Josef/Winterhoff-Spurk (Hrsg.), Empirische Medienpsychologie, München 1989, S. 7 ff.

Barendt, Eric, Freedom of Speech, Oxford 1985

Bauer, Hartmut: Die Bundestreue, Tübingen 1992

Bauer/Detjen/Müller/Posewang (Hrsg.), Die Neuen Medien, (Loseblattsammlung), Ulm 1985 ff.

Bauer/Ory, Recht in Hörfunk und Fernsehen (Loseblattsammlung), Ulm, 1992 ff.

Baumbach, Adolf/Hueck, Götz, Aktiengesetz, 13. Aufl., München 1968

Literatur

Baumbach/Hefermehl, Wettbewerbsrecht, München 1993

Baumbach/Lauterbach, Zivilprozeßordnung, 48. Aufl., München 1990

ders., Rundfunk im politischen Kräftespiel der Weimarer Republik. Tübinger Studien zur Geschichte und Politik Nr. 6, Tübingen 1956

Bausch, Hans (Hrsg.), Rundfunk in Deutschland, München 1980

Bayer, Hermann-Wilfried: Die Bundestreue, Tübingen 1961

Bayerische Staatskanzlei (Hrsg.), Neue Medien in Bayern, München 1990

BDZV, Memorandum des Bundesverbandes Deutscher Zeitungsverleger zur Medienpolitik der Länder, Media Perspektiven 1985, S. 769

Becker, Jürgen (Hrsg.), Aktivitäten der Europäischen Union auf dem Gebiet der Medien und ihre Auswirkungen auf die Film- und Fernsehwirtschaft, ZUM 1995, S. 732 ff.

ders., Gewaltenteilung im Gruppenstaat, Baden-Baden 1986

ders., Medienrecht als Richterrecht, in: Becker (Hrsg.), Beiträge zum Medienprozeßrecht, Festgabe für Carl Herman Ule, Baden-Baden 1988, S. 133 ff.

ders., Möglichkeiten und Grenzen des Medienverbundes zwischen Buch und Fernsehen, ZUM 1991, S. 47 ff.

ders., Wahlwerbung politischer Parteien im Rundfunk – Symposium zum fünfundsechzigsten Geburtstag von Ernst W. Fuhr, Baden-Baden 1990

Becker, Udo, Existenzgrundlagen öffentlich-rechtlicher und privater Rundfunkveranstalter nach dem Rundfunkstaatsvertrag, Baden-Baden 1992

Beisel, Daniel/Heinrich, Bernd, Die Strafbarkeit der Ausstrahlung jugendgefährdender Fernsehsendungen, NJW 1996, S. 491 ff.

Bencher/von Rosenberg, Kapazitätsknappheit und Programmvielfalt, ZUM 1996, S. 643 ff.

Benda, Ernst/Maihofer, Werner/Vogel, Hans-Jochen, Handbuch des Verfassungsrechts, 2. Aufl., Berlin 1994

Benda, Ernst, Rechtliche Perspektiven der Wahlwerbung im Rundfunk, NVwZ 1994, S. 521 ff.

Berendes, Konrad, Die Staatsaufsicht über den Rundfunk, in: Schriften zum öffentlichen Recht, Berlin/München 1973

Berg, Klaus, Das Niedersachsen-Urteil als Leitlinie der künftigen Rundfunkordnung, Media Perspektiven, 1986, S. 689 ff.

ders., Grundversorgung, AfP 1987, S. 457 ff.

ders., Klassischer Rundfunkauftrag und Gremienverantwortung, Media Perspektiven 1987, S. 737 ff.

Berg/Kiefer (Hrsg.), Massenkommunikation III, Baden-Baden 1987

Berger, Frithjof, Novellierung der Fernsehrichtlinie ohne Novellierung des Fernsehübereinkommens?, ZUM 1996, S. 119 ff.

Berger-Delhey, Ulf, Anmerkungen zu BAG AP Nr. 44

Bethge, Herbert, Aktuelle Probleme des Gegendarstellungsrechts gegenüber öffentlich-rechtlichen Rundfunkanstalten, in: Becker, Jürgen (Hrsg.), Beiträge zum Medienprozeßrecht, Festgabe für Carl Hermann Ule, Baden-Baden 1988, S. 147 ff.

ders., Anmerkung zum Beschluß des BVerfG vom 10. 12. 1988, JZ 1989, S. 339 f.

ders., Ausgewogenheit und Programmbindung der öffentlich-rechtlichen Rundfunkanstalten, AfP 1979, S. 286

ders., Das Recht der öffentlich-rechtlichen Rundfunkanstalten zur Herausgabe von Programmzeitschriften, JZ 1986, S. 341 ff.

ders., Das Selbstverwaltungsrecht im Spannungsfeld zwischen institutioneller Garantie und grundrechtlicher Freiheit, in: Selbstverwaltung im Staat der Industriegesellschaft, Festgabe für Georg Christoph von Unruh (Hrsg.): Albert v. Mutius, Heidelberg 1983, S. 149 ff.

ders., Die Beteiligung von Vertretern kommunaler Gebietskörperschaften in Organisationseinheiten des privaten Rundfunks, ZUM 1989, S. 209 ff.

ders., Die Grundrechtsstellung bundesweit sendender Anbieter privaten Rundfunks nach bay. Medienrecht – Ein juristisches Positionspapier, ZUM 1994, S. 1 ff.

ders., Die Problematik des Gesetzesvorbehalts bei der Finanzierung des öffentlich-rechtlichen Rundfunks, NJW 1990, S. 2451 f.

ders., Die Verfassungsmäßigkeit des Bayerischen Medienerprobungs- und -entwicklungsgesetzes

(MEG), ZUM 1986, S. 255 ff.

ders., Die verfassungsrechtliche Position von DeutschlandRadio in der dualen Rundfunkordnung, ZUM 1996, S. 456 ff.

ders., Die verfassungsrechtliche Problematik der Zulassung von Rundfunkveranstaltern des Privatrechts, München 1981

ders., Die Zulässigkeit der Regierungsvereinbarung zur Festsetzung der Dauer der Wirtschaftswerbung im öffentlich-rechtlichen Rundfunk, AfP 1991, S. 602 ff.

ders., Die Zulässigkeit der zeitlichen Beschränkung der Hörfunkwerbung im NDR, Baden-Baden 1992

ders., Freiheit und Gebundenheit der Massenmedien, DVBl. 1983, S. 369 ff.

ders., Grundrechtsschutz für die Medienpolizei?, NJW 1995, S. 557 ff.

ders., Innere Pressefreiheit, AfP 1980, S. 13 ff.

ders., Pluralismus und Kontrollgremien, in: Kohl, Helmut (Hrsg.), Die Freiheit des Rundfunks nach dem Nordrhein-Westfalen-Urteil des Bundesverfassungsgerichts, Konstanz 1991, S. 39 ff.

ders., Rechtsfragen der Mitbestimmung im Bereich des Rundfunks, S. 117 ff., Ufita Bd. 58, S. 132 ff.

ders., Rundfunkfreiheit in der Perspektive von Bundes- und Landesverfassungsgerichtsbarkeit, ZUM 1987, S. 199 ff.

ders., Rundfunkfreiheit und öffentlich-rechtlicher Organisationsvorbehalt, Baden-Baden 1987

ders., Rundfunkfreiheit und privater Rundfunk, Frankfurt a. M., Berlin 1985

ders., Stand und Entwicklung des öffentlich-rechtlichen Rundfunks, ZUM 1991, S. 337 ff.

ders., Verfassungsmäßige Grundlagen, in: Fuhr/Rudolf/Wasserburg (Hrsg.), Recht der Neuen Medien, Heidelberg 1989, S. 74 ff.

ders., Verfassungsrechtliche Aspekte der künftigen Medienordnung, FuR 1984, S. 75 ff.

ders., Verfassungsrechtsprobleme der Privatrundfunkgesetzgebung, JZ 1985, S. 308 ff.

ders., Verfassungsrechtsprobleme der Reorganisation des öffentlich-rechtlichen Rundfunks, Frankfurt a. M. 1978

ders., Zum Rechtsschutz des Redakteurs einer Rundfunkanstalt gegen Entscheidungen eines Rundfunkorgans, AfP 1981, S. 386 ff.

ders., Zur Frage einer staatlichen Bestands- und Entwicklungsgarantie für den öffentlich-rechtlichen Rundfunk, JöR n. F. 35 (1986), S. 103

Bethge, Herbert/Stern, Klaus, Die Rechtsstellung des Intendanten der öffentlich-rechtlichen Rundfunkanstalten, München 1972

dies., Öffentlich-rechtlicher und privater Rundfunk, Frankfurt a. M., Berlin 1971

Bettermann, Karl August, Die allgemeinen Gesetze als Schranken der Pressefreiheit, JZ 1964, S. 601 ff.

ders., Rundfunkfreiheit und Rundfunkorganisation in DVBl. 1963, S. 41 ff.

Bierbach, Wolf, Der neue NWDR. Dokumente zur Nachkriegsgeschichte des westdeutschen Rundfunks, Köln und Berlin 1978

ders., Rundfunk Kommerz und Politik, Der Westdeutsche Rundfunk in der Weimarer Zeit, Frankfurt/Main, Bonn, New York 1986

Bilstein, Thomas, Rundfunksendezeiten für amtliche Verlautbarungen, München 1992

Birkert, Eberhard, Landesmediengesetz Baden-Württemberg, Kommentar, Stuttgart 1993

Bismarck, Klaus von, Neue Medientechnologien und grundgesetzliche Kommunikationsverfassung, Berlin 1982

Bleckmann, Albert, Art. 5 EWG-Vertrag und die Gemeinschaftstreue, DVBl. 1976, S. 483 ff.

ders., Der Vertrag über die Europäische Union, DVBl. 1992, S. 335 ff.

ders., Die Freiheiten des gemeinsamen Marktes als Grundrechte. Das Europa der zweiten Generation, Gedächtnisschrift für Christoph Sasse, Bd. II, Kehl a. R. 1981, S. 665 ff.

ders., Die Grundrechte im Europäischen Gemeinschaftsrecht, EuGRZ 1981, S. 258 ff.

ders., Die Personenverkehrsfreiheit im Recht der EG – vom Gleichheitssatz zur Verankerung absoluter Grundrechte, DVBl. 1986, S. 69 ff.

ders., Europarecht – Das Recht der Europäischen Gemeinschaft, Köln u. a. 1990

ders., Öffentlich-rechtliche Spartenprogramme als Bestandteil der Grundversorgung?, Bonn 1996

ders., Staatsrecht II, Allgemeine Grundrechtslehren, 2. Aufl., Köln u. a. 1985

Literatur

ders., Verfassungsrang der Europäischen Menschenrechtskonvention?, EuGRZ 1994, S. 149 ff.

ders., Zur Rechtsprechung des Europäischen Gerichtshofes zur Gemeinschaftstreue, RIW/AWD 1981, S. 653 ff.

ders., Zur Zuständigkeitsverteilung zwischen Bund und Ländern: Bezieht sich Art. 30 auf die gesamte staatliche Tätigkeit?, DVBl. 1985, S. 823 ff.

Böckenförde, Ernst-Wolfgang, Freiheitssicherung gegenüber gesellschaftlicher Macht, Aufriß eines Problems, in: Staat, Gesellschaft und Freiheit, 1976, S. 221 ff.

ders., Grundrechtstheorie und Grundrechtsinterpretation, NJW 1974, S. 1529 ff.

Böckenförde, Ernst-Wolfgang/Wieland, Joachim, Die „Rundfunkfreiheit" – Ein Grundrecht?, AfP 1982, S. 77 ff.

Bogdandy, Armin von, Europäischer Protektionismus im Medienbereich, EuZW 1992, S. 9 ff.

Bohr, Albert, Die Europäische Union – das Ende der eigenständigen Kulturpolitik der deutschen Bundesländer?, ZRP 1993, S. 61 ff.

Bohmer, Norbert, Private Bürger machen ihr Programm, Media Perspektiven 1987, S. 81 ff.

Bonner Kommentar, Kommentar zum Bonner Grundgesetz, Heidelberg, Stand: März 1993

Bopp, Dieter, Ordnungsziele des Landesmedienrechts und Wettbewerb der Medienträger, AfP 1989, S. 641 ff.

Bork, Reinhard, Der Sponsorhinweis beim Ereignissponsoring – Eine wettbewerbsrechtliche Zwischenbilanz, ZUM 1988, S. 322 ff.

ders., Werbung im Programm, Zur wettbewerbsrechtlichen Haftung der Fernsehanbieter für unzulässige Werbung im Fernsehprogramm, München 1988

Bornemann, Roland, „Privatrundfunk" in öffentlicher Verantwortung und öffentlich-rechtlicher Trägerschaft, ZUM 1992, S. 483 ff.

ders., Funktionenteilung und Verantwortung in einem alternativen öffentlich-rechtlichen Rundfunkmodell, ZUM 1995, S. 832 ff.

Börner, Bodo, Organisation, Programm und Finanzierung der Rundfunkanstalten im Lichte der Verfassung, Berlin 1984

Bosmann, Wieland, Rundfunkfreiheit und Programmgrundsätze, Frankfurt a. M. 1985

ders., Rundfunkrechtliche Aspekte der Trennung von Werbung und Programm, ZUM 1990, S. 545 ff.

Brack, Hans, Organisation und wirtschaftliche Grundlagen des Hörfunks und des Fernsehens in Deutschland, München 1968

Brack/Herrmann/Hillig, Organisation des Rundfunks in der Bundesrepublik Deutschland 1948–1962, Hamburg 1962

Brändel, Oliver, Jugendschutz im Wettbewerbsrecht, in: FS für Otto-Friedrich von Gamm, S. 9 ff., Köln 1990

Brandt, Wolfgang/Fix, Oliver, Rundfunk im Strukturbruch, Media Perspektiven 1985, S. 342 ff.

Braun, Matthias/Gillert, Olaf/Hoberg, Dominik u. a., Spartenkanäle: Grenzen einer Zukunftsperspektive für den öffentlich-rechtlichen Rundfunk, ZUM 1996, S. 201 ff.

Bredow, Hans, Aktenvortrag über die Vorgeschichte des Rundfunks. Deutsches Rundfunkarchiv. Akten der Reichsfunkgesellschaft (gez. Ende 1923, Bredow), Hessischer Rundfunk Bredow Funkarchiv

ders., Die Freiheit des Rundfunks. Referate und Diskussionen einer gemeinsamen Tagung der Ev. Akademie für Rundfunk und Fernsehen mit dem Direktorium der Kath. Rundfunkarb. in Deutschland in Loccum vom 27.–29. Sept. 1955, Bielefeld und Berlin 1974

Bremer/Esser/Hoffmann, Der Rundfunk in der Verfassungs- und Wirtschaftsordnung in Deutschland, Baden-Baden 1992

Brinkmann, Thomas, Der Zugang der Presse zum Rundfunk und die Chancen für Vielfalt durch Wettbewerb, Media Perspektiven 1983, S. 677 ff.

Brohm, Winfried, Wirtschaftstätigkeit der öffentlichen Hand und Wettbewerb, NJW 1994, S. 281 ff.

Bruhn, Manfred, Sponsoring: Unternehmen als Mäzene und Sponsoren, Frankfurt 1987

Bruhn/Mehlinger, Rechtliche Gestaltung des Sponsoring, München 1992

Bryde, Brun-Otto, Die Kontrolle von Schulnoten in der verwaltungsrechtlichen Dogmatik und Praxis, DÖV 1981, S. 193 ff.

Bücher, Karl, Gesammelte Aufsätze zur Zeitungskunde, Tübingen 1926

Bueckling, Adrian, Bundeskompetenz für direktstrahlende TV-Satelliten, ZUM 1985, S. 147 ff.

ders., Transnationales Satelliten-TV und nationale Kulturreservate in der EG, EuGRZ 1987, S. 97 ff.

ders., Völkerrechtliche Problematik des grenzüberschreitenden Direktfernsehens aus dem Weltraum, FuR 1983, S. 123 ff.

Bullinger, Martin, Anm. zum Beschluß des BVerfG vom 24. 3. 1987, JZ 1987, S. 930

ders., Das Verhältnis von deutschem und europäischem Rundfunkrecht, VBIBW 1989, S. 161 ff.

ders., Der Rundfunkbegriff in der Differenzierung kommunikativer Dienste, AfP 1996, S. 1 ff.

ders., Die Freiheit von Presse, Rundfunk und Film, in: Isensee/Kirchhof (Hrsg.), Handbuch des Staatsrechts, Bd. VI, Heidelberg 1989

ders., Elektronische Medien als Marktplatz der Meinungen – Abschied vom Modell harmonisierender Meinungspflege durch gewaltenaufteilende Presse- und Rundfunkunternehmen, AöR 108 (1983), S. 161 ff.

ders., Freedom of Expression and Information, GYIL 28 (1985), S. 88 ff.

ders., Freiheit und Gleichheit in den Medien, JZ 1987, S. 261 ff.

ders., Kommunikationsfreiheit im Strukturwandel der Telekommunikation, Baden-Baden 1980

ders., Ordnung oder Freiheit für Multimediadienste, JZ 1996, S. 385 ff.

ders., Rundfunkwerbung im Umbruch der Medien, ZUM 1985, S. 121 ff.

ders., Satellitenrundfunk im Bundesstaat, AfP 1985, S. 1 ff.

ders., Zugang der Presse zu den elektronischen Medien – Rechtliche Aspekte –, AfP 1983, S. 319 ff.

Bullinger, Martin/Gödel, Christoph, Landesmediengesetz Baden-Württemberg, Kommentar, Baden-Baden 1986

Bullinger, Martin/Kübler, Friedrich (Hrsg.), Rundfunkorganisation und Kommunikationsfreiheit, Baden-Baden 1979

Burmeister, in Stern: Rundfunk zwischen Bestand und Neuordnung, 1981, S. 89

Busch, Jürgen Cornelius, Ausländische Soldaten- und Informationssender in Deutschland auf bundesrichterlicher Grundlage, ZUM 1993, S. 166 ff.

Bussmann, Kurt/Droste, Helmut, Werbung und Wettbewerb im Spiegel des Rechts, Essen 1951

Canaris, Klaus-Wilhelm, Die Feststellung von Lücken im Gesetz, Berlin 1964

Castendyk, Oliver, Die Rangfolge im Kabel, Verfassungsgemäße Kriterien der Rangfolge bei der Einspeisung von Rundfunkprogrammen in Kabelanlagen am Beispiel des fünften nordrheinwestfälischen Rundfunkänderungsgesetzes vom 9. 10. 1992, ZUM 1993, S. 464 ff.

Cremer, Hans-Joachim, Die Reform der Deutschen Welle und die Rundfunkfreiheit, ZUM 1995, S. 674 ff.

Cromme, Franz, Die Programmüberwachung des Rundfunkrates, NJW 1985, S. 351 ff.

Czajka, Dieter, Pressefreiheit und „öffentliche Aufgaben" der Presse, Stuttgart/Berlin/Köln/Mainz 1968

Dagtoglou, Promodoros, Wesen und Grenzen der Pressefreiheit, Stuttgart 1963

Damm/Kuner, Widerruf, Unterlassung und Schadensersatz in Presse und Rundfunk, München 1991

Dauses, Manfred (Hrsg.), Handbuch des EG-Wirtschaftsrechts, München 1993

Degenhart, Christoph, in: Bonner Kommentar, Anmerkungen zu Art. 5 Abs. 1 und 2 GG (Zweitbearbeitung)

ders., Anmerkung zu EuGH, Urteil v. 25.7.1991 - C-288/89 in: JZ 1992, S. 1125 ff.

ders., Anm. zum Urteil des BVerfG vom 16. 6. 1981, DÖV 1981, S. 961 ff.

ders., Grenzüberschreitender Informationsfluß und grundgesetzliche Rundfunkordnung, EuGRZ 1983, S. 205 ff.

ders., Öffentlich-rechtlicher Rundfunk im dualen Rundfunksystem, ZUM 1988, S. 47 ff.

ders., Rundfunkfreiheit in gesetzgeberischer Beliebigkeit? Zum 6. Rundfunkurteil des Bundesverfassungsgerichts, DVBl. 1991, S. 510

ders., Rundfunkfreiheit, Rundfunkorganisation und Rundfunkaufsicht in Baden-Württemberg, AfP 1988, S. 327 ff.

ders., Rundfunkordnung im europäischen Rahmen, ZUM 1992, S. 449 ff.

ders., Verfassungsfragen der Novelle zum Bayerischen Medienerprobungs- und Entwicklungsgesetz, ZUM 1987, S. 595 ff.

Literatur

ders., Verfassungsrechtliche Determinanten der Rundfunkfinanzierung – Gestaltungsfreiheit und Systemkonsequenz in Badura, Peter/Scholz, Rupert, Wege und Verfahren des Verfassungslebens, FS für Peter Lerche, München 1993, S. 611 ff.

Delbrück, Jost, Die Rundfunkhoheit der deutschen Bundesländer im Spannungsfeld zwischen Regelungsanspruch der Europäischen Gemeinschaft und nationalem Verfassungsrecht – Rechtsgutachten erstattet im Auftrag der deutschen Bundesländer, Frankfurt a. M. 1986

ders., Direkter Satellitenrundfunk und nationale Regelungsvorbehalt, Frankfurt a. M. 1982

Delcros, Bertrand/Truchet, Didier, Contoverse: Les ondes appartiennent-elles au domaine public?, Revue française du droit administrative 1989, S. 252 ff.

Denninger, Erhard, Die öffentlich-rechtliche Anstalt, VVDStRL 44 (1986), S. 286

ders., Rundfunkaufgaben nach dem WDR-Gesetz; Möglichkeiten und Grenzen der wirtschaftlichen Betätigung, der Zusammenarbeit und Beteiligung einer öffentlich-rechtlichen Rundfunkanstalt, ZUM 1987, S. 479 ff.

Deringer, Arved, „Europäisches Gemeinschaftsrecht und nationale Rundfunkordnung", ZUM 1986, S. 627 ff.

Dewall, Hans von, Das Gegendarstellungsrecht und Right of reply. Eine rechtsvergleichende Untersuchung über Hörfunk und Fernsehen in der Bundesrepublik Deutschland und den USA, Berlin 1973

Diller, Ansgar, Rundfunkpolitik im Dritten Reich, In: Bausch, Hans (Hrsg.), Rundfunk in Deutschland, München 1980

Diller/Mühl-Benninghaus, Rundfunk unter zwei Regimen, Vom NS zum SED-Rundfunk 1933 bis 1952, in: ARD-Jahrbuch 1991, S. 30 ff.

Doehring, Karl, Das Staatsrecht der Bundesrepublik Deutschland unter besonderer Berücksichtigung der Rechtsvergleichung und des Völkerrechts, 3. Aufl., Frankfurt a. M. 1976

Doepner/Spieth, Verfassungsrechtliche Aspekte der sogenannten freien Kurzberichterstattung über öffentliche Veranstaltungen und Ereignisse, AfP 1989, S. 420 ff.

Doll, Dieter, Spannweite einer verfassungsmäßigen Änderung der Rundfunkordnung in Bayern, München 1986

Donsbach, Wolfgang, Legitimationsprobleme des Journalismus, Freiburg 1982

Dörfler, Gabriele, Productplacement im Fernsehen, Frankfurt, Bern 1993

Dörr, Dieter, Das für die Medienkonzentration maßgebliche Verfahrensrecht, Gutachten, 1995

ders., Das Nettoprinzip für die Unterbrechung von Spiel- und Fernsehfilmen durch Werbung und das europäische Medienrecht, ZUM 1994, S. 342 ff.

ders., Der Deutsche Föderalismus und die entstehende Medienordnung, EWS 1996, S. 259 ff.

ders., Die Maastricht- Entscheidung des Bundesverfassungsgerichts und ihre Auswirkungen auf die Medienpolitik, ZUM 1995, S. 14 ff.

ders., Konzentrationstendenzen im Bereich des Rundfunks und ihre Rechtsprobleme, ZUM 1993, S. 10 ff.

ders., Wahlwerbesendungen im öffentlich-rechtlichen Rundfunk, Jus 1996, S. 549 f.

ders., Zum Anspruch der politischen Parteien auf Zuteilung von Sendezeiten. Die Wahlwerbung im Hörfunk und Fernsehen – BVerwG, NJW 1991, S. 938, JuS 1991, S. 1009 ff.

Dörr, Dieter/Cloß, Wolfgang, Die Vereinbarkeit der Gebührenfinanzierung des Österreichischen Rundfunks mit dem EG-Beihilferecht, ZUM 1996, S. 105 ff.

Dörr/Eisenbeis/Beucher/Jost, Die Einflüsse europarechtlicher Entwicklungen auf das Bund-Länder-Verhältnis im Rundfunkwesen, München-Berlin, 1992

Dreher, Eduard/Tröndle, Herbert, Strafgesetzbuch und Nebengesetze, 46. Aufl., München 1993

Drettmann, Fritz, Wirtschaftswerbung und Meinungsfreiheit, Frankfurt/Main 1984.

Drubba, Helmut, Zur Etymologie des Wortes Rundfunk, Publizistik 23. Jg. (1978), S. 240 ff.

Dürig, Günter, Anmerkungen zum Bundesverfassungsgerichtsurteil vom 16. 1. 1957 – 1 Bv 12253/56, JZ 1957, S. 169 ff.

ders., Der Grundsatz von der Menschenwürde, AöR 1956, S. 117 ff.

Dürig/Rudolf, Texte zur deutschen Verfassungsgeschichte vornehmlich für den Studiengebrauch, 2. Aufl., München 1979

Dumitriu, Petru, Die neuen Medien, Heidelberg, 1985

Dussel, Konrad/Lersch, Edgar/Müller, Jürgen K., Rundfunk in Stuttgart 1950-1959 (Südfunk-Hefte, Heft 21), Stuttgart 1995

XXX

Eberhard, Fritz, Die Rolle der Massenkommunikationsmittel beim Zustandekommen politischer Entscheidungen, Festgabe für G. von Eynern, Berlin 1967, S. 507 ff.

Eberle, Carl-Eugen, Aktivitäten der Europäischen Union auf dem Gebiet der Medien und ihre Auswirkungen auf den öffentlich-rechtlichen Rundfunk, ZUM 1996, S. 763 ff.

ders., Das europäische Recht und die Medien am Beispiel des Rundfunkrechts, AfP 1993, S. 422 ff.

ders., Digitale Kompression – Herausforderung der dualen Ordnung des Rundfunks, Referat zum Work-Shop „Ist die Zukunft des Fernsehens digital?" am 29./30. 10. 1993, Mainz 1994

ders., Gesetzesvorbehalt und Parlamentsvorbehalt, DÖV 1984, S. 485 ff.

ders., Parteienwahlwerbung im Fernsehen. Alte Probleme – gewandelte Verhältnisse – neue Aspekte, NJW 1994, S. 905 ff.

ders., Rechtsgutachten zur Verfassungsmäßigkeit des Entwurfs eines Vorbehaltungsgesetzes für die Veranstaltung von Rundfunk v. 3. 10. 1989, unveröff. Manuskript

ders., Rundfunkübertragung: Rechtsfragen zur Nutzung terrestrischer Rundfunkfrequenzen, Berlin 1989

Eckner, Herbert, Funkhoheit und Rundfunkteilnehmer, in: Steinmetz, Hans (Hrsg.), Bundespost und Rundfunk, Hamburg 1959

Emmerich, Volker, Rundfunk im Wettbewerbsrecht, AfP 1989, S. 433 ff.

Emmerich/Steiner, Möglichkeiten und Grenzen der wirtschaftlichen Betätigung der öffentlich-rechtlichen Rundfunkanstalten, Berlin 1986

Engel, Christoph, Die Geltung des Brutto-Prinzips für die Unterbrechung von Spiel- und Fernsehfilmen durch Werbung, ZUM 1994, S. 335 ff.

ders., Die Messung der Fernsehnutzung als Voraussetzung eines Marktanteilsmodells zur Kontrolle der Medienkonzentration, ZUM 1995, S. 653 ff.

ders., Kommunikation und Medien, in: Dauses, Manfred (Hrsg.), Handbuch des EG-Wirtschaftsrechts, München 1993

ders., Medienrechtliche Konzentrationsvorsorge, Gutachten, unveröffentl. Manuskript

ders., Privater Rundfunk vor der Europäischen Menschenrechtskonvention, Baden-Baden 1993

ders., Vorsorge gegen die Konzentration im privaten Rundfunk mit den Mitteln des Rundfunkrechts – eine Analyse von § 21 Rundfunkstaatsvertrag 1991, ZUM 1993, S. 557 ff.

ders., Werbung im öffentlich-rechtlichen Rundfunk nach 20 Uhr – verfassungsrechtliche und europarechtliche Einwände, in: VPRT (Hrsg.), Öffentlich-rechtlicher Rundfunk und Werbefinanzierung, Berlin 1995, S. 33 ff.

Engel-Flechsig, Stefan, Das Informations- und Kommunikationsdienstgesetz des Bundes und der Mediendienstestaatsvertrag der Bundesländer, ZUM 1997, S. 231 ff.

Engelke, Heinrich J., Die Interpretation der Rundfunkfreiheit des Grundgesetzes. Eine Analyse aus ökonomischer Sicht, Frankfurt a. M. 1992

Engels, Stefan, Verfassungsrechtliche Strukturvorgaben für Rundfunkkonzentrationsregelungen, ZUM 1996, S. 44 ff.

Erbs, Georg/Kohlhaas, Max, Strafrechtliche Nebengesetze, 2. Aufl., München, Berlin 1970

Erdsiek, Gerhard, Umwelt und Recht, NJW 1963, S. 1392 ff.

Erichsen, Hans Uwe/Martens, Wolfgang, Allgemeines Verwaltungsrecht, 9. Auflage, Berlin/New York 1991

Erichsen, Hans-Uwe, Staatsrecht und Verfassungsgerichtsbarkeit I, 1982 München, 3. Aufl.

ders., Besonderes Gewaltverhältnis und Sonderverordnung, Festschrift für H. J. Wolff, München 1973, S. 219 ff.

Ernst, Stefan, Kameras im Gerichtssaal, ZUM 1996, S. 187 ff.

Europarat, Etude sur les concentrations des media en Europe (analyse juridique) – Note du Secrétariat Général préparée par la Direction des Droits de l'homme, Comité directeur sur les moyens de communication de masse, Straßburg 1992

Faber, Angela, Die Zukunft kommunaler Selbstverwaltung und der Gedanke der Subsidiarität in den Europäischen Gemeinschaften, DVBl. 1991, S. 1126 ff.

Faller, Wolfgang, Die öffentliche Aufgabe von Presse und Rundfunk, AfP 1981, S. 430 ff.

Faust, Fritz, Die politische Meinungsäußerung im öffentlichen Dienst, VerwR 1978, S. 343 ff.

Ferger/Junker, „Neue Medien" und Fernmelderecht. Die Fernmeldekompetenz des Bundes aus Art. 73 Nr. 7 GG im Lichte neuer Formen der Individualkommunikation, DÖV 1981, S. 439 ff.

Literatur

Fessmann, Ingo, Rundfunk und Rundfunkrecht in der Weimarer Republik. Beiträge zur Geschichte des deutschen Rundfunks, Band 4, Frankfurt a. M. 1973

Feuchte, Paul, Die bundesstaatliche Zusammenarbeit in der Verfassungswirklichkeit der Bundesrepublik Deutschland, AöR 98 (1973), S. 473 ff.

Fischer, E.Kurt, Dokumente zur Geschichte des deutschen Rundfunks und Fernsehens, Göttingen, Berlin, Frankfurt a. M. 1957.

Fitze, Ralf, Der Südwestfunk in der Ära Adenauer. Die Entwicklung der Rundfunkanstalt von 1948 bis 1965 unter politischem Aspekt, Baden-Baden 1992

Flatau, Kai, Aktivitäten der Europäischen Union auf dem Gebiet der Medien und ihre Auswirkungen auf die Film- und Fernsehwirtschaft - hier im besonderen Netzträgerschaft, ZUM 1995, S. 773 ff.

Fleck, F.H., „Satellitenrundfunk", in: Fuhr/Rudolf/Wasserburg (Hrsg.), Das Recht der neuen Medien, 1989, S. 21 ff.

Florian, Winfried, Rechtsprobleme des Bildschirmtextes aus der Sicht der Deutschen Bundespost, in: Hübner u.a., Rechtsprobleme des Bildschirmtextes, München 1986, S.17ff.

Flume, Werner, Allgemeiner Teil des Bürgerlichen Rechts, Bd. 2, 3. Aufl., Berlin, Heidelberg u. a. 1979

Fohmann, Lothar H., Konkurrenzen und Kollisionen im Grundrechtsbereich, EUGRZ 1985, S. 49 ff.

Folz, Hans-Ernst, Zur Anwendbarkeit grundrechtlicher Gewährleistungen der Menschenrechtskonvention im Europäischen Gemeinschaftsrecht, FS für Ludwig Fröhler, 1980, S. 127 ff.

Forsthoff, Ernst, Lehrbuch des Verwaltungsrechts, Bd. I, Allgemeiner Teil, 9. Aufl., München, Berlin 1966

Frank, Angela, Vielfalt durch Wettbewerb?, Organisation und Kontrolle privaten Rundfunks im außenpluralen Modell, Frankfurt/Main, Bern u. a. 1987

dies., Wettbewerbsrechtliche Beschränkungen der Meinungsvielfalt, Berlin 1991

Franke, Einhard, Wahlwerbung in Hörfunk und Fernsehen, Die juristische Problematik der Sendevergabe an Parteien, Bochum 1979

Friauf, Karl-Heinrich, Grundrechtsschutz der grenzüberschreitenden Werbung, insbesondere im Lichte von Art. 10 der Europäischen Menschenrechtskonvention, in: Arbeitskreis Werbefernsehen der deutschen Wirtschaft (Hrsg.), Europafernsehen und Werbung, Baden-Baden 1987, S. 23 ff.

Friauf/Scholz, Europarecht und Grundgesetz, Berlin 1990

Friedrich, Sabine, Rundfunk und Besatzungsmacht, Baden-Baden 1991

Fritz, Roland, Massenmedium Rundfunk – Die rechtliche Seite der Rundfunkräte und ihre tatsächliche Einflußnahme auf die Programmgestaltung, Diss. Frankfurt a. M. 1977

Fröhler, Ludwig, Werbefernsehen und Pressefreiheit, Frankfurt a. M. 1965

Frohne, Ronald, Die Quotenregelung im nationalen und europäischen Recht, ZUM 1989, S. 390 ff.

Frowein, Jochen, Art. 10 EMRK in der Praxis von Kommission und Gerichtshof, AfP 1986, S. 197 ff.

ders., Reform durch Meinungsfreiheit, AöR 105 (1980), S. 169

Frowein/Peukert, Europäische Menschenrechtskonvention, Kommentar, Kehl 1985

Fuhr, Ernst-Wolfgang, Das Recht des Fernsehens auf freie Berichterstattung über öffentliche Veranstaltungen, in: Festschrift für Hubert Armbruster, Berlin 1976, S. 117 ff.

ders., Der öffentlich-rechtliche Rundfunk im dualen Rundfunksystem, ZDF Jahrbuch 1986, S. 36 ff.

ders., Der öffentlich-rechtliche Rundfunk im dualen Rundfunksystem, ZUM 1987, S. 145 ff.

ders., Exklusivberichterstattung des Rundfunks im Spannungsverhältnis zwischen Privatautonomie, Kartellrecht und Recht auf freie Berichterstattung, ZUM 1988, S. 327 ff.

ders., Organisationsrecht (Rundfunk- und Mediengesetze), in: Fuhr/Rudolf/Wasserburg (Hrsg.), Recht der neuen Medien, Heidelberg 1989, S. 251 ff.

ders., ZDF-Staatsvertrag, 2. Aufl., Mainz 1985

Fuhr/Krone, Pay-tv und kommunikative Versorgungsgerechtigkeit, FuR 1984, S. 631 ff.

Fuhr/Krone, Pay-tv und Rundfunkbegriff, Für 1983, S. 513 ff. (Problempapier gemäß Auftrag der

Landesmedienanstalten im Arbeitskreis (AK) Grundsatzfragen der Direktorenkonferenz der Landesmedienanstalten (DLM) in der Sitzung vom 8. Mai 1989 in Hamburg)

Fuhr/Rudolf/Wasserburg, Das Recht der Neuen Medien, Heidelberg 1989

Fünfgeld, Hermann, in: Saxer (Hrsg.), Unternehmenskultur und Marketing von Rundfunkunternehmen, Stuttgart 1989, S. 35 ff.

Fuss, Ernst-Werner Personale Kontaktverhältnisse zwischen Verwaltung und Bürger, DÖV 1972, S. 765 ff.

Gabriel-Bräutigam, Karin, Rundfunkkompetenz und Rundfunkfreiheit, Baden-Baden 1990

dies., Wahlkampf im Rundfunk – Ein Beitrag zur Problematik von Drittsendungsrechten, ZUM 1991, S. 466 ff.

Gall, Andreas, Die Rundfunkgebühr – Garant der dualen Rundfunkordnung, ZUM 1991, S. 167 ff.

Gebel, Volkram, Zusammensetzung des Medienrates der Medienanstalt Berlin-Brandenburg verfassungsgemäß?, ZUM 1993, S. 394 ff.

Geiger, Rudolf, Grundgesetz und Völkerrecht, 2. Auflage, München 1994

ders., Kommentar zu dem Vertrag zur Gründung der Europäischen Gemeinschaft, München 1993

Geiger, Willi, BVerfGG-Kommentar, Berlin und Frankfurt, 1952

ders., Sicherung der Informationsfreiheit des Bürgers als Verfassungsproblem, AfP 1977, S. 256 ff.

ders., Sicherung der Informationsfreiheit des Bürgers im Fernsehen als Verfassungsproblem, in: Geiger/Mai/Burkhart, Der öffentlich-rechtliche Rundfunk, Zwischen Staat, Parteien und Interessen, Zürich 1978

Geppert, Martin, Europäischer Rundfunkraum und nationale Rundfunkaufsicht, Berlin 1993

Gerbner/Gross, Living with Television, Journal of Communication 26, Nr. 2 (5/76), S. 173 ff.

Gerhardt, Rudolf, Zur Frage der Verfassungsmäßigkeit des Verbots von Rundfunk- und Fernsehaufnahmen im Gerichtssaal, Frankfurt/M., 1968

Gersdorf, Hubertus, Staatsfreiheit des Rundfunks in der dualen Rundfunkordnung der Bundesrepublik Deutschland, Berlin 1991

ders., Teleshopping: Exerzitium für die Notwendigkeit einer Differenzierung zwischen Ausgestaltung und Beschränkung der Rundfunkfreiheit, ZUM 1995, S. 841 ff.

ders., Zur Zulässigkeit von „Vampir-Werbeblöcken" im öffentlich-rechtlichen Rundfunk, AfP 1992, S. 338 ff.

Gerth/Widlock, Lokaler Rundfunk und Offener Kanal in DLM Jb. 1988, München 1989, S. 64 ff.

Geserick, Rolf, Vom NWDR zum NDR. Der Hörfunk und seine Programme 1948–1980, in: Köhler, Wolfram (Hrsg.): Der NDR. Zwischen Programm und Politik. Beiträge zu seiner Geschichte, Hannover 1991, S. 149 ff.

Gibbons, Regulating the Media, London 1991

Giegerich, Thomas, Luxemburg, Karlsruhe, Straßburg – Dreistufiger Grundrechtsschutz in Europa?, ZaÖRV 50 (1990), S. 865 ff.

Giehl, Christoph, Der Wettbewerb zwischen öffentlich-rechtlichen und privaten Rundfunkanstalten, Baden-Baden 1993

Glässgen, Heinz, Die Katholische Kirche und der Rundfunk in der BRD von 1945–1962, Berlin 1983

Godin/Wilhelmi, Aktiengesetz, 4. Aufl., Berlin 1971

Goebbels, Joseph, Das deutsche Schriftleitergesetz, Zeitungswissenschaft 8 (1933), S. 337 f.

Goerlich, Helmut, Zur „Finanzbedarfseinschätzungsprärogative" der ARD-Anstalten als Element der Garantie freier Berichterstattung durch Rundfunk gemäß Art. 5 Abs. 1 Satz 2 GG, ZUM 1996, S. 390 ff.

Goerlich/Radeck, Neugründung und Grundversorgung – Die Rundfunkordnung in einer neuen Phase?, JZ 1989, S. 53 ff.

Goppel, Thomas, Die Bedeutung des Subsidiaritätsprinzips, EuZW 1993, S. 367 ff.

Grabitz, Eberhard (Hrsg.), Kommentar zum EWG-Vertrag, 2. Aufl., München 1990

Gramlich, Ludwig: Von der Postreform zur Postneuordnung in: NJW 1994, S. 2785 ff.

Grawert, Rolf, Rundfunkordnung für das Land Nordrhein-Westfalen im Spiegel der Verfassungsrechtsprechung, AfP 1986, S. 277 ff.

Green, Hugh Carleton, Entscheidung und Verantwortung, Hamburg 1970

Literatur

Greiffenberg in Mestmäcker, Ernst-Joachim (Hrsg.), Offene Rundfunkordnung, Gütersloh 1988, S. 163 ff.

Grimm, Dieter, Kulturauftrag im staatlichen Gemeinwesen, VDStRL (42) 1984, S. 46 ff.

ders., Verfassungsrechtliche Perspektiven einer dualen Rundfunkordnung, RuF 1987, S. 25 ff.

ders., Subsidiarität ist nur ein Wort, F.A.Z. von 19.9.1997, S. 38.

Groeben/Ehlermann/Thiesing, Kommentar zum EWG-Vertrag, Baden-Baden 1991

Gröschner, Rolf, Öffentlichkeitsaufklärung als Behördenaufgabe, DVBl. 1992, S. 619 ff.

Groß, Rolf, Breitbandverkabelung und Übernahme von Rundfunkprogrammen in Kabelnetzen, NJW 1984, S. 409 ff.

ders., Das Dritte Rundfunkurteil des Bundesverfassungsgerichts, Echo und Konsequenzen, DVBl. 1982, S. 436 ff.

ders., Pressefusionskontrolle aufgrund wirtschaftlicher Bundeskompetenz, DVBl. 1976, S. 925 ff.

ders., Presserecht, Wiesbaden 1982

ders., Zur Konzentration auf dem Gebiet der Printmedien, ZUM 1996, S. 365 ff.

Groth, Otto, Die Geschichte der deutschen Zeitungswissenschaft, Bd. I, München 1948

Grünbuch der EG-Kommission, Pluralismus und Medienkonzentration, Baden-Baden 1992

Grundmann, Birgit, Die öffentlich-rechtlichen Rundfunkanstalten im Wettbewerb, Baden-Baden 1990

Grupp, Alfred, Grundfragen des Rundfunkgebührenrechts, Frankfurt a. M., 1983

ders., Grundfragen des Rundfunkgebührenrechts, AöR 111 (1986), S. 180 ff.

Gummig, Christian, Medienfinanzierung durch Werbung, ZUM 1991, S. 133 ff.

Guradze, Heinz, Die Europäische Menschenrechtskonvention, Kommentar, Berlin 1968

Guratzsch, Dankwart, Macht durch Organisation, Düsseldorf 1974

Häberle, Peter, Die Wesensgehaltstheorie des Art. 19 Abs. 2 GG, 2. Aufl. 1972 bzw. 3. Aufl. 1985

Hadamik, Sabine, Landesmedienordnung und Wettbewerbsrecht – Die Sicht der Landesanstalt für Rundfunk NRW, AfP 1989, S. 643 ff.

dies., Landesmedienordnung und Wettbewerbsrecht, AfP 1989, S. 643

dies., Offener Kanal im lokalen Hörfunk, DLM Jahrbuch 89/90, S. 65 ff.

Hailbronner, Kay, Die deutschen Bundesländer in der EG, JZ 1990, S. 149 ff.

Hailbronner, Kay/Nachbaur, Andreas: Die Dienstleistungsfreiheit in der Rechtsprechung des EuGH in: EuZW 1992, S. 105 ff.

Hainer, Wolfgang, Mehr Wettbewerb im dualen Rundfunksystem, MediaPerspektiven 1994, S. 54 ff.

Halefeldt, Horst O., in: Hans Bredow und die Organisation des Rundfunks in der Demokratie, Strukturfragen des Rundfunks in Geschichte und Gegenwart, Hamburg 1980, S. 107 ff.

ders., Planspiele mit der dualen Rundfunkordnung, Funkkorrespondenz Nr. 16 vom 21.10.1989, S. 3

Hamann/Lenz, Grundgesetz, 2. Aufl., Oldenburg 1972

Häntzschel, Kurt, in: Anschütz/Thoma, Handbuch des Deutschen Staatsrechts, 1932

ders., Reichspressegesetz, Kommentar, Berlin 1927

Hartel, Ulrich, Werbung im Kinofilm, ZUM 1996, S. 129 ff.

Hartlieb, Horst von, Handbuch des Film-, Fernseh- und Videorechts, 3. Aufl., München 1991

Hartstein/Kuch, Gesetzliche Regelung eines Rechts auf freie Kurzberichterstattung, ZUM 1988, S. 503 ff.

Hartstein/Ring/Kreile, Rundfunkstaatsvertrag. Kommentar zum Staatsvertrag der Länder zur Neuordnung des Rundfunkwesens, München 1993

Hasch, Sabine, Französische Besatzungszeit, in: Heyen/Kahlenberg (Hrsg.): Südwestfunk. Vier Jahrzehnte Rundfunk im Südwesten, Düsseldorf 1988, S. 11 ff.

Hasper, Dietrich, Ohne Gebührenhoheit keine Rundfunkfreiheit für öffentlich-rechtlichen Rundfunk, ZUM 1989, S. 176 ff.

Hauschka, Christoph E., Auswirkungen der Auslegung des Art. 10 der Europäischen Konvention für Menschenrechte auf Wettbewerbsrecht, Medienrecht und das Recht der Freien Berufe, ZUM 1987, S. 559 ff.

Hearst, Stephen, Broadcasting Regulation in Britain, in: Blumler, Jay G. (Hrsg.): Television and the Public Interest. Vulnerable Values in West European Broadcasting, London 1992

Heinrich, Erik, Vom NWDR Berlin zum SFB. Rundfunkpolitik in Berlin 1946 bis 1954. Berlin 1985

Heinrich, Jürgen, Ökonomische und publizistische Konzentration im deutschen Fernsehsektor, Media Perspektiven 1992, S. 338 ff.

Heintzen, Markus, Hoheitliche Warnungen und Empfehlungen im Bundesstaat, NJW 1990, S. 1448 ff.

ders., Subsidiaritätsprinzip und Europäische Gemeinschaft, JZ 1991, S. 317 ff.

Helle, Jürgen, Besondere Persönlichkeitsrechte im Privatrecht, Tübingen 1971

Hendriks, Birger, Verfassungsrechtliche Probleme des Niedersächsischen Landesrundfunkgesetzes, Media Perspektiven 1984, S. 433

Henle, Victor, Neue Bundesländer – Neue Wege im dualen System. Der ungleich-gleiche Thüringer und hessische Löwe, DLM-Jahrbuch 92, München 1993

Hennig, Jörg, Rundfunkräte auf dem Prüfstand, Bonn 1981

Herkströter, Dirk, Rundfunkfreiheit, Kunstfreiheit und Jugendschutz, AfP 1992, S. 23 ff.

ders., Werbebestimmungen für den privaten Rundfunk nach dem Rundfunkstaatsvertrag vom 31. 8. 1991, ZUM 1992, S. 395 ff.

ders., Zur Einspeisung von Rundfunkprogrammen in Kabelanlagen, AfP 1991, S. 670 ff.

Herlemann, Die Regelung der Hörfunk- und Fernsehwerbung in den Mitgliedstaaten der Europäischen Union, Tübingen 1989

Hermann, Burkhard, Öffentlich-rechtliche Antennenverbote, Frankfurt/Bern 1988

Herrmann, Günter, Auswirkungen des FRAG-Urteils des Bundesverfassungsgerichts, FuR 1981, S. 630 ff.

ders., Die Rundfunkanstalt, Eine Studie zum heutigen Rechtszustand, AöR, Bd. 90, S. 286 ff.

ders., Fernsehen und Hörfunk in der Verfassung der Bundesrepublik Deutschland, Zugleich ein Beitrag zu weiteren allgemeinen verfassungsrechtlichen und kommunikationsrechtlichen Fragen, Tübingen 1975

ders., Fernsehen und Hörfunk nach dem 6. Rundfunkurteil des Bundesverfassungsgerichts vom 5. 2. 1991, ZUM 1991, S. 1325 ff.

ders., Rundfunkrecht. Fernsehen und Hörfunk mit neuen Medien, München 1994

Herzog, Roman, Handbuch des Staatskirchenrechts, Berlin 1975, S. 417 ff.

ders, in: Maunz/Dürig/Herzog/Scholz, Grundgesetz Kommentar, München 1992, Anmerkungen zu Art. 5 Abs. I und II

Hesse, Albrecht, Anmerkung zum 6. Rundfunkurteil des BVerfG vom 5. 2. 1991, JZ 1991, S. 357 ff.

ders., Ausgewählte Rechtsprechung mit grundsätzlicher Bedeutung für die Rundfunkordnung in der Bundesrepublik Deutschland, RuF 1987, S. 205 ff.

ders., Kommission für den Ausbau des technischen Kommunikationssystems-KtK, Telekommunikationsbericht-, Hrsg. vom Bundesministerium für Post- und Fernmeldewesen, Bonn 1976

ders., Rechtsfragen der Weiterverbreitung von Rundfunkprogrammen, ZUM 1987, S. 19 ff.

ders., Rundfunkrecht, Die Organisation des Rundfunks in der Bundesrepublik Deutschland, München 1990

Hesse, Konrad, Bestand und Bedeutung der Grundrechte in der Bundesrepublik Deutschland, EuGRZ 1978, S. 427 ff.

ders., Die verfassungsrechtliche Stellung der politischen Parteien im modernen Staat, VVDStRL 17 (1959), S. 11 ff.

ders., Grundzüge des Verfassungsrechts der Bundesrepublik Deutschland, 19. Aufl., Heidelberg 1993

Heyde, Wolfgang, Geschichte des Medienrechts, in: Schiwy, Peter/Schütz, Walter J. (Hrsg.), Medienrecht. Lexikon für Wissenschaft und Praxis, 3. Aufl., Neuwied u. a. 1991, S. 168 ff.

Hilf, Meinhard: Solange II: Wie lange noch Solange? in: EuGRZ 1987, S. 1 ff.

Hillig, Hans-Peter, Rechtsschutz von Redakteuren gegen Entscheidungen von Rundfunkorganen im öffentlich-rechtlichen und privaten Rundfunk, in: Becker, Jürgen (Hrsg.), Beiträge zum Medienprozeßrecht, Festgabe für Carl Hermann Ule, Baden-Baden 1988, S. 11 ff.

ders., Satellitenrundfunk, in: Fuhr/Rudolf/Wasserburg (Hrsg.): Recht der neuen Medien, Heidelberg 1989, S. 415

Literatur

Hirsch, Nicola, Das Zwei-Säulen-Modell für den lokalen Rundfunk in Nordrhein-Westfalen, RuF 1991, S. 173 ff.

Hochbaum, Ingo, Kohäsion und Subsidiarität, DÖV 1992, S. 285 ff.

Hoche, Die Grundzüge des neuen Schriftleitergesetzes, DJZ 1933, S. 1324 f.

Hochstein, Reiner, Neue Werbeformen im Rundfunk. Ordnungspolitische und aufsichtsrechtliche Aspekte, AfP 1991, S. 696 ff.

Hoffmann, Josef, Zur Nachbesserugspflicht der Bundesprüfstelle für jugendgefährdende Schriften bei Entfallen des Gefährdungspotentials einer Schrift, ZUM 1996, S. 478 ff.

Hoffmann, Martin, Der Einfluß des Europäischen Gemeinschaftsrechts auf die deutsche Rundfunkordnung, Baden-Baden 1990

Hoffmann-Riem, Wolfgang, Der Rundfunkbegriff in der Differenzierung kommunikativer Dienste, AfP 1996, S. 9 ff.

ders., Ein Anlauf zu privatem Rundfunk, ZRP 1981, S. 177 ff.

ders., Europäisierung des Rundfunks, RuF 1988, S. 5 ff.

ders., in ders. (Hrsg.), Indexierung der Rundfunkgebühr, Baden-Baden 1991, S. 22 ff.

ders., Kommerzielles Fernsehen, Baden-Baden, 1981

ders., Massenmedien, in: Benda/Maihofer/Vogel (Hrsg.), Handbuch des Verfassungsrechts der Bundesrepublik Deutschland, Berlin, New York 1983, S. 383 ff.

ders., Medienfreiheit und der außenplurale Rundfunk, AöR 109 (1984), S. 304 ff.

ders., Modellversuch als Scheintest, ZRP 1980, S. 31 ff.

ders., Rundfunkfreiheit durch Rundfunkorganisation, Anmerkungen zur Neufassung des Radio-Bremen-Gesetzes, Frankfurt a. M., Berlin 1979

ders., Wettbewerbsprobleme bei der Einführung von privatem Hörfunk und Fernsehen, WuW 1982, S. 265 ff.

Hoffmann/Schardt, Zur Definition der Programmdauer in § 26 Abs. 4 RStV sowie im Rahmen der Werberichtlinien der Landesmedienanstalten, Rechtsgutachten 1993

Höfling/Möwes/Pechstein (Hrsg.), Europäisches Medienrecht, Textausgabe, München 1991

Holtzbrinck, Stefan von, Definitions- und Rangfolgeprobleme bei der Einspeisung von Rundfunkprogrammen in Kabelanlagen, Berlin 1989

Holznagel, Bernd, Konzentrationsbekämpfung im privaten Rundfunk, ZUM 1991, S. 263 ff.

ders., Probleme der Rundfunkregulierung im Multimedia-Zeitalter, ZUM 1996, S. 16 ff.

Hoppmann, in Mestmäcker, Ernst-Joachim (Hrsg.), Offene Rundfunkordnung, Gütersloh 1988

Hovland, Effects of the massmedia of Communication, in: Handbook of social Psychology, Bd. II, 1954, S. 67 ff.

Huber, Andrea, Öffentliches Medienrecht und private Zurechnung, Baden-Baden 1992

Huber, Ernst Rudolf, Dokumente zur deutschen Verfassungsgeschichte, Bd. 1, 3. Aufl. 1978

Hübner/Schnoor/Florian/Dittirch/Köhler/Katzenberger/Steiner, Rechtsprobleme des Bildschirmtextes, Schriftenreihe des Institutes für Rundfunkrecht an der Universität zu Köln, München 1986

Hümmerich, Klaus, Rundfunkgebühren: Staatsvertragliche Entwürfe zur Umsetzung des 8. Rundfunkurteils, AfP 1996, S. 25 ff.

Hümmerich/Heinze, Vom politischen Brotpreis zur fachlichen Bedarfsstellung – das 8. Rundfunkurteil und die KEF, ZUM 1994, S. 488 ff.

Huff, Martin W., Fernsehöffentlichkeit im Gerichtsverfahren – Kippt das BVerfG § 169 S. 2 GVG?, NJW 1996, S. 571 ff.

Hundhausen, Karl, Wesen und Formen der Werbung, 2. Aufl., Essen 1963

Immenga, Ulrich, Rundfunk und Markt, AfP 1989, S. 621 ff.

ders., Zur Änderung der Werbegrenzen im öffentlich-rechtlichen Rundfunk – eine ordnungspolitische Skizze – in: VPRT (Hrsg.), Öffentlich-rechtlicher Rundfunk und Werbefinanzierung, Berlin 1995, S. 129 ff.

Immenga/Mestmäcker, Gesetz gegen Wettbewerbsbeschränkungen, Kommentar, 2. Aufl. München 1992

Ipsen, Hans Peter, Der Kulturbereich im Zugriff der Europäischen Gemeinschaft in: Fiedler, Wilfried (Hrsg.), Verfassungsrecht und Völkerrecht, Gedächtnisschrift für Wilhelm Karl Geck, Köln u. a. 1989, S. 339 ff.

ders., Rundfunk im Europäischen Gemeinschaftsrecht, Frankfurt/Main- Berlin 1983

ders., Die Rundfunkgebühr, 2. Aufl., Hamburg 1958

ders., Mitbestimmung im Rundfunk, Frankfurt a. M., Berlin 1972

ders., Zum Funktionsbereich der öffentlich-rechtlichen Rundfunkanstalten außerhalb der unmittelbaren Programmveranstaltung – Probleme staatsfreier Selbstverwaltung, DÖV 1974, S. 721

Isensee/Kirchhof (Hrsg.), Handbuch des Staatsrechts der Bundesrepublik Deutschland, Heidelberg 1988

Jachtenfuchs, Markus, Die EG nach Maastricht – Das Subsidiaritätsprinzip und die Zukunft der Integration, Europa-Archiv 1992, S. 279 ff.

Jank, Klaus-Peter, Die Rundfunkanstalten der Länder und des Bundes, Berlin 1967

Jarass, Hans D., Buchbesprechung von „Medienfreiheit und Persönlichkeitsschutz" von Walter Berka, DÖV 1983, S. 693 ff.

ders., Das allgemeine Persönlichkeitsrecht im GG, NJW 1989, S. 857 ff.

ders., Der rechtliche Rahmen für die Arbeit des Nachrichtenredakteurs, RuF 1980, S. 309 ff.

ders., Die Freiheit der Massenmedien, Baden-Baden 1978

ders., Die Freiheit des Rundfunks vom Staat, Berlin 1981

ders.., Die neuen Privatrundfunk-Gesetze im Vergleich, ZUM 1986, S. 303 ff.

ders., EG-Kompetenzen und das Prinzip der Subsidiarität nach Schaffung der Europäischen Union, EuGRZ 1994, S. 209 ff.

ders., EG-Recht und nationales Rundfunkrecht – Zugleich ein Beitrag zur Reichweite der Dienstleistungsfreiheit, EuR 1986, S. 75 ff.

ders., In welcher Weise empfiehlt es sich, die Ordnung des Rundfunks und sein Verhältnis – auch unter dem Gesichtspunkt der Harmonisierung – zu regeln? 56. DJT, Bd. I, München 1986, Gutachten G

Jarass/Pieroth, Grundgesetz für die Bundesrepublik Deutschland, Kommentar, 2. Aufl., München 1992 bzw. 3. Aufl., München 1995

Jarren, Otfried, u.a., Die Einführung des lokalen Rundfunks in Nordrhein-Westfalen, Opladen 1993

Jellinek, Georg, System der subjektiven Rechte, Neudruck der 2. Aufl. (Tübingen 1919), Aalen 1964

Jens, Carsten, Privater Hörfunk – eine Verlegerdomäne, Media Perspektiven 1989, S. 23 ff.

Jöst, Markus, Verfassungsrechtliche Aspekte des Verhältnisses von Presse und Rundfunk, Baden-Baden 1994

Jost, Eberhard, Die Beteiligung der Gemeinden an den „Neuen Techniken" im Medienbereich, München 1986

Kahl, Wolfgang, Möglichkeiten und Grenzen des Subsidiaritätsprinzips nach Art. 3b EG-Vertrag, AÖR 118 (1993), S. 414 ff.

Kaegi, Werner, Die Verfassung als rechtliche Grundordnung des Staates, Zürich 1945, unveränd. Nachdruck 1971

ders., Die Verfassungsordnungen im internationalen Vergleich, 1956

Kaiser/Lange/Langenbucher/Lerche/Witte, Kabelkommunikation und Informationsvielfalt, München 1977

Kantzenbach, Erhard, in: Hoffmann-Riem, Wolfgang (Hrsg.), Rundfunk im Wettbewerbsrecht, Baden-Baden 1988, S. 78 ff.

Karpen, Hans-Ulrich, Die Verweisung als Mittel der Gesetzgebungstechnik, Berlin 1970

Kepplinger, Hans Mathias, Gewalt in den Medien – Gewalt durch die Medien, Institut für Demoskopie Allensbach, 1993

ders., Grenzen des Wirkungsbegriffs, Publizistik 1982, S. 98 ff.

ders., Stichwort: Kommunikationspolitik, in: Noelle-Neumann/Schulz/Wilke (Hrsg.), Fischer Lexikon Publizistik/Massenkommunikation, 1994, S. 90 ff.

ders., Systemtheoretische Aspekte politischer Kommunikation, Publizistik 30 (1985), S. 247–264

Kepplinger/Hartmann, Stachel oder Feigenblatt? – Rundfunk- und Fernsehräte in der Bundesrepublik Deutschland. Eine empirische Untersuchung, Frankfurt a. M. 1989

Kewenig, Wilhelm, Anmerkungen zu OVG Lüneburg, Urteil vom 29. 8. 1978, DÖV 1979, S. 170 ff.

Literatur

ders., Die EG und die bundesstaatliche Ordnung der BRD, JZ 1990, S. 458 ff.

ders., Zu Inhalt und Grenzen der Rundfunkfreiheit, Berlin, München 1978

Kiefer, Marie-Luise, Gebührenindexierung und neue Modelle für Werbelimits, Media Perspektiven 1993, S. 46 ff.

Kisker, Stellungnahme zur „Partizipation an Verwaltungsentscheidungen", VVDSTRL 31 (1973), S. 276 ff.

Kissel, Otto Rudolf, Gerichtsverfassungsgesetz. Kommentar, München 1981

Kitzinger, Das Reichsgesetz über die Presse, 1920

Klapp, Theo, Chancengleichheit von Landesparteien im Verhältnis zu bundesweit organisierten Parteien, Konstanz 1989

Klaue, Siegfried, Noch einmal: Zum sogenannten Netzzugang Dritter, BB 1993, S. 740 ff.

Klein, Eckart, Der Verfassungsstaat als Glied einer europäischen Gemeinschaft, VVDStRL 50 (1991); S. 56 ff.

Klein, Friedrich, Die Gesetzgebungszuständigkeit des Bundes im Rundfunkwesen nach dem Fernseh-Urteil des Bundesverfassungsgerichts, UFITA 26, S. 249 ff.

Klein, Hans-Hugo, Die Grundrechte im demokratischen Staat, Stuttgart 1974

ders., Die Rundfunkfreiheit, München 1978

ders., Diskussionsbeitrag, Das demokratische Prinzip im Grundgesetz, VVDStRL 29 (1971), S. 120 ff.

ders., Rundfunkrecht und Rundfunkfreiheit, Der Staat, Bd. 20, 1981, S. 177 ff.

ders., Zum Begriff der öffentlichen Aufgabe, DÖV 1965, S. 755

Klinger, Walter, Radio Koblenz – eine Episode des Nachkriegsrundfunks. Begleitheft zur Ausstellung des Landesmuseums Koblenz „Geliebtes Dampfradio", Koblenz 1984

Klingler/Walendy, Radio 4: Kommerzielle Hörfunkkonkurrenz in Rheinland-Pfalz, Media Perspektiven 1986, S. 444 ff.

Klinter, Werner, Satellitenrundfunk und die Problematik des internationalen Urheber- und Leistungsschutzes, Berlin 1973

Kloepfer, Michael, Durch pluralistische Verfassungswissenschaft zum einseitigen Medienrechtskonzept, AfP 1983, S. 450 f.

ders., Nachforschungen über die Nachforschung: Investigativer Journalismus als Rechtsbegriff, AfP 1988, S. 124

ders., Der Vorbehalt des Gesetzes im Wandel, JZ 1984, S. 685 ff.

Klute, Nikolai, Frequenzverwaltung im dualen Rundfunksystem, RuF 1992, S. 365 ff.

Knote, Matthias/Bialek, Peter, Rundfunkgebühren: Staatsvertragliche Entwürfe zur Umsetzung des 8. Rundfunkurteils, AfP 1996, S. 115 ff.

Knütter, Burkhard, Verfassungswidrigkeit des Art. 111 a II 1 der Bayerischen Verfassung wegen Verstoßes gegen die Rundfunkfreiheit, Münster 1992

Koberger, Vera, Productplacement, Sponsoring, Merchandising im öffentlich-rechtlichen Fernsehen, Münster, Hamburg 1991

Koch, Günter, Zur Frage der Zuordnung der neuen audiovisuellen Medien zum Rundfunk in Art. 5 I 2, jur. Diss. Hamburg 1979

Kofler, Georg, „Beteiligungsgrenzen für Vollprogramme lockern", Tendenz 11/93, S. 24 f.

Köhler, Wolfgang, „Härte 10" am Werbemarkt, in: ZDF-Jahrbuch 1993, Mainz 1994, S. 194.

Kölner Kommentar zum Aktiengesetz, (Hrsg.) Wolfgang Zollner, Bd. 1, Köln 1986

Kommission der EG, Fernsehen ohne Grenzen, Grünbuch über die Errichtung des gemeinsamen Marktes für den Rundfunk, insbesondere über Satellit und Kabel, KOM (84) 300 endg.

Kommission der EU, Pluralismus und Medienkonzentrationskontrolle im Binnenmarkt, Brüssel 1993

Kommission für den Ausbau des technischen Kommunikationssystems – KtK-Telekommunikationsbericht, hrsg. v. Bundesministerium für Post- und Fernmeldewesen, Bonn 1976

König, Eberhard, Die Teletexte, München 1980

Konow, Gerhard, Zum Subsidiaritätsprinzip des Vertrags von Maastricht, DÖV 1993, S. 405 ff.

Kopp, Ferdinand O., Verwaltungsgerichtsordnung, 9. Aufl. München 1992

Koszuszeck, Helmut, Freier Dienstleistungsverkehr und nationales Rundfunkrecht, ZUM 1989, S. 541 ff.

Kraftzyk, Wolfgang, Ausländische Rundfunksendungen als „allgemein zugängliche Quellen" im Sinne des Art. 5 I GG, 1983

Kratzmann, Horst, Die Erscheinungsformen der Volkssouveränität und die verfassungsrechtlichen Grundlagen der Methodenlehre (Art. 20 Abs. 2 u. 3 GG), Frankfurt 1981

Krawitz, Rainer, Geschichte der Drahtlosen Dienst AG 1923–33, Köln 1979

Krause, Günter, Kommunaler und privater Rundfunk im lokalen Bereich, DÖV 1962, S. 249 ff.

Krause-Ablaß, Günter B., Die Bedeutung des Fernsehurteils des Bundesverfassungsgerichts für die Klärung des deutschen Rundfunks, JZ 1988, S. 327 ff.

Krech, Joachim, Das schleswig-holsteinische Staatsgrundgesetz vom 15. September 1848, Kiel 1984

ders., Möglichkeiten und Grenzen der Verlängerung von laufenden Wahlperioden, VerwR 1993, S. 5 ff.

Kreile, Johannes, Aktivitäten der Europäischen Union auf dem Gebiet der Medien und ihre Auswirkung auf die Film- und Fernsehwirtschaft - Das MEDIA-II-Programm der EU, ZUM 1995, S. 753 ff.

ders., Das neue amerikanische Telekommunikationsrecht, ZUM 1996, S. 227 ff.

ders., Kompetenz und kooperativer Föderalismus im Bereich des Kabel- und Satellitenrundfunks, München 1986

ders., Rundfunk im vereinten Deutschland – Überblick über den neuen Staatsvertrag –, ZUM 1991, S. 568 ff.

Kreile/Kreile, Probleme beim Wohnungseigentum dargestellt am Zustimmungserfordernis von Miteigentümern bei Installierung von Satellitenempfangsanlagen, in: Wild, Gisela (Hrsg.), Festschrift für Alfred-Carl Gaedertz, München 1992

Kreile/Straßer, Werbung ohne Grenzen? Die Regelung über die Fernsehwerbung in der EG-Rundfunkrichtlinie, ZUM 1994, S. 174 ff.

Kreile/Veler, Umsetzung der aktuellen Gesetzgebung und Deregulierungsvorgaben der EU im Bereich der Telekommunikation, ZUM 1995, S. 693 ff.

Kresse, Hermann, Anmerkungen zum Beschluß des BayVGH vom 30. 3. 1992 zu Art. 111 a Bayerische Verfassung, ZUM 1992, S. 353 f.

ders., Die Rundfunkordnung in den neuen Bundesländern, Stuttgart 1992

ders., Grundversorgung und integrative Pluralismussicherung – zu den Eckpunkten des klassischen Rundfunkauftrages, ZUM 1995, S. 311 f.

ders., Grundversorgung und noch viel mehr?, ZUM 1996, S. 59 ff.

ders., Öffentlich-rechtliche Werbefinanzierung und Grenzen der Grundversorgung im dualen Rundfunksystem, ZUM 1995, S. 67 ff.

ders., Öffentlich-rechtliche Werbefinanzierung und Grenzen der Grundversorgung im dualen Rundfunksystem, in: VPRT (Hrsg.), Öffentlich-rechtlicher Rundfunk und Werbefinanzierung, Berlin 1995, S. 67 ff.

Kresse/Kennel, Das Gebührenurteil des Bundesverfassungsgerichts – praktikable Maßstäbe zur Weiterentwicklung der dualen Rundfunkordnung, ZUM 1994, S. 153 ff.

Kriele, Martin, Plädoyer für eine Jounalistenkammer, ZRP 1990, S. 109 ff.

Kröger, Klaus, Vor dem Ende des Rundfunkmonopols der öffentlich-rechtlichen Rundfunkanstalten, NJW 1979, S. 2537 ff.

Krone, Gunnar, Besprechung von Jarass „Die Freiheit des Rundfunks vom Staat", AfP 1981, S. 485 ff.

Kropholler, Jan, Internationales Privatrecht, Tübingen 1990

Krüger, Herbert, Die öffentlichen Massenmedien als notwendige Ergänzung der privaten Massenmedien, Frankfurt a. M., Berlin 1965

ders., Neues zur Freiheit der Persönlichkeitsentfaltung und deren Schranken, NJW 1955, S. 201 ff.

Krüger, Udo, Michael, Werbung im Fernsehen-Angebotsformen, Tageszeiten und Produkte, Media Perspektiven 1990, S. 219

Kruse, Jörn, Wirtschaftliche Wirkungen einer unentgeltlichen Sport-Kurzberichterstattung im Fernsehen, Baden-Baden 1991

Kübler, Friedrich, Das Recht auf freie Kurzberichterstattung, ZUM 1989, S. 326 ff.

ders., Die neue Rundfunkordnung: Marktstruktur und Wettbewerbsbedingungen, NJW 1987, S. 2961

Literatur

ders., „Empfiehlt es sich, zum Schutze der Pressefreiheit auch gesetzliche Vorschriften über die innere Ordnung von Presseunternehmen zu erlassen?", DJT 1972, Bd. 1, D 1–105, München 1972

ders., Konzentrationskontrolle des bundesweiten Rundfunks, Gutachten im Auftrag der DLM, Manuskript B III

ders., Massenkommunikation und Medienverfassung – Bemerkungen zur „institutionellen" Deutung der Presse- und Rundfunkfreiheit, in: Badura/Scholz (Hrsg.), Wege und Verfahren des Verfassungslebens, FS für Lerche, München 1993, S. 649 ff.

ders., Massenmedien und öffentliche Veranstaltungen, Frankfurt a. M. 1978

ders., Medienverflechtung, Frankfurt a. M. 1982

ders., Rundfunkauftrag und Programminformation. Zur Befugnis der Rundfunkanstalten, durch eigene Veröffentlichungen über die Rundfunkprogramme zu informieren, Frankfurt a. M., Berlin 1985

Küchenhoff, Günter, Naturrecht und Christentum, Düsseldorf 1948

Kühn, Manfred, Die Einspeisung von Rundfunkprogrammen in Kabelnetze – medienrechtliche und urheberrechtliche Aspekte aus der Praxis, in: Schwarze, Jürgen (Hrsg.), Rundfunk und Fernsehen im Lichte der Entwicklung des nationalen und internationalen Rechts, Baden-Baden 1986

ders., Neue Medien und Werbung. Die Werberegelungen der Landesmediengesetze, ZUM 1986, S. 370 ff.

ders., Die europäische Einordnung des grenzüberschreitenden Fernsehens aus der Sicht beteiligter privater Unternehmen, in: Schwarze, Jürgen (Hrsg.), Fernsehen ohne Grenzen, Baden-Baden 1985

ders., Fragen zum grenzüberschreitenden Fernsehen, ZUM 1985, S. 299 ff.

ders., Harmonisierung des Rundfunkrechts in Europa, ZUM 1986, S. 585 ff

Kugelmann, Dieter, Der Rundfunk und die Dienstleistungsfreiheit des EWG-Vertrages, Berlin 1991

ders., Die Grenzen des Anwendungsbereichs der EG Fernseh-Richtlinie, Die Verwaltung 1992, S. 515 ff.

Kull, Edgar, „Dienende Freiheit" – dienstbare Medien?, in: Badura/Scholz (Hrsg.), Wege und Verfahren des Verfassungslebens, FS für Lerche, München 1993, S. 663 ff.

ders., Auf dem Wege zum dualen Rundfunksystem, AfP 1987, S. 366 ff.

ders., Das FRAG-Urteil – Kritik und Prognose, FuR 1981, S. 644 ff.

ders., Elektronische Telekommunikation – Sachstand und juristischer Disput, AfP 1980, S. 70 ff.

ders., Rundfunkgleichheit statt Rundfunkfreiheit, Zum dritten Fernsehurteil des Bundesverfassungsgerichts, AfP 1981, S. 378 ff.

ders., Rundfunkrecht und Rundfunkmarkt, ZUM 1987, S. 355 ff.

ders., Zur „öffentlichen Aufgabe" grundrechtsgeschützter Presse, in: Presserecht und Pressefreiheit, FS für Martin Löffler, Studienkreis für Presserecht und Pressefreiheit, (Hrsg.) München 1980, S. 187 ff.

Kunczik, Michael, Gewalt im Fernsehen. Stand der Wirkungsforschung und neue Befunde, Media Perspektiven 1993, S. 98 ff.

Kundler, Herbert, RIAS Berlin, Eine Radio-Station in einer geteilten Stadt, Berlin 1994

Kunig, Philip, Parteien, in: Isensee/Kirchhoff (Hrsg.), Handbuch des Staatsrechts, Bd. II, Heidelberg 1987

Küster/Sternberger, Die rechtliche Verantwortung des Journalisten. Nur die Freiheit macht stark, Heidelberg 1949

Kutsch, Arnulf, Meinungs-, Informations- und Medienfreiheit. Zum Volkskammerbeschluß vom 6. Februar 1990, in: Kutsch (Hrsg.): Publizistischer und journalistischer Wandel in der DDR, Bochum 1990, S. 107 ff.

ders., Rundfunk und Politik im Nachkriegs-Berlin, in: Kutsch/Geserick (Hrsg.): Publizistik und Journalismus in der DDR. Acht Beiträge zum Gedenken an Elisabeth Löckenhoff, München et. al. 1988, S. 115 ff.

ders., Unter Britischer Kontrolle. Der Zonensender 1945–1948, in: Köhler, Wolfgang (Hrsg.): Der NDR. Zwischen Programm und Politik, Beiträge zu seiner Geschichte, Hannover 1991, S. 83 ff.

Ladeur, Karl-Heinz, Die Rundfunkfreiheit und der Wegfall der „besonderen Umstände" ihrer Ausübung, NJW 1982, S. 359 ff.

ders., „Duale Rundfunkordnung" und Werbung in Programmen der öffentlich-rechtlichen Rundfunkanstalten, ZUM 1987, S. 491 ff.

ders., Rechtsprobleme der Einspeisung des staatlichen türkischen Fernsehprogrammes in deutsche Kabelnetze, ZUM 1992, S. 217 ff.

ders., Zum Recht der politischen Parteien, in redaktionell gestalteten Wahlsendungen der öffentlich-rechtlichen Rundfunkanstalten „zu Wort zu kommen", ZUM 1991, S. 456 ff.

Lahnstein, Manfred, Untersuchungen über den Mitarbeiterstab in den Redaktionen, Köln 1961

Lämmel, Bernt-Christoph, Die Binnenpluralität des öffentlich-rechtlichen Rundfunksystems in der Bundesrepublik Deutschland (einschließlich Westberlin), Marburg 1982

Landshut, Siegfried, Volkssouveränität und Staatssouveränität, Darmstadt 1970

Landwehrmann, Friedrich/Jäckel, Michael, Kabelfernsehen – von der Skepsis zur Akzeptanz, München 1991

Lang/Lang, The Unique Perspective Of Television And Its Effect, London 1953

Lange, Bernd-Peter, Kommerzielle Ziele und binnenpluralistische Organisation bei Rundfunkveranstaltern, Frankfurt a. M., Berlin 1980

ders., Das FRAG-Urteil des BVerfG in seinen Feststellungen und Konsequenzen, FuR 1981, S. 417 ff.

Lange, Klaus, Verfassungsrechtliche Anforderungen an das Rundfunkprogramm, in: FS für Martin Löffler, München 1980, S. 195 ff.

Larenz, Karl, Methodenlehre der Rechtswissenschaft, 6. Aufl., Berlin, Heidelberg, New York 1991

Laubinger, Hans-Werner, Die Klagebefugnis gesellschaftlich relevanter Gruppen auf Beteiligung in den Aufsichtsgremien der Rundfunkanstalten, in: Becker, Jürgen (Hrsg.), Beiträge zum Medienprozeßrecht, Festgabe für Carl Hermann Ule, Baden-Baden 1988, S. 159 ff.

Lauktien, Anette-Tabea, Der Staatsvertrag zur Fernsehkurzberichterstattung – Rechtliche Möglichkeiten und verfassungsrechtliche Grenzen gesetzgeberischer Regelungen zur Fernsehkurzberichterstattung, Baden-Baden 1992

Lazarsfeld/Merton, Mass Communication, Popular Taste and Organized Social Action, in: Lyman Bryson, The Communication of Ideas, S. 95 ff., New York 1964

Lehr, Gernot, Verfassungs- und verwaltungsrechtliche Fragen der Novellierung der rundfunkrechtlichen Konzentrationskontrolle unter besonderer Berücksichtigung des Zuschaueranteilsmodells, ZUM 1995, S. 667 ff.

Leibholz, Gerhard, Bundesverfassungsgericht und Rundfunkfreiheit, in: ders. (Hrsg.), Menschenwürde und freiheitliche Rechtsordnung, FS für Willi Geiger, Tübingen 1984, S. 9 ff.

ders., Bremsen der staatlichen Rechtsaufsicht gegenüber Rundfunk- und Fernsehanstalten, in: Ehmke/Kaiser/Kewenig u. a. (Hrsg.), Festschrift für Ulrich Scheuner, Berlin 1973

Leibholz/Rinck/Hesselberger, Grundgesetz für die Bundesrepublik Deutschland, Loseblatt, Köln 1989

Leisner, Walter, Begriffliche Grenzen verfassungsrechtlicher Meinungsfreiheit, UFITA 37, S. 129 ff.

ders., Öffentlich-rechtliche Probleme der Beziehungen zwischen Film und Fernsehen, DÖV 1967, S. 693 ff.

ders., Sozialbindung des Eigentums, Berlin 1972

ders., Werbefernsehen und Öffentliches Recht, Berlin 1967

Lenk, K., Breitbandkommunikation; Ökonomische Bedingungen und Chancen politischer Steuerung, in: ders. (Hrsg.), Informationsrechte und Kommunikationspolitik, 1976

Lenz, Carl Otto, EG-Vertrag, Kommentar, Köln, Basel, Wien 1994

Lenz, Helmut, Rundfunkorganisation und öffentliche Meinungsbildungsfreiheit, JZ 1963, S. 338 ff.

Lerche, Peter, in: Kunst/Herzog/Schneemelcher (Hrsg.), Evangelisches Staatslexikon, 2. Aufl., Stuttgart, Berlin 1975, Sp. 1004

ders., in: Löffler, Martin (Hrsg.), Der Staat als Mäzen der Medien? München 1981

ders., Aktuelle föderalistische Verfassungsfragen, München 1968

ders., Beteiligung Privater im Rundfunkbereich und Vielfaltsstandard, NJW 1982, S. 1676 ff.

ders., Das 6. Rundfunkurteil zur „Modellkonsistenz", in: Kohl, Helmut (Hrsg.), Die Freiheit des Rundfunks nach dem Nordrhein-Westfalen-Urteil des Bundesverfassungsgerichts, Konstanz 1991, S. 51 ff.

Literatur

ders., Gesetzgebungskompetenz von Bund und Ländern auf dem Gebiet des Presserechts, JZ 1972, S. 468 ff.

ders., In welcher Weise empfiehlt es sich, die Ordnung des Rundfunks und sein Verhältnis zu anderen Medien – auch unter dem Gesichtspunkt der Harmonisierung – zu regeln?, 56. DJT, Bd. 2, Referat O 37, München 1986

ders., Konsequenzen aus der Entscheidung des Bundesverfassungsgerichts zur EU-Fernsehrichtlinie, AfP 1995, S. 632 ff.

ders., Landesbericht Bundesrepublik Deutschland, in: Bullinger/Kübler (Hrsg.), Rundfunkorganisation und Kommunikationsfreiheit, Baden-Baden 1979

ders., Presse und privater Rundfunk, Berlin 1984

ders., Rechtsprobleme des Werbefernsehens, Frankfurt a. M., Berlin 1965

ders., Rundfunkmonopol, Zur Zulassung privater Fernsehveranstaltungen, Frankfurt a. M., Berlin 1970

ders., Schranken der Kunstfreiheit, BayVBl. 1974, S. 177 ff.

ders., Übermaß und Verfassungsrecht, Köln, Berlin, München, Bonn 1961

ders., Verfassungsfragen zum Entwurf der Landesregierung Nordrhein-Westfalen eines Gesetzes über den „WDR Köln", AfP 1984, S. 183 ff.

ders., Verfassungsrechtliche Aspekte neuer kommunikationstechnischer Entwicklungen, BayVBl. 1976, 530 ff.

ders., Verfassungsrechtliche Fragen zur Pressekonzentration, München 1978

ders., Werbung und Verfassung, München, Berlin 1967

ders., Zu Grundfragen der öffentlich-rechtlichen Trägerschaft des Rundfunkbetriebs in Bayern (Art. 111 a Abs. 2 Satz 1 BV), ZUM 1993, S. 441 ff.

ders., Zum Rundfunkartikel der Bayerischen Verfassung – gestern und heute, in: Freiheit und Verantwortung im Verfassungsstaat, Festgabe zum 10jährigen Jubiläum der Gesellschaft für Rechtspolitik, München 1984, S. 245

Lerg, Winfried B., Die Entstehung des Fernsehens in Deutschland, RuF 1967, S. 319 ff.

ders., Die Entstehung des Rundfunks in Deutschland, in: Beiträge zur Geschichte des deutschen Rundfunks, Band 1, Frankfurt a. M. 1965

ders., Die Entstehung des Rundfunks in Deutschland. Herkunft und Entwicklung eines publizistischen Mittels, in: Beiträge zur Geschichte des deutschen Rundfunks, Bd. 1, 2. Aufl., Frankfurt/Main 1970, S. 135 ff.

ders., Hans Bredow – Schwierigkeiten mit einem 100. Geburtstag. Stenogramm für eine publizistische Biographie, in: Studienkreis Rundfunk und Geschichte. Mitteilungen, 6. Jg. (1080), Nr. 1, S. 28 ff.

ders., Rundfunkpolitik in der Weimarer Republik, in: Bausch, Hans (Hrsg.), Rundfunk in Deutschland, Band 1, München 1980

ders., Über die Entstehung der deutschen Rundfunktopographie, in: Först, Walter (Hrsg.): Rundfunk in der Region, Probleme und Möglichkeiten der Regionalität. Annalen des Westdeutschen Rundfunks, Bd. 6, Köln et al, 1984, S. 13 ff.

Lerg/Schenkewitz, Bürgerfunk in NW, Opladen 1994

Libertus, Michael, Grundversorgungsauftrag und Funktionsgarantie, München 1991

ders., Grundversorgungsauftrag und elektronische Benutzerführungssysteme, ZUM 1996, S. 394 ff.

ders., Zur Frage der Entscheidungskompetenz bei der Wahrnehmung der Grundversorgungsaufgabe, ZUM 1995, S. 699 ff.

Lieb, Wolfgang, Kabelfernsehen und Rundfunkgesetze, München 1974

Linck, Joachim, Parlament und Rundfunk, NJW 1984, S. 2439 ff.

Loehning, Curt, Unabhängigkeit des Rundfunks, DÖV 1953, S. 193 ff.

Löffler, Martin, Das Zensurverbot der Verfassung, NJW 1969, S. 2225 ff.

ders., Die Haftung der Pressegesellschaften für betriebliche und körperschaftliche Organisationsmängel, NJW 1965, S. 2393 ff.

ders., Presserecht. Kommentar, Bd. I und II, 3. Aufl., München 1983

Löffler/Ricker, Handbuch des Presserechts, 3. Aufl., München 1994

Lorenz, Dieter, Das Drittsendungsrecht der Kirchen insbesondere im privaten Rundfunk, Berlin

1988

Loschelder, Wolfgang, Vom besonderen Gewaltverhältnis zur öffentlich-rechtlichen Sonderbindung, Zur Institutionalisierung der engeren Staat/Bürger-Beziehungen, Köln u. a. 1982

Löwert, Wolfgang, Ausländisches Werbefernsehen und deutsches Verfassungsrecht, JZ 1981, S. 730 ff.

Lübbe-Wolff, Gertrude, Die Grundrechte als Eingriffsabwehrrechte: Struktur und Reichweite der Eingriffsdogmatik im Bereich staatlicher Leistungen, Baden-Baden 1987

Lücke, Jörg, Die Rundfunkfreiheit als Gruppengrundrecht, DVBl 1977, S. 977 ff.

Lüttger/Junck, in: Gesellschaft für Rechtspolitik (Hrsg.), Rundfunkrecht, Bd. 1, München 1981, S. 123 ff.

Macdonald/Matscher/Petzold, The European System for the Protection of Human Rights, Dordrecht 1993

Maier, Oskar, Positionspapier zum finanziellen Aspekt der 20.00 Uhr-Grenze für Fernsehwerbung im öffentlich-rechtlichen Rundfunk, MediaPerspektiven 1990, S. 64 ff.

Mallmann, Walter, Einige Bemerkungen zum heutigen Stand des Rundfunkrechts, JZ 1963, S. 350 ff.

ders., Rundfunkreform im Verwaltungswege?, Rechtsgutachten, in: Zehner, Günter (Hrsg.), Der Fernsehstreit vor dem Bundesverfassungsgericht, Bd. I, Karlruhe 1964, S. 234 ff.

ders., Zur Rechtsaufsicht über das Zweite Deutsche Fernsehen. Rechtsgutachten, Wiesbaden 1975

Mangoldt, von/Klein/Starck, Das Bonner Grundgesetz, Kommentar, Band 1, 3. Aufl., München 1985

Mannheim, Hermann, Presserecht, Berlin 1927

Martens, Wolfgang, Die Aufklärung im Spiegel der Moralischen Wochenschriften, Stuttgart 1968

Maunz, Theodor, Pflicht der Länder zur Uneinigkeit?, NJW 1962, S. 1641 ff.

ders., Rechtsgutachten über die Frage der Vereinbarkeit des Gesetzesentwurfs über die „Wahrnehmung gemeinsamer Aufgaben auf dem Gebiet des Rundfunks" mit dem Grundgesetz, in: Zehner, Günter (Hrsg.), Der Fernsehstreit vor dem Bundesverfassungsgericht, Band I, Karlruhe 1964, S. 276 ff.

ders., Rundfunk als öffentliche Verwaltung, BayVBl. 1972, S. 169 f.

Maunz/Dürig/Herzog/Scholz, Grundgesetz, Kommentar München 1989 ff. (Loseblatt)

Maunz/Zippelius, Deutsches Staatsrecht, 28. Aufl., München 1991

Maydell, Bernd von, Zur rechtlichen Problematik der Befreiung von den Rundfunkgebühren, Frankfurt a. M. 1987

Menke-Glückert, Peter, Der Medienmarkt im Umbruch, Frankfurt 1978

Merten, Detlef (Hrsg.), Das besondere Gewaltverhältnis, Berlin 1985

ders., Persönlichkeitsschutz, in: Schiwy/Schütz (Hrsg.), Medienrecht. Lexikon für Wissenschaft und Praxis, 3. Aufl., Neuwied u. a. 1994, S. 293 ff.

ders., Verfassungsgerichtlicher Rechtsschutz wegen verweigerter Mediengesetzgebung, AfP 1985, S. 169 ff.

ders., Zur verfassungsprozessualen Antragsberechtigung von Parlamentsminderheiten bei unterlassener Mediengesetzgebung, in: Becker, Jürgen (Hrsg.), Beiträge zum Medienprozeßrecht, Festgabe für Carl Hermann Ule, Baden-Baden 1988., S. 97 ff.

Merten, Klaus, Konvergenz der deutschen Fernsehprogramme, Eine Langzeitstudie 1980–1993, Münster, Hamburg 1994

Mestmäcker, Ernst-Joachim (Hrsg.), Offene Rundfunkordnung, Gütersloh 1988

ders., Die Anwendbarkeit des Gesetzes gegen Wettbewerbsbeschränkungen auf Zusammenschlüsse zu Rundfunkunternehmen, GRUR Int. 1983, S. 553 ff.

ders., Gutachten, 56. DJT Bd. II München 1986, S. 9 ff.

Mestmäcker/Engel/Hoffmann/Gabriel-Bräutigam, Der Einfluß des europäischen Gemeinschaftsrechts auf die deutsche Rundfunkordnung, Baden-Baden 1990

Mettler, in: Lerg/Steininger (Hrsg.), Rundfunk und Politik 1923–1973. Beiträge zur Rundfunkforschung, Berlin 1979, S. 243 ff.

Meyer-Hesemann, Wolfgang, Kompetenzprobleme beim Jugendschutz im Rundfunk, DVBl. 1986, S. 1181 ff.

Michel-Bericht, Bericht der Kommission zur Untersuchung der rundfunkpolitischen Entwick-

Literatur

lung im südwestdeutschen Raum, Kornwestheim 1970

Michelfelder, Stephan, Redaktionell gestaltete Wahlsendungen – Information oder Wahlpropaganda?, ZUM 1992, S. 163 ff.

Mill, John Stuart, On Liberty, London 1836

Möhring/Tank, Aktiengesetz, Köln 1967

Montag, Helga, Privater oder öffentlich-rechtlicher Rundfunk? Berlin 1978

Mook, Peter, Privater Rundfunk im Spiegel der Rundfunkgesetze, AfP 1986, S. 188 ff.

Möschel, Wernhard, Die Fusionskontrolle im Rundfunk, in: Erdmann u. a. (Hrsg.), Festschrift für Otto Friedrich Frhr. v. Gamm, Köln 1990, S. 627 ff.

ders., Zum Subsidiaritätsprinzip im Vertrag von Maastricht, NJW 1993, S. 3025 ff.

Möwes/Schmitt-Vockenhausen, Europäische Medienordnung im Lichte des Fernsehübereinkommens des Europarates und der EG-Fernsehrichtlinie 1989, EuGRZ 1990, S. 121 ff.

Müller, Michael, Parabolantenne und Informationsfreiheit, NJW 1994, S. 101 ff.

Müller, Volker, Auswirkungen gesellschaftsrechtlicher Veränderungen bei zugelassenen Rundfunkveranstaltern, ZUM 1996, S. 508 ff.

Müller-Römer, Frank, Digitalisierung und audiovisuelle Möglichkeiten, München 1994

ders., Programmverbreitung über Rundfunksatelliten, in: Bauer/Detjen/Müller-Römer/Posewang (Hrsg.), Die neuen Medien, Loseblattsammlung, Ulm 1986 ff.

ders., „Satelliten- und Kabelrundfunk", in: Int. Handbuch für Rundfunk und Fernsehen 1992/93, S. A1 ff.

Münch, von/Kunig (Hrsg.), Grundgesetz-Kommentar, Bd. 1 (Präambel bis Art. 20), 4. Aufl., München 1992

Münch, Ingo von, Grundbegriffe des Staatsrechts, Bd. 1, 4. Aufl., Stuttgart 1986

ders., Staatliche Wirtschaftshilfe und Subsidiaritätsprinzip, JZ 1960, S. 303 ff.

ders., Verwaltung und Verwaltungsrecht im demokratischen und sozialen Rechtsstaat, in: Erichsen/ Martens, Allgemeines Verwaltungsrecht, 9. Aufl., Berlin 1991, S. 1 ff.

Mutschler, Ulrich, Nebenbestimmungen zur Atomanlagengenehmigung und die Zulässigkeit ihrer Verwendung zur Ausräumung von Versagungsgründen, Köln, Berlin, Bonn, München 1974

Nagel, Hannelore, Die Rechtsbeziehungen zwischen Rundfunkanstalt und Rundfunkteilnehmer und die Stellung der Post, Würzburg 1967

Naujoks, Eberhard, Die parlamentarische Entstehung der Reichsverfassung, Düsseldorf 1975

Neyses, Johannes, Die Problematik eines Rundfunkstreitverfahrens, Köln 1975

Nicolaysen, Gert, Europarecht I, Baden-Baden 1991

ders., Zur Theorie von den Implied Powers in der Europäischen Gemeinschaft, EuR 1966, S. 129 ff.

Niedobitek, Matthias, Kultur und Europäisches Gemeinschaftsrecht, Berlin 1992

Niemann, Rüdiger, Mitbestimmung, in: Schiwy/Schütz (Hrsg.), Medienrecht. Lexikon für Wissenschaft und Praxis, 3. Aufl., Neuwied u. a. 1994, S. 268 ff.

Niepalla, Peter, Die Grundversorgung als Aufgabe der öffentlich-rechtlichen Rundfunkanstalten, München 1991

Niewiarra, Manfred, Feststellungen zur Medienkonzentration, ZUM 1993, S. 2 ff.

ders., Folgerungen aus den Aktivitäten der EU für die private Fernsehwirtschaft im Hinblick auf neue Angebote und Dienste, ZUM 1996, S. 758 ff.

ders., Öffentlich-rechtlicher Rundfunk und Fusionskontrolle, AfP 1989, S. 636 ff.

Noelle-Neumann, Elisabeth, Öffentliche Meinung, in: Noelle-Neumann/Schulz/Wilke (Hrsg.), Fischer Lexikon Publizistik/Massenkommunikation, Frankfurt a. M. 1989, S. 156 ff.

dies., in: Schulz, Winfried (Hrsg.), Medienwirkungsforschung in der Bundesrepublik Deutschland: Enquete der Senatskommission für Medienwirkungsforschung, Teil 1, Weinheim 1986

dies., Kumulation, Konsonanz und Öffentlichkeitseffekt, Publizistik, 1973 S. 26

dies., Öffentlichkeit als Bedrohung, 2. Aufl., Freiburg, München 1979

Noltenius, Johanne, Die freiwillige Selbstkontrolle der Filmwirtschaft und das Zensurverbot des Grundgesetzes, Göttingen 1958

Nowosadtko, Volker, Umwidmung und Verlagerung einer Frequenz des öffentlich-rechtlichen Rundfunks, ZUM 1996, S. 223 ff.

Obermayer, Klaus, Die Verfassungsmäßigkeit des Bayerischen Medienerprobungs- und -entwicklungsgesetzes vom 22. 11. 1984, FuR, 1985, S. 461 ff.

Oppermann, Thomas, Auf dem Weg zur gemischten Rundfunkverfassung in der Bundesrepublik Deutschland?, JZ 1981, S. 721 ff.

ders., Europarecht, München 1991

Oppermann/Kilian, Rechtsgrundsätze der Finanzierung des öffentlich-rechtlichen Rundfunks, Frankfurt a. M. 1989

Ory, Stephan, Freiheit der Massenkommunikation, Frankfurt a. M., Bern 1987

ders., Gesetzliche Regelungen des Jugendschutzes beim Rundfunk, NJW 1987, S. 2967 ff.

ders., Plädoyer: Keine Journalistenkammer, ZRP 1990, S. 289 ff.

ders., Rechtsfragen des Abonnementsfernsehens, ZUM 1988, S. 225 ff.

ders., Redaktionelle Mitbestimmung als Zulassungskriterium für Privatfunk, AfP 1988, S. 336 ff.

ders., Rock am Regal - Rundfunk und Recht, ZUM 1995, S. 852 ff.

ders., Rundfunkgebühr zwischen Staatsfreiheit und Parlamentsvorbehalt, AfP 1989, S. 616 ff.

Ory/Stock, Nordrhein-westfälisches Rundfunkrecht – Zur Lage nach den jüngsten Novellierungen, ZUM 1994, S. 315

Ossenbühl, Fritz, Programmnormen im Rundfunkrecht, in: Schriften der Gesellschaft für Rechtspolitik, (Hrsg.) Bd. I, Rundfunkrecht, München 1981, S. 1 ff.

ders., Rechtsprobleme der freien Mitarbeit im Rundfunk, Frankfurt a. M., Berlin 1978

ders., Rundfunk zwischen nationalem Verfassungsrecht und europäischem Gemeinschaftsrecht – Rechtsgutachten erstattet der Regierung des Landes Nordrhein-Westfalen, Frankfurt a.M. 1986

ders., Rundfunk zwischen Staat und Gesellschaft, München 1975

ders., Rundfunkfreiheit und die Finanzautonomie des Deutschlandfunks, München 1969

ders., Rundfunkfreiheit und Rechnungsprüfung, Frankfurt a. M. 1984

ders., Rundfunkprogramm – Leistung in treuhänderischer Freiheit, DÖV 1977, S. 381 ff.

Pabot, Klaus, Kulturlandschaften als Alibi. Strukturfragen der frühen Rundgesellschaften, in: Först, Walter (Hrsg.), Rundfunk in der Region. Probleme und Möglichkeiten der Regionalität. Annalen des Westdeutschen Rundfunks, Bd. 6, Köln et. al. 1981, S. 51 ff.

Palandt, Otto (Hrsg.), Bürgerliches Gesetzbuch, Kommentar, 53. Aufl., München 1994

Papier, Hans-Jürgen, Fernmeldemonopol der Post und Privatrundfunk, DÖV 1990, S. 217 ff.

ders., Verfassungsrechtliche Fragen des Rechts der Kurzberichterstattung, in: Badura/Scholz (Hrsg.), Wege und Verfahren des Verfassungslebens, FS für Peter Lerche, München 1993, S. 675 ff.

Paptistella, Gertrud, Zum Rundfunkbegriff des Grundgesetzes, DÖV 1978, S. 495 ff.

ders., Medientechnische Neuentwicklungen und Rundfunkfreiheit, DÖV 1978, S. 750 ff.

Pechstein, Matthias, Subsidiarität der EG-Medienpolitik? DÖV 1991, S. 535 ff.

Peisert, Hansgert, Die auswärtige Kulturpolitik der BRD, Stuttgart 1978

Pernice, Ingolf, Grundrechtsgehalte im Europäischen Gemeinschaftsrecht, Baden-Baden 1979

Pestalozza, Christian, Der Schutz vor der Rundfunkfreiheit in der Bundesrepublik Deutschland, NJW 1981, S. 2158 ff.

ders., Erneuter Scheintod des Privatfernsehens, AfP 1972, S. 265 ff.

ders., Rundfunkfreiheit in Deutschland, ZRP 1979, S. 25 ff.

Pfeifer, Frank-Georg, Verfassungsmäßiger Anspruch des Mieters auf eine Satellitenantenne?, DWW 1990, S. 353 ff.

Pfeiffer, Gerd, Selbstkoordinierung und Gemeinschaftseinrichtungen der Länder, NJW 1962, S. 565 ff.

Pieper, Antje, Der Griff der Gemeinschaften nach dem Rundfunk, EG-Magazin Nr. 11, 1989, S. 9 ff.

Pieper/Wiechmann, Der Rundfunkbegriff. Änderungen durch Einführung des interaktiven Fernsehens?, ZUM 1995, S. 82 ff.

Pieper/Hadamik, (Hrsg.), Das WDR-Gesetz und das Landesrundfunkgesetz Nordrhein-Westfalen vor dem Bundesverfassungsgericht, Dokumentation, Baden-Baden 1993

Pieper, Stefan Ulrich, Subsidiaritätsprinzip – Strukturprinzip der Europäischen Union, DVB1. 1993, S. 705 ff.

Pieroth/Schlink, Grundrechte, 10. Aufl., Heidelberg 1994

Piette, Klaus-Walter, Meinungsvielfalt im privaten Rundfunk, München 1988

Pietzcker, Jost in: Starck, Christian (Hrsg.): Die Zusammenarbeit der Gliedstaaten im Bundesstaat, Landesbericht Bundesrepublik Deutschland, Baden-Baden 1988, S. 13 ff.

Literatur

Platho, Rolf, Die Grenzen der Beteiligung an privaten Fernsehanstalten, Versuch einer Systematisierung von § 21 RuFuStV, ZUM 1993, S. 278 ff.

Poetzsch-Heffter, Fritz, Handkommentar der Reichsverfassung vom 11. 8. 1919, 3. Auflage, Berlin 1928

Pölitz, Karl Heinrich Ludwig, Die Constitutionen der europäischen Staaten seit den letzten 25 Jahren, Leipzig und Altenburg 1817/1825

Pohle, Heinz, Der Rundfunk als Instrument der Politik, Hamburg 1955

Posse, Ernst, Über Wesen und Aufgabe der Presse, Tübingen 1917

Prinz, Matthias, Geldentschädigung bei Persönlichkeitsrechtsverletzungen durch Medien, NJW 1996, S. 953 ff.

Prognos-Studie „Wirtschaftliche Chancen des digitalen Fernsehens", Basel 1994

Prüfig, Katrin, Formatradio – Ein Erfolgskonzept? Ursprung und Umsetzung am Beispiel Radio FFH, Berlin 1993

Püschel, Heinz, Wahlwerbung politischer Parteien im Rundfunk, ZUM 1990, S. 396 ff.

Radeck, Bernd, Werbung bei ARD und ZDF sichert Programmfreiheit, Media Perspektiven 1994, S. 278 ff.

Rager/Weber (Hrsg.), Publizistische Vielfalt zwischen Markt und Politik, Düsseldorf 1992

Der Rat für Forschung, Technologie und Innovation, Informationsgesellschaft, Bonn 1995

Ratzke, Dietrich, Ist Videotext eine Zeitung? in: ders., (Hrsg.): Die Bildschirmzeitung, Berlin 1977, S. 77 ff.

ders., Handbuch der Neuen Medien, Stuttgart 1984

Redeker, Helmut, Die grundrechtliche Verankerung der Rundfunkunternehmer-Freiheit, ZUM 1985, S. 544 ff.

Rehbinder, Manfred, Presserecht, Berlin 1967

ders., Urheberpersönlichkeitsrecht, ZUM 1995, S. 684 ff.

ders., Zur Freiheit der Kurzberichterstattung im Rundfunk, ZUM 1989, S. 337 ff.

Rengeling, Hans-Werner, Grundrechtsschutz in der Europäischen Gemeinschaft, München 1993

Ress, Georg, Kultur und Europäischer Binnenmarkt, Stuttgart-Berlin-Köln 1991

ders., Die neue Kulturkompetenz der EG, Döv 1992, S. 944ff.

Richter, Ildefons, Das neue Presserecht, in: Deutsches Recht 1935, S. 365 ff.

Ricker, Reinhart, in: Pieper/Hadamik (Hrsg.): Das WDR-Gesetz und das Landesrundfunkgesetz Nordrhein-Westfalen vor dem BVerfG, 1993, S. 345 ff.

ders., Anzeigenwesen und Pressefreiheit, München 1973

ders., Das duale Rundfunksystem – Bilanz und Ausblick, Bertelsmann-Briefe, Heft 129 (Mai 1993), S. 48 ff.

ders., Das Saarländische Rundfunkgesetz, ZUM 1991, S. 478 ff.

ders., Das Verbot der Werbung nach 20 Uhr im öffentlich-rechtlichen Fernsehen, in: VPRT (Hrsg.), Öffentlich-rechtlicher Rundfunk und Werbefinanzierung, Berlin 1995, S. 111 ff.

ders., Der Grundrechtsschutz im Standesrecht der Presse, AfP 1976, S. 158 ff.

ders., Der Rundfunkstaatsvertrag – Grundlage einer dualen Rundfunkordnung in der Bundesrepublik Deutschland, NJW 1988, S. 453 ff.

ders., Die Einspeisung von Rundfunkprogrammen in Kabelanlagen aus verfassungsrechtlicher Sicht, Berlin, Offenbach 1984

ders., Die Freiheit des Fernseh-Direktempfangs und die rechtliche Zulässigkeit ihrer Beschränkung, NJW 1991, S. 602 ff.

ders., Die gesetzliche Regelung des Kabelpilotprojektes Ludwigshafen, NJW 1981, S. 849 ff.

ders., Die Gestaltungsfreiheit des Gesetzgebers und ihre Grenzen im Lichte des 6. Rundfunkurteils, in: Kohl, Helmut (Hrsg.), Die Freiheit des Rundfunks nach dem Nordrhein-Westfalen-Urteil des Bundesverfassungsgerichts, Konstanz 1991, S. 29 f.

ders., Die Grundversorgung als Aufgabe des öffentlich-rechtlichen Rundfunks, ZUM 1989, S. 331 ff.

ders., Die Kompetenzen der Rundfunkräte im Programmbereich, München 1987

ders., Die öffentliche Aufgabe der Presse, Neu Ulm 1973

ders., Die Partizipationsrechte gesellschaftlicher Gruppen im öffentlich-rechtlichen Rundfunk. Zum Anspruch des Landessportbundes Hessen e. V. auf Partizipation am Rundfunkrat des

Hessischen Rundfunks, Berlin 1988

ders., Die verfassungsrechtliche Problematik der staatlichen, insbesondere der kommunalen Pressepublikationen, AfP 1981, S. 320 ff.

ders., Die Weiterverbreitung von Satellitenprogrammen in Hessen, AfP 1986, S. 188 ff.

ders., Die Zulässigkeit der Verpflichtung von Hörfunkspartenveranstaltern zur Ausstrahlung von Wahlwerbespots, ZUM 1994, S. 352 ff.

ders., Die Zulässigkeit kommerzieller Parteienwerbung im privaten Rundfunk, ZUM 1989, S. 409 ff.

ders., Diskriminierungsverbot und Kontrahierungszwang im Anzeigenwesen, AfP 1980, S. 6 ff.

ders., Freiheit und Aufgabe der Presse, Freiburg i. Br. 1983

ders., Freiheit und Ordnung des Rundfunks nach dem dritten Rundfunkurteil des Bundesverfassungsgerichts, NJW 1981, S. 1925 ff.

ders., Grundversorgung durch Private? in: Dokumentation Münchener Medientage 1992, S. 56 f., München 1993

ders., Kriterien der Einspeisung von Rundfunkprogrammen bei Kapazitätsengpässen in Kabelanlagen, ZUM 1992, S. 521 ff.

ders., Ländermodell für Hörfunk verfassungsrechtlich „problematisch", epd/Kirche und Rundfunk Nr. 21 vom 18. 3. 1992, S. 15 f.

ders., in: Münchener Medientage 1990, Dokumentation, S. 161 ff., München 1991

ders., in: Münchener Medientage 1991, Dokumentation, S. 164, München 1992

ders., Öffentlich-rechtlicher Rundfunk durch Kooperation mit Privaten? in: Badura/Scholz, (Hrsg.), Wege und Verfahren des Verfassungslebens, Festschrift für Lerche, München 1993, S. 693 ff.

ders., Privatrundfunk-Gesetze im Bundesstaat. Zur Homogenität der Mediengesetze und Mediengesetzentwürfe, München 1985

ders., Rechte und Pflichten der Medien unter Berücksichtigung des Rechtsschutzes des Einzelnen, NJW 1990, S. 2097 ff.

ders., Rechtliche Grundlagen und Harmonisierung der Landesmediengesetze, ZRP 1986, S. 224 ff.

ders., Rechtsgeschäfte mittels Bildschirmtext, AfP 1992, S. 365 ff.

ders., Rundfunkkontrolle durch Rundfunkteilnehmer? Opladen 1992

ders., Rundfunkwerbung und Rundfunkordnung, München 1985

ders., Staatsfreiheit und Rundfunkfinanzierung, NJW 1994, S. 2199 f.

ders., Unternehmensschutz und Pressefreiheit, Heidelberg 1989

ders., Verfassungsrechtliche Aspekte des Kabelpilotprojektes Ludwigshafen, AfP 1980, S. 140 ff.

ders., Verfassungsrechtliche Aspekte eines Mediengesetzes für Rheinland-Pfalz, Berlin, Offenbach 1985

ders., Verfassungsrechtliche Strukturerfordernisse einer außerpluralistischen Rundfunkordnung, ZRP 1983, S. 124 ff.

ders., Werbung im öffentlich-rechtlichen Rundfunk nach 20 Uhr, AfP 1990, S. 173 ff.

ders., Zur Rangfolge der Kabeleinspeisung des „Kinderkanals" und des „Ereignis- und Dokumentationskanals", ZUM 1997, S. 1 ff.

ders., Zur Zulässigkeit bundesweiter Einspeisung landesfremder 3. Fernsehprogramme des öffentlich-rechtlichen Rundfunks in Kabelanlagen, ZUM 1995, S. 824 ff.

ders., Zur Zulässigkeit nationaler Verbreitung dritter Fernsehprogramme der Landesrundfunkanstalten, AfP 1992, S. 19 ff.

Ricker/Becker, Grundversorgung contra Vertragsfreiheit – Anspruch öffentlich-rechtlicher Rundfunkanstalten auf unentgeltliche Kurzberichterstattung, ZUM 1988, S. 311 ff.

Ricker/Müller-Malm, Die Vielfaltsanforderungen an den privaten Rundfunk nach dem 4. Rundfunkurteil, ZUM 1987, S. 207 ff.

Ricker/Weirich, Mediengesetz-Entwurf der CDU Hessen, Berlin, Offenbach 1983

Ridder, Christa-Maria, Zur Programmverträglichkeit von Werbung nach 20.00 Uhr bei ARD und ZDF, Media Perspektiven 1994, S. 268 ff.

dies., Zukunftsstrategien der BBC, Media Perspektiven, 1993, S. 150 ff.

Ridder, Helmut, Anm. zum Urteil des BVerfG vom 25. 1. 1961, JZ 1961, S. 537 ff.

ders., Die Meinungsfreiheit, in: Neumann/Nipperdey/Scheuner (Hrsg.), Die Grundrechte, Berlin

Literatur

1958 ff., S. 243 ff.

Riedel, Heide, 60 Jahre Radio, von der Rarität zum Massenmedium, Hrsg. vom Deutschen Rundfunk-Museum e.V., Berlin 1983

dies., Hörfunk und Fernsehen in der DDR, Köln 1977

Rider, Bernd, Die Zensurbegriffe des Art. 118 Abs. 2 WRV und des Art. 5 Abs. 1 Satz 3 GG, Berlin 1970

Ring, Wolf-Dieter, Gefährdung der Rundfunkfreiheit – Neue Formen staatlicher Steuerung im dualen Rundfunksystem, in: Badura/Scholz (Hrsg.), Wege und Verfahren des Verfassungslebens, FS für Peter Lerche, München 1993, S. 707 ff.

ders., Medienrecht – Rundfunk, Neue Medien, Presse, Loseblattsammlung, München Hrsg. 1993 ff.

ders., Pay-TV ist Rundfunk! – Entgegnung zum Aufsatz von Dr. Christian Schwarz-Schilling „‚Pay-TV' – und doch kein Rundfunk!", ZUM 1990, S. 279 f.

Ring/Rothemund, Die Gewährleistung der Meinungsvielfalt nach dem Bayerischen Medienerprobungs- und -entwicklungsgesetz, Media Perspektiven 1985, S. 39 ff.

Röhl, Helmut, Die Nennung des eingeschränkten Grundrechts nach Art. 19 Abs. Satz 2 des GG, AöR 81 (1956), S. 195 ff.

Römer, Dietmar, „Grundversorgung" mit Rundfunk durch öffentlich-rechtliche Rundfunkanstalten – Die Stellung der öffentlich-rechtlichen Rundfunkanstalten im dualen Rundfunksystem, VerwR 1989, S. 9 ff.

Ronellenfitsch, Michael, Das besondere Gewaltverhältnis – ein zu früh totgesagtes Rechtsinstitut, DÖV 1981, S. 933 ff.

Ronneberger, Franz, Vorteile und Risiken der Neuen Medien für die Struktur der demokratischen Gesellschaft und den Zusammenhalt der sozialen Gruppen, eine Literaturstudie, Konstanz 1982

Röper, Erich, Beteiligung von Parteien und Parteienvertretern an Rundfunksendungen, NJW 1987, S. 2984 ff.

Röper, Horst, Formationen deutscher Medienmultis 1992, MediaPerspektiven 1993, S. 56

ders., Stand der Verflechtung von privatem Rundfunk und Presse 1989, MediaPerspektiven 1989, S. 533 ff.

Röper/Pätzold, Medienkonzentration in Deutschland, Medienverflechtungen und Branchenvernetzungen, Düsseldorf 1993

Roth, Wulf-Henning, Der Zugang der Presse zum privaten Rundfunk, ZHR 152 (1988), S. 165 ff.

ders., Grundfreiheiten des Gemeinsamen Marktes für kulturschaffende Tätigkeiten und kulturelle Leistungsträger, ZUM 1989, S. 101 ff.

Rothenbücher, Karl, Das Recht der freien Meinungsäußerung, VVDStRL 4 (1928), S. 6 ff.

Rudolf, Walter, Anmerkungen zum BVerwG-Urteil vom 10. 12. 1971, NJW 1972, S. 1292 ff.

ders., Aufsicht bei Funk und Fernsehen, ZRP 1977, S. 213 ff.

ders., Presse und Rundfunk, in: Münch, Ingo von (Hrsg.), Besonderes Verwaltungsrecht, 8. Aufl., Bad Homburg, Berlin, München 1988

ders., Über die Zulässigkeit privaten Rundfunks, Frankfurt a. M. 1971

Rudolf/Abmeier, Satellitendirektfernsehen und Informationsfreiheit, AVR. 21 (1982), S. 1 ff.

Rudolf/Meng, Rechtliche Konsequenzen der Entwicklung auf dem Gebiet der Breitbandkommunikation für die Kirchen, Köln 1978

Rüggeberg, Jörg, Rechtsschutz öffentlich-rechtlicher Rundfunkanstalten und privatrechtlicher Rundfunkunternehmen gegen Rechtsaufsichtsmaßnahmen, in: Becker, Jürgen (Hrsg.), Beiträge zum Medienprozeßrecht, Festgabe für Carl Hermann Ule, Baden-Baden 1988, S. 109 ff.

Rupp, Hans Heinrich, Anm. zum Beschluß des BVerfG vom 9. 11. 1978, JZ 1979, S. 28 ff.

ders., Rechtsfragen redaktionell gestalteter Rundfunksendungen vor Wahlen, in: Becker, Jürgen (Hrsg.), Wahlwerbung politischer Parteien im Rundfunk, Baden-Baden, 1990 S. 69 ff.

ders., Rechtsgutachten über Zulässigkeit und Voraussetzungen der Ausstrahlung zusätzlicher Fernsehprogramme durch das Zweite Deutsche Fernsehen, ZDF-Schriftenreihe, Heft 28, Mainz 1981

ders., Vom Wandel der Grundrechte, AöR 101 (1976), S. 161 ff.

Rupp-v. Brünneck, Wiltraut, in: Verfassung und Verantwortung. Schriften und Sondervoten (Hrsg. von Hans-Peter Schneider), Baden-Baden 1983

Rutger, Horst v. d., Rollt die Euro-Pornowelle? – Zur Strafbarkeit von aus dem Ausland gesendeter Porno-Satellitenprogramme nach deutschem Strafrecht, ZUM 1993, S. 227 ff.

Rüthers, Bernd, Das Ungerechte an der Gerechtigkeit, Osnabrück 1991

ders., Tendenzschutz und betriebsverfassungsrechtliche Mitbestimmung, AfP 1980, S. 2 ff.

Saier/Moser, Ansätze und Leitlinien einer medienpolitischen Position, FuR 1983, S. 544 ff.

Salzwedel, Jürgen, Rechtsgutachten über die Prüfungsbefugnisse des Landesrechnungshofes des Landes Nordrhein-Westfalen gegenüber dem Westdeutschen Rundfunk, Köln, Bonn, unveröffentlichtes Rechtsgutachten vom 26. 6. 1967

Schäfer, Karl, in: Loewe/Rosenberg, Die Strafprozeßordnung und das Gerichtsverfassungsgesetz, 24. Aufl., Berlin, New York 1988, Einleitung

Schardt, Andreas, Novellierung der Richtlinie >Fernsehen ohne Grenzen<: Quoten ohne Ende?, ZUM 1995, S. 735 ff.

Scharf, Albert, „Videotext" – Ein Rundfunkdienst, in: Ratzke, Dietrich (Hrsg.): Die Bildschirmzeitung, Berlin 1977, S. 133 ff.

ders., Aufgabe und Begriff des Rundfunks, BayVBl 1968, S. 337 ff.

Schaub, Günter, Arbeitsrechtshandbuch, 7. Aufl. München 1992

Schauer, Hans, Zur politischen Betätigung des Beamten, ZBR 1973, S. 8 ff.

Scheele, Hans-Eberhard, Die Freiheit des Rundfunks vom Staat, Berlin 1981

Schellenberg, Martin, Konzentrationskontrolle zur Sicherung des Pluralismus im privaten Rundfunk, Eine rechtsvergleichende Untersuchung in Deutschland, Frankreich, Italien und Großbritannien, neuveröffentl. Manuskript, 1996

ders., Medienkonzentrationskontrolle im Binnenmarkt? – Gesetzgebung der EU zwischen Rechtsvereinheitlichung und Subsidiarität, DZWir 1994, S. 410 ff.

ders., Pluralismus: Zu einem medienrechtlichen Leitmotiv in Deutschland, Frankreich und Italien, AÖR 1994 (119), S. 428 ff.

Scherer, Joachim, Frequenzverwaltung zwischen Bund und Ländern, Frankfurt 1987

ders., Rechtsprobleme des Staatsvertrages über Bildschirmtext, NJW 1983, S. 1834 ff.

ders., Telekommunikationsrecht und Telekommunikationspolitik, Baden-Baden 1985

Scheuner, Ulrich, Das Grundrecht der Rundfunkfreiheit, Berlin 1982.

ders., Der Einfluß des französischen Verwaltungsrechts auf die deutsche Rechtsentwicklung, DÖV 1963, S. 714 ff.

ders., Die Zuständigkeit des Bundes im Bereich des Rundfunks, in: Zehner, Günter (Hrsg.), Der Fernsehstreit vor dem Bundesverfassungsgericht, Bd. I, Karlsruhe 1964, S. 314 ff.

ders., Pressefreiheit, VVDStRL 22 (1965), S. 1 ff.

ders., Staatstheorie und Staatsrecht. Gesammelte Schriften (Hrsg. von Listl/Rüfner), Berlin 1978

Schickedanz, Erich, Privater Fernsehstreit?, BayVBl. 1973, 141 ff.

Schink, Alexander, Die europäische Regionalisierung, DÖV 1992, S. 385 ff.

Schippan, Martin, Anforderungen an die journalistische Sorgfaltspflicht, ZUM 1996, S. 398 ff.

ders., Rechtsprobleme internationaler Datennetze, ZUM 1996, S. 229 ff.

Schivelbusch, Wolfgang, Vor dem Vorhang, Das geistige Berlin 1945-1948, München, Wien 1995

Schiwy, Peter, Management und Politik, in: Bensele/Hesse (Hrsg.), Publizistik in der Gesellschaft, Festschrift für Manfred Rühl, Konstanz, 1994, S. 109 ff.

ders., Verpaßte Chancen – neue Sender, in alten Schuhen, in: Mahle, Walter (Hrsg.), Medien im vereinten Deutschland. Nationale und übernationale Perspektiven, München 1991, S. 35 ff.

ders., Versagt. Versäumt. Verpaßt. Die Medienordnung in den neuen Bundesländern, Bertelsmann Hefte Nr. 127 (1992), S. 42 ff.

Schiwy/Schütz (Hrsg.), Medienrecht. Lexikon für Wissenschaft und Praxis, 3. Aufl., Neuwied/Frankfurt a. M. 1994

Schlaich, Klaus, Neutralität als verfassungsrechtliches Prinzip, vornehmlich im Kulturverfassungs- und Staatskirchenrecht, Tübinger rechtswissenschaftliche Abhandlungen, Band 34, Tübingen 1972

Schmidhuber/Hitzler, Die Verankerung des Subsidiaritätsprinzips im EWG-Vertrag – ein wichtiger Schritt auf dem Weg zu einer föderalen Verfassung der Europäischen Gemeinschaft, NVWZ 1992, S. 201 ff.

Schmidt, Walter, Anm. zum Urteil des BVerfG vom 16. 6. 1981, DVBl. 1981, S. 920 ff.

ders., Die Rundfunkgewährleistung, Frankfurt a. M. 1980

Literatur

ders., Ordnung des Rundfunks im Zeitalter des Satellitenfernsehens, NJW 1986, S. 1792 ff.

ders., Rundfunkfreiheit und Rundfunkgewährleistung, ZRP 1980, 132 ff.

ders., Rundfunkvielfalt. Möglichkeiten und Grenzen einer „pluralistischen" Rundfunkorganisation, Frankfurt a. M. 1984

Schmidt-Beck, Rüdiger, Satellitenfernsehen in Deutschland, MediaPerspektiven 1992, S. 470 ff.

Schmidt-Bleibtreu/Klein, Kommentar zum Grundgesetz, 7. Aufl., Neuwied 1990

Schmidt/Leonhardt/Gast, Das Schriftleitergesetz, vom 4. 10. 1933, 3. Aufl., Köln 1944

Schmitt Glaeser, Walter, Art. 5 Abs. 1 Satz 2 GG als „Ewigkeitsgarantie" des öffentlich-rechtlichen Rundfunks, DÖV 1987, S. 837 ff.

ders., Bestands- und Entwicklungsgarantie für den öffentlich-rechtlichen Rundfunk, BayVBl. 1985, S. 97 ff.

ders., Das duale Rundfunksystem. Zum „4. Rundfunk-Urteil" des Bundesverfassungsgerichts vom 4. 11. 1986, DVBl. 1987, S. 14 ff.

ders., Das Gebot der „öffentlich-rechtlichen Trägerschaft" des Rundfunkbetriebes nach Art. 111 a Absatz 2 Satz 1 Bayerische Verfassung, ZUM 1986, S. 330 ff.

ders., Die Rundfunkfreiheit in der Rechtsprechung des Bundesverfassungsgerichts, AöR 112 (1978), S. 215 ff.

ders., Kabelkommunikation und Verfassung. Das privatrechtliche Unternehmen im „Münchener Pilotprojekt", Berlin 1979

Schmittmann, Michael, Low- und medium-power-Satellitenprogramme im Regionalgefüge des deutschen Rechts, ZUM 1990, S. 263 ff.

Schneider, Ludwig, Der Schutz des Wesensgehalts von Grundrechten nach Art. 19 Abs. 2 GG, Berlin 1983

Schneider, Franz, Kommunikationsfreiheit als historisch-politisches Phänomen, in: Wilke, Jürgen (Hrsg.), Pressefreiheit, Darmstadt 1984

ders., Pressefreiheit und politische Öffentlichkeit, Neuwied, Berlin 1966

Schneider, Hans Josef, Nebenbestimmungen und Verwaltungsprozeß, Frankfurt a. M. 1981

Schneider, Hans, Rundfunk als Bundesaufgabe, in: Zehner, Günter (Hrsg.), Der Fernsehstreit vor dem Bundesverfassungsgericht, Band I, Karlsruhe 1964, S. 417 ff.

ders., Werbung im Rundfunk, Frankfurt a. M., Berlin 1965

Schneider/Radeck, Verfassungsprobleme der Rundfunkfinanzierung aus Werbeeinnahmen, Frankfurt a. M. 1989, S. 105 f.

Schneider, Peter, Demokratie und Justiz, in Recht und Macht 1970, S. 121 ff.

ders., Pressefreiheit und Staatssicherheit, Mainz 1968

Schnoor, Heribert, Bildschirmtext - Regelungskompetenz und Organisationsstruktur, in: Hübner u.a., Rechtsprobleme des Bildschirmtextes, München 1986, S. 5ff.

Scholz/Joseph, Gewalt- und Sexdarstellungen im Fernsehen, Bonn 1993

Scholz, Rainer, Jugendschutz, München 1992

Scholz, Rupert, Audiovisuelle Medien und bundesstaatliche Gesetzgebungskompetenz, Berlin 1976

ders., Das dritte Fernsehurteil des BVerfG, JZ 1981, S. 561 ff.

ders., Die Koalitionsfreiheit als Verfassungsproblem, München 1971

ders., Medienfreiheit und Publikumsfreiheit, in: Presserecht und Pressefreiheit, FS für Martin Löffler, hrsg. vom Studienkreis für Presserecht und Pressefreiheit, München 1980, S. 375 ff.

ders., Medienverflechtung. Anmerkungen zu dem gleichnamigen Buch von Kübler, AfP 1983, S. 261 ff.

ders., Pressefreiheit und Arbeitsverfassung. Verfassungsprobleme um Tendenzschutz und innere Pressefreiheit, Berlin 1978

ders., Private Rundfunkfreiheit und öffentlicher Rundfunkvorbehalt, JuS 1974, S. 299 ff.

ders., Rundfunkeigene Programmpresse? Berlin 1984

ders., Wie lange bis „Solange III"?, NJW 1990, S. 941 ff.

Scholtissek, Horst, Die Entwicklung des SDR 1945 bis 52, Regensburg 1974

Schönke/Schröder, Strafgesetzbuch. Kommentar. 24. Aufl., München 1991

Schottenloher, Flugblatt und Zeitung, München Neuauflage 1985

Schreckenberger, Waldemar, Analysen und Perspektiven des Kabelpilotprojekts Ludwigshafen/Vorderpfalz, Ludwigshafen 1987

L

ders., Die Zukunft des Rundfunks, Dokumentation der Hamburger Medientage 1979, Hamburg 1980

ders., Zur Entwicklung des Kabelpilotprojektes Ludwigshafen-Vorderpfalz, medium 1979, S. 6 ff.

Schreiber, H. J., Die geschichtliche Entwicklung des Rundfunks in Bayern, München 1950

Schricker, Gerhard, in: Schricker/ZAW, (Hrsg.)Recht der Werbung in Europa, Bonn 1990, S. 12

Schüle, Adolf, Beitrag zur „Aussprache zur Pressefreiheit", VVdStRL 1965 (22), S. 166

ders., Persönlichkeitsschutz und Pressefreiheit, Köln 1961

Schuler-Harms, Margarete, Die Zusammenarbeit der Landesmedienanstalten am Beispiel der Kontrolle bundesweiter Veranstalterstrukturen, AfP 1993, S. 629 ff.

Schulz, Klaus-Peter, Grundzüge der Postreform II, JA 1995, S. 417 ff.

Schulz, Wolfgang, Jenseits der „Meinungsrelevanz" - Verfassungsrechtliche Überlegungen zu Ausgestaltung und Gesetzgebungskompetenzen bei neuen Kommunikationsformen, ZUM 1996, S. 487 ff.

Schulze-Sölde, Antje, Politische Parteien und Wahlwerbung in der dualen Rundfunkordnung: Zum Rechtsanspruch der Parteien auf Wahlwerbung, Baden-Baden 1994

Schumann, Gernot, Offene Kanäle - dritte Säule der dualen Rundfunkordnung, DLM Jb. 1992, S. 111 ff., 118 ff., München 1993

Schumann, Michael, Neue Medien und privater Rundfunk in Bayern, Frankfurt 1993

Schürnmann, Frank, Staatliche Mediennutzung, AfP 1993, S. 435 ff.

Schuster, Detlef, Meinungsvielfalt in der dualen Rundfunkordnung, Berlin 1990

Schuster, Fritz, Gesetze und Proklamationen der Militärregierung Deutschland bezüglich des Post- und Fernmeldewesens, Archiv für das Post- und Fernmeldewesen 1949, S. 65 ff.

Schütte, Wolfgang, Der deutsche Nachkriegsrundfunk und die Gründung der Rundfunkanstalten, Eine Chronik, in: Lorg/Steininger (Hrsg.): Rundfunk und Politik 1923 bis 1973, Beiträge zur Rundfunkforschung, Berlin 1975, S. 217 ff.

ders., Regionalität und Föderalismus im Rundfunk. Die geschichtliche Entwicklung in Deutschland 1923–1945., In: Beiträge zur Geschichte des deutschen Rundfunks, Band 3, 1. Auflage, Frankfurt a. M. 1971.

Schütz, Gerhard, Die Rechtsprechung der Verfassungs- und Verwaltungsgerichte zum Bayerischen Medienerprobungs- und Entwicklungsgesetz (MEG), ZUM 1993, S. 55 ff.

Schütz, Hans-Joachim, Bund, Länder und Europäische Gemeinschaften. Kritische Anmerkungen zur Übertragung von Hoheitsrechten der Länder auf zwischenstaatliche Einrichtungen durch den Bund, Der Staat 28 (1989), S. 201ff.

Schütz, Walter J., Konzentration, in: Schiwy/Schütz (Hrsg.), Medienrecht, Lexikon für Wissenschaft und Praxis. 3. Auflage, Neuwied u. a. 1994, S. 202 ff.

Schütz, Walther, Medienwirkungsforschung in der Bundesrepublik Deutschland: Enquete der Senatskommission für Medienwirkungsforschung, Teil 1, 1987

Schwabe, Jürgen, Probleme der Grundrechtsdogmatik, Darmstadt 1977

Schwan, Heribert, Der Rundfunk als Instrument der Politik im Saarland 1945-1955, Berlin 1974

Schwandt, Eberhard Ulrich, Privater Kabelfunk, DÖV 1972, S. 693 ff.

Schwartländer/Willoweit, Meinungsfreiheit – Grundgedanken und Geschichte in Europa und USA, Tübinger Universitätsschriften, Bd. 6, Kehl/Straßburg 1986

Schwartz, Ivo, E., Rundfunk, EG-Kompetenzen und ihre Ausübung, ZUM 1991, S. 155 ff.

ders., Subsidiarität und EG-Kompetenzen. Der neue Titel „Kultur" Medienvielfalt und Binnenmarkt, AfP 1993, 409 ff.

Schwarz, Eberhard, Das 3. Fernsehurteil: Beginn eines neuen Mediensystems?, Recht und Politik, 1981, S. 175

Schwarz-Schilling, Christian, „Pay-tv" – und doch kein Rundfunk!, ZUM 1989, S. 487 ff.

ders., Grenzenlose Kommunikation, Bilanz und Perspektiven der Medienpolitik, Frankfurt a. M. 1993

Schwarze, Jürgen (Hrsg.), Fernsehen ohne Grenzen, Baden-Baden 1985

ders., Rundfunk und Fernsehen in der Europäischen Gemeinschaft, in: ders., (Hrsg.) Fernsehen ohne Grenzen, S. 11

Schwindt, Das Recht der freien Meinungsäußerung, in: Anschütz (Hrsg.): Handbuch des Deutschen Staatsrechts, Band 2, Berlin 1932

Seemann, Klaus, Das „Fünfte Rundfunkurteil" des BVerfG – Thesen und Perspektiven, DÖV

Literatur

1987, S. 844 ff.

ders., Das 4. Rundfunkurteil des Bundesverfassungsgerichts im Lichte der Rechtsauffassung der Bundesregierung, DÖV 1987, S. 129 ff.

ders., Zur Konkurrenzproblematik im dualen Rundfunksystem, ZUM 1988, S. 67 ff.

Seidel, Lore, Fernsehen ohne Grenzen – Zum Erlaß der EG-Rundfunkrichtlinie, NVwZ 1991, S. 120 ff.

Seither, Thomas, Rundfunkrechtliche Grundversorgung und Kurzberichterstattungsrecht, Stuttgart 1993

Seitz/Schmidt/Schoener, Der Gegendarstellungsanspruch in Presse, Film, Funk und Fernsehen, München 1989

Selmer, Peter, Bestands- und Entwicklungsgarantien für den öffentlich-rechtlichen Rundfunk in einer dualen Rundfunkordnung, Berlin 1988

ders., Presse und privater Rundfunk, AfP 1985, S. 14 ff.

Selmer/Gersdorf, Die Finanzierung des Rundfunks in der BRD auf dem Prüfstand des EG-Beihilferegimes, Berlin 1994

Sengelmann, Hartwig, Wie wirken Verlagsfusionen auf die publizistische Vielfalt?, AfP 1978, S. 178 ff.

Setzen, K. M., Fernsehen: Objektivität oder Manipulation?, Heidenheim 1971

Sieber, Ulrich, Strafrechtliche Verantwortlichkeit für den Datenverkehr in internationalen Computernetzen, JZ 1996, S. 429 ff.

Smend, Rudolf, Das Recht der freien Meinungsäußerung, VVDStRL (4) 1965, S. 4 ff.

ders., Die politische Gewalt im Verfassungsstaat und das Problem der Staatsferne in Staatsrechtliche Abhandlungen, 2. Aufl., 1968, 68 ff.

Soergel/Hefermehl (Hrsg.), Bürgerliches Gesetzbuch, Kommentar, 12. Aufl., Stuttgart 1988

Spanner, Hans, Die Möglichkeiten eines staatlichen (Bundes-)Einflusses auf von privater Hand gestaltete Fernsehprogramme, in: Zehner, Günter (Hrsg.): Der Fernsehstreit vor dem Bundesverfassungsgericht, Bd. I, Karlsruhe 1964, S. 390

Spieler, Ekkehard, Fusionskontrolle im Medienbereich, Berlin 1988

Stammler, Dieter, Kabelfernsehen und Rundfunkbegriff, AfP 1975, S. 742 ff.

ders., Kabelkommunikation und Rundfunkorganisation, AfP 1978, 123 ff.

ders., Neue elektronische Kommunikationstechniken, in: Schiwy/Schütz (Hrsg.), Medienrecht. Lexikon für Wissenschaft und Praxis, 3. Aufl., München 1994, S. 275 ff.

Stammler, Eberhard, Verfassungs- und organisationsrechtliche Probleme des Kabelrundfunks, Tübingen 1974

Staps, R., Bekenntnisfreiheit – ein Unterfall der Meinungsfreiheit? Schriftenreihe des Instituts für Europäisches Recht der Universität des Instituts für Europäisches Recht der Universität des Saarlandes, Bd. 22, Kehl 1990

Starck, Christian (Hrsg.), Anmerkung zum Urteil des BVerfG vom 31. 1. 89, JZ 1989, S. 338 f.

ders., Bundesverfassungsgericht und Grundgesetz, 2 Bände, Tübingen 1976

ders., Die Konstruktionsprinzipien und verfassungsrechtlichen Grundlagen der gegenwärtigen mediengesetzlichen Aktivitäten in den deutschen Bundesländern, JZ 1983, S. 405 ff.

ders., „Grundversorgung" und Rundfunkfreiheit, NJW 1992, S. 3257 ff.

ders., Herkunft und Entwicklung der Klausel der „allgemeinen Gesetze" als Schranke der Kommunikationsfreiheiten in Art. 5 Abs. 2 des Grundgesetzes, in FS für Werner Weber, Berlin 1974

ders., Rundfunkfreiheit als Organisationsproblem – Zur Zusammensetzung der Rundfunkgremien, Tübingen 1973

ders., Teilhabeansprüche auf Rundfunkkontrolle und ihre gerichtliche Durchsetzung, FS für Martin Löffler, München 1980, S. 375 ff.

ders., Verfassungsrechtliche Untersuchung zur 20-Uhr-Werbegrenze für die öffentlich-rechtlichen Rundfunkanstalten im Rahmen der Rundfunkfinanzierung auf der Grundlage der Rechtsprechung des Bundesverfassungsgerichts, in: VPRT (Hrsg.), Öffentlich-rechtlicher Rundfunk und Werbefinanzierung, Berlin 1995, S. 9 ff.

ders., Zur notwendigen Neuordnung des Rundfunks, NJW 1980, S. 1359 ff.

ders., (Hrsg.), Zusammenarbeit der Gliedstaaten im Bundesstaat, Baden-Baden 1988

Stauffenberg/Langenfeld, Maastricht – ein Fortschritt für Europa?, ZRP 1992, S. 252 ff.

Stefen, Rudolf, Jugendmedienschutz, in: Schiwy/Schütz (Hrsg.), Medienrecht. Lexikon für Wissenschaft und Praxis, 3. Aufl., München 1994, S. 192 ff.

Steffen, Erich, Schranken des Persönlichkeitsrechtschutzes für den „investigativen" Journalismus, AfP 1988, S. 117 ff.

Steimer, Werner, in 46. DJT, Landesbericht, Beitragsband B, München 1986, S. 16 ff.

Stein, Ekkehart, Staatsrecht, 14. Aufl., Tübingen 1993

Steindorf, Joachim, in: Erbs/Kohlhaas, Strafrechtliche Nebengesetze, München 1990

Steindorff, Ernst, Grenzen der EG-Kompetenzen, Heidelberg 1990

Steiner, Udo, Die Klagebefugnis gesellschaftlich relevanter Gruppen auf Berücksichtigung ihrer Belange im Programm, in: Becker, Jürgen (Hrsg.), Beiträge zum Medienprozeßrecht, Festgabe für Carl Hermann Ule zum 80. Geburtstag, Baden-Baden 1988, S. 85 ff.

ders., Kooperationen im Programmbereich, DÖV 1986, S. 72 ff.

Steininger, Rolf, Deutschlandfunk – die Vorgeschichte einer Rundfunkanstalt 1949-1961, Berlin 1977

ders., Langer Streit um kurze Wolle. Der Auslandsrundfunk in den Anfängen der Bundesrepublik 1950-1953, Berlin 1972

Steiniger, Rolf, Rundfunkpolitik im ersten Kabinett Adenauer, in: Lerg/Steiniger (Hrsg.), Rundfunk und Politik 1923 bis 1973, Berlin 1975

Stender-Vorwachs, Jutta, „Staatsferne" und „Gruppenferne" in einem außenpluralistisch organisierten privaten Rundfunksystem, Berlin 1991

Stern, Klaus, Das Staatsrecht der Bundesrepublik Deutschland, Bd. I–IV, München 1977–1988

ders., Lehrbuch des Staatsrechts, 2. Aufl., Köln 1974

ders., Neue Medien – Neue Aufgabe des Rechts?, Verfassungsrechtliche Grundfragen, DVBl. 1982, S. 1109

Stern/Bethge, Funktionsgerechte Finanzierung der Rundfunkanstalten durch den Staat, München 1968

dies., Öffentlich-rechtlicher und privatrechtlicher Rundfunk, Frankfurt a. M./Berlin 1971

Stettner, Rupert, Die Öffnung des Rundfunks für Private durch das Bayerische Medienerprobungs- und -entwicklungsgesetz, ZUM 1986, S. 559 ff.

ders., Die Rechtsprechung der Verfassungs- und Verwaltungsgerichte zum Bayerischen Medienerprobungs- und -entwicklungsgesetz (MEG), ZUM 1992, S. 456 ff.

ders., Grundfragen einer Kompetenzlehre, Berlin 1989

ders., Ist es öffentlich-rechtlichen Rundfunkanstalten, insbesondere dem Zweiten Deutschen Fernsehen (ZDF), gestattet, Pay-TV zu veranstalten?, Rechtsgutachten für die BLM, unveröff. Manuskript 1994

ders., Rechtsbindungen der Programmbeschaffungstätigkeit öffentlich-rechtlicher Rundfunkanstalten im Wettbewerb mit Privaten, ZUM 1991, S. 441 ff.

ders., Rundfunkstruktur im Wandel. Rechtsgutachten zur Vereinbarkeit des Bayerischen Medienerprobungsgesetzes mit der Bayerischen Verfassung, München 1988

ders., Verlängerung einer rundfunkrechtlichen Zulassung und Abstimmungsbedarf nach § 30 Abs. 2 Rundfunkstaatsvertrag, ZUM 1996, S. 433 ff.

Stock, Martin, Der neue Rundfunkstaatsvertrag, RuF 1992, S. 189 ff.

ders., Ein fragwürdiges Konzept dualer Rundfunksysteme, RuF 1987, S. 5 ff.

ders., Koordinationsrundfunk im Modellversuch. Das Kabelpilotprojekt (Mannheim-) Ludwigshafen, Berlin 1981

ders., Landesmedienrecht im Wandel, München 1986

ders., Neues Privatrundfunkrecht. Die nordrhein-westfälische Variante, München 1987

ders., Neues über Verbände und Rundfunkkontrolle, AÖR 104 (1979), S. 1 ff.

ders., Noch einmal: Rundfunkorganisation und Kommunikationsfreiheit, RuF 1980, S. 583 ff.

ders., Privatfunk als „öffentlich-rechtlicher Rundfunk"? – Ein bayerisches Verfassungsproblem, JZ 1991, S. 645

ders., Zur Theorie des Koordinationsrundfunks, Baden-Baden 1981

Stockmann, Kurt, Privater Rundfunk – ein Ausnahmebereich der Fusionskontrolle?, AfP 1989, S. 634 ff.

Stolte, Dieter, Die klingende Münze hat zwei Seiten, Werbefunk im Mittelpunkt kinderfreundlicher Vorschläge, epd Nr. 37 vom 16. 5. 1979, S. 1

ders., in: Werbung im öffentlich-rechtlichen Rundfunk, ZDF-Schriftenreihe 51, Mainz 1994

Storck, Mechthild, Verschiebung der intermedialen Gewichte, Media Perspektiven 1993, S. 198 ff.

Literatur

Stumper, Kai, Politische Parteien und deren Ansprüche auf Wahlwerbung im Rundfunk, ZUM 1994, S. 98 ff.

Tabarra, Tarik, Zur Verfassungsmäßigkeit der Errichtung einer Bundesmedienanstalt, ZUM 1996, S. 378 ff.

Tettinger, Peter J., Das Recht des Rundfunks auf freie Berichterstattung bei Sportveranstaltungen, ZUM 1986, S. 497 ff.

ders., Neuartige Massenkommunikationsmittel und verfassungsrechtliche Rahmenbedingungen, JZ 1984, S. 400 ff.

ders., Neue Medien und Verfassungsrecht, München 1980

ders., Wahlwerbung politischer Parteien und Programmverantwortung der Rundfunkanstalten, RuF 1977, S. 197 f.

Theisen, Werner, Privatrundfunk, 1980

Thieme, Werner, Der Finanzausgleich im Rundfunkwesen, AöR 88 (1963), S. 38 ff.

Thoma, Helmut (Hrsg.), Zwischen Mitwirkung und Mitverantwortung, Frankfurt 1997

Treffer/Regensburger/Kroll, Bayerisches Medienerprobungs- und -entwicklungsgesetz, Kommentar, München 1985

Triepel, Heinrich, Die Reichsaufsicht. Untersuchungen zum Staatsrecht des Deutschen Reiches, Berlin 1917

Tschentscher, Thomas, Gutachterliche Stellungnahme zur Rechtmäßigkeit der „Gemeinsamen Richtlinien der Landesmedienanstalten für die Werbung, zur Durchführung der Trennung von Werbung und Programm" für DLM-Direktorenkonferenz, unveröff. Manuskript

Ukena, Gert, Wahlwerbesendungen privater Rundfunkveranstalter, ZUM 1991, S. 75 ff.

Umbach/Clemens, BVerfGG, Kommentar, Heidelberg 1992

Unholzer, Gerhard, Die Zukunft der ARD-Werbung, Media Perspektiven, 1990, S. 370 ff.

van Dijk/van Hoof, Theory and Practice of the European Convention on Human Rights, Denver-Boston 1990

Verdross/Simma, Universelles Völkerrecht, 3. Aufl., Berlin 1984

Völkel, Rüdiger, Product Placement aus der Sicht der Werbebranche und seine rechtliche Einordnung, ZUM 1992, S. 55 ff.

Voß, Peter, Öffentlich-rechtlicher Rundfunk und Mischfinanzierung, Media Perspektiven 1994, S. 50 ff.

Waas, Die alte deutsche Freiheit, ihr Wesen und ihre Geschichte, München und Berlin 1939

Wagner, Christoph, Die Bedeutung von Filmfreigaben nach dem JÖSchG für die Jugendschutzkontrolle der Landesmedienanstalt, ZUM 1991, S. 299 ff.

ders., Die Landesmedienanstalten. Organisation und Verfahren der Kontrolle privater Rundfunkveranstalter in der Bundesrepublik Deutschland, Baden-Baden 1990

ders., Duale Rundfunkordnung und Rundfunkwirklichkeit in Italien – Gegenwärtiges Erscheinungsbild und Perspektiven, ZUM 1989, S. 221 ff.

ders., Konzentrationskontrolle im Medien-Binnenmarkt der EG, Wettbewerbsrechtliche und medienspezifische Ansätze, AfP 1992, S. 1 ff.

ders., Konzentrationskontrolle im privaten Rundfunk in RuF 1990, S. 165 ff.

Walendy, Elfriede, Offene Kanäle in Deutschland – ein Überblick, Media Perspektiven 1993, S. 306 ff.

Wallenberg, Gabriela von, Anmerkung zu den Beschlüssen betreffend die Zulassung des Deutschen Sportfernsehens (DSF) zum Sendebetrieb, ZUM 1993, S. 276 ff.

ders., Die Regelungen im Rundfunkstaatsvertrag zur Sicherung der Meinungsvielfalt im privaten Rundfunk, ZUM 1992, S. 387 ff.

Wassermann, Rudolf (Hrsg.), Kommentar zum Grundgesetz für die Bundesrepublik Deutschland (zit. Alternativkommentar), Bd. 1, Art. 1-37, 2. Aufl., Darmstadt 1989

Weber, Werner, Rundfunkfreiheit – Rundfunkmonopol, in: Schnur, Roman (Hrsg.), FS für Ernst Forsthoff, München 1972, S. 467 ff.

ders., Zur Diskussion über die Zulassung eines privaten Fernsehens, Der Staat, Bd. 11 (1972), S. 82 ff.

ders., Zur Rechtslage des Rundfunks in NWDR Denkschrift Köln 1956, S. 63 ff.

Wehmeier, Klaus, Die Geschichte des ZDF, Mainz 1979

Weiand, Neil George, Anmerkungen zum Urteil des Bundesgerichtshofs vom 19. März 1992 – I ZR 64/90, ZUM 1993, S. 81 ff.

Weides, Peter, Der Jugendmedienschutz im Filmbereich, NJW 1987, S. 224 ff.

ders., Zur Verfassungsmäßigkeit des Gesetzes über Maßnahmen zur Förderung des deutschen Films vom 22. Dezember 1967, in: UFITA 58 (1970), S. 65 ff., 82 ff.

ders., (Hrsg.), Europas Medienmarkt von morgen, Berlin 1989

Weirich, Dieter, Auftrag Deutschland: Nach der Einheit: Unser Land der Welt vermitteln, Mainz 1993

ders., Medien 2000: Kommunikationszukunft in Deutschland, Berlin 1996

Weiß, Ralph, Lokalradios in Nordrhein-Westfalen und lokale Information, MediaPerspektiven 1993, S. 75

Wendland, Jens, Zur Programmorientierung. Videotext als ergänzender Rundfunkdienst, Media Perspektiven 1979, S. 529

Wenninger, Ludwig, Geschichte der Lehre vom besonderen Gewaltverhältnis, Köln u.a. 1982

Wenzel, Joachim, Die Programmfreiheit des Rundfunks. Jur. Diss., Gießen 1970

Wenzel, Karl Egbert, Das Recht der Wort- und Bildberichterstattung, 4. Aufl., Köln 1994

Wieland, Joachim, Die Freiheit der Berichterstattung durch Rundfunk, Der Staat 20, 1981, S. 97 ff.

ders., Die Freiheit des Rundfunks, Berlin 1984

ders., Markt oder Staat als Garant der Rundfunkfreiheit, Der Staat, Bd. 23 (1984), S. 27

ders., Wahlwerbung im Spannungsfeld zwischen Freiheit des Rundfunks und Freiheit der Parteien, ZUM 1994, S. 447 ff.

Wieland/Böckenförde, Macht oder Staat als Garanten der Freiheit, Der Staat, 1984, S. 245 ff.

Wilhelmi, Martin, Vorläufiger Rechtsschutz eines nicht berücksichtigten Programmanbieters gegen die Entscheidung der Bayerischen Landeszentrale für neue Medien, ZUM 1992, S. 299 ff.

Wilke, Jürgen, Die Periode im Kaiserreich, Archiv für Geschichte des Buchwesens 31 (1988), S. 221 ff.

ders., Methoden der Publizistik- und Kommunikationtionswissenschaft, in: Noelle-Neumann/Schulz/Wilke (Hrsg.), Fischer Lexikon Publizistik/Massenkommunikation, 1989, S. 185 ff.

ders., Nachrichtenauswahl und Medienrealität in vier Jahrhunderten, Berlin, New York, 1984

Wilkens, Heinz, Die Aufsicht über den Rundfunk, Frankfurt a. M. 1965

Wille, Karola, Rechtsfragen der Teilung von Kabelkanälen, ZUM 1996, S. 356 ff.

Winkler, Klaus, Die Geschichte des ZDF, Mainz 1979

Wittek, Bernhard, Der Britische Ätherkrieg gegen das Dritte Reich, Münster 1962

Wittig-Terhardt, Margret, Rundfunk und Kartellrecht, AfP 1986, S. 299 f.

Wolf, Joachim, Medienfreiheit und Medienunternehmen, Berlin 1985

Wolff/Bachof/Stober, Verwaltungsrecht Bd. II, 5. Aufl., München 1987

Wronka, Georg, Zur verfassungsrechtlichen Zulässigkeit medienspezifischer Werbeverbote, AfP 1975, S. 787 ff.

Wufka, Eduard, Die verfassungsrechtlich-dogmatischen Grundlagen der Rundfunkfreiheit, Frankfurt a. M., Berlin 1971

Wuttke, Heinrich, Die deutschen Zeitungen und die Entstehung der öffentlichen Meinung, Hamburg 1866

Zehner, Günter (Hrsg.): Der Fernsehstreit vor dem Bundesverfassungsgericht. Eine Dokumentation des Prozeßmaterials, Bd. 1 (Schriftsätze und Rechtsgutachten), Bd. 2 (Mündliche Verhandlungsprotokolle), Karlsruhe 1964 und 1965

Zeidler, Karl, Gedanken zum Fernseh-Urteil des BVerfG, AöR 86 (1961), S. 361 ff.

Zimmer, Jochen, Satellitenfernsehen in Deutschland, MediaPerspektiven 1993, S. 358 ff.

Zippelius, Reinhold, Allgemeine Staatslehre, 11. Aufl., München 1991

Zohlnhöfer, Werner, in: Schenk/Donnerstag, (Hrsg.) Medienökonomie, München 1989, S. 46 ff.

Zöller, Richard, Zivilprozeßordnung, 18. Aufl., Köln 1992

A. Geschichte des Rundfunkverfassungsrechts

I. Vorbemerkung

Die *Technik* und ihre Entwicklung haben Rundfunk ermöglicht. So folgt auch das Recht des **1** Rundfunks von Anbeginn technischen Vorgaben und Bedingungen. Techniker entwickelten zunächst die Voraussetzungen für den Hörfunk und später für das Fernsehen; weder Politiker noch Publizisten oder gar Künstler, sondern eben *Techniker* standen an der *Wiege des Rundfunks*. Mit ihm schufen sie ein „völlig neues Kommunikationsmittel und öffneten neue kommunikative Dimensionen".[1] Das neue Medium wandte sich schon bald „an alle". Damit kam die Politik ins Spiel und mit ihr die Juristen. So beginnt die Geschichte des Rundfunkverfassungsrechts erst nach dem Aufkommen des Rundfunks. Ihr Verlauf während der letzten knapp acht Jahrzehnte markiert die wechselvolle bis heute fortdauernde *Debatte um Einfluß* und Zugriff auf den Rundfunk.

Diese *Machtfrage* ist als Gegenstand der Auseinandersetzung schon sehr früh in den Gesprächen und Verhandlungen der Reichsregierung mit Industrie, Wirtschaft und Verlegerorganisationen erkennbar und durchzieht die 14 Jahre der unglücklichen Weimarer Republik, ehe Adolf Hitler durch seinen Reichsminister für Volksaufklärung und Propaganda, Joseph Goebbels – einen Zentralisierungsentscheid der letzten demokratischen Vorgängerregierung nutzend – vollendete Tatsachen schafft. Die bösen Erfahrungen der nationalsozialistischen Zeit sowie der fortlaufende Machtmißbrauch der russischen Besatzungsmacht und ihrer willfährigen deutschen Helfershelfer in der Ostzone veranlassen die Verfassungsväter des Grundgesetzes für die Bundesrepublik Deutschland zur gründlichen Debatte über die in Artikel 5 GG postulierte Rundfunkfreiheit. Diese Diskussion wird seit den 50er Jahren von Verfassungsjuristen im Wechselspiel mit der Politik teils leidenschaftlich, meist jedoch kontrovers fortgesetzt. Sie hat bis heute kein Ende gefunden.

Immer wieder hat besonders der *technische Fortschritt* (z. B. Entwicklung von UKW-Hör- **2** funk, Kabel- und Satellitenverbreitung) zur Fortsetzung der Auseinandersetzung um die rechtliche Verfassung des Rundfunks Anlaß gegeben. Dabei hat allerdings die Entwicklung neuer technischer Parameter jeweils eher nur den Anstoß zum Streit geliefert; mehr und mehr haben die Rechte zur Bestimmung programmlicher Inhalte die Gemüter bewegt. Erinnert sei zum Beispiel an die schon in der Weimarer Republik diskutierte Frage der kulturellen Bedeutung des Rundfunks, die heute im Rahmen der europäischen Einigung im Streit um den Dienstleistungscharakter des Rundfunks wiederkehrt.[2]

II. Anfänge des Rundfunks und sein Aufbau in der Weimarer Republik

Am 29. Oktober 1923 begann die Berliner *Radio-Stunde AG*, das erste regelmäßige Hör- **3** funkprogramm Deutschlands auszustrahlen.[3] Obwohl die Vorbereitungen hierfür bereits kurz nach Ende des ersten Weltkrieges einsetzten und im Jahre 1922 mit grundlegenden Auseinandersetzungen zwischen dem Reichspostministerium (RPM) und dem Reichsministerium

---

[1] *Bausch,* in: *Bausch,* Rundfunk, S. 11.
[2] Ausführlicher dazu unter H Rdz 43 ff.
[3] Vgl. *Fessmann,* Rundfunk, S. 19; *Herrmann,* Rundfunkrecht, § 4 Rdz. 6, S. 59; *Lerg,* Die Entstehung des Rundfunks in Deutschland, Bd. 1, S. 210 ff.

des Innern (RMI) über die publizistische Funktion dieses neuen Mediums einhergingen, bestanden für den Hörfunk 1923 weder eindeutige verfassungsrechtliche Grundlagen noch irgendwelche rundfunkrechtlichen Rahmenbedingungen.[4]

Im wesentlichen hatte es sich das Reichspostministerium zur Aufgabe gemacht, an der technischen Innovation der zeitgleichen Tonübertragung mittels elektromagnetischer Wellen einen größeren Interessenkreis teilhaben zu lassen. Schon unmittelbar nach Kriegsende hatte die Deutsche Reichspost (DRP) damit begonnen, über die *Hauptfunkstation* Königs Wusterhausen bei Berlin Nachrichten an eine begrenzte Zahl von Abonnenten zu verbreiten.[5]

Da diese Art der Nachrichtenverbreitung letztlich nicht zu befriedigen vermochte, schlug die DRP in einer im Januar 1919 vorgelegten Denkschrift „über die Entwicklung und umfassende Ausgestaltung der drahtlosen Telegraphie für den allgemeinen Nachrichtenverkehr" vor, hierfür in Deutschland die erforderlichen Sendestationen bereitzustellen und möglichst einfache Empfangsanlagen in den Gemeinschaftsräumen der Teilnehmer einzurichten. Als infolgedessen Ende 1919 u. a. die Telegraphische Union damit begann, mehrmals täglich zu bestimmten Zeiten sog. Pressetelegramme über den Sender Königs Wusterhausen auszustrahlen, tauchte offiziell erstmals der Begriff Rundfunk auf.[6] Das Nachrichtenmaterial wurde telegrafisch „rundgefunkt", mithin nicht an einen, sondern gleichzeitig an mehrere Empfänger übermittelt. Noch handelte es sich nicht um die drahtlose Übertragung gesprochener Worte. Vielmehr fand dieser „*Rundfunk*" in der Weise statt, daß die Reichstelegraphenverwaltung der Post in 76 Städten Empfangseinrichtungen vorhielt, die Nachrichten aufnahmen und sie dann als „*Rundfunktelegramme*" an die jeweiligen Bezieher, namentlich Presse und Wirtschaftsunternehmen, weiterleitete.[7]

Für die weitere Rundfunkentwicklung sollte hierbei dem sogenannten *Eildienst* eine besondere Bedeutung zukommen. Er war von der Außenhandelsstelle des Auswärtigen Amtes eingerichtet und versorgte über die Handelskammern Unternehmen mit Wirtschafts- und Handelsnachrichten. Schon bald, am 13. Juli 1920, wurde dieser Eildienst in eine Kapitalgesellschaft umgewandelt, und zwar in die „*Eildienst für amtliche und private Handelsnachrichten GmbH*", an der das Reich als Gesellschafter beteiligt blieb.[8] Schon hier zeichnete sich ab, was später für die Weimarer Rundfunklandschaft kennzeichnend sein sollte: Staatliche Teilhabe am Rundfunkgeschehen mit privatrechtlich verfaßten Gesellschaften. Im übrigen zeigte die Privatwirtschaft selbst zunehmendes Interesse am neuen Medium. Als der „Zeichenfunk" endlich in technisch vertretbarer Qualität durch den „Sprechfunk" ersetzt und 1922 der „Wirtschaftsrundspruch" als „drahtloser Rundspruchdienst" eingeführt werden konnte, stellten die Unternehmen Telefunken AG, C. Lorenz AG und die Erich F. Huth GmbH ein gemeinsam entwickeltes Empfangsgerät vor, welches den Empfang von Hörfunk für jedermann ermöglichte.[9]

Im Mai 1922 stellten die Unternehmen Telefunken, Lorenz und Huth bei der DRP gemeinsam einen Antrag auf *Sendeerlaubnis*, erklärten sich dabei sogar zum Bau sowie Betrieb von Sendeanlagen bereit, allerdings gegen das Recht, als einzige Unternehmen die notwendigen Empfangsgeräte herstellen und verbreiten zu dürfen. Zu der Zeit hatte sich als Tochterunternehmen des „Eildienstes" die „*Deutsche Stunde, Gesellschaft für drahtlose Belehrung und Unterhaltung mbH*" gegründet, die sich nun ebenfalls um eine Konzession bemühte. Die Stunde des Privatfunks in Deutschland schien gekommen.

---

[4] *Bausch*, in: *Bausch*, Rundfunk, S. 11 f.; *Lerg*, in: *Bausch*, Rundfunk, Bd. 1, S. 61 ff.
[5] *Schütte*, Regionalität, S. 12.
[6] *Drubba*, Zur Ethymologie, S. 241.
[7] Vgl. *Schütte*, Regionalität, S. 13; *Lerg*, in: *Bausch*, Rundfunk, Bd. 1, S. 48.
[8] *Lerg*, in: *Bausch*, Rundfunk, S. 110.
[9] *Lerg*, in: *Bausch*, Rundfunk, S. 113.

1. Gouvernementales System

Den Rundfunk der letzten zehn Jahre der Weimarer Republik, also von 1923 bis 1933, hat   **4**
Hans Bausch als „gouvernementales System" charakterisiert.[10] Da das Reichspostministerium die Entwicklung des *Privatfunks* in den *Vereinigten Staaten* von Amerika als technisch ungeordnet empfand, zugleich auch erhebliche *sicherheitspolitische Bedenken* wegen der von politischer Unruhe ohnehin gekennzeichneten jungen Republik hatte, stand es dem Aufbau privater Sende- und Empfangsanlagen kritisch, wenn nicht gar zutiefst mißtrauisch gegenüber.[11] Dennoch erkannten die Verantwortlichen der Reichspost, daß sich die Rundfunkpläne ohne privates Kapital nur schwer verwirklichen ließen. Der Staatssekretär und spätere Rundfunkkommissar des Reichspostministers Dr. Bredow[12] berichtet davon, daß Amateure und Fabrikanten, die sich von einem ungeregelten Zustand Nutzen versprachen, verlangten, die Reichspost solle „dieses Gebiet der freien Entwicklung überlassen und sich zurückziehen".[13] Die Entwicklung hatte Ende 1918 mit der Einsetzung einer Reichsfunkkommission, die später als *Reichsfunkbetriebsverwaltung* arbeitete, ihren Anfang genommen. Diese Kommission sollte „alle Fragen der Funktelegraphen" beraten. Ihr gehörten neben Vertretern des Reichspostministeriums u. a. auch Beamte des Reichsinnenministeriums an.[14] Grundlegende Strukturvorgaben entschied die Kommission in ihrer 21. Sitzung vom 9. Juni 1922.

In jener Sitzung hatte sich die Reichsfunkkommission mit den Lizenzanträgen von zwei   **5**
Bewerbergruppen zu befassen. Zukunftsweisend lautete der Tagesordnungspunkt 1: „*Zulassung privater drahtloser Sende- und Empfangsstellen* besonderer Art für die Verarbeitung von Vorträgen, Gesang- und Musikdarbietungen und dergleichen." Während gegen den Antrag der „Deutschen Stunde" keine Bedenken vorgetragen wurden, stieß das Vorhaben der Gruppe der Firmen Telefunken und Lorenz überwiegend auf Ablehnung. Grund dafür waren insbesondere die unterschiedlichen Konzepte beider Antragsteller. War das Projekt von Telefunken/Lorenz bereits auf *Hausempfang für jedermann* eingerichtet, wollte die „Deutsche Stunde" einen sog. Saalfunk verwirklichen. Hiernach sollten die im gesamten Reichsgebiet verbreiteten Sendungen vergleichbar einem Kino in großen *Sälen über Lautsprecher* gegen Entgelt angeboten werden. Diese Konzeption hatte aus der Sicht der Post den Vorteil, daß sie die Empfangssituation besser unter Kontrolle halten konnte, und zwar insbesondere im Hinblick auf die Belange des *Polizei- und Militärfunks*. Immerhin hatte der für das Rundfunkwesen verantwortliche Ministerialdirektor und spätere Staatssekretär im Reichspostministerium, Dr. Bredow, zu erkennen gegeben, daß für den Rundfunk keine staatliche Organisation angebracht sei, sondern unter Aufrechterhaltung der Funkhoheit ein mit besonderen Vorsichtsmaßregeln umgrenzter Spielraum der Privatindustrie zugestanden werden müßte.[15] Dies bedeutete zwar keine Entscheidung für den privaten Rundfunk nach heutigem Verständnis, jedoch war wenigstens die Teilhabe Privater am Rundfunk eröffnet.

2. Vorgaben für eine föderative Rundfunkstruktur

Das von der „*Deutsche Stunde*" verfolgte Vorhaben des „Saalfunks" stieß indes auf technische   **6**
Schwierigkeiten. Die Empfangstechnik war noch nicht so ausgereift, daß sich ein akzeptabler

---

[10] *Bausch*, in: *Bausch*, Rundfunk, S. 13.
[11] Siehe dazu auch *Bredow*, Die Freiheit, S. 5.; Herrmann, Rundfunkrecht, § 4 Rdz. 9, S. 60 f.
[12] *Halefeldt*, Funkkorrespondenz 16 v. 21. Okt. 89, S. 107 ff; *Lerg*, in: Studienkreis Rundfunk u. Geschichte, Mitteilungen,   S. 28 ff.
[13] *Bredow*, Die Freiheit, S. 5.
[14] *Lerg*, in: *Bausch*, Rundfunk, Bd. 1, S. 39 ff.
[15] *Lerg*, S. 304 f.

Hörfunkempfang in größeren Räumen hätte verwirklichen lassen können. Hinzu kam, daß mit diesem Konzept eine zentrale Verbreitung von Sendungen im gesamten Reichsgebiet verbunden war, die sich sendetechnisch ebenfalls noch nicht umsetzen ließ. Deshalb faßte das Reichspostministerium den Entschluß zum Aufbau eines dezentralen Sendernetzes.[16] Die Funkindustrie wandte sich im Oktober 1922 mit einem abgeänderten Konzept und als Firma „Rundfunkgesellschaft mbH" erneut an das Reichspostministerium. Neben dem Bau von acht oder neun Sendern in entsprechenden Sendebezirken schlug sie sowohl eine Verbreitung als „Saalfunk" als auch den Vertrieb von Einzelempfangsgeräten vor.[17] Die zugrunde liegende Aufteilung der *Sendebezirke* entsprach den Vorstellungen der Post, wie sie später nach Aufnahme des Sendebetriebes im Herbst 1923 auch tatsächlich verwirklicht wurden. Der Grund für die Dezentralisationspläne der Post war dabei nicht allein sendetechnischer Natur. Bayern hatte die kulturellen Auswirkungen des Rundfunks erkannt und wandte sich gegen die Verbreitung eines Berliner Zentralprogramms. Dies führte 1922 zur Gründung der „Deutschen Stunde in Bayern GmbH" als der ersten regionalen Rundfunkgesellschaft.[18] Mit der im Reichspostministerium eingeleiteten und technisch begründeten Dezentralisation war eine Grundentscheidung getroffen, die sich heute aus rechtlichen Gründen im föderativen Aufbau des deutschen Rundfunkwesens widerspiegelt.

Im Laufe des Herbstes 1923 hatten sich die beiden Bewerbergruppen – „*Deutsche Stunde*" und „*Rundfunkgesellschaft*" – auf eine Arbeitsteilung verständigt. Während sich die „Deutsche Stunde" zu einer Art Programmgesellschaft herausbildete, konzentrierte die „Rundfunkgesellschaft" ihre Pläne auf den Bau der Bezirkssender und den Vertrieb der Empfangsgeräte. Gleichzeitig drängten beide Unternehmensgruppen die Post, nunmehr die erforderlichen Konzessionen zu erteilen.[19]

3. Auseinandersetzung zwischen Reichspostministerium und Reichsinnenministerium über die publizistische Funktion des Rundfunks

7 Mittlerweile hatte auch das Reichspostministerium erkannt, welche *publizistische Bedeutung* dem Rundfunk zukommen konnte. Es strebte deshalb einen Rundfunk an, der vornehmlich kulturelle und unterhaltende Inhalte haben sollte.[20] Politische Programme wurden als bedenklich angesehen. Die Post strebte einen *politisch neutralen Rundfunk* an, in dem Parteienpolitik kein Forum erhalten sollte. Unter Berücksichtigung der noch zu klärenden Frage der Überprüfbarkeit solcher Sendungen teilte der Reichspostminister im Dezember 1922 dem Reichsinnenminister mit, daß er demnächst beabsichtige, „Konzessionen für die funktelefonische Verbreitung von allgemeinen Nachrichten – gedacht ist dabei an Vorträge und Darbietungen belehrenden und unterhaltenden Inhalts – an Privatgesellschaften zu erteilen."[21]

Das Reichsinnenministerium hatte indes ein starkes Interesse an einem ausgeprägt *politischen informierenden Nachrichtendienst*, da es den Rundfunk auch als ein geeignetes Mittel ansah, um im Volk mehr Vertrauen für das neue Staatswesen erwecken zu können. Hierbei entstand ein deutlicher Interessenkonflikt zu den Programmvorstellungen der DRP. Er kam in der Kritik des Reichsinnenministeriums an den Vertragsentwürfen der Post zum Ausdruck. Das Reichsinnenministerium bestand auch darauf, daß die Programmseite nicht Sache einer Privatgesellschaft sein dürfe, mindestens jedoch für das Reich die Mehrheit an den Gesellschaftsanteilen gesichert werden müßte. Dabei wurde deutlich, daß das Reichsinnenministe-

---

[16] Vgl. *Schütte*, Regionalität, S. 9.; *Lerg*, in: Först, Bd. 6, S. 13 ff., 37 f., *Lerg*, Die Entstehung des Rundfunks Bd. 1, S. 135.

[17] Vgl. *Schütte*, Regionalität, S. 17.

[18] Vgl. *Schütte*, Regionalität, S. 19.; H.J. Schreiber, S. 1 ff.

[19] *Lerg*, Die Entstehung des Rundfunks, S. 138.

[20] Vgl. *Fessmann*, Rundfunk, S. 27.; *Pohle*, Der Rundfunk als Instrument, S. 35.

[21] *Lerg*, Die Entstehung des Rundfunks, Bd. 1, S. 139.

rium zur Verfolgung von *Propagandazwecken* selbst maßgeblich beteiligt sein wollte.[22] Diese Auseinandersetzung endete schließlich mit einem Kompromiß, welcher der DRP vorerst eine Vormachtstellung im Rundfunkwesen einräumte. Die DRP sollte für die Vertragsabschlüsse zuständig sein und dabei außer ihrer eigentlichen fernmelderechtlichen Kompetenz auf den Rundfunkprogrammbetrieb Einfluß nehmen können.[23] Allerdings war es dem Reichsinnenministerium gelungen, sich wenigstens mittelbar Einwirkungsmöglichkeiten auf den Programmbereich zu erhalten. Es setzte durch, daß die Programmgestaltung von zwei Sendegesellschaften wahrgenommen wurde. Neben die „*Deutsche Stunde GmbH*", die für den kulturellen sowie unterhaltenden Teil verantwortlich sein sollte, trat die „*Gesellschaft drahtloser Dienst AG (DRADAG)*", die unter dem vorherrschenden Einfluß des Reichsministeriums des Innern stand und welcher die Herstellung und Verbreitung von Tagesnachrichten sowie politischen Berichten zugedacht war.[24]

4. Vertragsrechtliche Rundfunkzulassung

Am 29. Oktober 1923 begann das erste *regelmäßige Hörfunkprogramm* in Berlin. Die Berliner   **8** Radio-Stunde AG strahlte es ab,[25] obwohl erst knapp einen Monat später am 24. November die dazu nötigen Verträge mit dem Reichspostministerium zustande kamen.
Der Aufnahme des regelmäßigen Sendebetriebs lag eine vertragliche Regelung mit folgendem wesentlichen Inhalt zugrunde:
- Die Reichs-Telegraphenverwaltung (RTV) bestimmt die Zeiten, zu denen die Sendeanlagen zur Verfügung stehen.
- Tagesnachrichten sowie Darbietungen politischer Art sind nur mit besonderer Genehmigung der zuständigen Behörden zugelassen.
- Die RTV behält sich vor, der Geschäftsleitung einen Beirat zur Programmüberwachung zuzuordnen.
- Die Gesellschaft verpflichtet sich, „ein billigen Anforderungen entsprechendes Unterhaltungsprogramm" von wenigstens zwei Stunden am Tag zu liefern. Als Gegenleistung erhebt die RTV von jedem Rundfunkteilnehmer zusammen mit der Genehmigungsgebühr eine Betriebsgebühr, die der Gesellschaft am Anfang eines jeden Monats überwiesen wird.
- Die Festlegung des Sendegebietes geschieht durch die RTV.
- Bei Überschuß ist die Gesellschaft verpflichtet, der RTV im Vertrag näher bestimmte Anteile u. a. zur Fortentwicklung der Funktechnik abzuführen.
- Vorbehalt der Post zur Zulassung weiterer Gesellschaften[27].

Bedeutsam bleibt, daß die vertragliche *Gestaltung in die Sendekonzession (-erlaubnis)* eingebunden war. Die damals verwaltungsrechtlich höchst strittige Frage, ob öffentlich-rechtliche Beziehungen überhaupt zwischen dem Staat und einem privatem Rechtsträger (-subjekten) geregelt werden können, begann unter dem Eindruck damals noch junger wissenschaftlicher Darstellungen[28] neue Aktualität zu gewinnen. Vor diesem Hintergrund kommt den „Konzessionsverträgen" der Deutschen Reichspost auch verwaltungsrechtsgeschichtliche Bedeutung zu. Wenn damit für die damalige Zeit dieses Verwaltungshandeln als im besonderen Maße modern erscheinen mag, so kann andererseits das Vorgehen von Post- und Reichsinnenministerium mit den rechtsstaatlichen Prinzipien eines demokratisch verfaßten Staates

---

[22] *Lerg*, Die Entstehung des Rundfunks, S. 142; *Pohle*, Der Rundfunk als Instrument, S. 36.
[23] *Fessmann*, Rundfunk, S. 27.
[24] *Lerg*, Die Entstehung des Rundfunks, S. 154.; *Pohle*, Der Rundfunk als Instrument, S. 56 ff.
[25] *Fessmann*, S. 19; siehe oben A. Rdz. 3; *Lerg*, Entstehung des Rundfunks, Bd. 1, S. 211.
[26] *SCHÜTTE*, Regionalität, S. 12.
[27] *Lerg*, Entstehung des Rundfunks, S. 152 ff., *Lerg*, in: *Bausch*, Bd. 1, S. 79.
[28] *Apelt*, Der verwaltungsrechtliche Vertrag, S. 1 ff.

weniger in Einklang gebracht werden. Zu gering wurde den Anforderungen an Grundrechtsschutz und Gesetzesvorbehalt Rechnung getragen.

5. Die ersten Rechtsgrundlagen und ihre Defizite

9 Die Reichspost stützte ihre Inanspruchnahme *rundfunkrechtlicher Kompetenzen* wesentlich auf das „Gesetz über das Telegraphenwesen des Deutschen Reiches" vom 6. April 1892 (TG).[29] Nach § 1 dieses Gesetzes stand das Recht, Telegraphenanlagen für die Vermittlung von Nachrichten zu errichten und zu betreiben, ausschließlich dem Reich zu. Diese die Funkhoheit des Reiches begründende Vorschrift war umfassend formuliert worden. Ausweislich der Motive zum TG schlossen „die Telegraphenanlagen jede Nachrichtenbeförderung" ein, „die dadurch bewirkt wird, daß der an einem Ort zum sinnlichen Ausdruck gebrachte Gedanke an einem anderen Ort sinnlich wahrnehmbar wiedererzeugt wird." In diesem Sinne hatte auch bereits das Reichsgericht[30] in einer Entscheidung von 1889 das Wesen der Telegraphenanlagen umschrieben. Ausgehend von dieser Rechtslage ordnete die Post den Rundfunk ohne nähere Differenzierung dem *Fernmeldebereich* und damit ganz selbstverständlich ihrer Zuständigkeit zu. Die Konzessionspflicht gründete sie auf § 3 Abs. 2 der bereits am 7. März 1908 ergangenen Funkgesetznovelle. Nach dieser Bestimmung dürfen *„elektrische Telegraphenanlagen,* welche ohne metallische Verbindungsleitungen Nachrichten vermitteln", nur mit Genehmigung des Reiches errichtet und betrieben werden. Dabei mag es insbesondere der Gesichtspunkt der Nachrichtenübermittlung gewesen sein, der die DRP veranlaßt hatte, nicht nur die sendetechnische Verbreitung, sondern auch die Veranstaltung von Rundfunk in die postalische Genehmigungspflicht mit einzubeziehen. Andererseits zeigen die Auseinandersetzungen zwischen Reichspostministerium und Reichsinnenministerium, daß die besondere publizistische Bedeutung des Rundfunks und seine Sonderstellung im Vergleich zur Presse durchaus erkannt worden war.

10 Als die Reichspost ihre Zweifel zum Ausdruck brachte, für die politischen Programme – gemeint war vor allem für den „Nachrichtenstoff" – Verantwortung übernehmen zu können, wurde die Notwendigkeit erkannt, die Rundfunkhoheit und die Kompetenz des Reiches für das Rundfunkwesen rechtlich stärker abzusichern.[31]

Ähnlich wie das Grundgesetz ging auch die Weimarer Reichsverfassung von der prinzipiellen Länderzuständigkeit aus, soweit es sich nicht um Gegenstände der ausschließlichen oder konkurrierenden Gesetzgebungs- und Verwaltungszuständigkeit des Reiches handelte.[32] Folglich hätte schon seinerzeit für den Rundfunk in engerem Sinne die *Zuständigkeitsvermutung* für die Länder Platz greifen müssen. Daß indes die Reichsbehörden bis auf den einmaligen Vorstoß von Bayern mit der Gründung der „Deutschen Stunde in Bayern" am 18. September 1923[33] zunächst unter sich bleiben konnten, hatte seinen Grund in der Tatsache, daß in den Jahren 1922/23 die Länder die kulturelle Bedeutung des Rundfunks im wesentlichen noch nicht zu erkennen vermochten. Hinzu kam, daß durch die eingeleitete *Dezentralisierung* in den neun Sendebezirken den kulturellen, landsmannschaftlich geprägten Eigenarten Rechnung getragen zu sein schien und sich damit die Länder nicht von vornherein vom Reich vereinnahmt fühlen mußten.[34]

Aufgrund dieser Umstände fand die verfassungsrechtliche Frage nach einer Länderzuständigkeit für das Rundfunkwesen keine Erörterung. Aber es war nicht nur die föderative Ver-

---

[29] RGBl. 1892, S. 467 ff.
[30] RGZ 1889, S. 174 ff.
[31] *Lerg,* in: *Bausch,* Rundfunk, Bd. 1, S. 83 f.
[32] Siehe Art. 12 WRV.
[33] Vgl. *Schütte,* Regionalität, S. 30 f.
[34] *Lerg,* Die Entstehung des Rundfunks in Deutschland, S. 252.

fassungsordnung, die beim Aufbau des Rundfunks mißachtet wurde, problematisch war insbesondere auch, daß bei der strukturellen Ausgestaltung des Rundfunks in das Grundrecht der Meinungs- und Informationsfreiheit eingegriffen sowie das Zensurverbot umgangen und dabei noch nicht einmal für eine gesetzliche Grundlage gesorgt wurde. Artikel 118 der Weimarer Reichsverfassung (WRV) bestimmte das Recht eines jeden Deutschen, „innerhalb der Schranken der allgemeinen Gesetze seine Meinung durch Wort, Schrift, Druck, Bild oder in sonstiger Weise frei zu äußern". Die Rundfunkfreiheit konnte zwar naturgemäß noch nicht in der Verfassung normiert sein, da es zum Zeitpunkt der Verfassungsgebung im August 1919 es eben noch keinen Rundfunk gab. Jedoch hatte der Verfassungsgeber Artikel 118 WRV derart weit gefaßt, daß die freie Meinungsäußerung stets in den Schutzbereich dieses Grundrechts fallen mußte.[35] Folglich hätte auch seinerzeit die Rundfunkfreiheit grundrechtlichen Schutz genießen müssen. Dies gilt in besonderem Maße auch mit Rücksicht auf das in Artikel 118 Abs. 2 Satz 1 WRV verankerte Zensurverbot. Demgegenüber sahen die Verträge der DRP mit der Rundfunkgesellschaft staatliche Einwirkungsmöglichkeiten auf das Programm vor, die zumindest einer gesetzlichen Grundlage bedurft hätten.

Abgesehen von der abstrakten Grundrechtsverletzung ist von Belang, daß bereits in Art. 118 **11** WRV selbst auch der allgemeine rechtsstaatliche Grundsatz der Gesetzmäßigkeit der Verwaltung zum Ausdruck kam, wonach nur aufgrund von Rechtsnormen in das betroffene Grundrecht eingegriffen werden darf.[36] Die hohe Bedeutung dieses Grundrechts und die damit verbundenen strengen Anforderungen an den Gesetzesvorbehalt folgen auch daraus, daß sich das Zensurverbot als Korrelat der Meinungsfreiheit nicht nur auf die Zensur im engeren Sinne, d. h. auf die historisch zurückzuführende Druckschriftenzensur, sondern auch auf alle Fälle der Meinungsäußerung, wie z. B. das Halten von Vorträgen und Schaustellungen, bezog.[37] Allein für Lichtspiele und den Jugendschutz bestand ein besonderer Gesetzesvorbehalt hinsichtlich des ansonsten absoluten Zensurverbotes.[38] Insofern hätte die Annahme naheliegen können, Rundfunk entspreche von seiner Eigenart als elektronisches Medium den Lichtspielen und müsse deshalb ebenfalls Ausnahmen vom Zensurverbot zugänglich sein. Andererseits ist zu berücksichtigen, daß Artikel 118 Abs. 2 WRV bereits eine Ausnahme vom Verbot der Vorzensur bedeutete und deshalb einer restriktiven Anwendung unterliegen mußte.[39] In jedem Fall hätte es aber für die staatlichen Einwirkungsmöglichkeiten im Rundfunk einer gesetzlichen Grundlage bedurft. Dies ist indes in der gesamten Geschichte der Weimarer Republik nicht geschehen. Weder die Länderparlamente noch der Reichstag befaßten sich mit speziell rundfunkrechtlichen Gesetzesvorhaben, auch wenn es in den späten zwanziger Jahren vereinzelt Ansätze gab, eine Rundfunkgesetzgebung auf den Weg zu bringen.[40]

Vor diesem Hintergrund war es möglich, daß die erste rundfunkspezifische Regelung in **12** einer Verfügung des Reichspostministers getroffen werden konnte. Mit der Verfügung Nr. 815 vom 24. Oktober 1923 über „die Einführung eines Unterhaltungs-Rundfunks in Deutschland" wurden den Postämtern Anweisungen für die Erteilung von Genehmigungen für die Errichtung und den Betrieb von Rundfunkempfangsanlagen gegeben. Die Freigabe des Rundfunkempfangs war hiernach unter einen strengen Genehmigungsvorbehalt gestellt. Ausgangspunkt war nämlich nach wie vor das Funktelegraphengesetz von 1892 in der Fassung der Funknovelle von 1909. Hierauf stützte die Post ihre Ansicht, daß die Benutzung und der Betrieb drahtloser Empfangsanlagen in Deutschland alleiniges Recht der Reichstelegra-

---

[35] *Poetzsch-Heffter*, Reichsverfassung, S. 416 ff.; *Anschütz*, Die Verfassung, S. 550 ff.; sinngemäß auch *Herrmann*, Rundfunkrecht, § 4 Rdz 3, S. 58
[36] *Anschütz*, Die Verfassung, S. 551.
[37] Vgl. *Anschütz*, Die Verfassung, S. 557.
[38] *Anschütz*, Die Verfassung, S. 558.
[39] *Anschütz*, Die Verfassung, S. 558.
[40] Siehe *Lerg*, in: *Bausch*, Rundfunk, S. 170 f. u. S. 303 ff.

phenverwaltung und daher für jeden anderen verboten sei.[41]

Aus dieser Sicht erklären sich auch folgende *restriktive Regelungen* der Verfügung, die bei den Genehmigungen dem jeweils Begünstigten aufgegeben wurden: Mitgehörtes durfte weder niedergeschrieben, noch mitgeteilt oder irgendwie verwendet werden; beim Empfang anderer als von der Reichstelegraphenverwaltung angegebener Sender mußte weggehört werden; Benutzung durch Unbefugte war zu verhindern und schließlich hatte die Reichstelegraphenverwaltung ein Hausrecht überall dort, wo sich ein Empfänger befand.[42] Diese Verfügung hätte ihrem Charakter nach lediglich die Funktion einer Verwaltungsrichtlinie einnehmen dürfen. Daß sie durch ihre Festlegung bestimmter Genehmigungsvoraussetzungen sowie Ver- und Gebote gegenüber den Rundfunkteilnehmern unmittelbar nach außen wirkte, zeigt das erhebliche Defizit an rechtsstaatlichem Denken.[43] Allerdings erwies sie sich in der Praxis weniger wegen dieser evidenten rechtlichen Mängel, sondern vielmehr aufgrund der restriktiven Ausrichtung, die mit einer unzureichenden Praktikabilität einherging, als unhaltbar. Entgegen den Erwartungen der Post war das Interesse der Öffentlichkeit an diesem neuen Medium groß.[44] Zunehmend setzten sich Hörer über den Genehmigungsvorbehalt hinweg und beschafften sich ohne Genehmigung ein Empfangsgerät.[45]

In dieser Situation mußte die Post befürchten, daß das *Telegraphengeheimnis* nicht mehr zu halten war und ihr die Rundfunkentwicklung aus den Händen gleiten könnte.[46] Um den nach Auffassung u. a. der Post notwendigen *Schutz der Funkanlagen* zu halten, entstand daher die (Not-) „Verordnung zum Schutze des Funkverkehrs" vom 8. März 1924.[47] In § 1 wurde durch die Beschreibung der Funkanlagen als *„Empfangseinrichtungen jeder Art, die geeignet sind, Nachrichten, Zeichen, Bilder oder Töne auf elektrischem Wege ohne Verbindungsleitungen oder mit elektrischen, an einem Leiter geführten Schwingungen zu übermitteln oder zu empfangen"*, klargestellt, daß auch Rundfunkempfangsanlagen zu den genehmigungspflichtigen Einrichtungen gehören. Weitere Vorschriften verliehen den staatlichen Ordnungsbehörden umfassende Eingriffsbefugnisse. Als Schutzzweck wurde in besonderer Weise die Sicherheit des Staates vor politischen Gegnern der jungen Republik, die die neue Technik zum Aufbau eines Nachrichtendienstes nutzen könnten, herausgestellt.[48] So war es Polizei- und Postbeamten gestattet, auch ohne richterliche Anordnung solche Räume zu untersuchen, in denen nichtgenehmigte Funkanlagen vermutet werden konnten.[49]

13   Schließlich führte die Verordnung über eine im Mai desselben Jahres erlassene Ausführungsbestimmung zu einer monatlichen *Rundfunkgebühr* von 2 RM anstelle der bisherigen Teilnehmergebühr von 60 RM jährlich. Jene Rundfunkgebühr hatte als Grundgebühr in dieser Höhe bis 1973 Bestand.[50] Die mit der Verordnung getroffenen Bestimmungen hatten zwar Rechtsnormqualität. Bemerkenswert bleibt jedoch, daß aber auch diesmal der Reichstag unbeteiligt blieb. In Anspruch genommen wurde der Artikel 48 Abs. 2 WRV, also das Notverordnungsrecht des Reichspräsidenten. Derart erlassenen Rechtsverordnungen kam Gesetzeskraft zu, die auch formelle Gesetze abändern und aufheben konnten.[51]

Allerdings – und auch dies machte die Problematik der hier in Rede stehenden Funknot-

---

[41] *Lerg,* in: *Bausch,* Rundfunk, S. 304; *Pohle,* Der Rundfunk als Instrument, S. 29 ff.

[42] *Lerg,* in: *Bausch,* Rundfunk, Bd. 1, S. 97.

[43] *Fessmann,* Rundfunk, S. 41.

[44] *Fessmann,* Rundfunk, S. 42.; *Lerg,* Die Entstehung des Rundfunks in Deutschland, S. 266. ff.

[45] *Lerg,* in: *Bausch,* Rundfunk, S. 164.

[46] Vgl. *Lerg,* in: *Bausch,* Rundfunk, S. 164.

[47] RGBl. 1924 I, S. 273 ff.

[48] *Lerg,* in: *Bausch,* Rundfunk, Bd. 1, S. 93 f./99 f.

[49] 5. Verordnung zum Schutze des Funkverkehrs vom 8. März 1924 (RGBl. I, S. 273 ff.); *Lerg,* in: *Bausch,* Rundfunk, Bd. 1, S. 102; *Pohle,* Der Rundfunk als Instrument, S. 32.

[50] Siehe unten Kapitel C Rdz. 74 ff.

[51] *Anschütz,* Die Verfassung, S. 283.

verordnung aus – hatte die Weimarer Reichsverfassung dieses Verordnungsrecht nur für den Fall vorgesehen, daß „im Deutschen Reiche die öffentliche Sicherheit erheblich gestört oder gefährdet wird". Die damit verbundene weitgehende Ausschaltung des eigentlich verfassungsmäßig berufenen Gesetzgebungsorgans, des Reichstages, hätte eine restriktive Anwendung des Artikels 48 Abs. 2 WRV zur Folge haben müssen. Aber die Unsicherheit staatlicher Verhältnisse – ein in der Weimarer Republik typischer Zustand – brachte es mit sich, daß der Reichspräsident zu häufig zur Anwendung des Artikels 48 Abs. 2 WRV bereit war.[52] Das Notverordnungsrecht gehörte folglich schon fast zur normalen Erscheinung in der Verfassungswirklichkeit der Weimarer Republik[53], so daß das Argument, „das Bestehen solcher (geheimer; P.S.) Anlagen gefährdet ernstlich die *Sicherheit des Staates* und der öffentlichen Ordnung, da sie für umstürzlerische Kreise die Möglichkeit bieten, sich ein umfassendes geheimes Nachrichtennetz zu schaffen"[54], den Reichspostpräsidenten sogar ohne Beratungen im Kabinett zum Erlaß der Funkverordnung über Artikel 48 Abs. 2 WRV veranlaßte.

Immerhin hätte der Reichstag nach Artikel 48 Abs. 3 Satz 2 WRV die Möglichkeit gehabt, die nach Abs. 2 erlassene Verordnung wieder außer Kraft zu setzen, im übrigen eine Regelung, die bei der Würdigung des Weimarer Notverordnungsrecht immer wieder übersehen wird. Der Reichstag nahm indes auch die Funkverordnung nicht zum Anlaß, sich mit dem Rundfunkwesen zu befassen, obwohl in der Öffentlichkeit diese neuen Regelungen heftig kritisiert wurden.[55] Gleichwohl hatte die *Funkverordnung* erreicht, daß das Rundfunkempfangswesen nunmehr auf eine verläßlichere Rechtsordnung gestellt war. Hierzu hatte sicherlich auch beigetragen, daß einige strenge Bestimmungen – wie z.B. die Androhung von Strafe für denjenigen, der für den Einbau von Empfangsanlagen warb – schon nach kurzer Zeit wieder aufgehoben wurden. Weitgehende Erleichterungen brachte schließlich die „Bekanntmachung über den Unterhaltungsrundfunk" vom 24. August 1925, die am 1. September 1925 in Kraft trat.[56] Es entfiel z.B. die Genehmigungspflicht zum Vorführen von Rundfunkapparaten. Beseitigt wurden ebenfalls die Reglementierungen über den Kauf von Empfangsanlagen ebenso wie das Verbot, selbst einen Empfänger herstellen zu dürfen.

Den Abschluß bildete das *Fernmeldeanlagengesetz* vom 2. Dezember 1927, das am 1. Januar **14** 1928 in Kraft trat.[57] Es enthielt zwar keine wesentlichen Neuerungen, faßte jedoch die eingetretenen Veränderungen nunmehr in einem Gesetzeswerk zusammen, wobei sich die Beschränkungen des Rundfunkempfangs in aller Klarheit auf das technisch notwendige Maß bezogen.[58]

6. Anfänge der Rundfunkwerbung

Schon bald nach dem Aufkommen des Rundfunks gab es Versuche, *Werbung* über das Medium zu verbreiten. Schon damals wandten sich dagegen zunächst die Zeitungsverleger, die dem Rundfunk ohnehin reserviert gegenüberstanden.[59] So lehnten sie noch zu Beginn der zwanziger Jahre wegen des finanziellen Risikos eine – dann erst nach langen Mühen sechzig Jahre später erreichte – Beteiligung ab.[60] Damals sahen die *Verleger* die Rundfunkwerbung als unvereinbar mit der Aufgabe des Rundfunks an. Schließlich sei der Rundfunk mit Konzert- **15**

---

[52] Vgl. *Poetzsch-Heffter,* Reichsverfassung, S. 236.
[53] *Anschütz,* Die Verfassung, S. 279.
[54] *Lerg,* in: *Bausch,* Rundfunk, Bd. 1, S. 104f.
[55] *Fessmann,* Rundfunk, S. 45.
[56] Amtsblatt des RPM, Nr. 81 v. 26. Aug. 1925, S. 443f.
[57] RGBl. 1928 Bd. 1, S. 8.
[58] *Lerg,* in: *Bausch,* Rundfunk, Bd. 1, S. 170.
[59] *Lerg,* in: *Bausch,* Rundfunk, Bd. 1, S. 136f.
[60] *Fuhr/Rudolf/Wasserburg,* Die neuen Medien, S. 358ff.

und Unterhaltungsveranstaltungen vergleichbar, die auch werbefrei abgehalten würden.[61] Trotz dieser Verlegerkritik erklärte die Reichspost den nachfragenden Regionalgesellschaften ihre Zustimmung zur Aufnahme von Werbung in das Rundfunkprogramm, wenn auch „in mäßigem Umfange und in allervorsichtigster Form".[62]

16   Immerhin hatte die öffentliche Hand zu dieser Zeit schon Erfahrung mit Wirtschaftswerbung. Nachdem bereits bei den Eisenbahnen Drittwerbung stattfand, hatte der Reichspostminister im Jahre 1920 die Benutzung von Einrichtungen der Post für Werbezwecke freigegeben, wobei die *Postreklame* zunächst einen Dienstzweig der Deutschen Reichspost darstellte.[63] Aus Gründen der Wirtschaftlichkeit wurde auf Initiative des Reichstages dieser Bereich 1924 in eine Kapitalgesellschaft, in die Deutsche Postreklame GmbH, überführt.[64] Aus dieser Sicht mußte sich auch die Rundfunkwerbung für die Post als eine gute Gelegenheit darstellen, die Ertragsquelle „*Drittwerbung*" weiter abzusichern. So übernahm die posteigene Deutsche Postreklame GmbH denn auch die Aufgabe des Werbemittlers.

Aber nicht nur Zeitungsverleger, sondern auch Kulturkritiker standen der Rundfunkwerbung skeptisch gegenüber.[65] Diese Kritik führte zu Einschränkungen der Rundfunkwerbung. Sie wirken bis heute fort. So verboten schon damals allgemeine Richtlinien politische und religiöse Werbung. Auch das heute verbindlich fixierte Gebot der Trennung der Werbung vom übrigen Programm[66] war bereits Bestandteil der allgemeinen Richtlinien von 1924. Schon damals hieß es nämlich, „alle für die Hörer nicht eindeutig als Werbung erkennbaren Programme" seien nicht zugelassen.[67]

Noch allerdings gab es keine *einheitlichen Regelungen* für den *Werbefunk,* da die Post in jeweils getrennten Beziehungen zu den einzelnen Regionalgesellschaften stand. Dies sollte sich jedoch alsbald mit der Gründung der Reichsrundfunkgesellschaft im Mai 1925 als einer Dachorganisation aller deutschen Rundfunkgesellschaften ändern. 1926 kam es zum Abschluß eines Mantelvertrages zwischen der Reichsrundfunkgesellschaft und der Deutschen Reichspostreklame GmbH, in dem erstmals einheitlich verbindliche Werbegrundsätze vereinbart wurden: Die *kulturelle Bedeutung* des Rundfunks durfte durch Werbung nicht beeinträchtigt werden, die Werbung sollte ausdrücklich im Programm als solche bezeichnet und vom Hauptprogramm getrennt sein.[68] Erkennbar werden damit schon damals die noch heute vorherrschenden Betrachtungen zu strukturellen Fragen der Rundfunkwerbung.

7. Gründung von regionalen Rundfunkgesellschaften und der Weg zur ersten Rundfunkordnung von 1926

17   Nach dem Sendestart der Berliner Radiostunde AG, die ab März 1924 den Firmennamen „Funkstunde AG" annahm, kam es im Laufe des Jahres 1924 zur Gründung von acht weiteren Regionalgesellschaften. Sie waren über das gesamte Reichsgebiet verteilt, und zwar in insgesamt neun Sendebezirken von etwa 200 bis 300 km Reichweite, die vom Reichspostministerium bereits 1922/23 vorgegeben waren. Um möglichst gleichmäßige Empfangsverhältnisse herstellen zu können, hatte sich die Post für eine entsprechende dezentrale Organisation entschieden, da der damalige *Stand der Technik* eine zentrale Rundfunkversorgung noch nicht erlaubte. Dabei wurde auf die landsmannschaftlichen Gegebenheiten Rücksicht genommen, mithin aus der technischen Notwendigkeit zugleich eine kulturelle Tugend ge-

---

[61] Vgl. *Bausch,* in: *Bausch,* Rundfunk, S. 50 ff., *Lerg,* in: *Bausch,* Rundfunk, Bd. 1; S. 137.

[62] *Bausch,* Rundfunk, S. 136; vgl. auch *Lerg,* in: *Bausch,* Rundfunk, Bd. 1, S. 137.

[63] *Lerg,* in: *Bausch,* Rundfunk, S. 195 ff.

[64] *Schneider,* Rundfunk als Bundesaufgabe, S. 16; *Lerg,* in: *Bausch,* Rundfunk, Bd. 1, S. 137.

[65] *Lerg,* Die Enstehung des Rundfunks in Deutschland, S. 195 ff.

[66] Siehe auch Kap. F Rdz. 88.

[67] *Bausch,* in: *Bausch,* Rundfunk, S. 137.; *Lerg,* Die Entstehung des Rundfunks in Deutschland, S. 198.

[68] Vgl. *Bausch,* in: *Bausch* Rundfunk, S. 138 f.; *Lerg,* in: *Bausch,* Rundfunk, S. 198.

macht.[69] Zur Eröffnung von *Rundfunkdiensten* im gesamten Reich benötigte die Post Programmgesellschaften. Zugleich achtete sie aber auch darauf, daß ihr Einfluß in diesen Unternehmen weitgehend gewahrt blieb. Die neuen Gesellschaften waren gehalten, 51 Prozent der Aktienanteile und drei Aufsichtsratsstellen an das Reichspostministerium und Reichsinnenministerium sowie an die Deutsche Stunde abzutreten.[70]

Allerdings hatte die DRP außer mit der Berliner Radiostunde AG lediglich noch mit der „Deutschen Stunde in Bayern GmbH" einen *„Konzessionsvertrag"* abgeschlossen. Dieses Unternehmen bildete im übrigen die älteste Regionalgesellschaft für Rundfunk in Deutschland. Als „Deutsche Stunde in Bayern, Gesellschaft für drahtlose Belehrung und Unterhaltung mbH" war sie bereits im Herbst 1923 gegründet worden. Bis zur Aufnahme eines regelmäßigen Programmdienstes dauerte es jedoch bis zum 30. März 1924.[71] Den sieben anderen Unternehmen war der Abschluß entsprechender Verträge zugesagt worden. Sie nahmen daraufhin ihre Tätigkeit auf. Es handelte sich um folgende Unternehmen:[72]

- Südwestdeutsche Rundfunkdienst AG (SWR) mit Sitz in Frankfurt/Main, die am 7. Dezember 1923 gegründet wurde und am 1. April 1924 den regelmäßigen Programmdienst aufnahm.
- Ostmarken-Rundfunk AG (Orag) aus Königsberg/Pr., gegründet am 2. Januar 1924 und Sendebeginn am 15. Juni 1924.
- Nordische Rundfunk AG (Norag), Hamburg, Gründung am 16. Januar 1924 und regelmäßiger Programmdienst seit dem 2. Mai 1924.
- Mitteldeutsche Rundfunk AG (Mirag) mit Sitz in Leipzig, gegründet am 22. Januar 1924 und Aufnahme des Sendebetriebes am 2. März 1924.
- Süddeutsche Rundfunk-AG (Sürag) aus Stuttgart, Gründung am 3. März 1924 und regelmäßiger Programmdienst seit dem 11. Mai 1924.
- Schlesische Funkstunde AG mit Sitz in Berlin, Gründung am 4. April 1924 und Programmbeginn am 26. Mai 1924.
- Westdeutsche Funkstunde AG (Wefag), Münster, gegründet am 15. September 1924 und Sendebetrieb aufgenommen am 10. Oktober 1924.

Bei der Gründung der Westdeutschen Funkstunde AG waren Schwierigkeiten besonderer **18** Art zu überwinden.[73] Ursprünglich war für diesen westdeutschen Sendebezirk Köln als Standort gewählt worden. Dem standen jedoch die durch den *Versailler Vertrag* für das Rheinland eingeschränkten Souveränitätsrechte entgegen. Aufgrund einer durch die interalliierte Rheinland-Kommission erlassene Verordnung über Spionageabwehr aus dem Jahre 1921 war den Bewohnern des Rheinlandes der Empfang und die Sendung von Funkdarbietungen untersagt worden.[74] Da diese Kommission nicht bereit war, für den Bereich der besetzten und entmilitarisierten Zone deutschen Rundfunk zuzulassen, entschied sich die *Reichstelegraphenverwaltung* für Münster als Ausweichstandort. Erst nachdem im Herbst 1926 die Räumung der ersten besetzten Rheinland-Zone einsetzte, konnte der Umzug nach Köln auf den Weg gebracht werden, wo die Rundfunkgesellschaft im Herbst 1926 unter der neuen Bezeichnung „Westdeutsche Rundfunk AG (Werag)" endgültig ihren ursprünglich vorgesehenen Sitz nehmen konnte.[75] Doch kam es zu Vertragsabschlüssen der Post mit den sieben Gesellschaften nicht, weil inzwischen die Kontroverse über die publizistische Funktion des Rundfunks zwischen Reichspostministerium und Reichsinnenministerium neu aufgeflammt war.[76]

---

[69] Vgl. *Schütte,* Regionalität, S. 20 f.; *Pabot,* in: *Först,* S. 51 ff.
[70] *Bausch,* in: *Bausch,* Rundfunk, S. 151.
[71] *Schütte,* Regionalität, S. 30; siehe oben A Rdz. 10.
[72] Vgl. *Schütte,* Regionalität, S. 26 ff.; *Lerg,* in: *Bausch,* Rundfunk, Bd. 1, S. 151 ff.; *Pohle,* Der Rundfunk als Instrument, S. 44.
[73] *Bierbach,* Rundfunk zwischen Kommerz u. Politik, S. 83 ff.
[74] *Bausch,* in: *Bausch,* Rundfunk, S. 164.; *Bierbach,* Rundfunk zwischen Kommerz u. Politik, S. 21.
[75] Vgl. *Bausch,* in: *Bausch,* Rundfunk, S. 163–166.; *Bierbach,* Rundfunk zwischen Kommerz u. Politik, S. 138 ff.
[76] Siehe *Bausch,* in: *Bausch,* Rundfunk, S. 165.

19   Der Rundfunk stieß schon nach kurzer Zeit auf eine *breite Akzeptanz* in der Bevölkerung, und zwar nicht allein wegen der technischen Faszination, sondern insbesondere auch wegen des *publizistisch-kulturellen Interesses*, das dieses neue Medium hervorzurufen vermochte. Hierdurch bekam der Ressortstreit der beiden Reichsministerien aktuelle Brisanz. Hatte das Reichsinnenministerium bereits in der Vorbereitungsphase des Rundfunks dessen mögliche Bedeutung als *staatspolitisches Informationsinstrument* angedacht, beschrieb es jetzt noch konkreter, welche Funktionen dem Rundfunk zukommen würden: Rundfunk sei nicht nur ein wichtiger Kulturfaktor, sondern auch ein politischer Faktor ersten Ranges, an dessen Ausgestaltung für den Staat ein vitales Interesse bestehe.[77]

20   Demgegenüber stand die Post einer *politischen Aufgabenerfüllung* durch den Rundfunk nach wie vor ablehnend gegenüber. Rundfunk sei überhaupt nur dann möglich, wenn er in seinen Sendeinhalten neutral bliebe.[78] Da die Post die Behörde darstelle, die durch ihre ausschließliche Verpflichtung gegenüber *Ordnung und Sicherheit* völlig unpolitisch sei, müsse ihr deshalb auch die alleinige Aufsicht über den Rundfunk überantwortet werden, um so eine von politischer Einflußnahme unabhängige Programmgestaltung ermöglichen zu können.[79] Aufgrund dieser Prämisse war das Reichspostministerium jetzt bemüht, die Rundfunkorganisation noch stärker in die Verwaltung der Post einzubinden und den Zusammenschluß der Regionalgesellschaften zu einer Gesamtorganisation vorzubereiten.

21   Die 1925 einsetzenden Vorbereitungen zur Gründung der *Reichsrundfunkgesellschaft* (RRG) lösten einen weiteren Konflikt aus: Erstmals erkannten die Länder die Gefahr, daß sich der Rundfunk durch die Zentralisierungsvorhaben zu einem Reichsfunk entwickeln könnte, der ihre kulturelle Zuständigkeit und damit auch ihre rundfunkrechtliche und rundfunkpolitische Kompetenzen beeinträchtigen könnte. Sie verlangten nunmehr Kapitalbeteiligungen an den Sendegesellschaften und Einflußmöglichkeiten auf die Programmgestaltung. Sie hatten infolge der rasant angestiegenen Rundfunkteilnehmerzahl ebenfalls die Bedeutung des Rundfunks als politisches Medium erfaßt.[80]

22   Sowohl dieser Wille, wenigstens die *politische Einflußnahme* zu sichern, als auch die Einsicht, daß das Reich nicht mehr völlig auf den sendetechnischen Bereich zurückzudrängen war, ist die Erklärung dafür, warum die Länder nicht ihre eigentlichen *Zuständigkeitsrechte* behaupteten, sondern im Ergebnis einen Kompromiß mit dem Reich suchten. Immerhin hatte Preußen das Vorgehen des Reiches sogar als verfassungswidrig gerügt, indem es feststellte, daß über „alle Verfassungsgrundsätze" hinweggegangen würde. Bayern, das mit zu den entscheidenden Widersachern der Rundfunkpolitik des Reiches gehörte, sah in der Reichspost lediglich eine „Sachverwalterin und Vertreterin" der eigentlich zuständigen Landesbehörden.[81] Das Reich begründete indes seine Zuständigkeit damit, daß zum einen Rundfunk einen Teil des Fernmeldewesens bilde, zum anderen das Reich von Beginn an tatsächlich Aufgaben der Rundfunkveranstaltung wahrnehme, womit für die eigene Zuständigkeit offensichtlich Verfassungsrecht in der Form von Gewohnheitsrecht reklamiert wurde. Die Post versuchte, zusätzlich aus der Natur der Sache eine *Reichskompetenz* zu erschließen. Da Rundfunkwellen vor Ländergrenzen keinen Halt machten, müßte die primäre Zuständigkeit beim Reich liegen, um das Rundfunkwesen auch gegenüber dem Ausland zur Wahrnehmung der gesamtstaatlichen Interessen gestalten zu können.[82] Auffallend ist die Parallele zu dem im Jahre 1960 vom damaligen Bundeskanzler Adenauer verfolgten Vorhaben „Deutsches Fernsehen GmbH". § 2 der Satzung der Gesellschaft bestimmte als deren Aufgabe „die Veranstaltung von Fernseh-Rundfunksendungen, die den Rundfunkteilnehmern in ganz Deutschland und im Ausland ein umfassendes Bild Deutschlands vermitteln sollen". Auch in dem in dieser Sache

---

[77] *Fessmann*, Rundfunk, S. 52.
[78] *Lerg*, Die Entstehung des Rundfunks in Deutschland, S. 234 ff.
[79] *Fessmann*, Rundfunk, S. 54.
[80] *Fessmann*, Rundfunk, S. 61.; *Pohle*, Rundfunk als Instrument, S. 40 f.
[81] *Fessmann*, Rundfunk, S. 61.
[82] Vgl. *Fessmann*, Rundfunk, S. 63.

dann vor dem Bundesverfassungsgericht anhängig gewesenen Verfahren, das 1961 zum ersten Rundfunkurteil führte, versuchte der Bund eine eigene Rundfunkkompetenz mit seiner gesamtstaatlichen, nationalen Verantwortung zu begründen.[83]

Mit den Auseinandersetzungen im Jahre 1925 gingen unmittelbar die Vorbereitungen zur Gründung der *Reichsrundfunkgesellschaft* (RRG) einher. Hierzu hatte die Post die noch ausstehenden Sendekonzessionen in Aussicht gestellt und dabei zunächst mit jeder Regionalgesellschaft einen sogenannten Ausführungsvertrag abgeschlossen, mit welchem sich die Unternehmen zur Mitbegründung und Finanzierung der RRG verpflichten mußten. Die Gründung der RRG wurde am 15. Mai 1925 zunächst von fünf Rundfunkregionalgesellschaften vollzogen. Bis auf die „Deutsche Stunde in Bayern" folgten die übrigen Regionalgesellschaften.[84] Mit dem Ausführungsvertrag gelang es der Reichspost, sich die Mehrheit der Kapitalanteile zu sichern. Die DRP erhielt von den Regionalgesellschaften deren Aktienanteile an der RRG zu 51 %. Die RRG war wiederum Mehrheitsaktionärin an den einzelnen Regionalgesellschaften, so daß der Rundfunk nunmehr *wirtschaftlich und organisatorisch* weitgehend in den Bereich der Post integriert war. Hinzu kam, daß der Post in jeder Gesellschaft ein Aufsichtsratssitz zugestanden wurde. Schließlich setzte der Reichspostminister einen „Rundfunkkommissar" ein, der die Interessen der Post in der Gesellschafterversammlung der RRG und in den Regionalgesellschaften zu vertreten hatte.[85]

Als *zentrale Einrichtung des* Rundfunks der Weimarer Zeit hatte die RRG u. a. die Aufgabe, **23** neben der Erledigung von gemeinsamen Verwaltungsaufgaben auch die Programmtätigkeit der Sendegesellschaften aufeinander abzustimmen. Im Programmbereich konnte die Post es jedoch nicht erreichen, die *Mitwirkungsmöglichkeiten* des Reichsinnenministers zurückzudrängen. Vielmehr war es dem Reichsinnenminister sogar gelungen, über die Programmaufsicht hinaus bei der publizistischen Berichterstattung direkt Einfluß nehmen zu können, indem er sich die Aktienmehrheit an der Rundfunknachrichtenagentur DRADAG verschafft hatte,[86] die in der RRG – und damit um so effektiver – das Monopol für den Nachrichtendienst besaß. Denn mit den dann am 4. März 1926 erteilten „*Genehmigungen zur Benutzung einer Funkanlage*" verpflichtete die Post die Regionalgesellschaften über die gleichzeitig erlassenen „Richtlinien für den Nachrichten- und Vortragsdienst", nur solche Nachrichten zu verbreiten, die ihr von der DRADAG als „Nachrichtenstelle des deutschen Rundfunks" zugeleitet wurden.[87] Diese Richtlinien regelten ferner Einzelheiten der Programmaufsicht:

– Zur politischen Überwachung des Rundfunks wurde ein sogenannter Überwachungsausschuß eingesetzt, bestehend aus einem Reichs- und zwei Ländervertretern.

– Für die kulturelle Überwachung von Darbietungen aus Kunst, Wissenschaft und Volksbildung wurde ein „Kultureller Beirat" vorgesehen, der von der jeweils zuständigen Landesregierung nach Anhörung der betroffenen Gesellschafter im Einvernehmen mit dem Reichsinnenminister für die einzelnen Regionalgesellschaften zu bestellen war. Dieser Beirat mußte zu allen grundlegenden Sitzungen über die Programmgestaltung eingeladen werden.[88]

Dieses Instrumentarium – *RRG, Nachrichtenbeschaffung und Programmaufsicht* – umfaßt die **24** Elemente, die in ihrer Gesamtheit als die erste Rundfunkordnung Deutschlands bezeichnet werden. Sie fand formell ihren Abschluß, als erstmals der Reichstag am 7. Dezember 1926 über die Reichstagsdrucksache Nr. 2776 unter dem Titel „Richtlinien über die Regelung des Rundfunks" von der politischen Überwachung des Rundfunks, den Richtlinien für den Nachrichten- und Vortragsdienst der Gesellschaften und den Bestimmungen über die Programmaufsicht unterrichtet wurde.[89]

---

[83] *Zehner,* Der Fernsehstreit, Bd. 1, S. 27/29 ff.

[84] *Lerg,* Die Entstehung des Rundfunks in Deutschland, S. 248.

[85] *Pohle,* Rundfunk als Instrument, S. 47 ff.

[86] *Fessmann,* Rundfunk, S. 57.

[87] Vgl. *Schütte,* Regionalität, S. 98.

[88] Richtlinien v. 7. Dez. 1926, abgedruckt bei *Lerg,* Die Entstehung, S. 368–371.

[89] Vgl. *Bausch,* in: *Bausch,* Rundfunk, S. 267.

8. Die zweite Rundfunkordnung von 1932: Zentralisierung und Verstaatlichung

25   Schon etwa zwei Jahre nach der sogenannten ersten Rundfunkordnung von 1926 setzte in
der Rundfunkpolitik unter dem Schlagwort „*Rundfunkeinheit*" eine Diskussion ein, die auf
zentralere Strukturen in der Rundfunkorganisation hinauslief. Angefacht wurden diese
Überlegungen, die dann Anfang der dreißiger Jahre konkretere Gestalt annahmen, durch den
nunmehr möglichen Bau von sog. *Großsendern* und die Einführung des *Gleichwellenrundfunks*.
Ziel der Post war es, das gesamte Sendernetz auf Gleichwellenbetrieb umzustellen, wofür
aufgrund des Genfer Wellenplans insgesamt zwölf Einzelwellen zur Verfügung standen, sog.
ondes exclusives, die nur exklusiv von einem Sender genutzt werden konnten und deshalb
technische Störungen ausschlossen. Diese mit größerer Leistungsstärke nutzbaren Frequenzen führten zum Bau von Großsendern und machten langfristig regionale Stationen
verzichtbar.[90]

26   Vor diesem Hintergrund konnte um so leichter die Forderung nach einem „einheitlichen
deutschen Rundfunk" erhoben werden. Dabei waren diese Vorstellungen nicht auf eine
organisatorische Zentralisierung beschränkt, sondern richteten sich auch bereits auf eine
Verstaatlichung der Regionalgesellschaften. Während das Reichspostministerium dies mit der
notwendigen Einrichtung der Großsender, die eine Vereinigung sämtlicher Aktien in der
Hand des Reiches erfordern würden, begründete,[91] stellte sich das Reichsinnenministerium
auf den Standpunkt, daß es angesichts des öffentlichen und gemeinnützigen Charakters des
Rundfunks schwer vertretbar sei, die „*Privataktionäre*" an den nicht unbeträchtlichen Über-
schüssen teilnehmen zu lassen.[92] Diese Argumentation, die das politische Interesse des
Reichsinnenministeriums erkennbar werden läßt, erklärt, warum die Initiative für eine
Rundfunkreform entscheidend von diesem Hause ausging. Ziel war es, den Rundfunk als
politisches Sprachrohr der Reichsregierung auszubauen und hierbei den Einfluß der Post
sowie der Länder zugunsten des Reichsinnenministeriums zurückzudrängen.[93]

27   Demgegenüber konnte der Reichsrundfunkkommissar Bredow mit seinem bemerkenswerten Vorschlag, die Rundfunkgesellschaften in öffentlich-rechtliche Körperschaften
umzuwandeln, nicht durchdringen. Seine Absicht war es, hierdurch die *Unabhängigkeit des
Rundfunks* von der politischen Einflußnahme der staatlichen Exekutive zu schützen. Wenn
auch Bredow in seinem Modell noch nicht das für einen „staatsfreien" Rundfunk wesentliche Moment der pluralen gesellschaftlichen Repräsentanz mit aufgenommen hatte, so kann
jedoch in der Vorstellung, einerseits für den Rundfunk eine öffentliche, quasi verwaltungs-
mäßige Organisationsstruktur zu finden, andererseits ihn dabei *staatsunabhängig* zu belassen,
durchaus ein gedanklicher Vorläufer für das heutige System der öffentlich-rechtlichen Rundfunkanstalten gesehen werden.[94]

Die Reformabsichten des Reichsinnenministeriums hätten insbesondere die Länder zu
heftigem Widerstand veranlassen müssen, zumal im Reichsinnenministerium unverblümt
festgestellt wurde, daß das Schwergewicht des Rundfunks nicht in seiner Technik, sondern in
den Darbietungen liege.[95]

28   Tatsächlich diente diese Argumentation dem Reichsinnenministerium dazu, die *staats-
politische Bedeutung* des Rundfunks und damit die eigene Forderung nach stärkerer Einflußnahme zu unterstreichen. Die Länder wiederholten zwar – wie bei den Auseinandersetzun-

---

[90] *Schütte*, Regionalität, S. 110.
[91] Vgl. *Schütte*, Regionalität, S. 109.
[92] *Bausch*, in: *Bausch*, Rundfunk, S. 445.
[93] *Schütte*, Regionalität, S. 111.
[94] Vgl. *Fessmann*, Rundfunk, S. 79.; *Pohle*, Rundfunk als Instrument, S. 121 ff.
[95] Vgl. *Schütte*, Regionalität, S. 114.

gen vor der ersten Rundfunkordnung – ihre Rechtsauffassung, daß der Rundfunk in die Zuständigkeit der Länder falle. Es blieb jedoch bei bloßen verbalen Bekundungen. Immerhin gelang es den Ländern noch, der zentralistischen Tendenz in zwei Punkten teilweise entgegenzuwirken: bei der Besetzung der Aufsichtsorgane und bei der Beteiligung in den Regionalgesellschaften. Es kam zu den von der Reichsregierung am 27. Juli 1932 erlassenen „*Leitsätzen für die Neuregelung des Rundfunks*", die eine Säule der zweiten Rundfunkordnung bildeten.[96] Im wesentlichen hatten die Leitsätze folgendes zum Gegenstand:

– Entscheidend ist zunächst die Bestimmung, daß die Regionalgesellschaften in Gesellschaften mit beschränkter Haftung unter gleichzeitiger Ausschaltung der Privataktionäre umgewandelt werden und die Gesellschaftsanteile auf den Staat übergehen. Dabei haben sich die jeweiligen Länder 49 % der Kapitalanteile sichern können.

– Berufen wird ein weiterer Rundfunkkommissar, der beim Reichsinnenminister angesiedelt und ebenfalls der RRG übergeordnet ist. Dabei ist er allein für die Programmüberwachung zuständig und schränkt damit den Rundfunkkommissar des Reichspostministers auf die Erledigung von technischen, wirtschaftlichen und organisatorischen Aufgaben ein.

– Für jede der regionalen Rundfunkgesellschaften werden sog. staatliche Rundfunkkommissare eingesetzt, die von den jeweils zuständigen Ländern im Einvernehmen mit dem Reichsinnenminister zu ernennen sind.

– Die RRG erhält einen Verwaltungsrat und einen Programmbeirat. Der Programmbeirat, dessen fünfzehn Mitglieder vom Reichsinnenminister ernannt werden, „ist in allen grundsätzlichen Programmfragen zu hören". Den im zwölfköpfigen Verwaltungsrat vertretenen Ländern – insgesamt sieben – steht das Recht zu, „je einen Vertreter mit beschließender Stimme zu den Sitzungen des Programmbeirates zu entsenden".

– Die DRADAG wird aufgelöst und durch eine unmittelbar in der RRG eingegliederte Nachrichtenabteilung ersetzt.

Mit dieser *Neustrukturierung* war der deutsche Rundfunk endgültig in staatliche Hände übergegangen. Die Regionalgesellschaften hatten zwar ihre privatrechtliche Trägerschaft behalten, jedoch verdeutlichen die ausschließlichen staatlichen Beteiligungen und das ausgefeilte staatliche Kontrollsystem, daß von einem privatautonom operierenden Rundfunk nicht einmal mehr ansatzweise die Rede sein konnte. Auch die föderative Rundfunkstruktur war nur noch scheinbar gewahrt. Da in Programmfragen praktisch der *Rundfunkkommissar* des Reichsinnenministers die *Oberaufsicht* ausübte, und Mitglieder in den jeweiligen Gremien im Benehmen mit dem Reichsinnenminister bestellt werden mußten, lag die Gestaltung von Rundfunkprogrammen fortan im wesentlichen beim Reich. Die zweite Säule der Rundfunkordnung von 1932 bildeten die „*Richtlinien* für den Rundfunk vom 18. November 1932".[97] Sie sollten allgemeine Zielsetzungen für das Programm vorgeben und waren dabei sehr stark von einem nationalen Pathos getragen. Wenn auch zu Beginn der Richtlinien ausgeführt wird, daß die Rundfunkgesellschaften „selbständig und unter eigener Verantwortung ihre Sendungen gestalten", zeigen jedoch die umfassenden nationalpolitischen Vorgaben, wie sehr das Reich den Rundfunk auch als politisches Instrument gebrauchen wollte.[98]

29

---

[96] Vgl. *Lerg,* in: *Bausch,* Rundfunk, Bd. 1, S. 462 ff.; *Pohle,* Rundfunk als Instrument, S. 124 ff.; *Bausch,* Rundfunk, Der Rundfunk im politischen Kräftespiel der Weimarer Republik, S. 205 ff. (Dokument 8).

[97] Über den exakten Zeitpunkt des Inkrafttretens herrscht Unklarheit; vgl. *Schütte,* Regionalität, S. 115, FN 101.; s. auch *Bierbach,* Rundfunk zwischen Kommerz und Politik, S. 302 f.

[98] *Schütte,* Regionalität, S. 115 f.; *Pohle,* Rundfunk als Instrument, S. 132.

III. Rundfunk in der Zeit nationalsozialistischer Herrschaft

1. Machtübernahme durch die NSDAP

30

Den *Nationalsozialisten* war die rundfunkpolitische Entwicklung während der letzten Phase der Weimarer Republik willkommener Anlaß, das zentralistische staatliche Medium vollends zum *politischen Propagandainstrument* zu entwickeln. Zur Festigung ihrer weltanschaulichen Ziele setzten sie es konsequent ein. Die herausragende politisch-publizistische Bedeutung des Rundfunks hatte der spätere Reichsminister für Volksaufklärung und Propaganda, Joseph Goebbels, frühzeitig erkannt. Er nannte vor den deutschen Rundfunkintendanten das Radio „das allermodernste und das allerwichtigste *Massenbeeinflussungsinstrument*".[99] Der Rundfunk sollte tendenzbewußt arbeiten; sein Programmauftrag diente als „Mittel zur Vereinheitlichung des deutschen Volkes".[100] Das Programm sollte das Volk „mit den geistigen Inhalten unserer Zeit" erfüllen.[101] Wenige Wochen nach der Machtergreifung, unmittelbar nach der Reichstagswahl

31 vom 5. März 1933, wurde der Rundfunk für diese politischen Ziele instrumentalisiert.

Die Wahl hatte der Nationalsozialistischen Deutschen Arbeiterpartei (NSDAP) mit knapp 45 % nicht die erstrebte absolute Parlamentsmehrheit erbracht. Gerade der Umstand, daß nach wie vor mehr als die Hälfte der Wahlberechtigten der Politik der NSDAP ihre Zustimmung versagten, veranlaßte aber die Partei im Zusammenwirken mit den schon zahlreich eroberten staatlichen Stellen zu verstärkten Anstrengungen der Propaganda. Dabei kam dem Rundfunk zwangsläufig eine Schlüsselstellung zu. Intendanten, Abteilungsleiter, Studio- sowie Sendeleiter und andere Rundfunkverantwortliche wurden umbesetzt.[102]

Entscheidende *strukturelle Veränderungen* ergaben sich mit dem „Erlaß über die Errichtung des Reichsministeriums für Volksaufklärung und Propaganda vom 13. März 1933".[103] Das Ministerium sollte dem Zwecke der Aufklärung und Propaganda unter der Bevölkerung über die Politik der Reichsregierung und dem nationalen Wiederaufbau des Deutschen Vaterlandes dienen.[104] Es blieb nach dem Erlaß dem Reichskanzler überlassen, im einzelnen die Aufgaben dieses neuen Hauses zu bestimmen. Der Reichskanzler Hitler bestimmte einen Tag nach Veröffentlichung des Erlasses, am 14. März 1933, Joseph Goebbels zum Minister, dessen Stellung durch den Erlaß besonders herausgehoben wurde, da der Reichskanzler sämtlichen anderen Ministerien Aufgaben entziehen konnte „und zwar auch dann, wenn hierdurch der Geschäftsbereich der betroffenen Ministerien in den Grundzügen berührt wird".[105]

Schon zwei Tage nach Amtsantritt von Goebbels überließ das Reichsinnenministerium dem neuen Minister die bisher beim Innenministerium angesiedelte *politische, personelle und programmliche Überwachung* des Rundfunks einschließlich der Weisungsbefugnis gegenüber dem Rundfunkkommissar. Eine Woche später folgte am 22. März 1933 die Übergabe der wirtschaftlichen Kontrollbefugnis durch die Reichspost und die Auflösung der Stelle des Rundfunkkommissars beim Reichspostminister.[106] Es gab jetzt nur noch einen Reichsrundfunkkommissar, der dem Reichsminister für Volksaufklärung und Propaganda unterstand. Die

---

[99] *Diller,* in: *Bausch,* Rundfunk, Bd. 2, S. 9.
[100] Mitteilungen der Reichsrundfunkgesellschaft – Sonderbeilage – v. 30. 3. 1933.
[101] *Diller,* in: *Bausch,* Rundfunk, Bd. 2, S. 9.
[102] Vgl. *Schütte,* Regionalität, S. 120.
[103] RGBl. 1933 I, S. 104.
[104] Vgl. *Schütte,* Regionalität, S. 124.
[105] RGBl. 1933 I, S. 104; vgl. *Schütte,* Regionalität, S. 124.
[106] *Diller,* in: *Bausch,* Rundfunk, Bd. 2, S. 81.

Post war fortan im wesentlichen auf Aufgaben der rundfunktechnischen Infrastruktur und der Sendetechnik beschränkt. Das Reichspropagandaministerium erhielt eine Rundfunkabteilung, die als „Befehlszentrale des Deutschen Rundfunks" fungieren sollte.[107]

Als Vorbild für den administrativen Aufbau diente die Propagandaabteilung der NSDAP. Zudem wurden im Herbst 1933 in die zwischenzeitlich eingerichteten Landesstellen des Propagandaministeriums Rundfunkreferenten berufen. Dabei kam die Verzahnung zwischen Staat und Partei auch organisatorisch dadurch zum Ausdruck, daß die 32 „*Hauptfunkstellenleiter*" der NSDAP und die diesen wiederum unterstellten „Funkwarte" mithelfen sollten, die „Rundfunkeinheit" mit den Hörern herzustellen.[108] Dieses Schlagwort hatte nichts anderes zum Inhalt als die absolute politische und kulturelle Beeinflussung der Rundfunkteilnehmer durch Ideen des Nationalsozialismus. Eigens für die politische Schulung der Funkwarte wurde dann später, am 15. Juni 1934, die „Deutsche Funkschule" ins Leben gerufen.[109]

2. Auflösung der Länderzuständigkeiten

32

Durch das „Gleichschaltungsgesetz" vom 7. April 1933,[110] einem bemerkenswerten Faktor der nationalsozialistischen Machtergreifung, verloren zwar die Länder weite Teile ihrer ohnehin nach der Weimarer Reichsverfassung keineswegs umfassend ausgestalteten Staatlichkeit. Einige Länder – insbesondere Preußen mit dem Ministerpräsidenten Hermann Göring, der zu Joseph Goebbels im Wettbewerb um die Gunst Hitlers stand – scheuten den Konflikt aber nicht und versuchten, ihre Kompetenzen zu bewahren. Da die im Herbst 1932 erlassenen Rundfunkbestimmungen[111] nach wie vor Gültigkeit besaßen, waren die Länder rechtlich noch in der Lage, ihre Zuständigkeiten auszuüben. Der Konflikt zwischen dem Reich und den Ländern wurde vom preußischen Ministerpräsidenten Göring ausgelöst. Er sah in der Möglichkeit der Inanspruchnahme rundfunkrechtlicher und politischer Zuständigkeit zugleich eine willkommene Gelegenheit, seinem politischen Rivalen Goebbels entgegenzutreten. Göring bestellte am 10. Mai 1933 einen Rundfunkkommissar der *preußischen Regierung* und ernannte Staatskommissare für die in Preußen gelegenen Rundfunkgesellschaften.[112] In einer Denkschrift Preußens vom 12. Juni 1933 wird für die Länder gar die Forderung zur weiteren „Mitwirkung an der staatspolitischen Auswertung des Rundfunks" erhoben.[113]

33

Derartige politische Vorstellungen widersprachen eindeutig den Zielen des Reichspropagandaministers, der deshalb den Reichskanzler zum Erlaß der „*Verordnung über die Aufgaben des Reichsministeriums für Volksaufklärung und Propaganda*" vom 30. Juni 1933 veranlaßte.[114] Hiernach sollte der Reichspropagandaminister „für alle Aufgaben der *geistigen Einwirkung* auf die Nation, der Werbung für Staat und Kultur … und der Verwaltung aller diesen Zwecken dienenden Einrichtungen" zuständig sein.[115] Nachdem der Reichskanzler dann darüber hinaus in einem Rundschreiben vom 15. Juli klarstellte, daß in allen Rundfunkangelegenheiten das Reich die *uneingeschränkte Verfügungsmacht* haben müßte, verzichtete Ministerpräsident Göring auf Mitwirkungsrechte beim Rundfunk, wenn es auch noch bis zum September 1933 dauerte, ehe die preußische Regierung die Auflösung der Programmbeiräte bei den Regionalgesellschaften anordnete.[116] Ohnehin zog sich die Kompetenzaufgabe der Länder in die

---

[107] *Diller*, in: *Bausch*, Rundfunk, Bd. 2, S. 97.
[108] *Schütte*, Regionalität, S. 132 f.
[109] *Schütte*, Regionalität, S. 133.
[110] RGBl. 1933 I, S. 173.
[111] S. o. A Rdz. 25 ff.
[112] *Diller*, in: *Bausch*, Rundfunk, Bd. 2, S. 84.
[113] *Diller*, in: *Bausch*, Rundfunk, Bd. 2, S. 85.
[114] RGBl. 1933 I, S. 449.
[115] Vgl. *Diller*, in: *Bausch*, Rundfunk, Bd. 2, S. 88.
[116] Vgl. *Diller*, in: *Bausch*, Rundfunk, Bd. 2, S. 91 f.; siehe auch oben, A Rdz. 25 ff.

Länge. Erst im Frühsommer 1934 waren die überkommenen Rundfunkstrukturen beseitigt.[117] Jene für die Aufhebung der restlichen Zuständigkeiten der Länder im Rundfunkwesen maßgebende Verordnung vom 30. Juni 1933[118] bestimmte, daß die im Besitz der Länder verbliebenen Aktienanteile an der Reichsrundfunkgesellschaft (RRG) an das Reich abzugeben sind und anschließend die Rundfunkgesellschaften lediglich als Zweigstellen der RRG fortzuführen sind.

Hieraufhin traten die Länder zwar bereits am 8. Juli ihre Anteile an der Reichsrundfunkgesellschaft ab; im Besitz hielten sie jedoch noch ihre 49%igen Beteiligungen an den jeweiligen Regionalgesellschaften, deren Aufgabe sich in einigen Ländern hinauszögerte.

Die Bayerische Regierung wandte sich entschieden gegen eine bedingungslose Abtretung ihrer Gesellschaftsteile. Sie erwog sogar, ob sie sich als Ausgleich für die Übertragung der Gesellschaftsanteile „Rechte und Einflußmöglichkeiten ... auf dem Gebiet des Rundfunks" vertraglich zusichern lassen sollte, bis sie sich dann schließlich im April 1934 bereit erklärte, auf politische und finanzielle Forderungen zu verzichten.[119] In denselben Zeitraum fiel die Umbenennung der ehemaligen Regionalgesellschaften. Sie erhielten ab dem 1. April 1934 die Bezeichnung „Reichssender".[120]

3. Reichsrundfunkkammer

34

Der nationalsozialistischen Gleichschaltung diente auch die am 3. Juli 1933 als „Zusammenfassung aller Funkschaffenden" gegründete *„Nationalsozialistische Rundfunkkammer e. V."*, die infolge des dann am 22. September 1933 verabschiedeten „Reichskulturkammergesetzes" die Eigenschaft einer öffentlich-rechtlichen Körperschaft erhielt.[121] Aufgabe dieser Institution war es, „alle mit dem Rundfunk in Verbindung stehenden Kräfte mit dem Geist und dem Willen des Nationalsozialismus" zu durchdringen. Zu den praktischen Zielen gehörte eine verstärkte Zusammenarbeit auf technischem, wirtschaftlichem und organisatorischem Gebiet.[122]

Die Arbeit der Rundfunkkammer brachte indes keine durchschlagenden Erfolge. Bereits 1934 zeigten sich erste Zerfallserscheinungen, als das Reichswirtschaftsministerium die Wahrnehmung der Interessen der Rundfunkwirtschaft reklamierte, infolgedessen die rundfunkwirtschaftlichen Verbände aus der Reichsrundfunkkammer ausschieden.[123] Zu den Aktivitäten der Reichsrundfunkkammer gehörten u. a. die mit der Industrie gemeinsam betriebene Planung des legendären *Volksempfängers,* die *Hörerwerbung* und ab 1936 die Organisation von *Rundfunkausstellungen.* Sie wurde schließlich am 28. Oktober 1939 aufgelöst, eine Folge der mit dem Kriegsbeginn vom 1. September 1939 einhergehenden Konzentrationsmaßnahmen.[124]

35   4. Ausbau der Sendetechnik und Volksempfänger

Die Verwirklichung der „Rundfunkeinheit", d. h. die propagandistische Erfassung möglichst aller Bevölkerungsteile mit dem Medium Rundfunk, erforderte zugleich eine grundlegende

---

[117] *Diller,* in: *Bausch,* Rundfunk, Bd. 2, S. 93.
[118] RGBl. 1933 I, S. 104.
[119] *Diller,* in: *Bausch,* Rundfunk, Bd. 2, S. 94.
[120] *Diller,* in: *Bausch,* Rundfunk, Bd. 2, S. 96.
[121] *Schütte,* Regionalität, S. 127; *Diller,* in: *Bausch,* Rundfunk, Bd. 2, S. 155.; RGB I 1933, S. 661.
[122] *Schütte,* Regionalität, S. 126.
[123] *Diller,* in: *Bausch,* Rundfunk, Bd. 2, S. 157; *Schütte,* Regionalität, S. 131.
[124] Vgl. *Diller,* in: *Bausch,* Rundfunk, Bd. 2, S. 157.; *Pohle,* Der Rundfunk als Instrument, S. 206.

Verbesserung der sende- und empfangstechnischen Voraussetzungen. Einen wichtigen Baustein bildete hierbei die Entwicklung des *Volksempfängers VE 301*, dessen Produktion und Vertrieb zu einem Preis von 76 RM durch den am 28. April 1933 erfolgten Zusammenschluß von 28 Geräteunternehmen zur „Wirtschaftsstelle für Rundfunkapparate-Fabriken (Wirufa)" ermöglicht wurde, die eng mit dem Propagandaministerium, der Rundfunkkammer und der Reichsrundfunkgesellschaft (RRG) zusammenarbeitete. In den ersten Jahren führte der Volksempfänger zu einer beträchtlichen Steigerung der Rundfunkteilnehmerzahl; waren es Ende 1932 430 000, konnten am 1. Mai 1935 670 000 Hörer festgestellt werden.[125]

In die Zeit der Einführung des Volksempfängers fiel auch die Leistungserhöhung verschiedener Rundfunksender. Nachdem im „Luzerner Wellenplan" vom 15. März 1933 die Leistung für Mittelwellensender bis zu 100 KW festgelegt worden war, brachte die Reichspost alle Sender auf die zulässige Höchstleistung, so daß im Jahre 1935 für alle dicht besiedelten Gebiete des Reiches ein sicherer Empfang mit dem Volksempfänger gewährleistet werden konnte.[126]

5. Der Fernsehfunk   36

Am 22. März 1935 wurde der erste *regelmäßige Fernsehprogrammbetrieb* der Welt vom Reichspostzentralamt und der RRG in Berlin aufgenommen. Diesmal war es der Post zunächst gelungen, weitgehend ihre ursprünglichen Kompetenzen zu wahren. Ohne direkte Beteiligung des Reichspropagandaministeriums hatte sich die Post bei der Forschung und Verbreitung dieses Projekts unmittelbar mit der RRG auf eine Arbeitsteilung verständigt, nach welcher die Post die Sendetechnik und die RRG die Studiotechnik besorgte.

Zur weiteren *Zuständigkeitsvorsorge* verband sich der Reichspostminister mit dem Reichsluftfahrtminister, der im Hinblick auf die Flugsicherung und den Luftschutz Kompetenzen im Fernsehwesen erblickte. Es kam am 12. Juli 1935 zum „Erlaß des Führers und Reichskanzlers über die Zuständigkeit auf dem Gebiet des Fernsehwesens", der den Reichsluftfahrtminister auf dem Gebiete des Fernsehwesens für zuständig erklärte und dem Reichspostminister Mitspracherechte einräumte.[127] Die Zuständigkeitsentscheidung zugunsten des Reichsluftfahrtministers verstand Reichspropagandaminister Goebbels als Affront. Er intervenierte bei Hitler. Darauf bestimmte ein zweiter „Führererlaß", daß „die darstellerische Gestaltung von Fernsehübertragungen für Zwecke der Volksaufklärung und Propaganda" dem Propagandaminister obliege.[128] Auf öffentliches Interesse stieß das Fernsehen insbesondere während der Olympischen Spiele 1936 in Berlin, von denen bereits Direktübertragungen stattfanden. Es dauerte dann noch drei Jahre, bis die Produktion eines „Einheits-Fernsehempfängers" zu einem Verkaufspreis von 650 RM in Aussicht gestellt und damit die Freigabe des Fernsehens für jeden Rundfunkteilnehmer angekündigt werden konnte. Die Realisierung scheiterte jedoch am Kriegsausbruch. Dies hinderte aber das Reichsluftfahrtministerium nicht, auch noch ein knappes Jahr später eine Verordnung über den Vertrieb von Fernseheinrichtungen herauszugeben, wonach u. a. der Vertrieb von Fernsehgeräten an eine vom Reichspost- und Luftfahrtministerium zu erteilende Genehmigung gebunden werden sollte.[129]

---

[125] *Schütte*, Regionalität, S. 159.; s. auch *Riedel*, 60 Jahre Radio, S. 61 f.
[126] *Schütte*, Regionalität, S. 155 f.
[127] BA Kblz R 43 II/267 a; *Lerg*, Die Entstehung des Fernsehens in Deutschland, S. 349 ff., 360.
[128] *Diller*, in: *Bausch*, Rundfunk, Bd. 2, S. 191.; *Lerg*, Die Entstehung des Fernsehens, S. 349 ff., 360.
[129] RGBl. 1940 I, S. 745 ff.

37   **6. Rundfunk im Krieg**

Die weitere *Radikalisierung* der nationalsozialistischen Politik führte im Krieg zu *drakonischen staatlichen Eingriffen* in die Informationsmöglichkeiten der Bürger. Da das Medium Radio durch seine fortschreitende technische Leistungsstärke immer mehr grenzüberschreitend hörbar wurde, versuchte die nationalsozialistische Herrschaft, jedweden Empfang von Feindsendern aus den Ländern der Kriegsgegner, aber auch von Fremdsendern etwa aus der neutralen Schweiz und sogar aus dem verbündeten Italien zu unterbinden. So wurde der Reichsminister für Volksaufklärung und Propaganda schon am Tag des Kriegsbeginns, also am 1. September 1939, mit einer Verordnung über außerordentliche Rundfunkmaßnahmen tätig. Für das *Abhören ausländischer Sender* drohte *Zuchthaus,* nur in leichteren Fällen Gefängnis, auf alle Fälle aber der Einzug der Empfangsanlagen. Noch schärfer bedroht war das Verbreiten von Nachrichten ausländischer Sender. Darauf stand grundsätzlich die Zuchthaus-, in besonders schweren Fällen sogar die *Todesstrafe.*[130] Ohnehin hatte die nationalsozialistische Justiz schon vor dem Krieg – gestützt auf das Gesetz gegen heimtückische Angriffe auf Staat und   Partei   (Reichsheimtückegesetz)[131]   –   das   Abhören   ausländischer, vornehmlich kommunistischer Stationen, geahndet.

Während die britische BBC 1943 eine Zahl zwischen ein und drei Millionen zumindest gelegentliche Hörer in Deutschland vermutete,[132] wurden bis 1943 (spätere Zahlen liegen nicht vor) insgesamt 3450 Verurteilungen bekannt. Allerdings sollen nur vier bis acht Prozent der ausgesprochenen Gefängnis-, Zuchthaus- und Todesstrafen der Öffentlichkeit bekanntgegeben worden sein.[133]

---

[130] RGBl. 1939 I, S. 1683, S. 1746.
[131] RGBl. 1934 I, S. 1269.
[132] *Wittek,* Der britische Ätherkrieg, S. 187.
[133] So jedenfalls *Diller,* in: *Bausch,* Rundfunk, Bd. 2, S. 316.

IV. Der Deutsche Rundfunk in der Besatzungszeit

1. Kapitulation und Neubeginn

Trotz bedingungsloser *Kapitulation* und katastrophaler Zerstörungen gab es keinen Tag, an **38** dem in Deutschland nicht Rundfunkprogramme ausgestrahlt wurden. Dennoch konnte von einem eigenständigen deutschen Rundfunk aufgrund der Übernahme der Regierungsgewalt durch die alliierten Siegermächte und die Aufteilung in Besatzungszonen vorerst keine Rede sein. Bei ihrem Eindringen in das Reichsgebiet besetzten die Alliierten auch die Funkhäuser und richteten dort Sender der jeweiligen Militärregierungen für die deutschen Hörer ein.[134] In den Räumen der ehemaligen NORAG in Hamburg strahlten die Briten als erster alliierter Sender bereits am 4. Mai 1945 „Radio Hamburg, a station of the allied military government" seine Programme aus, und zwar auch in deutscher Sprache, um die deutsche Zivilbevölkerung sowie die Kriegsgefangenen in Deutschland informieren zu können.[135]

Zu dieser Zeit verbreitete noch der *„Großdeutsche Rundfunk"* der Nationalsozialisten von Flensburg aus seine Sendungen, der dann am 9. Mai 1945, also am Tag nach der bedingungslosen Kapitualition der deutschen Wehrmacht, seinen Betrieb einstellte.[136] Sender der Militärregierung entstanden ebenfalls in der amerikanischen Besatzungszone schon kurz nach dem Einmarsch der US-Truppen, und zwar in München, Stuttgart, Bad Nauheim; später dann in Frankfurt und schließlich am 23. Dezember 1945 in der amerikanischen Besatzungsenklave Bremen mit der heute noch bestehenden Firmierung „Radio Bremen".[137] Die französische Militärregierung begann am 14. Oktober 1945 über den Sender Koblenz mit der Ausstrahlung eines regionalen deutschsprachigen Programms.[138] Am 13. Mai 1945 hatten die Sowjets in Berlin über den Sender Tegel, der damals auf dem später während der Blockade Berlins zum Flughafen Tegel ausgebauten Gelände stand, mit der Ausstrahlung von Hörfunkprogrammen begonnen.[139]

Schon im Herbst 1944, unmittelbar nach dem erstmaligen Einmarsch alliierter Truppen im Westen Deutschlands, hatte das Hauptquartier der alliierten Streitkräfte *drei Gesetze zum Rundfunkwesen in den besetzten Gebieten* verkündet, die jetzt – 1945 – noch einmal in den Amtsblättern der westlichen Besatzungsmächte abgedruckt wurden:[140]

– Das Gesetz Nr. 52 verfügte die Beschlagnahme des gesamten Reichsvermögens und damit auch des Reichsrundfunks einschließlich der von der deutschen Reichspost betriebenen sendetechnischen Anlage.
– Das Gesetz Nr. 76 verlangte, daß bestimmte Arten von Rundfunkempfangsanlagen anzumelden waren.
– Das Gesetz Nr. 191 verbot jegliche eigenständige publizistische Tätigkeit und den Betrieb von Rundfunkeinrichtungen durch Deutsche.

Doch schon 1945 gingen die Besatzungsmächte dazu über, deutsche Mitarbeiter mehr oder weniger mit der Gestaltung von Sendungen zu beauftragen.[141] Die allmähliche Einbin-

---

[134] Vgl. *Hesse,* Rundfunkrecht S. 8., *Herrmann,* Rundfunkrecht, § 4 Rdz 23, S. 67; *Schütte,* Regionalität, S. 217 ff.

[135] *Fischer,* Dokumente, S. 37; *Bausch,* in: *Bausch,* Rundfunk, Bd. 3, S. 13 f.; *Busch* ZUM 193, 155 ff.; *Kutsch,* Unter britischer Kontrolle, S. 83 ff.

[136] *Fischer,* Dokumente, S. 37.

[137] *Bausch,* in: *Bausch,* Rundfunk, Bd. 3, S. 15.

[138] *Bausch,* in: *Bausch,* Bd. 3, S. 15.; *Klingler,* Radio Koblenz, S. 2 f.; *Hasch,* S. 11 ff.

[139] *Bausch,* in: *Bausch,* Bd. 3, S. 15.; *Riedel,* Hörfunk u. Fernsehen in der DDR, S. 14 ff.; *Kutsch,* Rundfunk und Politik im Nachkriegs-Berlin, S. 115 ff., *Diller/Mühl-Benninghaus,* S. 30 ff.

[140] *Schuster,* Gesetze und Proklamationen, S. 65 ff.

[141] Vgl. *Herrmann,* Fernsehen und Hörfunk, S. 59.

dung in die Programmverantwortung und -gestaltung ermöglichte zugleich eine gewisse rundfunkpolitische Öffnung. Alliierte Vertreter nahmen das Gespräch mit Deutschen auf, die im Rundfunkwesen als sachkundig, politisch jedoch als nicht belastet, galten.[142]

2. Entstehen von Rundfunkanstalten in den westlichen Besatzungszonen

a) Amerikanische Besatzungszone

39   Anfang 1946 ermächtigte die *amerikanische Militärregierung* die gesetzgebenden Körperschaften der in ihrer Zone gelegenen und inzwischen staatsrechtlich gebildeten Länder, für die künftige Organisation des deutschen Rundfunks selbst gesetzliche Regelungen zu treffen.[143] So entstand in Bayern mit Gesetz vom 10. August 1948 der Bayerische Rundfunk (BR) als Anstalt des öffentlichen Rechts.[144]

Dieser Gesetzgebung gingen bereits mit Beginn des Jahres 1946 bemerkenswerte Diskussionen über den künftigen Weg des Rundfunks in Bayern voraus. Zunächst gab es Pläne, die eng an das Weimarer System angelehnt waren. Es sollte eine Gesellschaft mit beschränkter Haftung gegründet werden, deren Anteil zu 75 Prozent auf den Bayerischen Staat und zu 25 Prozent auf die Post entfallen wären. Dieser Vorschlag fand nicht die Zustimmung der amerikanischen Besatzungsmacht.[145] Wiederum nach Weimarer Vorbild war ein zweigliedriger Programmbeirat vorgesehen, der sich aus *Repräsentanten des politischen und kulturellen Lebens* zusammensetzen sollte. Auch dieses Modell fand bei den Amerikanern wegen der befürchteten Staatseinflüsse keinen Gefallen.

Bei den weiteren Beratungen stand der von den Amerikanern in der Fassung vom Januar 1947 gebilligte Entwurf des Rundfunkgesetzes für das damalige Groß-Hessen Pate. Dabei kam wiederum den Vertretern von politischen Parteien eine große Bedeutung zu und zwar mit der Begründung, daß eine *ständische Organisation* dem *Demokratieprinzip* widersprechen würde und die Volksmeinung in erster Linie durch den Landtag zum Ausdruck komme.[146] Das schließlich am 1. Oktober 1948 in Kraft getretene und von den Amerikanern genehmigte Gesetz über die Errichtung und die Aufgaben einer Anstalt des öffentlichen Rechts „Der Bayerische Rundfunk" sah dann auch eine ausgeprägte staatliche Repräsentanz im Rundfunkrat vor. Ein Drittel der Rundfunkratsmitglieder waren Vertreter der politischen Parteien und der staatlichen Exekutive. Die staatliche Teilnahme am Rundfunk kam letztlich auch in der Vorschrift des § 10 zum Tragen, wonach die Einnahmen des Rundfunks nicht nur für die eigenen Zwecke, sondern für kulturelle Einrichtungen des Staates verwendet werden konnten, soweit sie Beiträge zum Rundfunkprogramm zu leisten vermochten.[147]

Im amerikanisch besetzten Hessen wurde mit Gesetz vom 2. Oktober 1948 der Hessische Rundfunk (HR) aus der Taufe gehoben.[148] Das Ziel der Westalliierten, in Deutschland einen *staatsunabhängigen Rundfunk* aufzubauen, kam in diesem Gesetz unmißverständlich zum Tragen. In der noch heute gültigen Vorschrift des § 1 Abs. 1 des Hessischen Rundfunkgesetzes heißt es: „Der Hessische Rundfunk unterliegt nicht der Staatsaufsicht."

Ebenfalls im Herbst 1948 wurde in der amerikanischen Besatzungsenklave an der Weser die öffentlich-rechtliche Rundfunkanstalt „Radio Bremen" (Gesetz vom 22. November

---

[142] *Bausch,* in: *Bausch,* Rundfunk, Bd. 3, S. 150.

[143] *Brack/Herrmann/Hillig,* Organisation des Rundfunks, S. 62.; vgl. den Befehl von General Lucius D. Clay zur Errichtung regierungsunabhängiger Sender (1947), abgedruckt bei *Bausch,* Bd. 3, S. 34 f.; zur amerikanischen Informations- und Rundfunkpolitik in Westdeutschland 1945-1949 vgl. *Mettler,* Demokratisierung und kalter Krieg, S. 1 f.

[144] Bay. GVBl, 1948, S. 135.

[145] *Bausch,* in: *Bausch,* Rundfunk, Bd. 3, S. 106. *Mettler,* Demokratisierung, S. 243, 246 f.

[146] *Bausch,* in: *Bausch,* Rundfunk, Bd. 3, S. 109.

[147] Vgl. *Bausch,* in: *Bausch,* Rundfunk, Bd. 3, S. 106 ff.

[148] Hess. GVBL. 1948, S. 1233.

1948) ins Leben gerufen.[149]

Schließlich entstand in der amerikanischen Besatzungszone der Süddeutsche Rundfunk (SDR), der seine offizielle Gründung als Anstalt des öffentlichen Rechts durch das Gesetz Nr. 1039 vom 6. April 1949[150], dem sogenannten Radio-Gesetz, erfuhr.[151] Dieses Gesetz beginnt mit §1: „Der Rundfunk im Sinne dieses Gesetzes umfaßt die Veranstaltung und Übermittlung von Darbietungen aller Art unter Benützung elektrischer Schwingungen in Wort, Ton und Bild, soweit sie sich an die Allgemeinheit wenden." Bemerkenswert an dieser gesetzlichen Neuregelung war die – anglo-amerikanischer Rechtstradition folgende – Voranstellung einer Definition des Begriffs „Rundfunk".[152]

b) Britische Besatzungszone

Das Verhältnis der Siegermächte zu den Besetzten entspannte sich im Laufe der Zeit. Die Briten   **40** beabsichtigten daraufhin eine relativ rasche Übergabe des Rundfunkwesens in die Hände der deutschen Rundfunksachverständigen.[153] Anders als die Amerikaner richteten die Briten, die sich am heimischen *Modell der BBC* orientierten, für ihre gesamte Besatzungszone eine einheitliche Rundfunkorganisation ein. Für die heutigen Länder Hamburg, Niedersachsen, Nordrhein-Westfalen und Schleswig-Holstein entstand mit der britischen Militärregierungsverordnung Nr. 118 am 1. Januar 1948 der Nordwestdeutsche Rundfunk (NWDR), der sich später – 1955 – in den heutigen NDR und WDR aufteilte. Der NWDR war die erste deutsche Rundfunkorganisation in der Nachkriegszeit. Unmittelbar nach Inkrafttreten der Militärverordnung wurden die Organe – Hauptausschuß, Verwaltungsrat und Generaldirektor – gebildet.[154] Im Hinblick auf diese Politik sah Hugh Carlton Greene als Verantwortlicher der britischen Rundfunkpolitik im besetzten Deutschland seine Aufgabe nur noch darin, „sich überflüssig zu machen".[155]

Allerdings behielt die britische Militärregierung maßgeblichen Einfluß. So stand ihr die Befugnis zu, die Höhe des Anteils des NWDR an den Hörergebühren festzusetzen.[156] Die britische Besatzungsmacht, durch eine im August 1946 an die Macht gekommene Labour-Regierung gelenkt, richtete ihre Rundfunkpolitik streng zentralistisch aus, zumal die zentralistisch ausgerichtete BBC dafür Pate stand.[157]

c) Französische Besatzungszone

Dem *zentralen Konzept* folgten auch die Franzosen. In ihrem Besatzungsgebiet schufen sie mit   **41** der Verordnung Nr. 187 vom 30. Oktober 1948 den „Südwestdeutschen Rundfunk" (SWF), und zwar ebenfalls als Anstalt des öffentlichen Rechts mit dem Recht der Selbstverwaltung.[158] Der Aufbau dieses Senders geht unmittelbar auf die Zeit der Besetzung Deutschland. Nachdem er am 31. März 1946 den regelmäßigen Programmdienst aufgenommen hatte, war bald nur noch vom „Südwestfunk" die Rede.[159] Hingegen gab es bis Oktober 1948 noch keine Rechtsgrundlage. Es gab lediglich eine *„Geschäftsordnung für die Studios des Südwestfunks"*, die allerdings auch erst am 1. Januar 1948 in Kraft getreten war. Sie bestimmte: „Der Südwest-

---

[149] Brem. GVBL. 1948, S. 225.
[150] Württ.-Bad. Reg. Bl. 1949, S. 71.
[151] *Dussel/Lersch/Müller*, S. 14.
[152] Vgl. *Herrmann*, Fernsehen und Hörfunk, S. 74.
[153] *Herrmann*, Rundfunkrecht, S. 68.
[154] *Brack/Herrmann/Hillig*, Organisation des Rundfunks, S. 36.; *Kutsch*, Unter britischer Kontrolle, S. 83, 120 ff.
[155] *Green*, Entscheidung, S. 46 f.; *Bausch*, in: *Bausch*, Rundfunk, Bd. 3, 1. Teil, S. 46 ff.
[156] *Brack/Herrmann/Hillig*, Organisation des Rundfunks, S. 37.
[157] *Green*, Entscheidung, S. 45.
[158] *Brack/Herrmann/Hillig*, Organisation des Rundfunks, S. 72 oder S. 78.; Journal Officiel, 1949, S. 1756, geändert durch Verordnung Nr. 198, Journal Officiel 1949, S. 1891; *Friedrich*, Rundfunk und Besatzungsmacht, S. 69 ff.
[159] Kürzelverzeichnis bei *Bausch*, in: *Bausch*, Rundfunk, Bd. 3, S. 134.; *Friedrich*, Rundfunk und Besatzungsmacht, S. 69 ff.

funk ist die von der französischen Militärregierung für die gesamte französische Besatzungszone Deutschlands eingesetzte Rundfunkorganisation, die alle politischen und kulturellen Interessen auf dem Gebiet des Rundfunks zu wahren hat."[160]

Während in der britischen und amerikanischen Besatzungszone schon bald mit deutschen Vertretern Verhandlungen über die künftigen Rechtsgrundlagen der neuen Rundfunkorganisationen aufgenommen wurden, blieben die Regierungen und Landtage der drei Länder in der französischen Zone ausgeschaltet, als die rechtlichen Grundlagen für den SWF erarbeitet wurden. Die vom französischen Militärgouverneur am 30. Oktober 1948 unterzeichnete *Verordnung Nr. 187* über den Südwestfunk brachte auch den strengen alliierten Vorbehalt unmißverständlich zum Ausdruck, indem in Artikel 11 bestimmt wurde, daß der SWF unter der Kontrolle der Organe des französischen Oberkommandos in Deutschland steht.[161] Der seinerzeit allenthalben als Zonenrundfunk titulierte SWF vermochte faktisch in deutsche Hände überzugehen, als sich im Sommer 1949 ohne Einsprüche der Franzosen der Rundfunkrat konstituieren und unmittelbar danach der Intendant gewählt werden konnte.[162]

42   Im heutigen Saarland war entsprechend den zentralistischen Vorstellungen der Franzosen zunächst mit dem übrigen Besatzungsgebiet eine im wesentlichen einheitliche Rundfunkorganisation aufgebaut worden. Das Saargebiet erhielt sein Rundfunkprogramm weitgehend vom SWF aus Baden-Baden. Infolge der französischen Ansprüche auf das Saargebiet wurde jedoch *Radio Saarbrücken* mit der am 15. September 1946 in Kraft getretenen Verordnung aus dem Südwestfunk herausgegliedert und als selbständige Rundfunkorganisation aufgebaut.[163] Mit der Verordnung Nr. 111 vom 16. September 1947 wurden alle Rundfunkeinrichtungen dem Saarländischen Rundfunkamt überantwortet. Dem dabei eingesetzten sechsköpfigen Verwaltungsrat mußte ein Franzose vorstehen.[164] Die französische Besatzungsmacht nahm nicht nur maßgeblichen Einfluß auf die Personalpolitik, sondern kontrollierte auch ständig die Programme und griff dabei sogar direkt in Nachrichtensendungen ein. Bis Juli 1955 wurde der Saarländische Rundfunk von einem Franzosen geleitet.

Mit dem Saarländischen Rundfunkgesetz vom 18. Juli 1952 erhielt auch das Saargebiet für seinen Rundfunksender eine gesetzliche Grundlage. In Artikel 7 verpflichteten sich die Saarländer, auf dem Gebiet des Fernsehens die gleichen technischen Normen zu übernehmen, die in Frankreich angewandt wurden. Dies führte dazu, daß deutsches Fernsehen im Saarland bis 1958 nicht empfangbar war.

d) Sonderlage Berlin

43   Eine *Sonderstellung* nahm Berlin ein, da die Westalliierten und die Sowjets gemeinsam die deutsche Hauptstadt in insgesamt vier Besatzungssektoren besetzt hielten und zum anderen die Sowjets bei ihrer Eroberung von Berlin sofort das dann im britischen Sektor gelegene „Haus des Rundfunks" an der Masurenallee unter ihre Gewalt brachten, welches sie erst über 10 Jahre später – 1956 – freigaben. Diese von einer starken propagandistischen Dominanz der Sowjets geprägte Situation veranlaßte die Amerikaner bereits am 7. Februar 1946 zur Errichtung des „Drahtfunk im amerikanischen Sektor" (DIAS), der am 5. September 1946 mit Beginn der terrestrischen Übertragung in „Rundfunk im amerikanischen Sektor" (RIAS) umbenannt wurde.[165] Der Sender blieb bis in die Tage der Wiederherstellung der Einheit Deutschlands – wenn auch unter deutscher Intendanz – eine amerikanische Rundfunkorganisation.

---

[160] *Bausch,* in: *Bausch,* Rundfunk, Bd. 3, S. 138.; *Friedrich,* Rundfunk und Besatzungsmacht, S. 256 ff.

[161] *Bausch,* in: *Bausch,* Rundfunk, Bd. 3, S. 139.; Journal Officiel 1948, Nr. 215, S. 1756, abgedruckt auch bei *Friedrich,* Rundfunk und Besatzungsmacht, S. 258 ff.

[162] *Bausch,* in: *Bausch,* Rundfunk, Bd. 3, S. 143.

[163] *Bausch,* in: *Bausch,* Rundfunk, Bd. 3, S. 144., *Schwan:* Rundfunk als Instrument, S. 39 ff.

[164] *Bausch,* in: *Bausch,* Rundfunk, Bd. 3, S. 144., *Schwan:* Rundfunk als Instrument, S. 43 ff.

[165] *Bausch,* in: *Bausch,* Rundfunk, Bd. 3, S. 128 f. *Kundler,* S. 12 ff; zur Entstehung und den Anfängen des Rias ausführlich, aber nicht immer zutreffend: *Schivelbusch* S. 169 ff.

Die Briten eröffneten am 17. August 1946 eine *Zweigstelle des NWDR*, um ebenfalls dem kommunistisch beherrschten „*Berliner Rundfunk*" einen freiheitlich-demokratisch ausgerichteten Informationsträger entgegensetzen zu können. Aus ihr ging 1954 der „Sender Freies Berlin" (SFB), als erste Abspaltung aus dem Nordwestdeutschen Rundfunk (NWDR) hervor.[166]

3. Sowjetisch besetzte Zone

Von Anbeginn nutzte die *sowjetische Besatzungsmacht* das in ihrem Besatzungsbereich und in Berlin intakt gebliebene Sendernetz. Der Rundfunk, der als Einrichtung der Besatzungsmacht schon im Mai 1945 in Berlin wieder zu senden begann, stand unter straffer Führung der kommunistischen Partei.[167] Die Aufsicht oblag dabei zunächst der für die gesamte sowjetische Besatzungszone gebildeten Deutschen Zentralverwaltung für Volksbildung, später nach Gründung der DDR dem Staatlichen Rundfunkkomitee beim Ministerrat. Dieser übertrug durch Beschluß vom 4. September 1968 zwei Institutionen, dem Staatlichen Komitee für Rundfunk und dem Staatlichen Komitee für Fernsehen, die Aufgabe, Rundfunk und Fernsehen „zentralistisch" zu lenken; die Arbeit habe Richtlinien zu folgen, die die DDR-Regierung den Einrichtungen des Rundfunks und des Fernsehens über das jeweilige Komitee zuleiten werde.[168]

Formal war auch in der sozialistischen DDR die Freiheit des Rundfunks und des Fernsehens gewährleistet. Die DDR-Verfassung bestimmte allerdings, daß diese Freiheit nur ihren „Grundsätzen gemäß" gelte. Da das Prinzip des *demokratischen Zentralismus* aber den gesamten Staats- und Gesellschaftsaufbau beherrschte, waren auch rechtlich der Rundfunk – begrifflich verstand die DDR darunter nur den Hörfunk – und das Fernsehen ein Teil des Staats- und Parteiapparates, der sich der Medien unter agitativen und propagandistischen Zwecken bediente. **44**

Erst nach der Wende faßte die Volkskammer am 5. Februar 1990 einen Beschluß über die Gewährleistung der Meinungs-, Informations- und Medienfreiheit.[169] Ein acht Tage vor der Wiedervereinigung verkündetes, von der einzig demokratisch gewählten Volkskammer beschlossenes *Rundfunk-Überleitungsgesetz* bekam kaum praktische Bedeutung, da Art. 36 des Einigungsvertrages Überleitungsregelungen für den Staatsrundfunk enthielt, die zur weitgehenden Abwicklung der sozialistischen Stationen und zum Aufbau öffentlich-rechtlicher und privater Sender in den neuen Bundesländern führten.[170] **45**

---

[166] *Heinrich,* Vom NWDR Berlin zum SFB, S. 1ff.

[167] *Steininger,* Deutschlandfunk – die Vorgeschichte einer Rundfunkanstalt 1949-1961, S. 14 f. *Kutsch,* Rundfunk und Politik im Nachkriegs-Berlin, S. 115 ff.; *Diller/Mühl-Benninghaus,* S. 30 f. 38 ff.

[168] Vgl. *W. Heyde,* in: *Schiwy/Schütz,* Medienrecht, S. 168 ff.(175).

[169] GBl. Teil I S. 39 f.; *Kutsch,* Meinungs-, Informations- u. Medienfreiheit, S. 107 ff.

[170] *Heyde,* in: *Schiwy/Schütz,* Medienrecht, S. 175, dazu *Schiwy:* Versagt, versäumt, verpaßt, Die Mediennordnung in den neuen Bundesländern, S. 42 ff.; *ders.:* Verpaßte Chancen – neue Sender in alten Schuhen, S. 35 ff.

V. Entstehung der Rundfunkanstalten in der Bundesrepublik Deutschland

46 Auch mit der Gründung der Bundesrepublik Deutschland und der Verkündung des Grundgesetzes am 23. Mai 1949 waren die *alliierten Vorbehaltsrechte* nicht aufgehoben. Sie galten weiter, bis Westdeutschland aufgrund des Deutschland-Vertrages am 5. Mai 1955 weitgehend die staatliche Souveränität wiedererlangte. Obgleich Art. 5 GG von vornherein die „Freiheit der Berichterstattung durch Rundfunk" garantierte, erließ die Alliierte Hohe Kommission am 21. September 1949 das *„Gesetz Nr. 5 über die Presse, den Rundfunk, die Berichterstattung und die Unterhaltungsstätten"*, welches deutliche Einschränkungen für das Rundfunkwesen enthielt. So bestimmte Art. 3 dieses Gesetzes, daß folgende Vorhaben der Genehmigung bzw. Zustimmung der Alliierten Hohen Kommission bedürften:

- Einrichtung von neuen Rundfunk-, Fernseh- oder Drahtfunksendern
- Internationale Übertragungen, Sendungen in fremder Sprache
- Verhandlungen mit dem Ausland über Rundfunksendungen.

Des weiteren konnten nach Art. 6 solche Sendungen untersagt werden, die nach Meinung der Alliierten Hohen Kommission dem Ansehen und der Sicherheit der alliierten Streitkräfte abträglich sein könnten. In einer Durchführungsverordnung zu diesem Gesetz wurde schließlich u. a. eine dreimonatige Aufbewahrungspflicht für Sendebeiträge bestimmt.[171]

Bemerkenswert ist die Tatsache, daß das Gesetz Nr. 5 formell erst am 19. Dezember 1960 durch das 4. Gesetz zur Aufhebung des Besatzungsrechts außer Kraft gesetzt wurde, obgleich das *Besatzungsstatut* schon durch Protokoll zum Deutschland-Vertrag vom 5. Mai 1955 seine Gültigkeit verloren hatte.[172] Jene Einschränkungen, insbesondere der Genehmigungsvorbehalt für neue Rundfunksender, wogen um so schwerer, als die neu gegründete Bundesrepublik Deutschland von den Alliierten schon geschaffene Strukturen vorfand. In den verschiedenen Besatzungszonen waren insgesamt *sechs öffentlich-rechtliche Rundfunkanstalten* entstanden, die entgegen dem herkömmlichen Verständnis von einer rechtsfähigen Anstalt des öffentlichen Rechts mit dem Recht der Selbstverwaltung ausgestattet waren und deshalb auch heute noch in der Verwaltungsrechtswissenschaft als Sonderform betrachtet werden.[173]

1. Die Landesrundfunkanstalten

47 Die Konstituierung der Bundesrepublik Deutschland bot nur schwerlich eine Chance zu einer *Neuordnung des Rundfunkwesens*. Zum einen fehlte eben die uneingeschränkte staatliche Souveränität, zum anderen war das westliche Nachkriegsdeutschland durch alliierte Vorgaben geprägt, die wiederum zu einem Besitzstandsdenken bei den Verantwortlichen in den neuen Anstalten führten.

Das publizistisch wirkungsvolle Machtinstrument Rundfunk wurde nach dem Kriegsende der ausschließlichen Zuständigkeit der Besatzungsmächte unterstellt. Die westlichen Regierungen gaben wenig später zu erkennen, daß sie der Post die Ausübung des *Funkhoheitsrechts* überlassen wollten. Die Besatzungsmächte wählten bei der Neugründung der Rundfunkanstalten die *Rechtsform der öffentlich-rechtlichen Anstalt*. Diese Anstalten wurden auch neue Eigentümerinnen der Sendeanlagen. Damit sollte der Möglichkeit einer zu starken Beeinflussung durch den Staat entgegengewirkt werden.[174]

48 Die Anzahl der öffentlich-rechtlichen Anstalten in der jungen Bundesrepublik Deutsch-

---

[171] Vgl. *Bausch*, in: *Bausch*, Rundfunk, Bd. 3, S. 240.

[172] *Wilkens*, Die Aufsicht über den Rundfunk, S. 65.

[173] Siehe hierzu *Wolff-Bachof*, Verwaltungsrecht II, S. 981.

[174] *Schuster* APF 1949, S. 355; *Neyses*, Die Problematik eines Rundfunkstreitverfahrens, S. 7 ff.

land wuchs sogar noch. In Berlin entstand mit dem am 12. November 1953 in Kraft getretenen Rundfunkgesetz der *Sender Freies Berlin* (SFB).[175] Auseinandersetzungen der Landesregierung von Nordrhein-Westfalen mit den übrigen NWDR-Vertragsländern führten 1955 zur Aufteilung in zwei öffentlich-rechtliche Anstalten, den *Westdeutschen Rundfunk (WDR)* und *Norddeutschen Rundfunk (NDR)*.[176] Der Antrag des nordrhein-westfälischen Ministerpräsidenten vom Juni 1954, die britische Verordnung Nr. 118 für Nordrhein-Westfalen aufzuheben, fand insbesondere bei der Alliierten Hohen Kommission auf dem Petersberg Gehör, da mit der Wiederherstellung der deutschen Souveränität ohnehin in kurzer Zeit gerechnet wurde.[177] Schließlich folgte mit der Rückgliederung des Saargebietes der *Saarländische Rundfunk (SR)*, und zwar aufgrund eines entsprechenden Gesetzes vom 1. Januar 1957.[178]

2. Der Kompetenzstreit zwischen Bund und Ländern

Die Bundesregierung war indes schon sehr frühzeitig bemüht, die von den Alliierten überlieferten Rundfunkstrukturen, die u.a. regional nicht ausgewogen erschienen, aufzulockern.[179] So gingen die Juristen des Bundespostministeriums davon aus, daß mit dem Inkrafttreten des Grundgesetzes auch das alte Fernmeldeanlagengesetz aus dem Jahre 1928 Bundesrecht geworden sei und damit dem *Bund Kompetenzen zur Gestaltung des Rundfunkwesens* verleihe.[180] In einem Memorandum der CDU-Bundesgeschäftsstelle war sogar ausdrücklich von einem Kassieren der „Alliierten Radio-Gesetze" die Rede. Es würde dann auch die Funkhoheit automatisch an den Bund als Rechtsnachfolger des Reichs zurückfallen. Dies erforderte die Vorbereitung eines Bundesrundfunkgesetzes, das im wesentlichen folgende Bereiche regeln müsse: 49

– Lizenzierung der Sender durch die Bundesregierung
– Finanzhoheit des Bundes über den Rundfunk
– Rückführung der gesamten Ausstrahlungstechnik in die Zuständigkeit des Bundes.[181]

Wenn auch frühere Reichszuständigkeiten eine entscheidende Bedeutung für solche Vorstellungen gehabt haben, so kam noch hinzu, daß sich der Parlamentarische Rat bei seinen Verfassungsberatungen u.a. in der Rundfunkkompetenzfrage nicht eindeutig darüber verständigen konnte. Dieser Umstand führte zu den auslegungsbedürftigen Grundgesetzbestimmungen des Art. 5 Abs. 1 und Art. 73 Ziff. 7 GG. Dabei hatte der Grundgesetzentwurf zunächst klar zwischen dem Fernmeldewesen und dem Rundfunk unterschieden. Das Rundfunkwesen sollte einschließlich der Rundfunktechnik kein Bestandteil des Fernmeldebereichs sein. Die Abgeordneten des Parlamentarischen Rates hingegen, die sich teils für eine Zuständigkeit des Bundes und teils für eine solche der Länder aussprachen, verständigten sich auf eine Art Formelkompromiß, der in Art. 73 Ziff. 7 GG keine klare Zuordnung erkennen läßt und erst später durch das Bundesverfassungsgericht mit dem ersten Rundfunkurteil vom 28. Februar 1961 im Sinne einer klaren Zuständigkeitsregelung ausgelegt worden ist.[182]

Jene unklare Haltung der Verfassungsväter kommt schließlich auch in der rundfunkverfassungsrechtlichen Kernbestimmung des Art. 5 Abs. 1 GG zum Ausdruck. Hierbei spielte in den Beratungen die Frage der Organisationsform eine gewichtige Rolle. Es gab starke Bestre- 50

---

[175] *Heinrich*, Vom NWDR, S. 104 ff.
[176] *Bierbach*, Der neue NWDR; *Geserick*, S. 149 ff.
[177] Vgl. *Bausch*, in: *Bausch*, Rundfunk, Bd. 3, S. 216 f.
[178] Amtsbl. Saar 1956, S. 1549.
[179] *Steininger*; Vierteljahresschrift für Zeitgeschichte 1973, S. 388 ff.
[180] *Eckner*, in: *Steinmetz*, S. 35 ff.
[181] Vgl. *Steininger*, Vierteljahresschrift für Zeitgeschichte 1973, S. 388 ff.
[182] Vgl. *Bausch*, in: *Bausch*, Rundfunk, Bd. 3, S. 309 f.; siehe auch BVerfGE 12, S. 205 ff.; Parlamentarischer Rat, Verhandlungen des Hauptausschusses, 29. Sitzung am 5. Januar 1949, S. 351 f.

bungen, die öffentlich-rechtliche Rundfunkanstalt in der von den Alliierten vorgegebenen Struktur als ausschließliche Organisationsform *bindend* vorzuschreiben. Dies scheiterte letztlich am Widerstand der Abgeordneten, die die weitere rundfunkrechtliche Entwicklung offenhalten wollten und sogar das Entstehen privater Rundfunksender für denkbar hielten[183]. So erklärt es sich, daß in Art. 5 Abs. 1 Satz 1 GG die Pressefreiheit garantiert ist, jedoch im folgenden Satz allein von der „Freiheit der Berichterstattung durch Rundfunk" die Rede ist. Zum Teil sah man den Rundfunkveranstalter auch nur als monopolistischen staatlichen Anbieter. Die Freiheit der Rundfunkorganisation sollte nicht bestehen. Die Pressefreiheit sei ein fester Begriff, wohingegen bei dem Begriff „Rundfunk" die Freiheit nur in der Berichterstattung liege.[184]

Wäre der heute selbstverständlich gewordene Begriff der *Rundfunkfreiheit* in Art. 5 Abs. 1 GG aufgenommen worden, hätte dies sicherlich dem Gedanken des *privaten Rundfunks* schon bei der Entstehung der Bundesrepublik Deutschland mehr Gewicht verliehen und möglicherweise auch zu einer differenzierteren Betrachtung beim Bundesverfassungsgericht geführt. In den ersten Jahren der Bundesrepublik Deutschland wäre jedoch jeder Versuch einer Privatisierung des Rundfunks spätestens durch das Veto der Alliierten Hohen Kommission fehlgeschlagen. So wurden anfänglich Pläne, UKW-Frequenzen an private Veranstalter zu vergeben, u. a. im Bundeskanzleramt sehr zögerlich verfolgt. Die rundfunkpolitischen Absichten der Bundesregierung konzentrierten sich zunächst im wesentlichen auf die Kompetenzfrage.[185]

a) Aktivitäten der Intendanten

51 Daß sich auf diesem Feld für die Bundesregierung die besten Erfolgsaussichten abzuzeichnen schienen, zeigt das damalige Vorgehen der Intendanten der öffentlich-rechtlichen Rundfunkanstalten. Noch vor der Gründung der ARD, die im übrigen bis heute in der rechtlich „sehr lockeren"[186] Form der Arbeitsgemeinschaft existiert, forderten die Intendanten im Oktober 1949 alle Landesrundfunkanstalten auf, Vorschläge zur zukünftigen Rundfunkgesetzgebung zu unterbreiten. In einer gemeinsamen Sitzung der Intendanten und Gremienvorsitzenden wurde schließlich im Dezember 1949 ein Ausschuß für Gesetzgebung eingesetzt, der sich dann im Januar 1950 mit einer Vorlage des RIAS-Justitiars Jung befaßte, die deshalb erwähnenswert ist, weil sie ein *„Bundes-Rundfunkamt"* mit eigenem *„Bundes-Rundfunkrat"* vorsah.[187] Deren Funktionen sollten freilich im wesentlichen auf außerprogrammliche Aufgaben, wie der Zuteilung von Frequenzen und Vertretung bei internationalen Verhandlungen, beschränkt bleiben. Auch hier wurde darauf geachtet, daß die Organisation der Rundfunkanstalten ein Reservat der Länder bleibt. Dies vermochte den Vorstellungen der Bundesregierung nicht genügen, mußte aber andererseits auch den vehementen Verfechtern der Landesrundfunkanstalten als zu weitgehend erscheinen, da eine Institution „Bundes-Rundfunkamt" auch den Weg für erweiterte Bundeskompetenzen hätte eröffnen können. In dem gemeinsamen Entwurf des Ausschusses vom Mai 1950 war dann auch nur noch ein *„Rundfunkbeauftragter"* des Bundes in Betracht gezogen worden, der einem Kuratorium, bestehend aus Vertretern der Rundfunkanstalten, beigeordnet werden sollte. Um dem insbesondere vom Bund vorgetragenen Argument, der Rundfunk sei schon von seiner Natur her eine überregionale Angelegenheit, entgegenzuwirken und zugleich dem unstreitig anerkannten Maß an Einheitlichkeit Rechnung zu tragen, entschlossen sich hingegen die Intendanten und Gremien-

---

[183] Vgl. *Bausch*, in: *Bausch*, Rundfunk, Bd. 3, S. 309 f.; siehe auch BVerfGE 12, S. 205 ff.; Parlamentarischer Rat, Verhandlungen des Hauptausschusses, 29. Sitzung am 5. Januar 1949, S. 351 f.

[184] *Herrmann*, Fernsehen und Hörfunk, S. 54.

[185] Siehe hierzu auch *Bausch*, in: *Bausch*, Rundfunk, Bd. 3, S. 160.; *Steininger;* Vierteljahresschrift für Zeitgeschichte 1973, S. 388 ff., 397 ff.

[186] So zutreffend *Bausch*, in: *Bausch*, Rundfunk, Bd. 3, S.   [187] *Bausch*, in: *Bausch*, Rundfunk, Bd. 3, 319; *Steininger;* 239ff. Vierteljahresschrift für Zeitgeschichte   1973, S. 388 ff., 402.

vorsitzenden in ihrer gemeinsamen Sitzung am 9./10. Juni 1950 zur Bildung einer Arbeitsgemeinschaft der Rundfunkanstalten.[188] Dies mußte auch den Ländern Auftrieb gegeben haben. Denn schon kurze Zeit später setzte die Ständige Konferenz der Kultusminister der Bundesländer einen *„Unterausschuß Rundfunk"* ein, um mit der Juristenkommission der neu gegründeten Arbeitsgemeinschaft das weitere Vorgehen abstimmen zu können.[189]

Nach Beratungen mit der Juristenkommission verabschiedete der Rundfunkunterausschuß der Kultusministerkonferenz am 17. Mai 1951 die „Hamburger Grundsätze für die Regelung des Rundfunkwesens", in denen folgende wichtige Aussagen getroffen wurden:[190] **52**
 - Es ist von den bestehenden Rundfunkanstalten auszugehen. Veränderungsmöglichkeiten sollten ausschließlich den Ländern zustehen, aber auch insoweit nur im Hinblick auf die Bildung von Mehrländeranstalten oder eigener Rundfunksender.
 - Zur Regelung gemeinsamer Aufgaben sollte ein Rundfunkkuratorium als Körperschaft des öffentlichen Rechts gebildet werden, bestehend aus Vertretern der einzelnen Rundfunkanstalten und gleichgewichtig aus dem Bundestag sowie Bundesrat zu wählenden Persönlichkeiten.

b) Rundfunkpolitische Ziele des Bundes

Die Aktivitäten der Rundfunkanstalten und Länder zur Wahrung ihres Rechtsstandpunktes **53** konnte die Bonner Politik nicht tatenlos hinnehmen. Da die Frage nach einem gesetzgeberischen Handeln des Bundes im Raum stand, brachte die „Deutsche Partei (DP)", Mitglied der damaligen Koalitionsregierung, einen entsprechenden Antrag als Gesetzesinitiative in den Deutschen Bundestag ein.[191] Damit erlebt der Deutsche Bundestag am 9. Mai 1951 seine erste große rundfunkpolitische Debatte.[192]

Der damalige Bundesinnenminister Lehr teilte mit, daß ein Rundfunkgesetz in Vorbereitung sei. Allerdings nannte er keine konkreten Ziele, sondern äußerte allgemein, daß die Frage, ob und inwieweit der Bund in die *Organisation der Rundfunkanstalten* eingreifen dürfe, sich als rechtlich äußerst umstritten darstelle. Es läge aber im Interesse der Rundfunkanstalten selbst, wenn der Bund alle im Grundgesetz gegebenen Möglichkeiten nutzen werde, um wenigstens in den Grundzügen eine gewisse Einheitlichkeit der Organisation in den Rundfunkanstalten herbeizuführen.[193] Daß die Bundesregierung zwar einerseits ihre *rundfunkpolitischen Ziele* nicht aufgegeben hatte, sich andererseits aber noch in einer politisch unsicheren Lage befunden haben mußte, zeigen auch die auf die Debatte folgenden Ausschußberatungen. Regierungsvertreter räumten ein, daß ein fertiger Entwurf überhaupt noch nicht vorläge und zunächst die Alliierten zur Aufhebung ihrer nach wie vor noch gültigen Militärverordnungen, die zum Teil strukturelle Veränderungen im Rundfunkwesen strikt unterbanden bzw. unter Genehmigungsvorbehalt stellten, ersucht werden müßten.[194] Hiermit war aber in keiner Weise zu rechnen, da entsprechende Sondierungsgespräche gezeigt hatten, daß die rundfunkordnungspolitischen Ziele des Bundes mit denen von den Alliierten verfolgten Prinzipien unvereinbar waren. Die Alliierten brachten unmißverständlich zum Ausdruck, daß die Rundfunkordnung im Bundesgebiet grundsätzlich auch weiterhin auf der Organisationshoheit der Länder beruhen müsse.[195]

---

[188] *Bausch*, in: *Bausch*, Rundfunk, Bd. 3, S. 321.; *Herrmann*, Rundfunkrecht, § 4 Rzd. 34, S. 71.

[189] *Bausch*, in: *Bausch*, Rundfunk, Bd. 3, S. 319 ff.

[190] Vgl. *Bausch*, in: *Bausch*, Rundfunk, Bd. 3, S. 323 f.

[191] *Bausch*, in: *Bausch*, Rundfunk, Bd. 3, S. 326.

[192] *Bausch*, in: *Bausch*, Rundfunk, Bd. 3, S. 328; *Steininger*, in: *Lerg/Steininger*, S. 354 ff.; Verhandlungen des Dt. Bundestags, 1. Wahlperiode 1949, 140. Sitzung, Steno, Berichte, S. 5562 ff.

[193] *Bausch*, in: *Bausch*, Rundfunk, Bd. 3, S. 324; Verhandlungen des Dt. Bundestags, stenografische Berichte, Bonn 1951, S. 5565 f.

[194] *Bausch*, in: *Bausch*, Rundfunk, Bd. 3, S. 326.

[195] *Bausch*, in: *Bausch*, Rundfunk, Bd. 3, S. 327.; *Steininger*, Vierteljahresschrift für Zeitgeschichte 1973, S. 388 ff., 409 ff.

Dennoch ließ die Bundesregierung nicht nach, ihren Anspruch auf eine bundesgesetzliche Regelung aufrechtzuerhalten. Nachdem die Regierungschefs der Länder Baden, Rheinland-Pfalz und Württemberg-Hohenzollern am 27. August 1951 den Staatsvertrag über den Südwestfunk (SWF) unterzeichnet hatten, kam es zu massiven Protesten[196] seitens der Bundesregierung, die in dem Staatsvertragsabschluß eine unzulässige *Vorwegnahme* künftiger ordnungspolitischer Entscheidungen sah. Bundeskanzler Adenauer teilte dem damaligen rheinland-pfälzischen Ministerpräsidenten Altmeier im Oktober 1951 mit, daß die Bundesregierung die Gültigkeit des SWF-Staatsvertrages nicht anerkennen könne, solange nicht geklärt sei, ob die Länder überhaupt zur Regelung organisatorischer Fragen des Rundfunks befugt seien. Diese Entscheidung werde im Zuge der Beratungen über das sich in Vorbereitung befindliche Bundesrundfunkgesetz getroffen werden müssen.[197]

Es dauerte schließlich ein Jahr, bis durch Presseveröffentlichungen der Referentenentwurf eines Bundesgesetzes „zur Ordnung des Deutschen Rundfunks" in der Fassung vom 25. Juli 1952 bekannt wurde,[198] der aus dem Innenministerium stammte und in dreifacher Hinsicht von Interesse war:

Zum einen sollten die Landesrundfunkanstalten auf sechs Sendegebiete reduziert werden, ferner war für überregionale Aufgaben die Einrichtung einer von den Landesrundfunkanstalten finanzierten Anstalt des öffentlichen Rechts unter dem Namen „*Der Deutsche Rundfunk*" mit Sitz in Bonn vorgesehen und schließlich sollten für das UKW-Sendernetz sogar private Lizenzen vergeben werden. Dieser Entwurf sorgte vor allem im Hinblick auf die beabsichtigte Festlegung der Sendegebiete innerhalb der ARD für erhebliche Unruhe.[199] Ein sofort eingesetzter Sonderausschuß nahm frühere, von den Rundfunkanstalten erarbeitete Gesetzesvorschläge auf und zog eine Umwandlung der ARD in eine öffentlich-rechtliche Körperschaft in Betracht. Auf die Kritik am Referentenentwurf hin hatte Innenminister Lehr derweil einen dreiköpfigen Sachverständigenausschuß eingesetzt, der eine Zusammenführung des SWF, SDR und HR empfahl, um so neben NWDR und BR einen gleichgewichtigen Sendebereich als sogenannten dritten Rundfunkblock entstehen zu lassen.[200] Aber auch dieser Vorschlag stieß auf keine positive Resonanz.[201] In dem dann Ende des Jahres 1952 vom Bundesinnenministerium fertiggestellten neuen Entwurf für ein *Bundesrundfunkgesetz* war jedwede Festlegung auf Sendegebiete, die einen Eingriff in den Bestand der Landesrundfunkanstalten bedeutet hätte, aufgegeben. Der nationalen Gemeinschaftsanstalt „Der deutsche Rundfunk" war neben der Veranstaltung eines aus Sendungen der Landesrundfunkanstalten bestehenden gemeinschaftlichen Hörfunkprogramms das Monopol für Rundfunk auf Kurzwelle und Langewelle sowie für das Fernsehen zuerkannt.[202]

c) Bund-Länder – Versuche der Zusammenarbeit

54 Dieser erneute Vorstoß aus Bonn zwang die *ARD* zu schnellem Vorgehen. In der ARD-Sitzung vom 25. bis 27. März 1953 wurde das gemeinsamem Handeln hinderliche Einstimmigkeitsprinzip in der Satzung aufgehoben. Ferner verabschiedeten die Intendanten Verträge über die Errichtung der *Deutschen Welle* und über das *Deutsche Fernsehen*.[203] Das Fernsehen hatte in der Bundesrepublik Deutschland am 25. Dezember 1952, und damit ca. 3 Jahre früher

---

[196] *Bausch*, in: *Bausch*, Rundfunk, Bd. 3, S. 331.; Verhandlungen des Dt. Bundestags, Anlage zu den Stenograf. Berichten, 1. Wahlperiode 1951, Drucksache Nr. 2692 und die Debatte Stenograf. Berichte, S. 7201 ff; *Fritze*, S. 51 ff.

[197] *Steininger*, in: *Lerg/Steininger*, S. 358., *Wehmeier*, S. 12 ff.

[198] *Bausch*, in: *Bausch*, Rundfunk, Bd. 3, S. 357; *Wehmeier*, S. 12 ff.

[199] *Bausch*, in: *Bausch*, Rundfunk, Bd. 3, S. 359.; *Wehmeier*, S. 12 ff.

[200] *Steininger*, Vierteljahresschrift für Zeitgeschichte 1973, S. 388 ff., 418 ff.; *Wehmeier*, S. 12 ff.

[201] *Steininger*, Vierteljahresschrift für Zeitgeschichte 1973, S. 388 ff., 418 ff.; *Wehmeier*, S. 12 ff.

[202] *Steininger*, in: *Lerg/Steininger*, S. 364 ff.; *Bausch*, in *Bausch*, Rundfunk Bd. 3, S. 357 ff.; *Steininger* Vierteljahresschrift für Zeitgeschichte 1973, S. 388 ff., 419; *Wehmeier*, S. 12 ff.

[203] *Bausch*, in: *Bausch*, Rundfunk, Bd. 3, S. 363.; *Wehmeier*, S. 12 ff.

als der Deutsche Fernsehfunk in der sowjetischen Besatzungszone, offiziell mit der Ausstrahlung von Sendungen begonnen. Im *Fernsehvertrag* der ARD wurden jetzt die Anteile der einzelnen Landesrundfunkanstalten am gemeinsamen westdeutschen Fernsehprogramm festgelegt.[204] Es liegt auf der Hand, daß der neue Entwurf für ein Bundesrundfunkgesetz auch bei den Ländern selbst nicht auf Zustimmung stoßen konnte. Deren Vertreter lehnten die überarbeitete Fassung als einen schwerwiegenden Eingriff in die Kulturhoheit der Länder strikt ab.[205]

Da bei Gesetzesvorlagen der Bundesregierung diese nach Art. 76 Abs. 2 Satz 1 GG zunächst dem Bundesrat zuzuleiten sind und somit von vornherein das Scheitern einer von der **55** Bundesregierung unternommenen Initiative zur Rundfunkgesetzgebung feststand, brachten im März 1951 Abgeordnete aus den Reihen der CDU und FDP auf der Grundlage jenes Referentenentwurfes aus dem Bundesinnenministerium einen Entwurf für ein *„Gesetz über die Wahrnehmung gemeinsamer Aufgaben auf dem Gebiet des Rundfunks"* in den Deutschen Bundestag ein.[206] Der Gesetzesentwurf verfolgte die Gründung einer Anstalt des öffentlichen Rechts zur Veranstaltung von jeweils einem Hörfunkprogramm für das entfernte Ausland und ganz Deutschland sowie eines nationalen Fernsehprogramms. In der ersten Lesung, die in der Bundestagssitzung am 15. April 1953 stattfand, unterstrich der CDU-Abgeordnete Vogel, einer der Gesetzesinitiatoren, es sei dringend notwendig, das auf reinem Besatzungsrecht aufgebaute Rundfunksystem zu ändern und einer Versteinerung dieses Besatzungsrechts entgegenzuwirken.[207]

Schon diese Äußerungen lassen erahnen, daß eine *Neuordnung* des Rundfunkwesens auf den **56** Widerstand der Alliierten stoßen mußte. Die erste Legislaturperiode des Deutschen Bundestages endete, ohne daß es zu einer Beschlußfassung über jenen Gesetzesentwurf kam. Bei den Ländern hingegen erstarkte die Abwehrhaltung gegenüber den Bonner Rundfunkplänen. Gab es hinsichtlich der Kurz- und Langwellensendungen ursprünglich noch die Bereitschaft, den Bund zu beteiligen, kamen sie am 13./14. April 1953[208] überein, daß außer dem Fernsehen auch die Kurz- und Langwellensendungen zu den von den Ländern gemeinschaftlich zu erledigenden Aufgaben gehörten. Die Länder wurden sich stärker ihrer Stellung als *Träger* der Rundfunkhoheit bewußt. Ein Ergebnis dieser Besprechung war denn auch, daß künftig in erster Linie die Länder selbst, und nicht wie bislang die Rundfunkanstalten, die Belange des Rundfunks gegenüber dem Bund wahrnehmen sollten.[209] Daß die Wahrnehmung der rundfunkrechtlichen und politischen Interessen wegen ihrer herausragenden Bedeutung für das partikulare Staatsverständnis fortan als eine Art Chefsache des jeweiligen Landes gesehen wurde, zeigen zwei wichtige in jener April-Sitzung erfolgte Weichenstellungen:

Zum einen setzten die Länder eine unmittelbar den Ministerpräsidenten unterstellte „Ständige Kommission für Rundfunkfragen" ein, die später ihre Fortsetzung in der heute noch bestehenden Rundfunkkommission der Länder fand, zum anderen beschlossen sie die Übertragung der Rundfunkzuständigkeiten von den Kultusministern auf die Ministerpräsidenten. Zum Teil gab es noch Doppelzuständigkeiten, wie z. B. in Berlin, wo noch bis 1991 außer dem Chef der Senatskanzlei auch der Kultursenator für Rundfunkfragen zuständig war.[210]

---

[204] *Steininger*, in: *Lerg/Steininger*, S. 370 f., DRA Reg. Nr. 1-5; *Wehmeier*, S. 12 ff.

[205] *Bausch*, in: *Bausch*, Rundfunk, Bd. 3, S. 365. Fernschreiben der rh.-pf. Vertretung beim Bund vom 23. Feb. 1959 an Stk. Mainz, 1276-15; *Wehmeier*, S. 12 ff.

[206] Bulletin des Presse- und Informationsamtes der Bundesregierung Nr. 34 vom 20.02.1953, S. 889 f.

[207] *Bausch*, in: *Bausch*, Rundfunk, Bd. 3, S. 365 ff., *Wehmeier*, S. 12 ff.; Verhandlungen des Dt. Bundestages, 1. Wahlperiode 1949, S. 259. Sitzung, Stenografische Berichte S. 12592 ff.

[208] *Bausch*, in: *Bausch*, Rundfunk, Bd. 3, S. 368.; *Wehmeier*, S. 12 ff.; *Steininger*, Vierteljahresschrift für Zeitgeschichte 1973, S. 388 ff; 432.

[209] *Bausch*, in: *Bausch*, Rundfunk, Bd. 3, S. 369.; *Wehmeier*, S. 12 ff.; Staatsministerium Baden-Württemberg, Stuttgart, Reg.-Nr. 4622 (Rundfunkverträge).

[210] Vgl. *Bausch*, in: *Bausch*, Rundfunk, Bd. 3, S. 368.; *Wehmeier*, S. 12 ff, *Steininger* Politische Vierteljahresschrift, 1976, S. 474 ff., 478.

Das erstarkte Selbstbewußtsein der Länder war auch zurückzuführen auf ein vom Staatsrechtler Theodor Maunz im März 1953 erstelltes „Rechtsgutachten über die Frage der Vereinbarkeit des Gesetzentwurfs über die Wahrnehmung gemeinsamer Aufgaben auf dem Gebiet des Rundfunks mit dem Grundgesetz".[211] In dieser zur Gesetzesinitiative der CDU/FDP-Bundestagsabgeordneten abgegebenen *wissenschaftlichen Stellungnahme* traf er bemerkenswerterweise Feststellungen, die dann knapp acht Jahre später auch im ersten Rundfunkurteil des Bundesverfassungsgerichts als tragende Entscheidungsgründe wiederkehrten. Das Rundfunkwesen einschließlich des Fernsehens könne nur durch Landesgesetze oder durch Staatsverträge zwischen den Ländern geregelt werden. Dem Bund komme insoweit keine Gesetzgebungskompetenz zu. Im übrigen seien staatliche Einflußmöglichkeiten mit dem Grundrecht der Rundfunkfreiheit nicht vereinbar.[212]

57   Die Position des Bundes schien sich hiernach deutlich verschlechtert zu haben. Es nimmt deshalb nicht Wunder, daß Bundeskanzler Adenauer erneut die Zusammenarbeit mit den Ländern suchte. Am 31. Januar 1954 beauftragte er den Bundesinnenminister, gemeinsam mit dem Bundesminister für das Post- und Fernmeldewesen und dem Staatssekretär des Bundeskanzleramts sowie je einem Ländervertreter Vorschläge für eine Neuordnung des Rundfunkwesens auszuarbeiten. Binnen eines Jahres erarbeitete diese daraufhin einberufene Bund-Länder-Arbeitsgruppe Entwürfe für einen „*Allgemeinen Rundfunkstaatsvertrag*" und drei Staatsverträge.[213] Diese betrafen einen Kurzwellendienst, einen Langwellendienst und das Fernsehen und waren zudem selbständig kündbar.[214] Danach schienen für die Kurz- und Langwellensender Kompromisse denkbar. Während der Kurzwellensender als Bundesanstalt konzipiert war, sollte die Langwelle zur Veranstaltung für einen „Wiedervereinigungs-Sender" als gemeinsame Bund-Länder-Einrichtung genutzt werden. Der „*Fernsehvertrag*" hingegen lief insbesondere den Interessen der ARD zuwider, da er das Fernsehen auf eine völlig neue Organisationsgrundlage gestellt hätte. Vorgesehen war ein öffentlich-rechtlicher Verbund der Rundfunkanstalten mit dem Namen „Deutsches Fernsehen". Dessen vierzigköpfigem Beirat hätten zehn Vertreter des Bundes angehört. Im sieben Mitglieder starken Verwaltungsrat wären die Bundesregierung und die Landesregierungen mit jeweils zwei Personen nebst drei ARD-Vertretern repräsentiert gewesen.[215]

58   Namentlich das Bundeskanzleramt vermochte indes die Ergebnisse dieser Bundes-Länder-Kommission nicht zu befriedigen. Dessen Ziel war die *Auflockerung des Monopols* und des Bestandes der Landesrundfunkanstalten.[216] Hierzu wurde immer wieder darauf verwiesen, daß die gegenwärtige Rundfunkordnung im wesentlichen auf Besatzungsrecht beruhe und zudem in den einzelnen Zonen entsprechend der besonderen Interessenlage der jeweiligen Militärregierungen gestaltet worden sei. Die dadurch entstandene *Rechtszersplitterung* und das Fehlen repräsentativer deutscher Lang- und Kurzwellensender seien stets als unbefriedigend empfunden worden, weshalb dringend eine Kurskorrektur erfolgen müsse.[217]

Mit der Auflösung der Alliierten Hohen Kommission im Mai 1955 schien für die Bundesregierung die Zeit reif, sich wieder entschiedener der Reform dieser aus der Besatzungszeit überkommen Rundfunkordnung zuzuwenden. Der Bundesminister für das Post- und Fernmeldewesen teilte auch sogleich den Rundfunkanstalten mit, daß die *Funkhoheit* nun wieder von ihm ausgeübt werde. Daß mit dieser Mitteilung entsprechend der tradierten Auf-

---

[211] *Maunz*, Rechtsgutachten in: *Zehner*, Bd. 1, S. 281 ff.; *Wehmeier*, S. 12 ff.

[212] *Maunz*, Rechtsgutachten in: *Zehner*, Bd. 1, S. 281 ff.; *Wehmeier*, S. 12 ff.

[213] *Fischer*, Dokument, S. 136 ff.

[214] Vgl. *Bausch*, in: *Bausch*, Rundfunk, Bd. 3, S. 371.; *Wehmeier*, S. 12 ff.; *Steininger* Politische Vierteljahresschrift, 1976, S. 474 ff, 480.

[215] *Bausch*, in: *Bausch*, Rundfunk, Bd. 3, S. 371 ff. *Wehmeier*, S. 12 ff.; vgl. *Fischer*, Dokumente, S. 136 ff.

[216] *Zehner*, Der Fernsehstreit, Bd. 1, S. 149.; *Wehmeier*, S. 12 ff.; *Steininger* Politische Vierteljahresschrift, 1976, S. 474 ff, 483.

[217] *Bredow*, Die Freiheit des Rundfunks, S. 92 f./99., *Wehmeier*, S. 12 ff.

fassung zum Fernmeldeanlagengesetz von 1928 auch die *Inanspruchnahme von Rundfunk-kompetenzen* gemeint war, zeigte sich daran, daß die Aushändigung von Unterlagen, wie z. B. Abschriften von bislang durch die Alliierten erteilten Sendegenehmigungen, erbeten wurde.[218] Unter Wahrung ihres Rechtsstandpunktes zeigten sich die Landesrundfunkanstalten auskunftsbereit, weil sie wegen der Sendertechnik und Bereitstellung von Übertragungskapazitäten auf eine Zusammenarbeit mit der Deutschen Bundespost angewiesen waren. Sie hatten aber den Verdacht, daß die Post die neu zu erschließenden Fernsehbereiche IV und V den Rundfunkanstalten vorenthalten könnte, um diese Kanäle für Pläne der Bundesregierung zu einem zweiten Fernsehprogramm zu reservieren.[219]

Um einer solchen Entwicklung Einhalt gebieten zu können, versicherte der rheinland-   59
pfälzische Ministerpräsident Peter Altmeier gegenüber dem Bundesinnenminister, daß die Regierungschefs der Länder zu einem baldigen Abschluß von Rundfunkverträgen bereit seien, sofern das *Sende- und Programmonopol* der Landesrundfunkanstalten uneingeschränkt erhalten bliebe. Gerade darin lag der Widerspruch zur Bonner Rundfunkpolitik. Auf dieser Grundlage zeigte sich keine Möglichkeit zu einem Kompromiß zwischen Bund und Ländern. Die Bund-Länder-Kommission trat dann auch bis zum Ende der zweiten Legislaturperiode des Bundestages nicht mehr zusammen. Kurz vor den Bundestagswahlen 1957 ließ der Bundespostminister die Rundfunkanstalten noch wissen, daß den von ihnen gestellten Anträgen auf Frequenzzuteilungen in den neuen Fernsehbereichen IV und V derzeit nicht entsprochen werden könne, und zwar unter dem Vorwand noch nicht abgeschlossener technischer Ermittlungen. Tatsächlich standen jedoch schon die ersten Interessenten für *privates Fernsehen* vor der Tür.[220]

d) Alleingang des Bundes, Entwurf eines Bundesrundfunkgesetzes

Auftrieb erhielten die rundfunkpolitischen Ideen des Bundeskanzlers durch das Ergebnis der   60
Bundestagswahlen, die für die dritte Legislaturperiode der CDU/CSU eine absolute Mehrheit bescherte. Die Bundespost verstärkte ihre Pläne, in eigener Regie ein *Sendernetz für ein zweites Fernsehprogramm* aufzubauen. Bislang besaß sie keinen einzigen Sender, obgleich die Funkhoheit schon zwei Jahre zuvor nach Wegfall alliierten Rechts wieder vollständig auf sie übergegangen war und die Post ohnehin bis Kriegsende das gesamte Sendenetz innehatte. Die Bundespost hatte deshalb ein vitales Interesse am Aufbau eines eigenen Fernsehsendernetzes, zumal das Fernsehen sich zunehmender Beliebtheit erfreute und Interessenten an einem durch Werbung finanzierten Fernsehprogramm schon seit längerem bereitstanden. Die neuen politischen Mehrheitsverhältnisse paßten dabei gut in dieses Konzept. Erste Erfahrungen mit *Werbefernsehen* waren auch bereits gesammelt. Bereits seit dem 3. November 1956 strahlte der Bayerische Rundfunk werktäglich in der Zeit von 19.30 Uhr–20.00 Uhr bis zu 6 Minuten Werbesendungen aus.[221] Damit war die Tür für das Werbefernsehen geöffnet, und auch privates Fernsehen erschien machbar. Nach diesen, insbesondere im Bundeskanzleramt und bei der Post positiv aufgenommenen Vorstellungen, wären die ARD-Anstalten allein auf die Rundfunkgebühren, das private Fernsehen auf die Finanzierung durch Werbeeinnahmen verwiesen worden, Überlegungen, die dreißig Jahre später beim Aufbau einer dualen Rundfunkordnung wieder Bedeutung erlangen sollten.[222]

Mit Schreiben vom 7. Dezember 1957 appellierte Ministerpräsident Altmeier an den Bun-   61
deskanzler, er möge darauf hinwirken, daß etwaige Pläne der Bundespost für ein privates Fernsehen nicht weiter verfolgt würden. Es folgte am 11. Dezember 1957 eine Besprechung zwischen Vertretern der Bundesregierung und den Landesregierungen, in welcher die unüberbrückbaren Gegensätze beider Standpunkte nochmals deutlich wurden. Während die Länder auf dem Sende- sowie Programmonopol der Rundfunkanstalten und einem dem-

---

[218] *Bausch,* in *Bausch,* Rundfunk, Bd. 3, S. 376; *Bausch,* in: *Bausch,* Rundfunk, Bd. 1, S. 377.
[219] Vgl. *Bausch,* in: *Bausch,* Rundfunk, Bd. 3, S. 376.; *Wehmeier,* S. 12 f.
[220] *Zehner,* Der Fernsehstreit, Bd. 1, S. 150 f.; *Wehmeier,* S. 12 ff.
[221] *Bausch,* in: *Bausch,* Rundfunk, Bd. 4, S. 534.; *Wehmeier,* S. 12 ff.
[222] *Montag,* Privater und öffentlich-rechtlicher Rundfunk, S. 76.; *Wehmeier,* S. 12 ff.

entsprechend uneingeschränkten, ausschließlichen *Frequenzanspruch* beharrten, sah der Bund, der Frequenzen auch für andere Bewerber offenhalten wollte, in dieser Position eine nicht tragbare Beeinträchtigung seiner Funkhoheit.[223] Die Bundesregierung sah deshalb auch keinen weiteren Sinn in Verhandlungen mit den Ländern und beauftragte mit Kabinettsbeschluß vom 5. Februar 1958 den Bundesinnenminister mit der Ausarbeitung eines Entwurfs für ein *Bundesrundfunkgesetz* für die Veranstaltung von Kurz- und Langwellenprogrammen und die Einführung eines nationalen Fernsehprogramms.[224]

62   Indes suchten die Regierungschefs der Bundesländer nach neuen Kompromißmöglichkeiten. Die Ministerpräsidentenkonferenz am 19./20. Juni 1959 erbrachte die sogenannten Kieler Beschlüsse, die für ein zweites Fernsehprogramm einen öffentlich-rechtlichen, von den Landesrundfunkanstalten getragenen Verband vorsahen, in dessen Gremien – Fernseh- und Verwaltungsrat – aber auch der Bund Vertreter entsenden sollte. Für die Trägerschaft der Kurz- und Langwellensender waren die Länder zum Abschluß von Staatsverträgen mit dem Bund bereit.[225]

63   Dieses Entgegenkommen vermochte die Bundesregierung jedoch nicht zu beeindrucken. Das Kabinett stimmte am 30. September 1959 dem zwischenzeitlich vom Bundesinnenministerium erarbeiteten Entwurf eines Gesetzes über den Rundfunk zu, wonach drei öffentlich-rechtliche Rundfunkanstalten des Bundes gegründet werden sollten, und zwar „*Deutschland-Fernsehen*" zur Veranstaltung eines zweiten Fernsehprogrammes, „Deutsche Welle" als Auslandsdienst auf Kurzwelle und schließlich „Deutschlandfunk" mit Sitz in Berlin als Sender für Gesamtdeutschland auf Langwelle. Diese drei Anstalten sollten unter dem Dach des „*Deutschen Rundfunkverbandes*" miteinander verknüpft sein.[226] Von nach wie vor aktuellem Interesse ist die damals vorgesehene Konstruktion der Bundesanstalt „Deutschland-Fernsehen". Sie war lediglich als eine Art Auftraggeber für *privat-rechtliche Gesellschaften* vorgesehen, gewissermaßen eine *öffentlich-rechtliche Fernsehholding,* wie sie über dreißig Jahre später, 1991, bei Überlegungen in Mecklenburg-Vorpommern über die künftige Gestaltung der Landesrundfunkordnung nochmals an Bedeutung gewinnen sollte.[227] Nach dem damaligen Bonner Modell sollte die Anstalt nur dann Fernsehsendungen selbst produzieren, wenn und soweit Vereinbarungen mit anderen Gesellschaften über Programmzulieferungen nicht zustande kämen. Kooperationen mit öffentlich-rechtlichen Rundfunkanstalten waren erlaubt.[228]

64   In der Bundesratssitzung am 13. November 1959 lehnten die Länder die Vorlage der Bundesregierung einstimmig ab.[229] Ministerpräsident Altmeier signalisierte dem Bund bereits den Gang der Länder zum Bundesverfassungsgericht für den Fall, daß der Gesetzesentwurf weiter verfolgt werden sollte. Der damalige Bundesinnenminister Schröder begründete nochmals die *Regelungskompetenz* des Bundes, und zwar aufgrund der ausschließlichen Gesetzgebungszuständigkeit des Bundes für das Post- und Fernmeldewesen. Demgegenüber sei der Begriff der Kulturhoheit dem Grundgesetz nicht bekannt. Auch könne der Rundfunk schon deshalb nicht an eine regionale Regelungskompetenz gebunden sein, da dies seinem Wesen als „das weiträumigste Publikationsmittel" widerspräche.[230]

---

[223] Vgl. *Bausch,* in: *Bausch,* Rundfunk, Bd. 3, S. 387.; *Zehner,* Der Fernsehstreit Bd 1, S. 151.

[224] *Steininger,* Deutschlandfunk – die Vorgeschichte einer Rundfunkanstalt 1949-1961, S. 142 ff.; *Bausch,* in: *Bausch,* Rundfunk, Bd. 1, S. 388.

[225] Vgl. *Bausch,* in: *Bausch,* Rundfunk, Bd. 3, S. 388 ff. insbes. S. 394; *Steininger,* Deutschlandfunk – die Vorgeschichte einer Rundfunkanstalt 1949-1961, S. 149.

[226] *Steininger,* Deutschlandfunk – die Vorgeschichte einer Rundfunkanstalt 1949-1961, S. 150, 151 ff.; *Wehmeier,* S. 14.

[227] Siehe hierzu Bericht über die Entwicklungen im Medienrecht der neuen Bundesländer in AfP 1991, S. 510 ff.

[228] Vgl. *Bausch,* in: *Bausch,* Rundfunk, Bd. 3, S. 397.

[229] *Bausch,* in: *Bausch,* Rundfunk, Bd. 3, S. 399., Bundesratsdrucksache 315 von 1959 und Verhandlungen des Bundesrats 1959, 211, Sitzung S. 201 ff.

[230] Verhandlungen des Bundesrates, stenografische Berichte, Bonn 1959, S. 201 ff.

Als dann über zwei Monate später die erste Lesung des Regierungsentwurfs für ein Bun- 65
desrundfunkgesetz im Bundestag stattfand,[231] war zwar eine Zustimmung für die Gründung
der Kurz- und Langwellensender als *Bundesanstalten* erkennbar, hinsichtlich des Fernsehens
wurden jedoch auch Vorbehalte von Abgeordneten insbesondere hinsichtlich der Frage, in
welche Organisationsform ein solches Programm eingebunden sein sollte, deutlich. Diese
Skepsis setzte sich ebenfalls in den Ausschußberatungen fort, so daß schließlich der feder-
führende Ausschuß für Kulturpolitik und Publizistik empfahl, das Gesetz ohne den Teil
anzunehmen, der Vorschriften über das „Deutschland-Fernsehen" enthielt.[232] Ferner korri-
gierte der Ausschuß die Regierungsvorlage in der bedeutsamen Bestimmung über die
Berufung des Intendanten. Sah die Regierung eine Berufung durch den Bundespräsidenten
vor, wollte der Ausschuß allein noch den formalen Akt der Ernennung dem Staatsoberhaupt
überlassen. So beschloß dann der Bundestag am 29. Juni 1960 ein Rumpfgesetz, das am 2.
Dezember 1960 im Bundesgesetzblatt unter dem Titel „Gesetz über die Errichtung von
Rundfunkanstalten des Bundesrechts" veröffentlicht wurde.[233] Damit war die Gründung des
Deutschlandfunks und der Deutschen Welle auf den Weg gebracht.[234]

Bundeskanzler Adenauer wollte in der Folgezeit nicht länger mit der Gründung der 66
„Deutschland-Fernseh GmbH" warten und kündigte die Unterzeichnung des *Gesellschafts-
vertrages* für den 25. Juli 1960 um 11 Uhr an. Den Bundesländern blieb zu diesem Zeitpunkt
keine Möglichkeit der Einflußnahme mehr, da sie von diesem Vorhaben erst am 25. Juli 1960
um 16.15 Uhr erfuhren.[235] Nach §§ 6 und 7 der Satzung der Gesellschaft waren für jedes
Land 1000 DM, mithin insgesamt 11 000 DM Kapitalanteile vorgesehen, wohingegen der
Bund 12 000 DM *Gesellschaftsanteile* hielt.[236] Die für die Länder treuhänderisch verwalteten
Anteile übertrug der Bundesjustizminister jedoch bereits einen Monat später auf die Bundesrepublik Deutschland, nachdem feststand, daß die Länder in keinem Fall gewillt waren,
sich an diesem Projekt zu beteiligen.[237] Damit war die „Deutschland-Fernsehen-GmbH"
faktisch zur „Ein-Mann-GmbH" geworden.[238]

Mit dieser Veränderung erfolgte in § 10 der Satzung auch eine Neubestimmung für den
Aufsichtsrat, der eindeutig von Mitgliedern beherrscht sein sollte, die von der Bundesregierung zu benennen gewesen wären. Bei maximal 15 Mitgliedern sollte der Bundesregierung
ein Benennungsrecht für bis zu 10 Personen zustehen, die die Gesellschaftsversammlung –
also auch wiederum der Bund – in den Aufsichtsrat zu wählen gehabt hätte.[239] Dem Aufsichtsrat war vor allem die Aufgabe zugedacht, den Geschäftsführer zu bestellen, der als Intendant die Gesellschaft auch nach außen hin vertreten und für das Programm verantwortlich sein sollte. Ihm hätte es folglich oblegen, im einzelnen das umzusetzen, was in § 2 der
Satzung als Aufgabe der Gesellschaft beschrieben war. Dort hieß es: Aufgabe der Gesellschaft
ist „die Veranstaltung von Fernseh- und Rundfunksendungen, die den Rundfunkteilnehmern in ganz Deutschland und im Ausland ein umfassendes Bild Deutschlands vermitteln
sollen".[240] Bereits bei der Unterzeichnung des Gesellschaftsvertrages konnten die Initiatoren
dieses Fernsehprojekts auf einen Sach- und Personalbestand zurückgreifen, der die Aufnahme
des Programmbetriebs binnen eines halben Jahres realistisch erscheinen lassen konnte.

---

[231] *Bausch,* in: *Bausch,* Rundfunk, Bd. 3, S. 405.; Verhandlungen des Dt. Bundestags, 3. Wahlperiode
1957, 97. Sitzung, Steno-Berichte, S. 5331 ff.

[232] *Bausch,* in: *Bausch,* Rundfunk, Bd. 3, S. 405.; *Steininger,* Deutschlandfunk – die Vorgeschichte einer
Rundfunkanstalt 1944-1961, S. 160 f.

[233] *Bausch,* in: *Bausch,* Rundfunk, Bd. 3, S. 405.; BGBL. I 1960, S. 862.

[234] *Steininger,* Deutschlandfunk; vgl. auch *Steininger,* Langer Streit um kurze Welle.

[235] *Bausch,* in: *Bausch,* Rundfunk, Bd. 4, S. 415 f.; *Steininger,* Deutschlandfunk, S. 170 f.; *Wehmeier,* S. 21.

[236] *Brack/Herrmann/Hillig,* Organisation des Rundfunks, S. 95.

[237] *Ring,* Medienrecht, S. 621.

[238] *Bausch,* in: *Bausch,* Rundfunk, Bd. 3, S. 420.

[239] *Brack/Herrmann/Hillig,* Organisation des Rundfunks, S. 101.

[240] BVerfGE 12, S. 205 f., 216.

67   Tatsächlich gab es bereits seit 1956 Initiativen, insbesondere der Zeitungsverleger, privates Fernsehen neben den öffentlich-rechtlichen Landesrundfunkanstalten zu etablieren.[241] Auslösender Faktor war die Einführung von Fernsehwerbung beim Bayerischen Rundfunk am 3. November 1956.[242] Angesichts einer solchen Entwicklung befürchteten die Zeitungsverleger eine Beeinträchtigung ihres Marktes. Der Bundesverband der Zeitungsverleger (BDZV) beteiligte sich zunächst an der am 8. August 1956 gegründeten „Studiengesellschaft für Funk- und Fernsehwerbung e. V.", deren Engagement für das Fernsehgeschäft jedoch an der Uneinigkeit der Zeitungsverleger scheiterte.[243] Es erfolgte daraufhin am 7. Juli 1958 die Gründung der „Pressevereinigung für neue Publikationsmittel e. V.", der sich 25 Zeitungsverleger anschlossen.[244] Im Hinblick auf die auch noch im heutigen Schrifttum strittige Einordnung der Rundfunkfreiheit im Rahmen der übrigen Freiheitsrechte des Artikels 5 Absatz 1 GG ist die in den „Arbeitsrichtlinien" der Pressevereinigung getroffene Aussage von Interesse, daß der *Grundsatz* der *Meinungsäußerungsfreiheit* die *Pressefreiheit* zur Voraussetzung habe. Ihr entspräche die Funkfreiheit, die es erforderlich mache, neben dem System der öffentlich-rechtlichen Rundfunkanstalten einzelnen oder privaten Organisationen Lizenzen für Fernsehsendungen zu erteilen, sobald es die technische Entwicklung ermögliche.[245]

68   Die privaten Fernsehpläne nahmen erstmals konkrete Gestalt an, als der Nürnberger Zeitungsverleger Merkel gemeinsam mit dem Papierindustriellen Krause als Vertreter der Markenartikelindustrie am 5. Dezember 1958 die „*Freies Fernsehen GmbH*" (FFG) gründete.[246] Vorgesehener Termin für den Sendebeginn war der 1. Januar 1961. Schon bald begann diese Gesellschaft, sendetechnische Einrichtungen in Eschborn bei Frankfurt a. Main aufzubauen, feste Mitarbeiter einzustellen und Produktionsaufträge zu vergeben.[247] Die Banken bewilligten *Kredite* in Höhe von über 120 Mio DM, nachdem aufgrund eines geheimgehaltenen Beschlusses der Bundesregierung der Chef des Bundespresse- und Informationsamtes am 30. Dezember 1959 der FFG den Auftrag zur Erstellung eines zweiten Fernsehprogramms erteilt hatte.[248] So konnte es geschehen, daß während der Bund-Länder-Auseinandersetzungen die Adenauerschen Fernsehpläne nicht nur auf dem Papier reifen konnten. Bereits zu Beginn des Jahres 1961 waren die Sendungen für einen Zeitraum von einem Vierteljahr fertiggestellt.[249] Die demnach schon sehr weit gediehenen Vorbereitungen für die Programmaufnahme eines privaten Fernsehsenders wurden jedoch durch das Bundesverfassungsgericht angehalten. Schon nach knapp einem Monat nach der Gründung der „Deutschland-Fernsehen-GmbH" hatte die Freie und Hansestadt Hamburg am 19. August 1960 vor dem Bundesverfassungsgericht gegen die Bundesregierung mit dem Antrag Klage erhoben, festzustellen, daß den Bundesländern die alleinige Kompetenz zur Ausstrahlung von Hörfunk- und Fernsehprogrammen zustehe.[250] Dieser Klage schlossen sich später die hessische, niedersächsische und bremische Landesregierung an. Am 17. Dezember 1960 erließ das Bundesverfassungsgericht zunächst eine einstweilige Anordnung, die vorläufig jede Ausstrahlung eines weiteren Fernsehprogramms in der Bundesrepublik Deutschland verbot.[251]

---

[241] *Ring,* Medienrecht, S. 63.

[242] *Ring,* Medienrecht, S. 60.; *Pohle,* Der Rundfunk als Instrument der Politik, S. 206.

[243] *Bausch,* in: *Bausch,* Rundfunk, Bd. 4, S. 529/532.

[244] *Montag,* Privater und öffentlich-rechtlicher Rundfunk, S. 109.

[245] *Montag,* Privater und öffentlich-rechtlicher Rundfunk, S. 107.

[246] *Ring,* Medienrecht, S. 63.

[247] *Bausch,* in: *Bausch,* Rundfunk, Bd. 3, S. 427.

[248] *Ring,* Medienrecht, S. 61.; Verhandlungen des Dt. Bundestages, 3. Wahlperiode 1961, Steno-Berichte, S. 8237 ff.

[249] *Ring,* Medienrecht, S. 100 ff.

[250] *Ring,* Medienrecht, S. 62.

[251] *Zehner,* Der Fernsehstreit, S. 289 ff.; BVerfGE 12, S. 205 ff.

3. Das Verfassungsgericht ordnet den Rundfunk

Kurz darauf – am 28. Februar 1961 – erging bereits die Entscheidung in der Hauptsache. Mit **69** diesem allgemein als *Magna Charta* des öffentlich-rechtlichen Rundfunks bezeichneten ersten Rundfunkurteil des Bundesverfassungsgerichts wurde die Errichtung der „Deutschland-Fernsehen-GmbH" für verfassungswidrig erklärt und festgestellt, daß die Länder und nicht der Bund für die Regelung von Organisations- und Programmfragen auf dem Gebiet des Rundfunks zuständig seien.[252] Das Bundesverfassungsgericht sah in der Gründung der Deutschland-Fernsehen-GmbH einen *Verstoß* gegen die grundgesetzliche Abgrenzung der Verwaltungsbefugnisse von Bund und Ländern und die in Art. 5 Abs. 1 GG gewährleistete Rundfunkfreiheit. Hingegen gelangte das Bundesverfassungsgericht zu dem Ergebnis, daß die Bundespost für die Errichtung der Sender und der gesamten sendetechnischen Infrastruktur zuständig sei. Damit war die Post nach den Kompetenzbeschneidungen durch die Alliierten wieder unstreitig Inhaberin der Funkhoheit.

Neben diesen Kompetenzzuweisungen hat das erste Rundfunkurteil auch durch seine **70** *grundlegenden Aussagen zur Rundfunkorganisation* Bedeutung erlangt. Es hat das Postulat aufgestellt, daß im Rundfunk alle gesellschaftlich relevanten Kräfte zu Wort kommen müßten und er nicht einseitig einer Gruppe überlassen werden dürfe. Im Hinblick auf die Frequenzknappheit und den erheblichen Kapitalaufwand bestünde für den Rundfunk eine Sondersituation, die bestimmte organisatorische Vorkehrungen zur Sicherung der Meinungs- und Informationsvielfalt erfordere. Zwar könne auch eine rechtsfähige Anstalt des privaten Rechts Träger von Rundfunkveranstaltungen sein,[253] jedoch müsse durch Gesetz eine Organisation sichergestellt sein, in welcher „alle in Betracht kommenden Kräfte in ihren Organen Einfluß haben und im Gesamtprogramm zu Wort kommen können", um ein Mindestmaß an inhaltlicher Ausgewogenheit zu gewährleisten.[254]

---

[252] BVerfGE 12, S. 205 ff.

[253] BVerfGE 12, S. 205 ff.,262.

[254] BVerfGE 12, S. 205 ff.,205; s. ausf. Kap. C Rdz. 2 ff.

VI. Die rundfunkrechtliche Entwicklung bis zur Gegenwart

71 Die Entscheidung des Bundesverfassungsgerichts verhinderte zwar zunächst die Einführung eines privaten Fernsehprogramms, nicht jedoch das *Aufbrechen* des bisherigen *ARD-Monopols*. Nach diesem Rundfunkurteil sahen die Landesrundfunkanstalten der ARD die Voraussetzungen für ein zweites bundesweites Vollprogramm unter ihrer Verantwortung als gegeben und vereinbarten am 14. März 1961, die hierfür notwendigen Vorbereitungen einzuleiten.[255]

1. Ende des ARD-Monopols

Schon drei Tage später – am 17. März 1961 – kamen die Regierungschefs der Bundesländer überein, ein *zweites Fernsehvollprogramm* durch ein von der ARD unabhängiges zweites öffentlich-rechtliches Rundfunksystem ausstrahlen zu lassen.[256] Zu diesem Zweck bildeten die Ministerpräsidenten eine Fernsehkommission mit dem Auftrag, die notwendigen sachlichen und organisatorischen Vorbereitungsmaßnahmen zu treffen und einen Staatsvertragsentwurf auszuarbeiten.[257] Durch dieses zügige Vorgehen konnten die Regierungschefs der Länder bereits am 6. Juni 1961 den Staatsvertrag über die Errichtung der Anstalt des öffentlichen Rechts *„Zweites Deutsches Fernsehen"* unterzeichnen.[258] In § 22 Abs. 4 des Staatsvertrages fand das Anliegen der Länder Eingang, gegenüber dem Ersten Deutschen Fernsehen ein Kontrastprogramm zu veranstalten. Diese Vorschrift enthält eine Koordinierungsverpflichtung mit dem Ziel, „daß die Fernsehteilnehmer der Bundesrepublik Deutschland zwischen zwei inhaltlich verschiedenen Programmen wählen können". Der Staatsvertrag, welcher der Zustimmung aller Landesparlamente bedurfte, um im jeweiligen Bundesland auch in Landesrecht transformiert werden zu können, trat schließlich am 1. Dezember 1961 in Kraft. Bis zur Konstituierung des 66-köpfigen Fernsehrates am 6. Februar 1962 handelte zunächst die Konferenz der Länder für das ZDF. In der Staatskanzlei des Landes Rheinland-Pfalz wurde eine Geschäftsstelle der Fernsehkommission eingerichtet, die die organisatorischen Vorbereitungsmaßnahmen leitete.[259]

2. Ein Staatsvertrag der „dritten Ebene" für das ZDF?

Beim Aufbau des ZDF konnte zum Teil auf die Fazilitäten der aufzulösenden FGG zurückgegriffen werden. Gleichwohl dauerte es noch über ein Jahr, bis das ZDF am 1. April 1963 mit der Ausstrahlung seiner Sendungen beginnen konnte. Bis dahin hatten die ARD-Landesrundfunkanstalten die Ausstrahlung des zweiten Fernsehprogramms übernommen und damit zugleich aber auch die Voraussetzungen für die spätere Einführung der dritten Fernsehprogramme geschaffen.[260]

Daß die Bundesländer zum Abschluß eines *Staatsvertrages* befugt sind, dessen Geltungsbereich sich auf alle Länder erstreckt, ist seit dem Urteil des Bundesverwaltungsgerichts anläßlich der Klage des Bayerischen Rundfunks zum 30%-Anteil des ZDF an der Fernsehgebühr geklärt.[261] Die *Abschlußkompetenz* wird aus Art. 32 Abs. 3 GG hergeleitet, wonach die Länder ermächtigt sind, völkerrechtliche Verträge mit dem Ausland abzuschließen. Mit einem „Erst-Recht-Schluß" wird darüber hinaus gefolgert, daß diese Zuständigkeit um so mehr für staatsvertrag-

---

[255] *Ring,* Medienrecht, S. 62., *Rupp,* Rechtsgutachten über die Ausstrahlung zusätzlicher Fernsehprogramme durch das ZDF, S. 14 f.

[256] *Bausch,* in: *Bausch,* Rundfunk, Bd. 3, S. 461 f.

[257] *Fuhr,* ZDF-Staatsvertrag, S. 447.

[258] *Fuhr,* ZDF-Staatsvertrag, S. 9 ff./31 f.

[259] *Fuhr,* ZDF-Staatsvertrag, S. 450.

[260] *Bausch,* in: *Bausch,* Rundfunk, Bd. 3, S. 467.

[261] BVerwGE 22, S. 299.

liche Vereinbarungen untereinander gelten müsse. Durch den Abschluß solcher Staatsverträge werde damit keine unzulässige „Dritte Ebene" zwischen Bund und Ländern gebildet.[262]

Auch wenn mit der Gründung des ZDF die Versuche zur Einführung von privatem Fern- **72** sehen gescheitert waren, bestand die Idee einer zweiten, *privaten Säule* neben dem öffentlich-rechtlichen Rundfunk fort.[263] Die prekäre Finanzlage des jungen ZDF bot für ein Aufgreifen dieser Vorschläge schon kurz nach dessen Sendebeginn hierfür eine gute Gelegenheit. Das ZDF mußte in der Anfangszeit starke Verluste verzeichnen. Bereits Ende 1964 schlugen die Schulden mit 100 Mio. DM zu Buche.[264]

3. Rundfunkgebühr und Werbung

Der BDZV nutzte diese Situation zu einem neuen Vorstoß für die Einführung privaten Fern- **73** sehens und bot die Übernahme des ZDF einschließlich der Passiva an.[265] Diese Tatsache ist auch deshalb bemerkenswert, weil über 30 Jahre später wieder die Idee einer Privatisierung des ZDF diskutiert wurde und überdies wiederum im Zusammenhang mit einem Verzicht auf Werbesendungen in öffentlich-rechtlichen Rundfunkprogrammen. Auch damals – in den 60er Jahren – forderte u. a. der BDZV ein Verbot von *Werbesendungen* bei den öffentlich-rechtlichen Rundfunkanstalten. Unter Hinweis auf Art. 74 Ziff. 11 GG wandte er sich an den Bundesgesetzgeber, er möge von seinem konkurrierenden Gesetzgebungsrecht Gebrauch machen und auf dem Gebiet der Wirtschaftswerbung eine gerechte Wettbewerbslage zwischen Presse und öffentlich-rechtlichen Rundfunkanstalten herstellen.[266] Auf Initiative von Abgeordneten der CDU/CSU gelangte am 8. März 1965 der „Entwurf eines Gesetzes über Werbesendungen im Rundfunk und Fernsehen" in den Bundestag, der in seinem § 1 die Regelung vorsah, es den öffentlich-rechtlichen Rundfunk- und Fernsehanstalten zu untersagen, „sich gewerblich als Werbeträger oder Anzeigenvermittler zu betätigen oder Werbesendungen auszustrahlen".[267] Der Entwurf wurde federführend dem Wirtschaftsausschuß zur weiteren Beratung überwiesen, gelangte jedoch nicht mehr zur zweiten Lesung in das Plenum.[268]

Die *Rundfunkgebühr* selbst wurde von der Deutschen Bundespost unter Berufung auf das **74** Fernmeldeanlagengesetz von 1928 nach wie vor noch als Entgelt für die von ihr verliehene Befugnis zur Errichtung und zum Betrieb einer Rundfunkempfangsanlage angesehen. Dieser Rechtsauffassung wurde mit Urteil des Bundesverwaltungsgerichts vom 15. März 1968 eine deutliche Absage erteilt. Hatte bereits das Bundesverfassungsgericht in seinem ersten Rundfunkurteil von 1961 den Ländern die Zuständigkeit zur Regelung der Rundfunkorganisation und Festlegung von Programmgrundsätzen zugesprochen, so stellte jetzt in Ergänzung hierzu das Bundesverwaltungsgericht fest, daß die Rundfunkgebühr nicht zum Recht des Post- und Fernmeldewesens gehöre und deren Regelung den Ländern obliege.[269] Stelle sich bereits die Frage, ob die Errichtung und der Betrieb einer Rundfunkempfangsanlage mit Rücksicht auf Art. 5 Abs. 1 Satz 1 GG noch einer Verleihung nach § 2 FAG bedürfe, spreche jedenfalls gegen den Charakter einer Verleihungsgebühr bereits die Tatsache, daß über 80 % der Einnahmen für den Rundfunk abgeführt würden.[270] Bei der Ausstrahlung von Rundfunkprogrammen kämen den fernmeldetechnischen Einrichtungen nur untergeordnete, dienende Funktionen zu.[271]

---

[262] BVerwGE 22, S. 299 ff.,307; *Pfeiffer* NJW 1962, S. 565 ff.,566; *Maunz* NJW 1962, S. 1641; *Kratzer* DVBl. 1963, S. 209 ff.,310.

[263] *Bausch*, in: *Bausch*, Rundfunk, Bd. 4, S. 528.

[264] *Ring*, Medienrecht, S. 63.; *Wehmeier*, S. 159 ff.

[265] *Bausch*, in: *Bausch*, Rundfunk, Bd. 4, S. 528.

[266] *Montag*, Privater und öffentlich-rechtlicher Rundfunk, S. 128.

[267] *Bausch*, in: *Bausch*, Rundfunk, Bd. 4, S. 551.; Bdstg-Drucksache abgedruckt in ARD (Hrsg.), Rundfunkanstalten und Tageszeitungen, Dokumentation 2, S. 132.

[268] *Bausch*, in: *Bausch*, Rundfunk, Bd. 4, S. 537.

[269] BVerwGE 29, S. 214.

[270] BVerwGE 29, S. 214 ff.,215.

[271] BVerwGE 29, S. 214 ff.,216.

Die Rundfunkgebühr ist demnach in erster Linie als ein *Entgelt* für die Leistung der Rundfunkanstalten zu verstehen. Die Feststellung des Bundesverwaltungsgerichts, daß die Länder aus eigenem Recht befugt seien, Rundfunkgebühren zu erheben,[272] ist dann nur konsequent.

75   Durch dieses Gebührenurteil waren die Länder jetzt nicht nur in der Pflicht, diese ihnen zugesprochene Gesetzgebungskompetenz mit entsprechenden Landesgesetzen auszufüllen, sondern sie waren im Interesse des Bestandes der ARD auch gehalten, die Einheitlichkeit der Rundfunkgebühr zu bewahren. Wie bereits bei der Gründung des ZDF ging es auch diesmal darum, die Funktionsfähigkeit des kooperativen Föderalismus unter Beweis zu stellen.[273] Bereits am 31. Oktober 1968 kam es zur Unterzeichnung des *„Staatsvertrages der Länder über die Regelung des Rundfunkgebührenwesens"* und zu einem Beschluß über die Erhöhung der Rundfunkgebühr.[274] Seit 1924 hatte sich die Hörfunkgebühr konstant auf 2 DM monatlich belaufen. Jetzt sollte sie erstmalig um 0,50 DM angehoben werden. Die zusätzliche Fernsehgebühr wurde von 5 DM auf 6 DM heraufgesetzt. Der zur Regelung des Rundfunkgebührenwesens abgeschlossene Staatsvertrag der Länder über die Neuregelung des Rundfunkgebührenwesens vom 31. Oktober 1968 definierte zur Festlegung des Gebührentatbestandes den *Rundfunkbegriff,*[275] der später mit dem Aufkommen der neuen Medien vielfältige medienpolitische und rechtliche Auslegungsfragen hervorrief und bei den Auseinandersetzungen über die rundfunkrechtliche Relevanz *kommunikationstechnischer Vorhaben* zusätzliche Bedeutung erlangte.[276] Für das Erfassen des Gebührentatbestandes ist ferner die im § 3 des Staatsvertrages aufgenommene Vorschrift von Belang, daß die Rundfunkgebühr fällig wird, sobald ein Rundfunkgerät zum Empfang bereitgehalten wird. Hiernach reicht also allein die Möglichkeit zur Inanspruchnahme des Empfangs von Rundfunksendungen aus, um die Zahlungspflicht auszulösen. Diese Prämisse ist mit dem Entstehen privater Programme rechtlich in Frage gestellt worden.[277] Inzwischen hat das Bundesverfassungsgericht zugunsten der Gebührenpflicht entschieden.[278]

4. Das Entstehen privaten Rundfunks

76   Das Entstehen privaten Rundfunks nahm in den 70er Jahren konkretere Gestalt an. Entwicklungen im Bereich der Kabel- und Satellitentechnik, die die Nutzung neuer Übertragungsmöglichkeiten in Aussicht stellten, führten vermehrt zu medienpolitischen Diskussionen über das Ob und Wie der Zulassung *privater Rundfunkveranstalter.*[279] Zur Klärung der technischen Voraussetzungen und des gesellschaftlichen Bedarfs an neuen Kommunikationsdienstleistungen, aber auch zur Prognose über mögliche Auswirkungen einer etwaigen Programmvermehrung berief die Bundesregierung im November 1973 unter Beteiligung der Länder die *„Kommission für den Ausbau des technischen Kommunikationssystems (KtK)".*[280] Die Kommission beendete ihre Arbeit mit einem im Januar 1976 vorgelegten Abschlußbericht, der u. a. die Erprobung der neuen Techniken in Modellversuchen empfahl.[281] Unter Hinweis auf das erste Rundfunkurteil von 1961 verwies der Bericht auf die Zuständigkeit der Deutschen Bundespost für die Errichtung der Kabelnetze.[282] Die inhaltliche Nutzung, also die Entscheidung über die Zulassung von Veranstaltern, über Art und Umfang des Programmangebotes, bleibe mit Blick auf den kulturellen Rundfunkbegriff Sache der Länder.[283] Dieser detaillierte, neun Bände

---

[272] BVerwGE 29, S. 214 (217).

[273] *Bausch,* in: *Bausch,* Rundfunk, Bd. 4, S. 677.

[274] *Bausch,* in: *Bausch,* Rundfunk, Bd. 4, S. 677.

[275] ARD-Jahrbuch 70, S. 299 ff.

[276] vgl. B Rdz. 55 ff., GVBl. Hessen 1969, I S. 276.

[277] Siehe von *Maydell,* Zur rechtlichen Problematik, S. 19 ff.; *Grupp,* Grundlagen, S. 42.

[278] BVerfG NJW 1994, S. 1942 ff.

[279] *Ring,* Medienrecht S. 67 f./71; dazu siehe unten C Rdz. 48 ff. und C Rdz 58 ff.

[280] *Fuhr/Rudolf/Wasserburg,* Die neuen Medien, S. 258; *Fuhr,* ZDF-Staatsvertrag, S. 35; *Ring,* Medienrecht S. 67.

[281] KtK-Telekommunikationsbericht, S. 119 ff.

[282] KtK-Telekommunikationsbericht, S. 126.

[283] KtK-Telekommunikationsbericht, S. 121/127.

umfassende *Telekommunikationsbericht* war einerseits eine wichtige Grundlage für die medienpolitischen Diskussionen und Vorhaben der folgenden zehn Jahre.[284] Andererseits hat der in der Kommission erzielte Kompromiß zur Errichtung von Modellversuchen der sog. Neuen Medien deren Einführung administrativ beträchtlich verzögert.

Am 11. Mai 1978 beschlossen die Regierungschefs der Länder die Durchführung von vier **77** *Kabelpilotprojekten*. Es dauerte dann allerdings nochmals über zwei Jahre, bis sich die Ministerpräsidenten auf eine gemeinsame Finanzierung verständigen konnten. In der Ministerpräsidentenkonferenz vom 19. Mai 1980 wurde beschlossen, den *Finanzbedarf* aus dem allgemeinen Gebührenaufkommen zu decken. Dabei wurden ein Zeitraum von drei Jahren und eine Obergrenze von 140 Mio. DM festgelegt, so daß für jedes Projekt 35 Mio. DM zur Verfügung standen. Dieser Betrag wurde auf alle Rundfunkteilnehmer umgelegt, weshalb auch vom sogenannten Kabelgroschen die Rede war.[285] Da die für die Rundfunkgebühr charakteristische Gegenleistung bei dieser auf vier lokale Versuchsgebiete begrenzten Förderung zumindest nicht offenkundig war, blieb die *Zulässigkeit des „Kabelgroschens"* umstritten und führte zu Verwaltungsrechtsstreitigkeiten.[286] Diese sind mittlerweile durch das achte Rundfunkurteil des Bundesverfassungsgerichts zugunsten des Kabelgroschens entschieden.[287]

Wegen der Auseinandersetzungen um die Erhöhung der Rundfunkgebühr konnte die *Finanzierungsabrede* der Ministerpräsidenten erst 1982 in den Art. 3 Abs. 1 des Staatsvertrages über die Höhe der Rundfunkgebühr Eingang finden. Dies führte dazu, daß die Kabelpilotprojekte erst ab 1984 ihre Arbeit aufnehmen konnten. Zu diesem Zeitpunkt waren in mehreren Bundesländern medienpolitische Entscheidungen über die Art und Weise der Einführung von privatem Rundfunk bereits gefallen. Landesrundfunkgesetze befanden sich schon im Gesetzgebungsverfahren. Die Zielsetzung der Kabelpilotprojekte, Erkenntnisse und Erfahrungen für die Gestaltung von Rundfunkordnungen zu sammeln, erfüllte sich deswegen nicht.[288]

5. Die Unterzeichnung des Rundfunkstaatsvertrages

Während sich der private Rundfunk auf der Grundlage von Landesmediengesetzen etablie- **78** ren und schnell entwickeln konnte, wurde offensichtlich, daß sich ein einheitliches duales Rundfunksystem im Deutschland nur dann entstehen könnte, wenn sich alle Bundesländer auf einen gemeinsamen Ordnungsrahmen einigten. Auch die fortschreitenden technischen Entwicklungen – insbesondere der Satelliten – ließen ein gemeinsames Handeln geboten erscheinen. So kamen die Länder überein, in einem Rundfunkstaatsvertrag die Rahmenbedingungen für die Veranstaltung von öffentlich-rechtlichem und privatem Rundfunk festzulegen. Nach mehrmaligem Scheitern der Verhandlungen[289] wurde am 3. April 1987 *der Staatsvertrag zur Neuordnung des Rundfunkwesens* unterzeichnet, der am 1. Dezember 1987 in Kraft trat und grundlegende technische sowie programmliche Fragen der Rundfunkveranstaltung regelte.[290] Durch den am 1. Januar 1992 in Kraft getretenen *Staatsvertrag über den Rundfunk im vereinten Deutschland* wurde nach der Wiedervereinigung das Rundfunkrecht für das gesamte Gebiet der Bundesrepublik Deutschland vereinheitlicht. Aufgrund der wachsenden wirtschaftlichen Bedeutung insbesondere des privaten Rundfunks wurde es in der Folgezeit vor allem notwendig, neue konzentrationsrechtliche Regelungen zu schaffen. Diesem Erfordernis hat der *3. Rundfunkänderungsstaatsvertrag*, der am 1. Januar 1997 in Kraft getreten ist, Rechnung getragen. Damit gewannen erstmals Bedingungen des internationalen, vor allem des europäischen Wettbewerbs herausragende Bedeutung gegenüber den seit Jahrzehnten vorherrschenden Reglementierungen des Rundfunks im Hinblick auf seine Rolle als Kulturträger.

---

[284] *Bausch*, in: *Bausch*, Rundfunk, Bd. 4, S. 876 ff.
[285] *Fuhr*, ZDF-Staatsvertrag, S. 36.
[286] VG Stuttgart ZUM 1987, S. 460; VG München ZUM 1987, S. 274.
[287] BVerfG NJW 1994, S. 1942 ff.; dazu siehe unten C Rdz. 79.
[288] *Hesse*, Rundfunkrecht, S. 26.
[289] Vgl. dazu *Ring*, Medienrecht, C.O.-3., S 41 ff.
[290] Vgl. zum RStV 1987 *Ring*, Medienrecht, C.O.-3., S. 54 ff.

B. Verfassungsrechtliche Grundlagen

I. Inhalt des Art. 5 Abs. 1 GG

1. Allgemeine Bedeutung

1 Die Verfassung der Bundesrepublik Deutschland enthält in Art. 5 Abs. 1 GG sieben Grundrechtsbestimmungen, die zusammengefaßt als *Kommunikationsfreiheiten* bezeichnet werden können.[1] Als jedermann zustehende allgemeine Menschenrechte[2] werden in Art. 5 Abs. 1 GG die Freiheit der *Meinungsäußerung* und der *Meinungsverbreitung* sowie die *Informationsfreiheit* geschützt.[3] Art. 5 Abs. 1 Satz 2 GG enthält die Grundrechte der *Pressefreiheit*, der *Rundfunkfreiheit*[4] und der *Filmfreiheit*. Schließlich verbürgt Art. 5 Abs. 1 Satz 3 GG die Freiheit von der *Zensur*.[5]

2 Einzelne in Art. 5 Abs. 1 verankerte Grundrechte sind mit der Schaffung des Grundgesetzes erstmals verfassungsrechtlich festgelegt worden. Sie entstammen nicht deutscher Grundrechtstradition, sondern sind zum Teil unmittelbare Reaktionen auf die nationalsozialistische Diktatur[6] bzw. auf technisch bedingte Neuerungen: Die grundrechtlich verbürgte Freiheit der Information *„aus allgemein zugänglichen Quellen"* etwa erklärt sich aus den Informationsbeschränkungen im Dritten Reich.[7] Daß zudem weitergehend als in der Weimarer Reichsverfassung, die in Art. 118 Abs. 1 nur die Veranstaltung von Lichtspielen schützte, in Art. 5 Abs. 1 auch ausdrücklich die Freiheit der *Berichterstattung durch Rundfunk*[8] gewährleistet wird, beruht vornehmlich auf der fortgeschrittenen technischen Entwicklung, durch die der Rundfunk noch vor dem Film zu einem wichtigen Medium der Meinungs- und Informationsvermittlung wurde.[9]

Hingegen war bereits zu Zeiten des Konstitutionalismus das Recht auf freie Meinungsäußerung und -verbreitung verbürgt, das der Tradition der Menschenrechtserklärungen in Europa entspringt[10] und zu Zeiten der Aufklärung herausragende Bedeutung erlangte.[11] So wird etwa auch in der französischen „Erklärung der Menschen- und Bürgerrechte" von 1789 die Meinungsfreiheit ausdrücklich als Menschenrecht beschrieben. In ihrem Artikel 11 heißt es:

---

[1] Vgl. BVerfGE 27, S. 71 ff., 79 f.; *Maunz/Dürig/Herzog/Scholz*, GG, Art. 5 Abs. 1, 2 Rdz. 1; *Löffler/Ricker*, Handbuch des Presserechts, 4. Kap. Rdz. 2f.

[2] Vgl. BVerfGE 57, S. 295 ff., 319.; *Maunz/Dürig/Herzog/Scholz*, GG, Art. 5 Abs. 1, Rdz. 4 f.; *Pölitz*, Die europäischen Verfassungen seit dem Jahr 1789, S. 15; *v. Mangoldt/Klein/Starck*, GG, Art. 5 Abs. 1 Rdz. 3, *Stern*, Staatsrecht, Bd. 1, § 36 Ba.

[3] Vgl. näher unten unter B Rdz. 10 ff., 13 ff.

[4] Vgl. näher unten unter B Rdz. 33 ff., 78 ff.

[5] Vgl. näher unten unter B Rdz. 22 ff.; *Löffler/Ricker*, Handbuch des Presserechts, 8. Kap. Rdz 12.; *Maunz/Dürig/Herzog/Scholz*, GG, Art. 5, Abs. 1, 2 Rdz. 2.

[6] Vgl. zu den Beratungen des Parlamentarischen Rates in JöR NF Bd. 1, S. 1 ff.

[7] Vgl. näher zur Informationsfreiheit unten unter B Rdz 13 ff.

[8] Siehe hierzu näher unten unter B Rdz 47 ff.

[9] Vgl. *v. Mangoldt/Klein/Starck*, GG, Art. 5 Abs. 1 Rdz. 3; vgl. zur Rundfunkfreiheit unter B Rdz 78 ff.

[10] Vgl. etwa die „Declaration of human rights" in England.

[11] Vgl. *Wilke*, Pressegeschichte, in: *Noelle-Neumann/Schulz/Wilke*, Publizistik-Massenkommunikation, S. 298; *ders.*, Nachrichtenauswahl und Medienrealität in vier Jahrhunderten, S. 117; *Schwartländer/Willoweit*, Meinungsfreiheit – Grundgedanken und Geschichte in Europa und USA, Tübinger Universitätsschriften, Bd. 4, S. 62 ff.

„*La libre communication des pensées et des opinions est un des droits les plus précieux de l'homme …* "[12] Damit vollzog sich eine völlige Abkehr von dem Gedankengut des Mittelalters, für das noch die Unterordnung des Einzelnen sowohl im staatlichen wie auch im religiösen Bereich bestimmend war.[13]

Der liberale Freiheitsbegriff des 18. und 19. Jahrhunderts, zu dem vor allem die freie **3** Meinungsäußerung gehört, stellt deshalb geradezu eine Umkehrung zur Freiheitsidee des Mittelalters dar.[14] Freiheit bedeutete nach Auffassung der zur Macht gelangten Kirche die Befreiung der Seele von der Sünde.[15] Verteidigung und Reinhaltung des Glaubensgutes wurden zunächst von jener selbst vorgenommen.[16] Um jedes Aufkommen vom kirchlichen Dogma abweichender Anschauungen zu ersticken, baute die Kirche ein umfassendes Überwachungssystem auf.[17] Papst Luzius III. führte im Jahre 1184 die Inquisition ein, deren Machtbefugnisse später erheblich erweitert wurden. Die öffentliche Kritik, die mit der Erfindung der Buchdruckerkunst um 1450 breite Resonanz erhielt,[18] wandte sich im Zeitalter der Reformation und des Humanismus in erster Linie gegen die allgemein als reformbedürftig erachtete Kirche und die von ihr ausgeübte geistige Bevormundung.[19] Da die bis dahin von der Kirche praktizierte *Nachzensur* zur Kontrolle der aus den Druckereien strömenden Flut kritischer Schriften nicht mehr ausreichte, ging die Kirche zur Einrichtung der *Vorzensur* („*Censura praevia*") über.[20] Trotz intensiver Bemühungen und erheblicher Strafverschärfung vermochte die Kirche der mächtigen, zur Freiheit drängenden Strömung der Zeit, wie sie sich in zahllosen Druckschriften niederschlug, nicht Herr zu werden. Sie rief schließlich den Staat zu Hilfe, der durch eine Reihe von Zensurgesetzen versuchte, die „*Catholische allgemeine Lehre*" vor öffentlicher Kritik zu schützen.[21]

Das Eingreifen der Reichsgewalt zugunsten der kirchlichen Lehre scheiterte in Deutsch- **4** land nicht zuletzt an der erstarkten Selbständigkeit der Territorialgewalten. Für die Zensur waren die Landesfürsten zuständig, denen aber mehr an einem florierenden gewinnträchtigen Druckgewerbe und seinen Abgaben als an der Erhaltung der „*reinen Lehre*" gelegen war.[22] Die für die Meinungs- und Glaubensfreiheit wesentliche Neuorientierung des Verhältnisses zwischen Staat und Kirche[23] begann mit der im 17. und 18. Jahrhundert von England ausgehenden und schließlich das ganze Abendland erfassenden Idee der *Aufklärung.* Sie fußte auf

---

[12] Vgl. *Pölitz,* Die europäischen Verfassungen seit dem Jahre 1789, passim vgl. auch *Krech,* Staatsgrundgesetz, S. 176 f., wonach in Deutschland bereits während des Konstitutionalismus in einigen Verfassungen der Länder der Meinungsfreiheit über den Schutz des Einzelnen hinaus eine für das Staatswohl wesentliche kritische Funktion zuerkannt wurde; vgl. auch *Schwartländer/Willoweit,* Meinungsfreiheit – Grundgedanken und Geschichte in Europa und USA, S. 67 f.

[13] Vgl. *Franz Schneider,* Kommunikationsfreiheit als historisch-politisches Phänomen, in: *Wilke* (Hrsg.), Pressefreiheit, S. 398 ff.; vgl. auch *Martens,* Die Aufklärung im Spiegel der Moralischen Wochenschriften, S. 35 f.

[14] Vgl. *Waas,* Die alte deutsche Freiheit, Ihr Wesen und ihre Geschichte, S. 29; *Schneider,* Kommunikationsfreiheit als historisch-politisches Phänomen, in: *Wilke* (Hrsg.), Pressefreiheit, S. 398).

[15] Vgl. *Schneider,* Kommunikationsfreiheit als historisch-politisches Phänomen, S. 401.

[16] Vgl. *Schneider,* Kommunikationsfreiheit als historisch-politisches Phänomen, S. 401.

[17] Vgl. *Löffler,* Presserecht, Bd. 1, 3. Kap. Rdz. 6., siehe auch unter B Rdz. 22 zur Zensur.

[18] Vgl. näher *Wilke,* Presserecht, in: *Noelle-Neumann/Schulz/Wilke* (Hrsg.), Publizistik-Massenkommunikation, S. 288.

[19] Vgl. näher *Löffler/Ricker,* Handbuch des Presserechts, 4. Kap. Rdz. 10; *Löffler,* Presserecht, Bd. 1, 3. Kap. Rdz. 8.

[20] Vgl. *Löffler/Ricker,* Handbuch des Presserechts, 4. Kap. Rdz. 10.

[21] Vgl. näher *Wilke,* Pressegeschichte, in: *Noelle-Neumann/Schulz/Wilke* (Hrsg.), Publizistik, S. 292; *Löffler,* Presserecht, Bd. 1, 3. Kap. Rdz. 21 ff.; *Schneider,* Kommunikationsfreiheit als historisch-politisches Phänomen, S. 401; *Heyde,* in: *Schiwy/Schütz* (Hrsg.), Medienrecht, S. 168 f.

[22] Vgl. *Löffler/Ricker,* Handbuch des Presserechts, 4. Kap. Rdz. 12; näher *Löffler,* Presserecht, Bd. I, 3. Kap. Rdz. 22.

[23] Vgl. *Schneider,* Kommunikationsfreiheit als historisch-politisches Phänomen, S. 401.

der Überzeugung, daß zum Wesen des Menschen die Glaubens-, Gewissens- und Meinungsfreiheit als überstaatliche Menschenrechte gehören. Die kirchlich-staatliche Zensur wurde mehr und mehr als unwürdige, unerträgliche Bevormundung geistig selbständiger Menschen empfunden. Seit Anfang des 18. Jahrhunderts war deshalb der Kampf um Pressefreiheit zunächst ein Kampf um Meinungs- und Gedankenfreiheit.[24] Daneben ging es im Zeitalter der Aufklärung um das Bemühen der Bürger um ein demokratisches Mitspracherecht bei der Regierung ihres Landes.[25] Gerade dieser politische Aspekt des Kampfes um die Meinungsfreiheit wie auch die übrigen Menschenrechte rückte seit den *Befreiungskriegen* (1813/14) mehr und mehr in den Vordergrund.[26] Er wurde ausgelöst durch die Enttäuschung des für eine freiheitliche Staatsordnung kämpfenden deutschen Volkes darüber, daß es nicht in gleicher Weise an der Meinungsfreiheit teilhatte wie die Bürger von England, Frankreich und Nordamerika.[27]

5   Zur Begründung des Rechts auf Pressefreiheit wurde dabei nicht mehr allein auf das Recht des Einzelnen abgestellt, seine individuelle Meinung auszusprechen und zu verbreiten. Daneben trat der in England vorherrschende *„kollektiv-soziologische" Aspekt:* Die Presse verstanden als Ausdruck der Stimme des Volkes, der öffentlichen Meinung.[28] Die Forderung nach *„Pressefreiheit im Namen des Volkes"* (Rheinischer Merkur 1814–1816) formulierte etwa besonders wirksam Joseph Görres: Die Zeitungen sollen *„frei und ungefesselt das Wort der öffentlichen Meinung führen."*[29] Doch statt der erhofften Tolerierung der liberalen, freiheitlichen Kräfte zeigte sich bei der Gründung des *„Deutschen Bundes"* auf dem Wiener Kongreß im Jahre 1815 die Reaktion des absolute Herrschaftsgewalt beanspruchenden Staates in einer Verschärfung der geistigen Unterdrückung. Sie wurde vor allem in den *Karlsbader Bundesbeschlüssen vom 20. 9. 1819* deutlich, mit denen die Vorzensur wieder neu begründet wurde.[30]

Trotz aller geistigen Knebelung ließ sich der Freiheitsgedanke auf Dauer – die Karlsbader Beschlüsse bestimmten immerhin 30 Jahre lang das öffentliche Leben in Deutschland – nicht unterdrücken.[31] Das Fanal war die *Pariser Februar-Revolution von 1848.* Sie führte im März 1848 (Ende der Zeit des „Vormärz") in Deutschland zu einer allgemeinen Entladung der seit Jahrzehnten aufgestauten politischen Reformkräfte.[32] Nach mehreren Aufständen beeilte sich der Deutsche Bund, durch Beschluß vom 3. 3. 1848 jedem deutschen Staat die Aufhebung der Zensur freizustellen und auch ein verfassungsgebendes Parlament nach Frankfurt einzuladen.[33] Die in der Paulskirche tagende *Nationalversammlung* proklamierte in der "*Reichsverfassung"* die Meinungsfreiheit, die Freiheit der Presse sowie das Verbot jeglicher Zensur.[34]

---

[24] Vgl. *Wilke,* Pressegeschichte, in: *Noelle-Neumann/Schulz/Wilke* (Hrsg.), Publizistik – Massenkommunikation, S. 298; *Löffler,* Presserecht, Bd. 1, 3. Kap. Rdz. 29; *Löffler/Ricker,* Handbuch des Presserechts, 4. Kap. Rdz. 13.

[25] Vgl. *Schottenloher,* Flugblatt und Zeitung, S. 67 ff.; *Löffler/Ricker,* Handbuch des Presserechts, 4. Kap. Rdz. 13.

[26] Vgl. *Groth,* Die Geschichte der deutschen Zeitungswissenschaft, S. 110.

[27] Vgl. *Löffler,* Presserecht, Bd. 1, Rdz. 39.

[28] Vgl. *Wilke,* Pressegeschichte, in: *Noelle-Neumann/Schulz/Wilke* (Hrsg.), Publizistik – Massenkommunikation, S. 298.

[29] Zit. in: *Wilke,* Pressegeschichte, in: *Noelle-Neumann/Schulz/Wilke* (Hrsg.), Publizistik – Massenkommunikation, S. 298; vgl. dazu weiter *Noelle-Neumann,* Öffentliche Meinung, in: *Noelle-Neumann/Schulz/Wilke* (Hrsg.), Publizistik – Massenkommunikation, S. 156 ff.

[30] Vgl. *Heyde,* in: *Schiwy/Schütz* (Hrsg.), Medienrecht, S. 163 f.; *Wilke,* in: *Noelle-Neumann/Schulz/Wilke* (Hrsg.), Publizistik – Massenkommunikation, S. 189; *Berner,* Pressegeschichte, S. 50 f.; *Löffler,* Presserecht, Bd. 1, 3. Kap. Rdz. 39.

[31] Vgl. *Löffler,* Presserecht, Bd. 1, 3. Kap. Rdz. 40.

[32] Vgl. *Löffler/Ricker,* Handbuch des Presserechts, 4. Kap. Rdz. 16.

[33] Vgl. hierzu *Heyde,* in: *Schiwy/Schütz* (Hrsg.), Medienrecht, S. 169; vgl. *Löffler/Ricker,* Handbuch des Presserechts, 4. Kap. Rdz. 16; *Löffler,* Presserecht, Bd. 1, 3. Kap. Rdz. 40.

[34] Vgl. *Naujoks,* Die parlamentarische Entstehung der Reichsverfassung, S. 40 ff.

Obwohl die Bewegung von 1848 ebenso wie die Frankfurter Reichsverfassung scheiterten, fand eine Rückkehr zur Zensur nicht statt. Die Pressefreiheit war neben der konstitutionellen Verfassungsform die bleibende Errungenschaft des Jahres 1848.[35] Auch nach 1848 gaben jedoch die im „*Deutschen Bund*" führenden reaktionären Kräfte ihre Bemühungen nicht auf, eine Kontrolle der Presse und damit der Meinungsfreiheit auf indirektem Wege zu erreichen, etwa durch den Bundesbeschluß vom 6. 7. 1854, der das gesamte Pressegewerbe einer *Konzessions- und Kautionspflicht* sowie verschärften Strafbestimmungen unterwarf.[36] Das von Bismarck verwirklichte deutsche Kaiserreich gab sich die Reichsverfassung vom 16. 4. 1871, die keinen Grundrechtskatalog und damit keine Aussagen zur Meinungsfreiheit enthielt.[37]

Am 25. 4. 1874 nahm der Reichstag das neue „*Reichspreßgesetz*" (RPG) an, das die erste reichsrechtliche Garantie der Pressefreiheit enthielt und auf Zensur, Konzession und Kaution verzichtete.[38] Da aber die Pressefreiheit nur einfachgesetzlich und nicht verfassungsrechtlich gesichert war,[39] konnte sie jederzeit durch ein später ergehendes Reichsgesetz wieder eingeschränkt werden. Von dieser Möglichkeit machte Bismarck im Kampf gegen die Sozialdemokratie Gebrauch. Aufgrund des „*Sozialistengesetzes*" von 1878, das bis 1890 in Kraft war, verbot er alle Druckwerke, die sozialdemokratischen Bestrebungen dienten.[40]

6

Nach dem Zusammenbruch des deutschen Kaiserreichs als Folge des ersten Weltkrieges nahm die nach Weimar einberufene Nationalversammlung am 11. 8. 1919 die republikanische Weimarer Verfassung an, die in Art. 118 die Meinungsäußerungsfreiheit „durch Wort, Schrift, Bild oder in sonstiger Weise … innerhalb der Schranken der allgemeinen Gesetze" verfassungsrechtlich verbürgte.[41] Die Grundrechte der *Weimarer Reichsverfassung* konnten aber nicht nur durch einfaches Gesetz durchbrochen werden. Nach Art. 48 WRV war der Reichspräsident sogar selbst berechtigt, wesentliche Grundrechte und dabei die Meinungs- wie auch die Pressefreiheit in Art. 118 aus Gründen der öffentlichen Sicherheit und Ordnung vorübergehend außer Kraft zu setzen.[42]

7

Gleich zu Beginn der Herrschaft des Nationalsozialismus ergriff Hitler, nach dem Reichstagsbrand am 27. 2. 1933, dann auch die erste sich bietende Gelegenheit, mit der „*Notverordnung zum Schutze von Volk und Staat*" die Meinungs- und Pressefreiheit zu beseitigen.[43] Mit dem Ziel, „*auf den Grundlagen der nationalsozialistischen Weltanschauung den Staatsbürger in Fortführung der Schule und der den sonstigen Erziehungsfaktoren gestellten Aufgaben zum Nationalsozialisten zu erziehen*",[44] entwickelte das NS-Regime ein engmaschiges System gesetzlicher Verbote und Beschränkungen, um den Bürger von allen Möglichkeiten freier Kommunikation und Meinungsbildung auszuschließen. Dazu gehörte zunächst die völlige Unterwerfung der

---

[35] Vgl. *Heyde,* in: *Schiwy / Schütz,* Medienrecht, S. 169 f.

[36] Vgl. *Löffler,* Presserecht, Bd. 1, 3. Kap. Rdz. 44.

[37] Vgl. *Heyde,* in: *Schiwy / Schütz,* Medienrecht, S. 169 f.; *Löffler/Ricker,* Handbuch des Presserechts, 4. Kap. Rdz. 21.

[38] Vgl. *Häntzschel,* Reichspressegesetz, S. 15 ff.; *Heyde,* in: *Schiwy / Schütz,* Medienrecht, S. 169 f.; *Wilke* Archiv für Geschichte des Buchwesens 31, S. 221 ff.

[39] Vgl. *Häntzschel,* Reichspressegesetz, Kommentar, S. 17; *Mannheim,* Presserecht, S. 4 f.; *Dagtoglou,* Wesen und Grenzen der Pressefreiheit, S. 13.

[40] *Wilke* Archiv für Geschichte des Buchwesens, 31 (1988), S. 221 ff.; *ders.,* in: *Noelle-Neumann / Schulz / Wilke* (Hrsg.), Publizistik – Massenkommunikation, S. 300.

[41] Vgl. *Anschütz,* Weimarer Reichsverfassung, Kommentar, Art. 118, S. 550; *Maunz / Dürig / Herzog / Scholz,* GG, Art. 5 Abs. 1, 2 Rdz. 5.

[42] Vgl. *Heyde,* in: *Schiwy / Schütz,* Medienrecht, S. 169 f.; *Wilke,* in: *Noelle-Neumann / Schulz / Wilke* (Hrsg.), Publizistik – Massenkommunikation, S. 304; *Anschütz,* WRV, Kommentierung zu Art. 48; *Steiner,* WRV Kommentierung zu Art. 48.

[43] Vgl. *Heyde,* in: *Schiwy / Schütz,* Medienrecht, S. 169 f.; vgl. auch *Wilke,* Pressegeschichte, in: *Noelle-Neumann / Schulz / Wilke* (Hrsg.), Publizistik – Massenkommunikation, S. 305 f.; *Guratzsch / Dankwart,* Macht durch Organisation, S. 41 f.; *Abel,* Presselenkung im NS-Staat, S. 23.

[44] *Richter* Deutsches Recht 1935, S. 365.

Medien unter die Staatsmacht, etwa organisationsrechtlich durch das *„Reichskulturkammergesetz"* vom 21. 9. 1933[45] und inhaltlich durch das *„Schriftleitergesetz"* vom 4. 10. 1933, das den Journalisten unter betonter Ablehnung des *„liberalen Freiheitsdenkens"* in den Dienst staatlich bestimmter Informationssteuerung zur *„Wiederherstellung einer einheitlichen Geistes- und Willenshaltung der Nation"*[46] zwang.

Dazu traten vielfältige, unmittelbar an jeden einzelnen gerichtete Informationsbeschränkungen, z. B. das Verbot, ausländische Radiosender abzuhören,[47] Literatur- und Kunstverbote, sowie – faktisch – die generelle Einführung von Empfangsgeräten mit beschränkter Frequenzskala *(„Volksempfänger")*, mit denen die Kenntnisnahme ausländischer, nicht staatlich gelenkter oder gefilterter Informationen verhindert werden sollte.[48] Wie strikt die liberale Idee der Meinungsfreiheit durch den Nationalsozialismus abgelehnt wurde, verdeutlicht die Anmerkung von Joseph Goebbels zum Schriftleitergesetz, wonach es *„eine Freiheit des Geistes und der Meinung nur in den Schranken der Rechte und Verpflichtungen gegen Volk und Nation geben"* könne. *„Es ist ein politischer Wahnsinn, einem einzelnen Individuum eine Meinungsfreiheit dergestalt*

8   *zuzubilligen, daß es in der Lage ist, mittels dieser Freiheit alles und jedes zu vertreten ..."*[49]

Die dominierende Stellung der Meinungsfreiheit wie auch der anderen Kommunikationsgrundrechte in Art. 5 des am 8. 5. 1949 in Kraft getretenen Grundgesetzes für die Bundesrepublik Deutschland ist nicht nur eine Folgerung aus den Erfahrungen der jüngsten Vergangenheit, sondern wird vor allem auch mit dem besonderen Bekenntnis der Verfassung zu einer freiheitlich-demokratischen Grundordnung verbunden. Sie bestimmt eine Staats- und Gesellschaftsordnung, in der das Individuum und seine Würde unantastbar und höchster Richtwert allen staatlichen Handelns sind.[50] Dabei nimmt die Meinungsfreiheit eine besondere Stellung für die Rechte des Einzelnen ein. Dies hat das Bundesverfassungsgericht bereits in einem seiner frühen Urteile verdeutlicht:

„In der freiheitlichen Demokratie ist die Würde des Menschen der oberste Wert. Sie ist unantastbar, vom Staat zu achten und zu schützen. Der Mensch ist danach eine mit der Fähigkeit zu eigenverantwortlicher Lebensgestaltung begabte ,Persönlichkeit' ... Er wird als fähig angesehen, und es wird ihm demgemäß abgefordert, seine Interessen und Ideen mit denen der anderen auszugleichen. Um seiner Würde willen muß ihm eine möglichst weitgehende Entfaltung seiner Persönlichkeit gesichert werden. Für den politisch-sozialen Bereich bedeutet das, daß es nicht genügt, wenn die Obrigkeit sich bemüht, noch so gut für das Wohl der ,Untertanen' zu sorgen; der Einzelne soll vielmehr in möglichst weitem Umfange verantwortlich auch an den Entscheidungen für die Gesamtheit mitwirken. Der Staat hat ihm dazu den Weg zu öffnen; das geschieht in erster Linie dadurch, daß der geistige Kampf, die Auseinandersetzung der Ideen frei ist, daß mit anderen Worten geistige Freiheit gewährleistet wird ..."[51]

In ihren tragenden Gründen bringt die Entscheidung die aus der Sicht des Einzelnen wesentlichen, in der Verfassung verkörperten Grundprinzipien zum Ausdruck. Dazu gehört zunächst die gesicherte Möglichkeit für jedermann, sich an der geistigen Auseinandersetzung zu beteiligen, was auch das Recht einschließt, sich unbeeinflußt zu informieren und daraus Folgerungen für die eigene Meinungsbildung zu ziehen, um sich damit wiederum an dem Kampf der Meinungen zu beteiligen.[52] Nach der ständigen Rechtsprechung des Bundesverfassungs-

---

[45] Vgl. RGBl. I, S. 661; siehe dazu auch oben unter A Rdz. 30 ff., vor allem A Rdz. 34.

[46] *Hoche* DJZ 1933, S. 1324 f.

[47] Vgl. VO vom 1. 9. 1939; vgl. *Löwer* in JZ 1981, S. 733; *Heyde*, in: *Schiwy/Schütz*, Medienrecht, S. 169; *Wilke*, Zeitungswissenschaft Bd. 26, S. 44 f.

[48] Vgl. *Ricker*, Die Einspeisung von Rundfunkprogrammen S. 47 f.; *Lerche*, in: *Kunst/Herzog/Schneemelcher* (Hrsg.), Evang. Staatslexikon, Stichwort: Informationsfreiheit.

[49] *Goebbels*, Zeitungswissenschaft 8 (1933), S. 337 f.

[50] Vgl. *Stern*, Staatsrecht, Bd. 1, § 16 II 8; *Hesse, Konrad*, Grundzüge der Verfassung, 4. Kap., S. 51 f.

[51] BVerfGE 5, S. 85 ff.; 204 ff.; vgl. auch *Stern*, Staatsrecht, Bd. 1, S. 428.

[52] Vgl. BVerfGE 35, S. 79 ff., 114; 12, S. 45 ff.; 51, *Stern*, Staatsrecht, Bd. 1, § 3 III 8; § 16 II 3; *Kaegi*, Die Verfassung als rechtliche Grundordnung des Staates, S. 48; *Maunz/Dürig/Herzog/Scholz*, GG, Art. 5 Abs. 1 Rdz. 14; *Rüthers* ZRP 1984, S. 116 f.

gerichtes umfaßt deshalb das grundrechtlich verbürgte Persönlichkeitsrecht über die ungehinderte Meinungsbildung und Information hinaus auch die selbstbestimmte Darstellung und Artikulation in der Öffentlichkeit und damit den sozialen Geltungsanspruch jedes Einzelnen.[53] Daneben kommt auch einer ungehinderten öffentlichen Meinungsbildung für die Verwirklichung der freiheitlich-demokratischen Staatsordnung elementare Bedeutung zu.

Ausgehend von der Relativität der Erkenntnisfähigkeit bekennt sich die moderne Demokratie gerade zum Meinungspluralismus als gemeinsamem Wert aller.[54] Das Bundesverfassungsgericht vertritt deshalb zu Recht den Standpunkt, daß in einer Demokratie die *„ständige geistige Auseinandersetzung, der Kampf der Meinungen, das wahre Lebenselement"* und somit die freie Meinungsäußerung *„für den freiheitlich-demokratischen Staat schlechthin konstituierend ist."*[55] Diese mittlerweile klassische Formel von der konstitutiven Bedeutung für die freiheitlich-demokratische Grundordnung hat das Bundesverfassungsgericht im Laufe seiner weiteren Rechtsprechung auch auf die Presse und den Runkfunk[56] und ebenso auf die Informationsfreiheit erstreckt.[57] Damit soll zum Ausdruck gebracht werden, daß sich der demokratische Staat zu einer *„offenen Gesellschaft"* bekennt, die den Einzelnen nicht als Objekt staatlichen Handelns ansieht, sondern von der Eigenständigkeit und damit der Unterschiedlichkeit der Bürger ausgeht.[58] Darin besteht der wesentliche Unterschied zwischen einer freiheitlichen Demokratie, wie sie das Grundgesetz für die Bundesrepublik Deutschland vorschreibt, zu einem totalitären Staat. Bei dieser Regierungsform beanspruchen die Herrschenden für sich die Erkenntnis auf absolute Wahrheit. Infolgedessen lehnt der Totalitarismus als ausschließliche Herrschaftsmacht die Menschenwürde sowie Freiheit und Gleichheit der Bürger und damit ihr Recht auf freie Meinungsbildung ausdrücklich ab.[59]

Die zuvor angeführten Argumentationsmuster, daß der demokratische Staat sich zur Individualität der Bürger bekennt und den Einzelnen nicht als Objekt der Staatsgewalt ansieht, sind bereits in der englischen Staatsphilosophie des frühen 19. Jahrhunderts angelegt. Der englische Moral- und Wirtschaftsphilosoph *John Stuart Mill* (1806–1873) schuf mit dem *„Argument from Truth"* und dem *„Argument from Democracy"* die Grundlage für eine gesellschaftspolitische Herleitung der Meinungsfreiheit: Nach dem *„Wahrheitsargument"* rechtfertigt sich die staatliche Pflicht, die Meinungsfreiheit zu gewähren, aus der Überzeugung, daß die Wahrheit mit letzter Sicherheit nicht erkennbar ist. Mit der Unterdrückung einer Meinung verbinde sich daher die Gefahr der Unterdrückung der Wahrheit. Nach dem *„Demokratieargument"* ist der mündige, informierte Bürger Bedingung für das Funktionieren eines demokratischen Staates. Die Regierung als Diener des souveränen Volkes muß dessen Wünsche kennen. Die Unterdrückung einzelner Meinungsrichtungen im Volk verhindert dies.[60]

2. Inhalt der Meinungsfreiheit

Die in Art. 5 Abs. 1 Satz 1 GG garantierte Meinungsfreiheit gewährleistet jedermann das

---

[53] Vgl. BVerfGE 27, S. 136 ff. 145; 82, S. 272 ff., 276; 54, S. 148; 54, S. 208 ff., 228; vgl. auch *Ricker*, Freiheit und Aufgabe der Presse, S. 8.

[54] Vgl. *Ricker*, Freiheit und Aufgabe der Presse, S. 8; *Rüthers*, Das Ungerechte an der Gerechtigkeit, S. 80 f.

[55] Vgl. BVerfGE 7, S. 198 ff., 209.

[56] Vgl. BVerfGE 20, S. 56 ff., 98; 57, S. 295 ff., 317.

[57] Vgl. BVerfGE 27, S. 71 ff., 81.

[58] Vgl. BVerfGE 35, S. 79 ff., 114; 12, S. 45 ff., 51; *Stern*, Staatsrecht, Bd. 1, § 3 III 8; § 16 II 3; *Kaegi*, Die Verfassung als rechtliche Grundordnung des Staates, S. 48.

[59] Vgl. BVerfGE 2, S. 1 ff., 131; *Stern*, Staatsrecht, Bd. 1, § 16 II 3; *Zippelius*, Allgemeine Staatslehre, 9. Aufl. § 29 I; *Stein*, Staatsrecht, 3. Aufl., 16. Kap. Rdz. 32.

[60] Vgl. *Mill*, On Liberty; diese Argumentationsmuster sind in der angelsächsischen Verfassungsdiskussion auch heute noch prägend, vgl. *Barendt*, Freedom of Speech 1987, S. 18 ff.; *Gibbons*, Regulating the Media, 1991, S. 20; zur Kritik siehe *Schauer*, Free Speech, A Philosophical Enquiry, 1982, S. 15.

Recht, seine Meinung frei zu äußern: *„Jeder soll sagen können, was er denkt, auch wenn er keine nachprüfbaren Gründe für sein Urteil angibt oder angeben kann"*.[61] Der Begriff der Meinung wird dabei durch die wertenden Elemente der *„Stellungnahme"* und des *„Dafürhaltens"* des Äußernden geprägt, weshalb sich Meinungsäußerungen der Feststellung ihrer Richtigkeit oder Unrichtigkeit entziehen.[62] Da es gerade der Sinn von Meinungskundgaben ist, geistige Wirkungen auf die Umwelt auszuüben, meinungsbildend und überzeugend zu wirken, umfaßt der Grundrechtsschutz alle Werturteile in sämtlichen Lebensbereichen, ohne daß es darauf ankommt, ob die Äußerung *„wertvoll"* oder *„wertlos"*, *„richtig"* oder *„falsch"*, *„emotional"* oder *„rational"* begründet ist.[63] Von der Meinungsäußerung begrifflich zu unterscheiden ist die Behauptung von Tatsachen, die sich von der Meinung als subjektiver Wertung durch das Kriterium der Beweiszugänglichkeit abgrenzt. Ob die Tatsachenbehauptung wahr oder unwahr ist, steht dem Beweis durch Augenschein, Sachverständige, Zeugen, Urkunden, Parteivernehmung oder richterlichen Erfahrungssatz offen.[64]

Die immer nur im konkreten Einzelfall mögliche Zuordnung kann bei gemischten Äußerungen problematisch werden, bei denen sich subjektive Wertungen und tatsächliche Momente vermengen. Nach der Rechtsprechung des Bundesverfassungsgerichts ist der Begriff der „Meinung" grundsätzlich weit zu verstehen. Sofern eine Äußerung durch Elemente der Stellungnahme, des Dafürhaltens oder der Meinung geprägt ist, fällt sie unter den Schutz des Grundrechts. Dies gilt auch bei einer Vermischung mit Tatsachenelementen, soweit sich beide nicht trennen lassen und der tatsächliche Gehalt gegenüber der Wertung in den Hintergrund tritt.[65]

Die Freiheit der Meinungsäußerung in Art. 5 Abs. 1 Satz 1 GG erfaßt aber auch sonst die der wertenden Stellungnahme zugrundeliegenden Tatsachen. Da das Grundrecht jegliche Meinung und die von ihr ausgehende Wirkung selbst ohne Angabe nachprüfbarer Gründe schützt,[66] muß dies erst recht für die Mitteilung derjenigen Tatsachen gelten, auf die sich der Äußernde zur Erläuterung oder zur Begründung seiner Meinung stützt.[67]

11   Fraglich bleibt allein, ob unter die *Meinungsfreiheit* auch die *Mitteilung von Nachrichten* ohne jegliche Bewertung des Äußernden fällt. Hierzu sind die Auffassungen geteilt: Nach einer Ansicht steht der Begriff der Meinung im Gegensatz zu demjenigen der Nachricht oder des Berichts. Da sich diese ausschließlich auf Tatsachenbehauptungen bezögen, könnten sie nicht Art. 5 Abs. 1 Satz 1 GG unterliegen.[68] Nach anderer Auffassung erstreckt sich der Schutz der Meinungsfreiheit über die Äußerung von Werturteilen hinaus auch auf die Mitteilung und

---

[61] BVerfG ZUM 1993, S. 85; BVerfGE 42, S. 163 ff., 170; 61, S. 1 ff., 7.

[62] Vgl. BVerfG ZUM 1993, S. 85; BVerfG NJW 1983, S. 1115 ff., 1117; vgl. *Ricker,* Unternehmensschutz und Pressefreiheit, S. 47.

[63] BVerfGE 33, S. 1 ff., 14 f.; 61, S. 1 ff., 7; BVerfG ZUM 1993, S. 85; BGH NJW 1964, S. 294; *Löffler/Ricker,* Handbuch des Presserechts, 7. Kap. Rdz. 9; vgl. auch *v. Mangoldt/Klein/Starck,* GG, Art. 5, die die Unterscheidung zwischen „seriöser" und „unseriöser" Presse in der 1. Auflage zu Recht aufgegeben haben.

[64] Vgl. OLG Köln AfP 1987, S. 696; OLG München AfP 1992, S. 258; *Löffler/Ricker,* Handbuch des Presserechts, 7. Kap. Rdz. 13; *Ricker,* Unternehmensschutz und Pressefreiheit, S. 47; vgl. auch *Zöller,* ZPO, 14. Aufl., § 56 Rdz. 13; BGH AfP 1993, S. 411; LG München AfP 93, S. 67; OlG Stuttgart AfP 1994, S. 241.

[65] Vgl. BVerfG AfP 1982, S. 216; NJW 1984, S. 1745; AfP 1992, S. 53; AfP 1991, S. 387; OLG Hamburg AfP 1983, S. 489 ff. mit krit. Anm. v. *Mathy;* OLG Köln AfP 1984, S. 117; OLG München AfP 1992, S. 258.

[66] Vgl. BVerfG ZUM 1993, S. 85; BVerfG NJW 1976, S. 1680 – „Deutschland-Stiftung"; BVerfG AfP 1992, S. 132; AfP 1994, S. 163; vgl. *Grimm* ZRP 1994, S. 321.

[67] Vgl. *Löffler,* Presserecht, Bd. 1, S. 1 Rdz. 96; *Scheuner,* DÖV 1963, S. 869; *Hesse,* Grundzüge des Verfassungsrechts, Rdz. 391; *Rehbinder,* Presserecht, Rdz. 9; *Maunz/Dürig/Herzog/Scholz,* GG, Art. 5 Abs. 1, 2 Rdz. 53.

[68] Vgl. *von Mangoldt/Klein/Starck,* GG, Art. 5 1, Rdz. 16; *Ridder,* in: *Nipperdey/Scheuner* (Hrsg.), Die Grundrechte, Bd. 2, S. 264; *Scheuner* VVDStRL (22), S. 63; *Leisner* UFITA 1962, S. 138 ff.

[69] Vgl. *Maunz/Dürig/Herzog/Scholz,* GG, Art. 5 Abs. 1, 2 Rdz. 55.

Weitergabe von Nachrichten.[69]

Ihr ist aus mehreren Gründen zuzustimmen: Dafür spricht zunächst, daß eine Trennung zwischen Meinungsäußerung und Tatsachenbehauptung im Einzelfall schwierig sein kann. Weiterhin hat das Bundesverfassungsgericht in seiner Rechtsprechung zu Recht darauf hingewiesen, daß schon die Art und Weise der Aufmachung, die Darstellung eines Berichts oder einer Nachricht, der Tonfall des Sprechers und sogar die Entscheidung selbst, überhaupt eine bestimmte Nachricht zu übermitteln, Werturteile enthalten, die von einer reinen Berichterstattung nicht zu trennen seien.[70] Vor allem ist es gerade das von dem Bundesverfassungsgericht in ständiger Rechtsprechung hervorgehobene *„Recht der freien Rede"*,[71] das nicht nur das spontan gesprochene Wort, sondern auch andersartige Äußerungen garantiert und somit das Recht des Einzelnen zur freien Mitteilung an andere im weitesten Sinne schützt.[72] Insoweit besteht nach dieser auch hier vertretenen Auffassung also kein Unterschied zwischen Art. 5 Abs. 1 GG und Art. 10 Abs. 1 Menschenrechtskonvention, in dem ausdrücklich festgestellt wird, daß sich die Freiheit der Meinungsäußerung auch auf die Mitteilung von Nachrichten und Gedanken bezieht.

Wenn somit zu folgern ist, daß die Meinungsfreiheit auch die Äußerung von Tatsachen umfaßt, schließt dies aber nicht aus, daß im Einzelfall eine *Differenzierung* zwischen *Meinung* und *Tatsachenbehauptung* notwendig werden kann. Dies ist immer dann der Fall, wenn über die Zulässigkeit bestimmter Aussagen im Rahmen einer Abwägung mit anderen Rechtsgütern im Sinne von Art. 5 Abs. 2 GG zu befinden ist, für die bei Meinungsäußerungen und Tatsachenbehauptungen unterschiedliche Maßstäbe gelten.[73] Da Stellungnahmen und Werturteile nicht verifizierbar sind, streitet der Grundsatz der freien Rede selbst für scharfe und übersteigerte Äußerungen.[74]

12

Die Grenze ist somit in der Regel nur bei einer diffamierenden Schmähkritik überschritten, wovon dann ausgegangen wird, wenn es dem Äußernden nicht mehr um den Widerstreit, sondern nur noch um die vorsätzliche Kränkung eines anderen geht.[75] Dabei ist auch bei einer Vermengung von Tatsachenbehauptungen und Werturteilen der Begriff der Meinung weit zu verstehen.[76] In Rechte Dritter eingreifende Tatsachenbehauptungen können im Falle ihrer Unwahrheit nicht der freien Meinungsbildung dienen und liegen deshalb auch nicht im öffentlichen Interesse.[77] Dies kann konkret festgestellt werden, da Tatsachen beweiszugänglich sind. Unwahre Behauptungen überschreiten ebenfalls die Grenzen des Schutzbereichs des Art. 5 Abs. 1 Satz 1 GG.[78] Hiergegen gewährt der Rechtsstaat einen umfassenden Rechtsschutz.[79]

---

[70] Vgl. BVerfGE 12, S. 205 ff., 260; 31, S. 314 ff., 326; *Maunz/Dürig/Herzog/Scholz,* GG, Art. 5 Abs. 1, 2, Rdz. 51.

[71] Vgl. BVerfGE 7, S. 198 ff., 208; 12, S. 113 ff., 124 f.; 44, S. 197 ff., 202; 54, S. 208 ff., 219; 60, S. 234 ff., 241; 66, S. 116 ff., 150; 68, S. 226 ff., 232; BVerfG ZUM 1993, S. 85.

[72] Vgl. *Maunz/Dürig/Herzog/Scholz,* Art. 5 Abs. 1, 2 Rdz. 55; BVerfGE 33, S. 1 ff., 14; 61, S. 7; 60, S. 234 ff., 241; 68, S. 226 ff., 232; *Scheuner* DÖV 1963, S. 863; *Löffler/Ricker,* Handbuch des Presserechts, 7. Kap. Rdz. 13; siehe weiter auch noch unter B Rdz. 13 ff.

[73] Vgl. BVerfGE 61, S. 1 ff., 8; 7, S. 198 ff., 212; 25, S. 256 ff., 264 f.

[74] Vgl. BVerfGE 61, S. 1 ff., 8; BVerfG NJW 1980, S. 2069; NJW 1984, S. 1746; vgl. *Ricker,* Unternehmensschutz und Pressefreiheit, S. 60 f.; *Wenzel,* Das Recht der Wort- und Bildberichterstattung, Rdz. 8.111 f., *Damm/Kuner,* Unterlassungsanspruch, S. 31 f.

[75] Vgl. BGH NJW 1980, S. 1085; AfP 1982, S. 235; OLG Düsseldorf NJW 1986, S. 1262; BVerfG ZUM 1993, S. 86; BVerfGE 16, S. 1 ff., 8.

[76] Vgl. BVerfGE 85, S. 1 ff., 15; BVerfG NJW 1993, S. 1845 f.

[77] Vgl. BVerfGE 12, S. 113; 54, S. 219; BVerfG AfP 1994, S. 163; BGH AfP 1986, S. 333; BGH GRUR 1971, S. 417; *Ricker,* Unternehmensschutz und Pressefreiheit, S. 50; *Löffler/Ricker,* Handbuch des Presserechts, 7. Kap. Rdz. 16; *Wenzel,* Das Recht der Wort- und Bildberichterstattung, Rdz. 6.113 f.; *Damm/Kuner,* Unterlassungs-, Widerrufs- und Schadensersatzanspruch, S. 67 f.

[78] Vgl. BVerfG NJW 1980, S. 200; BVerfG AfP 1982, S. 216.

[79] Vgl. zu den Haftungsansprüchen unten unter F Rdz. 112.

3. Die Informationsfreiheit

a) Inhalt und Bedeutung

13   Als weiteres Grundrecht verbürgt Art. 5 Abs. 1 Satz 1 GG die Informationsfreiheit als Recht jedes einzelnen, *„sich ungehindert aus allgemein zugänglichen Quellen zu unterrichten. "*[80] Sie ist kein bloßer Bestandteil des Rechts der freien Meinungsäußerung und -verbreitung. Wie das Bundesverfassungsgericht in seiner Rechtsprechung hierzu feststellt, schützt zwar die Meinungsfreiheit auch den Empfang der Meinung durch andere. Dieser Schutz wird aber allein den Äußernden um ihrer Meinungsfreiheit willen gewährt. *„Demgegenüber ist die Informationsfreiheit gerade das Recht, sich selbst zu informieren."*[81] Tragweite und Bedeutung des Grundrechts der Informationsfreiheit werden in erster Linie deutlich vor dem Hintergrund der historischen Entwicklung während der Zeit des Nationalsozialismus, die von zahlreichen Informationsbeschränkungen geprägt war. Dazu gehörte etwa das staatliche Abhörverbot ausländischer Radiosender,[82] das Verbot des freien Bezugs von Druckerzeugnissen, Literatur- und Kunstverbote sowie – faktisch – die generelle Einführung von Empfangsgeräten mit beschränkter Frequenzskala *(„Volksempfänger"*),[83] womit die Kenntnisnahme ausländischer, nicht staatlich gelenkter oder gefilterter Informationen verhindert wurde.[84] Aufgrund dieser Erfahrungen fand die Informationsfreiheit Eingang in verschiedene Landesverfassungen und schließlich in Art. 5 GG.[85]

Die Informationsfreiheit ist *essentielle Voraussetzung der Meinungsbildung*, die der Meinungsäußerung und der politischen Willensbildung vorausgeht. Sie erlangt damit besonderen Stellenwert im freiheitlich demokratischen Staat. Nach der Rechtsprechung des Bundesverfassungsgerichtes sind für dieses zentrale Grundrecht *zwei Bezugspunkte* wesensbestimmend: Dazu gehören zum einen das durch die Informationsfreiheit gewährleistete Recht, sich seine Meinung auf Grund eines weit gestreuten Informationsmaterials und damit aus möglichst vielen Quellen zu bilden.[86] Das macht ihren Bezug zur grundrechtlich garantierten Menschenwürde in Art. 1 Abs. 1 GG und zur allgemeinen Handlungsfreiheit in Art. 2 Abs. 1 GG deutlich.[87] Zum anderen wurzelt die Informationsfreiheit im demokratischen Prinzip (Art. 20 GG), das eine freie und möglichst umfassend informierte öffentliche Meinung voraussetzt.[88] Beide Bezüge hat das Bundesverfassungsgericht in seiner Rechtsprechung hervorgehoben, indem es feststellte, daß auch die Informationsfreiheit Grundlage des verfassungsrechtlich durch Art. 5 GG geschützten Kommunikationsprozesses ist.[89] Aus diesem Grund stellt das Gericht einen besonders hohen Rang der Informationsfreiheit fest: Sie bildet

---

[80] Vgl. BVerfGE 27, S. 80; 27, S. 108 f.; 28, S. 188.

[81] Vgl. BVerfGE 27, S. 81; 28, S. 188; vgl. auch BayVerfGH AfP 1985, S. 279.

[82] Vgl. oben A Rdz. 37 und B Rdz. 2 ff. Verordnung vom 1. 9. 1939; vgl. *Herrmann*, Hörfunk und Fernsehen S. 86; *Löwer* JZ 1981, S. 730.

[83] Vgl. oben unter A Rdz. 35 f.

[84] Vgl. *Maunz/Dürig/Herzog/Scholz, GG*, Art. 5 Abs. 1, 2 Rdz. 86; *Leibholz/Rinck, GG*, Art. 5 Rdz. 111; *Ricker*, Die Einspeisung von Rundfunkprogrammen, S. 47; *v. Mangoldt/Klein/Starck*, GG, Art. 5 Anm. V I; *Ridder*, in: *Neumann/Nipperdey/Scheuner* (Hrsg.), Die Grundrechte, Bd. II, S. 275; *Herrmann*, Hörfunk und Fernsehen in der Verfassung der Bundesrepublik Deutschland, S. 74.

[85] Vgl. *Dürig/Rudolf*, Texte zur deutschen Verfassungsgeschichte, S. 146; *Leibholz/Rink, GG*, Art. 5; vgl. auch Art. 112 Abs. 2 BayLVerf.

[86] Vgl. BVerfGE 27, S. 84; *Maunz/Dürig/Herzog/Scholz*, GG, Art. 5 Abs. 1, 2 Rdz. 79; *Ricker* AfP 1986, S. 195.

[87] Vgl. BVerfGE 27, S. 81 f.

[88] Vgl. oben unter B Rdz. 1 ff.; unten unter C Rdz. 3 f.

[89] Vgl. BVerfGE 57, S. 295 ff., 319; 73, S. 118 ff., 184; 83, S. 238 ff., 286; BVerfG ZUM 1992, S. 466; *Ricker*, Die Einspeisung in Kabelanlagen aus verfassungsrechtlicher Sicht, S. 52 f.; *v. Mangoldt/Klein/*

neben der Meinungsäußerungsfreiheit eine der wichtigsten Voraussetzungen für die Ausübung der dem Einzelnen zuerkannten politischen Mitwirkungsrechte.[90]

Dem entspricht die hohe Bedeutung, die dieser Freiheit im internationalen Bereich auch **14** für *grenzüberschreitende Informationsvorgänge* zugemessen wird. So legen etwa *Art. 19 des „Internationalen Pakts über bürgerliche und politische Rechte"* und *Art. 10 der Europäischen Menschenrechtskonvention* das Prinzip des freien Informationsflusses verbindlich fest.[91] Demgemäß hat die Bundesrepublik neben der Überleitung des *„Internationalen Pakts über bürgerliche und politische Rechte"* in innerstaatliches Verfassungsrecht[92] sowie der Ratifizierung der Europäischen Menschenrechtskonvention[93] sich ausdrücklich für die unbeschränkte grenzüberschreitende Informationsfreiheit ausgesprochen.[94] Sowohl innerstaatlich als auch über die nationalen Grenzen hinweg besteht also ein verfassungsrechtlicher Anspruch des einzelnen, frei von rechtlichen oder faktischen Schranken Zugang zu den allgemein zugänglichen Informationsquellen zu haben.

b) Die Allgemeinzugänglichkeit

Die Gewährleistung der ungehinderten Unterrichtung aus *„allgemein zugänglichen Quel-* **15** *len"* war freilich nicht unumstritten: Eine früher vertretene Rechtsauffassung[95] stellte für die Beurteilung der Allgemeinzugänglichkeit darauf ab, wie der Zugang zu bestimmten Quellen rechtlich geregelt ist. Demnach wäre eine Quelle, deren Kenntnisnahme aufgrund staatlicher, etwa gesetzlicher Verbote, unzulässig ist, nicht mehr allgemeinzugänglich. Diesen Standpunkt vertrat etwa auch die Deutsche Bundespost noch in den achtziger Jahren, nach deren Auffassung die über Fernmeldesatelliten verbreiteten Rundfunkprogramme aufgrund internationaler fernmelderechtlicher Vereinbarungen nicht für die Allgemeinheit bestimmt waren und deren Satellitendirektempfang deshalb von ihr im Wege von Verordnungen und Amtsverfügungen verboten wurde.[96] Nach der Rechtsprechung des Bundesverfassungsgerichts erfüllt eine Quelle das Kriterium der Allgemeinzugänglichkeit aber bereits dann, wenn sie *tatsächlich* geeignet und bestimmt ist, der Allgemeinheit, d. h. einem nicht individuell bestimmbaren Personenkreis, Informationen zu verschaffen.[97]

Die Richtigkeit dieser Auffassung ergibt sich aus dem Sinn und Zweck der grundrechtlichen Verbürgung aufgrund der Erfahrungen mit dem NS-Regime, einer staatlichen Reglementierung des Zugangs zu Informationsquellen entgegenzuwirken.[98] Vielmehr soll es gerade dem Einzelnen ermöglicht werden, sich seine Meinung auf Grund eines weitgestreuten Informationsmaterials zu bilden, bei dessen Auswahl er keiner staatlichen Beeinflussung unterliegen darf.[99] Das Grundrecht, das gegen staatliche Eingriffe schützen soll, würde jedoch

---

[90] Vgl. BVerfG 27, S. 81f.; *Maunz/Dürig/Herzog/Scholz*, GG, Art. 5 Abs. 1, 2 Rdz. 81; *v. Mangoldt/Klein/Starck*, GG, Art. 5 Abs. 1, 2 Rdz. 6; *Ricker*, Die Einspeisung in Kabelanlagen aus verfassungsrechtlicher Sicht, S. 48.

[91] Vgl. EGMR NJW 1991, S. 620; *Frowein* AfP 1986, S. 197 ff.; *Rudolf-Abmeier* ArchVölkR 21, S. 1 ff., 15; vgl. dazu auch unten G Rdz. 6; H Rdz. 53 ff.

[92] Vgl. BGBl. II, 1973, S. 1534.

[93] Vgl. BGBl. II, 1952, S. 685.

[94] Vgl. *Maunz/Dürig/Herzog/Scholz*, GG, Art. 5 Abs. 1, 2 Rdz. 84; *Ricker*, Die Einspeisung in Kabelanlagen aus verfassungsrechtlicher Sicht, S. 49; *Bückling*, FuR 1983, S. 128; zu früheren Defiziten vgl. oben unter A Rdz. 30 ff.; zu verbleibenden Beschränkungen siehe unten unter G Rdz. 32 f.

[95] Vgl. etwa *Hamann/Lenz*, GG, Art. 5 Anm. 35; *Dürig* AöR 1956, S. 117 ff., 139; vgl. jetzt aber *Maunz/Dürig/Herzog/Scholz*, GG, Art. 5 Abs. 1, 2 Rdz. 90.

[96] Vgl. Amtsblatt des Bundesministeriums für Post- und Fernmeldewesen Nr. 80, S. 1286; siehe hierzu näher unten G Rdz. 23 ff.

[97] Vgl. BVerfGE 27, S. 83; 27, S. 108; 28, S. 188; BVerfG NJW 1993, S. 1252; 1994, S. 1148f.; *Maunz/Dürig/Herzog/Scholz*, Art. 5 Abs. 1, 2 Rdz. 80; *Leibholz/Rinck*, GG, Art. 5 Rdz. 131; *Ricker* AfP 1986, S. 188.

[98] Vgl. BVerfGE 27, S. 71; *Lerche*, in: *Kunst/Herzog/Schneemelcher* (Hrsg.), Evangelisches Staatslexikon, 2. Aufl., Sp. 1004.

[99] Vgl. BVerfGE 27, S. 84.

leerlaufen, wenn es durch einfachgesetzliche Regelungen verdrängt werden könnte. Maßgeblich kann demnach nur die *objektiv* zu betrachtende Art und Weise sein, wie die Information abgegeben wird.[100] Daraus ergibt sich, daß die Massenmedien *von Natur aus* dem Begriff der *„allgemein zugänglichen Quellen"* entsprechen.[101] Wie das Bundesverfassungsgericht hierzu ausdrücklich feststellte, unterliegt der Empfang von Rundfunk und Fernsehen *„stets der Informationsfreiheit."*[102]

Dies gilt gleichermaßen für *inländische und ausländische Informationsquellen,* soweit diese faktisch empfangbar sind.[103] Auf die verwendete Übertragungstechnik kommt es dabei nicht an,[104] so daß alle Fernseh- und Hörfunksendungen, die über Rundfunk-, Fernmelde- oder Hybridsatelliten abgestrahlt werden, allgemein zugänglich sind.[105] Sie verlieren ihre Eigenschaft als allgemein zugängliche Quelle deshalb auch dann nicht, wenn durch staatliche Maßnahmen die Möglichkeit des allgemeinen Zugangs beschränkt oder ausgeschlossen wird.[106] Ebensowenig kann inhaltlich, etwa nach Meinungen oder Nachrichten[107] oder nach dem Genre, etwa der politischen Berichterstattung oder der Unterhaltung, differenziert werden.[108] Wie das Bundesverfassungsgericht gerade auch zum Rundfunk festgestellt hat, dient die *Unterhaltung* entgegen anderer Auffassung[109] der individuellen und öffentlichen Meinungsbildung.[110] Dem besonderen Grundrechtsschutz unterliegt sowohl die ungehinderte schlichte Entgegennahme wie auch die aktive Informationsbeschaffung.[111]

c) Schutz der Empfangstechnik

16   Zur Informationsfreiheit gehören die verwendeten Übertragungs- und Empfangsvorrichtungen als Voraussetzung dafür, sich allgemein zugängliche Informationsquellen tatsächlich individuell erschließen zu können.[112] Die Informationsfreiheit gewährleistet jedoch nur den ungehinderten Zugang und nicht einen Anspruch des Einzelnen, ihm eine bestimmte Informationsquelle zu verschaffen, etwa ein konkretes Rundfunkprogramm zur Verfügung zu stellen.[113]

---

[100] Vgl. BVerfGE 27, S. 83f.; *Ricker* NJW 1991, S. 602; *Ricker,* Die Einspeisung in Kabelanlagen aus verfassungsrechtlicher Sicht, S. 49.

[101] Vgl. BVerfGE 27, S. 71ff., 83f.; 33, S. 52ff., 65; 35, S. 307ff., 309; BVerfG NJW 1993, S. 1252; NJW 1994, S. 1148f.; vgl. auch EGMR NJW 1991, S. 620ff.; *v. Mangoldt/Klein/Starck,* GG, Art. 5 Rdz. 28; *Leibholz/Rinck,* GG, Art. 5 Rdz. 131.

[102] Vgl. BVerfGE 27, S. 71ff.; 33, S. 52ff., 65; 35, S. 307ff., 309; BVerfG NJW 1992, S. 494; NJW 1993, S. 1252; NJW 1994, S. 1148f.; BVerfG AfP 1992, S. 54; vgl. auch OLG Frankfurt WUM 1992, S. 458; EGMR NJW 1991, S. 620.

[103] Vgl. BVerfG NJW 1992, S. 494; BVerfG AfP 1992, S. 54ff.; OLG Frankfurt WUM 1992, S. 458f.; *Maunz/Dürig/Herzog/Scholz, GG,* Art. 5 Abs. 1, 2 Rdz. 83; *Kraftzyk,* Ausländische Rundfunksendungen als „allgemein zugängliche Quellen" im Sinne des Art. 5 Abs. 1 GG, S. 12ff.; *Schmitt,* NJW 1986, S. 1792f.

[104] Vgl. BVerfG NJW 1992, S. 494.

[105] Vgl. BVerfG AfP 1992, S. 54ff.; OLG Frankfurt WUM 1992, S. 458ff.; a. A. *Müller-Römer* in *Bauer/Ory,* Recht in Hörfunk und Fernsehen, 4.2.9 (11); so auch die Stellungnahme der Deutschen Bundespost, zit. in *Schmittmann* ZUM 1990, S. 263f.

[106] Vgl. BVerfGE 27, S. 83, 108; 33, S. 65; *Leibholz/Rinck, GG,* Art. 5 Rdz. 131.

[107] Vgl. BVerfGE 30, S. 334; zutreffend deshalb Art. 19 EMRK: „receive and collect news and thoughts"; vgl. *Leibholz/Rinck,* GG, Art. 5 Rdz. 6; vgl. auch Art. 6 der französischen Verfassung, zit. in *Schellenberg* in AöR 119, S. 427ff., 429.

[108] Vgl. BVerfG NJW 1994, S. 1148f.

[109] Vgl. AG Neustadt/Weinstraße v. 13. 12. 1992 – 2 C 67/92 –; vgl. hierzu BVerfG NJW 1994, S. 1148f.

[110] Vgl. BVerfGE 73, S. 118ff., 176; BVerfG NJW 1994, S. 1148f., vgl. hierzu näher unten unter B Rdz. 47ff., 102ff.

[111] Vgl. BVerfGE 27, S. 71; *Leibholz/Rinck,* GG, Art. 5 Rdz. 146; *Löffler/Ricker,* Handbuch des Presserechts, 7. Kap. Rdz. 2.

[112] Vgl. BVerfG NJW 1993, S. 1252; NJW 1994, S. 1148f.; BVerfG AfP 1992, S. 56; OLG Frankfurt WUM 1992, S. 458ff.; siehe hierzu näher unten unter G Rdz. 6

[113] Vgl. BVerwG DVBl. 1978, S. 640; VG Mainz NVwZ 1985, S. 136f.; *Maunz/Dürig/Herzog/Scholz, GG,* Art. 5 Abs. 1, 2 Rdz. 83, *von Münch, GG,* Art. 5 Rdz. 28; *Steiner,* in: *Becker* (Hrsg.), Beiträge zum Medienprozeßrecht, S. 85; vgl. hierzu auch unten B Rdz. 161f.

d) Gebührentragungspflicht im Rundfunk

Unter dem Aspekt der negativen Informationsfreiheit stellt sich weiterhin die Frage, ob **17** und inwieweit jemand verpflichtet ist, für die *Empfangsmöglichkeit öffentlich-rechtlicher Rundfunkprogramme* sogar dann Gebühren zahlen zu müssen, wenn er nicht diese, sondern ausschließlich die kostenfreien privaten Programme rezipieren will.[114] Daß bereits die *Vorhaltung eines Rundfunkempfangsgeräts* nach dem Rundfunkstaatsvertrag[115] die Gebührentragungspflicht auslöst, hat das Bundesverfassungsgericht als verfassungsgemäß erachtet. Nach seiner Ansicht geht es bei dem von allen Bundesländern gemeinsam geregelten Finanzierungsmodus gerade nicht um ein Entgelt für bestimmte Programme, sondern um die finanzielle Abgeltung der „*Gesamtveranstaltung Rundfunk*" unabhängig davon, in welchem Verbreitungsbereich der einzelne Teilnehmer wohne und welchem Sender er sich zugezogen fühle.[116] Diese Rechtsprechung kann aber nur vor dem Hintergrund der besonderen Aufgabe des öffentlich-rechtlichen Rundfunks, solange und soweit sie diesem System zugeordnet ist, Bestand haben.[117]

e) Schrankenvorbehalt des Art. 5 Abs. 2 GG

Die Informationsfreiheit wird allerdings nicht vorbehaltlos gewährleistet. Sie findet wie alle **18** Rechte aus Art. 5 Abs. 1 GG ihre Schranken gemäß Art. 5 Abs. 2 GG in den *allgemeinen Gesetzen*, den *gesetzlichen Bestimmungen zum Schutze der Jugend* und in dem *Recht der persönlichen Ehre*.[118] Ob im Einzelfall eine Einschränkung zugunsten eines anderen Rechtsgutes zulässig ist, muß wie auch sonst im Bereich des Art. 5 Abs. 1 GG im Rahmen einer *Güterabwägung* festgestellt werden, wobei die wertsetzende Bedeutung der Informationsfreiheit besonders zu berücksichtigen und der Grundsatz der *Verhältnismäßigkeit* zu beachten sind.[119] Gesetzliche Maßnahmen, die zu einer Beschränkung der Informationsfreiheit führen, müssen deshalb zu dem mit ihnen verfolgten Zweck geeignet, erforderlich und verhältnismäßig sein.[120]

Unzulässig war deshalb die bis Mitte der achtziger Jahre in Hessen bestehende völlige **19** Empfangssperre für Rundfunkprogramme, die von Fernmeldesatelliten abgestrahlt wurden.[121] Rechtlich problematisch war zu dieser Zeit auch die Genehmigungspraxis der Deutschen Bundespost Telekom, die nach § 2 Fernmeldeanlagengesetz und den Bestimmungen über private Satellitenkommunikations-Empfangseinrichtungen (SKE)[122] befugt war, die Erlaubnis für den Empfang von Fernmeldesatellitensignalen im Einzelfall und zusätzlich unter Einzelauflagen zu erteilen. Um ihre Verkabelungspolitik zu fördern, genehmigte die Post bis Juli 1985 in den Gebieten, in denen ein Kabelanschluß bereits bestand oder noch geschaffen werden sollte, grundsätzlich überhaupt keine Errichtung privater Fernmeldesatelliten-Empfangsanlagen.[123] Sofern die Deutsche Bundespost Genehmigungsanträge deshalb

---

[114] Vgl. BayVGH DVBl. 1992, S. 634.

[115] Vgl. Art. 4 Abs. 1 RdfkgebStVg.

[116] Vgl. BVerfGE 87, S. 181 ff., 201; BVerfG ZUM 1994, S. 173 ff., 181; vgl. hierzu näher unten unter C Rdz. 74 ff.

[117] Siehe hierzu näher unten unter C Rdz. 74 f.; E Rdz. 85 ff.

[118] Vgl. BVerfG NJW 1994, S. 1148 f.; BVerfGE 34, S. 402 f.; OLG Frankfurt WuM 1992, S. 458 ff.; zur Frage, ob internationale Fernmeldebestimmungen als Gesetze gelten vgl. EGMR NJW 1991, S. 624; vgl. hierzu näher unten unter F Rdz. 111 f.

[119] Vgl. BVerfGE 27, S. 85 f.; BVerfG AfP 1992, S. 54; vgl. auch BVerfGE 7, S. 198 ff., 208; *Ricker,* Die Einspeisung in Kabelanlagen aus verfassungsrechtlicher Sicht, S. 53.

[120] Vgl. BVerfGE 7, S. 198 ff., 208; 71, S. 206 ff., 214; *Maunz/Dürig/Herzog/Scholz,* GG, Art. 5 Abs. 1, 2 Rdz. 91; *Ricker,* Die Einspeisung in Kabelanlagen aus verfassungsrechtlicher Sicht, S. 53 und passim; *ders.* AfP 1986, S. 189; *ders.* NJW 1992, S. 603; vgl. auch EGMR NJW 1991, S. 620.

[121] Vgl. *Ricker,* AfP 1986, S. 188; siehe hierzu näher unten unter G Rdz. 6, 30; vgl. auch zu der Frage der Zulässigkeit der Differenzierung der in Kabelanlagen einzuspeisenden Programme unten unter G Rdz. 36 ff.

[122] Vgl. ABl. des Bundesministers für das Post- und Fernmeldewesen Nr. 80, 1987, S. 1286; abgedr. in *Bauer/Detjen,* Die Neuen Medien, 4.2.9 (11).

[123] Vgl. hierzu *Ricker* AfP 1986, S. 188.

nicht bereits ablehnte, verlangte sie für die Antennenerlaubnis einmalige und laufende monatliche Gebühren. Sie begründete die Ablehnung mit dem Schutz des Fernmeldegeheimnisses und mit möglichen Störimpulsen der Empfangsanlage, die zu einer Gefährdung des Luftverkehrs führen könnten, die Gebühren mit ihrem Prüfungsaufwand.[124]

Diese Maßnahmen entsprachen jedoch nicht dem Schrankenvorbehalt des Art. 5 Abs. 2 GG, vor allem nicht dem Grundsatz der Verhältnismäßigkeit. Mit den Empfangsantennen können die parallel mit den Rundfunkprogrammen übermittelten Telefongespräche nicht abgehört werden. Den Luftverkehr behindernde Störimpulse waren ebensowenig feststellbar.[125] Aus diesen Gründen war eine Verweigerung der Antennengenehmigung nicht erforderlich.[126] Aber auch die verlangten Gebühren waren ebenso wie die konkrete Überprüfung jeder einzelnen Anlage zur Störeingrenzung und -beseitigung jedenfalls in dem Zeitpunkt nicht mehr notwendig, als mit ihrer zunehmenden Vermarktung eine generelle technische Typengenehmigung ausreichend war und sich auch die angebliche Gefahr einer Störung des Funkverkehrs nicht bestätigte. Die Bundespost verzichtete deshalb zum 1. 9. 1991 auf die Einzelüberprüfung wie auch auf die Erhebung von Gebühren.[127]

20   Eine weiterhin aktuelle Beschwer ergibt sich für die Informationsfreiheit aus dem Bauordnungsrecht der Länder. Baustatische Anforderungen an die Festigkeit der Montage der Satellitenanlage für den Rundfunkempfang zum Schutze der körperlichen Integrität von Passanten und damit der öffentlichen Sicherheit und Ordnung erscheinen zu diesem Zweck geeignet, notwendig und den potentiellen Betreibern auch zumutbar.[128] Daneben lassen die Landesbauordnungen aber auch aus Gründen der Ästhetik, etwa der optischen Beeinträchtigung des historischen Stadtbildes oder eines Denkmals, ein Verbot der Errichtung von Antennen zu.[129] Dies wird vor allem im Falle der Anbringung von auffälligen Satellitenempfangsanlagen relevant.

Ein allgemeines Antennenverbot ohne konkrete Güterabwägung nur zu dem genannten visuellen Zweck kann aber den Eingriff in die Informationsfreiheit nicht rechtfertigen.[130] Die generelle Untersagung genügt nicht der Voraussetzung, daß die Beschränkungen erforderlich sein müssen. Nach Gestaltung, Einfärbung und auch hinsichtlich des Aufstellungsortes ergeben sich bei der angebotenen Antennenvielfalt genügende und zumutbare Möglichkeiten, den optischen Gesamteindruck nicht übermäßig zu beeinträchtigen.[131]

Wie bereits die genannten Beispiele verdeutlichen, kommt dem Grundrecht der Informationsfreiheit eine besondere wertsetzende Bedeutung im Interesse des Einzelnen wie auch der staatlichen Gemeinschaft zu. Beschränkungen aufgrund des Gesetzesvorbehalts in Art. 10 Abs. 2 EMRK oder des Art. 5 Abs. 2 GG kommen deshalb nur ausnahmsweise in Betracht.

f) Der Informationsanspruch der Medien

21   Die für jedermann geltende Informationsfreiheit, sich aus allgemein zugänglichen Quellen zu unterrichten, steht auch dem Rundfunk und der Presse zu.[132] Ihrer Informations- und Kontrollaufgabe könnten Rundfunk und Presse aber nicht nachkommen, wenn sie nur auf die allgemein zugänglichen Quellen beschränkt wären. Zwar läßt sich ein *erweiterter Informationsanspruch* aus dem *Grundrecht der Rundfunk- und Pressefreiheit nicht herleiten,* da die Grund-

---

[124] Vgl. Stellungnahme der DBP in: *Bauer/Ory*, Recht in Hörfunk und Fernsehen, II.b.1 (11).

[125] Vgl. EGMR NJW 1991, S. 620; *Ricker* NJW 1992, S. 603; *Schmittmann* ZUM 1990, S. 263 ff., 267.

[126] Vgl. EGMR NJW 1991, S. 621; *Ricker* NJW 1992, S. 603.

[127] Vgl. Pressemitteilungen der Deutschen Bundespost vom 26. 8. 1991, abgedr. in „Medienspiegel" Nr. 42 vom 27. 8. 1991; vgl. auch ABl. des Bundespostministeriums vom 6. 9. 1992, BGBl. II, S. 1654.

[128] Vgl. *Ricker* NJW 1992, S. 604; vgl. hierzu näher auch unten unter G Rdz. 32 f.

[129] Vgl. etwa § 73 LBO Bad.-Württ., § 118 LBO Hessen.

[130] Vgl. BayVfGH NJW 1986, S. 833 ff.

[131] Vgl. unten unter G Rdz. 32 f.

[132] Vgl. *Löffler/Ricker*, Handbuch des Presserechts, 7. Kap. Rdz. 8; *v. Mangoldt/Klein/Starck*, GG, Art. 5 Abs. 1 Rdz. 27; *Maunz/Dürig/Herzog/Scholz*, GG, Art. 5 Rdz. 84.

rechte eo ipso keine Leistungsansprüche gegen den Staat vermitteln.[133] Aufgrund seiner institutionellen Garantie für die Freiheit der Massenmedien hat aber der Staat für ihre Freiheit soweit wie möglich Rechnung zu tragen. Insoweit hat er neben anderen Privilegien den *Informationsanspruch* gegenüber staatlichen Behörden und Stellen geschaffen.[134] Im Bereich der Presse erfolgte dies durchgängig in den Landespressegesetzen (§ 4 LPG, in Hessen: § 3 LPG; in Brandenburg: § 5 LPG).[135] Für den Rundfunk besteht überwiegend eine entsprechende Regelung.[136]

Soweit keine Gesetzesgrundlage vorhanden ist,[137] steht der medienspezifische Informationsanspruch nach den oben getroffenen Feststellungen den Rundfunkveranstaltern nicht zu. Denn nach der Rechtsprechung des Bundesverfassungsgerichts leitet sich dieser nicht unmittelbar aus dem Grundrecht des Art. 5 Abs. 1 GG ab, sondern bedarf der Konkretisierung durch den Gesetzgeber.[138]

4. Das Zensurverbot

a) Art. 5 Abs. 1 Satz 3 GG

Das Grundgesetz bestimmt in Art. 5 Abs. 1 Satz 3: *„Eine Zensur findet nicht statt."* Die For-   22
mulierung knüpft bewußt an die gleichlautende Bestimmung des Art. 118 Abs. 2 Satz 1 WRV an, die als Reaktion auf die einschränkenden Maßnahmen während des Absolutismus und im Zuge der Restauration zur Unterdrückung der Herstellung und Verbreitung von Geisteswerken verfassungsrechtlich verankert wurde.[139] Ebenso wie Art. 118 Abs. 2 Satz 1 WRV wird auch das Zensurverbot des Grundgesetzes als *Verbot der Vorzensur* verstanden.[140]

b) Inhalt und Bedeutung

Nach der Rechtsprechung des Bundesverfassungsgerichts bedeutet Zensur das generelle Verbot, Geisteswerke ungeprüft der Öffentlichkeit zugänglich zu machen, verbunden mit dem Gebot, diese zuvor der zuständigen Behörde als Träger öffentlicher Gewalt vorzulegen, die sie anhand von Zensurgrundsätzen prüft und je nach dem Ergebnis die Veröffentlichung erlaubt oder verbietet.[141] Für den in Art. 5 Abs. 1 GG geschützten Bereich der Meinungsäußerungsfreiheit, der Rundfunkfreiheit wie auch der Presse- und Filmfreiheit sind somit Rechtsvorschriften ausgeschlossen, nach denen eines dieser Freiheitsrechte erst dann wahrgenommen werden darf, wenn Art und Inhalt der Ausübung vorher von einer staatlichen Stelle kontrolliert und genehmigt worden sind.[142] Dabei ist unerheblich, welche Absicht mit

---

[133] Vgl. *Stern*, Staatsrecht, Bd. 2, § 4 V 2; *Rupp* AöR 1986, S. 321 f.; vgl. auch *Maunz/Dürig/Herzog/Scholz*, GG, Art. 20 Abs. 1 Rdn. 134, wonach ausnahmsweise allenfalls aus dem Sozialstaatsprinzip ein Leistungsanspruch erwachsen kann.

[134] Vgl. *Löffler/Ricker*, Handbuch des Presserechts, 9. Kap. Rdz. 8; BVerfG NJW 1985, S. 1636.

[135] Vgl. *Löffler/Ricker*, Handbuch des Presserechts, 9. Kap. Rdz. 8; BVerfG NJW 1985, S. 1636.

[136] Vgl. etwa § 4 i. V. m. § 16 LPG Sachsen-Anhalt; § 4 i. V. m. § 25 LMG Bad.-Württ., Bremen, LRG Nieders., LRG Schl.-Holst.; § 8 Abs. 5 LRG Saarl.

[137] In Bayern, für den öffentlich-rechtlichen Rundfunk in Hessen, Thüringen, Mecklenburg-Vorp.

[138] Vgl. BVerfG NJW 1985, S. 1636.

[139] Vgl. *Häntzschel*, in: *Anschütz/Thoma* (Hrsg.), Handbuch des Deutschen Staatsrechts, Bd. 2, S. 655 ff.; vgl. auch oben zur Geschichte der Meinungsfreiheit unter B Rdn. 10 ff.

[140] Ganz h. M.; vgl. BVerfGE 32, S. 52 ff., 71 f.; 83, S. 130 ff., 155; BayObLG NJW 1960, S. 160 f.; *Maunz/Dürig/Herzog/Scholz*, GG, Art. 5 Abs. 1, 2 Rdz. 298; *Scheuner* VVDStRL 22, S. 1, 11; *Löffler/Ricker*, Handbuch des Presserechts, 7. Kap. Rdz. 22; *Degenhart*, in: Bonner Kommentar, Art. 5 Rdz. 29; *v. Mangoldt/Klein/Starck*, GG, Art. 5 Rdz. 106; vgl. aber *Löffler*, NJW 1969, S. 2225 ff., 2227.

[141] Vgl. BVerfGE 33, S. 51 ff., 72; BVerfG NJW 1991, S. 1471 ff., 1475; *Degenhart*, in: Bonner Kommentar, Art. 5 Rdz. 29; *v. Mangoldt/Klein/Starck*, GG, Art. 5 Rdz. 106; *Wenzel*, Das Recht der Wort- und Bildberichterstattung, Rdz. 1.33.

[142] Vgl. *Maunz/Dürig/Herzog/Scholz*, GG, Art. 5 Abs. 1, 2 Rdz. 299.

der Zensur verfolgt wird.[143] Hingegen stellen _bloße Anzeige- oder Vorlagepflichten_ an die Behörden dann _keine Zensurmaßnahmen_ dar, wenn von ihnen die Zulässigkeit der Veröffentlichung und Verbreitung nicht abhängig gemacht wird.[144]

Da keine vorherige Genehmigung vorausgesetzt wird, ist der Anzeigen- oder Vorlagenpflichtige nicht an der öffentlichen Verbreitung gehindert. Zwar kann die durch die Vorlage ermöglichte Prüfung zur behördlichen Feststellung eines Rechtsverstoßes führen. Nach der Rechtsprechung des Bundesverfassungsgerichts handelt es sich dabei aber nicht um eine präventive, sondern nur um eine typisch repressive Maßnahme, die auch unabhängig von der Vorlage getroffen werden kann und der gerichtlichen Kontrolle unterliegt.[145] _Repressive,_ also nachträgliche _Maßnahmen_ unterliegen jedoch _nicht dem Zensurverbot._[146] Sind die Äußerungen erst einmal an die Öffentlichkeit gelangt und vermögen sie deshalb Wirkungen auf dem allgemeinen Meinungsmarkt auszuüben, sind sie nach dem jeweiligen Grundrecht in Art. 5 Abs. 1 GG, etwa der Meinungs- oder der Rundfunkfreiheit, und seinen Schranken in Art. 5 Abs. 2 GG zu beurteilen.[147] Dieser Vorbehalt würde aber gegenstandslos, wenn das Zensurverbot auch die Nachzensur umfaßte, also erst nach Veröffentlichung einsetzende Überprüfungen und eventuell darauf beruhende zivil- oder strafrechtliche Sanktionen.[148]

c) Bundesprüfstelle und Selbstkontrolle beim Film

23   Unter dem Aspekt der Vorzensur könnten sich verfassungsrechtliche Bedenken hinsichtlich der Prüftätigkeit der _„Bundesprüfstelle für jugendgefährdende Schriften"_ (BPS) wie auch der _„Filmselbstkontrolle"_ (FSK) ergeben, da beide Institutionen die Vereinbarkeit der Printmedien (vor allem Bücher, Zeitschriften) beziehungsweise der Kino- und Videofilme mit den Strafvorschriften und den Jugendschutzbestimmungen prüfen und ihre Feststellungen zu jedenfalls partiellen Vertriebs- und Verbreitungsverboten führen können.

Die Entscheidungen der Bundesprüfstelle und der Filmselbstkontrolle sind auch für den Bereich des Rundfunks von erheblicher Bedeutung. Nach den Regelungen über den Jugendschutz in dem Rundfunkstaatsvertrag führen sie zu tageszeitlich begrenzten Sendeverboten. Filme, die von der FSK für Jugendliche unter 16 Jahren nicht freigegeben sind, dürfen etwa nur zwischen 22 Uhr und 6 Uhr früh ausgestrahlt werden.[149] Filme, die für Jugendliche unter 18 Jahren nicht freigegeben wurden, dürfen sogar erst ab 23 Uhr verbreitet werden.[150] Dieselbe Beschränkung gilt für Sendungen, die ganz oder im wesentlichen mit von der Bundesprüfstelle indizierten Schriften oder Filmen inhaltsgleich sind.[151] Die Jugendschutzvorschriften des Rundfunkstaatsvertrages sind vorbehaltlich der nach § 3 Abs. 5 RStV den ARD-Anstalten und dem ZDF einerseits und den Landesmedienanstalten für den privaten

---

[143] Sog. formeller Zensurbegriff; vgl. BVerfGE 33, S. 72; _Wenzel_ Rdz. 1.34; _Klein,_ in: _Schmidt/Bleibtreu,_ Art. 5 Rdz. 14; _Maunz/Dürig/Herzog/Scholz,_ GG, Art. 5 Rdz. 296; _Rieder,_ Die Zensurbegriffe des Art. 118 Abs. 2 WRV und des Art. 5 Abs. 1 Satz 3 GG, S. 36 ff., 57 ff., 12 ff.; a. A _Noltenius,_ Die freiwillige Selbstkontrolle, S. 106 ff.

[144] Vgl. BVerfGE 33, S. 52 ff., 74; BVerfG NJW 1991, S. 1471, 1475; vgl. _v. Mangoldt/Klein/Starck,_ GG, Art. 5 Anm. VIII 3; _Maunz/Dürig/Herzog/Scholz,_ GG, Art. 5 Abs. 1, 2 Rdz. 299; _Herrmann,_ Fernsehen und Hörfunk in der Verfassung der Bundesrepublik Deutschland, S. 79.

[145] Vgl. BVerfG NJW 1991, S. 1471 ff., 1475; BVerfGE 33, S. 52 ff., 72.

[146] Vgl. BVerfGE 33, S. 52 ff., 72; 83, S. 133 ff., 136; _Maunz/Dürig/Herzog/Scholz,_ GG, Art. 5 Abs. 1, 2 Rdz. 296; _v. Mangoldt/Klein/Starck,_ GG, Art. 5 Abs. 1 Rdz. 106; _Degenhart,_ in: Bonner Kommentar, Art. 5 Abs. 1 Rdz. 107; _Herrmann,_ Fernsehen und Hörfunk in der Verfassung der Bundesrepublik Deutschland, S. 79; _Häntzschel,_ HbdStR II, S. 665.

[147] Vgl. BVerfGE 33, S. 52 ff., 72; _Maunz/Dürig/Herzog/Scholz,_ GG, Art. 5 Abs. 1, 2 Rdz. 299.

[148] Vgl. BVerfGE 33, S. 52 ff., 72; _Maunz/Dürig/Herzog/Scholz,_ GG, Art. 5 Abs. 1, 2 Rdz. 299.

[149] Vgl. Art. 1 § 3 Abs. 2 RStV.; vgl. auch unten unter F Rdz. 111.

[150] Vgl. Art. 1 § 3 Abs. 2 RStV.

[151] Vgl. Art. 1 § 3 Abs. 3 RStV; zu Ausnahmeregelungen vgl. § 3 Abs. 5 RStV; siehe näher zum Jugendschutz im Rundfunk unten unter F Rdz. 111.

Rundfunk andererseits eingeräumten Befugnis zu Ausnahmeregelungen für den gesamten Rundfunk verbindlich. Soweit der jeweilige Landesgesetzgeber keine nähere Bestimmung getroffen hat, gilt der Rundfunkstaatsvertrag.[152]

Bei der *„Bundesprüfstelle für jugendgefährdende Schriften"* handelt es sich um eine Behörde, **24** da sie als Teil der unmittelbaren Bundesverwaltung die ihr in dem *„Gesetz über die Verbreitung jugendgefährdender Schriften"* zugewiesene Aufgabe der Prüfung von Printmedien auf ihren Kinder und Jugendliche gefährdenden Inhalt wahrnimmt.[153] Die Bundesprüfstelle wird nur auf Antrag, etwa der Jugendämter, tätig und entscheidet dann mit ihrem fachkundig besetzten Spruchkörper[154] über die Frage der Gefährdung von Kindern und Jugendlichen[155] aufgrund des ihr eingeräumten Beurteilungsspielraums in einem rechtstaatlichen Grundsätzen entsprechenden Verfahren.[156] Die in eine Liste aufzunehmende Indizierung einer Schrift[157] als jugendgefährdend führt zu erheblichen *Vertriebs- und Werbebeschränkungen*,[158] um die Zugangsmöglichkeiten für Kinder und Jugendliche soweit wie möglich auszuschließen.[159] Da die Bundesprüfstelle grundsätzlich nur auf Antrag und entsprechend erst nach der öffentlichen Verbreitung eines Schriftwerkes tätig wird,[160] fehlt es an einem präventiv wirkenden Prüfungs- und Erlaubnisvorbehalt, der eine Zensur im Sinne von Art. 5 Abs. 1 Satz 3 GG begründen könnte. Auch die Befürchtung des Anbieters eines gedruckten Geisteswerkes, daß es zu einer Indizierung und damit zu einer weitgehenden Vertriebsbeschränkung kommen könnte, verkörpert lediglich das Risiko des Schrankenvorbehalts nach Art. 5 Abs. 2 GG[161] und stellt noch keine grundgesetzwidrige Präventivmaßnahme dar.[162]

Problematisch erscheint jedoch das Recht der BPS zur *Vorausindizierung* periodischer Druckschriften auf die Dauer von bis zu zwölf Monaten, wenn innerhalb von zwölf Monaten mehr als zwei Nummern in die Liste aufgenommen wurden,[163] obwohl noch gar nicht feststeht, ob die künftigen Ausgaben jugendgefährdend sein werden.[164] Dieses Dauerverbot erfüllt nur deshalb nicht den Zensurbegriff, da eine erneute Prüfung und Indizierung gerade nicht stattfindet. Deshalb ist auch insoweit der Rechtsprechung des Bundesverfassungsgerichts zuzustimmen, daß die Tätigkeit der Bundesprüfstelle nicht dem Zensurverbot unterliegt.[165]

Anders stellen sich die Prüfvermerke der *„Freiwilligen Filmkontrolle"* bei der Beurteilung **25** von Kino- und Videofilmen dar. Ohne die Beibringung der Bescheide über die altersabhängige Freigabe des Films für Kinder und Jugendliche bzw. die ausschließliche Freigabe nur für Erwachsene sind die Filme aufgrund der Verleihbedingungen praktisch kaum verwertbar.[166] Die damit faktisch wirksame präventive Genehmigungspflicht würde aber nur dann eine

---

[152] Vgl. § 1 Abs. 2 RStV; vgl. die wortgleichen oder jedenfalls sinngemäßen Regelungen etwa in § 49 LMG Bad.-Württ.; § 14 LRG Nieders.; § 14 LRG Nordrh.-Westf.; § 3 LRG Saarl.; § 18 LRG Schl.-Holst.; vgl. auch den Verweis auf § 3 RStV in § 9 LMG Hamburg.

[153] Vgl. *Löffler/Ricker,* Handbuch des Presserechts, 46. Kap. Rdz. 5 ff.; *Weiers* JZ 1988, S. 68 ff.; *Erbs/Kohlhaas,* Strafrechtl. Nebengesetze, Vorbem. zu GjS Rdz. 6 ff.; *Stefen,* in: *Schiwy/Schütz* (Hrsg.), Medienrecht, S. 192 ff.

[154] Vgl. aber zu den verfassungsrechtlichen Bedenken hinsichtlich der Zusammensetzung, BVerfGE 83, S. 132 ff., 146; BVerfG NJW 1991, S. 1471 ff., 1475.

[155] Vgl. § 3 GjS.

[156] Vgl. BVerfG DVBl. 1374, S. 261; BVerfG NJW 1991, S. 1471 ff., 1473 f.

[157] Vgl. § 1 GjS.

[158] Vgl. §§ 3–5 GjS.

[159] Vgl. *Löffler/Ricker,* Handbuch des Presserechts, 46. Kap. Rdz. 7; *Weides,* JZ 1988, S. 69.

[160] Vgl. § 3 DVO zum GjS in d. F. vom 23. 8. 1962, BGBl. III 2161–1–1.

[161] Siehe unten unter B Rdz. 164, 173 ff.

[162] Vgl. BVerfG NJW 1991, S. 1471 ff., 1475.

[163] Vgl. § 7 GjS.

[164] Vgl. *Steindorf,* in: *Erbs/Kohlhaas* (Hrsg.), Strafrechtl. Nebengesetze, § 7 GjS, J 214.

[165] BVerfGE 83, S. 130 ff., 155; zur Zulässigkeit des Dauerverbots vgl. OVG Münster DÖV 1967, S. 459.

[166] Vgl. *von Hartlieb,* Handbuch des Film-, Fernseh- und Videorechts, 17. Kap. Rdz. 8 f.

unzulässige Vorzensur begründen, wenn es sich um eine vorgeschriebene *staatliche Prüfung* einer Behörde handeln würde. Die Prüfungstätigkeit der FSK erfolgt jedoch aufgrund *freiwilliger Vorlage* und stellt keine behördliche, sondern privatrechtliche Maßnahme dar, da ihr *keine Hoheitsrechte* übertragen wurden.[167] Die Prüfungsergebnisse sind von daher als gutachtliche Äußerungen eines privaten Instituts anzusehen. Dies zeigt sich darin, daß sie zwar von den Ländern als Grundlage für ihre Hoheitsentscheidungen übernommen, aber auch durch eigene abweichende Entscheidungen ersetzt werden können.[168] Somit handelt es sich auch bei der FSK um keine nach Art. 5 Abs. 1 Satz 3 GG verbotene behördliche Vorzensur, sondern um eine privatrechtlich organisierte Selbstkontrolle.[169]

d) Rundfunkkontrolle

26   Unter dem Aspekt der Vorzensur kann auch die im Rundfunk institutionalisierte Überwachung und Kontrolle der Programminhalte[170] relevant werden. Nach den bereits oben dargelegten Grundsätzen zum Zensurverbot im Sinne von Art. 5 Abs. 1 Satz 3 GG wäre eine Vorlage- und Genehmigungspflicht, welche die Verbreitung der Sendeinhalte von der Zustimmung oder Ablehnung einer Behörde abhängig macht, unzulässig. Anhand dieser Kriterien ist deshalb die Rundfunkkontrolle zu bewerten, wobei die besondere Organisation des öffentlich-rechtlichen und privaten Rundfunks eine differenzierte Betrachtung verlangt.

aa) Öffentlich-rechtlicher Rundfunk

27   Bei den öffentlich-rechtlichen Rundfunkanstalten liegt die Aufgabe der Programmüberwachung bei dem pluralistisch aus Repräsentanten der gesellschaftlichen Gruppen gebildeten Rundfunkrat (beim ZDF: Fernsehrat), der nicht auf eine nachträgliche Kontrolle beschränkt ist. Nach der Rechtsprechung des Bundesverfassungsgerichts wird vielmehr eine *„laufende"* und effektive Kontrolle vorausgesetzt,[171] die deshalb auch *präventive Befugnisse des Rundfunkrates* zur Sicherung der Programmgrundsätze und zur Verhinderung von Rechtsverstößen verlangt.[172] Unter dem Gesichtspunkt der Vorzensur könnte die Tätigkeit dieses Gremiums aber dann verfassungsrechtlich bedenklich sein, wenn es sich bei seinen Überprüfungen um staatliche Maßnahmen, also solche einer mit hoheitlichen Rechten ausgestatteten Institution handeln würde. Dafür könnten zwar zunächst die Organisation der Rundfunkanstalten und ihrer Organe als Anstalt des öffentlichen Rechts und die Zuweisung der Kontrollaufgabe in den Landesrundfunkgesetzen sprechen.[173]

Hiergegen ist jedoch einzuwenden, daß die Rundfunkanstalten aufgrund des Gebots der *Staatsfreiheit des Rundfunks*[174] weder unmittelbar noch als ausgegliederter, hoheitlich handelnder Funktionsträger mittelbar Teil der Staatsverwaltung sind.[175] Vielmehr ist die öffentlich-rechtliche Organisation der Rundfunkanstalten mit dem Recht zur Selbstverwaltung Ausdruck der *„Vergesellschaftung"* des öffentlich-rechtlichen Rundfunks, die sich in der Beteiligung der gesellschaftlich relevanten Gruppen widerspiegelt.

---

[167] Vgl. OLG Frankfurt UFITA 38, S. 367; *Maunz/Dürig/Herzog/Scholz*, GG, Art. 5 Rdz. 207 f.; Degenhart, in: Bonner Kommentar, Art. 5 Anm. II 1 f.; *Weides*, in: NJW 1987, S. 227.

[168] Vgl. *v. Hartlieb*, Handbuch des Film-, Fernseh- und Videorechts, 17. Kap. Rdz. 10; *Scholz*, Erläuterungen zum Jugendschutz, S. 18; *Steindorf*, in: *Erbs/Kohlhaas* (Hrsg.), Strafrechtl. Nebengesetze, S. 19.

[169] Ebenso der Deutsche Presserat; vgl. *Degenhart*, in: Bonner Kommentar, Art. 5 Rdz. 30; *v. Mangoldt/Klein/Starck*, GG, Art. 5 Rdz. 107; *Löffler/Ricker*, Handbuch des Presserechts, 8. Kap. Rdz. 25; 40. Kap. Rdz. 14 f.

[170] Vgl. hierzu unten unter E Rdz. 10 ff.

[171] Vgl. BVerfGE 57, S. 299 f., 322; dazu näher unter C Rdz. 27; E Rdz. 16 ff.

[172] Vgl. *Ricker*, Die Kompetenzen des Rundfunkrates im Programmbereich, S. 18, 36 ff.; vgl. dazu näher unter E Rdz. 16 ff.

[173] Vgl. etwa § 3 Satz 1 RB-G; § 16 I WDR-G; § 6 Ziff. 1 NDR-StV.

[174] Vgl. hierzu näher unter D Rdz. 1 ff.

[175] Vgl. BVerfGE 47, S. 198 f., 236; *Maunz/Dürig/Herzog/Scholz*, GG, Art. 5, II Rdz. 98; *v. Mangoldt/Klein/Starck*, GG, Art. 5 Rdz. 106.

Nach der Rechtsprechung des Bundesverfassungsgerichts soll der Rundfunkrat als Sachwalter die Interessen der Allgemeinheit auf dem Gebiet des Rundfunks vertreten.[176] Damit wird gerade die *treuhänderische Wahrnehmung der gesellschaftsbezogenen Rundfunkfreiheit* anerkannt. Den gesellschaftlichen Kräften kommt über die Repräsentanz im Rundfunkrat die Funktion zu, den Prozeß der freien Meinungsbildung offen zu halten, indem sie gegenüber der Anstalt dafür Sorge tragen, daß der Pluralismus objektiv und ausgewogen vermittelt und das Gesamtprogramm von einseitiger Einflußnahme freigehalten wird.[177] Bei der hierzu von den gesellschaftlichen Gruppen über ihre Vertreter ausgeübten *„gesellschaftlichen Kontrolle"* im Wege der gebotenen pluralistisch organisierten Autonomie des Rundfunks handelt es sich somit um einen Teil der *internen Selbstkontrolle.*[178] Maßnahmen des Rundfunkrates stellen sich deshalb *nicht als Zensur* im Sinne des Art. 5 Abs. 1 Satz 3 GG dar.[179]

Daneben können aber auch *Vorabprüfungen von Sendebeiträgen* durch den *Intendanten,* dem **28** die Programmverantwortung und damit die Letztentscheidung über die Programmgestaltung gesetzlich eingeräumt ist,[180] *nicht als Zensurmaßnahmen* angesehen werden. Anders als es das Zensurverbot in Art. 5 Abs. 1 Satz 3 GG voraussetzt, übt der Intendant keine staatliche Tätigkeit aus, sondern er entscheidet funktionsgemäß intern für die Rundfunkanstalt selbst.[181]

bb) Privater Rundfunk

Im Bereich des privaten Rundfunks üben die *Landesmedienanstalten* als Zulassungs- und Auf- **29** sichtsbehörde die *Programmkontrolle* aus.[182] Nach den Landesmediengesetzen stehen ihnen hierfür *präventive Vorlage- und repressive Prüfungs- sowie Anweisungsrechte* gegenüber den privaten Rundfunkunternehmen zu: Für die Beurteilung der Programmgestaltung können sie etwa die Vorlage eines Programmschemas verlangen,[183] was bei der Lizenzierung prinzipiell zwingend vorausgesetzt wird.[184] Darüber hinaus sehen die Rundfunkgesetze zumeist die Genehmigungspflicht für zukünftige wesentliche Abweichungen von den Programmschemata vor.[185] Schließlich ist den Medienanstalten in einigen Ländern nicht nur das Recht eingeräumt, einzelne Sendungen bei einem Verstoß gegen die gesetzlich vorgeschriebenen Programmgrundsätze zu beanstanden, sondern auch die Behebung des Verstoßes zu verlangen.[186]

Aufgrund der dargestellten Eingriffsmöglichkeiten stellt sich deshalb auch hier die *Frage einer unzulässigen Zensur* im Sinne von Art. 5 Abs. 1 Satz 3 GG. Nach den oben dargestellten Grundsätzen[187] sind darunter nur präventiv wirksame, also vor der Herstellung oder Verbrei-

---

[176] Vgl. BVerfGE 40, S. 53 ff., 65 f.; 73, S. 118 ff., 165; *Ricker,* Die Partizipationsrechte der gesellschaftlich relevanten Gruppen im öffentlich-rechtlichen Rundfunk, S. 33; *Jarass,* Die Freiheit der Massenmedien, S. 262.

[177] Vgl. BVerfGE 60, S. 67.

[178] Vgl. BVerfGE 57, S. 295 ff., 333; *Ricker,* Partizipationsrechte der gesellschaftlich relevanten Gruppen im öffentlich-rechtlichen Rundfunk, S. 39 f.; *Starck* DVBl. 1986, S. 251; *Badura,* JZ 1989, S. 325; *Ossenbühl,* Rundfunkfreiheit und Rechnungsprüfung, S. 48; *Bethge,* Selbstverwaltung des öffentlich-rechtlichen Rundfunks, S. 155; *Fuhr,* in: *Fuhr* u. a. (Hrsg.), Recht der Neuen Medien, S. 330.

[179] Vgl. *Starck* DVBl. 1986, S. 351; *Badura,* JZ 1989, S. 325 f.; *Löffler/Ricker,* Handbuch des Presserechts, 7. Kap. Rdz. 21.

[180] Vgl. etwa § 12 SWF-StV; § 18 I WDR-G; § 6 HPRG.

[181] Vgl. BVerfGE 47, S. 138 ff., 236; *v. Mangoldt/Klein/Starck,* GG, Art. 5 Rdz. 106; *Hans-Hugo Klein,* Die Rundfunkfreiheit, S. 36; *Maunz/Dürig/Herzog/Scholz,* GG, Art. 5 Rdz. 201; *Leibholz/Rinck,* GG, Art. 5 Rdz. 142; *Fuhr,* in: *Fuhr* u. a. (Hrsg.), Recht der Neuen Medien, S. 318; *Lerche,* in: *Bullinger/Kübler,* Rundfunkorganisation und Kommunikationsfreiheit, S. 62; *Tettinger* RuF 1977, S. 197 f.

[182] Vgl. z. B. § 4 LRG Nieders.; § 7 LRG Schl.-Holst.; vgl. *Bumke,* Die öffentliche Aufgabe der Landesmedienanstalten, S. 348 ff., 378 ff.; *Wilhelmi* ZUM 1992, S. 230.

[183] Vgl. § 16 LRG Nieders.; § 7 LMG Hamburg.

[184] Vgl. etwa § 4 Abs. 5 HPRG; § 3 Abs. 5 LMG Bremen; § 22 Abs. 3 LMG Bad.-Württ.

[185] Vgl. etwa § 15 StV Berl./Brand.

[186] Vgl. § 54 LMG Hamburg; § 10 Abs. 3 LRG Nordrh.-Westf.; § 12 Abs. 2 LRG Schl.-Holst.; § 61 Abs. 2 StV Berl./Brand.; § 10 Abs. 1 PRG Thüringen.

[187] Siehe oben unter B Rdz. 22 ff., 27 ff.

tung eines Geisteswerkes einsetzende Beschränkungen einer Behörde, vor allem das Abhängigmachen der Publizierung von der Vorprüfung und Genehmigung seines Inhaltes, zu verstehen.[188] Da die Landesmedienanstalten hoheitliche Befugnisse zur Durchsetzung ihrer Rechte gegenüber den privaten Rundfunkunternehmen besitzen, neben Auflagen und dem Widerruf der Sendelizenz steht ihnen teilweise auch das Recht zur Verfolgung rundfunkrechtlicher Verstöße als Ordnungswidrigkeit zu,[189] sind sie zwar als Behörden im Sinne des Zensurbegriffes zu klassifizieren.[190]

30   Daneben setzt der Zensurbegriff aber auch präventive Maßnahmen in Form eines *inhaltlichen Prüfungs- und Genehmigungsvorbehalts* voraus. Insoweit muß hinsichtlich der konkreten Kontrollbefugnisse der Landesmedienanstalten differenziert werden: Nur in *Bayern* ist die *„Landeszentrale für neue Medien"* gesetzlich befugt, die Vorlage der Sendebeiträge privater Anbieter bereits vor ihrer Verbreitung zu verlangen und Anordnungen über die inhaltliche Gestaltung zu treffen.[191] Darauf gestützte Maßnahmen könnten somit als Zensur verstanden werden. Dabei bliebe jedoch die durch Art. 111 a BayLVerf. vorbestimmte Besonderheit unberücksichtigt, die in diesem Bundesland die Veranstaltung von Rundfunk nur in *öffentlich-rechtlicher Trägerschaft und Verantwortung* erlaubt.[192] Der *„Landeszentrale für Neue Medien"* als Anstalt des öffentlichen Rechts ist deshalb gesetzlich die *„Wahrnehmung der öffentlichen Verantwortung und öffentlich-rechtlichen Trägerschaft"* zugewiesen.[193] Damit steht ihr funktionsbezogen aber auch das Recht zur Programmgestaltung und damit zur Bestimmung über den Inhalt der Sendebeiträge zu, die von privaten Rundfunkunternehmen angeboten werden. Nach der Rechtsprechung des Bayerischen Verfassungsgerichtshofes ist die Landeszentrale ausdrücklich verpflichtet, diese Prüfungs- und Anweisungskompetenz ständig auszuüben, da sie nur dann ihrer Programmträgerschaft und -verantwortung gerecht wird.[194] Aufgrund dieser besonderen durch die Landesverfassung determinierten Situation in Bayern, die nur eine öffentlich-rechtliche Rundfunkveranstaltung zuläßt, stellt die Programmaufsicht der Landeszentrale nicht Zensur, sondern Ausübung der ihr als verantwortlichen Veranstalterin zustehenden und auch verbindlichen *Eigenkontrolle* dar.

31   *In allen anderen Bundesländern*, in denen hingegen ein durch *„privatautonome Gestaltung und Entscheidung"* charakterisierter[195] privater Rundfunk besteht, sehen die Landesmediengesetze *keine vergleichbaren generellen Vorlage- und Prüfungskompetenzen* der Aufsichtsbehörden vor. Zu den einzigen präventiven Maßnahmen, die unter dem Aspekt der Vorzensur dennoch relevant werden könnten, gehört etwa der *Genehmigungsvorbehalt wesentlicher Änderungen der Programmstruktur.*[196] Die Vorlagepflicht des vorgesehenen neuen Programmschemas dient jedoch nicht der Überprüfung der einzelnen Sendeinhalte, sondern der Sicherung des Pluralismus, den die Landesmedienanstalt bei der Zulassung des privaten Veranstalters anhand seines ursprünglichen Programmschemas zugrundegelegt hat. Damit handelt es sich um eine die Rundfunkfreiheit *ausgestaltende Maßnahme*[197] und nicht um eine die Bewertung der Äußerungen der Sendeinhalte umfassende Zensur.

---

[188] Vgl. BVerfGE 73, S. 118 ff., 166; siehe oben unter B Rdz. 23 f.

[189] Vgl. §§ 16, 56 LRG Nieder.; §§ 29, 37 StV Berl./Brand.

[190] Vgl. *Rudolf*, in: Lehrbuch des Verwaltungsrechts, Kap. VIII 3.; vgl. auch *Bumke*, Die öffentliche Aufgabe der Landesmedienanstalten, S. 179, 222; *Rüfner*, in: *Isensse/Kirchhof* (Hrsg.), Handbuch des Staatsrechts, Bd. 5, § 117 Rdz. 32 ff., 34.

[191] Vgl. Art. 15 BayMG.

[192] Siehe hierzu näher unten unter C Rdz. 30.

[193] Art. 15 Satz 1 BayMG.

[194] Vgl. BayVerfGH BayVBl. 1991, S. 561; BayVerfGH AfP 1993, S. 506 f.; siehe dazu näher unten C Rdz. 30 ff.

[195] BVerfGE 72, S. 115 ff., 170.

[196] Vgl. etwa §§ 32 (1); 30 (3) Ziff. 3 StV Berl./Brand.; vgl. zu Programmauflagen unten unter F Rdz. 66 ff.

[197] Vgl. hierzu BVerfGE 73, S. 118 ff., 166.

Unter diesem Gesichtspunkt sind daneben noch die Genehmigungsvorbehalte der Lan- **32** desmedienanstalten für ein Abweichen von den Jugendschutzvorschriften zu sehen,[198] die eine inhaltliche Prüfung des konkreten Sendebeitrags im Hinblick auf eine mögliche Gefährdung jugendlicher Zuschauer voraussetzen. Auch sie erfüllen jedoch nicht die genannten Kriterien einer Zensur im Sinne von Art. 5 Abs. 1 Satz 3 GG: Zum einen wird damit nicht die Zulässigkeit der Ausstrahlung *überhaupt* von der Zustimmung der Aufsichtsbehörde abhängig gemacht, sondern lediglich über einen Dispens von den Sendezeitbeschränkungen befunden. Außerdem bezieht sich eine solche Ausnahmegenehmigung nur auf den konkreten, von dem privaten Veranstalter selbst vorgebrachten einzelnen Sendebeitrag. Im übrigen beschränkt sich die Aufsichtstätigkeit der Landesmedienanstalten, wie das Bundesverfassungsgericht anläßlich der Überprüfung des Niedersächsischen Landesrundfunkgesetzes generell feststellte, auf eine *„repressive Programmkontrolle, die erst jenseits einer Rechtsverletzung einsetzen kann"*, weil Eingriffsmöglichkeiten im Vorfeld weithin fehlen.[199] Zu den Befugnissen ihrer Programmüberwachung gehört deshalb überlicherweise die Beanstandung bereits verbreiteter Sendebeiträge wegen eines Rechtsverstoßes, die aber als nachträgliche Maßnahme erst recht nicht unter die Vorzensur fallen kann. Aus den oben dargelegten Gründen ist deshalb auch der Rechtsprechung des Bundesverfassungsgerichts zu den bestehenden Regelungen der Kontrollbefugnisse der Landesmedienanstalten zuzustimmen, daß diese keine Zensur im Sinne des Art. 5 Abs. 1 Satz 3 GG begründen.[200]

Danach ergibt sich aus den hier getroffenen Feststellungen, daß speziell im Bereich des Rundfunks die interne Programmüberwachung bei den öffentlich-rechtlichen Rundfunkanstalten durch den pluralistischen Rundfunkrat oder Intendanten ebensowenig wie die externe Kontrolle der privaten Veranstalter durch die Landesmedienanstalten dem Verbot der Vorzensur in Art. 5 Abs. 1 Satz 3 GG unterliegen.

5. Der Rundfunkbegriff

In Art. 5 Abs. 1 GG wird der Rundfunk neben den anderen Massenmedien Presse und Film **33** ausdrücklich genannt. In seiner Rechtsprechung stellt das Bundesverfassungsgericht die *„konstitutive Bedeutung des Rundfunks für eine funktionierende Demokratie"* heraus,[201] wobei es zu Recht auf die besondere Stellung der Rundfunkfreiheit als Teil der verfassungsrechtlichen Wertordnung der Bundesrepublik Deutschland verweist und daraus auch für den Schutz dieses Mediums weitreichende rechtliche Folgerungen zieht. Im Zuge der technischen Möglichkeiten der Digitalisierung und Datenkompression wie auch des zunehmenden Einsatzes des Glasfaserkabels wird der Rundfunkbegriff in seiner verfassungsrechtlichen Tragweite rechtlich problematisch. Deshalb bedarf es seiner *terminologischen Präzisierung und Eingrenzung gegenüber anderen Kommunikationsformen,* vor allem der Individualkommunikation, aber auch gegenüber den anderen Massenmedien.

a) Merkmale des Rundfunkbegriffs

Das Grundgesetz verwendet in Art. 5 Abs. 1 Satz 2 GG den Begriff des *„Rundfunks"*, ohne **34** ihn jedoch zu definieren.[202] Üblicherweise werden die Definition in dem *Rundfunkgebührenstaatsvertrag* vom 5. 12. 1974 und ihre Aktualisierung in § 2 Abs. 1 RStV herangezogen. *„Rundfunk"* ist danach *„die für die Allgemeinheit bestimmte Veranstaltung und Verbreitung von Dar-*

---

[198] Vgl. hierzu näher unter F Rdz. 111.
[199] BVerfGE 73, S. 118 ff., 170.
[200] BVerfGE 73, S. 118 f., 166.
[201] Vgl. BVerfGE 12, S. 205 ff., 260; 57, S. 295 ff., 317 f.
[202] Vgl. *Rudolf/Meng,* Verfassungsrechtliche Konsequenzen der neuen Medien, S. 46; *Schmitt Glaeser,* Kabelkommunikation, S. 17 f.; *Herrmann,* Fernsehen und Hörfunk in der Verfassung der Bundesrepublik Deutschland, S. 56.

bietungen aller Art in Wort, in Ton und in Bild unter Benutzung elektromagnetischer Schwingungen ohne Verbindungsleitung oder längs oder mittels eines Leiters. Der Begriff schließt Darbietungen ein, die verschlüsselt verbreitet werden oder gegen besonderes Entgelt empfangbar sind, sowie Fernsehtext."[203] Mit dieser sehr weit verstandenen Fassung[204] soll nach der Auffassung der Bundesländer der Rundfunk als Oberbegriff der beiden Teilbereiche Hörfunk und Fernsehen aber auch anderer nicht der Individualkommunikation dienender Benutzerdienste erfaßt werden.[205]

Die Begriffsbestimmung des Gebührenstaatsvertrags findet sich in derselben oder in ähnlicher Formulierung in einzelnen Rundfunk- und Landesmediengesetzen.[206] Damit wird jedoch keine abschließende Definition des Rundfunkbegriffs getroffen. Zum einen können die Länder mangels eigener Zuständigkeit den in der Verfassung des Bundes statuierten Begriff des Rundfunks nicht normativ festlegen.[207] Daneben wäre eine abschließende Definition auch deshalb ausgeschlossen, da sich der Rundfunkbegriff nach der Rechtsprechung des Bundesverfassungsgerichtes einer statischen Festlegung entzieht. Vielmehr ist dieser *dynamisch* und am *„normativen Funktionszweck"*[208] orientiert zu interpretieren und damit für neue technische Entwicklungen flexibel und offen zu halten.[209]

Die Länder haben deshalb eingeräumt, daß die bisher bereits zugrundegelegten wesentlichen Komponenten, die Ausrichtung an die Allgemeinheit, die Darbietung beliebiger Art und deren Verbreitung, nicht erweitert, sondern für andere nicht der Individualkommunikation dienende Bereiche in der Beschreibung des Rundfunkstaatsvertrages konkretisiert werden. Dabei stimmen die Länder auch insoweit überein, daß es auf die physikalische Art der Übertragung nicht ankommt.[210] Mit der Digitalisierung und dem zunehmenden Einsatz der Glasfasertechnik[211], die über eine Vervielfachung der Übertragung von Programmen hinaus zukünftig auch die interaktive Kommunikation zwischen Teilnehmern und Anbietern zulassen werden, wird die Abgrenzung des Rundfunkbegriffs zunehmend problematisch. Es stellt sich deshalb die Frage, ob und gegebenenfalls in welcher Weise die für den Rundfunkbegriff wesentlichen Merkmale der *„Allgemeinheit"* (aa), der *„Darbietung"* (bb) und der *„Verbreitung"* (cc) verfassungsrechtlich bestimmt sind. Dies ist im folgenden nach den in der Rechtsprechung des Bundesverfassungsgerichtes entwickelten Methoden der grammatikalischen, der historischen, der systematischen und vor allem der teleologischen Auslegung festzustellen.[212]

aa) Allgemeinheit

35   Das Merkmal der *„Allgemeinheit"* ergibt sich daraus, daß nach seinem grammatikalischen Wortlaut der Begriff *„Rundfunk"* ein *„Rundum"*-Funken bedeutet, also eine Übermittlung nicht gezielt an bestimmte Empfänger wie etwa beim Richtfunk, sondern flächendeckend

---

[203] Vgl. § 2 Abs. 1 RStV , abgedr. bei *Ring,* Medienrecht, C-0.1.

[204] Vgl. *Paptistella* DÖV 1978, S 499; *König,* Die Teletexte, S. 118.

[205] Vgl. amtl. Begrdg. B I 2 zu Art. 1 § 2 RStV 1991, abgedr. bei *Ring,* Medienrecht, C-0.1; siehe auch unten B Rdz. 74 ff.

[206] Vgl. etwa § 3 LMG Bremen; § 3 HPRG; § 2 LRG Nordrh.-Westf.; § 4 I NDR-StVg.

[207] Vgl. *König,* Die Teletexte, S. 119; *Paptistella* DÖV 1978, S. 497; *Sengelmann* AfP 1978, S. 180; *Scholz,* Audiovisuelle Medien, S. 24; vgl. OVG Münster DÖV 1978, S. 519.

[208] Vgl. amtl. Begründung zu § 2 RStV, abgedr. bei *Ring, Medienrecht,* C-0.1 zu § 2 RStV.

[209] Vgl. BVerfGE 73, S. 118 ff., 154; 74, S. 297 ff., 349 f.; vgl. auch die amtl. Begründung zum RStV 1991 B I 2 zu § 2, abgedr. bei *Ring,* Medienrecht, C-0.1; s. auch *Pieper/Wiechmann* ZUM 1995, S. 82 f., 88.

[210] Vgl. amtl. Begründung zu Art. 1 § 2 RStV, B I 2 zu § 2, abgedr. bei *Ring,* Medienrecht, C-0.1, S. 3.

[211] Vgl. zu den technischen Möglichkeiten den Überblick bei Martin Schneider, „Gläserne Autobahnen für die Medienwelt", in Süddeutsche Zeitung Nr. 27 v. 3. 2. 1994, S. 29; *Norbert Lossau* in die „Welt" v. 20. 1. 1994: „Die digitale Revolution ..."; s. auch *Stammler,* in: *Schiwy/Schütz* (Hrsg.), Medienrecht, S. 275 ff.

[212] Vgl. BVerfGE 6, S. 231 ff., 244; 34, S. 69 ff., 86 f.

im Verbreitungsbereich an eine verstreute, unbestimmte und beliebige Vielzahl von Empfängern.[213]

Im Rahmen der historischen Auslegung des Rundfunkbegriffs ist für das Merkmal der 36 *„Allgemeinheit"* wesentlich, daß neben den bereits bestehenden Funksonderdiensten, wie etwa dem Polizei, See- und Navigationsfunk sowie den Pressediensten, bereits während der Weimarer Republik von der Reichsrundfunkgesellschaft die Ausstrahlung von Hörfunk- und später auch von Fernsehsendungen aufgenommen wurde. Dabei wurde zwischen den genannten Sonderdiensten und anderen Funkdiensten, deren Aussendung zum unmittelbaren Empfang durch die Allgemeinheit bestimmt ist, begrifflich differenziert. Zu letzteren zählten die bereits eingeführten Telefonansagedienste der Reichspost wie auch die Radiosendungen, die aber wegen des Funkregals bzw. -monopols der Reichspost, die nach dem Fernmeldeanlagegesetz von 1928 die Genehmigung zum Betreiben von Sendern und Empfangsanlagen zu erteilen hatte, ausschließlich fernmeldetechnisch begriffen wurden.[214]

Aufgrund dieser technischen und damit auf die fernmelderechtliche Kompetenz abstellenden Sichtweise trat die Frage des verfassungsrechtlichen Rundfunkbegriffes erst in den Vordergrund, als Anfang der 60er Jahre die damalige Bundesregierung unter Konrad Adenauer zu den bereits bestehenden Landesrundfunkanstalten ein eigenes bundesweites Fernsehen gründen wollte. Die Länder sahen darin vor allem einen Eingriff in ihre Kulturhoheit und riefen deshalb das Bundesverfassungsgericht an, das den Rechtsstreit in seinem ersten Rundfunkurteil von 1961 zugunsten der Bundesländer entschied.[215] Während der mündlichen Verhandlungen stand die kompetenzrechtliche Zuständigkeit für den Rundfunk im Mittelpunkt. Dabei überwog die dann auch dem ersten Fernsehurteil zugrundegelegte Auffassung, daß der in Art. 5 Abs. 1 S. 2 GG angeführte Rundfunkbegriff nicht fernmeldetechnisch[216], sondern *kulturrechtlich* zu verstehen sei[217] und deshalb auch nicht dem Fernmelderegal des Bundes unterliege.[218]

Nach der überwiegenden Meinung seit Bestehen des Grundgesetzes war es die Bedeutung des Rundfunks als *„unentbehrliches Mittel der Massenkommunikation"*[219] und damit seine Allgemeinheit, die zu seiner Aufnahme neben den anderen Medien Presse und Film in Art. 5 GG führte.[220] Wegen dieses *massenkommunikativen Charakters* wird davon ausgegangen, daß Rundfunk begrifflich die Verbreitung von Darbietungen an eine beliebige Öffentlichkeit voraussetzt. Insoweit besteht auch Übereinstimmung mit sendetechnisch orientierten Definitionen, etwa in den internationalen Fernmeldeverträgen: Danach ist *„Rundfunkdienst"* ein solcher

---

[213] Vgl. *Hoffmann-Riem* AfP 1996, S. 10 f.; *Ory* ZUM 1995, S. 853, *König*, Die Teletexte, S. 26; *Herrmann*, Fernsehen und Hörfunk in der Verfassung der Bundesrepublik Deutschland, S. 47; *Berendes*, Die Staatsaufsicht über den Rundfunk, S. 37; *Scharf* BayVBl 1968, S. 341; KtK-Anlage Bd. 2, S. 62, *Rudolf/Meng*, Rechtliche Konsequenzen, S. 33; vgl. auch *Duden*, Deutsches Universalwörterbuch: „Funk, der in die Runde ausgestrahlt wird".

[214] Vgl. die bei der Verhandlung des Bundesverfassungsgerichts vor dem ersten Rundfunkurteil eingeführte Darstellung von *Krause*, zit. von *Scheuner*, in: *Zehner* (Hrsg.), Der Fernsehstreit, Bd. 1, S. 167 f., 176; siehe hierzu näher oben unter A Rdz. 16 ff.

[215] Vgl. *Zehner* (Hrsg.), Der Fernsehstreit, Bd. 1 und 2 passim.

[216] Vgl. den Nachweis über die Vorstellungen des Parlamentarischen Rates, vor allem der Abgeordneten Laforet und Kleinschmidt, in: JöR NF Bd. 1 S. 1 ff.; auch zit. von *Arndt* in seinem mündlichen Vortrag vor dem Senat, abgedruckt in *Zehner* (Hrsg.), Der Fernsehstreit, Bd. II, S. 176 f.

[217] Vgl. *Scheuner*, in: *Zehner* (Hrsg.), Der Fernsehstreit, Bd. 1, Rechtsgutachten, S. 236; vgl. auch *Fuhr/Krone* FuR 1983, S. 465.

[218] Vgl. *Spanner*, Rechtsgutachten, in: *Zehner* (Hrsg.), Der Fernsehstreit, Bd. 1, S. 165; diese Auffassung übersah jedoch die fehlende publizistische Relevanz der Ansagedienste als weiteres Kriterium des Rundfunkbegriffs, siehe hierzu näher unten unter B Rdz. 39 ff., 210 ff.

[219] BVerfGE 12, S. 205 ff., 261 f.

[220] Vgl. *Herrmann*, Hörfunk und Fernsehen in der Verfassung der Bundesrepublik Deutschland, S. 222; *Lieb*, Kabelfernsehen und Rundfunkgesetze, S. 43; *König*, Die Teletexte, S. 96; *Jarass*, Die Freiheit der Massenmedien, S. 30.

Funkdienst, *„dessen Aussendungen zum unmittelbaren Empfang durch die Allgemeinheit bestimmt sind. Dieser Dienst kann Tonsendungen, Fernsehsendungen oder andere Arten von Sendungen umfassen."*[221] Freilich ergibt sich aus dem Begriff der Sendung, aber auch aus dem Zweck, diese an die Allgemeinheit zu richten, daß es sich um Inhalte handelt, die vom Kommunikator selektiert und in einen Programmablauf gebracht werden.[222] Dementsprechend spricht das Bundesverfassungsgericht von Sendungen *„gleichen Inhalts"*.[223] Nur so kann der massenkommunikative Charakter erreicht werden[224], der sich von der Erfüllung einzelner individueller Wünsche grundlegend unterscheidet.[225]

Um die kulturelle Bedeutung des Rundfunks als Massenkommunikationsmittel zu verdeutlichen und ihn zu anderen Kommunikationsformen abzugrenzen, wurde Mitte der 70er Jahre übereinstimmend mit der urheberrechtlichen Definition das Merkmal der *„Allgemeinheit"* weiter konkretisiert: Danach sind Programme oder Sendungen dann nicht an die Allgemeinheit gerichtet, wenn es sich *„bei dem Adressatenkreis ausschließlich um Personen handelt, die durch gegenseitige Beziehungen oder durch Beziehungen zum Veranstalter persönlich oder beruflich untereinander verbunden sind"*[226], also etwa bei Darbietungen im Familienkreis und mit Hausgästen[227], bei Informationen etwa für Polizeibeamte, Seeleute, Flugnavigatoren[228] oder bei werksinternen Informationen für die Belegschaft eines Unternehmens[229], bei Mitteilungen der aktuellen Börsenkurse durch Fernsehapparate in den Büros von Banken, der Übertragung einer Lehrveranstaltung von einem Hörsaal in andere Hörsäle, bei schulinternen Übertragungen innerhalb der Schule, bei Übertragungen von Informationen in einem Krankenhaus, einer Strafvollzugsanstalt oder einer ähnlichen Einrichtung an die Benutzer oder Insassen.[230] Mit der weiteren kommunikationstechnischen Entwicklung und Nutzung, wie etwa von Videoübertragungen in Diskotheken oder des *„Krankenhaus-Rundfunks"* oder des *„Hotel-Fernsehens"*, zeigte sich immer deutlicher, daß die dem Rundfunkbegriff eigene Komponente der *„Allgemeinheit"* näher zu konkretisieren ist, etwa durch die Definition als *„breite Öffentlichkeit"*[231] oder durch die Einbeziehung inhaltlicher kommunikativer Aspekte.[232] So wurde etwa zusätzlich darauf abgestellt, ob neben persönlichen und beruflichen Kriterien auch eine Eingrenzung etwa nach Stand oder Religionsbekenntnis oder nach mehreren Merkmalen

---

[221] Vgl. Internationaler Fernmeldevertrag von Montreux 1965, Anhang 2, Rdz. 417, BGBl. 1968 II, S. 978; zit.nach *Herrmann,* Hörfunk und Fernsehen in der Verfassung der Bundesrepublik Deutschland, S. 23.

[222] Vgl. Schmitt Glaeser, Kabelkommunikation, S. 185 f.; König, Die Teletexte, S. 120; Berendes, Die Staatsaufsicht, S. 34 f.; Jost, Die Beteiligung der Gemeinden an den „Neuen Technien", S. 9 f.; vgl. auch BVerfGE 74, S. 297 ff., 352.

[223] Vgl. BVerfGE 74, S. 297 ff., 352.

[224] Vgl. Schmitt Glaeser, Kabelkommunikation, S. 185.

[225] Vgl. Ring, Medienrecht, C-0.3 § 27 RStV Rdz. 17.

[226] Vgl. „Schliersee-Papier" der Rundfunkreferenten vom 29. 4. 1975 B II 1 a); abgedr. bei *Ring,* Medienrecht, D-II 1 a); vgl. auch *Herrmann,* Hörfunk und Fernsehen in der Verfassung der Bundesrepublik Deutschland, S. 33; Hesse, Rundfunkrecht, S. 76; Rudolf/Meng, Rechtliche Konsequenzen, S. 41; Problem-Papier des Arbeitskreises Grundsatzfragen der Direktorenkonferenz der Landesmedienanstalten vom 8. 5. 1989, ZUM 1989, S. 514.

[227] Vgl. *Schmitt Glaeser,* Kabelkommunikation, S. 51; Beschlußempfehlung der Rundfunkreferenten für die Chefs der Staats- und Senatskanzleien vom 29.04.1975 *(„Schliersee-Papier"),* B II 1 a), abgedr. bei *Schmitt Glaeser,* Kabelkommunikation, S. 267 f.

[228] Vgl. *Herrmann,* Rundfunkrecht, § 2 Rdz. 77; *Schmitt Glaeser,* Kabelkommunikation, S. 51

[229] Vgl. *Lerche,* Rundfunkmonopol S. 29

[230] Andere Autoren verneinen bei diesen Beispielen die Erfüllung des Merkmals der „Darbietung", da hier kein Beitrag zur öffentlichen Meinungsbildung geleistet würde, vgl. *Birkert,* LMG Bad.-Württ., § 1 Rdz. 3, 7; *Lieb,* Kabelfernsehen, S. 113 ff.; *Rudolf/Meng,* Verfassungsrechtliche Konsequenzen, S. 37; Beschlußempfehlung der Rundfunkreferenten *(„Schliersee-Papier")* vom 29.04.1975, B II 1 c); abgedr. bei *Schmitt Glaeser,* Kabelkommunikation, S. 267, siehe auch unten unter B Rdz. 41.

[231] Vgl. *Neufischer* UFITA 54, S. 79.

[232] Vgl. *Herrmann,* Hörfunk und Fernsehen , S. 44.

die Zahl der in Betracht kommenden Rezipienten auf Dauer nur klein halte, was eine „Allgemeinheit" im Sinne des Rundfunkbegriffs ausschließe.[233]

Mitte der 70er Jahre wurde die Diskussion um die Definition der „Allgemeinheit" neu belebt, nachdem das Oberverwaltungsgericht Nordrhein-Westfalen den *Krankenhaus-Rundfunk* unter den grundrechtlich geschützten „Rundfunkbegriff" subsumiert hatte.[234] Das Urteil stieß auf erhebliche Kritik, da sich diese Ausstrahlungen nur an Patienten und das Personal und nicht an eine *„beliebige"* Öffentlichkeit richten und deshalb dem Charakter des Rundfunks als Massenmedium nicht gerecht werden.[235] Mit der Einführung privaten Rundfunks in den 80er Jahren bestand auch bei den Ländern weitestgehend Übereinstimmung darin, daß der von ihnen gesetzlich auszugestaltende Rundfunk als Massenkommunikationsmittel Sendungen *in abgegrenzten Räumlichkeiten mit einer begrenzten Anzahl von Empfängern nicht* umfasse. Die meisten Rundfunkgesetze schließen deshalb ihre Anwendung für solche Veranstaltungen aus, die sich nicht an eine beliebige Öffentlichkeit, sondern an eine *örtlich auf den Gebäudekomplex* oder an einen kleineren an die Kabelanlage angeschlossenen Teilnehmerkreis richten.[236] Unter diesem Aspekt fehlt es etwa aber auch der Veranstaltung eines *Hotel-Fernsehens,* das sich nur an die in dem zugehörigen Gebäudekomplex logierenden Gäste und das Personal richtet, an dem Merkmal einer „beliebigen Allgemeinheit", weshalb es sich hierbei nicht um Rundfunk im Sinne des Art. 5 Abs. 1 S. 2 GG handeln kann.[237] Eine Allgemeinheit stellen jedoch die in einem *Kaufhaus* an einer Kasse oder Theke wartenden Kunden dar, da diese vorher nicht individuell bestimmbar sind. Als Betrachter eines dort aufgestellten Monitors mit einem Informationsdienst kommt jeder potentielle Ladenkunde in Frage und damit eine unbestimmte Vielzahl. Entscheidend ist insoweit auch nicht, wieviele Personen die Informationen tatsächlich wahrnehmen, sondern wieviele sie tatsächlich rezipieren könnten.[238]

Zur Konkretisierung des Begriffs der *„Allgemeinheit"* dürfte im Rahmen der systema- **37** tischen Auslegung des Rundfunkbegriffes wesentlich sein, daß der Rundfunk zusammen mit den anderen Massenmedien Presse und Film ausdrücklich neben den Individualrechten der Meinungs- und Informationsfreiheit in Art. 5 Abs. 1 GG spezifisch geschützt ist. Dies zeigt gerade, daß der Rundfunk ebenfalls als *Massenkommunikationsmittel* und somit nicht als individualkommunikatives Medium für die funktechnische Übertragung an einzelne oder jedenfalls an eine begrenzte Teilnehmerzahl gemeint ist. Dafür spricht die Systematik des Art. 5 GG auch insoweit, als die Freiheit der Kunst und der Wissenschaft nicht im Zusammenhang mit der Presse und dem Film, sondern in Art. 5 Abs. 3 Satz 1 GG und damit an anderer Stelle in den Grundrechtskatalog aufgenommen wurden. Darin kommt der besondere Charakter der Kunst- und Wissenschaftsfreiheit wie daneben auch der an dieser Stelle ebenfalls genannten Freiheit der Forschung und Lehre zum Ausdruck, bei denen die individuelle und nicht die massenkommunikative Verwirklichung in der Regel im Vordergrund steht.

Dafür spricht im weiteren auch der *systematische Bezug* zu der wie die Rundfunkfreiheit ebenfalls in Art. 5 Abs. 1 GG geschützten *Informationsfreiheit,* mit der der Zugang zu den Massenmedien als „allgemein zugänglichen Quellen" geschützt und worunter die Bestimmung[239] und Eignung zur Unterrichtung einer Allgemeinheit verstanden wird.[240] Damit ist ebenfalls

---

[233] Vgl. *Herrmann,* Hörfunk und Fernsehen, S. 45; *Hesse,* Rundfunkrecht, S. 87.

[234] Vgl. OVG Nordrh.-Westf. Media Perspektiven 1976, S. 538 ff.

[235] Vgl. *Bullinger,* Telekommunikation, S. 72.

[236] Vgl. etwa § 2 Abs. 1 LRG Nieders.; § 1 Abs. 4 LRG Schl.-Holst.

[237] Vgl. *Bullinger,* Telekommunikation, S. 72; *König,* Die Teletexte, S. 86; a. A. noch Beschlußempfehlung der Rundfunkreferenten für die Chefs der Staats- und Senatskanzleien 1975, B II. 2.

[238] Vgl. VG Saarland ZUM 1995, S. 646; *Herrmann,* Rundfunkrecht, § 2 Rdz. 28.

[239] nicht für die Allgemeinheit bestimmt ist die bloße Zuführung von Informationen, Beiträgen oder Sendungen von Produzenten an ihre individuellen Abnehmer, z.B. bei Nachrichtendiensten, vgl. *Birkert,* LMG Bad.-Württ., § 1 Rdz. 2.

[240] Vgl. BVerfGE 27, S. 95 ff., 103; *Schmitt Glaeser,* Kabelkommunikation, S. 183; *Rudolf/Meng,* Rechtliche Konsequenzen, S. 43; *Klein,* Die Rundfunkfreiheit, S. 46; *Stender-Vorwachs,* „Staatsferne" und „Gruppenferne", S. 173; *Lieb,* Kabelfernsehen und Rundfunkgesetze, S. 44, *Stammler* AfP 1975, S. 463.

keine örtlich oder durch andere sachliche Zusammenhänge begrenzte Vielfalt von Personen, sondern eine tatsächlich beliebige Anzahl von Empfängern gemeint, die unabhängig von ihrem Aufenthaltsort an dem Massenmedium teilhaben wollen.

Insoweit besteht ein erheblicher Unterschied zu dem Empfängerkreis i. S. eines Krankenhaus- oder Hotelrundfunks, der zwar auch ständig wechselt[241] aber aufgrund der vertraglichen Beziehungen zu dem Träger des Krankenhauses oder des Hotels eine näher definierte Rezipientenanzahl darstellt. Nach der Grundrechtssystematik des Art. 5 GG ist somit der Rundfunk massenkommunikativ im Sinne einer beliebigen Allgemeinheit als Empfänger zu verstehen. Dafür spricht der unmittelbare gesetzliche Zusammenhang mit den anderen Massenmedien Presse und Film, wie auch seine Subsumtion unter die „allgemein zugänglichen Quellen" im Sinne der Informationsfreiheit, die ebenfalls eine beliebige Öffentlichkeit als Empfänger voraussetzen.

38   Im Rahmen der teleologischen Interpretation des Rundfunkbegriffs und seines Merkmals der „Allgemeinheit" kommt es wesentlich auf den Sinn und Zweck der Aufnahme des Rundfunks wie auch der anderen Massenmedien Presse und Film in Art. 5 Abs. 1 S. 2 GG und damit in den Grundrechtskatalog an. Sie liegt in seiner der freien individuellen und öffentlichen Meinungsbildung dienenden Funktion[242] und damit in der öffentlichen Aufgabe des Rundfunks, die durch die Herstellung eines allgemeinen Meinungsmarktes erfüllt wird.[243] Deshalb sieht ihn das Bundesverfassungsgericht zu Recht als „unentbehrliches Mittel der Massenkommunikation" an und demgemäß in seiner Darstellung der Meinungsvielfalt in möglichster Breite und Vollständigkeit den entscheidenden Faktor für den verfassungsrechtlichen Schutz des Rundfunks.[244] Wie das Bundesverfassungsgericht in dem 7. Rundfunkurteil verdeutlichte, ist der grundrechtliche Schutz der Rundfunkfreiheit gerade nicht um der individuellen Selbstverwirklichung ihres Trägers willens eingeräumt,[245] die sich auch in der Artikulation an einen beschränkten Empfängerkreis äußern könnte. Vielmehr ist der Schutz des Rundfunks als omnipräsentes Informationsmedium massenmedial bedingt und deshalb der Gewährleistung des Staates überantwortet.

Nach der Rechtsprechung des Bundesverfassungsgerichts ist es zum einen die Gefahr einer Konzentration von Meinungsmacht derjenigen, die über die Rundfunkfrequenzen verfügen, wie auch die Anfälligkeit des Rundfunks in Krisenzeiten für eine einseitige Einflußnahme auf den Informations- und Willensbildungsprozeß, die zur Vorsorge des Staates durch eine gesetzliche Ausgestaltung der Rundfunkfreiheit führen müsse.[246] Diese Sicherung vor vielfaltsgefährdenden Beeinträchtigungen ist bei den bereits zitierten Informationssonderdiensten des Polizei-, See- und Navigationsfunkes nicht notwendig. Des Schutzes vor einer möglichen einseitigen Einflußnahme bedarf es ebensowenig bei für den Rezipienten überschaubaren Übertragungen im örtlichen Verbreitungsbereich, etwa innerhalb eines Raumes, aber ebenso innerhalb eines Gebäudekomplexes, wie etwa bei dem Krankenhausfunk oder Hotel-Fernsehen, da hier der Rezipient gerade nicht von einer ausgewogenen Gesamtberichterstattung ausgeht. Der Schutzzweck der Rundfunkfreiheit entfällt aber ebenso bei solchen „Kommunikationsdiensten", die auf individuellen Abruf Informationen und nicht solche, die der Kommunikator selektiert, übermitteln.[247] Als *Zwischenergebnis* ist somit festzustellen, daß nach den herangezogenen Auslegungsmethoden der Begriff des „Rundfunks" als verfassungsrechtlich geschütztes Massenmedium eine beliebige Allgemeinheit als Empfänger voraussetzt. Weiterhin stellt sich die Frage des Inhalts einer „Darbietung" als zweiter Komponente des Rundfunkbegriffs.

---

[241] Vgl. *Bullinger*, Telekommunikation, S. 73 f.

[242] Vgl. BVerfGE 74, S. 297 ff., 349 f.; 83, S. 238 ff., 296, 317; BVerfG ZUM 1992, S. 683.

[243] Vgl. BVerfGE 57, S. 295 ff., 323.

[244] Vgl. BVerfGE 12, S. 205 ff., 260 f.; 57, S. 295 ff., 323; vgl. auch *Ricker* NJW 1981, S. 1739; *Kübler*, in: Festschrift für Lerche, S. 367; *Schmidt* DÖV 1989, S. 526.

[245] Vgl. BVerfG ZUM 1992, S. 684 f.

[246] Vgl. BVerfGE 57, S. 295 ff., 318; 12, S. 205 ff., 261; 31, S. 317.

[247] Vgl. *König*, Die Teletexte, S. 120; *Schmitt Glaeser*, Kabelkommunikation, S. 185; *Jost*, Die Beteiligung der Gemeinden an den „Neuen Techniken", S. 9 f.; vgl. auch oben unter B Rdz. 64 ff.

bb) Darbietung

Unter „*Darbietung*" wird nach dem Wortlaut etwas „*Aufgeführtes, Vorgetragenes oder etwas* **39** *Vorgeführtes*",[248] also eine „*Präsentation eines publizistischen Inhalts beliebiger Art*" verstanden.[249] Dabei ist, wie bereits unter dem Merkmal der „Allgemeinheit" erörtert, ein Inhalt zu verstehen, der vom Kommunikator selektiert wird.[250] Das Bundesverfassungsgericht spricht dementsprechend von Sendungen „*gleichen Inhalts*".[251]

Im Rahmen der historischen Auslegung ist hinsichtlich des Merkmals der „*Darbietung*" wesent- **40** lich, daß bei Aufnahme des Rundfunkbetriebes durch die Reichsrundfunkgesellschaft zunächst überwiegend Unterhaltungssendungen verbreitet wurden. Deshalb argumentierte diejenige Auffassung einer fernmelderechtlichen und damit reichs-, später bundesrechtlichen Kompetenz zur Regelung des Rundfunks vor allem dem nicht meinungsrelevanten Inhalt dieser Art der Darbietung.[252]

Nachdem aber das Bundesverfassungsgericht in seinem ersten Fernsehurteil die konstitutive Bedeutung des Rundfunks insgesamt einschließlich seiner Unterhaltungssendungen für die öffentliche Meinungsbildung herausgestellt hatte, bestand weitestgehend Übereinstimmung darin, daß eine rundfunkbegrifflich relevante Darbietung nur dann nicht vorläge, wenn sie zur öffentlichen Meinungsbildung weder bestimmt noch geeignet sei.[253] Wegen des massenkommunikativen Charakters der Rundfunkfreiheit wurden deshalb auch danach solche funktechnischen Übertragungen nicht unter den Begriff der Darbietung subsumiert, die für die *öffentliche Meinungsbildung nicht relevant* sind, wie etwa die Hintergrundmusik in einzelnen Kaufhäusern oder in Arbeitsbereichen eines Betriebes.[254] Für die unter den Rundfunkbegriff fallenden „*Darbietungen*" ist ebenfalls aus der *systematischen Stellung* des **41** Grundrechts des Rundfunks zusammen mit Presse und Film neben der individuellen Meinungs- und Informationsfreiheit in Art. 5 Abs. 1 GG abzuleiten, daß es sich bei ihnen nur um solche handeln kann, die nach ihrem Inhalt für die öffentliche Meinungsbildung von Bedeutung und damit massenkommunikativ sind.[255] Nach dem im Rahmen der teleologischen Auslegung des Merkmals „*Darbietung*" heranzuziehenden Sinn und Zweck **42** des Grundrechts kann der Schutz der Rundfunkfreiheit nur solche Beiträge umfassen, mit denen das Medium seine öffentliche Aufgabe wahrnimmt, die in seiner der freien Meinungsbildung dienenden Funktion im Interesse des Einzelnen und der Gesellschaft liegt und die durch die Herstellung eines allgemeinen Meinungsmarktes erfüllt wird.[256] Eine rundfunkrechtlich relevante Darbietung liegt deshalb nur dann vor, wenn sie für die individuelle und öffentliche Meinungsbildung bestimmt und geeignet, also von publizistischer Relevanz

---

[248] Vgl. *Duden*, Deutsches Universalwörterbuch, 1983.
[249] Vgl. *König*, Die Teletexte, S. 38; *Schmitt Glaeser*, Kabelkommunikation, S. 89, 138f.
[250] Vgl. hierzu oben unter B Rdz. 36, 38 und die dort angegebene Literatur.
[251] Vgl. BVerfGE 74, S. 297ff., 352.
[252] Vgl. die Darstellung von *Spanner*, Rechtsgutachten vorgetragen für die Bundesregierung in dem Fernsehstreit, abgedruckt bei *Zehner* (Hrsg.), „Der Fernsehstreit", Bd. I, S. 383ff.; siehe hierzu näher oben unter A Rdz. 9ff.
[253] Wie etwa die „Überwachung eines Kinderspielplatzes, die Diebstahlüberwachung oder betriebstechnische Mitteilungen", vgl. Beschlüsse der Chefs der Staats- und Senatskanzleien vom 29.4.1975, abgedr. bei *Schmitt Glaeser*, Kabelkommunikation, S. 267; *König*, Die Telekommunikation, S. 89; *Lieb*, Kabelkommunikation und Rundfunkgesetze, S. 44, *Rudolf/Meng*, Verfassungsrechtliche Konsequenzen, S. 43; *Ring*, Medienrecht, C. 0. 1. § 2 Rdz. 8; vgl. auch BVerfGE 12, S. 205ff., 260; 31, S. 314ff.; 325.
[254] Vgl. *König*, Die Teletexte, S. 86; *Lieb*, Kabelkommunikation und Rundfunkgesetze, S. 44; *Rudolf/Meng*, Verfassungsrechtliche Konsequenzen, S. 37; Beschlüsse der Chefs der Staats- und Senatskanzleien, siehe oben FN 253.
[255] Vgl. *Bullinger*, Telekommunikation, S. 74; *König*, Die Teletexte, S. 87; *Herrmann*, Hörfunk und Fernsehen in der Verfassung der Bundesrepublik Deutschland, S. 45f.; vgl. die weitergehende Ansicht zum Begriff der „Darbietung" oben unter B Rdz. 36 Fußnote 230.
[256] Vgl. BVerfGE 57, S. 295ff., 323; *Ricker* NJW 1981, S. 1739; *Pestalozza* NJW 1981, S. 1362f.; vgl. auch *Peter Schneider*, Staatssicherheit und Staatsfreiheit, S. 86.

ist.[257] Darunter fallen grundsätzlich alle Sendungen aus den Bereichen Information, Bildung, Beratung und Unterhaltung,[258] soweit sie auf eine publizistische Wirkung gerichtet sind.[259]

Ausgehend von dem Sinn und Zweck des besonderen Schutzes der Freiheit des Rundfunks als für die Meinungsbildung relevanten Informationsträgers ist es deshalb ausgeschlossen, unter diesen Begriff etwa die Hintergrundmusik in Kaufhäusern, in Betrieben oder in Hotels zu subsumieren.[260] Ebensowenig von publizistischer Relevanz und deshalb auch nicht unter des Rundfunkbegriff zu subsumieren sind deshalb die Mitteilung von Börsenkursen und Wetterberichte oder -karten.[261] Als *Ergebnis* der Heranziehung der unterschiedlichen Auslegungsmethoden ist somit festzustellen, daß eine Darbietung im Sinne des Rundfunkbegriffs die Präsentation eines publizistischen Inhalts von meinungsbildender Relevanz voraussetzt.[262] Eine weitere Eingrenzung des Rundfunks als Massenmedium ergibt sich aus seiner dritten Komponente, der Verbreitung, auf die im folgenden näher eingegangen wird.

cc) Verbreitung

43   Das Merkmal der *„Verbreitung"* wird dadurch konkretisiert, daß der Begriff „Rundfunk" bereits nach seinem *Wortlaut* ausdrückt, daß etwas *„rund"* gefunkt wird. Es findet also keine Übertragung zu einer einzelnen Empfangsstation statt,[263] sondern die Darbietung wird sendetechnisch in einem größeren Umfeld über elektromagnetische Wellen oder mittels sonstiger elektronischer Übertragung längs oder ohne Verbindungsleitung angeboten.

44   Die *historische Auslegung* hat zunächst zu berücksichtigen, daß mit der Aufnahme der ersten Hörfunksendungen während der Weimarer Republik (1924) bis zur Gründung der Bundesrepublik Deutschland neben den Funkdiensten auch der „Rundfunk" ausschließlich fernmeldetechnisch verstanden und deshalb dem Fernmelderegal des Reiches unterstellt wurde. Die Reichspostverwaltung unterwarf die Ausstrahlung und den Empfang von Rundfunksendungen ebenso wie von Funksonderdiensten einem Lizenzierungszwang.[264] Zwischen einer rundfunkrechtlichen und einer fernmelderechtlichen Verbreitung wurde nicht unterschieden, sondern wegen derselben Übertragungstechnik wurde Rundfunk mit den bereits bestehenden Telefonansagediensten der Reichspost und den Funksonderdiensten, wie etwa dem Polizei-, See- und Navigationsfunk, begrifflich gleichgestellt. Im Hinblick auf den massenmedialen Charakter des Rundfunks gibt die systematische Auslegung Aufschluß über den Begriff der rundfunkrechtlichen Verbreitung.

45   Eine Verbreitung im rundfunkrechtlichen Sinne kann wegen der notwendigen *systematischen Abgrenzung* zur Presse, die sich mit ihren publizistischen Inhalten ebenfalls an die Allgemeinheit wendet, nur dann vorliegen, wenn sie zum *unmittelbaren* optisch-akustischen Empfang der Darbietung bestimmt ist. Die Information wird somit anders als bei der Presse nicht in materialisierter Form, sondern gegenstandslos wahrnehmbar

---

[257] Vgl. *Schmitt Glaeser,* Kabelkommunikation, S. 67 f., 218; *König,* Die Teletexte, S. 38; *Stender-Vorwachs,* „Staatsferne" und „Gruppenferne", S. 68 f.; *Lieb,* Kabelkommunikation, S. 64 f.; *Herrmann,* Rundfunkrecht, § 5 Rdz. 33; *Ring,* Medienrecht, C-0.3 zu § 2 RStV Rdz. 8.

[258] Vgl. BVerfGE 57, S. 295 ff., 319; 73, S. 118 ff. 156; *Hesse,* Rundfunkrecht, S. 87; *Lerche,* Rundfunkmonopol, S. 27; *Papistella* DÖV 1978, S. 495 ff., 500.

[259] Vgl. *Hesse,* Rundfunkrecht, S. 87; *Schmitt Glaeser,* Kabelkommunikation, S. 126 f.; *Tettinger,* Die neuen Medien, S. 34.

[260] Vgl. Beschlüsse der Chefs der Staats- und Senatskanzleien, B II 1 c) cc), abgedr. bei *Schmitt Glaeser,* Kabelkommunikation, S. 185, 267; *König,* Die Teletexte, S. 38; *Hesse,* Rundfunkrecht, S. 67; *Herrmann,* Rundfunk und Fernsehen, S. 79; Birkert, LMG Bad.-Württ. § 1 Rdz. 3.

[261] Vgl. hierzu „Zweiter Bericht der Rundfunkreferenten der Länder Würzburger-Papier", abgedr. bei *Ring,* Medienrecht, D-III, C I, S. 8 f.

[262] Vgl. Der Rat für Forschung, Technologie und Innovation, Informationsgesellschaft, S. 26

[263] Vgl. hierzu *Müller-Römer,* in: *Bauer/Ory* (Hrsg.), Recht in Hörfunk und Fernsehen, Bd. II, C. 4. I. 3.

[264] Vgl. die Darstellung der geschichtlichen Entwicklung in der Dokumentation zum ersten Fernsehurteil in: *Zehner* (Hrsg.), „Der Fernsehstreit", S. 167 ff.

gemacht.[265] Von der Verbreitung als wesentlicher Komponente des Rundfunkbegriffs wird deshalb nicht der Empfang solcher Darbietungen erfaßt, die *nur der technischen Umsetzung* in ein Druckwerk dienen, wie etwa die Fernschreiberdienste (z. B. die Pressedienste dpa, VWD, ddp und SID) oder etwa eine *Faksimile-Zeitung*.[266] Darüber hinaus fehlt es hier an dem Merkmal der Allgemeinheit.[267] Mit dem in diesem Zusammenhang häufig verwendeten Schlagwort *„elektronische Zeitung"* werden die verfassungsrechtlichen Begriffe Presse und Rundfunk mittels einer funktionalen Betrachtung vermischt, welche die Einordnung letztlich unmöglich macht. Damit werden die Informationsdienste in eine Grauzone zwischen Rundfunk und Presse quasi als eigenständiges neues Medium angesiedelt und damit eine Anwendung der Verfassungsvorgaben in Art. 5 Abs. 1 GG in Frage gestellt, wenn nicht sogar ausgeschlossen.[268] Diese Feststellung einer nicht materialisierten Verbreitung könnte sich auch bei teleologischer Interpretation des Rundfunkbegriffs ergeben, die im folgenden herangezogen wird.

Die *teleologische Auslegung* hat bei dem Merkmal der *„Verbreitung"* davon auszugehen, daß **46** der Freiheit des Rundfunks wie auch der anderen Massenmedien nach dem Grundgesetz wegen ihrer besonderen Bedeutung für eine freie und unabhängige Information und Meinungsbildung spezifischer Schutz zukommt, der die Garantenpflicht des Staates zur Sicherstellung einer pluralistischen Rundfunkordnung begründet.[269] Nach der Rechtsprechung des Bundesverfassungsgerichtes ist es bei diesem Massenmedium vor allem die Gefahr einer Konzentration von Meinungsmacht und die eines einseitigen Einflusses auf die Meinungsbildung, gegen die der Staat durch geeignete Maßnahmen Vorsorge zu treffen hat.[270] Dieses funktionsbezogenen Schutzes bedarf es wegen der zunehmenden Bedeutung des Rundfunks als immer und überall präsentes Massenmedium für die Information und Meinungsbildung aufgrund seiner direkten Empfangs- und Zugriffsmöglichkeit.[271] Hingegen werden durch das Merkmal der Verbreitung Darbietungen innerhalb eines überschaubaren räumlichen Bereichs ausgeschlossen, wie etwa bei der Verwendung eines Videorecorders in einer Diskothek[272], oder der Übertragung des Geschehens auf einer Pferderennbahn innerhalb des Geländes[273] oder bei der Übertragung von Darbietungen von einer örtlichen Veranstaltung auf Kinoleinwänden, beispielsweise auf öffentlichen Plätzen.[274] Gerade der leichte Zugang auf *Knopfdruck* ist es auch, der die besondere Verantwortung des Staates als Gewährleistungsträger für die Freiheit des Rundfunks gegenüber möglichen Eingriffen begründet, etwa dessen Anfälligkeit in Krisenzeiten zum Zwecke einer einseitigen Einflußnahme auf den öffentlichen Meinungs- und Willensbildungsprozeß.[275]

Aufgrung der verbesserten Sende- und Empfangsmöglichkeiten kommt es auf die Art der technischen Verbreitung nicht an, wie das Bundesverfassungsgericht in seinem 5. Rundfunkurteil festgestellt hat.[276] Der verfassungsrechtliche Rundfunkbegriff ist dynamisch und somit im Sinn der sich verändernden Kommunikationstechnik zu verstehen. Deshalb erfaßt er auch neue Übertragungsformen, wenn diese an die Stelle des herkömmlichen Rundfunks

---

[265] Vgl. VG Saarland ZUM 1995, S. 642 ff; 644 f.; *Jarass/Pieroth, GG,* Art. 5 Rdz. 19 f.; *Maunz/Dürig/ Herzog/Scholz, GG,* Art. 5 Rdz. 129 ff.

[266] Vgl. *König,* Die Teletexte, S. 166; Tettinger, Die Neuen Dienste, S. 73.

[267] Siehe hierzu oben unter Rdz. 35 ff. und unten Rdz. 57.

[268] Vgl. VG Saarland ZUM 1995, S. 642 ff.; *Scherer,* in: Der Staat 1983, S. 347 ff., 364.

[269] Vgl. BVerfGE 57, S. 295 ff., 317 f.

[270] Vgl. BVerfGE 57, S. 295 ff., 318 f.; 73, S. 118 ff., 157 f.

[271] Vgl. *Rudolf/Meng,* Verfassungsrechtliche Konsequenzen, S. 39 f.; *König,* Die Teletexte, S. 133.

[272] Vgl. Beschlußempfehlung der Rundfunkreferenten („Schliersee-Papier") vom 29.04.1975, B II 1 b) aa), abgedr. bei Schmitt Glaeser, Kabelkommunikation, S. 267 f.

[273] *Birkert,* LMG Bad.-Württ. § 1 Rdz. 3; Beschlußempfehlung der Rundfunkreferenten („Schliersee-Papier") vom 29.04.1975, B II 1 b) bb); abgedr. bei Schmitt Glaeser, Kabelkommunikation, S. 267.

[274] Vgl. VG Saarland ZUM 1995, S. 646.

[275] Vgl. BVerfGE 57, S. 295 ff., 318 f.

[276] Vgl. BVerfGE 74, S. 297 ff., 349 f.

treten.[277] Das Gericht hat hierzu festgestellt, daß *„unter dem Blickwinkel des Art. 5 Abs. 1 GG allein entscheidend[278] ist, ob wie beim herkömmlichen Rundfunk Sendungen gleichen Inhalts verbreitet werden und den Veranstaltern eine unbestimmte Vielzahl von Zuschauern und Zuhörern entgegentreten, die ihre Auswahlentscheidungen durch Ein- und Ausschalten treffen.“[279]* Eine Verbreitung im rundfunkrechtlichen Sinne liegt deshalb dann nicht vor, wenn sich nicht eine unbestimmte Vielzahl von Empfängern in die vom Kommunikator selektierte und übermittelte Sendung und somit durch Auswahl einschalten kann, sondern eine Übermittlung der im Einzelfall von dem Besteller jeweils konkret gewünschte Darbietung erst auf dessen Abruf an ihn erfolgt, wie bei den *Abrufdiensten*.[280]

Zusammenfassend ist festzustellen, daß der Rundfunkbegriff durch *drei Komponenten* geprägt wird: Bei den Empfängern muß es sich um eine *Allgemeinheit* im Sinne einer unbeschränkten Vielzahl handeln. Weiteres Merkmal ist die *Darbietung*, worunter publizistische Inhalte beliebiger Art zu verstehen sind, soweit sie für die Meinungsbildung relevant sind. Dritte Komponente ist die *funktechnische Verbreitung*, die längs oder ohne Kabel erfolgen kann und in Abgrenzung zur Presse die Übermittlung in nicht materialisierter Form voraussetzt.

b) Berichterstattung

47   Dem Wortlaut nach gewährleistet Art. 5 Abs. 1 Satz 2 GG die *„Freiheit der Berichterstattung durch Rundfunk und Film“*. Diese Formulierung wurde im Vergleich zu der durch dieselbe Verfassungsnorm umfassend geschützten Pressefreiheit früher wiederholt restriktiv verstanden. Der Begriff *„Berichterstattung“* erfasse lediglich Tatsachenmitteilungen, nicht aber Meinungsäußerungen.[281] Die *Entstehungsgeschichte* der Norm liefert in der Tat Anhaltspunkte für diese am Wortlaut orientierte, enge Auslegung.[282]

48   In den ersten Entwürfen zum Grundgesetz wurden Presse und Rundfunk meistens gleichbehandelt. Erst in der Sitzung des Grundsatzausschusses am 24. 11. 1948 wurde nach längerer und differenzierter Diskussion die endgültige Fassung des Art. 5 Abs. 1 GG gefunden. Der Vorsitzende des Grundsatzausschusses, von Mangoldt, begründete seinen Vorschlag in erster Linie damit, daß es sich bei der Pressefreiheit anders als beim Rundfunk um einen festen, eingeführten Begriff handele, der das Recht der Stellungnahme umfasse. Die Freiheit der Meinungsäußerung durch den Rundfunk werde dagegen durch das allgemeine Grundrecht auf Meinungsfreiheit in Art. 5 Abs. 1 Satz 1 GG geschützt. Dabei wies von Mangoldt darauf hin, daß er befürchte, im Falle eines besonderen Schutzes für Stellungnahmen im Rundfunk werde *„jeder kleine Kommentator finden, hier sei für ihn ein Grundrecht gewährleistet“*. Der Rundfunk als eine Art Staatsmonopol der Allgemeinheit müsse diese Dinge jedoch in der Hand behalten.[283]

Hieraus wird deutlich, daß die Diskussion im Parlamentarischen Rat ganz maßgeblich durch die noch jungen Eindrücke vom Mißbrauch der Massenmedien in der Zeit des Nationalsozialismus bestimmt wurde. Der Rundfunk sollte gerade wegen seiner Monopolstellung zu einer gewissen Objektivität in der an die Allgemeinheit gerichteten Berichter-

---

[277] Vgl. BVerfGE 74, S. 297 ff., 350 f.

[278] Vgl. BVerfGE 74, S. 352.

[279] Vgl. BVerfGE 74, S. 353.

[280] Vgl. Beschlüsse der Chefs der Staats- und Senatskanzleien vom 29. 4. 1975, B II 1b) cc); *König*, Teletexte, S. 88; *Schmitt Glaeser*, Kabelkommunikation, S. 186; *Lieb*, Kabelkommunikation, S. 43; *Stender-Vorwachs*, S. 76; a. A. *Pieper/Wiechmann*, ZUM 1995, S. 82, 89; zu den rechtlichen Konsequenzen siehe unten unter B Rdz. 64 ff., 74.

[281] *Bettermann*, DVBl. 1963, S. 41; *Maunz*, in: Zehner (Hrsg.), Der Fernsehstreit I, S. 276, 277; *Spanner*, in: Zehner (Hrsg.), Der Fernsehstreit I, S. 357 ff., 363; v. *Mangoldt/Klein*, GG, 2. Aufl., S. 245 (anders 3. Aufl.).

[282] Vgl. dazu *Herrmann*, Fernsehen und Hörfunk in der Verfassung, S. 53 ff.; *Wieland*, Die Freiheit des Rundfunks, S. 97 ff.

[283] Vgl. Stenographisches Protokoll der 25. Sitzung des Grundsatzausschusses am 24. 11. 1948, S. 6; zit. bei *Herrmann*, Fernsehen und Hörfunk in der Verfassung, S. 54; *Wieland*, Die Freiheit des Rundfunks, S. 100.

stattung gezwungen werden. Es sollte verhindert werden, daß sich einzelne politische Interessengruppen – insbesondere in Krisenzeiten – den Zugriff auf den Rundfunk sichern und durch einseitige und verfälschte Darstellungen die öffentliche Meinung manipulieren.[284] Entgegen der im Parlamentarischen Rat vertretenen Ansicht hat das Bundesverfassungsgericht im „Lebach"-Urteil ausdrücklich festgestellt, daß sich die Rundfunkfreiheit trotz der **49** engeren Fassung des Wortlauts wesensmäßig nicht von der Pressefreiheit unterscheide, sondern gleichermaßen für rein berichtende Sendungen wie für Sendungen anderer Art gelte:[285] *„Information und Meinung können ebensowohl durch ein Fernsehspiel oder eine Musiksendung vermittelt werden wie durch Nachrichten oder politische Kommentare; jedes Rundfunkprogramm hat schon durch die getroffene Auswahl und die Gestaltung der Sendung eine bestimmte meinungsbildende Wirkung. Ebensowenig läßt die Rundfunkfreiheit von vornherein eine Unterscheidung der Sendungen nach dem jeweils verfolgten Interesse oder der Qualität der Darbietung zu; eine Beschränkung auf die seriöse, einem anerkennenswerten privaten oder öffentlichen Interesse dienende Produktion liefe am Ende auf eine Bewertung und Lenkung durch staatliche Stellen hinaus, die dem Wesen dieses Grundrechts gerade widersprechen würde."*[286]

Das Bundesverfassungsgericht kommt damit zu dem Ergebnis, daß die Rundfunkfreiheit nicht allein die Auswahl des dargebotenen Stoffes abdecke, sondern auch die Entscheidung über Art und Weise der Darstellung und die Bestimmung über die jeweilige Sendeform.[287] Diese höchstrichterlichen Aussagen haben die Fragen nach der inhaltlichen Reichweite des Grundrechts der Rundfunkfreiheit weitgehend geklärt. Nach heute wohl einhelliger Meinung ist dem Bundesverfassungsgericht zuzustimmen und die Rundfunkfreiheit im Sinne einer umfassenden Programmfreiheit zu verstehen.[288]

Die weite Auslegung der Rundfunkfreiheit bedeutet jedoch nicht, daß die Verfassungs- **50** richter die Bedenken des Parlamentarischen Rates hinsichtlich einer einseitigen Einflußnahme auf den Rundfunk nicht gesehen hätten. Sie haben deshalb die *Absicherung des Rundfunks* durch *gesetzgeberische Maßnahmen* verlangt. Ziel dieser Maßnahmen muß sein, den allgemeinen Meinungsmarkt zu erhalten und weiterzuentwickeln.[289] Der Gesetzgeber habe insoweit die *institutionelle Garantie* für einen freien, pluralistischen Rundfunk zu leisten.[290] Demnach gibt es heute keinen Grund mehr, den Rundfunk vor den von den Verfassungsvätern angenommenen Gefahren dadurch zu schützen, daß Art. 5 Abs. 1 S. 2 GG einengend lediglich als Gewährleistung der „Berichterstattung" interpretiert wird. Die vom Bundesverfassungsgericht verlangte Garantie des Gesetzgebers für einen freien Rundfunk dient auf anderem Wege dem von den Mitgliedern des Parlamentarischen Rates verfolgten Ziel.

Darüber hinaus sprechen auch schon *praktische Erwägungen* gegen eine Begrenzung des Schutzbereichs der Rundfunkfreiheit auf die bloß nachrichtliche Berichterstattung. Zum einen liegt bereits in der Auswahl und der Anordnung von Meldungen innerhalb einer Nachrichtensendung eine Wertung, die notwendigerweise von der persönlichen Gewichtung des jeweils zuständigen Redakteurs abhängt.[291] Zum anderen sind objektive Informationen und subjektive Meinungen in Texten oftmals so eng miteinander verknüpft, daß eine Trennung in nachrichtliche und wertende Bestandteile nicht zu leisten ist.[292]

---

[284] Vgl. *Wieland*, Die Freiheit des Rundfunks, S. 98, S. 102.

[285] Vgl. BVerfGE 35, S. 202 ff., 222.

[286] BVerfGE 35, S. 202, 222 unter Verweis auf BVerfGE 12, S. 205, 260 und 31, S. 314, 326.

[287] BVerfGE 35, S. 202 ff., 223.

[288] Ebenso: *Maunz/Dürig/Herzog/Scholz*, GG, Art. 5 Abs. 1, 2 GG, Rdz. 200 ff.; *von Münch/Kunig*, GG, Art. 5, Rdz. 44; *Hoffmann-Riem*, Komm. zum GG, Art. 5, Rdz. 127; *v. Mangoldt/Klein/Starck*, GG, Art. 5, Rdz. 65; *Scheuner*, Das Grundrecht der Rundfunkfreiheit, S. 25; *Schmitt Glaeser*, Kabelkommunikation und Rundfunkfreiheit, S. 149.

[289] BVerfGE 57, S. 295 ff., 323.

[290] BVerfGE 57, S. 295 ff., 324.

[291] BVerfGE 12, S. 205 ff., 260; 31, S. 314 ff., 326; 35, S. 202 ff., 222.

[292] Ebenso *Maunz/Dürig/Herzog/Scholz*, GG, Art. 5 1, 2, Rdz. 51.

Außerdem würde eine Auslegung der Rundfunkfreiheit als bloße Berichterstattungsfreiheit auch rechtlich zu *fragwürdigen Konsequenzen* führen. Während der Nachrichtenredakteur eines Rundfunksenders den Schutz aus Art. 5 Abs. 1 Satz 2 GG für sich in Anspruch nehmen könnte, würde ein Journalist, der einen Rundfunkkommentar spricht, lediglich durch die allgemeine Meinungsfreiheit des Art. 5 Abs. 1 Satz 1 GG geschützt. Dies hätte etwa zur Folge, daß der Zugang zum Beruf des Nachrichtenredakteurs wegen der in Art. 5 Abs. 1 Satz 2 GG verankerten Freiheit der Rundfunkberichterstattung offenzuhalten ist und für ihn das Verbot des Standeszwangs gilt, während dies bei dem Kommentator nicht der Fall wäre. Die Absicht, solche Rechtsfolgen zu bezwecken, kann aber den Mitgliedern des Parlamentarischen Rates nicht unterstellt werden, als sie im Grundgesetz lediglich die Berichterstattung durch den Rundfunk absicherten.[293]

51   Ein unterschiedliches Meinungsbild gibt es allerdings auch heute noch zu der Frage, ob *Werbesendungen* von der Rundfunkfreiheit erfaßt werden. Das Bundesverfassungsgericht hat im *„Südkurier"-Urteil* den Anzeigenteil einer Zeitung in den Schutzbereich der Pressefreiheit einbezogen.[294] Die Rundfunkfreiheit steht jedoch unter dem Vorbehalt seiner der Meinungsfreiheit dienenden Funktion.[295] Für den öffentlich-rechtlichen Rundfunk besteht diese dienende Funktion darin, daß er die Grundversorgung sicherzustellen hat. Er ist daher verpflichtet, neben massenattraktiven Sendungen vor allem auch Minderheitenprogramme auszustrahlen.[296] Wären die öffentlich-rechtlichen Rundfunkanstalten in der Festlegung von Werbeumfang und Werbezeiten völlig frei, so gerieten sie in Gefahr, solche Minderheitenprogramme zugunsten zuschauer- und damit auch werbeträchtiger Programmelemente auf ungünstige Sendeplätze zu verschieben oder sogar völlig zu vernachlässigen. Um dieser Gefahr zu begegnen, hat das Bundesverfassungsgericht für den *öffentlich-rechtlichen Rundfunk* die *Rundfunkgebühren* als gegenüber den Werbeeinnahmen *vorrangige Finanzierungsquelle* festgeschrieben.[297] Auch weitergehende Forderungen, etwa nach einer *völligen Abschaffung der Werbung* in den *öffentlich-rechtlichen Programmen*, sind unter dem Gesichtspunkt der dem allgemeinen Meinungsmarkt dienenden Funktion des Rundfunks zu diskutieren.[298]

52   Die privaten Rundfunkanbieter sind in der derzeitigen Situation des dualen Rundfunksystems lediglich dazu verpflichtet, einen Grundstandard an Meinungs- und Programmvielfalt zu gewährleisten.[299] Bei privaten Rundfunkveranstaltern sind daher der Werbefreiheit als grundsätzlichem Bestandteil der Rundfunkfreiheit im Hinblick auf die dienende Funktion weniger enge Grenzen zu ziehen als im öffentlich-rechtlichen Rundfunk.

53   Dementsprechend *begrenzt* § 15 Abs. 2 Satz 1 RStV die Werbezeit für das Erste Programm der ARD und für das ZDF auf werktäglich zwanzig Minuten im Jahresdurchschnitt; werktags nach 20 Uhr sowie an Sonn- und Feiertagen darf überhaupt keine Werbung ausgestrahlt werden.[300] Demgegenüber darf der Werbeanteil bei privaten Anbietern gemäß § 45 Abs. 1 RStV bis zu zwanzig vom Hundert der täglichen Sendezeit betragen, bei der Spotwerbung bis zu fünfzehn vom Hundert. Werbeformen, die sich direkt an den Abnehmer richten, sind täglich bis zur Dauer von insgesamt einer Stunde zulässig.[301] Die derzeitigen Werberegelun-

---

[293] Vgl. zum Diskussionsverlauf im Grundsatzausschuß die bei *Herrmann,* Fernsehen und Hörfunk in der Verfassung, S. 53 ff., und *Wieland,* Die Freiheit des Rundfunks, S. 97 ff., auszugsweise zitierten stenographischen Protokolle.

[294] *v. Münch/Kunig,* GG, Art. 5, Rdz. 47; *Hoffmann-Riem,* Komm. zum GG, Art. 5, Rdz. 130; *v. Mangoldt/Klein/Starck,* GG, Art. 5, Rdz. 40, 66.

[295] BVerfGE 57, S. 295 ff., 320; 83, S. 238 ff., 295; 87, S. 181 ff., 197.

[296] BVerfGE 73, S. 118 ff., 157; 74, S. 197 ff., 324; zur Grundversorgung im einzelnen unten unter E Rdz. 85 ff.

[297] BVerfGE 83, S. 238 ff., 311; ebenso § 12 Abs. 1 RStV.

[298] Vgl. dazu unten unter C Rdz. 80 ff.

[299] BVerfGE 74, S. 297 ff., 325; 83, S. 238 ff., 297 f.

[300] § 15 Abs. 1 S. 3 RStV.

[301] § 45 Abs. 3 RStV.

gen für den Privatfunk schließen also insbesondere aus, ein *„audiovisuelles Anzeigenblatt"* zu veranstalten. Der Grund liegt zum einen wiederum in der dem Rundfunk übertragenen *dienende Funktion* für einen allgemeinen Meinungsmarkt. Obwohl an private Rundfunkveranstalter insoweit weniger weitreichende Anforderungen gestellt werden, so sind sie doch zum Dienst an der Meinungsbildung berufen. Darüber hinaus wird die Rundfunkfreiheit aber auch durch andere von der Verfassung geschützte Rechtsgüter beschränkt, die ihr im Einzelfall vorgehen können. Ein weiterer Grund für die Werbebeschränkungen im Privatfunk liegt demnach im *Schutz des anderen Massenmediums.* Das Werbeaufkommen der Zeitungs- und Zeitschriftenverlage und damit deren Existenzgrundlage soll gesichert werden.

Es stellt sich jedoch die Frage, ob die beiden verfassungsrechtlichen Einschränkungen, die **54** die Grundlage für die Werbebegrenzungen im privaten Rundfunk bilden, heute noch überzeugen. Was den *Dienst an der Meinungsbildung* anbetrifft, so ist festzustellen, daß mit der Einführung neuer Verbreitungstechniken wie der Digitalisierung oder der Glasfasertechnik bereits eine Vielzahl weiterer Rundfunkprogramme angeboten werden. Dadurch wird der Rezipient seine Auswahl weitgehend selbständig treffen können, ohne wesentliche Beschränkungen seines Informationsinteresses hinnehmen zu müssen. Insofern würde auch ein *„audiovisuelles Anzeigenblatt"* als eines unter vielen Angeboten durchaus der Konzeption des Dienstes an der Meinungsfreiheit entsprechen.

Die Begrenzung der Werbezeiten zum *Schutz der Printmedien* ist außerdem am Grundsatz der *Verhältnismäßigkeit* zu messen. Sie ist daher nur dann verfassungsgemäß, wenn kein milderes Mittel in Betracht kommt, um die wirtschaftlichen Grundlagen der Zeitungs- und Zeitungschriftenverlage zu sichern.[302] Dies könnte vor allem darin gesehen werden, daß den Verlagen der Zugang zum Rundfunkmarkt hinreichend eröffnet wird. Das Bundesverfassungsgericht hat ausdrücklich festgestellt, daß die sogenannte publizistische Gewalteinteilung, das heißt die strikte Trennung von Presse und Rundfunk, kein Verfassungsziel sei. Das Engagement von Verlagen im Privatfunk sei deshalb grundsätzlich rechtmäßig.[303]

Die Entwicklung hat gezeigt, daß die bisherige *Beteiligung der Presse am privaten Rundfunk* für dieses Medium von *Vorteil* gewesen ist. Insbesondere das publizistische Knowhow, das die Verlage mitgebracht haben, hat es überhaupt erst ermöglicht, daß der Privatfunk in der Bundesrepublik Deutschland innerhalb vergleichsweise kurzer Zeit beachtliche Erfolge erzielen konnte. Insoweit hat die Verlagstätigkeit im Bereich des Privatfunks zu einer Bereicherung des allgemeinen Meinungsmarkts geführt. *Gefahren,* die von einer Beteiligung der Presse am Rundfunk dagegen für den Meinungsmarkt ausgehen können, sind nur bei *intermediärer Konzentration* möglich.[304] Diese zeichnet sich aber nicht national, sondern allenfalls regional ab, wenn eine Zeitung mit Alleinstellung in ihrem Verbreitungsgebiet sich an einem Rundfunksender beteiligt. In diesem Falle hat das Bundesverfassungsgericht aber hinreichende Begrenzungen für ein solches Engagement im 4. Rundfunkurteil festgelegt.[305] Es kann damit festgestellt werden, daß Werbebegrenzungen im Rundfunk nicht das verhältnismäßige Mittel zum Schutz der Presse sind, sondern ihren Interessen richtigerweise das Recht zur Beteiligung am Rundfunk entgegenkommt. Restriktive Regelungen zur Pressebeteiligung in einzelnen Landesmediengesetzen[306] sind von daher verfassungsrechtlich angreifbar.

c) Einordnung einzelner Dienste

Seit Beginn der 90er Jahre eröffneten sich durch die zunehmende technische Entwicklung **55** (Digitalisierung) neue Möglichkeiten der Telekommunikation, deren Einordnung unter den Rundfunkbegriff im einzelnen zu untersuchen ist.[307]

---

[302] Vgl. BVerfGE 34, S. 261 ff., 267.
[303] BVerfGE 73, S. 118 ff., 175; 83, S. 238 ff., 324; vgl. hierzu auch unten unter E Rdz. 71.
[304] Vgl. hierzu näher unter E Rdz. 71.
[305] Vgl. BVerfGE 73, S. 118 ff., 185 f.
[306] Vgl. etwa § 26 Abs. 2 S. 3 LMG Hamburg.
[307] Vgl. zur Problematik der Einordnung auch *Bullinger* AfP 1996, S. 1 ff.

aa) Teletext

56   Einen Bereich der Telekommunikation bilden die summarisch als Teletext zusammengefaßten verschiedenen technischen Formen des Videotextes, des Bildschirmtextes (später:
Datex-J) oder des Kabeltextes.

57   Der in der Austastlücke des drahtlos oder durch Kabel übertragenen Fernsehbildes
mitübermittelte Videotext *erfüllt* den *verfassungsrechtlichen Rundfunkbegriff.* Zum einen richtet er
sich ebenso wie das Rundfunkprogramm an dieselbe beliebige Allgemeinheit. Die auf dem
Bildschirm sichtbaren Textseiten enthalten überwiegend Informationen von publizistischer
Relevanz und genügen daher dem Merkmal einer Darbietung. Darüber hinaus erfüllt der
Videotext auch das Kriterium der rundfunkrechtlichen Verbreitung, da er ebenso wie das von
dem Kommunikator bestimmte Rundfunkprogramm für den allgemeinen Empfang in nicht
materialisierter Form verbreitet wird.[308] Etwas anderes gilt für die „elektronische Zeitung"[309]

bb) pay-tv/pay-per-view

58   Anhand der vorangegangenen Konkretisierung des Rundfunkbegriffs soll im folgenden
festgestellt werden, ob es sich bei „*pay-tv*", für das Abonnementgebühren an den Veranstalter
anfallen, oder beim „*pay-per-view*", bei dem der Empfänger nur die konkret empfangenen
Sendungen bezahlt, um Rundfunk handelt. Davon wäre dann auszugehen, wenn die bereits
genannten Kriterien des Rundfunkbegriffs, die Ausrichtung an die Allgemeinheit, publizistisch relevante Darbietungen beliebiger inhaltlicher Art und ihre Verbreitung erfüllt wären.

59   Das rundfunkspezifische Merkmal der „*Allgemeinheit*" ergibt sich daraus, daß Fernsehen in
der Form des pay-tv regelmäßig für *jedermann* bestimmt und vor allem aufgrund seiner
Verbreitung über Satellit und Kabel wie andere Fernsehprogramme auch für jedermann
zugänglich ist, sofern dieser für die Rezeption entweder im Abonnement oder konkret für
die einzelnen empfangenen Sendungen bezahlt.[310] Anders als bei den nicht unter den Rundfunkbegriff fallenden funktechnischen Übertragungen im kleinen Kreis, bei dem sich die
Teilnehmer persönlich kennen, oder an bestimmte Berufsgruppen, wie etwa bei dem Poli-
zei-, See- und Navigationsfunk, ist bei pay-tv wie auch beim sonstigen Rundfunk aufgrund
der Vielzahl der möglichen Empfänger und der weitflächigen räumlichen Verbreitung weder
eine berufliche oder persönliche Beziehung der Rezipienten untereinander noch zum
Veranstalter gegeben.[311] Die Zuschauer sind mit dem Veranstalterunternehmen des pay-tv-
Programms durch das Bezugsabonnement und den Erwerb des Decoders *nur vertraglich*, aber
nicht in sonstiger Weise verbunden. Auch pay-per-view mit einer Abrechnung nach den konkret empfangenen Sendungen richtet sich deshalb an eine beliebige Allgemeinheit. Die
Kodierung der Programmsignale, die beim Empfänger entschlüsselt werden, soll gerade nicht
bestimmte Adressaten ausschließen, sondern dient lediglich zur Absicherung der Bezahlung
durch die Teilnehmer.[312] Hierin besteht ein wesentlicher Unterschied zu der Kodierung bei
den Funksonderdiensten, etwa beim Polizeifunk, die einen Empfang durch die Allgemeinheit verhindern soll.[313]

Die „Bestimmung für die Allgemeinheit" kann bei pay-tv auch nicht unter dem Aspekt
bezweifelt werden, daß wegen der *technischen Verschlüsselung* der Programmsignale etwas

---

[308] Vgl. *Bismark,* Hans, 1982, Neue Medientechnologien und grundgesetzliche Kommunikationsverfassung, S. 88; *Scharf,* „Videotext" – Ein Rundfunkdienst, in Die Bildschirmzeitung, S. 133 ff.; *Paptistella*
DÖV 1978, S. 750 ff.; *Wendland* Media Perspektiven 1979, S. 529 ff.; *Koch,* Zur Frage der Zuordnung der
neuen audiovisuellen Medien zum Rundfunk, S. 267 ff.; *Kull* AfP 1980, S. 70 ff.; *Bullinger,* Kommunikationsfreiheit, S. 33 f.; a. A. *Ratzke,* Ist Videotext eine Zeitung? in: Die Bildschirmzeitung, S. 77, 79 ff.;
Theisen, Privatrundfunk, S. 24 ff.

[309] Siehe oben unter Rdz. 45; siehe auch unten B Rdz. 244 a

[310] Vgl. ZUM 1989, S. 514; vgl. *Ring,* Medienrecht, C-O. 4, S. 124; siehe auch *Stammler,* in: *Schiwy/*
Schütz (Hrsg.), Medienrecht, S. 279.

[311] Vgl. ZUM 1989, S. 514.

[312] Vgl. *Stammler* AfP 1975, S. 742, 748.

[313] Vgl. *Fuhr/Krone* FuR 1983, S. 513, 518; siehe auch ZUM 1989, S. 514.

anderes ausgestrahlt als dann von den Zuschauern nach der Dekodierung empfangen wird.[314] Dieser Einwand greift deshalb nicht durch, da auch bei allen sonstigen Rundfunkübertragungen die technisch übermittelten Programmsignale für die audiovisuelle Rezeption durch die Zuschauer und Zuhörer erst prinzipiell umgewandelt werden müssen.[315] Ebensowenig überzeugt der Hinweis, daß die pay-tv-Unternehmen nicht mit allen, sondern nur mit zahlungsbereiten Adressaten kontaktieren wollen.[316] Insoweit ist die Interessenlage nicht anders als im öffentlich-rechtlichen Rundfunk. Die Rundfunkanstalten – dies zeigen die ständigen Kontrollen durch ihre Mitarbeiter – sind ebenfalls darauf bedacht, daß die Empfänger die Gebühren tatsächlich bezahlen.[317] Von daher schließen weder die Verschlüsselung noch die Entgeltpflicht als besondere Finanzierungsform von pay-tv-Programmen aus, daß sie für die Allgemeinheit bestimmt sind. Da pay-tv-Programme somit unabhängig von der Bezahlung im Abonnement oder jeweils einzeln für die empfangenen Sendungen für die Allgemeinheit bestimmt sind, erfüllen sie das erste Kriterium des Rundfunkbegriffes.

Nach dem verfassungsrechtlichen Rundfunkbegriff[318] kommt es auf die Art des Inhalts der **60** Darbietung nicht an, sondern auf ihren für die Meinungsbildung wesentlichen Publizitätseffekt. Deshalb kann es für die Einordnung von pay-tv unter den Rundfunkbegriff nicht entscheidend sein, ob es sich hierbei um Informations-, Bildungs- oder um Unterhaltungsprogramme handelt. Sie beeinflussen allesamt die Meinungsbildung der Rezipienten und erfüllen deshalb das Merkmal einer Darbietung.[319] Rundfunkrechtlich unterscheidet sich pay-tv von dem herkömmlichen durch Gebühren oder Werbung finanzierten Rundfunk allein durch das von den Teilnehmern *erhobene Nutzungsentgelt* und somit durch die *Finanzierungsmodalität*. Mangels publizistischer Relevanz erfüllen deshalb Börsen- oder Wetterkanäle das Merkmal der „Darbietung" auch dann nicht, wenn der Empfänger dafür ein besonderes Nutzungsentgelt zu entrichten hat.[320]

Nicht anders können von daher solche bisher von der Post im Wege des telefonischen Ansagedienstes und nunmehr als Spartenprogramm, auch in Form des pay-tv, übermittelte Servicedienste angesehen werden. Dazu gehören etwa die fortlaufend übermittelten An- und Abflugzeiten von Flugzeugen, von Kochrezepten oder von Tips für den privaten Empfänger.

Der für die „*Verbreitung*" von Rundfunk charakteristische *Verteildienst*, bei der Darbietun- **61** gen gleichzeitig für eine Vielzahl von Empfängern fernmeldetechnisch übertragen werden,[321] liegt bei pay-tv vor ebenso wie bei pay-per-view, da die Teilnehmer sich jederzeit in die laufend übermittelten Darbietungen einschalten, aber weder den Beginn noch den Verlauf der ausgestrahlten Programme beeinflussen können.[322] Nach ganz herrschender Meinung wird deshalb pay-tv wegen der Rundumverteilung des kontinuierlich übermittelten Programms als Rundfunk im Sinne von Art. 5 Abs. 1 Satz 2 GG angesehen.[323]

---

[314] So aber *Schwarz-Schilling* ZUM 1989, S. 490.

[315] Vgl. *Ring* ZUM 1990, S. 280.

[316] Vgl. *Schwarz-Schilling* ZUM 1989, S. 490.

[317] Vgl. *Ring* ZUM 1990, S. 279.

[318] Siehe oben unter B Rdz. 33 ff., 45 f.

[319] Vgl. *Fuhr/Krone* ZUM 1989, S. 514; FuR 1983, S. 513; *Herrmann,* Rundfunkrecht, S. 33; Abschlußbericht der EKM Bad.-Württ. 1981, Bd. 1, S. 88; vgl. auch § 2 Abs. RStV 1 S. 2 RStV, der pay-tv ausdrücklich zum Rundfunkbegriff zählt.

[320] Vgl. hierzu oben unter B Rdz. 42

[321] Vgl. *Herrmann,* Rundfunkrecht, S. 33; *Fuhr/Krone* FuR 1983, S. 513.

[322] Vgl. *Fuhr/Krone* FuR 1983, S. 517; Abschlußbericht der EKM Bad.-Württ., Bd. 1, S. 88.

[323] So auch die übereinstimmende Ansicht der Länder in § 2 Abs. 1 S.2; vgl. auch *Stender-Vorwachs,* „Staatsferne" und „Gruppenferne", S. 271; *Klein,* Hans-Hugo, Die Rundfunkfreiheit, S. 24; *Stammler* AfP 1975, S. 742; *Ory* ZUM 1988, S. 225; *Ring,* Medienrecht, S. 124; *Tettinger,* Die Neuen Medien, S. 83; *Koch,* Zur Frage der Zuordnung der neuen audiovisuellen Medien, S. 45; vgl. auch BayVerfG AfP 1987, S. 394 ff., 407.

cc) „near-video-on-demand"

62   Mit „near-video-on-demand"[324] wird eine spezielle Variante des „pay-tv/pay-per-view"[325] bezeichnet, bei der ein bestimmtes Programm in kürzeren Zeitabständen, etwa alle 15 Minuten, wiederholt gestartet wird. Bei einem Spielfilm von 90 Minuten sind somit bei einer Sendefrequenz von 15 Minuten zur Übertragung sechs Programmkanäle erforderlich.[326] Programmwiederholungen zu verschiedenen Zeiten sind auch bei „pay-tv/pay-per-view" üblich. Die Besonderheit liegt hier somit nur in der deutlich verkürzten Abfolge. Nach der Rechtsprechung des Bundesverfassungsgerichts ist die *Gleichzeitigkeit kein entscheidendes Merkmal.*[327] Deshalb kommt es nicht darauf an, daß das Programm zeitversetzt verbreitet und empfangen wird. „Near-video-on-demand" ist als Verbreitungsform von Spielfilmen denkbar aber auch als sonstiger Abrufdienst (Sendungen auf Zugriff),[328] bei dem es um die zeitversetzte Möglichkeit der Kenntnisnahme von Programminhalten, die einseitig vom Kommunikator selektiert werden, geht.[329] Das Bundesverfassungsgericht spricht dementsprechend von Sendungen *„gleichen Inhalts".*[330] Die wesentlichen Merkmale der *Allgemeinheit* der Empfänger, der *Darbietung* publizistisch relevanter Inhalte und der *Rundum-Verbreitung* sind ebenso wie bei „pay-tv/pay-per-view" gegeben. „near-video-on-demand" erfüllt deshalb gleichfalls den Rundfunkbegriff.

63   Hinsichtlich der neuen technischen Kommunikationsmöglichkeiten stellt sich die Frage, ob auch der öffentlich-rechtliche Rundfunk „pay-tv", „pay-per-view" oder „near-video-on-demand" verbreiten darf.

Das Bundesverfassungsgericht hat dazu in seinem 5. Rundfunkurteil unter dem Gesichtspunkt der *Rundfunkfinanzierung* Stellung genommen. Die Rundfunkfinanzierung gehöre zu den wesentlichen strukturellen Bedingungen des Rundfunks, über die deshalb das Parlament zu entscheiden habe.[331] Insoweit besitze der Gesetzgeber ein *Wahlrecht,* dessen Grenze nur die Sicherung einer ausreichenden Finanzierung des öffentlich-rechtlichen Rundfunks insgesamt ist.[332] Es sei deshalb verfassungsrechtlich nicht zu beanstanden, wenn der öffentlich-rechtliche Rundfunk „pay-tv" nur unter der Voraussetzung veranstalten dürfe, daß diese Rundfunkform von dem Gesetzgeber nicht verboten, sondern *ausdrücklich gesetzlich gestattet* wurde.[333]

Dieser Rechtsprechung ist zuzustimmen, da pay-tv im Rahmen eines Abonnementvertrages mit dem Empfänger oder pay-per-view gegen Einzelentgelt eine besondere Finanzierungsform herkömmlichen Rundfunks darstellen.[334] Von daher gehört die Veranstaltung von pay-tv zu den essentiellen, dem Wesentlichkeitsgrundsatz unterliegenden strukturellen Bedingungen des Rundfunks, deren Ausgestaltung dem Gesetzgeber obliegt. Ohne gesetzliche Ermächtigung darf der öffentlich-rechtliche Rundfunk deshalb pay-tv-Programme nicht veranstalten.[335]

---

[324] Zu „video-on-demand" als Abrufdienst siehe unten unter B Rdz. 64 ff.
[325] Vgl. hierzu näher oben B Rdz. 58 ff.
[326] Vgl. *Rother* „Medienspiegel", Nr. 16, v. 11. 4. 94.
[327] Vgl. BVerfGE 74, S. 297 ff., 351; vgl. auch VG Saarland ZUM 1995, S. 646 f.
[328] Vgl. hierzu etwa § 1 Abs. 3 Nr. 2 LMG Bad.-Württ.; § 1a Abs. 2 Ziff. 3 PRG Sachsen.
[329] Vgl. hierzu etwa Art. 33 MEG Bayern.
[330] Vgl. BVerfGE 74, S. 297 ff., 356.
[331] Vgl. BVerfGE 74, S. 297 ff., 331 f.; siehe hierzu näher unten unter C Rdz. 73.
[332] Vgl. BVerfG ZUM 1994, S. 267.
[333] Vgl. BVerfGE 74, S. 297 ff., 331.
[334] Vgl. oben unter B Rdz. 58 ff.; unten unter C Rdz. 87.
[335] Vgl. hierzu näher unten unter C Rdz. 87; eine entsprechende gesetzliche Ermächtigung zur Veranstaltung von pay-tv enthalten etwa § 3 Abs. 3 ORB-G; § 2 Abs. 4 RB-G und § 3 Abs. 5 WDR-G; vgl. jedoch zu den verfassungsrechtlichen Bedenken auch gegen eine gesetzliche Erlaubnis von pay-tv für den öffentlich-rechtlichen Rundfunk unten unter F Rdz. 18 ff.

dd) video-on-demand

Mit der zunehmenden Verbreitung der Glasfasertechnik, der Digitalisierung und Daten-   **64**
kompression, die über die Vervielfachung der Übertragungsmöglichkeiten hinaus über den
Systemverbund von Rundfunk, Telefon und Computer die interaktive Kommunikation zwischen Anbieter und Empfänger zuläßt, eröffnen sich neue Sendeformen wie etwa „video-
on-demand". Bei dieser Form des pay-tv wird *keine kontinuierliche Abfolge* von Sendungen verbreitet. Vielmehr kann der Empfänger entsprechend seinen persönlichen Wünschen
bestimmte in einer Art Datenbank vorgehaltene Beiträge, Programme oder Filme aus einem
sehr weit diversifizierten Angebot, möglicherweise in abgeänderter, etwa gekürzter oder er-
gänzter Form, *zu jeder von ihm gewünschten Zeit* abrufen, die ihm dann übermittelt werden.[336]
Hierzu gehören auch Angebote von Online-Diensten, bei denen freilich herkömmliche
Übertragungswege benutzt werden können.[337]

Diese Modalität des pay-tv ist zwar ebenfalls allen zahlungsbereiten Empfängern prinzi-   **65**
piell zugänglich. Die zur Ausstrahlung gelangenden Darbietungen richten sich jedoch *nicht
an jedermann* und damit an die *Allgemeinheit,* sondern nur an diejenigen einzelnen Rezipienten, die in individuellen Kontakt mit dem Anbieter treten und von ihm einen konkreten Sendebeitrag überspielt haben möchten. Somit ist hier dieselbe Situation gegeben wie
bei der Ausleihe einer Videokassette zur individuellen Rezeption.[338]

Auch die Kriterien des Bundesverfassungsgerichts in seinem 5. Rundfunkurteil, nach de-   **66**
nen *„rundfunkähnliche Kommunikationsdienste"* dann dem verfassungsrechtlichen Rundfunkbegriff unterliegen, wenn sich wie beim herkömmlichen Rundfunk Anbieter und eine Vielzahl von Rezipienten gegenüberstehen, die ihre Auswahlentscheidung durch Ein- oder
Ausschalten treffen,[339] erfüllt „video-on-demand" nicht. Die Zuschauer schalten sich hier gerade nicht in eine laufende Programmübermittlung ein, sondern sie treffen ihre Auswahl konkret hinsichtlich eines einzelnen von ihnen gewünschten und dann zugespielten Beitrages.
Damit ist zwar nicht ausgeschlossen, daß mehrere Empfänger gleichzeitig denselben Beitrag
übermittelt bekommen. Doch auch in diesem Fall handelt es sich nicht um eine unbeschränkte Allgemeinheit, die dem massenkommunikativen Charakter des Rundfunks entspräche. Vielmehr ist *„video-on-demand"* der Individualkommunikation zuzurechnen[340] und
somit *kein „rundfunkähnlicher Kommunikationsdienst"* im Sinne der Rechtsprechung des
Bundesverfassungsgerichts.

Im 5. Rundfunkurteil, in dem es zu den in dem Landesmediengesetz Baden-Württemberg
vorgesehenen neuen Kommunikationsdiensten Stellung nehmen mußte, hat das Bundesverfassungsgericht zu Recht wiederholt auf den dynamisch auszulegenden Rundfunkbegriff
verwiesen und dabei *terminologische Fragen* als *nicht maßgeblich* außer Betracht gelassen.[341] Als
allein *entscheidend* hat das Gericht den *„Inhalt der Sendungen"* und die *„am Kommunikationsprozeß Beteiligten"* angesehen. Insoweit stellt es in den Urteilsgründen im wesentlichen
darauf ab, daß beim Rundfunk Sendungen gleichen Inhalts verbreitet werden, sich eine
unbestimmte *Vielzahl* von Veranstaltern und Zuschauern und Zuhörern gegenüberstehen

---

[336] Vgl. *Rother* in „Medienspiegel", Nr. 13 v. 16. 3. 94; „Elektronischer Versandhandel"; vgl. *Bullinger,*
Telekommunikation, S. 34 f.; *Schneider, Martin,* in Süddeutsche Zeitung, Nr. 27 v. 3. 2. 1994, S. 29.

[337] Vgl. Der Rat für Forschung, Technologie und Innovation, Informationsgesellschaft, S. 25.

[338] Vgl. *Bullinger,* Telekommunikation, S. 34 f.; *Tettinger,* Die neuen Medien, S. 39; *König,* Die Teletexte,
S. 137; Hermann, Rundfunkrecht, § 2, Rdz. 27 a. A. *Pieper/Wiechmann* ZUM 1995, S. 82, 89 f.; *Stettner,*
Ist es öffentlich-rechtlichen Rundfunkanstalten gestattet, Pay-tv zu veranstalten?, Stellungnahme im Auf-
trag der BLMA, 1994, S. 7.

[339] Vgl. BVerfGE 74, S. 297 ff., 349 f.

[340] Vgl. BVerfGE 74, S. 297 ff., 351 f.; vgl. auch *Bullinger/Gödel,* LMG Bad.-Württ. § 1 Rdz. 6 ff.; *Herrmann,* Rundfunkrecht, 1994, § 13 Rdz 2 ff.; von *Mangoldt/Klein/Starck,* GG, Art. 5 Rdz. 63; *Fuhr,* ZDF-
StV, 3. Aufl., § 1 III 26.

[341] Vgl. aber dagegen die Übereinkunft beim Bund-Länder-Gespräch vom 2. Juli 96, wonach video-
on-demand nicht dem für die Individualkommunikation zuständigen Bund übertragen würde.

und diese ihre Auswahlentscheidungen durch *Ein- und Ausschalten* treffen.[342] Dabei hat das Gericht zwar *„keinen Unterschied zwischen den als „Rundfunk" und den als „rundfunkähnliche Kommunikation" bezeichneten Sendungen"* gesehen.

Mit den im Zeitpunkt des 5. Rundfunkurteils noch nicht absehbaren interaktiven Formen der Kommunikation hat sich die technische Ausgangssituation aber grundlegend verändert. Aufgrund der gestaltenden Einflußnahme des Empfängers werden grundsätzlich *keine Sendungen gleichen Inhalts* verbreitet. An die Stelle eines von dem Kommunikator vorgegebenen Programms tritt die auch inhaltlich bestimmende Nachfrage des Rezipienten. Damit hängt es aber von seinen individuellen Wünschen und Vorgaben ab, welcher Sendeinhalt übermittelt wird und damit den Kommunikationsprozeß ausmacht. *Nicht der Kommunikator* wie sonst beim herkömmlichen Rundfunk bestimmt das Programm, sondern der *Empfänger.*[343]

67   Die bei *„movie/video-on-demand"* abrufbaren Sendebeiträge wie etwa Spielfilme erfüllen bei publizistischer Relevanz das Merkmal der *Darbietung.*

Bei *„movie/video-on-demand"* entfällt aber die für den Rundfunkbegriff typische Verbreitung in Form einer *Rundumverteilung.*[344] Derartige *„Abrufdienste"* können deshalb nicht dem Rundfunkbegriff unterliegen, da es an dem für den Rundfunk charakteristischen Verteildienst mangelt, der die fernmeldetechnische Übertragung der Darbietungen für eine Vielzahl von Empfängern voraussetzt, in die sich die Teilnehmer jederzeit einschalten können.[345]

Auch nach den von der Rechtsprechung des Bundesverfassungsgerichtes herausgestellten Kriterien genügt *„movie/video-on demand"* nicht der für den Rundfunkbegriff des Art. 5 Abs. 1 Satz 2 GG vorausgesetzten *Verbreitung*: Zwar handelt es sich bei den abrufbaren Kommunikationsdiensten ebenfalls um Sendungen, wie sie auch von dem herkömmlichen Rundfunk bekannt sind.[346] Das von dem Bundesverfassungsgericht genannte Merkmal, daß sich ebenso wie beim Rundfunk verschiedene Veranstalter und eine Vielzahl von Rezipienten gegenüberstehen, ist bei dieser Form jedoch nicht gegeben,[347] da dem Anbieter lediglich ein oder mehrere Nachfrager, nicht jedoch eine Vielzahl von Rezipienten gegenüberstehen. Darüber hinaus fehlt es auch an dem weiteren von dem Gericht genannten Kriterium einer Auswahlentscheidung durch *Ein- oder Ausschalten.*[348] Vielmehr verlangen die Empfänger besondere auf ihre individuellen Wünsche abgestimmte Angebote. Diese können dann zusätzlich auch noch auf den Nachfrager abgestellte spezifische Modifikationen enthalten. Von daher ist nach der heutigen Technik *video-on-demand* nicht mehr als schlichter Abrufdienst zu verstehen, den das Bundesverfassungsgericht noch dem Geltungsbereich der Rundfunkfreiheit unterstellte.[349]

Gerade deshalb ist festzustellen, daß bei der besonderen Form des *„movie/video-on-demand"* weder das für den Rundfunkbegriff charakteristische Kriterium der Allgemeinheit noch das der Verbreitung gegeben ist. Somit handelt es sich hierbei nicht um eine dem Rundfunk entsprechende Massen-, sondern um interaktive *Individualkommunikation.*[350]

---

[342] BVerfGE 74, S. 297 ff., 350 f.

[343] Kritisch hierzu *Pieper/Wiechmann* ZUM 1995, S. 82, 85 f., 89 f., die zu bedenken geben, daß der Nutzer auf den Inhalt des Programmes keinen Einfluß habe, sondern nur unter bereits vorfabrizierten Elementen auswähle.

[344] Vgl. *Fuhr/Krone* FuR 1983, S. 517; *Herrmann,* Rundfunk und Fernsehen, S. 87.

[345] Vgl. *Herrmann,* Rundfunk und Fernsehen, S. 33; *Fuhr/Krone* FuR 1983, S. 517; Abschlußbericht EKM Bad.-Württ. 1981, Bd. I, S. 88; *Bullinger,* Kommunikationsfreiheit, S. 76; *König,* Teletexte, 1980, S. 126; a. A. *Pieper/Wiechmann* ZUM 1995, S. 82, 89 f.

[346] Vgl. BVerfGE 74, S. 297 ff., 349 f.

[347] Vgl. BVerfGE 74, S. 297 ff., 350.

[348] Vgl. BVerfGE 74, S. 297 ff., 350 f.

[349] Vgl. BVerfGE 74, S. 297 ff., 350 f.

[350] Zu den rechtlichen Konsequenzen siehe unten unter B Rdz. 76.

ee) Interaktives pay-tv-system

Diese Weiterentwicklung der Abrufdienste führt zu einem *interaktiven System*, das verschie- 68
dene Formen intensiven *Dialogs* zwischen Nachfrager und Anbieter ermöglicht. Im Bereich
der Unterhaltung sei beispielsweise auf die Möglichkeit verwiesen, daß der Teilnehmer auf die
Gestaltung der Sendung selbst Einfluß nehmen kann, indem er z. B. bestimmt, aus welcher
Kameraperspektive ein Fußballspiel übertragen wird (Hintertorkamera oder Kamera in der
Mitte der Seitenlinie)[351] oder wie der Handlungsablauf eines Spielfilmes sein soll.[352] Mit
diesem durch die technische Innovation der Datenkompression ermöglichten Dialogverkehr
wird eine immer individuellere Kommunikation erreicht, wie sie auch etwa vom „echten
Fernunterricht" her bekannt ist.[353] Zu diesen Kommunikationsangeboten zählen alle Abrufdienste, bei denen das Programm nicht vom Kommunikator selektiert, sondern die Inhalte
vom Rezipienten individuell bestimmt werden.[354] Inhaltlich gehören hierzu auch die Online-
Dienste, bei denen freilich herkömmliche Übertragungswege benutzt werden können.[355]

Ob es sich bei einem solchen Dialogverkehr mit dem Kommunikator noch um Rundfunk 69
im Sinne des verfassungsrechtlichen Rundfunkbegriffes handelt, ist wiederum nach den genannten Kriterien *Allgemeinheit, Darbietung* und *Verbreitung* zu bestimmen: Der Kommuni-
kationsinhalt liegt bei dieser Form des interaktiven Systems nicht von vornherein fest und wird
somit nicht vom Kommunikator selektiert. Es werden also keine *„Sendungen gleichen Inhalts"*
verbreitet, auf die das Bundesverfassungsgericht im Zusammenhang mit dem Rundfunkbegriff abhebt.[356] Vielmehr reagiert dieser auf die *Anweisungen* des einzelnen Teilnehmers. Damit richtet sich der übermittelte Inhalt nicht an die Allgemeinheit, sondern an den *individuellen Teilnehmer*, der in einen Dialog mit dem Kommunikator tritt. Nur noch ein gradueller
Unterschied besteht bei dieser Kommunikation etwa zum *„Bildtelefon"*, bei dem der Teilnehmer in einen *individuellen Kontakt* mit jedem beliebigen Dritten tritt. Dieser Dialogverkehr wurde auch bisher schon als Individualkommunikation angesehen.[357]

Die abrufbaren Sendebeiträge können zwar *Darbietungen* im Sinne des Rundfunkbegriffs 70
darstellen, wenn kommunikationsrelevante publizistische Inhalte an die jeweiligen Empfänger übermittelt werden. Nicht publizistisch relevant sind jedoch Angebote von Waren und
Dienstleistungen („Elektronischer Vertrieb/Teleshopping"), die sich der Empfänger auf Abruf auf den Bildschirm holen und vergleichbar einem Versandhauskatalog „durchblättern"
kann. Hier wird nicht der Herstellung eines allgemeinen Meinungsmarktes gedient, sondern
allein der Dienstleistungs- und Warenmarkt beeinflußt.[358]

Weiterhin handelt es sich aber auch nicht um eine dem verfassungsrechtlichen Rund- 71
funkbegriff entsprechende *Verbreitung*. Zum einen entfällt die von dem Bundesverfassungsgericht in seiner Rechtsprechung herausgestellte Voraussetzung, daß den Anbietern eine Vielzahl von Teilnehmern gegenübersteht, die allein durch Ein- oder Ausschalten ihre Auswahl
unter den zu empfangenden Programmangeboten treffen.[359] Der Teilnehmer wählt nicht aus,

[351] Vgl. Interview mit Sony-Vorstand Ron Sommer, in: Der Spiegel Nr. 29 vom 19. 07. 1993, S. 90 f.

[352] Statt der Person A soll die Person B der „Mörder" in dem Kriminalfilm sein; vgl. *Lossau*, Die
„Welt" v. 20. 1. 1994: „Die digitale Revolution ...".

[353] Vgl. *Lerche* Bay. VBl. 1976, S. 533; *König*, Teletexte, S. 39; *von Bismarck*, Rechtsfragen des
Studiums im Medienverbund, S. 7 ff.; *Karpen* WissR 4 (1971), S. 97 ff., 219 ff.

[354] Vgl. etwa Art. 34 MEG Bayern; § 67 a HPRG; *Herrmann*, Rundfunkrecht, § 2 Rdz. 28.

[355] Vgl. Der Rat für Forschung, Technologie und Innovation, Informationsgesellschaft, S. 25; *Ring*,
Medienrecht, C-O.3. zu § 27 RStV 1991 Rdz. 15.

[356] Vgl. BVerfGE 74, S. 297 ff., 326.

[357] Vgl. *König*, Teletexte, S. 39, 126 f.; *Schmitt Glaeser*, Kabelkommunikation, S. 189; *Kaiser* u. a., Kabelkommunikation, S. 238 f.

[358] Vgl. *Bullinger*, Kommunikationsfreiheit, S. 75 ff.; Der Rat für Forschung, Technologie und Innovation, Informationsgesellschaft, S. 25 f.; a.A. *Pieper/Wichmann* ZUM 1994, S. 82, 90 f.; wohl auch
Gersdorf ZUM 1995, S.846.

[359] Vgl. BVerfGE 74, S. 297 ff., 350.

sondern *beteiligt sich vielmehr,* etwa bei der kreativen Einflußnahme auf die Programmgestaltung eines Spielfilmes oder bei seinen Antworten bei einem Lernprogramm, auf die der Kommunikator wiederum entsprechend individuell reagiert. An dem konkret übermittelten Inhalt kann dieser deshalb ähnlich wie bei einem Telefongespräch mit Dritten sogar urheberrechtlichen Schutz genießen. Damit liegt im Ergebnis keine rundfunkrechtliche Verbreitung nach den Kriterien der Rechtsprechung des Bundesverfassungsgerichtes vor. Bei diesem interaktiven System handelt es sich somit nicht um eine den Rundfunkbegriff erfüllende Massen-, sondern um Individualkommunikation.[360]

72   Bei den neuen Kommunikationsdiensten wie *„movie-on-demand/video-on-demand"* und den noch stärker *interaktiv ausgeprägten Diensten,* die nicht dem Rundfunkbegriff unterliegen, stellt sich die Frage einer *Beteiligung des öffentlich-rechtlichen Rundfunks.* In dem 6. Rundfunkurteil hat das Bundesverfassungsgericht die Regelung in § 3 Abs. 3 des WDR-Gesetzes für rechtmäßig angesehen, die der Sendeanstalt die Befugnis einräumt, *„die Übertragungstechnik von Satelliten und Breitbandnetzen zu nutzen und im Rahmen der Anstaltsaufgaben neue Dienste mittels neuer Techniken anzubieten".*[361] Das Gericht hat darauf abgestellt, daß wenn die *„Rundfunkfreiheit unter den Bedingungen raschen technischen Wandels ihre normative Kraft bewahren solle, bei der Bestimmung von Rundfunk nicht nur an eine bereits eingeführte Technik angeknüpft werden dürfe. Andernfalls könnte sich die grundrechtliche Gewährleistung nicht auf jene Bereiche erstrecken, in denen gleichfalls die Funktion des Rundfunks, wenn auch mit neuen Mitteln, erfüllt würde".*[362]

Deshalb hat das Gericht zu Recht *eingeschränkt,* daß die Rundfunkanstalt von den damit eröffneten Betätigungsmöglichkeiten *„nur im Rahmen der gesetzlich übertragenen Aufgaben Gebrauch machen darf".*[363] Der Auftrag der Rundfunkanstalten beschränkt sich aber auf die der Information und Meinungsbildung dienende Funktion des Rundfunks im Interesse aller und damit auf die Nutzung dieses Mediums als *Mittel der Massenkommunikation.* Wie die Herausgabe von Programmzeitschriften können die neuen *„Dienste"* nur als *„unterstützende Randbetätigungen"* eingesetzt werden. Insofern hat das Gericht ausgeführt, daß die *„Nutzung eines bestimmten Mediums nicht nur in den Schutzbereich einer einzigen der in Artikel 5 Abs. 1 Satz 2 GG enthaltenen Garantien fallen könne".* Demgemäß kann von Verfassungs wegen nichts dagegen eingewendet werden, daß etwa Programmhinweise oder auch erläuternde Texte zu einzelnen Sendungen über Online-Dienste verbreitet werden. Anders stellt sich die Rechtslage aber dann dar, wenn der öffentlich-rechtliche Rundfunk Teile oder sogar das gesamte Programm in einem interaktiven Dienst anbietet. In einem solchen Fall kann der Rezipient die Inhalte selbst selektieren und ist nicht mehr auf das Ein- und Ausschalten beschränkt. Dann entfallen aber nicht nur die rundfunkspezifischen Sicherungen, sondern der Rundfunkbegriff wird nicht mehr erfüllt mit der Folge, daß die Bereitstellung im Rahmen eines Online-Dienstes ihm verwehrt wäre. So kann der ARD etwa nur zugestimmt werden, daß sie ihr bisher „weltweit einmaliges" Angebot der kompletten Tagesschau im Internet als „News on demand" bezeichnet.[364] Freilich sind die demand-Dienste, wie oben ausgeführt[365], gerade typisch für Fälle der Individualkommunikation und daher nicht mehr vom Rundfunkauftrag gedeckt. Die interaktiven Kommunikationsdienste sind jedoch nicht massenkommunikativ geprägt, sondern neue Formen der *Individualkommunikation.* Damit liegen sie außerhalb des gesetzlichen Aufgabenbereichs des öffentlich-rechtlichen Rundfunks.[366] Dessen Befugnis, interaktive Dienste anzubieten, läßt sich auch nicht in sonstiger Weise aus dem Grundrecht der Rundfunkfreiheit in Art. 5 GG ableiten:

---

[360] Siehe auch unten unter B Rdz. 244.
[361] Vgl. § 3 Abs. 3 Satz 2 WDR-G; vgl. auch § 2 ORB; § 4 Rdz. 5 LMG Bremen.
[362] BVerfGE 83, S. 238 ff., 302 unter Verweis auf BVerfGE 74, S. 297 ff., 350 f.
[363] BVerfGE 83, S. 238 ff., 303.
[364] Vgl. epd Nr. 60 vom 03.08.1996, S. 15.
[365] Siehe oben B Rdz. 64 ff.
[366] A. A. *Pieper/Wiechmann* ZUM 1995, S. 82, 91 f.

Dagegen spricht zunächst, daß die eingangs genannten interaktiven Dienste, bei denen der **73** Empfänger über das eigene ihm übermittelte Programm bestimmt, nicht mehr dem verfassungsrechtlichen Rundfunkbegriff zugeordnet werden können. Auch das Bundesverfassungsgericht betrachtet diese Dienste nicht als Rundfunk.[367] Anders als etwa die Herausgabe von Programmzeitschriften können die neuen „Dienste" auch *nicht als „unterstützende Randbetätigung"*[368] verstanden werden und von daher unter die Rundfunkfreiheit fallen. Das Gericht hat zwar ausgeführt, daß die *„Nutzung eines bestimmten Mediums nicht nur in den Schutzbereich einer einzigen der in Art. 5 Abs. 1 Satz 2 GG enthaltenen Garantien fallen könne".* Von der Rundfunkfreiheit könnten deshalb auch solche Tätigkeiten gedeckt sein, *„wenn und soweit sie diesem Aufgabenkreis als eine lediglich unterstützende Randbetätigung zugeordnet werden können".*[369] Dazu gehört das Angebot interaktiver Dienste jedoch gerade nicht, da es sich hier um Individualkommunikation handelt, die den massenkommunikativen Charakter des Rundfunks weder fördert noch unterstützt.

d) Rechtliche Folgerung für Dienste außerhalb des Rundfunkbegriffs

Bei den *interaktiven Diensten,* die durch das Kommunizieren des einzelnen Empfängers mit **74** dem Anbieter geprägt sind, fehlt das rundfunktypische Merkmal der Ausstrahlung von Sendungen gleichen Inhalts an die Allgemeinheit.[370] Diese Ansicht ist nicht unbestritten. Die Abgrenzung zwischen Individual- und Massenkommunikation wird vielmehr unter Verwendung dieses Merkmals des Rundfunkbegriffs in der Weise vorgenommen, daß verschiedene Dienste, so etwa Video-on-demand, der Massenkommunikation zugeordnet werden. In diesem Zusammenhang wird dann weitergehend angenommen, daß solche Dienste sogar „dem Rundfunk zugeordnet werden" können.[371]

Dieser Ansicht ist entgegenzuhalten, daß das Merkmal der Ausrichtung an die Allgemeinheit verkürzt verwendet wird. Entsprechend der Rechtsprechung des Bundesverfassungsgerichts[372] kann der Begriff nur vor dem Hintergrund seiner massenkommunikativen Bedeutung gesehen werden. Dies setzt aber voraus, daß der Kommunikator die Kommunikation selektiert. Bei den interaktiven Diensten ist das aber nicht der Fall. Das Angebot des Kommunikators kann nur als „invitatio ad offerendum" angesehen werden, während dem Zugriff des einzelnen Rezipienten die entscheidende Bedeutung beizumessen ist. Damit wird aber die Kommunikation individualisiert.

Ebenso fehlt es an dem Merkmal rundfunkspezifischer Verbreitung, bei der der Teilnehmer passiv das entsprechende Programmangebot rezipiert und im wesentlichen auf das „Ein- und Ausschalten" beschränkt ist.[373] Vielmehr ist bei interaktiven Diensten der Rezipient in der Lage, sein gewünschtes Angebot aus einer breit diversifizierten Palette selbst zusammenzustellen und wird somit zum Kommunikator. Damit ermangelt es den Diensten an zwei wesentlichen Voraussetzungen des Rundfunkbegriffs. Sie können daher diesem Medium nicht zugeordnet werden. Damit wird aber auch deutlich, daß der sachgerechte Maßstab für die Abgrenzung zwischen Individualkommunikation und Massenkommunikation nur das Merkmal der Interaktivität sein kann.

Ebensowenig können die Dienste „rundfunkähnlich" gewertet werden mit der Konse- **75** quenz, daß Rechtsfolgen, die sich aus der Rundfunkordnung ergeben, auch auf sie Anwendung finden.[374] Das Merkmal der Rundfunkähnlichkeit setzt eine Nähe zum Rundfunk-

---

[367] Vgl. BVerfGE 83, S. 238 ff., 302 f.
[368] Vgl. BVerfGE 83, S. 238 ff., 313 f.
[369] BVerfGE 83, S. 238 ff., 313 f.
[370] Vgl. oben unter B Rdz. 35 ff., 65 und 69.
[371] Vgl. Erinnerungsvermerk des Bund-Länder-Gesprächs vom 2.7.1996, Ziff. 4; vgl. § 20 Abs. 2 RStV
Vgl § 2 Abs. 1 Mediendienstestaatsvertrag (Stand: 20.01./07.02. 1997)
Vgl. hierzu *Engel-Flechsig* ZUM 1997, S. 234, 237, 239.
[372] Vgl. BVerfGE 74, S. 297 ff., 352.
[372a] Vgl. aber § 2 Abs. 4 Ziff. 3 JuKDG (Reg. Entwurf Stand Juni 1997)
[373] Vgl. BVerfGE 74, S. 297 ff., 350 f.
[374] Vgl. insoweit aber die Negativliste der Ministerpräsidenten vom 26./27.10.1995 in Lübeck, dort Ziff. II 2.; § 67 a HPRG; § 1 Abs. 1 Rundfunkgebührenstaatsvertrag; § 48 a Abs. 4 Satz 1 LRG Niedersachsen.

begriff voraus. Wenn eines oder mehrere Komponenten des Rundfunkbegriffs wie hier jedoch fehlen, kann hiervon nicht mehr ausgegangen werden. Anderenfalls wäre die Verwendung des Begriffs „rundfunkähnlich" willkürlich. Demgemäß ist ein solcher Dienst auch nicht „dem Rundfunk zuzuordnen".[375]

76 Vor diesem Hintergrund stellt sich bei Diensten, die das Merkmal der Ausrichtung an die Allgemeinheit und der rundfunkspezifischen Verbreitung nicht erfüllen, ebenso wie bei denjenigen, die keinen relevanten publizistischen Inhalt besitzen, die Frage nach den rechtlichen Konsequenzen:

Da es sich bei den interaktiven Diensten nicht um Massenkommunikation sondern um Individualkommunikation handelt, bedarf es *keiner rundfunkspezifischen Sicherungen* zum Schutze des Pluralismus.[376] Eine gesetzliche Verpflichtung zur Ausgewogenheit könnte ihren Sinn auch nicht erfüllen, wenn der Empfänger nur einzelne Sendungen abruft oder spezifische Dienste in Anspruch nimmt. Gleiches gilt für publizistisch nicht relevante Inhalte, die zur Meinungsbildung nicht beitragen und von denen keine Gefahren für die individuelle und öffentliche Meinungsbildung ausgehen können.

Weiterhin kann es weder eine Zulassung[377] noch eine Anzeigenpflicht[378] und erst recht keine Notwendigkeit einer Unbedenklichkeitserklärung geben.[379]

Diese Auffassung hat sich auch in praxi im Gesetzeswege durchgesetzt. Wohl spricht § 20 Abs. 2 RStV von der Möglichkeit der Zuordnung von Mediendiensten zum Rundfunk. Freilich wird dies nur bei Einvernehmen aller Landesmedienanstalten angenommen. Die Wahrscheinlichkeit, daß der Rundfunkbegriff und die mit ihm verbundenen Rechtsfolgen in den Bereich neuer Formen der Individualkommunikation ausgedehnt werden, dürfte damit gering sein.

77 Die Angebote der Individualkommunikation und solche mit publizistisch nicht relevantem Inhalt unterliegen also nicht dem Rundfunkrecht, sondern der allgemeinen Rechtsordnung und damit den Schranken, die die Verfassung in Art. 5 Abs. 2 GG für jede Form der Kommunikation festgelegt hat. Diese Dienste haben demnach die allgemeinen Gesetze, den Jugendschutz und die persönliche Ehre zu achten. Nur insoweit hat der Gesetzgeber gegebenenfalls den Schutz dieser Rechtsgüter nach dem Grundsatz der Verhältnismäßigkeit spezifisch auszugestalten und dabei die Besonderheiten der Individualkommunikation bzw. publizistisch nicht relevanter Angebote zu achten.[380] Dies setzt freilich voraus, daß solche Gesetze notwendig sind, also nicht bereits die Problematik durch allgemeine Regelungen erfaßt ist.[381]

6. Funktionen der Rundfunkfreiheit

a) Bedeutung des Rundfunks

78 Nach der Rechtsprechung des Bundesverfassungsgerichts vollzieht sich die freie Meinungsbildung *„in einem Prozeß der Kommunikation. Sie setzt auf der einen Seite die Freiheit voraus, Meinungen zu äußern und zu verbreiten, auf der anderen Seite die Freiheit, geäußerte Meinungen*

---

[375] Vgl. § 20 Abs. 2 RStV.
[376] Vgl. aber etwa § 12 LRG Schl.-Holst.
[377] Vgl. aber etwa § 12 Schl.-Holst.; § 67 a HPRG; § 2 Abs. 7 LMG Hamburg; § 48 a Abs. 4 LRG Nieders.; vgl. § 4 Mediendienstestaatsvertrag (Stand des Entwurfs v. 20.01./07. 02. 1997).
[378] Vgl. § 25 PRG Sachsen; vgl. § 4 Mediendienstestaatsvertrag (Entwurf v. 20.01./07.02.1997).
[379] Vgl. etwa § 67 a HPRG; Negativliste der Ministerpräsidenten vom 26./27.10.1995 in Lübeck, Ziff. II 2.; vgl. auch „Positionspapier des VPRT zur Einführung von DVB in Deutschland", zit. in epd. Nr. 77 v. 2.10.1996, S. 21 ff. Vgl. § 4 JuKDG (Regierungsentwurf, Stand: Juni 1997)
Vgl. *Engel-Flechsig*, ZUM 1997, S. 231 ff., 238
[380] Zu den Gesetzgebungskompetenzen siehe näher unten unter B Rdz. 209 ff. und Rdz. 236 ff.
[381] Vgl. zu dem Gebot der Trennung der Werbung nach §§ 1, 3 UWG BGH in NJW 1995, S. 3177 ff.

zur Kenntnis zu nehmen, sich zu informieren. Indem Art. 5 Abs. 1 GG die Meinungsäußerungs-, Meinungsverbreitungs- und Informationsfreiheit als Menschenrechte gewährleistet, sucht er zugleich, diesen Prozeß verfassungsrechtlich zu schützen".[382] Deshalb ist nicht nur die originär mit dem Persönlichkeitsrecht verbundene Wahrnehmung der Rechte am Kommunikationsprozeß, sondern auch die massenmediale Betätigung unter den Schutz der Verfassung gestellt. Dabei nimmt neben der Presse- und Filmfreiheit die Freiheit des Rundfunks als *„Medium"* und *„Faktor"* dieses verfassungsrechtlich geschützten Prozesses freier Meinungsbildung[383] eine besondere Stellung ein.

aa) Interesse des Einzelnen und der Gesellschaft

Aufgrund der kommunikationstechnischen Entwicklung traten zu der Presse andere neue Medien, vor allem der Rundfunk, hinzu. Die heutige Gesellschaft wird wegen der unübersehbaren Angebotsbreite von Nachrichten und Meinungen zurecht als *„Informationsgesellschaft"* bezeichnet, in der für den einzelnen ohne Hörfunk und Fernsehen eine umfassende und freie Meinungsbildung unmöglich wäre.[384] Wie Untersuchungen der empirischen Publizistikwissenschaft bereits Anfang der 50er Jahre nachwiesen, hat sich mit dem Aufkommen des Rundfunks, vor allem des Fernsehens, die Situation für den einzelnen wie auch für die Gesellschaft insgesamt grundlegend verändert. Gerade dieses Massenmedium ermöglicht auf Grund seiner Aktualität und Omnipräsenz die Ereignisse im näheren Umkreis und sogar weltweit in ihrer zunehmenden Dichte und Häufigkeit zu erfahren, womit dem Zuhörer und Zuschauer ein für die eigene Meinungsbildung wesentliches Abbild der Realität übermittelt wird.[385]

Die damit eröffnete Möglichkeit, sich umfassend über die Vorgänge außerhalb seines persönlichen Lebensbereichs zu unterrichten, entspricht dem ganz elementaren Informationsbedürfnis jedes einzelnen und ist deshalb notwendige Voraussetzung eines *menschenwürdigen Lebens,* dessen Schutz in Art. 1 GG oberste Leitmaxime der Verfassung ist.[386] Für die Persönlichkeitsbildung ebenso wesentlich ist die *geistige Auseinandersetzung* mit anderen. Der in Art. 2 GG verankerte Schutz der freien Selbstentfaltung wird erst dann wirksam, wenn jedermann die Vielfalt der unterschiedlichen Meinungen in der Gesellschaft erfahren und selbst dazu Stellung nehmen kann.[387] Der Rundfunk bietet hierfür ebenso wie die anderen Massenmedien ein geeignetes und aus den bereits genannten Gründen, wie etwa der Aktualität und der leichten Zugänglichkeit, ein unter den Bedingungen der Massenkommunikation unverzichtbares Plafond.[388] **79**

Die Freiheit des Rundfunks ist daneben auch für die *Funktionsfähigkeit der Demokratie* von essentieller Bedeutung. Ihr wesentliches Merkmal besteht in der *Volkssouveränität,* wie sie in der Verfassung in Art. 20 Abs. 2 Satz 1 GG verankert ist: Danach geht *„alle Staatsgewalt vom Volke aus".* Dies bedeutet, daß der Einzelne im demokratischen Rechtsstaat nicht als isoliertes Individuum zu sehen ist, sondern er als Träger seiner Freiheit auch als gemeinschaftsbezoge- **80**

---

[382] BVerfGE 57, S. 295 ff., 319; 27, S. 71 ff., 81; 7, S. 198 ff., 204 f.

[383] BVerfGE 12, S. 205 ff., 260; 57, S. S. 295 ff., 320.

[384] Vgl. *Schwarz-Schilling,* Grenzenlose Kommunikation, S. 43 ff., 77 und passim; siehe auch unter B 78 ff., 85 ff.

[385] Vgl. *Noelle-Neumann,* in: Publizistik-Lexikon, S. 364 ff.; *Lang* und *Lang,* The Unique Perspective of Television And Its Effect; *Kepplinger,* Systemtheoretische Aspekte politischer Kommunikation, in: Publizistik 30 (1985), S. 247 ff.; *Berg/Kiefer* (Hrsg.): Massenkommunikation III, S. 136 ff.; *Gerbner/Gross:* Living with Television, in: Journal of Communication 26, Nr. 2 (5/76), S. 173 ff.; *Hovland,* Effects of the massmedia of Communication, in: Handbook of social Psychology, Bd. 2, S. 67 ff.; *Scholz* in FS für Löffler, S. 355 ff.; *Arndt,* in: *Löffler* (Hrsg.), Die öffentliche Meinung, S. 1 ff.

[386] Vgl. *Geiger* AfP 1977, S. 256; *Hans Hugo Klein,* Die Rundfunkfreiheit, S. 34; vgl. auch BVerfGE 27, S. 71 ff., 81; 33, S. 52 ff., 85.

[387] Vgl. BVerfGE 57, S. 295 ff., 317 f.; 72, S. 118 ff., 158; BVerfGE 90, S. 60 ff., 85 f.; siehe hierzu auch oben unter B 10 ff., 13 ff., 111 ff. und unten unter E Rdz. 1 ff.

[388] Vgl. BVerfGE 57, S. 295, 313; 12, S. 205 ff., 261; 73, S. 118 ff., 156.

ncs Subjekt wirksam wird.[389] Die Volkssouveränität manifestiert sich zunächst darin, daß die staatlichen Organe durch die öffentliche Meinung in ihren Entscheidungen beeinflußt werden.[390]

Das Bundesverfassungsgericht hat deshalb der Freiheit der Medien, vor allem des Rundfunks, wegen der Notwendigkeit einer freien Meinungs- und Willensbildung *eine staatstragende Bedeutung* zugemessen, indem es feststellte:

> *„Danach kommt den Medien, insbesondere dem Rundfunk, eine herausragende kommunikative Bedeutung zu, weil sie die verschiedenen in der Gesellschaft bestehenden Meinungen, Ansichten und Strömungen aufnehmen, zusammenfassen und formen, indem sie selbst dazu Stellung nehmen, sie für jedermann zugänglich machen und an die Repräsentationsorgane in der Demokratie als verantwortlich Handelnden herantragen.“*[391]

Daneben ist es ebenso wesentlich, daß sich in der repräsentativen Demokratie die *Aktivbürgerschaft* als Ausdruck der Volkssouveränität in regelmäßigen Wahlen der Volksvertreter verwirklicht, die nach dem Mehrheitsprinzip über die Regierung in der nächsten Legislaturperiode und damit über die nächste zeitlich begrenzte Herrschaft im Staat bestimmen.[392] Dabei wird vorausgesetzt, daß die Bürger über die Auffassungen und die Entscheidungen der Staatsorgane unabhängig informiert werden und sich in der öffentlichen Meinung der politische Wille des Volkes vorformt.[393] Das demokratische Strukturprinzip läßt sich nur dann realisieren, wenn *„die Willensbildung vom Volk zu den Staatsorganen und nicht in umgekehrter Richtung verläuft“.*[394] Da sich die Darstellung der öffentlichen Meinung insoweit als ein Element unmittelbarer Demokratie erweist,[395] mißt das Bundesverfassungsgericht dem Rundfunk als *„Medium“* und *„Faktor“* dieses Prozesses individueller und öffentlicher Meinungsbildung *konstitutive Bedeutung* bei, der ihren besonderen grundrechtlichen Schutz in Art. 5 Abs. 1 Satz 2 GG begründet.[396]

81   Damit wird bereits deutlich, daß der besondere Schutz der Rundfunkfreiheit in dem Grundgesetz und damit nach der Wertordnung der Verfassung der Bundesrepublik Deutschland kein Selbstzweck ist. Das Gericht hebt insoweit hervor, daß sich

> *„freie Meinungsbildung in einem Prozeß der Kommunikation vollzieht. Sie setzt auf der einen Seite die Freiheit voraus, Meinungen zu äußern und zu verbreiten, auf der anderen Seite die Freiheit, geäußerte Meinungen zur Kenntnis zu nehmen, sich zu informieren. Indem Art. 5 Abs. 1 GG Meinungsäußerungs-, Meinungsverbreitungs- und Informationsfreiheit als Menschenrechte gewährleistet,*

---

[389] Vgl. BVerfGE 4, S. 7 ff., 15; *Stein,* Grundzüge des Verfassungsrechts, S. 136; *Stern,* Staatsrecht, Bd. II, S. 153 ff.; *Hesse,* Grundzüge des Verfassungsrechts, S. 189 ff.; *H. H. Klein* VVDStRL 29 (1971), S. 120 ff.; siehe hierzu auch oben unter B Rdz. 10 ff., 78 ff., 102 ff. und unten unter E Rdz. 1 ff.

[390] Vgl. *Kratzmann,* Die Erscheinungsformen der Volkssouveränität und die verfassungsrechtlichen Grundlagen der Methodenlehre (Art. 20 Abs. 2 u. 3 GG), S. 71 ff.; *Landshut,* Volkssouveränität und Staatssouveränität, S. 301 ff.; *Leibholz,* Bremsen der staatlichen Rechtsaufsicht gegenüber Rundfunk- und Fernsehanstalten, in: *Ehmke/Kaiser/Kewenig* u. a. (Hrsg.), Festschrift für Ulrich Scheuner, S. 363 f.

[391] Vgl. BVerfGE 12, S. 205 ff., 262 f.; 57, S. 295 ff., 320; 73, S. 118 ff., 162 f.; *Hans Hugo Klein,* Die Rundfunkfreiheit, S. 56 f.; vgl. auch *Arndt,* Die Rolle der Massenmedien in der Demokratie, S. 1 ff.; *Betzen,* Fernsehen, Objektivität oder Manipulation?; *Eberhard,* Festgabe für G. von Eynem, S. 267 ff.; *Stern,* Staatsrecht, Bd. I, § 18 II 6.

[392] Vgl. *Stern,* Staatsrecht, Bd. 2, S. 138 ff.; *Hesse,* Grundzüge des Verfassungsrechts, S. 67 ff.; *Stein,* Lehrbuch des Staatsrechts, III 2.

[393] Vgl. BVerfGE 8, S. 104 ff., 112; *Hesse,* Grundzüge des Verfassungsrechts, S. 145 ff.; *Kloepfer,* Handbuch des Staatsrechts, Bd. II, § 35 Rdz. 23 ff.

[394] Vgl. BVerfGE 35, S. 202 ff., 221.

[395] Vgl. *Kloepfer,* Handbuch des Staatsrechts, Bd. 2, § 35 Rdz. 26 ff.; *Schmitt Glaeser,* Handbuch des Staatsrechts, Bd. 2, § 31 Rdz. 27; *Stern,* Staatsrecht, Bd. 1, § 18 II 5.

[396] Vgl. BVerfGE 20, S. 56 ff., 97 f., 99; 35, S. 202 ff., 221; 44, S. 125 ff., 140; BVerfG ZUM 1994, S. 173 ff., 180; zu dem daraus abgeleiteten Gebot der Staatsfreiheit des Rundfunks siehe näher unten unter: D Rdz. 1 ff; vgl. zu den Grundlagen in der angelsächsischen Staatstheorie oben unter B Rdz. 1 ff.

sucht er zugleich diesen Prozeß verfassungsrechtlich zu schützen. Er begründet insoweit subjektive Rechte; im Zusammenhang damit normiert er die Meinungsfreiheit als objektives Prinzip der Gesamtrechtsordnung, wobei subjektiv- und objektiv-rechtliche Elemente einander bedingen und stützen".[397]

Das Bundesverfassungsgericht folgert daraus, daß

„demgemäß die Rundfunkfreiheit primär eine der Freiheit der Meinungsbildung in ihren subjektiv- und objektiv-rechtlichen Elementen dienende Freiheit ist: sie bildet unter den Bedingungen der modernen Massenkommunikation eine notwendige Ergänzung und Verstärkung dieser Freiheit individueller und öffentlicher Meinungsbildung".[398]

Als Grundrecht ist die Rundfunkfreiheit somit zweckgebunden, weil sie *„der Aufgabe dient, freie und umfassende Meinungsbildung durch den Rundfunk zu gewährleisten".*[399] Unter dem *„verfassungsrechtlich vorausgesetzten Dienst"*[400] wird die Herstellung eines *„allgemeinen Meinungsmarktes"*[401] verstanden, auf dem *„die Vielfalt der bestehenden Meinungen in möglichster Breite und Vollständigkeit Ausdruck findet und auf diese Weise umfassende Information geboten wird".*[402] Der Meinungsmarkt setzt dabei voraus, daß Öffentlichkeit im Sinne von *„Allgemeinzugänglichkeit"* geschaffen wird. Wesentlich ist der dadurch bewirkte Publizitätseffekt, und zwar mit dem Ziel, ein pluralistisches Zeitgespräch der Gesellschaft zu ermöglichen, den Rezipienten zu bilden und ein politisches Forum zu konstituieren.[403] **82**

Darin liegt die *„öffentliche Aufgabe"* des Rundfunks, die nach der Rechtsprechung des Bundesverfassungsgerichts verlangt, daß *„alle gesellschaftlich relevanten Gruppen mit ihren Vorstellungen, Überzeugungen, Meinungen und Wertungen beteiligt werden und in einem ausgewogenen Verhältnis zu Wort kommen".*[404] Der Rundfunk erfüllt seine dienende Funktion, indem er die bestehende Vielfalt allgemeinzugänglich macht und damit freie und umfassende Meinungsbildung gewährleistet. Aufgrund dieser Zweckbindung handelt es sich nach der Rechtsprechung des Bundesverfassungsgerichts *„im Unterschied zu anderen Freiheitsrechten des Grundgesetzes bei der Rundfunkfreiheit ... nicht um ein Grundrecht, das seinem Träger zum Zwecke der Persönlichkeitsentfaltung oder Interessenverfolgung eingeräumt ist ..."*[405] Mit dieser Feststellung wird nochmals verdeutlicht, daß die Rundfunkfreiheit nicht isoliert zu verstehen ist, sondern sich ihr Stellenwert im Kontext mit der Meinungs- und Informationsfreiheit ergibt. **83**

Die *Geschichte* der Medien zeigt, daß ein von der Meinungs- und Informationsfreiheit unabhängiger Gebrauch dieser Freiheit zu verheerenden Auswirkungen für die Meinungs- und Informationsfreiheit des einzelnen und der Gesellschaft geführt hat.[406] Somit führt die geschichtliche Entwicklung der Rundfunkfreiheit dazu, sie übereinstimmend mit dem Standpunkt des Bundesverfassungsgerichts in einen direkten Zusammenhang zur Meinungs- und Informationsfreiheit zu stellen. Nur aufgrund der dem Rundfunk übertragenen öffentlichen Aufgabe läßt sich auch erklären, warum den Trägern dieses Mediums mit der Rundfunkfreiheit ein eigenes Grundrecht zukommt. Auch die dem Rundfunk und der Presse zustehenden Privilegien, wie etwa das Zeugnisverweigerungsrecht und der medienspezifische Infor-

---

[397] Vgl. BVerfGE 57, S. 295 ff., 320 mit Verweis auf BVerfGE 7, S. 198 ff., 204 f.

[398] Vgl. BVerfGE 57, S. 295 ff., 320.

[399] Vgl. BVerfGE 57, S. 295 ff., 320; 83, S. 238 ff., 295 f.; 87, S. 181 ff., 197; BVerfG ZUM 1994, S. 173 ff., 180.

[400] Vgl. BVerfGE 83, S. 238 ff., 296; BVerfG ZUM 1992, S. 624.

[401] Vgl. BVerfGE 57, S. 295 ff., 323; *Faller* AfP 1981, S. 383; *Starck* ZRP 1989, S. 251; *Bullinger* JZ 1988, S. 435; *Ricker* NJW 1981, S. 1789 f.; vgl. *ders.* auch zur Presse, in: Anzeigenwesen und Pressefreiheit, S. 32 f.; vgl. auch *Peter Schneider*, Pressefreiheit und Staatssicherheit, S. 93.

[402] Vgl. BVerfGE 57, S. 295 ff., 320, 323.

[403] Vgl. *Peter Schneider*, Pressefreiheit und Staatssicherheit, S. 35; *Ricker*, Die öffentliche Aufgabe der Presse, S. 30 ff.; *Scheuner* VVdStRL, S. 93; vgl. hierzu näher unten unter B Rdz. 111 ff.

[404] Vgl. BVerfGE 31, S. 337; 12, S. 241, 244.

[405] Vgl. BVerfGE 87, S. 181 ff., 190; vgl. auch BVerfGE 57, S. 295 ff., 320; 83, S. 238 ff., 296.

[406] *Stern*, Staatsrecht, Bd. 1, § 16 VI 3; *Kaegi*, Die Verfassungsordnungen im internationalen Vergleich, S. 34; *Stern*, Lehrbuch des Staatsrechts, Bd. 2 Kap. 4 d; siehe näher oben unter A Rdz. 30 ff. und B Rdz. 7 f.

mationsanspruch, sind den Medien nicht um ihrer selbst willen, sondern wegen ihrer der Meinungsfreiheit dienenden Aufgabe eingeräumt.[407]

84   Schließlich kann auch nur sie die *Notwendigkeit einer Rundfunkordnung* verständlich machen, die das Bundesverfassungsgericht unter den folgenden Aspekten als erforderlich ansieht: Zum einen mißtraut es den Selbstregulierungskräften eines Marktmodells zur Verhinderung eines einseitigen Einflusses. Daneben befürchtet es eine besondere Anfälligkeit des Mediums in Krisenzeiten, wenn sich nur wenige im Besitz von Sendern und Übertragungseinrichtungen befinden. Schließlich sieht es den privaten Rundfunk bereits aus der Natur seiner Werbefinanzierung heraus nicht in der Lage, die Grundversorgung, also die Meinungs- und Spartenvielfalt in möglichster Breite für den allgemeinen Empfang, zu betreiben.[408] Aufgrund der funktionsbedingten Bedeutung des Rundfunks für die Meinungs- und Informationsfreiheit ist gerade auch ausgeschlossen, daß von der Medienfreiheit beliebig Gebrauch gemacht werden könnte. Wegen des großen Einflußpotentials des Rundfunks wären damit erhebliche Gefahren für diese essentiellen Rechtsgüter verbunden. Das Gericht sieht – wie bereits dargestellt wurde – deshalb das Grundrecht der Rundfunkfreiheit nicht als Privileg einzelner, sondern als funktionsbedingtes Recht an.[409]

bb) Rundfunkfreiheit als „dienende Freiheit"

85   Die vor allem von dem Bundesverfassungsgericht in seiner jüngeren Rechtsprechung immer stärker akzentuierte Rundfunkfreiheit als *„dienende Freiheit"*, die deshalb dem Träger des Grundrechts nicht *„zum Zwecke der Persönlichkeitsentfaltung oder der Interessenverfolgung eingeräumt ist"*,[410] findet in der Rechtswissenschaft keine ungeteilte Zustimmung:

86   Einem restriktiven Verständnis der Rundfunkfreiheit als „dienende Freiheit" steht diejenige Auffassung ablehnend gegenüber, die in dem Grundrecht ein *klassisches Freiheitsrecht* sieht.[411] Sie versteht die Rundfunkfreiheit als ein „Recht, selbständig und gegebenenfalls berufsmäßig sich zu äußern und diese Äußerungen auch zum Zwecke des Empfangs an Dritte zu verbreiten".[412] Diese Ansicht stützt sich auf den systematischen Zusammenhang der Rundfunkfreiheit mit den anderen Freiheitsrechten, vor allem der Presse- und Filmfreiheit, in dem Grundrechtsteil der Verfassung.[413] Bei diesen Grundrechten stehe die subjektiv-rechtliche Seite im Vordergrund.[414] Zweck des Grundrechtsschutzes sei es generell, das Individuum in dem durch das Grundrecht geschützten Freiheitsbereich vor Übergriffen des Staates zu bewahren.[415] Die Rundfunkfreiheit könne deshalb nicht untergeordnet sein, da Freiheit im Sinne der klassisch-liberalen Freiheitsgewähr nicht eine vom Staat inhaltlich vorbestimmte Freiheit zulasse, sondern voraussetze, daß der Grundrechtsträger selbst über Inhalt und Zweck des Freiheitsschutzes entscheide.[416]

---

[407] Vgl. BVerfGE 20, S. 162 ff., 166.

[408] Vgl. BVerfGE 57, S. 295 ff., 320 f.; 87, S. 181 ff., 196 f.; vgl. zur Kritik an dem zuletzt genannten Argument unten unter E Rdz. 110 ff.

[409] Vgl. *Ricker* NJW 1981, S. 2357; in *v. Mangoldt/Klein,* GG, Art. 5 Abs. 1 Satz 2 GG Rdz. 15; *Starck* ZRP 1988, S. 363.

[410] Vgl. BVerfGE 87, S. 181 ff., 190, wo diese Formulierung zum ersten Mal auftaucht.

[411] *Pestalozza* ZRP 1979, S. 25 ff.; *ders.* NJW 1981, S. 2158 ff.; *Weber,* Rundfunkfreiheit-Rundfunkanspruch, in: Festschrift für Ernst Forsthoff, S. 478 ff.; *Kloepfer* AfP 1983, S. 450; *Klein* Der Staat 20 (1981), S. 197; *Oppermann* JZ 1981, S. 727; *Scholz* JZ 1981, S. 962; *Schmitt Glaeser* BayVBl. 1985, S. 97 Fn. 4; *Fink* DÖV 1992, S. 806 ff.; *Bremer/Esser/Hoffmann,* Der Rundfunk in der Verfassungs- und Wirtschaftsordnung in Deutschland, S. 912; *Kull,* in: FS für Lerche, S. 663 ff.

[412] *Pestalozza* ZRP 1979, S. 25 ff.; vgl. *Oppermann* JZ 1981, S. 727; *Scholz* JZ 1981, S. 566; *Degenhardt* DÖV 1981, S. 961.

[413] Vgl. *Hans Hugo Klein,* Die Rundfunkfreiheit, S. 41.

[414] Vgl. *Kloepfer* AfP 1983, S. 450; *Kull* AfP 1981, S. 963.

[415] Vgl. *Degenhardt* DÖV 1981, S. 963; *Kull* AfP 1981, S. 381; *Klein,* Die Rundfunkfreiheit S. 41 f.

[416] Vgl. *Pestalozza* NJW 1981, S. 2158; *Wolf,* Medienfreiheit und Medienunternehmen, S. 357 ff., *Mestmäcker,* Verhandlungen des 56. Deutschen Juristentages, 1986, S. 09, 18; *Kull* FuR 1981, S. 378, 379, 385; *Degenhart* DÖV 1981, S. 962.

Dies gelte nicht nur für die Tätigkeit im Bereich des Rundfunks, sondern auch für den Zugang zu ihm. Insoweit führt die klassische Sichtweise als Parallele die Zulassungsfreiheit in der Presse an, die bei dem Kampf um die Pressefreiheit ganz im Vordergrund stand und nunmehr unbestrittener Kern ihrer Gewährleistung ist.[417] Eine restriktive Interpretation der Rundfunkfreiheit im Sinne einer Zweckbindung sei um so weniger zulässig, als auch die Entstehungsgeschichte belege, daß es dem Parlamentarischen Rat bei der Fassung des Grundgesetzes aufgrund der Erfahrungen mit der Indienstnahme dieses Mediums durch den Nationalsozialismus um den Ausschluß des Staatseinflusses auf den Rundfunk ging.[418]

Diese Sichtweise der Rundfunkfreiheit als klassisches Freiheitsrecht geht von dem richtigen Ansatz aus, indem sie einen staatlichen Einfluß kategorisch ablehnt. Sie unterstellt latente Gefährdungen des Freiheitsbereichs durch den Staat, die tatsächlich bis in die jüngste Gegenwart zu verzeichnen sind und von denen auch das Bundesverfassungsgericht gerade in seiner jüngeren Rechtsprechung, vor allem in dem 8. Rundfunkurteil ausgeht.[419] Beispielhaft seien nur der Versuch der Einführung eines *Staatsfernsehens* durch den damaligen Bundeskanzler Konrad Adenauer[420] oder der in dem früheren Rundfunkgesetz in Niedersachsen der Landesregierung eingeräumte Ermessensspielraum bei der Zulassung privater Rundfunkveranstalter genannt.[421]

Den Vertretern einer klassisch-freiheitlichen Sicht, die der „dienenden Funktion" skep- **87** tisch gegenüberstehen, ist zwar zu konzedieren, daß diese Zweckbindung des Grundrechts zu einer *Janusköpfigkeit des Staats* führt.[422] Einerseits hat er sich nach übereinstimmendem Verständnis, auch demjenigen eines *„dienenden Grundrechts"*, von dem Medium fernzuhalten. Andererseits hat er über die Ausgestaltung der Rundfunkordnung zu befinden, womit es gerade doch der Staat ist, der über den Freiheitsbereich und damit den Stellenwert der Rundfunkfreiheit entscheidet.

Eine solche gesetzliche Ordnung ist aber im Gegensatz zur Presse, auf deren unbestrittene Zulassungsfreiheit sich die klassische-freiheitsrechtliche Sicht der Rundfunkfreiheit beruft, *notwendig.* Zum einen ist es die Gefahr einseitigen Einflusses für die individuelle und öffentliche Meinungsbildung durch diejenigen, die sich im Besitz von Rundfunksendern und technischen Übertragungsmöglichkeiten befinden, andererseits die Anfälligkeit dieses Mediums für einen Machtmißbrauch in Krisenzeiten, die gesetzlicher Vorkehrungen erfordern.[423] Die Gefährdungen für den Kommunikationsprozeß lassen sich anders als durch eine gesetzliche Ordnung nicht verhindern, da es keine außerhalb der staatlichen Sphäre angesiedelte Institution gibt, die das sich verdichtende Problem der Konzentrationstendenzen im Rundfunk lösen und die daraus erwachsenden Gefahren abwehren könnte.[424]

Vor allem kann die Gesellschaft selbst diese Aufgabe nicht übernehmen, da sie nicht institutionalisierbar ist und darüber hinaus anders als die staatliche Gewalt nicht über die Machtmittel verfügt, um die freie und unabhängige Verwirklichung der dienenden Funktion durchzusetzen. In der von dem Staat zu errichtenden Rahmenordnung liegt zwar ein Gefährdungspotential, das die klassisch-freiheitsrechtliche Auffassung zu Recht erkennt. Dennoch kann diese Auffassung bei einer Abwägung der maßgeblichen Kriterien nicht überzeugen: Sie sieht nicht hinreichend die Gefahren, die eine unreglementierte Wahrnehmung

---

[417] Vgl. *Wolf*, Medienfreiheit und Medienunternehmen, S. 357 ff.; *Kull* FuR 1981, S. 378 ff.; vgl. auch *Hans Hugo Klein*, Die Rundfunkfreiheit, S. 41; *Redeker* ZUM 1985, S. 544.

[418] Vgl. *Wolf*, Medienfreiheit und Medienunternehmen, S. 357; *Mestmäcker*, Verhandlungen des 56. Deutschen Juristentages, S. 09 f., 18 f.; vgl. auch *Hans Hugo Klein*, Die Rundfunkfreiheit, S. 41.

[419] Vgl. BVerfG ZUM 1994, S. 173 ff., 180 ff.

[420] Vgl. BVerfGE 12, S. 205 ff.; vgl. hierzu näher oben unter A Rdz. 53.

[421] Vgl. BVerfGE 72, S. 118 ff., 198; BVerfG ZUM 1994, S. 173 ff., 180; siehe hierzu näher unten unter B Rdz. 91 ff; D Rdz. 10.

[422] Vgl. *Ricker*, Privatrundfunkgesetze im Bundesstaat, S. 32 f.

[423] Vgl. BVerfGE 12, S. 205 ff.; 264; 57, S. 295, 318 f.

[424] Vgl. hierzu näher unten unter E Rdz. 8 ff.

des Grundrechts für den zu schützenden individuellen und öffentlichen Meinungsbildungsprozeß mit sich bringen kann.[425]

88   Hingegen wird auch von den Vertretern der *„dienenden Funktion"* der Rundfunkfreiheit der Konflikt potentiellen staatlichen Einflusses erkannt. Deshalb wird auch verlangt, daß der Staat *kein Ermessen* besitzt, wie er über den Freiheitsbereich bestimmt.[426] Hierbei hat er sich *ausschließlich* an der „dienenden Funktion" zu orientieren, die nach der auch von dem Bundesverfassungsgericht vertretenen funktionalen Sicht in der Herstellung und Offenhaltung eines allgemeinen Meinungsmarktes liegt.[427]

Daraus folgt im weiteren, daß erforderliche Konkretisierungen im Einzelfall nicht dem Staat überlassen bleiben dürfen, sondern von den pluralen gesellschaftlichen Kräften zu lösen sind, hinsichtlich derer dem Staat nur die Aufgabe zukommt, sie zu organisieren und zur Erfüllung ihrer Funktionen durch Gesetz zu instrumentalisieren.[428]

89   Ein weiterer Schutz gegen staatlichen Einfluß ist darin zu sehen, daß der Staat durch die *Rechtsprechung,* vor allem diejenige des *Bundesverfassungsgerichts,* korrigiert wird, die den freiheitlichen Bezug der Rundfunkfreiheit herausstellt und bereits mehrfach maßgebliche Änderungen gesetzlicher Ordnungsstrukturen vorgenommen oder bewirkt hat. Als Beispiel seien das Verbot des Staatsfernsehens im ersten Rundfunkurteil,[429] die Anforderungen an die Rahmenordnung privatwirtschaftlichen Rundfunks in der FRAG-Entscheidung[430], der Ausschluß staatlicher Ermessensspielräume bei der Zulassung privater Veranstalter in dem „Niedersachsen-Urteil"[431], und die Vorgaben für die Festlegung der Finanzierung des öffentlich-rechtlichen Rundfunks in dem 8. Rundfunkurteil genannt.[432] Ob die Gefahren der Rundfunkfreiheit durch staatliche Einflußnahme durch die Entscheidungen der Justiz, vor allem durch das Bundesverfassungsgericht, hinreichend beseitigt werden, erscheint durchaus zweifelhaft. Jedenfalls im Bereich des öffentlich-rechtlichen Rundfunks und im geringeren Maße auch in Bezug auf private Veranstalter sind staatliche Einflüsse und Pressionen durchaus weiterhin festzustellen. Vor allem erscheint die gesellschaftliche Kontrolle des Rundfunks in Wirklichkeit weitgehend staatlich dominiert zu sein.[433]

Gerade daher ist der Auffassung von der Funktion aller Grundrechte als Freiheitsrechte durchaus einzuräumen, daß die Ausprägung der Rundfunkfreiheit als ein klassisches Freiheitsrecht dem notwendigen Schutz vor staatlichem Einfluß besonders entsprechen würde. Diese Einsicht führt aber dazu, den Gedanken der Rundfunkfreiheit als einer dienenden Freiheit immer dahin zu überprüfen, inwieweit er mit dieser Grundrechtssicht kombiniert werden könnte. Dabei ist festzustellen, daß das Bundesverfassungsgericht einer solchen Sichtweise eher skeptisch gegenübersteht. Vielmehr sieht es die dienende Funktion in erster Linie nicht in der Inanspruchnahme des Freiheitsrechts, sondern in der Schaffung einer *Rundfunkordnung durch den Staat.* Der innerhalb dieser Ordnung etablierte öffentlich-rechtliche Rundfunk verwirklicht den Dienst an der Meinungs- und Informationsfreiheit durch die Grundversorgung, also der Darstellung der weltanschaulichen und Spartenvielfalt in möglichster Breite in seinen für alle erreichbaren Programmen.

---

[425] Vgl. BVerfGE 57, S. 295 ff., 319.

[426] Vgl. *Ricker* NJW 1981, S. 1739; *Maunz/Dürig/Herzog/Scholz,* Art. 5 Abs. 1, 2 Rdz. 56, 132; *Lerche,* in: FS für Löffler, S. 1 ff.; *Bullinger* ZHR 1985, S. 121, 123; *Badura* JZ 1957, S. 180, 182; *Lerche,* Rundfunkmonopol, S. 38; ders. Verh. des 5. DJT, 1986, Bd. II, 0 38, 48; *Jarass,* Die Freiheit des Rundfunks vom Staat, S. 48; *Jarass/Pieroth,* Art. 5 Rdz. 33; *Stern* DVBl., 1982, S. 1109, 1113; *Wieland,* J., Die Freiheit des Rundfunks, S. 57; S. 71 ff.; *Hesse,* Die Rundfunkfreiheit, S. 68 f.; *Ricker,* Privatrundfunkgesetze im Bundesstaat, S. 23 f., 32.

[427] Vgl. BVerfGE 57, S. 295 ff., 323.

[428] Zum Grundrechtsschutz durch rechtsstaatliches Verfahren vgl. BVerfGE 87, S. 181 ff.; BVerfG ZUM 1994, S. 173 ff., 182 f.; siehe hierzu näher unten unter D Rdz. 8.

[429] Vgl. BVerfGE 12, S. 205 ff.

[430] Vgl. BVerfGE 57, S. 295 ff., 318.

[431] Vgl. BVerfGE 73, S. 118 ff., 196.

[432] Vgl. BVerfG ZUM 1994, S. 171 ff., 180.

[433] Vgl. hierzu D Rdz. 22 ff, vgl. auch *Ricker* NJW 1994, S. 199 f.

Freilich muß an dieser Stelle auf den *situativen Gehalt* der Verfassungsnorm verwiesen wer- 90
den, wie ihn das Bundesverfassungsgericht in seiner Rechtsprechung zu Art. 5 Abs. 1 Satz 2
selbst hervorgehoben hat.[434] Diese Sichtweise hat Mitte der achtziger Jahre zur Errichtung
des *dualen Rundfunksystems* geführt, das neben den öffentlich-rechtlichen Anstalten auch die
private Veranstaltung von Rundfunk erlaubt. Wenngleich letztere nur unter erheblichen Auflagen im Interesse des Dienstes an der Meinungsfreiheit ermöglicht wird, ist die Diskrepanz
zu der Sicht der Rundfunkfreiheit als klassischem Freiheitsrecht jedenfalls geringer geworden. Sie könnte weiter minimiert werden, wenn die privaten Veranstalter in die Lage kämen,
in gleichwertiger Form wie der öffentlich-rechtliche Rundfunk die Grundversorgung zu leisten. Dann spräche vieles dafür, Art. 5 Abs. 1 Satz 2 GG jedenfalls auch als klassisches Freiheitsrecht zu begreifen.[435] Mit einer solchen Entwicklung wäre aber die Frage nach dem Verhältnis von der Inanspruchnahme der Rundfunkfreiheit durch private Veranstalter und von
staatlicher Gewährleistung neu zu stellen. Als Ergebnis wäre es dann sicher zu begrüßen,
wenn der notwendige Dienst an der Meinungs- und Willensbildung des einzelnen und der
Gesellschaft primär im Sinne klassischer Freiheit ausgeübt würde.

b) Die Rundfunkfreiheit als Abwehrrecht

aa) Allgemeines Grundrechtsverständnis

Nach den herkömmlichen Grundrechtstheorien besteht im wesentlichen Übereinstim- 91
mung darin, daß die grundrechtlich verbürgten Freiheitsrechte zuerst *Abwehrrechte des Individuums* gegenüber staatlichen Eingriffen oder Übergriffen sind.[436]

Dabei stützt sich die überwiegende Auffassung vor allem auf die historische Entwicklung
seit der Proklamation der Menschen- und Freiheitsrechte gegenüber der absolutistischen
Herrschaftsgewalt während der Epoche der Aufklärung und auf den mit Beginn des 19. Jahrhunderts einsetzenden *Kampf* um persönliche und politische Freiheitsrechte der liberal-bür-
gerlichen Kräfte gegenüber dem *Obrigkeitenstaat*. Dessen Bedeutung sei um so wichtiger, als
die Staatsgewalt als Reaktion auf diese Bestrebungen gerade auch die persönliche Entfaltung
und die politische Betätigung durch Verbote der Presse als damals einzigem Massenmedium,
etwa dem Konzessionszwang oder dem Verbot politischer Zeitschriften,[437] immer wieder ein-
schränkte.[438] Die Funktion der Grundrechte *primär als subjektive Abwehrrechte* wird zudem auf
das für die Verfassung und seine normative Auslegung entscheidende Leitprinzip, den Schutz
der Menschenwürde und die freie Entfaltung der Persönlichkeit in Art. 1 Abs. 2 und Art. 2
Abs. 1 GG gestützt, das sich vor allem gegenüber dem Staat bewähren müsse.[439] Auch das
Bundesverfassungsgericht hebt in seiner Rechtsprechung den staatsabwehrenden Charakter
der Grundrechte deutlich hervor:

*„Ohne Zweifel sind die Grundrechte in erster Linie dazu bestimmt, die Freiheitssphäre des einzelnen vor
Eingriffen der öffentlichen Gewalt zu sichern; sie sind Abwehrrechte des Bürgers gegen den Staat. Das ergibt
sich aus der geistesgeschichtlichen Entwicklung der Grundrechtsidee wie aus den geschichtlichen Vorgängen, die
zur Aufnahme von Grundrechten in die Verfassungen der einzelnen Staaten geführt haben. Diesen Sinn ha-*

---

[434] Vgl. BVerfGE 83, S. 238 ff., 296 f.

[435] Vgl. hierzu näher unten unter B Rdz. 122 ff.

[436] Vgl. *Jellinek*, System der subjektiven öffentlichen Rechte, S. 58; *Schwabe*, Probleme der Grund-
rechtsdogmatik, S. 17 ff., 196; *Alexy*, Theorie der Grundrechte, S. 159 ff.; *Stern*, Staatsrecht, Bd. III, § 65
Rdz. IV 1, 2; *Stein*, Lehrbuch des Staatsrechts, S. 144 ff.; *Hesse*, Grundzüge des Verfassungsrechts, § 5
Rdz. 7; *ders. EuGRZ* 1978, S. 427 ff., 431.

[437] Siehe hierzu näher oben B Rdz. 3 ff.

[438] Vgl. *E.-W. Böckenförde NJW* 1974, S. 1530 ff.; vgl. *von Münch*, Grundbegriffe des Staatsrechts Bd. 1,
Rdz. 167 ff.; *Bleckmann*, Staatsrecht Bd. 2, Allgemeine Grundrechtslehren, S. 173 ff.; *Hesse*, Grundzüge
des Verfassungsrechts, S. 91 ff.; *Doehring*, Das Staatsrecht der Bundesrepublik Deutschland, S. 207 ff.;
Lübbe Wolf, Die Grundrechte als Eingriffsabwehrrechte, S. 2; *Stern*, Staatsrecht, Bd. 3, § 65 IV 2.

[439] Vgl. *Maunz / Dürig / Herzog / Scholz*, Art. 1 Abs. 2, Rdz. 53; Art. 1 Rdz. 46; *Stern*, Staatsrecht, Bd. IV
§ 2; *Schmidt / Bleibtreu / Klein*, Art. 101 Rdnr. 8; *Stein*, Lehrbuch des Staatsrechts, S. 144.

ben auch die Grundrechte des Grundgesetzes, das mit der Voraustellung des Grundrechtsabschnitts den Vorrang des Menschen und seiner Würde gegenüber der Macht des Staates betonen wollte …"[440]

An anderer Stelle ergänzt das Gericht:

„Demgemäß dienen sie vorrangig dem Schutz der Freiheitssphäre des einzelnen Menschen als natürliche Person gegen Eingriffe der staatlichen Gewalt; darüber hinaus sichern sie Voraussetzungen und Möglichkeiten für eine freie Mitwirkung und Mitgestaltung im Gemeinwesen".[441]

Unterschiedliche Auffassungen hinsichtlich der abwehrenden Bedeutung der Grundrechte bestehen im weiteren, soweit es nicht allein um das Unterlassen staatlicher Eingriffe, also den status negativus, sondern um die zum Schutz des grundrechtlich gesicherten Freiheitsraumes unerläßlichen Absicherungen oder sonstigen staatlichen Leistungen geht.[442]

bb) causa des Abwehrrechts

92   Die Funktion der Rundfunkfreiheit als Abwehrrecht gegen staatliche Beeinflussung wird von dem Bundesverfassungsgericht in ständiger Rechtsprechung hervorgehoben, da dieses Grundrecht essentielle Bedingung freier Meinungsbildung des einzelnen und der Gesellschaft sei.[443] Die Staatsfreiheit und damit der abwehrende Charakter ergebe sich hier unmittelbar aus seiner *dienenden Funktion.* Deshalb kann nicht der Auffassung zugestimmt werden, die die Staatsfreiheit des Grundrechts zur Verwirklichung der eigenen Persönlichkeitsentfaltung als notwendig ansieht. Soweit auf die liberal-klassische Entstehungsgeschichte der Grundrechte verwiesen wird, kann dies für die Rundfunkfreiheit nicht gelten.[444] Zwar sind die Grundrechte allgemein in ihrem geschichtlichen Bezug als Ausdruck des Kampfes um Menschen- und Freiheitsrechte zu sehen. Zu Recht wird aber im Hinblick auf die Verankerung der Rundfunkfreiheit im Grundgesetz darauf hingewiesen, daß ihr besonderer Schutz vor allem wegen der Inanspruchnahme des Rundfunkwesens durch das nationalsozialistische Regime als Sprachrohr der Regierungspolitik für notwendig gehalten wurde.[445]

93   Damit wird deutlich, daß es nicht um den Schutz des einzelnen im Sinne seiner Selbstentfaltung geht. Vielmehr ergibt sich die abwehrende Bedeutung der Rundfunkfreiheit zunächst aus dem *Schutz der Meinungsfreiheit* des einzelnen und der Gesellschaft vor staatlicher Beeinflussung. Wie bereits dargestellt wurde,[446] wird die Meinungsfreiheit als „objektives Prinzip der Grundrechtsordnung"[447] nur dann gewährleistet, wenn der individuelle und öffentliche Kommunikationsprozeß von jeglicher einseitigen Einflußnahme, vor allem des Staates, freigehalten wird. Nur dann kann sich der einzelne frei informieren und mit anderen Meinungen auseinandersetzen und damit seine Persönlichkeit frei entfalten.

94   Daneben wird die abwehrende Funktion des Grundrechts der Rundfunkfreiheit aus ihrer Nähe zum *demokratischen Prinzip* abgeleitet: Der Zweck der Vorschrift liegt ebenso darin, die freie Entstehung einer öffentlichen Meinung zu ermöglichen und damit die Volkssouveränität, also den durch die Ausübung der Aktivbürgerschaft einschließlich der Wahlakte zum

---

[440] BVerfGE 7, S. 198 ff., 204 f.; vgl. auch BVerfGE 13, S. 318 ff., 325, 326; vgl. auch *Böckenförde* NJW 1974, S. 1529 ff., 1537; *Erichsen,* Staatsrecht und Verfassungsgerichtbarkeit Bd. 1, S. 56.

[441] Vgl. BVerfGE 68, S. 193 ff., 205; 61, S. 82 ff., 101; BVerfGE 59, S. 231, 255; siehe hierzu auch unten unter D Rdz. 1 ff.

[442] Vgl. BVerfGE 35, S. 79 ff., 112 ff.; vgl. *Stern,* Staatsrecht Bd. 3 § 65, 8 IV 4; § 69 V 6a; *Hesse,* Grundzüge des Verfassungsrechts, § 5 Rdz. 16; zu der Frage, ob sich aus den Grundrechten Leistungsansprüche ableiten lassen, siehe unten unter B Rdz. 102 ff., 150 ff., 161 f.

[443] BVerfGE 12, S. 205, 261; 32, S. 317; 72, S. 118 ff., 156; BVerfG ZUM 1994, S. 173 ff., 180.

[444] So aber *Kull* AfP 1981, S. 384; *Pestalozza* NJW 1981, S. 2356 f.; *Scheuner,* Die Grundrechte, Art. 5 Rdz. 36.

[445] Vgl. *Herrmann,* Fernsehen und Hörfunk in der Verfassung der Bundesrepublik Deutschland, S. 124; *Jarass,* Die Freiheit des Rundfunks vom Staat, S. 11; *Stern,* Staatsrecht, Bd. 2, § 65 VI Ziff. 4; *Schmidt/Bleibtreu/Klein,* Die Grundrechte, Art. 5 Rdz. 26; *Schmitt Glaeser,* Handbuch des Staatsrechts § 31 Rdz. 66.

[446] Siehe oben B Rdz. 8 ff.

[447] BVerfGE 57, S. 295 ff., 317 f.

Ausdruck kommenden Staatswillen des Volkes, zu garantieren. Dies setzt voraus, daß sich die Meinungs- und politische Willensbildung *„von dem Volk zu den Staatsorganen und nicht in umgekehrter Richtung"*[448] entwickelt und sich der Staat eines Einflusses auf diesen Kommunikationsprozeß enthält.[449]

Deshalb wäre es unter dem Aspekt des Demokratiegebots undenkbar, der Regierung oder der sie tragenden Parlamentsmehrheit mit einem Staatsrundfunk gewissermaßen das Mittel zur Perpetuierung ihres durch Wahlen erlangten demokratischen Mandats, das nur auf Zeit gewährt ist, in die Hand zu geben.[450]

Aus den genannten Gründen, Freiheit der Information und der Meinungsbildung des einzelnen und der Gesellschaft einerseits, Ermöglichung der Aktivbürgerschaft andererseits, wird auch nach der Auffassung von der Zweckgebundenheit der Rundfunkfreiheit die *Beteiligung des Staates* auf die Errichtung einer *Rahmenordnung* reduziert und im übrigen die Sicherung der Meinungsfreiheit im Rundfunk der Kontrolle durch die Gesellschaft und damit den Bürgern selbst übertragen.[451] Damit wird aber deutlich, daß die Funktion der Rundfunkfreiheit als Abwehrrecht unmittelbar aus ihrer der Meinungsfreiheit dienenden Funktion abzuleiten ist.

cc) Beispiele für das Abwehrrecht

Im folgenden seien Beispiele genannt, in denen die Rundfunkfreiheit abwehrende Bedeutung erlangt: **95**

Ausgeschlossen ist ein *Staatsrundfunk,* mit dem es der Regierung ermöglicht würde, auf den Meinungs- und Willensbildungsprozeß unmittelbar Einfluß zu nehmen. Dem steht der Sinn des Grundrechts entgegen, der eine unabhängige freie Information und Meinungsbildung gerade auch über das Handeln der politisch verantwortlichen Staatsorgane und daneben die Ausrichtung des Staatswillens von den Bürgern hin zu den gewählten Vertretern und nicht in umgekehrter Richtung gewährleisten soll.[452]

Die abwehrende Funktion des Grundrechts richtet sich ebenso gegen *staatsnahe Sender,* die zwar nicht in unmittelbarer Staatsverwaltung betrieben werden, aber über die Partizipation staatlicher Vertreter in den Entscheidungs- und Kontrollorganen dem Einfluß der Regierung offenstehen. Insoweit bestanden Bedenken gegen den ausschließlich mit Staatsvertretern besetzten Verwaltungsrat des durch Bundesgesetz 1960 gegründeten Hörfunksenders „Deutsche Welle".[453]

Als *indirekte Einflußmöglichkeit,* die ebenfalls die Rundfunkfreiheit als Abwehrrecht tangiert, wäre etwa ein exzessives *„Rederecht"* des Staates anzusehen, das über ein der Regierung eingeräumtes Verlautbarungsrecht hinausginge.[454] Gegen letzteres bestehen freilich keine rechtlichen Einwände, wenn es etwa für Katastrophenmeldungen und somit zum Schutz anderer grundrechtlich geschützter Rechtsgüter in Anspruch genommen wird und dabei der Grundsatz der Verhältnismäßigkeit beachtet wird.[455]

---

[448] Vgl. BVerfGE 35, S. 202, 238.

[449] Vgl. BVerfG ZUM 1994, S. 173 ff., 180; *Maunz/Dürig/Herzog/Scholz,* GG, Art. 5 Abs. 1, 2 Rdz. 213; *Wufka,* Die verfassungsrechtlich-dogmatischen Grundlagen der Rundfunkfreiheit, S. 67; *Jarass,* Die Freiheit des Rundfunks vom Staat, S. 67; *Stender-Vorwachs,* „Staatsferne" und „Gruppenform", S. 32; *Badura* JZ 1989, S. 67; *Bethge* DÖV 1986, S. 332; *Lerche,* Rundfunkmonopol, S. 36; *Ricker,* Privatrundfunkgesetze im Bundesstaat, S. 32, 67; siehe auch unten unter D Rdz. 1 ff.

[450] *Maunz/Dürig/Herzog/Scholz,* GG, Art. 5 Abs. 1, 2 Rdz. 213; *Jarass,* Die Freiheit des Rundfunks vom Staat, S. 67; vgl. zu den Grundlagen in der angelsächsischen Staatstheorie oben B Rdz. 5.

[451] Siehe hierzu näher unter D Rdz. 5 ff.

[452] Vgl. *Maunz/Dürig/Herzog/Scholz,* GG, Art. 5 Abs. 1, 2 Rdz. 213; *Hesse,* Rundfunkrecht, S. 55; *v. Mangoldt/Klein/Starck,* Art. 5 Rdz. 17; *Ricker,* Privatrundfunkgesetze im Bundesstaat, S. 36.

[453] Vgl. dazu näher unter D Rdz. 11.

[454] So etwa in Großbritannien, vgl. Art. 10 Broadcasting Act 1990, das der Regierung ein unbeschränktes Zugangsrecht zum Rundfunk einräumt; siehe auch unten unter D Rdz. 91 ff.

[455] Vgl. *Jarass,* Die Freiheit des Rundfunks vom Staat, S. 65; *Badura,* Verfassungsrechtliche Bindungen der Rundfunkgesetzgebung, S. 69 ff.; *Fuhr,* in: *Fuhr* (Hrsg.), ZDF-StV § 5 Anm. 4a; vgl. auch BVerfGE 44, S. 125 ff.; siehe hierzu näher unten unter D Rdz. 99 ff.

Die Staatsgerichtetheit des Abwehrrechts wird in gleicher Weise auch durch einen indirekten Staatseinfluß tangiert, wie er etwa in der *Beteiligung staatlicher Vertreter* in den Rundfunkräten des öffentlich-rechtlichen Rundfunks und auch in den *Kontrollgremien der Landesmedienanstalten* festzustellen ist. Dieser Einfluß wird durch die Gremienmitglieder der Parteien als staatsnahen Organisationen noch verschärft. Auf die Gefahr der Instrumentalisierung des Rundfunks durch Regierung und Parlament und gerade durch die Parteien weist das Bundesverfassungsgericht in seinem 8. Rundfunkurteil erstmals ebenfalls ausdrücklich hin.[456]

Gleichfalls tangiert ist das Abwehrrecht, wenn der Staat die Ausübung der Rundfunkfreiheit von *Gegenleistungen,* etwa finanzieller Art, abhängig machen würde, die zu der dienenden Funktion des Grundrechts für die individuelle und öffentliche Meinungsbildung in keiner Beziehung stehen.[457]

dd) Umfang des Abwehrrechts

96   Wegen der *„dienenden Funktion"* der Rundfunkfreiheit kann das Abwehrrecht ihren Trägern *keinen beliebigen Gebrauch* gestatten, der dieser Zweckbindung entgegenstehen würde. Diese Folgerung stößt auf den Widerspruch derjenigen individualrechtlichen Auffassung, die das Grundrecht der Rundfunkfreiheit als klassisches Freiheitsrecht zur Selbstverwirklichung des Ausübenden versteht und deshalb eine immanente Zweckbindung durch die „dienende Funktion" ablehnt.[458] Dieser Ansicht kann deshalb nicht zugestimmt werden, da sie die tatsächliche Ausgangssituation für die Ausübung des Grundrechts, etwa die Gefahr einseitig dominierender Einflußnahme auf den individuellen und öffentlichen Kommunikationsprozeß durch diejenigen, die sich im Besitz von Rundfunksendern und Frequenzen befinden, verkennt. Nach der Rechtsprechung des Bundesverfassungsgerichts muß der verfassungsrechtlich geschützte Kommunikationsprozeß nicht nur von staatlichem, sondern generell vor einseitigem Einfluß freigehalten werden.[459] Das Gericht hat deshalb ausdrücklich hervorgehoben, daß das Grundrecht der Rundfunkfreiheit seinen Trägern nicht *„zum Zweck der Persönlichkeitsentfaltung oder Interessenverfolgung eingeräumt ist".*[460] Dieser Rechtsprechung ist wegen der möglichen Gefährdung der Meinungs- und Informationsfreiheit des einzelnen und der Gesellschaft bei einem von diesen essentiellen Grundrechten unabhängigen Gebrauch der Rundfunkfreiheit zuzustimmen.

97   Dabei ist zunächst darauf hinzuweisen, daß die tatsächliche Entwicklung des Rundfunks in der Bundesrepublik Deutschland trotz der erheblichen Zunahme von Übertragungsmöglichkeiten und unterschiedlichen Programmen nicht unbedingt erwarten läßt, daß ein nach den Bedingungen des wirtschaftlichen Wettbewerbs funktionierendes Modell ähnlich wie im Bereich der Presse Meinungspluralismus garantiert. Wegen der zunehmenden Konzentrationstendenzen bestände dann, wenn die Rundfunkfreiheit ihren Trägern ins Belieben gestellt wäre, die Gefahr eines übergewichtigen einseitigen Einflusses, den sich in Krisenzeiten auch der Staat zunutze machen könnte.[461]

---

[456] Vgl. BVerfG ZUM 1994, S. 173 f., 180; siehe dazu näher unten unter D Rdz. 89.

[457] Vgl. die Verpflichtung zu finanziellen Investitionen als Voraussetzung einer Sendelizenz, etwa für private Veranstalter in Berlin, siehe näher unten unter D Rdz. 60 ff.

[458] Vgl. *Kull* ZUM 1987, S. 386; *Scheuner,* Die Grundrechte, Art. 5 Rdz. 36; *Pestalozza* NJW 1981, S. 2158; vgl. näher zur individualrechtlichen Auffassung unten unter B Rdz. 132.

[459] Vgl. BVerfGE 57, S. 295 ff., 319 f.; 73, S. 118 ff., 136; 87, S. 181 ff., 201; BVerfGE 90, S. 60 ff., 88 f.; vgl. auch unten unter E Rdz. 34.

[460] BVerfGE 87, S. 181 ff., 201.

[461] Vgl. hierzu *Hesse,* Die Rundfunkfreiheit, S. 69; *Bethge,* Freiheit und Gebundenheit der Massenmedien in DVBl. 1983, S. 369, 374; *Schmidt,* Die Rundfunkgewährleistung, S. 76 f.; *Maunz/Dürig/Herzog/Scholz,* Art. 5 GG Rdz. 67, 132; *K. Hesse,* Grundzüge des Verfassungsrechts, Rdnr. 357; *Böckenförde,* Freiheitssicherung gegenüber gesellschaftlicher Macht, in: Staat, Gesellschaft und Freiheit, S. 336, 344.

Insoweit wird zu Recht darauf hingewiesen, daß bei einem Verständnis der Rundfunk- **98**
freiheit ohne eine funktionale Zweckbindung der Gesetzgeber bei Eingriffen in den
Meinungsmarkt gehindert wäre, nunmehr die notwendigen Schutzmaßnahmen zu ergreifen,
da andernfalls der Sinn des Grundrechtsschutzes in sein Gegenteil verkehrt würde.[462] Da die
Gewährleistung der Rundfunkfreiheit kein Selbstzweck, sondern ein notwendiges Mittel zur
Verwirklichung der individuellen Menschenrechte des Art. 5 Abs. 1 GG und des Demokratiegebots ist,[463] müssen die Zugangschancen und damit die *Offenheit des Meinungsbildungspro-
zesses* im Rundfunk durch eine gesetzliche Rahmenordnung gesichert werden.[464]

Wenn somit die *„dienende" Funktion* als Zweckbindung des Grundrechts anzuerkennen ist,
stellt sich die Frage nach dem *Umfang der Rundfunkfreiheit als Abwehrrecht*. Aus der Funktions-
bezogenheit der Rundfunkfreiheit ist zu folgern, daß das Grundrecht keinen abwehrenden
Schutz gegen die Vorgaben der gesetzlichen *Rahmenordnung* entfalten kann, die die Herstellung
und Offenhaltung des allgemeinen Meinungsmarktes im Interesse der individuellen und öffentlichen Meinungsbildung absichern und effektuieren. Insoweit übt der Staat *keinen Einfluß*
aus, um die Meinungsfreiheit einzuschränken, sondern um sie *zu schützen*. Deshalb können sich
aus solchen Restriktionen auch keine Eingriffe in den grundrechtlich geschützten Bereich eines Rundfunkveranstalters ergeben, die deshalb auch nicht unter Berufung auf den Schutz des
Grundrechts als Abwehrrecht angefochten werden können. Beispielsweise würde es dem Ziel
eines freien Kommunikationsprozesses und eines offenen Meinungsmarktes entgegenstehen,
wenn einzelne über mehrere Programme das Medium beherrschen oder jedenfalls einseitigen
Einfluß auf das angebotene Meinungs- und Informationsspektrum nehmen könnten.[465]

Mit den Antikonzentrationsregelungen versucht der Gesetzgeber, die Gefahr von Mono- **99**
polisierungstendenzen und einseitigen Einflußmöglichkeiten auf den Kommunikationsprozeß im Rundfunk zu verhindern, indem der zulässige Marktanteil begrenzt wird.[466] Deshalb
könnte die Rundfunkfreiheit als Abwehrrecht nicht in Anspruch genommen werden, falls
sich ein Rundfunkveranstalter durch die zur Sicherung der Meinungsvielfalt erforderlichen
und zumutbaren Restriktionen bei der Verfolgung der eigenen Interessen beschränkt sieht.

Bedeutung für den Umfang der Rundfunkfreiheit als Abwehrrecht haben etwa auch die *Wei-* **100**
terverbreitungsregelungen in den Landesmediengesetzen, mit denen der Gesetzgeber über die den
Rezipienten zur Verfügung stehenden Programme in den Kabelanlagen entscheidet. Sie gehören
ebenfalls zu der notwendigen Rahmenordnung,[467] da es nicht dem Belieben des Kabelbetrei-
bers unterliegt, welche Programme die Teilnehmer empfangen können. Zur Sicherung ihrer
grundrechtlich geschützten *Informationsfreiheit*, sich aus allgemein zugänglichen Quellen zu unterrichten,[468] hat der Gesetzgeber Vorsorge zu treffen, daß der Rundfunk auch beim Kabel-

[462] Vgl. *Rupp-v. Brünneck*, Zur Grundrechtsfähigkeit juristischer Personen, Verfassung und Verantwortung: Schriften und Sondervoten, S. 110, 119; *Kübler*, Massenkommunikation und Medienverfassung, in: *Badura/Scholz* (Hrsg.), Wege und Verfahren des Verfassungslebens, FS für Lerche,
S. 649 ff., 650.
[463] Siehe hierzu näher oben unter B Rdz. 85 ff., 101 ff.
[464] Vgl. BVerfGE 90, S. 60 ff., 85 f.; *Hesse*, Rundfunkrecht, S. 70 f.; *Bullinger*, Die Freiheit von Presse,
Rundfunk und Film, in: *Isensee/Kirchhof* (Hrsg.), Handbuch des Staatsrechts § 142, Rdnr. 144 ff.; *v.
Mangoldt/Klein*, Art. 5 Rdz. 6 f.; *Wieland*, Markt oder Staat als Garanten der Freiheit, in: Der Staat 23
(1984), S. 271; *Bethge*, in: Fuhr/Rudolf/Wasserburg (Hrsg.), Recht der neuen Medien, S. 109; *Böcken-
förde/Wieland* AfP 1982, S. 84; *Lerche*, Landesbericht Bundesrepublik Deutschland, in: *Bullinger/Kübler*,
Rundfunkorganisation und Kommunikationsfreiheit S. 23 ff., 92; *Kübler*, Medienverflechtung, S. 74 f.; *Badura*, Verfassungsrechtliche Bindungen der Rundfunkgesetzgebung, S. 49, S. 54 ff.; *Schellenberg* AöR 119,
S. 427 ff., 441; siehe unten unter C Rdz. 2 ff.
[465] Vgl. BVerfGE 57, S. 295 ff., S. 319 f; *Ricker* NJW 1983; S. 2357; *v. Mangoldt/Klein/Starck*, GG, Art. 5
Abs. 1 S. 2 GG Rdz. 15.
[466] Vgl. die Antikonzentrationsregelungen in §§ 26 ff. RStV und in den Landesrundfunkgesetzen, vgl.
etwa § 13 LRG Rhl.-Pf.; siehe auch unten unter E Rdz. 49 ff.
[467] Vgl. BVerfGE 73, S. 118 ff., 201 ff., siehe hierzu näher unten unter G Rdz. 1 ff.
[468] Vgl. BVerfGE 27, S. 76 ff., 83; siehe näher zur Informationsfreiheit oben unter B Rdz. 13 ff.

empfang seine dienende Funktion für die Informations- und Meinungsfreiheit des einzelnen und der Gesellschaft erfüllt. Deshalb kann unter Berufung auf die abwehrende Bedeutung der Rundfunkfreiheit keine Änderung der gesetzlichen Bestimmungen über die Programmauswahl verlangt werden, soweit diese den Anforderungen an die Weiterverbreitung entsprechen.[469]

Den in der Verfassung verankerten Grundrechten kommt zunächst eine gegen den Staat gerichtete abwehrende Bedeutung zu. Hierauf wurde oben näher eingegangen.[470] In diesem Zusammenhang stellt sich die Frage, ob der besondere Grundrechtsschutz der Rundfunkfreiheit nicht nur gegenüber dem Staat, sondern auch gegenüber anderen am *privaten Rechtsverkehr Beteiligten* Wirkung erlangt. Dies kann sowohl im Verhältnis der privaten Rundfunkveranstalter zu ihren Mitarbeitern und somit auf arbeitsrechtlichem Gebiet wie auch im Verhältnis gegenüber außenstehenden Dritten, etwa gegenüber anderen Rundfunkveranstaltern oder Werbekunden, relevant werden.[471]

c) Institutionelle Garantie der Rundfunkfreiheit
aa) Der objektiv-rechtliche Gehalt des Art. 5 Abs. 1 GG

101   Neben der klassischen Funktion als Abwehrrecht besteht die Besonderheit des Grundrechts der Rundfunkfreiheit in ihrem *objektiv-rechtlichen Charakter*. Das Bundesverfassungsgericht hat bereits in seiner frühen Rechtsprechung die wesentlichen Bestimmungen in dem Grundrechtsteil der Verfassung als *„wertentscheidende Grundsatznormen"* qualifiziert und ihnen damit eine objektiv-rechtliche, von der Frage eines subjektiven Rechts unabhängige Stellung zugemessen.[472] So hat es etwa die Meinungsfreiheit als *„objektives Prinzip der Gesamtrechtsordnung"*[473] betont. Das auch der Rundfunkfreiheit immanente objektiv-rechtliche Element hat das Gericht dadurch deutlich gemacht, daß es die essentielle Rolle eines freien Rundfunks für die Verwirklichung der Meinungsfreiheit und deren konstitutive Bedeutung für die moderne Demokratie herausstellte.[474] Dabei nennt es ausdrücklich den *„verfassungsrechtlich vorausgesetzten Dienst"*,[475] den der Rundfunk *„im Interesse der öffentlichen Meinungsbildung"*[476] leistet. Diese auf den unmittelbaren Bezug des Grundrechts in Art. 5 GG zum demokratischen Prinzip in Art. 20 Abs. 1 GG abhebende Rechtsprechung zur Freiheit des Rundfunks wie auch der anderen Medien als *„eine der wichtigsten Voraussetzungen der Demokratie"*[477] verdeutlicht, daß die beiden Komponenten *keinen Gegensatz* darstellen. In dem objektiv-rechtlichen Gehalt des Grundrechts ist keine Einschränkung des Abwehrrechtes zu sehen. Vielmehr *ergänzt* und *verstärkt* er das Grundrecht in seiner zusätzlichen Bedeutung für das demokratische Gemeinwesen.[478] Der Charakter des Abwehrrechts als *status negativus* bleibt hiervon unberührt.[479]

---

[469] Vgl. unten unter G Rdz. 44 ff.

[470] Vgl. zur Rundfunkfreiheit als Abwehrrecht oben unter B Rdz. 85 ff.

[471] Vgl. zur mittelbaren Drittwirkung des Art. 5. Abs. 2 GG unten unter Rdz. 122 ff.

[472] Vgl. BVerfGE 2, S. 1 ff., 12; 5, S. 80 ff., 134 ff.

[473] BVerfGE 7, S. 198 ff., 204; bestätigt in BVerfGE 57, S. 295 ff., 320.

[474] Vgl. BVerfGE 57, S. 295 ff., 318 ff.; *Maunz/Dürig/Herzog/Scholz,* GG, Art. 5 I, II Rdz. 4 ff.; *Hesse,* Grundzüge des Verfassungsrechts, § 31 Rdz. 16; *Stern,* Staatsrecht Bd. 2, 47. Kap. 5b; *Hesse,* Rundfunkrecht, S. 32; *Badura* JZ 1989, S. 467; *Bethge* DÖV 1992, S. 34; *Lerche,* Rundfunkmonopol, S. 32; *Ricker,* Rundfunkwerbung und Rundfunkordnung, S. 13.

[475] BVerfGE 83, S. 238 ff., 296; BVerfG ZUM 1992, S. 586.

[476] BVerfGE 83, S. 238 ff., 296; BVerfG ZUM 1992, S. 588; BVerfG ZUM 1994, S. 173 ff., 180.

[477] BVerfGE 27, S. 71 ff., 81; vgl. auch BVerfGE 5, S. 85 ff., 134 ff.; 12, S. 113 ff., 125; 62, S. 230 ff., 247.

[478] Vgl. *Herrmann,* Fernsehen und Hörfunk, S. 60 ff. m. w. N.; *Ossenbühl* DÖV 1977, S. 381 ff., 384; *Schmitt Glaeser,* Kabelkommunikation, S. 152; *Starck* NJW 1980, S. 1359 ff., 1360; *ders.,* in: Bundesverfassungsgericht und Grundgesetz, Bd. 2, S. 480 ff., 490; *Stern,* Verhandlungen des 54. DJT, Bd. 2, 1982, S. H. 44, H. 60; Bonner Kommentar, Art. 5 Anm. II 1e; *Stender-Vorwachs,* „Staatsferne" und „Gruppenferne" in einem außenpluralistisch organisierten privaten Rundfunksystem, S. 53; siehe auch unten unter E Rdz. 8 ff.

[479] Vgl. BVerfGE 50, S. 290 ff., 337; BVerfGE 7, S. 198 ff., 205; 24, S. 367 ff., 189; vgl. *Stern,* Staatsrecht Bd. 2 47. Kap. 5c; *Hesse,* Grundzüge des Verfassungsrechts, 32. Kap. Rdz. 167.

bb) Die öffentliche Aufgabe des Rundfunks

Der objektiv-rechtliche Charakter des Grundrechts manifestiert sich in der öffentlichen **102** Aufgabe, die der Rundfunk im Interesse der Allgemeinheit erfüllt und die in einzelnen Landesrundfunk- und -mediengesetzen ausdrücklich festgeschrieben ist.[480] Ebenso stellt das Bundesverfassungsgericht bereits in seinem 1. Rundfunkurteil fest, daß *„die Veranstaltung von Rundfunksendungen nach der deutschen Rechtsentwicklung eine öffentliche Aufgabe"* sei.[481] An anderer Stelle fügt das Gericht hinzu, daß *„die Nachrichtengebung im weitesten Sinne seit Entstehung des Rundfunks Anlaß und Rechtfertigungsgrund dafür war, die Veranstaltung von Rundfunksendungen in den Kreis der öffentlichen Aufgaben einzubeziehen".*[482]

Der Begriff der *„öffentlichen Aufgabe"* war zunächst heftig umstritten, weil er sprachlich an eine Aufgabe öffentlich-rechtlicher Verwaltung erinnerte. Auch das Bundesverfassungsgericht sprach im Rahmen der Kompetenzabgrenzung im Rundfunkbereich von einer öffentlich-rechtlichen Verwaltungstätigkeit. In dem *„Fernsehvertrag"* der Landesrundfunkanstalten ist von den öffentlich-rechtlichen Verwaltungsaufgaben die Rede.[483] Die Kritik richtete sich dagegen, daß mit dieser begrifflichen Zuordnung der abwehrende Gehalt der Rundfunkfreiheit gegenüber dem Staat unmittelbar tangiert wurde.[484]

Nachdem das Bundesverfassungsgericht klargestellt hatte, daß seine Formulierung einer **103** *„öffentlich-rechtlichen Verwaltungstätigkeit, wenn sich der Staat mit dem Rundfunk befasse",* allein die *Kompetenzabgrenzung* zwischen Bund und Ländern meine, nicht aber die staatsgerichtete, abwehrende Bedeutung des Grundrechts der Rundfunkfreiheit schmälern solle,[485] hat sich der Begriff der *„öffentlichen Aufgabe"* des Rundfunks zunehmend durchgesetzt.[486]

Unterschiedliche Auffassungen bestehen jedoch über die *rechtlichen Konsequenzen* der öffentli- **104** chen Aufgabe des Rundfunks: Diejenige Auffassung, die die Rundfunkfreiheit ausschließlich als *klassisches Freiheitsrecht* versteht,[487] mißt dem Begriff *deskriptive Bedeutung* bei. Mit der bloßen Ausübung des Grundrechts in möglichster Freiheit und damit auch in Unabhängigkeit vom Staat diene der Rundfunk der Information und Meinungsbildung im Interesse der Gesellschaft und erfülle somit seine *öffentliche Aufgabe.*[488] Eine normative Dimension könne in dem Begriff um so weniger gesehen werden, als sie die Gefahr einer staatlichen Inpflicht-

---

[480] Im öffentlich-rechtlichen Rundfunk: vgl. etwa die frühere Satzung der „Deutsche Welle", Art. 1 vom 22.02.1962; vgl. auch den Fernsehvertrag der Landesrundfunkanstalten v. 27.03.1953 i.d.F. v. 02.07.1964: „Zur Wahrnehmung der ihnen durch Landesgesetz übertragenen öffentlich-rechtlichen Verwaltungsaufgaben"; abgedr. in *Ring,* Medienrecht, C/V 3.1; vgl. im privaten Rundfunk: § 13 Satz 1 LMG Bremen v. 14.02.1989; § 11 LRG Nordrh.-Westf. v. 11.01.1988; § 2 Abs. 1 LRG Saarl. v. 11.08.1987.

[481] BVerfGE 12, S. 205 ff., 242.

[482] BVerfGE 12, S. 205 ff., 244; vgl. auch BVerfGE 31, S. 346.

[483] Vgl. BVerfGE 31, S. 346; vgl. auch „Fernsehvertrag" der ARD-Rundfunkanstalten vom 27.03.1953 i.d.F. v. 02.07.1964; „Zur Wahrnehmung der ihnen durch Landesgesetz übertragenen öffentlich-rechtlichen Verwaltungsaufgaben"; abgedr. in *Ring,* Medienrecht C/V 3.1.

[484] Vgl. *Badura,* Verfassungsrechtliche Bindungen der Rundfunkgesetzgebung, S. 29, 37, 47; *Bethge,* Verfassungsrechtliche Problematik, S. 69, 73 f., 81 f.; *ders.* in FuR 1984, S. 75 ff., 77; *Hoffmann-Riem* WuW 1982, S. 265 ff., 270; *ders.* AöR 109 (1984), S. 304 ff., 308 ff., 313; *Kübler,* Medienverflechtung, S. 84 f.; *Lämmel,* Binnenpluralismus, S. 18; *Ossenbühl,* Rundfunk, S. 43; *Schwarz,* in: Recht und Politik, 1981, S. 175, 176 f.; *Selmer* AfP 1985, S. 14 ff., 15.

[485] Vgl. BVerfGE 31, S. 347.

[486] Vgl. *Allert,* in: *Seidel,* Hörfunk und Fernsehen, S. 204; *Badura,* Verfassungsrechtliche Bindungen, S. 40; *Burmeister,* in: *Stern,* Rundfunk zwischen Bestand und Neuordnung, S. 89; *Saier/Moser* FuR 1983, S. 544 ff., 550; *Stern/Bethge,* Funktionsgerechte Finanzierung der Rundfunkanstalten, S. 22 ff., 28, 36; *Maunz/Dürig/Herzog/Scholz,* GG, Art. 5 Abs. 1, 2 Rdz. 194, 119.

[487] Siehe zu dieser Ansicht bereits näher oben B Rdz. 91 ff. sowie unten unter B Rdz. 130.

[488] Vgl. *Pestalozza* NJW 1981, S. 2162; *Kull,* in: *Badura/Scholz* (Hrsg.): Wege und Verfahren des Verfassungslebens, FS für Lerche, S. 663 ff.; *Stender-Vorwachs,* „Staatsferne" und „Gruppenferne", S. 32, 76.

nahme oder einer sonstigen möglicherweise ideologisch gefärbten Bestimmung darüber, wie die öffentliche Aufgabe zu erfüllen sei, eröffne.[489]

105 Hingegen zieht die überwiegende Auffassung, die sich auch auf die Rechtsprechung des Bundesverfassungsgerichts stützen kann,[490] die rechtliche Konsequenz, daß mit dem Begriff der *„öffentlichen Aufgabe"* die *causa* für den hervorgehobenen Grundrechtsschutz des Rundfunks und mithin die institutionelle Garantie umschrieben wird.[491]

Freilich gehen die Ansichten über den Inhalt und damit auch den Gegenstand der institutionellen Garantie auseinander.

106 Nach einer Auffassung ist in dem Begriff „öffentlich" das wesentliche Merkmal für die *Staatsbezogenheit* der Medien zu sehen. Als „öffentlich" sei das zu verstehen, was alle angeht, etwa im Sinne von *„öffentlicher Hand"* oder *„öffentlicher Gewalt"*, und damit dem *Gemeinwohl* dient.[492]

Ausgehend von der These, daß der Staat der alleinige Sachwalter derjenigen Angelegenheiten sei, die *„alle angehen"*, und damit auch als *alleiniger Hüter des Gemeinwohls* in Frage komme, ergibt sich für diese Auffassung eine Identität von *Staatlichkeit* und *Gemeinwohl*, die dem Staat ein Öffentlichkeitsmonopol zukommen lasse.[493] Die Wurzeln dieser Auffassung, die besonders für den Bereich der *Presse* Zustimmung fand, reichen bis in die zweite Hälfte des 19. Jahrhunderts zurück. Mit dem Aufkommen der Massenpresse und der Ausweitung des Anzeigenwesens gingen auch Mißstände einher, wie etwa die Vermengung von redaktionellem Text und Inseraten sowie Repressionsversuche von Großinserenten auf die Verleger.[494]

Vor diesem Hintergrund sind die Forderungen zu erklären, die Presse *„in ein öffentliches Amt"* zu kleiden und ihr damit eine *öffentlich-rechtliche Stellung* zu geben.[495] Ihre geschicht-

---

[489] Vgl. *Kull*, in: *Badura/Scholz* (Hrsg.), Wege und Verfahren des Verfassungslebens, FS für Lerche, S. 664 f.; ähnlich seine Bedenken gegenüber einer „öffentlichen Aufgabe" der Presse, in: Zur „öffentlichen Aufgabe" grundrechts-geschützter Presse, in: Presserecht und Pressefreiheit, FS für Löffler, S. 187 ff., 190 f; vgl. auch *Arndt*, Die Rolle der Massenmedien in der Demokratie, S. 4 f.

[490] Vgl. BVerfGE 12, S. 205 ff., 244; 31. S. 217 ff., 246.

[491] Vgl. *Badura*, Verfassungsrechtliche Bindungen, S. 22 f., 26, 32 f., 29 f., 78; *Berendes*, Staatsaufsicht, S. 48 ff., 62 ff.; *Bethge*, Verfassungsrechtliche Problematik, S. 39 ff., 42 ff.; *ders.*, FuR 1984, S. 75 ff., 78; *Hoffmann-Riem*, RuF 1979, S. 143; *ders.*, Rundfunkfreiheit, S. 15 ff.; *ders.*, ZRP 1980, S. 3, 32 ff.; *ders.*, ZRP 1981, S. 177, 178 ff.; *Jarass*, Massenmedien, 1978, S. 155 ff.; *ders.*, Freiheit des Rundfunks, S. 14 ff; *Kübler*, in: *Bullinger/Kübler*, Rundfunkorganisation, S. 301, 273 ff.; *Ladeur* RuF 1978, S. 141 157 ff.; *ders.*, NJW 1982, S. 358 ff.; *Lange*, Kommerzielle Ziele, S. 10 f.; *ders.*, FuR 1981, S. 417, 420; *Leibholz*, in: *ders.*, Menschenwürde und freiheitliche Rechtsordnung, S. 9 12 ff.; *Lerche*, Rundfunkmonopol, S. 34 ff.; *ders.*, BayVBl. 1976, 530 532 ff.; *ders.* in: 332 f.; *ders.* in: *Bullinger/Kübler*, Rundfunkorganisation, 1979, S. 15 ff., 41 ff.; *ders.*, NJW 1982, S. 1676 ff.; *ders.*, Presse und privater Rundfunk, S. 25, 26, 38; *Lieb*, Kabelfernsehen, 1974, S. 231 ff. 247 ff; *Maunz* BayVBl. 1972, 169, 170 ff; *Ossenbühl* DÖV 1977, 381 383 ff.; *Ricker* NJW S. 1739; *ders.* Privatrundfunkgesetze im Bundesstaat, S. 16, 32 f.; *Schickedanz* BayVBl. 1973, 141, 142 ff.; *Schmidt* ZRP 1980, 132, 135 f.); *ders.*, Rundfunkgewährleistung, S. 92, 95, 77 ff.; *ders.*, DVBl. 1981, 920, 921 ff; *Schwandt* DÖV 1972, S. 633, 701 ff.; *Stammler*, Kabelrundfunk, S. 20 ff.; *ders.*, AfP 1978, S. 123, 126 ff.; *Stern/Bethge*, Öffentlich-rechtlicher und privatrechtlicher Rundfunk, S. 45 f., 51 f.; *Stock*, Koordinationsrundfunk im Modellversuch, S. 167 ff., 182; *ders.*, Theorie des Koordinationsrundfunks, S. 35 f.; *ders.*, AöR 104, 1979, S. 1, 35 ff., 53 ff; *ders.* RuF 1980, S. 336, 347 ff.; *ders.*, RuF 1980, S. 583, 588 ff; *Thieme* AöR 88, 1963 ff, S. 38, 44 ff; *Wieland*, Der Staat 20, 1981 ff, S. 97, 99 ff., 102 ff.; *ders.* Der Staat 23, 1984 ff, S. 245, 247 ff; *ders.*, Freiheit, S. 61 ff.; *Wufka*, Die Rundfunkfreiheit, S. 34 ff.; *Zeidler* AöR 86, 1961 ff, S. 361, 388 ff.

[492] Vgl. *Dagtoglou*, Wesen und Grenzen der Pressefreiheit, S. 23 ff.; *Wuttke*, Die deutschen Zeitungen und die Entstehung der öffentlichen Meinung, S. 12 ff.; *Posse*, Über Wesen und Aufgabe der Presse, S. 24; vgl. die Kritik bei *Peter Schneider*, Pressefreiheit und Staatssicherheit, S. 89.

[493] Vgl. zur Kritik *Peter Schneider*, Pressefreiheit und Staatssicherheit, S. 90 ff.; vgl. auch die Darstellung bei *Ricker*, Anzeigenwesen und Pressefreiheit, S. 23 f.

[494] Vgl. die Darstellung bei *Ricker*, Anzeigenwesen und Pressefreiheit, S. 13.

[495] Vgl. *Wuttke*, Die deutschen Zeitungen und die Entstehung der öffentlichen Meinung, S. 12 ff.; *Groth*, Die Geschichte der deutschen Zeitungswissenschaft, Bd. I, S. 80 ff.; *Bücher*, Gesammelte Aufsätze zur Zeitungskunde, S. 405; *Posse*, Über Wesen und Aufgabe der Presse, S. 24.

liche Entwicklung setzte sich in der von politischen und wirtschaftlichen Krisen geschwächten Weimarer Republik mit Einschränkungen der Pressefreiheit, wie etwa der *„Gesetzgebung zum Schutze der Republik"* und der Anwendung des sogenannten *„Diktaturparagraphen"* (Art. 48 WRV), fort. Während des Nationalsozialismus wurde die Ansicht von der Staatsbezogenheit der öffentlichen Aufgabe pervertiert und zum wichtigen Begründungsstrang für die Unterwerfung aller Medien unter das *totalitäre Regime*.[496]

Aufgrund der Gewaltherrschaft des Dritten Reiches wäre eigentlich nicht zu erwarten **107** gewesen, daß diese Ansicht nach dem Zusammenbruch erneut Zuspruch erhalten würde. Trotzdem finden sich in der juristischen Literatur Auffassungen, die die Pressetätigkeit als *„öffentlichen Dienst"* oder *„öffentliches Amt"* begreifen oder gar von einem *„öffentlich-rechtlich gebundenen Presseberuf"* sprechen.[497] Diese Autoren sympathisierten keinesfalls mit den nationalsozialistischen Vorstellungen einer Inpflichtnahme der Presse, die zu ihrer *Unterwerfung* unter die *totale Herrschaftsgewalt des Staates* geführt hatten. Vielmehr sind sie der Ansicht, daß nach den durch das Dritte Reich erlittenen Erfahrungen eine staatliche Bevormundung nicht zu befürchten sei. Das neue Gemeinwesen, das aufgrund seiner rechtsstaatlichen Legitimation einen Vertrauensvorschuß erhält, wird mit dem Gemeinwohl identifiziert und ihm so ein Öffentlichkeitsmonopol zugesprochen. Diesem habe die Presse aufgrund ihrer *„öffentlichen Verantwortung"* zu dienen.[498]

Eine gerade im Hinblick auf die medienpolitische Diskussion nicht unwesentliche Unterstützung hat die Ansicht von der *Staatsbezogenheit* der *öffentlichen Aufgabe* der Presse durch die These bekommen, daß die *Pressefreiheit* als *Abwehrrecht* gegenüber dem Staat nicht mehr den Anforderungen der *modernen Massengesellschaft* entspreche.[499] Der Standort der politischen Presse dürfe nicht allein als *status negativus*, sondern müsse als *status aktivus* oder *status politicus* erkannt und im Rahmen der *„öffentlichen Meinungsfreiheit"* begriffen werden.[500] Damit könne die politische Presse nicht mehr durch Artikel 5 Abs. 1 Satz 2 GG erfaßt werden, sondern müsse ebenso wie die politischen Parteien unter die institutionelle Garantie des Art. 21 GG gestellt werden.[501]

Für den Bereich des Rundfunks hat die staatsbezogene Sicht nur vereinzelt Vertreter **108** gefunden. Der Grund hierfür ist einerseits darin zu sehen, daß die Alliierten konsequent die Staatsferne beim Neuaufbau des Rundfunks förderten.[502] Daneben hatte sich auch das Bundesverfassungsgericht schon im Jahre 1961 bereits eindeutig gegen einen staatlich gelenkten Rundfunk ausgesprochen.[503] Nur gelegentlich klingt deshalb die etatistische Sichtweise an. In diese Richtung gingen etwa die Forderungen der Postgewerkschaften und -betriebsräte, den Rundfunk in die Hand der Postverwaltung zu übergeben, wobei freilich die Programmgestaltung selbst einem Kulturausschuß überlassen bleiben sollte.[504]

---

[496] Vgl. *Hoche* DJZ 1933, S. 1324; vgl. *Schmidt/Leonhardt/Gast*, Das Schriftleitergesetz vom 4.10.1933, S. 9 ff., 14, 18; vgl. auch die Darstellung bei *Ricker*, Anzeigenwesen und Pressefreiheit, S. 24.

[497] Vgl. *Smend*, VVDStRL 1965 (4), vgl. *Czaja*, Pressefreiheit und „öffentliche Aufgabe" der Presse, S. 58.

[498] Vgl. *Smend*, Staatsrechtliche Abhandlungen, S. 389; vgl. auch *Küster/Sternberger*, Verantwortung und Freiheit des Journalisten, S. 11 ff.

[499] Vgl. *Ridder*, in: *Neumann/Nipperdey/Scheuner* (Hrsg.), Die Grundrechte, Bd. 2, S. 243 ff.

[500] Vgl. *Ridder* in: *Neumann/Nipperdey/Scheuner* (Hrsg.), Die Grundrechte, S. 259.

[501] Vgl. *Ridder*, in: *Neumann/Nipperdey/Scheuner* (Hrsg.), Die Grundrechte, S. 257.

[502] Vgl. *Bausch*, in: *Bausch* (Hrsg.), Rundfunk in Deutschland, Bd. 3, S. 29 ff.

[503] Vgl. BVerfGE 12, S. 205 ff., 260; vgl. auch BVerfGE 31, S. 326; 35, S. 222; 57, S. 320; 60, 64; vgl. auch die ausführliche Dokumentation zu dem ersten Rundfunkurteil, in: *Zehner* (Hrsg.), Der Fernsehstreit vor dem Bundesverfassungsgericht. Eine Dokumentation des Prozeßmaterials.

[504] Vgl. hierzu näher die Nachweise bei *Scholtissek*, Die Entwicklung des SDR 1945 bis 52, S. 43 ff., 45; zit. nach *Bausch*, Rundfunkpolitik nach 1945, Bd. 3, S. 28.

Mitte der siebziger Jahre, als sich die Möglichkeit des Kabelfernsehens und damit neuer Kommunikationsdienste ergab,[505] wurde dafür plädiert, daß nunmehr von Staats wegen über die Rundfunkangebote und die neuen Dienste zu bestimmen und damit im Hinblick auf die gesellschaftliche Nützlichkeit bewußt zu planen sei.[506] Andere Autoren schlugen einen öffentlichen, in den Bereich des Staatlichen inkorporierten Rundfunk vor,[507] wobei sie sich freilich andererseits für eine strukturelle Unabhängigkeit aussprachen.[508] Dennoch stellt sich die Frage, ob nicht bereits die Anbindung an das Staatswesen die Gefahr eines staatlichen Einflusses entstehen läßt, der gerade freiheitsschädlich ist. Tatsächlich wäre ein *staatsbezogenes Verständnis* der öffentlichen Aufgabe mit dem *Wesen des Art. 5 Abs. 1 GG unvereinbar,* und zwar aus mehreren Gründen:

109   Der staatsbezogenen Auffassung ist zwar insoweit zuzustimmen, daß der Staat Hüter des Gemeinwohls ist und diesem zu dienen und es auch zu fördern hat. Dies ergibt sich bereits aus der Bindung des Staates an die Grundrechte in Art. 1 Abs. 3 GG sowie in Art. 20 Abs. 1 GG, wonach die Bundesrepublik ein demokratischer Rechts- und Sozialstaat ist. Daraus erklärt sich auch, daß wegen des besonderen öffentlichen Interesses am Rundfunk dieser die Rundfunkfreiheit zu garantieren hat.[509] Die Pflege des Gemeinwohls steht ihm aber in der freiheitlichen Demokratie nicht ausschließlich zu.[510]

Nach der Rechtsprechung des Bundesverfassungsgerichtes korrespondiert die Funktion des Staates mit der Stellung des einzelnen in der Demokratie, der nicht isoliert, sondern vor allem auch in seiner Gemeinschaftsbezogenheit gesehen werden muß.[511] Zu der für das demokratische Staatswesen wesentlichen *„Aktivbürgerschaft"*[512] gehört gerade auch die Sorge um Probleme des Allgemeinwohls. Die Abgrenzung zwischen den Funktionen des Staates und denen der Bürger führt somit zu dem Gedanken des *Subsidiaritätsprinzips.* Nach diesem naturrechtlichen Postulat ist den Bürgern in ihrer gesellschaftlichen Einbindung der Handlungsvorrang vor Rechtsinstitutionen des Staates einzuräumen, soweit sie selbst zur Aufgabenerfüllung in der Lage sind.[513]

Unabhängig von der Frage einer allgemeinen Geltung erlangt das Subsidiaritätsprinzip im Bereich des Rundfunks spezifische Bedeutung. Im Gegensatz zu totalitären Systemen ist es ein Wesenselement des demokratischen Staates, daß der Prozeß der Willensbildung vom Volk hin zu den Staatsorganen und nicht in umgekehrter Richtung verläuft.[514] Dem Rundfunk fällt in diesem Prozeß eine essentielle Aufgabe zu, da sich in ihm die öffentliche Meinung

---

[505] Zu dem Begriff des Rundfunks und der neuen Dienste siehe oben unter B Rdz. 33 ff., 56.

[506] Vgl. *Lenk,* in: *Lenk* (Hrsg.), Informationsrechte und Kommunikationspolitik, S. 1 ff., 11; kritisch hierzu *Hans Hugo Klein,* Die Rundfunkfreiheit, S. 49: „So macht man aus einem Grundrecht eine staatliche Dienstbarkeit".

[507] Vgl. *Bettermann* DVBl. 1963, S. 43; *Scheuner* VVDStRL (22), S. 14; vgl. zum Literaturstand *Herrmann,* Hörfunk und Fernsehen in der Verfassung der Bundesrepublik Deutschland, S. 335.

[508] Ähnlich wie die bereits genannten Autoren auch *Wufka,* Die Rundfunkfreiheit, S. 78 ff., 84 f., 83, 104 ff. der von einem „objektiv-kollektivrechtlichen Freiheitsrecht ausgeht und dem Rundfunk einen status politicus aus Artikel 21 GG zumißt; vgl. auch die Stellungnahmen des BMI für die Bundesregierung in dem zu dem ersten Fernsehurteil führenden Verfahren vor dem Bundesverfassungsgericht, abgedruckt, in: *Zehner* (Hrsg.): Der Fernsehstreit, Bd. 1, S. 35, 109; vgl. dort auch die Stellungnahmen von *Schneider, Hans,* Bd. 1, S. 420, 429 f.; *Spanner,* Bd. 2, S. 218, 221; vgl. aber *Arndt,* Bd. 2, S. 71, 76 und 81.

[509] Siehe hierzu bereits oben unter B Rdz. 85 f. und unten Rdz. 115 ff.

[510] Vgl. *Löffler,* Presserecht, Bd. 1, 3. Aufl. § 3 Rdz. 35 ff.; *ders.* NJW 1965, S. 2393; vgl. *Ricker,* Freiheit und Aufgabe der Presse, S. 20.

[511] Vgl. BVerfGE 4, S. 7 ff., 15.

[512] Vgl. BVerfGE 20, S. 162; siehe hierzu näher oben unter B Rdz. 111 ff.; vgl. *Peter Schneider,* Demokratie und Justiz, in: Recht und Macht, S. 121 ff., 131.

[513] Vgl. *von Münch* JZ 1960, S. 303 ff.; *Herzog,* in: Der Staat, 1963, S. 399 ff.; *Küchenhoff,* Naturrecht und Christentum, S. 121 ff.; *Stern,* Staatsrecht Bd. 1, § 36 5 b); *Löffler/Ricker,* Handbuch des Presserechts, 3. Kap. Rdz. 10.

[514] Vgl. BVerfGE 20, S. 56, 99.

artikuliert. Damit wird dieses Medium zu einem *Korrektiv staatlicher Herrschaft* und dient so den Interessen der Allgemeinheit.[515] Dieser Aufgabe stünde eine staatliche Einbindung des Rundfunks jedoch entgegen. Dadurch würde dem Staat die Kontrolle über dieses Medium eröffnet, dem jedoch gerade wie der Presse die Aufgabe zukommt, die staatliche Aktivitäts-entfaltung zu kritisieren und zu kontrollieren.[516]

Nach anderer Auffassung wird die *öffentliche Aufgabe wertbezogen* verstanden.[517] Ausgangs- **110** punkt ist auch bei dieser Ansicht das Merkmal „*öffentlich*". Dabei wird zwischen dem „*Öffentlichkeitsinteresse*" und dem „*öffentlichen Interesse*" unterschieden, das gerade darin bestehe, daß die Beiträge der geistigen Auseinandersetzung dienen. Für die Unterhaltung, vor allem „*Tratsch und Klatsch*", könne dies nicht gelten, da sie zur Meinungsbildung nichts beitrage.[518] Daraus wird die Konsequenz gezogen, daß diese Beiträge nicht dem Schutzbereich des Art. 5 Abs. 1 Satz 2 GG unterliegen.[519]

Ebenso wird *Werbesendungen,* mit denen geschäftliche Interessen Dritter verfolgt werden, eine der öffentlichen Meinungsbildung dienende Funktion abgesprochen und deshalb der spezifische Grundrechtsschutz aus Art. 5 Abs. 1 Satz 2 GG versagt. Sowohl der Unterhaltung als auch der Werbung komme deshalb nur der mindere Schutz der Gewerbefreiheit zu.[520] Einem wertbezogenen und damit restriktivem Verständnis der Medienfreiheiten in Art. 5 Abs. 1 GG steht aber vor allem entgegen, daß der *Grundrechtsschutz unteilbar* ist und sich seine Einschränkungen allein aus den in Art. 5 Abs. 2 GG benannten allgemeinen Gesetzen und den Vorschriften zum Schutze der Jugend und des Persönlichkeitsrechts ergeben. Diese Grenzen sind aufgrund des Schrankenvorbehalts von dem Gesetzgeber selbst festzulegen, was einer einschränkenden Interpretation des Grundrechtsschutzes des Art. 5 Abs. 1 GG widerspricht.[521] Ein wertbezogenes Verständnis der öffentlichen Aufgabe verstößt aber nicht nur gegen Art. 5 GG, sondern auch gegen das in Art. 20 GG niedergelegte *Rechtsstaatsprinzip:* Welcher Gewährleistungsumfang dem Massenmedium zugute kommt, bleibt mangels hierfür geeigneter Abgrenzungskriterien in der Schwebe. Dies räumen selbst die Vertreter dieser Auffassung ein, indem sie eine Differenzierung im Einzelfall vorschlagen.[522]

Unter diesem Aspekt begegnen deshalb im Bereich des Rundfunks etwa die vorgeschriebenen wertbezogenen Programmgrundsätze verfassungsrechtlichen Bedenken, die den Veranstaltern für die Gestaltung ihrer Programme vorschreiben, daß diese etwa einem „gedeih-

---

[515] Vgl. BGHZ 31, S. 312; BVerfGE 12, S. 205 ff., 260; 20, S. 162; 72, S. 118 ff., 156; gleiches gilt auch für die öffentliche Aufgabe der Presse, für die deshalb das Subsidiaritätsprinzip ebenfalls gilt; vgl. *Ricker* AfP 1976, S. 158 ff.; *Löffler/Ricker,* Handbuch des Presserechts, 3. Kap. Rdz. 11.

[516] Vgl. BVerfGE 89, S. 331 ff., 344; vgl. auch *Ricker,* Anzeigenwesen und Pressefreiheit, S. 26; *ders.,* Freiheit und Aufgabe der Presse, S. 21.

[517] Vgl. *Fröhler,* Werbefernsehen und Pressefreiheit, S. 3; *Leisner* DÖV 1967, S. 704; vgl. zum Literaturstand *Herrmann,* Hörfunk und Fernsehen in der Verfassung der Bundesrepublik Deutschland, S. 83, S. 86; vgl. auch zur Presse: *Erdsiek* NJW 1963, S. 1392; *Franz Schneider,* Pressefreiheit und politische Öffentlichkeit, S. 117; vgl. auch noch *von Mangoldt/Klein, Starck,* GG, Art. 5, S. 254, anders ab 3. Aufl.

[518] Vgl. die Literaturnachweise bei *Herrmann,* Hörfunk und Fernsehen in der Verfassung der Bundesrepublik Deutschland, S. 83; ähnlich zur Presse: *Erdsiek* NJW 1963, S. 1392; BGHZ 24, S. 201 ff., 208; BGHSt 18, S. 182; *Franz Schneider,* Pressefreiheit und politische Öffentlichkeit, S. 117.

[519] *Franz Schneider,* Pressefreiheit und Staatssicherheit, S. 142.

[520] Vgl. *Leisner,* Werbefernsehen und öffentliches Recht, S. 3; *Fröhler,* Werbefernsehen und Pressefreiheit, S. 3; vgl. Bericht der Kommission zur Untersuchung der Wettbewerbsgleichheit von Presse, Funk/Fernsehen und Film, BT-Ds V-2120, zit. nach *Herrmann,* Hörfunk und Fernsehen in der Verfassung der Bundesrepublik Deutschland, S. 86; vgl. auch zum Bereich der Presse: *Schüle,* Persönlichkeitsschutz und Pressefreiheit, S. 23; *Franz Schneider,* Pressefreiheit und Staatssicherheit, S. 142; zu den Konsequenzen vgl. auch *Ricker,* Freiheit und Aufgabe der Presse, S. 22.

[521] Vgl. *Löffler,* Presserecht, Bd. 1, § 3 Rdz. 50 ff.; *Klein* DÖV 1965, S. 755; *Löffler/Ricker,* Handbuch des Presserechts, 3. Kap. Rdz. 17.

[522] Vgl. *Schüle* VVdStRL 1965 (22), S. 166.

lichen Zusammenleben und der Achtung Dritter dienen müssen".[523] Mangels geeigneter Abgrenzungskriterien für eine schützenswerte und eine diesem Schutz unwürdige Rundfunkveranstaltung wird damit das Tor für sachwidrige Einflüsse auf dem Meinungsmarkt im Rundfunk geöffnet.[524] Ein wertbezogenes Verständnis der öffentlichen Aufgabe würde das Zusammenleben in der pluralistisch geprägten Gesellschaft gefährden, die zwar keinesfalls wertneutral oder sittenlos ist, sondern sich auf die objektive Wertordnung des Grundgesetzes stützt. Dabei schätzt aber die Verfassung die Freiheit im Interesse des einzelnen und der Gesellschaft so hoch ein, daß sie nur in den engen und rechtlich fixierten Grenzen des Art. 5 Abs. 2 GG beschränkt werden darf.[525]

111 Die überwiegende Auffassung sieht die öffentliche Aufgabe als die *Erfüllung der spezifischen Funktionen* des Rundfunks im Interesse der für den Staat und die Gesellschaft konstitutiven *Publizitätsentfaltung*.[526] Dabei lehnt sie einerseits eine Staatsbezogenheit und damit eine öffentlich-rechtliche Pflichteneinbindung strikt ab. Andererseits verwirft sie auch Bestrebungen, mit Hilfe einer wertbezogenen Interpretation der öffentlichen Aufgabe dem Rundfunk den spezifischen Grundrechtsschutz zu nehmen. Vielmehr versucht sie auf der Grundlage soziologischer Tatbestände[527] die wesentlichen Funktionen des Rundfunks unter den Begriff der öffentlichen Aufgabe zu subsumieren und ihren damit verbundenen Stellenwert für die in der Demokratie notwendige Publizitätsentfaltung transparent zu machen.[528]

Ausgangspunkt der *funktionalen Interpretation* ist wiederum die Frage nach dem Gemeinwohl, dem zu dienen die öffentliche Aufgabe der Medien ist. Dabei kommt sie zu dem Ergebnis, daß ein staatliches Monopol für den Dienst am Gemeinwohl mit der Verfassung nicht zu vereinbaren ist. Sie rekurriert vielmehr auf die Überlegungen, die bereits zu einer Absage an eine Staatsbezogenheit der öffentlichen Aufgabe führten. Danach sind in der *Demokratie* vorrangig die Bürger selbst aufgerufen, sich für das Gemeinwohl einzusetzen. Somit kommt es zwischen staatlicher Aktivitätsentfaltung und der privaten Initiative zu einer Funktionsverteilung, deren Grundlage das Subsidiaritätsprinzip ist. Wegen des im demokratischen Staat notwendigen Prozesses der Meinungs- und vor allem politischen Willensbildung vom Volke zu den Staatsorganen ist dem Rundfunk die Funktion eines Motors und Sprachrohrs der öffentlichen Meinung zugewiesen.[529]

112 Hiervon ausgehend erfüllt der Rundfunk auch nach dieser Auffassung eine öffentliche Aufgabe, wobei der Begriff „*öffentlich*" nicht staatsbezogen interpretiert, sondern als „*allgemeinzugänglich*" und somit in seiner zweiten Wortbedeutung verstanden wird. Der Rundfunk erfüllt danach ebenso wie die Presse eine öffentliche Aufgabe, wenn er Öffentlichkeit im

---

[523] Vgl. § 3 SWF-StV; § 4 RB-Gesetz; § 11 LRG Saarl.; § 5 PRG Sachsen-Anhalt.

[524] Siehe hierzu bereits oben unter B Rdz. 101 ff. und F Rdz. 25 ff.

[525] Vgl. *Faller* AfP 1978, S. 161 ff., 163; *Ricker,* Freiheit und Aufgabe der Presse, S. 26.

[526] Vgl. *Gersdorf,* Staatsfreiheit des Rundfunks in der dualen Rundfunkordnung in der Bundesrepublik Deutschland, S. 71, *Maunz/Dürig/Herzog/Scholz,* GG, Art. 5 Abs. 1, 2 Rdz. 238 unter Verweis auf die öffentliche Aufgabe der Presse, Rdz. 118 ff.; *Stern/Bethge,* Funktionsgerechte Finanzierung des öffentlich-rechtlichen Rundfunks, S. 22 ff., 38; *Ricker* NJW 1981, S. 1739; *ders.,* Privatrundfunkgesetze im Bundesstaat, S. 16, 32 f.; *Saier/Moser* FuR 1983, S. 544 ff., 550; zur Presse vgl. *Peter Schneider,* Pressefreiheit und Staatssicherheit, S. 93 ff.; *Löffler/Ricker,* Handbuch des Presserechts, 3. Kap. Rdz. 19 ff.; *Ricker,* Freiheit und Aufgabe der Presse, S. 27; *Löffler,* Presserecht, Bd. 2. § 3 Rdz. 19, 23; *Scheuner* VVDStRL 1965, S. 93; *Hesse,* Grundzüge des Verfassungsrechts, S. 149 f.

[527] Vgl. *Scheuner,* in: *Listl/Rüfner,* Staatstheorie und Staatsrecht, S. 759; *Stern/Bethge,* Funktionsgerechte Finanzierung des Rundfunks, S. 22 ff.; *Saier/Moser* FuR 1983, S. 544, 550.

[528] Vgl. *Stender-Vorwachs,* „Staatsferne" und „Gruppenferne" in einem außenpluralistisch organisierten privaten Rundfunksystem, S. 76; *Badura,* Verfassungsrechtliche Bindungen der Rundfunkgesetzgebung, S. 40; *Starck,* Rundfunkfreiheit als Organisationsproblem, S. 14; *Löffler/Ricker,* Handbuch des Presserechts, 3. Kap. Rdz. 19.

[529] Vgl. *Starck,* Rundfunkfreiheit als Organisationsproblem, S. 14; *Ricker,* Privatrundfunk-Gesetze im Bundesstaat, S. 16, 32 und passim; *Schmitt Glaeser,* Kabelkommunikation und Verfassung, S. 76.

Sinne von Allgemeinzugänglichkeit herstellt.[530] Dabei wird der Gehalt dieses Begriffes von dem Publizitätseffekt aus bestimmt, der darin besteht, daß die Massenmedien den transindividuellen Kommunikations- und Meinungsbildungsprozeß in Gang setzen und damit einen *„öffentlichen Meinungsmarkt"* konstituieren.[531]

Die vorstehende Diskussion der drei unterschiedlichen Sichtweisen über die öffentliche **113** Aufgabe verdeutlicht, daß unter ihnen die funktionale Auffassung die einzige ist, die dem vom Bundesverfassungsgericht *„verfassungsrechtlich vorausgesetzten Dienst"* des Rundfunks im Interesse der öffentlichen Meinungsbildung[532] gerecht wird. Die funktionale Sicht vertritt auch das Bundesverfassungsgericht in seinem *„FRAG-Beschluß"*, in dem es als verfassungsrechtliche Anforderung der Rundfunkfreiheit voraussetzt, daß *„ein Meinungsmarkt entsteht, auf dem die Vielfalt der Meinungsrichtungen unverkürzt zum Ausdruck gelangt".*[533]

Dieser Rechtsprechung ist zuzustimmen. Wegen ihres Bezugs zur freiheitlichen Demokratie kann die öffentliche Aufgabe nur als Herstellung eines allgemeinen Meinungsmarktes durch den Rundfunk verstanden werden. Erst hierdurch sind die Bürger in der Lage, der Volkssouveränität Geltung zu verschaffen und somit die Demokratie zu verwirklichen.

Vor diesem Hintergrund scheint es wenig förderlich, wenn das Bundesverfassungsgericht seine eindeutige Aussage für eine funktionsbezogene Sicht der öffentlichen Aufgabe des Rundfunks in seiner weiteren Rechtsprechung mit gelegentlichen staatsbezogenen Anklängen relativiert: So hat etwa das Gericht keine Einwände dagegen erhoben, daß der Staat mit seinen Repräsentanten in den *Aufsichtsgremien* des öffentlich-rechtlichen und privaten Rundfunks vertreten ist, sofern ihm dadurch nur kein wesentlicher Einfluß eröffnet wird.[534] Das Gericht versagt sich auch jeder näheren Begründung, wie eine Beteiligung des Staates am Rundfunk überhaupt legitimiert und mit seiner Kontrollaufgabe vereinbart werden könnte.[535]

Soweit die Möglichkeit staatlicher Beteiligung mit dem Hinweis auf die Rechtsprechung **114** des Bundesverfassungsgerichts zur *Presse* begründet wird,[536] daß sich der Staat bei diesem Medium beteiligen darf, solange sich *„an dem freien Bild der Presse substantiell nichts ändern würde",*[537] läßt sich mit dieser Auffassung im Bereich des Rundfunks eher der gegenteilige Schluß begründen: Dem Staat kommt durch seine Berechtigung und Verpflichtung, die Grundlagen der Rundfunkordnung zu bestimmen, schon ein erheblicher Einfluß zu.[538] Die Befugnis des Staates, Vertreter in die Kontrollgremien der Rundfunk- und Landesmedienanstalten zu entsenden, wird aber noch durch halbstaatliche und staatsnahe Mitglie-

---

[530] Vgl. *Herrmann*, Hörfunk und Fernsehen in der Verfassung der Bundesrepublik Deutschland, S. 352; *Ricker* NJW 1981, S. 1739; *ders.* Privatrundfunkgesetze im Bundesstaat, S. 32; *Scholz* JZ 1989, S. 346; ähnlich *Bethge* JZ 1986, S. 341; vgl. zur Presse: *Peter Schneider*, Pressefreiheit und Staatssicherheit, S. 94 ff.; *Ricker*, Freiheit und Aufgabe der Presse, S. 28 ff.; *Löffler/Ricker*, Handbuch des Presserechts, 3. Kap. Rdz. 20.

[531] Vgl. *Kübler*, in: *Badura/Scholz* (Hrsg.), Wege und Verfahren des Verfassungslebens, FS für Lerche, S. 653, 656; *Hesse*, Rundfunkrecht, S. 62; *Bethge* JZ 1989, S. 53; *Stender-Vorwachs*, „Staatsferne" und „Gruppenferne" S. 47; *Ricker*, Privatrundfunkgesetze im Bundesstaat, S. 32; *ders.* NJW 1981, S. 1739.

[532] Vgl. BVerfGE 57, S. 295 ff., 320; 83, S. 238 ff., 296; BVerfGE 87, S. 181 ff., 199 f.

[533] BVerfGE 57, S. 295 ff., 323.

[534] Vgl. BVerfGE 73, S. 118 ff., 186; vgl. aber BVerfGE 90, S. 65 ff., 88 f., wo das Gericht die spezifischen Gefahren durch Staat und Parteien wegen der Neigung zur Instrumentalisierung des Rundfunks herausstellt; ähnlich die Verfassungsrechtsprechung in Italien, vgl. *Schellenberg* AöR 119, S. 427 ff., 434.

[535] Vgl. BVerfGE 73, S. 118 ff., 165; 12, S. 205 ff., 263; vgl. auch BayVerfGH BayVBl. 1989, S. 303 ff., 304 ff.; keine Bedenken haben etwa *Bethge*, Verfassungsprobleme der Reorganisation des öffentlich-rechtlichen Rundfunks, S. 51 ff.; *Degenhart*, in Bonner Kommentar, Art. 5 Abs. 1, 2 Rdnr. 557; *Lenz* JZ 1963, S. 338 ff., 347; *Jarass*, Freiheit des Rundfunks vom Staat, S. 48; kritisch wie hier *Starck*, Rundfunkfreiheit als Organisationsproblem, S. 27 und 42; *Wufka*, Die Rundfunkfreiheit, S. 95; *Hesse* JZ 1991, S. 357, 358; *Gersdorf*, Staatsfreiheit des Rundfunks in der dualen Rundfunkordnung der Bundesrepublik Deutschland, S. 183.

[536] Vgl. *Hans Hugo Klein*, Die Rundfunkfreiheit, S. 53.

[537] BVerfGE 12, S. 205 ff., 262.

[538] Vgl. unten unter D Rdz. 8 ff.

der in den Gremien und vor allem durch Vertreter politischer Parteien potenziert. Dadurch entsteht ein Potential staatlicher Einflußnahme, das den für die Beteiligung an der Presse vorgesehenen Rahmen sprengen dürfte.[539]

In seinem 6. Rundfunkurteil hat das Gericht freilich die *Beteiligung kommunaler* und damit ebenfalls *staatlicher* Vertreter am *lokalen Rundfunk* für zulässig erklärt.[540] Insoweit überzeugt jedoch nicht das Argument, daß die Beteiligung der Gemeinden dadurch sachlich gerechtfertigt sein soll, *„daß sie ein Gegengewicht gegen die Gefahr eines vorwiegend kommerziellen Interesses an der Rundfunkveranstaltung schafft und dazu beitragen kann, die lokalen Belange im Rundfunk angemessen zur Geltung zu bringen“.*[541]

Auch hier begründet das Gericht wiederum nicht, warum es gerade die Aufgabe staatlicher Vertreter und nicht der gesellschaftlichen Repräsentanten sein soll, diesen Gefahren zu begegnen. Ebensowenig vermag die Notwendigkeit, lokale Belange zu berücksichtigen, eine Beteiligung der Kommunen zu rechtfertigen. Zum einen ist die öffentliche Aufgabe des Rundfunks als eine im gesellschaftlichen Bereich wurzelnde Angelegenheit ausschließlich Sache der lokalen gesellschaftlichen Gruppierungen und Kräfte. Daneben unterliegen die Gemeinden als Teil der Staatsgewalt selbst der öffentlichen Kritik und Kontrolle, die durch den Rundfunk nur dann wirksam wahrgenommen werden kann, wenn der Staat selbst keinen Einfluß auf die Veranstaltung von Rundfunkprogrammen nehmen kann.[542]

Zu den genannten Beispielen einer tendenziell staatsbezogenen Sicht ist freilich festzustellen, daß das Bundesverfassungsgericht sie nur zu *Einzelfragen* herangezogen hat. In seiner grundlegenden Rechtsprechung zur Rundfunkfreiheit hat es sich eindeutig auf die funktionale Bedeutung festgelegt und die Verhinderung staatlicher und von ihm gleichschädlich angesehener parteipolitischer Einflußmöglichkeit betont.[543] Insoweit verlangt es, daß ein *„Meinungsmarkt“* mit einem *Gesamtangebot* entsteht, über den die für die *freiheitliche Demokratie* konstitutive *Meinungsvielfalt* zur *Darstellung* gelangt.[544]

Im Anschluß daran stellt das Gericht fest:

„Gerade bei einem Medium von der Bedeutung des Rundfunks müssen die Möglichkeiten einer Konzentration von Meinungsmacht und die Gefahr des Mißbrauchs zum Zwecke einseitiger Einflußnahme auf die öffentliche Meinung in Rechnung gestellt werden.“ Daraus folge, daß es dem verfassungsrechtlichen Gebot, *„die Freiheit des Rundfunks zu gewährleisten, nicht gerecht werden würde, wenn nur staatliche Eingriffe ausgeschlossen würden und der Rundfunk dem freien Spiel der Kräfte überlassen würde“.*[545] *„Dies um so weniger, als einmal eingetretene Fehlentwicklungen – wenn überhaupt – nur bedingt und nur unter erheblichen Schwierigkeiten rückgängig gemacht werden könnten.“*[546]

cc) Der Staat als Garant der Rundfunkfreiheit

115   Nachdem somit die *causa* der *institutionellen Garantie* in der *öffentlichen Aufgabe* zu sehen ist, die der Rundfunk durch die Herstellung von *Allgemeinzugänglichkeit* im Sinne der Schaffung eines *allgemeinen Meinungsmarktes* erfüllt, stellt sich im weiteren die Frage, wer als *Garant* für ein *freies Rundfunkwesen* in Betracht kommt, damit sich in dem Medium gleichgewichtige Vielfalt dauerhaft einstellt.

---

[539] Vgl. zu dem Parteieneinfluß etwa die Belege unten unter E Rdz. 13 ff.

[540] Vgl. BVerfGE 83, S. 238 ff., 311.

[541] BVerfGE 83, S. 238 ff., 312.

[542] Vgl. *Hesse* JZ 1991, S. 357, 358; *Gersdorf,* Staatsfreiheit des Rundfunks, S. 185; *Schmitt Glaeser,* Schriftliche Stellungnahme zur Anhörung des Landtags Nordrh. Westf. am 5. 12. 1986, LT-Ds. 10/694, S. 10; *Grawert,* Schriftliche Stellungnahme zur Anhörung des Landtags Nordrh. Westf. am 5. 11. 1987, S. 9; *Ricker,* in: *Pieper/Hadamik* (Hrsg.): Das WDR-Gesetz und das Landesrundfunkgesetz Nordrhein-Westfalen vor dem BVerfG, S. 345 ff., 346.

[543] Vgl. BVerfGE 90, S. 60 ff., 89.

[544] BVerfGE 57, S. 295 ff., 323; vgl. oben unter B Rdz. 111 ff.

[545] BVerfGE 57, S. 295 ff., 323; vgl. BVerfGE 31, S. 314 ff., 325.

[546] Vgl. BVerfGE 57, S. 295 ff., 323.

Sowohl unter dem Aspekt des Subsidiaritätsprinzips wie auch der Gefahr staatlichen Einflusses auf den Kommunikationsprozeß liegt es nahe, die Rundfunkfreiheit der Verantwortung der Gesellschaft selbst zu überlassen.[547] Dafür könnte zum einen die Rechtsprechung des Bundesverfassungsgerichtes angeführt werden, wonach der Rundfunk *„im Interesse der Allgemeinheit"*[548] veranstaltet wird und diese am ehesten darüber befinden kann, ob die in der Gesellschaft bestehenden Meinungen tatsächlich zu Wort kommen. Vor allem liegt der Gedanke nicht fern, daß sich die *Staatsgerichtetheit* des *Grundrechtsschutzes* ständig neu bewähren müsse und daß deshalb die Gemeinschaft selbst der beste Hüter der Rundfunkfreiheit sei. **116**

Schließlich könnte auch darauf verwiesen werden, daß der Schutz der Freiheit der anderen Medien, wie etwa des Films und der Presse, ebenfalls *weitestgehend* der *Gesellschaft* selbst überlassen ist.[549] Wenn die *gesellschaftlichen Kräfte* die Verwirklichung der Rundfunkfreiheit zu gewährleisten hätten, entspräche dies auch der derjenigen Auffassung, die in dem Grundrecht ein *klassisches Freiheitsrecht* sieht. Hiergegen bestehen jedoch Bedenken, auf die das Bundesverfassungsgericht mehrfach hingewiesen hat: Soweit auf die *Selbstregulierungskräfte* der Gesellschaft und damit auch des *wirtschaftlichen Marktes* verwiesen wird,[550] wird außer acht gelassen, daß selbst im Bereich der Presse mit seinen traditionell gewachsenen Marktstrukturen[551] der Staat mit der *pressespezifischen Fusionskontrolle* ordnend eingegriffen hat, um den sich aus einem freien Spiel der gesellschaftlichen Kräfte ergebenden Gefahren vorzubeugen.[552]

Die *Eigenarten* des Mediums Rundfunk, vor allem der sehr *hohe finanzielle Aufwand* nationaler Veranstaltung, führen zu besonderen *Gefahren* für den freien Kommunikationsprozeß und damit für die öffentliche Meinungsbildung. Sie liegen nach der Rechtsprechung des Bundesverfassungsgerichts, wie bereits dargestellt wurde,[553] in der Möglichkeit einer *Konzentration* von *Meinungsmacht* und damit in einer *vorherrschenden Mitwirkung einzelner*, darüber hinaus auch in der Anfälligkeit des Mediums in Krisenzeiten sowie in den vielfaltsbeschränkenden *Auswirkungen* einer *Werbefinanzierung* auf die Programmgestaltung.[554] Jedenfalls die Tendenzen zur Konzentration zeigen ganz aktuell, daß diese Befürchtungen nicht unbegründet sind.

Da somit gerade nicht auf die *Selbstregulierungskräfte* der *Gesellschaft* vertraut werden kann, kommt als *Garant* der Rundfunkfreiheit nur der *Staat* in Betracht. Eine andere Institution aus der Mitte der gesellschaftlichen Gruppen und Verbände könnte diese Aufgabe deshalb nicht übernehmen, weil allein der Staat von dem Gesamtwillen der Gesellschaft getragen und *demokratisch legitimiert* ist. Außerdem verfügt nur dieser über die verfassungsrechtlich eingeräumte Kompetenz, für alle verbindliche Entscheidungen zu treffen und diese im Konfliktfall mit dem notwendigen Machtinstrumentarium auch durchzusetzen. **117**

Insoweit ist freilich der klassisch freiheitsrechtlichen Grundrechtsauffassung zu konzedieren, daß mit der Übertragung der Verantwortung auf den Staat ein *erhebliches Konfliktpotential* entsteht, da sich eine unabhängige Meinungs- und Willensbildung nur in Freiheit vom Staat entwickeln kann.[555] Von daher zeichnet sich die Rolle des Staates im Rundfunkbereich durch

---

[547] Siehe oben unter B Rdz. 115.

[548] Vgl. BVerfGE 73, S. 118 ff., 156.

[549] Vgl. *Stender-Vonvachs,* „Staatsferne" und „Gruppenferne", S. 56; *Pestalozza* NJW 1981, S. 2156; *Hans Hugo Klein,* Die Rundfunkfreiheit, S. 46.

[550] Vgl. hierzu Pestalozza NJW 1981, S. 2156; *Kull,* in: *Badura/Scholz,* Wege und Verfahren des Verfassungslebens, FS für Lerche, S. 663 ff.; *ders.* AfP 1981, S. 356; *Wolff/Lübbe,* Die Rundfunkfreiheit, S. 63 ff.; *Mestmäcker,* S. 72 ff.

[551] Vgl. BVerfGE 20, S. 205, 261 ff.; 57, S. 295 ff., 322.

[552] Vgl. BVerfGE 56, S. 381; vgl. hierzu näher unten unter E Rdz. 46 ff.

[553] Siehe hierzu oben unter B Rdz. 101 ff.

[554] Vgl. BVerfGE 57, S. 295 ff., 323; 31, S. 314 ff., 325; BVerfG ZUM 1992, S. 668; siehe aber zu der hierzu geäußerten Kritik unten unter E Rdz. 47.

[555] Siehe hierzu bereits oben unter B Rdz. 10 ff., 78 ff.

seine *Januskörfigkeit* aus.[556] Einerseits trifft ihn die Verpflichtung, die Rundfunkfreiheit zu sichern und deshalb auch zu ordnen. Andererseits wird damit gerade derjenige zum Handeln gefordert, der sich im Interesse einer unbeeinflußten Meinungs- und Willensbildung von den Medien fernhalten soll.[557]

118 Diese staatliche Dichotomie bestimmt deshalb auch den Umfang der institutionellen Garantie für ein freies Rundfunkwesen. Verpflichtungen des Staates zur Gewährleistung eines sich in der Gesellschaft frei bildenden Rundfunks können daraus nur insoweit gefolgert werden, als sich seine Maßnahmen auf eine *Rahmenordnung* reduzieren. Dazu gehören nach der Rechtsprechung des Bundesverfassungsgericht die *„Entscheidung über die Grundlinien der Rundfunkordnung"* sowie Vorkehrungen, *„die im Rahmen des zugrunde gelegten Ordnungsmodells sicherstellen, daß der Rundfunk nicht einer oder einzelnen gesellschaftlichen Gruppen ausgeliefert wird und daß die in Betracht kommenden Kräfte im Gesamtprogrammangebot zu Wort kommen können".*[558]

Darüber hinaus hat er *„für den Inhalt des Gesamtprogramms Leitgrundsätze verbindlich zu machen, die ein Mindestmaß von inhaltlicher Ausgewogenheit, Sachlichkeit und gegenseitiger Achtung gewährleisten".*[559] Diese Begrenzung auf eine allgemeine Rahmenordnung schließt vor allem staatliche Entscheidungen im *Einzelfall* aus, bei denen es um möglicherweise politisch bedeutsame Fragen der Programminhalte geht, wie etwa bei der Zulassung zum Rundfunk wie auch bei der Programmkontrolle.[560] Dabei hat das Bundesverfassungsgericht zu Recht auf die ständig drohenden Gefahren für eine ausgewogene Darstellung des in der Gesellschaft bestehenden Pluralismus hingewiesen. Eine einmalige gesetzliche Vorgabe reiche insoweit nicht aus.[561] Vielmehr hat das Gericht eine *„laufende wirksame Kontrolle"*[562] gefordert, die aber nicht durch den Staat, sondern nach seinen Feststellungen zu dem bestehenden öffentlich-rechtlichen Rundfunksystem durch die *gesellschaftlich relevanten Gruppen*[563] ausgeübt werden könne, die vom Staat im Rahmen seiner Rundfunkordnung instrumentalisiert und damit organisationsrechtlich abgesichert werden.[564] Freilich hat das Gericht die den gesellschaftlichen Kräften überlassene Programmkontrolle nicht auf das vorgefundene binnenpluralistische Modell im bestehenden öffentlich-rechtlichen Rundfunk beschränkt. Vielmehr hat es in seiner Rechtsprechung auch die Option für eine davon abweichende gesellschaftliche Aufsicht, etwa in Form einer Beteiligung der Zuschauer[565] oder durch die gesellschaftliche Repräsentanz nach dem *„elder-statesman-Prinzip"*[566] und damit durch ein Gremium erfahrener Persönlichkeiten offengehalten.

dd) Auswirkungen der institutionellen Garantie

119 Damit stellt sich die Frage nach den Auswirkungen der institutionellen Garantie des Staates für ein freies Rundfunkwesen und damit der Sicherung der grundrechtlich geschützten Rundfunkfreiheit. Der wesentliche Ausfluß der Gewährleistungspflicht des Staates für einen freien Rundfunk ist zunächst in der Gründung der *öffentlich-rechtlichen Rundfunkanstalten* zu sehen, deren Organisation unter Beteiligung der gesellschaftlich relevanten Gruppen eine sachgerechte Sicherung gegenüber möglichen Gefährdungen einer einseitigen Einfluß-

---

[556] Siehe hierzu oben unter B Rdz. 115 ff.
[557] Vgl. *Ricker,* Privatrundfunkgesetze im Bundesstaat, S. 63; *Hesse,* Rundfunkrecht, S. 111; siehe hierzu bereits oben unter Rdz. 91 ff.
[558] Vgl. BVerfGE 57, S. 295 ff., 324 ff.
[559] Vgl. BVerfGE 12, S. 205 ff., 263; 57, S. 295 ff., 325.
[560] Vgl. *Badura,* Verfassungsrechtliche Bindungen der Rundfunkgesetzgebung, S. 32 ff.; *Bethge* DÖV 1983, S. 121; *Starck* JZ 1989, S. 121; siehe hierzu unten unter D Rdz. 16 f.
[561] Vgl. BVerfGE 73, S. 118 ff., 208 ff.
[562] BVerfGE 57, S. 295 ff., 325, 330, 333.
[563] Siehe hierzu näher unten unter C Rdz. 24 f.
[564] Vgl. *Wufka,* Die Rundfunkfreiheit, S. 68 ff.; *Wieland/Böckenförde* Der Staat 1984, S. 246 ff.; *Bethge* DÖV 1989, S. 146 ff.
[565] Vgl. BVerfGE 83, S. 238 ff., 296 ff. 298
[566] Vgl. hierzu näher unten unter C Rdz. 37 f.

nahme durch den Staat oder durch einzelne gesellschaftliche Kräfte jedenfalls dem Anspruch nach bedeutet.[567]

Aufgrund der objektiv-rechtlichen Gewährleistungspflicht, wie sie das Bundesverfassungs- **120** gericht ihrem Umfang nach in dem 3. Rundfunkurteil näher konkretisiert hat,[568] hat der Staat auch für den *privaten Rundfunk* eine Rahmenordnung in den jeweiligen Landesmediengesetzen statuiert.[569] Freilich manifestiert sich im privaten Rundfunk die institutionelle Garantie des Staates weniger deutlich als im *„vergesellschafteten öffentlich-rechtlichen Rundfunk".*[570]

Nach der hier vertretenen Auffassung[571] üben die privaten Bewerber jedenfalls mit der Zulassung als Rundfunkveranstalter das ihnen *originär erwachsene Grundrecht* der Rundfunkfreiheit nach privatautonomen Grundsätzen aus, dessen Gehalt und Umfang aber wegen der situationsbedingten Gefahren für den individuellen und öffentlichen Meinungsbildungsprozeß gleichfalls der grundrechtsimmanenten Ausgestaltung und Sicherung und somit eines gesetzlichen Rahmens bedarf. Deshalb haben die Landesgesetzgeber die privaten Veranstalter nicht in völlige Unabhängigkeit entlassen, sondern deren Ausübung des Grundrechts unter die Ordnung der Landesmedienanstalten als Zulassungs- und Aufsichtsbehörden gestellt.[572]

Die institutionelle Garantie des Staates für die Freiheit des Rundfunks verwirklicht sich aber nicht nur in der bestehenden dualen Rundfunkordnung, sondern ebenso durch andere **121** staatliche Maßnahmen, mit denen den Medien die Erfüllung ihrer öffentlichen Aufgabe der Information und Meinungsbildung, vor allem aber auch der Kritik und Kontrolle staatlichen Handelns, erst ermöglicht wird. Dazu gehört etwa neben dem *Zeugnisverweigerungsrecht,*[573] auch der spezifische *Informationsanspruch* gegenüber Behörden, der dem Rundfunk in den Rundfunk- oder durch eine entsprechende Verweisungsvorschrift in den Landespressegesetzen eingeräumt ist.[574]

d) Mittelbare Drittwirkung des Art. 5 Abs. 1 GG

Das Bundesverfassungsgericht hat in seiner Rechtsprechung festgestellt, daß gerade das Massenmedium Rundfunk besonders leicht in die Gefahr gerät, machtinteressierten Grup- **122** pen ausgeliefert zu sein.[575] Wie die Geschichte des Rundfunks zeigt, ist hier in erster Linie das Einflußpotential des Staates zu sehen.[576] Das Grundgesetz begegnet dieser Gefahr dadurch, daß die Rundfunkfreiheit zunächst wie die anderen Freiheitsrechte ein staatsgerichtetes Abwehrrecht statuiert.[577] Dadurch sollen nicht nur alle unmittelbaren, sondern auch mittelbaren Einwirkungen des Staates auf das Medium ausgeschlossen werden.[578] Gerade im

---

[567] Vgl. *Badura,* Verfassungsrechtliche Bindungen der Rundfunkgesetzgebung, S. 67 ff.; *Bethge* DÖV 1989, S. 341; *Selmer* JZ 1983, S. 341 ff.; zur Problematik des Staatseinflusses über die Zusammensetzung des Rundfunkrates unter Beteiligung von Vertretern des Staates und von Parteien, siehe unten unter E Rdz. 12 ff.

[568] Vgl. BVerfGE 57, S. 295 ff., 318 ff.

[569] Vgl. unten unter C Rdz. 48 ff.

[570] Vgl. BVerfGE 60, S. 58 ff., 61. siehe oben Rdz. 27 f.

[571] Siehe hierzu unten unter B Rdz. 122 ff; vgl. auch *Hillig,* in: *Becker:* Beiträge zum Medienprozeßrecht, S. 28; *Kresse,* Die Rundfunkordnung in den neuen Bundesländern, S. 133; *Eberle,* Rechtsgutachten zur Verfassungsmäßigkeit des Entwurfes eines Vorbehaltsgesetzes für die Veranstaltung von Rundfunk, S. 7; *Ory* ZUM 1991, S. 226; *Rupp* DÖV 1988, S. 623 ff., 625.

[572] Vgl. hierzu näher unten unter D Rdz. 10.

[573] Vgl. § 53, 97 Abs. 5 StPO.

[574] Vgl. etwa § 4 i. V. m. § 25 LPresseG; § 51 LMG Bad.-Württ.; § 4 LMG Hamburg; § 4 i. V. m. § 24 LRG Rh.-Pf.; ohne gesetzlichen Informationsanspruch bleiben die Rundfunkanbieter in Bayern und das ZDF; siehe hierzu näher oben unter B Rdz. 21.

[575] Vgl. BVerfGE 57, S. 295 ff., 319; 73, S. 118 ff., 156 f.; 90, S. 60 ff., 97; vgl. hierzu auch oben unter B Rdz. 95 ff., 101 ff.

[576] Vgl. hierzu etwa oben unter A Rdz. 30 ff.; siehe auch unter oben B Rdz. 91 ff.

[577] Vgl. hierzu näher oben unter B Rdz. 91 ff.; BVerfGE 12, S. 205 ff., 260 f.; 7, S. 198 ff., 204 f., 207.

Hinblick darauf, daß der Rundfunk aufgrund der institutionellen Garantie des Art. 5 Abs. 1 GG[579] durch den Staat seine ordnende Ausgestaltung erfährt, ist es von besonderer Relevanz, gleichzeitig auch das Abwehrrecht gegenüber dem Staat stets zu betonen.[580]

123 Freilich wäre eine Betrachtungsweise unvollständig, nach der dem Rundfunk Schutz nur gegenüber staatlichem Einfluß zu gewähren wäre. Dieses Medium stellt sich auch als gewichtiger Teil des gesellschaftlichen Bereichs und darüber hinaus auch noch als erheblicher Wirtschaftsfaktor dar.[581] Deswegen kommt seiner Stellung im *Privatrechtsverkehr* ebenso eine ganz immense Bedeutung zu. Von daher stellt sich die Frage, ob die Rundfunkfreiheit nicht auch im Verhältnis zu anderen Grundrechtsträgern angewendet werden kann und damit gegenüber Privatrechtssubjekten Wirkung erlangt.

Eine Mindermeinung kommt zu dem Ergebnis, daß die Rundfunkfreiheit ebenso wie die übrigen Medienfreiheiten *unmittelbar* im Privatrechtsverkehr gilt.[582] Diese Ansicht übersieht jedoch, daß die Privatautonomie als wesentliches Element des Zivilrechtsverkehrs von spezifischen Regelungen geprägt ist. Eine unmittelbare Anwendung der Grundrechte im Verhältnis der Bürger untereinander würde zu einer prinzipiellen Veränderung dieses austarierten Systems, das vor allem mit dem Bürgerlichen Gesetzbuch errichtet wurde, führen. Seine differenzierte Geltung würde dann durch eine generalisierende Wertung abgelöst werden.[583]

124 Nach herrschender Auffassung in Rechtsprechung und Lehre wird dagegen angenommen, daß die Grundrechte im Privatrechtsverkehr *mittelbar* wirken können. Dies wird freilich unterschiedlich begründet: Zum einen wird vereinzelt auf Art. 1 Abs. 3 GG abgestellt. Danach stellen die Grundrechte sowohl für die Gesetzgebung wie auch für die Rechtsprechung und Verwaltung unmittelbar geltendes Recht dar mit der Folge, daß zum Beispiel der Richter bei der Beurteilung eines Boykotts verpflichtet ist, bei der Anwendung der einschlägigen Vorschriften des Bürgerlichen Rechts den den Medien gemäß Art. 5 Abs. 1 GG zustehenden Verfassungsschutz voll zu berücksichtigen.[584]

Zuzustimmen ist dagegen der Auffassung, daß sich die mittelbare Drittwirkung des Art. 5 GG dadurch ergibt, daß die Zivilrechtsordnung nicht nur die eingangs erwähnte differenzierte Abwägung einzelner Rechtspositionen im Privatrechtsverkehr vorsieht, sondern darüber hinaus auch *generalisierende Tatbestände* enthält, wie beispielsweise die *„guten Sitten"* (§ 826 BGB) oder die Verpflichtung, Verträge nach *„Treu und Glauben"* (§ 242 BGB) auszulegen.[585] In diesem Zusammenhang erscheint vor allem die Rechtsprechung des Bundesverfassungsgerichtes überzeugend, das in mehreren Entscheidungen die mittelbare Drittwirkung der Grundrechte ausdrücklich anerkannt hat.[586]

Nach dieser Rechtsprechung hat die Verfassung in ihrem Grundrechtsabschnitt nicht nur Abwehrrechte formuliert, sondern eine objektive Wertordnung aufgerichtet. Dieses Wertsystem muß als verfassungsrechtliche Grundentscheidung für alle Bereiche des Rechts gelten. Zur Realisierung dieses Einflusses bieten sich vor allem die Generalklauseln des Bürger-

---

[578] Vgl. BVerfGE 83, S. 283 ff., 267 f.; 90, S. 60 ff., 95 f.; zum Gebot der Staatsfreiheit siehe auch unten unter D Rdz. 1 ff.

[579] Vgl. zur institutionellen Garantie der Rundfunkfreiheit oben unter B Rdz. 101 ff.

[580] Siehe zu dem Aspekt der „Janusköpfigkeit" oben unter B Rdz. 115 ff.

[581] Vgl. hierzu näher unter B Rdz. 119 ff.

[582] Vgl. etwa BAGE 1, S. 185 ff., 191 ff.; 13, S. 168 ff., 144 ff.; BAG NJW 1957, S. 1688; *Nipperdey,* Grundrechte Bd. II, S. 20; *Schwabe* NJW 1973, S. 229 f.

[583] Vgl. *v. Mangoldt/Klein/Starck,* GG, Art. 1 Abs. 3 Rdz. 67; *Hesse,* Grundzüge des Verfassungsrechts, § 11 II; *Katz,* Grundkurs öffentliches Recht, E III 2; *Maunz/Dürig/Herzog/Scholz,* GG, Art. 1 Abs. III Rdz. 130.

[584] Vgl. *Schmitt-Bleibtreu/Klein,* GG, Art. 1 Rdz. 19.

[585] Vgl. hierzu *Degenhart,* in: Bonner Kommentar, GG, Art. 5 Rdz. 84 f.; *Maunz/Dürig/Herzog/Scholz,* GG, Art. 5 Rdz. 168 f.; Art. 1 Abs. 3 Rdz. 127; *Hammel* DVBl. 57, S. 618; *Schüle* AöR 82, S. 372; *Coing* JZ 1958, S. 558, 560; *Dürig,* in: FS für Nawiasky, S. 557 ff. Rdz. 10, 12; *Schwabe* NJW 1973, S. 229 f.; Schwerdtfeger, Öffentliches Recht in der Fallbearbeitung, § 31.

[586] Vgl. BVerfGE 7, S. 204 ff.; 25, S. 263; 30, S. 188; 35, S. 219.

lichen Rechts an. Für jede Regelung muß also die Ausstrahlungswirkung der Grundrechte beachtet werden.[587]

Wörtlich führte das Gericht aus, daß sich *„der Rechtsprechung zur Realisierung dieses Einflusses vor allem die „Generalklauseln" anbieten, die, wie § 826 BGB, zur Beurteilung menschlichen Verhaltens auf außer zivilrechtliche, ja zunächst überhaupt außerrechtliche Maßstäbe, wie die „guten Sitten", verweisen. Denn bei der Entscheidung darüber, was diese sozialen Gebote jeweils im Einzelfall fordern, muß in erster Linie von der Gesamtheit der Wertvorstellungen ausgegangen werden, die das Volk in einem bestimmten Zeitpunkt einer geistig-kulturellen Entwicklung erreicht und in seiner Verfassung fixiert hat. Deshalb sind mit Recht die Generalklauseln als die „Einbruchstellen" der Grundrechte in das Bürgerliche Recht bezeichnet worden".*[588]

Wie das Gericht in diesem Kontext weiter dargelegt hat, kann im Verhältnis der Grundrechte in Art. 5 GG zu den anderen *„allgemeinen Gesetzen"* im Sinne des Art. 5 Abs. 2 GG **125** nichts anderes gelten. Zu den allgemeinen Gesetzen zählen aber gerade auch diejenigen, die Rechtspositionen von Bürgern betreffen und demgemäß den Privatrechtsverkehr bestimmen. Das Bundesverfassungsgericht hat dabei nicht deren Vorrang festgestellt, sondern postuliert, daß die *„allgemeinen Gesetze"* in ihrer das Grundrecht beschränkenden Wirkung ihrerseits im Lichte der Bedeutung dieses Grundrechts gesehen und so interpretiert werden, daß der besondere Wertgehalt dieses Rechts auf jeden Fall gewahrt bleibt. Es wird deshalb eine *Güterabwägung* zwischen dem Grundrecht aus Art. 5 Abs. 1 GG und dem durch das allgemeine Gesetz geschützten Rechtsgut erforderlich, wobei der Grundsatz der *Verhältnismäßigkeit* und damit die *Geeignetheit, Erforderlichkeit und individuellen Zumutbarkeit* (Verhältnismäßigkeit im engeren Sinne) heranzuziehen sind.[589]

Aufgrund dieser rechtsdogmatischen Herleitung ergeben sich eine ganze Reihe von konkreten Problemkreisen, in denen die Rundfunkfreiheit *mittelbar* über die Generalklauseln des **126** bürgerlichen Rechts zur Anwendung kommt. Bei der Rundfunkveranstaltung zeigt sich die mittelbare Drittwirkung der Grundrechte im Verhältnis zwischen dem von der Programmfreiheit umfaßten Äußerungsrecht und dem ebenfalls durch die Verfassung in Art. 1 Abs. 1 und Art. 2 Abs. 1 GG geschützten *Persönlichkeitsrecht* der Betroffenen. Ob die Vorschriften zum Schutze der Ehre und des Rufes in den §§ 823 ff. BGB als „allgemeine Gesetze" im Sinne des Art. 5 Abs. 2 GG im Einzelfall die Programmfreiheit des Rundfunkveranstalters beschränken, muß im Rahmen einer konkreten Interessen- und Güterabwägung festgestellt werden. Ihre besondere Ausprägung zeigt sich in dem Verbot *unwahrer Tatsachenbehauptungen,* an denen kein öffentliches Interesse besteht.[590] Bei *Meinungsäußerungen* über Angelegenheiten von öffentlichem Interesse gebührt der Rundfunkfreiheit grundsätzlich Vorrang.[591] Das Persönlichkeitsrecht greift dagegen durch, wenn die Herabsetzung der Person im Vordergrund steht und somit eine *Schmähung* anzunehmen ist.[592] Bei Eingriffen in *Tabuzonen,* etwa Privatsphäre und der Intimsphäre kommt in der Regel auch dem Persönlichkeitsschutz und nur ausnahmsweise der Rundfunkfreiheit Vorrang zu.[593] Zu den Verfassungsgütern, die im Rahmen der Drittwirkung der Grundrechte eine Abwägung gegenüber der Programmfrei-

---

[587] Besonders ausführlich BVerfGE 7, S. 204 ff.

[588] Vgl. BVerfGE 7, S. 206 unter Verweis auf *Dürig,* in: *Neumann/Nipperdey/Scheuner,* Die Grundrechte Bd. 2, S. 525.

[589] Vgl. BVerfGE 7, S. 207, 208 f., 210, 212, 215; vgl. hierzu näher unten unter B Rdz. 164 ff. und D Rdz. 37.

[590] Vgl. BVerfG NJW 1980, S. 2070; BVerfG AfP 1982, S. 216; BVerfGE 12, S. 113 ff.; vgl. *Grimm* NJW 1995, S. 237 ff., 239 vgl. hierzu unten näher unter F Rdz. 112 ff.

[591] Vgl. BVerfGE 7, S. 198 ff., 212; BVerfG AfP 1992, S. 53; BVerfG AfP 1991, S. 387; vgl. *Grimm* NJW 1995, S. 237 ff., 241 f. vgl. hierzu näher unten unter F Rdz. 112 ff.

[592] Vgl. BVerfGE 12, S. 113 ff., 131; BVerfG NJW 1980, S. 2069; BVerfG AfP 1990, S. 192; vgl. hierzu näher unten unter F Rdz. 112 ff.

[593] Vgl. BVerfGE 35, S. 302 ff., 320 ff.; BGHZ 13, S. 334; vgl. *Grimm* NJW 1995, S. 237 ff., 242, vgl. hierzu ausführlich unten unter F Rdz. 112.

heit der Rundfunkveranstalter notwendig machen können, gehört ebenso das in § 824 BGB statuierte *Verbot kreditschädigender Äußerungen.*[594]

Auch bei der *Informationsbeschaffung,* die originärer Bestandteil der Rundfunkfreiheit ist,[595]
127 kommt dem Grundrecht eine entscheidende Bedeutung zu, wenn es mit den Rechten Dritter kollidiert. Vor allem im Bereich der *Exklusivberichterstattung* besteht einerseits ein Interesse des Rechtsinhabers, die von ihm erworbenen Ausstrahlungslizenzen alleine zu verwerten. Andererseits können andere Rundfunkveranstalter ihr Recht auf Informationsverbreitung geltend machen. Diese Kollisionslage wurde früher über § 826 BGB entschieden. So hielt etwa der Bundesgerichtshof einen Exklusivvertrag über die Berichterstattung über ein Bergwerksunglück (Lengede) für sittenwidrig, da es *„im allgemeinen Interesse"* nicht hingenommen werden könne, daß durch eine solche Vereinbarung die einzige Informationsquelle über ein Ereignis verstopft werde, über das zuverlässig unterrichtet zu werden die Öffentlichkeit ein erhebliches und berechtigtes Interesse habe.[596]

Im Bereich des Rundfunks ist bei der durch die in dem Rundfunkstaatsvertrag in § 4 geregelte *Kurzberichterstattung* nunmehr ein Interessenausgleich zwischen dem Rechteinhaber und anderen Rundfunkveranstaltern auf der Grundlage der notwendigen Güterabwägung und somit eine spezifische Ausgestaltung getroffen worden.[597] Im Bereich der *Rundfunkveranstaltung* kommen die Grundsätze über die *mittelbare Drittwirkung* des Grundrechts auch im Verhältnis zwischen dem Veranstalter und den *redaktionellen Mitarbeitern* zur Anwendung. Nach der in der Rechtsprechung des Bundesverfassungsgerichtes getroffenen Güterabwägung geht die *Direktionsbefugnis* des Rundfunkveranstalters aufgrund der Programmfreiheit aus Art. 5 Abs. 1 GG vor, wenn über die Einstellung und Beschäftigung der redaktionellen Mitarbeiter entschieden wird, etwa bei der Frage der *Befristung des Arbeitsverhältnisses.*[598]

128 Im Rahmen der *Rundfunkverbreitung* wird die mittelbare Drittwirkung der Informationsfreiheit und damit des Rechts auf Unterrichtung aus allgemein zugänglichen Quellen im *Mietrecht* relevant. So ist es etwa einem Vermieter nach den auch im Rahmen der Mietvorschriften der §§ 535 ff. BGB anwendbaren Grundsatz von „Treu und Glauben" (§ 242 BGB) verwehrt, die Installierung einer *Satellitenempfangsanlage* einem Mieter zu verbieten, wenn lediglich eine Hausantennenanlage besteht. Anders verläuft die Abwägung bei einer bereits vorhandenen Satelliten- oder Kabelanlage. Die Informationsfreiheit geht hier nur dann vor, wenn an dem zusätzlichen Empfang von Satellitenprogrammen ein berechtigtes Interesse des Mieters besteht.[599]

129 Im Hinblick auf die der Meinungsfreiheit dienenden Funktion der Rundfunkfreiheit läßt sich ein eigenes Grundrecht der *Rundfunkteilnehmer,* etwa auf Veranstaltung und Ausstrahlung bestimmter Sendeinhalte, nicht begründen. Insoweit wird die Programmfreiheit des Veranstalters auch nicht nach dem Grundsatz der *mittelbaren Drittwirkung* der Grundrechte durch die Informationsfreiheit der Rundfunkzuschauer und -hörer begrenzt.[600] Die Möglichkeit der Mitbestimmung über die Programmgestaltung durch die Rezipienten wäre gerade der unzulässige fremde Einfluß von außen, vor dem die Veranstalter durch die Rundfunkfreiheit geschützt werden sollen.[601]

e) Individualrecht oder abgeleitetes Rundfunkrecht

---

[594] Vgl. hierzu näher unten unter F 112 ff.

[595] Vgl. BVerfGE 35, S. 202 ff., 220; *Löffler/Ricker,* Handbuch des Presserechts, 22. Kap. Rdz. 4; *Wenzel,* Das Recht der Wort- und Bildberichterstattung, Rdz. 5.4.6 ff.

[596] Vgl. BHG GRUR 1968, S. 210; *Löffler/Ricker,* Handbuch des Presserechts, 7. Kap. Rdz. 5; *Ricker* ZUM 1988, S. 315.

[597] Vgl. hierzu ausführlich unten unter F Rdz. 88 ff.

[598] Vgl. BVerfGE 59, S. 53 ff., 60, 63; vgl. hierzu auch unten unter F Rdz. 6.

[599] Vgl. BVerfG AfP 1994, S. 138; OVG Saarlouis ZUM 1992, S. 531; *Schneider* MuW 1994, S. 431 ff., 435; *Kohler* MuW 1994, S. 46 ff.; vgl. hierzu näher auch unten G Rdz. 32 f.

[600] Vgl. BVerfG DVBl. 1978, S. 640; VG Schleswig-Holstein AfP 1994, S. 225.

[601] Vgl. hierzu unter B Rdz. 156 f., 161 f.

Im Rahmen ihrer institutionellen Garantie für ein freies Rundfunkwesen[602] haben die 130
Landesgesetzgeber von dem ihnen eingeräumten Ermessen[603] insoweit Gebrauch gemacht,
als sie sich zunächst für einen öffentlich-rechtlichen Rundfunk mit einer binnenpluralistischen Ordnungsstruktur[604] und später in den achtziger Jahren für die Einführung eines
privaten Rundfunks entschieden haben.[605]

Damit stellt sich die Frage, ob mit dem gesetzgeberischen Akt der Ausgestaltung des Rundfunkwesens den Veranstaltern lediglich ein derivatives subjektives Recht oder bereits unmittelbar ein Individualrecht aus dem Grundrecht der Rundfunkfreiheit in Art. 5 Abs. 1 Satz 2
GG zukommt.

aa) 1. Auffassung: Abgeleitetes Recht

Nach derjenigen Auffassung, die in der Rundfunkfreiheit primär eine objektiv-rechtliche 131
Gewährleistung sieht, leitet sich das subjektive Recht der zugelassenen Veranstalter aus dem
jeweiligen Landesmediengesetz ab.[606] Die Vertreter dieser Ansicht stützen ihre *Ablehnung
eines originären Grundrechtsschutzes* zunächst auf den Wortlaut des Art. 5 Abs. 1 Satz 2 GG. Dieses Grundrecht schütze nicht entsprechend der Pressefreiheit die Freiheit des Rundfunks,
sondern ausdrücklich die „*Freiheit der Berichterstattung durch den Rundfunk*".[607] Deshalb sei das
Grundrecht der Rundfunkfreiheit anders zu sehen als die Pressefreiheit. Außerdem betonen
sie den „spezifischen öffentlichen Status" im Sinne einer gesteigerten öffentlichen Verantwortung.[608]

Daraus folgt nach dieser Ansicht die Schutzfunktion des Staates gegenüber dem Rundfunk, der Sache der Gesellschaft sei und deshalb auch nur in *vergesellschafteter Form* stattfinden
könne. Dabei bleibe es zwar dem Gesetzgeber unbenommen, ob die Organisation des Mediums in öffentlich-rechtlicher oder privatrechtlicher Form erfolge. Soweit sich der Gesetzgeber für die Zulassung privater Veranstalter entscheide, könnten den Veranstaltern subjektive
Rechte aber nur derivativ auf Grund des Rundfunkgesetzes zukommen.

bb) 2. Auffassung: Individualgrundrecht

Nach anderer Auffassung verbürgt die Rundfunkfreiheit des Art. 5 Abs. 1 Satz 2 GG ein 132
Individualgrundrecht. Dabei wurde früher vereinzelt davon ausgegangen, daß es sich um ein
Individualgrundrecht mit einem gesetzesfreien originären Zugangsanspruch handele, dessen
umfassende Geltung nur bis zum Fortfall der Beschränkungen im Frequenz- und Finanz-

---

[602] Vgl. BVerfGE 57, S. 295 ff., 318 ff.; 83, S. 238 ff.; *Ricker,* Privatrundfunkgesetze im Bundesstaat,
S. 65 m.w.N.; *Maunz/Dürig/Herzog/Scholz, GG,* Art. 5 Abs. 1, 2 Rdz. 4 f.; *Rudolf* NJW 1972, S. 1292 f.;
siehe hierzu näher oben B Rdz. 119 ff.

[603] Vgl. BVerfGE 83, S. 238 ff., 317; vgl. *Starck* NJW 1982, S. 2367 f.; siehe hierzu näher oben unter
B Rdz. 115 ff.

[604] Siehe dazu näher unten C Rdz. 27 ff.

[605] Vgl. zu den gesetzgeberischen Motiven unten unter E Rdz. 26; zu den Modellen eines privaten
Rundfunks unten unter C Rdz. 48 ff.; zur Sondersituation in Bayern unten unter C Rdz. 30 ff.

[606] Vgl. *Schmidt,* Die Rundfunkgewährleistung, S. 97; *ders.* DVBl. 1981, S. 20 ff.; *Groß* DVBl. 1982,
S. 561 ff., 566; *Hoffmann-Riem/Stammler/Stock* RuF 1981, S. 263; *Stammler,* Verfassungs- und organisationsrechtliche Probleme des Kabelrundfunks, S. 20; *Hoffmann-Riem,* Kommerzielles Fernsehen, S. 28 f.,
30; *ders.* RuF 1979; S. 143 ff.; *ders.* ZRP 1980, S. 32; *Bethge,* in: *Fuhr/Rudolf/Wassermann* (Hrsg.), Das Recht
der Neuen Medien, S. 109; *Wieland* Der Staat, Bd. 23 (1984), S. 27.

[607] Vgl. *Friedrich Klein* UFITA 26, S. 249 ff., 265, 267; *Bethge,* in: *Fuhr/Rudolf/Wassermann* (Hrsg.), Das
Recht der Neuen Medien, S. 109; *Böckenförde/Wieland* AfP 1982, S. 78.

[608] Vgl. *Wufka,* Die verfassungsrechtlich-dogmatischen Grundlagen der Rundfunkfreiheit, S. 79 f.;
Bethge, in: *Fuhr* (Hrsg.), Das Recht der neuen Medien, S. 109; *ders.,* Die verfassungsrechtliche Problematik der Zulassung von Rundfunkveranstaltern des Privatrechts, S. 31 ff.; unter Verweis auf *Lerche,* Landesbericht Bundesrepublik Deutschland, in: *Bethge/Kübler,* Rundfunkorganisation und Kommunikationsfreiheit, S. 23 ff., 92; siehe auch *Kübler,* Medienverflechtung, S. 74 f.

bereich suspendiert sei. Die Verwirklichung der individuellen Rundfunkfreiheit setze keine positive gesetzliche Ordnung voraus.[609]

Seit dem 3. Rundfunkurteil des Bundesverfassungsgerichtes von 1981, mit dem die Verpflichtung zu einer gesetzlichen Ausgestaltung festgestellt wurde, hat diese Ansicht an praktischer Bedeutung verloren. Die individualrechtliche Grundrechtssicht geht mittlerweile ganz überwiegend von einer Pflicht des Gesetzgebers zur Bereitstellung der normativen Grundlagen und somit der Realisierung des *grundrechtlichen Zugangsanspruches* aus.[610]

Nach dieser Auffassung wäre somit jeder einzelne zu einer Verfassungsbeschwerde gegen ein gesetzgeberisches Unterlassen berechtigt,[611] was aber durch die Einführung privaten Rundfunks durch den Gesetzgeber in allen Bundesländern[612] faktisch bedeutungslos geworden ist. Für ein originäres Grundrecht auf Rundfunkfreiheit soll nach dieser Ansicht bereits deren Einordnung in den Grundrechtskatalog neben den anderen Menschen- und Freiheitsrechten sprechen, die ebenfalls Individualrechte beinhalten. Vor allem sei die Rundfunkfreiheit im systematischen Zusammenhang mit der Pressefreiheit zu sehen, die ebenfalls ein originäres Grundrecht verbürgt.[613]

Insoweit wird eingeräumt, daß die Rundfunkfreiheit auch eine objektivrechtliche Komponente enthalte. Sie diene aber primär der Verstärkung des subjektiven Grundrechts.[614] Dabei wird davon ausgegangen, daß das Individualgrundrecht zunächst *„eingefroren"* gewesen sei, solange seine Ausübung nicht möglich war. Mit dem Wegfall des technischen Kapazitätsmangels wie auch der von dem Bundesverfassungsgericht genannten *„Sondersituation"* in finanzieller Hinsicht sei dem Gesetzgeber die Pflicht zum legislativen Handeln erwachsen, mit dem das originäre Grundrecht erstarke.[615]

cc) Stellungnahme zum Meinungsstreit

133   Diejenige Auffassung, nach der dem Veranstalter lediglich ein *derivatives Recht* aus dem Landesrundfunkgesetz erwächst, begegnet einigen Bedenken. Zunächst widerspricht sie dem *traditionellen Grundrechtsverständnis*, das den Grundrechten eine der Freiheit des einzelnen dienende Funktion beimißt. Freilich ist einzuräumen, daß das Bundesverfassungsgericht in seinem 7. Rundfunkurteil festgestellt hat, daß die Rundfunkfreiheit nicht der freien Selbstverwirklichung des einzelnen diene.[616] Damit hat es aber nur die Funktionsgebundenheit bei der Ausübung dieses Grundrechts hervorgehoben, jedoch nicht einen individuellen Grundrechtsschutz von vornherein ausgeschlossen.[617]

Einer derivativen Sichtweise kann aber auch deshalb nicht gefolgt werden, da es nicht dem Ermessen des jeweiligen Landesgesetzgebers überlassen bleiben kann, über die Verwirklichung der Rundfunkfreiheit als *ranghöherem Bundesrecht* zu entscheiden. Das einfache Gesetz gilt deshalb nach Maßgabe der Rundfunkfreiheit und nicht umgekehrt die Rundfunkfreiheit nach

---

[609] Vgl. *Pestalozza* ZRP 1979, S. 25 ff.; vgl. auch *Weber,* Rundfunkfreiheit – Rundfunkmonopol, in: Festschrift für Ernst Forsthoff, S. 478 ff.; *Krause-Ablaß* DÖV 1962, S. 249 ff., 252.

[610] Vgl. *Pestalozza* NJW 1981, S. 2160, 2164; *Kloepfer* AfP 1983, S. 450; *Hans Hugo Klein,* in: Der Staat, Bd. 20 (1981), S. 197; *Oppermann* JZ 1981, S. 727; *Scholz* JZ 1981, S. 564; *Kull* AfP 1981, S. 381; *Degenhardt* DÖV 1981, S. 962; *Schmitt Glaeser* BayVBl. 1985, S. 97, FN 4; *Rudolf,* Über die Zulässigkeit privaten Rundfunks, pass.

[611] Vgl. *Merten* AfP 1985, S. 169 ff.; kritisch *Jarass* in 56. DJT 86, G 28, FN 105 ff.

[612] Mit Ausnahme Bayerns; vgl. hierzu unten unter C Rdz. 30 ff.

[613] Vgl. *Kull* AfP 1981, S. 381; *Kröger* NJW 1979, S. 2543; *Weber* Der Staat, Bd. 11 (1972), S. 84; *Scholz* JuS 1974, S. 303.

[614] Vgl. *Rudolf,* Über die Zulässigkeit privaten Rundfunks, S. 22, 73; *Hans Hugo Klein,* Die Rundfunkfreiheit, S. 41; *Starck* NJW 1980, S. 1359 ff.; *ders.* NJW 1992, S. 3257 ff.; *Maunz / Dürig / Herzog / Scholz,* GG, Art. 5 1, 2 Rdz. 26 f., 136 f.; *Kresse* ZUM 1995, S. 67.

[615] Vgl. *Rudolf,* Über die Zulässigkeit, S. 22, 73; *Starck* NJW 1992, S. 3257 ff.; *Maunz / Dürig / Herzog / Scholz,* GG, Art. 5 Abs. 1 Rdz. 230 f.; *Steiner* JZ 1991, S. 367 ff., 370.

[616] Vgl. BVerfGE 87, S. 181 ff., 187.

[617] Vgl. hierzu oben unter B Rdz. 131 f.

Maßgabe des Landesgesetzes.[618] Gegen die derivative Sicht spricht weiterhin, daß den Veranstaltern auch die Möglichkeit einer Verfassungsbeschwerde aus Art. 5 Abs. 1 Satz 2 GG verwehrt wäre, wenn ihre Rechtsposition nur aus dem Landesmediengesetz folgen würde.[619]

Daneben würde die Negierung eines Individualgrundrechts dazu führen, daß der private Rundfunk bei Kollisionen mit anderen Rechtsgütern prinzipiell zurücktreten müßte. Da den privaten Veranstaltern die verfassungsrechtlich verbürgte Rundfunkfreiheit des Art. 5 Abs. 1 S. 2 GG nach dieser Auffassung nicht zusteht, käme entgegen der Rechtsprechung des Bundesverfassungsgerichts der Schrankenvorbehalt des Art. 5 Abs. 2 GG mit einer Güter- und Interessenabwägung im Einzelfall nicht zur Anwendung.[620]

Auch das Argument eines *„spezifischen öffentlichen Status des Rundfunks im Sinne einer gesteigerten öffentlichen Verantwortung"* spricht nicht[621] dafür, einen Individualrechtsschutz[622] von vorneherein zu verneinen. Zwar ist der Ansatzpunkt richtig, daß das Bundesverfassungsgericht die besonderen Interessen der Allgemeinheit an dem Medium Rundfunk und seiner Freiheit als essentielle Voraussetzung freier Kommunikation im demokratischen Staat hervorgehoben hat.[623] Daraus ergibt sich die öffentliche Aufgabe des Rundfunks, die in seiner der Meinungsfreiheit dienenden Funktion liegt und durch die Herstellung eines allgemeinen Meinungsmarktes erfüllt wird.[624] Die öffentliche Aufgabe bedingt aber *keinen öffentlich-rechtlichen Status*. Wie im Bereich der Presse kann sie auch hier durch private Veranstalter erfüllt werden. Das Bundesverfassungsgericht spricht in dem 4. Rundfunkurteil von dem „Grundelement privatautonomer Gestaltung und Entscheidung" als „eigentlicher Substanz", worauf gerade auch die Vertreter der individualistischen Sicht rekurrieren.[625]

Gegen ein rein *individualrechtliches Verständnis* spricht aber zum einen, daß wegen der dienenden Funktion der Rundfunkfreiheit gerade kein Anspruch auf freie Selbstverwirklichung besteht. Das Grundrecht kann deshalb auch nicht mit den übrigen Freiheitsrechten verglichen werden. Wegen der besonderen Gefahren, die von dem Rundfunk auf die Kommunikationsfreiheit ausgehen können, wie etwa die Anfälligkeit in Krisenzeiten oder die Machtzusammenballung und damit die Möglichkeit einseitiger Einflußnahme, kann dieses Massenkommunikationsmittel nicht den Selbstregulierungskräften des Marktes überlassen bleiben.[626] Es bedarf vielmehr einer durch den Gesetzgeber ausgestalteten Rundfunkordnung, um die genannten Gefahren auszuschließen. **134**

Nach der hier vertretenen Auffassung ist die Frage eines Individualrechts der Rundfunkfreiheit *differenziert* und vor dem Hintergrund der verfassungsrechtlichen Determinierung durch das Bundesverfassungsgericht zu sehen: Wie bereits dargestellt wurde,[627] stellt das Gericht zu Recht fest, daß wegen der spezifischen Gefahren Vorsorge durch eine *Rundfunkordnung* zu treffen ist, da ein Selbstschutz allein durch die Kräfte eines freien Marktes nicht angenommen werden kann. Weiterhin ist davon auszugehen, daß nur der Staat aufgrund seiner demokratischen Legitimation diese Ordnung etablieren kann.[628] **135**

---

[618] Vgl. *Gersdorf,* Staatsfreiheit des Rundfunks in der dualen Rundfunkordnung der Bundesrepublik Deutschland, S. 276; *Bethge,* Die verfassungsrechtliche Problematik der Zulassung von Rundfunkveranstaltern des Privatrechts, S. 68.

[619] Vgl. *Jarass,* in: 56. DJT 1986, G 28, FN 105 f.; zu dieser Konsequenz kommt aber etwa *Bethge,* in: *Fuhr* (Hrsg.): Das Recht der neuen Medien, S. 108; vgl. auch *Merten* AfP 1985, S. 163 ff.

[620] Siehe unten B Rdz. 164 ff.

[621] Vgl. *Bethge,* in: *Fuhr* (Hrsg.): Das Recht der Neuen Medien, S. 109; *Badura,* Verfassungsrechtliche Bindungen der Rundfunkgesetzgebung, S. 49, FN 125, S. 54 ff.

[622] Vgl. hierzu oben unter B Rdz. 132.

[623] Vgl. BVerfGE 83, S. 238 ff., 278.

[624] Siehe hierzu näher oben B Rdz. 111 ff. und C Rdz. 10 ff.

[625] Vgl. *Kull* ZUM 1987, S. 357.

[626] Siehe oben unter B Rdz. 101 ff.

[627] Siehe oben B Rdz. 101 ff. 115 ff.

[628] Vgl. hierzu näher oben unter B Rdz. 115 ff.; vgl. *Ricker* NJW 1981, S. 1739.

Dem Regelungsgebot steht das *Verbot staatlichen Einflusses* entgegen, was zu Begrenzungen bei der Ausgestaltung der Rundfunkordnung führt.[629] Sie liegt deshalb nicht in seinem freien Belieben. Als Maßstab sind wegen der dienenden Funktion der Rundfunkfreiheit ausschließlich das Pluralismusgebot und die faktischen Verhältnisse heranzuziehen.[630] Daher können die nachfolgenden Ausführungen, die von einer staatlichen Ausgestaltung ausgehen, nur für die gegenwärtige Situation gelten.[631]

136   Nach der Rechtsprechung des Bundesverfassungsgerichts dient zwar wegen der besonderen *funktionalen Zweckbindung* der Rundfunkfreiheit das Grundrecht nicht der freien Selbstverwirklichung ihrer Träger[632] und kann deshalb auch nicht ohne weiteres mit den übrigen Freiheitsrechten in dem Grundrechtskatalog verglichen werden. Für den vorliegenden Zusammenhang ist jedoch wesentlich, daß die Landesgesetzgeber nach der in dem jeweiligen Mediengesetz bestimmten Ordnung privaten Rundfunk *zugelassen* haben. Mit der Herstellung und Verbreitung ihrer Programme dienen somit die *lizenzierten* Veranstalter der individuellen und öffentlichen Meinungsbildung der Rezipienten.[633] Damit erfüllen sie aber auch die *öffentliche Aufgabe* des Rundfunks, die in der Herstellung des *allgemeinen Meinungsmarktes* begründet ist.[634] Insoweit partizipieren sie auch an dem Schutz dieses Grundrechts, das durch den legislativen Akt des Gesetzgebers *aktualisiert* wurde.

Nur bei einer Teilhabe der privaten Veranstalter an dem Grundrecht aus Art. 5 Abs. 1 Satz 2 GG wird auch verständlich, daß ihnen mit der Aufnahme ihrer Programmtätigkeit die aus der Medienfreiheit in Art. 5 GG resultierenden *Privilegien* zukommen, wie etwa der *Informationsanspruch* oder das ebenfalls medienspezifische Zeugnisverweigerungsrecht nach der Strafprozeßordnung,[635] die ausschließlich der Erfüllung der öffentlichen Aufgabe wegen gewährt werden.[636] Allein ein originäres und damit abgesichertes Grundrecht aus Art. 5 GG ermöglicht auch bei Kollisionen der Tätigkeit privater Veranstalter mit Rechten Dritter einen sachgerechten Interessenausgleich durch eine *Güterabwägung*, der den besonderen Stellenwert der Medienfreiheit bis hin zu ihrem Vorrang in Zweifelsfragen[637] entspricht.[638]

Schließlich spricht für den grundrechtlichen Individualschutz, daß bei der Annahme eines derivaten Rechts ein Teilhabe- und damit Zugangsanspruch zum privaten Rundfunk ausgeschlossen und dieser allein dem politischen Willen des Gesetzgebers unterliegen würde. Dies stände jedoch in Widerspruch zu der bisherigen ständigen Rechtsprechung des Bundesverfassungsgerichts, wonach die Rundfunkfreiheit *„situativ"* entsprechend den *faktischen Gegebenheiten zu verstehen* und deshalb im Rahmen der verfassungsrechtlich gebotenen Vorkehrungen auch praktisch zu verwirklichen ist.[639] Im Ergebnis sind somit die privaten Veranstalter jedenfalls *ab dem Zeitpunkt ihrer Lizenzierung* als Träger eines grundrechtlich geschützten Individualrechtes aus Art. 5 Abs. 1 Satz 2 GG anzusehen.[640]

---

[629] Dabei bedarf die Problematik seiner „Janusköpfigkeit" der Auflösung, vgl. hierzu näher oben unter B Rdz. 115 ff und unten unter C Rdz. 11 ff.
[630] Vgl. BVerfGE 57, S. 295 ff., 319; 73, S. 118 ff., 153, 192; 74, S. 297 ff., 328 f.; 83, S. 238 ff., 296; 87, S. 181 ff., 203 f.
[631] Vgl. zum Individualrecht aus Art. 5 Abs. 1 Satz 2 GG oben unter B Rdz. 132.
[632] Vgl. BVerfGE 87, S. 181 ff.; 206.
[633] Vgl. BVerfGE 83, S. 238 ff., 315.
[634] Vgl. hierzu oben unter B Rdz. 111 ff.
[635] Vgl. §§ 53 Abs. 1 Ziff. 5; 97 Abs. 5 StPO.
[636] Vgl. hierzu oben unter B Rdz. 119 ff.
[637] Vgl. BVerfGE 74, S. 297 ff., 336 f.; 7, S. 198 ff., 208 ff.
[638] Vgl. hierzu unter Rdz. 164 ff.
[639] Vgl. BVerfGE 83, S. 238 ff., 286, 297, 315; 87, S. 181 ff., 204.
[640] So auch BVerfG Beschluß v. 26.02.1997 - 1 BvR 2172/96, Umdruck S. 21 f.
Vgl. auch *Hillig*, in: *Becker* (Hrsg.), Beiträge zum Medienprozeßrecht, S. 28; *Kresse*, Die Rundfunkordnung in den neuen Bundesländern, S. 133; *Eberle*, Rechtsgutachten zur Verfassungsmäßigkeit des Entwurfes eines Vorbehaltsgesetzes für die Veranstaltung von Rundfunk vom 3. 10. 1989, S. 7.

dd) Erstarkung zum Individualrecht und rechtliche Konsequenzen

Im Hinblick auf den situationsbezogenen Charakter der Rundfunkfreiheit schließt sich die 137 Frage an, ob mit der weiteren Entwicklung der Rundfunklandschaft nicht eine tatsächliche Situation eintreten kann, in der das Grundrecht *unmittelbar* zu einem *Individualrecht* erstarkt. Zunächst ist deshalb darzulegen, wie der Rundfunk gegenwärtig seine der Meinungsfreiheit dienende Funktion erfüllt und wie er sich faktisch weiterentwickelt.

In dem dualen Rundfunksystem, wie es sich auf der Grundlage der Rundfunkgesetze der 138 Länder und des gemeinsamen Staatsvertrages herausgebildet hat, muß nach der Rechtsprechung des Bundesverfassungsgerichts die *„Grundversorgung"* sichergestellt sein. Dabei wird vorausgesetzt, daß *„für die Gesamtheit der Bevölkerung Programme geboten werden, die umfassend und in voller Breite des klassischen Rundfunkauftrags informieren, und daß Meinungsvielfalt in der verfassungsrechtlich gebotenen Weise gesichert ist."*[641] Die Grundversorgung setzt sich somit aus *drei wesentlichen Elementen* zusammen: Zunächst wird in technischer Hinsicht verlangt, daß die Programme von *jedermann empfangen* werden können. Die zweite Komponente ist der *abgesicherte weltanschauliche Pluralismus,* der in dem Programmangebot dargestellt werden muß. Daneben hat sich als dritte Komponente in den Programmen die in den *unterschiedlichen Sparten* zum Ausdruck kommende gegenständliche Vielfalt widerzuspiegeln.[642] Die Grundversorgung hat das Bundesverfassungsgericht dem *öffentlich-rechtlichen Rundfunk* zugewiesen, da seine Programme terrestrisch flächendeckend verbreitet werden und von daher überall empfangbar sind.[643] Außerdem garantiere die binnenpluralistische Organisationsstruktur Meinungsvielfalt in möglichster Breite.[644] Weiterhin seien die öffentlich-rechtlichen Anstalten aufgrund ihres Gebührenprivilegs zu einem inhaltlich umfassenden Programmangebot der unterschiedlichen Sparten in der Lage.[645]

Der *private Rundfunk* befand sich nach den Erkenntnissen des Bundesverfassungsgerichts 139 im Zeitpunkt des 4. Rundfunkurteils im Jahre 1986 noch in der Aufbauphase und damit nicht in der Lage, die Grundversorgung zu leisten.[646] Aufgrund dieser tatsächlichen Ausgangssituation verlangte es die Einhaltung nur eines *„Grundstandards gleichgewichtiger Vielfalt",*[647] der sich im Vergleich mit den drei Komponenten der Grundversorgung wie folgt darstellt: Hinsichtlich der technischen Erreichbarkeit hat sich das Bundesverfassungsgericht von der von ihm angenommenen „Sondersituation"[648] leiten lassen, daß der trotz der Fortentwicklung der Übertragungsmöglichkeiten eine Empfangbarkeit für jedermann immer noch nur über flächendeckende terrestrische Frequenzen möglich sei. Darüber verfügt der private Rundfunk jedoch nicht. Das Gericht hat deshalb die Erreichbarkeit für *„alle"* nicht als Anforderung des Grundstandards im privaten Rundfunk gestellt.

Im Hinblick auf die Sicherung gleichgewichtiger Vielfalt sind nach den Feststellungen des Gerichts „nicht gleich hohe Anforderungen" zu stellen wie im öffentlich-rechtlichen Rundfunk.[649]

Was die dargestellte Breite *weltanschaulicher Vielfalt* angeht, hat das Gericht die Vorgaben relativiert und auf ein *geringeres Maß* reduziert, da es infolge der unterschiedlichen Finanzierungsart aus Werbeeinnahmen und der Notwendigkeit der Veranstaltung massenattraktiver Programme durch den privaten Rundfunk hier nur eingeschränkte Möglichkeiten sieht.[650]

---

[641] BVerfGE 73, S. 118 ff., 157; vgl. auch BVerfGE 74, S. 297 ff., 325; 87, S. 181 ff.
[642] Siehe dazu ausführlich unten E Rdz. 91 ff.
[643] Vgl. BVerfGE 73, S. 118 ff., 157 f.
[644] Vgl. BVerfGE 73, S. 118 ff., 157 f., siehe dazu unten E Rdz. 88 ff.
[645] Vgl. BVerfGE 73, S. 118 ff., 155; 74, S. 297 ff., 325; 83, S. 238 ff., 273; vgl. zur Grundversorgung näher unten unter E Rdz. 85 ff.
[646] Vgl. BVerfGE 73, S. 118 ff., 144 ff.
[647] Vgl. BVerfGE 73, S. 118 ff., 160; 164.
[648] Vgl. BVerfGE 73, S. 118 ff., 154.
[649] Vgl. BVerfGE 83, S. 238 ff., 296.
[650] BVerfGE 83, S. 238 ff., 296 f.; siehe hierzu unten unter E Rdz. 88 ff.

Andererseits verlangt der *Grundstandard* weltanschauliche *Neutralität* im Sinne eines Verzichts auf grobe Einseitigkeit.[651] Wenn der private Rundfunk meinungsrelevante Sendungen anbietet, hat er deshalb das *Gebot der Ausgewogenheit* zu beachten und möglichst alle unterschiedlichen Ansichten zu Wort kommen zu lassen.[652]

Wegen der Abhängigkeit von Werbeeinnahmen und damit massenattraktiver Sendungen sind auch die Anforderungen des Grundstandards an die *Spartenvielfalt* reduziert. Nach den Feststellungen des Bundesverfassungsgerichts wird deshalb von dem privaten Rundfunk „kein in seinem Inhalt breit angelegtes Angebot erwartet".[653]

140   Hinsichtlich der Angebotsbreite von meinungsbildenden Sendungen im privaten Rundfunk ist dem Bundesverfassungsgericht zuzustimmen, daß aufgrund der Veranstaltung massenattraktiver Programme hier nur eingeschränkte Möglichkeiten bestehen dürften. Abgesehen von populären Diskussionsveranstaltungen und Meinungsmagazinen entzieht sich dieses Genre einer hohen Rezipientenquote. Andererseits wird der private Rundfunk nicht unverhältnismäßig belastet, wenn von ihm der Verzicht auf grobe Einseitigkeit verlangt wird. Sofern er also in seinen Sendungen ein meinungsbildendes Angebot macht, hat er darauf zu achten, daß er möglichst alle relevanten Ansichten zu Wort kommen läßt. Dabei ist jedoch festzuhalten, daß diese Verpflichtung zunächst nur den privaten Rundfunk als System trifft. Inwieweit sich der einzelne Veranstalter – etwa im Falle des Außenpluralismus – davon entfernen kann, ist an anderer Stelle zu erörtern.[654] Zusammengefaßt kann damit festgestellt werden, daß sich die Pflicht zur weltanschaulichen Vielfalt im privaten Rundfunk im Hinblick auf die Angebotsbreite meinungsbildender Sendungen gegenüber dem öffentlich-rechtlichen Rundfunk unterscheidet, das Gebot zum Pluralismus aber keine Einschränkung erfährt, wenn er meinungsbildende Programme veranstaltet. Bei der Spartenvielfalt wird von dem privaten Rundfunk kein bestimmter Standard verlangt. Das Bundesverfassungsgericht verweist auch hier auf die Abhängigkeit von Werbeeinnahmen und die daraus folgende Notwendigkeit massenattraktiver Programme.[655]

141   Auch drei Jahre später, als 1989 das Bundesverfassungsgericht sein 6. Rundfunkurteil verkündete, war die Aufbauphase des privaten Rundfunks noch nicht abgeschlossen. Das Gericht hat nochmals den *qualitativen Unterschied* zwischen dem öffentlich-rechtlichen und dem privaten Rundfunk betont. Es hat die geringeren Anforderungen an die Veranstalter privaten Rundfunks unmittelbar mit der Existenz der öffentlich-rechtlichen Anstalten verknüpft, ihnen sogar in dieser Entscheidung eine besondere *verfassungsrechtliche Legitimation* zugesprochen, da sie die Grundversorgung gewährleisteten.[656]

Dabei ist jedoch zu beachten, daß diese Vorrangstellung der Rundfunkanstalten durch das Gericht ausdrücklich *situationsbezogen* aufgrund des konkret zu beurteilenden damaligen Sachverhalts erfolgte. Dies kommt nicht zuletzt dadurch zum Ausdruck, daß es auch die Optimierung des Grundstandards zu einem größeren Maß an Vielfalt ausdrücklich als *Ziel* hervorgehoben hat.[657] Gleichzeitig hat es den verfassungsrechtlichen Vorrang des öffentlich-rechtlichen Rundfunks mit dem Vorbehalt versehen, „*soweit und solange von ihm die Grundversorgung gewährleistet wird*".[658] Gerade vor dem Hintergrund dieser situationsbezogenen Sichtweise des Bundesverfassungsgerichts wird aber die Frage virulent, ob der private Rundfunk ebenfalls die *Grundversorgung* leisten kann oder gar gewährleisten sollte.

---

[651] Vgl. BVerfGE 83, S. 238 ff., 296; siehe unten unter E Rdz. 105 ff. und F Rdz. 50 ff. ·
[652] Vgl. BVerfGE 73, S. 118 ff., 155.
[653] Vgl. BVerfGE 74, S. 297 ff., 325.
[654] Vgl. dazu unten unter E Rdz. 105 ff.
[655] Vgl. BVerfGE 83, S. 328 ff., 318.
[656] Vgl. BVerfGE 83, S. 328 ff., 296.
[657] Vgl. BVerfGE 73, S. 118 ff., 159; vgl. BVerfGE 57, S. 295 ff., 320.
[658] Vgl. BVerfGE 83, S. 238 ff., 276, 298, 310; 73, S. 158 f.

Ein Indiz hierfür könnten seine vor allem wegen der Kabel- und Satellitenverbreitung stark 142
gestiegenen Reichweiten sein, die mittlerweile gleichauf mit denen des öffentlich-rechtlichen Rundfunks liegen.[659]

Daneben verdichten sich die Anzeichen für eine Optimierung der weltanschaulichen Vielfalt und damit der zweiten Voraussetzung in den nationalen privaten Programmen: 143

Zum einen läßt sich eine weitestgehend weltanschauliche Neutralität aufgrund von empirischen Untersuchungen bei Rezipienten belegen.[660] Die Ausgewogenheit liegt auch durch die Finanzierungsart bedingt im eigenen Interesse der Veranstalter, da Unausgewogenheiten oder sonstige Einseitigkeiten im Programm zu niedrigeren Einschaltquoten und damit letztlich zu geringeren Werbeeinnahmen führen würden, auf die der private Rundfunk aber existentiell angewiesen ist.

Neben weitestgehender weltanschaulicher Neutralität kommt in den bundesweit empfangbaren privaten Programmen der bestehende Pluralismus weiterhin auch inhaltlich immer stärker zum Ausdruck, da mit zunehmender wirtschaftlicher Stabilisierung die Veranstalter den Unterhaltungsanteil zurückführen und dafür neue *Diskussions- und Magazinsendungen* hinzukamen.[661] Der Sektor informations- und meinungsorientierter Sendeinhalte hat sich zudem zusätzlich durch das Aufkommen auf diese Sparte spezialisierter Programme erheblich vergrößert, womit sich die in dem privaten Rundfunkangebot widerspiegelnde Meinungsvielfalt noch weiter verbreitert.[662] Von daher wäre die Behauptung vermessen, daß der private Rundfunk systembedingt anspruchsvolle informationsorientierte Programme nicht leisten könne.

Eine weitere Verbesserung der Informations- und Sparteinvielfalt wird mit der bevorstehenden Einführung des digitalen Rundfunks (DAR) eintreten, die zu einer Vervielfachung der 144
über Satellit und Kabel empfangbaren Programme führen wird.[663] Aufgrund der Vielzahl der Übertragungsmöglichkeiten dürften neben den klassischen Vollprogrammen zunehmend solche zielgruppenorientierten Programme finanziell erfolgreich sein, die den *speziellen Interessen* der Rezipienten entgegenkommen und deshalb auch für die werbungtreibende Wirtschaft interessant sind. Davon gehen auch die Rundfunkveranstalter aus. So sind etwa Programmfamilien vorgesehen, die weit differenzierte Angebote enthalten. Durch diese Entwicklung ist abzusehen, daß die Finanzierung aus Werbeeinnahmen zwar weiterhin massenattraktive Sendungen fördern, aber wegen der zunehmend rezipientenorientierten Ausrichtung der Werbung auch die Spartenvielfalt in den privaten Programmangeboten optimieren wird.[664]

Dieser sich bereits jetzt abzeichnenden Tendenz stehen auch nicht die Feststellungen des 145
Bundesverfassungsgerichts entgegen, wonach der private Rundfunk *„schon aufgrund seiner Finanzierungsform"* nicht gewährleiste, daß hinsichtlich der weltanschaulichen Vielfalt und des Spartenpluralismus die Anforderungen *„in vollem Maß erfüllt werden"*.[665] In diesem Zusam-

---

[659] Vgl. die Übersicht über die technischen Reichweiten der nationalen Fernsehprogramme in Media Perspektiven 1994, S. 168 f., die bei den privaten Veranstaltern bei über 90 % liegen; vgl. auch unten unter E Rdz. 106.

[660] Siehe hierzu unten unter E Rdz. 107.

[661] Vgl. die Übersicht in „Süddeutsche Zeitung" vom 6.3.1995, S. 34.

[662] Vgl. *Merten,* Konvergenz der deutschen Fernsehprogramme. Eine Langzeituntersuchung 1980–1993, S. 57: Steigerung des Sendevolumens für Information im privaten Fernsehen auf über 60 000 Minuten, vgl. auch die Untersuchung über das private Rundfunkangebot in HAM (Hrsg.), Seh- und Hörtrends im Ballungsraum Hamburg, Analyse oder Infratest Kommunikationsforschung, S. 16 f., 13, 36 f., 112 ; siehe auch unten unter E Rdz. 110 ff.

[663] Vgl. Interview mit dem früheren Sony-Vorstand Sommer in Spiegel 29/93, S. 90 ff.; *Martin Schneider* in Süddeutsche Zeitung, Nr. 27 v. 3. 2. 1994, S. 29; *Müller-Römer,* Die digitalen Techniken, S. 16 f.

[664] Siehe hierzu auch unten unter E Rdz. 105 ff.

[665] BVerfGE 87, S. 181 ff., 199 unter Verweis auf BVerfGE 73, S. 118 ff., 155 f. und eine 1991 von der LfR Nordrhein-Westf. vorgelegte Untersuchung über die Produktionsquoten privater Fernsehprogramme in der Bundesrepublik Deutschland.

menhang nennt es die Werbefinanzierung, von der die programm- und vielfaltsverdrängenden Zwänge ausgingen, die im privaten Rundfunk „zu beobachten" seien.[666] Damit gibt das Gericht aber gerade zu erkennen, daß insofern seine Ausführungen nur deskriptiv gemeint sind. Sie müssen deshalb bezogen auf den früheren Zeitpunkt der dabei herangezogenen Erkenntnisquellen verstanden werden.[667] Eine *rechtserhebliche Feststellung,* die eine Vermutung in dem Sinne zuließe, daß es auch später eine Grundversorgung durch private Veranstalter für unmöglich halte, hat das Gericht nicht getroffen. Eine solche Folgerung widerspräche auch seiner ständigen Feststellung seit dem 4. Rundfunkurteil, daß die Rundfunkfreiheit situationsbezogen ist.[668]

Deshalb wäre die Folgerung verfehlt, daß das Bundesverfassungsgericht eine *Grundversorgung durch Private* eo ipso für ausgeschlossen hält. Die sich anbahnende Vielfalt zielgruppenbestimmter privater Programmangebote läßt vielmehr erwarten, daß das Gericht zu einer anderen Einschätzung kommen wird.[669]

146   Falls es zu einer Grundversorgung privater Veranstalter kommt, könnten sich daraus rechtliche Konsequenzen ergeben.[670] Hierzu sei zunächst ein Blick auf die Folgen gerichtet, die sich für den öffentlich-rechtlichen Rundfunk ergeben, der bereits jetzt die Funktion der Grundversorgung erfüllt. Das Bundesverfassungsgericht hat ihn deswegen mit einer besonderen verfassungsrechtlichen Absicherung bedacht, die den Gesetzgeber verpflichtet, ihn einzurichten, solange er seiner Funktion nachkommt.[671] Hieraus ergeben sich aber auch wichtige Erkenntnisse für die Rechtsstellung privater Veranstalter. Zunächst ist freilich zu konstatieren, daß die Feststellungen zum öffentlich-rechtlichen Rundfunk nur mittelbar für das private System gelten können. Der öffentlich-rechtliche Rundfunk entsteht und agiert nicht aus privatautonomer Entscheidung, sondern stellt sich als rechtlich gewollte Institution gesellschaftlicher Verantwortung dar. Seine Existenz bleibt damit immer an die Entscheidung des Gesetzgebers gebunden,[672] die aber durch die Erfüllung der Grundversorgung verfassungsrechtlich zwingend ist.

147   Wesen des privaten Rundfunks ist dagegen die Privatautonomie,[673] die das Bundesverfassungsgericht bereits unter den verminderten Anforderungen des Grundstandards ausdrücklich anerkannte.[674] Bei Erfüllung der Grundversorgung erwächst aber dem privaten Rundfunk ebenfalls eine besondere verfassungsrechtliche Absicherung, die dazu führen muß, daß dieses eigentliche Wesenselement nunmehr auch verfassungsrechtlich begründet ist. Die Konsequenz wäre dann aber ein verfassungsrechtlicher Anspruch auf rundfunkmäßige Betätigung, mithin die Inanspruchnahme der Rundfunkfreiheit. Unter der Voraussetzung der Erfüllung der Grundversorgung würde damit das Individualrecht originär und nicht von dem Willen des Gesetzgebers abhängig bestehen.

148   Als wichtigster Ausfluß einer solchen Entwicklung wäre dann aber die *Zulassungsfreiheit* zu sehen, da nur mit ihr eine von der Verfassung gewollte und damit vom Willen des Gesetzgebers unabhängige privatautonome Betätigung verwirklicht wäre.

Bestätigt wird diese rechtliche Herleitung aber auch durch den tatsächlichen Befund, daß die sich weiter vergrößernde Anzahl privater Programme eine Annäherung an die Verhältnisse im Printmedienbereich fördert. Dieser zeichnet sich dadurch aus, daß die Presse in ihrer außenpluralen Verfassung auch nach der Rechtsprechung des Bundesverfassungsge-

---

[666] BVerfGE 87, S. 181 ff., 185 unter Verweis auf BVerfGE 83, S. 238 ff., 311.

[667] Vgl. BVerfGE 87, S. 181 ff., 199.

[668] Vgl. BVerfGE 73, S. 118 ff., 155 f., 87, S. 181 ff., 203.

[669] Vgl. BVerfGE 87, S. 181 ff., 203; vgl. hierzu auch unten unter E Rdz. 110 ff.

[670] Siehe dazu näher unter E Rdz. 110 ff.

[671] Vgl. BVerfGE E 83, S. 238 ff., 296.

[672] Vgl. unten unter C Rdz. 1 ff.

[673] Vgl. BVerfGE 73, S. 118 ff., 156, 163.

[674] Vgl. BVerfGE 73, S. 118 ff., 156, 163.

richts[675] eine öffentliche Aufgabe erfüllt, indem sie den allgemeinen Meinungsmarkt in ihrem Sektor und damit dort die Grundversorgung erbringt.[676] Deswegen kommt ihr der ungeschmälerte Gehalt ihrer privatautonomen Verfassung zu, die selbstverständlich als wesentlichen Ausfluß die Zulassungsfreiheit beinhaltet.

Freilich schlösse eine solche Entwicklung nicht aus, daß der Gesetzgeber aufgrund seiner institutionellen Garantie für ein freies Rundfunkwesen gesetzliche Maßnahmen im Sinne des Jugend- und Ehrenschutzes oder der Konzentrationkontrolle zu ergreifen hat. Auch insoweit läßt sich auch der Printbereich vergleichend heranziehen, in dem Konzentrationsgefahren durch das Pressefusionsgesetz begegnet wurden, ohne dabei den individualrechtlichen Gehalt und damit die Zulassungsfreiheit anzutasten.

Die Erstarkung der Rundfunkfreiheit zu einem wirklichen Individualrecht würde nicht **149** nur der Dogmatik der Grundrechte als Freiheitsrechte entsprechen. Sie würde vielmehr auch zu einer Verwirklichung von Rundfunkfreiheit ohne politische Einflußnahme führen, die gerade bei dem jetzigen Zulassungssystem zu beklagen ist.[677] Der Staat wäre dann wirksam darauf beschränkt, *Mißbräuche* bei der Wahrnehmung der Grundrechtsfreiheit im Interesse der Meinungs- und Informationsfreiheit des einzelnen und der Gesellschaft zu verhindern.

7. Die Träger der Rundfunkfreiheit

a) Grundrecht der Rundfunkanstalten und der gesellschaftlich relevanten Gruppen

Nach der Rechtsprechung des Bundesverfassungsgerichts sind die öffentlich-rechtlichen **150** Rundfunkanstalten Träger der Rundfunkfreiheit: Ihr vom Staat unabhängiger Status dient gerade der Verwirklichung dieses Grundrechts.[678] Die Grundrechtsfähigkeit steht den Anstalten deshalb zweckgerichtet zur Wahrung des ihnen spezifisch zugeordneten Freiheitsbereiches zu.[679]

Dieser Feststellung kommt deshalb besondere Bedeutung zu, da die Grundrechte in erster Linie Bürgerrechte und damit Abwehrrechte gegenüber dem Staat sind.[680] Ausnahmsweise wird jedoch bei einer öffentlich-rechtlichen Organisation die Grundrechtsträgerschaft insoweit bejaht, als sie hinter ihr stehende private Interessen vertritt und damit den grundrechtlich geschützten Individualrechten zur Geltung verhilft.[681]

Gerade diese Konstellation liegt hier vor. Die öffentlich-rechtlichen Anstalten vertreten die Interessen der Allgemeinheit an einer freien Meinungsbildung durch den Rundfunk, indem sie die Rundfunkfreiheit „treuhänderisch" für diese ausüben.[682] Aufgrund des besonderen Schutzes, den der Rundfunk zur Erfüllung seiner Aufgabe bedarf,[683] kann der Gesetzgeber die Verwirklichung der individuellen Rundfunkfreiheit unter den gegebenen Voraussetzungen zurückstellen und stattdessen eine Vergesellschaftung des Grundrechts insgesamt oder im Falle der Zulassung privater Veranstalter partiell vornehmen.[684]

---

[675] Vgl. BVerfGE 20, S. 205 ff., 262.

[676] Vgl. BVerfGE 57, S. 295 ff., 326.

[677] Vgl. CDU-Generalsekretär *Peter Hintze* in TM 8/92, S. 1; vgl. *Rüttgers* in FR v. 18. 5. 92; *Geisler* in JdW-Informationen 1993, 36, S. 16; vgl. *Ricker* in epd/Kirche und Rundfunk Nr. 21 vom 18. 3. 1992, S. 15 f.; *Blank* in epd vom 1. 8. 1992; vgl. auch *Kepplinger/Hartmann,* Stachel- oder Feigenblatt?, S. 37 ff.; vgl. unten unter E Rdz. 36 ff.

[678] BVerfGE 59, S. 238 ff., 254; 31, S. 314 ff., 322.

[679] BVerfGE 59, S. 231 ff., 254; 74, S. 297 ff., 317; 75, S. 192 ff., 196 f.; vgl. auch *Berendes,* Die Staatsaufsicht über den Rundfunk, S. 62 m. w. N.; *Herrmann,* Fernsehen und Hörfunk, S. 146 m. w. N.; *Ricker,* Die Partizipationsrechte, S. 39; *Bethge* JöR 35 (1986), S. 103 ff., 120.

[680] St. Rspr. des Bundesverfassungsgerichts, vgl. etwa BVerfGE 21, S. 362 ff., 369 ff.; 75, S. 192 ff., 195.

[681] Vgl. BVerfGE 75, S. 192 ff., 196; vgl. *Maunz/Dürig/Herzog/Scholz, GG,* Art. 5 Abs. 1 Rdz. 210; Art. 19 III Rdz. 23, grundlegend *Bettermann* DVBl. 1963, S. 42; *Eberle,* Rechtsgutachten, S. 4.

[682] BVerfGE 60, S. 53 ff., 66.

[683] BVerfGE 57, S. 295 ff., 320 f.; 73, S. 118 ff., 152, 192 f.

[684] Zu der zukünftigen Entwicklung vgl. oben unter B Rdz. 115 ff., 137 ff.

Demgemäß steht hinter der Tätigkeit der öffentlich-rechtlich organisierten Rundfunkanstalten das Grundrecht der Rundfunkfreiheit. Diese Feststellung wird dadurch bekräftigt, daß die Rundfunkanstalten geeignet sind, der Aufgabe zu entsprechen, einen allgemeinen Meinungsmarkt zu bilden.[685] In der Verantwortung der gesellschaftlich relevanten Gruppen haben sie ein Programm zu veranstalten, das von Ausgewogenheit, Sachlichkeit und gegenseitiger Achtung geprägt ist.[686] Damit leisten die Anstalten aber den Dienst an der Meinungs- und Informationsfreiheit, die die causa der Rundfunkfreiheit bildet.[687] Da sie somit die Voraussetzungen des spezifischen Grundrechtsschutzes des Mediums erfüllen, muß dieser ihnen auch zuerkannt werden.[688]

Nach der Rechtsprechung des Bundesverfassungsgerichts fällt die gesamte der Meinungsvielfalt dienende Programmtätigkeit in den Schutzbereich des Grundrechts. Da die Programminhalte im wesentlichen auch durch die *redaktionellen Mitarbeiter,* deren Kenntnisse und Fähigkeiten bestimmt werden, sind die Auswahl, die Einstellung und die Beendigung der Beschäftigungsverhältnisse der Mitarbeiter im redaktionellen Bereich in gleicher Weise geschützt wie die Auswahl, der Inhalt und die Ausgestaltung der Programme.[689]

151   Diese Programmaßnahmen werden durch die allgemeinen Tätigkeiten der Verwaltung und der Technik nicht berührt.[690] Sie dürften deshalb ebensowenig unter den Grundrechtsschutz fallen wie etwa auch Zweitverwertungen von Fernsehproduktionen.[691]

152   Als *Träger* der Rundfunkfreiheit kommen im öffentlich-rechtlichen Rundfunk auch die *gesellschaftlich relevanten Gruppen* in Betracht, die „*treuhänderisch*" und „*als Sachwalter der Interessen der Allgemeinheit*"[692] für eine Programmgestaltung in möglichster Breite und Vollständigkeit zu sorgen haben. Da sich zur Sicherung des Meinungspluralismus der Rundfunkrat nach seiner Zusammensetzung das gesellschaftliche Spektrum widerspiegeln soll, könnte jedenfalls den offensichtlich gesellschaftlich relevanten Gruppen und Institutionen ein grundrechtlich geschütztes Partizipationsrecht zustehen:

Dafür spricht zum einen, daß dem Rundfunkrat als ranghöchstem Organ[693] der wesentliche Einfluß in der Anstalt zukommt, etwa durch den Erlaß von Programmrichtlinien, durch das Haushaltsrecht und durch das Recht zur Bestimmung des Intendanten. Damit sind die gesellschaftlichen Gruppen die eigentlichen *Kreationsorgane* öffentlich-rechtlicher Rundfunkveranstaltung.[694] Daneben kommt außer der einzelnen Gruppe selbst kein anderer Grundrechtsträger in Betracht, der eine unausgewogene und damit fehlerhafte Zusammensetzung des Rundfunkrates gerichtlich überprüfen lassen könnte.[695]

---

[685] Vgl. aber zu den Funktionsdefiziten aufgrund der Zusammensetzung der Rundfunkräte unten unter E Rdz. 20 ff.

[686] BVerfGE 73, S. 118 ff., 153; vgl. *Lange, Klaus,* Verfassungsrechtliche Anforderungen an das Rundfunkprogramm, Festschrift für Löffler, S. 195 ff., 196; vgl. aber zu den Bedenken hinsichtlich der Zusammensetzung der Gremien unten unter E Rdz. 20 ff.

[687] BVerfGE 57, S. 295 ff., 319 f.; 74, S. 297 ff., 324.

[688] Vgl. ebenso *Hesse,* Rundfunkrecht, S. 106; mit Hinweis auf die historischen Gegebenheiten *Maunz/Dürig/Herzog/Scholz,* GG, Art. 5 Rdz. 210, wonach der Verfassungsgeber 1949 bei Schaffung der Rundfunkfreiheit den öffentlich-rechtlichen Rundfunk vor Augen hatte und seinen Trägern grundrechtlichen Schutz einräumen wollte.

[689] Vgl. BVerfGE 59, S. 231 ff., 257 f., 260; vgl. unten unter F Rdz. 6.

[690] Vgl. BVerfGE 59, S. 231 ff., 261.

[691] Vgl. näher hierzu unter F Rdz. 45 ff. und zum Grundrechtsschutz funktionsgerechter Finanzierung unten unter C Rdz. 73 ff.

[692] BVerfGE 83, S. 238 ff., 301, 333 ff.

[693] Siehe unten unter C Rdz. 27 f.

[694] Vgl. *Ricker,* Die Partizipationsrechte der gesellschaftlich relevanten Gruppen, S. 63; *Starck* JZ 1984, S. 132; *Kewenig* DÖV 1979, S. 163; *Steiner* DÖV 1992, S. 46 f.

[695] Vgl. *Ricker,* Die Partizipationsrechte, S. 67; OVG Lüneburg JZ 1979, S. 24 ff.; vgl. auch *Lücke* DVBl. 1982, S. 436; *Rupp* JZ 1979, S. 28; *Kewenig* DÖV 1979, S. 170 ff., 175; *Stock* AöR 104 (1979), S. 1 ff., 48 ff.; *Starck,* Festschrift für Löffler S. 384; vgl. auch *Ipsen,* Mitbestimmung im Rundfunk, S. 40 f.

Nach der Rechtsprechung des Bundesverfassungsgerichts scheiden jedoch die gesellschaftlich relevanten Gruppen als Träger der Rundfunkfreiheit aus und zwar aus folgenden Gründen: Die verfassungsrechtlichen Anforderungen an die binnenplurale Organisation der Rundfunkanstalten dienten der Sicherung der Rundfunkfreiheit. Wenn der Gesetzgeber dazu gesellschaftliche Kontrollgremien wähle, so verlange Art. 5 Abs. 1 Satz 2 GG eine Zusammensetzung, die geeignet sei, dieses Ziel zu erreichen.[696] Nur von der Aufgabe der Sicherung der Rundfunkfreiheit her lasse sich also die Zusammensetzung der Kontrollgremien beurteilen. Die Bildung der Aufsichtsgremien aus den – vorwiegend verbandlich organisierten – gesellschaftlich relevanten Gruppen diene dabei aber nur als Mittel, *staatsunabhängige Sachwalter der Allgemeinheit* zu gewinnen. Sie habe nicht den Sinn, diesen Gruppen die Programmgestaltung zu übertragen oder sie gar zum Träger des Grundrechts der Rundfunkfreiheit zu machen.[697]

b) Grundrecht der Landesmedienanstalten

Ebenso wie die Rundfunkanstalten sind auch die Zulassungs- und Aufsichtsbehörden für **153** den privaten Rundfunk als Anstalten des öffentlichen Rechts mit dem Recht der *Selbstverwaltung* gegründet worden, um so ihre Unabhängigkeit gegenüber dem Staat zu wahren.[698] Freilich können allein aus der öffentlich-rechtlichen Organisationsform oder aufgrund deren Zuordnung zur mittelbaren Staatsverwaltung[699] keine Rückschlüsse auf die Grundrechtsträgerschaft gezogen werden.[700] Diese richtet sich vielmehr nach den Kriterien, die das Bundesverfassungsgericht für diejenige der öffentlich-rechtlichen Rundfunkanstalten entwickelt hat:

Wie bereits dargestellt wurde, kommt den Rundfunkanstalten der *Grundrechtschutz* deshalb zu, weil sie als Anstalten die hinter ihnen stehenden *grundrechtlichen Interessen der Allgemeinheit vertreten*.[701] Diese Voraussetzung wäre bei den Landesmedienanstalten dann erfüllt, wenn sie in gleicher Weise eine grundrechtstypische Funktion ausübten, wie sie in der Auswahl, der Festlegung des Inhalts und der Ausgestaltung der Programme zu sehen ist.[702] Der eine Schwerpunkt der ihnen gesetzlich zugewiesenen Zuständigkeit liegt in der Überwachung des laufenden Rundfunkprogramms darauf, daß die Programmgrundsätze eingehalten und die Anforderungen der Meinungsvielfalt und Ausgewogenheit beachtet werden. Die *Aufsicht* soll damit die der freien Meinungsbildung *dienende Funktion* der Rundfunkfreiheit sichern, indem die Vielfalt der bestehenden Ansichten und Einstellungen im Rundfunk dargestellt und damit umfassende Information geboten wird.[703]

Auf diese Weise wirkt die *Landesmedienanstalt* zwar daran mit, daß die Rundfunk- und die Meinungsfreiheit nicht beeinträchtigt werden. Zu Maßnahmen, mit denen über die Auswahl, den Inhalt und die Gestaltung der Programme bestimmt würde, sind die Landesmedienanstalten grundsätzlich jedoch nicht befugt. Mit ihnen wird aber erst die *Programmfreiheit* und

---

[696] BVerfGE 83, S. 238 ff., 334.

[697] Vgl. BVerfGE 83, S. 238 ff., 333; BVerfG AfP 1992, S. 45 – Landessportbund Hessen; vgl. auch BVerfG 60, S. 53; BVerfG AfP 1985, S. 304; vgl. *Laubinger,* in: *Becker, J.* (Hrsg.), Beiträge zum Medienprozeßrecht, S. 165 ff.

[698] Vgl. *Eberle,* Rechtsgutachten zur Verfassungsmäßigkeit des Entwurfs eines Vorbehaltesgesetzes für die Veranstaltung von Rundfunk v. 3. 10. 1989, S. 5.

[699] So aber *Wolff / Bachof / Stober,* Verwaltungsrecht II, § 98 Rdz. 11; *Karpen,* Medienrecht, in: *Achterberg / Püttner,* Bes. Verwaltungsrecht, Rdz. 633; *Becker,* Öffentliche Verwaltung, S. 229, 334; a. A., *Hesse,* Rundfunkrecht, S. 167; *Wagner,* Die Landesmedienanstalten, S. 96.

[700] Vgl. *Vahrenhold,* Die Stellung der Privatfunkaufsicht im System staatlicher Aufsicht, S. 107 ff.; *Hesse,* Rundfunkrecht, S. 197; *Wagner,* Die Landesmedienanstalten, S. 96; *Bumke,* Die öffentliche Aufgabe der Landesmedienanstalten, S. 183; *Gersdorf,* Staatsfreiheit des Rundfunks, S. 129, 154 ff.

[701] Vgl. BVerfGE 75, S. 192 ff., 196; 21, S. 362 ff., 369; 61, S. 82 ff., 101; 68, S. 193 ff., 205 ff.; vgl. *Bethge* NJW 1995, S. 559; siehe hierzu als oben unter B Rdz. 150 ff.

[702] Vgl. BVerfGE 59, S. 231 ff., 260; siehen oben unter B Rdz. 150 f.

[703] Vgl. BVerfGE 73, S. 118 ff., 166; *Vahrenhold,* Privatfunkaufsicht, S. 108.

damit die *Rundfunkfreiheit* ausgeübt.[704] Deshalb kann in der Programmaufsicht keine zur Grundrechtsfähigkeit führende Wahrnehmung der Rundfunkfreiheit gesehen werden. Das gleiche gilt für die gesetzlich *übertragene Aufgabe* der *Lizenzierung* privater Veranstalter. Auch sie kann nicht als eigene Freiheitsbetätigung, sondern nur als staatsfreie Sicherung der Grundrechtsverwirklichung durch die privaten Veranstalter im Interesse aller verstanden werden.[705]

154   Die einzige Ausnahme stellt das Ordnungsmodell in Bayern dar, wo die Landesverfassung für den Rundfunk prinzipiell die *öffentlich-rechtliche Trägerschaft* und *Verantwortung* vorschreibt.[706] Nach dem Mediengesetz übt die *bayerische Landeszentrale* die öffentlich-rechtliche Trägerschaft aus. Dabei kommt ihr die Aufgabe zu, auf die Programmgestaltung *Einfluß* zu nehmen. Nach der Rechtsprechung des bayerischen Verfassungsgerichtshofes ist die Landesmedienanstalt verpflichtet, diese gesetzliche Funktion auch effektiv wahrzunehmen.[707] Mit ihren programmgestaltenden Maßnahmen verwirklicht die Anstalt die Rundfunkfreiheit, die ihre Grundrechtsfähigkeit begründen.[708]

155   Nach anderer Ansicht soll den *Landesmedienanstalten* die *Grundrechtsfähigkeit partiell* insoweit zustehen, als diese im Rahmen der Zulassungs- und Aufsichtsfunktion die Erfüllung der Anforderungen der Rundfunkfreiheit zu beurteilen haben.[709] Diese Auffassung beruft sich auf eine vergleichbare Funktion der pluralistisch besetzten Versammlungen dieser Anstalten mit den Rundfunkräten in den öffentlich-rechtlichen Anstalten. Insoweit – so die Folgerung – könne sich kein Unterschied daraus ergeben, ob die Rundfunkaufsicht über die Veranstalter *intern* wie beim öffentlich-rechtlichen Rundfunk oder *extern* wie im privaten Rundfunk organisiert sei.[710]

Dieser Vergleich überzeugt aber deshalb nicht, da sich die Überwachungsfunktion im privaten Rundfunk von der im öffentlich-rechtlichen Rundfunk erheblich unterscheidet: Die Landesmedienanstalten sind grundsätzlich auf eine *repressive Kontrolle* beschränkt, während den Rundfunkräten auch *präventive Rechte* im Vorfeld der Programmveranstaltung, wozu etwa die gesetzlich normierten Beratungsrechte gegenüber dem Intendanten gehören, zustehen.[711] Ebensowenig überzeugt der Hinweis, daß es sich bei der Zulassungs- und Aufsichtsfunktion nicht um bloßen Gesetzesvollzug handele. Vielmehr – so die nähere Begründung – stellen die Beurteilungen durch das pluralistische Gremium für die grundrechtliche Freiheitsbetätigung charakteristische eigenverantwortliche Handlungsbeiträge dar.[712] Dem steht jedoch bereits entgegen, daß sich die Grundrechtsausübung gerade in der wahrgenommenen Programmfreiheit äußert. Die bloße Überprüfung der Landesmedienanstalten, ob bei der Zulassung und bei der Programmausstrahlung Meinungsvielfalt gewährleistet ist, reicht hierzu nicht aus. Denn allein mit dieser Kontrolltätigkeit wird die der individuellen und

---

[704] Vgl. BVerfGE 59, S. 231 ff., 260.

[705] Vgl. *Vahrenhold,* Privatfunkaufsicht, S. 96 ff.; *Wagner,* Die Landesmedienanstalten, S. 96.

[706] Art. 111a Landesverfassung Bayern; BayVerfGHE n. F. 40, S. 69 ff., 73; BayVerfGH AfP 1987, S. 392 ff., 399; vgl. auch *Bornemann* ZUM 1996, S. 832 ff.; siehe hierzu auch unten unter C Rdz. 30 ff.

[707] Vgl. BayVerfGH BayVBl. 1988, S. 590; 1990, S. 179; BayVerfGH BayVBl. 1987, S. 77, 110 ff.; *Stettner* BayVBl., 1991, S. 431 ff.; *Weise* DÖV 1990, S. 641; *Bethge,* Die Grundrechtsstellung bundesweit sendender Anbieter privaten Rundfunks nach bay. Medienrecht, S. 20 ff.; vgl. auch BayVerwGH AfP 1993, S. 504.

[708] Vgl. *Hesse,* Rundfunkrecht, S. 167, der als Beleg für die Grundrechtsfähigkeit auch aller anderen Landesmedienanstalten gerade auf den Ausnahmefall der bayerischen Landeszentrale verweist; dagegen *Vahrenhold,* Privatfunkaufsicht, S. 111.

[709] Vgl. *Eberle,* Rechtsgutachten zur Verfassungsmäßigkeit eines Vorbehaltsgesetzes, S. 6 ff., 9; *Stober* in *Wolff/Bachof/Stober,* Verwaltungsrecht II, § 98 Rdz. 18 f.; *Hesse,* Grundzüge des Verfassungsrechts, Rdz. 286; *Karpen,* in: *Achterberg/Püttner* (Hrsg.), Bes. Verwaltungsrecht, Bd. 1, Rdz. 444 ff.

[710] Vgl. *Eberle,* Rechtsgutachten zur Verfassungsmäßigkeit des Entwurfs eines Vorbehaltsgesetzes, S. 6 ff., 9.

[711] Vgl. BVerfGE 73, S. 118 ff., 198.

[712] Vgl. *Eberle,* Rechtsgutachten zur Verfassungsmäßigkeit des Entwurfs eines Vorbehaltsgesetzes, S. 6.

öffentlichen Meinungsbildung dienende Funktion der Rundfunkfreiheit noch nicht realisiert, sondern nur mit einer eigenverantwortlichen Programmgestaltung und damit -veranstaltung.[713] Außerdem ist einzuwenden, daß von den Landesmedienanstalten ein eigenständiger Beitrag für die Ausübung der Rundfunkfreiheit auch deshalb nicht ausgehen kann, da ihnen nur eine *Rechts-*, nicht aber eine *Fachaufsicht* zusteht.[714]

Schließlich wird die Grundrechtsträgerschaft auch damit begründet, daß ansonsten kein Funktionsträger vorhanden wäre, um die Grundrechtsordnung auf dem Gebiet des privaten Rundfunks zu sichern. Dieser Argumentation des Bayerischen Verwaltungsgerichtshofes ist speziell[715] für Bayern, nicht aber generell zuzustimmen, da in den übrigen Ländern die privaten Veranstalter als Funktionsträger der Rundfunkfreiheit und damit als Grundrechtsträger[716] zur Verfügung stehen. Eine fiduziarische Grundrechtsberechtigung der öffentlichrechtlichen Landesmedienanstalten ist deshalb nicht notwendig.[717]

Somit ist abschließend festzustellen, daß den Landesmedienanstalten das Grundrecht der Rundfunkfreiheit nicht zustehen kann, da sie, abgesehen von der landesverfassungsrechtlich determinierten Ausnahme in Bayern, keine Programmgestaltungsrechte besitzen.

c) Grundrecht der Veranstalter

Rechtsdogmatisch am meisten umstritten ist die Frage, ob es einen *subjektiven Anspruch* aus **156** dem *Grundrecht* der *Rundfunkfreiheit* auf Rundfunkveranstaltung gibt und unter welchen Voraussetzungen dieser entsteht. Hierauf wurde bereits näher eingegangen.[718]

Das Bundesverfassungsgericht hat in seinem 3. Rundfunkurteil und auch in den späteren Entscheidungen offengelassen, ob aus Art. 5 Abs. 1 Satz 2 GG ein individualrechtlicher Anspruch auf Rundfunkfreiheit abzuleiten ist. Wie oben festgestellt wurde,[719] ist hier von wesentlicher Bedeutung, daß alle Bundesländer privaten Rundfunk eingeführt haben. Von daher konzentriert sich die Problematik auf die Frage, ob aufgrund der Entscheidung des Landesgesetzgebers die Rundfunkfreiheit als Grundrecht *originär* für die privaten Veranstalter entstanden ist oder ob diesen nur ein *einfach-gesetzlicher* Anspruch aus dem Landesmediengesetz zukommt. Mit der parlamentarischen Entscheidung über die Einführung privaten Rundfunks ist das Grundrecht in Art. 5 Abs. 1 Satz 2 GG jedenfalls aktualisiert worden.[720] Damit sind auch die *privaten Veranstalter Träger* der *Rundfunkfreiheit.*[721] Da sie nunmehr ebenfalls der Meinungs- und Informationsfreiheit der Zuschauer und Zuhörer dienen[722] und damit die öffentliche Aufgabe des Rundfunks erfüllen, verwirklichen sie die causa der Rundfunkfreiheit. Deshalb partizipieren sie an dem Grundrechtsschutz und zwar unabhängig davon, ob die privaten Veranstalter bereits Grundversorgung betreiben oder nicht.[723]

---

[713] Vgl. ebenso *Bethge* NJW 1995, S. 557 f.

[714] Vgl. BVerfGE 73, S. 118 ff., 170 f.; *Rüggeberg,* in: *Becker* (Hrsg.), Beiträge zum Medienprozeßrecht, S. 109 ff., 119.

[715] Vgl. AfP 1993, S. 503.

[716] Vgl. hierzu unten unter B Rdz. 156.

[717] *Bethge* NJW 1995, S. 557 ff., 559; nach OVG Schleswig steht den Anstalten ein subjektives Recht aus und im Rahmen ihrer Selbstverwaltung zu.

[718] Vgl. *Maunz/Dürig/Herzog/Scholz,* GG, Art. 5 Abs. 1, 2 Rdz. 235 f.; *Scholz* JZ 1981, S. 566; *Merten,* in: *Becker* (Hrsg.), Beiträge zum Medienprozeßrecht, S. 97 f.; *Bethge* JZ 1985, S. 308 ff., 311 f.; siehe hierzu näher oben unter B Rdz. 132 f.

[719] Vgl. B Rdz. 132 f.

[720] Siehe hierzu näher oben unter B Rdz. 133 ff.

[721] Vgl. *Hillig,* in: *Becker* (Hrsg.): Beiträge zum Medienprozeßrecht, S. 28; *Kresse,* Die Rundfunkordnung in den neuen Bundesländern; S. 133; *Eberle,* Rechtsgutachten zur Verfassungsmäßigkeit eines Vorbehaltsgesetzes, S. 7.

[722] Vgl. BVerfGE 83, S. 238 ff., 315.

[723] Vgl. BVerfGE 74, S. 297 ff., 325 f., 331 f.; siehe auch unten unter E Rdz. 110 ff; *Kresse* AfP 1994, S. 346; *Gersdorf,* Staatsfreiheit, S. 131 f.; *Steiner* DÖV 1993, S. 238; *Maunz/Dürig/Herzog/Scholz,* GG, Art. 5 Abs. 1, 2 Rdz. 242.

Allein deshalb wird verständlich, daß sie mit der Aufnahme ihrer Programmtätigkeit an den aus der Rundfunkfreiheit resultierenden *Privilegien,* wie etwa dem medienspezifischen Zeugnisverweigerungsrecht, teilhaben,[724] die ausschließlich der Erfüllung der öffentlichen Aufgabe wegen gewährt werden. Nur wenn ein Grundrechtsschutz der privaten Veranstalter bejaht wird, ist bei Kollisionen ihrer Tätigkeit mit Rechten Dritter ein *sachgerechter Interessenausgleich* durch eine *Güterabwägung* möglich, bei dem der besondere Stellenwert der Medienfreiheit bis hin zu ihrem Vorrang in Zweifelsfragen[725] auf der besonderen grundrechtlichen Absicherung in Art. 5 GG basiert. Im Ergebnis ist somit zu konstatieren, daß aus den bereits dargelegten grundsätzlichen Erwägungen[726] jedenfalls mit seiner Zulassung der Veranstalter privaten Rundfunks Träger der Rundfunkfreiheit ist.

d) Grundrecht der redaktionellen Mitarbeiter

157   Als Träger der Rundfunkfreiheit kommen weiterhin die redaktionellen Mitarbeiter in Betracht. Nach der genannten Rechtsprechung des Bundesverfassungsgerichts ist das Grundrecht der Rundfunkfreiheit funktionsbedingt aus seinem Sinn und Zweck zu bestimmen.[727] Deshalb steht es seinen Trägern *in dem Umfang* zu, der zur *Funktionsfähigkeit* des Rundfunks und seiner Gewährleistung *notwendig* ist.[728]

Daraus ergibt sich zunächst, daß den redaktionellen Mitarbeitern das Grundrecht in Art. 5 Abs. 1 Satz 2 GG ebenfalls funktionsbezogen aufgrund ihrer Beteiligung an der Ausübung der Rundfunkfreiheit zukommt und zwar zur Sicherung gegenüber externen, vor allem *staatlichen Eingriffen* und damit parallel zu dem der öffentlich-rechtlichen oder privaten Veranstalter.[729]

158   *Problematisch* ist der Grundrechtsschutz der Redakteure *im Verhältnis zu der öffentlich-rechtlichen Rundfunkanstalt* oder zu dem *privaten Veranstalter als Arbeitgeber.* Dabei geht es um die Frage der Meinungsfreiheit des einzelnen Mitarbeiters und die *„innere Rundfunkfreiheit“.*[730] Der Begriff „innere Rundfunkfreiheit“ umschreibt die Kompetenzabgrenzung zwischen dem Intendanten als verantwortlichem Leitungsorgan bzw. dem privaten Veranstalter einerseits und den Redakteuren andererseits bei der Bestimmung über die Programmgestaltung und bei der Personalpolitik, etwa bei der Auswahl des Chefredakteurs.[731]

Die damit angesprochenen Fragen stellen sich in vergleichbarer Weise im Bereich der *Presse.* Deshalb können die hierzu entwickelten Grundsätze herangezogen werden,[732] wobei jedoch die *rundfunkspezifischen Besonderheiten* zu berücksichtigen sind.[733] Im Pressebereich muß bei einem internen Aufeinandertreffen der Grundrechtspositionen des Verlegers einerseits und des

---

[724] Vgl. §§ 53 Abs. 1 Ziff. 5; 97 Abs. 5 StPO.

[725] Vgl. BVerfGE 74, S. 297 ff., 336 f.; 7, S. 198 ff., 208 f.

[726] Siehe hierzu oben unter B Rdz. 133 ff.

[727] Siehe oben unter B Rdz. 85 ff.; 101 ff.

[728] Vgl. zum öffentlich-rechtlichen Rundfunk BVerfGE 31, S. 314 ff., 340; *Rupp* AöR 101 (1976), S. 161 ff.

[729] Vgl. OVG Münster RiA 1981, S. 790; OVG Lüneburg DVBl. 1976, S. 638; *Ipsen,* Mitbestimmung im Rundfunk, S. 27; *Bethge,* Verfassungsrechtsprobleme der Organisation des öffentlich-rechtlichen Rundfunks, S. 40, *ders.,* in: *Becker* (Hrsg.), Beiträge zum Medienprozeßrecht, S. 147 ff., 155; *Stock,* Landesmedienrecht im Wandel, S. 69; *Hillig,* in: *Becker* (Hrsg.), Beiträge zum Medienprozeßrecht, S. 13.

[730] Vgl. die Forderung von Bündnis 90/Die Grünen in ihrem „Medienpolitischen Programm“ vom 1./3.1996, abgedr. in IdW-Medienspiegel Nr. 11 vom 10.03.1996; zur „Inneren Rundfunkfreiheit“ als Zulassungs- und Auswahlkriterium im privaten Rundfunk vgl. unten unter E Rdz. 44; vgl. auch F Rdz. 11.

[731] Vgl. *Ipsen,* Mitbestimmung im Rundfunk, S. 58; *Fuhr,* ZDF-Staatsvertrag, S. 340; *Herrmann,* Fernsehen und Hörfunk in der Demokratie, S. 157 ff., 252 f.; *Hillig, in: Becker* (Hrsg.), Beiträge zum Medienprozeßrecht, S. 13.

[732] Vgl. *Maunz/Dürig/Herzog/Scholz, GG,* Art. 5 Abs. 1, 2 Rdz. 211, 168 ff., *Ricker* in *Löffler/Ricker,* Handbuch des Presserechts, speziell zur „inneren Pressefreiheit“ 37. Kap. Rdz. 8 ff.; s. auch *Niemann,* in: *Schiwy/Schütz* (Hrsg.), Medienrecht, S. 268 ff.

[733] Vgl. *Maunz/Dürig/Herzog/Scholz, GG,* Art. 5 Abs. 1, 2 Rdz. 212.

redaktionellen Mitarbeiters andererseits ein Ausgleich stattfinden, der sich im Interesse der *öffentlichen Aufgabe* des Mediums Presse an der sachgerechten Funktionsausübung als Maßstab zu orientieren hat.[734] Dort steht dem *Verleger* wegen seiner wirtschaftlichen und vor allem publizistischen Integrationsfunktion die zur Sicherung der Einheitlichkeit des redaktionellen Erscheinungsbildes des Presseorgans notwendige *Leitungsbefugnis* zu. Gleichzeitig wird berücksichtigt, daß die Funktionsfähigkeit des Presseerzeugnisses maßgeblich auch durch die Redakteure gewährleistet wird, die ebenfalls Träger des Grundrechts aus Art. 5 Abs. 1 Satz 2 GG und nicht nur bloße Verrichtungsgehilfen des Verlegers sind.[735] Wegen des vorausgesetzten Maßes an Unabhängigkeit und geistiger Eigenständigkeit des Redakteurs können seine Rechte nicht auf einen bloßen Gesinnungsschutz beschränkt sein.[736] Daher folgt zugleich die Verpflichtung des Verlegers zur *Kooperation* mit den redaktionellen Mitarbeitern.

Nach diesen Grundsätzen ist die Verlegerposition und das Verlangen der Redaktion nach publizistischer und personeller Mitbestimmung wie folgt abzugrenzen: Die *Grundsatzkompetenz*, also die Festlegung und Änderung der grundsätzlichen Haltung des Presseorgans, muß dem Verleger ebenso zustehen wie die *Richtlinienkompetenz* bei neu auftretenden, über die Tagesaktualität hinausgehenden Fragen.[737]

In beiden Bereichen wird den Redakteuren jedoch ein umfassendes *Informations- und Anhörungsrecht* einzuräumen sein. Innerhalb dieses Rahmens verfügt in der Praxis der jeweils zuständige Redakteur aufgrund verlegerischer Delegation über die *Detailkompetenz,* die die Entscheidung tagesaktueller publizistischer Fragen betrifft und die der Verleger vor allem bei heiklen, insbesondere *regreßverdächtigen Themen* oder Darstellungen wieder an sich ziehen kann.[738] Die genannten Abwägungsgrundsätze für den Umfang und die Intensität des Grundrechtsschutzes der redaktionellen Mitarbeiter dürften mit den *folgenden Einschränkungen* auch für den *Rundfunk* gelten:

Nach der Rechtsprechung des Bundesverfassungsgerichts besteht im öffentlich-recht- **159** lichen Rundfunk insoweit eine andere verfassungsrechtliche Ausgangssituation, als den *Rundfunkanstalten* gerade *keine Tendenzfreiheit* im Sinne einer bestimmten publizistischen Ausrichtung wie in der Presse zukommt. Vielmehr sind sie aufgrund ihrer Verpflichtung zur Ausgewogenheit gezwungen, in ihrem Programm prinzipiell alle Tendenzen und Strömungen zu berücksichtigen.[739] Aus den verfassungsrechtlichen Anforderungen an die binnenplurale Organisation und Programmgestaltung ergibt sich somit eine wesentliche Richtlinie für das Direktionsrecht des Intendanten und ebenso eine erhebliche Einschränkung für die Ausübung der Rundfunkfreiheit bei den nachgeordneten Redakteuren. Da bei den Rundfunkanstalten der durch das Ausgewogenheitspostulat vorgeschriebene Ausgleich der geistigen Ausrichtungen und Strömungen intern zu erfolgen hat, muß sich dieses Prinzip auch in dem Verhältnis zwischen Intendant und redaktionellen Mitarbeitern niederschlagen.[740]

Im *privaten Rundfunk* liegen die *Programmkompetenzen* und das daraus folgende Direktions- **160** recht bei dem *Rundfunkunternehmer,* der als lizenzierter Veranstalter auch die rundfunkrechtliche Verantwortung trägt. Dies gilt zunächst dann, wenn sich der Gesetzgeber für ein

---

[734] Vgl. *Löffler/Ricker,* Handbuch des Presserechts, 37. Kap. Rdz 16; zur rechtsdogmatischen Frage der Drittwirkung der Grundrechte im Rahmen des Arbeitsverhältnisses, vgl. *Maunz/Dürig/ Herzog/Scholz, GG,* Art. 5, Abs. 1, 2 Rdz. 169 f. m.w.N.; *Bethge* AfP 1981, S. 386 ff., 387.

[735] Vgl. *Maunz/Dürig/Herzog/Scholz, GG,* Art. 5 Abs. 1, 2 Rdz. 161; *Bethge* AfP 1980, S. 14 ff., *Rüthers* AfP 1980, S. 3; *Ricker* in *Löffler/Ricker,* Handbuch des Presserechts, 38. Kap. Rdz. 19.

[736] Vgl. *Löffler/Ricker,* Handbuch des Presserechts, 38. Kap. Rdz. 13 m.w.N., *Löffler,* Presserecht, Bd. 1, 8. Kap. Rdz. 13.

[737] Vgl. *Lerche, Verfassungsrechtliche Fragen* S. 53 ff.; *Löffler/Ricker,* Handbuch des Presserechts, 38. Kap. Rdz. 20 m.w. N.

[738] Vgl. *Löffler/Ricker,* Handbuch des Presserechts, 38. Kap. Rdz. 21; *Lerche,* Verfassungsrechtliche Fragen, S. 63.

[739] Vgl. BVerfGE 57, S. 295 ff., 327; 83, S. 238 ff., 286.

[740] Vgl. *Maunz/Dürig/Herzog/Scholz, GG,* Art. 5 Abs. 1, 2 Rdz. 212.

Modell des *Außenpluralismus* entschieden hat. Gerade hier ist mit der Rechtsprechung des Bundesverfassungsgerichts anzumerken, daß die privatautonome Gestaltung der Sendungen die eigentliche Substanz privaten Rundfunks bleiben muß.[741] Zu der Organisationsform des Außenpluralismus gehört auch die publizistische Verantwortung des Veranstalters, die von fremden Einflüssen, etwa auch dem internen Einfluß durch betriebliche Mitbestimmungsrechte, freizuhalten ist.[742]

Der Schutz publizistischer Entscheidungen vor fremder Einflußnahme gilt aber auch bei einem Modell des *Binnenpluralismus* im privaten Rundfunk, bei dem der Veranstalter allen relevanten Meinungen im Programm Geltung zu verschaffen hat. Eine Redakteursbeteiligung führt hier zu einem zusätzlichen Element von Einfluß gegenüber der für das binnenplural gestaltete Programm verantwortlichen Geschäftsleitung. Sie kann deshalb nicht zulässig sein, da es sich um den Einfluß einer Arbeitnehmergruppe handelt, die basisdemokratisch legitimiert ist und jedenfalls auch die Interessen der Arbeitnehmerschaft als Anliegen hat. Diese Interessen werden aber bei einer Veranstaltergemeinschaft schon durch deren plurale Zusammensetzung gesichert. Das gleiche dürfte für den Fall binnenpluralen privaten Rundfunks gelten, in dem die gesellschaftliche Verantwortung durch einen Programmbeirat wahrgenommen wird, dem hinreichende Befugnisse bei der Programmgestaltung zukommen.[743]

Im übrigen ist im Einklang mit der Rechtsprechung des Bundesverfassungsgerichts darauf hinzuweisen, daß die Redakteure den Rundfunkauftrag unmittelbar erfüllen. Von daher besitzen sie aber in der Praxis ohnehin schon einen sehr weitgehenden Einfluß auf die Programmgestaltung. Gerade dieser Umstand rechtfertigt es aber nicht, den Redakteuren einen zusätzlichen Einfluß auf das Programm zukommen zu lassen. Von daher bestehen auch erhebliche Bedenken, die „*innere Rundfunkfreiheit*" und damit das Maß der Redakteursbeteiligung als Auswahlkriterium für die Zulassung privater Veranstalter zu bestimmen.[744] Unabhängig von der Organisationsform läßt sich aus dem Grundrecht der Rundfunkfreiheit kein Anspruch auf Verbreitung der eigenen Meinung[745] oder gar auf *arbeitsrechtliche Festanstellung* für den redaktionellen Mitarbeiter herleiten,[746] da das Grundrecht nicht der eigenen Selbstverwirklichung, sondern der freien individuellen und öffentlichen Meinungsbildung dient.[747]

e) Grundrecht des Rezipienten

161 Nach der Rechtsprechung des Bundesverfassungsgerichts werden im vergesellschafteten *öffentlich-rechtlichen Rundfunk* die „*Interessen der Allgemeinheit*" wahrgenommen. Von daher liegt es nahe, das Interesse des einzelnen am Rundfunk als grundrechtlich geschützt und jeden Rezipienten selbst als Träger der Rundfunkfreiheit anzusehen. Dafür könnte auch die Feststellung des Gerichts in dem 3. Rundfunkurteil herangezogen werden, wonach der gesamte Kommunikationsprozeß in den Schutzbereich des Art. 5 Abs. 1 GG fällt und dabei objektiv- und „*subjektiv-rechtliche Elemente*" einander stützen und bedingen.[748] Im Hinblick auf die der Meinungsfreiheit dienende Funktion der Rundfunkfreiheit läßt sich ein eigenes Grundrecht der Rundfunkteilnehmer, etwa auf Veranstaltung und Ausstrahlung bestimmter Sendein-

---

[741] Vgl. BVerfGE 73, S. 118 ff., 171.

[742] Vgl. BVerfGE 52, S. 238 ff., 298; vgl. auch *Ricker,* in: *Kohl* (Hrsg.), Die Freiheit des Rundfunks, S. 31; siehe unten unter F Rdz. 11.; E Rdz. 45.

[743] Vgl. *Ricker,* Öffentlich-rechtlicher Rundfunk durch Kooperation mit Privaten, in Festschrift für Lerche, S. 474 ff.; *ders.,* Privatrundfunk-Gesetze im Bundesstaat, S. 114; *Schmitt-Glaeser* DVBl. 1992, S. 331 ff.; *Hesse,* Rundfunkrecht, S. 111 f.; *Steinmann* DÖV 1993, S. 241 f.; siehe unten unter E Rdz. 35.

[744] Vgl. hierzu näher unten unter E Rdz. 31 dort auch zu der Rechtsprechung des BVerfGs in dem 6. Rundfunkurteil, BVerfGE 83, S. 238 ff., 320 f., das dieses Auswahlkriterium als sachgerecht ansieht.

[745] Vgl. *Herrmann,* Fernsehen und Hörfunk in der Verfassung, S. 158; *Hillig,* in: *Becker* (Hrsg.), Beiträge zum Medienprozeßrecht, S. 22; *Ipsen,* Mitbestimmung im Rundfunk, S. 28; *Ossenbühl,* Rundfunkrecht I, S. 23; *Bethge, in: Becker* (Hrsg.), Beiträge zum Medienprozeßrecht, S. 147 ff., 156.

[746] Vgl. BVerfGE 59, S. 231 ff., 259 f.

[747] Vgl. BVerfGE 87, S. 181 ff., 210.

[748] BVerfGE 57, S. 295 ff., 317.

halte,[749] aber nicht begründen. Die Möglichkeit der Mitbestimmung über die Programmgestaltung wäre gerade der *unzulässige fremde Einfluß* von außen, vor dem die Programmträger durch die Rundfunkfreiheit geschützt werden sollen.

Ebensowenig kann deshalb ein *grundrechtsgeschützter Anspruch* des Rezipienten auf *Einhaltung der rundfunkrechtlichen Vorschriften*, etwa der Programmgrundsätze, durch den Veranstalter bestehen.[750] Denn dies würde auf eine Rechtsaufsicht hinauslaufen, die nach der Rundfunkordnung der pluralistischen Kontrolle des Rundfunkrats bzw. der Landesmedienanstalt obliegt. In ihrer Eigenschaft als Rezipienten können sich diese nur auf die *Informationsfreiheit* und damit auf das Verfassungsrecht berufen, Fernsehen und Hörfunk als allgemein zugängliche Informationsquelle ungehindert zu nutzen.[751] **162**

---

[749] Vgl. BVerwG DVBl. 1978, S. 640; VG Mainz NVwZ 1985, S. 136 f.; Schleswig-Holstein AfP 1994, S. 255; *Steiner*, in: *Becker* (Hrsg.), Beiträge zum Medienprozeßrecht, S. 85; siehe aber *Scholz* FS für *Löffler*, S. 355 ff., 367.

[750] Vgl. VG Mainz NVwZ 1985, S. 136; a. A. VG Karlsruhe 6. 5. 1994 – 4 Ca 36/93.

[751] Vgl. BVerfG NJW 1990, S. 331; zur Informationsfreiheit der Rezipienten vgl. BVerfG AfP 1992, S. 368; *Ory* AfP 1994, S. 136 f.; zu der medienpolitischen Forderung einer Beteiligung der Rezipienten an der Aufsicht des öffentlich-rechtlichen Rundfunks siehe unten unter E Rdz. 27 ff.; vgl. auch OVG Nordrhein-Westf., Urteil v. 27.8.96 – 5 A 3485/94-, das die Feststellungsklage eines Fernsehzuschauers wegen Verletzung der Glaubensfreiheit in Art. 4 GG für zulässig, aber im konkreten Fall für unbegründet ansah.

II. Die Grenzen der Rundfunkfreiheit

163 Während traditionell die Freiheit von staatlichem Einfluß im Kampf um die Durchsetzung der Kommunikationsfreiheiten im Vordergrund stand, so ist mit der weiteren Entwicklung immer mehr auch die *Macht der Medien* selbst und deren *Mißbrauchsmöglichkeit* in das Bewußtsein der Öffentlichkeit getreten. Seine Funktion als *„Medium und Faktor der öffentlichen Meinungsbildung"*[752] verleiht dem Rundfunk ein erhebliches Einflußpotential in Staat und Gesellschaft. Die empirische Sozialwissenschaft hat dies vielfach nachgewiesen und zwar unabhängig davon, ob ihm dabei eine meinungsverstärkende oder -verändernde Wirkung zukommt.[753] Im Verfassungsrecht wurde diese Gefahr früh erkannt. Bereits die Weimarer Reichsverfassung[754] gewährleistete in Art. 118 die Meinungs- und Pressefreiheit *„innerhalb der Schranken der allgemeinen Gesetze"*. Auch das Grundgesetz unterwirft die Kommunikationsfreiheiten in Art. 5 Abs. 1 einem *Schrankenvorbehalt*, der in Abs. 2 festgelegt ist.

1. Der Schrankenvorbehalt der „allgemeinen Gesetze"

164 Ebenso wie die anderen Kommunikationsrechte des Art. 5 Abs. 1 GG unterliegt die Rundfunkfreiheit dem generellen Vorbehalt in Abs. 2:

„Diese Rechte finden ihre Schranken in den Vorschriften der allgemeinen Gesetze, den gesetzlichen Bestimmungen zum Schutze der Jugend und in dem Recht der persönlichen Ehre."

Diese Regelung birgt eine Reihe von Rechtsproblemen.[755] Über den Grundgedanken besteht insoweit Übereinstimmung, als der Rundfunk ebenso wie die Presse grundsätzlich an die allgemeine Rechtsordnung gebunden ist. Die Diskussion entzündet sich in erster Linie an dem Begriff der *„allgemeinen Gesetze"*. Die Bezeichnung *„allgemeine Gesetze"* in Art. 5 Abs. 2 GG stammt aus vorkonstitutioneller Zeit. Der Kampf um die Pressefreiheit richtete sich zu Beginn des 19. Jahrhunderts vor allem gegen die vom Staat erlassenen Sonderstrafgesetze für Druckwerke. Die Presse sollte nur noch denjenigen Beschränkungen unterliegen, die für jedermann galten, eben den *„allgemeinen Gesetzen"*.[756]

Mit der Übernahme dieses Vorbehalts in die *Preußische Verfassung 1850*[757] und in die *Weimarer Reichsverfassung* 1918 änderte sich der Charakter: Das Freiheitsrecht war nun prinzipiell

---

[752] Vgl. BVerfGE 12, S. 205 ff., 260; 57, S. 295 ff., 318; 73, S. 118 ff., 156; vgl. hierzu näher oben unter B Rdz. 47 ff.

[753] Vgl. zum Meinungsstand in der empirischen Sozialforschung über die Wirkungstheorien des Rundfunks *Noelle-Neumann*, Publizistik 1973, S. 26; *dies.*, in: *Wilke* (Hrsg.), Öffentlichkeit als Bedrohung, S. 169 ff., 204 ff.; *dies.*, in: *Schulz, Winfried* (Hrsg.), Medienwirkungsforschung in der Bundesrepublik Deutschland: Enquete der Senatskommission für Medienwirkungsforschung, Teil 1, S. 5 ff.; *Kepplinger* Publizistik 1982, S. 98 ff.; *ders.*, Gewalt in den Medien – Gewalt durch die Medien, Institut für Demoskopie Allensbach; *Kunczik* Media Perspektiven 3/1993, S. 98 ff.; *Bandura*, Die Sozial-Kognitive der Massenkommunikation in: *Groebel/Winterhoff-Spurk* (Hrsg.), Empirische Medienpsychologie, S. 7 ff.; *Arndt*, in: *Löffler* (Hrsg.), Die öffentliche Meinung, S. 1 ff.

[754] Vgl. hierzu *Anschütz*, Art. 118 WRV Anm. 1 ff.; *Schwindt*, Das Recht der freien Meinungsäußerung in *Anschütz* (Hrsg.), Handbuch des Deutschen Staatsrechts, Bd. 2, S. 638.

[755] Vgl. etwa *Maunz/Dürig/Herzog/Scholz*, GG, Art. 5 Rdn. 242; *Frowein* AöR 105 (1980), S. 169 ff., 180; vgl. *Löffler/Ricker*, Handbuch des Presserechts, Kap. 11 Rdz. 2; *Bethge* AfP 1980, S. 13 ff., 16; zu den Schranken der Kunstfreiheit: *Lerche* BayVBl. 1974, S. 177 ff.

[756] Vgl. *Starck*, Herkunft und Entwicklung der Klausel der „allgemeinen Gesetze" als Schranke der Kommunikationsfreiheit in Art. 5 Abs. 2 des Grundgesetzes, in Festschrift für Werner Weber, S. 189 ff.; *Wolf, Joachim*, Medienfreiheit und Medienunternehmen, S. 333 f.

[757] Vgl. *E. R. Huber*, Dokumente zur deutschen Verfassungsgeschichte, Bd. 1, S. 501 ff.

gewährleistet. Der Gesetzgeber sollte jedoch berechtigt sein, es durch „*allgemeine Gesetze*" wieder einzuschränken. Damit begann auch der Streit um die *Auslegung*.

Eine bereits zur Weimarer Zeit als „*etwas weniger freiheitlich*"[758] bezeichnete Interpreta-   **165** tionsrichtung ging davon aus, daß alle diejenigen Gesetze allgemeinen Charakter hätten, die auf gesellschaftlich allgemein anerkannten Werten beruhten. Einschränkungen wurden demnach als zulässig angesehen, wenn die Regelungen der öffentlichen Sicherheit und Ordnung oder konkurrierenden Rechten und Freiheiten anderer dienen. Solche Gesetze hätten Vorrang vor der Meinungsfreiheit, „*weil das von ihnen geschützte Gut wichtiger ist als die Meinungsfreiheit*".[759]

Unter der Geltung des Art. 5 GG kann eine solche Ansicht keinen Bestand haben. Angesichts des hohen Stellenwertes, den das Bundesverfassungsgericht dieser Norm einräumt,[760] ist eine beliebige Einschränkbarkeit lediglich aufgrund anderer allgemein anerkannter Werte nicht mehr möglich.[761] Darüber hinaus gehört es zum Wesen eines Gesetzes, jeweils irgendein wichtiges Rechtsgut der Allgemeinheit zu schützen. Der Zusatz „*allgemein*" wäre in diesem Fall überflüssig.[762]

Eine andere Auffassung sah den Schwerpunkt allein in dem Begriff „*Gesetze*", wodurch   **166** klargestellt werde, daß zwar der Gesetzgeber, nicht aber die Verwaltung in das Grundrecht eingreifen dürfe.[763] Auch dieser Meinung ist durch die Rechtsprechung des Bundesverfassungsgerichts der Boden entzogen. Danach kann die Exekutive aus eigener Macht niemals in Grundrechte eingreifen. Im Rahmen seiner *Wesentlichkeitstheorie* hat das Gericht die Voraussetzungen, unter denen der formelle Gesetzgeber selbst tätig werden muß, immer enger gefaßt.[764] Dies gilt vor allem im Rundfunkbereich, wie das Bundesverfassungsgericht speziell bei der Einführung privaten Rundfunks betonte.[765] Daher ist unabhängig von dem Streit, ob allgemeine Gesetze gem. Art. 5 Abs. 2 *nur Gesetze im formellen Sinne* sein können, oder ob auch Verordnungen, die auf gesetzlicher Grundlage beruhen,[766] und Verwaltungsvorschriften[767] zur Einschränkung des Art. 5 Abs. 1 GG zulässig sind, festzustellen, daß im Regelfall allein wegen seiner Grundrechtsrelevanz ein formelles Gesetz vorliegen muß.

Darüber hinaus kann mit dem Begriff „*allgemeine Gesetze*" auch nicht nur ein Ausschluß   **167** von Einzelfall-Gesetzen gemeint sein. Denn bereits Art. 19 Abs. 1 GG bestimmt, daß Grundrechte nicht durch Individualgesetze eingeschränkt werden dürfen. Andernfalls wäre Art. 5 Abs. 2 GG eine ebenso sinnlose wie überflüssige Wiederholung des Art. 19 Abs. 1 GG.[768]

Die herrschende Auffassung in der *Weimarer Zeit*[769] wollte die Gefahr gesetzgeberischer   **168** Willkür ausschließen und bestimmte deshalb den Begriff der Allgemeinheit *formal*: Allgemeine Gesetze wurden im Gegensatz zu besonderen Gesetzen gesehen. Unter letzteren waren solche Regelungen zu verstehen, die sich in ihrem Inhalt ausdrücklich gegen die Meinungsfreiheit richteten. Allgemeine Gesetze dagegen sollten für jedermann gelten.[770] Auf der

---

[758] Vgl. *Anschütz*, WRV, Art. Rdz. 3. 118.

[759] Vgl. *Smend* VVDStL 4, S. 6ff.; *Schwindt*, Das Recht der freien Meinungsäußerung, in: *Anschütz* (Hrsg.), Handbuch des Deutschen Staatsrechts, Bd. 2, S. 638.

[760] Vgl. BVerfGE 12, S. 113ff.; 125; 25, S. 256ff., 265.

[761] Vgl. *Maunz/Dürig/Herzog/Scholz*, GG, Art. 5 Rdz. 266.

[762] Vgl. *Löffler*, Presserecht, Bd. 2, S. 34.

[763] Vgl. *Kitzinger*, Das Reichsgesetz über die Presse, S. 202.

[764] Vgl. BVerfGE 20, S. 150ff., 157; 21, S. 73ff., 79; 34, S. 165ff., 192; 62, S. 169ff., 182; 71, S. 162ff., 172, S. 171ff., 185.

[765] Vgl. BVerfGE 57, S. 295ff., 314.

[766] Vgl,. *v. Münch/Kunig*, GG, Art. 5 Rdz. 73.

[767] Vgl. *Schmidt-Bleibtreu/Klein*, GG, Art. 5 Rdz. 13.

[768] Vgl. *Schmidt-Bleibtreu/Klein*, GG, Art. 5 Rdz. 17; *v. Mangoldt/Klein/Starck*, GG Art. 19 Abs. 1 Rdz. 32.

[769] Vgl. *Häntzschel*, Handbuch des Staatsrechts Bd. 2, S. 659; *Rothenbücher*, VVDStRL, 4, 20ff.; *Anschütz*, Art. 118 WRV Rdz. 1ff.

[770] Vgl. *Häntzschel*, Handbuch des Staatsrechts Bd. 2, S. 659.

Grundlage dieser Auffassung hat das Bundesverfassungsgericht einen *zweigliedrigen Aufbau des Schrankenvorbehalts* entwickelt. *„Allgemein"* sind demnach Gesetze, *„die nicht eine Meinung als solche verbieten, die sich nicht gegen die Äußerung der Meinung als solche richten, die vielmehr dem Schutze eines schlechthin, ohne Rücksicht auf eine bestimmte Meinung zu schützenden Rechtsguts dienen".*[771]

Nach diesem *final* bestimmten Allgemeinheitsbegriff muß der Gesetzgeber mit der fraglichen Regelung zwingend ein *anderes Regelungsziel* als die Einschränkung der Kommunikationsfreiheit verfolgen.[772]

169 Doch auch wenn eine solche gesetzgeberische Zweckbindung vorliegt, ist die Einschränkung eines Rechts aus Art. 5 Abs. 1 GG noch nicht automatisch zulässig:

„Die allgemeinen Gesetze müssen in ihrer das Grundrecht beschränkenden Wirkung ihrerseits im Lichte der Bedeutung dieses Grundrechts gesehen und so interpretiert werden, daß der besondere Wertgehalt dieses Rechts ... auf jeden Fall gewahrt bleibt ... Es findet eine Wechselwirkung in dem Sinne statt, daß die allgemeinen Gesetze zwar dem Wortlaut nach dem Grundrecht Schranken setzen, ihrerseits aber aus der Erkenntnis der wertsetzenden Bedeutung dieses Grundrechts im freiheitlich demokratischen Staat ausgelegt und so in ihrer das Grundrecht begrenzenden Wirkung selbst wieder eingeschränkt werden müssen".[773]

Diese Wechselwirkung ist anhand des *konkreten Einzelfalles* zu bestimmen.[774] Das Gericht prüft hier zunächst, ob die Regelung *geeignet* ist, den angestrebten Zweck zu erreichen. Unter dem Aspekt der *Erforderlichkeit* ist sodann zu überprüfen, ob der Gesetzgeber nicht ein anderes, gleich wirksames, aber das Grundrecht weniger beeinträchtigendes Mittel hätte wählen können. Schließlich muß die durch diese Regelung bewirkte Beschränkung für den Betroffenen auch *verhältnismäßig* sein.[775]

170 Darüber hinausgehend wird teilweise vertreten, daß sich ein allgemeines Gesetz *nicht ausschließlich im Schutzbereich* des Grundrechts auswirken dürfe.[776] Ihre Stütze sucht diese Ansicht in der verfassungsgerichtlichen Formulierung, eine gesetzliche Beschränkung der Pressefreiheit sei kein allgemeines Gesetz im Sinne von Art. 5 Abs. 2 GG, *„wenn die im Verbot bezeichnete Tätigkeit nur der Presse und nicht auch jedermann verboten ist".*[777] Diese Ansicht orientiert sich zwar an den Ursprüngen des Allgemeinheitsbegriffs,[778] ob sie auch unter dem Grundgesetz ein praktikables Kriterium zur Abgrenzung bereithält, erscheint jedoch fraglich. Es ist keine Notwendigkeit ersichtlich, das Medienrecht, das sich ja ausschließlich im Schutzbereich des Grundrechts auswirkt, aus dem Schrankenvorbehalt des Art. 5 Abs. 2 GG auszugrenzen. Einzelne Gesetze können durchaus auch den Charakter allgemeiner Gesetze haben. Sie betreffen zwar ausschließlich Rundfunk oder Presse, ausschlaggebend ist jedoch ihre Schutzrichtung.

So können beispielsweise das *Gegendarstellungsrecht* als Ausfluß des Persönlichkeitsrechts,[779] die Verpflichtung zur Ausstrahlung von *Drittsendungen der Kirchen* als Förderung der Religi-

---

[771] Vgl. BVerfGE 7, S. 198 ff., 209 f.; 28, S. 282 ff., 292; 50, S. 234 ff., 241.

[772] Vgl. BVerfGE 50, S. 234 ff., 242; BVerwGE 79, S. 331 ff., 347; *Maunz / Dürig / Herzog / Scholz, GG,* Art. 5 Abs. 1, 2 Rdz. 219; *v. Mangoldt / Klein / Starck,* GG, Art. 5 Abs. 2 Rdz. 67 f.; *von Münch / Kunig, GG,* Art. 5 Abs. 2 Rdz. 31.

[773] Vgl. BVerfGE 7, S. 198 ff., 209 f.; st. Rspr.

[774] Vgl. BVerfGE 7, S. 198 ff., 208; 20, S. 162 ff., 176; 71, S. 206 ff., 214.

[775] Vgl. BVerfGE 24, S. 278 ff., 286; 54, S. 129 ff., 138; 73, S. 118 ff., 176; BVerfG DVBl. 1991, S. 105; zust. *Hesse,* Grundzüge des Verfassungsrechts, Rdz. 318, 399; *Lerche,* Übermaß und Verfassungsrecht, S. 152 f.; *Scholz,* Pressefreiheit und Arbeitsverfassung, S. 119; vgl. *v. Münch / Kunig, GG,* Art. 5 Rdz. 77; *Jarass / Pieroth,* GG, Art. 5 Rdz. 48; *Stern,* Staatsrecht, Bd. 3 1, S. 1302; *Löffler / Ricker,* Handbuch des Presserechts, 8. Kap. Rdz. 10; *v. Mangoldt / Klein / Starck, GG,* Art. 5 Rdz. 120 ff.

[776] Vgl. *Ridder* JZ 1961, S. 539 ff.; *Bettermann* JZ 1964, S. 601 ff., 604; *v. Münch / Kunig, GG,* Art. 5 Rdz. 71.

[777] Vgl. BVerfGE 21, S. 271 ff., 280.

[778] Siehe oben unter FN 769.

[779] Vgl. BVerfG AfP 1983, S. 336; *Löffler / Ricker,* Handbuch des Presserechts, 22. Kap. Rdz. 6; siehe

onsfreiheit und das *Verlautbarungsrecht der Regierung* zum Schutz vor Gefahren der öffentlichen Sicherheit und Ordnung in den Rundfunkgesetzen und -staatsverträgen als allgemeine Gesetze angesehen werden, da sie dem Schutz anderer Rechtsgüter dienen.[780]

Das Bundesverfassungsgericht hat seit dem oben zitierten Südkurier-Urteil nicht mehr auf das Schutzbereichskriterium zurückgegriffen. Es taucht zwar im 5. Rundfunkurteil[781] noch einmal auf, jedoch nicht als ein die Entscheidung tragendes Argument. In der übrigen einschlägigen Judikatur[782] wird die Allgemeinheit allein nach der oben ausgeführten final orientierten Methode bestimmt.

Weitere *Kritik* richtet sich gegen den zweiten Aspekt, die *Wechselwirkungstheorie*. Zunächst **171** wird bestritten, daß die Kommunikationsfreiheiten beschränkende Gesetze überhaupt einer zusätzlichen Abwägung bedürften.[783]

Aufgrund einer historisch-systematischen Auslegung der *„Allgemeinheit"* ließen sich *Fallgruppen* bestimmen, mit denen das gesetzgeberische Ziel erreicht werden könne und die eine Güterabwägung, die wenig vorhersehbar sei und den Spielraum (und damit die Gefahr der Willkür) lediglich vom Gesetzgeber auf die Gerichte übertrügen, erübrige. Dabei wird der Wechselwirkungstheorie vorgeworfen, sie beruhe auf einem *unzulässigen Zirkelschluß*.[784] Sie akzeptiere zwar auf der einen Seite in Übereinstimmung mit dem eindeutigen Verfassungstext die Einschränkung des Art. 5 Abs. 1 durch Abs. 2 GG, versuche jedoch auf der anderen Seite, Art. 5 Abs. 2 GG wiederum aus dem Grundgedanken des Art. 5 Abs. 1 GG und zwar restriktiv zu interpretieren. Dem ist zuzugeben, daß eine solche Interpretationsweise Unsicherheitsfaktoren bei der Bestimmung und dem Verhältnis des Grundrechts zu anderen Rechtsgütern in sich birgt.[785] Das Prinzip der Abwägung unterschiedlicher Rechtsgüter und des gegenseitigen Ausgleichs im Rahmen *praktischer Konkordanz*[786] ist aber der Verfassung immanent und auch bei anderen Grundrechten generell anerkannt. Dies ergibt sich bereits aus Art. 19 Abs. 2 GG, wonach Eingriffe in ein einzelnes Grundrecht in keinem Fall dessen Wesensgehalt antasten dürfen.[787]

Weiterhin ist umstritten, ob die *Abwägung abstrakt*[788] oder *konkret* erfolgen soll.[789] Die Abwägung im Einzelfall kann Probleme der Rechtssicherheit mit sich bringen.[790] Es stellt sich jedoch die Frage, ob diese im Rahmen einer Abwägung nach abstrakten Kriterien tatsächlich entfallen würden. Die Abwägung betrifft in großem Umfang völlig unterschiedliche Sachverhalte, so daß sich nur schwer gemeinsame abstrakte Kriterien finden ließen. Im übrigen ist festzuhalten, daß das Rechtsstaatsprinzip auch das Gebot der *Einzelfallgerechtigkeit* beinhaltet. Erweist sich also im Medienrecht eine dem Zivilrecht entsprechende Typisierung von Sachverhalten als schwierig bis unmöglich, so ist zwangsläufig auf die Einzelfallabwägung zurückzugreifen.[791] Daß ein solches System durchaus praktikabel erscheint, zeigen nicht

---

[780] Vgl. *Ricker*, Privatfunk-Gesetze im Bundesstaat, S. 118 ff.; a. A. *Bosman*, Rundfunkfreiheit und Programmgrundsätze, S. 43; siehe hierzu unten unter D Rdz. 91 ff; F Rdz. 66 ff.

[781] Vgl. BVerfGE 74, S. 297 ff., 334.

[782] Vgl. BVerfGE 28, S. 282 ff., 292; 50, S. 234 ff., 241.

[783] Vgl. *Wolf*, Medienfreiheit und Medienunternehmen, S. 340 ff.

[784] Vgl. *Bettermann* JZ 1964, S. 602; *Wolf*, Medienfreiheit und Medienunternehmen, S. 329 f.; *Hamann / Lenz*, GG, Art. 5 Rdz. 4; *Herrmann*, Fernsehen und Hörfunk, S. 182 f.

[785] Vgl. *Maunz / Dürig / Herzog / Scholz*, GG, Art. 5 Rdz. 262.

[786] Vgl. *Hesse*, Grundzüge des Verfassungsrechts, Rdz. 317 f.

[787] Siehe hierzu unten unter B Rdz. 178 ff.

[788] Vgl. *Helmer*, in: *FS für Nawiasky*, S. 341 f.; *Stein* DÖV 1968, S. 67 f.

[789] Vgl. BVerfGE 7, S. 198 ff., 209 f.; *Wendt* AöR 104 (1979), S. 414 ff., 425; *Hesse*, Grundzüge des Verfassungsrechts, Rdz. 399; *Lerche*, Verfassungsrechtliche Fragen zur Pressekonzentration, S. 53; *Scholz*, Pressefreiheit und Arbeitsverfassung, S. 114; *Löffler / Ricker*, Handbuch des Presserechts, 8. Kap. Rdz. 10; *Jarass / Pieroth*, GG, Art. 5 Rdz. 4 ff.

[790] Vgl. *Kirchhof* ZRP 1992, S. 141.

[791] Vgl. *Ricker*, Rundfunkkontrolle durch Rundfunkteilnehmer, S. 44.

zuletzt die Erfahrungen der anglo-sächsischen Rechtsordnungen, die weitgehend auf dem Prinzip der Einzelfallentscheidung beruhen.[792] Es ist auch dem deutschen Recht nicht wesensfremd, wie sich etwa im Wettbewerbsrecht zeigt.[793]

172   Darüber hinaus hat das Bundesverfassungsgericht den Instanzgerichten, vor allem aber dem BGH, die Herausbildung *normativer Leitlinien* für das Persönlichkeitsrecht aufgegeben,[794] um es zur Schrankenbestimmung für die Presse berechenbar und justitiabel zu machen.[795] Dieser Forderung wurde auch entsprochen, da sich durch eine umfangreiche Rechtsprechung der Obergerichte und auch des Bundesverfassungsgerichtes selbst[796] ein durchaus geeignetes *Raster für Einzelfälle* herausgebildet hat.[797]

2. Der Schrankenvorbehalt des Jugendschutzes

173   Der Schrankenvorbehalt des Art. 5 Abs. 2 GG bestimmt hinsichtlich der Kommunikationsfreiheiten in Abs. 1, daß *„diese Rechte ... ihre Schranken in den ... gesetzlichen Bestimmungen zum Schutze der Jugend ..."* finden. Wie das Bundesverfassungsgericht in seiner Rechtsprechung herausgestellt hat, ist nach der Wertordnung der Verfassung der Schutz der Jugend ein *wichtiges Gemeinschaftsanliegen* und ein rechtlich geschütztes *Verfassungsgut* von bedeutsamem Rang.[798] Aus diesem Grund sieht das Gericht den Gesetzgeber nicht nur als berechtigt, sondern als verpflichtet an,[799] seine Vorstellungen von Maßnahmen, die er zum Schutze von Kindern und Jugendlichen vor Beeinträchtigungen *„ihrer seelischen Entwicklung und ihrer sozialen Orientierung"* durch die Medien für erforderlich hält, zur Grundlage normativ verbindlicher Regelungen zu machen und dabei andere Grundrechte einzuschränken.[800]

174   Für Hörfunk und Fernsehen haben die Länder in dem Rundfunkstaatsvertrag in § 3 *spezifische Jugendschutzvorschriften* festgelegt, die allgemein gelten[801] und deshalb sowohl für den öffentlich-rechtlichen wie auch den privaten Rundfunk verbindlich sind. Danach sind Sendungen, die zum Rassenhaß aufstacheln, Gewalt verherrlichen oder verharmlosen (vgl. § 131 StGB), den Krieg verherrlichen oder pornographische Darstellungen (vgl. § 184 StGB) enthalten, unzulässig.[802] Darüber hinaus dürfen auch keine sonstigen Sendungen verbreitet werden, die *„offensichtlich geeignet sind, Kinder oder Jugendliche sittlich schwer zu gefährden"*. Der Unterschied zu den Tatbeständen des § 3 Abs. 1 Ziff. 1–4 RStV besteht darin, daß bei diesen die Jugendgefährdung unterstellt wird, während bei dem Verbreitungsverbot des § 3 Abs. 1 Ziff. 5 RStV die offensichtliche schwere Jugendgefährdung festzustellen ist.[803] Dabei kann auf die Kriterien in § 6 Abs. 3

---

[792] Vgl. *Ricker* NJW 1990, S. 2097 ff., 2100.

[793] Vgl. *Baumbach/Hefermehl*, Wettbewerbsrecht, § 1 UWG Einl. Rdz. 64.

[794] Vgl. BVerfGE 66, S. 116 ff., 126.

[795] Vgl. *Steffen* AfP 1988, S. 117.

[796] Vgl. BVerfGE 27, S. 1 ff.; 6, S. 309 ff., 344; 32, S. 373 ff., 379; 34, S. 238 ff., 246; 34, S. 269 ff., 282 f.; 47, S. 46 ff., 73; 49, S. 286; 54, S. 148 ff., 155; 65, S. 1.

[797] Vgl. *Ricker* NJW 1990, 2097 ff., 2101.

[798] Vgl. BVerfGE 30, S. 336 ff., 348; 47, S. 109 ff., 117; 77, S. 346 ff., 356; vgl. auch BVerwG BPS-Report 2/1987, S. 4, m.w.N.

[799] Vgl. BVerfG NJW 1991, S. 1472; *Scholz/Joseph,* Gewalt- und Sexdarstellungen im Fernsehen, S. 74 f.; *Bleckmann* DVBl. 1985, S. 321; *Stefen,* in: *Schiwy/Schütz,* (Hrsg.) Medienrecht, S. 192 f.

[800] Vgl. BVerfGE 47, S. 109 ff., 117; BVerwG NJW 1987, S. 1429 ff., 1430; BVerfG NJW 1991, · S. 1471 ff., 1472; *Scholz/Joseph,* Gewalt- und Sexdarstellungen im Fernsehen, S. 93 ff.; vgl. BVerwGE 23, S. 112 ff., 113; 11, S. 234 ff., 237; *Meyer-Hesemann* DVBl. 1986, S. 1181 ff., 1183 f.

[801] Vgl. § 1 Abs. 1 RStV.

[762] § 3 Abs. 1 RStV; vgl. *Herkströter* AfP 1992, S. 23 ff., 26; *Wagner* ZUM 1991, S. 2 ff.; *Steinmann* ZUM 1992, S. 334; *Ory* NJW 1987, S. 2967 ff.; vgl. *Beisel/Heinrich* NJW 1996, S. 495 ff.; siehe hierzu näher unten unter F Rdz. 111.

[803] Vgl. BGHSt 8, S. 80; BVerfG ZUM 1988, S. 338.

des *Gesetzes über die Verbreitung jugendgefährdender Schriften* (GjS) zurückgegriffen werden, das ansonsten keine unmittelbare Anwendung auf Rundfunksendungen findet.[804]

Weitergehend bestimmt der Rundfunkstaatsvertrag *zeitliche Sendeverbote* für Filme, die nach dem *Gesetz zum Schutz der Jugend in der Öffentlichkeit* für Jugendliche unter 16 Jahren bzw. 18 Jahren nicht freigegeben sind.[805] Erst nach 23 Uhr dürfen solche Sendungen ausgestrahlt werden, die ganz oder im wesentlichen Schriften inhaltlich entsprechen, die in der Liste nach § 1 des Gesetzes über die Verbreitung jugendgefährdender Schriften aufgenommen wurden.[806] Nach § 3 Abs. 5 RStV sind die öffentlich-rechtlichen Rundfunkanstalten wie auch die Landesmedienanstalten für den privaten Rundfunk ermächtigt, in allgemeinen Richtlinien oder für den Einzelfall Ausnahmen oder umgekehrt weitergehende zeitliche Beschränkungen vorzusehen.[807]

3. Der Schrankenvorbehalt des Ehrenschutzes

Als weitere Schranke nennt Art. 5 Abs. 2 GG neben den Vorschriften der allgemeinen **175** Gesetze und den gesetzlichen Bestimmungen zum Schutze der Jugend auch das *„Recht der persönlichen Ehre"*. Nach den Feststellungen des Bundesverfassungsgerichtes wird damit zwar dem Wortlaut nach kein Gesetzesvorbehalt etabliert. Da aber Eingriffe in Freiheitsrechte grundsätzlich nur auf gesetzlicher Grundlage möglich sind, kann das Recht der persönlichen Ehre Art. 5 Abs. 1 GG nur insoweit zulässigerweise beschränken, als es gesetzlich normiert ist.[768] Nach der Rechtsprechung des Gerichts gehören hierzu die Strafrechtsbestimmungen der §§ 185 ff. StGB und die zivilrechtlichen Normen der §§ 823 ff. BGB sowie das Recht zur Klage auf Widerruf und Unterlassung.[809]

Unter den Ehrenschutz fallen somit im Rahmen der Wortberichterstattung diejenigen Meinungsäußerungen, die eine *Beleidigung* im Sinne des § 185 StGB darstellen, weil sie das Ehrgefühl des Betroffenen und dessen Ruf und Ansehen in der Öffentlichkeit unzulässig herabsetzen, wie es vor allem bei der Schmähkritik und der Formalbeleidigung der Fall ist.[810] Ebenso werden auch *unwahre Tatsachenbehauptungen* erfaßt, soweit sie geeignet sind, das Ansehen des Betroffenen in der Öffentlichkeit herabzusetzen und deshalb eine *üble Nachrede* im Sinne des § 186 StGB oder, weil sie wider besseren Wissens erfolgen, sogar eine *Verleumdung* gemäß § 187 StGB darstellen.[811]

Die Ehre als Kernbereich des als *„sonstiges Recht"* des § 823 Abs. 1 Satz 2 BGB aner- **176** kannten Persönlichkeitsrechtes[812] kann darüber hinaus auch bei sonstigen Eingriffen in dessen Schutzbereich, etwa die *Tabubereiche*, verletzt sein, sofern mit ihnen eine Bloßstellung oder Diffamierung des Betroffenen verbunden ist.[813] Im übrigen wird das Persön-

---

[804] Vgl. VG Köln NJW 1987, S. 274; BVerfG BPS-Report 1990, S. 1; *Ring,* Medienrecht, § 3 RStV Rdz. 16; *Ory* NJW 1987, S. 2967 ff.; *Meyer-Hesemann* DVBl. 1986, S. 1181; *Scholz,* Jugendschutz, § 1 GjS Anm. 2 ff.; *Landmann,* Mitteilungen des Landesjugendamtes, Landschaftsverband Westfalen-Lippe, 114/93, S. 54 ff., 56; *Scholz/Joseph,* Gewalt- und Sexdarstellungen im Fernsehen, S. 91.

[805] Vgl. § 3 Abs. 2 RStV.

[806] Vgl. § 3 Abs. 3 RStV.

[807] Zum Jugendschutz und zu den Beschränkungen der Programmfreiheit siehe näher unten unter F Rdz. 111.

[808] Vgl. BVerfGE 33, S. 1 ff., 16.

[809] Vgl. BVerfGE 33, S. 1 ff., 16.

[800] Vgl. BVerfGE 60, S. 234 ff., 242; 66, S. 116 ff., 151; 82, S. 272 ff., 282 ff.; 85, S. 1 ff., 16; 86, S. 1 ff., 10 ff.

[811] Siehe hierzu näher unten unter F Rdz. 112 ff.

[812] Vgl. *Lange,* Münchner Kommentar, § 823 Anm. B. II. 4. a); *Soergel/Siebert, BGB* § 823, Anm. F. 15.b).

[813] Vgl. *Leibholz/Rinck, GG,* Art. 5 Rdz. 971 f.; *Maunz/Dürig/Herzog/Scholz, GG,* Art. 5 Abs. 1, 2 Rdz. 276 ff., 289 ff.; *Löffler/Ricker,* Handbuch des Presserechts, 32. Kap. Rdz. 4 f.; *Wenzel,* Das Recht der Wort- und Bildberichterstattung, Rdz. 2.01 ff.; *Damm/Kuner,* Unterlassung, Widerruf und Schadensersatz, S. 32 f.

lichkeitsrecht, das über den Bereich der Ehre hinausgeht, als *„allgemeines Gesetz"* geschützt.[814]

4. Die besondere Hervorhebung des Jugend- und Ehrenschutzes

177 Das Verhältnis zwischen dem generellen Vorbehalt der *„allgemeinen Gesetze"* und dem besonders hervorgehobenen *Jugend- und Ehrenschutz* in Art. 5 Abs. 2 GG wird unterschiedlich gesehen: Nach einer Ansicht soll der Herausstellung rechtliche Bedeutung zukommen. Danach seien auch spezifische Beschränkungen der Medien und somit auch des Rundfunks zum Schutz des Ansehens und des Rufes der Bürger vor öffentlicher Bloßstellung sowie von Kindern und Jugendlichen vor exzessiven Gewaltdarstellungen und Pornographie erlaubt. Ohne die Hervorhebung könnte gegenüber ausschließlich an die Presse oder den Rundfunk gerichteten Regelungen eingewendet werden, daß ihnen der Charakter eines allgemeinen Gesetzes fehle.[815]

Diese Gefahr dürfte jedoch nicht nach der hier vertretenen Auffassung bestehen. Die Jugendschutzgesetze sowie die zivil- und strafrechtlichen Bestimmungen dienen dem Schutz der Jugend bzw. dem Persönlichkeitsrecht und damit anderen Verfassungsgütern. Deshalb erfüllen sie die Merkmale eines allgemeinen Gesetzes.[816] Somit kommt der Hervorhebung des Jugend- und Ehrenschutzes keine eigenständige rechtliche, sondern *lediglich deklaratorische Bedeutung* zu.[817] Mit ihr zeigt das Grundgesetz nicht nur das Recht, sondern auch die besondere Verpflichtung der Legislative auf, diese beiden nach der Wertordnung hochrangigen Verfassungsgüter wirksam zu schützen.[818]

5. Die Wesensgehaltstheorie nach Art. 19 Abs. 2 GG

178 Die Verfassung bestimmt in Art. 19 Abs. 2 GG, daß *„ein Grundrecht in keinem Fall in seinem Wesensgehalt angetastet werden"* darf. Die nähere Bestimmung des Wesensgehalts ist in Rechtsprechung und Literatur *umstritten.*[819] Unbestritten ist es Sinn der Regelung, der Legislative eine unbedingte Bindung an die durch das Grundgesetz für maßgeblich erklärte Werteordnung vorzuschreiben[820] und einer Aushöhlung von Grundrechten durch übermäßige Begrenzungen entgegenzuwirken.[821] Eine Ansicht bestimmt den Wesensgehalt des Grundrechts relativ.[822] Mittels einer für das einzelne Grundrecht möglichst schonenden Einzelfallabwägung sei festzustellen, welchem Recht das größere Gewicht beizumessen ist. Die Gegenansicht versteht den Wesensgehalt absolut.[823] Dem Grundrecht müsse ein eingriffsfester Kern verbleiben.

---

[814] Zu den Fallgruppen des Persönlichkeitsrechts vgl. die Übersicht in *Ricker,* Unternehmensschutz und Pressefreiheit, S. 30, 36 ff.; s. auch *Merten,* in: *Schiwy/Schütz* (Hrsg.), Medienrecht, S. 293 ff.; vgl. ausführlich zu dem Persönlichkeitsrecht und Ehrenschutz als Schranke der Programmfreiheit unten unter F Rdz. 112 ff.

[815] Vgl. *v. Mangoldt/Klein/Starck,* GG, Art. 5 Abs. 2 Rdz. 117; *Maunz/Dürig/Herzog/Scholz, GG,* Art. 5 Abs. 1, 2 Rdz. 244 ff.; *Groß,* Presserecht, S. 66 ff.

[816] Siehe hierzu auch näher oben unter B Rdz. 164 ff.

[817] Vgl. *Löffler/Ricker,* Handbuch des Presserechts, 12. Kap. Rdz. 2; *Bleckmann* DVBl. 1985, S. 321; *Erbs/Kohlhaas,* GjS, Vorbem. zu § 1 Rdz. 5.

[818] Vgl. BVerfG NJW 1991, S. 1472; *Scholz/Joseph,* Gewalt- und Sexdarstellungen im Fernsehen, S. 47 ff.; *Bleckmann* DVBl. 1985, S. 321.

[819] Vgl. den Überblick bei *Maunz/Dürig/Herzog/Scholz, GG,* Art. 19 Abs. 2 Rdz. 1 ff.; *Pieroth/Schlinck,* Die Grundrechte, Rdz. 342 ff.; *Hesse,* Grundzüge des Verfassungsrechts, Rdz. 332 ff.

[820] Vgl. *Häberle,* Die Wesensgehaltstheorie des Art. 19 Abs. 2 GG, S. 8 ff., 234.

[821] Vgl. *Hesse,* Grundzüge des Verfassungsrechts, Rdz. 332.

[822] Vgl. *Maunz/Dürig/Herzog/Scholz, GG,* Art. 19 Abs. 2, Rdz. 16 ff., m.w. N.

[823] Vgl. *Stein,* Staatsrecht, § 19 III, m.w. N.

Das Bundesverfassungsgericht hat sich bisher auf keine der beiden Theorien festgelegt,[824] sondern festgestellt, daß die Frage des *Wesensgehalts* für jedes Grundrecht *gesondert bestimmt* werden müsse.[825] Für die Bestimmung des Wesens der Rundfunkfreiheit sind daher die spezifischen Ausprägungen des Art. 5 GG bei der Auslegung des Art. 19 Abs. 2 GG heranzuziehen. Das Bundesverfassungsgericht hat hier stets die *dienende Funktion*[826] des Rundfunks für die Meinungs- und Informationsfreiheit des einzelnen und der Gesellschaft betont. Für den einzelnen bildet der Rundfunk einen gewichtigen Bestandteil seiner Entfaltungsfreiheit. Unentbehrlich ist er auch für die Funktionsfähigkeit des demokratischen Systems, insbesondere im Vorfeld von Wahlen. Daraus folgt die Notwendigkeit eines pluralistischen und staatsfernen Rundfunks, der die unerläßliche Grundversorgung der Bürger mit bildenden, informierenden und unterhaltenden Programmen sicherstellt. Er ist konstitutiv für Staat und Gesellschaft.[827] Insoweit ist die Institution des öffentlich-rechtlichen Rundfunks von der Verfassung besonders geschützt.[828] Es stellt sich die Frage, wie weit unter dem Gesichtspunkt des Art. 19 Abs. 2 GG der *Grundversorgungsauftrag* reicht. Dies hat insbesondere auch finanzielle Aspekte.

In seinem 4. Rundfunkurteil hat das Bundesverfassungsgericht festgestellt,[829] daß zur **179** Grundversorgung jedenfalls diejenigen Programme des öffentlich-rechtlichen Rundfunks zählen, die diese im Zeitpunkt des Erlasses des Urteils veranstaltet und verbreitet haben. Eine solche Betrachtung mag für die dort angestellten Erwägungen richtig sein. Zu Recht hat jedoch das Gericht in seiner weiteren Rechtsprechung ausgeführt, daß das Grundrecht der Rundfunkfreiheit *situativ* zu verstehen ist.[830] Der *Wesensgehalt* des Rechts kann *nicht* eo ipso in einem *statischen Rahmen* gesehen werden. Dementsprechend wurde auch im 7. Rundfunkurteil festgestellt,[831] daß das Ausmaß der Grundversorgung unter dem Gesichtspunkt der *Finanzierbarkeit* zu sehen ist. Das Bundesverfassungsgericht hat diese Finanzierungspflicht in seinem 8. Rundfunkurteil auf das *erforderliche Maß* beschränkt.[832]

So ist es durchaus vorstellbar, daß insbesondere bei einer erheblichen Erschwerung seiner Finanzierung Abstriche an dem Programmvolumen des öffentlich-rechtlichen Rundfunks zu machen sind. Insofern könnte sich die Grundversorgung durchaus einer *Mindestversorgung* annähern. Der Wesensgehalt der Rundfunkfreiheit würde sich dann für die Rundfunkanstalten auf dieses Niveau reduzieren.

Bezüglich der *individuellen Rundfunkbetätigung* hat das Bundesverfassungsgericht bisher ausdrücklich offen gelassen, ob ein Individualrecht existiert.[833] Da es die Einführung privaten Rundfunks somit in das Ermessen des Gesetzgebers gestellt hat[834], folgt daraus, daß ohne gesetzliche Ausgestaltung das Individualrecht auf Rundfunkfreiheit gegenwärtig jedenfalls nicht besteht.[835] So hat auch der Freistaat Bayern von der Möglichkeit, privaten Rundfunk einzuführen, keinen Gebrauch gemacht.[836] Somit zählt aber unter den obwaltenden Gegebenheiten das Individualrecht, dessen Verwirklichung vom Willen des Gesetzgebers abhängt, nicht zu dem Bereich, der den Wesensgehalt des Grundrechts bestimmt.

---

[824] Vgl. BVerfGE 2, S. 266 ff., 285; 61, S. 82 ff., 113 f.

[825] Vgl. BVerfGE 22, S. 180 ff., 219; vgl. auch *Hans Schneider*, Der Schutz des Wesensgehalts von Grundrechten nach Art. 19 Abs. 2 GG, S. 193.

[826] Vgl. BVerfGE 87, S. 181 ff., 203; 83, S. 238 ff., 295; 57, S. 295 ff., 319 f.; vgl. oben unter B Rdz. 65 ff.

[827] Vgl. BVerfGE 12, S. 205 ff., 263; 31, S. 315 ff.; 57, S. 295 ff., 325; 73, S. 118 ff., 157; 74, S. 297 ff., 321; 83, S. 238 ff., 320.

[828] Vgl. BVerfGE 12, S. 205 ff., 206 f.

[829] Vgl. BVerfGE 73, S. 118 ff., 167.

[830] Vgl. BVerfGE 83, S. 238 ff., 258; 87, S. 181 ff., 203.

[831] Vgl. BVerfGE 87, S. 153 ff., 196 f.

[832] Vgl. BVerfGE 90, S. 65 ff., 98 f.

[833] Vgl. BVerfGE 57, S. 295 ff., 319.

[834] Vgl. BVerfGE 57, S. 295 ff., 319.

[835] Vgl. zu diesem Problemkreis oben unter B Rdz. 130 ff.

[836] Vgl. unten unter C Rdz. 30 f.

181   Wie an anderer Stelle deutlich gemacht wurde,[837] könnte sich unter den dort beschriebenen Umständen jedoch die Situation ändern. Dies wäre insbesondere dann anzunehmen, wenn der private Rundfunk ebenso wie der öffentlich-rechtliche in der Lage wäre, Grundversorgung zu gewährleisten. Dann würde auch die Frage nach einer Wesensgehaltgarantie privater Rundfunkbetätigung erneut relevant. Unter der Voraussetzung, daß er den Dienst an der individuellen und öffentlichen Meinungsbildung in gleichwertiger Weise wie der öffentlich-rechtliche Rundfunk erfüllte, käme auch ihm der besondere Schutz der Verfassung zu.[838] Er wäre in dem für die Freiheit des einzelnen und der Gesellschaft konstitutiven Bereich der Rundfunkfreiheit angesiedelt und seine Rechtsposition damit vom Wesensgehalt der Grundrechtsnorm erfaßt.

6. Das Zitiergebot des Art. 19 Abs. 1 GG

182   Ein Gesetz, das eine Einschränkung der Kommunikationsfreiheiten vorsieht, übt diese Wirkung nur dann aus, wenn das einzuschränkende Grundrecht in dem betreffenden Gesetz unter ausdrücklicher Benennung des Artikels des Grundgesetzes, hier also des Art. 5 GG, besonders *aufgeführt* wird (Art. 19 Abs. 1 Satz 2 GG). Mit dieser Vorschrift soll der Gesetzgeber auf die Bedeutung eines Grundrechtes nachdrücklich hingewiesen werden.[839]

Das Zitiergebot wird allgemein *einschränkend* ausgelegt und entfaltet bei weitem nicht in allen grundrechtsrelevanten Bereichen Wirkung. So gilt es beispielsweise nicht für die Zeit vor Erlaß des Grundgesetzes, da der vorkonstitutionelle Gesetzgeber das Zitiergebot schließlich nicht kennen konnte.[840] Es gilt ebensowenig für Gesetze, die bereits bestehende Grundrechtsbeschränkungen betreffen und diese lediglich wiederholen.[841] Schließlich gilt es nach h. M. auch nicht für die Beschränkung der *„allgemeinen Gesetze"* des Art. 5 Abs. 2 GG.[842] Der Hinweis auf die Einschränkungen des Art. 5 Abs. 1 GG etwa in dem GjS[843] kann deshalb *nur deklaratorisch* verstanden werden. Soweit die Rundfunkgesetze Regelungen zum Schutze anderer Rechtsgüter enthalten, wie etwa dem allgemeinen Persönlichkeitsrecht oder dem Jugendschutz, und als allgemeine Gesetze zu qualifizieren sind, kommt somit das Zitiergebot ebenfalls nicht zur Anwendung.

7. Einordnungsverhältnisse als Schranke der Rundfunkfreiheit

183   Grundrechtseinschränkungen können sich auch aus einem der zahlreichen *Einordnungs- oder gesteigerten Abhängigkeitsverhältnissen*[844] ergeben, zu denen neben dem Beamten-, Wehrdienst- oder Schulverhältnis etwa auch der Strafvollzug oder die Untersuchungshaft gehören. Hierbei handelt es sich um Rechtsverhältnisse, die durch eine besonders enge Bindung der betroffenen Personen an die staatliche Gewalt gekennzeichnet sind und die zu einer stärkeren Begrenzung der Ausübung der Grundrechte führen.[845]

---

[837] Vgl. oben unter B Rdz. 178 ff.

[838] Vgl. unten unter C Rdz. 12.

[839] Vgl. *Maunz/Dürig/Herzog/Scholz, GG*, Art. 19 Abs. 1 Rdz. 1 f.

[840] Vgl. *Röhl* AöR 81 (1956/57), S. 195 ff.

[841] Vgl. BVerfGE 5, S. 13 ff.; a. A. *Maunz/Dürig/Herzog/Scholz, GG*, Art. 19 Abs. 1 Rdz. 58.

[842] Vgl. BVerfGE 7, S. 377 ff., 404.

[843] Vgl. Einl. vor § 1 GjS.

[844] Zum Teil auch als „besonderes Gewaltverhältnis, Sonderrechtsverhältnis, besonderes Pflichtverhältnis oder Sonderstatus" bezeichnet, vgl. *Norbert Klein* DVBl. 1987, S. 1102; *Loschelder,* Vom besonderen Gewaltverhältnis zur öffentlich-rechtlichen Sonderbindung. S. 36 f.

[845] Vgl. *v. Münch/Kunig, GG*, Vorbem. Art. 1–19, Rdz. 59; *Merten* (Hrsg.), Das besondere Gewaltverhältnis, S. 26 f.; *v. Münch*, in: *Erichsen/Martens*, Allg. Verwaltungsrecht, G 3 Rdz. 63; *Stern*, Staatsrecht, Bd. 3, § 74 III.

Unter dem Begriff des Einordnungsverhältnisses werden aber ebenso diejenigen freiwillig durch zivilrechtlichen Vertrag eingegangenen *Arbeits- und Anstellungsverhältnisse* subsumiert, mit denen Grundrechtsbeschränkungen einhergehen.[846] Die von der Rechtswissenschaft entwickelte und von der Rechtsprechung des Bundesverfassungsgerichtes zunächst auch anerkannte Konstruktion des Einordnungsverhältnisses[847] hat jedoch ihren eigentlichen rechtlichen Sinn, Grundrechtseinschränkungen auch dann zu rechtfertigen, wenn hierfür keine gesetzliche Grundlage vorlag, verloren. Denn infolge seiner aus dem Rechtsstaats- und Demokratieprinzip abgeleiteten *Wesentlichkeitsrechtsprechung*[848] verlangt das Gericht prinzipiell und somit auch für die Einordnungsverhältnisse, daß die Grundrechte nur durch ein Gesetz oder aufgrund eines Gesetzes eingeschränkt werden können.

Damit ist der Begriff des *„Einordnungsverhältnisses"* jedoch *nicht obsolet* geworden.[849] Vielmehr lassen sich weiterhin unter dieser Kategorie solche Rechtsverhältnisse zusammenfassen, die durch eine besonders intensive Pflichtenbindung charakterisiert werden,[850] und die den Gesetzgeber zu einer Grundrechtseinschränkung in stärkerem Maße als sonst berechtigen.[851] Ob eine solche Einschränkung im Einzelfall zulässig ist, muß auch bei den Einordnungsverhältnissen nach der hier vertretenen Auffassung in Übereinstimmung mit der Rechtsprechung des Bundesverfassungsgerichtes jeweils durch eine *konkrete Güterabwägung* festgestellt werden.[852] Ihr folgen auch die Instanzgerichte, wie die Rechtsprechung zu Art. 5 GG zeigt.[853]

Ob durch das Einordnungsverhältnis auch die *Rundfunkfreiheit* beschränkt wird, hängt **184** davon ab, ob durch die funktechnische Verbreitung selbst gestalteter redaktioneller Beiträge innerhalb der Schule oder Haftanstalt der Schutzbereich dieses Grundrechts tangiert wird. Der Rundfunkbegriff im Sinne des Art. 5 Abs. 1 GG wird im wesentlichen durch drei Komponenten geprägt.[854] Neben der Darbietung publizistischer Inhalte und ihrer funktechnischen Verbreitung wird die *Allgemeinheit* im Sinne einer unbestimmten Vielzahl von Empfängern vorausgesetzt.[855] Das zuletzt genannte Kriterium einer nicht von vornherein begrenzten, sondern beliebigen Öffentlichkeit versteht sich bereits aus dem Charakter des Rundfunks als *Massenmedium*[856] in Abgrenzung zur Individualkommunikation, der seinen besonderen verfassungsrechtlichen Schutz und die Gewährleistungspflicht des Staates begründet.[857] Die *Allgemeinheit* wird deshalb bei Sendungen für eine begrenzte Anzahl von Teilnehmern in einem engen örtlichen Bereich, etwa für Gäste und Personal in Krankenhäusern, Seniorenheimen[858] oder Hotels,[859] ebenso verneint wie in den Fällen, in denen die Empfänger mit dem Kommunikator persönlich, beruflich oder in sonstiger Weise verbunden

---

[846] Vgl. *Stern*, Staatsrecht, Bd. 3, § 74 III; *Wenninger*, Geschichte der Lehre vom besonderen Gewaltverhältnis, S. 66; *Löffler*, Presserecht, Bd. 2, § 1 Rdz. 355 ff.; *Löffler/Ricker*, Handbuch des Presserechts, 11. Kap. Rdz. 17 ff.

[847] Vgl. BVerfGE 15, S. 290 ff., 293; *Maunz/Dürig/Herzog/Scholz*, GG, Art. 5 Abs. 1, 2 Rdz. 263 ff.; *Jarass* DÖV 1983, S. 693 ff.

[848] Zum Beispiel für den Strafvollzug und das Schulverhältnis: BVerfGE 33, S. 1 ff., 11; 58, S. 358 ff., 367.

[849] So bei *Erichsen*, in: Festschrift für H. J. Wolff, S. 219 ff., 236; *Fuss* DÖV 1972, S. 765; *Bryde* DÖV 1981, S. 193 ff., 195.

[850] Vgl. *Loschelder*, Vom besonderen Gewaltverhältnis zur öffentlich-rechtlichen Sonderbindung, S. 34 f.

[851] Vgl. *v. Münch*, in: *Erichsen/Martens*, Allg. Verwaltungsrecht, § 3 Rdz. 63; *Merten* Jus 1982, S. 365 ff., 367; *Ronellenfitsch* DÖV 1981, S. 933 ff.

[852] Vgl. BVerfGE 58, S. 358 ff., 367; zustimmend *von Münch/Kunig*, GG, Vorbem. Art. 1–19 Rdz. 25; *v. Mangoldt/Klein/Starck*, GG, Art. 5 Abs. 2 Rdz. 67.

[853] Vgl. VGH Bad.-Württ. JZ 1976, S. 711; VG Berlin NJW 1979, S. 2629; VG Köln DÖV 1983, S. 455.

[854] Siehe hierzu näher oben unter B Rdz. 33 ff.

[855] Vgl. § 2 Abs. 1 RStV.

[856] Vgl. *Bullinger*, Telekommunikation; S. 72, *Herrmann*, Fernsehen und Hörfunk, S. 73.

[857] Siehe hierzu oben unter B Rdz. 35 ff.

[858] Vgl. amtl. Begrdg. zu § 19 RStV, abgedr. bei *Ring*, Medienrecht, C.-0.1., S. 22 ff.

[859] Vgl. *Bullinger*, Telekommunikation, S. 72; *König*, Die Teletexte, S. 86.

sind und aufgrund dieses Näheverhältnisses in ihrer Informations- und Meinungsfreiheit nicht geschützt werden müssen.[860]

Zu derselben Folge führen die Rundfunkgesetze derjenigen Länder, die Sendungen in Gebäuden oder Gebäudekomplexen mit einer beschränkten Teilnehmerzahl ausdrücklich aus ihrem Anwendungsbereich ausgeschlossen haben.[861] In dem vorliegenden Zusammenhang ist wesentlich, daß die örtliche Beschränkung der Sendungen auf das Gebäude oder den Gebäudekomplex der Schule oder der Haftanstalt das Merkmal der Allgemeinheit als konstitutive Voraussetzung des Rundfunkbegriffs ausschließt.[862] Bei den Empfängern des Schul- oder Anstaltsfunks handelt es sich um eine durch das Einordnungsverhältnis festgelegte Gesamtheit, für die die Sendungen ausschließlich bestimmt sind.

Somit ist zusammenfassend festzustellen, daß es sich bei dem Schul- oder Haftanstaltfunk nicht um Rundfunk im Sinne von Art. 5 Abs. 1 GG handelt, so daß sich eine Einschränkung des Grundrechts der Rundfunkfreiheit durch das Einordnungsverhältnis nicht ergeben kann.

8. Die Landesrundfunkgesetze: Schranken- oder Ausgestaltungsregelungen

185 Das Bundesverfassungsgericht geht in ständiger Rechtsprechung davon aus, daß die *Landesrundfunkgesetze* keine Schranken i. S. v. Art. 5 Abs. 2 GG bilden, sondern Ausgestaltungsgesetze im Sinne d. Art. 5 Abs. 1 Satz 2 GG sind.[863] Die Unterscheidung kann jedoch dahingestellt bleiben: Wie das Bundesverfassungsgericht festgestellt hat,[864] müssen nicht nur Schrankengesetze,[824] sondern auch ausgestaltende Vorschriften *geeignet, erforderlich* und *verhältnismäßig* sein. Allerdings hat das Gericht dem Gesetzgeber bei der Bestimmung der Geeignetheit und der Erforderlichkeit einen weiten *Ermessensspielraum* eingeräumt.[866]

Zwar ist dem Gericht darin zu folgen, daß auch ausgestaltende Gesetze dem Verhältnismäßigkeitsgrundsatz genügen müssen, doch gefährdet die Einräumung dieses weiten Ermessens den von dem Gericht immer wieder betonten Grundsatz der Staatsfreiheit.[867] Mit der Ermessensausübung findet politischer Einfluß Eingang in einen besonders sensiblen Bereich der Grundrechtsgarantie. Wie gerade die Diskussion um die Finanzierung des öffentlich-rechtlichen Rundfunks zeigt,[868] kann über die Ermessensentscheidung bei der Frage der Erforderlichkeit und Geeignetheit ausgestaltender Regelungen beträchtlicher Druck auf die Träger der Rundfunkfreiheit, seien es die öffentlich-rechtlichen Anstalten, seien es private Veranstalter, ausgeübt werden. Das Ermessen ist hier als ebenso wie bei der Bestimmung von Schrankengesetzen nach Art. 5 Abs. 2 GG eng zu begrenzen.

Im Ergebnis zeigt sich, daß unabhängig davon, ob es sich um ein Schranken- oder um ein Ausgestaltungsgesetz handelt, der Gesetzgeber den gleichen Bindungen unterliegt.

---

[860] Vgl. *König,* Die Teletexte, S. 98 f.; *Schmitt Glaeser,* Kabelkommunikation und Verfassung, S. 144; *Rudolf/Meng,* Verfassungsrechtliche Konsequenzen, S. 37; *Hesse, A.,* Rundfunkrecht, S. 67.

[861] Vgl. etwa § 32 LRG Nordrh.-Westf.; § 38 LMG Hamburg; § 1 Abs. 4 LMG Bad.-Württ.

[862] Vgl. zu den Merkmalen des Rundfunkbegriffs Allgemeinheit, Darbietung und Verbreitung oben unter B Rdz. 33 ff.

[863] Vgl. oben unter B Rdz. 185.

[864] Vgl. BVerfGE 74, S. 297 ff., 334.

[865] Vgl. hierzu oben unter B Rdz. 185.

[866] Vgl. BVerfGE 83, S. 238 ff., 296.

[867] Vgl. oben unter D Rdz 1 ff.

[868] Siehe unten unter C Rdz. 74 ff.

III. Verhältnis zu anderen Grundrechten

Auch das Rundfunkverfassungsrecht kennt Lebenssachverhalte, die die Frage aufwerfen, ob Art. 5 Abs. 1 Satz 1 GG als das eigentlich tragende Grundrecht der Rundfunkfreiheit in *Konkurrenz* zu einem *anderen Grundrecht* gerät. Trotz aller Unterschiedlichkeiten bietet sich hier die Differenzierung – in Anlehnung an das Strafrecht – in *Ideal-* und *Gesetzeskonkurrenz* an.[869] Auch hier muß nämlich, wenn auf ein Verhalten zwei oder mehrere Rechtsnormen – hier: Schutzbereiche – Anwendung finden, die Frage beantwortet werden, welche Rechtsfolge heranzuziehen ist.

1. Allgemeine Handlungsfreiheit

Die Gestaltung eines Rundfunkprogramms stellt eine schöpferische menschliche Handlung **186** dar, die auch persönliche Entfaltung bedeutet. Eine solche Tätigkeit könnte nicht nur durch Art. 5 Abs. 1 Satz 2 GG, sondern auch durch das Grundrecht der *allgemeinen Handlungsfreiheit* nach Art. 2 Abs. 1 GG geschützt sein.[870]

Zu berücksichtigen ist aber dabei, daß Art. 2 Abs. 1 GG maßgeblich durch den Einfluß der Rechtsprechung des Bundesverfassungsgerichts als eine *Generalklausel* aller Freiheitsverbürgungen des Grundgesetzes interpretiert wird. Grundlage für diese Betrachtung ist das sog. Elfes-Urteil des Bundesverfassungsgerichts.[871] Danach gewährleistet Art. 2 Abs. 1 GG als ein selbständiges Grundrecht die allgemeine menschliche Handlungsfreiheit. Dieses Grundrecht kann jedoch nur dann zum Zuge kommen, wenn eine Betätigung in Ausübung der Handlungsfreiheit nicht unter den Normbereich eines anderen Grundrechts fällt. Seit dieser Entscheidung hat das Gericht immer wieder betont, daß Art. 2 Abs. 1 GG jegliches Handeln und Unterlassen schützt, sofern nicht eines der sonstigen Freiheitsrechte als Schutznorm eingreift.[872]

Insoweit erlangt Art. 2 Abs. 1 GG die Funktion eines *Auffangtatbestandes,* der nur dann ein- **187** schlägig sein kann, wenn nicht der Schutzbereich anderer, spezieller Grundrechte betroffen ist. Ist also Art. 2 Abs. 1 GG *subsidiär* gegenüber anderen Grundrechten,[873] muß dies konsequenterweise für die Rundfunkfreiheit zur Folge haben, daß in den Fällen, in denen ein Sachverhalt bereits von Art. 5 Abs. 1 Satz 2 GG erfaßt wird, zu Art. 2 Abs. 1 GG eine *Gesetzeskonkurrenz* besteht. Letzteres Grundrecht wird mithin als das allgemeinere durch das speziellere des Art. 5 Abs. 1 Satz 2 verdrängt.[874]

Im Schrifttum wird aber auch noch die Ansicht vertreten, daß zwischen beiden Grundrechten eine *Idealkonkurrenz* vorliege, da Art. 2 Abs. 1 GG auf alle Aussagen gestaltenden und formenden menschlichen Handlungen des Rundfunkbereichs zu beziehen sei.[875] Dies könne

---

[869] Vgl. *Maunz/Dürig/Herzog/Scholz, GG,* Art. 5 Abs. 1, 2 Rdz. 31 ff.; *Herrmann,* Rundfunkrecht, § 5 Rdz. 85, S. 139; vgl. zum Problem der Grundrechtskonkurrenz ferner *Stern,* Staatsrecht III/2, § 92, S. 1366 ff. mit zahlreichen Nachweisen; *Fohmann* EuGRZ 1985, S. 49, 52 ff.

[870] *Herrmann,* Rundfunkrecht, § 5 Rdz. 59, S. 132; *Maunz/Dürig/Herzog/Scholz, GG,* Art. 2 Abs. 1, Rdz. 17; *Dürig* JZ 1957, S. 169; *Krüger* NJW 1955, S. 201 ff.; *Stern,* Staatsrecht III/2, § 92, S. 1401.

[871] BVerfGE 6, S. 32 ff.

[872] *Jarass* NJW 1989, S. 857 ff.; BVerfGE 23, 50, 55 ff.

[873] BVerfGE 6, S. 32 ff. 37; 21, S. 227 ff., 234; 67, S. 157 ff., 171; *Maunz/Dürig/Herzog/Scholz, GG,* Art. 2 Abs. 1, Rdz. 6.

[874] Siehe hierzu *Maunz/Dürig/Herzog/Scholz,* GG, Art. 5 Abs. 1, 2 Rdz. 32a; *von Mangoldt/Klein/ Starck,* Art. 2 Abs. 1, Rdz. 47.

[875] *Herrmann,* Fernsehen, S. 15 ff.; *ders.,* Rundfunkrecht, § 5 Rdz. 87.

verkürzt auf die Formel gebracht werden, daß aktive Rundfunktätigkeit Entfaltung der Persönlichkeit sei und die Freiheit der Persönlichkeit auch die Rundfunkfreiheit trage.[876]

Generell ist zum Konkurrenzverhältnis gegenüber Art. 2 Abs. 1 GG indes anzumerken, daß die speziellen Freiheitsrechte einzelne Handlungsfreiheiten enthalten, die als spezielle Einzelausprägungen einer allgemeinen Handlungsfreiheit erscheinen. Insoweit wäre schon *begrifflich* Art. 5 Abs. 1 GG im Verhältnis zum Hauptfreiheitsrecht des Art. 2 Abs. 1 GG das speziellere Grundrecht.[877] Darüber hinaus folgt die Subsidiarität des Art. 2 Abs. 1 aus den *unterschiedlich* gestalteten und abgestuften *Schrankenregelungen* der besonderen Freiheitsrechte.[878] Würde Art. 2 Abs. 1 GG beliebig bei einem in Frage stehenden Grundrechtsschutz herangezogen werden, hätte dies die Eliminierung dieses subtilen Schrankensystems zur Folge.[879]

188   Auch das Bundesverfassungsgericht hat die *Spezialität* der *Kommunikationsgrundrechte* des Art. 5 Abs. 1 GG gegenüber dem Grundrecht der allgemeinen Handlungsfreiheit Art. 2 Abs. 1 GG mehrfach herausgestellt.[880] Dabei läßt das Gericht keinen Zweifel, daß die Kommunikationsgrundrechte die *gesamte menschliche Kommunikation* ungeachtet ihres Zwecks und ihrer Modalitäten erfassen.[881] Eine Ausdeutung des Art. 2 Abs. 1 GG im Sinne einer Komplementärfunktion gegenüber Art. 5 Abs. 1 GG kann auch nicht mit der Erwägung in Betracht kommen, daß zwischen Meinungsäußerungen zu politischen Fragen (die in jedem Fall für die freiheitlich-demokratische Staatsordnung als von konstitutiver Bedeutung ausschließlich unter Art. 5 Abs. 1 GG fallen) und privaten Ansichten zu unterscheiden sei, die sich aus der allgemeinen Handlungsfreiheit ableiten ließen. Eine derartige Differenzierung ist zum einen tatsächlich überhaupt nicht darstellbar. Zum anderen wäre auch bei rein privater Zielrichtung der Äußerung diese nicht beschränkt auf ihre demokratiestaatliche Funktion, wie es auch das Bundesverfassungsgericht im Lüth-Urteil[882] zum Ausdruck gebracht hat.

2. Glaubens- und Bekenntnisfreiheit

189   Die Grundrechtstatbestände von Art. 4 Abs. 1 GG und Art. 5 Abs. 1 Satz 2 GG haben zwar beide den Schutz von Meinungsäußerungen im weiteren Sinne zum Gegenstand. Jedoch sind diese Schutzbestimmungen deutlich zu unterscheiden. Beide Freiheitsrechte sind *zeitlich unabhängig* voneinander und von ihren Inhalten her aus *unterschiedlichen Wurzeln* entstanden. Während die Religions- und Bekenntnisfreiheit insbesondere im existentiellen Glaubensbereich des Menschen entstanden, wuchs die Meinungsfreiheit im Zuge der Aufklärung und der mit ihr einhergehenden bürgerlichen Emanzipation am staatlichen Geschehen.[883]

Schon dieser historische Prozeß des Entstehens verdeutlicht die *unterschiedliche inhaltliche Ausrichtung* beider Grundrechte. Während Meinungsäußerung im Sinne des Art. 5 Abs. 1 GG die Kundgabe von *beliebigen Äußerungen* und Werturteilen darstellt, geht es bei der Glaubensfreiheit um eine mit der Person des Menschen verknüpfte Gewißheit über den Bestand und den Inhalt bestimmter *subjektiv* erfaßter *transzendenter* Erscheinungen.[884] Diese unterschiedliche Qualität beider Grundrechte führt zu einer Spezialität des Art. 4 GG gegenüber Art. 5 Abs. 1 GG.[885] Diese Betrachtung findet auch ihren Niederschlag in Art. 18 GG, der an erster

---

[876] *Herrmann,* Rundfunkrecht, § 5 Rdz. 59, S. 132.

[877] *Maunz/Dürig/Herzog/Scholz,* GG, Art. 5 Abs. 1, 2 Rdz. 32a.

[878] So ausdrücklich BVerfGE 6, S. 32 ff., 37.

[879] Vgl. *von Mangoldt/Klein/Starck,* Art. 2 Abs. 1 Rdz. 36; s. hierzu auch BVerfGE 30, S. 173 ff., 192.

[880] BVerfGE 11, S. 234 ff., 238; 25, S. 44 ff., 62; 27, S. 71 ff., 88.

[881] So *von Mangoldt/Klein/Starck,* GG, Art. 2 Abs. 1 Rdz. 47.

[882] BVerfGE 7, S. 198 ff.

[883] Siehe dazu *R. Staps,* Bekenntnisfreiheit, S. 69 ff., 182.

[884] Siehe hierzu BVerfGE 32, S. 98 ff., 107.

[885] *Maunz/Dürig/Herzog/Scholz,* GG, Art. 5, Rdz. 33; Art. 4, Rdz. 18; *Stern,* Staatsrecht III/2 § 92 IV. 3. aa) S. 1403.

Stelle des Katalogs verwirkbarer Grundrechte zwar die Meinungsäußerung und Pressefreiheit nennt, aber die Religions- und Bekenntnisfreiheit eben nicht erwähnt.[886]

Schwierig ist indes die *Abgrenzung,* wann eine Meinungsäußerung als religiöses Bekennt- **190** nis und wann sie als schlichte Meinungskundgabe zu werten ist. Das zeigt sich bei Sendungen, die zwar unter einer religiösen Thematik stehen, jedoch auch allgemein-politische Aussagen zu Tagesfragen enthalten können. Als geeignetes *Indiz* für die Abgrenzung könnte die Art und Weise der Äußerung dienen. Vollzieht sie sich im Rahmen einer religiösen Handlung, würde sie eindeutig unter den Schutz von Art. 4 GG fallen. Wird sie freilich über den Rundfunk verbreitet, obwohl sie gleichwohl als religiöse Sendung etikettiert wurde, kann zunächst auch Art. 5 GG in Betracht kommen. Die Form der Verbreitung durch ein Massenmedium unterwirft diese Meinungsäußerung der *Gesetzmäßigkeit des Mediums.* Kurzum: Wer ein Massenmedium nutzt, muß dessen *Spielregeln* kennen und beachten. Doch führt freilich im Ergebnis neben dieser Indizwirkung der Mediennutzung auch nichts an einer Entscheidung nach inhaltlichen Kriterien vorbei. Liegen also unmittelbare Handlungen mit Bekenntnischarakter aus Art. 4 Abs. 1 GG vor, so ist von einer Spezialität gegenüber Art. 5 Abs. 1 GG auszugehen. Liegt aber der Schwerpunkt in Äußerungen, die über eine reine Erklärung zu Glauben und Bekenntnis hinausführen, so muß im Zweifel Art. 5 Abs. 1 GG zur Anwendung kommen.[887]

Die Kirche als Herausgeber *religiöser Presse* genießt den Schutz von Art. 4 GG, solange sie **191** Glauben und Bekenntnis zum Inhalt hat. Geht es hingegen um Berichterstattung der Kirchenpresse zu allgemeinen Fragen, gilt Art. 5 GG, so daß die religiöse Presse insoweit gegenüber der allgemeinen Presse nicht in den Genuß der Privilegierung kommt.[888] Gleiches kann auch für den Rundfunk angenommen werden. Strahlt etwa ein *religiöses Spartenprogramm* einen Gottesdienst aus, so fällt die Ausstrahlung unter Art. 4 GG. Kommentiert aber ein Pfarrer aktuelle politische Themen, wie etwa die Begrenzung des Bevölkerungswachstums mittels Schwangerschaftsverhütung, so unterliegt die Kommentierung dem Schutz des Art. 5 Abs. 1 GG.[889]

Die Grenze der religiösen Verkündung ist freilich, wie bei allen anderen nicht mit Geset- **192** zesvorbehalt ausgestatteten Grundrechten, die *Menschenwürde.* Sie gilt *absolut.* Eine schwerwiegende Beschimpfung im Rahmen des gesellschaftlichen Diskurses, selbst im Rahmen einer Gottesdienstübertragung im Rundfunk, dürfte im Wege der Güterabwägung vor diesem Verfassungshintergrund nicht mehr zulässig sein. Abzulehnen ist nach alledem, auch mit Blick auf die Schrankensystematik, die gegenteilige Auffassung, die eine *Idealkonkurrenz* unterstellt.[890] Eine Idealkonkurrenz würde eine Grundrechtsverkürzung zur Folge haben, soweit dabei der allgemeine Gesetzesvorbehalt des Art. 5 Abs. 2 GG zum Zuge käme.[891]

3. Kunstfreiheit

Rundfunksendungen können auch ein Ausdruck künstlerischer Äußerung sein, z. B. ein **193** Hörspiel als musikalische Lautmalerei. Damit stellt sich die Frage, ob eine solche Sendung den Schutz der *Kunstfreiheit* (Art. 5 Abs. 3 GG) genießt oder sich allein im Rahmen der dienenden Funktion der Rundfunkfreiheit (Art. 5 Abs. 1 GG) bewegt. Im Mittelpunkt der

---

[886] Siehe *Staps,* Bekenntnisfreiheit S. 183.
[887] *von Münch/Kunig,* GG, Art. 5, Rdz. 115; *von Mangoldt/Klein/Starck,* GG, Art. 4, Rdz. 86; zu der Frage des Eingriffs in Art. 4 GG der Rundfunkteilnehmer durch einen Sendebeitrag vgl. OVG Nordrhein-Westfalen, Urteil v. 27.8.1996 (Az: 5 A 3485/94).
[888] *von Mangoldt/Klein/Starck* GG, Art. 4, Rdz. 87.
[889] Siehe hierzu auch *Maunz/Dürig/Herzog/Scholz, GG,* Art. 4 Rdz. 18; vgl. im übrigen *von Münch/ Kunig,* GG, Art. 4 Rdz. 83 und Art. 5 Rdz. 115.
[890] *Herrmann,* Fernsehen, S. 99 m.w.N.; *Herrmann,* Rundfunkrecht, § 5 Rdz. 79, S. 137.
[891] Zum Drittsenderecht der Kirchen unter dem Aspekt der Programmfreiheit s. u. unter F Rdz. 72 ff.

verfassungsrechtlichen Gewährleistung (Art. 5 Abs. 3 GG) steht der *Schutz des Künstlers*. Mit ihm haben die an der Verbreitung seines Werkes Beteiligten *Anteil* am Grundrechtsschutz des Art. 5 Abs. 3 GG.[892]

Bei der Abgrenzung zwischen Kunst- und Rundfunkfreiheit kommt es allein darauf an, ob ein schöpferischer Akt in einer kunsttypischen oder ähnlichen Erscheinungsform vorliegt.[893] Maßstab ist dabei die *künstlerische Kommunikation*.[894] Geht es um Kunst, so greift folglich der Schutz des Art. 5 Abs. 3 GG ungeachtet des Umstandes, ob der künstlerische Akt eine Meinungsäußerung enthält[895] oder ob sie mit den Mitteln der Massenmedien verbreitet wird.[896] Dies zeigt auch der sog. „Strauß-Karikatur-Beschluß" des Bundesverfassungsgerichts,[897] in dem das Gericht trotz der eindeutigen politischen Zielsetzung lediglich Art. 5 Abs. 3 GG dem Grunde nach als einschlägig ansah und allein über den generellen Interpretationsmaßstab des Art. 1 Abs. 1 GG einen Grundrechtsschutz versagte.

194   Die besondere Tragweite der Kunstfreiheit ist vom Bundesverfassungsgericht im sog. Mephisto-Urteil herausgestellt worden. Hiernach sei der Lebensbereich Kunst *„durch die vom Wesen der Kunst geprägten, ihr allein eigenen Strukturmerkmale"* zu bestimmen.[898] In diesem Zusammenhang hat das Bundesverfassungsgericht ausgeführt, daß das Wesentliche der künstlerischen Betätigung die frei schöpferische Gestaltung ist, *„in der Eindrücke, Erfahrungen, Erlebnisse des Künstlers durch das Medium einer bestimmten Formensprache zu unmittelbarer Anschauung gebracht werden."* Mithin kann auch der Rundfunk ein Medium sein, das dem Künstler als notwendig dient. Ganz wesentlich ist schließlich, daß Kunst immer auf ihrer speziellen Wirkungsebene den notwendigen verfassungsrechtlichen Schutz erfahren muß. Dies sei *„der Boden, auf dem die Freiheitsgarantie des Art. 5 Abs. 3 GG vor allem erwachsen ist"*.[899]

Auch hier muß gelten, daß künstlerische Betätigung im massenmedialen Raum im Rahmen der notwendigerweise anzustellenden Güterabwägung eher vorrangig unter der Geltung des Art. 5 Abs. 3 GG steht. Der Grund für den Schutz der Kunstfreiheit liegt in solchen Fällen eben gerade in der Freiheit des Künstlers, seine Ausdrucksform selbst zu bestimmen, sich also des Massenmediums als gestaltenden Bestandteil seiner Kunst zu bedienen. Dies führt zum Schluß, daß die Kunstfreiheit dann vorrangig zur Anwendung kommt, wenn das künstlerische Moment gerade notwendigerweise die *massenmediale Gestaltung* erfordert. Dies dürfte etwa bei einer *Buchveröffentlichung* ohne weiteres der Fall sein, während die Übertragung eines künstlerisch gestalteten Ereignisses für einen *beschränkten Personenkreis* im Rundfunk Zweifel am Vorrang der Kunstfreiheit aufkommen läßt; denn der eigentlich gestaltende künstlerische Akt bedarf in diesem Fall nicht des Mediums.

4. Vereinigungsfreiheit

195 Das Grundrecht der Vereinigungsfreiheit kann auch insoweit für Rundfunkunternehmen relevant sein, als es nach Art. 9 Abs. 1 GG die Bildung von *gesellschaftsrechtlichen Vereinigungen* in einer Art organisierter gemeinsamer Grundrechtsausübung vorsieht.[900]

---

[892] Siehe hierzu BVerfGE 36, S. 321 ff., 331; 30, S. 173 ff., 191.

[893] *von Mangoldt/Klein/Starck*, GG, Art. 5 Abs. 3 Rdz. 191; *Maunz/Dürig/Herzog/Scholz*, GG, Art. 5 Abs. 3 Rdz. 13 f.; *Stern*, Staatsrecht III/2, § 92, S. 1377, 1407 ff.; *Herkströter* AfP 1992, S. 23 ff., 29.

[894] *Issensee* AfP 1993, S. 619 ff., 625.

[895] BVerfGE 30, S. 173 ff., 191 f.; *Maunz/Dürig/Herzog/Scholz*, GG, Art. 5 Abs. 3 Rdz. 50; *von Mangoldt/Klein/Starck*, GG, Art. 5 Rdz. 191.

[896] BVerfGE 35, S. 202 ff., 244.

[897] BVerfGE 75, S. 369 ff., 380.

[898] BVerfGE 30, S. 173 ff., 188.

[899] BVerfGE 30, S. 173 ff., 189.

[900] *Rinken*, in: Alternativkommentar, GG, Art. 9 Abs. 1 Rdz. 40; *Maunz/Dürig/Herzog/Scholz*, GG Art. 9 Rdz. 25.

Die damit auftretende Konkurrenz von Art. 9 zu Art. 5 GG kann nicht anders beurteilt werden als die für das unternehmerische Handeln einschlägigen Grundrechtsnormen der Art. 12 GG und 14 GG. Die Tätigkeit nach Art. 9 GG gewinnt durch das Element gemeinsamer Ausübung als juristische Person keine neue grundrechtliche Qualität. Insoweit bleibt die unternehmerische Qualifikation – sieht man einmal vom Zusammenschluß mehrerer Personen ab – gleich. Letzteres hat aber für die grundrechtlich-materielle Frage des Verhältnisses zu Art. 5 Abs. 1 GG keine gesonderte rechtliche Bedeutung. Dies zeigt sich z. B. bei der spezifischen Ausgestaltung von § 118 BetrVG, die keine Frage der Vereinigungsfreiheit darstellt, sondern als Ausfluß von Art. 5 GG in direkter Relation zu Art. 12 GG sowie Art. 14 GG steht und damit deren jeweiliges Konkurrenzverhältnis zu Art. 5 GG bestimmt.[901]

5. Berufsfreiheit

Das Grundrecht der Berufsfreiheit nach Art. 12 Abs. 1 GG kann für den Rundfunk in **196** verschiedener Hinsicht von Relevanz sein, und zwar insbesondere für die *Tätigkeit der Mitarbeiter*, aber auch für die *Rundfunkunternehmen* selbst.

Für die Mitarbeiter enthält die Rundfunkfreiheit auch eine Schutzfunktion für ihre berufliche Entfaltung im Rundfunk. Damit entsteht die Frage nach dem Verhältnis von Art. 5 Abs. 1 GG zu Art. 12 Abs. 1 GG. Die Literatur hat dazu zwei Ansichten entwickelt. Soweit ein spezielles Verhältnis angenommen wird, ergibt sich eine Verdrängung der Berufsfreiheit durch die Rundfunkfreiheit.[902]

Die andere Auffassung sieht beide Bestimmungen in selbständiger Stellung als parallel geltend an, mithin in Idealkonkurrenz.[903] Tatsächlich hätte Art. 5 GG als reine Spezialregelung zu Art. 12 GG zur Folge, daß letztere Bestimmung nur noch bei der Tätigkeit von „Rundfunkamateuren" zum Zuge käme.[904]

In diesem Zusammenhang darf freilich nicht übersehen werden, daß mehrere Grundrechte jeweils gleichzeitig *verschiedene Aspekte* eines Lebenssachverhalts vorrangig erfassen können, ohne sich deshalb gegenseitig zu verdrängen.[905] Die Elemente beider Grundrechte sind für Rundfunkberufe einschlägig. Sie ergänzen und verstärken sich gegenseitig.[906] Auch hier muß für Streitfragen der Grundsatz gelten, daß die Orientierung stets nach der causa der Rundfunkfreiheit zu erfolgen hat. Nach der ständigen Rechtsprechung des Bundesverfassungsgerichts[907] hat die Rundfunkfreiheit im Rahmen des demokratischen Systems entscheidend zur Herstellung eines allgemeinen Meinungsmarktes beizutragen.[908]

Deshalb wird im Fall der Grundrechtskonkurrenz immer dann Art. 5 GG *Vorrang* erfahren, wenn grundlegende, für das demokratiestaatliche Prinzip so herausragende Funktion der *Herstellung* eines allgemeinen *Meinungsmarktes* im *Mittelpunkt* steht. Diese Interpretation erfährt weder durch den Tendenzschutz des § 118 BetrVG, der wegen § 130 BetrVG nur im

---

[901] Siehe dazu weiter unter B Rdz. 196 und B Rdz. 202.

[902] *Maunz/Dürig/Herzog/Scholz,* GG, Art. 5 Abs. 1, 2 Rdz. 142; *Kübler* DJT 1972, Bd. 1 D 1 (49); *Merten* AfP 1985, S. 169 ff., 174.

[903] *Klein,* Rundfunkfreiheit 1978, S. 42; *Lerche,* Rundfunkmonopol, S. 76; *Schmitt-Glaeser,* Kabelkommunikation, S. 168; *Scholz* JuS 1974, S. 299 (304); *Stern/Bethge,* Öff.-rechtl. und priv.-rechtl. Rundfunk, S. 96 ff.; *Weber,* in: *Schnur (Hrsg.),* Festschrift f. Forsthoff, S. 467 (474 ff.); *Scheuner,* Das Grundrecht der Rundfunkfreiheit, S. 45 f.

[904] So *Kübler* DJT 1972, Bd. 1, D 1 (49) und *Maunz/Dürig/Herzog/Scholz,* GG, Art. 5 Abs. 1, 2 Rdz. 141.

[905] *Lerche,* Rundfunkmonopol, S. 76.

[906] *Stender-Vorwachs,* „Staatsferne" S. 88 f. m.w. N., S. 89; *Klein,* Rundfunkfreiheit, S. 32, *Scheuner,* Das Grundrecht S. 45 f.

[907] BVerfGE 57, S. 295, 319 ff; 83, S. 238, 295 ff; 87, S. 181, 197 ff; 90, S. 60, 87 ff.

[908] Vgl. hierzu näher oben unter B Rdz. 33.

privaten Rundfunk gilt, noch durch das Ausgewogenheitsgebot im binnenpluralen bzw. öffentlich-rechtlichen Rundfunk eine Änderung. Ohnehin gelten für den öffentlich-rechtlichen Rundfunk die *Personalvertretungsgesetze* des Bundes und der Länder, die eine Tendenzschutzbestimmung eben nicht kennen. Die Rundfunkfreiheit bleibt vielmehr das tragende Element, denn Art. 12 GG verdrängt eben im Rahmen der sich ergänzenden Grundrechtsstellung Art. 5 GG nicht.[910] Mithin kommt die dem Tendenzschutz ebenso wie der Ausgewogenheit zugrunde liegende Rundfunkfreiheit uneingeschränkt zum Tragen.[911]

197   Für die speziellen Aspekte des Problems überlagert im Rahmen paralleler Grundrechtsgeltung Art. 5 GG den Art. 12 GG.[912] Das Betriebsverfassungsrecht fügt sich in die vom Grundgesetz vorgegebene sozialstaatliche Verpflichtung.[913] Wenn § 118 BetrVG dennoch die dem Sozialstaatsprinzip entspringenden Mitwirkungsrechte für den Bereich eigentlicher publizistischer Tätigkeit beschränkt, so geschieht das mit Blick auf den Vorrang der durch Art. 5 GG geschützten Rechtsgüter. Dazu zählt die dienende Rundfunkfreiheit, die bei anderer Ausgestaltung, d. h. weiterreichenderer Mitwirkungsregelung der Betriebsvertretung eines privaten Rundfunkveranstalters nicht gewährleistet wäre. Sorgsam zu unterscheiden ist freilich, daß nur der *eigentliche Bereich* grundrechtlich geschützter Tätigkeit diesen Vorrang genießt. So gilt auch für private Rundfunkveranstalter, daß die Einschränkung der Rechte der Betriebsvertretung dort ihre Grenze findet, wo die eigentliche publizistische, die Rundfunkfreiheit und ihre dienende Funktion gewährleistende Tätigkeit nicht berührt ist.[914] So unterliegt etwa der Kantinenbetrieb eines privaten Rundfunkveranstalters durchaus allen Mitwirkungs- und damit Zugriffsrechten der Betriebsvertretung.

198   Daß Art. 5 Abs. 1 Satz 2 GG in bestimmten Bereichen im Rahmen seiner Stellung zu Art. 12 GG diesen überlagern kann, zeigt sich auch daran, daß es für den Zugang zum Journalistenberuf keine Reglementierungen aus Art. 12 GG[915] geben darf. Vielmehr besteht wegen der herausragenden Funktion der Medien für den Meinungsmarkt völlige Zugangsfreiheit.[916] Das gilt auch und um so mehr, als eine Tätigkeit als Journalist durchaus als gefährliche Berufsausübung anzusehen ist. Darum könnte auf den ersten Blick an die Einführung von *Berufszugangsschranken* – wie sie etwa z. B. für Rechtsanwälte, aber auch für Handwerker bestehen – gedacht werden. Solche Überlegungen vertragen sich freilich nicht mit den Erfordernissen des Art. 5 GG, da es sich – trotz wachsender wissenschaftlicher Ausbildung von Journalisten – bei diesem Begabungsberuf um eine Tätigkeit handelt, die ihrem Wesen und ihrer Bedeutung nach entscheidend zur Herstellung des für die Demokratie unentbehrlichen Meinungsmarktes beiträgt. Deshalb gilt auch hier im Zweifel stets der Vorrang von Art. 5 GG vor Art. 12 GG.

199   Die Zugangsfreiheit ist freilich vom *Verbot* jeden *Standeszwanges* getrennt zu sehen. Eben der grundlegenden Bedeutung wegen, die der publizistische Charakter des Berufs für die Demokratie hat, ergibt sich direkt aus Art. 5 GG der Vorrang der Freiheit zum Beruf. Erst danach folgt die ebenfalls – wegen der für die Demokratie herausragenden Bedeutung von Art. 5 GG – eindeutig zu beantwortende Frage des Verbots jeden Standeszwanges. Dementsprechend enthalten mit Ausnahme des hessischen Pressegesetzes, welches nur ein Verbot der Standesgerichtsbarkeit beinhaltet, alle anderen Landespressegesetze in ihrem § 1 die gleich-

---

[910] Vgl. *Forsthoff,* in: *Schiwy/Schütz (Hrsg.)* Medienrecht, S. 323 ff.; *Maunz/Dürig/Herzog/Scholz,* Art. 5 Abs. 1, 2 Rdz. 142; vgl. weiter *Schaub,* Arbeitsrechtshandbuch, § 214 III 5; *Fitting/Auffarth/Kaiser/Heither,* Betriebsverfassungsgesetz, § 118 Rdz. 4; BVerfG AP Nr. 14 zu § 118 BetrVG 1972; BAG AP Nr. 44 zu § 118 BetrVG 1972 mit Anmerkung *Berger-Delhey.*

[911] Siehe zum Direktionsrecht des Rundfunkveranstalters unter B Rdz. 157 ff.

[912] In diesem Sinne auch *Scheuner,* Die Grundrechte S. 46.

[913] *Schaub,* Arbeitsrechtshandbuch, § 210 Nr. 2; § 214 III 5; BAG AP Nr. 44 zu § 118 BetrVG 1972.

[914] Vgl. hierzu auch oben unter B Rdz. 157 ff.

[915] Grundlegend zur 3-Stufen-Theorie BVerfGE 37, 400 ff. „Apothekenurteil"; *Maunz/Dürig/Herzog/Scholz,* GG, Art. 12 Rdz. 15 ff. m.w. N.; *Breuer,* in: HdbStR VI, 1989, § 148 Rdz. 6 ff. m.w. N.

[916] Siehe hierzu *Löffler/Ricker,* Handbuch des Presserechts, 10. Kapitel, Rdz. 5, 6, S. 51.

lautende Formulierung *„Berufsorganisationen der Presse mit Zwangsmitgliedschaft und eine mit Hoheitsbefugnissen ausgestattete Standesgerichtsbarkeit der Presse sind unzulässig".*

Die Landespressegesetze sind freilich nur in *einem Teil* der Länder auch für den Rundfunkbereich anwendbar.[917] Das strikte Verbot des Standeszwanges gilt deshalb nur dort und auch nur dann, wenn auf § 1 des jeweiligen Landespressegesetzes verwiesen wird.[918]

Als Ausfluß der Freiheitsgewährleistung in Art. 5 GG muß sich aber ebenso dort, wo eine ausdrückliche normative Regelung *fehlt,* ein Verbot des Standeszwanges ergeben. Dies folgt auch als Konsequenz aus einem wertenden Blick auf die der Entstehung des Grundgesetzes vorangegangene Phase der nationalsozialistischen Bevormundung der Presse durch die Reichspressekammer.[919] Derartige staatliche Eingriffe sind unter der Herrschaft des Grundgesetzes nicht mehr möglich. Jedoch bestehen gegen eine Berufsorganisation auf *freiwilliger Basis* nach hier vertretener Ansicht *keine Einwände.*[920] Gerade wegen der erhöhten Öffentlichkeitswirksamkeit der Berufsausübung von Journalisten und deren Verantwortung für die Meinungsfreiheit und -vielfalt ist eine *freiwillige Selbstbindung,* wie sie in Gestalt des Pressekodex geschaffen wurde, unter Berücksichtigung des Normziels des Art. 5 GG begrüßenswert. Diese Selbstbindung stellt sich als Konkretisierung bzw. Gewährleistung der Meinungsfreiheit des Art. 5 GG dar. **200**

Bei *Werbesendungen* hingegen ist strittig, ob sie überhaupt von der Programmfreiheit des Art. 5 Abs. 1 Satz 2 GG geschützt werden. Im Schrifttum gibt es auch Auffassungen, die den Bereich der Werbesendung ausschließlich dem Schutzbereich der Art. 12 GG und Art. 14 GG zuordnen.[921] Zur Begründung wird ausgeführt, daß Werbesendungen nicht der geistigen Auseinandersetzung dienen,[922] es sich dabei um anstaltsfremde Aussagen handele, die nicht zum wesenseigenen Gehalt der anstaltlichen Rundfunkpublizistik gehörten[923] und Werbung kein integraler Meinungs- und Informationswert zukomme.[924] **201**

Schon diese Argumente selbst verdeutlichen, daß eine derartige Auffassung, die den Grundrechtsschutz des Art. 5 Abs. 1 Satz 2 GG für Werbesendungen bereits dem Grunde nach ausschließt, jedenfalls aufgrund der Medienentwicklung der vergangenen zehn Jahre nicht mehr haltbar ist. Wurde schon im früheren Schrifttum unter Hinweis auf das 1. Rundfunkurteil des Bundesverfassungsgerichts die Ansicht vertreten, daß *Werbung zur Nachrichtengebung* im weitesten Sinne gehöre und damit unter dem Schutz des Art. 5 Abs. 1 Satz 2 GG stehe,[925] ist darüber hinaus zu berücksichtigen, daß Werbesendungen mittlerweile einen herausragenden Stellenwert im Rundfunkwesen einnehmen und nicht zuletzt durch den gestiegenen Umfang evident auf die Meinungsbildung des Rundfunkteilnehmers Einfluß zu nehmen vermögen, zumal Werbesendungen heute so gestaltet sind, daß sie über die bloße Anpreisung von Waren hinausgehen. Die Werbung entspricht der öffentlichen Aufgabe des Rundfunks. Sie ist ein integraler Bestandteil seiner medialen Funktion.[926]

---

[917] In den Ländern Baden-Württemberg, Berlin, Bremen, Nordrhein-Westfalen, Niedersachsen, Rheinland-Pfalz, Schleswig-Holstein, Sachsen-Anhalt sind die Pressegesetze auch auf den Rundfunk anwendbar.

[918] Vgl. §§ 25, 1 Abs. 4 LPG Baden-Württemberg, §§ 23, 1 Abs. 4 LPG Berlin, §§ 25, 1 Abs. 4 LPG Bremen, §§ 24, 1 Abs. 4 LPG Rheinland-Pfalz.

[919] Vgl. dazu *Löffler/Ricker,* Handbuch des Presserechts, Kapitel 4 Rdz. 27 ff., S. 27 ff.

[920] So auch *Löffler/Ricker,* Handbuch des Presserechts, Kapitel 40 Rdz. 5, S. 271; vgl. zur Diskussion um eine Journalistenkammer ferner *Kriele* ZRP 1990, S. 109; *ders.* ZRP 1990, S. 291; *Ory* ZRP 1990, S. 289. Vgl. auch B Rdz 23 ff.

[921] Siehe hierzu die Darstellung von *Bachof,* S. 28 ff., vgl. hierzu auch oben unter B Rdz. 51 ff. und unten unter F Rdz. 34 ff., 87 ff.

[922] *Fröhler,* S. 3, 16.

[923] *Krause-Ablaß* RuF 1963, 129, 132 ff; s. auch F Rdz. 34 ff.

[924] *Lerche,* Rechtsprobleme des Werbefernsehens, S. 14.

[925] *Arndt* JZ 1965, S. 337, 339 ff., BVerfGE 12, S. 205 ff., S. 244.

Freilich bedeutet das nicht, daß die Werbung, wie andere Teile der Rundfunkfreiheit, im Rahmen der institutionellen Garantie nicht *einschränkbar* ist. Dies ist vor allem im Hinblick auf die Werberestriktionen im *öffentlich-rechtlichen Rundfunk* zu würdigen, bei welchem die Werbung sogar ganz abgeschafft werden könnte.[927]

6. Eigentumsgarantie

202
Nach allgemeiner Ansicht wird die *Eigentumsgarantie* des Art. 14 GG nicht durch Art. 5 GG verdrängt, sondern nur *überlagert*.[928] Auf das Grundrecht des Art. 14 GG können sich allein die *privaten Rundfunkunternehmen* berufen. Ausschlaggebend hierfür ist, daß nach Art. 19 Abs. 3 GG Grundrechte für juristische Personen nur insoweit zum Zuge kommen können, als sie ihrem Wesen nach auf diese anwendbar sind.[929]

Nach der Rechtsprechung des Bundesverfassungsgerichts können juristische Personen gem. Art. 19 Abs. 3 GG nur dann in den grundrechtlichen Schutzbereich einbezogen werden, wenn deren Bildung und Betätigung Ausdruck der freien Entfaltung der privaten natürlichen Personen ist, insbesondere wenn der *„Durchgriff"* auf die hinter ihnen stehenden Menschen es als sinnvoll und erforderlich erscheinen läßt.[930] *Private Medienunternehmen* werden aufgrund der unternehmerischen Initiative der hinter ihnen stehenden Gesellschafter, mithin auch in Ausübung ihrer grundrechtlich verbürgten Eigentumsrechte tätig.

203
Da demgegenüber *juristische Personen des öffentlichen Rechts* ihre Aufgaben aufgrund hoheitlich eingeräumter Kompetenzen, also nicht in Wahrnehmung originärer Freiheits- und Eigentumsrechte einzelner Bürger ausüben, sind folglich auf diesen Kreis Grundrechte grundsätzlich nicht anwendbar.[931] Eine Ausnahme hiervon hat das Bundesverfassungsgericht indes für solche juristischen Personen des öffentlichen Rechts anerkannt, die aufgrund der ihnen durch die Rechtsordnung übertragenen Aufgaben unmittelbar einem durch bestimmte Grundrechte geschützten Lebensbereich zuzuordnen sind.[932] Aufgrund dieser Prämisse können zwar auch öffentlich-rechtliche *Rundfunkanstalten* als *Grundrechtsträger* in Betracht kommen, da sie Einrichtungen des Staates sind und Grundrechte in einem Bereich verteidigen, in dem sie staatsunabhängig und eigens zur Verwirklichung der Rundfunkfreiheit errichtet sind.[933]

204
Dies bedeutet aber, daß nur Sachverhalte in den grundrechtlichen Schutzbereich einbezogen werden, die durch Art. 5 Abs. 1 Satz 2 GG abgedeckt sind. Die Eigentumsgarantie des Art. 14 GG gehört demgegenüber *nicht* mehr in den *spezifisch* zugeordneten Freiheitsbereich der öffentlich-rechtlichen Rundfunkanstalten. Die Frage der Grundrechtsfähigkeit der juristischen Personen des öffentlichen Rechts unterliegt einer *restriktiven Beurteilung,* und zwar mit Blick auf den primären Sinn der Grundrechte, den Schutz des einzelnen vor Eingriffen der staatlichen Gewalt zu gewährleisten. Vor diesem Hintergrund muß einer Ausdehnung der Grundrechtsfähigkeit auf juristische Personen des öffentlichen Rechts Einhalt geboten werden. Für die öffentlich-rechtlichen Rundfunkanstalten ist dabei von Belang, daß die Staatsfreiheit ihre Grundlage allein in der grundrechtlich verbürgten Rundfunkfreiheit findet;[934] eine Ausdehnung der Grundrechtsfähigkeit der Rundfunkanstalten auf andere Grundrechte ist nicht ableitbar.[935] So ist aus eben diesen Gründen auch eine Konkursfähig-

---

[926] BVerfGE 74, S. 297ff, 342ff.; 87, S. 181, 198ff.; *Hoffmann-Riem,* in: Alternativkommentar, GG, Art. 5 Rdz. 130; *Jarass/Pieroth,* GG, Art. 5 Rdz. 31; *Degenhart,* in: Bonner-Kommentar, GG, Art. 5 Rdz. 513 *von Mangoldt/Klein/Starck,* GG, Art. 5 Rdz. 66, 95.

[927] Vgl. BVerfGE 87, S. 181ff., 200; siehe dazu im einzelnen C Rdz. 74 ff., 101 ff.

[928] *von Mangoldt/Klein/Starck, GG,* Art. 5, Rdz. 173; *Jarass/Pieroth,* GG, Rdz. 4 zu Art. 14.

[929] *Jarass/Pieroth, GG,* Rdz. 12ff. in Art. 19; *Ladeur* in: Alternativkommentar, Art. 19, Abs. 3 Rdz. 31.

[930] BVerfGE 21, S. 362, 369; 61, S. 82, 101; 68, S. 193, 205f.

[931] Vgl. hierzu BVerfGE 21, S. 362, 370f.; 61, S. 82, 101; 68, S. 193, 206.

[932] BVerfGE 68, S. 193 ff, 207.

[933] BVerfGE 31, S. 314 ff, 322.

keit der öffentlich-rechtlichen Anstalten nicht gegeben.

Folglich ist ein *Konkurrenzverhältnis* zwischen Art. 14 GG und Art. 5 GG nur beim privaten Rundfunk einschlägig. Eine rundfunkspezifische Fusionskontrolle – wie sie im Rundfunkstaatsvertrag zum Tragen kommt[936] – wird trotz der Aussagen zur Sozialpflichtigkeit des 205 Eigentums in Art. 14 GG allein nach Art. 5 GG zu beurteilen sein. Die Überlagerung des Art. 14 durch Art. 5 GG greift nämlich immer dann, wo die dienende Funktion der Rundfunkfreiheit, die der Herstellung eines allgemeinen Meinungsmarktes dient, unmittelbar berührt ist. In einem solchen Fall muß die Rundfunkfreiheit wegen ihrer konstitutiven Bedeutung für die Freiheit des einzelnen und die Funktionsfähigkeit der demokratischen Willensbildung vorgehen.

---

[934] Zur Stellung der öffentlich-rechtlichen Rundfunkanstalten siehe auch BVerfGE 89, S. 144, 152 ff.
[935] BVerfGE 69, S. 231, 255.
[936] Vgl. hierzu auch unten E Rdz. 46 ff.

IV. Die Kompetenzen

1. Europarechtliche Beschränkungen nationaler Regelungskompetenzen

206 Bei der Bestimmung der *Kompetenzen*, d. h. der Zuständigkeiten zur Regelung (Gesetzgebung, Verwaltung) des Rundfunkwesens sind aufgrund der Einbindung Deutschlands in die *Europäische Gemeinschaft* auch die einschlägigen Vorschriften des EG-Rechts beachtlich. Diesen kommt gegebenenfalls grundsätzlich *Vorrang* vor dem jeweiligen Recht der EG-Mitgliedstaaten zu,[937] und zwar nach der Rechtsprechung des Europäischen Gerichtshofes (EuGH) auch vor deren jeweiligem Verfassungsrecht.[938]

Letztere Auffassung ist zwar, wie die verfassungsrechtlichen Diskussionen in einzelnen Mitgliedstaaten der EG, insbesondere auch in Deutschland im Zusammenhang etwa mit der „Solange"-Rechtsprechung des Bundesverfassungsgerichts[939] oder gerade auch im Zusammenhang mit dem Erlaß der Fernsehrichtlinie der EG[940] zeigen, *nicht unumstritten*. Sie ist aber im Sinne der Auffassung vom grundsätzlichen Vorrang des Gemeinschaftsrechts vor einzelstaatlichem Recht nur konsequent.

Entsprechend hat die EG in der Folge auch die Kompetenz für sich in Anspruch genommen, die *Fernsehrichtlinie* zu erlassen.[941] Begründet wurde diese Kompetenz mit dem Argument, daß es sich bei „*Fernsehtätigkeit*" (so die Bezeichnung der Richtlinie für die Veranstaltung und Verbreitung von Fernsehen) um eine *wirtschaftliche Tätigkeit*, genauerhin um die Erbringung einer *Dienstleistung* i. S. des EWG-Vertrages handele, sie somit in den Anwendungsbereich dieses Vertrages falle und entsprechend die Regelungskompetenz der EG gegeben sei. An dieser Stelle ist die angesprochene Thematik nicht weiter zu verfolgen und soll es bei den vorstehenden Hinweisen bleiben. Eine ausführliche Erörterung wird stattdessen unten unter H., wo dem Europarecht ein eigener Abschnitt gewidmet ist, im Gesamtzusammenhang der Darstellung der für den Rundfunk geltenden europarechtlichen Regelungen erfolgen.

2. Die Kompetenzverteilung nach deutschem Verfassungsrecht

207 Soweit die EG keine Kompetenzen für sich in Anspruch nehmen kann, verbleibt die Regelungskompetenz bei den einzelnen *Mitgliedstaaten*. Hier bestimmt sich in weiterer Folge die Kompetenzlage nach den einzelnen *innerstaatlichen Verfassungsvorschriften*.

a) Die grundsätzliche Kompetenzverteilung zwischen Bund und Ländern gemäß Art. 30 GG

208 In Deutschland, das *bundesstaatlich* strukturiert ist, gelten hinsichtlich der Kompetenz zur Regelung des Rundfunkwesens grundsätzlich zunächst die Bestimmungen des Grundgesetzes über die Verteilung der Kompetenzen zwischen Bund und Ländern. Demnach ist, gemäß Art. 30 GG, die Ausübung der staatlichen Befugnisse und die Erfüllung der staatlichen Aufgaben Sache der *Länder*, soweit das Grundgesetz keine andere Regelung trifft oder zuläßt. Gemäß Art. 70 Abs. 1 GG haben die Länder das Recht der Gesetzgebung, soweit das Grund-

---

[937] EuGH, Rs. 26/62 „Costa/E.N.E.L.", Slg. 1964, S. 1251; Rs. 14/68 „Walt Wilhelm", Slg. 1969, S. 1; Rs. 11/70 „Internationale Handelsgesellschaft", Slg. 1970, S. 1125; Rs. 106/77 „Simmenthal II", Slg. 1978, S. 629; st. Rspr.

[938] EuGH, Rs. 11/70 „Internationale Handelsgesellschaft", a. a. O.; siehe unten H Rdz. 1 f.

[939] BVerfGE 37, S. 271; 73, S. 339; *Hilf* EuGRZ 1987, S. 1 ff.; *R. Scholz* NJW 1990, S. 941 ff.

[940] Vgl. unten H Rdz. 1 ff.

[941] Richtlinie 89/552/EWG vom 3. 10. 1989, ABl. EG L 298 vom 17. 10. 1989, S. 23.

gesetz nicht dem Bunde Gesetzgebungsbefugnisse verleiht. Sofern auf dieser Kompetenzgrundlage Landesgesetze erlassen werden, ist deren Ausführung selbstverständlich Sache der
Länder. Darüber hinaus führen die Länder gemäß Art. 83 GG auch Bundesgesetze als eigene
Angelegenheit aus, soweit das Grundgesetz nichts anderes bestimmt oder zuläßt. Die deut-
sche Verfassungsordnung ist also, vorbehaltlich anderweitiger – ausdrücklicher oder impliziter
ter – Kompetenzzuweisung an den Bund, von dem *Grundsatz der Länderkompetenz* (bzw. in
Zweifelsfällen: der Kompetenzvermutung zugunsten der Länder) für Gesetzgebung und
Verwaltung getragen.[942] Dies bedeutet speziell für das Rundfunkwesen folgendes: Da es im
Grundgesetz eine ausdrückliche Kompetenzzuweisung an den Bund zur *Regelung des Rundfunkwesens* nicht gibt, liegt die Kompetenz zur Regelung des Rundfunkwesens zunächst
grundsätzlich bei den Ländern.

b) Gesetzgebungskompetenzen

Was speziell die Gesetzgebung betrifft, enthalten indes die Kompetenzkataloge der Art. 73, **209**
74 und 75 GG eine Reihe von Ansatzpunkten, von denen aus in weiterer Folge die Ableitung einer *Kompetenz des Bundes* zur Gesetzgebung auch im Bereich des Rundfunkwesens
möglich erscheint.

aa) Gesetzgebungskompetenz des Bundes gemäß Art. 73 Nr. 7 GG

Als diesbezüglich geeigneter Anknüpfungspunkt erweist sich zunächst Art. 73 Nr. 7 GG, **210**
der dem Bund die (ausschließliche) Gesetzgebungskompetenz für das *Post- und Fernmeldewesen*[943] einräumt. Im Hinblick darauf, daß Rundfunk das Vorhandensein und den Betrieb entsprechender Fernmeldeeinrichtungen zur Voraussetzung hat, könnte, unter Zugrundelegung
der Kompetenzen des Bundes bzgl. des Fernmeldewesens, der weitergehende Schluß auf eine
Gesetzgebungskompetenz des Bundes auch für das Rundfunkwesen gezogen werden. Dies
war in der Tat die Argumentation der Bundesregierung in dem Verfahren vor dem Bundesverfassungsgericht, welches letztlich in das 1. Rundfunkurteil mündete. Das Gericht hat hierbei, indem es eine gewisse Ausdifferenzierung des verfassungsrechtlichen Rundfunkbegriffes
vorgenommen hat, die Kompetenzverteilung zwischen Bund und Ländern bzgl. der Regelung des Rundfunkwesens, zumindest grundsätzlich, geklärt, insbesondere aber dem Bund in
der Tat eine, wenn auch nur partielle, Regelungskompetenz aufgrund Art. 73 Nr. 7 GG
zugesprochen.

Dabei hatte das Bundesverfassungsgericht von der Tatsache auszugehen, daß eine Legal-
definition des Rundfunkbegriffes im Grundgesetz fehlt. Insofern sah es sich veranlaßt, den
Begriff – gemäß den herkömmlichen Methoden und Maßstäben der Verfassungsinterpreta-
tion – auszulegen und zu konkretisieren. Im Ergebnis wird – dies ist die Differenzierung, auf
die es hier entscheidend ankommt – der *Rundfunkbegriff* derart aufgefächert, daß er einerseits
die Veranstaltung von Rundfunk, andererseits die Verbreitung von Rundfunksendungen
umfaßt. Daran anknüpfend und weiter konkretisierend definieren Begriffsbestimmungen,
wie sie in § 2 Abs. 1 Satz 1 RStV enthalten sind, „Rundfunk" i. S. des Grundgesetzes denn
auch als *„die für die Allgemeinheit bestimmte Veranstaltung und Verbreitung von Darbietungen aller
Art in Wort, Ton und Bild unter Benutzung elektromagnetischer Schwingungen ohne Verbindungsleitung oder längs oder mittels eines Leiters".*[944]

Was nun zum einen die Komponente der „*Veranstaltung*" von Rundfunksendungen **211**
betrifft, so liegt die diesbezügliche Regelungskompetenz nach dem Urteil des Bundesverfassungsgerichtes gemäß der weiter oben dargestellten Grundregel des Art. 30 GG sowie in
Ermangelung einer spezifischen Kompetenzzuweisung an den Bund bei den *Ländern.*[945] Die

---

[942] Vgl. *Stern* I, S. 675, 683 f.; *K. Hesse* Rdz. 235 f.

[943] Seit einer Grundgesetzänderung im Jahr 1994 spricht das Grundgesetz hier von „Telekommunikation".

[944] Siehe zum Rundfunkbegriff insgesamt ausführlich und m.w.N. oben B Rdz. 33 ff.

[945] BVerfGE 12, S. 205, 243, 249; h. M.

Teilkomponente der „Veranstaltung" umfaßt dabei die Regelung der inhaltlichen Gestaltung von Rundfunksendungen, also das, was gemeinhin mit der Bezeichnung „*kultureller*" oder „*kulturrechtlicher Rundfunkbegriff*" belegt wird,[946] und etwaige darauf bezogene organisatorische Vorkehrungen.[947] Darüber hinaus fallen in die durch den „kulturrechtlichen" Rundfunkbegriff bezeichnete Regelungskompetenz der Länder zweifellos auch die Kompetenz, Entscheidungen über die Grundlinien der Rundfunkordnung, gewissermaßen das rundfunkrechtliche „Ordnungsmodell" zu treffen, insbesondere, ob private Rundfunkveranstalter zugelassen werden sollen, ferner die Kompetenz zur Regelung der konkreten Auswahl und Zulassung (privater) Rundfunkveranstalter sowie des weiteren zur Regelung der Ausübung einer gewissen Aufsicht durch den Staat.[948]

212   Hinsichtlich der Teilkomponente der „*Verbreitung*" ist erneut zu differenzieren. Sofern damit der Umstand gemeint ist, daß ein Rundfunkœuvre der Darbietung bedarf, um dadurch erst zum kommunikativ-sozialen Vorgang zu werden, so ist der diesbezügliche Verbreitungsvorgang als wesentlicher Bestandteil der Veranstaltung von Rundfunk insgesamt anzusehen, ohne dessen Vorliegen von „*Rund*"funk überhaupt nicht gesprochen werden könnte(„*rundfunkrechtlicher Verbreitungsbegriff*").[949] Aufgrund dieses integralen Charakters des so verstandenen Verbreitungsbegriffes erstreckt sich die Kompetenz der *Länder* dann auch auf die Regelung etwaiger diesbezüglicher Sachverhalte. Ein konkretes Beispiel für einen Regelungsgegenstand, der aufgrund des so verstandenen rundfunkrechtlichen Verbreitungsbegriffes in die Regelungskompetenz der Länder fällt, ist die Regelung der Auswahl von Programmen, die in Kabelanlagen eingespeist werden sollen, bzw. die Regelung der Reihenfolge für die Einspeisung dieser Programme in Kabelanlagen,[950] aufgrund derer es einem Rundfunkveranstalter grundsätzlich erst ermöglicht wird, mit seinen Sendungen sein Publikum zu erreichen.

213   Sofern bei der „*Verbreitung*" hingegen auf die rein *funktechnische Übertragung* einschlägiger Signale abgestellt wird(„*fernmelderechtlicher Verbreitungsbegriff*),[951] ergibt sich diesbezüglich eine Regelungskompetenz des *Bundes* aus Art. 73 Nr. 7 GG.[952] Dieser „*fernmelderechtliche Rundfunkbegriff*"[953] umfaßt lediglich die sendetechnischen Aspekte des Rundfunks, unter Ausschluß indes der Studiotechnik.[954] Allerdings kann der Bund, soweit er nach Art. 73 Nr. 7 GG Angelegenheiten regeln kann, auch deren Organisation gesetzlich normieren. Ein Beispiel ist die Organisation rundfunksendetechnischer Anlagen bzw. deren Träger.[955]

Hervorzuheben ist allerdings, daß sich diese Regelungskompetenz des Bundes lediglich auf die fernmelde*technischen* Aspekte des Regelungsbereiches erstrecken kann. Eindeutig in diesen Bereich fallen etwa die fernmelderechtliche Zuteilung und Abstimmung von Frequenzen,[956] die Festlegung von Senderstandorten und Sendestärken nach funktechnischen Gesichtspunkten, die Überwachung der Einhaltung von Frequenzen und Sendestärken

---

[946] Vgl. *Paptistella* DÖV 1978, S. 499 ff.

[947] BVerfGE 12, S. 205, 225, 229. Siehe dazu auch *Scherer*, Telekommunikationsrecht, S. 646 ff.; *Schmitt, Glaeser* Kabelkommunikation, S. 46 ff.; *Lerche*, Rundfunkmonopol, S. 14 ff.; *Ricker*, Privatrundfunk-Gesetze, S. 9.

[948] So zutreffend und ausführlich *Scherer*, Telekommunikationsrecht, S. 647 ff. Siehe zu dem Ganzen ausführlicher unten C.

[949] Siehe oben B Rdz. 43 ff.; unten unter G Rdz. 2.

[950] Vgl. *Ricker*, Einspeisung, S. 113 ff.; *Scherer*, Telekommunikationsrecht, S. 657; als konkretes Beispiel diene § 37 RGMV. Vgl. auch unten G Rdz. 36 ff.

[951] Siehe oben B Rdz. 43 ff.

[952] BVerfGE 12, S. 205, 226 f.; h. M., vgl. *Scherer*, Telekommunikationsrecht, S. 609 ff.; *Gabriel-Bräutigam*, Rundfunkkompetenz, S. 79; *Ricker*, Privatrundfunk-Gesetze, S. 8 f.; *Kreile*, Kompetenz, S. 129 ff.

[953] *Paptistella* DÖV 1978, S. 497 f.

[954] BVerfGE 12, S. 205, 225, 227.

[955] BVerfGE 12, S. 205 ff., 237 f.; zu weiteren diesbezüglichen Ausdifferenzierungsmöglichkeiten der einschlägigen Regelungskompetenzen des Bundes, etwa in Netzerrichtungs-, Netzbetriebs- oder Netzbenutzungsregelungskompetenz vgl. ausführlicher *Scherer*, Telekommunikationsrecht, S. 614 ff.

sowie die Verhinderung der wechselseitigen Störung von Rundfunksendungen und allgemeinem Funkverkehr durch Frequenzüberschneidungen.[957]

Im Hinblick auf andere, grundlegende Aspekte der fernmelderechtlichen Komponente des **214** Rundfunkwesens hingegen, wie z. B. die Frage, *ob* ggfs. eine entsprechende rundfunksendetechnische Anlage errichtet werden solle, oder wer, nach Errichtung einer solchen Anlage, Zugang zu deren Nutzung haben solle, ist die Regelungskompetenz des Bundes zugunsten einer gewissen *Mitwirkung der Länder* beschränkt. Diese Kompetenzausübungsbeschränkung solle dabei, nach einer im Schrifttum vertretenen Auffassung, so beschaffen sein, daß der *Bund* eine Pflicht zur *Rücksichtnahme* auf den medienrechtlichen Entscheidungsspielraum der Länder[958] bzw. zur Berücksichtigung der Vorstellungen der Länder i. S. einer Informations-, Anhörungs- und Abwägungspflicht[959] bzw. eine allgemeine Pflicht zur Zusammenarbeit mit den Ländern habe.[960]

Sofern nach dieser Auffassung die Letztkompetenz gleichwohl dem Bunde überlassen bleiben solle, ist sie jedoch abzulehnen; sofern sie im Ergebnis letztlich unentschieden bleibt und eine, im einzelnen wie auch immer geartete gemeinsame Kompetenz der beiden Kompetenzträger annimmt, ist sie unbrauchbar. Richtig ist vielmehr die Auffassung, die die Regelungskompetenzen in dem Fernmeldebereich, die über die rein technischen Aspekte dieser Materie hinausgehen und in den grundlegenden medienrechtlichen Bereich hineinreichen, den Ländern zuweist.[961] Dies ergibt sich indes noch nicht allein daraus, daß der Fernmeldetechnik in Hinblick auf den Rundfunk eine lediglich „dienende Funktion" zukomme.[962] Damit ist nämlich nur gesagt, daß fernmeldetechnischen Aspekten ggfs. ein minderer Rang gegenüber *anderen* Aspekten des Rundfunks zukomme und vor allem nicht aufgrund der fernmeldetechnischen Regelungskompetenz ein Anspruch zur Regelung anderer Aspekte des Rundfunks abgeleitet werden könne (nur darauf bezog sich die seinerzeitige Aussage des Bundesverfassungsgerichts und nur darum ging es seinerzeit im 1. Rundfunkurteil). Noch nichts ist dagegen damit darüber ausgesagt, ob und wie die Kompetenzen von Bund und Ländern bzgl. *einzelner* fernmelde*technischer* Komponenten des Rundfunks abzuscheiden sind. Entscheidend für die Begründung einer Regelungskompetenz der Länder in Hinblick auf bestimmte Aspekte der fernmelderechtlichen Komponente des Rundfunks ist vielmehr, daß diese Aspekte, obwohl sie in einem fernmelde*technischen* Kontext auftreten, in Wirklichkeit den Charakter grundlegender *medienrechtlicher/politischer* Sachverhalte aufweisen. Aufgrund dieses genuin rundfunkrechtlichen Charakters fallen sie in die Länderregelungskompetenz.

Ob diese Kompetenz letztlich, in Anlehnung an einen entsprechenden Passus im 1. Rund- **215** funkurteil[963] mit Hilfe des Grundsatzes des *bundesfreundlichen Verhaltens* begründet[964] werden kann, ist *fraglich*. Der Grundsatz der Bundestreue begründet nach h. M. nämlich keine selbständigen Rechte (und Pflichten), sondern wirkt – auch als Kompetenzausübungsschranke – nur innerhalb eines bereits existenten Rechte- und Pflichtenverhältnisses.[965] Im vorliegenden Zusammenhang würde er somit nur greifen, wenn davon auszugehen wäre, daß eine Kompetenz zur Regelung der betreffenden Gegenstände auf beiden Seiten, also auf seiten des Bundes wie auf der der Länder, bestünde. Dann würde der Grundsatz der Bundestreue als Kompetenzausübungsschranke auf seiten des Bundes bewirken, daß dieser nicht regelnd in

---

[957] BVerfGE 12, S. 205, 277.

[958] *A. Hesse,* Rundfunkrecht, S. 47.

[959] *Gabriel-Bräutigam,* Rundfunkkompetenz, S. 114.

[960] *Kreile,* Kompetenz, S. 141.

[961] So etwa *Ricker,* Privatrundfunk-Gesetze, S. 10; *Scherer,* Telekommunikationsrecht, S. 640, 650, 655, 657; *Papier* DÖV 1990, S. 220.

[962] Vgl. BVerfGE 12, S. 205, 227.

[963] BVerfGE 12, S. 205, 239 f.

[964] So die h. M., vgl. *A. Hesse,* Rundfunkrecht, S. 47; *Papier* DÖV 1990, S. 219 f.; *Ricker,* Privatrundfunk-Gesetze, S. 9 f.; *Gabriel-Bräutigam,* Rundfunkkompetenz, S. 114.

[965] *Stern* I, S. 701 f.; *Bayer,* Bundestreue, S. 63; vgl. aber auch kritisch *Bauer,* Bundestreue, S. 235 ff.

den betreffenden Regelungsbereich eingreifen dürfte (und würde) und in der Folge sich die Regelungskompetenz der Länder voll entfalten und in den betreffenden Regelungsbereich erstrecken könnte. Von solchen, beiderseitig gegebenen Regelungskompetenzen, die jetzt nur für den konkreten Fall fein säuberlich getrennt und auseinandergehalten und in der Folge voneinander abgegrenzt werden müßten, kann aber gerade im vorliegenden Fall keine Rede sein bzw. ist eine solche „Doppelkompetenz" strittig. Daher kann im vorliegenden Fall die Regelungskompetenz der Länder nur so begründet werden, daß der Grundsatz des bundesfreundlichen Verhaltens den Bund allenfalls davon abhält, in einen Bereich regelnd vorzudringen, der ihm von Haus aus gerade nicht zur Regelung offensteht, ansonsten sich aber die Regelungskompetenz der Länder, mangels einer anderweitigen speziellen Kompetenzzuweisung an den Bund, aus dem Grundsatz der Länderkompetenz[966] bzw. aus dem Grundsatz der Kompetenzvermutung zugunsten der Länder gemäß Art. 30 GG ergibt.

bb) Gesetzgebungskompetenz des Bundes gemäß Art. 73 Nr. 9 GG

216   Als weiterer Anknüpfungspunkt für eine (ausschließliche), wenn auch nur partielle Gesetzgebungskompetenz des Bundes im Bereich des Rundfunkwesens kommt Art. 73 Nr. 9 GG in Betracht, soweit er das *Urheberrecht* zum Gegenstand hat. In der Tat erlaubt diese Vorschrift dem Bund, einzelne Rechtsfragen des Rundfunks urheberrechtlicher Art – aber auch nur solche – zu regeln.[967] Sie gibt ihm jedoch keine Gesetzgebungsbefugnis zur Regelung der Veranstaltung von Rundfunk schlechthin.[968] Eine entsprechende Regelungskompetenz des Bundes wird insbesondere im Hinblick auf die *Kurzberichterstattung*, speziell bezogen etwa auf die Sachverhalte, die die Länder in § 5 Abs. 9 und 11 RStV einer Regelung unterzogen haben, angenommen.[969] Demgemäß wird die Regelung der betreffenden Sachverhalte durch die Länder, wohl nicht zu Unrecht, als verfassungswidrig angesehen.[970]

cc) Gesetzgebungskompetenz des Bundes gemäß Art. 73 Nr. 1 GG

217   Die Frage, ob und inwieweit dem Bund aus Art. 73 Nr. 1 GG aufgrund der dort normierten Bundeskompetenzen zur Gesetzgebung über die *auswärtigen Angelegenheiten* eine Kompetenz erwächst, Teilaspekte des Programms und Einzelfragen des Rundfunks zu regeln, oder ihm diese Vorschrift gar gestattet, umfassendere Regelungen jedenfalls für solche Rundfunksendungen zu erlassen, die für das Ausland oder für die Deutschen bestimmt sind, die außerhalb der Bundesrepublik in deutschen Gebieten wohnen, hatte das Bundesverfassungsgericht in seinem 1. Rundfunkurteil noch offengelassen.[971]

Mittlerweile wird eine solche Kompetenz in Rechtsprechung[972] und Schrifttum,[973] konkret bezogen insbesondere auf den früheren Deutschlandfunk, bejaht, soweit es dabei darum geht, im Ausland ein umfassendes Bild Deutschlands zu vermitteln. Zur Zeit ist diese Frage, nach Überführung des Deutschlandfunks in das Deutschlandradio[974], nur noch hinsichtlich der *Deutschen Welle* relevant. Im Ergebnis wird man jener Auffassung zustimmen können. Dies jedenfalls insoweit, als in der Tat als Zweck der betreffenden Rundfunksendung die Pflege der auswärtigen Beziehungen der Bundesrepublik und/oder die Repräsentation Deutschlands als Ganzen im Ausland ausgemacht werden kann, auch wenn eine solche Argumentation nicht ganz unbedenklich erscheinen mag angesichts der restriktiven Auslegung, die der

---

[966] Vgl. dazu oben Rdz. 208.

[967] *Kreile,* Kompetenz, S. 194 f.; vgl. auch *Deringer* ZUM 1986, S. 637.

[968] BVerfGE 12, S. 205, 241.

[969] *Lauktien,* Fernsehkurzberichterstattung, S. 182 f.

[970] *Lauktien,* Fernsehkurzberichterstattung, S. 115; vgl. auch *Ricker/Becker* ZUM 1988, S. 311; *Doepner/Spieth* AfP 1989, S. 430.

[971] BVerfGE 12, S. 205, 241.

[972] Vgl. BVerwGE 75, S. 79, 81.

[973] *Lerche,* Kompetenzbereich, S. 14; *Gabriel-Bräutigam,* Rundfunkkompetenz, S. 166 ff.; *Kreile,* Kompetenz, S. 179; *Rojahn,* in: *v. Münch,* GG, Rdz. 22b zu Art. 32; a. A. *Mallmann* JZ 1963, S. 352.

[974] Vgl. dazu unten C Rdz. 24, 77, D Rdz. 9, 11 und oben A Rdz. 217.

Kompetenzvorschrift des Art. 73 Nr. 1 GG von der h. M. gemeinhin zuteil wird und derzufolge sich die diesbezügliche Regelungskompetenz des Bundes im wesentlichen auf die Regelung des auswärtigen Verkehrs im engeren Sinne, also vor allem auf die Regelung der Tätigkeit der Auslandsvertretungen, beschränke.[975]

Eine *weitergehende Kompetenz des Bundes* aufgrund von Art. 73 Nr. 1, etwa zu jedweder Regelung der Veranstaltung grenzüberschreitenden Rundfunks, der nicht den zuvor genannten, eng umgrenzten Zielen entspricht, ist indes in jedem Fall *abzulehnen*. Dies würde zum einen sicherlich für eine Argumentation gelten, die, sich auf die insoweit in der Tat mißverständlichen Äußerungen des Bundesverfassungsgerichts in seinem 1. Rundfunkurteil stützend, eine Kompetenz des Bundes für die Regelung der Veranstaltung von Rundfunksendungen annähme, die für Deutsche bestimmt wären, die außerhalb Deutschlands – sei es im Ausland, sei es „in deutschen Gebieten"[976] – wohnen. Wie zutreffend bemerkt wurde,[977] hat das Bundesverfassungsgericht an der entsprechenden Stelle nämlich nicht „personenbezogen", sondern „zweckbestimmt" (d. h. auf den konkreten Zweck der Pflege der auswärtigen Beziehungen im Rahmen der Außenpolitik im Sinne der Repräsentation Deutschlands als Ganzen und der auswärtigen Meinungspflege über Deutschland als Ganzes abstellend) argumentiert. **218**

Eine weitergehende, gar umfassende Regelungskompetenz des Bundes für Auslandsrundfunk auf der Grundlage des Art. 73 Nr. 1 GG ist zum anderen aber auch abzulehnen, sofern sie sich allgemein auf den grenzüberschreitenden Charakter eines Sachverhaltes bezieht, ohne Rücksicht darauf, daß der betreffende Sachverhalt, wie hier der Rundfunk als Teil der Kulturagenden, bei innerstaatlicher Regelung kompetenziell an sich den Ländern zugewiesen ist. Ohne hier tiefer in die verfassungsrechtlich höchst umstrittene Problematik der „*auswärtigen Kulturpolitik*" eintauchen zu wollen,[978] kann doch soviel gesagt werden, daß Kultur zum verfassungsrechtlichen „*Hausgut*" der *Länder* gehört.[979] Daran kann ein Auslandsbezug an sich nichts ändern. Dies gilt grundsätzlich auch für die Veranstaltung und Verbreitung von Rundfunk, jedenfalls soweit dabei der kulturelle Aspekt im Vordergrund steht. Hier ist an das 4. Rundfunkurteil zu erinnern, in dem das Bundesverfassungsgericht ganz selbstverständlich davon ausging, daß die Kompetenz zur Regelung grenzüberschreitenden Rundfunks bei den Ländern (wenn auch, im betreffenden Fall, bei deren Gesamtheit) liege.[980]

Bedeutsam in diesem Zusammenhang ist sicherlich auch, daß etwa der Vertrag über die Errichtung eines *deutsch-französischen Kulturkanals*[981] zwischen Frankreich und den *Ländern* abgeschlossen wurde, auch wenn sich im vorliegenden Fall die Kompetenz zum Abschluß des Vertrages sicherlich primär aus der Spezialvorschrift des Art. 32 Abs. 3 GG ergeben hat, die vorsieht, daß die Länder, soweit sie innerstaatlich für die Gesetzgebung zuständig sind, über die betreffenden Materien mit auswärtigen Staaten Verträge abschließen können. **219**

dd) Gesetzgebungskompetenz des Bundes gemäß Art. 74 Nr. 11, 16 GG

Einschlägig für die Begründung einer Regelungskompetenz des Bundes könnte des weiteren auch Art. 74 Nr. 11 GG sein, der dem Bund die konkurrierende Gesetzgebung auf dem Gebiet des *Rechts der Wirtschaft* zuweist. In der Regel wird im Schrifttum die diesbezügliche Kompetenz des Bundes, bezogen auf das Rundfunkwesen, bejaht, und zwar i. V. m. Art. 74 Nr. 16 GG, der Gesetzgebungskompetenzen des Bundes zum Zwecke der *Verhütung des Mißbrauchs wirtschaftlicher Machtstellung* vorsieht.[982] Auch das Bundesverfassungsgericht in **220**

---

[975] *v. Münch*, GG, Rdz. 6 ff., insb. 8, 10 zu Art. 73; *Rojahn*, ebenda, Rdz. 17 zu Art. 32.

[976] Vgl. BVerfGE 12, S. 205, 241 f.

[977] *Gabriel-Bräutigam*, Rundfunkkompetenz, S. 166.

[978] Siehe hierzu *Peisert*, Kulturpolitik, passim.

[979] Vgl. BVerfGE 6, 309, 346 f.

[980] BVerfGE 73, S. 118, 196 f.

[981] Text in: Media-Perspektiven 1990/II, S. 101 ff.

[982] Vgl. *Ricker*, Privatrundfunk-Gesetze, S. 13.

seinem 4. Rundfunkurteil[983] und die Monopolkommission des Bundes[984] gehen – implizit oder ausdrücklich – von einer derartigen Regelungskompetenz des Bundes aufgrund von Art. 74 Nr. 16 GG aus.[985]

Zutreffend ist in diesem Zusammenhang hervorgehoben worden,[986] daß sich eine derartige kartellrechtliche Regelung jedoch ausschließlich auf die *wirtschaftlichen Aspekte des Wettbewerbs* zwischen verschiedenen Rundfunkveranstaltern beziehen müßte, nicht aber auf den *publizistischen Wettbewerb*.[987] Hierfür bieten die *Pluralismusregelungen* der Landesrundfunkgesetze[988] die richtige Handhabe.[989]

221   Über diesen engen Problemkreis der Beschränkung wirtschaftlicher Macht und die insoweit aus einer Kombination von Art. 74 Nr. 11 und 16 GG bzw. aus Art. 74 Nr. 16 GG für sich hergeleitete Kompetenz des Bundes hinaus stellt sich indes die Frage, ob nicht auch Art. 74 Nr. 11 GG für sich alleine, d. h. ohne die Kopplung mit Nr. 16, vom Bund als Kompetenzgrundlage für die Regelung, zumindest von Teilaspekten des Rundfunkwesens, herangezogen werden könnte. Hier ist jeweils ein *konkret-punktueller* sowie ein *genereller* Ansatz denkbar.

222   Ein Beispiel für ersteres ist die – alte – Diskussion um die Frage, ob und inwieweit der Bund die *Rundfunkwerbung* regeln dürfe.[990] Zweifellos ist Werbung zum einen ein wirtschaftlicher Vorgang. Insofern wäre ein Anknüpfungspunkt für eine Regelungskompetenz des Bundes gemäß Art. 74 Nr. 11 GG prima facie gegeben. Ebenso zutreffend ist es zum anderen, daß Werbung bzw. das Vorhandensein oder Nichtvorhandensein von Werbeeinnahmen bei den einzelnen Rundfunkveranstaltern, in erster Linie den privaten, unmittelbare Auswirkungen auf deren publizistische Leistungskraft und damit auf das publizistische Angebot und die Gestalt und Struktur des Rundfunksystems als solchem haben kann.[991] Aufgrund dieses genuin rundfunkrechtlichen Zusammenhangs wäre die Kompetenz der Länder gegeben.[992]

Gleichwohl erscheint es vertretbar, eine Regelungskompetenz des Bundes in Hinblick auf Rundfunkwerbung anzunehmen, zumindest dort, wo rundfunkrechtliche Implikationen der Werbung nicht feststellbar oder geringfügig sind und der *erwerbswirtschaftliche Charakter der* betreffenden *Werbetätigkeit* klar im Vordergrund steht.[993] In diesem Zusammenhang sollte nicht unberücksichtigt bleiben, daß auch die EG, die nunmehr in weitem Maße dort, wo bislang der Bund innerstaatlich Kompetenzen, vor allem im Bereich der Wirtschaft, wahrgenommen hat, regelnd tätig wird, gerade unter Hinweis auf den spezifisch *wirtschaftlichen* Charakter von Werbung, eine Reihe von Richtlinien erlassen hat,[994] die auch auf die Werbung im Rundfunk anwendbar sind.[995]

Das eben Gesagte leitet über zu dem oben angesprochenen zweiten, generellen Aspekt des Problems. Es fragt sich nämlich, ob nicht in Zukunft in dem Maße, in dem bei der –

---

[983] BVerfGE 73, S. 118, 173 f.

[984] Vgl. BT-Drs. 10/1791, Ziff. 596.

[985] Siehe hierzu auch B Rdz. 115 ff.

[986] Vgl. *Ricker*, Privatrundfunk-Gesetze, S. 13 f.; vgl. auch *Kreile*, Kompetenz, S. 188, 190.

[987] Zu dieser Unterscheidung vgl. auch das 5. Rundfunkurteil, BVerfGE 74, S. 297, 334 f.

[988] Siehe hierzu ausführlich unten E Rdz. 46 ff.

[989] Kritisch zu dem Ganzen und gegen eine zu enge Bemessung der diesbezüglichen Kompetenzen des Bundes aber *Gabriel-Bräutigam*, Rundfunkkompetenz, S. 114 ff., insb. 157; *Emmerich* AfP 1989, S. 433 ff., m. w. N. zum Streitstand.

[990] Siehe zu dem Ganzen ausführlich *Gabriel-Bräutigam*, Rundfunkkompetenz, S. 128 ff.; *Ossenbühl*, Gemeinschaftsrecht, S. 26 f.; vgl. auch unten F Rdz. 87 ff.

[991] Vgl. auch unten F Rdz. 36 ff.

[992] *Gabriel-Bräutigam*, Rundfunkkompetenz, S. 131, m. w. N.

[993] Vgl. *Arndt* JZ 1965, S. 340; *Wronka* AfP 1975, S. 788; *Gabriel-Bräutigam*, Rundfunkkompetenz, S. 132, 135 f.; BT-Drs. 10/5663 (Medienbericht der Bundesregierung 1985), S. 38.

[994] Siehe dazu unten bei H Rdz. 3 ff.

[995] Vgl. zu diesem Zusammenhang auch *Deringer* ZUM 1986, S. 637.

insbesondere *privaten* – Veranstaltung von *Rundfunk* in Deutschland neben dem kulturellen Aspekt und dem Aspekt des Rundfunks als einem wichtigen Instrument zur politischen Meinungsbildung im freiheitlich-demokratischen Staatswesen immer stärker ein *wirtschaftlicher Aspekt in den Vordergrund* tritt in dem Sinne, daß sich die (privaten) Rundfunkveranstalter immer mehr zu *Dienstleistungsunternehmen* mit primär wirtschaftlicher Zielsetzung entwickeln, allgemein, und zwar zumindest *auch*, Art. 74 Nr. 11 GG stärker in die Erwägungen über die Begründung einer Kompetenz des Bundes zur Regelung einzelner Aspekte (hier: der wirtschaftlichen) des Rundfunkwesens einbezogen werden könnte.[996] Auch hierzu ist im übrigen wiederum auf die EG zu verweisen, die, unter Berufung auf die wirtschaftlichen Aspekte der Veranstaltung von (grenzüberschreitendem) Rundfunk, eine diesbezügliche Regelungsbefugnis für sich begründet hat.[997]

ee) Gesetzgebungskompetenz des Bundes gemäß Art. 74 Nr. 1 GG

Daneben könnte in bestimmten, sachlich begrenzten Fällen als weiterer Ansatzpunkt für **223** eine entsprechende (partielle) Regelungskompetenz des Bundes – kumulativ oder alternativ zu Art. 74 Nr. 11 GG – Art. 74 Nr. 1 GG (konkurrierende Gesetzgebung auf dem Gebiet des *Bürgerlichen Rechts*) in Frage kommen. Als konkretes Beispiel kann hier die *Kurzberichterstattung* dienen. Hier spielen Aspekte des Privatrechts z. B. insofern herein, als die Programmbeschaffung in der Regel aufgrund einer einschlägigen privatrechtlichen Vereinbarung zwischen dem Rundfunkveranstalter und dem Veranstalter des Ereignisses, über das berichtet werden soll, erfolgt.[998] Entsprechend unterliegt die Kurzberichterstattung insoweit dem bürgerlichen Recht und ergibt sich diesbezüglich eine Regelungskompetenz des Bundes.[999]

ff) Gesetzgebungskompetenz des Bundes gemäß Art. 74 Nr. 1, 7 GG

Eine weitere – wenn auch nur schmale – Grundlage für die Annahme einer Kompetenz **224** des Bundes zur Regelung des Rundfunkwesens im Wege der konkurrierenden Gesetzgebung könnten Art. 74 Nr. 1 (*Strafrecht*) sowie Nr. 7 (*öffentliche Fürsorge i. S. des Jugendschutzes*) GG abgeben. In bezug auf letzteres ist indes mit der h. M. davon auszugehen, daß der Jugendschutz im wesentlichen in den Landesrundfunkgesetzen zu regeln ist.[1000] Die Bundeskompetenz könnte allenfalls dann zum Tragen kommen, soweit Bußgeld- und Strafvorschriften normiert werden.[1001]

gg) Gesetzgebungskompetenz des Bundes gemäß Art. 75 Nr. 2 GG

Einschlägig erscheint schließlich noch Art. 75 Nr. 2 GG. Er sieht eine Gesetzgebungs- **225** kompetenz des Bundes bzgl. der *allgemeinen Rechtsverhältnisse der Presse* vor. Hierzu ist vorab allerdings anzumerken, daß Art. 75 GG dem Bund lediglich die Kompetenz einräumt, Rahmenvorschriften zu erlassen. Das heißt, die betreffende Gesetzgebung des Bundes muß so beschaffen sein, daß durch sie allenfalls ein Rahmen gesetzt wird, der in der Folge ausfüllungsfähig und auch ausfüllungsbedürftig ist bzw. auf eine solche Ausfüllung hin angelegt ist und den zur Ausfüllung berufenen Ländern tatsächlich noch etwas zu regeln übrig gelassen wird, was von substantiellem Gewicht ist.[1002] Dabei ist der Bund allerdings nicht auf den

---

[996] Dazu, daß die h. M., gestützt auf eine entsprechende Rechtsprechung des Bundesverfassungsgerichts, die aufgrund von Art. 74 Nr. 11 GG für den Bund gegebenen Kompetenzen weit auffaßt, *v. Münch,* GG, Rdz. 39 zu Art. 74.

[997] Vgl. oben B Rdz. 206 sowie ausführlicher unten H Rdz. 3 f.

[998] Vgl. § 4 Abs. 10 RdfkStV.

[999] So auch *Doepner/Spieth* AfP 1989, S. 430, 432; *Ricker/Becker* ZUM 1988, S. 311; *Lauktien,* Fernsehkurzberichterstattung, S. 112; ablehnend *A. Hesse,* Rundfunkrecht, S. 46. Dazu, daß des weiteren das Urheberrecht als eine Sonderrechtsmaterie des Privatrechts ebenfalls einschlägig sein kann, siehe oben unter B Rdz. 216 ff.

[1000] BVerfGE 57, S. 295, 326; *Ricker,* Privatrundfunk-Gesetze, S. 12; *Gabriel-Bräutigam,* Rundfunkkompetenz, S. 176 f.; *Kreile,* Kompetenz, S. 197; *Meyer-Hesemann* DVBl. 1986, S. 1181 ff.; vgl. etwa § 19 RGMV; siehe auch § 3 RStV.

[1001] *Ricker,* Privatrundfunk-Gesetze, S. 12.

[1002] BVerfGE 4, S. 115, 129; 36, S. 193, 202.

Erlaß von Richtlinien beschränkt. Vielmehr kann er auch Rechtsvorschriften erlassen, die für jedermann unmittelbar verbindlich sind, sofern sie nur *Regelungsspielraum für die Länder* übrig lassen.[1003]

226   Strittig ist, was unter den *Begriff der „allgemeinen Rechtsverhältnisse"* fällt.[1004] Zu eng ist sicherlich das Verständnis, die Vorschrift wolle mit dem Hinweis auf die „allgemeinen" Rechtsverhältnisse Regelungen bezüglich bestimmter einzelner Presseerzeugnisse oder -meinungen ausschließen,[1005] zumal diesem Anliegen in jedem Fall schon durch Art. 5 Abs. 2, 1. HS GG Rechnung getragen wird[1006] und die betreffende Formulierung, wäre dies ihr einziger Regelungszweck, überflüssig wäre. Zu eng und darüber hinaus auch unzutreffend wäre ein Verständnis, demzufolge der Hinweis auf „allgemeine" Rechtsverhältnisse den Bund bei seiner auf die Presse bezogenen Rahmengesetzgebung auf den Erlaß von Richtlinien beschränken wollte.[1007] Dies würde jedenfalls der insoweit weitergehenden, zuvor gerade dargestellten Auffassung des Bundesverfassungsgerichts von der grundsätzlichen Reichweite der Regelungskompetenz des Bundes in bezug auf Rahmengesetzgebung als solche widerstreiten.[1008]

Zu weit hingegen ist die Auffassung, derzufolge sich die diesbezügliche Regelungskompetenz des Bundes aufgrund der Formulierung *„allgemeine Rechtsverhältnisse"* auf all jene Regelungen erstrecke, die auch auf andere Massenkommunikationsmittel (einschließlich des Rundfunks) ohne weiteres übertragbar seien, wobei hier in weiterer Folge auch noch die Befugnis gegeben sein soll, einzelne Sachbereiche in durchaus abschließender Art und Weise zu regeln.[1009]

Im Ergebnis die richtige Auffassung ist wohl die, daß die Formulierung *„allgemeine Rechtsverhältnisse"* – sofern man in ihr nicht überhaupt bloß ein Redaktionsversehen erblicken will[1010] – darauf abstellt, daß der Bundesgesetzgeber sich bei seiner diesbezüglichen Rahmengesetzgebung, sofern er es nicht ohnehin nur beim Erlaß von Richtlinien beläßt, auf *grundsätzliche Normierungen* beschränken und die Regelung im Detail den Ländern überlassen muß.[1011]

227   Konkrete Anknüpfungspunkte für eine Kompetenzbegründung zugunsten des Bundes auf der Grundlage von Art. 75 Nr. 2 GG dürfte es in der Praxis allerdings nur wenige geben. Ein denkbarer Fall wäre die sog. *Faksimile-Zeitung.* Hierbei handelt es sich um ein Textübermittlungsverfahren, bei dem Texte über das Fernsprech- oder Fernsehsendernetz an Empfänger übermittelt werden, welche die Texte über einen Drucker auf Papier ausdrucken können. Unter Zuhilfenahme dieser Technik besteht auch die Möglichkeit, Videotext („Bildschirmzeitung") bzw. Bildschirmtext zu „materialisieren", indem diese, außer daß sie am Bildschirm durchgesehen werden, auf Papier festgehalten werden können.[1012] Aufgrund der beschriebenen Ähnlichkeit mit einer herkömmlichen Zeitung könnte die Faksimile-Zeitung der *Presse* zugeordnet werden; entsprechend fiele sie dann in den Regelungsbereich des Art. 75 Nr. 2 GG.[1013]

228   Bis zu einer Grundgesetzänderung im Jahre 1994 enthielt Art. 75 Nr. 2 GG auch eine Vorschrift betreffend den *Film*, die den Bund auch zur Rahmengesetzgebung zur Regelung der allgemeinen Rechtsverhältnisse des Films ermächtigte. Einschlägige Gesetzgebungsinitiativen hat der Bund in der Vergangenheit allerdings nicht ergriffen. Bemerkenswerter-

---

[1003] BVerfGE 4, S. 115, 130.

[1004] *v. Münch*, GG, Rdz. 22 zu Art. 75; *Maunz/Dürig/Herzog/Scholz*, GG, Rdz. 95 zu Art. 75.

[1005] *Lerche* JZ 1972, S. 473.

[1006] Vgl. hierzu auch oben B Rdz. 164 ff. 167.

[1007] *Maunz/Dürig/Herzog/Scholz*, GG, Rdz. 96 zu Art. 75.

[1008] Vgl. oben BVerfGE 4, S. 115, 130.

[1009] *Groß* DVBl. 1976, S. 925, 926.

[1010] Vgl. hierzu *Maunz/Dürig/Herzog/Scholz*, GG, Rdz. 96 zu Art. 75; sowie den später eingefügten Art. 75 Nr. 1a GG, der hier von „allgemeinen Grundsätzen" [des Hochschulwesens] spricht.

[1011] So auch *Maunz/Dürig/Herzog/Scholz*, GG, Rdz. 96 zu Art. 75; *v. Münch*, GG, Rdz. 22 zu Art. 75.

[1012] Zu dieser Technik vgl. *Tettinger*, Neue Medien, S. 12; *Koch*, Zuordnung, S. 43 f.; sowie ausführlicher unten bei Rdz. 240.

[1013] Siehe dazu auch noch einmal unten B Rdz. 240.

weise ist seinerzeit etwa auch das Bundesfilmförderungsgesetz[1014] nicht auf Art. 75 Nr. 2, sondern auf Art. 74 Nr. 11 GG gestützt worden.[1015]

hh) Bundeskompetenz „kraft Natur der Sache"

Erörtert wird gelegentlich, ob dem Bund zusätzlich zu den ausdrücklich im Grundgesetz nie- **229** dergelegten Kompetenzen ggfs. eine ungeschriebene Regelungskompetenz für das Rundfunkwesen auf der Grundlage einer Kompetenzzuschreibung „kraft Natur der Sache" erwachse.[1016]

Dieser Maxime zufolge sei in einem Verhältnis zwischen einem Kompetenzträger, der aufgrund seines Zuschnitts befähigt ist, eine übergreifende, ganzheitliche Regelung zu bewerkstelligen (hier: der Bund), einerseits, und einem oder mehreren partikularen Kompetenzträgern, deren Kompetenz sich lediglich auf einen begrenzten Raum erstreckt (hier: die Länder), andererseits, eine Regelungskompetenz des übergeordneten Kompetenzträgers hinsichtlich eines bestimmten Regelungsgegenstandes dann anzunehmen, wenn sich der betreffende Regelungsgegenstand seinem Wesen nach der partikularen Regelung beschränkter Regelungsmacht entziehe und stattdessen, damit dem übergeordneten Regelungsinteresse Rechnung getragen werde, nur die *einheitliche und übergreifende Regelung* durch den übergeordneten Kompetenzträger in Frage komme.[1017]

Im vorliegenden Zusammenhang wird eine derartig begründete Bundeskompetenz „kraft **230** Natur der Sache" insbesondere in Hinblick auf *direktstrahlende Satelliten* behauptet. Verschiedene Gründe werden für die übergreifende Regelungskompetenz des Bundes angeführt: Zum einen der Umstand der „*technisch-physikalischen Überregionalität*" der von den Satelliten ausgestrahlten Funksignale, die sich nicht auf das Gebiet eines Bundeslandes begrenzen ließen und somit zwangsläufig der Bund, dessen Hoheitsgewalt sich über das gesamte Bundesgebiet erstrecke, zur Regelung dieses ländergrenzenübergreifenden Sachverhaltes berufen sei; zum anderen der Umstand, daß die Ausstrahlung der Satellitenprogramme, wiederum aufgrund der technisch-physikalischen Eigenheiten des Satellitenfunks, auch vor *Staatsgrenzen* nicht halt mache, diese vielmehr *überschritten* würden. Hier sei dann der Bund, dem von Verfassungs wegen kompetenziell die Auswärtige Gewalt zugewiesen sei und der auch die völkerrechtliche Verantwortung für den Gesamtstaat trage, wegen der dabei entstehenden internationalen, insbesondere völkerrechtlichen Fragen, zur Regelung berufen.[1018]

Ein weiteres Argument zugunsten einer Bundeskompetenz „kraft Natur der Sache", wel- **231** ches jedoch nicht speziell auf direktstrahlende Satelliten bezogen ist, sondern Allgemeingültigkeit beansprucht, ist das der „*finanziell bedingten Überregionalität*".[1019] Damit ist gemeint, daß die Veranstaltung bestimmter Rundfunk- und insbesondere Fernsehprogramme die wirtschaftliche Leistungsfähigkeit einzelner (Länder-)Anstalten überfordere und die Finanzierung nur von einem übergreifenden, größeren Ganzen geleistet werden könne. Somit sei auch hier der Bund, kraft Natur der Sache, der zum Handeln berufene Kompetenzträger.

Die h. M. lehnt allerdings zurecht, in Einklang mit dem Bundesverfassungsgericht, eine derartige Kompetenzbegründung zugunsten des Bundes grundsätzlich ab.[1020] Hier wird insbesondere darauf verwiesen, daß es *außer der Möglichkeit einer zentralen Regelung durch den Bund* auch noch andere Möglichkeiten der übergreifenden Regelung, nämlich durch die

---

[1014] BGBl. 1986 I, S. 2046; BGBl. 1992 I, S. 2135.

[1015] Vgl. BT-Drs. 8/2792 (Beschlußempfehlung und Bericht des Bundestagsausschusses für Wirtschaft zum Entwurf der Bundesregierung für ein Bundesfilmförderungsgesetz), S. 42 f.; vgl. auch BT-Drs. 10/5663 (Medienbericht der Bundesregierung 1985), S. 38; *Weides* UFITA 58 (1970), S. 68 ff., 82 ff.

[1016] Zum Beispiel *Bueckling* ZUM 1985, S. 147 ff.

[1017] Vgl. zu der staatsrechtlichen Argumentationsfigur der „Natur der Sache" allgemein *Anschütz/Thoma*, HdbDStR I, S. 367; *K. Hesse*, Rdz. 235 f.; *Stern* I, S. 676, II, S. 61.

[1018] Vgl. näher *Bueckling* ZUM 1985, S. 148 ff.

[1019] Vgl. BVerfGE 12, S. 205, 251.

[1020] Vgl. *Bullinger* AfP 1985, S. 4; *Ricker*, Privatrundfunk-Gesetze, S. 9; *Gabriel-Bräutigam*, Rundfunkkompetenz, S. 82 ff.; *Kreile*, Kompetenz, S. 202 f.; BVerfGE 12, S. 205, 251; siehe auch BVerfGE 73, S. 118, 196 f.

Länder selbst, etwa im Wege einer *gemeinsamen Länderaktion* in Form z.B. eines Länderstaats-
vertrages, gebe.[1021] Eine Kompetenz des Bundes „kraft Natur der Sache" könnte ausnahmsweise und erst dann zum Tragen kommen, wenn sich eine gemeinsame Lösung seitens der
Länder als unmöglich erweist.[1022] Im übrigen wurde zutreffend hervorgehoben, daß sich die
Problematik einer Kompetenzbegründung zugunsten des Bundes „kraft Natur der Sache"
auch bei direktstrahlenden Satelliten dann nicht stellt, wenn die betreffenden Programme
zwar über Satellit herangeführt, in der Folge aber in ein Kabelnetz eingespeist werden. Hier
sei es auch einem einzelnen Land möglich, die entsprechenden Regelungen zu treffen.[1023]

ii) Bundeskompetenz „kraft Sachzusammenhangs"

232   Fraglich könnte sein, ob sich eine – weitere ungeschriebene – Regelungskompetenz des
Bundes unter Rückgriff auf die Argumentationsfigur einer Kompetenz „kraft Sachzusammenhangs" begründen ließe. Hierunter wird die Kompetenz des Bundes verstanden, eine
ihm nicht ausdrücklich zugewiesene Regelungsmaterie zu regeln, ohne deren Regelung er
eine andere, ihm ausdrücklich zugewiesene Materie sinnvoll nicht regeln könnte.[1024] Das
Bundesverfassungsgericht hat die Möglichkeit einer solchen Kompetenzbegründung zugunsten des Bundes bzgl. des Rundfunkwesens, konkret bezogen auf eine etwaige Anknüpfung
an die Kompetenzzuweisung des Art. 73 Nr. 7 GG, verneint.[1025] Es ist nichts ersichtlich, was
hinsichtlich der anderen im Vorstehenden genannten Kompetenzzuweisungen der Art. 73, 74
und 75 GG zu einem abweichenden Ergebnis führen könnte.

jj) Der Grundsatz der Bundestreue als Kompetenzausübungsschranke

233   Bei der Wahrnehmung ihrer jeweiligen Kompetenzen haben *Bund und Länder* jeweils
aufeinander Rücksicht zu nehmen. Dies ergibt sich aus dem Grundsatz des bundesfreundlichen
Verhaltens.[1026] Diesen Grundsatz hat das Bundesverfassungsgericht in seinem 1. Rundfunkurteil
ausdrücklich auch als auf den Bereich des Rundfunkwesens anwendbar erklärt und ihn dabei
aus gegebenem Anlaß in gewisser Weise spezifiziert.[1027] Demzufolge seien – *in formaler Hinsicht*
– an „procedere und Stil" eventueller Verhandlungen zwischen Bund und Ländern gewisse Anforderungen zu stellen.[1028] In diesem Sinne ist es dem Bund etwa verwehrt, in Verhandlungen
einzelne Länder – womöglich aus parteipolitischen Gründen – zu benachteiligen, sie gar von
den Verhandlungen auszuschließen oder zu versuchen, die Länder gegeneinander auszuspielen.

Aber auch in *materieller Hinsicht* ergeben sich aus dem Grundsatz gewisse Konsequenzen.
So sei es dem Bund verwehrt, in einer Weise von seiner Befugnis zur Regelung des Fernmeldewesens Gebrauch zu machen, die darauf hinausliefe, den Rundfunkanstalten z. B. die
von ihnen benutzten Wellenbereiche zu nehmen oder sie bei der Verteilung von Frequenzen
nicht gebührend nach Maßgabe der landesgesetzlichen Regelungen über die Veranstaltung
von Rundfunksendungen zu berücksichtigen.[1029]

Daraus läßt sich die allgemeine Forderung ableiten, der *Bund* dürfe bei der Regelung der
fernmelderechtlichen Aspekte des Rundfunkwesens *keine „technischen Sachzwänge"* schaffen,
die die rundfunkrechtlichen/politischen Entscheidungen der Länder präjudizieren bzw. den
diesbezüglichen *Entscheidungsspielraum der Länder* gleichsam „auf Null reduzieren" würden.[1030]

[1021] BVerfGE 12, S. 205, 251 f.; 73, S. 118, 196; *Bullinger* AfP 1985, S. 4; *Gabriel-Bräutigam,* Rundfunkkompetenz, S. 85.
[1022] *Bullinger* AfP 1985, S. 7; *Kreile,* Kompetenz, S. 202 f.
[1023] *Ricker,* Einspeisung, S. 115; *Gabriel-Bräutigam,* Rundfunkkompetenz, S. 88.
[1024] Zu dieser Argumentationsfigur siehe *K. Hesse,* Rdz. 235 f.; *Maunz/Dürig/Herzog/Scholz,* GG,
Rdz. 15 zu Art. 30; BVerfGE 4, S. 407, 421.
[1025] BVerfGE 12, S. 205, 237.
[1026] Vgl. hierzu allgemein *K. Hesse,* Rdz. 268 ff.; *Stern* I, S. 644 ff., 699; *Bayer,* Bundestreue, S. 24 ff.,
77 ff.; *Bauer,* Bundestreue, S. 342, 355.
[1027] BVerfGE 12, S. 205, 239 f., 254 ff.
[1028] BVerfGE 12, S. 205, 225.
[1029] BVerfGE 12, S. 205, 239 f.
[1030] So sehr plastisch *Scherer,* Telekommunikationsrecht, S. 675 f.; siehe auch *A. Hesse,* Rundfunkrecht, S. 47.

Vielmehr ist der Bund umgekehrt gehalten, die einschlägigen rundfunkrechtlichen/politischen Entscheidungen der Länder abzuwarten und zu respektieren und sich in der Folge bei seinen eigenen fernmeldetechnischen Vorhaben danach auszurichten.[1031]

Der Grundsatz des *bundesfreundlichen Verhaltens* kommt auch *im Verhältnis der Länder unter-* **234** *einander* zum Tragen.[1032] Anwendungsfälle sind z. B. der Betrieb direktstrahlender Rundfunksatelliten, die Einspeisung privater Fernsehprogramme in die Kabelnetze aller Bundesländer, die Zulassung von Veranstaltern oder die Einführung privaten Rundfunks überhaupt.[1033] Hier ergibt sich eine „*Gesamtverantwortung der Länder*"[1034] i. S. einer Pflicht zur gemeinsamen überregionalen Aufgabenerfüllung, wenn regional unterschiedliche Lösungen aus übergeordneten Gesamtinteressen nicht mehr hingenommen werden können.[1035]

Diese Zusammenarbeitspflicht kann sich, je nachdem, welche Regelungsmaterie betroffen ist, im einzelnen jeweils unterschiedlich gestalten. So kann in Hinblick auf die Regelung der Verbreitung von Rundfunkprogrammen über direkt zu empfangende Satelliten eine Pflicht der betreffenden Länder angenommen werden, *Verhandlungen* aufzunehmen und bona fide zu führen mit dem Ziel, einen entsprechenden *Staatsvertrag* zu schließen. Man wird diese, aus dem Grundsatz der Bundestreue für das Bund-Länder-Verhältnis entwickelte Pflicht[1036] analog durchaus auch auf die Verhältnisse der Länder untereinander übertragen dürfen. Nicht angenommen werden kann in diesem Zusammenhang aber eine Pflicht der beteiligten Länder, einen Staatsvertrag in jedem Fall auch tatsächlich abzuschließen,[1037] zumal es im Falle des letztendlichen Scheiterns ernstgemeinter Bemühungen der Länder, zu einem Ergebnis zu kommen, hier immer noch die Möglichkeit gäbe, daß der Bund ausnahmsweise – dann wohl auf der Grundlage einer Kompetenz „kraft Natur der Sache" – eine übergreifende Gesamtregelung herbeiführt.[1038]

Eine weitere Ausprägung der Pflicht zur Zusammenarbeit ist die Pflicht der Länder, in **235** bestimmten Fällen ihr Vorgehen *untereinander abzustimmen*. Eine solche Abstimmungspflicht wird etwa hinsichtlich der Weiterverbreitung über Satellit herangeführter Programme in Kabelnetze angenommen.[1039] In derartigen Fällen, in denen eine gemeinsame Position der Länder herzustellen ist, gilt grundsätzlich, daß der Konsens aller beteiligten Länder herbeizuführen ist. Dies gebietet der Charakter der Länder als eigenständiger und einander insoweit gleichgeordneter Staaten.[1040] Eine Überstimmung eines einzelnen oder mehrerer widerstrebender Länder durch Herbeiführung eines Mehrheitsentscheids kann es dementsprechend grundsätzlich nicht geben; vielmehr gilt unter den Ländern die Einstimmigkeitsregel.[1041] Der Widerspruch eines Landes wäre allenfalls dann unbeachtlich, wenn er aus rein sachfremden Motiven erfolgte.[1042]

c) Einordnung der „neuen Medien" in das Schema der Kompetenzverteilung zwischen Bund und Ländern für die Gesetzgebung

Wurden bislang die verfassungsrechtlichen Vorgaben für die Kompetenzverteilung **236** zwischen Bund und Ländern zur Regelung des Rundfunkwesens anhand der „klassischen" Erscheinungsform von Rundfunk dargestellt, so ist im folgenden zu prüfen, ob und inwieweit

---

[1031] H. M., vgl. *Scherer,* Telekommunikationsrecht, S. 675 ff.; *Papier* DÖV 1990, S. 217, 220.

[1032] BVerfGE 12, S. 205, 254; 73, S. 118, 197.

[1033] Ausführlicher dazu *A. Hesse,* Rundfunkrecht, S. 47 ff.; *Ricker,* Privatrundfunk-Gesetze, S. 30; vgl. auch C Rdz. 10 ff.

[1034] *A. Hesse,* Rundfunkrecht, S. 49 f.

[1035] *Ricker,* Privatrundfunk-Gesetze, S. 29, m. w. N.

[1036] BVerfGE 39, S. 96, 119.

[1037] So aber wohl *A. Hesse,* Rundfunkrecht, S. 50.

[1038] Vgl. oben B Rdz. 229 ff.

[1039] BVerfGE 73, S. 118, 197; *A. Hesse,* Rundfunkrecht, S. 50; vgl. auch G Rdz. 40 ff.

[1040] BVerfGE 1, S. 14, 34.

[1041] BVerfGE 1, S. 299, 315; 41, S. 291, 308.

[1042] BVerfGE 39, S. 96, 119 f.; s. auch unten unter Rdz. 248 f. und unter G Rdz. 22.

neue Formen der Kommunikation von der Regelungskompetenz für das Rundfunkwesen erfaßt werden und sich in das diesbezügliche Schema einfügen lassen. Als derartige neue Formen der Kommunikation sind einmal solche Kommunikationsverfahren anzusehen wie die unter dem – allerdings unscharfen – Begriff der „*Neuen Medien*" zusammengefaßten Dienste Videotext, Kabeltext, Bildschirmtext, Faksimile-Zeitung usw.;[1043] zum anderen *Weiterentwicklungen des herkömmlichen Rundfunks* wie Pay-TV, pay-per-view, movie-on-demand, music-on-demand, video-on-demand, near-video-on-demand, interaktives Fernsehen etc.[1044]

237   Als primärer *Maßstab* für die jeweilige Einordnung dient der *Rundfunkbegriff*, d. h. es ist zu prüfen, ob und inwieweit die betreffenden Kommunikationsformen unter den herkömmlichen Rundfunkbegriff subsumierbar sind. Die Komponenten des Rundfunkbegriffes, auf die es hierbei ankommt, sind zum einen das Merkmal der „*Öffentlichkeit*" bzw. „*Allgemeinheit*", zum anderen das der „*fehlenden Interaktivität*", also das der Rundumverbreitung.[1045] Alle diejenigen Kommunikationsformen, die aufgrund ihrer inhaltlichen Struktur diesen Kriterien entsprechen und insoweit als „*Massenkommunikation*" anzusprechen sind, wären in der Folge unter den Rundfunkbegriff zu subsumieren. Damit unterfielen sie, wie die herkömmlichen Formen des Rundfunks auch, der Regelungskompetenz der *Länder*.[1046] Allerdings ist hier anzumerken, daß sich Massenkommunikation nicht in den Formen des Rundfunks erschöpft. Auch die Presse ist z. B. ein Mittel der Massenkommunikation. Dies ist hier zu berücksichtigen. In der Tat weisen einige der betreffenden „*Neuen Medien*" von ihrem inhaltlich-strukturellen Charakter her eine gewisse Nähe zu Erzeugnissen der Presse auf, so daß an eine entsprechende *Zuordnung zum Pressebegriff* gedacht werden könnte.[1047] Hier wäre dann an eine Kompetenzanknüpfung bei Art. 75 Nr. 2 GG *zugunsten des Bundes* zu denken.

238   Soweit jedoch einzelne Kommunikationsformen jenen Kriterien der Massenkommunikation, insbesondere des Rundfunkbegriffes nicht entsprechen, sind sie als „*Individualkommunikation*" einzustufen. Demnach könnten sie in der Folge in die Regelungskompetenz des Bundes, primär gemäß Art. 73 Nr. 7 GG, fallen.[1048] Diese Auffassung wird gelegentlich, in Anknüpfung an das „Direktruf"-Urteil des Bundesverfassungsgerichts,[1049] vertreten.[1050] Sie läßt sich allerdings nur insoweit aufrechterhalten, als sich die betreffenden Kommunikationsverfahren von ihrer inhaltlich-strukturellen Ausprägung her in der Tat als *genuine Fernmeldedienste* i. S. des Art. 73 Nr. 7 GG begreifen lassen. Sind die betreffenden Kommunikationsverfahren dagegen von ihrer inhaltlichen Struktur her gesehen nicht vornehmlich als Fernmeldedienste aufzufassen, so kann die Kompetenzzuweisung des Art. 73 Nr. 7 GG nicht in Anspruch genommen werden. Hier wird, soweit keine anderweitige direkte Anknüpfungsmöglichkeit an einer ausdrücklichen Kompetenzzuweisung im Katalog der Bundeszuständigkeiten gegeben ist, gemäß der Grundregel des Art. 70 Abs. 1 i. V. m. Art. 30 GG die Zuständigkeit der Länder anzunehmen sein.[1051]

Dem widerspricht auch nicht das „*Direktruf*"-Urteil des Bundesverfassungsgerichts. Dort ging es nicht um die grundsätzliche Abgrenzung von Individual- zu Massenkommunikation und die entsprechende Abgrenzung der Kompetenzbereiche von Bund und Ländern. Vielmehr stand dort nur, bezogen auf eine konkrete Übertragungstechnik, der Umfang des

---

[1043] Vgl. *Tettinger,* Neue Medien, S. 9 ff.; *Ferger/Junker* DÖV 1981, S. 439; *Rehbinder* ZUM 1995, S. 684; *Holznagel* ZUM 1996, S. 17; *Bullinger* JZ 1996, S. 385 ff.; *Schulz* ZUM 1996, S. 487 ff.

[1044] Siehe hierzu ausführlicher B Rdz. 55 f.

[1045] Vgl. hierzu den Rundfunkbegriff oben bei B Rdz. 69; ferner *Ferger/Junker* DÖV 1981, S. 443; *König,* Teletexte, S. 18 ff.

[1046] Vgl. *Ferger/Junker* DÖV 1981, S. 441.

[1047] Vgl. *König,* Teletexte, S. 114 ff., 188 ff.

[1048] Siehe auch B Rdz. 210 ff., 244a und oben 74 ff.

[1049] BVerfGE 46, S. 120.

[1050] Vgl. *Ferger/Junker* DÖV 1981, S. 442.

[1051] So zutreffend *Ferger/Junker* DÖV 1981, S. 440. Zum Umfang eines Regelungsinhalts vgl. oben unter B Rdz. 74 ff.

Fernmeldebegriffes des Art. 73 Nr. 7 GG und die Frage zur Debatte, ob die betreffende Technik (digitale Nachrichtenübertragung) unter den Begriff falle.

Im übrigen aber ist für alle betreffenden Kommunikationsverfahren, soweit sie auf der fernmeldetechnischen Übermittlung von Signalen beruhen, in Hinblick auf diese *fernmeldetechnische* Komponente – aber auch *nur* in Hinblick auf sie – die Regelungskompetenz des Bundes gemäß Art. 73 Nr. 7 GG gegeben.[1052]

aa) Video-, Kabeltext

Video- bzw. Kabeltext sind als Bestandteil des Rundfunks anzusehen,[1053] jedenfalls wenn **239** sie programmbegleitend gesendet werden und insoweit „*akzessorisch*" sind, sie gleichsam als Annex des Rundfunks angesehen werden können.[1054] Entsprechend fallen sie dann in die Regelungskompetenz der Länder. Im einzelnen ist hier etwa an Untertitel für Hörgeschädigte oder an Programmhinweise o. ä. zu denken.

Werden Informationen über Video/Kabeltext hingegen *eigenständig* angeboten, so kann **240** differenziert werden: zum einen könnte der Text wie ein, eben nur in einer besonderen, nämlich textlichen Form dargebotenes Tele-Nachrichtenmagazin betrachtet und somit dem Rundfunk zugeordnet werden.[1055] Entsprechend wäre wieder die Länderkompetenz gegeben. Entscheidend für diese Einordnung wäre wiederum, ob und inwieweit die betreffende Aussendung inhaltlich-strukturell den Kriterien der Massenkommunikation entspricht, und zwar i. S. der herkömmlichen Vorstellung von Rundfunk. Je mehr die Textsendung indes den Charakter einer *Teletext-Zeitung* annähme, sie als solche gar individuell abgerufen, durch entsprechende Vorrichtungen am Empfangsgerät durchgeblättert und am Ende ausgedruckt werden könnte („*Faksimile*"-*Zeitung*), sie also inhaltlich-strukturell mehr einem Presseerzeugnis gleicht, würde sie dann, unbeschadet ihrer besonderen Verbreitungsmethode mittels eines Fernmeldesystems, welche eine Bundeskompetenz gemäß Art. 73 Nr. 7 GG nahelegen könnte, aufgrund ihres besonderen inhaltlich-strukturellen Charakters unter die Kategorie der Presse und folglich unter die Kompetenzbestimmung des Art. 75 Nr. 2 GG zu subsumieren sein, die dem Bund hier eine Kompetenz zur Rahmengesetzgebung einräumt.[1056] Bislang hat der Bund von dieser Kompetenz allerdings noch keinen Gebrauch gemacht. Somit ist auch hier nach wie vor die volle Regelungskompetenz der Länder gegeben.

bb) Bildschirmtext

Besondere Einordnungsprobleme bereitet der Bildschirmtext (Btx). Sofern ihm nicht **241** zwischen den Möglichkeiten „Rundfunk (Massenkommunikation)" und „Individualkommunikation" eine Qualifizierung als Kommunikationsverfahren „sui generis" zugemessen wird,[1057] wird Btx überwiegend als ein Instrument der *Individualkommunikation* angesehen.[1058] Im Anschluß daran wird, dabei primär auf den Übertragungsweg qua Fernmeldeeinrichtung abstellend, eine Regelungskompetenz des *Bundes* gem. Art. 73 Nr. 7 GG angenommen.[1059]

[1052] Vgl. *Scherer*, Telekommunikationsrecht, S. 629.

[1053] Vgl. ausführlicher oben B Rdz. 56 f.

[1054] *Bullinger*, Kommunikationsfreiheit, S. 38; *Tettinger*, Neue Medien, S. 29; *König*, Teletexte, S. 45, 188 ff., 191, 193.

[1055] So R. *Scholz*, Audiovisuelle Medien, S. 35; *Paptistella* DÖV 1978, S. 753; *Tettinger*, Neue Medien, S. 30.

[1056] Vgl. hierzu *Bullinger*, Kommunikationsfreiheit, S. 39; *Tettinger*, Neue Medien, S. 27, 29; *König*, Teletexte, S. 53, 191, 193, 199 f.; *Koch*, Zuordnung, S. 291, bzgl. Faksimile-Zeitung, während bzgl. der Bildschirmzeitung, soweit sie am Ende nicht ausgedruckt wird, eine Subsumtion unter den Rundfunkbegriff vorgenommen wird, a. a. O., S. 280.

[1057] Vgl. *Bullinger*, Kommunikationsfreiheit, S. 37; *Schnoor*, in: Rechtsprobleme des Bildschirmtextes, S. 10; *Fuhr/Rudolf/Wasserburg*, S. 241; kritisch dazu *Scherer* NJW 1983, S. 1834.

[1058] *Ferger/Junker* DÖV 1981, S. 444, 446; *Florian*, in: Rechtsprobleme des Bildschirmtextes, S. 18; *Scherer* NJW 1983, S. 1834f., 1836; BT-Drs. 10/5663 (Medienbericht der Bundesregierung 1985), S. 84 f.; unklar *Koch*, Zuordnung, S. 283, 285, 290; *Tettinger*, Neue Medien, S. 29; vgl. auch *Bullinger*, Kommunikationsfreiheit, S. 36.

[1059] *Ferger/Junker* DÖV 1981, S. 446, 447; *Florian*, in: Rechtsprobleme des Bildschirmtextes, S. 20, 21; *Fuhr/Rudolf/Wasserburg*, S. 241.

Dieser Auffassung wird man allerdings nur insoweit zustimmen können, als die betreffende Erscheinungsform von Btx inhaltlich-strukturell in der Tat wie ein genuiner Fernmeldedienst einzustufen ist. Sollte dies nicht zutreffen und wäre die betreffende Erscheinungsform von Btx, auch in ihrer individualkommunikativen Variante, als etwas anderes, wenn auch nicht als Rundfunk einzustufen, so wäre hier, sofern dabei überhaupt etwas inhaltlich zu regeln ist,[1060] die *Restkompetenz der Länder* aufgrund von Art. 70 Abs. 1 i.V.m. Art. 30 GG gegeben. Eine Regelungskompetenz des Bundes gemäß Art. 73 Nr. 7 GG wäre hier lediglich insoweit gegeben, als die fernmelde*technischen* Aspekte betroffen wären.[1061]

Indes müssen nicht alle Btx-Aussendungen zwangsläufig den Charakter der Individualkommunikation haben. Vielmehr sind die Übergänge zur *Massenkommunikation* hier fließend,[1062] so daß eine Regelungskompetenz der Länder von daher in den Bereich des Möglichen rückt.[1063] Dies jedenfalls, wenn man den insoweit massenkommunikativ verstandenen Btx unter den *Rundfunkbegriff* faßt.[1064] Wird hingegen in derartig massenkommunikativ verstandenem Btx eher eine Affinität zu *Presseerzeugnissen* erblickt,[1065] so wäre wiederum der Anknüpfungspunkt des Art. 75 Nr. 2 GG gegeben.

Doch selbst wenn man für Btx eine, hier jedoch abgelehnte Qualifizierung als *Medium sui generis* vornähme, wäre damit noch keine automatische Kompetenz des Bundes gegeben. Vielmehr wäre hier zunächst, mangels spezieller Kompetenzzuweisung an den Bund im Kompetenzkatalog der Art. 73 ff. GG, die Regelungskompetenz der Länder gemäß Art. 70 Abs. 1 i. V. m. Art. 30 GG gegeben.[1066]

242   Zwischenzeitlich ist der *Streit* zwischen *Bund* und *Ländern* über die Kompetenzen zur Regelung von Btx insoweit zu einem gewissen Abschluß gekommen, als die Länder Fragen des Btx nunmehr untereinander in einem *Staatsvertrag* geregelt haben.[1067] Allerdings ist der Konflikt nicht endgültig ausgeräumt. Auch ist das Vorgehen der Länder nicht ganz unkritisch zu sehen. Zwar wird man im Ergebnis über weite Strecken eine Regelungskompetenz der Länder annehmen können, sei es, daß man Btx als Massenkommunikation oder als Medium sui generis auffaßt, ja sogar in Hinblick auf bestimmte Spielarten von Btx, die als Individualkommunikation aufzufassen sind. Was jedoch Bedenken begegnet, ist, daß die Länder in dem Staatsvertrag auch Aspekte des Btx einer Regelung unterworfen haben, die, wie die fernmeldetechnischen Aspekte, zweifellos in die Regelungskompetenz des Bundes fallen.[1068] In jedem Fall in die Regelungskompetenz des Bundes gemäß Art. 73 Nr. 7 GG fallen nämlich die fernmeldetechnischen Komponenten von Btx, ganz gleich, ob die betreffende Spielart von Btx als solche als Massenkommunikation, Individualkommunikation oder Medium sui generis eingeordnet wird.[1069] Im übrigen ist darauf aufmerksam zu machen, daß gerade bei Btx, insbesondere soweit dabei kommerzielle Dienste angeboten werden, in stärkerem Maße auch Gesetzgebungskompetenzen des Bundes aufgrund von Art. 74 Nr. 1 (Bürgerliches Recht; Strafrecht) und Nr. 11 (Recht der Wirtschaft) GG in Betracht kommen.[1070]

[1060] Vgl. hierzu auch *Schnoor,* in: Rechtsprobleme des Bildschirmtextes, S. 14.

[1061] In diesem Sinne auch *Scherer* NJW 1983, S. 1834 f.

[1062] So etwa, Btx insoweit jedenfalls *auch* als Massenkommunikation einordnend, *Bullinger,* Kommunikationsfreiheit, S. 37; *König,* Teletexte, S. 45; *Paptistella* DÖV 1978, S. 753; *Scherer* NJW 1983, S. 1835; *Fuhr/Rudolf/Wasserburg,* S. 240; a.A. *Ferger/Junker* DÖV 1981, S. 444 ff.; vgl. auch BT-Drs. 10/5663 (Medienbericht der Bundesregierung 1985), S. 84 f.

[1063] Siehe *Bullinger,* Kommunikationsfreiheit, S. 37, 87; *Fuhr/Rudolf/Wasserburg,* S. 240, 542.

[1064] So *Scherer* NJW 1983, S. 1835, 1836.

[1065] So *König,* Teletexte, S. 195 f.; *Tettinger,* Neue Medien, S. 29.

[1066] So auch *Scherer* NJW 1983, S. 1834; vgl. aber auch *Fuhr/Rudolf/Wasserburg,* S. 241.

[1067] Btx-Staatsvertrag, GVOBl. Mecklenburg-Vorpommern 1991, S. 494, 520.

[1068] Kritisch diesbezüglich etwa *Fuhr/Rudolf/Wasserburg,* S. 241; *Scherer* NJW 1983, S. 1838.

[1069] Vgl. *Scherer* NJW 1983, S. 1833 f.; *ders.,* Telekommunikationsrecht, S. 640; *Schnoor,* in: Rechtsprobleme des Bildschirmtextes, S. 8.

[1070] So auch *Schnoor,* in: Rechtsprobleme des Bildschirmtextes, S. 11; *Florian,* ebenda, S. 20; *Fuhr/Rudolf/Wasserburg,* S. 241.

cc) Pay-TV

Pay-TV wird zunächst zweifellos als *Rundfunk* i. S. des herkömmlichen Rundfunkbegrif- **243** fes anzusehen sein.[1071] Dies gilt zumindest für diejenigen Formen des Pay-TV, die in ihrer Struktur – Allgemeinheit, mangelnde Interaktivität – dem herkömmlichen Fernsehen entsprechen und deren einzige Besonderheit gegenüber diesem herkömmlichen Fernsehen in der besonderen Art und Weise der Entgeltentrichtung besteht. Dies bezieht sich auch auf Formen wie „pay-per-view". Auch „near-video-on-demand" wäre hier einzuordnen.[1072] In bezug auf sie ist in der Folge die Regelungskompetenz der Länder, was den „kulturrechtlichen" Aspekt betrifft, gegeben.

Allerdings gibt es Formen des Pay-TV (z. B. vollindividualisiertes Pay-TV in Gestalt des **244** Einzelabrufs), die nicht mehr unter den herkömmlichen Rundfunkbegriff zu subsumieren sind.[1073] Hierunter fallen solche Formen wie „video-on-demand", „movie-on-demand" oder „music-on-demand". Ebenso zählt hierzu das „interaktive Fernsehen". Sie alle erfüllen die Kriterien der „Allgemeinheit" und/oder der „fehlenden Interaktivität" nicht mehr und sind damit nicht mehr als Rundfunk i. S. der herkömmlichen Definition zu begreifen, vielmehr dem Bereich der *Individualkommunikation* zuzuordnen.[1074] Soweit diese Kommunikationsformen als *reine Fernmeldedienste* aufzufassen sind, ergibt sich zunächst eine Regelungskompetenz des *Bundes* aufgrund Art. 73 Nr. 7 GG. Ansonsten bleibt hier, in Ermangelung einer anderweitigen Anknüpfungsmöglichkeit im Katalog der Bundeszuständigkeiten in den Art. 73 ff. GG, z. B. gemäß Art. 73 Nr. 9 GG für das Urheberrecht oder gemäß Art. 74 Nr. 1 GG für das Bürgerliche oder Strafrecht als Teilen der allgemeinen Rechtsordnung, und sofern hier überhaupt ein Bedarf für eine staatliche Regelung gegeben ist, allenfalls eine Regelungskompetenz der *Länder* als *Restkompetenz* gemäß Art. 70 Abs. 1 i.V.m. Art. 30 GG erhalten.

dd) Die Bund-Länder-Absprache vom 1. Juli 1996

Nach erheblichen Auseinandersetzungen über die Zuständigkeit zur Regelung von Kom- **244a** munikationsbereichen außerhalb des Rundfunks haben Bund und Länder nunmehr einen Weg gefunden, der zu einer vor allem in der Praxis notwendigen Klärung führt.

Entscheidend dürfte die Regelung des § 20 Abs. 2 RStV sein, die die Abgrenzung zwischen Formen des Rundfunks und der Individualkommunikation bringt.[1075] Wenngleich die dort gefundene Lösung dogmatisch nicht befriedigt, weil sie einer materiellen Abgrenzung zwischen Rundfunk und anderen Kommunikationsformen entbehrt, kann ihr vor dem Hintergrund der Bedürfnisse der Praxis deswegen zugestimmt werden, weil durch die Notwendigkeit einer einvernehmlichen Feststellung eines Angebotes als Rundfunk durch alle Landesmedienanstalten eine hinreichende Sicherheit dafür geschaffen wurde, daß der Rundfunkbegriff nicht unverhältnismäßig ausgedehnt wird.

Neben der so gewonnenen Abgrenzung des Rundfunks von anderen Formen der Kommunikation zeigt sich das Einvernehmen zwischen Bund und Ländern darin, daß neue Angebotsformen nunmehr dem jeweiligen Kompetenzträger konkret zugeordnet wurden. Auch hier wurde die Dogmatik zurückgestellt und statt dessen die „reine Individualkommunikation" sowie die „Datendienste und Telespiele" dem Bund zugeordnet,[1076] während den Ländern neben den unterschiedlichen Formen des Rundfunks die „elektronische Presse" und „Video-on-demand" zur Regelung überlassen wurden.[1077]

[1071] Zur Begriffsbestimmung vgl. oben B Rdz. 58 ff.

[1072] Vgl. oben B Rdz. 62 ff.

[1073] Vgl. *Bullinger*, Kommunikationsfreiheit, S. 43.

[1074] Vgl. oben B Rdz. 68 ff.

[1075] Siehe hierzu oben B Rdz. 74 ff.

[1076] Vgl. Erinnerungsvermerk des Bund-Länder-Gesprächs vom 2. 7. 1996, Ziff. 4c abgedr. in epd, Nr. 46.

[1077] Vgl. Erinnerungsvermerk des Bund-Länder-Gesprächs vom 2. 7. 1996, Ziff. 4c abgedr. in epd, Nr. 46.

Schließlich ist die Einigung zwischen Bund und Ländern darin zu sehen, daß beide Kompetenzträger bemüht sind, die Beanspruchung der Kompetenz der jeweiligen anderen Seite anzuerkennen. So wurden etwa das Gegendarstellungsrecht sowie Auskunftsrechte den Ländern zugeordnet, während der Bund vor allem auf dem Gebiet des Strafrechts, des Jugendschutzes und des Datenschutzes seine Kompetenz wahrnehmen soll. Dabei sind sowohl Bund als auch Länder bemüht, zu übereinstimmenden Regelungen zu kommen. Dies wird durch den Entwurf für einen Staatsvertrag über Mediendienste[1078] sowie durch den Regierungsentwurf für ein Informations- und Kommunikationsdienste-Gesetz des Bundes[1079] deutlich.

d) Verwaltungskompetenzen von Bund und Ländern
aa) Grundregel

245   Gemäß Art. 83 GG ist die *Ausführung von Bundesgesetzen* – für Landesgesetze gilt dies eo ipso – Sache der *Länder*, soweit das Grundgesetz nichts anderes bestimmt oder zuläßt. Für die Praxis, gerade auch im vorliegenden Zusammenhang, bedeutet dies, daß die Ausführung des größten Teiles der Bundesgesetze, die eventuell auf der Grundlage der im Vorstehenden genannten Kompetenzbestimmungen, die dem Bund eine Gesetzgebungskompetenz einräumen, erlassen werden, in die Verwaltungskompetenz der Länder fällt.

bb) Bundeseigene Verwaltung im Bereich des Fernmeldewesens (Telekommunikation)

246   Etwas anderes gilt lediglich in bezug auf die Gesetzgebungskompetenz des Bundes für das *Fernmeldewesen (Telekommunikation)* gemäß Art. 73 Nr. 7 GG. Hier war die *Verwaltungskompetenz bis* zu einer Grundgesetzänderung im Jahre *1994*, bei der die betreffende Bestimmung gestrichen worden ist, aufgrund der diesbezüglichen ausdrücklichen Kompetenzzuweisung des Art. 87 Abs. 1 Satz 1 GG dem *Bund* (Bundespost) zugekommen. Hierzu hatte das Bundesverfassungsgericht in weiterer Folge in seinem 1. Rundfunkurteil allerdings festgestellt, daß die diesbezügliche Gesetzgebungskompetenz des Bundes auch die äußerste Grenze für dessen Verwaltungsbefugnisse bezeichne. „Bundespost" in Art. 87 Abs. 1 könne nicht mehr umfassen als „Post- und Fernmeldewesen" in Art. 73 Nr. 7 GG.[1080] Daraus folgte, daß der Bund (durch die Bundespost) auf die inhaltliche Gestaltung entsprechender Rundfunk-, aber auch anderer Telekommunikationsdienste, soweit sie nicht in der Regelungskompetenz des Bundes gemäß Art. 73 Nr. 7 GG liegen, auch im Wege der Verwaltungstätigkeit keinen Einfluß nehmen durfte, der über zwingende technische Gegebenheiten hinausging.[1081]

Aufgrund der *Postreform,* in deren Rahmen die Deutsche Bundespost weitestgehend privatisiert worden ist, haben sich auch bei den einschlägigen Grundgesetzbestimmungen *Änderungen* ergeben. Im Kern ändert sich dadurch, was die hier interessierenden Fragen betrifft, allerdings nichts. Als Ersatz für die obenzitierte Vorschrift des Art. 87 Abs. 1 Satz 1 GG wurde in dem neuen Art. 87 f Abs. 2 Satz 2 GG nunmehr, abgestimmt auf die Privatisierung von Teilen der bisherigen Aufgaben der Bundespost und die dadurch bewirkte Trennung in privatisierte Tätigkeitsfelder einerseits und noch hoheitlich verbliebene Aufgaben andererseits, bestimmt, daß die Hoheitsaufgaben im Bereich des Postwesens und der Telekommunikation in bundeseigener Verwaltung ausgeführt werden. Diese Bestimmung entspricht inhaltlich, abgesehen davon, daß sich die Breite des Tätigkeitsfeldes der betreffenden bundeseigenen Verwaltungsträger im Vergleich zu früher verringert hat, im wesentlichen der alten Bestimmung des Art. 87 Abs. 1 Satz 1 GG. Insoweit gilt das, was im Vorstehenden zu der Vorschrift

---

[1078] Vgl. Mediendienste-Staatsvertrag (Stand: 20.01./07.02 1997).

[1079] Vgl. Informations- und Kommunikationsdienste-Gesetz (JuKDG), Regierungsentwurf (Stand: Juni 1997). Vgl. Engel-Flechsig, ZUM 1997, S. 231 ff., 237

[1080] BVerfGE 12, S. 205 ff, 250.

[1081] Siehe hierzu *König,* Teletexte, S. 56; vgl. auch *Lerche,* in: *Maunz/Dürig/Herzog/Scholz,* GG, Art. 87, Rdz. 107.

des Art. 87 Abs. 1 Satz 1 GG dargelegt worden ist, auch im Hinblick auf die neue Norm des Art. 87 f Abs. 2 Satz 2 GG. Das heißt, daß die Verwaltungsbefugnisse der neuen bundeseigenen Behörden ebenfalls nicht weiter gehen können als die Regelungsbefugnisse, die dem Bund aufgrund von Art. 73 Nr. 7 GG, bezogen nunmehr auf *hoheitliche Aufgaben* des Postwesens und der Telekommunikation, zugewiesen sind. Konkret werden die einzelnen hoheitlichen Aufgaben, insbesondere die Frequenzverwaltung, soweit nicht die neugegründete Bundesanstalt für Post und Telekommunikation „Deutsche Bundespost"[1082] zuständig ist, gemäß § 3 des Gesetzes über die Regulierung der Telekommunikation und des Postwesens[1083] durch das Bundesministerium für Post und Telekommunikation wahrgenommen.[1084]

cc) Der Grundsatz der Bundestreue

Im übrigen gelten auch bei der Abgrenzung der Kompetenzbereiche der einzelnen Ver- **247** waltungen – mutatis mutandis – die oben im Zusammenhang mit der Kompetenzabgrenzung im Bereich der Gesetzgebung erörterten allgemeinen Prinzipien. Hier ist noch einmal gesondert auf den Grundsatz der *Bundestreue* zurückzukommen. Er kommt auch im Bereich der *Verwaltung* sowohl im Verhältnis *zwischen Bund und Ländern* als auch in dem Verhältnis *zwischen den Ländern* untereinander zur Geltung.[1085]

Was speziell letzteres betrifft, so ergibt sich auch hier wiederum eine in der Intensität abgestufte Reihe von wechselseitigen *Rücksichtnahmeverpflichtungen* und -ansprüchen, die auf dem oben angesprochenen Gedanken der *Gesamtverantwortung der Länder*[1086] für übergreifende Aufgaben der Verwaltung, insbesondere im Rundfunkwesen, fußen. Im einzelnen kann dies eine Pflicht der Länder implizieren, ihr Vorgehen untereinander abzustimmen, beispielsweise bei der Weiterverbreitung über Satellit herangeführter Programme u.ä. Sachverhalten.[1087] Positivrechtlich normiert wurde eine derartige *Abstimmungspflicht* in § 38 Abs. 2 RStV hinsichtlich der Zulassung privater Programmanbieter zur Veranstaltung von Rundfunk, falls mehr als eine Landesmedienanstalt für die Zulassung zuständig ist.[1088] Lediglich – aber immerhin – eine *Unterrichtungspflicht* ergibt sich dagegen in dem Fall, daß eine Landesmedienanstalt allein für die Zulassung zuständig ist.[1089]

Allerdings stellt sich auch hier in den Fällen, in denen eine Zusammenarbeitspflicht i.S. **248** einer Abstimmungsverpflichtung statuiert wird, die Frage, wie weit diese Pflicht im einzelnen reicht, insbesondere, ob sie auch die Pflicht umfaßt, letztlich tatsächlich zu einer Einigung zu gelangen. Grundsätzlich wird man dies aufgrund des tradierten Verständnisses der Länder als insoweit autonomen Handlungseinheiten verneinen müssen. Allerdings wird in zunehmendem Maße die Alternative diskutiert, in bestimmten Fällen, in denen eine einvernehmliche Lösung unter den Ländern nicht herstellbar ist, eine solche aus übergeordneten, auf das Ganze bezogenen Gründen aber geboten erscheint, von der Einstimmigkeitsregel abzuweichen und einen *Mehrheitsentscheid* zuzulassen. Solche Fälle sind etwa anstehende Entscheidungen der Landesrundfunkanstalten zur Frequenzverteilung oder zur Konzentrationsvorsorge bei der Zulassung privater Rundfunkveranstalter, insbesondere im Hinblick auf bundesweite Veranstalter.[1090] Dieser Weg begegnet allerdings nicht unerheblichen *verfassungs-*

[1082] Gesetz über die Errichtung einer Bundesanstalt für Post und Telekommunikation Deutsche Bundespost, BGBl. 1994 I, S. 2325; vgl. §§ 66 ff. Telekommunikationsgesetz v. 25.7.1996, BGBl. I, S. 1120.

[1083] BGBl. 1994 I, S. 2371.

[1084] Vgl. ausführlicher *Gramlich* NJW 1994, S. 2784 ff.; *Schulz* Juristische Arbeitsblätter 1995, S. 417 ff.; Das Gesetz über die Regulierung der Telekommunikation und des Postwesens tritt gemäß seinem § 23 mit Ablauf des 31.12.1997 außer Kraft. Danach gehen die genannten Zuständigkeiten auf die gemäß § 66 Telekommunikationsgesetz neuerrichtete Regulierungsbehörde, eine Bundesoberbehörde in Bonn, über.

[1085] Vgl. *Bayer,* Bundestreue, S. 86 ff., 110 ff.; *Bauer,* Bundestreue, S. 294 ff., 330f.

[1086] Vgl. oben Rdz. 233 ff., insb. 234.

[1087] Vgl. G Rdz. 27 f.

[1088] Vgl. hierzu auch OVG Magdeburg, LKV 1994, S. 60,63; siehe unten G Rdz. 23 ff.

[1089] BayVGH, NVwZ-RR 1993, S. 552, 556.

[1090] Vgl. hierzu auch unten G Rdz. 16 ff.

rechtlichen Bedenken, die sich vor allem aus dem Staatscharakter der deutschen Bundesländer[1091] speisen.[1092] Gleichwohl kommen derartige Formen der „erleichterten" Zusammenarbeit in der föderalen Verwaltungspraxis vor[1093] und finden *höchstrichterliche Billigung.*[1094]

Man wird einer solchen Vorgangsweise letzten Endes zustimmen können, wenngleich auch nur in engen Grenzen und unter strikten *Kautelen.* Erste Voraussetzung muß selbstverständlich sein, daß die betreffenden *Länder* dem Verfahren, das sich aus ihrer eigenstaatlichen Sicht ja als Verlust an Hoheitsmacht, quasi als „Souveränitätsverlust" darstellt, ausdrücklich *zustimmen.* Zweitens muß die Abtretung der Hoheitsmacht so gestaltet sein, daß sie von dem betreffenden Land, das dies wünscht, wieder voll *rückgängig* gemacht werden kann.[1095] Entscheidend ist auch das *Quot,* also die Meßgröße für die Mehrheit. Angesichts des eigenständigen Staatscharakters der Bundesländer wird man hier ein nicht zu geringes Erfordernis (z.B. 3/4, 4/5) verlangen dürfen. Eine Rolle spielt auch, ob und inwieweit *Verfahrens- oder inhaltliche Fragen* Gegenstand der betreffenden Entscheidungen sind[1096] sowie, inwieweit die *Entscheidungen verbindlich* sein sollen.[1097] Schließlich ist es sicherlich nicht zulässig, Entscheidungsbefugnisse in Sachbereichen einem Mehrheitsentscheid zu unterstellen, die *zentrale staatliche Hoheitsaufgaben* darstellen[1098] oder die dem *Parlament vorbehalten* sind. In Bereichen dagegen, die von vornherein nicht zu den zentralen Hoheitsaufgaben zählen, da sie, wie dies insbesondere auf den Rundfunk zutrifft, staatsfrei sind, erscheint die vorsichtige, streng konditionierte Anwendung der Mehrheitsregel durchaus vertretbar.[1099]

e) Kompetenzverteilung zwischen Legislative und Exekutive

249   Bei der Abgrenzung der Befugnisse zwischen Exekutive und Legislative – sei es auf Bundes-, sei es auf Länderebene – ist der sog. *Wesentlichkeitsgrundsatz* zu beachten. Er besagt, daß das Wesentliche einer Regelung jeweils durch ein Parlamentsgesetz bestimmt werden muß und nicht der Exekutive zur Entscheidung überlassen werden darf.[1100] Als wesentlich gelten dabei vor allem Regelungen, die *grundrechtsrelevant* sind, das heißt, die wesentlich für die Verwirklichung der Grundrechte sind, insbesondere auch solche, die etwaige Grundrechtskollisionen zum Ausgleich bringen.[1101]

Speziell im Rundfunkbereich unterfallen nach der Rechtsprechung des Bundesverfassungsgerichts dem Wesentlichkeitsgrundsatz etwa die Entscheidung über die *Grundlinien der Rundfunkordnung* mit dem Ziel der Gewährleistung der Meinungsvielfalt;[1102] die Sicherung der Grundversorgung durch die *Gewährleistung* der erforderlichen technischen, organisatorischen, personellen und finanziellen Voraussetzungen für den *öffentlich-rechtlichen Rundfunk* im Rahmen einer dualen Rundfunkordnung;[1103] die Regelung der *Organisationsstruktur*[1104] und

---

[1091] BVerfGE 1, S. 14, 34; st. Rspr.

[1092] Vgl. hierzu nur *Stern* I, S. 758; *Lerche,* in: *Maunz/Dürig/Herzog/Scholz,* GG, Art. 83, Rdz. 113 ff.; jeweils m.w.N.

[1093] Siehe die Nachweise bei *Pietzcker,* in: *Starck* (Hrsg.), Zusammenarbeit der Gliedstaaten im Bundesstaat, S. 17 ff.

[1094] Vgl. BVerwGE 22, S. 299; 23, S. 194.

[1095] So auch *Pietzcker,* in: *Starck (Hrsg.),* Zusammenarbeit der Gliedstaaten im Bundesstaat, S. 61 f.

[1096] Vgl. *Pietzcker,* in: *Starck (Hrsg.),* Zusammenarbeit der Gliedstaaten im Bundesstaat, S. 23.

[1097] Hierzu *Pietzcker,* in: *Starck (Hrsg.),* Zusammenarbeit der Gliedstaaten im Bundesstaat, S. 24, 28 f., 51 f., 64.

[1098] In diesem Sinne etwa *Lerche,* in: *Maunz/Dürig/Herzog/Scholz,* GG, Art. 87, Rdz. 115; *Pietzcker,* in: *Starck (Hrsg.),* Zusammenarbeit der Gliedstaaten im Bundesstaat, S. 61.

[1099] Vgl. auch noch einmal unten G Rdz. 13 ff.

[1100] *Stern* I, S. 811 f.; *K. Hesse,* Rdz. 509; für den vorliegenden rundfunkrechtlichen Zusammenhang insb. BVerfGE 57, S. 295, 321; ferner *Gersdorf,* Staatsfreiheit, S. 129 ff. 267 ff.

[1101] BVerfGE 47, S. 46, 79; 57, S. 295, 321.

[1102] BVerfGE 73, S. 118, 153; siehe ausführlicher unten C Rdz. 2 ff., 6 ff.

[1103] BVerfGE 73, S. 118, 157 f.; 75, S. 297, 325 f.; 83, S. 238, 298; sowie unten C Rdz. 10 ff.

[1104] Ausführlicher dazu C Rdz. 24 ff.

der *Finanzierung* des Rundfunks;[1105] die Regelung der *Zulassung zur Veranstaltung* von Rundfunk und der Festlegung von *Auswahlkriterien für private Bewerber;*[1106] die Regelung der *Zuordnung von Übertragungskapazitäten*[1107] oder die Normierung einer – wenn auch nur begrenzten – Staatsaufsicht.[1108]

Bei seiner Ausgestaltungstätigkeit genießt der *Gesetzgeber* im übrigen einen *weiten Gestaltungsspielraum.*[1109] Er ist dabei jedoch *nicht ungebunden.* So darf die gesetzgeberische Ausgestaltung der Rundfunkfreiheit nicht zu einer Beschränkung des Grundrechts führen;[1110] auch muß sie den Kriterien des Grundsatzes der *Verhältnismäßigkeit* (Geeignetheit, Erforderlichkeit, Zumutbarkeit) entsprechen. **250**

f) Kompetenzverteilung zwischen staatlichen und nichtstaatlichen Verwaltungsträgern

Zu beachten ist im vorliegenden Zusammenhang schließlich auch die Kompetenzverteilung zwischen staatlichen und nichtstaatlichen bzw. unterstaatlichen Verwaltungsträgern, wie z.B. den Landesmedienanstalten, aber auch den öffentlich-rechtlichen Rundfunkanstalten. Insbesondere das Gebot der *Staatsfreiheit*[1111] erlegt hier der staatlichen Regelungstätigkeit Schranken auf. **251**

[1105] BVerfGE 57, S. 295, 321; 87, S. 181, 198; 90, S. 60, 98 f.; sowie unten C Rdz. 73 ff.

[1106] BVerfGE 57, S. 295, 326 f.; 73, S. 118, 153 f.

[1107] BVerfGE 83, S. 238, 322 f.; hierzu ausführlicher D Rdz. 71 ff.

[1108] BVerfGE 73, S. 118, 153.

[1109] BVerfGE 83, S. 238, 334.

[1110] BVerfGE 57, S. 295, 321.

[1111] Ausführlicher dazu *Gersdorf,* Staatsfreiheit, passim, insb. S. 151 ff., 219 ff.; sowie unten D Rdz. 1 ff.

C. Die Rundfunkmodelle

I. Die Wahlfreiheit des Gesetzgebers

1   Nach der ständigen Rechtsprechung des Bundesverfassungsgerichts erfordert die Aufgabe der Rundfunkfreiheit, die wie alle Garantien des Art. 5 Abs. 1 Satz 2 GG der Gewährleistung freier, individueller und öffentlicher Meinungsbildung dient[1], eine *positive Ordnung,* welche sicherstellt, *„daß die Vielfalt der bestehenden Meinungen im Rundfunk in möglichster Breite und Vollständigkeit Ausdruck findet“.* Dazu sind materielle, organisatorische und Verfahrensregelungen notwendig, die an der Aufgabe der Rundfunkfreiheit orientiert und deshalb geeignet sind zu bewirken, was Art. 5 Abs. 1 GG gewährleisten soll. Wie der Gesetzgeber seine Aufgabe erfüllen will, ist in den von der Garantie gezogenen Grenzen von ihm selbst zu bestimmen.[2]

II. Das Ziel: Die Sicherung des Pluralismus

2   Dem Gesetzgeber obliegt zunächst die Entscheidung über die *Grundlinien* der *Rundfunkordnung.* Er hat dafür zu sorgen, daß das Gesamtangebot der inländischen Programme der bestehenden Meinungsvielfalt im wesentlichen entspricht, daß der Rundfunk nicht einer oder einzelnen gesellschaftlichen Gruppen ausgeliefert wird und daß die in Betracht kommenden Kräfte zu Wort kommen können.[3]

1. Das Demokratieprinzip als Wurzel des Pluralismus

3   Bei der Entscheidung für eine bestimmte organisationsrechtliche Ausgestaltung des Rundfunks hat sich der parlamentarische Gesetzgeber somit an dem Ziel zu orientieren, den *Pluralismus* als wesentliches Strukturprinzip der Rundfunkfreiheit *zu sichern,*[4] wodurch seiner Ausgestaltungsfreiheit auch *Grenzen* gesetzt werden. Denn gesetzliche Maßnahmen, die nicht der Sicherung des Pluralismus und damit auch der Rundfunkfreiheit dienen, sind von seiner Ausgestaltungsfreiheit nicht mehr gedeckt. Wie das Bundesverfassungsgericht festgestellt hat, findet die Freiheit des Gesetzgebers *„zu organisatorischer Gestaltung … an dieser Bindung ebenso ihre Schranken wie seine Befugnis, selbst geschaffene Regelungen wieder aufzuheben oder zu ändern“.*[5]

4   Maßgeblich für das Strukturprinzip des Pluralismus als Verfassungsgebot im Rundfunk sind im wesentlichen *zwei Wurzeln:* Zum einen ergibt sich das Pluralismusgebot im Rundfunk-

---

[1] BVerfGE 57, S. 295 ff., 319 f.; 74, S. 118 ff., 153; 83, S. 238 ff., 314; 90, S. 60 ff., 93 f.

[2] BVerfGE 57, S. 295 ff., 320 f.; 73, S. 118 ff., 153; 83, S. 238 ff., 315; *Ricker* NJW 1991, S. 2197 f., *ders.* in Privatrundfunkgesetze im Bundesstaat, S. 31 f.; *Herrmann,* Rundfunkrecht, § 20 Rdz. 9 ff., § 23 Rdz. 16 f.; *Hesse,* Rundfunkrecht, S. 43 f.; *von Mangoldt/Klein/Starck,* GG, Art. 5, Rdz. 37 f.; *Maunz/Dürig/Herzog/Scholz,* GG, Art. 5, Abs. 1, 2, Rdz. 108 f.

[3] BVerfGE 73, S. 118 ff., 153; vgl. auch BVerfGE 57, S. 295 ff., 320 f.

[4] Vgl. BVerfGE 12, S. 262 f.; 31, S. 322 ff., 325 ff.; 57, S. 323 ff.; 60, S. 65; *Ricker,* Privatrundfunkgesetze im Bundesstaat, S. 32 f.; *A. Hesse,* Rundfunkrecht, § 7 Rdz. 77 ff.; *Klein,* Die Rundfunkfreiheit, S. 28 f.; *Pestalozza* NJW 1981, S. 2158 f.; *Schmidt,* Rundfunkvielfalt, S. 36 ff.

[5] BVerfGE 74, S. 297 ff., 334; vgl. hierzu oben unter B Rdz. 101 ff.

wesen unmittelbar aus dem *demokratischen Prinzip*.[6] Es setzt den Widerstreit verschiedener Auffassungen voraus, die sich vor allem in Rede und Gegenrede bilden.[7] Dieser Prozeß kann nur stattfinden, wenn das Rundfunkwesen pluralistisch strukturiert[8] ist und somit gewährleistet, daß auf Verbreitung angelegte Meinungen nicht von der öffentlichen Meinungsbildung ausgeschlossen werden.[9] Dabei kann es indessen nicht darum gehen, den Pluralismus der Meinungen im Rundfunk *künstlich* zu verbreitern.[10] Der Gesetzgeber muß bei der Ausgestaltung des Rundfunks nicht auf diejenigen Rücksicht nehmen, die sich etwa aus politischen Gründen von dem Meinungs- und Willensbildungsprozeß im Rundfunk fernhalten und somit von ihrer *negativen Kommunikationsfreiheit* Gebrauch machen.[11] Diese Meinungen dürften nicht „*auf Verbreitung*" angelegt sein. Der Landesgesetzgeber ist daher nicht verpflichtet, unabhängig von dem Partizipationswillen der unterschiedlichen Gruppen ein plurales Spektrum vorzuschreiben, das sich über deren selbstgewählte Meinungsabstinenz hinwegsetzt.[12]

2. Das Sozialstaatsgebot als Wurzel des Pluralismus

Zum anderen basiert das Pluralismusgebot auf der Verpflichtung des *Sozialstaates,* die Voraussetzungen für die Wahrnehmung grundrechtlicher Freiheiten zu schaffen und zu sichern.[13] **5** Die Verpflichtung zur Achtung des Pluralismus weist dem Gesetzgeber die Aufgabe zu, den Widerstreit unterschiedlicher Meinungen zu ermöglichen.[14] Dabei ist zu berücksichtigen, daß sich die Kommunikationsfreiheit als Recht zur geistigen Auseinandersetzung mit unterschiedlichen Ansichten und damit als ein offenes Ausübungsrecht darstellt.[15]

Gegenstand der die Grundrechte ausgestaltenden Sozialstaatsverpflichtung ist somit der **6** Schutz eines nach allen Seiten hin *offenen Meinungsmarktes*.[16] Die Bereitstellung der Rundfunkordnung, mit der die Voraussetzungen des Meinungsmarktes geschaffen und dieser selbst effektuiert wird, obliegt dabei dem parlamentarischen Gesetzgeber. Nach der Rechtsprechung des Bundesverfassungsgerichts sind *wesentliche Entscheidungen* von dem Parlament selbst zu treffen. Die Wesentlichkeit wird dabei durch die Grundrechtsrelevanz bestimmt. Dazu gehören alle Regelungen, die die Grundrechtsausübung betreffen oder die dem Ausgleich kollidierender Grundrechtspositionen dienen.[17]

---

   [6] Vgl. *Klein, Hans-Hugo,* Die Rundfunkfreiheit, S. 55; *Hermann,* Rundfunkrecht, § 6 Rdz. 1, 6 f.; *Maunz / Dürig / Herzog / Scholz,* GG, Art. 5, Rdz. 82 ff., 118 f., 194 f., *Maunz / Zippelius,* Staatsrecht, § 10 III; *Hesse, Konrad,* VVDStRL 17, S. 19 ff.; *Ricker,* Privatrundfunkgesetze im Bundesstaat, S. 32 f.; *ders.* NJW 1981, S. 2197 f.; vgl. hierzu auch oben unter B Rdz. 79 ff., 101 ff. und unten unter E Rdz. 1 ff.

   [7] BVerfGE 12, S. 125; 57, S. 319 ff.

   [8] BVerfGE 12, S. 262 f.; 31, S. 322; 57, S. 323; *Klein, Hans-Hugo,* Die Rundfunkfreiheit, S. 55.

   [9] BVerfGE 87, S. 323; vgl. hierzu unten unter E Rdz. 4 ff., 84 ff.

   [10] Vgl. *Ricker* AfP 1980, S. 144; *Lerche* NJW 1982, S. 1678.

   [11] Vgl. *Maunz / Dürig / Herzog / Scholz,* GG, Art. 5 Rdz. 13, 40 ff.; *Ricker* AfP 1982, S. 144; *Lerche* NJW 1982, S. 1678.

   [12] Vgl. *Ricker* NJW 1981, S. 1927; *ders.* NJW 1981, S. 852; a. A. *Stern / Bethge,* Öffentlich-rechtlicher und privatrechtlicher Rundfunk, S. 49; siehe auch unten unter E Rdz. 4 f.

   [13] Vgl. *Klein,* Die Grundrechte im demokratischen Staat, S. 73 ff.; *Böckenförde,* in: Staat, Gesellschaft, Freiheit, S. 221 ff.; *Ricker / Weirich,* Mediengesetz-Entwurf der CDU Hessen 1983, S. 39 f.; *Ricker,* Privatrundfunkgesetze im Bundesstaat, S. 26 f.; *Hesse, Konrad,* Grundzüge des Verfassungsrechts, S. 73 ff.; *Herrmann,* Fernsehen und Hörfunk, S. 386 f.; siehe hierzu oben unten B Rdz. 101 ff. und unten unter E Rdz. 1 ff.

   [14] Vgl. *Ricker* AfP 1980, S. 144; *Klein,* Die Rundfunkfreiheit, S. 28 f.; *Becker,* Gewaltenteilung im Gruppenstaat, S. 76 f.; *v. Mangoldt / Klein / Starck,* Grundgesetz, Art. 5 GG, Rdz. 32 f.

   [15] Vgl. *Scholz,* Koalitionsfreiheit als Verfassungsproblem, S. 292.

   [16] Vgl. BVerfGE 57, S. 295 ff., 320; *Ricker* AfP 1980, S. 144; *ders.* in Privatrundfunkgesetze im Bundesstaat, S. 73; *Faller* AfP 1984, S. 407, *Pestalozza* NJW 1981, S. 2158 ff., 2160 f.; *Lerche* NJW 1982, S. 1676 f.; *Ricker / Müller-Malm* ZUM 1987, S. 208 ff., 210.

   [17] Vgl. BVerfGE 37, S. 197 ff., 202; 43, S. 169 ff., 184.

7   Seiner Pflicht genügt der Gesetzgeber zunächst dann, wenn er für eine Kommunikations-
struktur sorgt, die geeignet ist, die Auslieferung des Mediums an eine gesellschaftliche Gruppe
oder Meinungsrichtung zu verhindern. Hierbei hat er *freie* und gleichermaßen *zumutbare Zu-
gangsvoraussetzungen* zu schaffen, wenn er den Rundfunk für private Anbieter öffnet. Das Bundesverfassungsgericht hat deshalb auch den Anspruch auf Gleichbehandlung der Bewerber
aus Art. 5 Abs. 1 GG deutlich gemacht.[18] Der Gesetzgeber darf sich indessen nicht
auf ein solches Angebot zur Teilnahme beschränken und die Regulierung des Meinungsmarktes im übrigen dem freien Spiel der Kräfte überlassen.[19] Notwendig ist vielmehr, daß die
Grundsätze des Pluralismus *verbindlich* gemacht werden und ihre Erfüllung durch den Staat
als Gewährsträger *sichergestellt* ist.[20]

   Unter dem Aspekt des Sozialstaatsgebotes läßt sich für die Ausgestaltung des Pluralismus
im Rundfunkwesen daraus jedoch nicht ableiten, daß eine *grenzenlose Alimentierung*
derjenigen durch den Staat gefordert sei, die sich als Kommunikatoren an diesem Medium
beteiligen wollen.[21] Ebenso wie im Pressewesen, wo das Bundesverfassungsgericht den staatlichen Schutz nicht als soziales Netz für wirtschaftliche Inkompetenz aufgefaßt hat,[22] setzt
auch die Teilnahme an der Rundfunkfreiheit eine *eigene ökonomische Leistungsfähigkeit*
der Veranstalter voraus, vor allem im Hinblick auf die finanziellen Anlaufverluste. Zu Recht
verlangen die Mediengesetze deshalb von den Lizenzbewerbern, daß sie zur Rundfunkveranstaltung auch wirtschaftlich in der Lage sind[23] oder dies zumindest erwarten lassen.[24]
Der Gesetzgeber muß dann aber auch die rechtlichen Voraussetzungen für die wirtschaftliche Tragfähigkeit unternehmerischer Rundfunkveranstaltung schaffen und darf umgekehrt
nicht durch zu hohe Programmauflagen die Finanzierbarkeit und damit die Existenzfähigkeit des Privatfunks in Frage stellen.[25]

   Andererseits verbietet das Sozialstaatsgebot, daß die Rundfunkfreiheit zum *Luxusgut weniger* denaturiert.[26] Unter diesem Aspekt wäre es problematisch, wenn wegen der hohen Inve-
stitionskosten im Rundfunkbereich von vornherein viele Interessenten von einer Partizipation als Programmveranstalter ausgeschlossen blieben. Einer Optimierung der pluralistischen
Struktur dient in einigen Bundesländern die Einrichtung *„Offener Kanäle"*, mit denen jedermann durch die Landesmedienanstalten die Möglichkeit eröffnet wird, sich mit eigenen
Sendebeiträgen an die Öffentlichkeit zu wenden, ohne dafür finanzielle Vorleistungen erbringen zu müssen.[27]

8   Eine Pilotfunktion bei der Bereitstellung eines *„Offenen Kanals"* übernahm der Gesetzgeber in Rheinland-Pfalz, der diese Kommunikationschance bereits 1980 mit dem Versuchsgesetz zum Kabelpilotprojekt Ludwigshafen eingeführt hat. Eine Verpflichtung zur
Etablierung *„Offener Kanäle"* ergibt sich für die Länder aus dem Sozialstaatsgebot jedoch
nicht. Sie läßt sich auch nicht aus der institutionellen Garantie der Rundfunkfreiheit ab-

---

   [18] Vgl. BVerfGE 57, S. 295 ff., 325, 327; vgl. auch *Ricker/Weirich,* Mediengesetz-Entwurf der CDU
Hessen 1983, S. 40.
   [19] BVerfGE 57, S. 323; vgl. auch BVerfGE 12, S. 262 ff.; 31, S. 325 ff.
   [20] BVerfGE 57, S. 322 ff., 325.
   [21] Vgl. hierzu *Ricker* AfP 1980, S. 144 m. w. N.
   [22] BVerfGE 25, S. 268 unter Hinweis auf BVerfGE 20, S. 175.
   [23] Vgl. etwa § 6 Abs. 2 Ziff. 4 Sächs. PRG.
   [24] Vgl. § 6 Abs. 1 Ziff. 4 LRG Rh.-Pf.; § 50 Abs. 3 LRG Saarl.; § 8 Abs. 3 LMG Bremen; § 23 Abs. 3
LMG Hamburg; vgl. weiterhin unten unter E Rdz. 40.
   [25] Vgl. BVerfGE 83, S. 238 ff., 317.
   [26] Vgl. dazu *Maunz/Dürig/Herzog/Scholz,* GG, Art. 5 Rdz. 231 f., *Klein,* Die Rundfunkfreiheit, S. 73;
vgl. auch BVerfGE 57, S. 295 ff., 323; vgl. zur Frage der Gebührenhöhe unter dem Gesichtspunkt des Sozialstaatsgebotes unter C Rdz. 96.
   [27] Vgl. § 26 LMG Bremen; § 34 f. LMG Hamburg; §§ 38 f. HPRG; §§ 37 ff. LRG Nieders.; § 24 Abs. 4,
§ 34 ff. LRG NW; § 39 LRG Rh.-Pf.; §§ 34 ff. LRG Schl.-Holst.; § 35 LRG Thüringen; § 36 LMG
Meckl.-Vorp.; § 64 LRG Saarb.

leiten.[28] Dennoch haben sich neben Rheinland-Pfalz auch Brandenburg, Bremen, Berlin, Hamburg, Hessen, Nordrhein-Westfalen, das Saarland, Thüringen und Schleswig-Holstein für diese Einrichtung entschieden. Bereits 1994 waren über 18 „Offene Kanäle" auf Sendung.[29]

Weiterhin haben sich einige Länder auch für die Einrichtung eines *„nichtkommerziellen lo-* **9** *kalen Hörfunks"* entschieden, der ausschließlich gemeinnützigen Organisationen offensteht.[30] Damit verfolgt der Gesetzgeber ebenfalls das Ziel einer Effektuierung des Meinungsmarktes. Wesentliche Unterschiede zum *„Offenen Kanal"* existieren jedoch nicht, da bei beiden Werbung und Sponsoring unzulässig sind. Deshalb besteht auch aufgrund der institutionellen Garantie des Staates *ebensowenig* eine *Verpflichtung* für einen gemeinnützigen lokalen Hörfunk, zumal praktische Erfahrungen wie in Rheinland-Pfalz eine mangelhafte Akzeptanz gezeigt und deshalb dort auch zur Aufgabe dieser Einrichtung geführt haben.

3. Gestaltungsspielraum des Gesetzgebers

Bei seiner Entscheidung über die Ausgestaltung der Rundfunkordnung ist dem Gesetzgeber **10** ein *weiter Gestaltungsspielraum* gegeben, der ihm verschiedene *Wahlmöglichkeiten* läßt. Wie das Bundesverfassungsgericht festgestellt hat, bedarf es einer positiven Ordnung, die sicherstellt, daß der Rundfunk einzelnen gesellschaftlichen Gruppen ebensowenig wie dem Staat ausgeliefert wird, sondern die Vielfalt der Themen und Meinungen aufnimmt und wiedergibt, die in der Gesellschaft insgesamt eine Rolle spielen. Das Grundgesetz schreibt für die Ausgestaltung dieser Ordnung im einzelnen *kein bestimmtes Modell* vor, noch zwingt es zur konsistenten Verwirklichung des einmal gewählten Modells.[31]

Dieses weite Ermessen des Gesetzgebers bedeutet jedoch *nicht eine beliebige Ausgestaltungs-* **11** *freiheit.* Ausgehend von der dienenden Funktion der Mediengrundrechte für die Meinungsfreiheit[32] und der *„herausragenden kommunikativen Bedeutung"* gerade des Rundfunks für die freie Meinungsbildung[33] hat das Bundesverfassungsgericht die Sicherstellung der Aufgabe des Rundfunks verlangt. Sie liegt vorrangig in der Erfüllung der *Grundversorgung,*[34] also einem Programmangebot für die Gesamtheit der Bevölkerung, das umfassend und in der vollen Breite des klassischen Programmauftrages informiert und in dessen Rahmen Meinungsvielfalt in der verfassungsrechtlich gebotenen Weise hergestellt wird.[35]

Im Hinblick auf die meinungsbildende Funktion des Rundfunks, die nach dem derzeitigen Standard der üblichen Empfangstechnik nur bei einer Ausstrahlung über erdnahe Frequenzen für alle Rezipienten gewährleistet ist, müssen die Programme der Grundversorgung *terrestrisch empfangbar* sein. Zur Sicherung einer unabhängigen und freien Information und Meinungsbildung müssen die Programme inhaltlich staatsfern sein und den *Programmpluralismus,* also *weltanschauliche Vielfalt* und thematische *Spartenvielfalt,* gewährleisten.[36]

---

[28] Vgl. oben näher unten unter B Rdz. 101ff.

[29] Medienspiegel Nr. 38 v. 17.09.1990, S. 2; vgl. *Ricker* AfP 1980, S. 141; *Grunhaber,* Die Fernsehprogramme im dualen Rundfunksystem, 1988, S. 325; *Röhmer* Media Perspektiven 1987, S. 81; *Walendy* Media Perspektiven 1993, S. 306 ff.; *Hadamik* DLM Jb. 89/90, S. 65; *Gerth/Widlock* DLM Jb. 1988, S. 64; *Hesse,* Rundfunkrecht, S. 196 ff.; *Schumann,* DLM Jb. 1992, S. 111 ff., 118 ff.

[30] Vgl. § 40 HPRG; § 35f. LMG Hamburg; § 42 LRG Nieders.

[31] BVerfGE 83, S. 238 ff., 265.

[32] BVerfGE 57, S. 320; 73, S. 152; 74, S. 323; NJW 1991, S. 989 ff.; *Scholz* JZ 1981, S. 561 ff., 563; *Herrmann,* Fernsehen und Hörfunk in der Verfassung der Bundesrepublik Deutschland, S. 60; *Klein,* Die Rundfunkfreiheit, S. 33 ff.

[33] BVerfGE 83, S. 238 ff., 267 f.

[34] Siehe hierzu näher unten unter E Rdz. 85 ff.; F Rdz. 14 f.

[35] Vgl. BVerfGE 73, S. 118 ff., 156.

[36] Vgl. BVerfGE 73, S. 118 ff., 157 f.; 74, S. 297 ff.; 83, S. 238 ff., 276; 90, S. 60 ff., 91 f.

12   Unter den derzeit obwaltenden Umständen weist das Bundesverfassungsgericht die
Grundversorgung dem *öffentlich-rechtlichen Rundfunk* zu, da nur seine Programme überall terrestrisch verbreitet werden und deshalb für alle Rundfunkteilnehmer zu empfangen sind.[37]
Aufgrund seiner vergesellschafteten Struktur und seiner besonderen finanziellen Absicherung
durch die Gebühren obliegt es ihm, umfassend und in der vollen Breite des klassischen Rundfunkauftrags zu informieren und Meinungsvielfalt in der verfassungsrechtlich gebotenen
Weise herzustellen.[38] Solange der private Rundfunk vor allem aus ökonomischen Gründen
und angesichts seiner immer noch beschränkten Reichweite gehindert ist, die Funktion der
Grundversorgung zu übernehmen,[39] kommt der Existenz des öffentlich-rechtlichen Rundfunks *besonderer verfassungsrechtlicher Schutz* zu.[40]

Das Bundesverfassungsgericht führt in seinem 6. Rundfunkurteil aus, daß die *„Garantie des
öffentlich-rechtlichen Rundfunks"* im dualen Rundfunksystem verfassungsrechtlich geboten sei,
solange die privaten Veranstalter den klassischen Rundfunkauftrag, von dem Art.5 Abs.1 Satz
2 GG ausgehe, nicht in vollem Umfang erfüllen könnten.[41] Von daher sind dem Gestaltungsspielraum des Gesetzgebers insoweit verfassungsrechtliche Grenzen gesetzt, als er in der dualen Rundfunkordnung *zunächst* den öffentlich-rechtlichen Rundfunk *existentiell sichern*
muß.[42] Diese Gewährleistungspflicht bedingt jedoch *nicht* die herkömmlich gewählte Organisationsstruktur der Anstalten. Die in dem 1. Rundfunkurteil von 1961 als verfassungsgemäß
beurteilte Organisation einer öffentlich-rechtlichen Anstalt mit einem Intendanten, einem
Verwaltungsrat und dem Rundfunkrat als binnenpluralistischem Organ der gesellschaftlich
relevanten Gruppen[43] ist *keinesfalls verbindlich*,[44] zumal es ohnehin auch strukturelle Abweichungen von diesem Modell gibt[45] oder diese zumindest konkret rechtlich überlegt und auch
faktisch erwogen wurden.[46] Jedenfalls wird aber verfassungsrechtlich vorausgesetzt, daß der
öffentlich-rechtliche Rundfunk *staatsfrei* und *binnenpluralistisch* organisiert ist und unter der
maßgeblichen *effektiven Kontrolle* der Gesellschaft steht.[47]

13   Nach der Rechtsprechung des Bundesverfassungsgerichts kann der Gesetzgeber neben
dem öffentlich-rechtlichen Rundfunk auch ein *privates Rundfunksystem* errichten. Sein cha-
rakteristisches Merkmal liegt nicht nur in der privatrechtlichen Organisationsform[48],
sondern vor allem in dem zivilrechtlichen Prinzip der *Privatautonomie*. Das Bundesverfassungsgericht hat dies mit der Feststellung zum Ausdruck gebracht, daß die Programmveranstalter nicht um *„das Element privatautonomer Gestaltung und Entscheidung gebracht werden"*

---

[37] BVerfGE 73, S. 118 ff., 157 f.; 74, S. 297 ff.; 83, S. 238 ff., 276; vgl. *Ricker* ZUM 1987, S. 311 ff.;
Schmitt Glaeser DÖV 1987, S. 258; *Berg* AfP 1987, S. 461 ff.; *Seemann* DÖV 1987, S. 846; *Ring,* Medienrecht, D-D. 4; *Römer* Verwaltungsrundschau 1989, S. 9 ff., 13; *Niepalla,* Die Grundversorgung als Aufgabe
des öffentlich-rechtlichen Rundfunks, S. 32 ff.; *Libertus,* Die Grundversorgung; siehe hierzu ausführlich
unten unter E Rdz. 87.
[38] BVerfGE 73, S. 118 ff., 157 f.; 74, S. 297 ff., 325 f.; 83, S. 238 ff., 276 f.; 87, S. 161; 90, S. 60 ff., 82; *Grawert* AfP 1986, S. 280; *Ricker* ZUM 1987, S. 308; *Niepalla,* Die Grundversorgung als Aufgabe des öffentlich-rechtlichen Rundfunks, S. 41 ff.; *Libertus,* Die Grundversorgung, S. 28 ff.
[39] Vgl. *Ricker* ZUM 1989, S. 331; *Seemann* DÖV 1987, S. 131 ff.; *Schmitt Glaeser* AöR (112) 1978,
S. 215, 219; *Kull* AfP 1987, S. 366 f.; vgl. auch unten zur Grundversorgung durch Private E Rdz. 110 ff.
[40] BVerfGE 83, S. 238 ff., 295 f.; vgl. BVerfGE 73, S. 118 ff.; 74, S. 297 ff., 350 f.
[41] BVerfGE 83, S. 238 ff., 295 f.; vgl. BVerfGE 73, S. 118 ff., 153 ff.; 74, S. 297 ff., 350 f.
[42] Vgl. BVerfGE 73, S. 118 ff., 158; 74, S. 297 ff., 305 f.; 83, S. 238 ff., 263; 87, S. 161 f.; 90, S. 60 ff., 92 f.
[43] Vgl. BVerfGE 12, S. 205 ff., 262.
[44] Vgl. BVerfGE 83, S. 238 ff. unter Verweis auf BVerfGE 12, S. 205 ff., 261 ff.
[45] Vgl. etwa die Rundfunkanstalt „Radio Bremen", die von einem fünfköpfigen Direktorium und
nicht von einem Intendanten geleitet wird.
[46] Siehe hierzu unten unter C Rdz. 36 ff.
[47] Vgl. BVerfGE 57, S. 295 f., 323; 83, S. 238 ff., 282 f., 296; *Niepalla,* Die Grundversorgung als
Aufgabe des öffentlich-rechtlichen Rundfunks, S. 81 f.; *Hesse,* Rundfunkrecht, S. 65 f.; siehe hierzu näher
unten unter Rdz. 24 ff., 27.
[48] Von deren Zulässigkeit ging das Bundesverfassungsgericht bereits in seinem 1. Rundfunkurteil aus;
vgl. BVerfGE 12, S. 205 ff., 260 f.

dürfen.[49] Es hat zwar die Zulässigkeit privaten Rundfunks ausdrücklich bejaht,[50] aber bislang offengelassen, ob das subjektive Recht einzelner auf Rundfunkfreiheit in Form eines verfassungsrechtlichen Zugangsanspruchs besteht und damit korrespondierend der Staat zur Zulassung privater Veranstalter verpflichtet ist, was seine organisationsrechtliche Ausgestaltungsfreiheit beschränken würde.[51]

Vor diesem Hintergrund hat die Rechtsprechung bisher überwiegend *subjektive* **14** *Veranstaltungsrechte* privater Interessenten aus Art. 5 Abs. 1 Satz 2 GG *verneint* oder nicht erörtert.[52] Mit der Feststellung der Zulässigkeit des privaten Rundfunks[53] hat das Bundesverfassungsgericht jedoch denjenigen Stimmen eine *Absage* erteilt, die in der Rundfunkfreiheit jedenfalls bis dahin nur eine *objektivrechtliche Gewährleistung* erblickten.[54]

Das Bundesverfassungsgericht hat hervorgehoben, daß die grundrechtliche Verbürgung der Freiheitsrechte des Art. 5 Abs. 1 GG ein *subjektivrechtliches Element* besitze,[55] und der Rundfunkfreiheit die Funktion des *klassischen Freiheitsrechts* zukomme.[56] Gerade darauf stützt sich diejenige Rechtsansicht, deren Vertreter einen *individualrechtlichen Teilhabeanspruch* am Rundfunk annehmen.[57] Das Bundesverfassungsgericht ist darauf noch nicht näher eingegangen. Neben der in dem „Niedersachsen-Urteil" herausgestellten privatautonomen Gestaltungs- und Entscheidungsmöglichkeit privater Rundfunkveranstalter betont es die *objektivrechtliche Komponente* der Verfassungsverbürgung, primär die der dienenden Funktion der Rundfunkfreiheit.[58] Somit ist nach der Rechtsprechung des Bundesverfassungsgerichts zwar davon auszugehen, daß sich aus dem Grundrecht des Art. 5 Abs. 1 GG jedenfalls bisher *kein unmittelbarer Zugangsanspruch* zum Rundfunk ergibt.

Eine rechtlich anders zu bewertende Situation hat sich jedoch dadurch eingestellt, daß der **15** Gesetzgeber sich für die Einführung privaten Rundfunks entschieden und private Veranstalter zugelassen hat. Denn mit der Einführung privaten Rundfunks verwirklicht sich gleichzeitig das subjektive Recht auf Rundfunkfreiheit, das nunmehr den Veranstaltern zusteht.[59]

---

[49] Vgl. BVerfGE 73, S. 118 ff., 156.

[50] BVerfGE 73, S. 118 ff., 153.

[51] Vgl. BVerfGE 57, S. 259 ff., 318, 328; BVerfGE 1 BvR 100/88, Beschluß vom 12.04.1991, Umdruck S. 2; *Ricker* NJW 1981. S. 1926; vgl. hierzu auch oben B Rdz. 130 ff. und E Rdz. 110.

[52] BVerfGE 39, S. 159 ff., 167; BayVerfGH BayVBl. 1977, S. 558 ff., 562; OVG Saarlouis DÖV 1974, S. 497 f.; OVG Münster DVBl. 1977, S. 207 ff., 210 f.; OVG Berlin DVBl. 1969, S. 878 ff., 880; OVG Hamburg DÖV 1968, S. 178 f.; vgl. aber VG Düsseldorf ZUM 1993, S. 168 f.; OVG Rheinland-Pfalz AfP 1993, S. 238; VG Hannover DÖV 1994, S. 367, die ein subjektives Grundrecht aus Art. 5 annehmen.

[53] BVerfGE 73, S. 118 ff., 153.

[54] *Hoffmann-Riem* RuF 1979, S. 145 ff.; *Stammler*, Verfassungs- und organisationsrechtliche Probleme des Kabelrundfunks, S. 20 f.; *Schmidt* DVBl. 1982, S. 561 ff., 566; *Hoffmann-Riem / Stammler / Stock* RuF 1981, S. 263; *Arndt* JZ 1965, S. 337; *Jürgens* DVBl. 1983, S. 804; siehe auch unter B Rdz. 101 ff.

[55] BVerfGE 57, S. 257 ff., 320.

[56] BVerfGE 75, S. 295 ff., 319.

[57] Siehe oben unter B Rdz. 132; ein solches subjektives Recht nehmen an z. B. *Klein,* Die Rundfunkfreiheit, S. 140 f.; *Starck* NJW 1980, S. 1359 ff; *Kull* AfP 1981, S. 380; *Kröger* NJW 1979, S. 25, 43, 106; *Rudolf,* Über die Zulassung privaten Rundfunks, S. 22, 73; *Scholz* JuS 1974, S. 303; *ders.* AfP 1983, S. 264; *Pestalozza* NJW 1981, S. 2160 ff.; *ders.* AfP 1972, S. 265; *Oppermann* JZ 1981, S. 726; *Degenhart* DÖV 1981, S. 963; *Bullinger* AfP 1983; S. 319 im Sinne einer Pflicht zu einer stufenweisen gesetzgeberischen Anpassung an die veränderte Situation; *ders.* AöR 108, S. 188; siehe hierzu oben unter B Rdz. 137 ff.

[58] Vgl. BVerfGE 57, S. 295 ff., 319; 74, S. 297 ff., 317, 323; vgl. auch BayVerfGH 30, S. 78 ff., 97; OVG Münster DVBl. 1977, S. 210.

[59] Vgl. *Lerche,* Presse und privater Rundfunk, 1984, S. 27 ff.; *ders.* AfP 1984, S. 183 ff., 194; *Hoffmann-Riem,* in: *Benda* u. a. (Hrsg.), Handbuch des Verfassungsrechts, S. 383 ff., 430 f.; *Badura,* Verfassungsrechtliche Bindungen der Rundfunkgesetzgebung, S. 52; *Schmitt Glaeser,* Kabelkommunikation und Verfassung, S. 145; *Scholz* JuS 1974, S. 303; *Klein,* Die Rundfunkfreiheit, S. 67; *Ricker,* Privatrundfunkgesetze im Bundesstaat, S. 98; siehe auch oben unter B Rdz. 133 ff., 156; dort auch näher zu der Argumentation der Gegenansicht.

Die Gegenansicht wendet vor allem ein, daß es außerhalb der Kompetenz des Landesgesetzgebers liege, einen verfassungsrechtlichen Anspruch auf Zulassung privater Rundfunkunternehmertätigkeit zu schaffen.[60] Der Ausgangsthese dieser Auffassung ist zwar insofern zuzustimmen, als der Landesgesetzgeber ein subjektives Grundrecht auf Rundfunkunternehmerfreiheit *nicht originär* herbeiführen kann. Darum geht es aber auch nicht. Entscheidend ist vielmehr, daß mit der Einführung privaten Rundfunks die verfassungsrechtlichen Voraussetzungen für die Ausübung der Rundfunkfreiheit geschaffen und damit das subjektive Recht der Veranstalter aus Art. 5 Abs. 1 Satz 2 GG *aktualisiert* wird.[61]

16   Für den Bereich des privaten Rundfunks hat das Bundesverfassungsgericht *kein bestimmtes Modell* vorgeschrieben, sondern einen weiten Gestaltungsspielraum des Gesetzgebers anerkannt. Das Gericht hat darauf hingewiesen, daß es einen Grundsatz der *Modellkonsistenz* nicht gebe und selbst die einzelnen Elemente der unterschiedlichen in Frage kommenden Modelle untereinander ausgetauscht werden können.[62] Freilich sind dem *Ermessen* der Landesparlamente bei der Statuierung des privaten Rundfunks auch *Grenzen* gezogen, die sich im Hinblick auf die Sicherung der Rundfunkfreiheit unter mehreren Aspekten ergeben: Die Notwendigkeit gesetzlicher Vorkehrungen zur Gewährleistung der Rundfunkfreiheit hatte das Bundesverfassungsgericht zunächst mit der *Sondersituation* in technischer Hinsicht (Mangel von Frequenzen und anderen Übertragungsmöglichkeiten) und unter finanziellen Aspekten mit den hohen Kosten der Veranstaltung von Rundfunk begründet.[63]

17   In seiner jüngeren Rechtsprechung hat das Bundesverfassungsgericht nicht mehr auf diese Sondersituation abgestellt, sondern gesetzliche Sicherungen im privaten Rundfunk im wesentlichen aus den folgenden drei Gründen für erforderlich erachtet: Zum einen mißtraut das Gericht der Selbstregulierung des Wirtschaftsmarktes. Auch bei einem Fortfall der bisherigen Beschränkungen *„könne nicht mit hinreichender Sicherheit erwartet werden, daß das Programmangebot des Wettbewerbs den Anforderungen der Rundfunkfreiheit entsprechen werde ".[64]* Bei nicht vorhandenen Vorkehrungen bzw. bei einer Deregulierung des privaten Rundfunks bestehe vielmehr die Möglichkeit einer *Konzentration von Meinungsmacht,* etwa durch eine mehrfache Programmträgerschaft oder Veranstalterfusionen, und damit die Gefahr eines einseitigen Einflusses auf die öffentliche Meinungsbildung, der von vornherein zu begegnen sei.[65]

Den zweiten Grund für organisationsrechtliche Vorkehrungen zur Sicherung der Rundfunkfreiheit sieht das Gericht in der Gefahr eines möglichen Mißbrauches des Rundfunks zum Zwecke *einseitiger Einflußnahme* auf den Meinungsmarkt, dem ebenfalls bereits im Vorfeld zu begegnen sei.[66]

18   Als dritten Grund nennt das Gericht die *ausschließliche Werbefinanzierung* des privaten Rundfunks und die davon abhängige Tendenz zur Vielfaltsverengung aufgrund der Orientierung der Programme an der Massenattraktivität als Voraussetzung genügender Werbeeinnahmen.[67] Freilich muß in diesem Zusammenhang auf den *situationsbezogenen Gehalt* des Grundrechts der Rundfunkfreiheit verwiesen werden, den das Bundesverfassungsgericht in seiner Rechtsprechung zu Art. 5 Abs. 1 Satz 2 GG herausgestellt hat,[68] und der zu einem späteren Zeitpunkt auch andere oder geringere Anforderungen bedingen könnte.

---

[60] Vgl. *Bethge,* Rundfunkfreiheit und öffentlich-rechtlicher Organisationsvorbehalt, 1987, S. 38 ff.; *Bethge/Kübler,* in: *Pieper/Hadamik,* Das WDR-Gesetz und das Landesrundfunkgesetz NRW, S. 410 f. unter Verweis auf BayVerfGH in Media Perspektiven 1987, S. 296 f.

[61] Vgl. *Ricker,* in: FS für Lerche, S. 267; *ders.* FS für Lehr, S. 86; siehe hierzu bereits oben unter B Rdz. 137, 157.

[62] Vgl. BVerfGE 83, S. 238 ff., 304 ff.

[63] Vgl. BVerfGE 57, S. 295 ff., 325.

[64] Vgl. BVerfGE 73, S. 118 ff., 157; 74, S. 295 ff., 317.

[65] Vgl. BVerfGE 73, S. 118 ff., 127; 74, S. 295 ff., 317; vgl. auch BayVerfGH 30, S. 78 ff., 97; vgl. näher zu den konzentrationsrechtlichen Vorkehrungen auch unten unter E Rdz. 46 ff.

[66] Vgl. BVerfGE 73, S. 118 ff., 157; 74, S. 295 ff., 317.

[67] Vgl. BVerfGE 87, S. 181 ff., 199 ff.

[68] Vgl. BVerfGE 83, S. 238 ff., 296 f.; vgl. hierzu auch oben unter B Rdz. 90, 136.

Im Rahmen der bereits genannten Vorkehrungen zur Sicherung der Rundfunkfreiheit und ihrer der Meinungsfreiheit dienenden Funktion schreibt das Bundesverfassungsgericht als Ziel der Ordnungsstrukturen des privaten Rundfunks vor, daß mit diesem ein *„Grundstandard gleichgewichtiger Vielfalt"*[69] verwirklicht werden müsse. Der Grundstandard setzt neben einem Mindestmaß von Ausgewogenheit die Möglichkeit voraus, daß auch die Meinungen von Minderheiten zum Ausdruck gelangen können, wie auch die Abwehr einseitigen Einflusses auf den Meinungsmarkt.[70] Auch hier bei dem Grundstandard gleichgewichtiger Vielfalt stellt das Gericht darauf ab, daß die Anforderungen des Grundrechts der Rundfunkfreiheit „situativ" und damit im Hinblick auf die tatsächlichen Verhältnisse zu verstehen sind.[71]

Daraus erklären sich die *unterschiedlichen Anforderungen* an den privaten Rundfunk in Abgrenzung zu der von dem öffentlich-rechtlichen Rundfunk verlangten Grundversorgung. Deren erste Voraussetzung, die *technische Empfangbarkeit* für alle, die bisher nur über die terrestrischen Frequenzen erfüllt wird, sieht das Gericht zu Recht nicht als Teil des Grundstandards an, da nur der öffentlich-rechtliche Rundfunk, nicht aber die privaten Veranstalter über ein flächendeckendes terrestrisches Sendernetz verfügen.[72] Der Grundstandard unterscheidet sich weiterhin von der Grundversorgung in dem Umfang der *weltanschaulichen Vielfalt.* Während der öffentlich-rechtliche Rundfunk die weltanschauliche Vielfalt in möglichster Breite und Vollständigkeit darzustellen hat, beschränkt sich die Anforderung an den privaten Rundfunk auf die Möglichkeit für alle Meinungsrichtungen, im privaten Rundfunk zum Ausdruck zu gelangen und in dem Ausschluß einseitigen, im hohen Maße ungleichgewichtigen Einflusses einzelner Veranstalter oder Programme auf die Bildung der öffentlichen Meinung.[73]

Der Grundstandard im privaten Rundfunk verlangt somit nicht wie die Grundversorgung das Angebot *vollständiger Meinungsvielfalt* in dem Programm des einzelnen Veranstalters. Im Falle von meinungsrelevanten Beiträgen des Veranstalters muß jedoch die Gefahr einer einseitigen Einflußnahme auf den Meinungsmarkt ausgeschlossen sein, was bei solchen Sendebeiträgen ein Mindestmaß von Ausgewogenheit und damit auch die Darstellung der Gegenmeinungen voraussetzt.[74]

Von der Grundversorgung unterscheidet sich der Grundstandard auch hinsichtlich der Anforderungen bei der *Spartenvielfalt,* da von dem privaten Rundfunk wegen seiner Abhängigkeit von Werbeeinnahmen und damit der Massenattraktivität seiner Programme kein inhaltlich breit angelegtes Angebot erwartet werden kann.[75]

19

Wie das Bundesverfassungsgericht in ständiger Rechtsprechung festgestellt hat, bleibt es dem Gestaltungsspielraum des parlamentarischen Gesetzgebers überlassen, in welcher Form der von dem privaten Rundfunk zu verwirklichende Grundstandard herbeigeführt werden soll.[76] Zur Sicherung des Grundstandards gleichgewichtiger Vielfalt, vor allem der Verhinderung eines einseitigen Einflusses auf den Meinungsmarkt, hat das Gericht ein dem öffentlich-rechtlichen Rundfunk angenähertes *binnenpluralistisches Organisationsmodell* zugelassen. Dabei hat es jedoch darauf hingewiesen, daß bei einem solchen Modell durch den Einfluß des aus gesellschaftlich relevanten Gruppen zusammengesetzten Gremiums auf die Programmgestaltung der private Rundfunk um die wesentlichen Elemente *„privatautonomer Gestaltung und Entscheidung"* gebracht werde.[77]

---

[69] Vgl. BVerfGE 73, S. 118 ff., 160.
[70] Vgl. BVerfGE 73, S. 118 ff., 161.
[71] Vgl. BVerfGE 73, S. 118 ff., 154 ff.
[72] Vgl. hierzu näher unten E Rdz. 106.
[73] Vgl. BVerfGE 73, S. 118 ff., 160.
[74] Vgl. hierzu näher unten E Rdz. 107 f.
[75] Vgl. BVerfGE 73, S. 118 ff., 155, 162; 74, S. 297 ff., 325; vgl. hierzu näher unten E Rdz. 109.
[76] Vgl. BVerfGE 57, S. 295 ff., 323 ff.; 83, S. 238 ff., 263, 296 ff.
[77] Vgl. BVerfGE 83, S. 238 ff., 256, 263; vgl. zur Problematik vor allem im lokalen Bereich BVerfGE 73, S. 118 ff., S. 171, 174.

20

Das Bundesverfassungsgericht hat deshalb bereits in seinem 3. Rundfunkurteil für den privaten Rundfunk ein *außenpluralistisches Modell* nicht ausgeschlossen, bei dem durch die Vielzahl der Veranstalter und ihrer unterschiedlich pointierten Programme die notwendige Vielfalt und das Mindestmaß von Ausgewogenheit hergestellt wird.[78]

21

Eine weitere Möglichkeit für die Ausgestaltung des privaten Rundfunkmodells hat das Bundesverfassungsgericht in der Form des *Koordinationsrundfunks* gesehen. Seine Besonderheit besteht darin, einen die privatautonome Programmgestaltung sichernden Außenpluralismus durch ein Frequenzsplitting herzustellen, indem den verschiedenen Lizenzbewerbern anteilige Sendezeiten auf einer einheitlichen Frequenz zugeteilt werden. Darin hat das Bundesverfassungsgericht im Hinblick auf das Gleichbehandlungsgebot des Art. 3 Abs. 1 GG gegenüber den Lizenzbewerbern eine zulässige Alternative gerade bei einem sendetechnischen Kapazitätsmangel gesehen.[79] Dieses wegen der Berücksichtigung einer Mehrzahl von Veranstaltern scheinbar den Pluralismus fördernde Modell hat sich jedoch in der Praxis nicht

22

bewährt.[80]

Der Gesetzgeber kann sich aber auch für Mischmodelle entscheiden, bei denen – wie etwa

23

bei dem *„Zwei-Säulen-Modell"* in Nordrhein-Westfalen – Elemente des öffentlich-rechtlichen binnenpluralistischen Integrationsmodells mit außenpluralistischen Elementen verbunden werden.[81]

Dem Gestaltungsspielraum des Gesetzgebers bleibt schließlich auch die *Ausgestaltung* der *Landesmedienanstalten* überlassen, die üblicherweise für die Zulassung und die Aufsicht über den privaten Rundfunk zuständig sind. Diese Aufgabe obliegt regelmäßig den aus Vertretern der gesellschaftlich relevanten Gruppen zusammengesetzten *Anstaltsversammlungen,* die sich in ähnlicher Weise wie die Rundfunkräte des öffentlich-rechtlichen Rundfunks binnenpluralistisch zusammensetzen. Das Gericht hat aber auch Alternativen zugelassen. Dazu gehört etwa die Etablierung eines *Medienrates,* der sich nicht aus Verbandsvertretern, sondern aus unabhängigen einzelnen Persönlichkeiten zusammensetzt, wie etwa der frühere *Kabelrat* in Berlin, der danach für den privaten Rundfunk in Berlin/Brandenburg bestimmt wurde.[82]

---

[78] Vgl. BVerfGE 57, S. 295 ff., 323 ff.

[79] Vgl. BVerfGE 57, S. 295 ff., 326.

[80] Vgl. hierzu näher unten unter C Rdz. 48 ff. und E Rdz. 36 ff.; F 59 ff.

[81] Vgl. hierzu unten C Rdz. 52 ff.

[82] Vgl. § 10 Abs. 2 StV Berlin/Brandenburg; vgl. auch § 31 Sächs. PRG, vgl. auch unten unter E Rdz. 81 ff.

III. Darstellung der bestehenden Modelle im Überblick

1. Der öffentlich-rechtliche Rundfunk

a) Der „vergesellschaftete" öffentlich-rechtliche Rundfunk

Das Grundrecht der Rundfunkfreiheit in Art. 5 Abs. 1 Satz 2 GG schreibt dem Landesge- **24** setzgeber keine bestimmte Organisationsform für die Rundfunkveranstaltung vor. Auf die auch nach der Rechtsprechung des Bundesverfassungsgerichtes anerkannte Wahlfreiheit bei der Ausgestaltung der Rundfunkordnung wurde bereits hingewiesen.[83] Daß sich die Landesparlamente für eine öffentlich-rechtliche Organisationsform entschieden haben, hängt im wesentlichen damit zusammen, daß neben historischen Bezügen im Rundfunk eine öffentliche Aufgabe im Interesse der Allgemeinheit gesehen wurde, die aus den bereits genannten Gründen nicht von dem Staat, sondern von der Gesellschaft selbst zu bewerkstelligen sei.[84] Die *„Vergesellschaftung"* des Rundfunks als Medium und Faktor der individuellen und öffentlichen Meinungsbildung sahen die Landesgesetzgeber in Anlehnung an die von den Alliierten beeinflußten Organisationsstrukturen[85] als geeignete Möglichkeit an, um unabhängig von einseitigen Einflüssen des Staates selbst, wie auch von einzelnen Gruppen, die Rundfunkfreiheit zu verwirklichen.[86]

Zur Erreichung dieses Ziels haben die *Länder* ebenso wie auch der *Bund* für die „Deutsche Welle"[87] das *binnenpluralistische Ordnungsmodell* geschaffen, indem sie für die Veranstaltung von Rundfunkprogrammen juristische Personen des öffentlichen Rechts errichtet haben, die das *Recht zur Selbstverwaltung* besitzen und dem staatlichen Einfluß weitestgehend entzogen sind.[88] Organisatorische Grundlagen sind die Rundfunkgesetze bzw. Staatsverträge mehrerer Länder (MDR, SWF, NDR) und der von allen Bundesländern geschlossene ZDF-Staatsvertrag für die gemeinsame Anstalt *„Zweites Deutsches Fernsehen".* Dasselbe gilt für den Staatsvertrag über das *„Deutschlandradio"* als Körperschaft des öffentlichen Rechts[89] sowie für das Bundesrundfunkgesetz über die „Deutsche Welle". Sie sehen eine einheitliche Strukturierung der Anstalt mit drei Organen vor, dem Rundfunkrat (für das ZDF: Fernsehrat), dem Intendanten und dem Verwaltungsrat.

b) Der Intendant als Exekutivorgan

Organisationsrechtlich verkörpert der Intendant das Exekutivorgan: Er leitet und vertritt **25** die Anstalt *gerichtlich* und *außergerichtlich.* Er ist für die Programmgestaltung und dabei vor allem für die Einhaltung und Verwirklichung der Programmgrundsätze verantwortlich, die zur Gewährleistung eines Mindestmaßes von inhaltlicher Ausgewogenheit, Sachlichkeit und gegenseitiger Achtung normativ verbindlich gemacht wurden.[91] Außerdem besitzt er das *Weisungsrecht* gegenüber allen Mitarbeitern der Anstalt.[92] Da das Amt des Intendanten

---

[83] Siehe hierzu oben C Rdz. 10 ff.

[84] Vgl. hierzu näher oben A Rdz. 27 f., B Rdz. 48 f.

[85] Vgl. hierzu oben unter A Rdz. 39 ff.

[86] Vgl. BVerfGE 12, S. 205 ff., 261 ff.

[87] Siehe hierzu näher B Rdz. 217; D Rdz. 11 f..

[88] Vgl. *Ricker,* Rundfunkwerbung und Rundfunkordnung, S. 28 ff.; *ders.,* Die Kompetenzen der Rundfunkräte im Programmbereich, S. 87; *Jank,* Die Rundfunkanstalten der Länder und des Bundes, S. 1 ff.; *Herrmann* AöR Bd. 90, S. 286 ff.; *Stern/Bethge,* Öffentlich-rechtlicher und privatrechtlicher Rundfunk, S. 64; *Hesse, A.,* Rundfunkrecht, S. 78 f.; *Jarass,* Die Freiheit der Massenmedien, S. 44 f.

[89] Vgl. hierzu unten unter D Rdz. 9, 13.

[90] §§ 4 Ziff. 3; 12 RB-Gesetz.

[91] Vgl. hierzu näher unten unter F Rdz. 25 ff.

[92] Vgl. zum vergleichbaren Direktionsrechts des Verlegers unter dem Aspekt der inneren Pressefreiheit, *Löffler/Ricker,* Handbuch des Presserechts, Kap. 35 Rdz. 27.

grundsätzlich von einer einzelnen Person verwaltet wird, wird von einem *„monokratischen"* Leitungsorgan bzw. von der sogenannten *„Intendantenverfassung"* gesprochen.[93]

c) Der Verwaltungsrat

26   Ein weiteres Organ ist der Verwaltungsrat, dessen Mitglieder von dem Rundfunkrat gewählt werden.[94] Er überwacht die *Geschäftstätigkeit* des Intendanten und besitzt in diesem Bereich auch Entscheidungs- und Zustimmungsbefugnisse.

d) Der Rundfunkrat als binnenplurales Strukturelement

27   Der Rundfunkrat als drittes Organ verkörpert das *binnenplurale Strukturelement* der öffentlich-rechtlichen Anstalt, der sich aus einer unterschiedlich großen Anzahl von ehrenamtlich tätigen Repräsentanten der bedeutsamen politischen, weltanschaulichen und gesellschaftlichen Gruppen im Sendegebiet zusammensetzt. Da der Rundfunk weder dem Staat noch einzelnen gesellschaftlichen Gruppen ausgeliefert sein darf,[95] muß nach der Rechtsprechung des Bundesverfassungsgerichts gewährleistet sein, daß *alle in Betracht kommenden gesellschaftlich relevanten Kräfte und Gruppen* in dem Rundfunkrat vertreten sind und *effektiven Einfluß* auf die Programmgestaltung haben,[96] um so *„treuhänderisch"* die Interessen der Allgemeinheit an einer möglichst breiten und vollständigen Wiedergabe der Vielfalt der bestehenden Meinungen im Rundfunk und somit an einer umfassenden Informationsmöglichkeit wahrzunehmen.[97]

Dabei dient nach der Rechtsprechung des Bundesverfassungsgerichts gerade die plurale Zusammensetzung des Aufsichtsgremiums, in dem sich das gesellschaftliche Spektrum in möglichster Breite und Vollständigkeit widerspiegelt, dazu, der Gefahr einseitiger Einflußnahme auf die Programmgestaltung entgegenzuwirken.[98] Die unmittelbare Gestaltung des Programms ist dem Kontrollgremium zwar nicht übertragen. Als *„Sachwalter"* des Interesses der Allgemeinheit[99] obliegen dem Rundfunkrat aber die wesentlichen Aufgaben in der Rundfunkanstalt, wie etwa *personelle Entscheidungsbefugnisse,* vor allem die (Wieder-) Wahl des Intendanten, die *Genehmigung des Haushaltsvoranschlags,*[100] die Statuierung von *Programmrichtlinien* als inhaltliche Rahmensetzung der Programmarbeit und vor allem die Überwachung der Einhaltung der gesetzlich bestimmten *Programmgrundsätze. „Insgesamt kommt ihnen (den Rundfunkräten) eine – nicht auf die nachträgliche Kontrolle von Sendungen beschränkte – gestaltende, gegebenenfalls auch verhindernde Funktion zu, ...*"[101] wodurch der Rundfunkrat eine zentrale Stellung als *„ranghöchstes"* Organ der Anstalt[102] erhält, die ihm den Charakter eines *„Anstaltsparlaments"* verleiht.[103]

---

[93] Vgl. *Ossenbühl,* Programmnormen im Rundfunkrecht, S. 20; *Fuhr,* ZDF-StV, § 6 a, b; *Berendes,* Die Staatsaufsicht über den Rundfunk, S. 30 f.; *Herrmann,* Rundfunkrecht, S. 78 f.

[94] Vgl. z. B. § 28, Abs. 2 Ziff. 2 WDR-Gesetz; § 7 Ziff. 3 RB-Gesetz.

[95] Vgl. BVerfGE 12, S. 262 ff.; 31, S. 325 ff.; 57, S. 320.

[96] Vgl. BVerfGE 12, S. 205 ff., 261 ff.; 31, S. 314 ff., 326 f.; 57, S. 295 ff., 322.

[97] Vgl. BVerfGE 60, S. 53 ff., 66; 31, S. 314 ff., 328; 60, S. 162 ff., 198 f.; *Jank,* Die Rundfunkanstalten der Länder und des Bundes, S. 24; *Herrmann,* Die Rundfunkanstalt, AöR, Bd. 90, S. 286 ff., 321; *Stock* AöR, Bd. 104, S. 1 ff., 41; *Stern/Bethge,* Öffentlich-rechtlicher und privatrechtlicher Rundfunk, S. 64; E Rdz. 16 ff. zu dem Spielraum des Gesetzgebers hinsichtlich der konkreten Zusammensetzung des Rundfunkrates.

[98] Vgl. BVerfGE NJW 1982, S. 1452 zur Nachbesserungsverpflichtung des Gesetzgebers bei einer Änderung des gesellschaftlichen Spektrums, siehe unter E Rdz. 16 ff.

[99] BVerfGE 83, S. 238 ff., 314.

[100] Vgl. BVerfG NJW 1971, S. 1740; BVerfGE 73, S. 118 ff., 170.

[101] BVerfGE 73, S. 118 ff., 170.

[102] BVerfG NJW 1971, S. 1740; vgl. *Fuhr,* ZDF-Staatsvertrag, § 13 II 3 a.

[103] Vgl. *Fuhr,* ZDF-Staatsvertrag § 6 III 2; *Ricker,* Die Kompetenzen der Rundfunkräte, S. 2; *Kewenig,* Zu Inhalt und Grenzen der Rundfunkfreiheit, S. 112 ff.; siehe näher zu den Funktionen des Rundfunkrates unten unter E Rdz. 16 ff.

e) Kompetenzabgrenzung Intendant und Rundfunkrat

Problematisch ist die Kompetenzabgrenzung zwischen dem Rundfunkrat als wichtigster **28** anstaltsinterner Kontrollinstanz und dem Intendanten als verantwortlichem Leiter der Anstalt und somit auch der Programmgestaltung. Nach den bestehenden Rundfunkgesetzen hat das Aufsichtsorgan den Intendanten bei der Gestaltung des Rundfunkprogramms *zu beraten* und die Einhaltung der Programmgrundsätze *zu überwachen*.[104]

Vor allem die älteren Rundfunkgesetze lassen jedoch detaillierte Regelungen über den genauen Inhalt und den Umfang der Kompetenzen des Rundfunkrates im Programmbereich vermissen. Es fehlen Bestimmungen darüber, welche konkreten rechtlichen Möglichkeiten dem Rundfunkrat zur Verfügung stehen, um seinen nach der Rechtsprechung des Bundesverfassungsgerichts geforderten *„effektiven"* Einfluß auf die Programmgestaltung geltend zu machen. Das gilt gleichermaßen hinsichtlich noch nicht gesendeter Programme, wie auch für bereits gesendete Rundfunkdarbietungen, die nach der Ansicht des Kontrollgremiums gegen die Programmgrundsätze verstoßen und deshalb von ihm beanstandet werden.[105]

Ebenso problematisch ist die sachgerechte, der bestehenden Vielfalt prinzipiell Rechnung **29** tragende *Bestimmung* und *Gewichtung* der *maßgeblichen Kräfte*. Vor allem stellt sich die Frage einer Aktualisierung seiner Zusammensetzung, sogar einer entsprechenden Verpflichtung des Gesetzgebers, da sich mit der Änderung der gesellschaftlichen Verhältnisse nach der Etablierung der Rundfunkanstalten vor über 40 Jahren auch Verschiebungen des pluralistischen Gesamtspektrums ergeben haben.[106]

2. Weitere öffentlich-rechtliche Rundfunkmodelle

a) Das Komplementärmodell in Bayern

Dem Bayerischen Mediengesetz[107] liegt ein Organisationsmodell zugrunde, bei dem *pri-* **30** *vate Anbieter* die Programmbeiträge liefern, aus denen die örtlichen und regionalen *Medienbetriebsgesellschaften* nach Genehmigung der *öffentlich-rechtlichen Landeszentrale für neue Medien* und unter deren fortlaufender Aufsicht Programme zusammenstellen.[108] Diese werden aber *nicht* in *Eigenverantwortung* der privaten Anbieter oder der Medienbetriebsgesellschaften erbracht, sondern werden in ihrer Gesamtheit von der *öffenlich-rechtlichen Landeszentrale* verantwortet.[109]

---

[104] Vgl. *Schiwy* AöR 1990, S. 341 f.

[105] Siehe hierzu näher unten unter E Rdz. 16 ff.

[106] Zur Bestimmung der wesentlichen gesellschaftlichen Kräfte und der Auswahl der Repräsentanten siehe unter E 13 ff., zu den Rechten der Rundfunkräte vgl. E Rdz. 16 ff., sowie zu den faktischen Funktionsdefiziten vgl. E Rdz. 20 ff.

[107] Bay. GVBl. S. 584; früher: Medienerprobungs- und Entwicklungsgesetz vom 22. 11. 1984, GVBl. S. 445.

[108] Nach dem Gesetzentwurf der Bay. Staatskanzlei zur Änderung des BayMG vom 26.7.1996 entfallen ab dem 1.1.1998 die Medienbetriebsgesellschaften, deren Aufgaben dann von der Landeszentrale für neue Medien wahrgenommen werden.

[109] Vgl. BayVerfGHE 43, S. 170 ff.; 39, S. 96 ff.; NJW 1992, S. 3289 ff.; DÖV 1994, S. 690; BayVerwGH DVBl. 1990, S. 936 ff.; DVBl. 1992, S. 452 ff.; BayVBl. 1992, S. 500 ff.; BayVBl. 1993, S. 20 ff.; NJW 1992, S. 3315; ZUM 1993, S. 99 ff.; *Lerche,* in: Freiheit und Verantwortung im Verfassungsstaat, Festgabe zum 10jährigen Jubiläum der Gesellschaft für Rechtspolitik, 1984, S. 245 ff.; *Ricker,* Münchener Medientage 1990, Berichtsband II, S. 161 ff.; *Schmitt Glaeser* ZUM 1986; S. 330; *Obermayer* ZUM 1985, S. 461; *Stettner* ZUM 1986, S. 559; *Treffer/Regenburger/Kroll,* MEG, 1985; *Bethge* ZUM 1986, S. 255; *Ring/Rothemund* Media Perspektiven 1985, S. 39; *Ring,* BLM-Jahrbuch 1992, S. 19 ff.; *Lerche* ZUM 1993, S. 441; *Kresse* ZUM 1992; S. 353; *Stock* JZ 1991, S. 645; *ders.* RuF 1992, S. 218; *Doll,* Spannweite einer verfassungsmäßigen Änderung der Rundfunkordnung in Bayern, S. 67 f.; *Schumann,* Neue Medien und privater Rundfunk in Bayern S. 26; *Stettner* ZUM 1992; S. 456; *Wilhelmi* ZUM 1992, S. 229; *Bornemann* ZUM 1992, S. 483; *ders.* ZUM 1996, S. 832 ff.

31   Diese Besonderheit gegenüber allen anderen Bundesländern ist Folge des *Art. 111 a Abs. 2 Satz 1 BayLVerf*, der vorschreibt, daß Rundfunk in Bayern nur in *öffentlicher Verantwortung* und *öffentlich-rechtlicher Trägerschaft* veranstaltet werden darf.[110] Diese wird nach Art. 2 BayMG von der *Landeszentrale* wahrgenommen, die somit ein Komplementärmodell zu dem bereits zuvor bestehenden öffentlich-rechtlichen Bayerischen Rundfunk bildet. In ihrer organisationsrechtlichen Ausgestaltung ist die Landesmedienanstalt mit den anderen Zulassungs- und Aufsichtsbehörden ohne weiteres vergleichbar. Wichtigstes Organ ist auch hier der aus zahlreichen Vertretern gesellschaftlicher Gruppen bestehende *Medienrat*, der nach seiner Zusammensetzung im wesentlichen derjenigen des Rundfunkrates des Bayerischen Rundfunks entspricht.[111] Die Unterschiede zu anderen Landesmedienanstalten aufgrund der spezifischen Verfassungslage zeigen sich in den *weitreichenden Steuerungs-* und *Kontrollaufgaben* der Landeszentrale,[112] die der Medienrat als zuständiges Organ wahrnimmt. Dazu gehört etwa die Genehmigung der Programmzulieferungsvereinbarungen zwischen den Anbietern und den Kabelgesellschaften nach Prüfung der persönlichen und sachlichen Voraussetzungen.[113]

    Daneben soll deren Zusammenarbeit *„zur Erreichung wirtschaftlicher und tragfähiger Rahmenbedingungen für die Rundfunkprogramme"* gefördert werden.[114] Außerdem hat die Landeszentrale darauf hinzuwirken, daß die von den Medienbetriebsgesellschaften organisierten Rundfunkprogramme einen angemessenen Anteil an kulturellen und inländischen Produktionen enthalten und die Vielfalt der Rundfunkprogramme einschließlich der technischen Voraussetzungen für die Verbreitung mit den hierfür zur Verfügung stehenden Mitteln gefördert wird.[115]

    Darüber hinaus kann nach Art. 16 Abs. 1 BayMG die Landeszentrale gegenüber Medienbetriebsgesellschaften, Anbietern und Betreibern zur Einhaltung der gesetzlichen Vorschriften, Satzungsbestimmungen sowie Richtlinien die *erforderlichen Anordnungen* treffen. Dazu gehört etwa, daß auf Verlangen die Anbieter und Medienbetriebsgesellschaften die geplanten Beiträge *vor* der Sendung vorlegen müssen.[116] Schließlich ist die Landeszentrale befugt, von einem Anbieter zu Lasten seiner Sendezeit und auf seine Kosten die Verbreitung solcher Beiträge anzuordnen, mit denen ein Verstoß gegen die Programmgrundsätze in einer Rundfunksendung ausgeglichen werden kann.[117]

32   Das Landesmediengesetz verstärkt die Funktion des Rundfunks dadurch, daß es im Rahmen der öffentlich-rechtlichen Gesamtverantwortung der Landeszentrale annähernd vielen privaten Interessenten die Meinungsäußerung ermöglicht[117] und die Verpflichtung zur inhaltlichen Ausgewogenheit nur für das *Gesamtangebot*, nicht aber für die einzelnen Beiträge vorschreibt.[118] Insoweit weist das Bayerische Ordnungsmodell eine sachliche Nähe zum *außenpluralistischen System* auf.[119] Aufgrund der weitgehenden Eingriffsbefugnisse der Landeszentrale enthält die Rundfunkorganisation aber auch *Elemente des Integrationsmodells*.[120]

    Im Ergebnis unterscheidet sich das Bayerische Ordnungsmodell von den Mischmodellen privaten Rundfunks mit einer ebenfalls pluralistisch zusammengesetzten Aufsichtsinstanz erheblich, da die auf die Programmgestaltung einwirkenden Kompetenzen des Medienrats

---

[110] Vgl. dazu BayVerfGE 30, S. 78 ff., 89 f., 39, S. 96 ff., 137 f.; *Lerche* ZUM 1993, S. 441; *Bausch,* Rundfunk in Deutschland, IV, S. 630 ff.

[111] Vgl. Art. 13 BayMG.

[112] Vgl. *Ring/Rothemund* Media Perspektiven 1985, S. 39; *Ricker,* Münchener Medientage 1990, Bd. 3, S. 162.

[113] Vgl. Art. 28 BayMG.

[114] Vgl. Art. 11 Ziff. 3 BayMG.

[115] Vgl. Art. 11 Ziff. 11 bzw. Ziff. 12 BayMG.

[116] Vgl. BayVerfGH 80, S. 311 ff., 317.

[117] Vgl. Art. 16 Abs. 2 BayMG.

[118] Vgl. *Lerche,* Zum Rundfunkartikel, S. 252 f.

[119] Vgl. Art. 4 BayMG.

[120] Vgl. oben C Rdz. 24 ff.

bereits *präventiv* einsetzen und auch in ihrem Umfang weit über diejenigen einer Aufsichtsbehörde im Privatfunk hinausgehen.[121] Von dem Bayerischen Verfassungsgerichtshof wurde diese Konzeption eines öffentlich-rechtlichen Rundfunks prinzipiell für verfassungsmäßig erklärt.[122]

Freilich hat das Gericht diese alternative Form öffentlich-rechtlichen Rundfunks nur *komplementär* zu dem *Bayerischen Rundfunk* gesehen und dies auch bei den verfassungsrechtlichen Anforderungen entsprechend berücksichtigt. Weil die Grundversorgung durch die öffentlich-rechtliche Rundfunkanstalt gewährleistet ist, hat es etwa zugelassen, daß die Landeszentrale selbst die Sendungen *nicht gestaltet,* sondern sich hierzu der privaten Anbieter und Medienbetriebsgesellschaften bedient. Dabei hat das Gericht jedoch gefordert, daß die öffentlich-rechtliche Medienanstalt ihre gesetzlichen Kontroll- und Eingriffsbefugnisse im Programmbereich *effektiv wahrnimmt.*[123]

Nach den oben dargelegten Grundsätzen des Bundesverfassungsgerichts[124] stellt sich **33** jedoch aus verfassungsrechtlicher Sicht die Frage, ob das *öffentlich-rechtliche Rundfunkmonopol in Bayern* über 20 Jahre nach seiner Aufnahme in die Landesverfassung[125] aufgrund der faktischen Verhältnisse im Bereich der Rundfunkversorgung immer noch *zeitgemäß oder überholt* ist. Wie der Bayerische Verfassungsgerichtshof festgestellt hat, handelt es sich bei diesem Vorbehalt in Art. 111a Abs. 2 BayLVerf um ein *„allgemeines Gesetz",* das die Ausübung der Meinungs- und Rundfunkfreiheit als „Fundamentalnorm" beschränkt.[126] Insoweit besteht eine grundrechtsdogmatische *Parallele* zu den in Art. 5 Abs. 1 GG geschützten Kommunikationsrechten, die nach Abs. 2 dieses Verfassungsartikels durch allgemeine Gesetze beschränkt werden. Nach der ständigen Rechtsprechung des Bundesverfassungsgerichts sind gesetzliche Einschränkungen dieser Grundrechte nur insoweit zulässig, als sie dem Grundsatz der *Verhältnismäßigkeit* genügen, also zu dem mit ihnen verfolgten Zweck geeignet, erforderlich und auch zumutbar sind.[127]

An diesen Voraussetzungen muß sich somit auch das öffentlich-rechtliche Rundfunkmodell in Bayern messen lassen. Dazu hat der Verfassungsgerichtshof dieses Landes jedoch bislang noch nicht dezidiert Stellung genommen,[128] obwohl es unter diesem Aspekt hinreichenden Anlaß gibt: Ausschlaggebendes *Motiv* für die Einfügung des *Art. 111a Abs. 2* in die Landesverfassung im Jahre 1973 war die Befürchtung, daß aufgrund der damals festgestellten *Sondersituation* eines frequenztechnischen Mangels und auch der finanziell aufwendigen Veranstaltung von Rundfunksendungen bei einer Zulassung Privater die Rundfunkfreiheit in Gefahr gerate.[129] Zur Sicherung eines ausgewogenen pluralistischen Meinungsspektrums wurde deshalb in der öffentlich-rechtlichen Trägerschaft und Verantwortung ein geeignetes, aber auch notwendiges Mittel gesehen.

Diese Sorge ist aber mittlerweile nicht mehr begründet. Angesichts der zahlreichen An- **34** bieter in Bayern selbst wie auch der über die Landesgrenzen einstrahlenden nationalen und europäischen Programme läßt sich von einer Mangelsituation nicht mehr sprechen. Aufgrund dieser Vielfalt dürfte der Zweck des Rundfunkmonopols, mit dem Gebot ausschließlich

---

[121] Vgl. hierzu B Rdz. 29 ff.
[122] BayVerfGHE 39, S. 96 ff.; 43, S. 170 ff.; NJW 1992, S. 3289 ff.; DÖV 1994, S. 690; vgl. *Jarass,* Gutachten 56. DJT 1986; *Degenhart* ZUM 1987, S. 595; *Kull* ZUM 1987, S. 355; *Herrmann,* Rundfunkrecht, § 4 Rdz. 105, *Knütter,* Verfassungswidrigkeit des Art. 111a BayVerf wegen Verstoßes gegen die Rundfunkfreiheit, 1992; *Bethge* ZUM 1994, S. 63; *Schütz* ZUM 1993, S. 55 ff.
[123] Vgl. BayVerfGHE 39, S. 96 f.
[124] Siehe oben C Rdz. 27.
[125] Eingefügt durch Gesetz vom 19.07.1973, GVBl. S. 389.
[126] BayVerfGH NJW 1987, S. 249.
[127] BVerfGE 46, S. 331; 54, S. 171; 71, S. 36.
[128] Das Gericht zieht als Beurteilungsmaßstab nicht Art. 5 GG, sondern Art. 111a Abs. 2 BayLVerf heran.
[129] Vgl. *Lerche* AfP 1990, S. 250.

öffentlich-rechtlicher Trägerschaft der in Bayern veranstalteten Programme Ausgewogenheit im Rundfunk zu sichern, mittlerweile *obsolet* geworden sei. Da vor allem wegen der zahlreichen nationalen Sender immer weniger der im Landesgebiet zu empfangenden Programme den Anforderungen des Art. 111a BayLVerf genügen, kann somit aus der Sicht der Rezipienten das öffentlich-rechtliche Rundfunkmonopol bereits *nicht mehr geeignet sein,* Schutzwirkungen zur Sicherung des Meinungspluralismus zu entfalten. Somit fehlt es bereits an der ersten Voraussetzung, welche die Beschränkung der Rundfunkfreiheit rechtfertigen könnte.[130] Aus den dargestellten Gründen kann das öffentlich-rechtliche Rundfunkmonopol zur Sicherung des Pluralismus aber auch *nicht mehr erforderlich* sein. Wie der Bayerische Verfassungsgerichshof bereits 1977 festgestellt hat, könne bei einem weiteren Fortschreiten der technischen Entwicklung die Beschränkung der Veranstaltung von Rundfunksendungen auf öffentlich-rechtliche Träger zur Abwehr drohender Gefahren für die Rundfunkfreiheit entfallen. Vielmehr könnte eventuell entsprechend den jeweiligen technischen Gegebenheiten die Gründung sowie der Betrieb *nicht öffentlich-rechtlicher Rundfunkveranstaltung* zuzulassen sein.[131]

Aufgrund des vermehrten Programmangebotes selbst im örtlichen und regionalen Bereich kann das Monopol auch unter dem Aspekt einer Abwehr der dem Pluralismus drohenden Gefahren wie auch unter der gegebenen technischen Versorgungslage nicht mehr als erforderlich angesehen werden.[132] Dies ergibt sich ebenso aus dem 4. Rundfunkurteil des Bundesverfassungsgerichts, in dem darauf hingewiesen wird, daß bei der Grundversorgung durch das öffentlich-rechtliche System daneben auch privat veranstalteter Rundfunk zugelassen werden könnte. Die Rundfunkfreiheit sei auch in diesem Fall ausreichend gesichert. *Zwei öffentlich-rechtliche Systeme*, wie sie in Bayern bestehen, hat das Bundesverfassungsgericht nicht gefordert.

Somit kann, was nach der dualen Rundfunkordnung in den anderen Bundesländern nicht notwendig ist, auch nicht in Bayern ausnahmsweise erforderlich sein. Insoweit stellt *Art. 111a Abs. 2 Bayerischer Landesverfassung* eine übermäßige Anforderung dar. Das öffentlich-rechtliche Rundfunkmonopol in Bayern erscheint aber ebensowenig *verhältnismäßig*. Die in dem Mediengesetz bestimmten Auflagen, etwa die Vorlagepflicht von Sendebeiträgen zur vorherigen Genehmigung, wie auch das Recht der Landeszentrale, Sendungen bestimmten Inhalts, etwa zur Herstellung der Ausgewogenheit, anzuordnen,[133] können zu *unzumutbaren Beschränkungen* führen.[134] Besonders betroffen sind diejenigen Rundfunkunternehmen, die ihr bundesweit ohne Beanstandungen veranstaltetes Programm zur Weiterverbreitung in diesem Bundesland nunmehr aufgrund bayerischer Auflagen modifizieren müssen, weil dies einen erheblichen Mehraufwand bedeutet.

35   Die dargestellten Gründe sprechen somit für eine Änderung der Rundfunkverfassung in Bayern.[135] Sie hätte zur Folge, daß Art. 111a BayLVerf. entfiele und auch *privater Rundfunk in Bayern* zulässig wäre. Realisieren ließe sich dieser Weg zum einen durch einen entsprechenden Spruch des *Bundesverfassungsgerichts*. Davon ist in nächster Zeit aber um so weniger auszugehen, als das Gericht in seiner bisherigen Rechtsprechung einen *individuellen Zugangsanspruch* privater Rundfunkveranstalter aus Art. 5 Abs. 1 Satz 2 GG *nicht anerkannt* hat.[136]

Somit bliebe es dem *Bayerischen Parlament* überlassen, selbst eine Änderung der Landesverfassung herbeizuführen und privaten Rundfunk zuzulassen. Eine andere Möglichkeit

---

[130] Vgl. *Ricker,* Münchener Medientage 1990, S. 164.
[131] BayVerfGHE 30, S. 78 ff., 89 f.
[132] Vgl. *Ricker,* Münchner Medientage 1990, S. 165.
[133] Vgl. Art. 16 BayMG.
[134] Vgl. BayVfGH ZUM 1986, S. 97, 99; ZUM 1986, S. 99 ff., 100; vgl. auch *A. Hesse,* in: SZ v. 14.04.1992; *Meder,* Die Verfassung des Freistaats Bayern, Art. 111a Rdz. 8b.
[135] Vgl. *A. Hesse,* in: SZ v. 14.04.1992; *Meder,* Die Verfassung des Freistaats Bayern, Art. 111a Rdz. 8b.
[136] Vgl. BVerfGE 57, S. 295 ff., 318 ff.

bestünde nach der Bayerischen Gesetzeslage darin, ebenso wie bei der Einführung der Verfassungsbestimmung nunmehr einen *Bürgerentscheid* darüber herbeizuführen, daß die in Art. 111a Abs. 2 Satz 1 LVerf Bayern festgelegte öffentlich-rechtliche Struktur des Rundfunks[137] zugunsten eines dualen Rundfunksystems unter Beteiligung privater Veranstalter aufgehoben werden soll.

b) Alternatives Modell öffentlich-rechtlichen Rundfunks

Im Hinblick auf den komplementären öffentlich-rechtlichen Rundfunk in Bayern eröff- **36** net sich der interessante Aspekt, ob und unter welchen Voraussetzungen ein Alternativmodell das *traditionelle Anstaltsmuster* des öffentlich-rechtlichen Rundfunks *ersetzen* könnte. Entsprechende Organisationsvorschläge für das Bundesland *Mecklenburg-Vorpommern* waren bereits soweit gereift, daß sie dort für die Organisation des nach der Wiedervereinigung neu zu gründenden öffentlich-rechtlichen Rundfunks in die engere Diskussion kamen.[138] Freilich blieben sie letztlich ohne praktische Konsequenzen, da dieses Bundesland dem NDR-Staatsvertrag beitrat[139] und dann doch nicht von dem bisherigen Anstaltsmuster abgewichen wurde.

Ein Grund für die Erwägung, ein alternatives Modell öffentlich-rechtlichen Rundfunks zu verwirklichen, war vor allem die Problematik der *Finanzierbarkeit* einer herkömmlichen Anstalt. Diese Frage hat sich über die spezifische Situation in Mecklenburg-Vorpommern hinaus aber verallgemeinert. Sinkende Werbeeinnahmen des öffentlich-rechtlichen Rundfunks[140] und die Erkenntnis, daß die Rundfunkgebühr auch aus rechtlichen Gründen[141] nicht unbegrenzt erhöht werden kann, führen zu der Überlegung, ob nicht dem öffentlich-rechtlichen Programmauftrag durch eine institutionalisierte Beteiligung privater Unternehmen kostengünstiger als nach dem traditionellen Anstaltsmuster entsprochen werden könnte.[142]

Als Alternative käme eine öffentlich-rechtlich strukturierte Anstalt in Betracht, unter **37** deren Leitung und rundfunkrechtlicher Verantwortung landesweiter Hörfunk sowie Beiträge für das 1. Programm der ARD und ein Regionalteil für das ARD-Fernsehprogramm wie auch ein drittes Fernsehprogramm veranstaltet und verbreitet würden. Die Besonderheit dieses Modells bestände darin, daß sich die Anstalt des öffentlichen Rechts auf die wesentlichen *Stabs-, Kontroll-* und *Organisationsaufgaben konzentriert*, also die Sendebeiträge nicht selbst produziert, sondern diese durch *Private zuliefern* läßt. Ihr obläge demnach die Vergabe der Programmerstellung an privatwirtschaftlich tätige Produzenten, der Erlaß der Redaktions- und Programmrichtlinien sowie deren Kontrolle, der Werbezeitenverkauf und die Kooperation mit den ARD-Rundfunkanstalten. Anders als nach der üblichen Praxis im öffentlich-rechtlichen Rundfunk würden private Unternehmen nicht nur gelegentlich als Co- oder Auftragsproduzent für einzelne Sendungen oder Serien, sondern vielmehr für das Gesamtprogramm, jedenfalls in wesentlichem Umfange, tätig.[143]

Eine zusätzliche effektivitätssteigernde Maßnahme könnte in der weiteren Modifikation **38** liegen, daß statt eines Rundfunkrates aus Vertretern der zahlreichen gesellschaftlich relevanten Gruppen als binnenpluralistisches Organ ein Medienrat aus einer geringeren Anzahl von Persönlichkeiten des öffentlichen Lebens („Sachverständigenrat") statuiert wird. Eine solche Alternative hatte der Gesetzgeber in Berlin bereits früher mit dem Kabelrat vorgesehen und wurde dann mit dem Land Brandenburg auch in dem gemeinsamen Staatsvertrag verwirklicht.[144]

---

[137] Vgl. Änderungsgesetz vom 19. 07. 1973, GVBl. S. 389.

[138] Vgl. LT-DS. 1/683, S. 35 ff.

[139] Vgl. GVBl. Mecklenburg-Vorpommern, 1990, S. 311 ff.

[140] Vgl. zur Rundfunkfinanzierung oben unter C Rdz. 73 ff.

[141] Vgl. *Maunz/Dürig/Herzog/Scholz,* GG, Art. 5, Abs. 1, 2 Rdz. 136 f.; vgl. zur Berücksichtigung der Interessen der Gebührenzahler BVerfGE 90, S. 60 ff., 97 f.; *Ricker* NJW 1994, S. 2199 f.

[142] Vgl. *Ricker,* FS für Lerche, S. 699 ff.

[143] Vgl. *Ricker,* FS für Lerche, S. 695 ff.

[144] Vgl. § 12 StV Berlin/Brandenburg; vgl. auch § 31 SächsPRG; siehe hierzu auch unten E Rdz. 81 ff.

39   Unter verfassungsrechtlichen Aspekten stellt sich zunächst die Frage, ob es überhaupt zulässig erscheint, die herkömmlichen Anstalten durch *andere Formen* öffentlich-rechtlichen Rundfunks zu ersetzen und gegebenenfalls unter *welchen Bedingungen* den Anforderungen an die Rundfunkfreiheit entsprochen wird. Eine Antwort auf die erste Frage ergibt sich aus der Feststellung des Bundesverfassungsgerichts, daß aufgrund der bestehenden Ausgangslage ein öffentlich-rechtlicher Rundfunk existieren muß, der die Grundversorgung mit seinen Programmen sicherstellt, die überall empfangbar sind und die bestehende weltanschauliche Vielfalt und den Spartenpluralismus ungeschmälert zum Ausdruck bringen.[145] Dabei hat das Gericht darauf abgestellt, daß lediglich die Programme des öffentlich-rechtlichen Rundfunks die verfassungsrechtlich gebotene Vielfalt gewährleisten.[146]

Insoweit hat das Gericht jedoch unter Bezugnahme auf seine frühere Rechtsprechung deutlich gemacht, daß der Gesetzgeber nicht zu einer *Modellkonsistenz* verpflichtet sei.[147] Es hat deshalb auch *alternative Formen* eines öffentlich-rechtlichen Rundfunks nochmals ausdrücklich als mit dem Grundrecht der Rundfunkfreiheit für vereinbar erklärt und zwar auch in der gegenwärtig bestehenden Situation, daß von diesem weiterhin die Grundversorgung zu gewährleisten sei. In konsequenter Fortführung seiner bisherigen Rechtsprechung hat das Gericht dabei freilich eine *binnenpluralistische Struktur* gefordert, bei der die Interessen der Allgemeinheit an der Sicherung der Rundfunkfreiheit durch eine Partizipation der gesellschaftlichen Kräfte und Strömungen gewährleistet seien.[148] Das erfordere jedoch nicht das bisher gewählte Anstaltsmuster, bei dem sich die Vertreter der Gesellschaft aus verbandlich organisierten Gruppen rekrutieren.[149] Als *„Sachverwalter der Allgemeinheit"* könne ebenso ein anderes gesellschaftlich zusammengesetztes Kontrollgremium vorgesehen werden, sofern diesem ebenfalls ein rechtlich gesicherter, effektiver Einfluß auf die Programmgestaltung zustehe. Innerhalb dieser Grenzen werde der Gesetzgeber in seiner Entscheidung über die Strukturierung der öffentlich-rechtlichen Anstalt durch Art. 5 Abs. 1 Satz 2 GG nicht weiter beschränkt.[150]

40   Mit der somit grundsätzlich verfassungsrechtlich zulässigen Möglichkeit eines alternativen öffentlich-rechtlichen Rundfunks ist freilich noch nicht die weitere Frage beantwortet, unter welchen Voraussetzungen das hier erörterte Modell, das gegenüber dem herkömmlichen Anstaltsmuster vor allem den Vorteil der günstigeren Kostenstruktur für sich beanspruchen kann, auch mit der Rundfunkfreiheit vereinbar erscheint. Nach der Rechtsprechung des Bundesverfassungsgerichts setzt auch ein solches alternatives Modell voraus, daß wie bei den herkömmlichen Rundfunkanstalten durch das binnenpluralistische, die gesellschaftlichen Interessen widerspiegelnde Gremium ein *effektiver Einfluß* auf das Programm möglich ist. Dies bedingt seinerseits, daß die seiner Kontrolle unterliegenden Verantwortlichen der Anstalt über das zur Ausstrahlung gelangende Programm die redaktionelle Verantwortung und damit auch das Letztentscheidungsrecht haben.[151] Der Anforderung genügt das hier vorgeschlagene alternative öffentlich-rechtliche Rundfunkmodell insoweit, als den Verantwortlichen der öffentlich-rechtlichen Anstalt im weitestgehenden Sinne wie bei dem traditionellen Anstaltsmuster die *Personalkompetenz* obläge. Zum einen wäre eine Voraussetzung, daß der Chefredakteur des privaten Programmzulieferers nur im Einverständnis mit den Verantwortlichen der öffentlich-rechtlichen Anstalt ausgewählt wird.[152]

41   Darüber hinaus sieht das hier vorgeschlagene alternative öffentlich-rechtliche Rundfunkmodell vor, daß bei der Anstalt angestellte *Ablaufredakteure* entsprechend ihrer öffentlich-

---

[145] Vgl. BVerfGE 83, S. 235 ff., 306.

[146] Zur Grundversorgung des öffentlich-rechtlichen Rundfunks siehe näher unten unter E Rdz. 85 ff.

[147] Vgl. BVerfGE 83, S. 235 ff., 298; siehe oben unter C Rdz. 16.

[148] Vgl. BVerfGE 83, S. 235 ff., 318.

[149] Vgl. BVerfGE 83, S. 235 ff., 319.

[150] Vgl. BVerfGE 83, S. 235 ff., 309; 57, S. 295 ff., 323; 60, S. 53 ff., 65 f.

[151] Vgl. *Ricker,* in: FS für Lerche, 1993, S. 636 f.

[152] Vgl. *Ricker,* in: FS für Lerche, 1993, S. 697 f.

rechtlichen Programmverantwortung die von den privaten Unternehmen angelieferten Programmbeiträge kontrollieren. Vor allem muß ihnen bei aktuellen Live-Sendungen, wie etwa im Nachrichtenbereich, eine *unmittelbare Einflußnahme* auf die laufende Ausstrahlung bei drohenden Verstößen gegen die Programmgrundsätze möglich sein.[153]

Die genannten Anforderungen zur Verwirklichung der öffentlich-rechtlichen Programmverantwortung und -trägerschaft gehen weiter als die Leitungs- und Steuerungsbefugnisse der Bayrischen Landesmedienanstalt gemäß Art. 16 und 27 Abs. 4 BayMG. Eines öffentlich-rechtlichen Komplementärmodells wie in Bayern durch den Bayerischen Rundfunk, das der BayVerfGH gefordert[154] hat, bedarf es deshalb nicht. Unter der Voraussetzung, daß das alternative öffentlich-rechtliche Rundfunkmodell die geschilderten verfassungsrechtlichen Voraussetzungen erfüllt, wäre es mit der Rundfunkfreiheit somit vereinbar. Damit wäre aber auch eine öffentlich-rechtliche Rundfunkordnung möglich, in der die Ressourcen effektiver und wirtschaftlicher eingesetzt würden. Dabei sei ausdrücklich hervorgehoben, daß das beschriebene Modell keineswegs das einzige sein dürfte, mit dem eine Alternative zum herkömmlichen Anstaltsrundfunk verwirklicht werden könnte. Vielmehr ergibt sich aus den weiträumigen Vorgaben des Bundesverfassungsgerichts,[155] die mit diesem Modell illustriert werden sollten, daß es durchaus *keinen numerus clausus* für die Wege gibt, auf denen der öffentlich-rechtliche Programmauftrag erfüllt werden kann.

c) Veränderung der bestehenden Fernsehstrukturen

Das duale Rundfunksystem besteht auf öffentlich-rechtlicher Seite aus den 16 Landesrund-   **42** funkanstalten, die in der *„Arbeitsgemeinschaft der Rundfunkanstalten Deutschlands"* (ARD) ein gemeinsames Fernsehprogramm (Erstes Programm) und teilweise in Kooperation mit anderen Anstalten landesweite Dritte Programme veranstalten. Daneben besteht als Kontrastprogramm das *„Zweite Deutsche Fernsehen"* (ZDF), das von einer von allen Ländern gemeinsam unterhaltenen Anstalt des öffentlichen Rechts getragen wird. Weiterhin bieten die Landesrundfunkanstalten eine unterschiedliche Anzahl von bis zu fünf Hörfunkprogrammen an.

Der zunächst von den Anstalten untereinander vereinbarte Programmverbund wurde am   **43** 17.04.1959 durch § 1 des *„Länderabkommens"* von den zuständigen Landesgesetzgebern gesetzlich geregelt, wonach *„die Rundfunkanstalten ermächtigt und verpflichtet werden, gemeinsam ein Fernsehprogramm zu gestalten".*[156] Mit dem Staatsvertrag über die Gründung des *„Zweiten Deutschen Fernsehens"* kam ein zweites bundesweites Fernsehprogramm hinzu, das in publizistischer Konkurrenz den Fernsehteilnehmern Alternativen bieten sollte, weshalb auch eine entsprechende Koordinierung des Programmschemas vereinbart wurde.[157]

Im Zusammenhang mit der zunehmenden Problematik der *Finanzierbarkeit* des öffentlich-rechtlichen Rundfunks, aber auch wegen angeblicher *struktureller Ungleichgewichtigkeiten* der Arbeitsgemeinschaft durch die Dominanz einzelner größerer Sender[158] lösten die Vorstellungen einer Kündigung des ARD-Programmverbunds eine intensive medienpolitische Diskussion aus. Nach dem ARD-Staatsvertrag wäre ein Ausscheiden einer oder mehrerer Landesrundfunkanstalten möglich. Nach § 8 kann der Vertrag *„von jedem der vertragsschließenden Länder zum Schluß des Kalenderjahres mit einer Frist von einem Jahr gekündigt werden, erstmals zum 31.12.2000.*[159] Beteiligte sind die vertragsschließenden Länder. Der ARD-Staatsvertrag bestimmt im weiteren, daß die Kündigung eines Beteiligten das Vertragsver-

---

[153] Vgl. *Ricker,* in: FS für Lerche, S. 697 f.

[154] Vgl. BayVerfGH ZUM 1993, S. 101 ff.

[155] Vgl. BVerfGE 83, S. 238 ff., 286.

[156] Vgl. Abdruck des Länderabkommens vom 17.04.1959 in *Ring,* Medienrecht, C-0.5, 1.2.

[157] Vgl. hierzu näher oben unter A Rdz. 71 f.

[158] Vgl. *Biedenkopf,* zitiert in: FAZ vom 5./6.2.1995, S. 3; *Stoiber,* in: FAZ vom 20. 2.1995; vgl. aber die Protokollerklärungen der Länder zum RStV 1997, wonach die Verpflichtung zur Ausstrahlung der Programme von ARD und ZDF sowie die Dritten Programme beibehalten werden sollen.

[159] Vgl. Art. 2 § 8 RStV.

hältnis der übrigen zueinander unberührt läßt, diese sich aber binnen einer Frist von drei Monaten nach Eingang der Erklärung der Kündigung zum selben Zeitpunkt anschließen können.[160]

Die *Kündigung* wäre dann *unzulässig,* wenn § 8 ARD-StV mit der Rundfunkfreiheit unvereinbar wäre. Die Verfassungswidrigkeit könnte darauf gestützt werden, daß nach der Rechtsprechung des Bundesverfassungsgerichtes in der bestehenden dualen Rundfunkordnung die Grundversorgung durch den öffentlich-rechtlichen Rundfunk verfassungsrechtliche Qualität besitzt.[161]

44   Nach den Feststellungen des Gerichts in dem 4. Rundfunkurteil gehören hierzu jedenfalls die zu dem Zeitpunkt der Entscheidung, also 1986, verbreiteten öffentlich-rechtlichen Programme.[162] Von daher könnte argumentiert werden, daß das bundesweite Programm der ARD Teil der unerläßlichen Grundversorgung ist, in das deshalb auch nicht von einzelnen Ländern im Wege einer Kündigung des ARD-Staatsvertrages eingegriffen werden könne. Dem steht jedoch entgegen, daß das Bundesverfassungsgericht ausdrücklich den *„situativen"* Gehalt der Anforderungen der Rundfunkfreiheit herausgestellt hat.[163] Deshalb sei das Grundrecht im Hinblick auf die sich stetig verändernden tatsächlichen Verhältnisse dynamisch zu verstehen.[164] Das im Zeitpunkt des 4. Rundfunkurteils bestehende Programmangebot des öffentlich-rechtlichen Rundfunks kann deshalb auch keinen verfassungsrechtlichen Schutz in dem Sinne genießen, daß sich der damalige *„status quo"* nicht ändern könne.

45   Tatsächlich hat sich die öffentlich-rechtliche Rundfunkversorgung erheblich modifiziert. Die Landesrundfunkanstalten haben teilweise im Verbund mit anderen Anstalten[165] ihre *Dritten Programme* über die anfänglichen Sparten Bildung und Kultur hinaus zu Vollprogrammen im Sinne des klassischen Programmauftrages ausgebaut, die bereits jetzt größtenteils über Satellit verbreitet werden und damit im gesamten Bundesgebiet zu empfangen sind.[166] Das auch im Rundfunk geltende Prinzip des *Föderalismus*[167] wird durch die inhaltliche Gestaltung und bundesweite Verbreitung der Dritten Programme in besonderer Weise effektuiert. Während sich im Rahmen des Ersten Programms gerade die kleineren Rundfunkanstalten auf einzelne Sendebeiträge beschränken müssen, ermöglicht die bundesweite Ausstrahlung von Dritten Programmen eine viel umfangreichere und intensivere Information und Meinungsbildung jedes Rundfunkteilnehmers über die unterschiedlichen politischen, wirtschaftlichen und kulturellen Verhältnisse im gesamten Bundesgebiet.[168] Von daher sprechen die Grundsätze des 4. Rundfunkurteils[169] nicht gegen die Kündigungsmöglichkeit.

46   Weiterhin könnte eingewandt werden, daß § 8 ARD-StV gegen die Staatsfreiheit des Rundfunks verstößt. Nach der Rechtsprechung des Bundesverfassungsgerichts in seinem 8. Rundfunkurteil haben die Rundfunkanstalten im Rahmen ihrer *Programmfreiheit* innerhalb des vorgegebenen Finanzierungsrahmens *selbst* über die Art und die Anzahl der Programme zu entscheiden, mit denen sie ihren Programmauftrag erfüllen.[170] Als Mitte der achtziger Jahre die öffentlich-rechtlichen Rundfunkanstalten die Veranstaltung des Satellitenprogramms *„ARD-Eins plus"* vereinbarten, hatten die von den Bundesländern Bayern und Baden-Württemberg angerufenen Gerichte eine Untersagung der Beteiligungen an dem Gemeinschafts-

---

[160] Vgl. Art. 2 § 8 RStV.

[161] Vgl. BVerfGE 83, S. 238 ff., 298.

[162] Vgl. BVerfGE 73, S. 118 ff., 165 f.

[163] Vgl. BVerfGE 73, S. 118 ff., 165.

[164] Vgl. BVerfGE 83, S. 238 ff., 296 f., 305 f.

[165] Vgl. etwa S 3 und N 3.

[166] Vgl. zu der hiermit aufgeworfenen Problematik der Zuständigkeit des Gesetzgebers unten unter F Rdz. 18 f., E Rdz. 96.

[167] Vgl. BVerfGE 16, S. 236 ff., 267; 41, S. 331 ff., 359; 73, S. 118 ff., 182; vgl. auch B Rdz. 208.

[168] Vgl. *Biedenkopf,* in: FAZ vom 5./6. 2. 1995, S. 3; siehe auch unten F Rdz. 22 f.

[169] Vgl. BVerfGE 73, S. 118 ff., 165 f.

[170] Vgl. BVerfGE 90, S. 60 ff., 96 f.

programm mit der Begründung abgelehnt, daß diese nicht offensichtlich in den Kompetenzbereich des Gesetzgebers eingreife.[171]

Diese Rechtsprechung kann auf die Beteiligung an der ARD jedoch nicht übertragen werden. Das Satellitenprogramm *„Eins plus"* war lediglich eine *Randerscheinung* des ARD-Programmverbundes, dessen Ziel die Veranstaltung des Ersten Programms ist.

Diese Argumentation gilt hier um so mehr, da es einen wesentlichen Unterschied hierzu **47** macht, ob der in der Arbeitsgemeinschaft der öffentlich-rechtlichen Rundfunkanstalten vereinbarte Programmverbund weiter bestehen soll. Nach den Feststellungen des Bundesverfassungsgerichts[172] umfaßt das Recht der Rundfunkanstalten, über die Anzahl und Art ihrer Programme zu bestimmen, die ihrem Auftrag entsprechende Rundfunkversorgung, die aber gebietsbezogen ist und deshalb nur die interne Programmexpansion zuläßt.[173] Die Frage der Beteiligung der Landesrundfunkanstalten an dem ARD-Programmverbund ist ein wesentliches Kriterium der Gestaltung des öffentlich-rechtlichen Rundfunksystems, da es hierbei um die Entscheidung über integrative und förderaktive Aspekte der Rundfunkfreiheit geht. Darüber kann deshalb nicht vom Rundfunk selbst im Rahmen seiner Programmautonomie, sondern nur von dem zuständigen Gesetzgeber als Garanten der Rundfunkordnung entschieden werden.

Diese Feststellung wird durch die Rechtsprechung des Bundesverfassungsgerichts in dem 8. Rundfunkurteil gestützt, wonach die Programmautonomie der Rundfunkanstalten gesetzliche Programmbegrenzungen keinesfalls ausschließt.[174]

3. Der private Rundfunk

Für den Bereich des privaten Rundfunks haben sich die Bundesländer insoweit für ein **48** *einheitliches Ordnungsmodell* entschieden, als die Mediengesetze für die *Zulassung* und *Aufsicht* über die privaten Veranstalter rechtlich selbständige Anstalten des öffentlichen Rechts vorsehen. Diese *Landesmedienanstalten* (teilweise heißen sie auch Landesanstalten für den privaten Rundfunk) sind *weisungsunabhängig*. Neben dem Leiter oder Direktor als ausführendem Organ sehen sie ein pluralistisch zusammengesetztes Gremium (Versammlung, Rundfunkausschuß, Medienrat) vor, dem als wesentliche Aufgaben vor allem die Zulassung und Kontrolle der privaten Veranstalter obliegt.[175]

Hingegen haben die Länder im weiteren durchaus unterschiedliche Ordnungsmodelle **49** im privaten Rundfunk eingeführt: Soweit die Landesmediengesetze *lokalen oder regionalen* Rundfunk zulassen, sehen sie in der Regel für die privaten Veranstalter eine *binnenpluralistische Organisationsform* vor. Diese kann darin bestehen, daß ausschließlich Veranstaltergemeinschaften zugelassen werden bzw. im Falle eines Einzelbewerbers ein veranstalterinternes Organ verlangt wird, durch das der gesellschaftliche Einfluß vermittelt wird (Beirat, Pro-

---

[171] Vgl. Beschluß des VG München vom 27. 3. 1986, abgedr. in ZUM 1986, S. 206 ff.; Beschluß des Bay.VGH vom 28.03.1986, abgedr. in ZUM 1986, S. 208 ff.; Beschluß des VGH Baden-Württemberg vom 27.03.1986, abgedr. in ZUM 1986, S. 295 ff.; vgl. auch Beschluß des VG Karlsruhe vom 25.03.1986 – 7 K 56/86, zitiert in dem Beschluß des VGH Baden-Württemberg vom 27.03.1986; vgl. auch *Rudolph* VBl. BW 1986, S. 281 ff.

[172] Vgl. BVerfGE 90, S. 60 ff., 92.

[173] Vgl. BVerfGE 90, S: 60 ff, 92.

[174] Vgl. BVerfGE 90, S. 60 ff., 92, siehe auch unten unter F Rdz. 19 f.

[175] Siehe dazu im einzelnen unten unter D Rdz. 31 ff. und E Rdz. 39 f. dort auch zu der Problematik staatlicher Einflußmöglichkeit auf den privaten Rundfunk durch die Besetzung der Versammlung mit Vertretern der Exekutive; auf die besondere Situation in Bayern mit dem dortigen öffentlich-rechtlichen Komplementärmodell wurde bereits oben unter C Rdz. 30 ff. näher eingegangen; zur Errichtung einer Bundesmedienanstalt vgl. *Tabbara* ZUM 1996, S. 378 ff.

grammrat).[176] Für den lokalen und regionalen Bereich sehen die Landesmediengesetze bis auf wenige Ausnahmen in Stadtstaaten oder sonstigen Ballungsgebieten ausschließlich privaten Hörfunk vor. Aufgrund des besonderen finanziellen Aufwands waren bisher private lokale Fernsehveranstalter wenig erfolgreich, etwa in München, Berlin und in Hamburg.[177]

50   Das nach der Rechtsprechung des Bundesverfassungsgerichtes auf externe Vielfalt angelegte außenpluralistische Ordnungsmodell sieht keines der Bundesländer von Anfang an vor. Für dieses Modell ist charakteristisch, daß die Anbieter ihre Programme eigenverantwortlich gestalten können, ohne daß jeder einzelne zu einer ausgewogenen Berichterstattung verpflichtet wäre.[178] Vielmehr bestimmen einige Landesmediengesetze, die für den landesweiten Rundfunk ebenfalls mehrere Veranstalter vorsehen, entsprechend der früheren Regelung des Rundfunkstaatsvertrages 1991 ein Übergangsmodell vom binnen- zum außenpluralistischen Rundfunk. Dabei entfällt die anfängliche Verpflichtung zur Binnenpluralität, wenn *„mindestens drei Vollprogramme von verschiedenen Veranstaltern verbreitet werden, die jeweils von mehr als der Hälfte der Teilnehmer im Verbreitungsgebiet empfangen werden können".*[179]

Solange diese Voraussetzungen nicht vorliegen, hat jeder Veranstalter „durch geeignete Vorkehrungen" – wie etwa einen Programmbeirat mit wirksamem Einfluß auf das Rundfunkprogramm – zu gewährleisten, daß eine vorherrschende Einwirkung auf die Meinungsbildung des landesweiten privaten Rundfunks ausgeschlossen ist".[180] Bei einer Veranstaltergemeinschaft sind solche Vorkehrungen entbehrlich, wenn vertraglich oder nach den Satzungsbestimmungen ausgeschlossen ist, daß ein Beteiligter mit über fünfzig Prozent der Kapital- und Stimmrechte vorherrschenden Einfluß nimmt.[181]

Da bundesweit bereits seit längerem die geforderte Mindestanzahl von drei privaten Fernsehvollprogrammen angeboten wurde,[182] waren die für den *Fernsehbereich* genannten Übergangsvoraussetzungen des Rundfunkstaatsvertrages 1991 erfüllt. Damit entfiel die Verpflichtung zu binnenpluralistischen Vorkehrungen, wie etwa zur Etablierung eines Programmbeirats.

51   Hingegen wurden im Bereich des *Hörfunks* keine drei nationalen privaten Vollprogramme bundesweit verbreitet. Auch sind noch in keinem Bundesland bereits drei oder mehr private landesweite Hörfunkvollprogramme zu empfangen. Somit haben hier die Veranstalter den binnenpluralistischen Anforderungen der Landesmediengesetze zu genügen.

4. Weitere private Rundfunkmodelle:
Das „Zwei-Säulen-Modell" in Nordrhein-Westfalen

52   Ein in keinem anderen Bundesland in vergleichbarer Weise vorgesehenes Organisationsmodell hat der Gesetzgeber in dem Landesrundfunkgesetz *Nordrhein-Westfalen*[183] für die Ver-

---

[176] Vgl. § 12 Abs. 4 LRG Rh.-Pf.; § 24 LMG Bad.-Württ. § 11, 12 Abs. 1, 2 LRG Schl.-Holst.; § 8 PRG Sachsen, § 6 Abs. 3 PRG Sachsen-Anhalt; vgl. auch § 25 ff. LRG Nordrh.-Westf.; siehe hierzu auch oben C Rdz. 19 ff. und auch unten unter E Rdz. 34 ff.

[177] Vgl. FAZ vom 1. 9. 1994, Nr. 203, S. 18: „Das private Lokalfernsehen zeigt noch keine wirtschaftlichen Erfolge."

[178] Vgl. BVerfGE 57, S. 295 ff., 325 ff.

[179] Vgl. § 20 Abs. 2 RStV 1991 für die bundesweiten privaten Fernsehprogramme bzw. Hörfunkprogramme, wobei nach § 20 Abs. 3 RStV 1991 auch eine Rückkehr zum Binnenpluralismus offengehalten wurde, sofern nach den Feststellungen von mindestens drei Vierteln der Landesmedienanstalten die nationalen Fernseh- bzw. Hörfunkprogramme insgesamt nicht den Pluralismusanforderungen genügten; vgl. auch für den landesweiten Rundfunk § 15 PRG Sachsen; § 16 PRG Thüringen; § 17 RGMV; § 16 PRG Sachsen-Anhalt; § 12 LRG Rh.-Pf.; § 20 Nieders.; § 15 HPRG.

[180] Vgl. etwa § 8 Abs. 1 Sächs. PRG; § 16 Abs. 1 HPRG; § 6 LRG Nordrh.-Westf.; § 6 Abs. 3 S. 1, LRG Sachsen-Anhalt; § 15 Abs. 3 LRG Meckl.-Vorp.; § 29 Hamburg MG.

[181] Vgl. etwa § 6 Abs. 3 S. 2 PRG Sachsen-Anhalt; § 16 Abs. 1 TPR ; § 10 Abs. 2 LMG Bremen.

[182] Vgl. Medienspiegel des JdW Nr. 50, vom 6. 12. 94, S. 6.

[183] Vgl. §§ 23–31.

anstaltung *privaten lokalen Rundfunks* bestimmt. Es weist zwei signifikante Konstruktionsmerkmale auf: Zum einen wird als Veranstalter in den vorgesehenen 46 örtlichen Verbreitungsgebieten nur eine binnenpluralistisch strukturierte Personengemeinschaft in der Rechtsform eines *Idealvereins* (§ 21 BGB) zugelassen. An ihr können sich ausschließlich Vertreter der im Gesetz abschließend angeführten Gruppen und Institutionen (z. B. Kirchen, Gewerkschaften, Kommunen) beteiligen, und zwar auf insgesamt höchstens 22 Mitglieder begrenzt. Die weitere Besonderheit dieser Modellkonzeption besteht darin, daß die Gestaltung und Verantwortung des Programms der *Veranstaltergemeinschaft* obliegt, während für die technisch-finanzielle Aufgabenerfüllung eine organisatorisch selbständige und nur vertraglich verbundene *Betriebsgesellschaft* zuständig ist, an der die lokalen Zeitungsverleger beteiligt sind.[184]

Die binnenpluralistische Organisation der Veranstaltergemeinschaft[185] ist in etwa mit derjenigen der öffentlich-rechtlichen Rundfunkanstalten vergleichbar. Bei diesen haben die in dem Rundfunkrat vertretenen Repräsentanten der gesellschaftlich relevanten Gruppen die Pflicht und die Kompetenz, die für die Programmgestaltung maßgeblichen oder mitentscheidenden Kräfte der Anstalt zu kontrollieren und dahin zu korrigieren, daß den im Gesetz genannten Grundsätzen für eine angemessene anteilige Heranziehung aller am Rundfunk Interessierten Genüge getan wird.[186]

Bei dem von dem Gesetzgeber in Nordrhein-Westfalen gewählten Modell der *Veranstaltergemeinschaft* sind es die Vertreter der gesetzlich enumerativ aufgeführten gesellschaftlich relevanten Gruppen sogar *selbst,* die das Rundfunkprogramm zu veranstalten und zu verantworten haben.[187] Statt nur Kontrollinstanz wie in den Rundfunkräten des öffentlich-rechtlichen Rundfunks zu sein, sind sie hier *aktive Programmgestalter.* Die weitere Besonderheit, die Aufteilung in eine Veranstaltergemeinschaft und eine *Betriebsgesellschaft,* welche die zur Produktion und zur Verbreitung des Programms erforderlichen technischen Einrichtungen sowie die Finanzmittel zur Verfügung stellt,[188] soll durch eine beiderseitige Koordination überwunden werden, um die Funktionsfähigkeit des lokalen Rundfunks sicherzustellen.[189]

Hierfür sieht das Gesetz drei „*Scharniere*" vor: Gemäß § 26 Abs. 4 i. V. m. § 25 Abs. 1 Satz 1 LRG NW muß die Satzung der Veranstaltergemeinschaft vorsehen, daß *ein Vertreter der Betriebsgesellschaft* an den Sitzungen der Mitgliederversammlung und des Vorstandes teilnehmen kann. Die gleiche Verpflichtung obliegt umgekehrt der *Betriebsgesellschaft.*[190] § 26 Abs. 4 LRG NW schreibt aber nur ein Anwesenheitsrecht vor, ohne gleichzeitig auch ein Antrags- und Stimmrecht zu gewähren.[191]

Als *zweite Verbindungsnorm* bestimmt § 28 Abs. 2 LRG NW, daß der von der Veranstaltergemeinschaft für die redaktionelle Leitung vorgesehene *Chefredakteur* nur mit Zustimmung der Betriebsgesellschaft eingestellt werden kann. Diese darf aber nur aus solchen Gründen verweigert werden, die nicht mit der publizistischen Grundhaltung des Chefredakteurs zusammenhängen.

Eine *dritte Verknüpfung* zwischen Veranstaltergemeinschaft und Betriebsgesellschaft sieht schließlich § 25 Abs. 4 LRG NW vor. Danach stellt die Veranstaltergemeinschaft für jedes

---

[184] Vgl. zu dem „Zwei-Säulen-Modell": *Jarren,* Die Einführung lokalen Rundfunks in Nordrhein-Westfalen; *Schröder/Sill,* Konstruktion und Realisierung des Nordrh.-Westf. Lokalfunkmodells; *Weiß* Media Perspektiven 1993, S. 75; *Lerg/Rieger/Schenkewitz,* Bürgerfunk in NW; OLG Düsseldorf NJW 1990, S. 328; *Stock,* Neues Privatrundfunkrecht, S. 47 ff., *Stock* ZUM 1994, S. 306 ff.; *Hirsch* RuF 1991, S. 173 ff.
[185] Vgl. §§ 25 ff. LRG.
[186] Vgl. BVerfGE 12, S. 261 f.; 31, S. 328 f.; siehe hierzu näher oben unter C Rdz. 27.
[187] Vgl. § 25 Abs. 1; 27 Abs. 2 LRG Nordrh.-Westf.
[188] Vgl. § 29 Abs. 2 Satz 3 LRG Nordrh.-Westf.
[189] Vgl. auch die Begründung zum Regierungsentwurf vom 23. 10. 1986, LT-Ds. 10/1440, B 11, S. 58.
[190] Vgl. § 29 Abs. 2 Nr. 4.
[191] So aber noch § 24 Abs. 1 Satz 3, Nr. 3 Regierungsentwurf vom 23. 10. 1986, LT-Ds. NW 10/1440.

Kalenderjahr einen *Stellenplan* und einen *Wirtschaftsplan* auf, in den alle zu erwartenden Erträge und Aufwendungen einzustellen sind. Die Veranstaltergemeinschaft ist an die Ansätze des Wirtschafts- und Stellenplans gebunden. Beide Pläne bedürfen der *Zustimmung* der Betriebsgesellschaft.

54   Gegen dieses dem öffentlich-rechtlichen Rundfunk angenäherte binnenpluralistische Integrationsmodell bestehen trotz des 6. Rundfunkurteils, in dem das Bundesverfassungsgericht dieses Modell für zulässig erklärt hat,[192] *weiterhin Bedenken*, die sich unter den folgenden Aspekten ergeben: Zunächst wird durch den numerus clausus der *Partizipationsberechtigten* der freie Zugang potentieller privater Rundfunkveranstalter ausgeschlossen, da nur die gesetzlich bestimmten gesellschaftlichen Gruppen eine Zugangsberechtigung haben. Darüber hinaus wird anders als bei dem sonstigen privaten Rundfunk das für ihn geltenden Prinzip privatautonomer Gestaltung und Entscheidung des Veranstalters[193] verletzt.

Das Bundesverfassungsgericht hat hierzu ausgeführt, daß der Gesetzgeber bei seinen Regelungen über die Organisationsstruktur des lokalen Rundfunks den Besonderheiten dieses Bereichs Rechnung zu tragen habe, die besondere Vorkehrungen gegen die Entstehung vorherrschender multimedialer Meinungsmacht[194] erforderten. Wie der Gesetzgeber diese Aufgabe im einzelnen erfülle, sei Sache seiner politischen Entscheidung, wobei er weitgehende Gestaltungsfreiheit besitze.

55   Nach den Feststellungen des Gerichts sei die abschließende Festlegung der Partizipationsberechtigten grundsätzlich geeignet, die Rundfunkfreiheit im lokalen Bereich wirksam zu sichern. Durch die Zusammensetzung der Veranstaltergemeinschaft werde einerseits dafür Sorge getragen, daß die im Sendegebiet bestehende Meinungsvielfalt im Programm gleichgewichtig zum Ausdruck komme.[195] Die Funktionsteilung zwischen der publizistisch verantwortlichen Veranstaltergemeinschaft und der für die wirtschaftlich-technischen Seite zuständigen Betriebsgesellschaft habe den Sinn, durch Errichtung eines publizistisch von der Presse unabhängigen Rundfunks die Bildung multimedialer Meinungsmacht und gleichzeitig die Verdrängung der Presse von den begrenzten lokalen Werbemärkten zu verhindern.[196]

Als *Grenze des gesetzgeberischen Gestaltungsspielraums* hat das Bundesverfassungsgericht aber auch in diesem Fall erkannt, daß die nähere gesetzliche Ausgestaltung den privaten Lokalfunk nicht unter Bedingungen stellen darf, die ihn erheblich erschweren oder gar faktisch unmöglich machen.[197] Sollte sich im Laufe der Zeit erweisen, daß lokaler Rundfunk unter den gegebenen rechtlichen Bedingungen nicht funktionieren kann, sei deshalb der Gesetzgeber „zur Nachbesserung verpflichtet".[198]

56   Die Bedenken gegen die Zulässigkeit des „Zwei-Säulen-Modells" in Nordrhein-Westfalen, das in vergleichbarer Form auf freiwilliger Basis bereits zuvor auch in Hamburg allerdings erfolglos versucht wurde,[199] gründen sich zunächst darauf, daß das Bundesverfassungsgericht selbst den Grundsatz privatautonomer Entscheidung und Gestaltung im privaten Rundfunk herausgestellt hat.[200] Freilich hat das Gericht entschieden, daß eine Durchbrechung des Prinzips der Privatautonomie durch die Beteiligung gesellschaftlich relevanter Gruppen im Rahmen eines binnenpluralistischen Integrationsmodells ausnahmsweise zulässig sein könne. Privater Rundfunk wird in Nordrhein-Westfalen jedenfalls im lokalen

---

[192] Vgl. BVerfGE 83, S. 238 ff.

[193] Vgl. BVerfGE 73, S. 118 ff., 151.

[194] Vgl. BVerfGE 83, S. 238 ff., 324 u. V. auf BVerfGE 73, S. 118 ff., 177.

[195] Vgl. BVerfGE 83, S. 238 ff., 326.

[196] Vgl. BVerfGE 83, S. 238 ff., 327.

[197] Vgl. BVerfGE 83, S. 238 ff., 329; siehe hierzu oben unter C Rdz. 53.

[198] Vgl. BVerfGE 83, S. 238 ff., 331.

[199] Vgl. „OK Radio" Medienspiegel vom 20. 6. 1989, S. 17; Privatfunk in Hamburg (Hrsg. Hamb. Landesmedienanstalt), S. 29.

[200] Vgl. BVerfGE 73, S. 171 ff., 151.

Bereich jedoch dadurch ausgeschlossen, daß das nach dem Gleichbehandlungsgebot des Art. 3 Abs. 1 GG zu beurteilende Zugangsrecht jedes privaten Bewerbers[201] derogiert wird, indem nur den gesetzlich bestimmten gesellschaftlichen Gruppen ein Teilhaberecht gewährt wird. Darüber hinaus widerspricht das Modell mit der organisatorischen Trennung von Veranstaltergemeinschaft und Betriebsgesellschaft auch den Grundsätzen der Rundfunkfreiheit und ihrer Wahrnehmung durch private Veranstalter. Der *unmittelbare Zusammenhang* zwischen *Programmgestaltung und -finanzierung*[202] wird getrennt und auch durch die gesetzlich vorgesehenen Scharniere, die das Bundesverfassungsgericht aber als Legitimationsgrundlage voraussetzt, nicht wieder wirksam verbunden: Bereits das vorgesehene *erste Scharnier,* wonach die Satzung der Veranstaltergemeinschaft einem Vertreter der Betriebsgesellschaft die Teilnahme an seinen Sitzungen erlauben muß,[203] ist schon nicht geeignet, ein aufeinander abgestimmtes Verhalten zu sichern.

Dazu wäre vielmehr notwendig, daß der Vertreter der Betriebsgesellschaft in Streitfällen auch tatsächlich *effektiven Einfluß* auf die Beschlüsse der Veranstaltergemeinschaft oder ihres Vorstandes nehmen kann. Dies ist durch das bloße Anwesenheitsrecht jedoch nicht gewährleistet.[204]

Aber auch die nach § 28 Abs. 2 LRG NW vorausgesetzte Zustimmung der Betriebsgesellschaft zur Einstellung des von der Veranstaltergemeinschaft vorgesehenen *Chefredakteurs als zweite Verbindungsnorm* ist *ineffizient:* Zum einen kann die Betriebsgesellschaft ihr Einverständnis nur aus Gründen verweigern, die *nicht* mit der publizistischen Haltung des Chefredakteurs zusammenhängen. Daneben kann von ihm bei gegensätzlichen Interessen kein vermittelnder Ausgleich zwischen Veranstaltergemeinschaft und Betriebsgemeinschaft erwartet werden. Da er bei ersterer angestellt und somit von ihr abhängig ist, wird er somit schon aus eigenem Interesse allein deren Anliegen vertreten.[205]

Auch das von dem Bundesverfassungsgericht zusätzlich angeführte *dritte Scharnier* in § 25 Abs. 4 LRG NW, wonach die von der Veranstaltergemeinschaft jährlich zu beschließenden Stellen- und Wirtschaftspläne der Zustimmung der Betriebsgesellschaft bedürfen, ist kein im Sinne der Rundfunk- und Veranstalterfreiheit wesentliches Kriterium: Da im Rahmen der Veranstaltertätigkeit laufend ad hoc-Entscheidungen gefällt werden müssen, reicht die gesetzlich vorgesehene Zustimmung zu den nur jährlich zu erstellenden Finanz- und Personalplanungen nicht aus.

Schließlich schließt das *Zustimmungsrecht der Betriebsgesellschaft zum Wirtschafts- und Personaljahresplan* die Gefahr nicht aus, daß die Veranstaltergemeinschaft das vertraglich vereinbarte Jahresbudget nach kurzer Zeit verbraucht. Gerade dieser Fall ist etwa bei dem ersten auf Sendung gegangenen lokalen Rundfunkanbieter *„Radio Duisburg"* eingetreten.[206]

Daß sich das „Zwei-Säulen-Modell" in Form eines binnenpluralistischen Integrations- **57** modells wirtschaftlich rechnen und damit auch nach der Rechtsprechung des Bundesverfassungsgerichtes seine von der Existenzfähigkeit abhängige verfassungsrechtliche Legitimität nachweisen könnte, ist allenfalls aus der *Sondersituation in Nordrhein-Westfalen* erklärbar. Danach steht den einzelnen, örtlich konkurrenzlosen privaten Rundfunkveranstaltern eine Reichweite zur Verfügung, die ausreichende eigene Werbeeinnahmen ermöglicht. Darüber hinaus wird durch die Beteiligung des öffentlich-rechtlichen Rundfunks, hier des Westdeutschen Rundfunks, an dem privaten Veranstalter des landesweiten Rahmenprogramms, der

---

[201] Vgl. BVerfGE 57, S. 295 ff., 323; siehe hierzu oben unter C Rdz. 52 f.

[202] Vgl. BVerfGE 90, S. 60 ff., 95 f.

[203] Vgl. § 26 Abs. 4 und § 25 Abs. 1 Satz 1 LRG Nordrh.-Westf.

[204] Vgl. *Ricker,* in: *Pieper/Hadamik,* (Hrsg.) Das WDR-Gesetz und das Landesrundfunkgesetz, S. 131 f.

[205] Vgl. Medienspiegel Nr. 31 vom 30. 7. 1990, S. 4; *Ricker,* in: *Pieper/Hadamik,* (Hrsg.) Das WDR-Gesetz und das Landesrundfunkgesetz, S. 132.

[206] Vgl. Medienspiegel Nr. 29 vom 16. 7. 1990; *Ricker,* in: *Pieper/Hadamik,* (Hrsg.) Das WDR-Gesetz und das Landesrundfunkgesetz, S. 132.

Radio NRW-GmbH, wie auch durch dessen Werbeverzicht in den regionalen Hörfunkprogrammen, eine Einnahmensituation aus der landesweit verbreiteten Rundfunkwerbung ermöglicht, die großzügige Ausschüttungen an die einzelnen lokalen Rundfunkveranstalter zuläßt.[207] Mit diesen Zuwendungen dürfte über die finanziellen Abstimmungsschwierigkeiten zwischen der Betriebsgesellschaft als Finanzier und der Veranstaltergemeinschaft hinweggeholfen sein.[208] So hatte etwa die Radio NRW-GmbH, die mit ihrem landesweiten Mantelprogramm mittlerweile alle Lokalsender bediente, bereits 1994 nach eigener Auskunft mit über 100 Mio. DM Werbeeinnahmen, wovon 34 Mio DM an die Hörfunksender ausgeschüttet wurden, die Vorausplanungen übertroffen.

Diese außergewöhnliche finanzielle Ausgangssituation wie auch die von einigen Veranstaltergemeinschaften ihren Betriebsgesellschaften eingeräumten *Einflußmöglichkeiten auf die Programmerstellung* sind es vor allem, die die konstruktiven Mängel des Gesetzes möglicherweise zu überspielen vermögen, so daß die weitere Entwicklung die Funktionsunfähigkeit des Modells doch nicht erweisen wird.[209] Es bleiben jedoch erhebliche Zweifel, ob das Zwei-Säulen-System unter *anderen ökonomischen Umständen* Bestand hätte.

---

[207] Vgl. *Hirsch* RuF 1991, S. 173 ff.; *Stock* ZUM 1994, S. 306 ff.
[208] Vgl. Medienspiegel (IdW) Nr. 17 vom 20. 4. 1992, S. 5.
[209] Vgl. auch FAZ vom 1. 9. 1994, Nr. 203, S. 18.

IV. Das Verhältnis öffentlich-rechtlicher und privater Rundfunk

1. Sinn des dualen Rundfunksystems

Seit der Aufbrechung des Monopols der öffentlich-rechtlichen Rundfunkanstalten durch die **58** Einführung privaten Rundfunks Anfang der achtziger Jahre haben sich die von den Landesgesetzgebern beschlossenen Ordnungsstrukturen eines dualen Rundfunksystems gefestigt. Damit stellt sich die Frage des *Verhältnisses* zwischen dem *öffentlich-rechtlichen* und dem *privaten Rundfunk* und den sich daraus ergebenden Anforderungen und Grenzen der jeweiligen Aktivitätsentfaltung. Ihre Relevanz verdichtet sich durch die bereits in einzelnen Rundfunkgesetzen enthaltenen Regelungen, die eine *gegenseitige Beteiligung* zulassen und damit zu einer *Vermischung* beider Systeme führen können.[210] Für ihre Beantwortung kommt es deshalb im wesentlichen darauf an, *warum* privater Rundfunk zusätzlich zu dem bereits bestehenden öffentlich-rechtlichen Rundfunk eingeführt wurde.

Im politischen Bereich war es zunächst die *Christlich Demokratische Union (CDU)*, deren **59** Medienkommission sich bereits 1974 in einem Thesenpapier für die Einführung privaten Rundfunks aussprach.[211] Die Überlegungen bestanden nicht in einer Abschaffung der öffentlich-rechtlichen Anstalten, sondern vielmehr in einer *Auflockerung des Monopols* durch ein Nebeneinander von öffentlich-rechtlichen und privaten Rundfunkveranstaltern.[212] Zum einen sollte der unternehmerische Wettbewerb durch privatwirtschaftlich tätige Veranstalter zu einer inneren Erneuerung der öffentlich-rechtlichen Anstalten führen. Das langjährige Monopol hätte zu Verkrustungen geführt, die in der Organisation, aber auch im Programm erkennbar seien.[213]

Unter Hinweis auf die regelmäßige Kritik der Landesrechnungshöfe wurde beanstandet, daß aufgrund des Gebührenprivilegs und der ständig wachsenden Teilnehmerzahlen ein Finanzpolster entstanden sei, worunter das finanzielle Verantwortungsbewußtsein in den Anstalten, vor allem die Beachtung einer sparsamen und wirtschaftlichen Produktivitätsentfaltung, im Lauf der Zeit gelitten habe.[214] Unter dem Druck der Konkurrenz privater Veranstalter mit einem geringeren Produktions- und Verwaltungsaufwand wurde deshalb eine *Steigerung der Effizienz* des öffentlich-rechtlichen Rundfunks erwartet.[215] Zum anderen bestand die Vorstellung, daß durch das Hinzutreten privater Veranstalter der *publizistische Wettbewerb* eröffnet und durch eine größere Anzahl von Programmen die Kommunikationsmöglichkeiten und damit die Meinungsfreiheit effektuiert würden.[216]

Dafür sprachen auch Untersuchungen der *empirischen Sozialforschung*, wonach die *„verge-* **60** *sellschaftete"* öffentlich-rechtliche Rundfunkstruktur unter Beteiligung der gesellschaftlich relevanten Gruppen tatsächlich keine Garantie dafür sei, daß sich das pluralistische Meinungsspektrum in möglichster Breite und Vollständigkeit in den öffentlich-rechtlichen Programmen widerspiegelt. Als eine Ursache wurde dabei ein falsch verstandenes Sendungsbewußtsein zahlreicher Journalisten genannt, das sich in der Programmgestaltung nieder-

---

[210] Siehe zu den gesetzlichen Möglichkeiten öffentlich-rechtlicher und privater Veranstalterkooperationen unten unter C Rdz. 62 ff.; E Rdz. 99 ff.

[211] Vgl. Medienpapier der CDU/Medienkommission 1974; zu früheren Bestrebungen der Zeitungsverleger, privaten Rundfunk zu veranstalten, oben unter A Rdz. 67.

[212] Vgl. *Weirich*, in: *Ricker/Weirich*, Mediengesetzentwurf, S. 11.

[213] Vgl. *Weirich*, in: *Ricker/Weirich*, Mediengesetzentwurf, S. 11.

[214] Vgl. zu den Einsparungsmöglichkeiten und Kostenreduktionen unten unter C Rdz. 64.

[215] Vgl. *Ricker*, in: Bertelsmann-Briefe, 5/1993, S. 48 f.

[216] Vgl. *Ricker*, in: Bertelsmann-Briefe, 5/1993, S. 49 f.

schlage.[217] Weiterhin wurde nachgewiesen, daß der öffentlich-rechtlich Charakter des Rundfunks diesem Medium ein besonderes Maß an Authentizität, Glaubwürdigkeit, Suggestionskraft und somit eine besondere Macht verleihe.[218] Gleichzeitig wurde festgestellt, daß diese im Hinblick auf eine unbeeinflußte, freie Meinungsbildung problematische Auswirkung durch die beschränkte Programmauswahl der Rundfunkmonopole noch verstärkt werde. Denn dadurch werde auch die selektive Wahrnehmungsfähigkeit der Rezipienten vermindert, wodurch sich das Potential des öffentlich-rechtlichen Fernsehens zur Veränderung des Meinungsklimas in der Bundesrepublik und damit die Gefahr einer redaktionellen Beeinflussung vergrößere.[219]

Schließlich spielten ebenso die durchaus positiven Erfahrungen mit der Auflockerung des Sendemonopols im Ausland durch die zusätzliche Zulassung privater Träger, wie etwa in Großbritannien,[220] eine Rolle. Daraus wurde deshalb insgesamt die Folgerung gezogen, daß der Meinungsfreiheit besser gedient sei, wenn durch zusätzliche privat veranstaltete Programme die *Angebotsvielfalt* für die Rundfunkteilnehmer vergrößert werde.[221]

61   Dieses programmatische Ziel wurde erstmals von dem *Land Rheinland-Pfalz*, dessen Konzeption auf den Arbeiten des damaligen Staatssekretärs Waldemar Schreckenberger beruhte, im Rahmen des Kabelpilotprojektes Ludwigshafen/Vorderpfalz realisiert.[222] Die vorgesehene Beteiligung Privater als Rundfunkveranstalter billigte die Rechtsprechung des Bundesverfassungsgerichts in seinem 3. Rundfunkurteil von 1981. Das Gericht hatte dort erstmalig hervorgehoben, daß der Rundfunkfreiheit die Funktion eines *klassischen Freiheitsrechtes* zukomme und ihre Verbürgung ein *subjektiv-rechtliches Element* besitze.[223] Die Zulassung privater Rundfunkveranstalter hat das Gericht dort ausdrücklich für verfassungsgemäß erklärt und dabei bereits auf die Effektuierung des Meinungsmarktes durch ein Mehr von Programmveranstaltern hingewiesen.[224] In seiner weiteren Rechtsprechung hat das Gericht festgestellt, daß der Sinn des dualen Systems mit der Zulassung privater Rundfunkveranstalter gerade darin liege, daß aufgrund der Unterschiede des öffentlich-rechtlichen und privaten Rundfunks *eigenständige Beiträge* geleistet werden, womit der *publizistische Wettbewerb* gestärkt und damit die *Meinungsvielfalt* optimiert werde.[225] Unter diesem Aspekt erscheinen Programmkooperationen zwischen beiden Bereichen problematisch, auf die im folgenden näher eingegangen werden soll.

---

[217] Vgl. *Ronneberger,* Vorteile und Risiken der Neuen Medien für die Struktur der demokratischen Gesellschaft und den Zusammenhalt der sozialen Gruppen, eine Literaturstudie, Maschinen-Manuskript, S. 3f.; *Donsbach,* Legitimationsprobleme des Journalismus, S. 34ff., 115; vgl. *Lahnstein,* Untersuchungen über den Mitarbeiterstab in den Redaktionen, S. 258; vgl. *Gruber/Koller/Rühl,* in: Publizistik 19/20 (1974/75), S. 337ff.

[218] Vgl. *Lieb,* Kabelfernsehen und Rundfunkgesetze, S. 219 m.w. N.; *Noelle-Neumann,* Öffentlichkeit als Bedrohung, S. 115ff., 118f. m.w. N.

[219] Vgl. *Noelle-Neumann,* Öffentlichkeit als Bedrohung, S. 115ff., 118f.; *Lazarsfeld/Merton,* Maels Communication, Popular Taste and Organized Social Action, in: *Lyman Bryson,* The Communication of Ideas, S. 95ff.

[220] Vgl. Report of the Committee of the Future of Broadcasting, Annan-Report, 1979.

[221] Vgl. Medienpapier der CDU 1974, S. 9.

[222] Zur KtK-Kommission und den Kabelpilotprojekten in Berlin, München, Dortmund und Ludwigshafen siehe oben unter A Rdz. 76f.; vgl. „Landesgesetz über einen Versuch mit Breitbandkabel" vom 4. 12. 1980, Rh.-Pf. GVBl. vom 15. 12. 1980; *Ricker* AfP 1980, S. 140, *ders.* NJW 1981, S. 849ff.

[223] Vgl. BVerfGE 57, S. 320; vgl. zu dem Streit um die Verfassungsmäßigkeit privaten Rundfunks näher oben unter C Rdz. 19f.

[224] Vgl. BVerfGE 57, S. 295ff., 323f., 325f.

[225] Vgl. BVerfGE 74, S. 297ff., 312f.

2. Öffentlich-rechtliche und private Veranstalterkooperationen

a) Landesgesetzliche Sonderregelungen

Einzelne Landesrundfunkgesetze gestatten dem *öffentlich-rechtlichen Rundfunk*, seinen wirt- **62** schaftlichen und unternehmerischen Aktionsradius auszudehnen und dabei auch *Veranstalterkooperationen* mit dem *privaten Rundfunk* einzugehen.[226] Eine besonders weitgehende Erlaubnis zu einer wirtschaftlich-unternehmerischen Entfaltung hat der Gesetzgeber in Nordrhein-Westfalen dem Westdeutschen Rundfunk (WDR) erteilt. So kann diese Rundfunkanstalt etwa bei der Wahrnehmung ihrer Aufgaben *„in sendetechnischer, programmlicher und finanzieller Hinsicht ebenso wie andere Rundfunkunternehmen im Geltungsbereich des Grundgesetzes alle für Rundfunkunternehmen zur Verfügung stehenden Möglichkeiten nutzen".*[227] In diesem Zusammenhang regelt § 3 Abs. 9 WDR-Gesetz, daß *„der WDR zur Veranstaltung und Verbreitung von Programmen mit Dritten zusammenarbeiten und sich zu diesem Zweck an anderen Unternehmen beteiligen (§ 47)"* kann. Dabei wird der Rundfunkanstalt vorgeschrieben, daß sie sich bei der Beteiligung *„durch geeignete Abmachungen den nötigen Einfluß auf die Geschäftsführung des Unternehmens, insbesondere eine angemessene Vertretung im Aufsichtsgremium, zu sichern"* hat.[228] Mit dieser weitreichenden „Blankettermächtigung" wird der Rundfunkanstalt eine im Rahmen ihres Programmauftrags beinahe unbeschränkte Ausdehnung des wirtschaftlich-unternehmerischen Aktionsradius ermöglicht,[229] die im Hinblick auf die Rechtsprechung des Bundesverfassungsgerichts[230] bedenklich erscheint.

Zur Vermeidung eines Mischsystems haben hingegen die Gesetzgeber *anderer Bundesländer* **63** die Zusammenarbeit zwischen dem öffentlich-rechtlichen und dem privaten Rundfunk deutlich *eingegrenzt:* In Baden-Württemberg, Sachsen und Mecklenburg-Vorpommern können private Rundfunkveranstalter mit öffentlich-rechtlichen Rundfunkanstalten nur in der Weise zusammenarbeiten, daß sie *„einzelne Ton- und Bewegtbildsendungen mit ihnen gemeinsam herstellen und öffentlich-rechtliche Rundfunkanstalten ihnen diese zuliefern oder von ihnen abnehmen".*[231] In den anderen Bundesländern bestehen in der Regel keine vergleichbaren Vorschriften. Somit stellt sich die grundsätzliche Frage, *warum* dem öffentlich-rechtlichen Rundfunk die *Kooperation* mit dem privaten Rundfunk *erlaubt wird.*

b) Gründe für eine Ausdehnung des öffentlich-rechtlichen Rundfunks

Daß der Gesetzgeber dem öffentlich-rechtlichen Rundfunk überhaupt die gesetzliche **64** Möglichkeit einräumt, mit privaten Veranstaltern in Gemeinschaftsunternehmen zu kooperieren oder sogar zu fusionieren, dürfte vor allem *publizistische* und *ökonomische Gründe* haben: Zum einen kann die Rundfunkanstalt über die Einflußnahme auf die Geschäftsführung des privaten Sendeunternehmens deren Programmgestaltung steuern und mit ihren eigenen Programminteressen abstimmen, etwa wenn es um die Zuschauerakzeptanz und die Reichweite geht. Im Rahmen ihrer allgemeinen Programmexpansion ist ihr damit die *„Umarmung"* des privaten Rundfunks möglich.[232] Zum anderen erweitert der öffentlich-rechtliche Rundfunk durch eine Fusion seine *Finanzierungsmöglichkeiten*, da er hierdurch die für ihn geltenden Werbebeschränkungen umgehen kann.[233]

---

[226] Vgl. § 3 WDR-G; § 6 Abs. 4 LRG Nordrh.-Westf.; § 40, LRG Saarl.; §§ 10, 35 NRD-StV; Art. 3 § 3 ZDF-StV; § 20 RB-G; § 3 BR-G; §§ 3 Abs. 6, 7, 41 ORB-G; § 4 Hamb MG.

[227] Vgl. § 5 Abs. 3 Satz 1 WDR-G; dazu *Lerche* AfP 1984, S. 183 ff.

[228] Vgl. § 47 Abs. 2 Satz 1 WDR-G; gleichlautend § 40 Abs. 2 LRG Saarl.

[229] Siehe dazu im einzelnen auch unten unter F Rdz. 39 ff.

[230] Vgl. BVerfGE 83, S. 238 ff., 303 f.; siehe unten C Rdz. 65; F Rdz. 62 f.

[231] Vgl. § 13 Abs. 4 LMG Bad.-Württ.; § 11 Abs. 2 LRG Meckl.-Vorp.; *Bullinger / Gödel*, LMG Bad.-Württ., § 13 Abs. 4.

[232] Vgl. *Ricker*, in: *Pieper / Hadamik* (Hrsg.), Das WDR-Gesetz und das Landesrundfunkgesetz, S. 353 f.

[233] Vgl. *Lerche*, in: *Pieper / Hadamik* (Hrsg.), Das WDR-Gesetz und das Landesrundfunkgesetz, S. 37 f.; *Schmitt Glaeser*, in: *Pieper / Hadamik* (Hrsg.), Das WDR-Gesetz, S. 39 f.

Im weiteren stellt sich hier aus der Sicht der Ausgestaltung der Rundfunkordnung die grundsätzliche Frage, ob dem öffentlich-rechtlichen Rundfunk auch ohne ausdrückliche gesetzliche Ermächtigung Auftrags- und Koproduktionen, die Zulieferung von Sendebeiträgen oder der Programmaustausch und noch weitergehend sogar ein Gemeinschaftsprogramm mit privaten Veranstaltern erlaubt ist oder ob hierfür eine gesetzliche Regelung Voraussetzung ist.[234] Von letzterer Rechtslage wäre dann auszugehen, wenn darüber nicht die Anstalt selbst im Rahmen ihres traditionellen Programmauftrages entscheiden könnte, sondern der Gesetzgeber jeweils gesondert zu befinden hätte.

c) Programmautonomie und Gesetzesvorbehalt

65   Nach der Rechtsprechung des Bundesverfassungsgerichtes hat der Staat aufgrund seiner institutionellen Garantie für ein freies Rundfunkwesen aus Art. 5 Abs. 1 GG die Rundfunkordnung auszugestalten. Nach dem *Wesentlichkeitsgrundsatz* sind die grundrechtsrelevanten Entscheidungen, mit denen die Grundrechtsausübung geregelt und Kollisionen mit anderen Grundrechten in Ausgleich gebracht werden, von dem parlamentarischen Gesetzgeber selbst zu treffen.[235] Zu den wesentlichen Fragen, die für die Ausübung der Rundfunkfreiheit von unmittelbarer Bedeutung sind, gehören die Festlegung der Grundlinien der Rundfunkordnung und die zu ihrer Verwirklichung vorgesehenen Modelle öffentlich-rechtlicher und privatrechtlicher Rundfunkorganisation.[236] Ihre Wahlfreiheit haben alle Länder dahingehend ausgeübt, daß sie neben dem öffentlich-rechtlichen Rundfunk mit seinem spezifischen Programmauftrag auch privaten Rundfunk zugelassen haben.

66   Die hier in Frage stehenden Kooperationen des öffentlich-rechtlichen Rundfunks im Programmbereich mit privaten Rundfunkunternehmen *tangieren* mehr oder weniger die von dem Gesetzgeber gewählte *dualistische Aufteilung*. Deshalb ist hinsichtlich der einzelnen Kooperationsformen und ihrer rechtlichen Voraussetzungen zu unterscheiden: Die *Programmherstellung* als notwendige Voraussetzung einer Programmveranstaltung fällt als Ausübung der Rundfunkfreiheit in den Schutzbereich von Art. 5 Abs. 1 Satz 2 GG.[237] Von dem gesetzlich vorgeschriebenen Programmauftrag erfaßt werden somit zunächst die Eigenproduktionen der Rundfunkanstalt, aber auch Auftragsproduktionen und Koproduktionen mit privaten Veranstaltern sowie Beteiligungen an programmherstellenden privaten Unternehmen,[238] solange die publizistische Verantwortung und damit das Letztentscheidungsrecht über den Sendeinhalt bei der Anstalt liegt.[239]

67   Eine intensivere Kooperation könnte in der Form eines Programmaustausches bestehen. Dabei erscheint allein die Verbreitung zugelieferter Sendungen oder Programmteile privater Veranstalter durch den öffentlich-rechtlichen Rundfunk unproblematisch, da die Anstalt das Letztentscheidungsrecht über den Inhalt ausüben kann und sie deshalb *eigenverantwortliche Veranstalterin* bleibt.[240] Für die Verwertung öffentlich-rechtlicher Rundfunkproduktionen durch Zulieferung an private Veranstalter statuiert das Bundesverfassungsgericht den Gesetzesvorbehalt, da hiermit die finanziellen Rahmenbedingungen tangiert werden. Als wesentliche Regelung unterliegen diese der Entscheidung des Gesetzgebers mit der Folge, daß nur im Rahmen einer *ausdrücklichen Erlaubnis* die Programmverwertung durch private Veranstalter zulässig ist.[241]

---

[234] Hierauf wird näher unten unter dem Aspekt der Programmfreiheit eingegangen, vgl. F Rdz. 39 ff.

[235] Vgl. BVerfGE 57, S. 295 ff., 321; *Ricker*, Rundfunkwerbung und Rundfunkordnung, S. 14; *ders.* AfP 1990, S. 174, 177.

[236] Vgl. BVerfGE 57, S. 295 ff., 320 f.; 73, S. 118 ff., 153; 83, S. 238 ff., 317.

[237] Vgl. BVerfG ZUM 1989, S. 411; vgl. hierzu näher unten unter F Rdz. 1 ff.

[238] Vgl. BVerfGE 83, S. 238 ff., 303.

[239] Vgl. hierzu näher unten unter F Rdz. 39.

[240] Vgl. BVerfGE 83, S. 238 ff., 303 f.; vgl. hierzu unten unter F Rdz. 39.

[241] Vgl. hierzu näher unten unter F Rdz. 39 ff.

Eine noch weitergehende Form der Zusammenarbeit des öffentlich-rechtlichen Rund- **68** funks mit privaten Rundfunkveranstaltern ist die *gemeinsame Programmveranstaltung* und *-verbreitung* mit oder ohne gesellschaftsrechtlicher Beteiligung. Eine solche Kooperation und gegebenenfalls sogar Fusion wird ebenfalls nicht durch das Grundgesetz ausgeschlossen. Wie das Bundesverfassungsgericht hierzu festgestellt hat, ist es nicht verfassungsrechtlich geboten, beide Sektoren strikt voneinander zu trennen.[242] Dabei handelt es sich aber ebenfalls um eine die Rundfunkordnung ausgestaltende und damit dem *Ermessen* des parlamentarischen *Gesetzgebers* überlassene Regelung.

Der Bezug zur Rundfunkordnung und die damit verbundene Ermessensentscheidung des Gesetzgebers ergibt sich zudem daraus, daß durch ein Gemeinschaftsprogramm der publizistische Wettbewerb reduziert wird, der gerade eigenständige Beiträge beider unterschiedlicher Systeme voraussetzt. Von daher kann der Gesetzgeber *nicht verpflichtet* sein, ein Gemeinschaftsprogramm zu erlauben, sondern es bleibt bei seiner aus der institutionellen Garantie folgenden Ausgestaltungsfreiheit.[243] Soweit sich der Gesetzgeber zur Erlaubnis gemeinsamer Programmträgerschaft entschließt, ist diese durch das Bundesverfassungsgericht jedoch noch dadurch beschränkt worden, daß eine *Programmsegmentierung* in der Weise zu erfolgen hat, daß der Rezipient die Urheberschaft des jeweiligen Beitrags optisch und/oder akustisch zur Kenntnis nehmen kann.[244]

Nicht zuletzt diese einschränkenden Feststellungen des Bundesverfassungsgerichts werfen die Frage auf, ob die dem Gesetzgeber eröffnete Möglichkeit, Gemeinschaftsprogramme von privaten Veranstaltern mit dem öffentlich-rechtlichen Rundfunk zu gestatten, wirklich mit den verfassungsrechtlichen Grundlagen der Rundfunkordnung zu vereinbaren ist. Hiergegen spricht bereits der Sinn des dualen Rundfunksystems, wonach der öffentlich-rechtliche und der private Rundfunk aufgrund ihrer Unterschiedlichkeit *eigenständige Beiträge* zum Meinungsmarkt liefern und damit die der Meinungsfreiheit dienende Funktion des Rundfunks effektuieren sollen.[245] Dem steht jedoch die Veranstaltung eines Gemeinschaftsprogramms entgegen. Es kommt hinzu, daß die vorgeschriebene Programmsegmentierung die Gefahr in sich birgt, daß eine *einheitliche Programmausrichtung* verfehlt wird. Eine solche wird aber von den Rezipienten verlangt, die auf unterschiedliche Strukturen innerhalb eines Programmes in der Regel mit einer Abwanderung reagieren.[246]

d) Gemeinschaftsprogramme und Kartellrecht

Schließlich können Gemeinschaftsprogramme auch kartellrechtlich bedenklich sein, **69** soweit sie von gemeinsamen Unternehmen von privaten Veranstaltern und öffentlich-rechtlichen Anstalten veranstaltet werden.

Einen Verstoß gegen die *Fusionsvorschriften des Gesetzes gegen Wettbewerbsbeschränkungen (GWB)* haben das Bundeskartellamt und das Kammergericht Berlin im Hinblick auf die marktbeherrschende Stellung des Westdeutschen Rundfunks auf dem Hörfunkwerbemarkt in Nordrhein-Westfalen[247] darin gesehen, daß sich der WDR zunächst mit 25% der Anteile an der Radio NRW-GmbH beteiligt hat, die für fast alle privaten lokalen Hörfunkveranstalter in Nordrhein-Westfalen ein landesweites Mantelprogramm zuliefert.[248] Insoweit liege ein nach § 23 Abs. 2 Nr. 2a GWB unzulässiger Zusammenschluß mit dem privaten Rundfunkunternehmen vor, der die marktbeherrschende Stellung des WDR als Anbieter von Hörfunkwerbezeit in Nordrhein-Westfalen verstärke. Der WDR hat daraufhin seinen Anteil an

---

[242] Vgl. BVerfGE 83, S. 238 ff., 296.

[243] Vgl. BVerfGE 57, S. 295 ff., 320; 73, S. 118 ff., 153; 83, S. 238 ff., 315; vgl. hierzu näher unten unter F Rdz. 69.

[244] Vgl. BVerfGE 83, S. 238 ff., 305 ff.; siehe hierzu auch unten F Rdz. 69.

[245] Vgl. BVerfGE 74, S. 297 ff., 349.

[246] Vgl. hierzu näher unten unter F Rdz. 65.

[247] Vgl. § 22 Abs. 1 i. V. m. § 23 Abs. 2 Ziff. 2a GWB.

[248] Vgl. Medienspiegel, 16. Jhg., Nr. 17 vom 20. 4. 1992: „Endspurt in NRW", S. 5.

Radio NRW auf unter 25% beschränkt und auf Werbung in seinem regionalen Hörfunk verzichtet.[249]

Der Entscheidung des Kammergerichtes Berlin kommt deshalb prinzipielle Bedeutung zu, da sie von der *Anwendbarkeit des Kartellgesetzes* auch im Bereich des Rundfunks ausgeht. Zuvor hatte zwar das Bundesverfassungsgericht entschieden, daß der Landesgesetzgeber in seinem Rundfunkgesetz ausdrücklich vorschreiben könne, daß die Vorschriften der Fusionskontrolle im GWB der privaten Rundfunkveranstaltung nicht entgegenstehen dürfen. Deshalb könne er von den Lizenzbewerbern eine kartellrechtliche Unbedenklichkeitserklärung verlangen.[250]

70   Umstritten ist jedoch die Frage, ob das bundesgesetzliche Kartellrecht und damit seine Fusionsvorschriften auch dann eingreifen, wenn die Rundfunkgesetze der Länder dies *nicht ausdrücklich* bestimmen oder sogar *abweichende Regelungen* treffen. Nach einer Ansicht handelt es sich bei dem Rundfunkrecht wegen seiner Eigengesetzlichkeiten um eine *Spezialmaterie,* so daß die Regelungen des Landesgesetzgebers vorgehen würden.[251] Dafür spräche auch, daß nach der Rechtsprechung des Bundesverfassungsgerichtes der Landesgesetzgeber zur Regelung der Rundfunkordnung und damit zu ihrer Ausgestaltung aufgefordert ist, die durch etwaige kartellrechtliche Vorbehalte nicht konterkariert werden darf. Außerdem berufen sich die Vertreter der oben angeführten Ansicht darauf, daß die Rundfunkanstalten aufgrund ihres Programmauftrages nicht als Wirtschaftsunternehmen im Sinne des GWB angesehen werden könnten,[252] was ebenso gegen die Anwendbarkeit des Kartellrechts auf die Rundfunkanstalten und Beteiligungen an privaten Veranstalterunternehmen spreche.

Nach anderer Auffassung greift das Kartellrecht aber schon deshalb ein, weil die Rundfunkgesetze[253] die Einhaltung *„der gesetzlichen Vorschriften"* ausdrücklich vorschreiben. Darunter falle auch das GWB.[254] Wegen des verfassungsrechtlichen Vorrangs bundesgesetzlicher Vorschriften in Art. 31 GG könnten Regelungen des für den Rundfunkbereich zuständigen Gesetzgebers ausnahmsweise nur dann dem GWB vorgehen, *„wenn diese unerläßlich seien, weil sie zwingende grundrechtliche Erfordernisse der Rundfunkfreiheit konkretisieren".*[255] Zusätzlich wird darauf hingewiesen, daß das Kartellgesetz grundsätzlich nicht nur für private, sondern ebenso für öffentlich-rechtliche Unternehmen gelte. Soweit sich im dualen Rundfunksystem die öffentlich-rechtlichen und privaten Veranstalter auf der Ebene der Gleichordnung gegen- gegenüberstünden, müsse nach seinem Sinn und Zweck das Kartellrecht zur Anwendung kommen, und zwar unabhängig davon, ob gegebenenfalls der Bereich der Grundversorgung tangiert sei.[256] Dafür spricht im weiteren, daß das Wettbewerbsrecht des Bundes auch sonst bei der Sendetätigkeit der öffentlich-rechtlichen Rundfunkanstalten und damit bei der Erfüllung ihrer öffentlichen Aufgabe zur Anwendung kommt.[257]

71   Außerdem hat in anderem Zusammenhang das Bundesverfassungsgericht bereits festgestellt, daß das Kartellrecht ein *allgemeines Gesetz* im Sinne von Art. 5 Abs. 2 GG sei. Es könne damit dem Kommunikationsgrundrecht in Art. 5 Abs. 1 GG Grenzen ziehen.[258]

[249]   Vgl. KG Berlin, Beschluß vom 26. 6. 1991 – Kart. 23/89, AfP 1991, S. 745 ff., 748.

[250]   Vgl. BVerfGE 73, S. 118 ff., 167.

[251]   Vgl. *Wittig-Terhardt* AfP 1986, S. 299 f.

[252]   Vgl. *Bopp* AfP 1989, S. 641 ff.; *Hadamik* AfP 1989, S. 643.

[253]   Vgl. etwa § 14 Abs. 1 LRG Rh.-Pf.

[254]   Vgl. KG Berlin AfP 1991, S. 747.

[255]   Vgl. KG Berlin AfP 1991, S. 747; *Mestmäcker* GRUR Int. 1991, S. 553; *Roth* ZHR 152 (1988), S. 155 ff., 171.

[256]   Vgl. *Niewarra* AfP 1989, S. 643; vgl. auch *Mestmäcker* GRUR Int. 1991, S. 553; *Roth* ZHR 1988, S. 155 ff., 171.

[257]   Vgl. BGHZ 97, S. 312 ff.; S. 1, 17 f.; 39, S. 352 ff., 356; *Mestmäcker* GRUR Int. 1991, S. 553; *Roth* ZHR 152 (1988), S. 155 ff., 171; *Niewarra* AfP 1989, S. 643.

[258]   Vgl. BVerfG AfP 1985, S. 107 zu dem 1976 eingeführten Pressefusionskontrollgesetz.

Das Gericht hat darauf hingewiesen, daß die Fusionsvorschriften sich ausschließlich gegen eine *wirtschaftliche Konzentration* – in dem seiner Entscheidung zugrundeliegenden Sachverhalt im Presseverlagswesen – richten. Dies begründe die Gesetzgebungskompetenz des Bundes gemäß Art. 74 Nr. 16 GG. Darüber hinaus seien die Fusionsvorschriften als *„allgemeines Gesetz"* auch verfassungsgemäß, da sie nicht auf eine Einschränkung des Art. 5 Abs. 1 GG abzielten, sondern auf eine *Konzentrationsverhinderung.*[259] Diese ausdrücklich für den Bereich der Presse ergangene Rechtssprechung dürfte auch für den Rundfunk Geltung besitzen.

Freilich ist zu berücksichtigen daß es der Landesgesetzgeber ist, der zur Sicherung der Rundfunkfreiheit eine positive Ordnung schaffen und damit das Grundrecht in Art. 5 Abs. 1 Satz 1 GG ausgestalten muß.[260] Insoweit kann es zu Problemen bei der konkurrierenden Gesetzgebungskompetenz zwischen den für den Rundfunk zuständigen Landesparlamenten und dem für das Kartellrecht verantwortlichen Bundesgesetzgeber kommen, etwa wenn das Landesrundfunkgesetz für die Ausgestaltung der Rundfunkordnung Regelungen trifft, die mit dem Gesetz gegen Wettbewerbsbeschränkungen nicht vereinbar sind. Dies gilt etwa für den Fall, daß das Landesgesetz ausdrücklich die *Kooperation* zwischen privaten Veranstaltern und dem öffentlich-rechtlichen Rundfunk jedenfalls partiell zuläßt, dies aber wegen der marktbeherrschenden Stellung der Beteiligten oder des Gemeinschaftsunternehmens kartellrechtlich unzulässig wäre.

Die Lösung dieses Kompetenzkonfliktes kann sich im Rundfunkbereich nur aufgrund **72** einer *Abwägung* ergeben, bei der einerseits die Rundfunkfreiheit mit ihrer dienenden Funktion für die Meinungsfreiheit und andererseits die Wettbewerbsfreiheit und damit der offene Wirtschaftsmarkt zu berücksichtigen sind. Da eine wirtschaftliche Machtzusammenballung nicht nur zu einer Verengung des Wettbewerbes, sondern aufgrund der gegebenen Einflußmöglichkeiten auch zu Gefahren für den Meinungsmarkt führen kann, dürfte eine von dem Landesgesetzgeber gestattete Fusion im Rundfunkbereich nur dann *ausnahmsweise zulässig* sein, wenn mit ihr erst eine der freien Meinungsbildung dienende Rundfunkveranstaltung ermöglicht wird. Eine kartellrechtlich unzulässige Veranstalterfiguration wäre rundfunkrechtlich somit statthaft, wenn sie zur Sicherung der Meinungsfreiheit und damit auch der Rundfunkfreiheit in Art. 5 Abs. 1 Satz 2 GG *„unerläßlich"* ist.[261]

Im Ergebnis bedeutet dies, daß die kartellgesetzlichen Bestimmungen, vor allem die Fusionskontrolle im Hinblick auf eine marktbeherrschende Stellung, im Rundfunkbereich grundsätzlich anwendbar sind. Ausnahmsweise gehen die von dem Landesgesetzgeber zur Ausgestaltung der Rundfunkordnung erlassenen Vorschriften dann vor, wenn sie eine Veranstalterfusion oder -kooperation nur deshalb zulassen oder sogar fordern, weil sonst der Rundfunk seine der Meinungsfreiheit sichernde Funktion nicht erfüllen könnte.

---

[259] Vgl. BVerfG AfP 1985, S. 107 f., vgl. auch BVerfG GRUR 1980, S. 734 ff., 737; *Immenga/Mestmäcker,* GWB, vor § 23 GWB, Rdz. 50 ff., m. w. N.
[260] Vgl. BVerfGE 73, S. 295 ff., 319; 74, S. 118 ff., 196.
[261] Vgl. KG Berlin AfP 1991, S. 747; *Stockmann* AfP 1989, S. 634 ff., 635; *Roth* ZHR 152 (1988), S. 155 ff.

V. Die Rundfunkfinanzierung

1. Regelungsverpflichtung des Gesetzgebers

73 Nach der Rechtsprechung des Bundesverfassungsgerichts hat der Gesetzgeber im Rahmen seiner institutionellen Garantie die Rundfunkordnung auszugestalten.[262] Neben der Organisationsstruktur des Rundfunks[263] unterliegt auch die Finanzierung dem *Wesentlichkeitsgrundsatz,* so daß hierüber von dem Gesetzgeber selbst zu entscheiden ist.[264] Zum einen gehören die Finanzierungsgrundlagen zu den elementaren Voraussetzungen, damit der Rundfunk seine Funktion erfüllen kann. Sie sind daher für die *Grundrechtsausübung* und somit für die Verwirklichung der Rundfunkfreiheit von unmittelbarer Bedeutung.[265] Darüber hinaus ist die Regelung der Rundfunkfinanzierung ebenso relevant für den Ausgleich *kollidierender Grundrechtspositionen.*[266] Hierzu gehört einmal die wechselseitige Sicherung der unterschiedlichen Teile des dualen Systems. Daneben stellt sich aber auch die Frage, inwieweit der Gesetzgeber berechtigt oder sogar verpflichtet ist, andere Medien, wie etwa die Presse, bei seiner Entscheidung über die Finanzstruktur des Rundfunks zu berücksichtigen.[267]

Damit liegen die Kriterien des Wesentlichkeitsgrundsatzes vor, so daß der Gesetzgeber Regelungen für diesen Teil der Rundfunkordnung selbst zu treffen hat.[268] Im Hinblick auf die Rundfunkfinanzierung hat das Bundesverfassungsgericht in seinem 8. Rundfunkurteil den Wesentlichkeitsgrundsatz insoweit eingegrenzt, als es auf die Wechselbeziehung zwischen der Finanzierung einerseits und der Ausübung der Programmfreiheit andererseits abgestellt hat. Auf letztere darf auch nicht von der Legislative im Wege der Finanzierungsregelung unzulässig Einfluß ausgeübt werden.[269]

2. Finanzierung des öffentlich-rechtlichen Rundfunks

a) Die finanzielle Gewährleistungspflicht des Staates

74 Die Länder trifft eine *finanzielle Gewährleistungspflicht* für den öffentlich-rechtlichen Rundfunk.[270] Dem Gesetzgeber kommt bei der Finanzierungsart aber ein Ermessen zu. Nach den Feststellungen des Bundesverfassungsgerichts kann unmittelbar aus Art. 5 Abs. 1 Satz 2 GG *keine bestimmte Finanzierungsregelung* für den öffentlich-rechtlichen Rundfunk abgeleitet werden.[271] Im dualen System liegen die Grenzen der Gestaltungsfreiheit der Legislative jedoch dort, wo entweder der öffentlich-rechtliche Rundfunk an der Erfüllung seiner Grundversorgungsaufgabe gehindert oder der private Rundfunk Bedingungen unterworfen wäre, die ihn erheblich erschweren oder gar unmöglich machen.[272]

---

[262] Vgl. BVerfGE 57, S. 295 ff., 320 f.; 73, S. 118 ff., 153; 83, S. 238 ff., 316; 87, S. 181 ff., 198; siehe hierzu näher oben unter B Rdz. 101.

[263] Siehe unter C Rdz. 24 ff.

[264] Vgl. BVerfGE 57, S. 295 ff., 321; 87, S. 181 ff., 198; 90, S. 60 ff., 98 f.

[265] Vgl. BVerfGE 74, S. 237 ff., 324 f., 342, 347; 83, S. 238 ff., 304.

[266] Vgl. BVerfGE 57, S. 295 ff., 321; 87, S. 181 ff., 198 f.

[267] Vgl. BVerfGE 87, S. 171 ff., 180; *Ricker,* Rundfunkwerbung und Rundfunkordnung, S. 14; *ders.* AfP 1990, S. 174, 177.

[268] Vgl. BVerfGE 57, S. 295 ff., 313; 74, S. 237 ff., 324 f., 342, 347; 90, S. 60 ff., 95 f.

[269] Vgl. BVerfGE 90, S. 60 ff., 95 f.; *Ricker* NJW 1994, S. 2199 ff.; siehe zur Programmfreiheit unter finanziellen Aspekten unten unter F Rdz. 86 f.

[270] Vgl. BVerfGE 87, S. 181 ff., 198 ff.; 90, S. 60 ff., 90 f.

[271] Vgl. BVerfGE 90, S. 60 ff., 95.

[272] Vgl. BVerfGE 83, S. 238, 311; vgl. *Kresse,* in: VPRT (Hrsg.), Öffentlich-rechtlicher Rundfunk und Werbefinanzierung, S. 90.

Der öffentlich-rechtliche Rundfunk hat zu gewährleisten, daß der *klassische Auftrag* des Rundfunks erfüllt wird, der neben seiner Rolle für die Meinungs- und Willensbildung, neben Unterhaltung und Information, auch seine kulturelle Verantwortung umfaßt.[273] Damit ist nach der Rechtsprechung des Bundesverfassungsgerichts eine Finanzierung erforderlich, die den öffentlich-rechtlichen Rundfunk in den Stand setzt, die ihm zukommende Funktion im dualen System zu erfüllen, und die ihn zugleich wirksam davor schützt, daß die Entscheidung über die Finanzausstattung zu politischen Einflußnahmen auf das Programm benutzt wird.

Als die dem öffentlich-rechtlichen Rundfunk gemäße Art der Finanzierung sieht das **75** Gericht die *Gebührenfinanzierung* an.[274] Denn sie erlaubt es ihm, unabhängig von Einschaltquoten und Werbeaufträgen ein Programm anzubieten, das den verfassungsrechtlichen Anforderungen gegenständlicher und meinungsmäßiger Vielfalt entspricht. In der ungeschmälerten Erfüllung dieser Funktion und in der Sicherstellung der Grundversorgung der Bevölkerung mit Rundfunkprogrammen im dualen System findet die Gebührenfinanzierung ihre Rechtfertigung.[275] Eine weitere Konsequenz aus der Pflicht des Staates, den öffentlich-rechtlichen Rundfunk zu gewährleisten, besteht in dem Ausschluß des Insolvenzverfahrens.[276] Wegen der Gebührenfinanzierung hat das Gericht aber *zusätzliche Finanzierungsquellen,* wie etwa Einnahmen aus der Werbung, nicht völlig ausgeschlossen, solange es bei dem *Vorrang* der *Gebührenfinanzierung* bleibt.[277] Eine zusätzliche Werbefinanzierung sieht das Bundesverfassungsgericht sogar als geeignet an, um die Unabhängigkeit vom Staat zu sichern.[278]

b) Finanzierungsregelungen des Rundfunkstaatsvertrags

Dementsprechend haben die Länder in dem Rundfunkstaatsvertrag festgelegt, daß die **76** *„Rundfunkgebühr weiterhin die vorrangige Finanzierungsquelle des öffentlich-rechtlichen Rundfunks sei".*[279] Daneben sieht dieser die Finanzierung *„aus Rundfunkwerbung"*[280] und *„sonstige Einnahmen"* vor.[281]

aa) Erhebung und Verteilung der Rundfunkgebühr

Die Erhebung und Verteilung der Rundfunkgebühr haben die Länder wie folgt festgelegt: **77** Der Rundfunkstaatsvertrag enthält in Art. 4 den *„Rundfunkgebührenstaatsvertrag",* der im wesentlichen das Verhältnis zwischen den Rundfunkteilnehmern als Gebührenschuldnern und den Rundfunkveranstaltern als Gebührengläubigern regelt.

Daneben regelt der *„Rundfunkfinanzierungsstaatsvertrag"* (Art. 5 RStV) die Höhe der Rundfunkgebühr, die sich aus einer Grundgebühr für den Empfang von Hörfunk sowie einer *Fernsehgebühr* zusammensetzt.[282] Außerdem bestimmt dieser Vertrag die Grundlagen der *Gebührenaufteilung:* Die Länder haben für die Fernsehgebühr eine Aufteilung von 63,98% für die ARD-Anstalten und von 36,01% für das „ZDF" vereinbart.[283] Von dem Aufkommen aus der Grund- und Fernsehgebühr sind 2% für die Finanzierung der Landesmedienanstalten zu ver-

---

[273] Vgl. BVerfGE 90, S. 60ff., 95f. unter Verweis auf BVerfGE 73, S. 118ff., 158.

[274] Vgl. BVerfGE 90, S. 60ff., 96f. unter Verweis auf BVerfGE 73, S. 118ff., 158; 87, S. 118ff., 199.

[275] Vgl. BVerfGE 90, S. 60ff., 98; 73, S. 118ff., 158.

[276] Vgl. etwa § 1 Abs. 1 S. 3 WDR-G; § 1 Abs. 3 NDR-StV; § 32 ZDF-StV.

[277] Vgl. BVerfGE 90, S. 60ff., 96f.; 87, S. 181ff., 200.

[278] Vgl. BVerfGE 90, S. 60ff., 98; vgl. aber *Ricker* NJW 1994, S. 2199f.

[279] Vgl. § 12 Abs. 1 2. HS RStV.

[280] Nach externen Berechnungen machen bei Gebühreneinnahmen im Jahr von insgesamt 8,86 Milliarden DM die Werbeeinkünfte beim ZDF rund 20%, bei der ARD rund 5% der Gesamtfinanzierung aus, zit. nach Weber: „ZDF-Fernsehwerbung am Abend entzweit die Kalkulatoren" in FAZ vom 12. 7. 1994, Nr. 159, S. 11; siehe unten unter C Rdz. 80ff.

[281] Vgl. § 12 Abs. 1 RStV, etwa aus dem „sponsoring" oder der Zweitverwertung von Eigenproduktionen, siehe hierzu unten unter C Rdz. 86ff.

[282] Vgl. § 8 RfinzStV.

[283] Vgl. § 9 Abs. 2 RfinzStV; § 29 ZDF-StV.

wenden, die für die Zulassung und Aufsicht des privaten Rundfunks zuständig sind.[284] Darüber hinaus erhält das Deutschlandradio 0,698 DM monatlich je Rundfunkteilnehmer sowie der Sender Arte einen Teilbetrag zugewiesen.[285]

78   Die *Zulässigkeit der Abgabenpflicht* der Rundfunkteilnehmer ist *rechtlich problematisch.* Sie entsteht nach dem Rundfunkgebührenstaatsvertrag bereits bei Vorhaltung eines Rundfunkempfangsgerätes,[286] ohne daß es auf die tatsächliche Nutzung und damit die Rezeption öffentlich-rechtlicher Programme durch den Teilnehmer ankommt. Die rechtsdogmatische Einordnung der Rundfunkgebühr ist deshalb seit ihrer Einführung Anfang der 50er Jahre umstritten.[287]

Das Bundesverfassungsgericht hat bisher zur Rechtsnatur der *„Rundfunkgebühr"* nicht abschließend Stellung genommen. Nach seinen Feststellungen ist jedoch *„die Rundfunkgebühr keine Gegenleistung für eine einzelne, vom Rundfunkteilnehmer in Anspruch genommene, konkret meßbare Leistung der Landesrundfunkanstalt, sondern Finanzierungsmittel für die Gesamtveranstaltung öffentlich-rechtlicher Rundfunk".*[288] Danach kommt es für die Zahlungspflicht des Rundfunkteilnehmers nicht darauf an, ob dieser nur Programme der in seinem Bundesland befindlichen Landesrundfunkanstalt oder andere Programme sieht oder hört. Bisher haben die Gerichte Klagen von Rundfunkteilnehmern, die keine öffentlich-rechtlichen Angebote, sondern ausschließlich die werbefinanzierten privaten Programme erhalten wollen, unter Berufung auf den eindeutigen Wortlaut des Art. 1 § 1 Abs. 2 RStV, wonach *„auch künftig das Bereithalten eines Rundfunkempfangsgerätes die Rundfunkgebührenpflicht begründet",* abgewiesen.[289]

79   Das Bundesverfassungsgericht hat diese Rechtsprechung bestätigt: Unter den gegenwärtigen Bedingungen der dualen Rundfunkordnung, „soweit und solange der öffentlich-rechtliche Rundfunk in vollem Umfang funktionstüchtig bleibt, „sei es weiterhin gerechtfertigt, die Gebührenpflicht ohne Rücksicht auf die Nutzungsgewohnheiten der Empfänger allein an den Teilnehmerstatus zu knüpfen, der durch die Bereithaltung eines Empfangsgerätes begründet wird".[290] Das Gericht hat damit auch den Streit um die Zulässigkeit der zusätzlichen Gebührenanteile (*„Kabelgroschen"*) beendet. Entgegen der Auffassung mehrerer Instanzgerichte[291] hat das Bundesverfassungsgericht in seinem 8. Rundfunkurteil festgestellt, daß in der Erhebung des *„Kabelgroschens"* für den Aufbau des privaten Rundfunks und auch für die Erprobung neuer technischer Möglichkeiten durch die Breitbandverkabelung keine unzulässige *„Sonderabgabe"* zu sehen und die Zusatzgebühr verfassungsgemäß sei.[292]

Gegen diese Rechtsprechung zur Gebührenpflicht bestehen um so weniger Bedenken, als das Gericht einerseits die Rechtfertigung für diese *allein in der Grundversorgung* des öffentlich-rechtlichen Rundfunks gesehen und andererseits damit beschränkt hat. Daneben hat das Gericht in seinem 8. Rundfunkurteil aber auch die finanziellen Interessen der Zuschauer und Zuhörer als zwangsverpflichtete Gebührenzahler erstmalig hervorgehoben und als einen wesentlichen Maßstab für die Festsetzung der Gebührenhöhe festgelegt.[293]

---

[284] Vgl. Abs. 1, 40 Ziff. 1 RStV, § 10 RFinStV, siehe hierzu auch unten unter D Rdz. 31 ff.

[285] Vgl. § 9 RFinStV.

[286] Vgl. § 1 Abs. 2 RGebStV.

[287] Vgl. *Ipsen,* Die Rundfunkgebühr, S. 60 f.; *Grupp,* Grundfragen des Rundfunkgebührenrechts, S. 42; *Zeidler,* Probleme der Rundfunkgebühr im Anschluß an das Urteil des BVerfGE vom 28. 2. 1961, S. 59 f.; *Mayer,* ZDF-Gutachten, S. 48 f.; *Wolff / Bachof,* Verwaltungsrecht I, § 42 IIa; *Knemeyer* DVBl. 1968, S. 923; *Schmidt,* Die Rundfunkgebühr in der dualen Rundfunkordnung, S. 57 ff.; *Herrmann* UFITA 116, S. 294; *Rudolf,* in: *von Münch* (Hrsg.), Besonderes Verwaltungsrecht, S. 1916.

[288] Vgl. BVerfGE 31, S. 314 ff., 329 f.

[289] Vgl. HessVGH Kassel ZUM 1991, S. 213; OVG Berlin ZUM 1991, S. 212; VG Neustadt AfP 1991, S. 778; *Gall* ZUM 1991, S. 167.

[290] Vgl. BVerfGE 90, S. 60 ff., 95 f. unter Verweis auf BVerfGE 87, S. 181 ff., 201.

[291] Vgl. VG München ZUM 1987, S. 472; VG Stuttgart ZUM 1987, S. 470; VG Berlin ZUM 1986, S. 684; VGH München ZUM 1988, S. 536 ff; vgl. auch VGH München, Urteil v. 16.1.1997, S. 11 zu dem Kabelgroschen in Bayern, der nur von Kabelhaushalten verlangt wird.

[292] Vgl. BVerfGE 90, S. 60 ff., 110 f.

[293] Vgl. BVerfGE 90, S. 60 ff., 94 f.; vgl. *Ricker* NJW 1994, S. 2199 f.

bb) Werbung

Einnahmen aus Werbung sieht das Bundesverfassungsgericht für den öffentlich-rechtlichen **80** Rundfunk als zulässig an. Es hält sie unter dem Aspekt *staatlicher* und *parteipolitischer Einflußmöglichkeiten* bei dem bisherigen Verfahren der Gebührenfestsetzung durch die Landesparlamente zur Stärkung der *Unabhängigkeit der Rundfunkanstalten* sogar für geeignet.[294] Dabei setzt das Gericht jedoch voraus, daß diese Finanzierungsart hinter die Gebühreneinnahmen zurücktritt.[295] Seine Forderung stützt das Gericht darauf, daß wegen der möglichen programm- und vielfaltsverengenden Tendenzen bei einer Werbefinanzierung *„gerade jene Anforderungen an die Programmgestaltung gefährdet sind, die sich für den öffentlich-rechtlichen Rundfunk aus der Grundversorgungsaufgabe ergeben".*[296]

Das Gericht hat deshalb zu Recht festgestellt, daß der Gesetzgeber im Rahmen seines **81** Ermessens bei der Wahl der Finanzierungsart die Werbung *beschränken* oder *ganz ausschließen* könne.[297] Die Länder haben von ihrem Recht zur Werbebeschränkung dadurch Gebrauch gemacht, daß sie die Werbezeit auf 20 Minuten begrenzt sowie die Werbung an Sonn- und nationalen Feiertagen und auch nach 20 Uhr verboten haben.[298] Die in der früheren Fassung des Rundfunkstaatsvertrages den Ministerpräsidenten eingeräumte Befugnis,[299] durch Beschluß etwa das Werbeverbot nach 20 Uhr aufzuheben, ist mit der Novellierung des Rundfunkstaatsvertrages 1991 entfallen. Danach sind es *„die Länder"*, die Änderungen der Werberegelungen vereinbaren können.[300]

Bei verfassungskonformer Auslegung kann damit nur der *Gesetzgeber* gemeint sein. Zwar soll sich durch die Neuformulierung an der bisherigen Rechtslage weitgehend nichts geändert haben.[301] Bereits die Gesetzessystematik des Rundfunkstaatsvertrages verdeutlicht jedoch, daß grundsätzlich die Länder genannt werden, hingegen in dem Ausnahmefall einer Regelungsbefugnis der Ministerpräsidenten durch Beschluß[302] dies ausdrücklich in der Vorschrift angegeben wird. Damit kann grundsätzlich und somit auch hier für die Werbereglementierungen nur das andere Verfassungsorgan der Länder, mithin der Gesetzgeber, zuständig sein.

Eine andere Auslegung verbietet sich vor dem Hintergrund des Sinns und Zwecks der **82** Werberegelungen und ihrer Grundrechtsrelevanz. Die frühere Kompetenzzuweisung an die Ministerpräsidenten verstieß deshalb auch gegen den *Wesentlichkeitsgrundsatz,*[303] und zwar aus den folgenden Gründen: Die Festlegung der Werbezeiten einschließlich der 20 Uhr-Grenze wie auch ihre Änderung oder Aufhebung sind integraler Bestandteil der dem öffentlichrechtlichen Rundfunk eingeräumten Werbemöglichkeiten. Wegen der mit der Werbung verfolgten Verschaffung von Einnahmen handelt es sich hierbei um ein *Finanzierungsinstrument.*[304] Entscheidungen über die grundsätzliche Finanzierung des Rundfunks wie auch über ihre Modalitäten sind nach der Rechtsprechung des Bundesverfassungsgerichts eine Angelegenheit von wesentlicher Bedeutung. Hierfür spricht bereits, daß von ihr die Existenzfähigkeit des Mediums abhängt, darüber hinaus aber sich auch Auswirkungen auf die anderen Medien und damit auf die Struktur des Meinungsmarktes insgesamt ergeben.[305]

---

[294] Vgl. BVerfGE 90, S. 60 ff., 91 f.

[295] Vgl. BVerfGE 83, S. 238 ff., 311.

[296] Vgl. BVerfGE 83, S. 238 ff., 311 unter Verweis auf BVerfGE 73, S. 118 ff., 155 f.; BVerfGE 90, S. 60 ff., 90 f.

[297] Vgl. BVerfGE 87, S. 181 ff., 189; vgl. *Kresse* ZUM 1995, S. 67 ff., 68.

[298] Vgl. Art. 1 § 15 RStV; vgl. hierzu näher unten unter F Rdz. 69.

[299] Vgl. Art. 5 Satz 2 i. V. m. Art. 3 Abs. 4 Satz 3 RStV 1987.

[300] Vgl. Art. 1 § 17 i. V. m. § 15 RStV.

[301] So die amtl. Begr. zu Art. 1 § 16 RStV 1991, abgedruckt bei *Ring,* Medienrecht, C-0.1., S. 20.

[302] Vgl. Art. 1 § 9 Abs. 2 RStV; amtl. Begrd. abgedr. bei *Ring,* Medienrecht, C-0.1., S. 16.

[303] Vgl. *Ricker* AfP 1990, S. 173 ff.

[304] Vgl. Art. 1 § 12 Abs. 1 RStV.

[305] Vgl. BVerfGE 74, S. 297 ff., 318; vgl. auch *Jarrass,* Die Freiheit der Massenmedien, S. 58; siehe auch unten unter D Rdz. 105 ff.

Daher ist es folgerichtig, daß die Ausgestaltung der Werbung und damit auch eine eventuelle Aufhebung der Restriktionen in die Kompetenz des Gesetzgebers fällt. Mit der Frage
der Zuständigkeit des Landesparlaments ist jedoch noch nicht darüber entschieden, ob eine
Änderung der bestehenden Werbevorschriften für den öffentlich-rechtlichen Rundfunk, vor allem
des tageszeitlichen Werbeverbotes nach 20 Uhr, *verfassungsgemäß* wäre. Bereits seit längerem
fordern die Rundfunkanstalten der ARD und das ZDF, ihnen Werbung nach 20 Uhr zu
erlauben.[306]

83   Zuletzt wurde eine *„volumenneutrale Umschichtung"* vorgeschlagen.[307] Ob das Werbeverbot
nach 20 Uhr von dem Gesetzgeber im Rahmen seines medienpolitischen Gestaltungsspielraumes aufgehoben oder jedenfalls im Sinne der vorgeschlagenen *„volumenneutralen"* Umschichtung modifiziert werden könnte, richtet sich zunächst danach, ob es sich hierbei um
eine die Rundfunkfreiheit *beschränkende oder* um eine *ausgestaltende* Maßnahme handelt.[308] Einer endgültigen Zuordnung bedarf es hier aber schon deshalb nicht, da nach der Rechtsprechung des Bundesverfassungsgerichts in beiden Bereichen die Verfassungsmäßigkeit der Maßnahmen von ihrer *Geeignetheit, Erforderlichkeit* und *Verhältnismäßigkeit abhängt.*[309]

84   Die Werberestriktion des Art. 1 § 15 Abs. 1 Satz 2 RStV dient in erster Linie der Sicherung
des *Grundversorgungsauftrages* des öffentlich-rechtlichen Rundfunks.[310] Die Regelung in dem
Rundfunkstaatsvertrag, wonach die Rundfunkanstalten nach 20 Uhr und im übrigen auch
an Sonn- und Feiertagen keine Werbesendungen ausstrahlen dürfen, erfüllt diesen Zweck.
Die Programme des öffentlich-rechtlichen Rundfunks in der primetime unterscheiden sich
qualitativ von denjenigen zu den werbezulässigen Zeiten. Hierauf deuten auch die Aussagen
der Programmverantwortlichen selbst hin, die die Notwendigkeit der Einblendung der Werbespots in ein attraktives Programmfeld eingeräumt haben.[311] Die *Geeignetheit* der geltenden
Werbebeschränkungen zeigt sich auch darin, daß die Printmedien jedenfalls bisher von einem Einbruch im Anzeigenaufkommen verschont blieben.[312] Da die Forderung einer Aufhebung der 20 Uhr-Grenze mit zusätzlichen Werbeeinkünften von 355 Mio. DM begründet
wird,[313] ist eine größere Umverteilung zu *Lasten der Presse* zu befürchten. Wegen des kaum
noch wachsenden Gesamtwerbeumsatzes in den Medien[314] ist die Gefahr nicht auszuschließen, daß sich das Anzeigenaufkommen doch so weit reduzieren würde, daß jedenfalls die
finanziellen Grundlagen der Presse gefährdet wären.[315] Daneben dient das Werbeverbot auch
dem *Schutz der privaten Veranstalter,* die auf die Erzielung von Werbeeinnahmen, abgesehen von
dem bisher noch seltenen pay-TV, als einzige Finanzierungsquelle angewiesen sind.[316]

Die generelle Aufrechterhaltung der 20 Uhr-Grenze ist auch *notwendig:* Zunächst müßte
befürchtet werden, daß selbst bei der Zulassung einer *„volumenneutralen"* Ausdehnung
der Werbung auf die Zeit nach 20 Uhr den Wünschen der Werbewirtschaft durch den
öffentlich-rechtlichen Rundfunk dadurch entsprochen würde, daß möglichst viele Werbeeinschaltungen erfolgen, und zwar eingebettet in ein werbegeeignetes Programmumfeld.[317]

---

[306] Für die ARD: Positionspapier der ARD zum finanziellen Aspekt in öffentlich-rechtlichen Rundfunkanstalten vom 31. 5. 1990, vgl. FK Nr. 26 vom 29. 6. 1990, S. 25 f.; für das ZDF vgl. FK Nr. 50 vom
15. 12. 1989, S. 8.
[307] Vgl. hierzu unten unter F Rdz. 103 ff.
[308] Vgl. hierzu unten unter F Rdz. 103 ff.
[309] Vgl. BVerfGE 23, S. 271 ff., 290; 56, S. 284 ff., 289.
[310] Vgl. amtl. Begründung zu § 16 RStV 1991, abgedr. in *Ring,* Medienrecht, C-0.1., S. 20; siehe hierzu
unten unter F Rdz. 103.
[311] Vgl. der Intendant des ZDF, zitiert in epd Nr. 23 vom 13. 6. 1993.
[312] Vgl. FAZ vom 13. 10. 1994: „Werbebranche rechnet mit besserer Konjunktur", S. 28.
[313] Vgl. FAZ vom 12. 07. 1994, S. 11; *Ridder* Media Perspektiven 1994, S. 268 ff., 273.
[314] Vgl. FAZ vom 13. 10. 1994, S. 28.
[315] Vgl. *Stender-Vonvachs,* „Staatsferne" und „Gruppenferne", S. 258; *Ricker,* Rundfunkwerbung und
Rundfunkordnung; *Kübler,* Medienverflechtung, S. 82; siehe hierzu auch unten unter F Rdz. 69.
[316] Vgl. hierzu unten unter F Rdz. 104.
[317] Vgl. hierzu unten unter F Rdz. 106.

Auch im Hinblick auf den Schutz der Presse scheint die Regelung erforderlich zu sein.[318] Die Werbung ist die ganz vorrangige Einnahmequelle der Printmedien geworden.[319]

In diesem Zusammenhang liegen durchaus Überlegungen nahe, ob die institutionelle Garantie des Staates für den Rundfunk nicht sogar einen *Verzicht auf jegliche Werbung* im öffentlich-rechtlichen Rundfunk erfordert. Vor allem in jüngster Zeit verdichten sich die Anzeichen, daß Rundfunkanstalten zur Steigerung ihrer Wettbewerbsfähigkeit im Rundfunkmarkt die Programme zunehmend massenattraktiv gestalten.[320] Eine ausschließliche Finanzierung durch die Rundfunkgebühren könnte diesem Massenmedium aber mehr Unabhängigkeit gegenüber Interessen Dritter und damit in erster Linie gegenüber der werbungtreibenden Wirtschaft gewähren.[321] In dem vorliegenden Zusammenhang kann dieser Frage nicht weiter nachgegangen werden.[322] Sie zeigt jedoch auf, daß jegliche, auch die „*volumenneutrale*" Ausdehnung der Werbung nach 20 Uhr der Voraussetzung der Erforderlichkeit der Maßnahme nicht mehr entsprechen würde. Damit *reduziert* sich aber auch das *Ermessen des Gesetzgebers* insoweit, als abgesehen von einer ausschließlichen Gebührenfinanzierung eine andere Regelung als ein Werbeverbot nach 20 Uhr nicht in Betracht kommt.

Die Werberestriktion erscheint auch *verhältnismäßig,* da die mit der Werbegrenze einhergehenden Nachteile für den öffentlich-rechtlichen Rundfunk vor dem Hintergrund des gesetzgeberischen Zweckes *zumutbar* sind.[323] Das Werbeverbot ist deshalb zumutbar, da die Finanzierung nicht der autonomen Entscheidung des öffentlich-rechtlichen Rundfunks unterliegt, sondern sich als Teil der Ausgestaltung der Rundfunkordnung des Gesetzgebers darstellt. Die Frage der Zumutbarkeit der Werbegrenze kann daher aber nur nachrangig sein, da ein *Anspruch* der öffentlich-rechtlichen Rundfunkanstalten auf Gestattung von Werbung überhaupt nicht besteht.[324] Mit anderen Worten bedeutet dies, daß selbst für den Fall, daß die Finanzmittel für den öffentlich-rechtlichen Rundfunk tatsächlich nicht ausreichen, *der Staat* für eine *andere Finanzierungsquelle* zu sorgen hat, mithin die Frage seiner Existenzfähigkeit von daher zu beantworten ist.

An der gegenwärtigen Regelung, wonach der öffentlich-rechtliche Rundfunk nur vor 20 Uhr an Werktagen Werbesendungen ausstrahlen darf, ist somit festzuhalten. Ein Ermessen steht dem Gesetzgeber insoweit nicht zu, da die jetzige Regelung sich als einzige geeignete Werbegrenze darstellt, um das gesetzliche Ziel zu erreichen. Dies bedeutet in concreto, daß dem Gesetzgeber eine *weitere Ausdehnung nicht gestattet ist.* Dies schließt freilich nicht aus, daß er umgekehrt die Werbung im öffentlich-rechtlichen Rundfunk weiter einschränkt oder gänzlich verbietet. Insoweit hat er nur die Funktionsfähigkeit der Anstalten im Hinblick auf ihren besonderen Auftrag[325] zu gewährleisten.

cc) „Sonstige Einnahmen"

Der Rundfunkstaatsvertrag sieht für den öffentlich-rechtlichen Rundfunk neben den Rundfunkgebühren die Finanzierung „*aus Rundfunkwerbung*" und „*aus sonstigen Einnahmen*" vor.[326] Zu den „*sonstigen Einnahmen*" gehören üblicherweise Zinserträge aus Geldanlagen,

85

86

---

[318] Vgl. FAZ vom 13. 10. 1994, S. 28.

[319] Vgl. hierzu unten unter F Rdz. 104.

[320] Vgl. *Merten,* Konvergenz der deutschen Fernsehprogramme, Langzeituntersuchung 1980–1993, S. 32 f., 46 ff., 57 f.; *Starck,* in: VPRT (Hrsg.), Öffentlich-rechtlicher Rundfunk und Werbefinanzierung, S. 28.

[321] Auf die Werbung als Sicherung gegenüber staatlichem Einfluß kann bei einem dem 8. Rundfunkurteil des Bundesverfassungsgerichts entsprechenden Gebührenfestsetzungsverfahren nicht mehr rekurriert werden; vgl. *Ricker* NJW 1994, S. 2199 ff.; *Engel,* in: VPRT (Hrsg.), Öffentlich-rechtlicher Rundfunk und Werbefinanzierung, S. 49 ff.

[322] Zu alternativen Finanzierungsmodalitäten siehe näher unten unter C Rdz. 101 ff.

[323] Vgl. hierzu näher unten unter F Rdz. 103 ff.

[324] Vgl. BVerfGE 87, S. 18 ff., 19 f.; 90, S. 60 ff., 95 f.

[325] Vgl. hierzu unten unter F Rdz. 107.

[326] Art. 1 § 12 Abs. 1 RStV.

Einkünfte aus dem Verkauf von nicht mehr benötigten Wirtschaftsgütern, von Hörfunk- und Fernsehproduktionen, etwa auf Videokassetten, und Einnahmen aus der Vermarktung von Lizenzrechten, vor allem im Bereich des *„merchandising"*.[327] Sonstige Einnahmen sind aber auch die finanziellen Beiträge Dritter im Rahmen des *„Sponsoring"*, das nach den Festlegungen der Länder in dem Rundfunkstaatsvertrag nicht als Werbung gilt.[328]

87   Den *„sonstigen Einnahmen"* kann aber nur untergeordnete Bedeutung zukommen, da *„vorrangige Finanzierungsquelle die Rundfunkgebühr ist"*.[329] Deshalb erscheint die Absicht des öffentlich-rechtlichen Rundfunks[330] rechtlich problematisch, sich zukünftig auch an alternativen Finanzierungsformen wie *„pay-tv/pay-per-view"* zu beteiligen.[331]

In seinem 5. Rundfunkurteil hat das Bundesverfassungsgericht die frühere Vorschrift in dem Landesmediengesetz Baden-Württemberg[332] als verfassungsgemäß bestätigt, nach der *„Rundfunkprogramme, die Abonnenten oder Einzelentgeltzahlern vorbehalten bleiben, durch die Landesrundfunkanstalten nur veranstaltet werden dürfen, wenn dies durch Gesetz oder Staatsvertrag besonders zugelassen ist"*.[333] Da die Rundfunkgesetze der anderen Länder keinen vergleichbaren Erlaubnisvorbehalt enthalten, könnte daraus abgeleitet werden, daß dort der öffentlich-rechtliche Rundfunk ohne weitere Voraussetzungen pay-tv einführen könnte. Dagegen sprechen jedoch die weiteren Urteilsgründe:

Das Bundesverfassungsgericht hat der Begründung des Landesgesetzgebers[334] zugestimmt, wonach *"der herkömmliche Rundfunk vornehmlich aus allgemeinen Rundfunkgebühren und in geringem Maße aus Wirtschaftswerbung finanziert wird. Jede andere Finanzierung bedeute eine grundlegende strukturelle Änderung, die ohne Änderung der Rundfunkgesetze und Rundfunkstaatsverträge nicht als zulässig angesehen werden könne. Eine solche Strukturänderung wäre aber mit der Einführung von Programmen verbunden, die aus Abonnements oder Einzelentgelten finanziert werden … "*[335] Hierzu hat das Gericht festgestellt, daß *„eine andere Auslegung mit der Gewährleistung der Rundfunkfreiheit unvereinbar wäre"*.[336] Daraus ergibt sich aber, daß *„pay-tv"* als spezielle *„Form der Rundfunkfinanzierung"*[337] dem Wesentlichkeitsgrundsatz und damit dem Regelungsvorbehalt des Gesetzgebers unterliegt.[338] Daß *„pay-tv"* der gesetzlichen Erlaubnis bedarf, hat das Gericht nochmals an anderer Stelle bestätigt. Wörtlich führt es aus, daß die funktionsgerechte Finanzierung der Programme des öffentlich-rechtlichen Rundfunks zu sichern ist; *„die Entscheidung, in welchen Formen dies zu geschehen hat, ist Sache des Gesetzgebers"*.[339]

88   In den anderen Bundesländern, außer in Baden-Württemberg, Nordrhein-Westfalen, Brandenburg und Bremen, bestehen keine ausdrücklichen Regelungen für *„pay-tv"*. Deshalb könnte sich dort die Befugnis zur Veranstaltung von *„pay-tv"* aus den *allgemeinen Finanzierungsvorschriften* ergeben: Zunächst wäre daran zu denken, daß *„pay-tv/pay-per-view"* unter den Oberbegriff der Gebühreneinnahmen fällt, da es sich hier ebenfalls um Entgelte der Rund-

---

[327] Vgl. *Libertus,* Grundversorgungsauftrag und Funktionsgarantie, S. 127 ff.; *Brohm* NJW 1994, S. 281; *Libertus* AfP 1992, S. 229; OLG Hamburg AfP 1991, S. 443; BGH ZUM 1993, S. 363.

[328] Vgl. Art. 1 § 8 RStV; siehe näher unten unter F Rdz. 94 ff.

[329] Vgl. Art. 1 § 12 Abs. 1 2. HS RStV.

[330] Vgl. die Äußerungen des ZDF-Intendanten in epd, Nr. 16, vom 24. 4. 1994; zu dem zustimmenden ZDF-Fernsehratsbeschluß vgl. FAZ vom 12. 7. 1994, Nr. 159, S. 11.

[331] Vgl. zu „pay-tv/pay-per-view" oben unter B Rdz. 58 ff.

[332] Vgl. § 13 Abs. 3 LMG Bad.-Württ. vom 16. 12. 1985 (GBl. S. 539), jetzt: § 14 Abs. 3; ähnlich § 2 Abs. 4 Ziff. 2 RB-G, wonach Spartenprogramme mit Abonnement- oder Einzelgebühren die Zustimmung des Senats voraussetzen; vgl. auch § 3 Abs. 6 WDR-G.

[333] BVerfGE 74, S. 297 ff., 341 ff.

[334] Vgl. LT-Ds. Bad.-Württ. 9/955, S. 81 f.

[335] BVerfGE 74, S. 279ff., 345.

[336] BVerfGE 74, S. 297 ff., 345; vgl. auch oben unter B Rdz. 58 ff.

[337] BVerfGE 74, S. 279ff., 346.

[338] Vgl. hierzu BVerfGE 87, S. 181 ff., 198.

[339] Vgl. BVerfGE 74, S. 297 ff., 347.

funkrezipienten handelt. Dagegen spricht jedoch, daß es nach den Vorstellungen der Länder bereits 1974 bei der Vereinbarung des Staatsvertrages über die Rundfunkgebühr nur eine *bundeseinheitliche* Gebühr geben sollte, und zwar für die *„Gesamtveranstaltung"* Rundfunk.[340]

Eine Ermächtigung bezüglich pay-tv kann aber auch nicht aus der Regelung zu den *„Einnahmen aus Wirtschaftswerbung"* entnommen werden, da es sich bei pay-tv nicht um Werbung handelt und anders als dort nicht Dritte, sondern die Rundfunkteilnehmer selbst hierfür finanziell aufkommen müssen.

Die Auffassung, daß *„pay-tv/pay-per-view"* in denjenigen Ländern, die diese Finanzierungsform nicht ausdrücklich vorsehen, im Wege verfassungskonformer Auslegung unter den Begriff der *„sonstigen Einnahmen"* fällt,[341] überzeugt nicht. Nach dem Wortlaut des Begriffs *„sonstige Einnahmen"* könnten zwar Einkünfte aus *„pay-tv/pay-per-view"* darunter zu subsumieren sein.[342] Gesetzessystematisch fällt jedoch auf, daß die Vorschrift für den öffentlich-rechtlichen Rundfunk nur von *„sonstigen Einnahmen"* spricht.[343] Hingegen heißt es in der entsprechenden Norm für die privaten Veranstalter, daß diese ihre Rundfunkprogramme auch *„durch sonstige Einnahmen, insbesondere durch Entgelte der Teilnehmer (Abonnments oder Einzelentgelte), finanzieren"*[344] können. Diese ausdrückliche Befugnis zu pay-tv wäre aber überflüssig, wenn sie sich bereits aus dem Begriff der *„sonstigen Einnahmen"* ergeben würde.

Auch die entscheidende *teleologische Betrachtung*[345] bestätigt diese Auslegung. Das Gericht hat festgestellt, daß die Finanzierungsmodalitäten zu den essentiellen strukturellen Voraussetzungen der Ausübung der Rundfunkfreiheit gehören. Damit unterliegen sie aber dem *Regelungsvorbehalt* des parlamentarischen *Gesetzgebers*. Dafür spricht gerade, daß es es dieser selbst ist, der aufgrund seiner institutionellen Verpflichtung aus Art. 5 GG über die Modalitäten der Finanzierung im einzelnen zu entscheiden hat und ihm dabei ein Ermessen zukommt.[346] Seiner ausdrücklichen Entscheidung bleibt es deshalb vorbehalten, ob der öffentlich-rechtliche Rundfunk neben der Rundfunkgebühr weitere Entgelte von den Rezipienten verlangen darf. Somit können *„pay-tv/pay-per-view"* als besondere Finanzierungsformen nicht den *„sonstigen Einnahmen"* zugeordnet werden.

Da pay-tv eine besondere Finanzierungsform einer originären Rundfunkveranstaltung **89** darstellt, fällt sie auch nicht unter die dem Rundfunk erlaubte *Randnutzung*.[347] Denn im Einklang mit der Rechtsprechung des Bundesverfassungsgerichts zu dem Gesetzesvorbehalt bei den finanziellen Rahmenbedingungen des Rundfunks[348] beschränken sich die Befugnisse der öffentlich-rechtlichen Rundfunkanstalten bei der Randnutzung auf den Rundfunkauftrag unterstützende und erforderliche Maßnahmen,[349] die auch nicht vorrangig oder ausschließlich der Einnahmenverschaffung dienen dürfen.[350] Dies wäre aber bei *„pay-tv/pay-per-view"* gerade der Fall.

Zu der erlaubten Randnutzung gehören nach der Rechtsprechung des Bundesverfassungsgerichts die *Verwertung von Rundfunkproduktionen*[351] etwa auf Videokassetten oder die

---

[340] Vgl. BVerfGE 12, S. 205 ff., 261; vgl. *Herrmann,* Rundfunkrecht, § 17 Rdz. 16.

[341] Vgl. *Fuhr,* ZDF-Staatsvertrag, § 1 III 1 c dd), der von einer erlaubten „Randnutzung" ausgeht; siehe hierzu auch unten unter F Rdz. 45 ff. zu programmbegleitenden und sonstigen Aktivitäten des öffentlich-rechtlichen Rundfunks.

[342] Vgl. auch *Herrmann,* Rundfunkrecht, § 13 Rdz. 41.

[343] Vgl. Art. 1 § 12 Abs. 1 RStV.

[344] Vgl. Art. 1 § 43 RStV.

[345] Vgl. BVerfGE 17, S. 112 ff., 127; 41, S. 336 ff., 354.

[346] Vgl. BVerfGE 87, S. 263; 90, S. 60 ff., 96 f.

[347] Vgl. BVerfGE 83, S. 238 ff., 311 f.

[348] Vgl. BVerfGE 83, S. 238 ff., 304; 74, S. 297 ff., 324 f., 342, 347.

[349] Vgl. BVerfGE 83, S. 238 ff., 311 f.

[350] Vgl. BVerfGE 83, S. 238 ff., 314.

[351] Vgl. BVerfGE 83, S. 238 ff., 313; siehe hierzu unten unter F Rdz. 46.

Herausgabe von Programmzeitschriften, soweit sie sich auf die programmbezogene Information beschränken und damit der Erfüllung des Rundfunkauftrags dienen.[352]

Unter diesem Aspekt kann zwar eine Ausschöpfung der vorhandenen Ressourcen, etwa die Aufführungen rundfunkeigener Orchester, noch als zulässige *Randnutzung* gesehen werden, nicht jedoch der erwerbswirtschaftliche Betrieb, etwa von Hotels, der auch nicht mittelbar dem Rundfunkauftrag dient.[353] Die Rundfunkanstalten sind deshalb vorrangig auf die Gebühren der Rundfunkteilnehmer und daneben auf Werbeeinnahmen und sonstige Einnahmen von Dritten beschränkt.

Das Bundesverfassungsgericht hat in seiner Rechtsprechung diese finanzielle Struktur als verfassungsgemäß bestätigt. Dabei hat es jedoch das im Zeitpunkt des 8. Rundfunkurteils geltende Verfahren zur Festlegung der Rundfunkgebühr[354] als mit dem Gebot der Staatsfreiheit des Rundfunks für nicht mehr vereinbar erklärt.[355]

c) Feststellung der Rundfunkgebühr

90 Das Finanzierungssystem für den öffentlich-rechtlichen Rundfunk im Zeitpunkt des 8. Rundfunkurteils basierte darauf, daß entsprechend der Vereinbarung der Länder in dem Rundfunkstaatsvertrag 1991[356] die *KEF (Kommission zur Ermittlung des Finanzbedarfs der öffentlich-rechtlichen Rundfunkanstalten)* den Finanzbedarf des öffentlich-rechtlichen Rundfunks ermittelte und diesen den Ministerpräsidenten mitteilte. Aufgrund dieser freilich unverbindlichen Empfehlung der KEF haben die *Ministerpräsidenten* einen immer wieder erhöhten Gebührenbetrag festgelegt, dem die *Länderparlamente* regelmäßig bei der Novellierung des *Gebührenstaatsvertrages* zugestimmt haben.[357]

Das Bundesverfassungsgericht stellte in dem 8. Rundfunkurteil erstmals fest, daß die *Staatsfreiheit* des Rundfunks nicht nur durch die Exekutive, sondern auch durch die Legislative bedroht werden könne, da hier ebenfalls aufgrund staats- und parteipolitischer Interessen die Möglichkeit einseitiger Einflußnahme auf die Programmfreiheit virulent sei.[358] Diese Grundentscheidung erstaunt zunächst deswegen, weil in der bisherigen Rechtsprechung der *Gesetzgeber* als *Garant* für die Rundfunkfreiheit angesehen und demgemäß ihm die Aufgabe zugewiesen wurde, alles Wesentliche in diesem Bereich selbst zu regeln.[359] Von daher hätte die Rundfunkfinanzierung als existenzsichernde Grundlage des öffentlich-rechtlichen Rundfunks eigentlich dazuzählen müssen. Hierin sieht das Gericht jedoch Gefahren für die *Programmfreiheit* der Anstalten. Sehr lebensnah stellte das Gericht fest, daß die Festsetzung der Rundfunkgebühr als vorrangige Einnahmequelle der Rundfunkanstalten ein besonders wirkungsvolles Mittel zur Einflußnahme auf die Erfüllung des Rundfunkauftrages biete.[360]

91 Das Gericht hat in seiner Entscheidung den Wesentlichkeitsgrundsatz gegenüber der eigenständigen Ausübung der Rundfunkfreiheit der Anstalten konkretisiert und deutlich gemacht, daß über die funktionssichernden gesetzlichen Programmvorgaben hinaus kein Einfluß auf Inhalt und Form der Programme der Rundfunkveranstalter ausgeübt werden dürfe[361] Konkret entscheiden damit die *Anstalten* über die als *nötig angesehenen Inhalte* und *Formen* sowie über *Anzahl* und *Umfang* der Programme selber. Die Festschreibung der Programmfreiheit dürfte eine der wichtigsten Folgen des 8. Rundfunkurteils sein. Auf der anderen Seite kann die Rundfunkfinanzierung nach der Feststellung des Gerichts kein Selbstbedienungsladen

---

[352] Vgl. BVerfGE 83, S. 238 ff., 311; vgl. hierzu auch unten unter F Rdz. 46.

[353] Vgl. *Herrmann,* Rundfunkrecht, § 17 Rdz. 14; *Fuhr,* ZDF-Staatsvertrag, § 1 III 1 c ee).

[354] Vgl. Art. 1 § 12 RStV 1991.

[355] Vgl. BVerfGE 90, S. 60 ff.; siehe hierzu unten unter C Rdz. 90 ff.

[356] Vgl. Art. 1 § 12 RStV 1991.

[357] Vgl. *Ricker* NJW 1994, S. 2199 f.

[358] Vgl. BVerfGE 90, S. 60 ff., 98 f.

[359] Vgl. BVerfGE 57, S. 295 ff., 319 ff.; siehe hierzu oben unter C Rdz. 90.

[360] Vgl. BVerfGE 90, S. 60 ff., 98 f.

[361] Vgl. BVerfGE 90, S. 60 ff., 98 f.; *Ricker* NJW 1994, S. 2199 f.

der Anstalten sein.[362] Daß wie bei anderen öffentlich-rechtlichen Einrichtungen ein *Ausweitungsinteresse* besteht und Rationalisierungsmöglichkeiten nicht immer genutzt wurden, haben die Anstalten gerade in jüngerer Zeit selbst bewiesen. Immerhin sahen sie sich in der Lage, von ihrem ungeheuren Finanzvolumen von jährlich über 8 Mrd. DM in kurzer Frist 1,4 Mrd. und danach weitere 3 Mrd. einzusparen.[363] Deswegen war es nur sachgerecht, daß das Gericht entschied, daß die Anstalten nicht selber über ihren Finanzierungsrahmen bestimmten könnten, weil sie keine Gewähr dafür böten, daß sie sich stets im Rahmen des *Funktionsnotwendigen* halten und die *finanziellen Belange* der Rundfunkteilnehmer hinreichend berücksichtigen.[364]

Das Gericht hat zur Lösung des Konflikts zwischen Programmfreiheit und funktionsgerechter Finanzgewährleistung einen Ansatz gewählt, der gerade im Bereich des Rundfunkverfassungsrechts wohl die einzige Möglichkeit für einen wirkungsvollen Grundrechtsschutz bietet: Da es nicht möglich sei, den Finanzierungsrahmen so zu objektivieren, daß er ohne weiteres ablesbar und damit frei von politischer Intervention sei, sondern stets einer Wertung ausgesetzt bleibe, müsse der *Grundrechtsschutz* durch ein *entsprechendes Verfahren* garantiert sein.[365] Das Bundesverfassungsgericht bringt hierzu einmal den Vorschlag einer *politikfreien Entscheidung* über die Rundfunkgebühren durch ein *sachverständiges Gremium* ins Spiel.[366] Zum anderen spricht es den Anstalten das Recht zu, einen *rechtsmittelfähigen* Bescheid über die finanziellen Zuweisungen zu erhalten.[367]

Die Länder haben die Konsequenzen aus der Rechtsprechung gezogen und die gemein-   **92** same *„Kommission zur Ermittlung des Finanzbedarfs der öffentlich-rechtlichen Rundfunkanstalten"* *(KEF)* 368 reformiert, indem sie die bisherigen staatlichen Vertreter in der KEF abgelöst und durch unabhängige Mitglieder ersetzt haben.[369] Als Alternative hat das Gericht eine *Indexierung* der Rundfunkgebühr entsprechend den *Lebenshaltungskosten*[370] oder der rundfunkspezifischen Kosten vorgeschlagen.[371] Insoweit würde der Gesetzgeber jedoch jeglicher Mitwirkungsmöglichkeit bei der Gebührenhöhe verlustig gehen, und zwar trotz seiner finanziellen Gewährleistungspflicht. Die damit verbundene Verantwortung setzt aber zumindest ein *Letztentscheidungsrecht* der zuständigen *Landesparlamente* voraus.[372]

Von daher würde ein *ausschließlich indexgesteuertes* automatisches *Erhöhungsverfahren* doch rechtlichen Bedenken begegnen. Die Länder haben deshalb auch diese Variante nicht weiterverfolgt. Vielmehr zeigt die geänderte Besetzung der KEF,[373] daß die Gebührenfestsetzung, wie von dem Bundesverfassungsgericht nahegelegt, durch ein politikfreies Sachverständigengremium erfolgt. Bei der Sicherung der Staatsfreiheit ist der Rundfunkstaatsvertrag allerdings auf halbem Wege stehengeblieben. Die Auswahl der Mitglieder der KEF erfolgt

---

[362] Vgl. BVerfGE 90, S. 60 ff., 96 f.; *Ricker* NJW 1994, S. 2199 f.

[363] Vgl. IDW Nachrichten Nr. 17 vom 20. 3. 1994, S. 16; epd vom 16. 4. 1994; „Die Zeit" Nr. 77, vom 7. 10. 1994; vgl. *Ricker* NJW 1994, S. 2199 f.; *Kresse,* in: VPRT (Hrsg.), Öffentlich-rechtlicher Rundfunk und Werbefinanzierung, S. 67 f.

[364] Vgl. BVerfGE 90, S. 60 ff., 96 f.; vgl. hierzu auch *Kresse* ZUM 1995, S. 67 ff., 68; *Kresse/Kennel* ZUM 1994, S. 159 ff., 160.

[365] Vgl. BVerfGE 90, S. 60 ff., 97 f.; *Kuch* ZUM 1995, S. 161 ff., 163.

[366] Vgl. BVerfGE 90, S. 60 ff., 98 f.

[367] Vgl. BVerfGE 90, S. 60 ff., 102; Vorbild war offensichtlich das Indizierungsverfahren nach dem GjS durch die Bundesprüfstelle; siehe hierzu oben unter B Rdz. 24.

[368] Vgl. § 13 Abs. 1 RStV.

[369] Vgl. epd Nr. 73 vom 17. 09. 1994, S. 14; *Hümmerich/Heinze* ZUM 1994, S. 488 ff.; vgl. § 4 RfinStV.

[370] Wie etwa bei der öffentlich-rechtlichen Rundfunkanstalt BBC in Großbritanien; vgl. zu diesem und anderen Indexmodellen *Hoffmann-Riem,* in: ders. (Hrsg.), Indexierung der Rundfunkgebühr, S. 22 ff.

[371] Vgl. BVerfGE 90, S. 60 ff., 102 f.; zur Umsetzung der Rechtsprechung vgl. *Hümmerich* AfP 1996, S. 25 ff.

[372] Vgl. zum Problem der staatlichen Letztentscheidung *Bethge,* in: *Hoffmann-Riem* (Hrsg.), Indexierung der Rundfunkgebühr, S. 137 ff., 147 ff.; *Rühl* ZUM 1995, S. 167 ff.; 172.

[373] Vgl. § 4 RfinzStV; vgl. auch *Radeck* ZUM 1995, S. 175 ff.; 177.

einvernehmlich durch die Ministerpräsidenten.[374] Damit hat die Exekutive aber in dem sensiblen Bereich der Finanzierung doch wieder ein ganz erhebliches Gewicht erhalten, das angesichts von staatlichen Ernennungen im Rundfunkbereich[375] ganz offensichtlich wird.

d) Modalitäten des Finanzierungsvolumens

Die Modalitäten für die Festlegung des Finanzierungsvolumens der öffentlich-rechtlichen Anstalten hat das Gericht in dem 8. Rundfunkurteil ebenfalls konkretisiert.

aa) Kriterium der Erforderlichkeit

93 Zunächst müsse gesichert sein, daß die auf den Programmentscheidungen der Rundfunkanstalten basierenden Bedarfsanmeldungen zur Grundlage der tatsächlichen Bedarfsermittlung und der daraus später folgenden Gebührenhöhe gemacht werden.[376] Dabei muß nach der Rechtsprechung des Bundesverfassungsgerichts durch *externe Kontrolle*, etwa durch das vorgeschlagene Sachverständigengremium, festgestellt werden, ob die vorgesehenen Programme und Vorhaben dem rechtlich umgrenzten Rundfunkauftrag *„nicht nur entsprechen, sondern für die Wahrnehmung dieser Funktion auch erforderlich sind".*[377] Die Funktion besteht in der *„ Versorgung mit Programmen, die dem klassischen Rundfunkauftrag entsprechen[378] und die technisch für alle empfangbar sind".*[379] Wie das Gericht hierzu festgestellt hat, muß der Gesetzgeber in der bestehenden dualen Rundfunkordnung *„die Voraussetzungen für die Erbringung dieser Leistung in jeder Hinsicht sicherstellen".*[380] Damit dürfte das Gericht von seiner früheren Rechtsprechung abgewichen sein, wonach sich die Finanzierungsverpflichtung auch auf Programme außerhalb der Grundversorgung erstreckt.[381]

Für eine Begrenzung der Gebührenalimentation in dem 8. Rundfunkurteil spricht im weiteren, daß die Rundfunkanstalten die verfügbaren Mittel im Rahmen der gesetzlichen Bestimmungen zwar auf einzelne Programme oder Programmsparten verteilen können. Das Gericht weist aber darauf hin, daß die Heranziehung Dritter durch eine Geldleistungspflicht nur in dem Maße gerechtfertigt sei, wie diese *zur Funktionserfüllung* erforderlich erscheint. Indem die Gebührenfinanzierung darin ihre Rechtfertigung findet,[382] kann die den Rundfunkteilnehmern abverlangte Zwangsabgabe und damit die Finanzierungsverpflichtung nicht über das hinausgehen, was für die funktionsgerechte Erfüllung der *Grundversorgung* notwendig ist.[383]

bb) Kriterium der Wirtschaftlichkeit und Sparsamkeit

94 Eine weitere Eingrenzung des Finanzierungsvolumens ergibt sich aus den Grundsätzen der *Wirtschaftlichkeit und Sparsamkeit*, zu denen die Rundfunkanstalten gesetzlich angehalten sind.[384] Bereits aufgrund des jeder Institution anhaftenden *„Selbstbehauptungs- und Ausweitungsinteresses"*[385] bieten diese keine Gewähr dafür, daß sie sich bei der Anforderung der finanziellen Mittel auf das Funktionsnotwendige beschränken.[386] *Überhöhte Finanzierungsansätze* sind deshalb bei der Bedarfsfeststellung auf das *Erforderliche* zu reduzieren. Darüber hinaus hat der öffentlich-rechtliche Rundfunk alle *„kostensparenden Maßnahmen wie Kür-*

---

[374] Vgl. § 35 Abs. 3 S. 2 RStV.

[375] Siehe hierzu näher unter D Rdz. 24, 52, 108.

[376] Vgl. BVerfGE 90, S. 60 ff., 97 f.

[377] Vgl. BVerfGE 87, S. 181 ff., 202; BVerfGE 90, S. 60 ff., 97 f.; vgl. *Kresse* ZUM 1995, S. 67 ff., 69.

[378] Vgl. BVerfGE 73, S. 118 ff., 158; 74, S. 297 ff., 324.

[379] Vgl. BVerfGE 74, S. 297 ff., 325; 87, S. 181 ff., 199.

[380] Vgl. BVerfGE 87, S. 181 ff., 199; *Ricker* NJW 1994, S. 2199 ff.

[381] Vgl. BVerfGE 74, S. 297 ff., 323 f.; *Kresse*, in: VPRT (Hrsg.), Öffentlich-rechtlicher Rundfunk und Werbefinanzierung, S. 74 f., 93 ff.

[382] Vgl. BVerfGE 90, S. 60 ff., 98.

[383] Siehe hierzu näher unten unter C Rdz. 90 ff.

[384] Vgl. Art. 1 § 13 RStV.

[385] Vgl. BVerfGE 90, S. 60 ff., 96 f.

[386] Vgl. BVerfGE 87, S. 201.

zungen, Übernahmen oder verstärkte Kooperation mit anderen Rundfunkanstalten sowie alle anderen Rationalisierungsmöglichkeiten, die die Grundversorgung nicht beeinträchtigen", auszuschöpfen, worauf das Gericht bereits in seinem 7. Rundfunkurteil hinwies.[387] Diese Feststellungen verdeutlichen ebenfalls, daß sich die Finanzierungsgewährleistung tatsächlich auf das Funktionsnotwendige und auf die Grundversorgung beschränkt[388] und die Ausnutzung aller Einsparmöglichkeiten im Interesse der zur Gebührenzahlung verpflichteten Rundfunkteilnehmer verlangt.

cc) Kriterium des Informationszugangs

Weiterhin hat das Gericht den Informationszugang und damit die Frage der Notwendig-   **95**
keit des Programmangebots unter Berücksichtigung bereits vorhandener *gleicher* oder *ähnlicher Inhalte* in das Abwägungsspektrum bei der Bedarfsfeststellung hineingenommen.[389] Ein *„more of the same"* von öffentlich-rechtlichen Programmen, aber auch eine Duplizierung privater Angebote steht dem Ziel der dualen Rundfunkordnung, den publizistischen Wettbewerb durch verschiedenartige Beiträge zu fördern und damit die Meinungsfreiheit zu effektuieren,[390] entgegen. Mehrfache im wesentlichen inhaltsgleiche öffentlich-rechtliche Programme, aber auch Nachahmungen privater Angebote können die der Meinungsfreiheit dienende Funktion des Rundfunks nicht optimieren. Als Berechnungsfaktor für den erforderlichen Finanzierungsumfang scheiden sie deshalb aus.[391]

dd) Kriterium der Sozialverträglichkeit der Rundfunkgebühr

Ein weiteres Kriterium für die Bemessung des Finanzierungsvolumens ergibt sich schließ-   **96**
lich daraus, daß mit der Bedarfsfeststellung über die Gebührenhöhe und damit gleichzeitig über die finanzielle Belastung der Rundfunkteilnehmer bestimmt wird.[392] Das Bundesverfassungsgericht hat hierzu festgestellt, daß der Gesetzgeber nicht verpflichtet sei, jede Programmentscheidung finanziell zu honorieren.[393] Vielmehr ist die *Heranziehung der Rundfunkteilnehmer,* die die Mittel für den öffentlich-rechtlichen Rundfunk vor allem aufbringen müssen, nur in dem Maße gerechtfertigt, wie es für die Funktionserfüllung *„geboten"* ist.[394] Damit wirkt gerade auch die Gebührenpflicht einer übermäßigen Finanzierungsforderung im Rahmen der Grundversorgung entgegen. *„Geboten"* und damit erforderlich im Sinne des verfassungsrechtlichen Übermaßverbotes sind bei staatlichen Maßnahmen nur diejenigen mit den *geringsten Belastungen für die davon Betroffenen.*[395] Bereits von daher beschränkt die Gebührenverträglichkeit die Finanzierungsverpflichtung des Staates.

Diese Rechtsprechung wird auch durch die allgemeinen Grundsätze des verfassungsrechtlichen *Sozialstaatsgebots* bestätigt: Denn danach hat sich der soziale Staat um einen *„erträglichen Ausgleich der widerstreitenden Interessen und um die Herstellung erträglicher Lebensbedingungen"*[396] zu bemühen. Zu den existenziellen Grundbedürfnissen jedes einzelnen gehört die Teilhabe am medialen Geschehen und die kulturelle Verwirklichung, für die in den Budgets der Teilnehmerhaushalte aber nur begrenzte Mittel zur Verfügung stehen. Die Persönlichkeitsentfaltung setzt dabei die individuelle Freiheit voraus, selbst über die Auswahl aus

---

[387] Vgl. BVerfGE 87, S. 181 ff., 206; vgl. auch *Ricker* NJW 1994, S. 2199 f.; *Starck*, in: VPRT (Hrsg.), Öffentlich-rechtlicher Rundfunk und Werbefinanzierung, S. 22 f.; *Immenga*, in: VPRT (Hrsg.), Öffentlich-rechtlicher Rundfunk und Werbefinanzierung, S. 148.

[388] Siehe hierzu bereits oben Rdz. 93.

[389] Vgl. BVerfGE 90, S. 60 ff., 97 f.

[390] Vgl. *Ricker* ZUM 1990, S. 477.

[391] Vgl. *Ricker* NJW 1994, S. 2199 f.; *Immenga*, in: VPRT (Hrsg.), Öffentlich-rechtlicher Rundfunk und Werbefinanzierung, S. 132.

[392] Vgl. BVerfGE 90, S. 60 ff., 98 f.

[393] Vgl. BVerfGE 87, S. 181 ff., 201.

[394] Vgl. BVerfGE 90, S. 60 ff., 98; 87, S. 181 ff., 201.

[395] Vgl. BVerfGE 13, S. 297 ff., 311; 47, S. 81 ff., 89; *Kuch* ZUM 1995, S. 161 ff., 164.

[396] Vgl. BVerfGE 1, S. 97 ff., 105.

dem Medien- und Kulturangebot zu bestimmen. In diese Freiheit wird aber dann sozialwidrig eingegriffen, wenn die Gebührenlast dazu führt, daß auf den Rundfunkempfang oder andere Informations- und Bildungsmöglichkeiten verzichtet werden müßte.[397] Unter dem Blickwinkel des *Sozialstaatsgebots* wäre es vor allem nicht interessengerecht, wenn mit der Gebühr über das gebotene Maß hinaus weitere Programmangebote alimentiert würden.[398] Denn die Besonderheit und Legitimation des öffentlich-rechtlichen Rundfunks besteht gerade darin, daß er im Interesse *aller* veranstaltet wird, weshalb er für jeden, auch denjenigen mit beschränkten finanziellen Mitteln, zugänglich bleiben muß.

e) Zuständigkeiten bei der Feststellung der Rundfunkgebühr

96a   Nach der Rechtsprechung des Bundesverfassungsgerichtes ist zunächst von der finanziellen Bedarfsanmeldung der Rundfunkanstalten auszugehen.[399] Die Entscheidung über die Vertretbarkeit dieser Anmeldung erfolgt aufgrund der Bedarfsermittlung durch die *Kommission zur Ermittlung des Finanzbedarfs (KEF).*[400]

    Bei der KEF handelt es sich nach den Vorgaben des 8. Rundfunkurteils um ein Sachverständigengremium, das insoweit einen *Beurteilungsspielraum* hat. Dies ist nicht nur aus allgemeinen verwaltungsrechtlichen Gründen angezeigt,[401] sondern ergibt sich auch aus den spezifischen Anforderungen der Rundfunkfreiheit. Obwohl das Wesentliche der Rundfunkordnung durch den Gesetzgeber festzulegen ist, wozu auch das Finanzierungsinstrumentarium für die Grundversorgung gehört,[402] hat das Bundesverfassungsgericht in seinem 8. Rundfunkurteil freilich den Gesetzgeber selbst in die staatliche Sphäre gerückt und deshalb eine „politikfreie" Entscheidung durch ein Sachverständigengremium gefordert.[403] Von daher besteht auch aus Art. 5 GG eine Grundlage dafür, daß der KEF ein Beurteilungsspielraum gebührt.

96b   Nach dem 8. Rundfunkurteil sind Maßstab für die Entscheidung der Kommission die „Erforderlichkeit für die Grundversorgung" und die Beurteilung der Wirtschaftlichkeit und Sparsamkeit bei der Bedarfsanmeldung der Anstalten.[404]

    Im Anschluß daran hat die Legislative durch Gesetz die Höhe der Gebühr zu beschließen, wobei ihr die Überprüfung des bereits vorhandenen *Informationszugangs* sowie der Zumutbarkeit für den Rundfunkteilnehmer gebührt.[405]

    Da die KEF stellvertretend für den wegen des Grundsatzes der Staatsfreiheit zu weitgehender Abstinenz angehaltenen Gesetzgeber tätig wird, erscheint es angezeigt, daß sie auch die beiden zuletzt genannten Kriterien bei ihrer Entscheidungsfindung heranzieht.[406] Freilich hat diese im Hinblick auf den vorhandenen Informationszugang und auf die Frage der Zumutbarkeit der Gebühren nur vorbereitenden Charakter für die Letztentscheidung des Gesetzgebers.

96c   Das 8. Rundfunkurteil hat das Parlament ausdrücklich nur auf die beiden letztgenannten Kriterien verwiesen. Es stellt sich aber die Frage, ob die Legislative nicht darüber hinaus auch diejenigen Maßstäbe heranziehen kann, die die Gerichte bei der Überprüfung einer Entscheidung eines Sachverständigengremiums mit Beurteilungsspielraum anwenden. Wenngleich diese Voraussetzungen nicht ohne weiteres auf die hiesige Konstellation übertragen

---

[397] Vgl. *Herrmann*, Rundfunkrecht, § 31 Rdz. 17 f.; *Ricker* NJW 1994, S. 2199 f.

[398] Vgl. *Starck*, in: VPRT (Hrsg.), Öffentlich-rechtlicher Rundfunk und Werbefinanzierung, S. 23 f.

[399] Vgl. BVerfGE 90, S. 60 ff., 102; vgl. auch § 1 RfinzStV.

[400] Siehe zur KEF bereits oben C Rdz. 90, 92; § 3 RfinzStV.

[401] Vgl. *Erichsen* VerwArch 1972, S. 337; BVerwGE 39, S. 197.

[402] Vgl. BVerfGE 90, S. 60 ff., 93 f.

[403] Vgl. BVerfGE 90, S. 60 ff., 103.

[404] Vgl. BVerfGE 90, S. 60 ff., 103; § 3 Abs. 1 RfinzStV.

[405] Vgl. BVerfGE 90, S. 60 ff., 104.

[406] Siehe zur KEF bereits oben C Rdz. 90, 92

werden können, so stellt sich doch eine gewisse Vergleichbarkeit dar. Der Gesetzgeber ist als Hüter der Rundfunkordnung verpflichtet, für die Achtung des Grundrechts überall Sorge zu tragen.[407] Im Hinblick auf die Staatsfreiheit des Rundfunks kann er jedoch über die Höhe der Rundfunkgebühr keine konkrete Entscheidung selbst treffen, sondern hat sie an ein sachverständiges Gremium delegiert. Dies entbindet ihn aber nicht von seiner Verpflichtung zur Sicherung der Rundfunkfreiheit. Von daher ergibt sich, daß der Gesetzgeber in gleicher Weise wie im Rahmen der gerichtlichen Kontrolle von Beurteilungsermächtigungen eine *begrenzte Überprüfung* selbst vornehmen kann. Hierzu gehört neben anderem vor allem, ob die Kommission von einem *zutreffenden* und *vollständig ermittelten Sachverhalt* ausgegangen ist, ob die *einschlägigen Verfahrungsvorschriften* eingehalten wurden, ob sie die *allgemein gültigen Prüfungs- und Beurteilungsmaßstäbe* beachtet hat und ob sie sich nicht von *sachfremden* Erwägungen leiten ließ.[408] Ein solches Verfahren wahrt einerseits die staatsfreie Entscheidung über die Rundfunkgebühr und führt andererseits dazu, daß auch in diesem sensiblen Bereich der Gesetzgeber seiner Verpflichtung zum Schutz der Rundfunkfreiheit nachkommen kann.

Umso mehr erstaunt es, daß in § 12 Abs. 2 RStV und in § 3 Abs. 1 RFinzStV die Prüfungsmaßstäbe der KEF nicht stringent an den Vorgaben des Bundesverfassungsgerichts im 8. Rundfunkurteil orientiert wurden. Im Gegenteil, teilweise scheinen diese Anforderungen sogar dem 8. Urteil zu widersprechen, wenn etwa „der Entwicklungsbedarf" herangezogen werden soll, ohne darauf zu verweisen, daß dieser im Rahmen der Grundversorgung zu verbleiben hat.[409] Ähnliches gilt für die Bindung der KEF an den Rundfunkauftrag,[410] wenn wiederum nicht festgestellt wird, daß die Finanzierung des öffentlich-rechtlichen Rundfunks dadurch beschränkt wird, daß eben nur das für die Grundversorgung Erforderliche zu finanzieren ist.

Weiterhin erscheint die Pflicht zur Beachtung der Gebührenerträge, der Werbeerträge und sonstigen Erträge von den Vorgaben des Bundesverfassungsgerichts abzuweichen, wenn ihr nicht die Zumutbarkeit der Gebühren für den Teilnehmer gegenüberzustellen ist.[411]

Die Kriterien des Rundfunkstaatsvertrages und des Rundfunkfinanzierungsstaatsvertrages erscheinen deswegen problematisch, da wie dargelegt,[412] die Maßstäbe, die das Gericht dezidiert aufgezeigt hat, den verfassungsrechtlichen Grundlagen der Rundfunkordnung entsprechen. Deswegen können sie allenfalls in dem Umfang zur Geltung kommen, als die Kriterien des Gerichts für die Überprüfung der Bedarfsanmeldung der Anstalten durch die KEF hierbei Beachtung finden.

Rechtliche Bedenken, daß die Gebührenfinanzierung des öffentlich-rechtlichen Rund- **96d** funks gegen das *europäische Subventionsrecht* verstoßen könnte, erscheinen unbegründet. Eine unzulässige *staatliche Beihilfe* im Sinne der Art. 92 ff. EG-Vertrag kann in den Rundfunkgebühren schon deshalb nicht gesehen werden, da sie keine Begünstigung bestimmter Unternehmen darstellen, sondern den Aufwand des öffentlich-rechtlichen Rundfunks insgesamt in Erfüllung seines Auftrags zur Grundversorgung kompensieren. Eine Beihilfe liegt auch deshalb nicht vor, da die Gebühren nicht *freiwillig* von staatlicher Seite und daneben auch nicht aus *staatlichen Mitteln* gewährt werden, wie es aber Art. 92 Abs. 1 EGV voraussetzt. Vielmehr handelt es sich um eine direkte Abgabe der Rundfunkteilnehmer, für die der Staat nur die Rechtsetzungsbefugnis hat, und die wegen des von dem Bundesverfassungsgericht geforder-

---

[407] Vgl. BVerfGE 57, S. 295 ff., 320 f.; 90, S. 60 ff., 104.

[408] Vgl. *Maunz/Dürig/Herzog/Scholz*, GG, Art. 19 Abs. IV Rdz. 192, 195 f.; *Erichsen* VerwArch 1972, S. 337; *Ossenbühl* DöV 1972, S. 401; *Kopp*, VwGO, § 114 Rdz. 13 ff.; BVerwGE 39, S. 197; 12, 20; VG Berlin DVBl. 1974, S. 375; vgl. auch BVerfGE 39, S. 334, 353 f.

[409] Vgl. BVerfGE 90, S. 60 ff., 91 f.

[410] Vgl. BVerfGE 90, S. 60 ff., 100, 103.

[411] Vgl. BVerfGE 90, S. 60 ff., 104.

[412] Vgl. oben unter C Rdz. 93 ff.

ten staatsfernen Verfahrens der Entscheidungsfindung durch die KEF eher als private Finanzierungsleistung zu sehen ist.[413]

3. Finanzierung des privaten Rundfunks

97   Im Bereich des privaten Rundfunks hat das Bundesverfassungsgericht dem Gesetzgeber einen *noch weiteren Spielraum* für die Gestaltung der Finanzierungsstruktur eingeräumt als bei den öffentlich-rechtlichen Anstalten. Ein entscheidender Grund hierfür dürfte darin liegen, daß der private Rundfunk in dem bestehenden dualen System *nicht zur Grundversorgung* verpflichtet ist.[414] Die Absicherung seines Programmauftrages muß deshalb nicht in dem Maße den Anforderungen genügen wie dies von dem Bundesverfassungsgericht für den öffentlich-rechtlichen Rundfunk festgestellt wird.[415]

Die Verpflichtungen des Staates beschränken sich demnach darauf, daß dieser im Falle der Einführung privaten Rundfunks dessen Verwirklichung *nicht erheblich erschweren oder gar unmöglich* machen darf.[416] Mit dieser Vorgabe ist der Gesetzgeber gehalten, dem privaten Rundfunk die für seine *Existenz notwendigen Finanzierungsmöglichkeiten* zu verschaffen.[417] Der Gesetzgeber hat seinen Entscheidungsspielraum dahingehend ausgeübt, daß er ihm verschiedene Finanzierungsformen eingeräumt hat. Neben der bisher nur vereinzelt verwirklichten Möglichkeit der Erhebung von Teilnehmerentgelten bei *pay-tv-Programmen* finanziert sich der private Rundfunk ganz überwiegend durch *Werbeeinnahmen*. Als sonstige Einnahmen sind nach dem Rundfunkstaatsvertrag finanzielle Beiträge aus dem Sponsoring (die Einkünfte aus Sponsoring machen etwa 1% des Gesamtumsatzes aus),[418] aber auch aus *Spenden* zulässig.[419]

Wie nicht zuletzt die Rundfunkgesetzgebung selbst verdeutlicht, haben die Landesgesetzgeber erkannt, daß nur bei einer hinreichenden Ausschöpfung der Werberessourcen ein auf Dauer existenzfähiger privater Rundfunk gewährleistet wird. Der Umfang der Werbemöglichkeiten, den der Rundfunkstaatsvertrag gestattet,[420] hat daher die Basis dafür geschaffen, daß sich private Veranstalter innerhalb kurzer Zeit ebenfalls auf dem bundesweiten Medienmarkt etablieren konnten.[421]

98   Allerdings sind aber auch immer wieder gewisse Tendenzen zu verzeichnen, die Finanzierungsmöglichkeiten des privaten Rundfunks existentiell zu beschneiden. Insoweit stellt sich unter dem Aspekt der Ausgestaltung der Rundfunkordnung etwa das Problem *ausreichend zugeschnittener Verbreitungsgebiete*, um das notwendige Werbepotential auszuschöpfen. Wie vor allem das in *Baden-Württemberg* zunächst verwirklichte Modell einer Vielzahl von Regional- und Lokalsendern gezeigt hat, können bei einer zu hohen Aufsplitterung des Verbreitungsgebietes einzelne Rundfunkstationen nicht überlebensfähig sein. Deshalb wurde mit der Novellierung des Mediengesetzes die Anzahl der Sender auf maximal 21

---

[413] Vgl. hierzu *Oppermann,* Deutsche Rundfunkgebühren und europäisches Beihilferecht, unveröffentlichtes Rechtsgutachten v. 31.01.1996; *Dörr/Closs,* Die Vereinbarkeit der Gebührenfinanzierung des österreichischen Rundfunks mit dem EG-Beihilferecht, ZUM 1996, S. 105 ff.

[414] Vgl. BVerfGE 73, S. 118 ff.; 155 ff.; 83, S. 238 ff., 310 f.

[415] Vgl. BVerfGE ZUM 1992, S. 624; BVerfGE 73, S. 118 ff., 158; 83, S. 238 ff., 298.

[416] Vgl. BVerfGE 83, S. 238 ff., 296, 311; *Starck,* in : VPRT (Hrsg.), Öffentlich-rechtlicher Rundfunk und Werbefinanzierung, S. 14 f.

[417] Vgl. BVerfGE 73, S. 118 ff., 154 f.

[418] Vgl. *Kresse,* in: VPRT (Hrsg.), Öffentlich-rechtlicher Rundfunk und Werbefinanzierung, S. 81.

[419] Vgl. Art. 1 §§ 8, 43 RStV.

[420] Vgl. § 43 RStV sowie unten unter F Rdz. 103 ff.

[421] Vgl. hierzu *Nielsen,* Werbeforschung *S+P,* wonach die Werbeumsätze der nationalen privaten Veranstalter im Jahr 1994 etwa auf 5 Mrd. DM gestiegen sind; nach den Einschaltquoten liegen die führenden nationalen privaten Programme bereits gleichauf mit den Programmen von ARD und ZDF, vgl. Medienspiegel vom 26. 5. 1994, S. 8.

begrenzt.[422] Ebenso wurde bei der Einführung des Lokalfunkmodells in *Nordrhein-Westfalen* deutlich, daß sich die Aufteilung der Sendegebiete der Lokalstationen nicht ausschließlich an Stadt- oder Landkreisen orientieren darf. Vielmehr müssen auch die mit den gewachsenen Wirtschaftsregionen verbundenen Werbemärkte beachtet werden. Auf Grund dieser Erfahrungen wurden in diesen beiden Bundesländern die Veranstalterzahl reduziert und Sendegebiete neu abgegrenzt.[423]

Weiterhin stellt sich in diesem Zusammenhang die Frage, ob dem privaten Rundfunk **99** *finanzielle Auflagen* gemacht werden dürfen. Hierfür sehen einzelne Landesmediengesetze zum Teil sehr weitreichende Regelungen vor: Eine Konzessionsabgabe zur Deckung des Finanzbedarfs der Landesmedienanstalten verlangen etwa Bremen, Hamburg, Hessen, Sachsen-Anhalt, Niedersachsen und Schleswig-Holstein, während im Saarland private Veranstalter sogar zur Finanzierung medienwissenschaftlicher, -pädagogischer und kultureller Projekte und Veranstaltungen herangezogen werden.[424] Diese nur den privaten Rundfunk treffende Zahlungsverpflichtung stellt eine *Sonderabgabe* dar, für die nach der Rechtsprechung des Bundesverfassungsgerichtes besondere Voraussetzungen gelten, die hier aber nicht vorliegen dürften.[425]

Nicht nur die Ausgestaltung der Rundfunkordnung, sondern auch der *Ausgleich von Grundrechtskollisionen* spielt bei der Regelung des Finanzierungssystems des Rundfunks eine wesentliche Rolle, so daß nach der ständigen Rechtsprechung des Bundesverfassungsgerichts insoweit der Gesetzgeber gefragt ist. Ob diesem Verfassungsgebot ausreichend Rechnung getragen wird, muß letztlich eine konkrete *Güterabwägung* ergeben, wie das Gericht mehrfach, etwa in dem Verhältnis Medienfreiheit und Persönlichkeitsrecht, festgestellt hat.[426]

Im Hinblick auf das *Verhältnis* zwischen den beiden *Teilen* des *dualen Rundfunksystems* hat der Gesetzgeber unterschiedliche Vorkehrungen getroffen, zu denen vor allem der *Ausschluß der Werbung* im öffentlich-rechtlichen Rundfunk *nach 20 Uhr* gehört.[427] Damit soll gesichert werden, daß in der besonders zuschauerintensiven und damit werbeattraktiven primetime am Abend der öffentlich-rechtliche Rundfunk nicht in Versuchung gerät, zur Erzielung höherer Einschaltquoten ein an der Massenattraktivität orientiertes Programmumfeld zu schaffen, sondern seinem Grundversorgungsauftrag uneingeschränkt nachkommt. Ein weiterer wesentlicher Grund für diese Beschränkung liegt aber ebenso darin, daß ohne das im Tagesverlauf überdurchschnittliche Einnahmenaufkommen aus der Werbung am Abend die Veranstaltung privaten Rundfunks erheblich erschwert, wenn nicht sogar ganz unmöglich gemacht würde. Darin läge ein Verstoß gegen die Anforderungen der Rundfunkfreiheit, die der Gesetzgeber mit seiner Entscheidung, auch private Anbieter zuzulassen, zu beachten hat.[428]

Im Verhältnis zu anderen Trägern der Medienfreiheit tritt ausweislich der lediglich verein- **100** zelten Regelungen die Finanzierungsproblematik weniger deutlich zutage. Nur wenige

---

[422] Vgl. auch amtl. Begründung zu § 85 LMG Bad.-Württ. vom 16. 12. 1985 in LT-Ds. Bad.-Württ. 10/2540, S. 74; vgl. nunmehr § 20 Abs. 2 Nr. 3 HG Bad.-Württ.

[423] Vgl. amtl. Begründung zu Art. 1 Ziff. 2 LMG vom 16. 12. 1985 in LT-Ds. Bad.-Württ. 10/5420, S. 6; vgl. Medienspiegel Nr. 28 vom 12. 7. 1993, wonach ab Ende 1994 nur noch maximal 21 Sender in Baden-Württemberg bestehen sollen; zu dem „Zwei-Säulen-Modell" im Lokalfunk in Nordrhein-Westfalen siehe oben unter C Rdz. 52 ff.

[424] Vgl. § 41 LMG Bremen; § 67 Abs. 1, § 33, LMG Hamburg; § 58 HPRG; § 52 LRG, § 64 Abs. 3 LRG Nieders.; § 65 LRG Schl.-Holst.; § 73 Abs. 1, 58 LRG Saarl.; vgl. hierzu näher unten unter F Rdz. 113 ff.

[425] Vgl. *Ricker* ZUM 1991, S. 482; vgl. auch Beschluß des BVerfG vom 19. 10. 94 – 1 BvR 2103/93, das die Verfassungsbeschwerde privater Rundfunkveranstalter gegen die Abgabe nach § 64 LRG Nieders. als unzulässig verworfen hat; siehe hierzu näher unten unter F Rdz. 114.

[426] Vgl. BVerfGE 7, S. 198 ff., 210; 21, S. 280; 26, S. 205; 28, S. 185 f., S. 292; 66, S. 116 ff., 126.

[427] Siehe hierzu oben unter D Rdz. 104 ff. und unten unter F Rdz. 103.

[428] BVerfGE 73, S. 118 ff., 158; 83, S. 238 ff., 276, S. 310; *Ricker*, Rundfunkwerbung und Rundfunkordnung, S. 14 f.; *ders.* AfP 1980, S. 174 f., 176, 177; *ders.* in: VPRT (Hrsg.), Öffentlich-rechtlicher Rundfunk und Werbefinanzierung, S. 119; *Kresse*, in: VPRT (Hrsg.), ebenda, S. 81 ff., *Engel*, ebenda, S. 43 f.

Länder sehen insoweit Auflagen für den privaten Rundfunk vor, etwa dahingehend, daß ihm die Werbeakquisition partiell verschlossen wurde. Hierzu gehört vor allem das Verbot lokaler Werbung. Mit ihm verfolgt der Gesetzgeber die Intention, die örtlichen Tageszeitungen vor existentiell bedrohlichen Anzeigenverlusten in ihrem Verbreitungsbereich zu schützen.[429]

4. Alternative Finanzierungsmodalitäten

Da dem Gesetzgeber bei der Ausgestaltung der dualen Rundfunkordnung und dabei auch bei den Finanzierungsmodalitäten ein Ermessen zukommt, er andererseits aber auch Vorsorge für die wirtschaftliche Tragfähigkeit beider Systeme treffen muß, werden vor dem Hintergrund der aktuellen Programmtendenzen des öffentlich-rechtlichen Rundfunks im Sinne einer Annäherung an die privaten Programme zunehmend *alternative Finanzierungsmodelle* diskutiert.

101   Zu den medienpolitischen Vorstellungen gehört der Vorschlag, ob der *öffentlich-rechtliche Rundfunk* nicht *ausschließlich* durch *Gebühren* finanziert werden sollte. In diesem Zusammenhang wird dann weiter vorgeschlagen, die Finanzierung aus *Werbung ausschließlich* dem *privaten Rundfunk* zu überlassen.[430] Dieser Problemkreis wird an anderer Stelle unter dem Gesichtspunkt einer möglichen Grundversorgung durch private Rundfunkveranstalter noch eingehender erörtert.[431] Unter Hinweis auf die dortigen Ausführungen sollen hier lediglich folgende Punkte angesprochen werden:

102   Das gegenwärtige System der *Mischfinanzierung* des öffentlich-rechtlichen Rundfunks überwiegend aus Gebühren und daneben aus Werbeeinkünften hat das Bundesverfassungsgericht als *sachgerecht* angesehen, weil einerseits die Erfüllung der Grundversorgung durch die Gebühr gesichert, andererseits Abhängigkeiten durch zusätzliche Finanzierungsquellen gedämpft werden.[432]

Soweit das Gericht in seinem 8. Rundfunkurteil hierbei ausdrücklich die Einnahmen aus *Werbung* einbezieht, kann die auf die Sicherung der Unabhängigkeit des Rundfunks abstellende Begründung nicht überzeugen. Einerseits wird wegen der Gefahr staatlicher und parteipolitischer Einflußnahme das bisherige Verfahren der Gebührenfestsetzung als Verstoß gegen die Programmfreiheit beanstandet.[433] Andererseits sollen Werbeeinnahmen die Unabhängigkeit stärken, obwohl mit ihnen ganz offensichtlich Einflüsse auf die Programmgestaltung des öffentlich-rechtlichen Rundfunks verbunden sind. Diese sollen aber gerade ausgeschlossen werden.[434] Von daher besteht ein Widerspruch. Das Gericht weist in dem 8. Rundfunkurteil sogar selbst auf die mit den Werbeeinnahmen verbundenen *„programm- und vielfaltsverengenden Tendenzen"*[435] hin, die gerade der Verpflichtung des öffentlich-rechtlichen Rundfunks zur Grundversorgung entgegenstehen. Im Hinblick darauf, daß das Bundesverfassungsgericht die Unabhängigkeit des öffentlich-rechtlichen Rundfunks durch das von ihm vorgeschlagene politikfreie Sachverständigengremium für gewährleistet ansieht, wie es auch die Länder mit der erneuerten Zusammensetzung der KEF für die Gebührenfestsetzung ver-

---

[429] Vgl. § 33 Abs. 4 LMG Bad.-Württ.; § 32 Abs. 8 HPRG, § 32 Abs. 8 LRG Nieders.; § 24 Abs. 6 Sächs. PRG; § 27 Abs. 6 PRG Sachsen-Anhalt; § 27 Abs. 7 TRRG; vgl. auch amtl. Begründung zu § 30 LMG Bad.-Württ. vom 16. 12. 1985 in LT-Ds 10/5420, S. 65.

[430] Vgl. „Medienpolitisches Programm" von Bündnis 90/Die Grünen vom 1./3. 3. 1996, zit. in JdW-Medien-Spiegel Nr. 11 vom 11. 3. 1996.

[431] Siehe hierzu bereits oben C Rdz. 12 und näher unten unter E Rdz. 110ff.

[432] Vgl. BVerfG ZUM 1992, S. 624; BVerfGE 83, S. 238 ff., 310 f.; BVerfGE 90, S. 60 ff., 95 f.; *Herrmann,* Rundfunkrecht, § 31 Rdz. 17 f.

[433] Vgl. BVerfGE 90, S. 60 ff., 96 f.

[434] Vgl. *Ricker* NJW 1994, S. 2199 f.

[435] Vgl. BVerfGE 90, S. 60 ff., 94 f. unter Verweis auf BVerfGE 87, S. 181 ff., 200.

folgen, wäre eine zusätzliche Werbefinanzierung aus den oben genannten Gründen nicht mehr zur Stärkung der Unabhängigkeit geeignet, sondern geradezu *kontraproduktiv*.[436]

Von daher erscheint der Vorschlag[437] sachgerecht, den öffentlich-rechtlichen Rundfunk **103** grundsätzlich auf die *Gebühreneinnahmen* zu *beschränken* und die Werbeeinkünfte ausschließlich dem privaten Rundfunk vorzubehalten. In diese Richtung gehen mittlerweile auch die Überlegungen aus Kreisen der Länder.[438] Bedenken hiergegen erscheinen um so weniger begründet, als sich der Anteil der Werbeeinnahmen an den Gesamteinkünften des öffentlich-rechtlichen Rundfunks ohnehin immer weiter reduziert hat[439] und deshalb gegebenenfalls durch eine Erhöhung der Rundfunkgebühr aufgefangen werden könnte.

Insoweit ist freilich einzuräumen, daß eine übermäßige Gebührenanhebung dem Postulat des öffentlich-rechtlichen Systems als einem *„Rundfunk für alle"*[440] und damit auch dem Schutz der Informationsfreiheit wie im übrigen auch dem Sozialstaatsgebot widersprechen würde.[441] Davon wäre aber bei einem Fortfall der bisherigen Werbeeinkünfte schon deshalb nicht auszugehen, da der öffentlich-rechtliche Rundfunk aufgrund seiner Verpflichtung zur Sparsamkeit zunächst die Kosten reduzieren und nach den Feststellungen des Bundesverfassungsgerichtes auch alle in Betracht kommenden Rationalisierungsmöglichkeiten ausnutzen muß.[442] Daß dies den öffentlich-rechtlichen Rundfunkanstalten ohne weiteres möglich ist, zeigen die von den Verantwortlichen angekündigten und auch realisierten Einsparungsmöglichkeiten in Milliardenhöhe.[443]

Unabhängig davon würde die Gebührenerhöhung auch keine sozialstaatswidrige Mehrbelastung der Rezipienten bedeuten, die zudem nicht von denjenigen zu tragen wäre, die wegen ihres geringen Einkommens bereits von der Gebührenpflicht befreit sind. Nach entsprechenden betriebswirtschaftlichen Berechnungen wäre ohne Berücksichtigung der anstaltsinternen Einsparungsmöglichkeiten mit dem Wegfall der Werbeeinnahmen rechnerisch nur eine geringe Steigerung der Rundfunkgebühren für den einzelnen Teilnehmer, verbunden.[444] Die Zuweisung der Werbeeinnahmen ausschließlich an den privaten Rundfunk erscheint aber auch deshalb sachgerecht und sogar erforderlich, weil das verfügbare Volumen begrenzt ist und auf eine immer größere Anzahl von Programmanbietern verteilt wird.[445]

Da der Verzicht des öffentlich-rechtlichen Rundfunks auf Werbung allein die Existenz des **104** privaten Rundfunks, vor allem auch der regionalen Anbieter sichert, aber keinen finanziellen Überfluß bedeuten würde, wären auch Befürchtungen des privaten Rundfunks hinsichtlich bestimmter Programmverpflichtungen in Annäherung an die Grundversorgung unbegründet. Soweit bereits jetzt in einzelnen Landesmediengesetzen dem privaten Rundfunk zusätzliche Auflagen erteilt wurden, die ihn zu einer den Anforderungen an den öffentlich-rechtlichen Rundfunk gemäßen Programmgestaltung verpflichten,[446] bestehen diese unab-

---

[436] Vgl. *Ricker* NJW 1994, S. 2199 f.

[437] Vgl. IdW Nr. 26 vom 30. 6. 1993; epd Nr. 34 vom 16. 4. 1994, S. 16; *Ricker,* in: VPRT (Hrsg.), Öffentlich-rechtlicher Rundfunk und Werbefinanzierung, S. 124; *Kresse,* ebenda, S. 102 f.

[438] Vgl. epd Nr. 89 vom 12. 11. 1994.

[439] Bei der ARD etwa auf 5%; vgl. hierzu unten unter F Rdz. 36 ff.

[440] Vgl. BVerfGE 83, S. 238 ff., 297.

[441] Vgl. hierzu näher *Ricker,* Grundversorgung durch Private?, in: Dokumentation Münchner Medientage 1992, S. 56 ff.; *Herrmann,* Rundfunkrecht, § 13 Rdz. 32; siehe auch oben unter C Rdz. 95 f.

[442] Vgl. BVerfGE 90, S. 60 ff., 96 f.; 87, S. 181 ff., 201 f.

[443] Vgl. hierzu bereits oben unter C Rdz. 94.

[444] Vgl. Gutachten des Sachverständigen *Günter Sieber* vom 2. 7. 1993, S. 2, unveröffentlichtes Manuskript; der Betrag liegt bei etwa 3,50 DM; vgl. auch epd Nr. 34 v. 6.8.95.

[445] Vgl. FAZ vom 6. 8. 1994, S. 26., wonach die privaten Veranstalter 1994 erstmals von einer Erhöhung der Werbepreise absehen mußten; IdW-Medienspiegel-Dokumentation, Nr. 24 vom 14. 6. 1993, wonach frühere Berechnungen der KEF über eine Umverteilung von 2 Mio. DM Werbeeinnahmen zugunsten des privaten Rundfunks längst überholt sind.

[446] Vgl. §§ 11, 12 Abs. 3 LRG Nordrh.-Westf.; §§ 3, 4, 5 LRG Saarl.; siehe hierzu näher unten unter E Rdz. 115.

hängig von der Frage einer ausschließlichen Zuweisung der Werbeeinnahmen. Ebensowenig fruchtet der Vergleich mit Großbritannien, wo die öffentlich-rechtliche BBC ebenfalls auf die Einnahmen aus der Rundfunkgebühr, freilich gekoppelt an den Lebenshaltungsindex, beschränkt wurde, während die Werbeeinnahmen ausschließlich den privaten Veranstaltern zur Verfügung stehen. Denn die früheren Programmauflagen, etwa daß jeder private Veranstalter 40% seiner Sendezeit für Nachrichten-, Informations- und Kultursendungen zur Verfügung stellen muß, sind mittlerweile aufgehoben.[447]

Im Ergebnis ist deshalb festzustellen, daß eine Änderung des bisherigen Systems der Finanzierungsquellen in dem dualen Rundfunksystem sachgerecht wäre, wonach der öffentlich-rechtliche Rundfunk grundsätzlich über die Gebühreneinnahmen verfügen dürfte, hingegen allein dem privaten Rundfunk die Werbeinnahmen zur Verfügung stünden. Im Hinblick auf das dem öffentlich-rechtlichen Rundfunk zu garantierende Finanzvolumen, das sich unter anderem auf das für die Erfüllung der Grundversorgung Erforderliche beschränkt, erscheint dessen ausschließliche Gebührenfinanzierung gerechtfertigt.

---

[447] Vgl. IBA, op. cit. 1. 49; vgl. auch *Hearst, Stephen*, Broadcasting Regulation in Britain, in: Blumler, Jay G. (Hrsg.), Television and the Public Interest. Vulnerable Values in West European Broadcasting, London 1992, S. 72; *Ridder* Media-Perspektiven 1993, S. 150f.; vgl. FAZ vom 26. 7. 1994.

D. Die Staatsfreiheit

I. Grundlagen

Ein herausragender und fundamentaler Grundsatz des deutschen Rundfunkverfassungs- **1**
rechts ist die „*Staatsfreiheit*". Schon im 1. Rundfunkurteil heißt es dazu, „*der Rundfunk als modernes Instrument der Meinungsbildung darf weder dem Staat noch einer gesellschaftlichen Gruppe ausgeliefert werden*".[1] Diese Auffassung entspringt neben historischen Gründen vor allem dem vom Bundesverfassungsgericht herausgebildeten Verständnis der individuellen und öffentlichen Meinungsbildung, die im Bereich der Medien zu einer besonderen, nicht allein auf den status negativus abzustellenden Grundrechtsbetrachtung in zweierlei Hinsicht führt: Zum einen geht es um die *Abwehr jedweden staatlichen Einflusses*, zum anderen um die Verankerung einer *institutionellen Garantie der Rundfunkfreiheit*, die den Bestand eines der individuellen und öffentlichen Meinungsbildung dienenden Rundfunks unter einen absoluten verfassungsrechtlichen Schutz stellt.[2] Dabei ist von entscheidendem Belang, daß Hörfunk und Fernsehen in der heutigen Informationsgesellschaft für eine freie und umfassende Meinungsbildung nicht mehr hinwegdenkbare Medien darstellen. Deshalb hat das Bundesverfassungsgericht den Rundfunk auch als ein für die freiheitlich-demokratische Grundordnung *konstituierendes Element* bezeichnet.[3]

Aus dieser für das Gemeinwesen tragenden Rolle heraus hat der Rundfunk eine *öffentliche* **2**
Aufgabe zu erfüllen, die mit Blick auf seine konstituierende Bedeutung zur Herstellung eines allgemeinen Meinungsmarktes verpflichtet,[4] auf dem die „*Vielfalt der bestehenden Meinungen in möglichster Breite und Vollständigkeit Ausdruck findet und auf diese Weise umfassende Informationen geboten wird*".[5] Dieser öffentlichen Aufgabe muß der Rundfunk „staatsfrei" nachkommen können.[6]

Das Grundrecht der Rundfunkfreiheit besteht folglich nicht primär und ausschließlich wegen der Freiheit des Einzelnen, sondern es unterliegt vielmehr einem bestimmten *verfassungsrechtlichen Dienst*, der in der dienenden Funktion gegenüber der öffentlichen Meinungsbildung zum Ausdruck kommt. Darum wird der freie Rundfunk als Institution verfassungsrechtlich garantiert.[7] Diese besondere, auf die Staatsfreiheit zielende Betrachtung des Grundrechts der Rundfunkfreiheit wird gerade unter Einbezug der *geschichtlichen Entwicklung* erklärbar. Historisch bilden bis in die Gegenwart staatliche Einflußnahmen und die Unabhängigkeit des Rundfunks ein immer wieder zu Kollisionen führendes Spannungsverhältnis. Die Entscheidung des Bundesverfassungsgerichts zur Rundfunkgebührenfestsetzung vom 22. Februar 1994[8] hat in dieser Auseinandersetzung einen Höhepunkt markiert. Sie liefert einen weiteren Beitrag zur Auflösung dieses Konflikts.

Die Rundfunkveranstalter waren zu *Anfang der deutschen Rundfunkentwicklung* privatrecht- **3**
liche Aktiengesellschaften. Doch besaß die *Deutsche Reichspost* aufgrund von Konzessionsverträgen und durch ihre starke gesellschaftsrechtliche Beteiligung an den jeweiligen Rund-

---

[1] BVerfGE 12, S. 205 ff., 262.
[2] BVerfGE 57, S. 295 ff.; s. hierzu im einzelnen B Rdz. 101 ff.
[3] BVerfGE 35, S. 202 ff., 221 f.; 57, S. 295 ff., 323; 59, S. 231 ff., 266.
[4] *Ossenbühl*, Rundfunkfreiheit und Rechnungsprüfung, S. 32; *Starck* ZRP 1989, S. 251; *Ricker* NJW 1983, S. 1489 f.; s. hierzu B Rdz. 102 ff.
[5] BVerfGE 57, S. 295 ff., 320, 323.
[6] Vgl. BVerwGE 31, S. 337; BVerfGE 12, S. 241 ff., 244.
[7] *Stender-Vorwachs*, Staatsferne, S. 61; *Wufka*, Rundfunkfreiheit, S. 40 ff.; *Hoffmann-Riem*, Rundfunkfreiheit durch Rundfunkorganisation, S. 15.
[8] BVerfGE 90, S. 60 ff.

funkunternehmen direkte Einwirkungsmöglichkeiten auch auf die Programmgestaltung.[9] Die nach dem Sendestart der Berliner Radiostunde AG im Herbst 1923 gegründeten regionalen Rundfunkgesellschaften durften nur zu 49% von der privaten Wirtschaft getragen werden. Dabei muß jedoch berücksichtigt werden, daß die Reichspost und ihre Beamten von einem neutral ausgerichteten Berufsverständnis geprägt waren. Die Post strebte von vornherein einen *neutralen Rundfunk* an, in welchem Parteienpolitik wegen der unterschiedlichen Ausrichtungen draußen vorbleiben sollte.[10] Da – so die Auffassung – die Post die Behörde darstelle, die durch ihre ausschließliche Verpflichtung gegenüber staatlicher Ordnung und Sicherheit völlig unpolitisch sei, müsse ihr deshalb auch die *alleinige Aufsicht* über den Rundfunk überantwortet werden, um so eine von politischer Einflußnahme unabhängige Programmgestaltung ermöglichen zu können.[11]

Demgegenüber sah das *Reichsinnenministerium* in dem Rundfunk ein geeignetes Medium zur Übertragung auch politischer Sendungen. Es kam deshalb zur Gründung der „Gesellschaft Drahtloser Dienst AG (Dradag)", die unter dem vorherrschenden Einfluß des Reichsinnenministeriums stand und u. a. die Herstellung sowie Verbreitung von Tagesnachrichten zur Aufgabe hatte.[12] Schließlich hatten die *Länder* schon bald erkannt, daß ihre kulturelle Zuständigkeit ebenfalls den Rundfunk mit einschließen müßte.[13] Es gelang ihnen, auf die 1926 gegründete *Reichsrundfunkgesellschaft* und die *Regionalgesellschaften* über ihre Vertreter in den Kontrollgremien maßgeblichen Einfluß zu gewinnen. Es gab damit 1926, als sich die erste Rundfunkordnung in Deutschland herausbildete,[14] *drei staatliche Kräfte* – Reichspost, Reichsinnenministerium und die Länder –, die auf den Rundfunk einwirkten.

Aber noch hatte das Reichsinnenministerium nicht sein Ziel erreicht, den Rundfunk als politisches Sprachrohr der Reichsregierung auszubauen und hierzu den Einfluß der Post sowie der Länder zurückzudrängen.[15] Das staatliche Engagement in den ersten Jahren des deutschen Rundfunks kann deshalb nicht mit der heutigen Problematik des Staatseinflusses verglichen werden.

Mit der 2. Rundfunkordnung von 1932 wurden die Voraussetzungen für eine umfassende staatliche Einflußnahme auf den Rundfunk geschaffen. Abgeschafft wurde jegliche Privatbeteiligung. Auch die Reichspost mußte eine starke Schwächung ihrer Position hinnehmen, und zwar dadurch, daß ihr nur noch die Erledigung von technischen, wirtschaftlichen und organisatorischen Aufgaben zugestanden wurde. Die Programmangelegenheiten lagen von jetzt ausschließlich beim Reichsinnenminister.[16]

Der Rundfunk stellte sich damit faktisch nunmehr als *Staatsrundfunk* dar. Der entscheidende Schritt, den Rundfunk als politisches Lenkungsmittel zu nutzen, erfolgte nach der Machtergreifung durch die *Nationalsozialisten.* Bereits im März 1933 gingen die programmlichen, personellen und wirtschaftlichen Zuständigkeiten auf das Propagandaministerium über, das entsprechend der Reichspropagandaabteilung der NSDAP aufgebaut wurde, wodurch es auch im Rundfunkwesen zu einer unmittelbaren Verzahnung zwischen Staat und Partei kam. Ziel war die Herstellung der sogenannten „*Rundfunkeinheit*", d. h. die politische und kulturelle Vereinnahmung der Rundfunkteilnehmer für die Ideen des Nationalsozialismus.[17] Der deutsche Rundfunk diente von nun an als einseitiges Propagandainstrument und wurde als solches gezielt und mit aller Intensität zur weltanschaulichen Mobilisierung und parteipolitischen Instrumentalisierung der Massen eingesetzt.[18]

---

[9] Siehe hierzu A Rdz. 7 ff., 17.
[10] Siehe hierzu A Rdz. 7.
[11] Vgl. *Fessmann,* S. 61; nähere Ausführungen oben unter A Rdz.. 20.
[12] Siehe hierzu näher A Rdz. 7.
[13] Vgl. *Fessmann,* S. 61 ff.
[14] Siehe A Rdz. 17 ff.
[15] Vgl. A Rdz. 19 ff.
[16] Vgl. A Rdz. 25 ff.
[17] Siehe hierzu näher A Rdz. 30 ff.
[18] Siehe hierzu A Rdz. 30 ff.

Dieser eklatante Mißbrauch staatlicher Macht hatte grundlegende strukturelle Auswirkungen auf die Neuordnung des Rundfunkwesens in der Nachkriegszeit. Wegen des staatlichen Mißbrauchs im Dritten Reich verfolgten die *westlichen Besatzungsmächte* anders als in der ehemaligen *sowjetischen Besatzungszone* das Ziel, jeglichen Staatseinfluß auf den Rundfunk zu unterbinden. Als Vorbild diente die „*Public corporation*" der BBC.[19]

So entstanden in allen Westzonen *Rundfunkanstalten des öffentlichen Rechts* mit eigenen Aufsichtsgremien und dem Recht der Selbstverwaltung. Dabei wirkten die Alliierten auch darauf hin, daß in den Rundfunkgesetzen bzw. in den Statuten Bestimmungen zur Aufgabenbeschreibung, Organisation und Programmgestaltung aufgenommen wurden, die dem Ziel dienten, die Unabhängigkeit der Anstalten vom Staat und ihre politische Neutralität zu sichern.[20] Diese Struktur haben die Rundfunkanstalten bis heute beibehalten. Zusätzlich wurde ihnen vom Bundesverfassungsgericht – zuletzt etwa im 8. Rundfunkurteil von 1994 – eine Art *Bestands- und Entwicklungsgarantie* zugestanden.[21] Im parlamentarischen Rat hatte es sogar Vorschläge gegeben, den öffentlich-rechtlichen Rundfunk im Grundgesetz festzuschreiben.[22] Dies wurde letztlich jedoch abgelehnt, um die Einführung eines Privatfunks oder eines Kirchenfunks offenhalten zu können.[23] Einigkeit bestand in diesem Gremium aber angesichts der unmittelbaren Erinnerung an den Nationalsozialismus, daß es einen direkt betriebenen Staatsrundfunk nicht geben dürfe. Ob und inwieweit auch der staatsgelenkte, propagandistisch aufbereitete Rundfunk in der sowjetischen Besatzungszone diese Auffassung bestärkte, läßt sich nicht verifizieren.[24]

Mit der Frage des *Staatseinflusses* und der Zulässigkeit von privatem Rundfunk nach Maßgabe des Grundgesetzes hatte sich erstmalig das Bundesverfassungsgericht in seinem *1. Rundfunkurteil* von 1961 auseinanderzusetzen. In dieser Entscheidung hat das Gericht die Gründung einer staatlich beherrschten GmbH zur Veranstaltung von Rundfunk für verfassungswidrig erklärt.[25] Dabei geht es aus von der Pressefreiheit, die es insoweit offensichtlich mit der Rundfunkfreiheit gleichsetzt, und zwar mit der Feststellung, daß durch Artikel 5 Abs. 1 Satz 2 GG die institutionelle Eigenständigkeit der Presse von der Beschaffung der Informationen bis zur Verbreitung der Nachrichten und Informationen gewährleistet ist.[26] Hiervon ausgehend dürfe auch der Rundfunk als modernes Instrument der Meinungsbildung weder *dem Staat* noch einer *gesellschaftlichen Gruppe* ausgeliefert werden.[27] Somit wird das Grundrecht der Rundfunkfreiheit nicht als eine im Prinzip unbegrenzte individuelle Freiheit subjektiven Beliebens verstanden. Es kann folglich nicht nur auf die klassische Grundrechtsbetrachtung als bloßes Abwehrrecht reduziert werden.[28] Dennoch bleibt die abwehrende Funktion aber dadurch erhalten, daß nach der Rechtsprechung des Bundesverfassungsgerichts Artikel 5 Abs. 1 Satz 2 GG zunächst „*die Freiheit des Rundfunks von staatlicher Beherrschung und Einflußnahme*" sei, mithin insoweit „*wie die klassischen Freiheitsrechte abwehrende Bedeutung*" habe.[29]

4

Gleichwohl zeigt sich in jenem „*Auslieferungsverbot*" die institutionelle Deutung der Rundfunkfreiheit, die Sicherungen vor einseitiger Einflußnahme verlangt. Da die Breitenwirkung des Rundfunks die Meinungsbildung des Einzelnen beeinflußt und damit der Freiheitsgebrauch nicht mehr allein der individuellen Verantwortung unterliegt, reicht die Grund-

5

---

[19] Siehe hierzu A Rdz. 39 ff.
[20] BVerfGE 12, S. 205ff., 210.
[21] BVerfG NJW 1994, S.1942, 1944.
[22] *Wieland,* Die Freiheit des Rundfunks, S.102.
[23] Vgl. *Herrmann,* Fernsehen und Hörfunk, S.124; *Wieland,* Die Freiheit des Rundfunks, S.102f.
[24] Vgl. *Wieland,* Die Freiheit des Rundfunks, S.102.
[25] BVerfGE 12, S. 205.
[26] BVerfGE 12, S. 205ff., 206; s. hierzu näher B Rdz. 101 ff. und F Rdz. 2 ff.
[27] BVerfGE 12, S. 205ff., 262; *von Münch/Kunig,* GG, Art.5, Rdz.52.
[28] Siehe hierzu BVerfGE 57, S. 295ff., 325; 73, S. 118ff., 153; *von Münch/Kunig,* GG, Art.5, Rdz.51; s. hierzu näher B Rdz. 92 f.
[29] BVerfGE 57, S. 295, 320; s. hierzu auch BVerfGE 20, S. 175ff., 60, S. 133.

rechtsbetätigung des Einzelnen nicht aus. Notwendig ist ein Wächter, der auf das plurale Angebot des Rundfunks in seiner Gesamtheit achtet.[30] Gesellschaftliche Gruppierungen einschließlich der Kirchen scheiden für dieses Wächteramt ebenfalls aus, da auch sie durchweg spezielle Interessen verfolgen und infolgedessen ein pluralistisches Meinungs- und Informationsbild nicht zu sichern vermögen.[31] Damit bleibt für die Wächteraufgabe tatsächlich als einzige Institution der *Staat*, obwohl dies jedoch wiederum in einem scheinbar unüberbrückbaren Widerspruch zur notwendigen Staatsfreiheit des Rundfunks steht. Dieser Widerspruch kann nur durch die Beantwortung der Frage aufgelöst werden, in welchen Bereichen und in welchem Umfang staatliches Tätigwerden im Rundfunkwesen angezeigt ist. Das Bundesverfassungsgericht hat insoweit den Staat ausdrücklich in die Pflicht genommen. Unter Hinweis auf die Staatsfreiheit und das Verständnis der Rundfunkfreiheit als staatsgerichtetes Abwehrrecht hat das Gericht immer wieder hervorgehoben, daß sich die Rundfunkfreiheit in der *Abwehr staatlicher Beeinträchtigungen nicht erschöpfe*,[32] sondern einer positiven Ordnung bedürfe. Sie muß sicherstellen, daß das Gesamtangebot der inländischen Programme der bestehenden Meinungsvielfalt entspricht.[33] Die sich daraus ableitenden Grundprinzipien zielen vor allem auf das Pluralismus- bzw. Vielfaltsgebot. Konkret fordert das Bundesverfassungsgericht vom Gesetzgeber rechtliche Vorkehrungen dafür, „daß der Rundfunk nicht einer oder einzelnen gesellschaftlichen Gruppen ausgeliefert wird und daß die in Betracht kommenden Kräfte im Gesamtprogrammangebot zu Wort kommen können".[34]

Damit wird die herausragende Bedeutung des *Pluralismusgebots* als eine entscheidende Grundbedingung der Meinungsvielfalt herausgestellt[35] und zugleich das Ziel des Artikel 5 Abs. 1 GG, die Freiheit der individuellen öffentlichen Meinungsbildung und -äußerung zu schützen sowie zu effektuieren,[36] zum Ausdruck gebracht. Der Begriff des Pluralismus ist keine feststehende Größe, sondern versteht sich allenfalls als anzustrebender Wert. Deswegen kommt dem Gesetzgeber bei der Festlegung der Rahmenbedingungen eine weitgehende *Ausgestaltungsfreiheit* zu. Alleiniger Maßstab dafür ist die dienende Funktion der Rundfunkfreiheit für den *Meinungsmarkt*.[37] Folglich besteht Regelungsbedarf sowohl in organisatorischer als auch in programmlicher Hinsicht, um durch strukturelle Vorgaben die Veranstaltung eines pluralen, mithin auf Meinungsvielfalt ausgerichteten Rundfunks sicherzustellen.[38] Damit diese rundfunkrechtliche Ordnung auch beachtet wird und hierfür eine ausreichende Kontrolle besteht, sieht das Bundesverfassungsgericht darüber hinaus die Einrichtung einer *„begrenzten Staatsaufsicht"* als unerläßlich an.[39]

6   Das Bundesverfassungsgericht hat dazu dargelegt, daß der Staat für das Veranstalten von Rundfunk nicht nur die rechtlichen Rahmenbedingungen zu schaffen, sondern darüber hinaus durch geeignete Regelungen instrumenteller, organisatorischer und verfahrensmäßiger Art für die *tatsächliche Einhaltung* Sorge zu tragen habe.[40] Dabei stellt ein geeignetes und erforderliches Mittel die beschränkte Rechtsaufsicht des Staates dar.[41] Den staatlichen Organen – dem Gesetzgeber bei den Festlegungen der strukturellen Rahmenbedingungen, der Exekutive bei der Ausübung der Staatsaufsicht – wird insoweit sogar eine Garantenstellung

---

[30] Vgl. *Wufka*, Rundfunkfreiheit, S.80 f.; *Hoffmann-Riem*, Rundfunkfreiheit durch Rundfunkorganisation, S.18 f.

[31] Vgl. oben unter B Rdz. 86.

[32] Zuletzt BVerfG NJW 1992, S.3285; BVerfGE 83, S. 238 ff., 293.

[33] BVerfGE 57, S. 295 ff., 325; 73, S. 118, 153.

[34] BVerfGE 57, S. 295 ff., 322 ff.; s. hierzu näher B Rdz. 115 ff.

[35] Siehe hierzu auch BVerfGE 83, S. 238 ff., 296; im einzelnen dazu auch unter E Rdz. 1 ff.

[36] Siehe hierzu BVerfGE 12, S. 205 ff., 261.

[37] Vgl. BVerfGE 83, S. 237 ff., 315; s. hierzu auch *Bethge*, Rundfunkfreiheit und öffentlich-rechtlicher Organisationsvorbehalt S.18 f.; vgl. auch *Ricker*, Freiheit und Aufgabe der Presse, S. 12 ff.

[38] Siehe hierzu BVerfGE 12, S. 205 ff., 262; 57, S. 295 ff., 320; 83, S. 238 ff., 325.

[39] BVerfGE 57, S. 295 ff., 326; vgl. hierzu unten D Rdz. 12 ff.

[40] BVerfGE 57, S. 295 ff., 331 ff.; 60, S. 53 ff., 64.

[41] Von *Münch/Kunig*, GG, Art.5, Rdz.55.

für die Sicherung der Rundfunkfreiheit zuerkannt.[42] Da es dem Staat aber andererseits untersagt ist, auf die Veranstaltung von Rundfunk Einfluß zu nehmen, wird deutlich, daß diesem auf dem Gebiet des Rundfunkwesens gewissermaßen zwei – eigentlich strikt zu trennende – unterschiedliche Aufgaben zukommen, die janusköpfig erscheinen. Diese *Janusköpfigkeit*[43] ist zugleich Ausdruck des Spannungsverhältnisses zwischen dem Verbot staatlichen Programmeinflusses und dem Gebot, daß der Staat als Garant der Rundfunkfreiheit für die Gestaltung der Rundfunkordnung sowie deren Sicherung Sorge zu tragen hat. Das Spannungsverhältnis hat durch das 8. Rundfunkurteil des Bundesverfassungsgerichts insoweit eine verstärkte Betrachtung erfahren, als ausdrücklich auch das Parlament dem Gebot der Staatsfreiheit unterworfen wird.[44] *Staatsfreiheit* bedeutet nicht schlicht Freiheit des Rundfunks von der *Gubernative*, sondern erfaßt *alle staatlichen Organe*.[45] Das Bundesverfassungsgericht sieht in der Verpflichtung des Gesetzgebers zur Schaffung einer positiven Rundfunkordnung auch eine Gefahrenquelle für die Rundfunkfreiheit, weil eben die Neigung zur Instrumentalisierung des Rundfunks nicht nur bei der Regierung, sondern auch in der Volksvertretung, vor allem bei den in ihr vertretenen Parteien bestehen könne:[46] So unverzichtbar der Staat als Garant einer umfassend zu verstehenden Rundfunkfreiheit sei, so sehr seien seine Repräsentanten doch selber in Gefahr, die Rundfunkfreiheit ihren Interessen unterzuordnen. Ausgangspunkt der Kommunikationsgrundrechte sei die Abwehr staatlicher Kontrolle der Berichterstattung, weshalb sich die Garantie der Rundfunkfreiheit gegenüber dem Staat nicht in dem Beherrschungsverbot erschöpfe, sondern auf einen Ausschluß *jedweder politischer Instrumentalisierung* des Rundfunks hinauslaufe.[47] Im Ergebnis geht es darum, daß dem Staat eröffnete Einflußmöglichkeiten auf die publizistische Tätigkeit soweit wie möglich ausgeschaltet bleiben.[48]

Diese Aussagen bedeuten, daß die Aufgabe des Staates im Rundfunkwesen allein darin **7** bestehen darf, die unerläßlichen Voraussetzungen für das Funktionieren eines pluralen Rundfunks zu schaffen. Da – wie das Bundesverfassungsgericht im 8. Rundfunkurteil zum Ausdruck gebracht hat – staatliches Tätigwerden aber auch in diesem Bereich eine Störquelle für den staatlich unabhängigen Rundfunk darstellen kann, ist die *Qualität* und *Intensität* der *staatlichen Maßnahmen* von Bedeutung; denn ihr jeweiliges Gefährdungspotential muß unmittelbar zur Entscheidung der Frage beitragen, *welche staatliche Gewalt* überhaupt handeln darf. Zum Ausdruck kommt diese notwendige Differenzierung in der vom Bundesverfassungsgericht entwickelten *Wesentlichkeitstheorie*.[49] Dabei hat das Gericht im FRAG-Urteil zur notwendigen rundfunkrechtlichen Ausgestaltung diesen Vorbehalt des Gesetzes als Aufgabe des Parlaments festgeschrieben. Das Parlament müsse das zur Verwirklichung der Rundfunkfreiheit Wesentliche selbst bestimmen und dürfe diese Frage nicht der Exekutive überlassen.[50]

Wird zwar insoweit deutlich, daß beim notwendigen Handeln des Staates in Rundfunkangelegenheiten auch danach unterschieden werden muß, welcher staatliche Träger überhaupt tätig werden darf, so zeigt sich aber auch am Begriff „*wesentlich*" die Schwierigkeit der Abgrenzung zu dem Bereich, in welchen der Staat nicht mehr hineinwirken darf. Deutlich wird dieses Problem bei der Normierung von Programmgrundsätzen. Hier stellt sich die Frage, ob entsprechende Vorschriften so wesentlich sind, daß sie durch das Parlament gesetz-

---

[42] Vgl. BVerfG NJW 1992, S.3285f.
[43] Siehe hierzu Ausführungen B Rdz. 115 ff.; s. hierzu auch *Gersdorf*, Staatsfreiheit, S.130.
[44] Siehe hierzu *Ricker* NJW 1994, S.2199; vgl. oben C Rdz. 90 f.
[45] *Jarass*, Die Freiheit des Rundfunks vom Staat, S.12f.
[46] BVerfG NJW 1994, S.1942, 1944.
[47] BVerfG NJW 1994, S.1942, 1944.
[48] BVerfG NJW 1994, S.1942, 1944ff.
[49] Siehe hierzu B Rdz. 115 ff.; C Rdz. 10 ff.; vgl. auch *Scheele*, Art.5 Abs.1 GG und die Unabhängigkeit des Rundfunks, S.97ff.
[50] BVerfGE 57, S. 295ff., 321; zum Ausgestaltungsvorbehalt im einzelnen unter B Rdz. 115 ff.; C Rdz. 10 ff.

lich geregelt werden müssen, oder ob insoweit nicht bereits die Programmfreiheit als Kern der Rundfunkfreiheit berührt wird. Die in Teilen des Schrifttums geübte Kritik an dieser Verwendung des Wesentlichkeitskriteriums[51] ist daher verständlich.

Bei allen Eingrenzungsversuchen, die das Bundesverfassungsgericht unternommen hat, ist festzustellen, daß der Staat – unabhängig von der Frage, ob er hierzu verfassungsrechtlich befugt ist – vielfältigen Einfluß auf das Rundfunkgeschehen ausübt. Es ist daher im folgenden festzustellen, wie sich im einzelnen dieser Einfluß darstellt.

---

[51] Siehe hierzu *Kloepfer* JZ 1984, S.685, 691; vgl. *Eberle* DÖV 1984, S.485ff.

II. Einwirkungen staatlicher Ordnung

1. Organisation des Rundfunks

Aufgrund des Gebots der Staatsfreiheit darf eine staatliche Einwirkung grundsätzlich nicht **8** so weit gehen, daß staatliche Stellen Träger von Rundfunksendungen werden.[52] Artikel 5 Abs. 1 Satz 2 GG *schließt* jede *unmittelbare oder mittelbare Beherrschung* einer Anstalt oder Gesellschaft, die Rundfunksendungen veranstaltet, *durch den Staat aus.*[53] Denn der Rundfunk als modernes Instrument der Meinungsbildung darf dem Staat nicht ausgeliefert werden.[54] Die dabei vom Bundesverfassungsgericht beschriebene *Sondersituation des Rundfunks* erfordert besondere Vorkehrungen zur Verwirklichung und Aufrechterhaltung der in Artikel 5 Abs. 1 Satz 2 GG gewährleisteten Freiheit des Rundfunks. Dazu gehört insbesondere ein *gesetzlicher Organisationsrahmen*, der eine staatsfreie Veranstaltung von Rundfunk ermöglicht.[55]

a) Errichtung von öffentlich-rechtlichen Rundfunkanstalten

Aus der vom Bundesverfassungsgericht beschriebenen *Notwendigkeit eines gesetzlichen* **9** *Organisationsrahmens* für einen staatsfreien Rundfunk erklärt sich das System der öffentlich-rechtlichen Rundfunkanstalten, die insoweit auf einem *staatlichen Gründungsakt* beruhen, als durch Gesetz deren Einrichtung bestimmt ist, und zwar prinzipiell als *Anstalt des öffentlichen Rechts*.[56]

Einzige Ausnahme von dieser Rechtsform bildet das *Deutschlandradio*, das als eine Körperschaft des öffentlichen Rechts betrieben wird.[57] Dieser Unterschied ist jedoch für das Merkmal der Staatsfreiheit ohne Belang. Entscheidend ist, daß beide Verwaltungstypen mit dem herkömmlichen Verständnis des Verwaltungsrechts nicht erklärt werden können. Überholt ist die Auffassung, daß nur zum staatlichen Bereich Gehörendes öffentlich-rechtlich organisiert werden könne und deshalb in allem, was öffentlich-rechtlich organisiert sei, etwas Staatliches in Erscheinung treten müsse.[58] Die freiheitlich-demokratische Staatsordnung, die die freie Meinungsbildung durch das Individuum und nicht durch den Staat als dominanten Faktor im Kommunikationsprozeß konstitutiv voraussetzt, macht es wesensnotwendig, daß *staatlich* und *öffentlich* nicht *durchweg gleichgesetzt werden*.[59] So gibt es z.B. Gruppenmeinungen, die für sich die Qualität des Öffentlichen beanspruchen, ohne deshalb gleich staatlich zu sein.[60] Damit befindet sich der Staat gegenüber den öffentlich-rechtlichen Rundfunkanstalten zwar im Status des Muttergemeinwesens, jedoch eingeschränkt in der Funktion einer organisationsrechtlichen Garantenstellung zur Wahrung der Rundfunkfreiheit.

---

[52] Vgl. *Ricker*, Privatrundfunkgesetze im Bundesstaat, S.34; *Maunz/Dürig/Herzog/Scholz*, GG, Art.5, Abs.1 u. 2, Rdz.213; *Jarass*, Die Freiheit des Rundfunks vom Staat, S.36; *von Münch/Kunig*, GG, Art.5, Rdz.34a.

[53] BVerfGE 83, S. 238ff., 323f.

[54] BVerfGE 12, S. 205ff., 262.

[55] BVerfGE 12, S. 205ff., 261ff.

[56] Vgl. *Wieland*, Die Freiheit des Rundfunks, S.238ff.

[57] Vgl. § 1 Nr. 1 des Staatsvertrages über die Körperschaft des öffentlichen Rechts „Deutschlandradio" vom 17.6.1993, abgedr. etwa in ARD-Jahrbuch 1993, S. 354 ff.

[58] *Arndt* JZ 1965, S.937.

[59] Vgl. hierzu *Ricker*, Freiheit und Aufgabe der Presse, S. 13ff; siehe auch B Rdz. 106 ff.

[60] *Arndt*, Begriff und Wesen der öffentlichen Meinung, in: *Löffler, M.* (Hrsg.), Öffentliche Meinung, S.400 f.; Zur öffentlichen Aufgabe des Rundfunks s. im einzelnen unter B Rdz. 102 ff.

b) Landesmedienanstalten

10   Vom organisatorischen Ansatz her ähneln den öffentlich-rechtlichen Rundfunkanstalten die Landesmedienanstalten, die ebenfalls *durch Gesetz* errichtet worden sind. Zwar geht es bei ihnen nicht um die Veranstaltung von Rundfunksendungen,[61] jedoch sind sie gleichermaßen eine organisatorische Voraussetzung dafür, daß staatsfreier Rundfunk stattfinden kann und zwar aufgrund von Lizenzentscheidungen durch *staatsunabhängig* strukturierte Selbstverwaltungsorgane. Deren Einrichtung entspricht einer Vorgabe des Bundesverfassungsgerichts im FRAG-Urteil, wonach die Veranstaltung privater Rundfunksendungen eine gesetzliche Regelung erfordert, die Vorkehrungen zur Gewährleistung der Freiheit des Rundfunks enthält[62] und neben dem Ausschluß staatlicher Eingriffe verhindert, daß der Rundfunk dem freien Spiel der Kräfte überlassen bleibt.[63] In der Niedersachsenentscheidung hat das Bundesverfassungsgericht „*die vom Staat unabhängigen Anstalten*" als die zur Wahrung der Rundfunkfreiheit richtige Institution für die Zulassung von privatem Rundfunk angesehen, wohingegen staatlichen Behörden in diesem Zusammenhang keinerlei Handlungs- oder Wertungsspielräume eingeräumt werden dürften.[64]

Andererseits muß festgestellt werden, daß die Landesmedienanstalten z. B. durch die Vergabe von Erlaubnisbescheiden auch *hoheitsrechtlich* tätig werden. Damit wird aber die Landesmedienanstalt nicht zur staatlichen Behörde, sondern kann *allenfalls* der *mittelbaren Staatsverwaltung* zugeordnet werden.[65] Entscheidend ist, daß auch für sie uneingeschränkt der Grundsatz der Staatsfreiheit gilt, da nur in diesem Rahmen vom Staat autonome Lizenzentscheidungen getroffen werden können. Insoweit kommt es daher nicht auf die Frage an, ob Landesmedienanstalten eine Grundrechtsfähigkeit zusteht.[66]

c) Auslandsrundfunk

11   Eine Sonderstellung nimmt der Auslandsrundfunk der Bundesrepublik Deutschland, die *Deutsche Welle*, ein, die entgegen dem ansonsten strikten Gebot der Staatsfreiheit jedenfalls *partiell* einem *Staatseinfluß* unterlegen ist, der sich insbesondere in der Tatsache zeigt, daß der Sender durch den *Bundeshaushalt finanziert* wird.[67] Das Bundesverfassungsgericht hat in seiner Gebührenentscheidung indes klargestellt, daß die Finanzierung wegen ihrer Auswirkungen auf die Programmgestaltung einer staatlich dominanten Entscheidungsfindung entzogen werden muß.[68] Daß diese Kollision gleichwohl verfassungsrechtlich vertretbar ist, erklärt sich aus dem *Sendeauftrag* der Deutschen Welle, die traditionell nicht auf die Inlandsversorgung ausgerichtet ist, sondern darauf, im Ausland ein repräsentatives Bild von Deutschland wiederzugeben. Es fehlt mithin am Ziel programmlicher Inlandsversorgung. Allein in diesem Rahmen geht es nicht um die für die freiheitlich-demokratische Staatsordnung konstitutive Bedeutung der individuellen und öffentlichen Meinungsbildung im Geltungsbereich des Grundgesetzes. Der Auslandsrundfunk steht in einem Zusammenhang mit der Pflege auswärtiger Beziehungen im Sinne des Art. 32 GG und erlangt folglich insoweit staatlichen Charakter.[69]

Ob indes diese Feststellung auch künftig bei verstärkter Satellitenverbreitung und damit einhergehender deutlich vermehrter Empfangsmöglichkeiten im Inland noch aufrechterhal-

---

[61] Ausnahme hierzu bildet die Bayerische Landeszentrale für neue Medien (BLM), s. hierzu auch C Rdz. 31; B Rdz. 154.

[62] BVerfGE 57, S. 295.

[63] BVerfGE 57, S. 295 ff., 323.

[64] BVerfGE 73, S. 118 ff., 182 f.

[65] *Degenhart* AfP 1988, S. 327 ff., 333.

[66] Siehe hierzu *Bethge* NJW 1995, S. 557 ff., 558, 560; vgl. *Herrmann,* Rundfunkrecht, § 17 IIIb, Rdz. 42.; vgl. B Rdz. 153.

[67] § 44 des Gesetzes über den Deutschen Auslandsrundfunk; s. hierzu *Krause-Ablaß* JZ 1962, S. 158. *Cremer* ZUM 1995, S. 674 ff.

[68] Vgl. BVerfG NJW 1994, S. 1942 ff.

[69] *Mallmann* JZ 1963, S. 350 f., vgl. unter B Rdz. 217 ff.

ten werden kann, steht dahin. Ohnehin müßte das traditionell gewachsene System staatlicher Rundfunkversorgung für Empfänger im Ausland bei fortschreitender europäischer Integration jedenfalls für die Mitgliedsländer der Europäischen Union einer auch verfassungsrechtlichen Überprüfung unterzogen werden.

d) Rechtsaufsicht

Staatliche Einwirkungsmöglichkeiten im staatlich-exekutiven Bereich auf die öffentlich- **12** rechtlichen *Rundfunk- und Landesmedienanstalten* eröffnen sich tatsächlich durch das Institut der *Rechtsaufsicht*.

Mit Blick auf die öffentlich-rechtlichen Rundfunkanstalten hat das Bundesverfassungsgericht zwar bereits in seinem 1. Rundfunkurteil das Bestehen einer Staatsaufsicht anerkannt. Bis auf die Feststellung, daß insoweit *„von Verfassungs wegen"* keine Bedenken bestünden, hat das Bundesverfassungsgericht aber keine weiteren Aussagen getroffen.[70]

Im 3. Rundfunkurteil von 1981, in welchem sich das Bundesverfassungsgericht erstmalig ausführlicher mit den Grundvoraussetzungen zur Veranstaltung von privatem Rundfunk auseinanderzusetzen hatte, hat das Gericht sogar die Notwendigkeit einer *„begrenzten Staatsaufsicht"* postuliert. Zu den Regelungen privaten Rundfunks gehöre die Normierung einer begrenzten Staatsaufsicht, die nur der Aufgabe zu dienen habe, die Einhaltung der zur Gewährleistung der Rundfunkfreiheit ergangenen Bestimmungen sicherzustellen.[71] In diesen knappen Aussagen wird immerhin der einschränkende Charakter einer solchen Staatsaufsicht deutlich, ohne aber die Grenzlinien klar aufzuzeigen.

Auch in den Rundfunkgesetzen findet sich keine klare Begriffsbestimmung. Während einige hierzu überhaupt keine definitiven Aussagen enthalten,[72] muß im übrigen die Feststellung getroffen werden, daß nicht der Begriff der Staatsaufsicht gebräuchlich ist, sondern in erster Linie von *„Rechtsaufsicht"*, zum Teil darüber hinaus schlicht von *„Aufsicht"*[73] die Rede ist, im Falle des SFB die Aufsichtsbefugnisse sogar allenfalls angedeutet werden.[74]

Allgemein betrachtet ist von Staatsaufsicht dann die Rede, wenn der Staat die Aufsicht führt, indem er das Verhalten des jeweiligen Aufsichtsobjekts nach bestimmten Kriterien beobachtet und ggf. mit den jeweils zugelassenen Mitteln korrigierend eingreift.[75] Über diese sehr allgemeine Begriffsbetrachtung hinaus trägt die Staatsaufsicht *keine einheitlichen Grundzüge*, die umfassend verbindliche Festlegungen über das Ob und Wie ermöglichten. Bei den unterschiedlichen Erscheinungsformen müssen drei Gruppen auseinandergehalten werden: *Rechtsaufsicht*, *Fachaufsicht* und *sonstige Formen* der Staatsaufsicht wie z. B. die Finanzkontrolle durch die Rechnungshöfe.[76] Fachaufsicht und Rechtsaufsicht unterscheiden sich grundlegend dadurch, das erstere dem Staat *Zweckmäßigkeitsprüfungen* und *sachliche Weisungsrechte* gestattet, hingegen letztere auf eine reine *Gesetzmäßigkeitskontrolle* beschränkt ist.[77] Staatsaufsicht als Rechtsaufsicht ist in der Regel bei Selbstverwaltungsträgern anzutreffen, da deren Autonomie mit fachlichen Weisungen der aufsichtsführenden Behörden nicht zu vereinbaren wäre.[78]

Zum Wesen der *Selbstverwaltung* gehört die eigenverantwortliche Wahrnehmung eines Auf- **13** gabenkreises und die Entscheidungsfindung nach selbstgesetzten Maßstäben, womit eine Fachaufsicht unvereinbar wäre.[79] Auch die Rundfunk- und Landesmedienanstalten gehören

---

[70] BVerfGE 12, S. 205ff., 262.

[71] BVerfGE 57, S. 295ff., 326.

[72] BayRG; HR-Gesetz; SFB-Gesetz; SDR-Gesetz.

[73] Innerhalb des Textes: § 37 NDR-StV, § 37 MDR-StV, § 62 HambMedienG; in der Überschrift: § 53 WDR-Gesetz, § 49 ORB-Gesetz, § 36 SächsPRG.

[74] Nach § 7 Abs. 5 der SFB-Satzung hat der Senat ein Rederecht in Rundfunkrats- und Ausschußsitzungen.

[75] Vgl. *Triepel,* Die Reichsaufsicht, S. 120 f.

[76] Vgl. *Berendes,* Die Staatsaufsicht über den Rundfunk, S. 28.

[77] Vgl. *Forsthoff,* Verwaltungsrecht, S. 445.

[78] BVerwG DVBl. 1961, S. 449.

[79] *Wolff/Bachof,* Verwaltungsrecht, Bd. 2, S. 173, 333.

zu den Selbstverwaltungsträgern. Schon insoweit liegt es damit auf der Hand, daß Staatsaufsicht im Rundfunkwesen immer nur eine *Rechtsaufsicht* sein kann.[80] Demgegenüber kann eine Zweckmäßigkeitskontrolle allein durch die rundfunkeigenen Aufsichtsgremien in Betracht kommen. Dies gilt nicht nur für den Kernbereich des Rundfunks, die Programmgestaltung. Bei den Abhängigkeiten und wechselseitigen Beziehungen sämtlicher Bereiche der Rundfunktätigkeit würde die Aufhebung der Unabhängigkeit in einem Bereich auch die anderen Bereiche erfassen und damit die Rundfunkfreiheit insgesamt aushöhlen.[81] Steht insoweit eindeutig außer Zweifel, daß Staatsaufsicht im Rundfunkwesen immer nur als Rechtsaufsicht in Erscheinung treten darf, läßt aber darüber hinaus die im Rundfunkwesen gebotene *Staatsferne* Fragen nach dem *Umfang* einer solchen Rechtsaufsicht und der Notwendigkeit weiterer Einschränkungen aufkommen.

Das Kernproblem der Staatsaufsicht liegt in der Grenzziehung zwischen der einer staatlichen Kontrolle zugänglichen Sphäre und dem absolut unantastbaren Freiheitsraum des Rundfunks.[82] In dieser Hinsicht ist von Belang, daß Rundfunk- und Medienanstalten *nicht* mit dem *herkömmlichen Anstaltsbegriff* charakterisiert werden können und insoweit auch die Rechtsaufsicht nicht schlichtweg als anstaltstypisch bewertet werden kann. Anstalten des öffentlichen Rechts sind Verwaltungseinrichtungen und befinden sich infolgedessen in einer besonderen Nähe zu dem betreffenden staatlichen Muttergemeinwesen, ganz im Gegensatz zu öffentlich-rechtlichen Körperschaften, die verbandsmäßig strukturiert und von ihren Mitgliedern getragen werden.[83] Aus dieser Sicht erscheint die Rechtsform der öffentlich-rechtlichen Anstalt für die Zulassungs- und Aufsichtsbehörden sowie Rundfunksender ungeeignet. Sie ist deshalb auch nicht uneingeschränkt für das Rundfunkwesen übernommen worden, sondern offenbart durch die plural zusammengesetzten Gremien gewisse *körperschaftliche Elemente*[84] und hebt sich schon hierdurch grundlegend vom herkömmlichen Anstaltsbegriff ab. Bemerkenswert ist in diesem Zusammenhang, daß die jüngste Gründung eines öffentlich-rechtlichen Rundfunksenders, das „*Deutschlandradio*", eine Körperschaft des öffentlichen Rechts darstellt[85] und damit schon aufgrund dieser Rechtsstruktur ein autonomes Erscheinungsbild bietet.

Ein bedeutsamer Unterschied besteht ferner in dem Umstand, daß eine Rundfunk- oder Landesmedienanstalt nicht – wie sonst bei Anstaltsgründungen üblich – aus Gründen der *Praktikabilität*, sondern wegen des verfassungsrechtlich zwingenden Gebots der *Staatsferne* im Wege der Gesetzgebung errichtet wird.[86] Damit wird deutlich, daß eine Rundfunk- oder Landesmedienanstalt mit einem hohen Grad an Selbständigkeit aus dem staatlichen Gemeinwesen ausgegliedert ist.[87] Maßgeblich sind in erster Linie die spezifischen Verhältnisse des Selbstverwaltungsträgers, beim Rundfunk mithin der besondere Gehalt des Artikel 5 Abs. 1 Satz 2 GG. Die dort geschützte Rundfunkfreiheit im Sinne einer dienenden Funktion zur Herstellung eines Meinungsmarktes ist bestimmend für das grundsätzliche Verhältnis von Rundfunk und Staatsaufsicht.[88] Für die Autonomie und Selbständigkeit der Rundfunk- und Landesmedienanstalten gegenüber den staatlichen Behördenorganisationen ist folglich von entscheidendem Belang, daß der Rundfunk ein *Medium der Gesellschaft* und eben *nicht des Staates* ist.[89] Der Staat schafft lediglich die *organisatorische Hülle* für die gesellschaftlichen

---

[80] Siehe hierzu BVerfGE 12, S. 205 ff., 261; *Jank,* Die Rundfunkanstalten, S. 10; vgl. *Stender-Vorwachs,* Staatsferne, S. 181; vgl. *Berendes,* Staatsaufsicht, S. 175; vgl. *Jarass,* Die Freiheit des Rundfunks vom Staat, S. 52 ff.

[81] *Jank,* Die Rundfunkanstalten, S. 105.

[82] *Berendes,* Die Staatsaufsicht, S. 45, 74.

[83] Siehe hierzu *Wolff/Bachof,* Verwaltungsrecht, Bd. 2, S. 323.

[84] Vgl. *Fuhr,* ZDF-Staatsvertrag, 2. Aufl., S. 41 f.

[85] § 1 Abs. 1 des Staatsvertrages über die Körperschaft des öffentlichen Rechts „Deutschlandradio" vom 17. Juni 1993, abgedruckt im ARD-Jahrbuch 1993, S. 354 ff; s. hierzu auch *Herrmann,* Rundfunkrecht, S. 110.

[86] BVerfGE 31, 314 ff., 337, 340 f; *Herrmann* AöR 90, S. 298 f.

[87] Siehe hierzu *Herrmann* AöR 90, S. 299.

[88] *Berendes,* Staatsaufsicht, S. 99.

[89] BVerfGE 31, S. 314 ff., 337.

Kräfte, die ihre Aufgaben selbständig wahrnehmen und sich im Sinne der dienenden Funktion der Rundfunkfreiheit uneingeschränkt entfalten sollen.[90]

Mit Blick auf diese besondere Konstellation bedarf es auch bei einer *reinen Gesetzmäßig-* **14** *keitskontrolle* zusätzlicher *Schranken*, da praktische Beeinträchtigungen bei der Ausübung des Grundrechts der Rundfunkfreiheit nicht ausgeschlossen bleiben und insoweit auch als staatliches Eingreifen aufgenommen werden dürften.[91] Aufgrund dieser Kollisionen wurde im früheren Schrifttum sogar die Ansicht vertreten, eine Rechtsaufsicht sei grundsätzlich mit Artikel 5 Abs. 1 Satz 2 GG unvereinbar. Da es bei der Rechtsanwendung auch um Wertungsfragen ginge, könne die Rechtsaufsicht sich in eine politische Aktion verwandeln, die der staatlichen Exekutive sachliche Einwirkungsmöglichkeiten auf den Rundfunk eröffne und damit in der Praxis einer Fachaufsicht gleichzusetzen sei.[92]

Das Bundesverfassungsgericht ist indes dieser Ansicht nicht gefolgt.[93] Eine solche Auffassung wäre auch mit Blick auf die *Garantenstellung des Staates* für die Funktionsweise der Rundfunkordnung zu undifferenziert. Es kommt vielmehr darauf an, *Beschränkungen der Rechtsaufsicht* vorzunehmen, die auf zwei Feldern denkbar sind, und zwar zum einen hinsichtlich der Bereiche, die der Rechtsaufsicht unterliegen sollen, der sog. *Aufsichtsmaßstab*, zum anderen die Maßnahmen, die der Staat ergreifen darf, um auf eine Beseitigung rechtswidriger Zustände hinwirken zu können, die sog. *Aufsichtsmittel*.[94] Der Aufsichtsmaßstab soll es dem Staat ermöglichen, im Rahmen der Rechtsaufsicht die Verantwortung dafür wahrnehmen zu können, daß die Rundfunk- und Landesmedienanstalten bei der Ausübung ihrer Selbstverwaltungstätigkeit nicht über die entsprechend den verfassungsrechtlichen Anforderungen gesetzlich geschaffene Plattform hinausgreifen.[95] So gesehen, ist Rechtsaufsicht lediglich eine „*farblose Gesetzmäßigkeitskontrolle*".[96] Der in dieser Hinsicht zu beurteilende Aufsichtsmaßstab läßt die *Programmgrundsätze* in den Mittelpunkt des Interesses rücken, mithin die Vorschriften, die in den Rundfunkgesetzen in unterschiedlichem Umfang Aussagen zur inhaltlichen Gestaltung des Programms enthalten.[97]

Die Problematik liegt dabei in dem Umstand, daß solche Programmgrundsätze nicht präzise **15** abgefaßt werden können und in aller Regel einen weiten *Bewertungsspielraum* eröffnen. Die Gefahr, daß hier eine Rechtsaufsicht den Boden einer eingeschränkten Gesetzmäßigkeitskontrolle verläßt oder gar in eine Fachaufsicht übergeht, ist daher sehr groß.[98] Daß insoweit der Staat versucht sein kann, auf Programminhalte Einfluß zu nehmen, müßte auch dann befürchtet werden, wenn der Handlungsspielraum von vornherein formell durch eine *Subsidiarität der Rechtsaufsicht* gegenüber der anstaltsinternen Kontrolle begrenzt wäre.[99] Ein Teil des Schrifttums lehnt daher eine Gesetzmäßigkeitskontrolle in Programmangelegenheiten grundsätzlich ab.[100]

Demgegenüber geht eine andere Auffassung im Schrifttum davon aus, daß die Rechtsaufsicht sich auf alle Sparten des Rundfunks, mithin auch auf den Programmbereich erstreckt, soweit die Aufsichtsmaßstäbe präzise genug sind, d. h. die Programmvorschriften hinreichend bestimmt abgefaßt sind.[101] Gestützt wird dieser Standpunkt auch in der Rechtsprechung, wo

---

[90] Vgl. *Wenzel*, Die Programmfreiheit des Rundfunks, S.43.

[91] *Berendes*, Staatsaufsicht, S.102.

[92] *Wilkens*, Die Aufsicht über den Rundfunk, S. 104, 106; *Wufka*, Rundfunkfreiheit, S.117; vgl. oben B Rdz. 92 ff.

[93] Siehe hierzu BVerfGE 12, S. 205ff., 262; 57, S. 295ff., 326.

[94] Vgl. *Jarass*, Die Freiheit des Rundfunks, S.54.

[95] VG Mainz JZ 1979, S.303 f.; s. hierzu auch *Herrmann* AöR 90, S.310.

[96] *Bethge*, Rechtsstellung des Intendanten, S.33, 104.

[97] *Jarass*, Die Freiheit des Rundfunks vom Staat, S.55.

[98] *Berendes*, Staatsaufsicht, S.157ff., 168ff.; *Kewenig*, Inhalt und Grenzen der Rundfunkfreiheit, S.129; *Mallmann*, Rundfunkreform, S.92ff.

[99] *Jarass*, Die Freiheit des Rundfunks vom Staat, S.56; so auch VG Mainz JZ 1979, S.303 f.

[100] *Leibholz*, Rechtsaufsicht, S.34ff.; *Wufka*, Rundfunkfreiheit, S.117; *Scharf*, S.109.

[101] *Jank*, Die Rundfunkanstalten, S.105; *Rudolf*, Presse und Rundfunk, S.645f.; *Fuhr*, ZDF-Staatsvertrag, S.408f.

bisweilen angenommen wird, daß eine Rechtsaufsicht, die nicht auch die Programmbereiche erfasse, weitgehend inhaltsleer und damit mehr oder weniger unwirksam wäre.[102]

Dieser Auffassung ist entgegenzuhalten, daß die Subsumtion von Programmvorschriften – auch wenn sie klar abgefaßt sind – immer mit *Wertungen* verbunden ist und damit eine Rechtsaufsicht auch auf diesem schmaleren Terrain ständig an der *Schwelle zur Fachaufsicht* stehen würde. Dabei ist zu berücksichtigen, daß die Grenzziehung zwischen eindeutig und weniger hinreichend bestimmten Programmvorschriften schwierig ist, mithin immer die Gefahr eines staatlich maßgeblichen Einflusses auf Programmangelegenheiten besteht. Andererseits kann aber die staatliche Funktionsverantwortung vor den Programmgrundsätzen keinen Halt machen. Es ist daher auch unter Beachtung des Grundsatzes der *Verhältnismäßigkeit* angebracht, die Rechtsaufsicht insoweit auf eine bloße *Evidenzkontrolle* zu beschränken.[103] In der Praxis hat daher die Rechtsaufsicht in Programmangelegenheiten bislang *kaum Bedeutung* erlangt, da sie ohnehin nur dann wirksam werden kann, wenn rechtlich zu beanstandende Handlungen *auf Dauer* oder auf einen *eindeutigen Verstoß* gegen rundfunkrechtliche Vorschriften angelegt sind.

16 Eine bemerkenswerte Lösung dieses Konflikts hat im *Staatsvertrag über den Südwestfunk* seinen Niederschlag gefunden. Dort ist in der Vorschrift des § 21 Abs. 1 Satz 2 vorgesehen, daß die Regierung mögliche Rechtsverstöße der Rundfunkanstalt vor dem *Verwaltungsgericht* geltend machen kann. Über den Weg der richterlichen Unabhängigkeit ist aber der Konflikt mit dem Prinzip der Staatsfreiheit nicht aufzulösen. Die Entscheidung des Gerichts bleibt eine staatliche und unterscheidet sich von einer unmittelbaren Maßnahme der Rechtsaufsicht allein durch einen *gewissen Grad* an *Regierungsferne*. Bei der Frage des Staatseinflusses auf Programmangelegenheiten geht es aber nicht allein darum, ob bzw. inwieweit die Regierung im Rahmen gouvermentaler Selbstdarstellung Einfluß auf die vom Rundfunk dargestellten Meinungen und Informationen Einfluß nimmt, sondern vielmehr kommt es darauf an, daß der Rundfunk als elementarer Faktor der öffentlichen Meinungsbildung und aufgrund seiner konstituierenden Bedeutung für die freiheitlich-demokratische Staatsordnung außerhalb *jedweder staatlicher Einflußnahme* seinem öffentlichen Auftrag nachkommen kann. Denn die Funktion des Prinzips der Staatsfreiheit des Rundfunks liegt gerade in der Sicherung eines offenen und staatlich unbeeinflußten Prozesses rundfunkmäßiger Meinungsbildung.[104] Zwar ist der Programmbereich in besonderem Maße sensibel gegenüber Einflußnahmen der „*Gubernative*", jedoch bedeutet Staatsfreiheit nicht nur Regierungsunabhängigkeit, sondern ausreichende Distanz zum Staat und seinen unterschiedlichen Funktionen.[105]

17 Ist nach alledem schon bei den gesetzlichen Programmvorschriften eine Rechtsaufsicht nur sehr eingeschränkt, d. h. im Rahmen einer *Evidenzkontrolle* mit dem Grundsatz der Staatsfreiheit in Einklang zu bringen, so gilt dies erst recht bei den von den Rundfunkanstalten selbständig erlassenen *Programmrichtlinien*. Zudem ist zu berücksichtigen, daß bei einer derartigen Rechtskontrolle von Anstaltsrecht die Rechtsaufsicht sich unmittelbar an den Aufgaben der Rundfunkanstalt beteiligen, mithin von vornherein nicht mehr im Rahmen der staatlichen Garantiefunktion agieren würde.[106]

18 Soweit gesetzliche Vorschriften in Rede stehen, die *nicht programmbezogen* sind, gibt es hinsichtlich des Prüfungsmaßstabes keine Einschränkungen, so z. B. für Regelungen, die sich auf den administrativen und kaufmännischen Bereich auswirken. Eine Rechtskontrolle ist folglich insoweit auch dann zulässig, wenn die Vorschriften *Bewertungsspielräume* eröffnen, sofern hierdurch nicht gezielte Auswirkungen auf das Programm festgestellt werden müßten. Zulässig wäre es etwa, wenn eine Rundfunkanstalt ermahnt wird, den Wirtschaftsplan rechtzeitig

---

[102] VG Mainz JZ 1979, S. 303 f.

[103] Siehe hierzu *Lerche,* Landesbericht, S. 99 f.

[104] *Stettner,* Rundfunkstruktur im Wandel, S. 42.

[105] *Stettner,* Rundfunkstruktur im Wandel, S. 44; *Jarass,* Die Freiheit des Rundfunks vom Staat, S. 39 ff.; *Lerche,* in: *Bullinger/Kübler,* Rundfunkorganisation und Kommunikationsfreiheit, S. 15, 17 u. 77.

[106] Vgl. *Jarass,* Die Freiheit des Rundfunks vom Staat, S. 56.

aufzustellen, ohne dabei inhaltliche Vorgaben zu machen. Auch kann die Rechtsaufsicht verlangen, daß das Rechnungswesen den öffentlich-rechtlichen Haushaltsgrundsätzen entspricht.[107] Ein Einschreiten der Rechtsaufsicht kann danach etwa ebenso in den Fällen in Betracht kommen, in denen Rundfunkanstalten Aufgaben auf private Tochtergesellschaften verlagern, um auf diese Weise auch der Kontrolle der Landesrechnungshöfe zu entgehen.

Welche Maßnahmen die *Rechtsaufsicht* im Rahmen der zulässigen Rechtskontrolle ergreifen **19** kann, ist nur in einigen Rundfunkgesetzen normiert.[108] Diese Regelungen verdeutlichen im wesentlichen das Recht der staatlichen Rechtsaufsicht, die Organe der jeweiligen Anstalt auf Rechtsverstöße *hinzuweisen* und ihnen eine angemessene *Frist* zu setzen, um den beanstandeten *Verstoß zu korrigieren*, und zwar ggf. mit der Folge, daß bei fruchtlosem Fristablauf auch eine *direkte Anweisung* erteilt werden kann. Eine Besonderheit ergibt sich insoweit für die *Rechtsaufsicht des Südwestfunks*, der nach § 21 Abs. 1 Satz 2 SWF-StV als äußerstes Mittel ein *Beanstandungsrecht* eingeräumt und die im übrigen zur Durchsetzung rechtsaufsichtlicher Maßnahmen auf den Klageweg verwiesen ist.

e) Staatliche Finanzkontrolle

Staatliche Einwirkungsmöglichkeiten erwachsen letztlich auch aus der Tätigkeit der *Rech-* **20** *nungshöfe*, die regelmäßig die *Haushalts- und Wirtschaftsführung* der Anstalten zu überprüfen haben.[109] Diese „*Sonderform staatlicher Aufsicht*"[110] zeigt sich darin, daß die Prüfberichte den *Regierungen* zuzuleiten sind.[111] Zwar ist Kontrollgegenstand die gesamte Haushaltsführung der jeweiligen Anstalt. Die Kontrollrechte finden jedoch ihre Schranken in der aus der Rundfunkfreiheit folgenden programmlichen Unabhängigkeit. Dies bedeutet, daß die Kontrolle ihre Grenze dort findet, wo ihre Wirkungen die Programmfreiheit einzuschränken drohen. Diese Grenze wird in jedem Einzelfall unterschiedlich ausfallen. Im Zweifel muß stets die *Programmfreiheit* der Kontrollbefugnis *vorgehen*.[112]

Im übrigen ergibt sich die Zulässigkeit solcher Kontrollen für den Bereich der Anstalten aus dem Umstand, daß sie mit den Rundfunkgebühren *öffentliche Finanzmittel* verwenden und daher auch rechenschaftspflichtig sein müssen.[113] Beachtung muß dabei die Tatsache finden, daß die Rechnungshöfe zwar Teil der staatlichen Verwaltung sind, aber schon von Verfassungs wegen in *richterlicher Unabhängigkeit* agieren, mithin bei ihren Finanzkontrollen frei von

---

[107] Vgl. *Jarass,* Die Freiheit des Rundfunks vom Staat, S. 54, 57.

[108] § 37 Abs. 1 und 2 NDR-StV: Aufforderung, die Rechtsverletzung zu beseitigen und nach fruchtlosem Fristablauf Anweisungsrecht zur Durchführung bestimmter Maßnahmen, ausgenommen Programmangelegenheiten; § 21 Abs. 1 SWF-StV: Beanstandungsrecht und Klagerecht bei den Verwaltungsgerichten; § 53 Abs. 2 und 3 WDR-Gesetz: Hinweis auf Rechtsverletzung und nach fruchtlosem Fristablauf Anweisungsrecht zur Durchführung bestimmter Maßnahmen; § 37 Abs. 2 und 3 MDR-StV: Regelung entsprechend NDR-StV; § 49 Abs. 2 und 3 ORB-Gesetz: Regelung entsprechend WDR-Gesetz; § 71 LMedienG Bad.-Württ.: Entsprechende Anwendung kommunalaufsichtlicher Ausübungsrechte; Artikel 19 Abs. 2 Bay RG: Aufforderung zur Beseitigung der Rechtsverletzung und nach fruchtlosem Fristablauf Ersatzvornahme, in Programmangelegenheiten beides ausgeschlossen.

[109] (a) öffentlich-rechtliche Rundfunkanstalten: Art. 13 Abs. 2 BayRG; § 19 HR-Gesetz; § 34 Abs. 1 NDR-StV; § 21 Abs. 3 RBG; § 13a Abs. 1 SFB-Satzung; § 18 Abs. 3 SWF-StV; § 42 WDR-Gesetz; § 35 Abs. 1 MDR-StV; § 37 ORB-Gesetz; § 30 Abs. 3 ZDF-StV; (b) Landesmedienanstalten: § 18 Abs. 1 StV Bln.-Br; Art. 21 Abs. 2 BayMG; § 41 Abs. 2 BremLMG; § 48 Abs. 2 HPRG; § 63 LRG Nds; § 63 LRG NRW; § 52 Abs. 2 LRG Rh.-Pf.; § 37 Abs. 5 SächsPRG; § 54 Abs. 2 TPRG.

[110] So *Berendes,* Staatsaufsicht, S. 199; *Fuhr,* ZDF-StV, S. 396.

[111] (a) öffentlich-rechtliche Rundfunkanstalten: Art. 13 Abs. 3 BayRG; § 34 Abs. 2 NDR-StV; § 44 Abs. 1 WDR-Gesetz; § 35 Abs. 2 MDR-StV; § 39 Abs. 1 ORB-Gesetz; § 30 Abs. 3 ZDF-StV; (b) Landesmedienanstalten: Art. 21 Abs. 2 BayMG; § 64 Abs. 6 LRG NRW; § 52 Abs. 2 LRG Rh.-Pf; § 35 Abs. 4 SächsPRG; § 54 Abs. 2 TPRG.

[112] Siehe zu dieser Problematik *Ossenbühl,* Rundfunkfreiheit und Rechnungsprüfung, S. 64 ff., 69; *Salzwedel,* Rechtsgutachten über die Prüfungsbefugnis des Landes NRW gegenüber dem WDR, S. 45 ff.

[113] *Ossenbühl,* Rundfunkfreiheit und Rechnungsprüfung, S. 11, 40 ff.

Weisungen der Exekutive und der Parlamente sind.[114] Auch dies vermag mit eine Gewähr dafür sein, daß die mit der Programmfreiheit gesetzten Grenzen nicht durch staatliche Einflußnahme gebrochen werden.

Allerdings reicht mit Blick auf die Tatsache, daß die Landesrechnungshöfe Teil der staatlichen Verwaltung bleiben, deren Unabhängigkeit nicht aus, um die Gefahr subtiler Einflußnahmen des Staates auf die Programmgestaltung völlig auszuschließen. In der sogenannten Rundfunkgebührenentscheidung hat das Bundesverfassungsgericht den engen Zusammenhang zwischen Finanzausstattung und Programmfreiheit herausgestellt, weshalb dem Staat eine alleinige Entscheidungskompetenz nicht zugestanden werden könne.[115] Die in jener Entscheidung aufgestellten Grundsätze bedeuten für die Finanzkontrolle, daß auch sie selbst *restriktiv* durchzuführen ist, d.h. sich vor allem in den Bereichen zurückzuhalten hat, die sich mittelbar auf die *Programmautonomie* der öffentlich-rechtlichen Rundfunkanstalten auswirken können.[116] Deshalb hat eine unnötige Ausdehnung staatlicher Einflußnahmen grundsätzlich zu unterbleiben, so daß außer den Regierungen als den in den Rundfunkgesetzen bestimmten staatlichen Adressaten nicht auch zusätzlich den Parlamenten die Prüfungsberichte zugeleitet werden dürfen.[117]

21   Von der Finanzkontrolle der Rechnungshöfe ist der in mehreren Ländern vorgeschriebene *Genehmigungsvorbehalt* für die *Haushaltspläne* der *Landesmedienanstalten* zu unterscheiden. Genehmigungsbehörde ist in diesen Fällen die jeweilige Landesregierung bzw. das zuständige Ministerium.[118] Verfassungsrechtliche Bedenken können nur dann entstehen, wenn die Prüfungen den vom Gesetz gesetzten Rahmen der geordneten und sparsamen Haushaltswirtschaft[119] dahin ausweiten, daß von ihr die *programmrelevanten Zulassungs- und Aufsichtsfunktionen* berührt werden. Auch insoweit kommt der strukturelle Unterschied zu den öffentlich-rechtlichen Rundfunkanstalten zum Tragen. Die Landesmedienanstalten mit Ausnahme der Bayerischen Landeszentrale für neue Medien (BLM)[120] sind eben keine Programmveranstalter.

2. Staatliche Mitwirkung an der Kontrolle und Zulassung

a) Öffentlich-rechtlicher Rundfunk

22   Der Rundfunk als „*Machtinstrument ersten Ranges*"[121] schließt die Möglichkeit eines Mißbrauchs ein. Diese Tatsache begründet die *Notwendigkeit öffentlicher Kontrolle* des Rundfunks, die allerdings nicht durch ein unausgewogenes Überwachungssystem neue Gefahrenquellen für den Prozeß der freien Meinungsbildung schaffen darf.[122] Zu den wesentlichen Aussagen des Bundesverfassungsgerichts im 1. Rundfunkurteil gehört deshalb die Feststellung, Artikel 5 Abs. 1 GG verlange, daß der Rundfunk als modernes Instrument der Meinungsbildung weder dem Staat noch einer gesellschaftlichen Gruppe ausgeliefert wird.[123] Für den öffentlich-rechtlichen Rundfunk hat das Bundesverfassungsgericht eine Organisation vorgegeben, in deren Organen alle in Betracht kommenden Kräfte Einfluß haben und im Gesamtprogramm zu Wort kommen sollen.[124] Diesem Vielfaltserfordernis wird in den öf-

---

[114] Vgl. *Maunz/Dürig/Herzog/Scholz*, GG, Art. 114, Rdz. 12.

[115] BVerfGE 90, S. 60 ff.

[116] VG Neustadt a.d. Weinstraße AfP 1994, S. 340 ff., 344.

[117] VG Neustadt a.d. Weinstraße AfP 1994, S. 340 ff.,

[118] § 70 Abs. 2 LMedienG Bad.-Württ.; § 41 Abs. 1 BremLMG; § 67 Abs. 2 HmbMedienG; § 48 Abs. 1 HPRG; § 52 Abs. 1 LRG Rh.-Pf.; § 60 Abs. 6 LRG Saarl.; § 65 Abs. 1 LRG SH; § 45 RGMV.

[119] So z.B. § 45 RGMV.

[120] Siehe hierzu auch Ausführungen unter B Rdz. 154 f., C Rdz. 30 ff.

[121] *Weber*, Zur Rechtslage des Rundfunks, S. 63.

[122] *Berendes*, Staatsaufsicht, S. 47.

[123] BVerfGE 12, S. 205 ff., 262.

[124] BVerfGE 12, S. 205 ff., 269.

fentlich-rechtlichen Rundfunkanstalten insbesondere durch die vornehmlich mit Vertretern der sog. gesellschaftlich relevanten Gruppen besetzten *Rundfunkräten* Rechnung getragen.[125]

Was die Frage der Entsendung von *staatlichen Vertretern* in derartigen Gremien anbelangt, **23** ist zu berücksichtigen, daß zwar der Staat unmittelbar oder mittelbar eine Anstalt oder Gesellschaft nicht beherrschen darf, die Rundfunksendungen veranstaltet. Jedoch hindert nach Ansicht des Bundesverfassungsgerichts Artikel 5 Abs. 1 Satz 2 GG nicht daran, auch Vertretern des Staates in den Organen einen *angemessenen Anteil* einzuräumen.[126] Dieser von der Rechtsprechung eingenommene Standpunkt wird auch von der herrschenden Lehre[127] geteilt, und zwar aufgrund der Annahme, daß der Staat bis diesseits der Beherrschungsgrenze Einfluß auf den Rundfunk nehmen könne. Staatliche Einwirkungen seien erst dann problematisch, wenn sie sich zur Lenkung des Massenkommunikationsmittels einsetzen ließen.[128]

Demgegenüber wird im Schrifttum vereinzelt eine staatliche Teilhabe bei der Zusammensetzung von Rundfunkgremien auch gänzlich verneint. Der *Staat* bilde *keinen „Stand unter Ständen"* der Gesellschaft und repräsentiere auch *kein eigenes „Gruppeninteresse"*, welches als relevanter Meinungsfaktor für die Bildung des Meinungsmarktes zum Tragen kommen müßte.[129] Dieser Ansicht ist zuzugestehen, daß die Aufgaben sowohl der Rundfunk- bzw. Fernsehräte und der Beschlußorgane der Landesmedienanstalten im *gesellschaftlichen* und nicht im *staatlichen* Bereich wurzeln. Auch ist zu berücksichtigen, daß der öffentlichen Meinung gerade als Integrations-, Legitimations- und Kontrollfaktor staatlicher Herrschaftsausübung eine fundamentale Bedeutung zukommt. Diese Funktionen werden zwangsläufig dann gestört, wenn sie der Staat – sei es auch nur partiell – mitwahrnimmt. Der Prozeß öffentlicher Meinungsbildung, der in einer freiheitlichen Demokratie auf Machtkontrolle und ggf. Machterneuerung ausgerichtet ist, kann nur gelingen, wenn er sich *staatsfrei* innerhalb der Gesellschaft entwickeln kann. Staatliche Einflüsse würden demgegenüber auf Absicherung staatlicher Macht hinauslaufen.[130]

Die Entsendung *staatlicher Vertreter* in die *Rundfunkgremien* ist dogmatisch auch nicht mit der Argumentation begründbar, daß Artikel 5 Abs. 1 Satz 2 GG kein Vorrecht für gesellschaftliche Interessengruppen begründe, sondern nur als bloßes Organisationsprinzip der optimalen Ausbalancierung der Macht über den Rundfunk diene.[131] Demgegenüber ist zu berücksichtigen, daß das Bundesverfassungsgericht selbst das Gebot der Staatsfreiheit aus der konstitutiven Bedeutung der Meinungs- und Informationsfreiheit für die freiheitlich-demokratische Staatsordnung ableitet und dem Staat nur eine ordnende Aufgabe zur Sicherung der Rundfunkfreiheit zugesteht. Diese Garantenstellung ist aber auf die Aufgaben beschränkt, die zum Funktionieren des Meinungsmarktes unerläßlich sind. Um staatliches Tätigwerden strikt auf jene Garantenstellung einschränken zu können, bedarf es immer einer *Rechtfertigung* für das jeweilige *staatliche Tun*.[132]

Resultiert die Garantenstellung aus der dienenden Funktion der Rundfunkfreiheit, so liegt es auf der Hand, daß der rechtfertigende Grund sich ebenfalls aus dieser *funktionalen Betrach-*

---

[125] Siehe hierzu BVerfGE 31, S. 314 ff., 327; im einzelnen s. hierzu E Rdz. 10 ff.

[126] BVerfGE 12, S. 205 ff., 263.

[127] *Bethge*, Öffentlich-rechtlicher und privatrechtlicher Rundfunk, S. 50; *Degenhart*, in: Bonner Kommentar, Art. 5 Abs. 1 und 2, Rdz. 557; *Mallmann*, Rundfunkreform, S. 262; *Schlaich*, Neutralität, S. 90 f.; *Jarass*, Freiheit des Rundfunks vom Staat, S. 48; *Lenz* JZ 1963, S. 347; *Herrmann* AöR 19, S. 301; *von Mangoldt/Klein/Starck*, Art. 5 Abs. 1 und 2, Rdz. 79; *Albath*, Organisationsformen S. 121; *Weber*, Zur Rechtslage des Rundfunks, S. 69; *Loehning* DÖV 1953, S. 196.

[128] Siehe hierzu auch *Jarass*, Freiheit der Massenmedien, S. 200 ff.

[129] *Krause-Ablaß* JZ 1962, S. 160; *H.-J. Schneider*, Nebenbestimmungen, S. 77; *Wufka*, Rundfunkfreiheit, S. 96; *Scheele*, Art. 5 Abs. 1 GG und die Unabhängigkeit des Rundfunks, S. 109 f.; *Gersdorf*, Staatsfreiheit, S. 185 ff.

[130] Siehe *Gersdorf*, Staatsfreiheit, S. 183; *Jarass*, Die Freiheit des Rundfunks vom Staat, S. 43 ff.; s. hierzu B Rdz. 92 ff; C Rdz. 3 ff.

[131] So *Berendes*, Staatsaufsicht, S. 71 f.

[132] Siehe hierzu *Gersdorf*, Staatsfreiheit, S. 93; s. auch *Wieland*, Die Freiheit des Rundfunks, S. 252 ff., zu den damit verbundenen Problemen in der praktischen Umsetzung.

tung ergeben muß. Diese Legitimationsprüfung hat folglich zum Gegenstand, ob bzw. inwieweit staatliches Handeln für das Bestehen eines freien Meinungs- und Informationsmarktes erforderlich ist. Auf dieser Ebene haben weder das Bundesverfassungsgericht noch wesentliche Teile der Literatur bislang eine Begründung für die Beteiligung staatlicher Vertreter in den Rundfunkgremien gegeben. Die im 1. Rundfunkurteil vom Bundesverfassungsgericht aufgestellte Formel, daß dem Staat kein beherrschender Einfluß auf den Rundfunk zukommen dürfe,[133] ist hinsichtlich der in Frage stehenden Beteiligung von staatlichen Vertretern in den Rundfunkgremien in eine Art *Unschädlichkeitsprüfung* verkehrt worden. Da sich aber der Prozeß der öffentlichen Meinungs- und Willensbildung des Volkes staatsfrei zu vollziehen hat,[134] kann es in erster Linie nicht darauf ankommen, in welchen Grenzen ein staatlicher Einfluß als noch unschädlich angesehen werden kann. Daß eine derartige Prüfung vielmehr dem grundrechtlichen Gehalt der Rundfunkfreiheit widerspricht, offenbart sich gerade dann, wenn staatlichen Organen ein bis zur *Dominanzschwelle* reichender Einfluß auf die interne Willensbildung der Rundfunkgremien zugestanden wird, obgleich deren Programmkontrollkompetenzen Auswirkungen auf den gesellschaftlichen Kommunikationsprozeß haben, aus dem sich der Staat heraushalten muß.[135] Denn derartige staatliche Einwirkungsmöglichkeiten widersprechen der *Bedeutung der öffentlichen Meinung als Integrations-, Legitimations- und Kontrollfaktor staatlicher Herrschaftsausübung.*[136] Daß die Rechtsprechung demgegenüber eine nicht konsequente Argumentation führt, zeigt sich auch in der Tatsache, daß sie keine klaren Grenzen über den zulässigen Umfang einer Beteiligung von staatlichen Vertretern in den Rundfunkgremien zieht bzw. Kriterien nennt, nach denen ggf. zu differenzieren wäre.

Nach einer Entscheidung des OVG Lüneburg soll das Gebot der Staatsfreiheit dann noch beachtet sein, wenn ein Rundfunkgremium sich zu einem Drittel aus staatlichen Vertretern zusammensetzt.[137] Diese sog. *Drittel-Grenze* enthält auch die Bayerische Verfassung, in deren Artikel 111a es sogar ausdrücklich heißt, daß der Anteil der von der Staatsregierung, dem Landtag und dem Senat in die Kontrollorgane entsandten Vertreter ein Drittel nicht übersteigen darf. Aber auch bei einer derart scheinbar klaren Grenze zulässiger staatlicher Beteiligung bleibt eine solche $^1/_3$-Regelung problematisch.[138]

24   Abgesehen von den aufgezeigten grundsätzlichen Bedenken gegen einen noch so geringen Anteil staatlicher Vertreter ist zu berücksichtigen, daß es innerhalb der Rundfunkgremien weitere Ebenen gibt, über die der Staat Einfluß gewinnen könnte. So ist es nach dem MDR-Staatsvertrag den Landtagen der Vertragsländer vorbehalten, außer den fest normierten Institutionen insgesamt acht weitere gesellschaftlich bedeutsame Organisationen und Gruppen zu benennen.[139] Beim Zweiten Deutschen Fernsehen wirken sogar die Ministerpräsidenten bei bestimmten gesellschaftlichen Gruppierungen unmittelbar am Auswahl- und Berufungsverfahren mit.[140] Darüber hinaus gibt es in allen Rundfunkgesetzen auch Gruppierungen, die sich im „*halbstaatlichen Bereich*" bewegen, wie z. B. Berufskammern, Industrie- und Handelskammern, Landwirtschaftskammern, Hochschulen und kommunale Spitzenverbände.[141]

---

[133] BVerfGE 12, S. 205 ff., 262.

[134] BVerfGE 57, S. 295 ff., 320; s. hierzu näher B Rdz. 92 ff.

[135] Vgl. *Hesse* JZ 1991, S. 357 f.; s. hierzu auch *Ricker*, Die Kompetenzen, S. 9.

[136] *Gersdorf*, Staatsfreiheit, S. 183; vgl. *Ring,* Medienrecht, S. 754 ff.; s. hierzu auch *Rudolf* ZRP 1977, S. 213, 215.

[137] OVG Lüneburg DÖV 1979, S. 170.

[138] *Wieland*, Die Freiheit des Rundfunks, S. 248 ff.

[139] § 20 Abs. 2 Staatsvertrag über den Mitteldeutschen Rundfunk (MDR) vom 30. Mai 1991; eine vergleichbare Bestimmung gab es im NDR-Staatsvertrag von 1981, § 20; in eine ähnliche Richtung geht § 15 Abs. 2 WDR-Gesetz, wonach der Landtag zwölf Mitglieder des Rundfunkrates wählen kann, ohne dem Parlament sogar vorzugeben, aus welchen gesellschaftlichen Bereichen diese entstammen sollen.

[140] § 21 Abs. 3 und 4 ZDF-Staatsvertrag.

[141] Zum Beispiel § 6 Abs. 3 Nr. 7 SFB-Satzung i. V. m. § 2 SFB-Gesetz; § 4 Abs. 2 Nr. 5, 10, 11 SDR-Satzung i. V. m. § 3 Abs. 1 SDR-Gesetz; § 11 Abs. 1 Nr. 4, 9, 11 SWF-Staatsvertrag; § 15 Abs. 3 Nr. 10, Abs. 4 Nr. 9 WDR-Gesetz; siehe unter E Rdz. 13 ff.

Schon diese Beispiele verdeutlichen, wie komplex die Möglichkeiten staatlicher Einflußnahme in den Rundfunkgesetzen ausgestaltet sind bzw. ausgestaltet werden können, so daß auch insoweit eine Drittel-Marge untauglich erscheint, den Staatseinfluß wirkungsvoll einzugrenzen. Selbst wenn ein gewisser Anteil staatlicher Vertreter in den Rundfunkgremien sinnvoll wäre, wäre eine Drittel-Grenze aber auch deshalb verfassungsrechtlich angreifbar, weil die Frage des vorherrschenden Einflusses nicht allein numerisch betrachtet werden kann, sondern das besondere Gewicht des einzelnen staatlichen Vertreters, das er aufgrund seiner besonderen Erfahrungen und seiner Stellung besitzt, ins Kalkül gezogen werden muß.[142]

Bei der Frage des zulässigen Umfangs staatlicher Beteiligung könnte auch eine Unterscheidung u. a. nach der Struktur des Rundfunkgremiums in Betracht gezogen werden. Zum einen besteht der sog. *pluralistische Rundfunkrat*, wie z. B. beim SDR, der aus Vertretern von Verbänden und Institutionen des öffentlichen Lebens zusammengesetzt ist, und zum anderen der *Rundfunkrat mit betont staatlich-politischen Elementen*, wie z. B. beim MDR, WDR und insbesondere beim ZDF, wo Mitglieder im gewissen Umfang auch vom Parlament bzw. von der Regierung bestimmt werden.[143] Beim letztgenannten Modell kommt die Problematik des staatlichen Einflusses schon durch die Auswahl staatlicher Vertreter bzw. gleichzusetzender Mitglieder zum Tragen. Aber nicht nur die unmittelbare Entsendung von Vertretern aus dem staatlichen Bereich, sondern auch die Auswahl von Mitgliedern gesellschaftlich relevanter Gruppen durch staatliche Organe ist für den Staatseinfluß bestimmend, da ebenfalls über diesen Weg die politischen Kräfteverhältnisse sich im Rundfunkrat widerspiegeln sollen.[144] **25**

Diese Differenzierung läßt sich auf die Formel bringen, daß der Staatseinfluß schon von der strukturellen Anlage her um so höher zu bewerten ist, je mehr Mittel dem Staat bei der Benennung von Gremienmitgliedern bereitgestellt werden, so daß es insoweit auf die direkte Entsendung von staatlichen Vertretern nicht allein ankommt. Gerade diese Differenzierung zeigt aber auch die Komplexität des Themas staatlicher Einflußnahmen und die dabei bestehenden Schwierigkeiten klarer Feststellungen, auf welcher Ebene der staatliche Einfluß gering oder möglicherweise überhaupt nicht mehr gegeben ist.

Untauglich erscheint insoweit auch eine Unterscheidung danach, ob es sich um eine Landesrundfunkanstalt oder *Mehr-Länderanstalt* handelt. So wird im Schrifttum und in der Rechtsprechung die Auffassung vertreten, daß bei einer Mehr-Länderanstalt *mehr staatliche Vertreter* als in einer reinen Landesrundfunkanstalt hinnehmbar seien, da sie wegen der in den Bundesländern bestehenden unterschiedlichen politischen Ausrichtung keinen einheitlichen Block bilden würden.[145] Dieser Auffassung ist zwar zuzugestehen, daß staatliche Einwirkungs- und Steuerungsräume um so größer sein mögen, je stärker die einzelnen staatlichen Interessen zu einer homogenen Gruppe verschmolzen sind und umso geringer ausfallen, je vielschichtiger, heterogener die staatlichen Interessenstrukturen sind. Jedoch ist zu berücksichtigen, daß insoweit lediglich Ausmaß und Intensität staatlicher Störpotentiale auf den Rundfunk beschrieben werden.[146] **26**

Auch hier zeigt sich, daß allein die „*Schadensanfälligkeit*" in Rede steht, nicht jedoch die Tatsache, daß unabhängig von der Intensität auf den Kommunikationsprozeß in jedem Fall staatlicherseits Einfluß genommen wird. Ohnehin dürfte es kaum möglich sein, verläßliche Kriterien für das Vorhandensein einer homogenen Gruppe aufzustellen. Trotz struktureller Unterschiede können Interessen und Standpunkte jedenfalls in bestimmten Teilbereichen übereinstimmen.[147] **27**

---

[142]   Siehe hierzu *Starck,* Rundfunkfreiheit S. 19 f.
[143]   *Berendes,* Staatsaufsicht, S. 78 f.; s. hierzu auch Ausführungen unter C Rdz. 27 und E Rdz. 13 ff.
[144]   Vgl. *Michel*-Bericht, S. 199, 208.
[145]   *Fuhr,* ZDF-Staatsvertrag, S. 280; BayVerfGH BayVBl. 1983, S. 303.
[146]   Vgl. *Gersdorf,* Staatsfreiheit, S. 184; *Jarass,* Die Freiheit des Rundfunks vom Staat, S. 42 f.
[147]   Vgl. *Kewenig,* Rundfunkfreiheit, S. 43 und 66.

Bei der Frage des staatlichen Einflusses kommt es ohnehin entscheidend auf die Feststellung an, wer den Staat im Rundfunk repräsentiert bzw. staatlichen Einfluß auszuüben vermag. Würde unter den Begriff des Staates lediglich die *Exekutive* subsumiert werden,[148] so hätte dies zur Folge, daß von vornherein allein Regierungsmitglieder oder Beamte als staatliche Vertreter anzusehen wären. Diese undifferenzierte Ansicht ist indes nicht haltbar, da außer der Exekutive auch das *Parlament* als Vertretung des Volkes, des höchsten Souveräns und Trägers originärer Staatsgewalt, staatliche Macht ausübt.[149] Daß das Parlament auch mit Blick auf das rundfunkrechtliche Gebot der Staatsfreiheit als ein Teil der Staatsgewalt zu verstehen ist, hat das Bundesverfassungsgericht in seinem 8. Rundfunkurteil deutlich herausgestellt.[150] Insoweit müßten auch Parlamentsmitglieder in gleicher Weise wie Regierungsvertreter betrachtet werden.

Allerdings ist zu berücksichtigen, daß Parlamentsmitglieder in aller Regel *politischen Parteien* angehören und damit unterschiedliche gesellschaftliche Meinungsrichtungen vertreten.[151] Aus dieser Sicht erscheint es angebracht, Abgeordnete im Hinblick auf die Zulässigkeit einer Beteiligung in den Rundfunkgremien den politischen Parteien gleichzustellen. Dabei ist von Belang, daß die politischen Parteien zum Kreis der gesellschaftlich relevanten Gruppen gehören,[152] weil sie dem gesellschaftlichen Bereich und damit nicht der staatlichen Sphäre entstammen. Andererseits kann nicht verkannt werden, daß in einer ausgeprägt parteienstaatlichen Demokratie staatlicher Einfluß auch über die politischen Parteien in die Arbeit der Rundfunkgremien transportiert wird.[153] Hinzu kommt, daß Artikel 21 GG die politischen Parteien zu verfassungsrechtlichen Institutionen erhebt, die vor allem in der Verfassungswirklichkeit sehr weitgehend zu integralen Bestandteilen des staatlichen Raums geworden sind.[154]

28   Aufgrund dieser Situation wird deshalb im Schrifttum die Ansicht vertreten, daß Vertreter des Staates und von politischen Parteien zu *einer Interessengruppe* zusammengefaßt werden müßten.[155] Da es im Rundfunkrecht wegen der Auswirkungen auf den Meinungsmarkt nicht auf die Begriffsidentität, sondern auf *Interessengleichheit* ankomme, würden folglich auch die Vertreter der politischen Parteien zur „*Machtgruppe Staat*" in den Rundfunkgremien zählen.[156] Daß staatliche Macht jedenfalls und indirekt durch den Einfluß der Mehrheitsparteien zum Tragen kommt, verdeutlicht schon die Existenz von *CDU- und SPD-Freundeskreisen*, die sich am Abend vor den jeweiligen Rundfunk- oder Fernsehratssitzungen treffen, um die Tagesordnung im Sinne einer einheitlichen politischen Linie bzw. des politisch Machbaren vorzuberaten. Diese Freundeskreise sind zu einem festen Bestandteil der Ratsarbeit geworden. Mit den Einladungen zu Fernsehratssitzungen beim ZDF erfolgen gleichzeitig und regelmäßig auch diejenigen zu den Freundeskreissitzungen, für die das ZDF organisatorische Hilfe leistet.[157]

Eine andere Auffassung im Schrifttum widerspricht einer *Gleichstellung* von Vertretern des *Staates* und der *politischen Parteien*. Eine Unterscheidung sei deshalb geboten, weil staatliche Einflußnahme auf den Rundfunk verfassungsrechtlich völlig anders bewertet werden müsse als diejenige gesellschaftlicher Kreise, deren Artikulationsmöglichkeiten im Rundfunk gerade sicherzustellen seien.[158] Es gehe insoweit allein darum, verläßliche Kriterien zu schaffen, damit der Einfluß der Parteien sich in der Wirklichkeit nicht als verdeckte staatliche Ein-

---

[148] *Ipsen,* Mitbestimmung im Rundfunk, S. 70.

[149] Vgl. *Starck* ZRP 1970, S. 290.

[150] BVerfG NJW 1994, S. 1942ff., 1944.

[151] Vgl. *Stender-Vorwachs,* Staatsferne, S. 155.

[152] *Degenhart* DÖV 1981, S. 2158ff., 2161.

[153] Vgl. *Gersdorf,* Staatsfreiheit, S. 186; *Stender-Vorwachs,* Staatsferne, S. 170 f.

[154] *Kewenig,* Zu Inhalt und Grenzen der Rundfunkfreiheit, S. 76; *Jarass/Pieroth,* GG, Art. 21, Rdz. 8 und 16.

[155] *Berendes,* Staatsaufsicht, S. 72.

[156] *Berendes,* Staatsaufsicht, S. 76.

[157] *Bumke,* Die öffentliche Aufgabe der Landesmedienanstalten, S. 165; *Wieland,* Die Freiheit des Rundfunks, S. 258.

[158] *Gersdorf,* Staatsfreiheit, S. 187; s. hierzu auch BVerfGE 80, S. 124ff., 134 zur Neutralitätspflicht des Staates bei der Pressesubventionierung.

flußnahme herausstelle. Hierzu böten sich *Inkompatibilitätsregelungen* an, die Vertretern staatlicher Organe die gleichzeitige Mitgliedschaft in Rundfunkgremien untersagen.[159] Darüber hinaus käme es neben einer vollständigen Weisungsfreiheit darauf an, daß die parteiinternen Gremien selbst den zu entsendenden Vertreter bestimmen und nicht etwa die jeweilige Parlamentsfraktion.[160]

Andererseits aber hat das Bundesverfassungsgericht auch festgestellt, daß ein aus *Artikel 21 GG* abgeleiteter Anspruch der politischen Parteien auf Entsendung eines Mitglieds in den Rundfunkrat nicht bestehe.[161] Bemerkenswert ist dabei, daß das Bundesverfassungsgericht die Verneinung eines solchen Anspruchs nicht mit dem gesetzgeberischen Spielraum zur Bestimmung gesellschaftlich relevanter Gruppen begründet. Vielmehr wird die besondere *verfassungsrechtliche Stellung der Parteien* aufgrund des Artikel 21 GG herausgestellt, die es den Parteien geradezu zur Aufgabe mache, gezielt die öffentliche Meinung zu beeinflussen. Demgegenüber hätten die Rundfunkgremien darauf zu achten, daß der Prozeß freier Meinungsbildung in den Rundfunkprogrammen offengehalten werde. Wegen dieser grundsätzlich unterschiedlichen Ziele könnten Parteien eine Mitwirkung in Rundfunkgremien nicht verlangen.[162]

Die Rechtsprechung verdeutlicht, wie schwierig es ist, bei der Frage der Gleichstellung **29** von Vertretern politischer Parteien mit staatlichen Vertretern zu differenzieren. Unzureichend wäre es, allein danach zu unterscheiden, ob jemand Parlamentsabgeordneter oder bloßes Parteimitglied ist. Zu eng sind in der Wirklichkeit die *Verzahnungen* zwischen *Fraktion* und *Parteiarbeit*. Deswegen entspricht die Erwartung, jedweden Einluß von parlamentarischen Fraktionen über das jeweilige Parteimitglied auf die Arbeit des Rundfunkgremiums auszuschließen, nicht der Realität.

Zugleich wäre aber auch eine weitere Unterscheidung zwischen den Parteien, die im Parlament vertreten sind, und solchen, die über keinen Abgeordnetensitz verfügen, höchst problematisch. Zwar wäre bei der letztgenannten Gruppe kein quasi-staatlicher Einfluß zu befürchten, jedoch könnte es schon mit Blick auf die im Prinzip gleiche Stellung der Parteien nach Art. 21 Abs. 1 GG zu nicht hinnehmbaren Schieflagen führen, wenn diese Parteien nicht unter dem Gesichtspunkt des Gebots der Staatsfreiheit beurteilt werden müßten.[163] Hinzu kommt, daß die Parteieneigenschaft gerade in der Teilnahme an Parlamentswahlen zum Ausdruck kommt und folglich immer damit gerechnet werden muß, daß eine Partei sich auch zur Parlamentspartei entwickeln kann. Die Parteien wurzeln zwar im gesellschaftlichen Bereich, sie unterscheiden sich jedoch wesentlich von den üblichen gesellschaftlich relevanten Gruppen dadurch, daß sie durch ihre Mitwirkung an der politischen Willensbildung, die auf *Teilhabe an staatlicher Macht* ausgerichtet ist, eine *staatliche* und eben nicht nur öffentliche *Funktion* erfüllen. Der Einfluß der politischen Parteien läßt sich damit von einem als „*staatlich*" in Erscheinung tretenden Einfluß kaum unterscheiden,[164] so daß alle diese Gesichtspunkte dafür sprechen, die politischen Parteien generell dem staatlichen Bereich gleichzustellen.[165]

Da die Problematik des Staatseinflusses durch politische Parteien besonders bei der **30** Entsendung von Parlamentariern hervortritt, ist es von Belang, ob bzw. inwieweit die Rundfunkgesetze Sicherungen durch *Inkompatibilitätsbestimmungen* vorsehen. Auffällig ist, daß die Rundfunkgesetze für öffentlich-rechtliche Rundfunkanstalten lediglich teilweise Inkompatibilitätsvorschriften enthalten, die eine Unvereinbarkeit zwischen Mitgliedschaft im Rundfunkrat und einer Zugehörigkeit zu einer Regierung bzw. zu einem Parlament bestimmen. Ein *genereller Ausschluß* von Regierungsmitgliedern ist lediglich bei zwei öffentlich-recht-

---

[159] *Stender-Vorwachs,* Staatsferne, S. 170.

[160] *Gersdorf,* Staatsfreiheit, S. 187; vgl. *Stender-Vorwachs,* Staatsferne, S. 155 ff.

[161] BVerfGE 60, S. 53 ff., 66 f.

[162] BVerfGE 60, S. 53 ff., 66 f.

[163] Siehe hierzu *Stender-Vorwachs,* Staatsferne, S. 39 ff., 171.

[164] BVerfGE 3, S. 118 ff., 165.

[165] Siehe hierzu auch Ausführungen unter D Rdz. 89 f., E Rdz. 13 ff., 80.

lichen Rundfunkanstalten festzustellen: in den Rundfunkräten von Radio Bremen und des Süddeutschen Rundfunks.[166] Für den Bayerischen Rundfunk gibt es zwar auch eine entsprechende Inkompatibilitätsvorschrift,[167] jedoch ist zu berücksichtigen, daß für dessen Rundfunkrat ausdrücklich ein Vertreter der Staatsregierung vorgesehen ist.[168] Ähnlich verhält es sich beim Mitteldeutschen Rundfunk, in dessen Rundfunkrat die Regierungen der Vertragsländer ebenfalls einen Vertreter entsenden,[169] und beim Rundfunkrat des Westdeutschen Rundfunks sowie des Ostdeutschen Rundfunks, dem Regierungsvertreter nur im Rahmen der zu entsendenden Anzahl von Mitgliedern aus den Parlamenten angehören dürfen.[170]

b) Privater Rundfunk
aa) Beteiligung bei den Landesmedienanstalten

31   Die Aussagen über die unmittelbare und mittelbare Entsendung staatlicher Vertreter in die Rundfunkräte der öffentlich-rechtlichen Sender gelten im wesentlichen auch für die *Beschlußgremien der Landesmedienanstalten*. Auch wenn die Landesmedienanstalten nicht Programmveranstalter sind[171] und insoweit nicht wie die öffentlich-rechtlichen Rundfunkanstalten als Träger der Rundfunkfreiheit angesehen werden können,[172] so haben jedoch durch die organisationsrechtliche Verselbständigung der Landesmedienanstalten die Beschlußgremien die notwendige Distanz zur staatlichen Verwaltung, um das Strukturprinzip der Staatsfreiheit erfüllen zu können.[173] Auch das Bundesverfassungsgericht hat die Landesmedienanstalten als „*staatsfrei strukturiert*" beschrieben. Infolgedessen dürfe dem Staat kein erheblicher Einfluß zustehen, womit jedoch staatliche Repräsentanz nicht ausgeschlossen sei.[174] Vor diesem Hintergrund ist es auffällig, daß in den Landesmediengesetzen stärker und differenzierter als in den Rundfunkgesetzen und Staatsverträgen für den öffentlich-rechtlichen Runfunk Vorkehrungen getroffen worden sind, um durch *Inkompatiblitätsvorschriften* staatlichen Einfluß einzudämmen. Möglicherweise ging es dem jeweiligen Gesetzgeber darum, durch strengere Regelungen über den Ausschluß von Mitgliedern der Regierungen und Parlamente die organisationsrechtliche Trennung der Landesmedienanstalten vom Staat wegen der umstrittenen Grundrechtsstellung[175] zusätzlich zu verstärken.

32   Um eine Abwehr staatlichen Einflusses sind insoweit namentlich die Rundfunkgesetze von Schleswig-Holstein, Mecklenburg-Vorpommern und Bremen bemüht, nach denen ein Mitglied in den Beschlußgremien nicht sein kann, wer einem *Parlament* oder einer *Regierung* angehört.[176] In Bayern, Rheinland-Pfalz und im Saarland ist der Ausschluß auf *Regierungsmitglieder* beschränkt,[177] eine Tatsache, die darauf hindeutet, daß dort Abgeordnete unter dem Gesichtspunkt der Staatsfreiheit qualitativ anders beurteilt werden. Dies dürfte in der Annahme begründet sein, daß die Frage des Staatseinflusses auf den Rundfunk sich in erster Linie als ein Problem der Exekutive darstelle, wohingegen die gesetzgebende Gewalt aufgrund ihrer unmittelbaren demokratischen Legitimation unabhängig sei. Eine derartige

---

[166] § 8 Abs. 4 RB-Gesetz; § 4 Abs. 4 SDR-Satzung.

[167] Art. 6 Abs. 5 BR-Gesetz.

[168] Art. 6 Abs. 3 Nr. 1 BR-Gesetz.

[169] § 19 Abs. 1 Nr. 1 MDR-StV, zur Inkompatibilität § 18 Abs. 5 MDR-StV.

[170] § 13 Abs. 3 i. V. m. § 15 Abs. 2 WDR-Gesetz; § 14 Abs. 3 i. V. m. § 16 Abs. 3 ORB-Gesetz.

[171] Ausnahme hiervon bildet allein die Bayerische Landeszentrale für neue Medien (BLM), die aufgrund des Art. 111a Abs. 2 BayVerf, der Rundfunk generell in öffentlich-rechtlicher Trägerschaft vorschreibt, auch die Verantwortung für die privaten Programme trägt; s. hierzu B Rdz. 153; C Rdz. 30 ff.

[172] Siehe hierzu Ausführungen unter B Rdz. 153.

[173] *Wagner*, Die Landesmedienanstalten, S. 96; zu Aufgaben und Stellung der Landesmedienanstalten siehe ausführlich *Bumke*, Die öffentliche Aufgabe der Landesmedienanstalten, S. 177 ff.

[174] BVerfGE 73, S. 118 ff., 165.

[175] Vgl. B Rdz. 153 ff.

[176] § 56 Abs. 4 LRG SH; § 41 Abs. 3 RGMV; § 39 Abs. 6 BremLMG.

[177] Art. 12 Abs. 3 Satz 2 MEG Bay; § 57 Abs. 1 Nr. 1 LRG Rh.-Pf.; § 54 Abs. 3 Nr. 1 LRG Saarl.

Betrachtung, die auch in Regelungen zur Frequenzzuordnung ihren Niederschlag gefunden hat,[178] ähnelt in bemerkenswerter Weise einem althergebrachten Staatsverständnis, nach welchem Regierung und Volksvertretung sich wie Parteien gegenüberstanden.[179] Daß eine solche Unterscheidung nicht mit dem Gebot der Staatsfreiheit gerechtfertigt werden kann, ist spätestens durch das 8. Rundfunkurteil des Bundesverfassungsgerichts deutlich geworden. Es hat in dieser Entscheidung erstmals unmißverständlich herausgestellt, daß die Staatsfreiheit des Rundfunks nicht nur von der Exekutive, sondern auch von der Legislative bedroht werden könne.[180]

Eine andere Art der Relativierung von Unvereinbarkeitsbestimmungen ist im Niedersächsischen Landesrundfunkgesetz festzustellen. Dort dürfen die Mitglieder des *„Landesrundfunkausschusses"* zwar auch nicht einer Regierung oder dem Landtag angehören, jedoch wird für die gesetzgebende Körperschaft eine Ausnahme dann zugelassen, wenn eine im Landtag vertretene *politische Partei* das *Entsendungsrecht* ausgeübt hat.[181] Diese Differenzierung ist jedenfalls mit Blick auf das Gebot der Staatsfreiheit nicht haltbar. Denn der Abgeordnete wird auch nicht dadurch „staatsfreier", daß eine politische Partei ihn als Mitglied für ein Rundfunkgremium benennt. Vielmehr tritt bei dieser Regelung die Identitätsproblematik von Partei- und Staatsinteressen mit ihren Gefahren des Staatseinflusses auf den Rundfunk nochmals deutlich hervor.

Äußerlich wird der Schein der Staatsferne in Rundfunkgesetzen häufig dadurch erzeugt, daß zusätzlich zu den *Inkompatibilitätsvorschriften* die *Weisungsfreiheit* der in die Rundfunkgremien entsandten Vertreter normiert ist.[182] Offenkundig leer läuft die Weisungsfreiheit aber in den Fällen, in denen die Mitglieder durch die Stellen, die sie entsandt haben, *vor Ablauf der Amtsdauer* abberufen werden können.[183] Die Möglichkeit, mit dem Mittel der Abberufung nachhaltig Einfluß auf das Gremiumsmitglied ausüben zu können, besteht auch dann, wenn im Gesetz bestimmt ist, daß *„nur aus wichtigem Grund abberufen"* werden könne.[184] Denn ein derartiger Vorbehalt, der sich durch eine geschickte Begründung leicht überwinden läßt, bewirkt nur eine geringfügige Sperrwirkung. Auch bei einer solchen Regelung besteht daher die Gefahr, daß auf das Abstimmungsverhalten des jeweiligen Vertreters unmittelbar von der entsendenden staatlichen Stelle eingewirkt wird.[185]

Auch Rundfunkgesetze, die eine *Mitgliedschaft staatlicher Vertreter* im umfassenden Sinne in den Rundfunkgremien *ausschließen*, können in diesem Punkt gleichwohl mit dem Gebot der Staatsfreiheit kollidieren, und zwar u. a. dann, wenn die Entsendung der Vertreter gesellschaftlich relevanter Gruppen auf einer Bestätigung oder gar Auswahl durch das Parlament beruht. Die Beteiligung des Parlaments kann nicht damit begründet werden, daß den gesellschaftlich relevanten Gruppen die demokratische Legitimation fehle und sie deshalb nicht ausschließlich über die Entsendung von Mitgliedern der Rundfunkgremien befinden dürften.[186] Wäre der Gesichtspunkt der demokratischen Legitimation der richtige Ansatzpunkt, müßten in letzter Konsequenz alle Mitglieder der Rundfunkgremien Parlamentsabgeordnete sein, was in eklatanter Weise gegen das Gebot der Staatsfreiheit verstoßen würde.[187] **33**

In diesem Zusammenhang ist auch von Belang, daß sich das Prinzip demokratischer Legitimation allein auf die *Ausübung staatlicher Gewalt* bezieht.[188] Demgegenüber nehmen die **34**

---

[178] § 4 LRG SH: Entscheidungskompetenz des Landtages über die Zuordnung von Übertragungskapazitäten; vgl. G Rdz. 12 und D Rdz. 63 ff.

[179] Siehe hierzu *Krech,* Staatsgrundgesetz, S. 118 ff.

[180] Siehe hierzu *Ricker* NJW 1994, S. 2199.

[181] § 31 Abs. 2 Nr. 1 und 2 i. V. m. § 30 Abs. 1 Satz 2 Nr. 1 und 2 LRG Nds.

[182] Zum Beispiel § 43 Abs. 1 Satz 3 LRG Nds; § 55 Abs. 2 LRG SH; § 41 Abs. 2 Satz 1 RG MV.

[183] So in Hessen § 39 Abs. 6 Satz 3 HPRG und in Rheinland-Pfalz § 26 Abs. 6 LRG.

[184] So § 54 Abs. 10 LRG SH.

[185] Vgl. *Jarass,* Massenmedien, S. 46.

[186] *Gersdorf,* Staatsfreiheit, S. 188.

[187] *Starck,* Rundfunkfreiheit, S. 17.

[188] Vgl. *Bethge* DVBl. 1987, S. 662 ff., 664 f.

Beschlußgremien im Kern *staatsfremde Aufgaben* wahr.[189] Sie sollen deswegen entsprechend dem pluralistischen Prinzip ihre Legitimation ausschließlich auf gesellschaftlich relevante Gruppen gründen. Nicht der eigentliche Prozeß demokratischer Willensbildung steht im Mittelpunkt ihrer Aufgabe, vielmehr sollen die Beschlußgremien bei ihren Entscheidungen das *weite Spektrum* aller in der gesellschaftlichen Auseinandersetzung vorhandener Meinungen *widerspiegeln*. Das demokratische Prinzip wirkt sich auf die Zusammensetzung der Gremien allein insoweit aus, daß den Parlamenten die Festlegung der jeweiligen Gruppen zusteht. Sie bestimmen in den Gesetzen, welche Gruppe gesellschaftlich relevant ist und damit in die Beschlußgremien einziehen darf.

In drei Ländern wird darüber hinaus den Parlamenten die Befugnis eingeräumt, sogar aus mehreren Personalvorschlägen eine Auswahl zu treffen.[190] In dieser Hinsicht ist zu berücksichtigen, daß die Rundfunkgremien programmbezogen tätig werden, mithin in einem grundrechtlich geschützten Freiheitsbereich, in dem der Staat keinen Einfluß ausüben darf. Insoweit erscheint es nicht hinnehmbar, wenn der Staat über die Zusammensetzung des Gremiums entscheidet.[191] Bedenklich bleibt ein solches Auswahlverfahren auch, wenn es sich lediglich auf die Auswahl von Vorschlägen sich nicht einigender Verbände beschränkt.[192] Denn auch dann ist nicht auszuschließen, daß aufgrund politischer Präferenzen nachhaltig Einfluß genommen und nicht dem Pluralitätsgebot entsprechend entschieden wird.[193]

bb) Zulassung

35 Im 8. Rundfunkurteil hat das Bundesverfassungsgericht ausgeführt, daß die Garantie der Rundfunkfreiheit sich nicht nur in dem staatlichen Beherrschungsverbot erschöpfe, sondern damit jede politische Instrumentalisierung ausgeschlossen werden solle.[194] Dieser Schutz beziehe sich nicht nur auf die manifesten Gefahren. Erfaßt würden vielmehr auch „*die subtileren Mittel indirekter Einwirkung*" auf Rundfunkprogramme.[195] Einflußmöglichkeiten seien dem Staat zwangsläufig dadurch eröffnet, daß er den Rundfunk organisiere, konzessioniere, Übertragungskapazitäten vorgebe, die Aufsicht ausübe und zum Teil auch finanziere. Deshalb, so das Gericht weiter, gehe es darum, die ohnehin schon eröffneten Einflußmöglichkeiten soweit wie möglich auszuschalten, und zwar insbesondere bei wiederkehrenden Maßnahmen. Dies sei auch der Grund, weshalb bei der *Zulassung* der Veranstalter der staatlichen Genehmigungsbehörde *keine Handlungs- oder Wertungsspielräume* eingeräumt werden dürfen.[196]

Erforderlich ist damit ein Verfahren, das die Rundfunkfreiheit sichert und auch *mittelbare* staatliche Einflüsse auf die Auswahl eines privaten Rundfunkveranstalters verhindert. Da es dabei um die Frage der Geeignetheit und Erforderlichkeit von materiellen Regeln und Verfahrensbestimmungen und schließlich um die Verhältnismäßigkeit mit Blick auf das Grundrecht der Rundfunkfreiheit geht, ist die Beachtung rechtsstaatlicher Maßstäbe geboten. Dies wird bei der Auswahl privater Veranstalter relevant. Die grundlegenden Anforderungen an ein rechtsstaatliches Zulassungs- und Auswahlverfahren hat das Bundesverfassungsgericht erstmals im sogenannten FRAG-Urteil von 1981 herausgestellt. Das Gericht hat dabei ausgeführt, daß die Veranstaltung privater Rundfunksendungen im Interesse und wegen der Eigenart der Gewährleistung der Rundfunkfreiheit einer *gesetzlichen Regelung* bedürfe.[197]

---

[189] Vgl. *Gersdorf,* Staatsfreiheit, S. 189; *Bumke,* Die öffentliche Aufgabe der Landesmedienanstalten, S. 145 ff.

[190] § 39 Abs. 3 BremLMG; § 55 Abs. 3 HmbMedienG; § 39 Abs. 3 RG MV.

[191] Vgl. *Löffler,* Presserecht, § 25 Rdz. 140; s. hierzu auch *Jarass,* Die Freiheit des Rundfunks vom Staat, S. 51.

[192] So § 39 Abs. 3 RG MV.

[193] Vgl. *Gersdorf,* Staatsfreiheit, S. 192; vgl. *Stender-Vorwachs,* Staatsferne, S. 170 ff.; zu dieser Problematik auch *Lerche,* Landesbericht, S. 15, 77.

[194] BVerfG NJW 1994, S. 1942 ff., 1944.

[195] BVerfG NJW 1994, S. 1942 ff., 1944.

[196] BVerfG NJW 1994, S. 1942 ff., 1944.

[197] BVerfGE 57, S. 295 ff., 319.

In Anknüpfung an das 1. und 2. Rundfunkurteil stellt das Bundesverfassungsgericht **36** zunächst als Ausgangspunkt fest, daß freie individuelle und öffentliche Meinungsbildung die Freiheit des Rundfunks von staatlicher Beherrschung und Einflußnahme voraussetze. Um dabei sicherzustellen, daß die Vielfalt der bestehenden Meinungen im Rundfunk in möglichster Breite und Vollständigkeit Ausdruck findet und umfassende Information geboten wird, seien am Maßstab des Art. 5 Abs. 1 Satz 2 GG orientierte materielle, organisatorische und *Verfahrensregelungen* erforderlich.[198] Bei den entsprechend notwendigen gesetzlichen Regelungen für den privaten Rundfunk habe der Gesetzgeber die *Zugangsregeln* so auszugestalten, daß die Gewährleistung der Rundfunkfreiheit im Wege einer vorherigen Überprüfung der Veranstalter sichergestellt sei. Dabei obliege es dem Gesetzgeber, die *Voraussetzungen* der Erteilung oder Versagung der Erlaubnis selbst zu bestimmen.[199] Falls die zur Verfügung stehenden Verbreitungsmöglichkeiten nicht zuließen, alle Bewerber zur Rundfunkveranstaltung zuzulassen, gebiete es der *Gleichheitssatz* des Art. 3 Abs. 1 GG, in die Zugangsregelungen auch Bestimmungen über die Bewerberauswahl aufzunehmen. Das Bundesverfassungsgericht führt hierzu aus, der Gesetzgeber müsse *selbst* die Voraussetzungen bestimmen, unter denen der Vorrang zu eröffnen oder zu versagen sei und dabei ein rechtsstaatliches Verfahren bereitstellen, in dem hierüber entschieden werden könne. Er habe *Auswahlgrundsätze* festzulegen, welche eine *gleiche Chance* der Bewerber gewährleisten. Der Realisierungsgrad der Chancen müsse durch *objektiv sachgerechte und individuell zumutbare Kriterien* bestimmt werden.[200]

Anhand dieser Rechtsprechung wird deutlich, daß die Ausgestaltung eines Rundfunk- **37** lizenzverfahrens nur dann mit der Rundfunkfreiheit in Einklang gebracht werden kann, wenn sie den rechtsstaatlichen Anforderungen des Art. 20 Abs. 1 GG entspricht, wozu insbesondere der *Bestimmtheitsgrundsatz* und das *Verhältnismäßigkeitsprinzip* gehören.[201] Für die Ausgestaltung des Lizenzverfahrens bedeutet dies zum einen, daß die Kriterien für die Auswahl und Zulassung objektiv bestimmt sind, zum anderen die entsprechenden gesetzlichen Vorgaben mit Blick auf das Grundrecht der Rundfunkfreiheit verhältnismäßig im weiteren Sinne sind.[202] Inwieweit dabei die einzelnen Kriterien genau umschrieben und auch durch *unbestimmte Rechtsbegriffe* ausgeführt werden dürfen, hängt von der Tragweite der Beschränkung der Rundfunkfreiheit zum Schutz der Staatsferne ab. Je mehr die *Grundrechtsrelevanz* hervortritt, um so strenger gestalten sich auch die Anforderungen an das Maß der Bestimmtheit. Das Erfordernis der hinreichenden Bestimmtheit gesetzlicher Ermächtigung verwehrt dem Gesetzgeber zwar nicht die Verwendung unbestimmter Rechtsbegriffe,[203] jedoch ist es erforderlich, daß deren Normierung sich mit zunehmendem Grad der Grundrechtsrelevanz als unvermeidlich darstellt.

Dies hat zur Folge, daß das Maß der erforderlichen Bestimmtheit für jede einzelne Voraussetzung der Zulassung zum privaten Rundfunk *konkret*, mithin nicht nur in einer Gesamtschau der rundfunkrechtlichen Zulassungsbestimmungen, Beachtung finden muß.[204]

Die *Sicherung des Vielfaltgebots* verlangt zunächst eine Unterscheidung nach persönlichen und sachlichen Kriterien. *Persönliche Zulassungsvoraussetzungen* sind deshalb unerläßlich, weil sie erst die für die Vielfaltsicherung bedeutsame Unabhängigkeit und Zuverlässigkeit des Antragstellers beurteilen lassen. Sie dienen gleichermaßen wie objektive *Zulassungsvoraussetzungen* der Sicherung eines freien Meinungsmarktes im privaten Rundfunk, und zwar unabhängig von dem Umfang der tatsächlich zur Verfügung stehenden Übertragungskapazitäten.[205] Diese doppelte Funktion stellt sich somit zum einen als Zulassungskriterium, zum anderen aber zugleich

---

[198] BVerfGE 57, S. 295 ff., 320.

[199] BVerfGE 57, S. 295 ff., 326.

[200] BVerfGE 57, S. 295 ff., 327.

[201] Vgl. *Stender-Vorwachs*, Staatsferne, S. 137; *Gabriel-Bräutigam*, Rundfunkkompetenz und Rundfunkfreiheit, S. 106; *Benda*, in: Handbuch des Verfassungsrechts, § 17, Rdz. 13.

[202] Vgl. *Ricker*, Privatrundfunkgesetze im Bundesstaat, S. 63 ff.

[203] BVerfGE 48, S. 210 ff., 222.

[204] Vgl. *Stender-Vorwachs*, Staatsferne, S. 137.

[205] Vgl. BVerfGE 57, S. 295 ff., 326; vgl. im übrigen im einzelnen unter C Rdz. 2, 10 ff., 48 ff.

auch als Element des Pluralismusgebots dar. Sofern die zur Verfügung stehenden Verbreitungsmöglichkeiten es nicht erlauben, allen Antragstellern den Zugang zur Veranstaltung privater
Rundfunksendungen zu öffnen, müssen mit Blick auf den Gleichheitssatz in die Zugangsregelungen auch Bestimmungen über die *Auswahl* der Bewerber aufgenommen werden.[206]

38   Schon in der „*numerus-clausus-Entscheidung*" hat das Bundesverfassungsgericht ausgeführt,
daß jedes Auswahlsystem nur einem Teil der Bewerber reale Aussichten eröffnen kann.
Deshalb sei es notwendig, für den Realisierungsgrad der Chancen zumutbare Kriterien zu
bestimmen.[207] Ein *Kapazitätsmangel* hat folglich Auswirkungen auf die *rangmäßige Festlegung
von Auswahlkriterien*.[208]

Sachliche Zulässigkeitsvoraussetzungen sind deshalb geboten, weil die verfassungsrechtlichen Anforderungen qualitativer Vielfalt im gesamten privaten Programmangebot nur dann mit
hinreichender Wahrscheinlichkeit erfüllbar sind, wenn die Zulassungsanträge auf die generelle
Geeignetheit der vorgesehenen Programme hin überprüft werden können, um somit
einen Beitrag zur Herstellung von Meinungsvielfalt zu leisten.[209] Dieser Gesichtspunkt ist nicht
nur ein Beleg für das Pluralismusgebot, sondern dient auch der Sicherung eines rechtsstaatlichen Verfahrens und erweist sich damit als notwendig zur *Wahrung der Staatsunabhängigkeit*.

Allein die Festlegung entsprechend sachgerechter Auswahlkriterien reicht indes für die
Durchführung eines rechtsstaatlichen Rundfunklizenzverfahrens nicht aus. Da die Sicherung
des Vielfaltsgebots ein von jeder Einflußnahme des Staates freies Verfahren verlangt, darf
sowohl die Zulassungsinstanz als auch die über die Vielfaltssicherung entscheidende Stelle[210]
weder *selbst Verwaltungsbehörde* noch von einer solchen abhängig sein. Das Prinzip der Staatsferne verlangt eine *staatsfreie Zulassungsentscheidung*.

39   Das Bundesverfassungsgericht hat daher auch in seinem *4. Rundfunkurteil* von 1986 die
frühere Vorschrift des § 3 Abs. 1 des niedersächsischen Landesrundfunkgesetzes für verfassungswidrig erklärt, die vorsah, daß für den Fall, in welchem es dem Landesrundfunkausschuß
nicht binnen einer Frist von drei bis fünf Monaten gelingt, eine Auswahlentscheidung zu
treffen, an deren Stelle ein vom Ministerpräsidenten als Erlaubnisbehörde dem Ausschuß un-
terbreiteter Vorschlag treten sollte.[211] Diese *Fiktion der Erlaubniserteilung* sei deshalb verfassungswidrig, weil ein wirksamer Schutz der Programmfreiheit nur bei strengen Anforderungen gewährleistet werden könne.

Bemerkenswert ist zwar, daß das Bundesverfassungsgericht gleichwohl eine staatliche Institution als Erlaubnisbehörde mit Art. 5 Abs. 1 Satz 2 GG für vereinbar erklärt hat. Dies bezieht
sich jedoch nur auf die Ausführung einer bereits getroffenen Lizenzentscheidung. Denn es dürfen insbesondere *keine Handlungs- und Wertungsspielräume* zugebilligt werden, die es ermöglichen,
daß sachfremde, insbesondere die Meinungsvielfalt beeinträchtigende Erwägungen Einfluß auf
die Entscheidung über den *Zugang* privater Interessenten zum Rundfunk gewinnen können.[212]

40   Entscheidend ist der Gesichtspunkt der Programmfreiheit, der einen wesentlichen Bestandteil der grundrechtlich geschützten Rundfunkfreiheit privater Anbieter darstellt[213] und
damit dem Gesetzgeber und der Exekutive *jegliche Einflußnahme* auf den Rundfunk verbietet, die mit der dienenden Funktion der Rundfunkfreiheit nicht vereinbar und durch Schranken des Grundrechts nicht gerechtfertigt ist. Der Schutzbereich des Art. 5 Abs. 1 Satz 2 GG
umfaßt damit sowohl *unmittelbare* als auch *mittelbare Einflußnahmen* auf die Auswahl, den

---

[206] BVerfGE 57, S. 295 ff., 327.

[207] BVerfGE 43, S. 291 ff., 316 f.

[208] BVerfGE 33, S. 103 ff., 345 f.

[209] *Stender-Vorwachs*, Staatsferne, S. 38.

[210] Siehe zur KEK unten D Rdz. 51 ff., E Rdz. 69 ff.

[211] Nds. LRG vom 23. Mai 1984, Nds. GVOBl. 1984, S. 147 ff., 149.

[212] BVerfGE 73, S. 118 ff., 183.

[213] *Ricker*, Privatrundfunkgesetze im Bundesstaat, S. 21.; vgl. hierzu ausführlich unten unter F Rdz.
1 ff., 50 ff.

Inhalt und die Gestaltung der Programme.[214] Dabei ist zu berücksichtigen, daß bei der Bewertung der Programmkonzepte und Anwendung der Auswahlkriterien sich nicht immer eindeutig nachvollziehbare Beurteilungsspielräume ergeben, die folglich auch die Möglichkeit eröffnen könnten, daß Absprachen z.B. hinsichtlich bestimmter Programmerwartungen getroffen werden. Diese Situation macht es erforderlich, daß dem Staat gerade der Bereich der Lizenzentscheidungen *gänzlich verschlossen* bleibt. Das Bundesverfassungsgericht zieht hieraus den klaren Schluß, daß staatlichen Behörden bei für Programme bedeutsamen Entscheidungen *kein Ermessen* – sei es gebunden oder ungebunden – eingeräumt werden darf. Verfassungswidrig sind infolgedessen auch Bestimmungen, die aufgrund unbestimmter Rechtsbegriffe der Behörde *Beurteilungsspielräume* eröffnen, die sich auch nur mittelbar auf Programminhalte auswirken könnten.[215]

Wenn auch die *Ausfertigung des Erlaubnisbescheides* einer staatlichen Behörde überantwortet **41** werden kann, so darf ihr aber z.B. *nicht die Prüfung* der *subjektiven Zulassungsvoraussetzungen*, wie z.B. die *Zuverlässigkeit* des Antragstellers, übertragen werden. Auch insoweit können programminhaltliche Wertungen mit einfließen, die sogar von stärkerem Gewicht als bei der den Rundfunkgremien obliegenden Programmkontrolle sein können. Geht es bei der Programmaufsicht um eine konkrete bereits ausgestrahlte Sendung, liegt der Zuverlässigkeitsprüfung eine Prognose zugrunde,[216] die mit Blick auf notwendige subjektive Einschätzungen für die Zukunft sogar noch mehr Wertungsspielräume eröffnet. Hinzu kommt die Gefahr, daß eine staatliche Erlaubnisbehörde nicht nur *zensurartig* eingreift, sondern einen möglicherweise politisch mißliebigen Antragsteller von vornherein nicht zum Zuge kommen läßt. Wenn auch in einem rechtsstaatlichen Verfahren eine gerichtliche Kontrolle solchen Gefahren in einem gewissen Umfang entgegenzuwirken vermag, bleibt es bei einer bloß punktuellen und im übrigen nachträglichen Korrektur.[217] Der staatliche Einfluß hingegen bleibt als prägendes Element der Entscheidung bestehen. Trotz gerichtlicher Kontrolle kann nicht verhindert werden, daß sachfremde, namentlich vielfaltsbeschränkende Erwägungen in die Entscheidung einfließen, denen unmittelbare wie mittelbare Wirkungen auf das Programm zukommen.[218]

Bemerkenswert ist, daß das Bundesverfassungsgericht der staatlichen Erlaubnisbehörde eine Prüfungskompetenz insoweit zugebilligt hat, als es um die Frage geht, ob der Antragsteller *wirtschaftlich* in der Lage ist, die Veranstaltung entsprechend dem Antrag durchzuführen. Bei dieser Zulassungsvoraussetzung sieht das Bundesverfassungsgericht die Wertungsmöglichkeiten als sehr gering an, da das beabsichtigte Programm zugrundegelegt werden müsse und lediglich die Angemessenheit der vorgestellten Finanzierungsvorstellungen, deren Höhe wie z.B. die Telekomgebühren für sendetechnische Anlagen zum Teil eindeutig bestimmt werden könnten, zu prüfen sei.[219] Das Gebot der Staatsfreiheit werde deshalb dabei nicht verletzt, weil auch die Gefahr einer mittelbaren Einflußnahme auf den Programminhalt vor dem Hintergrund gering erscheine, daß die Erlaubnisbehörde bei Mängeln im Finanzplan dem Antragsteller nicht vorschreiben könne, auf welche Weise er die Finanzierung sicherzustellen habe.[220]

Ob diese Sichtweise auch nach dem 8. Rundfunkurteil des Bundesverfassungsgerichts noch haltbar ist, erscheint zweifelhaft. Das Gericht führt aus, daß „*auch die subtileren Mittel indirekter Einwirkung, mit denen sich staatliche Organe Einfluß auf das Programm verschaffen*", von der Rundfunkfreiheit erfaßt und damit untersagt seien.[221] Dies müßte aber zur Folge haben, daß auch geringfügige Wertungsspielräume, die das Bundesverfassungsgericht im 4. Rundfunkurteil jedenfalls bei der Prüfung eines Finanzierungskonzepts sieht, einer staatlichen Behörde

---

[214] BVerfGE 73, S. 118ff., 182.
[215] BVerfGE 73, S. 118ff., 183.
[216] BVerfGE 73, S. 118ff., 184.
[217] BVerfGE 73, S. 118ff., 184.
[218] BVerfGE 73, S. 118ff., 185.
[219] BVerfGE 73, S. 118ff., 185.
[220] BVerfGE 73, S. 118ff., 186.
[221] BVerfG NJW 1994, S. 1942ff., 1944.

nicht zuerkannt werden, da sie in irgendeiner Weise sich immer auf das Programm auswirken können.

Dem Aspekt der Staatsfreiheit scheint das Bundesverfassungsgericht im Vergleich zum „Niedersachsen-Urteil" bereits in der 6. Rundfunkentscheidung eine noch stärkere Bedeutung beigemessen zu haben. Dort hat das Bundesverfassungsgericht die nordrhein-westfälische Regelung über die Zuordnung von Übertragungskapazitäten für verfassungswidrig erklärt,[222] obgleich bis dato der Bereich von *Frequenzzuordnungen* geradezu selbstverständlich staatlich verwaltet und entschieden wurde.

42   Aufgrund der zitierten Rechtsprechung, daß dem Staat bei der Zulassung keine Handlungs- oder Wertungsspielräume eingeräumt werden dürfen, stellt sich die Frage, wer die entsprechenden Entscheidungen zu treffen hat. Diese sind ohne Wertungen nicht denkbar. Erinnert sei nur noch einmal an die Sicherung des Pluralismus im Rahmen der Zulassung.[223]

Demgemäß sind es die *Landesmedienanstalten,* die nach den Landesmediengesetzen die Entscheidung hierüber zu treffen haben. Durch ihre vergesellschaftete Struktur sind sie in der Lage, einerseits der Vorgabe des Bundesverfassungsgerichts zu genügen, wonach der Rundfunk Angelegenheit der Allgemeinheit sei,[224] andererseits sind sie aber hierdurch auch als staatsfern anzusehen.

43   Die Landesmedienanstalten sind wohl im verwaltungsrechtlichen Sinne[225] Behörden. Für die hier anstehende Problematik ist aber entscheidend, daß die Willensbildung über die Auswahlentscheidung nicht im Bereich des Staatlichen, sondern in gesellschaftlicher Verantwortung erfolgt. Es sind die Repräsentanten der Allgemeinheit in dem Beschlußgremium, die über die Auswahl befinden.[226] Insoweit ist aber gewährleistet, daß die damit verbundenen Wertungen im staatsfreien Raum ergehen.

Auf diese Weise wurde ein Weg gefunden, die *Dichotomie* aufzulösen, die darin zu sehen ist, daß einerseits der *Staat als Garant der Rundfunkfreiheit* wesentliche Entscheidungen selbst zu treffen hat,[227] andererseits aber der Gefahr staatlichen Einflusses wegen der *Rundfunkfreiheit* als *Abwehrrecht* begegnet werden muß.[228]

44   Die Lösung, innerhalb eines gesetzlich fixierten Rahmens eine individualrechtlich geprägte freie Initiative zur Wirkung gelangen zu lassen, hat das Bundesverfassungsgericht als nicht hinreichend angesehen. Das Erfordernis einer Auswahlentscheidung ist hierfür ein prominentes Beispiel, das wie andere auf der Notwendigkeit einer „ständigen" Pluralismussicherung basiert. Die Ausfüllung des gesetzlichen Rahmens, vor allem die wertenden Entscheidungen zu treffen, ist daher Angelegenheit der in dem Beschlußgremium der Landesmedienanstalt repräsentierten Gesellschaft.[229]

45   Um den Pluralismus wirksam durchzusetzen, sind *verfahrensrechtliche* Regelungen erforderlich, die die Landesmedienanstalten vor allem bei der Frage der Zulassung bzw. deren Entzug anzuwenden haben.

---

[222] BVerfGE 83, S. 233 ff., 237.; vgl. hierzu unten unter D Rdz. 63 ff., G Rdz. 12.

[223] Vgl. etwa § 8 Abs. 1 LRG Rh.- Pf.; § 12 Abs. 2 Ziff. 1 RGMV.

[224] BVerfGE 60, S. 53 ff., 65.

[225] Insoweit werden die Landesmedienanstalten gleichermaßen wie die staatliche Administration durch ihr Exekutivorgan als Verwaltungsbehörde tätig. Es wäre ein widersinniges Ergebnis, diese Eigenschaft im Vollzugsbereich den Landesmedienanstalten mit Hinweis auf ihre zu wahrende Staatsunabhängigkeit abzusprechen. Der Vollzug der Zulassungsentscheidung, also die rechtlich verbindliche Lizenzvergabe, ist nach alledem eine Maßnahme einer Behörde auf dem Gebiet des öffentlichen Rechts mit unmittelbarer Außenwirkung (siehe hierzu *Bethge* NJW 1995, S. 557 ff.), mithin nach klassischer Begriffsdefinition als ein Verwaltungsakt einzustufen. Die Auswahlentscheidung ist folglich eine vorbereitende Handlung, der ausgefertigte Bescheid ein Verwaltungsakt (vgl. *Wolff / Bachof* VerwR Bd. 1 § 52 Rdz 3).

[226] Vgl. oben unten C Rdz. 48; unten unter E Rdz. 34 ff., 76 ff.

[227] Vgl. hierzu oben B Rdz. 115 ff.

[228] Vgl. hierzu ausführlich oben unter B Rdz. 92 ff.

[229] Vgl. hierzu oben D Rdz. 31 ff.; unten unter E Rdz. 36 ff., 76 ff.

Aufgrund der Kritik an dem Zulassungs- und Aufsichtsverfahren,[230] sieht der Rundfunkstaatsvertrag für das bundesweite Fernsehen eine Verschärfung der verfahrensrechtlichen Regelungen vor. Insbesondere sind die Antragsteller im Hinblick auf ihre Zulassung, aber auch die Veranstalter im Rahmen der Aufsicht durch die Landesmedienanstalten zu umfangreichen Darlegungen verpflichtet und diese zu Ermittlungen befugt.[231]

Vom Grundsatz her gebietet es eine sachgerechte Rundfunkordnung, daß sich diese als **46** effektiv darstellt.[232]

Dies kann nur dann gelingen, wenn die den Verwaltungsakten der Landesmedienanstalt zugrundeliegenden Sachverhalte hinreichend aufgeklärt sind.

Es stellt sich jedoch die Frage, ob nicht einige der Befugnisse der Landesmedienanstalten **47** *unverhältnismäßig* sind. Hierzu gehört vor allem, daß nach § 22 Abs. 7 S. 2 RStV Durchsuchungen von Geschäftsräumen bei Gefahr im Verzug auch ohne richterliche Anordnung zulässig sind. Damit weicht die Regelung aber von derjenigen ab, die für die Presse nach den Landesgesetzen gilt.[233]

Diese bestimmen wegen der Staatsfreiheit der Presse, daß Durchsuchungen nur durch den Richter erfolgen dürfen. Die Freiheit vom Staat stellt sich aber im Bereich des Rundfunks nicht anders dar als im Bereich der Printmedien. Die Regelung kann damit nicht als *erforderlich* angesehen werden, das mit ihr verfolgte Ziel einer wirksamen Sachverhaltsaufklärung zu erreichen, da der Preis hierfür die Verletzung der Staatsfreiheit ist. Darüber hinaus stellt sie sich aber auch als *unverhältnismäßig* dar, da hierdurch der Rundfunk in einer sensiblen Frage staatlichem Einfluß ausgesetzt wird, andererseits aber, wie das Beispiel der Presse zeigt, in der Praxis die Durchsuchungsanordnung durch den Richter ausreichend erscheint.

Das Wesen des privaten Rundfunks liegt in dem wirtschaftlichen und publizistischen Wett- **48** bewerb. Sowohl aus der Eigentumsposition als auch aus derjenigen der Rundfunkfreiheit hat damit der Veranstalter oder ein am Zulassungsverfahren Beteiligter ein legitimes Interesse daran, daß die *Geschäftsgeheimnisse*, die für die Beurteilung der medienrechtlich relevanten Fragen offenbart werden müssen, hinreichend geheimgehalten werden. Der Rundfunkstaatsvertrag sieht vor, daß Geschäftsgeheimnisse, die im Zusammenhang mit dem Zulassungsverfahren, dem Auskunftsrecht der Landesmedienanstalten bzw. der Publizitätspflicht des Veranstalters anvertraut oder sonst bekannt gemacht worden sind, nicht unbefugt offenbart werden dürfen.[234]

49

In diesem Zusammenhang stellt sich unter dem Gesichtspunkt des Bestimmtheitserfordernisses[235] die Frage, wann die Offenbarung „*unbefugt*" erfolgt. Darüber hinaus ergibt sich das Problem der Sanktion, da eine Strafbewehrung nicht vorgesehen ist. Von daher dürften die Rechte der Rundfunkveranstalter nicht hinreichend geschützt sein.

50

Für das bundesweite private Fernsehen wurde das Verfahren der Zulassung dahingehend geändert, daß in die Landesmedienanstalt zum einen die *Kommission zur Ermittlung der Konzentration im Medienbereich (KEK)* und andererseits die *Konferenz der Direktoren der Landesmedienanstalten (KDLM)* als Organe integriert wurden.[236]

51

Beide Institutionen sind zuständig für die anschließende Beurteilung von Fragestellungen der Sicherung von Meinungsvielfalt im Zusammenhang mit der bundesweiten Veranstaltung privater Fernsehprogramme.[237] Der Rundfunkstaatsvertrag verfolgt damit das Ziel, zu einer *Vereinheitlichung* der *Zulassung* und *Aufsicht* zu kommen.

---

[230] Vgl. hierzu unten unter E Rdz. 20 ff.
[231] Vgl. hierzu §§ 21 ff. RStV.
[232] Vgl. BVerfGE 57, S. 295 ff., 323.
[233] Vgl. etwa § 16 LPG Hessen, § 13 Abs. 1 LPG Rh.-Pf.
[234] Vgl. § 24 RStV.
[235] Vgl. hierzu oben unter D Rdz. 37.
[236] Vgl. § 35 RStV.
[237] Vgl. § 36 RStV; siehe auch unten unter E Rdz. 69 ff.

52 Im Hinblick auf die *Staatsfreiheit* ist festzustellen, daß die Mitglieder der KEK von den Ministerpräsidenten der Länder für die Dauer von fünf Jahren einvernehmlich berufen werden.[238] Insofern stellt sich die Frage, ob nicht die Auswahl der Mitglieder der KEK *wesentlich* ist, so daß sie nicht von den Ministerpräsidenten, sondern von dem Parlament festzulegen wäre. Die KEK beschließt verbindlich über die Sicherung von Meinungsvielfalt im Zusammenhang mit der bundesweiten Veranstaltung privater Fernsehprogramme.[239]

53 Von daher kommt diesem Gremium eine entscheidende Funktion für die Ausgestaltung des Pluralismus und damit der Grundlage der Rundfunkordnung zu. Indem den Ministerpräsidenten die Auswahl überlassen wird, erhält die *Gubernative* einen maßgeblichen Einfluß auf die Zulassung und Aufsicht privater Rundfunkveranstalter. Dies ist ihr aber jedenfalls dann verwehrt, wenn es sich um Angelegenheiten handelt, die wie hier, eine Fülle von wertenden Entscheidungen beinhalten.[240]

54 Demgegenüber erscheint das Argument, die Konzentrationskontrolle sei eine „typische Staatsaufgabe" nicht stichhaltig.[241] Die Funktion des Staates ist nach der Rechtsprechung des Bundesverfassungsgerichts auf die Ausgestaltung des Rahmens der Rundfunkordnung beschränkt. Insofern nimmt sie eine ihr obliegende wesentliche Aufgabe wahr.[242]

Um die Rundfunkfreiheit zu garantieren sind dem Staat aber die wertenden Feststellungen im Einzelfall gerade entzogen. Deswegen hat das Bundesverfassungsgericht gerade auch den mittelbaren Staatseinfluß als unzulässig angesehen.[243] Jedenfalls dieser wird aber durch die Auswahl der Mitglieder der KEK durch die Ministerpräsidenten hervorgerufen.

55 Oft ist die *Auswahlentscheidung* der im Rahmen der jeweiligen Landesmedienanstalt staatsunabhängig organisierten Beschlußgremien mit *Auflagen* für die Lizenzbewerber verbunden. Solche Auflagen sind eine *gängige Praxis* der Entscheidungsgremien.

Tatsächlich darf auch eine Rundfunkerlaubnis Auflagen enthalten und damit bestimmte *Pflichten eines Veranstalters* begründen, deren Einhaltung wiederum durch die jeweilige Landesmedienanstalt *kontrolliert* und *sanktioniert* werden kann[244]; dabei ist jedoch nicht zu verkennen, daß das Mittel der Auflage auch zu einem Instrument werden könnte, vom Rundfunkveranstalter Pflichten zu verlangen, die nicht mehr der Wahrung der Rundfunkfreiheit dienen, sondern sogar von staatlichen Interessen geprägt sind. Daß diese Gefahr besteht, zeigen noch näher zu erörternde Fälle[245], in denen die Lizenzverteilung zur Durchsetzung *medienwirtschaftlicher* oder *kultureller Ziele* genutzt wird. Entscheidend ist demnach die Frage nach den *inhaltlichen Grenzen* für die Erteilung von *Auflagen*.

56 Insoweit kommt den gesetzlichen Zulassungskriterien eine *abwehrende Funktion* gegenüber staatlichen Einflußnahmen zu.[246] Diese Bindung besteht nicht nur für das die Lizenzerteilung zuständige Exekutivorgan, sondern auch für das die Entscheidung treffende Beschlußorgan. Zwar kann letzteres seine Entscheidungen nicht frei von Wertungen und Beurteilungen treffen, jedoch haben sich diese nicht zuletzt auch mit Rücksicht auf den rechtsstaatlichen Bestimmtheitsgrundsatz im Rahmen der gesetzlichen Auswahlkriterien zu bewegen. Da es hierbei um Entscheidungen zur Verwirklichung der Rundfunkfreiheit geht, gelten auch insoweit die Gesichtspunkte, die das Bundesverfassungsgericht im 4. Rundfunkurteil bei der Frage der zulässigen Beteiligung des Staates an der Lizenzerteilung dargestellt hat. Hiernach dürfen keine Handlungs- und Wertungsspielräume eingeräumt werden, die es

---

[238] Vgl. § 35 Abs. 3 S. 2 RStV; siehe auch unten E Rdz. 80.

[239] Vgl. § 37 RStV; siehe auch unten E Rdz. 70a.

[240] Vgl. BVerfGE 83, S. 238 ff., 310; siehe oben D Rdz. 40.

[241] So aber *Benda*, epd Nr. 88, S. 13.

[242] Vgl. BVerfGE 57, S. 295 ff., 321.

[243] Vgl. BVerfGE 73, S. 118 ff., 183; 83, S. 238 ff., 323; siehe auch oben D Rdz. 8.

[244] *Ory,* Freiheit der Massenkommunikation, S. 128.

[245] *Bumke,* S. 373, siehe auch unten unter E Rdz. 36 ff.

[246] Siehe hierzu *Stender-Vorwachs,* Staatsferne, S. 136 ff.; vgl. auch *Ricker,* Privatrundfunkgesetze, S. 60.

ermöglichen, daß *sachfremde*, insbesondere die Meinungsfreiheit beeinträchtigende Erwägungen Einfluß auf die Entscheidung über den Zugang privater Interessenten zum Rundfunk gewinnen könnten.[247]

Die dabei vom Gericht getroffene Feststellung, daß personenbezogene Entscheidungen grundsätzlich *weder einem ungebundenen* noch *gebundenen Ermessen* unterworfen werden dürfen, bezieht sich zwar ausdrücklich auf staatliche Behörden, jedoch wird diese Aussage generell auf Lizenzerteilungen zu übertragen sein. Das Gericht begründet nämlich diesen Grundsatz damit, daß sich Wertungsspielräume nicht nur bei der konkreten Entscheidung, sondern bereits im Vorfeld als Druckmittel oder als „*Selbstzensur*" auf Interessenten oder Veranstalter auswirken könnten.[248] An anderer Stelle führt das Gericht aus, daß ansonsten staatliche Organe bei einer möglichen Ermessensbetätigung von vornherein unliebsame Veranstalter vom Zugang zum Massenmedium Rundfunk ausschließen könnten.[249] Zwar wäre diese Gefahr evident bei einer direkten staatlichen Zuständigkeit, sie ist jedoch – wenn auch in geringerem Umfang – ebenfalls bei einer staatsunabhängig strukturierten Landesmedienanstalt gegeben, da in der Praxis staatliche Einflußnahmen insbesondere auf das Exekutivorgan nicht ausgeschlossen werden können. In jedem Fall verlangt Art. 5 Abs. 1 GG, daß die Grundsätze der Rundfunkfreiheit verbindlich gemacht werden und ihre Erfüllung sichergestellt ist.[250] Ein ungebundenes Ermessen wäre hiermit nicht zu vereinbaren. **57**

Für die Erteilung von Auflagen hat dies folglich zur Konsequenz, daß dieses Mittel nicht dazu mißbraucht werden darf, die *Unzulässigkeit von Ermessensentscheidungen* bei Lizenzvergaben auszuhöhlen. Maßgeblich sind die *gesetzlichen Auswahlkriterien*.[251] Allgemein kann folglich die Feststellung getroffen werden, daß nur solche Punkte in den Erlaubnisbescheid aufgenommen werden dürfen, die mit dem *Zweck der Auswahlbestimmungen* im Einklang stehen. Dabei zeigt schon der *verhaltenssteuernde Charakter einer Auflage*, daß mit diesem Mittel bei der Erteilung von Rundfunklizenzen *zurückhaltend* umzugehen ist. Eine Rundfunklizenz unterscheidet sich u.a. mit Blick auf die Programmgestaltungsfreiheit eben grundlegend von den üblichen Genehmigungsbescheiden, die wie z.B. eine Baugenehmigung, sehr detailliert den Inhalt des Erlaubten festlegen.[252] **58**

Gerade bei Rundfunklizenzen kommt es folglich darauf an, daß die Auflage dem *Sinn und Zweck* der jeweiligen Genehmigung entspricht.[253] Insbesondere darf die Erlaubnis *nicht* einzelne *Programminhalte* oder *Programmprofile* vorschreiben, weil anderenfalls die Programmgestaltungsfreiheit der privaten Veranstalter verletzt werden würde.[254] Dabei kommt es auf die Frage, ob bzw. inwieweit aus Art. 5 Abs. 1 GG ein unmittelbares subjektives Recht auf Veranstaltung von Rundfunk hergeleitet werden kann[255], nicht an. **59**

Entscheidend ist vielmehr, daß die Rundfunkfreiheit sich insbesondere in der *Programmautonomie* manifestiert und es damit weitestgehend in der Entscheidungsgewalt des Rundfunkveranstalters liegen muß, wie er sein Programm ausgestaltet. Für den öffentlich-rechtlichen Rundfunk hat das Bundesverfassungsgericht ausgeführt, daß es Sache der Rundfunkanstalten sei, aufgrund ihrer professionellen Maßstäbe zu bestimmen, was der Rundfunkauftrag in publizistischer Hinsicht verlange. Demzufolge sei auch die Entscheidung über Umfang und Form der Programme vom Schutz der Rundfunkfreiheit umfaßt und damit in erster Linie eine Angelegenheit des Rundfunks selbst.[256] Diese Aussage muß im Prinzip auch

---

[247] BVerfGE 73, S. 118ff., 183.
[248] BVerfGE 73, S. 118ff., 183.
[249] BVerfGE 73, S. 118ff., 184.
[250] BVerfGE 57, S. 295ff., 322, 325.
[251] Vgl. *Wagner,* Landesmedienanstalten, S. 200 f.
[252] Vgl. *Wagner,* Landesmedienanstalten, S. 206.
[253] Siehe hierzu OVGE 29, S. 253ff., 257; *Schlund* BayVBl. 1988, S. 527.
[254] *Maunz/Dürig/Herzog/Scholz,* GG, Art. 5 Abs. 1 und 2 Rdz. 299.
[255] Siehe hierzu Ausführungen unter B Rdz. 130 ff.
[256] Siehe hierzu BVerfGE 87, S. 182ff., 200 f.

bei der Rechtstellung der privaten Veranstalter gelten, da sie auch dann, wenn ihnen die Erfüllung einer Grundversorgung abgesprochen wird, eine öffentliche Aufgabe zur Sicherung und Entfaltung des Meinungsmarktes wahrnehmen.[257] Um diesen Auftrag wirkungsvoll erfüllen zu können, müssen sie auch vor Eingriffen in die Programmgestaltung geschützt werden. Vorgaben sind dabei nur insoweit zulässig, wie sie der Gesetzgeber im Rahmen der institutionellen Garantie zur Ausgestaltung der Rundfunkfreiheit, mithin als *notwendiges Mittel* zur Wahrung von Meinungs- und Informationsfreiheit, geschaffen hat.[258]

Folglich haben sich Auflagen strikt an den *materiellen Zulassungskriterien* zu orientieren und dürfen nicht zu weitergehenden, über die Sicherungsfunktionen des Art. 5 Abs. 1 Satz 2 GG hinausreichenden Belastungen führen. Zulassungsauflagen haben sich daher an der Rundfunkfreiheit auszurichten. In dieser Hinsicht kann es im Einzelfall sogar darum gehen, durch Auflagen bestimmte vielfaltsichernde Elemente – wie z.B. die vom Veranstalter zugesagte Einrichtung eines *Programmbeirates* – mit der Lizenz verbindlich festzulegen. Insoweit vermögen *Auflagen* sogar *zur Stärkung der individuellen und öffentlichen Meinungsbildung* durch den Rundfunk beizutragen.[259] Sie sind oftmals erforderlich, um die Erlaubnis hinsichtlich der Rechte und Pflichten des Veranstalters überhaupt inhaltlich ausfüllen zu können.[260] In derartigen Fällen stellt die Auflage ein geeignetes Mittel dar, um der Erlaubnis entgegenstehende Hindernisse auszuräumen. Die Auflage kann dann sowohl eine tatbestandserfüllende als auch eine tatbestandssichernde Funktion wahrnehmen.[261]

60 Allgemein kann daher die Feststellung getroffen werden, daß *Auflagen*, welche orientiert an der *dienenden Funktion* der Rundfunkfreiheit die Vergabegrundsätze auszufüllen vermögen, unbedenklich sind. Verfassungsrechtlich bedenklich dürften demnach hingegen solche Auflagen sein, die nicht geeignet sind, einen fördernden Beitrag zur Sicherung bzw. zum Ausbau des Meinungsmarktes zu leisten. Schon aus dieser Sicht erscheinen Auflagen, die über Bestimmungen zur Sicherung der Meinungsvielfalt hinausgehen und von dem Lizenznehmer irgendwelche *wirtschaftliche Leistungen* abverlangen, höchst problematisch.[262] Unter dem *Gesichtspunkt medienwirtschaftlicher Landesinteressen* geht es darum, daß mit Lizenzerteilungen häufig eine massive Standortpolitik betrieben wird. Sie hat sich in den vergangenen Jahren zunehmend zu einem bedeutsamen, wenn nicht sogar entscheidenden Faktor für das Ob und Wie einer Rundfunklizenzerteilung entwickelt.[263]

Mit Blick auf das Prinzip der Staatsferne ergeben sich Bedenken bereits daraus, daß es sich hierbei um Ziele handelt, die in den *originären Bereich staatlicher Wirtschaftspolitik* gehören. Unabhängig von der Frage, inwieweit tatsächlich von Landesregierungen versucht wird, auf eine Landesmedienanstalt Einfluß u.a. mit dem Ziel zu nehmen, bei der Lizenzvergabe z.B. die Ansiedlung von Produktionsstätten oder eine Förderung von kulturellen Zwecken zu berücksichtigen, ist bei derartigen Maßnahmen der verfassungsrechtlich vorgegebene Aufgabenbereich der Landesmedienanstalt zu beachten.[264] Entsprechend dem Erfordernis der Staatsfreiheit des Rundfunks ist eine Landesmedienanstalt auf eine *Zulassungs- und Aufsichtsfunktion* nach Maßgabe des Art. 5 Abs. 1 Satz 2 GG beschränkt. Sie ist weder eine staatliche Behörde noch in die unmittelbare Staatsverwaltung einbezogen und darf sich demzufolge auch *nicht zum Mittler staatlicher Interessen* machen.[265]

---

[257] Vgl. BVerfGE 74, S. 297ff., 331.; siehe ausführlich oben unter B Rdz. 102 ff.; C Rdz. 48 ff., 58 ff.

[258] Siehe hierzu BVerfG NJW 1994, S. 1942 ff.

[259] Siehe hierzu BVerfGE 57, S. 295ff., 318; 73, S. 118ff., 152.

[260] *Schachtel,* Nebenbestimmungen zu Verwaltungsakten, S. 57.

[261] Vgl. *Mutschler,* Atomgesetz, S. 61 ff.

[262] *Bumke,* Die öffentliche Aufgabe der Landesmedienanstalten, S. 374.

[263] *Bumke,* Die öffentliche Aufgabe der Landesmedienanstalten, S. 375.

[264] *Bumke,* Die öffentliche Aufgabe der Landesmedienanstalten, S. 374.

[265] BVerfGE 73, S. 118ff., 165; vgl. *Degenhart* AfP 1988, S. 327ff., 334; vgl. auch *Jarass,* Die Freiheit des Rundfunks vom Staat, S. 43 f.

Diese Problematik stellt sich im Ergebnis nicht anders in den Ländern dar, wo in den *Rund-* **61** *funkgesetzen selbst Vorrangkriterien* normiert sind, die ausdrücklich der *Förderung medienwirtschaftlicher Ziele* dienen. Da gerade die Erlaubnisbestimmungen gewissermaßen das Eingangstor zur Verwirklichung der Rundfunkfreiheit darstellen, sich mithin strikt in den Grenzen des gesetzlichen Ausgestaltungsvorbehalts bewegen müssen, sind entsprechende gesetzliche Vorgaben verfassungsrechtlich angreifbar. Diese Problematik stellt sich bei einer Regelung wie z. B. bei § 12 Abs. 1 Nr. 4 des Rundfunkgesetzes für das Land Mecklenburg-Vorpommern (RGMV) nach der unter mehreren Antragstellern derjenige Vorrang hat, der weitestgehend bereit ist, durch Eigen- und Coproduktionen im Land Mecklenburg-Vorpommern förderlich zu wirken.[266] Zwar ist zu konstatieren, daß in den neuen Bundesländern erst eine rundfunk- und produktionstechnische Infrastruktur aufgebaut werden muß, jedoch erklärt sich dieses politisch verständliche Ziel weder aus dem für die Auswahl maßgeblichen Vielfaltsgebot noch stellt es ein höherrangiges Rechtsgut dar, das eine Einschränkung der Rundfunkfreiheit rechtfertigen könnte.[267]

Die *Fragwürdigkeit medienwirtschaftlicher Auflagen* zeigt sich besonders deutlich am Beispiel der **62** im Jahre 1987 erfolgten Vergabe einer terrestrischen Fernsehfrequenz an den Veranstalter SAT 1 in Berlin. Nach dem seinerzeit geltenden Kabelpilotprojektgesetz war im Rahmen des Lizenzierungsverfahrens vorrangig zu berücksichtigen, ob der Bewerber erwarten läßt, daß er den ihm obliegenden Programmauftrag auf Dauer und durch überwiegend in Berlin produzierte Sendungen erfüllen kann. Es ging folglich eindeutig um eine landesspezifische Förderung der Film- und Fernsehwirtschaft und nicht um ein die Rundfunkfreiheit sicherndes Auswahlkriterium. Bei der damaligen Ausschreibung des Fernsehkanals 25 hatte dies dazu geführt, daß sich private Interessenten bereiterklärten, gewissermaßen als Gegenleistung für die Erteilung einer Sendeerlaubnis in Berlin erhebliche finanzielle Anstrengungen zu unternehmen. Im Ergebnis erhielt SAT 1 mit weitreichenden medienwirtschaftlichen Auflagen die Lizenz. So wurde SAT 1 verpflichtet, über eine in Berlin ansässige Produktionsgesellschaft regionale und überregionale Produktionen im Gegenwert von mindestens 20 Mio. DM zu finanzieren. Des weiteren enthielten die Lizenzauflagen die Verpflichtung, für Synchronisationsaufträge 18,9 Mio DM sowie für die Produktion einer Serie und eines Magazins weitere 6,5 Mio DM auszugeben.[268]

Auch die *Hamburgische Anstalt für Neue Medien* (HAM) hatte im Jahre 1987 die Auflage als rechtliches Mittel eingesetzt, um vom Antragsteller für den Fall der Lizenzerteilung abgegebene Zusagen sicherzustellen. Die Lizenzerteilung an RTL Plus verband die HAM mit der Auflage, daß der UFA-Sitz in Hamburg verbleibt und ein „Regionalzentrum Nord" mit einer größeren Anzahl von Arbeitsplätzen errichtet wird.[269] Hatten in beiden Fällen von SAT 1 in Berlin und RTL Plus in Hamburg die Auflagen eindeutig und ausschließlich medienwirtschaftlichen Charakter, ergibt sich ein etwas anderes Bild im Falle der Lizenzvergabe durch die Unabhängige Landesanstalt für das Rundfunkwesen in Schleswig-Holstein (ULR) im Jahre 1987 an SAT 1 und RTL Plus, die mit der verpflichtenden Auflage versehen war, „angekündigte feste Programme mit Landesbezug in vollem Umfang zu realisieren."[270]

Daß die Frage der Veranstaltung von Fensterprogrammen offenkundig auch im Zusammenhang mit der Ansiedlung von entsprechenden Studioeinrichtungen in Schleswig-Holstein stand, macht zudem deutlich, daß ein unbestimmter Rechtsbegriff wie das Auswahlkriterium der Landesbezogenheit dazu genutzt wird, um *medienwirtschaftliche Ziele* mit Nachdruck verfolgen zu können. In einer solchen Situation nimmt die Landesmedienanstalt aber eine Veranstalterauswahl nach Merkmalen vor, die nicht mehr durch den Vielfaltsmaßstab des Art. 5 Abs. 1 GG bestimmt, sondern letztlich von *staatlichen Interessen* geprägt sind.

---

[266] Vergleichbare Regelungen enthalten ebenfalls § 7 Abs. 3 LRG NRW, § 8 Abs. 3 Satz 2 LRG Rh.-Pf., § 10 Abs. 2 Ziff. 3 SächsPRG.

[267] Siehe hierzu auch *Kresse,* Die Rundfunkordnung in den neuen Bundesländern, Rdz. 303.

[268] Amtsblatt für Berlin, S. 37.

[269] epd/KuR Nr. 37 v. 16. 5. 1987 S. 16; Funk-Korrespondenz Nr. 20 v. 15. 5. 1987, S. 9.

[270] epd/KuR Nr. 46/47 v. 17. 6. 1987 S. 13.

Die Landesmedienanstalt wird durch das Tor von unbestimmten Rechtsbegriffen als Sachwalterin staatlicher Ziele tätig. Dabei wird außer acht gelassen, daß ein Beurteilungsspielraum nur hinsichtlich der zu beurteilenden Gewichtung der einzelnen Auswahlkriterien existiert, nicht jedoch bei der Ausfüllung der unbestimmten Rechtsbegriffe.

3. Frequenzen

a) Notwendigkeit gesetzlicher Zuordnungsvorschriften und Zuständigkeiten

63 Bis in die jüngste Gegenwart stellte die Vergabe von *Übertragungskapazitäten* kein besonderes Problem dar. Vor dem Aufkommen des privaten Rundfunks ging es allein darum, die öffentlich-rechtlichen Rundfunkanstalten mit terrestrischen Frequenzen zu versorgen, die von der damaligen Deutschen Bundespost bereitgestellt und deren Nutzung von den Staats- und Senatskanzleien mit einer Art medienrechtlichen Unbedenklichkeitsbescheinigung versehen wurden.[271] Die Einführung des privaten Rundfunks und die Herausbildung einer dualen Rundfunkordnung hat zu einer Situation geführt, die Entscheidungen darüber erfordert, welchem der beiden Systeme Frequenzen zugeordnet werden sollen. Da Anzahl und Leistungsstärke von zu vergebenden Übertragungskapazitäten sich auf die Möglichkeit der Veranstaltung von Rundfunk auswirken, hat die Rundfunkentwicklung mit der gebotenen Aufteilungsentscheidung zugleich die Frage aufgeworfen, ob bzw. inwieweit dem *Staat* mit Blick auf das Gebot der Staatsfreiheit auch auf diesem Gebiet *Planungs- und Vergabekompetenzen* zustehen dürfen.[272]

64 Mit der Zuordnung der Frequenzen sind zwar keine unmittelbaren Einflüsse auf die Programmgestaltung verbunden,[273] jedoch schützt die Rundfunkfreiheit nicht nur vor unmittelbaren staatlichen Einflüssen auf das Programm, sondern steht auch *mittelbaren Einflußnahmen* auf die Programmgestaltung entgegen.[274] Solange Übertragungskapazitäten ein knappes Gut bleiben, das einer geordneten Verteilung bedarf, ist die Gefahr des mittelbaren Einflusses evident. Da ohnedies die Zuteilung der Übertragungskapazitäten zu den Grundvoraussetzungen des Gebrauchs der Rundfunkfreiheit gehört,[275] stellt sich die Frage, ob nicht gleichermaßen wie bei der Zulassungsentscheidung auch dieser Regelungsbereich einer *staatlich unabhängigen Stelle* überantwortet werden muß. Die *Rechtslage* in den einzelnen Bundesländern hierzu ist *unterschiedlich*.

In Bayern, Hessen, Thüringen, Sachsen und letztlich auch in Hamburg wird die Zuordnung allein durch die Landesregierung vorgenommen.[276] In *Nordrhein-Westfalen* war ursprünglich der Landesregierung ebenfalls eine nahezu uneingeschränkte Zuordnungskompetenz bei Übertragungskapazitäten eingeräumt, wenn auch mit der Maßgabe, daß die Regelung durch Rechtsverordnung zu treffen ist und diese unter dem Vorbehalt der Zustimmung des Hauptausschusses des Landtags steht. Das Bundesverfassungsgericht hat indes mit Blick auf das Gebot der Staatsfreiheit in dieser Bestimmung ein zu weitgehendes, nicht mit Art. 5 Abs. 1 Satz 2 GG vereinbares *Entscheidungsermessen* der Landesregierung gesehen. Da die Vergabe von Sendefrequenzen sich mittelbar auf die Programmgestaltung auszuwirken vermag, muß der Gesetzgeber für die Aufteilung der Übertragungskapazitäten zwischen öffentlich-rechtlichem und privatem Rundfunk *hinreichende Kriterien* vorgeben.[277]

---

[271] Siehe hierzu *Eberle,* Rundfunkübertragung, S. 83.

[272] Siehe hierzu *Gersdorf,* Staatsfreiheit, S. 213; *Bumke,* Die öffentliche Aufgabe der Landesmedienanstalten, S. 23 f.

[273] BVerfGE 83, S. 238, 323.

[274] So auch BVerfGE 73, S. 118 ff., 183.

[275] BVerfGE 83, S. 238 ff., 322.

[276] Art. 37 BayMG, § 2a Abs. 1 HPRG, § 3 TPRG, § 4 SächsPRG; § 2 des Frequenzvergabe-Gesetzes von Hamburg (HmbGVBl. 1994, S. 130).

[277] BVerfGE 83, S. 238 ff., 239, 322; *Degenhart* DVBl. 1991, S. 510 ff., 518; s. hierzu auch G Rdz. 9 ff.

Diesem Erfordernis ist der Gesetzgeber von Nordrhein-Westfalen durch eine Neufassung des § 3 LRG nachgekommen. Diese Vorschrift enthält verbindliche Vorgaben zur Frequenzzuordnung, beläßt im übrigen aber der Landesregierung ihre Kompetenz, soweit noch Entscheidungsspielraum besteht.

Vergabekriterien enthält ebenfalls das *Hamburger Gesetz* über die Zuordnung von techni- **65** schen Übertragungskapazitäten im Rundfunk (Frequenzvergabe-Gesetz) vom 20. April 1994. Allerdings behält der Senat eine beherrschende Stellung bei der Entscheidung, welchem System freie Übertragungskapazitäten zuzuordnen sind. Zwar bleibt es zunächst den Landesrundfunkanstalten und der Landesmedienanstalt überlassen, sich über die Aufteilung zu einigen, jedoch wirkt nach § 2 Abs. 1 des Frequenzvergabe-Gesetzes der Senat darauf hin, daß beide Seiten sich dabei verständigen. Die Regierung hat folglich von Gesetzes wegen eine aktive Rolle bei diesem Einigungsprozeß einzunehmen. Die Entscheidungsgewalt geht sogar völlig auf den Senat über, wenn eine Verständigung binnen drei Monaten fehlschlägt. Zwar hat sich die Regierung dann an den in § 2 Abs. 2 des Frequenzvergabe-Gesetzes aufgestellten Vergabekriterien zu orientieren, so daß insoweit der Rechtsprechung des Bundesverfassungsgerichts entsprochen zu sein scheint. Jedoch sind diese derart weit gefaßt, daß sie der *Regierung* einen *großzügigen Entscheidungsspielraum* eröffnen. Die Zuweisungskriterien in § 2 Abs. 2 Nr. 3 – „Programmliche Berücksichtigung hamburgischer landesweiter oder lokaler Belange" – und Nr. 5 – „Berücksichtigung von programmlichen Interessen von Minderheiten" – sind darüber hinaus eine klare Aufforderung, auch programmliche Aspekte bei der Zuordnungsentscheidung maßgeblich zu berücksichtigen. Staatliche Einflußnahmen auf den Programmbereich werden nach dem Hamburger Gesetz somit geradezu gesetzlich sanktioniert. Mit Blick auf die zur Problematik der Zuordnung von Übertragungskapazitäten ergangene Entscheidung des Bundesverfassungsgerichts von 1991 und die Rundfunkgebührenentscheidung mit ihren Ausführungen zum Gebot der Staatsfreiheit können diese vom Hamburger Gesetzgeber beschlossenen Regelungen verfassungsrechtlich kaum Bestand haben.

Die Vorschriften jener Länder eröffnen folglich den jeweiligen Regierungen einen *weitgehenden Zugriff* auf die Verteilung der Sendefrequenzen.

Wenig problematisch erscheint zunächst die *Regelung des schleswig-holsteinischen Rundfunk-* **66** *gesetzes,* wonach der Landtag auf Vorschlag der Landesregierung über die Frequenzzuordnung entscheidet.[278] Für eine Einbeziehung des Parlaments könnte der sog. *Parlamentsvorbehalt* anzuführen sein, wonach wesentliche Entscheidungen, die grundrechtsrelevant sind, vom Parlament selbst zu treffen sind.[279] Jedoch geht es insoweit in erster Linie um gesetzgeberische Leitentscheidungen, wobei im Rundfunkrecht das Gebot der Staatsfreiheit auch dem Gesetzgeber *Schranken* für sein Tätigwerden setzt. Da öffentliche Kritik sowie Kontrolle wesentlich von der Freiheit der Medien abhängen und auch das Parlament Teil der Staatsgewalt ist, darf auch ihm und seinen Organen kein Einfluß auf die Programme der Rundfunkveranstalter eingeräumt werden.[280] Vielmehr geht es darum, durch Verfahrens- und materielle Regeln dem Gesetzesvorbehalt genügende, allgemeine Kriterien zu schaffen, nach denen die konkrete Zuordnungsentscheidung getroffen werden kann, wobei auf einer solchen Grundlage das Bundesverfassungsgericht dann auch die Landesregierung oder den Landtag als die zuständige Vergabeinstanz zuläßt.[281]

Dabei ist aber zu berücksichtigen, daß das Bundesverfassungsgericht in seiner Entschei- **67** dung zum *nordrhein-westfälischen Landesrundfunkgesetz* hinsichtlich der Zuordnung von Übertragungskapazitäten eine *Parallele zum Rundfunklizenzverfahren* und zu den im Urteil zum niedersächsischen Landesrundfunkgesetz getroffenen Feststellungen zur Staatsfreiheit gezo-

---

[278] § 4 Abs. 1 LRG SH.
[279] Siehe hierzu Ausführungen unter B Rdz. 166, 249; C Rdz. 65 ff.
[280] BVerfGE 83, S. 238ff., 323 f.
[281] BVerfGE 83, S. 238ff., 324.

gen hat.[282] Im „Niedersachsen-Urteil" hat das Bundesverfassungsgericht den Staat nicht völlig als Zulassungsbehörde ausgeschaltet, ihn aber auf den *reinen Vollzug* bei der Lizenzentscheidung, d.h. auf die Ausfertigung und den Erlaß des Zulassungsbescheides beschränkt.[283] Auch mit Blick auf die jedenfalls mittelbaren Auswirkungen auf die Programmgestaltung bei der Zuordnung von Übertragungskapazitäten können die Ausführungen des Bundesverfassungsgerichts zu § 3 LRG NRW nur so verstanden werden, daß der Staat auch auf diesem Sektor *lediglich vollziehend* tätig werden darf. Erforderlich sind Aufteilungskriterien, die nicht *unverhältnismäßig* in die Grundrechte der Veranstalter aus Art.5 Abs.1 Satz 2 GG eingreifen.[284]

68   Nach alledem wird dem Gebot der Staatsfreiheit des Rundfunks am besten dadurch entsprochen, daß die Frequenzplanung und insbesondere die Aufteilung der Frequenzen zwischen öffentlich-rechtlichem und privatem Rundfunk einer *staatsunabhängigen Stelle* anvertraut werden.[285] Insoweit bieten sich die *Landesmedienanstalten* an, die aufgrund der pluralistischen Zusammensetzung ihrer Entscheidungsgremien und der Autonomie gegenüber staatlichen Stellen geeignet sind, staatsunabhängig und frei von sachwidrigen Einflüssen die Aufgabe der Frequenzzuordnung wahrzunehmen. Eine Zuordnung durch die Landesmedienanstalt wird in den Ländern *Sachsen-Anhalt, Saarland, Bremen, Baden-Württemberg und Mecklenburg-Vorpommern* vorgenommen.[286]

Hiergegen könnte indes eingewendet werden, daß die Landesmedienanstalten aufgrund ihrer ausgeprägten Zuständigkeiten für den privaten Rundfunk *keine ausgewogene Entscheidung* über die Frequenzzuordnung treffen können, die auch die Belange der öffentlich-rechtlichen Rundfunkanstalten angemessen berücksichtigt.[287] Hierbei handelt es sich aber um eine reine Mutmaßung, die durch nachvollziehbare Tatsachen nicht gestützt wird. Vielmehr kann angenommen werden, daß aufgrund einer Zuständigkeit in Frequenzangelegenheiten auch für den öffentlich-rechtlichen Rundfunk die Landesmedienanstalten ebenfalls zu diesen Sendern Beziehungen entwickeln. Es entsteht eine Nähe, die Benachteiligungen der öffentlich-rechtlichen Rundfunkanstalten im Verhältnis zu den privaten Rundfunkanbietern ausschließen dürfte.[288] Hierdurch wird geradezu eine Voraussetzung dafür geschaffen, daß die Bedürfnisse *beider Systeme gleichgewichtig* beachtet werden können. Auch ist eine Landesmedienanstalt die Sachwalterin der Interessen *aller Rundfunkteilnehmer* und damit besser als staatliche Organe geeignet, Fragen der Ermittlung und Nutzung von Übertragungskapazitäten mit Blick auf beide Rundfunksysteme zu bewältigen.[289] Gerade die staatsfreie, gesellschaftlich-pluralistische Besetzung der Entscheidungsgremien der Landesmedienanstalten garantiert, daß die Entscheidung zwischen privaten und öffentlich-rechtlichen Anbietern unter Berücksichtigung der gesetzgeberischen Vorgaben staatsfrei und unabhängig erfolgt.

69   Den Interessenausgleich zwischen öffentlich-rechtlichen und privaten Anbietern versuchen einige Landesmediengesetze zudem dadurch zu lösen, daß sie eine *Einigung* zwischen der *Landesrundfunkanstalt* und der *Landesmedienanstalt* vorsehen.[290] Ein solches „Kooperationsmodell" ist verfassungsrechtlich unbedenklich bis auf den Fall, in welchem keine Einigung zwischen Rundfunk- und Landesmedienanstalten erzielt werden kann und der *Gesetzgeber* bzw. das Parlament aufgerufen sein soll, den Konflikt zu lösen. Eine derartige Verfahrensweise

---

[282]   BVerfGE 83, S. 238ff., 322 f. mit Verweis auf BVerfGE 73, S. 118ff., 182.

[283]   BVerfGE 73, S. 118ff., 182 ff.

[284]   *Stender-Vorwachs,* Staatsferne, S. 204.

[285]   Vgl. *Eberle,* Rundfunkübertragung, S. 100 f.

[286]   § 5 RGMV, § 2 GPRSA, § 4 BremLMG, § 5 LMedienG Bad.-Württ., § 67 LRG Saarl.

[287]   Vgl. *Gersdorf,* Staatsfreiheit, S. 160; *Bettermann* DVBl. 1963, S. 41, 43.

[288]   Vgl. *Gersdorf,* Staatsfreiheit, S. 261; *Stender-Vorwachs,* Staatsferne, S. 228 ff.

[289]   Vgl. Begründung zum RGMV, abgedruckt bei Hans-Bredow-Institut (Hrsg.), Das Rundfunkrecht der neuen Länder, S. 188 f.

[290]   § 38 LRG Rh.-Pf., § 6 Med.-StV. Br./Bln., § 3 Abs. 5 TPRG, § 4 Abs. 3 SächsPRG, Art. 37 BayMG.

ist mit dem Gebot der Staatsfreiheit nicht in Einklang zu bringen, da es in jedem Stadium darum gehen muß, *staatlichen Einfluß* auf das Rundfunkgeschehen abzuwehren. So hat das Bundesverfassungsgericht auch hinsichtlich der Lizenzverfahren ausgeführt, daß es keine staatliche „*Auffangkompetenz*" für die zu treffende Auswahlentscheidung bei einer Vielzahl von privaten Bewerbern um eine Rundfunkerlaubnis geben könne.[291]

Verfassungsrechtlicher Kritik müssen sich deshalb die Regelungen in *Thüringen, Sachsen* **70** *und Bayern* stellen, die sämtlich für den Fall der Nichteinigung die Regelung enthalten, daß die *jeweilige Landesregierung* die letztgültige Entscheidung zu treffen hat. Dieser Einwand läßt sich auch nicht durch den Hinweis entkräften, Sender und Medienanstalt hätten die Möglichkeit zur Einigung und damit staatsfreien Verteilung der Frequenzen gehabt und diese durch ihre Untätigkeit vertan. Das Gebot der Staatsfreiheit kennt *keinen Verwirkungsgrund*, der staatliches Eingreifen rechtfertigen könnte. Insoweit ist der Gesetzgeber gefordert, geeignete Verfahrensregeln zu schaffen, die derartige Konflikte zu lösen vermögen.

So wird nach einigen *Rundfunkgesetzen* bei einer Nichteinigung eine *Schiedsstelle* aus Vertretern beider Anstalten gebildet.[292] Da die Landesmedienanstalt die staatsunabhängige Stelle ist, welche die Interessen der Allgemeinheit auf dem Gebiet des Rundfunkwesens wahrnimmt,[293] bedarf es aber nicht zwangsläufig einer weiteren Stelle zur Konfliktlösung. Für den Fall, daß es nicht zu einer Einigung kommt, reicht es aus, wenn die Landesmedienanstalt dann selbst nach Maßgabe gesetzlich vorgegebener Aufteilungskriterien entscheidet. Das Gebot der Staatsfreiheit bleibt auch bei diesem Verfahrensschritt beachtet.[294]

b) Gesetzliche Aufteilungskriterien

Da die Zuordnung von Übertragungskapazitäten wegen der zumindest mittelbaren Aus- **71** wirkungen auf die Möglichkeit des Veranstaltens von Rundfunk grundrechtsrelevant ist, ist der Gesetzgeber gehalten, *verbindliche Aufteilungskriterien* aufzustellen, die im Sinne der dienenden Funktion der Rundfunkfreiheit geeignet sind, den Meinungsmarkt zu sichern bzw. zu beleben.[295] Maßgeblich sind auch insoweit die Merkmale, die für die gesetzlichen Auswahlanforderungen bei der Vergabe einer Rundfunklizenz ausschlaggebend sind.[296] Fraglich ist, ob der Gesetzgeber darüber hinaus befugt ist, den vorhandenen Bestand von *Frequenzen* beim *öffentlich-rechtlichen Rundfunk rechtlich abzusichern*. So werden durch den Rundfunkstaatsvertrag Bestand und Entwicklung des öffentlich-rechtlichen Rundfunks garantiert.[297]

Nach Auffassung des Bundesverfassungsgerichts ist diese Garantie nicht nur verfassungs- **72** rechtlich bedenkenfrei, sondern in einem dualen Rundfunksystem sogar *verfassungsrechtlich geboten*, solange die privaten Veranstalter den klassischen Rundfunkauftrag nicht in vollem Umfang erfüllen. Denn die Bestands- und Entwicklungsgarantie bedeutet nichts anderes als die Sicherung der Voraussetzungen, die die Rundfunkversorgung ermöglichen.[298] Im Einklang mit dieser Rechtsprechung dürften daher Regelungen in einigen Landesrundfunkgesetzen stehen, die bei der Frequenzvergabe sogar einen *Vorrang der öffentlich-rechtlichen Rundfunkanstalten* zur Wahrnehmung der *Grundversorgung* festlegen.[299] Diese Gewährleistung bestehender Senderechte und die besondere Begünstigung der öffentlich-rechtlichen Anstalten erscheint aber bedenklich, da hierdurch das für die programmliche Nutzung privater Veran-

---

[291] BVerfGE 73, S. 118 ff., 186 f.; s. hierzu auch *Herrmann*, Rundfunkrecht, § 29, Rdz. 33, S. 685.
[292] § 38 Abs. 3 LRG Rh.-Pf.; § 3 LGR Nieders.
[293] Siehe hierzu *Bethge* NJW 1995, S. 557 ff.
[294] So § 6 Med.-StV Bln./Br.
[295] Vgl. hierzu auch G Rdz. 13.
[296] Siehe hierzu BVerfGE 83, S. 238 ff., 322 ff.
[297] Absatz 4 der Präambel des Rundfunkstaatsvertrages.
[298] BVerfGE 83, S. 238 ff., 299.
[299] § 4 Abs. 1, 5 Med.-StV Bln./Br., § 4 Abs. 2 SächsPRG, § 6 Abs. 3 GPRSA, § 3 TPRG, § 3 LRG Rh.-Pf., § 2a HPRG, § 3 BremLMG, § 14 LMedienG Bad.-Württ., § 38 LRG Saarl., § 4 Abs. 2 Nr. 2 LRG SH; § 2 Abs. 2 Nr. 1 Hmb Frequenzvergabe-Gesetz; s. hierzu auch G Rdz. 13 f., 36 ff., 39 ff.

stalter verfügbare Frequenzspektrum verkürzt und zudem der publizistische Wettbewerb gestört wird.[300] Auch in Anerkennung der den öffentlich-rechtlichen Rundfunkanstalten derzeit zugeschriebenen Grundversorgungsaufgabe ist es nicht nachvollziehbar, weshalb es einen *abstrakten Bestandsschutz* für die *Altfrequenzen* der öffentlich-rechtlichen Rundfunkanstalten geben soll. Die Aufteilung der Frequenzen hat sich an der dienenden Funktion der Rundfunkfreiheit auszurichten. Sie muß folglich so vorgenommen werden, daß möglichst viele Meinungen über den Rundfunk verbreitet werden können.[301]

Damit müßte sogar der bisherige Frequenzbestand der öffentlich-rechtlichen Rundfunkanstalten in Frage gestellt werden dürfen, um im Interesse einer optimalen Frequenzausnutzung feststellen zu können, ob bzw. inwieweit bestehende Frequenzen *überhaupt* zur Wahrung der Grundversorgungsaufgabe benötigt werden. Denn entscheidend ist allein, daß die technische Empfangbarkeit der im Zeitpunkt des 4. Rundfunkurteils ausgestrahlten öffentlich-rechtlichen Rundfunkprogramme gewährleistet ist.[302] Deswegen ist nicht nur der uneingeschränkte Bestandsschutz, sondern auch die Normierung einer vorrangigen Frequenzzuordnung zugunsten des öffentlich-rechtlichen Rundfunks zu diskutieren. Die Beachtung der Grundversorgung kann nur unter dem Gesichtspunkt der Gleichgewichtigkeit ein sachgerechtes Aufteilungskriterium sein. Anderenfalls würden die privaten Veranstalter in ihren Entwicklungschancen unverhältnismäßig beeinträchtigt werden, da hierzu auch die Möglichkeit gehört, künftig selbst oder partiell die Grundversorgung wahrnehmen zu können.[303] Diesem Merkmal der Gleichgewichtigkeit wird ausdrücklich in § 5 Abs. 2 RGMV Rechnung getragen.

4. Staatliche Mitwirkung am Programm

a) Staatliche Sendebeteiligung

73   Die Feststellungen des Bundesverfassungsgerichts zum Gebot der Staatsfreiheit weisen darauf hin, daß der Staat nicht von vornherein völlig, d. h. ohne jedwede Differenzierung vom Rundfunkgeschehen ausgeschlossen sein muß. So kommt schon im 1. Rundfunkurteil von 1961 zum Ausdruck, daß der Rundfunk dem Staat nicht ausgeliefert und diesem dementsprechend kein beherrschender Einfluß eingeräumt werden dürfe.[304] Insoweit stellt sich die Frage, ob bzw. inwieweit in gewissen Grenzen eine staatliche *Beteiligung an Rundfunksendungen* möglich ist.

aa) Staat (Land und Bund)

74   Dem Staat im engerem Sinne, d. h. der Exekutive von Bund und Ländern, ist jede beherrschende Einflußnahme auf den Rundfunk verwehrt. Ein *Staatsrundfunk*, mithin die Veranstaltung von Programmen durch eine Regierung, durch Regierungsmitglieder oder beamtete Behördenvertreter steht daher in der Bundesrepublik Deutschland *außerhalb* jeder Diskussion.[305] Deshalb sind die öffentlich-rechtlichen Rundfunkanstalten so organisiert, daß sie nicht mehr Teil der staatlichen Verwaltung sind und sie ihre Programmaufgaben staatsfrei erfüllen können.

Für die Zulassung privater Rundfunkveranstalter enthalten die *Landesmediengesetze* zum Teil *unterschiedliche Regelungen* zur Frage einer *staatlichen Beteiligung* an Rundfunkunternehmen. In Bayern, Bremen, Berlin, Brandenburg und Sachsen sind staatliche Stellen ausdrück-

---

[300] Vgl. *Gersdorf*, Staatsfreiheit, S. 226.

[301] Vgl. *Eberle*, Rundfunkübertragung, S. 67.

[302] So selbst BVerfGE 74, S. 297 ff., 326; vgl. auch *Nowosadtko* ZUM 1996, S. 223 ff.

[303] Zur Problematik der Grundversorgung durch Private näher unter E Rdz. 110 ff., 122 ff.

[304] BVerfGE 12, S. 207 ff., 262.

[305] *Ricker*, Privatrundfunkgesetze im Bundesstaat, S. 50 ff.; *Schmidt*, Rundfunkvielfalt, S. 79; *Schauer* ZBR 1973, S. 8 ff.; *Faust* VR 1978, S. 343 ff., 346.

lich von der Rundfunklizenzierung ausgeschlossen.[306] In Baden-Württemberg, Schleswig-Holstein, Nordrhein-Westfalen, Rheinland-Pfalz, Hessen, Mecklenburg-Vorpommern, Sachsen-Anhalt und Thüringen ist vom Ausschluß juristischer Personen des öffentlichen Rechts und deren gesetzlichen Vertretern und Personen mit leitender Stellung bei diesen Insitutionen die Rede.[307] Bei den Rundfunkgesetzen der Länder Hamburg und Niedersachsen ist mittelbar ein Ausschluß staatlicher Beteiligung insoweit festzustellen, als nur Personen des Privatrechts die Veranstalterstellung erwerben können.[308]

Aus allen Mediengesetzen ergibt sich folglich trotz der unterschiedlichen normativen **75** Ausgestaltung, daß eine staatliche Programmträgerschaft ausgeschlossen ist. *Gleiches gilt für Mitglieder der Regierungen* des Bundes und der Länder, auch wenn dies nur ausdrücklich in den Rundfunkgesetzen von Baden-Württemberg, Saarland, Schleswig-Holstein, Nordrhein-Westfalen, Rheinland-Pfalz, Hessen, Mecklenburg-Vorpommern und Thüringen erwähnt ist. Aus sämtlichen Rundfunkgesetzen läßt sich nämlich ableiten, daß die staatliche Gewalt in keinerlei Beziehung, mithin auch nicht durch ihre Repräsentanten, beteiligt sein soll, da bei ihnen aufgrund ihrer Stellung eine unmittelbare Verknüpfung zwischen staatlichem Handeln und der Beteiligung an der Meinungsbildung auch im Medium zu vermuten ist.[309] Der Wille des Gesetzgebers, staatliche Organe von der Veranstaltung vom Rundfunk auszuschließen, erhellt sich schließlich auch aus der Tatsache, daß in allen Rundfunkgesetzen den Regierungen ein *Verlautbarungsrecht* für amtliche Mitteilungen eingeräumt ist.[310] Die Notwendigkeit, eine derartige Rechtsposition durch gesetzliche Regelung zu begründen, resultiert gerade aus dem Umstand, daß der Staat eben selbst grundsätzlich kein Rundfunkprogramm veranstalten darf.

Demgegenüber gibt es eine Auffassung im Schrifttum, die in gewissen *Grenzen eine Teil-* **76** *habe der Exekutive* an der Veranstaltung von Rundfunksendungen zuläßt. So sei eine Ausnahme für die *staatliche Öffentlichkeitsarbeit* gegeben, sofern sie sich in den Grenzen bewege, die durch das Bundesverfassungsgericht hinsichtlich der Presse gesetzt worden seien.[311] Auch wenn eine derartige Informationspolitik allein der Darstellung der Regierungsarbeit und der Erläuterung unmittelbar den Bürger betreffender Maßnahmen dient, mithin nicht parteipolitisch geprägt ist, so sind jedoch bei den subtilen Möglichkeiten der Selbstdarstellung die Grenzen zur staatlichen Einflußnahme auf den gesellschaftlichen Willensbildungsprozeß kaum feststellbar. Zwar mag eine unmittelbare Beteiligung des Staates auf diesem Sektor das Bild des freien, pluralistischen Rundfunks substantiell noch nicht zu verändern.[312] Es besteht aber die Gefahr, daß hierdurch ein schleichender Prozeß zunehmender staatlicher Einflußmöglichkeiten eingeleitet wird. Auch soweit es allein um die Selbstdarstellung einer Regierung geht, ist folglich jedwede Teilhabe an der *Veranstaltung* von Rundfunkprogrammen – sei sie gesellschaftsrechtlicher Natur oder lediglich auf eine redaktionelle Beteiligung ausgerichtet – wegen der in jedem Fall vorhandenen – wenn auch möglicherweise nur geringen – Auswirkungen auf den freien Meinungsbildungsprozeß abzulehnen.

Vor diesem Hintergrund erscheint auch das in § 6 Abs. 1 SWF-Staatsvertrag den Landes- **77** regierungen von Baden-Württemberg und Rheinland-Pfalz eingeräumte Recht zur Abgabe von *politischen Stellungnahmen* nicht unproblematisch, da trotz des amtlichen Charakters der

---

[306] Art. 26 BayMG; § 8 Abs. 4 BremLMG; § 29 Abs. 3 Med-StV Bln./Br.; § 6 Abs. 3 SächsPRG.

[307] § 25 Abs. 2 LMedienG Bad.-Württ.; § 10 Abs. 3 LRG SH; § 5 Abs. 2 LRG NRW; § 6 Abs. 2 LRG Rh.-Pf.; § 5 Abs. 2 HPRG; § 9 Abs. 2 RGMV; § 6 Abs. 1 GPRSA; § 6 ABs. 2 TPRG.

[308] § 17 HambMedienG; § 5 LRG Nds.

[309] So auch *Ricker*, Privatrundfunkgesetze im Bundesstaat, S. 38; vgl. *Stender-Vorwachs,* Staatsferne, S. 200; vgl. *Gersdorf,* Staatsfreiheit, S. 93 ff.; kritisch *Lerche* NJW 1982, S. 1676 f., 1880, Fn 39.

[310] § 19 LRG NRW; § 57 Med-StV Bln./Br.; § 25 RGMV; § 21 SächsPRG; § 20 GPRSA; § 25 TPRG; § 32 LRG SH; § 20 LRG Rh.-Pf.; § 20 LRG Nds.; § 26 HmbLMG; § 23 HPRG; § 24 BremLMG; § 62 Abs. 1 LMedienG Bad.-Württ.; § 29 LRG Saarl.; Art. 26 Abs. 5 BayMG., vgl. Rdz. 41 f.

[311] *Stender-Vorwachs,* Staatsferne, S. 203.

[312] So *Klein,* Rundfunkfreiheit, S. 53.

Sendebeiträge die Trennung vom redaktionell zu verantwortenden Programm unerkennbar bleibt und damit auf die Meinungsbildung des Rundfunkteilnehmers Einfluß genommen wird.[313] Noch als mit dem Gebot der Staatsfreiheit vereinbar könnten hingegen staatlich initiierte und verantwortete Übertragungen von *Aufführungen staatlicher Theater* oder *Orchester* angesehen werden. Wenn auch kulturelle Darbietungen ein geeignetes Mittel für den Staat sein können, an der Meinungsbildung mitzuwirken,[314] so ist hierdurch doch eine beherrschende Einflußnahme auf den gesellschaftlichen Meinungsmarkt nicht zu befürchten.[315] Soweit bei derartigen Darbietungen überhaupt von einer rundfunkrechtlich relevanten staatlichen Einflußnahme die Rede sein kann, ist begünstigend zu berücksichtigen, daß in jedem Fall dem kulturellen Aspekt des Rundfunks Rechnung getragen wird,[316] der einen wesentlichen Bestandteil der institutionellen Garantie der Rundfunkfreiheit darstellt.

bb) Parlamente bzw. Parlamentsmitglieder als Rundfunkveranstalter

78   Im 8. Rundfunkurteil hat das Bundesverfassungsgericht hervorgehoben, daß auch das Parlament zur staatlichen Gewalt gehört und insoweit dem *Gebot der Staatsfreiheit* unterliegt.[317] Denn die demokratisch erforderliche „*Rückkoppelung*" kann nur bei freien Medien gelingen, so daß dem Gesetzgeber jeder Einfluß auf die Programme der Rundfunkveranstalter von Verfassungs wegen untersagt sein muß.[318] Folglich muß ebenfalls Parlamenten eine Teilhabe an der Veranstaltung von Rundfunksendungen verwehrt sein.[319] Dieses Verbot kommt bis auf das Saarländische Rundfunkgesetz[320] in allen Rundfunkgesetzen deutlich zum Ausdruck.[321]

Lediglich eine Auffassung im Schrifttum differenziert bei der in Frage stehenden Teilhabe des Parlaments am Rundfunk insoweit, als sie die parlamentarische *Opposition* nicht dem Gebot der Staatsfreiheit unterwirft, da die Opposition im Parlament gewissermaßen den „*Vertreter der Öffentlichkeit*" bilde und nur wenig an der Ausübung staatlicher Gewalt beteiligt sei.[322] Zwar ist es richtig, daß Regierung, Mehrheitsfraktionen und insbesondere die Opposition von unterschiedlichen Interessen geprägt sind. Jedoch bleibt als entscheidende Tatsache zu berücksichtigen, daß die Unterschiede der Interessenlagen zuvörderst politischer Natur sind und damit lediglich die Intensität staatlicher Störpotentiale auf den Rundfunk sich abweichend auswirken kann. Da aber jeder staatliche Eingriff in den freien Meinungs- und Willensbildungsprozeß mit der Rundfunkfreiheit nicht in Einklang gebracht werden kann, ist schon deshalb eine Beteiligung von Oppositionsfraktionen an der Veranstaltung von Rundfunksendungen abzulehnen.[323] Hinzu kommt, daß ein derartiges Engagement geeignet sein könnte, den politischen Wettbewerb zu verfälschen und folglich jedenfalls mit dem Demokratieprinzip kollidieren würde.

79   Steht demnach außer Frage, daß Parlamente gleichermaßen wie die Exekutive keinen Zugang zur Veranstaltung von Rundfunkprogrammen haben dürfen, ist damit noch nicht

---

[313] Siehe hierzu nähere Ausführungen unter D Rdz. 95.

[314] Siehe hierzu *Ricker,* Privatrundfunkgesetze, S. 37f.

[315] Bay. Staatskanzlei, Neue Medien in Bayern, 1984, MEG-Begründung zu Art. 25, S. 51.

[316] BVerfGE 12, S. 205ff., 260; 31, S. 314ff., 326.

[317] BVerfG NJW 1994, S. 1942ff., 1944.

[318] Vgl. BVerfG EuGRZ 1991, S. 49ff., 74.

[319] BVerfGE 73, S. 118ff., 182; *Linck* NJW 1974, S. 2433ff., 2436; *Starck,* Rundfunkfreiheit, S. 17; *Wufka,* Rundfunkfreiheit, S. 98; vgl. *Badura,* Rundfunkfreiheit und Finanzautonomie, S. 42; vgl. *Bethge* ZUM 1989, S. 209ff., 210; vgl. *Schuster,* Meinungsvielfalt, S. 146 f.

[320] Vgl. § 40 Abs. 2 Nr. 1 LRG, wonach lediglich eine Zulassung von Unternehmen untersagt ist, an denen Gebietskörperschaften mit Mehrheit beteiligt sind.

[321] Vgl. § 5 Abs. 2 Nr. 1 LRG NRW; § 29 Abs. 2 Med-StV Bln./Er.; § 9 Abs. 2 RGMV; § 6 Abs. 3 Nr. 1 SächsPRG; § 6 Abs. 1 Nr. 1 GPRSA; § 6 Abs. 2 Nr. 1 TPRG; § 10 Abs. 3 Nr. 1 LRG SH; § 5 Abs. 1 Nr. 1 LRG Nds.; § 6 Abs. 2 LRG Rh.-Pf.; § 17 Abs. 1 HmbLMG; § 5 Abs. 2 Nr. 1 HPRG; § 8 Abs. 4 Nr. 2 BremLMG; § 25 Abs. 2 LMedienG Bad.-Württ.; § 26 Abs. 2 BayMG.

[322] *Jarass,* Freiheit des Rundfunks vom Staat, S. 41.

[323] Vgl. *Gersdorf,* Staatsfreiheit, S. 104 f.; *Jarass,* Die Freiheit des Rundfunks vom Staat, S. 41.

geklärt, ob gleiches auch für die *Mandatsträger im Bundestag* und in den *Landtagen* gilt. Für einen Ausschluß spricht die Beteiligung der Parlamentarier an einem staatlichen Willensbildungs- und Kontrollorgan, das selbst auf den Prozeß der Meinungs- und Willensbildung zur Wahrung der Staatsfreiheit nicht einwirken darf.[324] Dementsprechend wäre es konsequent, den Abgeordneten eine Teilnahme am Rundfunk zu versagen, um somit die staatliche von der gesellschaftlichen Willensbildung eindeutig zu trennen.[325]

Hiergegen läßt sich indes anführen, daß Parlamentarier keine Staatsmacht inne haben und auch nicht als Repräsentanten des Staatswillens auftreten, sondern an Aufträge und Weisungen nicht gebunden und nur ihrem Gewissen unterworfen sind.[326]

Auch wenn der Parlamentarier einem staatlichen Organ angehört, äußert er als einzelner Abgeordneter eigene Meinungen und nicht eine vorgegebene Staatsmeinung. Gerade um seine eigene Meinung in den parlamentarischen Willensbildungsprozeß einbringen zu können, übt der Abgeordnete sein Mandat aus. Während der parlamentarische Willensbildungsprozeß in eine staatliche Ebene, z. B. bei Gesetzgebungsbeschlüssen, mündet, wurzelt demgegenüber die *Meinungsäußerung* des *einzelnen Abgeordneten* im *gesellschaftlichen* und individuellen *Bereich*. Insoweit kann sein Engagement im Rundfunk auch nicht als staatliche Einwirkung auf die Meinungsbildung des Volkes gewertet werden.

Zu berücksichtigen ist in diesem Zusammenhang auch der *verfassungsrechtlich geschützte Abgeordnetenstatus*, der gegen eine Zulassungsbeschränkung spricht. Die Zulassung als Rundfunkveranstalter ist Ausfluß der grundrechtlich gewährten Rundfunkfreiheit. Mit der unabhängigen Stellung des Abgeordneten, die auch und gerade in einem uneingeschränkten Schutz der Meinungsfreiheit zum Ausdruck kommt, wäre aber ein Eingriff in seine Rundfunkfreiheit unvereinbar. Der Status des Abgeordneten schränkt seine Grundrechte aus Art. 5 Abs. 1 GG nicht ein und läßt ihn, wie jeden anderen Bürger auch, an der Rundfunkfreiheit teilnehmen.[327]

Schließlich verdeutlicht ein Blick auf die Presselandschaft, daß eine Beteiligung von **80** Parlamentariern an der Veranstaltung von Rundfunk unbedenklich ist. Für das *Pressewesen* ist es unumstritten, daß Abgeordnete Presseverlage gründen oder an ihnen beteiligt sein dürfen. Die sonst für eine unterschiedliche Betrachtung von Rundfunk und Presse angeführte Sondersituation des Rundfunks kann insoweit nicht von Belang sein. Die dabei relevanten Fragen der Frequenzknappheit, des besonderen Finanzierungsaufwandes und der spezifischen Bedeutung des Rundfunks für den Meinungsmarkt[328] können schon dem Grunde nach nicht Anlaß für eine Grundrechtseinschränkung bieten. Diese Probleme müssen vielmehr auf einer weiteren Stufe gelöst werden und zwar im Rahmen detaillierter, an der dienenden Funktion der Rundfunkfreiheit orientierter Zulassungs- und Auswahlbestimmungen. Obwohl nach alledem die Mitwirkung eines Abgeordneten an einer Programmveranstaltung nicht gegen das Verbot staatlicher Einwirkungen auf die Willensbildung des Volkes[329] im und durch den Rundfunk verstößt,[330] mithin ein Parlamentsabgeordneter von der Zulassung zum Rundfunk nicht ausgenommen werden dürfte, enthalten *mehrere Privatrundfunkgesetze* ausdrücklich ein *Verbot für Mitglieder von Parlamenten*, sich am privaten Rundfunk zu beteiligen.[331] Die Verfassungsgemäßheit dieser Bestimmungen muß daher nachdrücklich in Frage gestellt werden.[332]

---

[324] Vgl. BVerfGE 20, S. 56ff., 99.

[325] In diesem Sinne *Ricker,* Privatrundfunkgesetze im Bundesstaat, S. 43.

[326] BVerfGE 7, S. 63ff., 73.

[327] Siehe hierzu BVerfGE 10, S. 4ff., 12 ff.; 60, S. 374ff., 380.

[328] Siehe hierzu BVerfGE 57, S. 295ff., 323.

[329] Siehe hierzu BVerfGE 20, S. 56ff., 99; 44, S. 125ff., 140.

[330] *Ricker,* Privatrundfunkgesetze im Bundesstaat, S. 43 f.

[331] § 9 Abs. 2 Nr. 3 RGMV; § 6 Abs. 2 Nr. 3 TPRG; § 10 Abs. 3 Nr. 1 LRG SH; § 25 Abs. 2 Nr. 3 LMedien Bad.-Württ.; § 40 Abs. 2 Nr. 2 LRG Saarl.

[332] Siehe hierzu auch *Stender-Vorwachs,* Staatsferne, S. 204.

Notwendig ist eine Grenzziehung allein insofern, als eine Beteiligung von Parlamentariern nicht so weit gehen darf, der jeweiligen Regierung und der sie tragenden Parlamentsmehrheit ein Mittel zur Aufrechterhaltung der vorhandenen politischen Kräfteverhältnisse an die Hand zu geben.[333] In einer solchen Situation würde es nicht mehr um das persönliche Engagement des einzelnen Abgeordneten, sondern letztlich um eine verdeckte staatliche Aktion gehen.

cc) Gemeinden als Programmträger

81   Unter dem Gesichtspunkt, daß Gemeinden gemäß Art. 28 Abs. 2 GG das intitutionell gewährleistete Recht der Selbstverwaltung in Angelegenheiten der örtlichen Gemeinschaft zusteht,[334] könnte aufgrund dieser Eigenverantwortlichkeit eine quasi *außerstaatliche Sphäre* angenommen werden, die den Gemeinden auch die Möglichkeit eröffnet, sich zur Darstellung örtlicher Angelegenheiten des Mittels des Rundfunks zu bedienen. Einer derart uneingeschränkten Öffnung wäre jedoch entgegenzuhalten, daß aufgrund des *Homogenitätsprinzips* des Art. 28 Abs. 1 GG das Demokratiegebot auch in den Kommunen zu beachten ist. Wie die staatlichen Vertreter auf Bundes- und Landesebene bedürfen auch die kommunalen Repräsentanten der *„Rückkopplung" durch die öffentliche Meinung.*[335]

Andererseits ist zu bedenken, daß Gemeinden durch die ihnen aus Art. 28 Abs. 2 Satz 1 GG zuerkannte *Allzuständigkeit in Selbstverwaltungsangelegenheiten* eng mit den vielfältigen gesellschaftlichen Kräften im Gemeindegebiet verbunden sind.[336] Aufgrund dieser besonderen verfassungsrechtlich geschützten Position der Gemeinde stellt sich die Frage, ob für sie geringere Hürden für die Beteiligung an Rundfunkveranstaltungen als bei der staatlichen Exekutive aufzustellen sind. Konkret geht es zunächst um die Frage, ob Gemeinden Träger der Grundrechte aus Art. 5 Abs. 1 Satz 2 GG sein können.

82   Juristische Personen des öffentlichen Rechts sind grundsätzlich nicht grundrechtsfähig,[337] so daß sich folglich auch Gemeinden nicht auf Grundrechte berufen dürften. Eine *Grundrechtsfähigkeit* der Gemeinden käme nur dann in Betracht, wenn sich ihre Tätigkeit im Ergebnis als Entfaltung einer natürlichen Person darstellen ließe, d. h. ein Durchgriff auf die hinter der juristischen Person Gemeinde stehenden natürlichen Personen möglich wäre.[338]

Gemeinden nehmen aber keine Rechte wahr, die sie von einzelnen natürlichen Personen her beziehen.[339] Vielmehr üben sie gegenüber dem Staatsbürger *mittelbare Staatsverwaltung* aus und verkörpern im lokalen Bereiche die *Exekutive.*[340] Die Gemeinden sind in Art. 28 Abs. 2 GG zwar als Institution gewährleistet, werden jedoch durch die Selbstverwaltungsgarantie nicht zu Bürgerverbänden mit Grundrechtsberechtigung.[341] Folglich sind die Gemeinden trotz des Rechts der Selbstverwaltung *Teil des staatlichen Gemeinwesens*[342] mit der Folge, daß sie keinen Einfluß auf Rundfunkprogramme nehmen dürfen.[343]

83   Dementsprechend haben bis auf Bayern, Nordrhein-Westfalen und das Saarland sämtliche Bundesländer in ihren Rundfunkgesetzen die Gemeinden und Gemeindeverbände von der

---

[333] Siehe hierzu *Maunz/Dürig/Herzog/Scholz,* GG, Art. 5 Abs. 1 u. 2, Rdz. 213.

[334] Vgl. *Stern,* in: BK, GG, Art. 28, Rdz. 62 ff.; *Maunz/Dürig/Herzog/Scholz,* GG, Art. 28, Rdz. 45; *Leibholz/Rinck/Hesselberger,* GG, Art. 28, Rdz. 181 ff.

[335] *Gersdorf,* Staatsfreiheit, S. 109; *Tettinger* JZ 1984, S. 400, 408.

[336] Zu dieser Problematik siehe *Ricker,* der sich gegen einen Gemeinderundfunk ausspricht, in: Presserecht und Pressefreiheit, S. 267 ff.

[337] Vgl. *Degenhart,* in: BK, Art. 5 Abs. 1 und 2 GG, Rdz. 667; *Bethge* NJW 1995, S. 557 f.

[338] *Maunz/Dürig/Herzog/Scholz,* GG, Art. 19 Abs. 3, Rdz. 48; BVerfGE 21, S. 362 ff., 369; 61, S. 82 ff., 101; 68, S. 193 S. 205 ff.

[339] *Maunz/Dürig/Herzog, Scholz,* GG, Art. 19 Abs. 3, Rdz. 48.

[340] Bay VerfGH AfP 1987, S. 394.

[341] *Stender-Vorwachs,* Staatsferne, S. 199.

[342] So das BVerfG zur Problematik des kommunalen Ausländerwahlrechts in BVerfGE 83, 37 ff.

[343] Vgl. BVerfGE 73, S. 118 ff., 191; Bay VerfGH AfP 1987, S. 394 ff., 403. *Grawert* AfP 1986, S. 277,

Zulassung als private Rundfunkveranstalter *ausgeschlossen.*[344] Steht insoweit fest, daß Kommunen keine Veranstalterstellung erlangen dürfen, so bleibt die Frage zu beantworten, ob es gleichwohl *anders geartete Beteiligungsmöglichkeiten* für die Gemeinden[345] im Rundfunkwesen gibt.

Das Bundesverfassungsgericht hat in seinem *6. Rundfunkurteil zum WDR-Gesetz* die Auffassung vertreten, daß es mit dem Grundsatz der Staatsfreiheit vereinbar sei, wenn eine *Gemeinde zwei nicht weisungsgebundene Personen* für die *Mitgliederversammlung* der *Veranstaltergemeinschaft* benenne und sich mit bis zu *25% der Kapital- und Stimmrechtsanteile* an einer *Betriebsgesellschaft* eines Rundfunkunternehmens beteilige.[346] Zur Staatsgewalt zählen zwar auch die Gemeinden, jedoch müßte, wie es auch zulässig sei, Staatsvertreter in begrenzter Zahl in den Kontrollgremien der Rundfunkanstalten mitwirken zu lassen, den Gemeinden ein Entsendungsrecht für die Mitgliederversammlung der Veranstaltergemeinschaft zugestanden werden. Denn eine derartige Mitgliederversammlung, so das Gericht weiter, ähnele vom Aufgabenumfang her den Rundfunkräten. Soweit die Anzahl der Gemeindevertreter daher nicht zu einer bestimmten Einflußnahme führe, sei jene Gestaltung unbedenklich.[347]

Auch an diesem Beispiel zeigt sich, wie problematisch jedwede staatliche Beteiligung im Rundfunkbereich ist. Immerhin erklärt sich diese Argumentation des Bundesverfassungsgerichts noch aus dessen Aussagen zur Frage der Entsendung staatlicher Vertreter in den Rundfunkgremien. Eine derartige Konsequenz kann indes für die vom Gericht ebenfalls ausgesprochene verfassungsrechtliche Sanktionierung eines zulässigen 25%-Anteils der Kommunen an einer Rundfunk-Betriebsgesellschaft nicht angenommen werden. Das Bundesverfassungsgericht meint, daß hierbei die Gefahr staatlichen Einflusses gering sei, da die Betriebsgesellschaft nur über die technische und finanzielle Ausstattung befinde sowie bei der Person des Chefredakteurs mitbestimme, im übrigen jedoch keinen Einfluß auf die Programmgestaltung habe.

Bemerkenswert ist in diesem Zusammenhang, daß das Bundesverfassungsgericht das insoweit den Gemeinden zuerkannte Beteiligungsrecht auch damit begründet, es sei ein *Gegengewicht zum vorwiegend kommerziellen Interesse* an der Rundfunkveranstaltung,[348] eine Argumentation, die in gefährlicher Weise die institutionelle Komponente des Art. 5 Abs. 1 Satz 2 GG unter Inkaufnahme quasi-staatlichen Einflusses überbetont. Sie ist auch deshalb nicht überzeugend, weil die duale Rundfunkordnung sich neben dem öffentlich-rechtlichen Rundfunk gerade auf eine kommerzielle Säule gründet. Das „*Gegengewicht*" wird daher bereits durch den öffentlich-rechtlichen Rundfunk verkörpert. Im übrigen könnte selbst dann, wenn es um die Verhinderung kommerzieller Zielsetzungen ginge, ein solcher Wille nicht unzulässige staatliche Einflußnahmen legitimieren.[349]

Auch mit Blick auf die *finanzielle Entscheidungsgewalt*, die den Kommunen z.B. im Rahmen ihrer Beteiligung an einer Rundfunkbetriebsgesellschaft zukommt, erscheint jene Argumentation des Bundesverfassungsgerichts problematisch. Es ist nicht nachvollziehbar, weshalb die bei seiner Rundfunkgebührenentscheidung angeführten Gesichtspunkte zu den *Auswirkungen von Finanzentscheidungen auf die Programmgestaltung*[350] nicht auch hier dem Sinn nach Platz greifen müssen. Obwohl die Kommunen nicht selbst Träger von Programmen sind, sondern lediglich an finanziellen Entscheidungen mitwirken, muß folglich die Gefahr

---

[344] § 29 Abs. 2 Med-StV Bln./Br.; § 9 Abs. 2 RGMV, § 6 Abs. 3 Nr. 1 SächsPRG; § 6 Abs. 1 Nr. 1 GPRSA; § 6 Abs. 2 Nr. 1 TPRG; § 7 Abs. 3 Nr. 1 LRG SH; § 5 Abs. 1 LRG Nds; § 6 Abs. 2 LRG Rh.-Pf.; § 17 Abs. 1 HmbLMG; § 5 Abs. 2 Nr. 1 HPRG; § 8 Abs. 4 Nr. 2 BremLMG; § 25 Abs. 2 Nr. 1 LMedienG Bad.-Württ.

[345] *Gersdorf,* Staatsfreiheit, S. 109; *Stender-Vorwachs,* Staatsferne, S. 219 ff.

[346] BVerfGE 83, S. 238 ff., 333.

[347] BVerfGE 83, S. 238 ff., 320 f.

[348] BVerfGE 83, S. 238 ff., 331.

[349] Vgl. *Degenhart,* in: BK, Art. 5 Abs. 1 und 2, Rdz. 667.

[350] BVerfG NJW 1994, S. 1942 ff., 1944 f.

einer Einflußnahme der Gemeinden, mithin einer staatlichen Ebene, auf die Programmgestaltung des privaten Rundfunkveranstalters angenommen werden.[351]

84   Aufgrund dieser Erwägungen stößt erst recht die im *Saarländischen Rundfunkgesetz* getroffene Bestimmung auf erhebliche verfassungsrechtliche Bedenken, nach welcher auch Unternehmen eine Sendeerlaubnis erteilt werden darf, an denen kommunale Gebietskörperschaften eine *Minderheitsbeteiligung* halten.[352] Dies könnte dann dazu führen, daß Gemeinden einen 49%igen Gesellschaftsanteil erhalten, wobei in dem Fall, in welchem die übrigen 51% sich mehr oder weniger im Streubesitz befinden, über die Minderheitsbeteiligung faktisch ein vorherrschender Einfluß auf das Rundfunkunternehmen gewonnen werden kann. Die Situation des Staatsrundfunks wäre dann eingetreten.

Problematisch ist auch die im *Bayerischen Mediengesetz* den Kommunen eröffnete Möglichkeit, *kulturelle Beiträge* für Rundfunksendungen zu offerieren.[353] Allein schon die Auswahl darüber, welche Theater- und Musikdarbietungen aufgeführt werden sollen, könnte meinungsbildende Wirkung haben. Freilich dürfte die Gefahr staatlicher Einflußnahme auf die Meinungsbildung der Bevölkerung durch das Verbreiten von Theater- und Orchesteraufführungen als gering erachtet werden und damit zu vernachlässigen sein.[354]

85   Außer jenen von den Rundfunkgesetzen in Nordrhein-Westfalen, Saarland und Bayern vorgesehenen kommunalen Beteiligungen beim Rundfunk sind weitere Formen des kommunalen Engagements im Rundfunkwesen denkbar. Wenn auch eine uneingeschränkte Befugnis der Kommunen zur Darstellung örtlicher Angelegenheiten über Rundfunk nicht zugestanden werden kann, so bleibt jedoch die Frage, ob nicht in gewissen Grenzen die Gemeinde dieses Medium für die *Öffentlichkeitsarbeit* nutzen darf. Mit dem Vielfaltsgebot und dem Gebot der Staatsfreiheit soll verhindert werden, daß staatlicherseits in den Meinungsbildungsprozeß eingegriffen und die für die Demokratie notwendige Rückkopplung zwischen Volk und staatlichen Repräsentanten ausgeschaltet wird.[355] Zwar folgt aus dem Demokratieprinzip die Notwendigkeit von staatlicher Öffentlichkeitsarbeit, damit sich der Bürger über staatliche Geschehnisse und Entscheidungen eine eigene Meinung bilden kann,[356] jedoch berechtigt dies nicht zu einer Öffentlichkeitsarbeit im Sinne einer den Meinungsbildungsprozeß bestimmenden Einflußnahme.[357] Der staatlichen Öffentlichkeitsarbeit kann allenfalls eine ergänzende Funktion zu den im übrigen staatsunabhängigen Medien zukommen.[358] Mit Blick auf das Demokratieprinzip muß prinzipiell das gleiche für die kommunale Öffentlichkeitsarbeit gelten, da unabhängig von der Frage, ob und inwieweit das Recht zur Selbstverwaltung eine von staatlichen Institutionen losgelöste Betrachtung zuläßt, immer die *Gefahr einer einseitigen Präsentation* und damit des Machterhalts der demokratisch legitimierten kommunalen Organe besteht.

Problematisch erscheint insoweit eine in der Literatur vertretene Auffassung, die der Gemeinde das Recht zur Rundfunkveranstaltung im Rahmen ihrer *Sachverantwortung* zur *selbständigen Regelung aller örtlichen Angelegenheiten* einräumt, soweit sie sich dabei *neutral* verhalte.[359] Die *Gefahr einer parteiischen Darstellung*, also eines steuernden Einflusses auf die öffentliche Meinungsbildung dürfte bei politischen Themen jedoch nur ausgeräumt sein,

---

[351] *Ricker*, in: *Pieper/Hadamik*, (Hrsg.) WDR-Gesetz vor dem BVerfG, S. 167 f.

[352] § 40 Abs. 2 Nr. 1 LRG Saarl.

[353] Art. 26 Abs. 2 Satz 2 Bay MG.

[354] *Degenhart*, in: BK, Art. 5 Abs. 1 und 2 Rdz. 667 hält die Übertragung von Aufführungen staatlicher Theater jedenfalls aus Art. 5 Abs. 3 GG für legitimiert.

[355] Vgl. *Stender-Vorwachs*, Staatsferne, S. 200.

[356] Zur staatlichen Öffentlichkeitsarbeit vgl. *Leibholz/Rinck/Hesselberger*, GG, Art. 20, Rdz. 401 ff.

[357] Vgl. *Ricker* AfP 1981, S. 320 ff., 322 m. w. N.

[358] In diesem Sinne auch BVerfGE 12, S. 205 ff., 206.

[359] So *Stender-Vorwachs*, Staatsferne, S. 201.

wenn unkommentiert Ereignisse in der Gemeinde, wie insbesondere öffentliche Verhandlungen von Gemeindevertretersitzungen, übertragen werden sollen.[360]

86

Den Gemeinden kann darüber hinaus auch unter dem Gesichtspunkt kein Zugang zum Rundfunk gestattet werden, daß sie zur *Veröffentlichung von Satzungen und Allgemeinverfügungen*, die unmittelbar den einzelnen Bürger betreffen können, eines geeigneten Mediums bedürfen und insoweit das *Rechtsstaatsprinzip* mit seinem Gebot zur Rechtssicherheit und Verläßlichkeit der Rechtsordnung[361] einen rechtfertigenden Grund hergeben könnte. Für die notwendige Bekanntgabe von kommunalem Recht stellen vielmehr die örtliche Presse oder von der Gemeinde herausgegebene Mitteilungsblätter ein geeigneteres Medium dar, weil die Lektüre einer schriftlichen Abfassung auch unter rechtsstaatlichen Gesichtspunkten vorteilhafter ist. Es fehlt schlicht an der Sachgerechtigkeit des flüchtigen Mediums Rundfunks für die Bekanntgabe von kommunalen Satzungen und Allgemeinverfügungen.[362]

87

Vergleichbar problematisch sind auch *Beratungs- bzw. Bildungsprogramme* der Gemeinden. Da dabei nicht nur bloße Tatsachen mitgeteilt werden, sondern es gerade auf die Bewertung bestimmter Sachverhalte ankommt, wird unweigerlich auf die Meinungsbildung Einfluß genommen. Im übrigen vermag sich bereits die Themenauswahl meinungsbildend auszuwirken.[363]

88

Mit Blick auf das kommunale Beteiligungsverbot ist schließlich auch ein Engagement von *Sparkassen* bei Rundfunkunternehmen abzulehnen. Zwar nehmen sie einerseits wie andere Kreditinstitute am Wirtschaftsleben teil, andererseits jedoch bleiben sie von kommunalen Trägern geschaffene Institutionen mit der Folge, daß z. B. über die kommunalen Vertreter in den jeweiligen Aufsichtsräten auf die Geschäftspolitik Einfluß genommen wird. Aufgrund der bestehenden Verflechtungen und subtilen Lenkungsmöglichkeiten besteht die Gefahr einer mittelbaren, aber gewichtigen staatlichen Einflußnahme, die selbst bei einer prozentualen Beteiligungsbeschränkung[364] von verfassungsrechtlicher Relevanz bleibt.

dd) Parteien als Rundfunkveranstalter

89

Inbesondere mit Blick auf die herausragende Stellung, die politische Parteien im politischen und gesellschaftlichen Leben in der Bundesrepublik Deutschland einnehmen, stellt sich die Frage, ob bzw. inwieweit Parteien als Rundfunkveranstalter zugelassen werden könnten. Das Bundesverfassungsgericht hat in seiner Entscheidung zum niedersächsischen Landesrundfunkgesetz ausgeführt, daß eine Regelung, nach welcher politischen Parteien und den von ihnen abhängigen Unternehmen, Personen und Vereinigungen eine Erlaubnis nicht erteilt werden darf, im Hinblick auf den besonderen Status der Parteien *nicht* zu beanstanden sei. Maßgebend seien auch insoweit die Gesichtspunkte der Staatsferne und Überparteilichkeit des Rundfunks.[365] Damit scheint das Gericht die politischen Parteien nicht in den *Bereich der Gesellschaft*, sondern eher der *staatlichen Ebene* zuzuordnen. Hierfür spricht, daß die Parteien durch ihre Beteiligung am politischen Willensbildungsprozeß und durch die oftmals gegebene Personalunion von Parteien und Staatsämtern eine gewisse *Nähe zum staatlichen Bereich* aufweisen.[366] Andererseits spricht aber gegen eine Zuordnung zur staatlichen Sphäre, daß sie nach Art. 21 GG an der politischen Willensbildung mitwirken und ihre Existenz im gesellschaftlichen Bereich wurzelt.[367] So gesehen nehmen die Parteien bei Wahlen eine *Mittlerfunktion* zwischen dem Einzelnen und dem Staat wahr.[368] Diese beiden Pole zeigen, daß die

---

[360] Siehe hierzu *Lerche,* Neue Medien 1983, S. 77 f., 93.

[361] BVerfGE 24, S. 73ff., 79 ff, *Herzog* in: *Maunz / Dürig / Herzog / Scholz,* GG, Art. 20 Rdz. 61 m. w. N.

[362] Vgl. *Ricker,* Privatrundfunkgesetze im Bundesstaat, S. 46 f.

[363] *Stender-Vorwachs,* Staatsferne, S. 200, 202 m. w. N.

[364] So § 29 Abs. 6 LRG NRW mit 25% der Kapital- und Stimmrechtsanteile bei der Betriebsgesellschaft für lokalen Rundfunk.

[365] BVerfGE 73, S. 118ff., 190.

[366] Vgl. *Ricker,* Privatrundfunkgesetze im Bundesstaat, S. 54 m. w. N.

[367] Vgl. BVerfGE 20, S. 56ff., 101 ff.

[368] Vgl. *Ricker,* Privatrundfunkgesetze im Bundesstaat, S. 55.

politischen Parteien *weder eindeutig* dem staatlichen noch dem gesellschaftlichen Bereich zugeordnet werden können.

Nicht zu verkennen ist indes, daß der *Einfluß politischer Parteien auf das Staatsganze* sehr intensiv ist und in weiten Bereichen mit dem Einfluß des Staates gleichgesetzt werden kann. Zu berücksichtigen ist, daß in einer *parteienstaatlichen Demokratie* staatlicher Einfluß und Einflußnahme der Mehrheitsparteien gleichgerichtet sind. Beherrschender Parteieneinfluß bietet daher dem Staat die Möglichkeit der Einflußnahme.[369] Auch das Bundesverfassungsgericht hat hierzu festgestellt, daß es vor allem die politischen Parteien sind, die zwischen den Wahlen im Sinne der von ihnen mitgeformten Meinung des Volkes die Entscheidungen der Verfassungsorgane, insbesondere Beschlüsse der Parlamente beeinflussen und im übrigen auch auf die *Bildung des Staatswillens* einwirken.[370]

90   Zu berücksichtigen ist jedoch, daß die politischen Parteien *grundrechtsfähig* sein können.[371] Insbesondere sind sie Träger des Grundrechts der Meinungsfreiheit aus Art. 5 Abs. 1 GG.[372] Denn die politischen Parteien sind zunächst in erster Linie Sprachrohr einer Gruppierung von gleichgesinnten Personen, die sich zusammengeschlossen haben, um ihre Meinung im politischen Geschehen zum Tragen bringen zu können. Dieses politische Geschehen findet auch und gerade im Volk statt und manifestiert sich auf dieser Ebene am deutlichsten im Vorfeld von Wahlen. Insoweit sind die Parteien nichts anderes als Träger von Meinungen auf dem Meinungsmarkt. Da sie damit aber auch am geistigen, freien Meinungskampf teilnehmen, erscheint es verfassungsrechtlich jedenfalls nicht von vornherein unzulässig, wenn ein Gesetzgeber die Zulassung von politischen Parteien als private Rundfunkveranstalter vorsieht.[373] Auch hat das Bundesverfassungsgericht bislang keine Pflicht des Gesetzgebers ausgesprochen, Parteien von der Teilhabe am privaten Rundfunk auszuschließen, obwohl für eine solche Feststellung in der Entscheidung zum Niedersächsischen Landesrundfunkgesetz Raum gewesen wäre.[374]

Andererseits kann die Verflechtung von politischen Parteien mit staatlichen Institutionen nicht übersehen werden, weshalb ein *Teil des Schrifttums* eine Zulassung von Parteien als Rundfunkveranstalter wegen des Gebots der Staatsfreiheit für *verfassungsrechtlich unzulässig* erachtet.[375] Von dieser Auffassung scheinen mit einer Ausnahme auch die Bundesländer auszugehen, die in ihren Mediengesetzen politische Parteien als private Rundfunkveranstalter ausgeschlossen haben.[376] Allein *§ 25 Abs. 1 Nr. 4 LMedienG Bad.-Württ.* sieht vor, daß Parteien, die nicht verboten sind, eine *Zulassung* erhalten können. Diese Regelung dürfte verfassungsrechtlich trotz der denkbaren staatlichen Verstrickungen von Parteien nach den oben getroffenen Feststellungen zulässig sein.

b) Staatliches Verlautbarungsrecht

aa) Grundsätzliches

91   Bis auf das Rundfunkrecht in Bayern und Berlin enthalten sämtliche Rundfunkgesetze und Staatsverträge Bestimmungen, die Regierungen oder anderen staatlichen Stellen in dem

---

[369] Vgl. *Degenhart,* in: BK, Art. 5 Abs. 1 und 2 Rdz. 556; vgl. *Herrmann,* Rundfunkrecht, § 7 Rdz. 84.

[370] Vgl. *Degenhart,* in: BK, Art. 5 Abs. 1 und 2 Rdz. 556, 668 unter Hinweis auf BVerfGE 60, S. 53ff., 65 ff.., 73, S. 118ff.., 190.

[371] Siehe hierzu *Leibholz/Rinck/Hesselberger,* GG, Art. 21, Rdz. 256; *Maunz/Dürig/Herzog/Scholz,* GG, Art. 21, Rdz. 92; *Henke,* in: BK, GG, Art. 21, Rdz. 217 ff.; *Kunig,* in: HdbStR II, § 33 Rdz. 60 f.

[372] *Ricker,* Privatrundfunkgesetze im Bundesstaat, S. 55 m. w. N.

[373] Für den Zugang von politischen Parteien zum Rundfunk *Ricker,* Privatrundfunkgesetze im Bundesstaat, S. 55 f.

[374] Siehe hierzu auch unten unter D Rdz. 115; F Rdz. 75 ff.

[375] *Herrmann,* Rundfunkrecht, § 7, Rdz. 84 m. w. N.; *ders.* ZUM 1991, S. 325ff., 333; im Ergebnis ebenso *Degenhart,* in: BK, Art. 5 Abs. 1 und 2, Rdz. 668.

[376] Siehe hierzu im einzelnen § 5 Abs. 2 Nr. 4 LRG NRW; § 29 Abs. 3 Med-StV Berlin/Brandenburg; § 9 Abs. 2 Nr. 4 RGMV; § 6 Abs. 3 Nr. 2 SächsPRG; § 5 Abs. 1 GPRSA; § 6 Abs. 2 Nr. 4 TPRG; § 7 Abs. 3 Nr. 4 LRG SH; § 6 Abs. 2 LRG Rh.-Pf.; § 17 Abs. 1 LMG Hamb.; § 5 Abs. 1 Nr. 1 LRG Nds; § 5 Abs. 2 Nr. 4 HPRG; § 8 Abs. 4 Nr. 4 BremLMG; § 40 Abs. 2 Nr. 3 LRG Saarl.

jeweils bestimmten Rahmen die Möglichkeit eröffnen, sich über den Rundfunk direkt an das Volk zu wenden. Vornehmlich ist dabei in den einschlägigen Vorschriften von „*amtlichen Verlautbarungen*" die Rede.[377] Teilweise wird dem Staat aber auch die Möglichkeit eröffnet, Gesetze und Verordnungen bekanntzugeben bzw. andere wichtige Mitteilungen über den Rundfunk zu verbreiten.[378] Die Frage, ob bzw. inwieweit ein staatliches Verlautbarungsrecht insbesondere unter dem Gesichtspunkt des Gebots der Staatsfreiheit mit Art. 5 Abs. 1 GG vereinbar ist, hat bislang in der Rechtsprechung keine Bedeutung erlangt und wird im Schrifttum nur vereinzelt erörtert.[379]

Zu erklären ist diese Zurückhaltung aus der Tatsache, daß der Staat bislang nur in geringem Umfang und in aller Regel im Einvernehmen mit den Rundfunkanstalten von seinem Verlautbarungsrecht Gebrauch gemacht hat.[380] Dennoch bietet ein staatliches Verlautbarungsrecht eine offene Flanke, um in die *Programmgestaltungsfreiheit* sowohl der öffentlich-rechtlichen als auch der privaten Veranstalter einzugreifen. Von Bedeutung ist daher die Frage nach der verfassungsrechtlichen Rechtfertigung sowie nach der inhaltlichen Reichweite der durch die Verlautbarungsvorschriften bestimmten Sendeverpflichtungen.

Da es an einem klaren Begriff der amtlichen Verlautbarung fehlt, bietet sich zur Feststellung der verfassungsrechtlichen Grenzen zunächst eine Unterscheidung danach an, ob sie auf einer *Verwaltungs- oder Regierungstätigkeit* beruht. Während „Verwaltung" im engeren Sinne den sich im Rahmen politischer oder gesetzlicher Vorgaben vollziehenden Maßnahmenvollzug betreibt,[381] ist die Regierung über die bloße Gesetzesanwendung und den Maßnahmevollzug hinaus insbesondere durch eine politische, auf Leitung und Repräsentanz ausgerichtete Tätigkeit des Staates geprägt.[382]

Diese Differenzierung offenbart die Bandbreite möglicher Anwendungsfälle und unterstreicht damit die *Notwendigkeit einer verfassungsrechtlichen Grenzziehung*. Hierbei sind zunächst die Sendeformen auszuscheiden, bei denen es zwar ebenfalls um Erklärungen hoheitlicher Funktionsträger geht, die aber von vornherein die Programmgestaltungsfreiheit des Veranstalters unberührt lassen und *nicht der Kategorie der amtlichen Verlautbarungen* zugeordnet werden können:

bb) Servicedurchsagen

Die Servicedurchsagen, wie z.B. der *Verkehrsfunk*, sind zwar im Ergebnis Informationen der **92** jeweils zuständigen Polizeileitstellen, jedoch unterliegen sie der redaktionellen Entscheidung, ob und wie sie ausgestrahlt werden sollen. Damit bleibt die Servicedurchsage auch dann eine redaktionelle Sendung, wenn die aus dem staatlichen Bereich stammende Information inhaltlich völlig unverändert im Programm gesendet wird.[383]

cc) Fahndungs- und Suchmeldungen

Vergleichbar gelagert sind die Fahndungs- und Suchmeldungen der Bundes- und Landes- **93** kriminalämter sowie des Generalbundesanwaltes. Auch hier bleibt die redaktionelle Gestaltung dem Sender überlassen, der auch insoweit ausschließlich die Programmverantwortung trägt.[384]

---

[377] So z. B. § 25 RGMV; s. hierzu auch *Wittig-Terhardt*, in: *Schiwy/Schütz*, Medienrecht, S. 366.

[378] Zum Beispiel § 3 Nr. 5 HR-Gesetz, § 6 Abs. 2 SWF-StV.

[379] Noch am ausführlichsten *Bilstein*, Rundfunksendezeiten für amtliche Verlautbarungen, in: Schriftenreihe des Instituts für Rundfunkrecht, 1992, Bd. 58; *Schürmann* AfP 1993, S. 435 ff., 38 ff.; *Jarass*, Die Freiheit des Rundfunks vom Staat, S. 69 ff.; *Bullinger/Gödel* zu § 56 Bad.-Württ. LMG.

[380] Siehe hierzu *Schürmann* AfP 1993, S. 435 ff., 438.

[381] Vgl. *Stern*, Funktionsgerechte Finanzierung, S. 696.

[382] Siehe hierzu *Smend*, Die politische Gewalt im Verfassungsstaat und das Problem der Staatsform in: Staatsrechtliche Abhandlungen, S. 68, 79 ff.

[383] *Bilstein*, Rundfunksendezeiten, S. 21.

[384] *Bilstein*, Rundfunksendezeiten, S. 21 ff.

dd) Direktübertragungen von Parlamentsdebatten und anderen wichtigen staatlichen Ereignissen

94 Direktübertragungen von Parlamentsdebatten oder von anderen wichtigen staatlichen Ereignissen sind *Teil des redaktionellen Programms*, da es im Belieben des Veranstalters bleibt, ob überhaupt und in welchem Umfang er solche Sendungen ausstrahlt. Nicht das Verlangen des Staates, sondern das Interesse der Allgemeinheit und die damit einhergehende Versorgungsfunktion des Rundfunks sind hierfür ausschlaggebend.[385]

ee) Stellungnahmen von Regierungsvertretern

95 Stellungnahmen von Regierungsvertretern, die ein Journalist bei einem bestimmten Ereignis einholt und als „O-Ton" in die von ihm *redaktionell aufgearbeitete Sendung* einblendet, sind offenkundig unproblematisch. Anders verhält es sich hingegen bei einem Tatbestand, wie ihn *§ 6 Abs. 1 SWF-Staatsvertrag* vorsieht, wonach u. a. den Landesregierungen Gelegenheit zu geben ist, *„ihre Auffassungen in zweckentsprechenden Sendungen des Südwestfunks angemessen zu vertreten"*. Die Problematik liegt hier in dem Umstand, daß eine solche Vorschrift dem Staat einen *Anspruch* einräumt, in einer geeigneten Sendung z. B. politische Standpunkte präsentieren zu können. Damit wird dem Staat letztlich die Möglichkeit eingeräumt, über den Rundfunk auf die politische Meinungsbildung Einfluß zu nehmen.

ff) Staatlich geförderte bzw. produzierte Ratgebersendungen

96 Mit Sendungen wie „Der 7. Sinn" oder „Die Kriminalpolizei rät" liefert der Staat Sendebeiträge, die unter die Kategorie der *sog. Sponsorsendungen* im weiteren Sinne fallen. Auch bleibt die redaktionelle Verantwortung letztlich beim Rundfunkveranstalter, so daß solche Sendungen entsprechend den Zulässigkeitsgrenzen beim Sponsoring so lange unproblematisch bleiben, wie sie nicht den politischen Interessen der betroffenen staatlichen Stelle dienen.

gg) Drittsendungen

97 In aller Regel enthalten die Rundfunkgesetze Vorschriften, die Parteien und Kirchen *besondere Sendezeiten* einräumen. Bei den Parteien geht es um werbende Beiträge zu Parlamentswahlen, um den Kirchen um die Übertragung von Gottesdiensten oder gottesdienstähnlichen Handlungen. Diesen Sendungen fehlt zwar die redaktionelle Eigenverantwortung des jeweiligen Rundfunksenders, jedoch unterscheiden sie sich von amtlichen Verlautbarungssendungen entscheidend dadurch, daß ihnen der *amtlich-hoheitliche Charakter fehlt*. An dieser Feststellung ändert auch nichts die Tatsache, daß zwischen Parteien und Staat jedenfalls partiell eine Interessenidentität besteht. Zu berücksichtigen ist nämlich, daß es hier allein um die Selbstdarstellung der jeweiligen Partei als eine von vielen gesellschaftlich-politischen Gruppen im Wahlkampf geht.[386] Mit den amtlichen Verlautbarungen haben aber derartige Beiträge gemein, daß es sich in beiden Fällen um Fremdsendungen handelt.[387] Da folglich auch bei diesen Sendungen die Programmfreiheit berührt wird, stellt sich z. B. bei Sendezeiten für politische Parteien ebenfalls die Frage nach der verfassungsrechtlich zulässigen Inanspruchnahme des Veranstalters.[388]

hh) Verlautbarungspflichten im öffentlich-rechtlichen Rundunk

98 Rundfunkgesetze und Staatsverträge bestimmen für die öffentlich-rechtlichen Rundfunkanstalten *Verlautbarungspflichten*.[389] Die ausdrückliche gesetzliche Statuierung der staatlichen Verlautbarungsrechte gegenüber dem öffentlich-rechtlichen Rundfunk trägt zunächst der Tatsache Rechnung, daß insoweit der *allgemeine Gesetzesvorbehalt des Art. 5 Abs. 2 GG* berührt

---

[385] Vgl. *Lerche*, in: *Bullinger/Kübler* (Hrsg.), Rundfunkorganisation und Kommunikationsfreiheit, S. 15, 65.

[386] Siehe hierzu *Fuhr*, ZDF-Staatsvertrag, S. 148.

[387] Siehe hierzu *Grawert*, S. 92 ff.

[388] Siehe hierzu im einzelnen Ausführungen unter D Rdz. 111 und F Rdz. 75 ff.

[389] § 5 ZDF-StV; § 8 Abs. 1 WDR-Gesetz; § 6 Abs. 2 SWF-StV; § 2 Abs. 4 Nr. 8 SDR-Satzung; § 9 GVRS-Saarl.; § 11 NDR-StV; § 3 Nr. 1 HR-Gesetz; Art. 4 Abs. 2 Nr. 5 GR-Gesetz; § 2 Abs. 4 Radio Bremen-Gesetz.

ist. Nach einer anderen Auffassung im Schrifttum sind die Vorschriften über das Recht des Staates zur Inanspruchnahme von Sendezeiten für amtliche Verlautbarungen indes Folge der für die Rundfunkfreiheit notwendigen gesetzlichen Ausgestaltung. Das Verlautbarungsrecht sei in dem Sinne vielfaltsfördernd, als die von der Regierung für wesentlich erachteten Informationen nicht der redaktionellen Bearbeitung unterfallen und damit dem im Zeitalter der „Mediendemokratie" nicht ganz fern liegenden Risiko von Entfremdung und Verkürzung von bestimmten Informationen entgegenwirken könnten.[390] Trotz dieser beachtenswerten Aspekte erscheint jedoch die Charakterisierung des Verlautbarungsrechts als gesetzliche Ausgestaltung des Art. 5 Abs. 1 Satz 2 GG deshalb nicht tragbar, weil durch die Einstufung des staatlichen Verlautbarungsrechts als „vielfaltsfördernd" ein Tor geöffnet werden könnte, das einen weitgehend unkontrollierbaren Eingriff des Staates in die Programmautonomie, die für die Rundfunkfreiheit wesensimmanent ist, ermöglichen würde. Die *latente Gefahr eines Mißbrauchs des Mediums Rundfunk* liegt auf der Hand, wohingegen die ausgestaltenden Rundfunkgesetze ja gerade die Rundfunkfreiheit gewährleisten sollen.[391]

Von wesentlicher Bedeutung ist dabei, daß die Verlautbarungsbestimmungen den Regie-   **99** rungen einen Anspruch auf Einräumung von Sendezeiten zubilligen und dem Rundfunkveranstalter die Freiheit genommen wird, über die Auswahl von Sendungen selbst zu bestimmen. Die *Programmfreiheit* als eine der tragenden Säulen der Rundfunkfreiheit wird daher durch das Verlautbarungsrecht eindeutig belastet.[392] Da die staatlichen Verlautbarungsrechte im Interesse einer effizienten staatlichen Aufgabenerfüllung insbesondere auf dem Gebiet der *Gefahrenabwehr* liegen und damit dem Schutz wichtiger *Gemeinschaftsziele* dienen,[393] ist es vielmehr richtig, die Zulässigkeit am Maßstab des Art. 5 Abs. 2 GG zu prüfen.[394]

Zwar geht es um eine konkrete Regelungsmaterie im Rundfunkrecht, so daß insoweit Zweifel an der Erfüllung des Allgemeinheitserfordernisses des Art. 5 Abs. 2 GG bestehen könnten.[395] Entscheidend ist jedoch, daß das staatliche Verlautbarungsrecht keinen zielgerichteten Eingriff in die Rundfunkfreiheit darstellt, sondern aufgrund der besonderen Schutzfunktion auf die Allgemeinheit ausgerichtet ist.

Dies zeigt sich besonders bei der *Gefahrenabwehr*. Sie steht im Mittelpunkt des Verlautbarungsrechts, das insoweit in Erfüllung allgemeiner Gesetze zu betrachten ist.[396] Ob dabei das staatliche Verlautbarungsrecht in dem öffentlich-rechtlichen Rundfunk vom allgemeinen Gesetzesvorbehalt getragen wird, ist anhand des Grundsatzes der *Verhältnismäßigkeit* als Prüfungsmaßstab[397] festzustellen. Es kommt folglich darauf an, ob bzw. in welchem Ausmaß ein staatliches Verlautbarungsrecht im öffentlich-rechtlichen Rundfunk *erforderlich* und *zumutbar* ist. Schon bei diesem Ansatz zeigt sich die Notwendigkeit einer Unterscheidung danach, ob es sich um Mitteilungen aus dem *administrativen* oder aus dem *regierungspolitischen* Bereich handelt.

Herausragendes Beispiel für eine typisch hoheitliche Aufgabe ist der Komplex der *Gefahrenabwehr* und -vorsorge, der eine umfassende Informationstätigkeit erfordern kann. Denkbar

---

[390] *Schürmann* AfP 1993, S. 44 m. Verweis auf *Isensee*, Regierbarkeit in einer parlamentarischen Demokratie, 1979, S. 22; *Heintzen* NJW 1990, S. 1448ff., 1451; s. hierzu auch *Ossenbühl*, Programmnormen, S. 50, der von der „Sicherheit vor der Macht des Rundfunks" spricht.

[391] Vgl. *Bilstein*, Rundfunksendezeiten, S. 66.

[392] Siehe hierzu *Ricker*, Privatrundfunkgesetze im Bundesstaat, S. 38; *Jarass*, Die Freiheit des Rundfunks zum Staat, S. 13 f., vgl. hierzu F Rdz. 50 ff., D Rdz. 102 ff.

[393] Vgl. *Krone* AfP 1981, S. 486; vgl. *Grawert*, S. 102 f.; *Jarass*, Die Freiheit des Rundfunks zum Staat, Rundfunkordnung, S. 73.

[394] Vgl. *Ricker*, Privatrundfunkgesetze im Bundesstaat, S. 39.

[395] So *Fuhr*, ZDF-Staatsvertrag, S. 140; *Berendes*, Staatsaufsicht, S. 162. Beide Autoren sehen das Verlautbarungsrecht allein durch die verfassungsimmanenten Schranken als verfassungsrechtlich gerechtfertigt an; vgl. hierzu B Rdz. 164 ff.; F Rdz. 66.

[396] Zur Problematik des allgemeinen Gesetzesvorbehalts i. S. d. Art. 5 Abs. 2 GG siehe im einzelnen unter B Rdz. 164 ff.; F Rdz. 66.

[397] Siehe hierzu auch *Krech* VR 1993, S. 401ff., 403 m. w. N.; *Herrmann*, Rundfunkrecht, S. 262 f.

sind Notlagen, in denen allein durch die Inanspruchnahme des Rundfunks eine rechtzeitige Öffentlichkeitsaufklärung durch Hinweise, Empfehlungen oder gar Katastrophenwarnungen möglich ist.[398]

100   Auch können *herausragende Gemeinschaftsinteressen* eine Ausnahmesituation begründen, die es rechtfertigt, daß der Staat Gesetze oder Verordnungen über Rundfunk bekanntgibt, nämlich dann, wenn nur so eine schnelle und umfassende Verbreitung bedeutsamer Regelungen möglich ist. Dies dürfte allerdings nur in *äußerst seltenen Fällen* in Betracht kommen, da Gesetze und Verordnungen nur *flüchtig vermittelt* werden können und somit schon Zweifel an der Geeignetheit des Mediums Rundfunk für eine solche Verbreitung bestehen.[399]

       Bei der Frage der Zumutbarkeit ist unter Beachtung der vom Bundesverfassungsgericht entwickelten *Wechselwirkungslehre*[400] zu fragen, ob die notwendige Verbreitung von amtlichen Verlautbarungen über Rundfunk im Ergebnis auch mit Blick auf den Grundrechtsgehalt der Rundfunkfreiheit Bestand haben kann. Bei dieser Abwägung ist ebenso zu berücksichtigen, daß der Staat positiv verpflichtet ist, für Leben und körperliche Unversehrtheit der Staatsbürger Sorge zu tragen, mithin sich zur Abwehr von Gefahren auch aller rechtlich zulässigen Mittel bedienen muß.[401]

101   Diesem verfassungsrechtlichen Handlungsgebot, das vom Ansatz her auch eine Inanspruchnahme des Rundfunks als Massenkommunikationsmittel mit seiner unmittelbaren Breitenwirkung[402] verlangt, steht die Rundfunkfreiheit gegenüber, die ihrerseits wiederum dem Grunde nach staatliche Eingriffe verbietet. Ist bei Notsituationen ein Zurückweichen des Schutzes der Rundfunkfreiheit vertretbar, zumal es sich bei solchen Lagen immer um eng begrenzte Ausnahmefälle handelt, kommt für den öffentlich-rechtlichen Rundfunk als ein wesentlicher Gesichtspunkt hinzu, daß er nicht zuletzt durch die von ihm wahrzunehmende *Grundversorgung* mit einem besonderen öffentlichen Auftrag versehen ist.[403] Diese öffentliche Verantwortung korreliert mit den verfassungsrechtlich gebotenen Handlungspflichten des Staates. Insoweit befindet sich der öffentlich-rechtliche Rundfunk in einer *Pflichtstellung gegenüber der Allgemeinheit* mit der Folge, daß eine Inanspruchnahme im Zuge öffentlicher Verlautbarungen nicht eine relevante Kürzung der Programmautonomie bedeuten muß. Mit Blick auf den Rundfunk als Faktor der Meinungsbildung, in die der Staat nicht einwirken soll, ist es dabei allerdings unerläßlich, daß sich die amtlichen Verlautbarungen auf Tatsachen beschränken und bis auf etwaige erläuternde Hinweise Wertungen sowie Kommentare staatlicherseits ausbleiben.[404]

       Dies verdeutlicht aber auch zugleich, daß das Verlautbarungsrecht als ein Instrument des Staates nur als *Not- und Ausnahmerecht* genutzt werden kann. Stehen in diesem Rahmen die Verlautbarungsvorschriften im Einklang mit Art. 5 Abs. 1 und 2 GG, geht es folglich entscheidend darum, ob ihr tatsächlicher Gebrauch sich innerhalb der aufgezeigten Grenzen bewegt.

ii) Verlautbarungspflichten im privaten Rundfunk

102   Die Rundfunkgesetze für den privaten Rundfunk enthalten in aller Regel ebenfalls ein staatliches Verlautbarungsrecht.[405] Da jedoch bereits beim öffentlich-rechtlichen Rundfunk enge Grenzen für die Ausübung dieser dem Staat gesetzlich eingeräumten Rechte festgestellt

---

[398] Siehe hierzu *Gröschner* DVBl. 1990, S. 619 f.

[399] Vgl. *Ricker,* Privatrundfunkgesetze im Bundesstaat, S. 40.

[400] Grundlegend BVerfGE 7, 198ff., 207 ff.

[401] Vgl. *Jarass,* Die Freiheit des Rundfunks vom Staat, S. 73; vgl. *Maunz/Dürig/Herzog, Schulz,* GG, Art. 2 Abs. 2, Rdz. 27.

[402] Siehe hierzu BVerfGE 35, S. 222.

[403] BVerfGE 31, 329; 35, 221; 47, 225; vgl. *Herrmann,* Fernsehen und Hörfunk, S. 325 f.; *Leisner,* Werbefernsehen, S. 107.

[404] Vgl. *Herrmann* AöR 90, S. 337, Fn. 262; vgl. *Jarass* RuF 1980, S. 315.

[405] § 24 Abs. 1 BremLMG; § 23 HPRG; § 28 LRG Nds.; § 19 Abs. 1 LRG NRW; § 24 LRG SH; § 21 SächsPRG; § 56 LMG Bad.-Württ.; § 21 Abs. 2 Satz 1 LRG Rh.-Pf.; § 26 LMG Hmb.; § 25 RGMV; § 22 GPRS; § 25 TPRG; s. hierzu auch *Wittig-Terhardt,* in: Schiwy/Schütz, Medienrecht, S. 359 ff. 366.

wurden, muß für den privaten Rundfunk das *Vorliegen einer Ausnahmesituation noch kritischer* gesehen werden. Denn anders als die aus Gebühren finanzierten und mit einem besonderen öffentlichen Auftrag versehenen öffentlich-rechtlichen Rundfunkanstalten wird der private Rundfunk *nicht in öffentlicher Verantwortung* tätig. Dies hat zugleich Folgen bei der Frage, ob eine Verbreitung von amtlichen Verlautbarungen über den privaten Rundfunk überhaupt noch als erforderlich angesehen werden kann, wenn deren Ausstrahlung bereits durch die öffentlich-rechtlichen Rundfunkanstalten gesichert ist.[406]

So werden Ausnahmesituationen allein in *äußerst angespannten Notlagen* in Betracht kommen, in denen auf den privaten Rundfunk wegen seines mittlerweile hohen Verbreitungsgrades ebenfalls nicht verzichtet werden kann, um eine optimale Gefahrenabwehr sicherzustellen. Wird in einer solchen Lage der private Rundfunk *ausnahmsweise* für staatliche Verlautbarungen in Anspruch genommen, so muß anders als beim öffentlich-rechtlichen Rundfunk auch beachtet werden, daß dann nicht nur in die Rundfunkfreiheit, sondern ebenfalls in die *Eigentumsrechte der privaten Veranstalter* eingegriffen wird. Denn das Verlautbarungsrecht hat insofern einen enteignenden Charakter, als dadurch dem privaten Veranstalter eine öffentlich-rechtliche Pflicht zur Bereitstellung seiner Einrichtungen für Gemeinschaftszwecke auferlegt wird.[407]

Es stellt sich damit die Frage, ob bzw. inwieweit der Staat eine *Entschädigung* bzw. ein **103** *Entgelt* für die Inanspruchnahme von Sendezeiten zu leisten hat. Von Bedeutung ist in diesem Zusammenhang die Entscheidung des Bundesverfassungsgerichts zur Ablieferungspflicht von Druckwerken, in welcher es ausgeführt hat, daß eine unterschiedslose allgemeine Bereitstellungspflicht mit generellem Vergütungsausschluß den Anforderungen des Art. 14 Abs. 1 Satz 2 GG nicht gerecht wird, da sie den unterschiedlichen Belangen der Betroffenen nicht ausreichend Rechnung trägt.[408] Auch hier geht es um die *freiheitssichernde Bedeutung des Art. 14 Abs. 1 Satz 1 GG*[409] und um Belastungen, die sich je nach der Finanzkraft des jeweiligen Unternehmens unterschiedlich auswirken können.[410] Die vergleichbare Sachlage gebietet es daher, eine Vergütung auch für den Fall der Inanspruchnahme des Verlautbarungsrechts vorzusehen.[411]

Infolgedessen können nur die Regelungen der Privatrundfunkgesetze in Baden-Württemberg, Niedersachsen, Hessen, Mecklenburg-Vorpommern, Sachsen, Sachsen-Anhalt und Thüringen als verfassungskonform angesehen werden. Für die Landesrundfunkgesetze von Nordrhein-Westfalen und Bremen, die keine Regelung zur Frage der Kostenerstattungspflicht für die Inanspruchnahme des Verlautbarungsrechts enthalten, muß folglich über eine *verfassungskonforme Auslegung* die *Entgeltlichkeit* angenommen werden. Da die Rundfunkgesetze von Rheinland-Pfalz, Hamburg, Saarland, Schleswig-Holstein und Berlin/Brandenburg *ausdrücklich die Unentgeltlichkeit* bestimmen, müssen deren Verlautbarungsregeln als *verfassungswidrig* betrachtet werden.

c) Staatseinfluß bei der Festlegung von Werbezeiten

Rundfunkstaatsvertrag und Rundfunkgesetze enthalten Bestimmungen nicht nur zur Wer- **104** bestruktur, sondern auch *zum zeitlichen Umfang* und zur *zeitlichen Plazierung* von Werbesendungen. So dürfen nach § 15 Abs. 1 RStV im Ersten Fernsehprogramm der ARD sowie im ZDF *Werbesendungen nach 20.00 Uhr* nicht mehr ausgestrahlt werden und ist die *Gesamtdauer der Werbung im Jahresdurchschnitt auf 20 Minuten werktäglich* beschränkt. Lassen sich solche Vorschriften mit der *Ausgestaltungsbefugnis des Gesetzgebers* unter dem Gesichtspunkt rechtfertigen, daß eine zeitliche Limitierung der Werbung im öffentlich-rechtlichen Rundfunk zur

---

[406] *Ricker,* Privatrundfunkgesetze im Bundesstaat, S. 39.
[407] *Ricker,* Privatrundfunkgesetze im Bundesstaat, S. 41; *Herrmann,* Rundfunkrecht, S. 262.
[408] BVerfG NJW 1982, S. 633ff., 635.
[409] BVerfG NJW 1982, S. 633ff., 634.
[410] BVerfG NJW 1982, S. 633ff., 635.
[411] Siehe hierzu *Ricker,* Privatrundfunkgesetze im Bundesstaat, S. 41 mit Hinweis auf BVerfG NJW 1982, S. 633ff., 634 ff; *Eberle* NJW 1994, S. 905 ff.

Chancenwahrung des privaten Rundfunks erforderlich ist,[412] erscheinen indes Regelungen problematisch, die es der *Exekutive* gestatten, von diesen gesetzlichen Vorschriften abzuweichen.

So räumt etwa § 17 RStV *den Ländern* das Recht ein, die staatliche Beschränkung des § 15 Abs. 1 RStV durch einfachen administrativen Akt wieder aufzuheben, indem Änderungen der Gesamtdauer der Werbung, der tageszeitlichen Begrenzung der Werbung und ihre Beschränkung auf Werktage im öffentlich-rechtlichen Rundfunk vereinbart werden können. Zwar ist in dieser Vorschrift nicht mehr wie im früheren Artikel 5 des Rundfunkstaatsvertrages vom 3. April 1987 von einer *Vereinbarung der Ministerpräsidenten* die Rede. Jedoch statuiert auch die jetzige Fassung *keinen Parlamentsvorbehalt.* Da die Länder vielmehr durch die Ministerpräsidenten vertreten werden und für eine staatsvertraglich-gesetzliche Änderung es der Vorschrift des § 17 überhaupt nicht bedarf, begründet auch die jetzige Fassung die *Möglichkeit* einer bloßen *Regierungsvereinbarung.* Eine solche „*Ermächtigung*" stößt indes schon bei allgemeiner staatsrechtlicher Betrachtung auf Bedenken, da hier eine mit dem jeweiligen Zustimmungsgesetz vom Parlament beschlossene Regelung durch einen souveränen Akt der Exekutive beseitigt werden kann.[413]

105   Unter anderem mit Blick auf den *Wesentlichkeitsgrundsatz* wirft auch die im *NDR-Staatsvertrag* getroffene Regelung, wonach es den Regierungen der Vertragsländer überlassen bleibt, die Dauer und Struktur der Hörfunkwerbung im Wege der Vereinbarung festzulegen, verfassungsrechtliche Fragen auf.[414] Grundsätzlich ist es allein Sache des *parlamentarischen Gesetzgebers* und sogar seine Pflicht, eine Rahmenordnung für den Rundfunk zu schaffen. Er muß selbst über die Grundstrukturen der Rundfunkorganisation und über die Leitlinien für den Inhalt des Gesamtprogramms entscheiden.[415] Hinzu kommt, daß die Rundfunkfreiheit nicht nur vor unmittelbaren staatlichen Einflüssen auf das Programm schützt, sondern auch mittelbaren Einflußnahmen auf die Programmgestaltung entgegensteht.[416] Insoweit sind die *politisch-administrativen Werberegelungen* in zweierlei Hinsicht problematisch: zum einen mit Blick auf den *Parlamentsvorbehalt* und zum anderen wegen des Gebots der *Staatsfreiheit.*

106   Daß hier auch die Vereinbarkeit mit dem Gebot der Staatsfreiheit in Frage steht, wird zunächst aus der Tatsache deutlich, daß sich für die werbende Wirtschaft die einzelnen Sendungen als Umfeld für die Werbung darstellen, mithin deren zeitliche Plazierung sich zumindest mittelbar auf die Programmgestaltung auswirkt. Dies hat für die öffentlich-rechtlichen Rundfunkanstalten, die eigentlich nicht auf die Belange der Werbung Rücksicht nehmen sollen, zu weitreichenden Umgestaltungen im Vorabendprogramm geführt. So mußten im Vorabendprogramm an die Stelle von Regionalprogrammen massenattraktive Filme treten, um der werbenden Wirtschaft verstärkt Anreize zur Buchung von Sendeplätzen in den öffentlich-rechtlichen Fernsehprogrammen zu bieten.[417]

107   Zwar sind die öffentlich-rechtlichen Sender im Gegensatz zu den privaten Anbietern nicht auf hohe Einschaltquoten angewiesen, die massenattraktive Programme erfordern. Denn aufgrund der Gebührenfinanzierung könnten sie unabhängiger agieren und ihr Programm insofern frei von äußeren Zwängen gestalten.[418] Jedoch zeigt die tatsächliche Entwicklung, daß auch die öffentlich-rechtlichen Rundfunkanstalten sich nicht den Kräften des Werbemarktes zu widersetzen vermögen. Von Belang ist dabei, daß aus der Sicht der werbenden Wirtschaft sich das *Rundfunkprogramm primär als Umfeld von Werbesendungen* darstellt.[419] Damit sind aber gerade jene Anforderungen an die Programmgestaltung gefährdet, die sich für den öffentlich-

---

[412] Siehe hierzu Ausführungen unter C Rdz. 80 ff., 101 ff.; F Rdz. 103 ff.

[413] Siehe hierzu *Ring*, Medienrecht, RStV 1991, Art. 5, Anm. 4.

[414] § 36 Abs. 2 NDR-StV; s. hierzu *Bethge* AfP 1991, S. 602 ff., 604.

[415] Siehe hierzu grundlegend BVerfGE 57, S. 295 ff., 324 und Ausführungen unter B Rdz. 115; C Rdz.

[416] Zuletzt BVerfG NJW 1994, S. 1942 ff., 1943; BVerfGE 83, S. 118 ff., 183; 83, S. 238 ff., 323.

[417] Vgl. C Rdz. 80 ff., 101 ff.; F Rdz. 103 ff.

[418] So *Degenhart*, in: BK, Art. 5 Abs. 1 und 2, Rdz. 533; *Hesse*, Rundfunkrecht, S. 78.

[419] Siehe hierzu BVerfGE 83, S. 238 ff., 311.

rechtlichen Rundfunk aus der Grundversorgungsaufgabe ergeben.[420] Werden die bestehenden Einschränkungen gelockert, besteht somit die Gefahr, daß die öffentlich-rechtlichen Rundfunkanstalten sich noch mehr an den Interessen der Werbewirtschaft ausrichten. Wenn dabei der *Exekutive* die *Aufhebung* bzw. *Lockerung* von *Werbebeschränkungen* überlassen bleibt, nimmt sie folglich mittelbar auch Einfluß auf die Programmgestaltung. Schon aus dieser Sicht kollidieren die Regelungen des § 17 RStV und § 36 Abs. 2 NDR-StV mit dem Gebot der Staatsfreiheit.[421]

Darüber hinaus muß berücksichtigt werden, daß durch derartige Befugnisse der Staat **108** direkt *Bedingungen für die Finanzierung der öffentlich-rechtlichen Rundfunkanstalten* setzt. Dies steht aber im Widerspruch zur Rundfunkgebührenentscheidung des Bundesverfassungsgerichts von 1994, in der das Gericht ausgeführt hat, daß gerade die Entscheidung über die Finanzausstattung eine mittelbare Einflußnahme auf die Programmgestaltung ermöglicht und deshalb nicht zu einem gewichtigen Teil der Exekutive überlassen bleiben darf.[422]

Wenn das Bundesverfassungsgericht schon die frühere Funktion des Staates bei der Rundfunkgebührenfestsetzung trotz der Mitwirkung der Landesparlamente und der damals freilich anders zusammengesetzten[423] Kommission zur Ermittlung des Finanzbedarfs der öffentlich-rechtlichen Rundfunkanstalten (KEF) mit dem Gebot der Staatsfreiheit für unvereinbar achtet, so kann erst recht die *politisch-administrative Regelung* von Werbezeiten, die in kein geordnetes Verfahren eingebunden ist, verfassungsrechtlich nicht hingenommen werden.

Schließlich stehen politisch-administrative Entscheidungen über den zeitlichen Umfang und die zeitliche Plazierung von Werbesendungen im Widerspruch zu dem vom Bundesverfassungsgericht herausgebildeten *Wesentlichkeitsgrundsatz*, nach welchem die grundrechtsrelevanten Entscheidungen vom parlamentarischen Gesetzgeber selbst getroffen werden müssen.[424]

In dieser Hinsicht ist zu berücksichtigen, daß die Möglichkeit, in das Programmschema Werbesendungen einzubinden, nicht ohne *Auswirkungen auf die programmäßige Gestaltung* bleiben kann. Auch die Entwicklung der ARD-Vorabendprogramme zeigt, daß bei einer Ausdehnung der Werbung im öffentlich-rechtlichen Fernsehen auf die Zeit nach 20.00 Uhr eine Verschiebung des Programmangebots zugunsten eines größeren Einsatzes von unterhaltenden und massenattraktiven Sendungen befürchtet werden müßte.[425] Dies würde sich auf die Rundfunkfreiheit in zweifacher Hinsicht auswirken, und zwar sowohl auf die im Sinne der dienenden Funktion der Rundfunkfreiheit vom öffentlich-rechtlichen Rundfunk wahrzunehmende *Grundversorgung* als auch auf die *finanziellen Existenzgrundlagen des privaten Rundfunks*, die maßgeblich durch Werbeeinnahmen geprägt sind.

Was den *Grundversorgungsauftrag* anbelangt, ist zu berücksichtigen, daß er den öffentlich- **109** rechtlichen Sendern gebietet, ein umfassendes, nicht nur auf eine Mindestversorgung reduziertes Vollprogramm anzubieten, welches neben Unterhaltung auch die Bereiche Information, Kultur und Bildung beinhaltet. Gerade in der Gewährleistung der Grundversorgung finden der öffentlich-rechtliche Rundfunk und seine besondere Eigenart, namentlich die Finanzierung durch Gebühren, ihre Rechtfertigung.[426] Bei einer Änderung der Werberegelungen wird folglich die adäquate Erfüllung dieses Auftrags wegen der Auswirkungen auf die Programmgestaltung in Frage gestellt und bedarf jedenfalls im Rahmen der gesetzlichen Ausgestaltung einer umfassenden Abwägung zur *Wahrung der dualen Rundfunkordnung*, in der sich derzeit die Rundfunkfreiheit konkretisiert. Bloße *politisch-administrative Werberegelungen* wären daher wegen der grundrechtsrelevanten Folgen auch insoweit verfassungswidrig.

---

[420] Vgl. BVerfGE 73, S. 118, 155; 83, S. 238, 311; vgl. auch *Goerlich* ZUM 1996, S. 390 ff.

[421] Siehe hierzu *Ricker* AfP 1990, S. 173 f.; siehe oben C Rdz. 90 ff.

[422] BVerfG NJW 1994, S. 1942ff., 1944; s. hierzu auch *Ricker* NJW 1994, S. 2199; vgl. C Rdz. 74 ff.

[423] Vgl. *Hümmerich/Heinze* ZUM 1994, S. 488 ff.; epd Nr. 73 v. 17.9.1994, S. 14; *Radeck* ZUM 1995, S. 177.

[424] Siehe hierzu Ausführungen unter C Rdz. 65.

[425] Siehe hierzu *Ricker* AfP 1990, S. 173ff., 174.

[426] BVerfGE 73, S. 118ff., 157 f.; 87, S. 181ff., 197 ff.

110   Des weiteren wäre der *Wesentlichkeitsgrundsatz* auch mit Blick auf die *Konkurrenzsituation* der öffentlich-rechtlichen Rundfunkanstalten zu den privaten Anbietern berührt. Bei den privaten Anbietern muß davon ausgegangen werden, daß sie zur Erhaltung ihrer Existenz auf Einnahmen aus Wirtschaftswerbung angewiesen sind.[427] Wie die besondere Attraktivität der privaten Programme für die Werbekunden während der werbefreien Zeit in den öffentlich-rechtlichen Fernsehprogrammen zeigt, würde eine Änderung der Werberegelungen die Finanzierungsmöglichkeiten der privaten Anbieter erheblich beeinträchtigen. Dabei ist zu berücksichtigen, daß gerade erst nach 20.00 Uhr die konsumstarke und damit für die werbungstreibende Wirtschaft interessante Gruppe der 30- bis 50jährigen Menschen erreicht werden kann.[428]

Im dualen Rundfunksystem umfaßt der Schutz der Rundfunkfreiheit aber auch den *publizistischen Wettbewerb*, innerhalb dessen die zu den öffentlich-rechtlichen Programmen hinzugekommenen privaten Programmangebote die Meinungsvielfalt vergrößern sollen.[429] Lockerungen von Werbebegrenzungen zugunsten der öffentlich-rechtlichen Sender, die zu wesentlichen Einnahmeverlusten bei den einzelnen privaten Rundfunkunternehmen führen können, kollidieren folglich mit den Zielen des dualen Rundfunksystems. Es bestünde die Gefahr, daß mit dem Verlust von Einnahmenressourcen für den privaten Rundfunk auch eine *Verringerung der Programmvielfalt* einhergehen könnte.[430]

Bestehen daher schon begründete Zweifel, ob selbst der *parlamentarische Gesetzgeber* im Wege eines formellen Gesetzes eine weitgehende, den privaten Rundfunk belastende Öffnung der Werbezeiten in öffentlich-rechtlichen Fernsehprogrammen herbeiführen darf, so muß dies wegen der eindeutigen Grundrechtsrelevanz erst recht der *Exekutive* versagt sein.[431]

5. Wahlwerbesendungen der politischen Parteien

111   Seit Aufkommen der elektronischen Massenkommunikation ist die Präsentation von Politikern im Rundfunk immer stärker an die Stelle eines direkten „*Dialogs zwischen Wähler und Wahlbewerbern*" getreten.[432] Die Parteien messen der Wahlwerbung im Rundfunk einen „*sehr großen Einfluß auf die Wahlentscheidung der Bürger*" bei.[433] Soweit das Bundesverfassungsgericht in einer Kammerentscheidung[434] bemerkt hat, die Bedeutung der Wahlwerbung im öffentlich-rechtlichen Rundfunksystem habe seit Bestehen der dualen Rundfunkordnung „*nicht unerheblich abgenommen*", ist diese Aussage insoweit zu relativieren, als allenfalls die Feststellung getroffen werden kann, durch die private Konkurrenz seien den öffentlich-rechtlichen Programmen Zuschauer und mithin auch den Wahlwerbesendungen auf den einzelnen Kanälen Reichweiten verlorengegangen. Entscheidend ist jedoch, daß insgesamt der Konsum an Rundfunkprogrammen nicht gesunken ist. Über die Jahre hat sich im Bewußtsein des Publikums die Bedeutung der elektronischen Medien als Informationsgeber anhaltend zulasten der Druckerzeugnisse verschoben.[435]

112   Ob und inwieweit die Parteien überhaupt zu Wahlzwecken *Sendezeiten* beanspruchen können, ist von den *gesetzlichen Regelungen* abhängig. Hierbei ist zunächst der *öffentlich-rechtliche*

---

[427] BVerfGE 74, S. 297ff., 343 ff.

[428] *Ricker* AfP 1990, S. 173ff., 175.

[429] Siehe hierzu *Ory* AfP 1989, S. 616ff., 619, der darauf hinweist, daß auch im Bereich der Rundfunkfinanzierung eines dualen Rundfunksystems gegenüber den privaten Veranstaltern Grundrechtskollisionen auszugleichen sind.

[430] In diesem Sinne *Ricker* AfP 1990, S. 173ff., 175; so auch BVerfGE 74, S. 294ff., 343 ff.

[431] Vgl. oben unter C Rdz. 80 ff., 101 ff.; D Rdz. 20 f.; F Rdz. 103 ff.

[432] Vgl. *Benda* NJW 1994, S. 521.

[433] BVerfGE 67, S. 149ff., 152; s. hierzu auch BVerfGE 14, S. 121ff., 133.

[434] BVerfGE NJW 1994, S. 40.

[435] Siehe hierzu *Benda* NJW 1994, S. 521.

Bereich vom *privaten Rundfunk* zu unterscheiden. Auch wenn in der Literatur für solche Unterscheidungen durch „*ökonomische Ungleichbehandlung*" Zweifel wegen eines möglichen Verstoßes gegen Art. 3 Abs. 1 GG geltend gemacht werden,[436] ist dieser Ansicht schon deswegen nicht zu folgen, weil einmal der Gesetzgeber auch die Verpflichtungen zur Ausstrahlung von Werbesendungen unterschiedlich gestaltet hat, zum anderen aber der öffentlich-rechtliche Rundfunk durch sein *Gebührenprivileg* und seine damit ausgelösten Grundversorgungsverpflichtungen in die Lage versetzt ist, im Rahmen seiner Vermittlungsaufgabe des aktuellen politischen Geschehens auch der Selbstdarstellung der Parteien bei Wahlen Möglichkeiten zu eröffnen.[437] Tatsächlich dürfen die politischen Parteien bis auf Berlin und Bremen in allen Ländern von den öffentlich-rechtlichen Anstalten Sendezeiten für Wahlwerbung unentgeltlich beanspruchen.[438]

Für den *privaten Rundfunk* bestimmt § 42 Abs. 2 des Rundfunkstaatsvertrages hingegen, daß **113** Parteien während ihrer Beteiligung an der Wahl zum Deutschen Bundestag gegen Erstattung der Selbstkosten angemessene Sendezeit einzuräumen ist, wenn mindestens eine Landesliste für sie zugelassen worden ist. Ferner haben Parteien und sonstige politische Vereinigungen während ihrer Beteiligung an den Wahlen der Abgeordneten aus der Bundesrepublik Deutschland für das Europäische Parlament gegen Erstattung der Selbstkosten Anspruch auf angemessene Sendezeit, wenn mindestens ein Wahlvorschlag für sie zugelassen worden ist. Allerdings gilt diese Vorschrift gemäß § 42 Abs. 3 des Rundfunkstaatsvertrages „*nur für bundesweiten privaten Rundfunk*", mithin nur für die privaten national verbreiteten Fernsehprogramme. Was die Wahl in den *Ländern* und in den *Kommunen* anbelangt, haben in den meisten Bundesländern politische Parteien ebenfalls das Recht zur Wahlwerbung im privaten Rundfunk ausdrücklich eingeräumt erhalten.[439] Lediglich das Landesmediengesetz von *Bremen* enthält keine Bestimmungen über die Wahlwerbesendungen.

Im übrigen sind Regelungen zur Kostenerstattung in nahezu allen Rundfunkgesetzen der **114** Bundesländer getroffen worden.[440] Keine Vorschrift zur Kostenerstattung enthält der Medienstaatsvertrag von *Berlin/Brandenburg*. Aber auch hier dürfte eine Kostenerstattungspflicht unumgänglich sein, da durch die Verpflichtung, Sendezeiten für Wahlwerbung zur Verfügung zu stellen, in die *Eigentumsrechte* der Sender eingegriffen wird. Da die privaten Veranstalter auf Werbeeinnahmen angewiesen sind, wird allgemein die Regelung für berechtigt gehalten,[441] ihnen, soweit sie zur Ausstrahlung von Wahlwerbespots verpflichtet sind, die Erstattung der entstandenen Kosten zuzugestehen. Nach üblicher Praxis[442] liegt die Erstattung bei etwa 80% des Entgelts für kommerzielle Werbung.[443]

Fraglich bleibt indes, *welche Programmarten* für Wahlwerbesendungen in Anspruch genommen werden können. Soweit ist von Belang, daß § 24 Abs. 3 des Rundfunkstaatsvertrages **115** nicht zwischen Hörfunk und Fernsehen oder Voll- und Spartenprogramme differenziert. Damit wären etwa auch über *Satellit verbreitete Hörfunkspartenprogramme* zur Ausstrahlung von

---

[436] *Eberle* NJW 1994, S. 905.

[437] So auch *Benda* NJW 1994, S. 521ff., 522.

[438] Siehe hierzu Überblick bei *Dörr* JuS 1991, S. 1009ff., 1010 und Jus 1996, S. 549f. *Tettinger* RuF 1977, S. 199f.; *Röper* NJW 1987, S. 2984.

[439] Siehe hierzu im einzelnen § 19 Abs. 2ff. LRG NRW; § 57 Abs. 2 Med-StV Berlin/Brandenburg; § 26 Abs. 1 RGMV; § 22 Abs. 1 SächsPRG; § 21 Abs. 1 GPRSA, § 26 Abs. 2 TPLG; § 33 Abs. 1 LRG SH; § 21 Abs. 2 LRG Rh.-Pf.; § 25 Abs. 1 LMG Hmb.; § 21 Abs. 1 LRG Nds.; § 24 Abs. 2 HPRG; § 29 Abs. 3 LRG Saarl.; Art. 26 Abs. 3 BayMG; § 62 Abs. 3 LMedienG Bad.-Württ.

[440] Siehe hierzu im einzelnen § 19 Abs. 5 LRG NRW; § 26 Abs. 3 RGMV; § 22 Abs. 1 SächsPRG; § 21 Abs. 1 GPRSA; § 26 Abs. 2 TPRG; § 33 Abs. 3 LRG SH; § 21 Abs. 2 LRG Rh.-Pf.; § 25 Abs. 4 LMG Hmb.; § 21 Abs. 1 LRG Nds.; § 24 Abs. 3 HPRG; § 29 Abs. 4 LRG Saarl.; Art. 26 Abs. 3 BayMG i. V. m. Satzung, die von der Landeszentrale erlassen wird; § 62 Abs. 3 und 4 LMedienG Bad.-Württ.

[441] So *Eberle* NJW 1994, S. 905ff., 907; *Benda* NJW 1994, S. 521ff.

[442] Siehe hierzu *Benda* NJW 1994 S. 521ff, 523.

[443] *Eberle* NJW 1994, S. 905ff., 907.

Wahlwerbung bei den Bundestags- und Europawahlen verpflichtet, und zwar unabhängig davon, ob diese von den Rundfunkteilnehmern über Kabelanlagen, normale Hausantenne oder über Satellit empfangen werden. Entscheidend bleibt nämlich, daß es sich immer um das gleiche bundesweite Programm handelt.[444]

116   Darüber hinaus könnte sich auch eine Verpflichtung zur Ausstrahlung von Wahlsendungen für die Landtagswahlen nach den Landesrundfunkgesetzen ergeben, und zwar dann, wenn das *Hörfunkspartenprogramm* eine Zulassung zur Verbreitung über terrestrische landesweite Frequenzen erhalten hat. In den Landesrundfunkgesetzen wird in den Vorschriften über die Einräumung von besonderen Sendezeiten von Wahlwerbesendungen der politischen Parteien und Wählervereinigungen wie folgt differenziert: Einige Bundesländer schreiben nur für Vollprogramme die Verbreitung von Wahlwerbung vor.[445] Landesweite Spartenprogramme müssen folglich in Hamburg, Sachsen-Anhalt, Niedersachsen, Nordrhein-Westfalen, Rheinland-Pfalz, Schleswig-Holstein, Saarland und Bremen keine Wahlsendungen ausstrahlen.

Der Staatsvertrag für Berlin/Brandenburg sieht in § 57 Abs. 2 vor, daß in dem Fall, in welchem der Veranstalter Sendezeiten zur Wahlwerbung zur Verfügung stellt, § 5 Abs. 1 bis 3 des Parteiengesetzes entsprechend gilt. Das Parteiengesetz statuiert in § 5 den Grundsatz der *Gleichbehandlung der Parteien* entsprechend ihrer Bedeutung. Eine vergleichbare Regelung findet sich in den Landesmediengesetzen von Bayern und Baden-Württemberg.[446] In diesen Bundesländern haben die Veranstalter von Hörfunkspartenprogrammen, sofern sie sich für die Ausstrahlung von Wahlwerbung entschieden haben, den Grundsatz der Gleichbehandlung entsprechend dem Parteiengesetz zu beachten. In Hessen, Thüringen und Mecklenburg-Vorpommern besteht eine generelle Verpflichtung privater Rundfunkprogramme zur Einräumung von Wahlsendezeiten, die damit auch die dort zugelassenen landesweiten Hörfunkspartenprogramme einschließt.[447]

Mit Blick auf die Besonderheit von Spartenprogrammen stellt sich jedoch die Frage, ob die Verpflichtung zur Ausstrahlung von Wahlwerbespots nach § 24 des Rundfunkstaatsvertrages in bundesweiten bzw. in anderen Ländern auch für landesweiten Hörfunk noch als mit dem *Grundsatz der Verhältnismäßigkeit* vereinbar angesehen werden kann.[448] Dabei ist zunächst zu berücksichtigen, daß die Verpflichtung zur Ausstrahlung von Wahlwerbesendungen allein aus der demokratie-staatlichen Funktion der Rundfunkfreiheit und der damit zusammenhängenden öffentlichen Aufgabe des Rundfunks, die Öffentlichkeit u. a. über das politische Geschehen zu informieren, begründbar ist. Hier geht es darum, daß zum essentiellen Bestandteil der parlamentarischen Demokratie auch das Werben der Parteien für ihre politischen Ziele vor Wahlen gehört. Wesentlich ist dabei auch die Selbstdarstellung, so daß insoweit eine Sendeverpflichtung für Wahlwerbespots in Betracht zu ziehen ist. Für diesen Zweck mag auch ein Hörfunksparteprogramm ein geeignetes Medium sein.

117   Andererseits ist jedoch zu beachten, daß die Inanspruchnahme des Rundfunks für solche Zwecke die *Programmfreiheit* berührt, da hierdurch der Veranstalter in seinen Programmgestaltungsmöglichkeiten beeinträchtigt wird. Beim privaten Rundfunk stellt sich zudem die Problematik von Eingriffen in Art. 12 Abs. 1 und Art. 14 Abs. 1 GG.[449]

Aus dieser Sicht stellt sich die Frage, ob die Inanspruchnahme von Hörfunksparteprogrammen überhaupt noch dem Maßstab der *Erforderlichkeit* genügt. Dabei ist von Belang, daß über die Vollprogramme in aller Regel sämtliche Rundfunkteilnehmer erreicht werden. In diesem Zusammenhang ist ebenfalls die Grundversorgung durch die öffentlich-rechtlichen

---

[444] *Ricker* ZUM 1994, S. 352.

[445] § 25 Abs. 1 LMG Hmb; § 29 Abs. 1 LRG Nds.; § 20 Abs. 2 Rh.-Pf.; § 33 Abs. 1 LRG SH; § 23 Abs. 1 GPRSA; § 9 Abs. 2 und 4 LRG Saarl.; § 29 Abs. 2 LRG NRW.

[446] Art. 26 Abs. 3 BayMG; § 62 Abs. 3 LMedienG Bad.-Württ.

[447] § 24 Abs. 2 HPRG; § 26 Abs. 2 TPRG; § 22 Abs. 1 SächsPRG; § 26 Abs. 1 Satz 1 und 4 RGMV.

[448] Siehe hierzu *Ricker* ZUM 1994, S. 352.

[449] Zum Konkurrenzverhältnis siehe Ausführungen unter B Rdz. 196 ff., 202 ff.

Rundfunkanstalten von wesentlicher Bedeutung, da gerade diese darauf ausgerichtet ist, den klassischen Rundfunkauftrag zu erfüllen, womit der öffentlich-rechtliche Rundfunk in besonderem Maße in der Verpflichtung steht, den Parteien im Vorfeld von Wahlen einen angemessenen Raum für die Selbstdarstellung bereitzustellen. Insoweit spricht der Tatbestand der Grundversorgung vielmehr sogar dafür, daß allein die öffentlich-rechtlichen Rundfunkanstalten für besondere Sendezeiten zugunsten der politischen Parteien vom Gesetzgeber in Anspruch genommen werden dürfen.[450]

Damit zeigt sich aber auch zugleich, daß es im Vergleich zu den Hörfunkspartenprogrammen mehrere andere wirkungsvolle Möglichkeiten der Selbstdarstellung von Parteien im Rundfunk gibt, mithin eine zusätzliche Inanspruchnahme der Hörfunkspartenprogramme für diesen Zweck bereits dem Maßstab der Erforderlichkeit nicht genügt. In jedem Fall müßte aber mit Blick auf die herausragende Stellung der Programmfreiheit als das Kernstück der Rundfunkfreiheit überhaupt ein derartiger Eingriff in die Programmgestaltungsmöglichkeiten spätestens auf der Stufe der Verhältnismäßigkeit i. e. S. als verfassungswidrig angesehen werden.[451]

---

[450] Siehe hierzu E Rdz. 85, 88 ff.; F Rdz. 75.
[451] Vgl. *Ricker* ZUM 1994, S. 352.

E. Der Pluralismus

I. Grundlagen

1. Das Gebot des Pluralismus im Rundfunk

1 Nach der Rechtsprechung des Bundesverfassungsgerichts bedeutet das Gebot des Pluralismus, daß die Massenmedien die bestehende *Vielfalt* inhaltlich-gegenständlich und in ihren weltanschaulichen Tendenzen und Strömungen zum Ausdruck bringen müssen,[1] womit sie die der Informations- und Meinungsfreiheit dienende Funktion erfüllen.[2]

Im Bereich der Presse besteht weniger Anlaß, das Pluralismusgebot zu thematisieren. Wie das Bundesverfassungsgericht selbst festgestellt hat, existiert dort ein seit längerem geschichtlich gewachsener Markt mit einer genügenden Anzahl unabhängiger Zeitungen und Zeitschriften, mit denen die Vielfalt grundsätzlich in ausreichendem Maße gewährleistet erscheint.[3] Dabei hat es jedoch gleichzeitig vor den Gefahren einer Pressekonzentration gewarnt[4] und deshalb unter dem Aspekt des Schutzes der Presse- und Meinungsvielfalt das *Pressefusionsgesetz*[5] ausdrücklich gebilligt.

2 Hingegen befindet sich der Rundfunk mit seiner geringeren Anzahl voneinander unabhängiger Anbieter in einer anderen Lage. Neben freilich heute nicht mehr im Mittelpunkt der Betrachtung stehenden technischen und finanziellen Engpässen[6] ist sie durch eine unsichere Konzentrationsprognose und die Gefahr des Mißbrauchs in Krisensituationen gekennzeichnet.[7] Außerdem verweist das Bundesverfassungsgericht auf die Abhängigkeit des privaten Rundfunks von den Werbeeinnahmen als beinahe ausschließliche Finanzierungsgrundlage.[8]

3 Das Pluralismusgebot besitzt deshalb *verfassungsrechtliche Qualität*, weil es eine Grundbedingung der Meinungsfreiheit ist.[9] Zwar ist es weder in Art. 5 GG noch in einem anderen Verfassungsgrundsatz ausdrücklich festgeschrieben. Das Pluralismusgebot ergibt sich aber aus dem Ziel des Art. 5 Abs. 1 GG, die Freiheit der individuellen und öffentlichen Meinungsbildung und -äußerung zu schützen und zu effektuieren.[10] Das Prinzip des Pluralismus stellt deshalb nicht eine Beschränkung des Kommunikationsgrundrechtes im Sinne von Art. 5 Abs. 2 GG dar, sondern ist ein Ausfluß der *institutionellen Garantie* eines freien und offenen Kommunikationsprozesses in Art. 5 Abs. 1 GG.[11] Das Pluralismusgebot wurzelt zum einen in

---

[1] Vgl. zuletzt BVerfGE 83, S. 238 ff., 324; vgl. aber zur Differenzierung nach dem Verbreitungsbereich BVerfGE 74, S. 297 ff., 327; BVerfG ZUM 1992, S. 626 f.; BVerfGE 87, S. 181 ff., 199 f.; BVerfG NJW 1994, S. 2242 ff., 2244.

[2] Vgl. BVerfGE 83, S. 238 ff., 256; siehe hierzu ausführlich oben unter B Rdz. 85 ff.

[3] Vgl. BVerfGE 12, S. 205 ff., 261; 31, S. 315 ff., 326 f.; 57, S. 295 ff., 322.

[4] Vgl. BVerfGE 20, S. 162 ff., 176.

[5] BVerfG AfP 1985, S. 177.

[6] Vgl. BVerfGE 73, S. 118 ff., 156, 163.

[7] Vgl. BVerfGE 57, S. 295 ff., 323.

[8] Vgl. BVerfGE NJW 1994, S. 1942 ff., 1944; siehe hierzu oben unter C Rdz. 97 ff.

[9] Vgl. BVerfGE 57, S. 295 ff., 320; 83, S. 238 ff., 296.

[10] BVerfGE 12, S. 205, 261.

[11] Vgl. BVerfGE 7, S. 198 ff., 208; 12, S. 205 ff., 260; *Klein,* Die Rundfunkfreiheit, S. 13; *Badura* JA 1989, S. 231; *Maunz/Dürig/Herzog/Scholz,* GG, Art. 5 Abs. 1, 2, Rdz. 16 ff.; a. A. *Bremer,* Der Rundfunk in der Verfassungs- und Wirtschaftsordnung in Deutschland, S. 35; Grünbuch der EG-Kommission, Pluralismus und Medienkonzentration, S. 15.

der Verpflichtung des *Sozialstaates*, die Voraussetzungen für die Wahrnehmung grundrechtlicher Freiheit zu schaffen und sichern.[12] Die Verpflichtung zur Achtung des Pluralismus weist dem Gesetzgeber im Rundfunkwesen die Aufgabe zu, den Widerstreit unterschiedlicher Meinungen zu ermöglichen.[13] Dabei ist zu berücksichtigen, daß sich die Kommunikationsfreiheit als das Recht zur geistigen Auseinandersetzung unterschiedlicher Ansichten und damit als ein offenes Ausübungsrecht darstellt.[14] Ein Gegenstand der die Grundrechte ausgestaltenden Sozialverpflichtung ist somit der Schutz eines nach allen Seiten hin offenen Meinungsmarktes.[15]

Zum anderen ergibt sich das Pluralismusgebot aus dem *demokratischen Prinzip*.[16] Es setzt den Widerstreit verschiedener Auffassungen voraus, die sich in Rede und Gegenrede bilden[17] und deren Grundlage die offene Gesellschaftsordnung und die Relativität der Erkenntnis des einzelnen sind.[18] Dieser Prozeß kann aber nur dann stattfinden, wenn der Rundfunk pluralistisch strukturiert und damit gewährleistet ist, daß auf Verbreitung angelegte Meinungen nicht von der individuellen und öffentlichen Meinungsbildung ausgeschlossen werden.[19] Aufgrund der institutionellen Garantie des Art. 5 Abs. 1 GG hat der Gesetzgeber eine *positive Ordnung* zu schaffen, die sicherstellt, daß der Rundfunk ebensowenig dem Staat wie auch nicht einzelnen gesellschaftlichen Gruppen ausgeliefert wird, sondern die Vielfalt der Themen und Meinungen aufnimmt und wiedergibt, die in der Gesellschaft insgesamt eine Rolle spielen.[20] In seiner weiteren Rechtsprechung hat das Gericht den Begriff des Pluralismus in verschiedener Richtung konkretisiert, was im folgenden näher dargelegt wird.

2. Der Begriff des Pluralismus

Ausgehend von der *dienenden Funktion* der Mediengrundrechte für die Meinungsfreiheit[21] und **4** der *„herausragenden kommunikativen Bedeutung gerade des Rundfunks für die freie Meinungsbildung"*[22] hat das Bundesverfassungsgericht den beiden Teilen des dualen Rundfunksystems[23] unterschiedliche Funktionen zugewiesen, die den *Programmpluralismus*[24] betreffen. Den öffentlich-rechtlichen Rundfunk sieht es als Garanten der Rundfunkfreiheit und des Pluralismusgebots an. Seine Aufgabe liegt vorrangig in der Erfüllung der Grundversorgung, also eines Programmangebots für die Gesamtheit der Bevölkerung, das umfassend und in der vollen Breite des klassischen Programmauftrages informiert und in dessen Rahmen die Meinungsvielfalt dargestellt wird.[25]

---

[12] *Klein,* Die Rundfunkfreiheit, S. 53.

[13] BVerfGE 12, S. 205 ff., 260 ff.; 31, S. 317 ff., 326; 57, S. 295 ff., 322; vgl. *Geiger,* Sicherung der Informationsfreiheit des Bürgers, in: *Geiger/Mai/Burkhart,* Der öffentlich-rechtliche Rundfunk, S. 26; *Bethge* AfP 1979, S. 286; *Ricker* NJW 1981, S. 849 ff., 851; *ders.* AfP 1980, S. 144 m. w. N.; siehe oben unter C Rdz. 2 ff. und ausführlich unter B Rdz. 78 ff. und unter E Rdz. 1 ff.

[14] Vgl. *Scholz,* Koalitionsfreiheit als Verfassungsproblem, S. 292.

[15] Vgl. BVerfGE 57, S. 295 ff., 320; *Ricker,* Privatrundfunkgesetze im Bundesstaat, S. 73; *Badura* JA 1979, S. 180 ff., 186; *W. Schmitt Glaeser* BayVBl. 1985, S. 97.

[16] Vgl. oben unter C Rdz. 3 ff.; vgl. *Klein,* Die Rundfunkfreiheit, S. 55; *Jarras,* Die Freiheit des Rundfunks vom Staat, S. 16; *Starck,* Rundfunkfreiheit als Organisationsproblem, S. 17 ff.; *Lücke* DVBl. 1977, S. 977; *Ricker,* Freiheit und Aufgabe der Presse, S. 20 f.

[17] BVerfGE 7, S. 198 ff., 200 ff.; 12, S. 205 ff., 268 f.

[18] Vgl. hierzu ausführlich oben unter B Rdz. 9, C Rdz. 3 ff.

[19] Vgl. BVerfGE 12, S. 262 f.; 31, S. 322; 57, S. 295 ff., 319, 323.

[20] Vgl. BVerfGE 83, S. 283 ff., 296.

[21] Vgl. BVerfGE 57, S. 320; 73, S. 152; 74, S. 323; siehe oben unter B Rdz. 85 ff.

[22] Vgl. BVerfGE 83, S. 238 ff., 296, siehe oben unter B Rdz. 79.

[23] Vgl. BVerfGE 83, S. 238 ff., 297, 299, 301.

[24] Siehe hierzu unten unter E Rdz. 84 ff., 105 ff.

[25] Auch im Ausland findet sich die Grundversorgung als Aufgabe des öffentlich-rechtlichen Rundfunks wieder, wie etwa in Frankreich als „service-public", in Großbritannien als „public service" und in Italien als „servicio publico". In allen drei Ländern wird hierunter ebenfalls unabhängige umfassende Information, Bildung und Unterhaltung verstanden; vgl. *Schellenberg* AöR 1994 (119), S. 428.

Zur Sicherung einer unabhängigen und freien Information und Meinungsbildung müssen seine Programme die weltanschauliche Vielfalt und thematische Spartenvielfalt in möglichster Breite und Vollständigkeit widerspiegeln.[26] Hingegen bedeutet das Pluralismusgebot im privaten Rundfunk zunächst die Gewährleistung eines „Grundstandards gleichgewichtiger Vielfalt".[27] Da sich der private Rundfunk in der Regel aus Werbeeinnahmen finanziert und deshalb auf die Massenattraktivität seiner Programme angewiesen ist, ist es gerechtfertigt, an die Breite des Programmangebots, also die Spartenvielfalt und die Sicherung gleichgewichtiger Meinungsvielfalt, nicht gleich hohe Anforderungen zu stellen wie im durch Gebühren finanzierten öffentlich-rechtlichen Rundfunk.[28]

5   Im Hinblick auf die der Meinungsfreiheit dienende Funktion der Rundfunkfreiheit[29] und die öffentliche Aufgabe des Rundfunks, einen offenen Meinungsmarkt zu schaffen, muß der Pluralismus als Zielwert verstanden werden. Daß es keinen „Zentimeter-Pluralismus" gibt und auch das anzustrebende Maß an Pluralismus nicht exakt definiert werden kann, hat das Bundesverfassungsgericht mehrfach zum Ausdruck gebracht. So hat es etwa in dem 3. Rundfunkurteil bei der Frage der Ausgestaltungsfreiheit des Gesetzgebers bei der Errichtung der Rundfunkordnung festgestellt, daß ein „Mindestmaß" von Ausgewogenheit gewährleistet sein muß.[30]

Im 6. Rundfunkurteil, in dem es um das Nebeneinander von öffentlich-rechtlichem und privatem Rundfunk ging, hat das Gericht von dem Gesetzgeber eine Rundfunkordnung verlangt, die sicherstellt, daß „im Gesamtprogramm sowohl die Vielfalt der Gegenstände als auch die Vielfalt der Meinungen angemessen zum Ausdruck kommen muß".[31] Soweit die unerläßliche Grundversorgung sichergestellt sei, komme ihm im weiteren ein erheblicher Gestaltungsspielraum zu.

Dessen Grenzen ergeben sich einerseits dadurch, daß es außerhalb der Grundversorgung nicht durch die weiteren Programme zu Ungleichgewichtigkeiten kommen dürfe, die die Gesamtausgewogenheit erheblich stören oder gar ganz aufheben.[32] Andererseits wird der Gesetzgeber in seiner Gestaltungsfreiheit dadurch beschränkt, daß er den privaten Rundfunk nicht unter Voraussetzungen zulassen darf, die eine Programmveranstaltung rechtlich oder wirtschaftlich erheblich erschweren oder gar unmöglich machen würden.[33]

6   Daß es sich bei dem Pluralismusgebot im übrigen um einen Zielwert handelt, zeigt sich etwa bei der Ausgestaltungsfreiheit des Gesetzgebers bei den Organisationsstrukturen, der Zusammensetzung der gesellschaftlich relevanten Gruppen in den Landesmedienanstalten als Zulassungs- und Aufsichtsbehörden über den privaten Rundfunk und bei den Programmanforderungen.

7   Der Verwirklichung und Sicherung der Meinungs- und Spartenvielfalt im Programm, also des Programmpluralismus[34], dient als notwendige Voraussetzung der „Organisationspluralismus"[35] als gesetzlich festgelegte Organisationsstruktur. Hierzu ist der Gesetzgeber nach der Rechtsprechung des Bundesverfassungsgerichts verpflichtet.[36]

---

[26] Vgl. BVerfGE 83, S. 238 ff., 296.
[27] Vgl. BVerfGE 74, S. 295 ff., 325; 83, S. 238 ff., 297.
[28] Vgl. BVerfGE 83, S. 238 ff., 297; vgl. auch unten zum Grundstandard, E Rdz. 105.
[29] Vgl. hierzu oben unter B Rdz. 85 ff.
[30] Vgl. BVerfGE 57, S. 295 ff., 326.
[31] Vgl. BVerfGE 83, S. 238 ff., 315; vgl. auch BVerfG ZUM 1992, S. 624.
[32] Vgl. BVerfGE 83, S. 316; 73, S. 158 f.
[33] Vgl. BVerfGE 83, S. 238 ff., 297, 299, 301.
[34] „Programmpluralismus"; siehe hierzu unter E Rdz. 84 ff.
[35] Siehe hierzu unten unter E Rdz. 8 ff.
[36] Vgl. BVerfGE 57, S. 295 ff., 317 f.; vgl. unten Rdz. 8 ff., 34 ff.

II. Der Organisationspluralismus

1. Begriff

Mit dem Begriff des Organisationspluralismus sind die gesetzlich festzulegenden Ordnungs- **8** strukturen zur Sicherung einer pluralistischen Rundfunkveranstaltung gemeint. *Im öffentlich-rechtlichen Rundfunk* haben die Landesgesetzgeber ein binnenpluralistisches Modell verwirklicht, bei dem anstaltsintern durch das aus Vertretern der gesellschaftlich relevanten Gruppen zusammengesetzte Kollegialorgan Rundfunkrat (beim ZDF: Fernsehrat) der Pluralismus gesichert werden soll.[37]

Der Bereich des *privaten Rundfunks* ist zum einen durch einen *Veranstalterpluralismus* ge- **9** kennzeichnet. Die Landesmediengesetze sehen sowohl Formen des *Binnenpluralismus*, etwa nach Vielfaltsgesichtspunkten ausgewählte Veranstaltergemeinschaften oder Einzelveranstalter mit einem aus Vertretern gesellschaftlicher Gruppen zusammengesetzten Programmbeirat, als auch einen *Außenpluralismus* vor. Üblicherweise hat sich der Gesetzgeber für ein Wechselmodell entschieden, das zunächst von dem einzelnen Veranstalter den beschriebenen Binnenpluralismus verlangt und ab einer bestimmten Anzahl von zugelassenen Veranstaltern zu einem Außenpluralismus übergeht, bei dem die binnenpluralistischen Vorkehrungen (Veranstaltergemeinschaft oder Programmbeirat bei Einzelveranstaltern) entfallen.[38] Der Organisationspluralismus im privaten Rundfunk wird neben dem Veranstalterpluralismus auch durch den *Kontrollpluralismus* gekennzeichnet, der sich durch die Aufsicht der sich in ähnlicher Weise wie die Rundfunkräte im öffentlich-rechtlichen Rundfunk binnenpluralistisch zusammengesetzten Gremien der Landesmedienanstalten ergibt.[39]

2. Binnenpluralismus im öffentlich-rechtlichen Rundfunk

Nach der Rechtsprechung des Bundesverfassungsgerichts ist die im öffentlich-rechtlichen **10** Rundfunk verwirklichte *binnenpluralistische Organisationsstruktur* verfassungsgemäß, bei der die Interessen der Allgemeinheit durch die *Partizipation der gesellschaftlichen Kräfte* und Strömungen in den internen Organen vertreten werden. Nach dem traditionellen, bereits bei der Gründung der öffentlich-rechtlichen Rundfunkanstalten von den Alliierten vorgesehenen Organisationsmuster[40] sehen die Landesgesetze hierfür eine Rekrutierung der Mitglieder des Rundfunkrates aus den unterschiedlichen verbandlich-organisierten gesellschaftlich-relevanten Gruppen vor. Dieses Prinzip hat das Bundesverfassungsgericht mehrfach als *verfassungsgemäß*, aber *nicht als einzig gangbare Möglichkeit* bezeichnet.[41]

Das Bundesverfassungsgericht hat in seinem 6. Rundfunkurteil darauf hingewiesen, daß **11** das Grundgesetz *weder ein bestimmtes Modell* vorschreibe, noch zu einer *Modellkonsistenz* zwinge, sondern die Ausgestaltung der Rundfunkordnung im einzelnen Sache der Entscheidung des jeweiligen Landesgesetzgebers sei.[42] Die Grenzen der legislativen Freiheit bei der Ausgestaltung des Rundfunkwesens hat das Gericht situativ gesehen. Wegen seiner Vergesellschaftung im Interesse der Allgemeinheit muß der öffentlich-rechtliche Rundfunk *binnen-*

---

[37] Siehe unten E Rdz. 12.
[38] Siehe oben C Rdz. 48 ff.
[39] Siehe unten E Rdz. 76 ff.
[40] Siehe oben A Rdz. 39 ff.
[41] Vgl. BVerfGE 74, S. 297 ff., 328; 83, S. 238 ff., 316; 12, S. 205 ff., 262.
[42] Vgl. BVerfGE 83, S. 238 ff., 296.

plural verfaßt sein und der effektiv wirksamen Kontrolle durch die Gesellschaft unterliegen.[43] Dabei ist der Gesetzgeber jedoch nicht auf die bisher praktizierte Organisationsform der Rundfunkanstalten beschränkt, bei der er für das binnenpluralistische Entscheidungs- und Kontrollorgan ausschließlich Vertreter der gesellschaftlich relevanten Gruppen bestimmt. So wäre es ebenso zulässig, daß als Interessenvertreter der Allgemeinheit auch *sonstige Repräsentanten* aus der Gesellschaft ausgewählt werden, die aufgrund ihrer Sachkunde und ihrer sozialen Stellung in der Gesellschaft in gleicher Weise die aktuellen Strömungen und Meinungen verkörpern.[44]

Von dieser möglichen Gestaltungsfreiheit hat der Gesetzgeber bisher im öffentlich-rechtlichen Rundfunk keinen Gebrauch gemacht. Nur im Bereich des privaten Rundfunks gibt es bereits eine von dem üblichen Muster der Landesmedienanstalten abweichende Strukturform, bei der die Gesellschaft durch unabhängige, d. h. nicht von Verbänden delegierte Personen repräsentiert wird: Dieses Modell der „*Sachverständigen*", das bereits mit dem früheren Kabelrat in Berlin verwirklicht wurde,[45] bestimmt auch der Staatsvertrag Berlin/Brandenburg für den Medienrat der Zwei-Länder-Anstalt.[46]

a) Die Rundfunkräte

12   Nach der Rechtsprechung des Bundesverfassungsgerichts ist die von den Landesgesetzgebern im Bereich des öffentlich-rechtlichen Rundfunks verwirklichte binnenpluralistische Ordnung verfassungsgemäß, bei der die Interessen der Allgemeinheit durch den *Einfluß der gesellschaftlich relevanten Gruppen* intern durch den *Rundfunkrat* (bzw. bei dem ZDF durch den Fernsehrat) vermittelt werden.[47] Insoweit hat das Bundesverfassungsgericht dem Landesgesetzgeber aber eine „*sachgerechte, der bestehenden Vielfalt prinzipiell Rechnung tragende Bestimmung und Gewichtung der maßgeblichen Kräfte*" vorgeschrieben, denen ein „*effektiver Einfluß*" auf die Programmgestaltung der Rundfunkanstalten möglich sein muß.[48]

b) Bestimmung der Rundfunkräte

13   Nach der Rechtsprechung des Bundesverfassungsgerichts ist der Landesgesetzgeber aufgrund der institutionellen Gewährleistungspflicht der Rundfunkfreiheit verpflichtet, im öffentlich-rechtlichen Rundfunk ein binnenpluralistisches Kontrollgremium zu schaffen, das „*in seiner Gesamtheit Gewähr dafür bietet, daß die Vielfalt der vorhandenen Meinungen und Zielsetzungen in objektiver und ausgewogener Weise durch den Rundfunk vermittelt und das Gesamtprogramm von einseitigen Einflußnahmen freigehalten wird*".[49]

Wie der Gesetzgeber die Zusammensetzung des Rundfunkrates im einzelnen regelt, ist Sache seiner eigenen Entscheidung, bei der er einen weiten *Gestaltungsraum* genießt.[50] Dieser umfaßt nach den Feststellungen des Bundesverfassungsgerichts die Befugnis, das Kriterium der gesellschaftlichen Relevanz zu konkretisieren, die danach in Betracht kommenden Kräfte zu ermitteln, die ihnen zuzurechnenden Gruppen festzustellen und unter diesen die Entsendungsberechtigten auszuwählen und zu gewichten.[51]

Die *Grenzen* des Gestaltungsspielraumes des Gesetzgebers werden zum einen dadurch bestimmt, daß die Gewährleistung der Rundfunkfreiheit eine Zusammensetzung des Rundfunkrates verlangt, die geeignet ist, die der Meinungsfreiheit dienende Funktion der Rund-

---

[43] Vgl. BVerfGE 57, S. 295 ff., 323; 83, S. 238 ff., 298.

[44] Vgl. BVerfGE 83, S. 238 ff., 309; siehe hierzu näher unten unter E Rdz. 31.

[45] Vgl. § 4 KPVG.

[46] Vgl. § 10 RStV Berlin-Brandenburg; siehe hierzu näher unten unter E Rdz. 31 ff., 81 ff.

[47] Vgl. unten unter E Rdz. 16 ff.; C Rdz. 27.

[48] Vgl. BVerfGE 57, S. 295 ff., 325; 73, S. 118 ff., 169 ff.; vgl. unten unter E Rdz. 17 f.

[49] BVerfGE 60, S. 63 ff., 67; BVerfG 1 BvR 756/88 und 902/88 vom 30. 11. 1989; BVerfGE 57, S. 295 ff., 319; BVerfG AfP 1992, S. 131 f.

[50] Vgl. BVerfGE 57, S. 295 ff., 321; 73, S. 118 ff., 153; BVerfG 1 BvR 756/88; 902/88 vom 30. 11. 1989, Umdruck S. 3; BVerfG AfP 1992, S. 131 f.

[51] Vgl. BVerfG AfP 1992, S. 132; BVerfGE 83, S. 238 ff., 334.

funkfreiheit zu erfüllen. Sie muß verhindern, daß der Rundfunk dem Staat oder einer oder einzelnen gesellschaftlichen Gruppen ausgeliefert wird.[52] Um seine einseitige Beeinflussung gerade bei dem Modell verbandlicher Interessenvertretung zu vermeiden, bedürfe es zwar *zwingend* einer *pluralistischen Zusammensetzung* dieses Rundfunkgremiums, die Vielfalt garantiere. Von Verfassungs wegen sei jedoch nicht gefordert, den Rundfunkrat als „*naturgetreues Spiegelbild der Gesellschaft*" auszugestalten. Der Gesetzgeber müsse daher nicht jede gesellschaftlich relevante Gruppe berücksichtigen.[53]

Eine Grenze des gesetzgeberischen Gestaltungsspielraums sieht das Gericht in einer groben **14** Einseitigkeit[54] und in dem *Willkürverbot* in Art. 3 Abs. 1 GG, also in einer ungleichen Behandlung ohne rechtfertigenden Grund. Der Gesetzgeber dürfe innerhalb dieser Grenze *Wertigkeit* und *Maßgeblichkeit* der gesellschaftlich relevanten Gruppen selbst beurteilen. Außerdem könne er zwischen Organisationen, die denselben Gesellschaftsbereich mit unterschiedlicher Funktion repräsentieren, auswählen und von mehreren Gruppierungen mit vergleichbarer gesellschaftlicher Funktion nur die nach seiner Einschätzung maßgeblichen berücksichtigen.[55]

Den Feststellungen des Bundesverfassungsgerichtes über die Ausgestaltungsfreiheit des Gesetzgebers bei der Zusammensetzung des Rundfunkrates ist zwar insoweit zuzustimmen, als die gesellschaftliche Relevanz der partizipationsberechtigten Gruppen nicht näher festgelegt ist und sich im Laufe der Zeit auch ändern kann. Das Gericht hat deshalb auch eine Verpflichtung zur *Nachbesserung* grundsätzlich bejaht, wenn einzelne Strömungen und Richtungen zurücktreten und stattdessen neue Bereiche in der Gesellschaft eine zunehmend wichtige Rolle für das Gemeinschaftsleben einnehmen, wie etwa der Umweltschutz.[56]

Deshalb können es auch nur die *Landesparlamente* als die demokratisch gewählten Repräsentationsorgane der Gesellschaft selbst sein, die die Wertigkeit und Maßgeblichkeit der gesellschaftlich relevanten Gruppen bestimmen und gewichten. Hingegen bestehen begründete Zweifel, daß die Landesparlamente bei der Zusammensetzung der Rundfunkräte immer nur das Ziel im Auge haben, den rundfunkrechtlich geforderten Pluralismus durch die Beteiligung der maßgeblichen gesellschaftlichen Gruppen herzustellen.[57]

Auffällig ist die umgehende *Novellierung* von Rundfunkgesetzen und vor allem der **15** Vorschriften über die Zusammensetzung der Rundfunkräte *nach Landtagswahlen*, die zu einer Änderung des politischen Kräfteverhältnisses geführt haben. Dafür können als Beispiele die Rundfunkgesetze des Saarlandes und von Rheinland-Pfalz sowie der Staatsvertrag über den Norddeutschen Rundfunk angeführt werden, bei denen – teilweise unter Ablösung bisheriger gesellschaftlich relevanter Gruppen – neue Mitglieder aufgenommen wurden, deren Standpunkt in dem gesellschaftlichen Spektrum mit den politischen Vorstellungen der neuen Regierung und damit auch der Mehrheit des Landtages harmoniert. So weist etwa die amtliche Begründung zum Rundfunkgesetz Rheinland-Pfalz darauf hin, daß mit der neuen Zusammensetzung der *aktuellen gesellschaftlichen Entwicklung* Rechnung getragen werden soll. Darüber hinaus soll die gesellschaftliche Repräsentanz durch Verbandsmitglieder aus dem Land Rheinland-Pfalz gestärkt werden.[58]

---

[52] BVerfGE 73, S. 118 ff., 152 ff.; BVerfGE 1 BvR 756/88 und 902/88 vom 30. 11. 1989, Umdruck S. 4, vgl. die selbstkritische Stellungnahme des Sprechers der CDU/CSU-Bundestagsfraktion *Herbert Blank*, abgedr. in epd/Kifu vom 1. 8. 1992.

[53] Vgl. BVerfGE 83, S. 238 ff., 286; vgl. aber OVG Lüneburg in DVBl. 1978, S. 534, wonach die evident gesellschaftlich relevanten Gruppen aufzunehmen sind.

[54] Vgl. BVerfG AfP 1996, S. 58.

[55] Vgl. BVerfGE 83, S. 238 ff., 286.

[56] BVerfGE 1 BvR 1626/89 vom 13. 2. 1992.

[57] Vgl. die selbstkritische Stellungnahme des Sprechers der CDU/CSU-Bundestagsfraktion *Herbert Blank*, abgedr. in epd/Kifu vom 1. 8. 1992; vgl. FDP-Leitlinien, abgedruckt in epd vom 28. 10. 1993; siehe hierzu E Rdz. 29.

[58] Vgl. amtl. Begründung zum LRG Rheinland-Pfalz; LT-DS 12/930, S. 1 f., 57.

Gegen die zweite Begründung ist rechtlich nichts einzuwenden. Sollten dagegen mit dem Bezug auf „*veränderte gesellschaftliche Bedingungen*" die neuen Mehrheitsverhältnisse im Landtag gemeint sein, so wäre diese Begründung rechtsfehlerhaft.[59] In diesem Fall wäre darauf zu verweisen, daß nach der Rechtsprechung des Bundesverfassungsgerichts der Rundfunk weder unmittelbar noch mittelbar unter staatlichem Einfluß stehen darf. Vielmehr ist Maßstab der Zusammensetzung der Kontrollorgane nur der *Meinungspluralismus*, der in möglichster Breite im Rundfunk zu verwirklichen ist.[60] Eine nicht das politische, sondern ausschließlich das gesellschaftliche Kräfteverhältnis widerspiegelnde Zusammensetzung des Rundfunkrates ist deshalb in besonderer Weise gefordert, da es im vergesellschafteten öffentlich-rechtlichen Rundfunk nach der herkömmlichen gewählten binnenpluralistischen Struktur gerade der Rundfunkrat ist, dem die wesentlichen Aufgaben und Entscheidungen obliegen, was im folgenden näher dargestellt wird.[61]

c) Rechte der Rundfunkräte

16   Nach der Rechtsprechung des Bundesverfassungsgerichts hat der Rundfunkrat als binnenpluralistisches Strukturelement der öffentlich-rechtlichen Rundfunkanstalten die *Aufgabe*, „*treuhänderisch*" bzw. als „*Sachwalter*" die *Interessen der Allgemeinheit* an einer möglichst breiten und vollständigen Wiedergabe der Vielfalt der bestehenden Meinungen im Rundfunk und somit an einer umfassenden Informationsmöglichkeit wahrzunehmen.[62]

Die Gestaltung des Programms ist dem Kontrollgremium zwar nicht übertragen. Ihm obliegen aber die wesentlichen Aufgaben, wie etwa die *Statuierung* von *Programmrichtlinien* als inhaltliche Rahmensetzung der Programmarbeit und vor allem die Überwachung der *Einhaltung der Programmgrundsätze*.[63] Insgesamt kommt ihm damit eine – nicht auf die nachträgliche Kontrolle von Sendungen beschränkte – *gestaltende, gegebenenfalls auch verhindernde Funktion* zu.[64]

Nach den bestehenden Gesetzen hat der Rundfunkrat den Intendanten bei der *Gestaltung des Programmes* zu *beraten* und die *Einhaltung* der *Programmgrundsätze* zu *überwachen*. Vor allem die älteren Rundfunkgesetze lassen jedoch detaillierte Regelungen über den genauen Inhalt und den Umfang der Kompetenzen des Rundfunkrates im Programmbereich vermissen. Es fehlen Bestimmungen darüber, welche *konkreten* rechtlichen Möglichkeiten dem Rundfunkrat zur Verfügung stehen, um den nach der Rechtsprechung des Bundesverfassungsgerichtes geforderten „*effektiven*" Einfluß auf die Programmgestaltung geltend zu machen. Dies gilt gleichermaßen hinsichtlich der noch nicht gesendeten Programme aber auch für bereits verbreitete Rundfunkdarbietungen, die nach der Ansicht des Kontrollgremiums gegen die Programmgrundsätze verstoßen haben und deshalb von ihm beanstandet werden.

17   Welche Rechte im einzelnen sich aus der Aufgabe und Kompetenz zur Überwachung der Umsetzung und Beachtung der Programmgrundsätze[65] ergeben, muß somit im Wege der *Gesetzesinterpretation* festgestellt werden. Dabei ist von dem Sinn und Zweck der Kontrolle und des Einflusses des Rundfunkrates auf die Programmveranstaltung auszugehen. Nach der Rechtsprechung des Bundesverfassungsgerichtes muß dieser „*effektiv*" sein. Die Befugnisse dürfen nicht auf die Beratung, Erörterung und Empfehlung beschränkt sein. Vielmehr muß

---

[59] Vgl. BVerfG AfP 1996, S. 58.

[60] Vgl. BVerfGE 74, S. 297 ff., 331.

[61] Zur Frage der Klagemöglichkeit einer gesellschaftlichen Gruppe auf Aufnahme in den Rundfunkrat siehe oben unter B Rdz. 150 ff.

[62] Vgl. BVerfGE 60, S. 53 ff., 66; 31, S. 314 ff., 328; 83, S. 238 ff., 332 ff.; vgl. auch BVerfGE 60, S. 162 ff., 198 f.; *Jank*, Die Rundfunkanstalten der Länder und des Bundes, S. 24; *Herrmann* AöR 90, S. 286 ff., 321; *Stern/Bethge*, Öffentlich-rechtlicher und privatrechtlicher Rundfunk, S. 64.

[63] Vgl. BVerfGE 73, S. 118 ff., 170.

[64] Vgl. BVerfGE 73, S. 118 ff., 170.

[65] Vgl. etwa § 7 Abs. 1 c SFB-Satzung; § 5 c SDR-Satzung; Art. 7 Abs. 3 Ziffer 8 BayMG; § 7 Ziffer 5 RB-Gesetz; siehe hierzu auch unten unter F 25 ff., 32 ff.

den Beschlüssen des Rundfunkrates auch Verbindlichkeit zukommen. Außerdem sind *Sanktionsmöglichkeiten* vorzusehen.[66] Weiterhin hat das Gericht festgestellt, daß den Rundfunkräten eine „– *nicht auf die nachträgliche Kontrolle von Sendungen beschränkte – gestaltende, gegebenenfalls auch verhindernde Funktion zukommt"*.[67]

Daraus ergibt sich, daß der Rundfunkrat nicht nur auf eine nachträgliche Rechtmäßigkeitskontrolle beschränkt ist.[68] Vielmehr steht ihm im Rahmen seiner Überwachungskompetenz auch ein *präventives Beratungsrecht* zu, um den Intendanten bereits im Vorfeld einer Programmausstrahlung auf drohende Verstöße gegen die Programmgrundsätze und Richtlinien durch Beschlüsse hinzuweisen und gegebenenfalls Abhilfemaßnahmen zu fordern.[69] Dieses Beratungsrecht ist unmittelbar aus dem Recht zur Programmüberwachung abzuleiten. Denn die nach der Rechtsprechung des Bundesverfassungsgerichtes geforderte „*Effektivität der Programmkontrolle*" wäre nicht gewährleistet, wenn die Aufsicht erst jenseits der Grenze einer Rechtsverletzung anstatt bereits „*im Vorfeld*"[70] einsetzen würde. Denn dann kann möglicherweise bereits durch die Beratung und gegebenenfalls durch die Androhung einer späteren Aufsichtsmaßnahme gegenüber dem Intendanten ein bevorstehender Rechtsverstoß noch verhindert werden.

Für ein solches umfassendes auch präventiv wirkendes Beratungsrecht spricht gerade der bei jeglicher Aufsichtsfunktion eingreifende Grundsatz der *Verhältnismäßigkeit*: Eine Aufsichtsmaßnahme etwa in Form einer durch den Rundfunkrat ausgesprochenen *Mißbilligung* oder *Rüge* wäre danach *unverhältnismäßig*, wenn das Gremium durch eine *vorbeugende Beratung* und somit durch das rechtzeitige Eröffnen und Erläutern der Rechtslage einer nach seiner Auffassung rechtswidrigen Programmgestaltung von vornherein begegnen kann.[71] Der Rundfunkrat ist deshalb nicht nur berechtigt, sondern im Interesse der nötigen Effizienz seiner Kontroll- und Korrekturaufgaben sogar verpflichtet, notfalls in verbindlichen präventiven Beschlüssen den Intendanten auf die Einhaltung der allgemeinen Gesetze und Programmgrundsätze hinzuweisen.[72]

Weiterhin besitzt der Rundfunkrat im Rahmen seiner Überwachungsfunktion die Kompetenz, im Wege der *Beanstandung* oder *Rüge* den Intendanten auf Rechtsverletzungen im Programm hinzuweisen und Abhilfe zu fordern. Diese Befugnis ist zwar nur in wenigen Rundfunkgesetzen normiert.[73] Ein solches Rüge- und Beanstandungsrecht gilt aber gleichermaßen für die Kontrollgremien der anderen Rundfunkanstalten. Wie das Bundesverfassungsgericht in seiner Rechtsprechung mehrfach herausgestellt hat, gehört es zu deren Aufgaben, der Gefahr einseitiger Einflußnahme auf die Programmgestaltung entgegenzuwirken. Der Rundfunkrat habe deshalb die Macht, die für die Programmgestaltung maßgeblichen oder mitentscheidenden Kräfte zu kontrollieren und zu „*korrigieren*".[74] Verstöße gegen die Programmgrundsätze oder die allgemeinen Gesetze können jedoch nur dann korrigiert werden, wenn der Rundfunkrat als zuständiges Kontrollorgan diese in *verbindlichen Beschlüssen* beanstandet und erforderliche Gegenmaßnahmen verlangt. **18**

Die Rechte der Rundfunkräte bestehen somit nicht nur in dem auch in den Rundfunkgesetzen ausdrücklich normierten allgemeinen Beratungsrecht in Programmangelegenheiten. Im Rahmen seiner Überwachungsfunktion und -kompetenz steht dem Kontrollgremium auch ein *präventives Recht* zu, auf eventuelle Rechtsverstöße verbindlich hinzu- **19**

---

[66] Vgl. BVerfGE 73, S. 295 ff., 327.
[67] Vgl. BVerfGE 73, S. 118 ff., 171.
[68] Vgl. *Ricker,* Die Kompetenzen der Rundfunkräte im Programmbereich, S. 19.
[69] Vgl. *Ricker,* Die Kompetenzen der Rundfunkräte im Programmbereich, S. 31.
[70] Vgl. BVerfGE 83, S. 238 ff., 296; vgl. auch *Berendes,* Die Staatsaufsicht über den Rundfunk, S. 770.
[71] Vgl. *Ricker,* Die Kompetenzen der Rundfunkräte im Programmbereich, S. 30 ff.
[72] Vgl. *Cromme* NJW 1985, S. 356; *Ricker,* Die Kompetenzen der Rundfunkräte, S. 32 ff.
[73] Vgl. § 19 Abs. 4 WDR-Gesetz; § 17 Abs. 2 LRG Saarl.; § 20 Abs. 2 MDR-StV.
[74] Vgl. BVerfGE 12, S. 205 ff., 236; 57, S. 295 ff., 318; 60, S. 54.

weisen. Darüber hinaus ist er bei begangenen Programmverstößen ebenso befugt, in Beschlüssen Mißbilligungen oder Rügen gegenüber dem programmverantwortlichen Intendanten auszusprechen und Abhilfemaßnahmen zu verlangen.

Der verfassungsrechtlich geforderte „effektive Einfluß" des binnenpluralistischen Kontrollgremiums auf die Rundfunkveranstaltung der öffentlich-rechtlichen Anstalt setzt jedoch voraus, daß die Programmkontrolle *tatsächlich wirksam* ausgeübt wird.

d) Intensivierung der Effektivität der Rundfunkräte

20   Nach der Rechtsprechung des Bundesverfassungsgerichtes setzt die binnenpluralistische Struktur der öffentlich-rechtlichen Rundfunkanstalten voraus, daß dem Rundfunkrat als internem Entscheidungs- und Aufsichtsgremium ein „*effektiver Einfluß*" auf die Programmveranstaltung zukommt.[75] Die Wirksamkeit des Einflusses dieser internen Aufsicht wird jedoch aufgrund der Ergebnisse *empirischer Untersuchungen* über die faktische Effizienz des Kontrollgremiums in Frage gestellt: Denn dabei haben sich *Funktionsdefizite* vor allem bei der von dem Bundesverfassungsgericht hervorgehobenen Programmkontrolle herausgestellt. Sie lassen sich einerseits mit Mängeln im organisationsrechtlichen Bereich, andererseits aber auch mit Unzulänglichkeiten begründen, die im individuellen Bereich der einzelnen Ratsmitglieder wurzeln:

Das *organisationsrechtliche Defizit* beruht im wesentlichen darauf, daß der dem Rundfunkrat gestellte Auftrag bereits seinem *Umfang nach* kaum in den einzelnen gesetzlich festgelegten Zusammenkünften zu bewerkstelligen ist. Denn die Gremien haben neben der Aufgabe, den Intendanten bei der laufenden Programmgestaltung zu beraten und diese auch auf einzelne Rechtsverstöße hin zu kontrollieren, ebenso bei den wesentlichen Entscheidungen im personellen und wirtschaftlichen Bereich mitzubestimmen.[76] Der Rundfunkrat tagt aber nicht permanent, sondern nur gelegentlich, und zwar nach den meisten Rundfunkgesetzen viermal im Jahr. Nur die einzelnen Ausschüsse, die die Entscheidungsvorlagen für den Rundfunkrat vorbereiten, finden sich zu häufigeren Sitzungen zusammen. So fanden etwa beim ZDF in den vergangenen Jahren jeweils nur etwa vier Sitzungen des Plenums und rund 30 Sitzungen der insgesamt sieben verschiedenen Unterausschüsse statt.[77] Deshalb bleibt nach den eigenen Angaben der Gremienmitglieder in der Regel nur Zeit für eine Diskussion über grundsätzliche Fragen der Programmgestaltung. Programmkritik im einzelnen, vor allem die Aussprache über konkrete Rechtsverstöße, die dann auch gegenüber dem Intendanten gerügt werden könnten, findet jedoch nicht in ausreichendem Maße statt. Dies wird selbst von Rundfunkjournalisten bestätigt.[78]

21   Als weiterer Grund für die mangelnde Programmkontrolle hat sich die nach den Angaben der Gremienmitglieder bemängelte „*unzureichende Information durch die Rundfunkanstalt*" herausgestellt.[79] Damit ist gemeint, daß den Ratsmitgliedern Berichte wie zum Beispiel Prüfungsfeststellungen des Rechnungshofes zu spät, nur auszugsweise oder teilweise überhaupt nicht durch die dafür zuständige Intendanz zugänglich gemacht werden. Ebenso kann davon ausgegangen werden, daß die Mitglieder des Rundfunkrates auch nicht ausreichend über Programmbeanstandungen von Rezipienten informiert werden.[80] Mit der Weitergabe solcher Hinweise von außen auf konkrete Verstöße wäre aber gewährleistet, daß das zuständige

---

[75] Vgl. BVerfGE 57, S. 295 ff., 320; siehe oben E Rdz. 16 f.

[76] Vgl. BVerfGE 73, S. 118 ff., 170; *Ricker,* Die Kompetenzen der Rundfunkräte im Programmbereich, S. 17 f.

[77] Vgl. *Kepplinger/Hartmann,* Stachel oder Feigenblatt?, S. 56; ZDF-Jahrbuch, 1994, S. 34, 67.

[78] Vgl. *Kepplinger/Hartmann,* Stachel oder Feigenblatt?, Rundfunk- und Fernsehräte in der Bundesrepublik Deutschland. Eine empirische Untersuchung, S. 56; *Hennig,* Rundfunkräte, S. 75.

[79] Vgl. *Kepplinger/Hartmann,* S. 10; *Fritz,* Massenmedium Rundfunk – Die rechtliche Seite der Rundfunkräte und ihre tatsächliche Einflußnahme auf die Programmgestaltung, S. 37; *Hennig,* Rundfunkräte, S. 66.

[80] Vgl. Die Stellungnahme von Schwarz-Schilling; zit. nach *Hennig,* Rundfunkräte, S. 66; *Ricker,* Rundfunkkontrolle durch Rundfunkteilnehmer?, S. 50 f.

Aufsichtsgremium tatsächlich auch in solchen Fällen mit den Beanstandungen befaßt wird, in denen der Intendant die Beschwerde zurückgewiesen hat.[81] Damit wäre dem Rundfunkrat eine wesentliche Erleichterung bei seiner Programmkontrolle zur Hand gegeben.[82]

Der verfassungsrechtlich geforderten Effektivität der Programmkontrolle steht jedoch der tatsächliche Umgang mit solchen Programmbeschwerden in den Rundfunkanstalten entgegen. So wurden beispielsweise beim ZDF von der Fernsehzuschauervereinigung „*Aktion Funk und Fernsehen e. V.*" (AFF) in Köln häufiger Sendungen wegen Verstößen gegen die Programmrichtlinien beanstandet. Die Beschwerden wurden bisher immer von dem Intendanten zurückgewiesen, ohne daß diese an den Fernsehrat weitergeleitet worden wären, obwohl dies sogar ausdrücklich beantragt worden war.[83]

Aus den empirischen Untersuchungen ergibt sich weiterhin, daß die unzureichende Effektivität der Programmaufsicht darauf zurückzuführen ist, daß sich die Mitglieder des Rundfunkrats ihrer *Informationsaufgabe nicht hinreichend widmen.* Wesentlich ist dabei eine zu geringe eigene kontinuierliche Programmbeobachtung, die von den Ratsmitgliedern vor allem mit zu wenig verfügbarer Zeit begründet wird. Sie erklärt sich durch die überdurchschnittliche berufliche Belastung der meisten Gremienmitglieder, wie etwa bei Abgeordneten, Regierungsmitgliedern oder bei den zahlreichen Verbandsfunktionären als gewählten Vertretern der gesellschaftlich relevanten Gruppen.[84] **22**

Die mangelnde Effektivität des Programmeinflusses durch die Rundfunkräte läßt sich ebenfalls auf das persönliche Unvermögen vieler Mitglieder zurückführen, die sich nach eigenen Angaben auf Grund „*mangelnder Sachkenntnis*" nicht zu einer ausreichenden Beurteilung in der Lage sehen, ob etwa eine Sendung sachlich richtig oder falsch ist.[85] Bei den Untersuchungen führten die befragten Ratsmitglieder aus, daß gerade im technischen und im naturwissenschaftlichen Bereich (z. B. Atomenergie, Genforschung) sie und auch die anderen Delegierten unzureichend informiert und somit überfordert seien, was durchaus selbstkritisch gesehen und mit der Forderung nach einem Recht auf Hinzuziehung von Sachverständigen verknüpft wurde.[86] **23**

An der Wirksamkeit der Programmaufsicht durch die Rundfunkräte ist schließlich auch deshalb zu zweifeln, weil ihre einzelnen Mitglieder bei ihrer Aufgabe ein *falsches Selbstverständnis* zeigen.[87] So vertreten beispielsweise rund 40 Prozent die Ansicht, daß es nicht zu ihren Aufgaben gehöre, die sachliche Richtigkeit von Sendungen zu überprüfen, die etwa durch Programmbeschwerden von Zuschauern oder Zuhörern beanstandet worden sind.[88] Anders als es die Rundfunkgesetze vorschreiben, sehen diese Ratsmitglieder auch weniger in den Programmgrundsätzen und geltenden Rechtsvorschriften als vielmehr ihre eigenen „*moralischen und weltanschaulichen Überzeugungen*" als denjenigen Kontrollmaßstab, den sie ihrer Aufgabe zugrundzulegen hätten.[89] Ebensowenig mit ihren Überwachungspflichten vereinbar ist zudem die bei den Mitgliedern unterschiedlich stark ausgeprägte Tendenz, den Einfluß subjektiver Wertungen der Journalisten auch bei der Berichterstattung zu tolerieren, für die aber gerade das Gebot der Sachlichkeit und Objektivität gilt.[90] **24**

---

[81] Vgl. Funk-Korrespondenz Nr. 32 vom 11.8.1989, S. 11.

[82] Vgl. *Ricker*, Rundfunkkontrolle durch Rundfunkteilnehmer?, S. 67.

[83] Vgl. Funk-Korrespondenz Nr. 31 vom 5.8.1988, S. 5; Nr. 43 vom 30.10.1993.

[84] Vgl. *Kepplinger/Hartmann*, Stachel oder Feigenblatt?, S. 9 f.; *Fritz*, Massenmedium, S. 186; *Hennig*, Rundfunkräte, S. 65, 73.

[85] Vgl. *Kepplinger/Hartmann*, Stachel oder Feigenblatt?, S. 10; *Hennig*, Rundfunkräte, S. 65, 73; vgl. auch Funk-Korrespondenz vom 18.4.1986, S. 6.

[86] Vgl. *Kepplinger/Hartmann*, Stachel oder Feigenblatt?, S. 10.

[87] Vgl. *Weirich*, zit. in: *Hennig*, Rundfunkräte, S. 72, 68.

[88] Vgl. *Kepplinger/Hartmann*, Stachel oder Feigenblatt?, S. 28 f.

[89] Vgl. *Hennig*, Rundfunkräte, S. 68; *Kepplinger/Hartmann*, Stachel- oder Feigenblatt?, S. 69.

[90] Vgl. *Kepplinger/Hartmann*, Stachel oder Feigenblatt?, S. 75, 103; siehe zu den Programmgrundsätzen unten unter F Rdz. 25 ff.

Somit kann festgestellt werden, daß die Ergebnisse der empirischen Untersuchungen ebenso wie selbstkritische Äußerungen einzelner Ratsmitglieder bestätigen, daß aufgrund der organisationsrechtlichen Ausgestaltung der Tätigkeit des Rundfunkrates wie auch des teilweise individuellen Unvermögens einzelner Mitglieder eine effektive Programmkontrolle nicht hinreichend gewährleistet ist.

25   Die Untersuchungen haben aber auch ergeben, daß Ansatzpunkte für eine Effektivitätssteigerung der Kontrolle im öffentlich-rechtlichen Rundfunk durchaus vorhanden sind: Die Defizite bei der Aufgabenbewältigung, vor allem bei der ganz wesentlichen Beobachtung des Programms könnten etwa dadurch deutlich abgebaut werden, daß im Wege der gesetzlichen Einführung eines *formalisierten Beschwerdeverfahrens* sichergestellt würde, daß Beanstandungen der Rundfunkteilnehmer dem Kontrollgremium tatsächlich vorgelegt werden und von ihm auch beraten werden können.[91]

e) Alternativer Pluralismusschutz im öffentlich-rechtlichen Rundfunk

26   Nach der Rechtsprechung des Bundesverfassungsgerichtes ist die von den Landesgesetzgebern gewählte binnenpluralistische Organisationsstruktur der öffentlich-rechtlichen Rundfunkanstalten mit den aus Verbandsvertretern der gesellschaftlich relevanten Gruppen zusammengesetzten Rundfunkräten verfassungsgemäß.[92]

Bereits in dem 1. Rundfunkurteil hat das Gericht aber darauf hingewiesen, daß Art. 5 GG *„nicht die in den Landesrundfunkgesetzen gefundene und für die Rundfunkanstalten des Bundesrechts übernommene Form"* fordert.[93] Noch deutlicher wurde im 2. Rundfunkurteil ausgeführt, daß der Rundfunk *„Sache der Allgemeinheit"* sei, daß aber *„die Mitwirkung ... der verschiedenen gesellschaftlichen Kräfte und Gruppen in anderer Weise als bis dahin üblich verwirklicht werden könne"*.[94] Vor allem die Feststellung der Richter, daß *„der Rundfunk die Interessen der Allgemeinheit wahrzunehmen"* habe und deshalb *„in völliger Unabhängigkeit überparteilich betrieben und von jeder Beeinflussung freigehalten werden"* müsse,[95] führte in der medienpolitischen Diskussion zu der Forderung, das Rekrutierungsprinzip ausschließlich aus Verbandsvertretern zugunsten einer *Beteiligung der Rezipienten* und damit Gebührenzahlern abzulösen. Unter verfassungsrechtlichen Gesichtspunkten stellt sich deshalb die Frage, ob und in welcher Weise der Organisationspluralismus im öffentlich-rechtlichen Rundfunk auch durch eine Beteiligung der Zuschauer gesichert werden könnte.

Eine weitere Alternative zu dem traditionellen Anstaltsmuster mit seiner Verbandsrepräsentanz könnte das zunächst im Rahmen des Kabelpilotprojekts Berlin und später in Berlin/Brandenburg bei der dortigen Landesmedienanstalt für den privaten Rundfunk bereits in Form des früheren Kabelrates und jetzigen Medienrates verwirklichte Kollegialorgan von unabhängigen Sachverständigen darstellen.

aa) Beteiligung der Zuschauer

27   Als organisationsrechtliche Alternative zur Sicherung des Pluralismus im öffentlich-rechtlichen Rundfunk bietet sich eine unmittelbare Beteiligung der Rundfunkteilnehmer an, wie dies etwa seit längerem von Zuschauervereinigungen, beispielsweise der *„Aktion Funk und Fernsehen e. V."*, gefordert wird.[96] Dafür spricht einerseits die Rechtsprechung des Bundesverfassungsgerichts, wonach im öffentlich-rechtlichen Rundfunk die Rundfunkräte für die Allgemeinheit deren Interessen am Rundfunk sichern sollen.[97] Für die Vertretung der Allgemeinheit werden deshalb von den Regierten per Briefwahl gewählte Rundfunkräte vorgeschlagen.

---

[91] Vgl. *Ricker,* Rundfunkkontrolle durch Rundfunkteilnehmer?, S. 52; zur Beteiligung der Rundfunkteilnehmer siehe unten E Rdz. 27 ff.

[92] Siehe oben E Rdz. 13 ff.

[93] Vgl. BVerfGE 12, S. 205 ff., 262.

[94] Vgl. BVerfGE 31, S. 327, 339.

[95] Vgl. BVerfGE 31, S. 329.

[96] Vgl. Fernsehzuschauer im Rechtsnotstand (Hrsg. AFF) vom 27. 6. 1992, S. 30 f.

[97] BVerfGE 73, S. 118 ff., 153.

Nach der Rechtsprechung des Bundesverfassungsgerichts muß jedoch sichergestellt sein, daß die Aufsichtsgremien aufgrund der unterschiedlichen gesellschaftlichen oder fachlichen Erfahrungen ihrer Mitglieder in der Lage sind, die Erfüllung des Programmauftrags durch die Rundfunkanstalt zu kontrollieren.[98] Bei einer ausschließlichen Partizipation von unmittelbar durch die Rundfunkteilnehmer gewählten Vertretern wäre diese Voraussetzung jedoch nicht gewährleistet. Deshalb kann die Beteiligung der Zuschauer nur ein *zusätzliches Element* zur Effektuierung der Allgemeininteressen und damit des Pluralismus sein. Von daher kommt als Alternative zu dem traditionellen Organisationsmuster nur ein „*Mischmodell*" in Betracht, wie es etwa auch von der Zuschauervereinigung „*Aktion Funk und Fernsehen*" bei der Novellierung der Satzung über den Süddeutschen Rundfunk vorgestellt wurde. Danach sollten die bisherigen 27 Repräsentanten der gesellschaftlich relevanten Gruppen und die fünf durch den Landtag bestimmten Vertreter um 22 Mitglieder ergänzt werden, die von der Bevölkerung auszuwählen sind. Als eine Art „*Bürgerbank*" sollten diese Mitglieder zu der bestehenden „*Verbändebank*" und die „*Staatsbank*" hinzutreten.[99]

Von einem solchen „Mischmodell" mit einer zusätzlichen Bürgerbank könnten *effektivitätssteigernde Impulse* für die Aufgabenbewältigung des Rundfunkrates ausgehen, und zwar aus den folgenden Gründen: Dafür sprechen zunächst die empirisch festgestellten Erfahrungen über die mangelnde Effektivität des herkömmlichen Rundfunkratsmodells.[100] Auch das Bundesverfassungsgericht stellte in dem 6. Rundfunkurteil fest, daß das herkömmliche Verbändemodell bereits vom Ansatz her strukturelle Defizite in sich birgt.[101] Wenn sich der Gesetzgeber zur Rundfunkkontrolle der gesellschaftlich relevanten Kräfte bediene, lasse er sich auf die Bedingungen verbandlicher Interessenrepräsentation ein. Insofern sieht es das Gericht als problematisch an, daß das gewählte Rekrutierungsprinzip und die den Gremiumsmitgliedern auferlegten Amtspflichten tendenziell im Widerspruch stünden: Die als Vertreter ihrer Interessenverbände entsandten Personen in den Kontrollgremien sollen gerade nicht deren partikularen Zielsetzungen zur Geltung bringen. Dies werde durch die in den Rundfunkgesetzen bestimmte Weisungs- und Auftragsunabhängigkeit der Rundfunkratsmitglieder aber nicht verhindert.[102]

Daneben weist das Gericht darauf hin, daß es eben zu den Bedingungen verbandlicher **28** Interessenrepräsentation gehöre, daß die Interessen der Allgemeinheit nicht mit der Summe der verbandlich organisierten Interessen identisch seien. Eine Verbänderepräsentation könne deshalb immer nur ein unvollkommenes Mittel sein, da es Interessen gebe, die verbandlich gar nicht oder nur schwer organisierbar sind.[103] Das Bundesverfassungsgericht hat deshalb in dem seiner Entscheidung zugrundeliegenden konkreten Sachverhalt, der Zusammensetzung des Rundfunkrates des Westdeutschen Rundfunks, die vorgesehene Ergänzung der „*Verbände- und Staatsbank*" um weitere Repräsentanten aus kulturellen Sachbereichen („*Kulturbank*") und um nicht in Gruppen oder Institutionen organisierte Vertreter („*Bürgerbank*") als verfassungsgemäß angesehen.[104] Freilich setzt auch das von dem Gericht im Ansatz anerkannte pluralitätserweiternde Element zusätzlicher nicht verbandsgebundener Vertreter voraus, daß sie keinen partikulären Interessen verpflichtet, sondern unabhängig sind.

Eine Möglichkeit wäre die Berufung der Mitglieder der „*Bürgerbank*" durch Mehrheitsbeschluß der Rundfunkteilnehmer, ähnlich wie bei den Sozialversicherungswahlen. Die

---

[98] BVerfG 1 BvR 756/88; 902/88, Beschluß vom 30. 11. 1989; Umdruck S. 5.

[99] Vgl. Memorandum zur Rundfunkreform in Baden-Württemberg der AFF e. V.; zit. in „Stuttgarter Zeitung" vom 8. 6. 1991: „Eine Bürgerbank im Rundfunkrat?".

[100] Siehe hierzu oben unter E Rdz. 20 ff.

[101] Vgl. BVerfGE 83, S. 238 ff., 333.

[102] BVerfGE 83, S. 238 ff., 332.

[103] Vgl. BVerfGE 83, S. 238 ff., 335 ff.; *Kisker* VVDStRL (31), S. 276 ff., 277; vgl. auch VerfGH NRW DVBl. 1986, S. 1167.

[104] BVerfGE 83, S. 238 ff., 337.

Stimmabgabe könnte durch Briefwahl erfolgen, wie sie etwa auch von der „Aktion Funk und Fernsehen e. V." unter Hinweis auf die Rechtsprechung des Verwaltungsgerichtshofs Münster vorgeschlagen wird. Das Gericht hat in seinem sogenannten „*Sparkassen-Urteil*"[105] festgestellt, daß die Vertreter der Allgemeinheit – hier also die Rezipienten – unmittelbar und nicht durch Gremien zwischengeschalteter Verbände zu wählen sind, da diese nicht demokratisch legitimiert sind.

29   Unter dem Aspekt demokratischer Legitimation verfassungsrechtlich bedenklich ist deshalb beispielsweise die Regelung in *§ 21 Abs. 1 r i. V. m. Abs. 4 ZDF-StV*, wonach die dort vorgesehenen zusätzlichen sechzehn Vertreter aus den Bereichen des Erziehungs- und Bildungswesens, der Wissenschaft und der Kunst etc. von den Ministerpräsidenten aus den Angehörigen dieser Bereiche berufen werden. Damit wird aber gerade nicht die den Pluralismus sichernde Unabhängigkeit, vor allem nicht die Staatsferne dieser Mitglieder und damit des Kontrollgremiums, gewährleistet.[106]

Somit ist festzustellen, daß ein „*Mischmodell*", bei dem zusätzlich zu den sich aus Verbandsvertretern rekrutierenden Repräsentanten noch weitere, eine „*Bürgerbank*" bildende Mitglieder hinzugewählt werden, eine organisationsrechtliche binnenpluralistische Alternative darstellt. Nach der Rechtsprechung des Bundesverfassungsgerichts ist sie nicht nur verfassungsgemäß. Sie ist eher als das auf der reinen Verbänderepräsentation beruhende traditionelle Modell geeignet, die Wahrnehmung der Interessen der Allgemeinheit im Rundfunk zu sichern. Dafür sprechen ebenfalls die empirisch festgestellten Erfahrungen über die Effektivität der herkömmlichen Rundfunkräte.[107] Die dabei festgestellten Defizite der Rundfunkkontrolle, etwa aufgrund beruflicher Beanspruchung nur eine geringe eigene Programmbeobachtung, könnten gerade durch die verbandlich nicht organisierten Vertreter der „*Bürgerbank*" wettgemacht werden.

30   Das besondere pluralitätssteigernde Element dieser Repräsentanten darf jedoch nicht konterkariert und in einen Bereich unzulässiger Staatsnähe des Rundfunks gerückt werden. Diese Gefahr bestünde dann, wenn die Mitglieder der „*Bürgerbank*" durch den *Ministerpräsidenten* oder ein anderes staatsnahes Gremium bestimmt werden. Deshalb hat der Gesetzgeber ein Auswahlverfahren durch die Rundfunkteilnehmer vorzusehen. Die Vorgabe eines qualifizierten Stimmquorums wäre dabei ein zusätzliches Mittel zur Sicherung der Unabhängigkeit dieser Repräsentanten und damit des Organisationspluralismus.

Unter den genannten Gesichtspunkten, den Defiziten des auf verbandlicher Organisation beruhenden Rekrutierungsprinzips, kommt als alternativer Pluralismusschutz im öffentlich-rechtlichen Rundfunk auch ein nach dem „Sachverständigen"-Prinzip gebildetes Kontrollgremium in Frage, worauf im folgenden einzugehen sein wird.

bb) Das „Sachverständigen"-Modell

31   Nach der Rechtsprechung des Bundesverfassungsgerichtes im 6. Rundfunkurteil ist der Landesgesetzgeber auch unter den gegenwärtigen Bedingungen des dualen Rundfunksystems bei der Ausgestaltung der binnenpluralistischen Organisation im öffentlich-rechtlichen Rundfunk *keinem Formenzwang* unterworfen. Vor allem ist er nicht zu der bisher üblichen Rekrutierung des Rundfunkrates aus Vertretern der verbandlich organisierten gesellschaftlich relevanten Gruppen verpflichtet.[108]

Als Alternative zu dem Rundfunkrat traditionellen Musters kommt deshalb ein nach dem „*Sachverständigen*"-Prinzip gebildetes Aufsichtsgremium in Betracht. Dieses Modell verwirklichte bereits 1984 der frühere Kabelrat nach dem „*Kabelpilot- und Versuchsgesetz für drahtlosen*

---

[105] Vgl. VerfGH Münster DVBl. 1986, S. 276.
[106] Vgl. *Ricker* epd/Kirche und Rundfunk Nr. 21 vom 18. 3. 1992, S. 15 f.; vgl. auch oben unter D Rdz. 22 ff.
[107] Siehe hierzu oben unter E Rdz. 20 ff.
[108] Vgl. BVerfGE 83, S. 239 ff., 335.

Rundfunk im Land Berlin" (KPVG)[109] und später darauf folgend auch der *Medienrat* nach dem *Staatsvertrag über die Zusammenarbeit zwischen Berlin und Brandenburg im Bereich des Rundfunks* vom 29.2.1992. Seine Besonderheit besteht darin, daß er sich aus sieben Mitgliedern zusammensetzt, die aufgrund ihrer Erfahrung und ihrer Sachkunde in besonderer Weise für die Wahrnehmung der Aufgaben des Aufsichtsgremiums befähigt sind.[110] Der Medienrat wird von dem Brandenburger Landtag und von dem Abgeordnetenhaus von Berlin jeweils mit einer 2/3-Mehrheit gewählt.[111] Bereits bei der Einführung des früheren Kabelrates stand für den Gesetzgeber die Überlegung im Vordergrund, ob *„ein solches kleines Gremium von unabhängigen Persönlichkeiten nicht besser geeignet ist, die Meinungsvielfalt im Gesamtprogramm sicherzustellen".*[112] Ob das *„Sachverständigen"-Prinzip* eine organisationsrechtliche Alternative zur Sicherung des Pluralismus darstellt, hängt von den Voraussetzungen ab, welche die Rundfunkfreiheit an die binnenpluralistische Struktur der öffentlich-rechtlichen Rundfunkanstalt stellt.

Nach der Rechtsprechung des Bundesverfassungsgerichtes muß der Rundfunk so organisiert sein, daß er keinem einseitigem Einfluß, vor allem auch nicht des Staates, unterliegt.[113] Dieses Gebot der *Staatsfreiheit* hat das Gericht auch für die Zusammensetzung des Rundfunkrates als verbindlich herausgestellt. Dabei hat es freilich eine geringe staatliche Beteiligung als noch verfassungsgemäß angesehen, wobei jedoch der parteipolitische Einfluß ebenfalls mitberücksichtigt werden müsse.[114]

Weiterhin hat das Bundesverfassungsgericht gefordert, daß der Rundfunk die *Interessen der* **32** *Allgemeinheit* wahrzunehmen habe. Deshalb sei die Rekrutierung des Rundfunkrates aus Vertretern der in Verbänden und Institutionen organisierten gesellschaftlich relevanten Gruppen nicht unproblematisch, da dadurch die Gefahr nicht ausgeschlossen sei, daß die partikularen Verbandsinteressen zur Geltung gebracht würden.[115] Schließlich setzt das Gericht voraus, daß die Mitglieder des Aufsichtsgremiums aufgrund ihrer unterschiedlichen gesellschaftlichen und fachlichen Erfahrungen in der Lage sind, die Erfüllung des Programmauftrages durch die Rundfunkanstalt *zu kontrollieren.*[116] Ein nach dem „Sachverständigen"-Prinzip gebildetes Aufsichtsgremium, wie es der Medienrat in Berlin und Brandenburg darstellt, entspricht den Anforderungen der Rundfunkfreiheit in sachgerechter Weise:

Die Auswahl unabhängiger Persönlichkeiten durch das Parlament gewährleistet, daß die Mitglieder des Aufsichtsgremiums nicht einzelnen gesellschaftlichen Gruppen und Verbänden verbunden sind, sondern tatsächlich die Gesamtinteressen der Allgemeinheit wahrnehmen.[117] Gerade das *Wahlverfahren,* das die Zustimmung von mindestens zwei Drittel der Landtagsabgeordneten und damit eine weitestgehende Übereinstimmung voraussetzt, gewährleistet die von dem Bundesverfassungsgericht geforderte Unabhängigkeit und Überparteilichkeit.[118]

Daneben wird auch das Gebot der Staatsfreiheit des Rundfunks effektuiert, da die Gefahr einer an der Parteizugehörigkeit orientierten oder von Proporzgesichtspunkten geleiteten Nominierung reduziert wird. Verfassungsrechtlichen Bedenken, wie sie deshalb etwa gegen

---

[109] Vgl. §§ 13 ff. des KPVG vom 27.7.1984; GVBl. S. 964, i. d. F. vom 27.3.1986, GVBl. S. 6.

[110] Vgl. § 10 Abs. 1 StV Berlin/Br. vom 29.2.1992; vgl. dazu auch *Gebel* ZUM 1993, S. 394 ff.

[111] Vgl. § 11 Abs. 1 StV Berlin/Br.; vgl. auch §§ 13, 15 Abs. 1 Satz 2 KPVG.

[112] Vgl. amtl. Begründung zum KPVG vom 27.7.1984; abgedruckt in: *Bauer/Ory,* Die Neuen Medien, Losebl. 18. 2. 1; siehe auch oben unter C Rdz. 23, 38.

[113] Vgl. BVerfGE 73, S. 118 ff., 152; 90, S. 60 ff. 95.; vgl. zur Staatsfreiheit auch oben unter D Rdz. 8 ff.

[114] Vgl. BVerfGE 73, S. 119 ff., 165; BVerfGE 90, S. 60 ff., 95 ff..

[115] Vgl. BVerfGE 83, S. 238 ff., 334.

[116] BVerfGE 1 BvR 756/88; 902/88 Beschluß vom 30. 1. 1989; Umdruck S. 5.

[117] Vgl. BVerfGE 73, S. 118 ff., 153.

[118] Vgl. die Kritik des medienpolitischen Sprechers der CDU/CSU-Fraktion *Blank* an der zu hohen Parteienrepräsentanz in den Rundfunkräten, abgedruckt in epd Nr. 52 vom 1. 8. 1992. Noch wirksamer ist das in dem Sächsischen Privatrundfunkgesetz vorgesehene Auswahlverfahren durch ein Wahlgremium der gesellschaftlich relevanten Gruppen, vgl. §§ 29 f., 32.

die Regelung in dem ZDF-StV bestehen, wonach 16 Vertreter aus dem Bereich des Erziehungs- und Bildungswesens, der Wissenschaft und der Kunst etc. von den Ministerpräsidenten berufen werden,[119] bestehen hier nicht.[120]

33   Das mit dem Medienrat verwirklichte Alternativmodell erfüllt ebenso die von dem Bundesverfassungsgericht geforderte *Sachkunde*, da von den auszuwählenden Persönlichkeiten eine genügende gesellschaftliche und fachliche Erfahrung verlangt wird.[121] Schließlich sprechen für das „*Sachverständigen*"-Modell noch zwei weitere Aspekte, die es für die Rundfunkkontrolle besonders prädestiniert erscheinen lassen:

Anders als die Rundfunkräte mit bis zu 40 oder 50 Vertretern gesellschaftlicher Gruppen und Institutionen kommt der Medienrat mit nur sieben Mitgliedern aus. Bereits im Hinblick auf die kontinuierlich anfallenden Aufwandsentschädigungen und Sitzungsgelder wird eine erhebliche *Kostenreduzierung* erzielt. Dieser Gesichtspunkt erhält um so mehr Gewicht, als sich zunehmend die Finanzierbarkeit des öffentlich-rechtlichen Rundfunks als problematisch darstellt.[122] Für das Medienrat-Modell spricht als zweiter wesentlicher Aspekt die besondere Effizienz eines nur aus wenigen Persönlichkeiten bestehenden Aufsichtsgremiums, das in erheblich kürzerer Zeit beraten und entscheiden kann als die um ein Vielfaches größeren Rundfunkräte. Mit schnellen Entscheidungen wird gerade dem von dem Bundesverfassungsgericht geforderten wirksamen Einfluß des Kontrollorgans auf die Programmgestaltung in besonderer Weise Genüge getan.[123]

Daher ist festzustellen, daß ein nach dem „*Sachverständigen*"-*Prinzip* gebildetes Aufsichtsorgan ähnlich dem früheren Kabelrat in Berlin oder dem jetzigen Medienrat in Berlin/Brandenburg die verfassungsrechtlichen Anforderungen an den Organisationspluralismus im öffentlich-rechtlichen Rundfunk erfüllt und sogar eine besonders *effektive Alternative* zu dem Rundfunkrat herkömmlicher Form darstellt.

3. Veranstalterpluralismus im privaten Rundfunk

34   Die nach der Rechtsprechung des Bundesverfassungsgerichts geforderten organisationsrechtlichen Vorkehrungen zur Sicherung des Pluralismus im privaten Rundfunk[124] unterscheiden sich von denjenigen des öffentlich-rechtlichen Rundfunks im wesentlichen dadurch, daß sich die Landesgesetzgeber für ein Strukturmodell entschieden haben, bei dem die *privaten Veranstalter extern* durch die öffentlich-rechtlichen *Landesmedienanstalten* als Zulassungs- und Aufsichtsbehörde kontrolliert werden.[125] Die Regelungen zum Schutze des Organisationspluralismus betreffen zum einen die Veranstalterebene (*Veranstalterpluralismus*), wie auch die Ausübung der Zulassung der Privaten zum Rundfunk und die Programmkontrolle durch die Landesmedienanstalten (Kontrollpluralismus). Für das bundesweite private Fernsehen sah der Rundfunkstaatsvertrag 1991 ein *Übergangsmodell* vom Binnen- zum Außenpluralismus vor. Dabei entfiel die anfängliche Verpflichtung zur Binnenpluralität, wenn „*mindestens drei nationale Fernsehvollprogramme von verschiedenen Veranstaltern bundesweit verbreitet werden, die jeweils von mehr als der Hälfte der Teilnehmer empfangen werden können*".[126] Jedoch eröffnete § 20 Abs. 2 RStV 1991 die Möglichkeit zu einer *Rückkehr* zu dem Binnenpluralismus, falls die Landesmedienanstalten mit einer Mehrheit von drei Vierteln feststellen sollten, daß

---

[119] Vgl. § 21 Abs. 1 r i. V. m. Abs. 4 ZDF-StV.

[120] Vgl. auch *Ricker* epd/Kirche und Rundfunk, Nr. 21 vom 18. 3. 1992, S. 15 ff.; vgl. auch oben unter C Rdz. 23, 38.

[121] Vgl. § 10 Abs. 1 StV Berlin/Br., vgl. aber kritisch *Gebel* ZUM 1993, S. 394.

[122] Vgl. unten unter C Rdz. 74 ff., 91 ff., 101 ff.

[123] Vgl. BVerfGE 57, S. 295 ff., 325; 73, S. 118 ff., 169 ff.

[124] Vgl. BVerfGE 57, S. 205 ff., 321; 73, S. 118 ff., 152 f..

[125] Vgl. oben unter C Rdz. 48 ff.

[126] Vgl. § 20 Abs. 2 RStV 1991; vgl. auch oben zu den Rundfunkmodellen unter C Rdz. 48 ff.

die Anforderungen an die Meinungsvielfalt durch das Gesamtangebot der Fernsehvollprogramme nicht erfüllt werden. Danach war *jeder einzelne Veranstalter* wieder zur Meinungsvielfalt verpflichtet.[127] Dieses Übergangsmodell ist mit dem Rundfunkstaatsvertrag 1997 entfallen.

Für den bundesweiten *privaten Hörfunk* enthielt der Rundfunkstaatsvertrag 1991 entsprechende Regelungen und damit ebenfalls die Vorgabe eines *Übergangs* vom *Außen- zum Binnenpluralismus*. Nach § 20 Abs. 3 RStV 1991 mußte auch hier jedes einzelne Programm dem Postulat der Ausgewogenheit genügen, wenn nach den Feststellungen von mindestens drei Viertel der Landesmedienanstalten die nationalen Hörfunkvollprogramme insgesamt nicht den Pluralismusanforderungen genügen.[128] *Einzelne Landesgesetzgeber* haben sich für ihren Regelungsbereich für ein solches Übergangsmodell entschieden.[129] Für den regionalen oder lokalen Hörfunk schreiben einige Mediengesetze ein *binnenpluralistisches Ordnungsmodell* vor, bei dem interne Ausgewogenheit durch die Mitglieder der Veranstaltergemeinschaft oder durch den Einfluß eines *Programmbeirates* aus Repräsentanten der Gesellschaft gewährleistet wird.[130]

Dem von dem Veranstalter einzurichtenden Programmbeirat[131] muß wirksamer Einfluß auf die Programmgestaltung zukommen, was durch Satzung oder Gesellschaftsvertrag sichergestellt sein muß. Dies setzt eine laufende Kontrolle voraus, die nicht auf eine nur beratende Funktion beschränkt sein darf.

Im Rahmen des gewählten Ordnungsmodells stellen der Rundfunkstaatsvertrag[132] und die Landesmediengesetze weitergehende organisationsrechtliche Anforderungen. Zum einen werden im gebietsbezogenen Rundfunk als Lizenznehmer in der Regel *nicht Einzelpersonen*, sondern nur Veranstaltergemeinschaften zugelassen. Weiterhin sehen die Rundfunkgesetze auch besondere Kriterien vor, welche die Lizenzbewerber prinzipiell oder jedenfalls für ihre vorrangige Berücksichtigung im Falle eines Auswahlverfahrens erfüllen müssen. Eine wesentliche organisationsrechtliche Sicherung zum Schutze des Pluralismus stellen schließlich die Konzentrationsverbote des Rundfunkstaatsvertrages und der Landesrundfunkgesetze dar.[133]

a) Auswahlverfahren

Nach der Rechtsprechung des Bundesverfassungsgerichtes setzt der im privaten Rundfunk zu gewährleistende *Grundstandard* von Meinungsvielfalt voraus, daß für alle Meinungsrichtungen – auch für diejenigen von Minderheiten – die Möglichkeit besteht, zum Ausdruck zu gelangen. Außerdem muß die Gefahr eines einseitigen, in hohem Maße ungleichgewichtigen Einflusses einzelner Veranstalter oder Programme auf dem Meinungsmarkt ausgeschlossen sein.[134]

Die Länder haben aufgrund der Rechtsprechung entschieden, daß nach den Zulassungsvorschriften Sendelizenzen in der Regel nicht an Einzelpersonen, sondern nur an *Veranstaltergemeinschaften* vergeben werden.[135] So verbot etwa der *Rundfunkstaatsvertrag 1991* für Veranstalter nationaler Fernsehvollprogramme oder Fernsehspartenprogramme mit Schwer-

35

36

---

[127] Vgl. § 20 Abs. 3 RStV 1991.

[128] Vgl. § 20 Abs. 3 RStV 1991.

[129] Vgl. § 16 PRG Sachsen-Anhalt; § 12 LRG Rh.-Pf.: §§ 15, 16 PRG Thüringen; § 20 LRG Nieders.; §§ 15, 16 HPRG; mehrere private landesweite Programme dürfte es zukünftig allenfalls im Hörfunk, aber wegen der erheblichen Kosten kaum im Fernsehen geben.

[130] Vgl. §§ 7, 29 LMG Hamburg; § 8 Abs. 1 u. 4 LRG Schl.-Holst.; § 8 PRG Sachsen; § 24 LMG Bad.-Württ., § 16 HPRG; § 16 PRG Thüringen; § 17 Abs. 3, § 15 Abs. 3 RGMV; § 6 Abs. 3 PRG Sachsen-Anhalt; vgl. auch §§ 25 ff. LRG Nordrh.-Westf.; siehe hierzu oben unter C Rdz. 48 ff.

[131] Vgl. auch oben unter C Rdz. 48 f.

[132] Veranstalter von Spartenprogrammen können grundsätzlich auch Einzelpersonen sein; zum Marktanteilsmodell im bundesweiten Fernsehen siehe unten E Rdz. 54.

[133] Siehe hierzu unten unter E Rdz. 46 ff.

[134] Vgl. BVerfGE 73, S. 118 ff., 160.

[135] Vgl. etwa § 7 LRG, Schl.-H.; zur Kritik an dieser Konzeption vgl. unten unter E Rdz. 53 f.

punkt Information, daß an diesem ein Beteiligter 50% oder mehr der Kapital- oder Stimmrechtsanteile innehielt oder sonst einen vergleichbaren vorherrschenden Einfluß ausübte.[136] Veranstalter dieser bundesweiten Fernsehprogramme mußten somit aus mindestens drei Personen oder Gesellschafterunternehmen bestehen.[137]

37 Die *Landesmediengesetze* schreiben für die Zulassung privater *Regional-* oder *Lokalveranstalter* eine aus mehreren Beteiligten zusammengesetzte *Veranstaltergemeinschaft* vor.[138] Zumindest räumen sie in dem – sehr häufigen – Fall, daß wegen der Vielzahl der Bewerbungen um die ausgeschriebenen Übertragungskapazitäten eine Auswahlentscheidung getroffen werden muß, solchen Bewerbern einen Vorrang ein, die sich mit anderen Antragstellern vereinigt haben.[139]

Im weiteren versuchen die Landesmediengesetze dem Ziel der Sicherung des Pluralismus dadurch Rechnung zu tragen, daß sie auch ein darauf ausgerichtetes Auswahlverfahren statuiert haben. Bei einem Engpaß an Übertragungskapazitäten, vor allem von Frequenzen, die keine hinreichende Reichweite ermöglichen, sehen die Landesmediengesetze ein Auswahlverfahren unter den sich bewerbenden Veranstaltergemeinschaften vor. Das Auswahlverfahren hat zur Konsequenz, daß letztlich *nur ein Bewerber* die Lizenz erhält. Damit wird aber die Möglichkeit zur Ausübung der Rundfunkfreiheit stark eingeschränkt. Statt der Auswahl sah Rheinland-Pfalz früher eine andere Kapazitätsverteilung bei mehreren sich bewerbenden Veranstaltergemeinschaften vor. Dieses Bundesland hatte sich zunächst für ein *Koordinationsmodell* im Hörfunk entschieden, das binnen- und außenpluralistische Elemente verband, indem einerseits nur Anbietergemeinschaften zugelassen wurden, andererseits die verfügbare Übertragungskapazität unter ihnen aufgeteilt wurde (sog. *„Frequenz-Splitting"*).[140] Dem lag die Überlegung zugrunde, daß die Vielfalt erhöht und damit auch die Rundfunkfreiheit optimiert werde, wenn die Rezipienten auf derselben Frequenz oder im selben Kabelkanal über die Gesamtsendezeit verteilt Programmangebote unterschiedlicher Anbietergemeinschaften rezipieren können.[141]

38 Nach dem ersten Rundfunkgesetz wurde deshalb jeder sich bewerbenden Veranstaltergemeinschaft eine zeitlich anteilig begrenzte Nutzungsgenehmigung erteilt.[142] In dem folgenden Landesrundfunkgesetz war das *„Frequenz-Splitting"* auch in Rheinland-Pfalz nicht mehr vorgesehen.[143]

Dabei ist einzuräumen, daß sich der frühere Rundfunkgesetzgeber mit seinen Vorstellungen durchaus im Einklang mit der Rechtsprechung des Bundesverfassungsgerichts befand. Das Gericht hatte in seinem 3. Rundfunkurteil von 1981 wohl allein unter dem rechtlichen Gesichtspunkt des Gleichheitsgebotes die Sendezeitaufteilung (*„Frequenz-Splitting"*) als eine Möglichkeit dargestellt, im Falle von Kapazitätsengpässen und einer Mehrheit von Bewerbern dem Gebot der Chancengleichheit gerecht zu werden.[144]

---

[136] Vgl. § 21 Abs. 2 RStV 1991.

[137] Vgl. zur Kritik an dieser Konzeption unten unter E Rdz. 53 f.

[138] Vgl. etwa § 7 Abs. 2 LRG Nordrh.-Westf.: örtlich: § 36 LMG Hamburg.

[139] Vgl. § 24 LMG Bad.-Württ.; § 9 Abs. 2 Ziff. 1 LRG Nieders., § 8 Abs. 1 PRG Sachsen; § 53 Abs. 2 LRG Saarl.; § 12 Abs. 1 und 2 Ziff. 7 LRG Meckl./Vorp.; § 13 Abs. 2 Ziff. 2 LMG Bremen; § 16 Abs. 1 HRRG, § 16 Abs. 1 TPRG.

[140] Eine ähnliche Regelung sah auch Baden-Württemberg vor, vgl. § 18 LMG Bad.-Württ. vom 16. 2. 1985, die aber kaum zur Anwendung kam, vgl. *Bullinger/Gödel*, Kommentar zum LMG Bad.-Württ., § 18 Rdz. 3. Seit der Neufassung des Mediengesetzes vom 31. 12. 1991, GBl. S. 817, ist ein Frequenzsplitting nicht mehr vorgesehen; ein „Frequenz-Splitting" sieht aber weiterhin § 6 Abs. 3 LRG Nordrh.-Westf. vor; vgl. auch *Prüfig*, Formatradio, S. 73; siehe hierzu auch unten unter F Rdz. 61 ff.

[141] Vgl. *Schreckenberger*, Die Zukunft des Rundfunks, Dokumentation der Hamburger Medientage, S. 49 ff.; *ders.* in Analysen und Perspektiven des Kabelpilotprojekts Ludwigshafen/Vorderpfalz, S. 15 ff.

[142] Vgl. § 32 Abs. 2 i. V. m. § 31 Abs. 1 Landesgesetz über einen Versuch mit Breitbandkabel vom 20. 12. 1984.

[143] Vgl. § 8 Abs. 3 LRG Rh.-Pf. vom 28. 7. 1992.

[144] BVerfGE 57, S. 295 ff., 325; vgl. *Ricker*, Privatrundfunkgesetze im Bundesstaat, S. 93 f.; vgl. auch unten unter F Rdz. 61 ff.

Wie Untersuchungen in Rheinland-Pfalz ergaben, hat das „*Frequenz-Splitting*" jedoch zu erheblichen Problemen geführt. Die notwendige *Akzeptanz* der Programme setzt ein einheitliches Programmangebot voraus, das bei verschiedenen Veranstaltergemeinschaften wegen der Unterschiedlichkeit des Formats, etwa der Musikfarbe und der Thematik der Wortbeiträge, nicht gewährleistet sei. Dies habe nicht nur die notwendige Identifikation der Hörer mit ihrem Sender erschwert, sondern wegen der mangelhaften Attraktivität des Koordinationsrundfunks für die werbungtreibende Wirtschaft zu Einnahmeverlusten und damit zu Finanzierungsproblemen geführt.[145] Auf Grund dieses Sachverhalts sehen daher bis auf Nordrhein-Westfalen[146] nunmehr alle Landesmediengesetze das Auswahlverfahren an Stelle einer Verteilung von Übertragungsmöglichkeiten bei Engpässen vor. Im Hinblick darauf, daß die Rundfunkordnung nicht dazu führen darf, daß die Veranstaltung erheblich erschwert oder ganz unmöglich gemacht wird,[147] erscheint dieser Lösungsweg verfassungsgemäß, obwohl er nicht dazu führt, daß möglichst „*jedermann*" an der Rundfunkfreiheit partizipieren kann.

Das wichtigste Kriterium für die Auswahl der Anbietergemeinschaft ist ihre *pluralistische* **39** *Zusammensetzung*. Die Landesmediengesetze setzen voraus, daß die Lizenzbewerberin so organisiert ist, daß durch ihre Zusammensetzung und gesellschaftsrechtlichen Regelungen ein pluralistischer Einfluß auf die Programmgestaltung gewährleistet wird.[148] Wenn die Pluralität der Veranstaltergemeinschaft selbst nicht gesichert erscheint, hat sie zusätzlich einen *Programmbeirat* aus Vertretern der im Verbreitungsgebiet wesentlichen Meinungen „*mit wirksamem Einfluß auf das Programm*" einzurichten, der die Gewähr dafür bietet, daß die Sendungen insgesamt ein ausgewogenes Meinungsbild vermitteln.[149]

Darüber hinaus hat der Gesetzgeber *weitere Auswahlkriterien* geschaffen, da die pluralistische **40** Zusammensetzung allein keine hinreichend konkrete Leitlinie für die Landesmedienanstalt darstellt, die eine Entscheidung zu treffen hat. Nach dem Wesentlichkeitsgrundsatz ist aber der Gesetzgeber gehalten, die Rundfunkordnung selbst verbindlich zu machen.[150] Die weiteren Auswahlkriterien sind so zu bestimmen, daß sie *ausschließlich* dem Zweck dienen, vor dem Hintergrund eines Übertragungsengpasses eine die Rundfunkfreiheit ausgestaltende Lösung zu finden.[151] Ob der Gesetzgeber dem entspricht, soll an Hand der Prüfung einiger besonders wichtiger *Auswahlkriterien* im folgenden erörtert werden.

Der Auswahlkatalog der Rundfunkgesetze setzt voraus, daß der Lizenzbewerber *wirtschaftlich* zu der beabsichtigten Programmveranstaltung in der Lage ist.[152] Der Nachweis der finanziellen Leistungsfähigkeit für die Tätigkeit als Programmveranstalter wird in der Regel durch die Vorlage eines Finanzplanes mit einer Gewinn- und Verlustrechnung, der Gesellschaftsverträge mit der Anführung der Kapitalanteile der Beteiligten und auch durch schriftliche Kreditzusagen oder Bürgschaftsurkunden erbracht. Es stellt sich die Frage, ob dieses

---

[145] Vgl. LT-Ds. Rh.-Pf. 11/3478 vom 10. 1. 1990, S. 19 ff.; vgl. *Prüfig*, Formatradio, S. 73.

[146] Vgl. § 6 Abs. 2 und Abs. 3 LRG Nordrh.-Westf.

[147] Vgl. BVerfGE 83, S. 238 ff., 296.

[148] Vgl. z. B. § 16 Abs. 6 HPRG; § 8 Abs. 3 LRG Rh.-Pf.; vgl. aber § 15 LRG Meckl./Vorp., das keine entsprechende Regelung enthält.

[149] Vgl. § 24 Abs. 2 Ziff. 2 LMG Bad.-Württ.; § 16 Abs. 1 HPRG; § 16 Abs. 1 PRG Thüringen; Der Programmbeirat als gesetzliche Auflage hat somit weitergehende Rechte als die von einzelnen Veranstaltern freiwillig eingerichteten Programmräte, die nur auf eine beratende Funktion beschränkt sind; zur Kritik an diesem Modell siehe unten unter E Rdz. 76 ff.

[150] BVerfGE 57, S. 295 ff., 323.

[151] BVerfGE 57, S. 295 ff., 321 f.

[152] „Wirtschaftliche Leistungsfähigkeit"; vgl. § 26 Abs. 1 Ziff. 1 LMG Bad.-Württ.; § 8 Abs. 5 Ziff. 3 LMG Bremen; § 23 Abs. 3 LMG Hamburg; § 6 Abs. 5 HPRG; § 7 Abs. 1 Ziff. 4 LRG Nieders.; § 5 Abs. 1 Satz 4 LRG Nordrh.-Westf.; § 6 Abs. 1 Ziff. 4 LRG Rh.-Pf.; § 50 Abs. 3 LRG Saarl.; § 10 Abs. 2 Ziff. 2 Schl.-Holst.; § 29 Abs. 4 Ziff. 3 StV Berlin/Br.; § 10 Abs. 2 LRG Meckl.-Vorp.; § 6 Abs. 2 Ziff. 4 PRG Sachsen; § 6 Abs. 6 Satz 2 PRG Sachsen-Anhalt; § 6 Abs. 5 PRG Thüringen.

Zulassungskriterium mit der Rundfunkfreiheit vereinbar ist. Zum einen wird die Ausübung des Grundrechts durch ökonomische Vorgaben eingeengt, zum anderen die Möglichkeit des Scheiterns, die einer privatwirtschaftlichen Tätigkeit inhärent ist, künstlich abgefedert. Im Bereich anderer Medien, etwa bei Presse und Film, ständen solche Voraussetzungen im Widerspruch zur Freiheit grundrechtlicher Betätigung, so daß ihre Zulässigkeit als Auswahlkriterium als Teil der besonderen Garantieverpflichtung des Staates für eine funktionsfähige Rundfunkordnung die Rundfunkfreiheit des Veranstalters überlagern müßte.

Die Ausgestaltung der Grundrechtsordnung ist vor dem Hintergrund der tatsächlichen Verhältnisse vorzunehmen. Sie sind einerseits dadurch geprägt, daß wegen technischer aber auch ökonomischer Gründe die Zahl der Veranstalter nur begrenzt sein kann.[153] Demgemäß ist es dem Rezipienten nicht möglich, ohne weiteres auf ein anderes Programm auszuweichen, wenn ein Veranstalter ausscheidet. Vielmehr kann gerade auch im Bereich des *Hörfunks*, wo aus den genannten Gründen oft nur ein Veranstalter für ein Versorgungsgebiet in Betracht kommt, ein wirtschaftlicher Mißerfolg dazu führen, daß privater Rundfunk hier *insgesamt gescheitert ist*. Dieser Zustand wäre erst dann behoben, wenn in einem erneuten langwierigen Auswahlverfahren ein anderer Bewerber eine Zulassung erhalten und seine Sendungen aufgenommen hätte. Weiterhin spricht für die genannte Zulassungsauflage, daß eine mangelnde wirtschaftliche Leistungsfähigkeit des Lizenzbewerbers diesen anfällig macht für *Konzentrationstendenzen* oder jedenfalls für eine Absenkung des *Programmniveaus* aus finanziellen Gründen.

Mit der Gefahr des wirtschaftlichen Niedergangs eines Veranstalters kann somit auch das jedenfalls temporäre Scheitern der privaten Rundfunkordnung im Gebiet der Zulassung verbunden sein. Es entspricht aber der Verpflichtung des Gesetzgebers zur Sicherung einer funktionsfähigen Rundfunkordnung, solche Entwicklungen, die gerade das Gegenteil eines Dienstes an der Meinungsfreiheit durch privaten Rundfunk darstellen, zu verhindern.[154] Die Voraussetzung *wirtschaftlicher Befähigung* für die Zulassung als privater Rundfunkveranstalter stellt somit eine zulässige *Ausgestaltung* des Grundrechts dar.

41   Einige Länder sehen als Auswahlkriterium im Falle von Übertragungsengpässen die Bereitschaft des *Bewerbers* vor, sich finanziell in dem Land, das ihm die Veranstalterlizenz erteilt, *zu binden*. Dabei werden unterschiedliche Engagements festgelegt. Einige Regelungen bevorzugen Bewerber, die die studiotechnische Abwicklung im Land sicherstellen[155] oder es wird von dem Bewerber erwartet, daß er seine Programme im Land produziert.[156] Nach der Rechtsprechung des Bundesverfassungsgerichts müssen die Kriterien, die für die Auswahl der Bewerber für die Veranstaltung privaten Rundfunks heranzuziehen sind, „*objektiv, sachgerecht und zumutbar*" sein.[157]

Das Merkmal der *Sachgerechtigkeit* ist von dem Bundesverfassungsgericht dahingehend konkretisiert worden, daß die Kriterien „*nur der Gewährleistung der Rundfunkfreiheit dienen*" dürfen, „*um derentwillen das Erlaubnisverfahren verfassungsrechtlich geboten ist*".[158] Daraus folgt, daß die Aufgabe des Gesetzgebers, die Rundfunkfreiheit rechtlich auszugestalten, „*nicht zu einer Beschränkung des Grundrechts*" berechtigt.[159] Die Bereitschaft zur Eingehung der beschriebenen Engagements ist für private Rundfunkveranstalter mit erheblichen finanziellen Aufwendungen verbunden. Die Kriterien für die Auswahlentscheidung stellen sich damit als eine Einschränkung der wirtschaftlichen Ressourcen privater Veranstalter dar und sind demgemäß

---

als Beschränkung ihrer rundfunkmäßigen Möglichkeiten, also als Schranke im Sinne des *Art. 5 Abs. 2 GG* anzusehen.[160]

Dieser Feststellung widerspricht auch nicht der *Verwendungszweck* der Leistungen, zu dem sich die Bewerber bereitfinden sollen. Zum einen ist die Gewährleistung der Rundfunkfreiheit keineswegs davon abhängig, ob in dem Land der Veranstaltung finanzielle Förderungen erbracht werden. Vielmehr setzt die Gewährleistung der Rundfunkfreiheit die Etablierung einer positiven Ordnung voraus, die sicherstellt, daß die Vielfalt der bestehenden Meinungen im Rundfunk in möglichster Breite und Vollständigkeit Ausdruck findet und auf diese Weise umfassende Information geboten wird.[161] Hierzu gehört gerade *nicht die Förderung der heimischen Wirtschaft* durch finanzielle Zusagen im Auswahlverfahren. Damit stellen sich aber die Auswahlkriterien in Wirklichkeit als besondere Belastungen dar, die mit der Garantenpflicht des Staates für ein freies Rundfunkwesen *nicht vereinbar* sind.[162]

In einigen Mediengesetzen wird vorausgesetzt, daß der Antragsteller die *Gewähr* dafür **42** bietet, daß er als Veranstalter *„die gesetzlichen Vorschriften"*[163] einhalten wird. In anderen Gesetzen wird verlangt, daß *„nicht aufgrund von Tatsachen Anlaß zu Bedenken gegen die zuverlässige Erfüllung der einem Rundfunkveranstalter nach dem Rundfunkgesetz obliegenden Verpflichtungen bestehen"*.[164] Der Nachweis für dieses Zulassungskriterium wird von den Bewerbern dadurch erbracht, daß sie in den Lizenzanträgen die Einhaltung der Gesetzesvorschriften in einer schriftlichen Erkärung ausdrücklich versichern.

Der institutionellen Garantie des Staates für die Rundfunkfreiheit entspräche es nicht, wenn **43** sich der Gesetzgeber darauf beschränken würde, die Rahmenbedingungen des Ordnungssystems zu schaffen und im übrigen die Entwicklung dem *„freien Spiel der Kräfte"* überließe.[165] Vielmehr fordert Art. 5 GG auch die Durchsetzung dieser institutionellen Gewährleistung, indem die Grundsätze der Rundfunkfreiheit *verbindlich* gemacht werden und ebenso Vorsorge getroffen ist, daß ihre Erfüllung *ständig* sichergestellt ist.[166] Dementsprechend ist der Gesetzgeber gehalten, auch solche Vorkehrungen zu treffen, die eine Einhaltung der Rundfunkordnung durch die privaten Veranstalter erwarten lassen. Dem dienen gerade Vorschriften, die der Lizenzierungsbehörde – hier also der Landesmedienanstalt – eine Beurteilung der Beachtung der Rundfunkordnung durch die privaten Veranstalter ermöglichen.

Dies ist schon deshalb nicht ungewöhnlich, da auch die Gewerbeordnung[167] als entscheidende Zulassungsvoraussetzung die Zuverlässigkeit und damit die Prüfung der Gewähr für die Einhaltung der gewerbespezifischen Regelungen[168] verlangt. Auch im Rundfunk ist das Kriterium der Gesetzestreue oder der Zuverlässigkeit spezifisch auf die Veranstaltung des Rundfunkprogramms bezogen.[169] Aus den bereits genannten Gründen der institutionellen Garantie für die Rundfunkfreiheit ist die Landesmedienanstalt als Zulassungsbehörde im Bereich des privaten Rundfunks erst recht befugt, die Gewähr für die Einhaltung des Rechts durch den Antragsteller zu überprüfen. In ihre prognostizierende Beurteilung hat sie deshalb auch frühere Verstöße gegen die rundfunkgesetzlichen Bestimmungen einzubeziehen. Dies könnten etwa

---

[160] *Ricker* ZUM 1991, S. 478 ff., 482; siehe auch oben unter B Rdz. 163 ff., D Rdz. 35 ff. und unten F Rdz. 113.

[161] BVerfGE 57, S. 320; 73, S. 152 f.; 74, S. 324.

[162] Siehe hierzu näher unten unter F Rdz. 113 und oben D Rdz. 35 ff. in Bezug auf die Staatsfreiheit.

[163] „Gesetzestreue"; vgl. § 25 Abs. 1 Ziff. 6 Bad.-Württ.; § 6 Abs. 1 Ziff. 3 HPRG; § 6 Abs. 1 Ziff. 3 LRG Rh.-Pf.; § 6 Abs. 2 Ziff. 3 PRG Sachsen; § 29 Abs. 4 Ziff. 4 StV Berlin/Br.; § 6 Abs. 1 Ziff. 3 PRG Thüringen; vgl. hierzu auch unten unter F Rdz. 56

[164] Vgl. § 8 Abs. 2 Ziff. 3 LMG Bremen; § 23 Abs. 2 Ziff. 3 LMG Hamburg; § 7 Abs. 2 Ziff. 3. LRG Nieders.; § 5 Abs. 1 Ziff. 3 LRG Nordrh.-Westf.; § 50 Abs. 1 Ziff. 3 LRG Saarl.; § 7 Abs. 2 Ziff. 3 LRG Schl.-Holst.; § 9 Abs. 1 Ziff. 3 LRG Meckl.-Vorp.; § 6 Abs. 5 PRG Sachsen-Anhalt.

[165] BVerfGE 31, S. 325; 57, S. 323.

[166] Vgl. BVerfGE 57, S. 322, 325; *Ricker,* Privatrundfunkgesetze im Bundesstaat, S. 66.

[167] Vgl. § 35 GewO.

[168] BVerfG GewArch 1984, S. 32.

[169] Vgl. *Bullinger/Gödel,* Kommentar zum LMG Baden-Württemberg, § 5 Abs. 3 a. F., Rdz. 3.

Verletzungen der Offenlegungspflichten bei der Antragstellung, Verletzungen gegen die Gesellschafterverpflichtungen oder Wettbewerbsverstöße bei einer früheren Rundfunktätigkeit sein. Die Voraussetzung der *Gesetzestreue* und der *Zuverlässigkeit* für die Zulassung als privater Rundfunkveranstalter stellt somit eine zulässige Ausgestaltung des Grundrechts dar.

44   Als weiteres Auswahlkriterium bestimmen einige Rundfunkgesetze den Vorrang für solche Antragsteller, die den redaktionellen Mitarbeitern Beteiligungsrechte im Rahmen der „*inneren Rundfunkfreiheit*" einräumen.[170] Nach der Rechtsprechung des Bundesverfassungsgerichtes, das in dem 6. Rundfunkurteil unter anderem auch über die Verfassungsmäßigkeit der oben angeführten Vorschrift des § 7 Abs. 2 LRG Nordrhein-Westfalen zu entscheiden hatte, stellt das „*Maß der Redakteursbeteiligung*" ein *sachgerechtes Auswahlkriterium* zur Sicherung der Meinungsvielfalt dar.[171]

Es sind jedoch Zweifel über den Beitrag einer Redakteursbeteiligung im Wege der „*inneren Rundfunkfreiheit*" für die Sicherung der Meinungsvielfalt als Maßstab ausgestaltender Regelungen durch den Gesetzgeber angebracht. Dies gilt jedenfalls dann, wenn sich der Gesetzgeber für ein Modell des *Außenpluralismus* entschieden hat. Gerade hier ist mit der Rechtsprechung des Bundesverfassungsgerichtes anzumerken, daß die privatautonome Gestaltung der Sendungen die eigentliche Substanz privaten Rundfunks bleiben muß.[172] Zu der Organisationsform des Außenpluralismus gehört gerade auch die *publizistische Verantwortung des Veranstalters*, die deshalb von Gruppenzwängen freizuhalten ist. Aus diesem Grund hat das Bundesverfassungsgericht auch die Regelung des § 118 Betriebsverfassungsgesetz, mit der ein unzulässiger Einfluß des Betriebsrats auf ein Medienunternehmen verhindert werden soll, als Ausfluß der institutionellen Garantie des Staates erachtet.[173] Dabei hat das Gericht festgestellt, daß diese Norm als grundrechtsausgestaltende Regelung die Freiheit der Entscheidungsbildung des Arbeitgebers von einer Beeinträchtigung durch betriebliche Mitbestimmungsrechte abschirme. Grundrechte der Arbeitnehmer unmittelbar kraft Verfassungsrechts könnten das Grundrecht der Verleger aus Art. 5 Abs. 1 Satz 2 GG nicht begrenzen.[174] Dieser Schutz publizistischer Entscheidung vor fremder Einflußnahme ist auch bei dem Modell des Außenpluralismus im privaten Rundfunk anzuwenden, weil sein Wesenselement gerade in der eigenständigen Programmverantwortung liegt. Das Bundesverfassungsgericht hat deshalb insoweit zu Recht die Redakteursbeteiligung ausdrücklich nur für das Modell des *Binnenpluralismus* im privaten Rundfunk zugelassen.[175]

Aber auch hier, wo der Veranstalter alle relevanten Meinungen im Programm zur Geltung zu bringen hat, stellt sich die Frage der Zulässigkeit der „*inneren Rundfunkfreiheit*" als Auswahlkriterium. Das Bundesverfassungsgericht bejaht sie mit dem Hinweis auf die Struktur binnenpluralistischer Programmveranstaltung durch Veranstaltergemeinschaften, bei denen ein vorherrschender Einfluß eines Mitglieds ausgeschlossen sein müsse.[176] Die Redakteursbeteiligung solle innerhalb des arbeitsteiligen Unternehmens Rundfunk diejenige Berufsgruppe stärken, die den Auftrag des Rundfunks, Medium und Faktor der Meinungsbildung zu sein, unmittelbar erfülle.[177] Deswegen handle es sich bei der Redakteursbeteiligung nicht um die Einräumung externen Einflusses, sondern um *interne Mitsprache* bei der Wahrnehmung der von Art. 5 Abs. 1 Satz 1 GG geschützten Funktion.[178]

---

[170] Vgl. § 13 Abs. 3 Ziff. 4 LMG Bremen; § 13 LRG Nordrh.-Westf.; § 9 Abs. 2 Ziff. 4 LRG Nieders.; § 53 Abs. 2 LRG Saarl.; § 17 Abs. 2 Ziff. 4 LRG Schl.-Holst.

[171] Vgl. BVerfGE 83, S. 238 ff., 320 f.; vgl. *Bethge*, in: Ufita (58), S. 132.

[172] BVerfGE 73, S. 118 ff., 171.

[173] BVerfGE 52, S. 238 ff., 298; vgl. auch *Ricker*, in: *Kohl* (Hrsg.), Die Freiheit des Rundfunks, S. 31.

[174] BVerfGE 52, S. 283 ff., 298 f.

[175] BVerfGE 83, S. 238 ff., 320 f.

[176] Vgl. BVerfGE 73, S. 118 ff., 172 f., 174, 176.

[177] Vgl. BVerfGE 83, S. 238 ff., 321; vgl. auch *Bethge*, in: Ufita Bd. 58, S. 132; *Herrmann*, Fernsehen und Hörfunk, S. 143.

[178] BVerfGE 83, S. 238 ff., 321.

Dem Bundesverfassungsgericht ist zunächst zuzustimmen, daß im Falle binnenpluralen Rundfunks ein Übergewicht einer Meinungsrichtung nicht zugelassen werden kann. Es stellt sich aber die Frage, ob die Differenzierung in einen *internen Einfluß* durch Redakteursbeteiligung, der verfassungsrechtlich nicht anzugreifen ist, und den im Widerspruch zu Art. 5 GG stehenden *externen Einfluß* einer Gruppe sachgerecht erscheint. Die Redakteursbeteiligung führt jedenfalls zu einem zusätzlichen Element von Einfluß gegenüber der für das binnenplural gestaltete Programm verantwortlichen Geschäftsleitung. Dabei handelt es sich um den Einfluß einer Arbeitnehmergruppe, die, basisdemokratisch legitimiert, jedenfalls auch die Interessen der Arbeitnehmerschaft als Anliegen hat. Diese Interessen werden aber bei einer Veranstaltergemeinschaft schon durch deren *plurale Zusammensetzung* gesichert. Das gleiche dürfte für den Fall binnenpluralen privaten Rundfunks gelten, in dem die gesellschaftliche Verantwortung durch einen *Programmbeirat* wahrgenommen wird, dem hinreichende Kompetenzen auf die Programmgestaltung zukommen.[179]

Im übrigen dürfte der Auffassung des Bundesverfassungsgerichts durchaus zugestimmt werden, daß die Redakteure den Rundfunkauftrag unmittelbar erfüllen. Von daher besitzen sie aber ohnehin schon in der Praxis einen sehr weitgehenden Einfluß auf die Programmgestaltung. Gerade dieser Umstand rechtfertigt es aber nicht, den Redakteuren einen *zusätzlichen Einfluß* auf das Programm zukommen zu lassen. Dem Gericht muß daher vorgeworfen werden, daß es im Falle des binnenplural veranstalteten privaten Rundfunks vor allem das *Machtpotential* außer Betracht läßt, das mit der Einräumung einer Redakteursbeteiligung für diese Gruppe verbunden ist.

Die Einräumung einer Redakteursbeteiligung im Wege der „*inneren Rundfunkfreiheit*" als **45** Auswahlkriterium für die Zulassung als Veranstalter privaten Rundfunks begegnet aber noch einem weiteren Bedenken: Es erscheint problematisch, daß der Bewerber im Rahmen des Zulassungsverfahrens im unklaren bleibt, welche *konkreten Voraussetzungen* für den Erhalt der Sendelizenz oder jedenfalls für die vorrangige Berücksichtigung im Rahmen des Auswahlverfahrens zu erfüllen sind. Der Begriff der „*inneren Rundfunkfreiheit*" verstößt gegen das Gebot der Rechtsklarheit und -eindeutigkeit als Ausfluß des *Rechtsstaatsprinzips* nach Art. 20 GG. Hierbei handelt es sich nicht um einen hinreichend bestimmten Rechtsbegriff, der Beurteilungsmaßstab für die Auswahlentscheidung des Zulassungsgremiums sein könnte. Was darunter zu verstehen sein mag, ist bislang in Rechtsprechung und Lehre weitgehend ungeklärt geblieben.[180] Es handelt sich vielmehr um einen wenig deutlichen *Sammelbegriff* zur Bezeichnung verschiedener denkbarer Formen der Redakteursbeteiligung.[181] Der Vorwurf mangelnder Berechenbarkeit der in § 7 Abs. 2 LRG Nordrhein-Westfalen an private Veranstalter gestellten Anforderungen erhärtet sich dadurch, daß die Einführung „innerer Rundfunkfreiheit" nicht einmal zur *Disposition* des Bewerbers für eine Lizenz steht.[182] Denn bei dem zu erwartenden harten Konkurrenzkampf ist faktisch jeder Antragsteller gezwungen, die Partizipationsmöglichkeiten der Mitarbeiter soweit wie möglich zu effektuieren, um seine Chancen im Bewerbungsverfahren zu verbessern.[183]

Gerade den letzten Zweifel hat das Bundesverfassungsgericht ebenfalls erkannt, indem es feststellt, daß die Erlaubnisvoraussetzung den Lizenzbewerber im unklaren läßt, welches Maß an Redakteursbeteiligung er in Aussicht stellen muß, um seine Zulassungschancen zu

---

[179] Vgl. *Ricker*, in: *Badura / Scholz* (Hrsg.) FS für Lerche, S. 474 ff.; *ders.*, Privatrundfunkgesetze im Bundesstaat, S. 114.

[180] Vgl. *Schmitt Glaeser*, Stellungnahme für den nordrhein-westfälischen Landtag, Lt-Ds. 10/694 vom 5. 12. 86, S. 11.

[181] *Stock*, Neues Privatrundfunkrecht, S. 23.

[182] *Stock*, Neues Privatrundfunkrecht, S. 24.

[183] *Schmitt Glaeser*, Schriftliche Stellungnahme für den nordrhein-westfälischen Landtag Lt-Ds. 10/694 vom 5. 12. 96, S. 1; *Grawert*, Protokoll des nordrhein-westfälischen Hauptausschusses, Lt.-Ds. 10/734 vom 5. 11. 1987, S. 103.

verbessern.[184] Das Gericht erachtet diese Situation jedoch für zumutbar, da die Regelung des § 7 Abs. 2 LRG Nordrhein-Westfalen jedenfalls eine Obergrenze dadurch enthalte, daß die Mitbestimmung der Redakteure sich an der *Sicherung der Meinungsfreiheit* zu orientieren habe.[185] Ob durch diese Unterordnung der Begriff insoweit stärkere Konturen erhält, bleibt freilich zu bezweifeln. Vielmehr ist anzunehmen, daß es trotz der Gesetzesformulierung bei der bereits skizzierten Überbietung der Bewerber zugunsten von Formen *„innerer Rundfunkfreiheit"* bleibt, deren Ergebnisse mit der Struktur privaten Rundfunks nicht vereinbar sind.

Das Bundesverfassungsgericht hat schließlich die *„innere Rundfunkfreiheit"* nur als *einen* von mehreren Maßstäben bei der Auswahlentscheidung im Verfahren über die Lizenzierung eines Rundfunkveranstalters zugelassen.[186] Es hat darüber hinaus die Regelbefugnis des Gesetzgebers dahingehend beschränkt, daß solche Beteiligungsformen, die nicht mehr der objektiven Rundfunkfreiheit sondern nur der subjektiven Redakteursfreiheit dienen, nicht akzeptabel seien.[187]

Im *außenpluralistischen* System privaten Rundfunks, das von der publizistischen Tendenz-freiheit geprägt ist,[188] können die geforderten Maßnahmen der Redakteursbeteiligung schon deswegen nicht akzeptiert werden, weil sie – wie dargestellt – die Möglichkeit zur eigenver-antwortlichen pointierten Stellungnahme des einzelnen Veranstalters, die das Wesen des außenpluralistischen Systems darstellt, zunichte machen. Damit dienen solche Formen der Redakteursbeteiligung im Rahmen der außenpluralistischen Rundfunkkonzeption aber gerade nicht der vom Bundesverfassungsgericht verlangten Optimierung der objektiven Rundfunkfreiheit.[189]

Im *binnenpluralistischen* System privaten Rundfunks, das vor allem in den Landesmedien-gesetzen für landesweiten und/oder regionalen Rundfunk vorgesehen ist, ist eine rechtlich garantierte eigenständige journalistische Verantwortung der Programmmitarbeiter auf der Grund-lage von Redakteursstatuten ebenfalls – wie bereits erörtert – kontraproduktiv. Diese Rechts-positionen würden der Verpflichtung des Veranstalters, alle relevanten Meinungen in seinen Programmen ausgewogen zu berücksichtigen, zuwiderlaufen. Publizistische Interessen der Arbeitnehmer bekämen vielmehr durch redaktionelle Mitbestimmungen ein überproportio-nales Gewicht. Auch im binnenpluralistischen System privaten Rundfunks dienen solche Be-teiligungsformen daher nicht der vom Bundesverfassungsgericht verlangten Optimierung der objektiven Rundfunkfreiheit. Sachgerecht dagegen wäre ein bei einzelnen privaten Veranstal-tern bereits praktiziertes und institutionalisiertes *Anhörungs-* und *Vorschlagsrecht* der Redakteure.

b) Konzentrationsverbote

46   Unter Konzentrationsverboten sind solche gesetzlichen Vorschriften zu verstehen, mit denen eine Veranstaltung *mehrerer Programme* oder eine Beteiligung an *verschiedenen Veranstal-tergemeinschaften* ausgeschlossen wird. Dabei geht es sowohl um Verflechtungen ausschließlich im Bereich des Rundfunks („*intramediäre Konzentration*") wie auch um die Beteiligung der Presse am Rundfunk („*intermediäre Konzentration*").[190] Nachdem gerade die Verfügung über Übertragungskapazitäten den Schlüssel zu einer vorherrschenden Mitwirkung an der Mei-

---

[184] Vgl. BVerfGE 83, S. 238 ff., 321.
[185] Vgl. BVerfGE 83, S. 238 ff., 331.
[186] Vgl. BVerfGE 83, S. 238 ff., 311.
[187] Vgl. BVerfGE 83, S. 238 f., 311 f.; *Ricker,* in: *Pieper/Hadamik,* Das WDR-Gesetz und das Landes-mediengesetz, S. 351 f..
[188] Vgl. BVerfGE 73, S. 118 ff., 156.
[189] Vgl. *Ricker,* in: *Pieper/Hadamik,* Das WDR-Gesetz, S. 352 f.
[190] Vgl. *Ricker,* Privatrundfunkgesetze im Bundesstaat, S. 100; *Frank,* Wettbewerbsrechtliche Beschrän-kungen der Meinungsvielfalt, S. 45; *Bopp* AfP 1989, S. 641 ff.; *Hoppmann,* in: *Mestmäcker,* (Hrsg.) Offene Rundfunkordnung, S. 163 f.; *Spieler,* Fusionskontrolle im Medienbereich, S. 6 ff; 32 ff; *Lerche,* Presse und privater Rundfunk, S. 16 ff.; *Mestmäcker,* in: *Immenga/Mestmäcker* (Hrsg.), GWB, vor § 23; *Dörr* ZUM 1993, S. 11 ff.; *Jarass* ZUM 1986, S. 303 ff.; *v. Wallenberg* ZUM 1992, S. 387 ff.; *Engels* ZUM 1996, S. 44 ff.

nungsbildung darstellt, liegt es im Interesse der Wahrung des Pluralismus, die Vereinigung mehrerer Frequenzen und damit auch von Programmen in einer Hand zu verhindern. Für diesen Ausschluß mehrfacher Programmträgerschaft spricht weiterhin, daß das *Chancengleichheitsgebot* auch Ausfluß des *Demokratieprinzips* und des *Sozialstaatsprinzip* ist.[191]

Wie das Bundesverfassungsgericht in seinem 4. Rundfunkurteil näher ausführte, wird die *„Aufgabe der Rundfunkfreiheit, die Meinungsvielfalt zu erhalten und zu sichern"*[192] *„in besonderem Maße gefährdet durch das Entstehen vorherrschender* Meinungsmacht".[193] Da die von dem Gesetzgeber zu gewährleistende gesetzliche Ordnung sicherzustellen habe, daß der für die Freiheit der Information und Meinungsbildung konstitutive Meinungsmarkt im Rundfunk entstehe,[194] müsse *„Tendenzen zur Konzentration rechtzeitig und so wirksam wie möglich entgegengetreten werden"*.[195] Denn in modernen Gesellschaften findet die Auseinandersetzung zwischen den einzelnen Stimmen weniger durch unmittelbare Kommunikation, sondern vielmehr in den Medien statt.[196] Die Bedeutung eines pluralistischen Meinungsmarktes reicht über die Garantie der Meinungsäußerungs- und Informationsfreiheit hinaus. Er ist ein konstitutives Merkmal für die demokratische Ordnung, da eine funktionierende Demokratie eine ständige Auseinandersetzung zwischen den bestehenden Meinungsströmungen voraussetzt.[197]

Die Freiheit der Bildung der öffentlichen Meinung, so das Bundesverfassungsgericht, sei eine unabdingbare Voraussetzung für das Funktionieren der freiheitlichen Demokratie, da nur sie die öffentliche Diskussion über Gegenstände von allgemeinem Interesse und staatspolitischer Bedeutung garantiere. Da ein pluralistischer Meinungsmarkt zwingend erhalten werden muß, hat der Staat die Pflicht, *gesetzliche Vorkehrungen* zu seinem Schutz zu erlassen.[198]

Zu beachten ist hierbei, daß der *Meinungsmarkt* nicht dem *Wirtschaftsmarkt* gleichzusetzen **47** ist.[199] Das Bundesverfassungsgericht unterscheidet in seinem 5. Rundfunkurteil deutlich zwischen publizistischer und wirtschaftlicher Konkurrenz. *„Marktchancen können eine Frage wirtschaftlicher, nicht aber der Meinungsfreiheit sein."*[200] Zwar sind auch Medienunternehmen, soweit sie dem privaten Sektor angehören, auf die Erzielung von Gewinn ausgerichtet. Sie unterscheiden sich von Unternehmen anderer Wirtschaftsbereiche jedoch dadurch, daß sie *publizistische Aussagen* verbreiten und damit ein Recht aus Art. 5 GG wahrnehmen. Wäre die publizistische mit der wirtschaftlichen Konkurrenz untrennbar verknüpft, so würden sich Meinungen mit dem ökonomischen Mißerfolg des entsprechenden Mediums auflösen. Dies entspricht jedoch weder der Realität, noch wäre ein System verfassungsrechtlich haltbar, das eine solche Entwicklung tolerieren würde.[201]

Seiner institutionellen Verpflichtung wird der Staat nicht bereits dadurch gerecht, daß er den Pluralismus im öffentlich-rechtlichen Rundfunk sichert und den privaten Sektor sich selbst überläßt.[202] Zwar kann der Gesetzgeber an den privaten Rundfunk bezüglich der

---

[191] Vgl. *Ricker,* Privatrundfunkgesetze im Bundesstaat, 1985, S. 100; *ders.* AfP 1980, S. 144; siehe hierzu auch oben unter C Rdz. 3 ff.

[192] BVerfGE 73, S. 118 ff., 152.

[193] BVerfGE 73, S. 118 ff., 157 ff., 172.

[194] BVerfGE 57, S. 322; vgl. dazu *Ricker,* Privatrundfunkgesetze im Bundesstaat, S. 16 ff.

[195] Vgl. BVerfGE 73, S. 118 ff., 161; 57, S. 295 ff., 323.

[196] Vgl. BVerfGE 83, S. 238 ff., 296; 12, S. 205 ff., 260; vgl. hierzu *Ricker,* Anzeigenwesen und Pressefreiheit, S. 17 f.; *Bullinger* AöR 83, S. 206 ff.

[197] Vgl. BVerfGE 25, S. 256 ff., 265; 12, S. 113 ff., 125; vgl. oben unter B Rdz. 78 ff.; siehe auch B Rdz. 10 ff.

[198] Vgl. BVerfGE 73, S. 118 ff., 157; 74, S. 297 ff., 325.

[199] Vgl. *Seemann* ZUM 1988, S. 67 ff.; *Hoppmann,* in: *Mestmäcker,* (Hrsg.) Offene Rundfunkordnung, S. 163 ff.; *Engel* ZUM 1993, S. 557, 569; *Kantzenbach,* in: *Hoffmann/Riem* (Hrsg.), Rundfunk im Wettbewerbsrecht, S. 78 ff.

[200] Vgl. BVerfGE 74, S. 297 ff., 306.

[201] Vgl. ebenso *Heinrich* Media-Perspektiven 1992, S. 338 ff.

[202] Vgl. BVerfGE 57, S. 295 ff., 321; 75, S. 118 ff., 152; 74, S. 297 ff., 324; 83, S. 238 ff., 296; 12, S. 205 ff., 260; *Ricker,* Privatrundfunkgesetze im Bundesstaat, S. 100.

inhaltlichen und spartenmäßigen Vielfalt geringere Anforderungen stellen. Er muß jedoch sicherstellen, daß der *private Rundfunk* als Ganzes einen *Grundstandard* erfüllt. Hierzu gehört jedenfalls die Verhinderung vorherrschender Meinungsmacht und die Möglichkeit, daß alle Meinungsrichtungen im privaten Rundfunk zu Wort kommen können.[203] Dabei trifft diese Verpflichtung regelmäßig für das System des privaten Rundfunks *als Ganzes* zu. Lediglich bei einem Mangel an privaten Veranstaltern muß das einzelne Programm in sich pluralistisch sein.[204]

48   Zur Sicherung des Pluralismus im privaten Rundfunk hat der Gesetzgeber durch spezifisch medienrechtliche Regelungen Konzentrationstendenzen vorzubeugen. Die *wettbewerbsrechtlichen Vorschriften* sind hierzu nicht ausreichend, da sie nicht der Sicherung des Pluralismus und damit des publizistischen Wettbewerbes sondern des Wirtschaftsmarktes dienen. Gegen ihre Geltung im Bereich des privaten Rundfunks hatte das Bundesverfassungsgericht zwar nichts einzuwenden, der zuständige Landesgesetzgeber müsse jedoch zusätzliche *medienspezifische Regelungen* schaffen.[205]

aa) Intramediäre Konzentration

49   Wie das Bundesverfassungsgericht im 4. Rundfunkurteil näher ausführte, kann vorherrschende Meinungsmacht im Bereich des Rundfunks selbst, also *intramediär*, entstehen und zwar in verschiedenen Formen.[206] Es bestehe die Möglichkeit, daß von Beginn an nur wenige Veranstalter vorhanden seien, die anfängliche Zahl schrumpfe, ein Veranstalter mehrere Programme anbiete und daß sich mehrere Veranstalter zusammenschlössen. Dabei dürfe nicht allein darauf abgestellt werden, wer *formell* als Veranstalter auftrete. Der Pluralismus sei auch dann bedroht, wenn ein Unternehmer einen oder mehrere Veranstalter rechtlich beherrsche oder in anderer Weise erheblichen Einfluß auf die Programmgestaltung ausübte.[207] Gegen alle diese Möglichkeiten habe der *Landesgesetzgeber* Vorkehrungen zu treffen.[208] Wichtig ist für das Gericht der *präventive Charakter* der Kontrolle. Tendenzen zur Konzentration müsse rechtzeitig und so wirksam wie möglich entgegengetreten werden, denn Fehlentwicklungen seien schwer rückgängig zu machen.[209]

Die Landesgesetzgeber haben versucht, die Auflagen des Bundesverfassungsgerichts in den Text der Privatrundfunkgesetze und den Rundfunkstaatsvertrag umzusetzen.[210] Neben der bereits beschriebenen begrenzten Staatsaufsicht über den Programminhalt und der Zusammensetzung der Aufsichtsbehörden[211] sind die Regelungen zur Konzentrationsbekämpfung wesentlicher Bestandteil der Pluralismussicherung. Hierbei hatten die Länder im Rundfunkstaatsvertrag 1991 und diesem nachfolgend in den einzelnen Landesmediengesetzen ausschließlich auf das Kriterium der Beherrschung eines Programmveranstalters abgestellt.

Nach der Systematik des Rundfunkstaatsvertrag 1991 spricht eine Vermutung für das Vorlie-

---

[203] Vgl. BVerfGE 73, S. 118 ff., 160; zum Grundstandard siehe unten unter F Rdz. 50 ff.

[204] Vgl. BVerfGE 73, S. 118 ff., 153; siehe hierzu oben unter C Rdz. 49, F Rdz. 51 ff.

[205] Vgl. BVerfGE 73, S. 118 ff., 174; zu dem Verhältnis zwischen Rundfunk- und Wettbewerbsrecht siehe oben unter C Rdz. 69 ff.

[206] Vgl. BVerfGE 73, S. 118 ff., 172.

[207] Vgl. BVerfGE 73, S. 118 ff., 173.

[208] Vgl. BVerfGE 73, S. 118 ff., 172; 83, S. 238 ff., 324.

[209] Vgl. BVerfGE 73, S. 118 ff., 161; 57, S. 295 ff., 323; zu der tatsächlichen Lage auf den deutschen Medienmärkten vgl. Europäisches Medieninstitut, Bericht über die Entwicklungen der Meinungsvielfalt und der Konzentration im privaten Rundfunk gem. § 21 Abs. 6 RStV; *Röper/Pätzold*, Medienkonzentration in Deutschland, S. 93; *Heinrich* Media Perspektiven 1993, S. 267 ff.

[210] Vgl. §§ 25 ff. RStV; zu den Vorschriften für den gebietsbezogenen Rundfunk (Landes-, Regional- und Lokalprogramme) siehe unten unter E Rdz 70 b; vgl. auch *Möschel*, in: *Erdmann*, et al. (Hrsg.), FS für Otto Friedrich Frhr. v. Gamm, S. 627 ff., 629; *Bremer/Esser/Hoffmann*, Der Rundfunk in der Verfassungs- und Wirtschaftsordnung Deutschland, S. 14 ff.; *Huber*, Öffentliches Medienrecht und privatrechtliche Zurechnung, S. 24 ff.; *Holznagel* ZUM 1991, S. 263 ff.; *Wagner* RuF 1990, S. 165 ff.

[211] Zum Kontrollpluralismus siehe oben unter C Rdz. 48 ff. und unten unter E Rdz. 76 ff.

gen einer unzulässigen Konzentration, wenn eine Person oder ein Unternehmen eine gewisse Anzahl von Rundfunkprogrammen kontrolliert. Bereits Art. 8 RStV 1987 sah in diesem Sinne eine rudimentäre Antikonzentrationsregelung vor.[212] Sie fand jedoch kaum Anwendung und wurde durch die wesentlich detaillierteren und *differenzierten Bestimmungen* in § 21 RStV 1991 abgelöst.[213] Danach durfte ein Veranstalter in der Bundesrepublik Deutschland bundesweit im *Hörfunk* und im *Fernsehen* bis zu *zwei* Programme verbreiten, darunter jeweils aber nur ein Vollprogramm oder ein Spartenprogramm mit Schwerpunkt Information.[214]

Für den Bereich des *Fernsehens* waren die Beteiligungsmöglichkeiten noch weiter **50** beschränkt, da an einem Vollprogramm wie auch an einem Informationsprogramm eine Beteiligung nur mit unter 50 % der Kapital- oder Stimmrechtsanteile zulässig war. Diese Beschränkung auf 49 % der Anteile bedingte eine Verpflichtung, für die Veranstaltung von bundesweiten Fernsehprogrammen eine *Anbietergemeinschaft* zu bilden, die aus mindestens drei Beteiligten besteht.[215]

Jede Rundfunkregulierung muß nach der Rechtsprechung des Bundesverfassungsgerich- **51** tes daran gemessen werden, inwieweit sie *geeignet* ist, den *Pluralismus zu sichern*.[216] Denn der Gesetzgeber besitzt zwar im Rahmen seines institutionellen Garantieauftrages einen weitreichenden Gestaltungsspielraum für den Erlaß von gesetzlichen Regelungen. Er stößt jedoch dann auf verfassungsrechtliche Grenzen, wenn das betreffende Gesetz nicht geeignet ist, das angestrebte Regelungsziel zu erfüllen.[217] Die Erfahrungen mit der *Anwendung von § 21 RStV 1991* haben gezeigt, daß dieses Kontrollsystem im Ergebnis *wenig geeignet ist*, den *Pluralismus* zu sichern.[218]

Wie oben ausgeführt wurde, haben sich die gesetzlichen Regelungen an der Aufgabe zu **52** orientieren, den Meinungsmarkt zu schützen, um dadurch die Grundlage für den demokratischen Entscheidungsprozeß zu gewährleisten. Dieser Aufgabe kann das Gesetz nur gerecht werden, wenn es wirkungsvoll den Einfluß eines Veranstalters auf den Meinungsmarkt erfassen kann. Das System der Konzentrationsbekämpfung in § 21 RStV 1991 knüpfte jedoch an die *Zahl der veranstalteten Programme* an und erfaßte die „*Meinungsmacht*" und damit die Gefährdung des Pluralismus nur *indirekt*. Denn die Regelung des § 21 RStV 1991 beruhte auf einer Übertragung kartellrechtlicher Regulierungsmechanismen auf das Rundfunkrecht.[219]

Das Bestehen einer beherrschenden Stellung auf dem Meinungsmarkt wird dabei nicht nachgewiesen, sondern bei Vorliegen bestimmter *Indizien* vermutet. Grundlage hierfür ist die Beherrschung von Programmen. Dabei unterbleibt jedoch eine Differenzierung zwischen

---

[212] Vgl. hierzu *Kisker* NJW 1989, S. 453 ff.

[213] Vgl. hierzu v. *Wallenberg* ZUM 1992, S. 387 ff.; *Kreile* ZUM 1993, S. 568 ff.; *Engel* ZUM 1993, S. 557 ff.; *Platho* ZUM 1992, S. 167 ff.

[214] Vgl. § 21 Abs. 1 Satz 1 RStV 1991.

[215] Vgl. hierzu näher oben unter E Rdz. 34 ff.; vgl. insoweit die noch weitergehenden Regelungen des Landes für den gebietsbezogenen Rundfunk in § 6 Abs. 3 S. 2 PRG Sachsen-Anhalt; § 38 Abs. 1 Hamb. MG (für örtliche Programme); § 6 Abs. 1 LRG NW; § 7 Abs. 2 LRG NW; § 53 Abs. 2 LRG Saarland; § 8 Abs. 1 Satz 2 PRG Sachsen; § 10 Abs. 1 LRG Schl.-H.; § 16 Abs. 1 HPRG und § 16 Abs. 1 TPRG, wonach die Anbietergemeinschaft aus mindestens 10 Personen bestehen muß und die jeweiligen Anteils-, Mitgliedschafts- und Stimmrechte 15 % nicht übersteigen dürfen; vgl. auch die weitergehenden landesrechtlichen Regelungen, die einen Binnenpluralismus vorschreiben: § 6 Abs. 3 Satz 1 PRG Sachsen-Anhalt; § 16 Abs. 1 Ziff. 1 TPRG; § 24 LRG NW; § 10 Abs. 2 LRG Saarland; § 12 Abs. 4 LRG Rhld.-Pf.; § 24 LMG Bad.-Württ.

[216] Vgl. BVerfGE 83, S. 238 ff., 296; 73, S. 118 ff., 160; 74, S. 297 ff., 330.

[217] Vgl. BVerfGE 57, S. 295 ff., 321, 323.

[218] Vgl. ebenso *Kübler*, Konzentrationskontrolle des bundesweiten Rundfunks, Gutachten im Auftrag der DLM, Manuskript B III; *Engel*, Medienrechtliche Konzentrationsvorsorge, Gutachten, Manuskript S. 25; *Kammann* epd/kifu Nr. 93 v. 26.11.1994, S. 3; RTL-Papier zur Novellierung des Rundfunkstaatsvertrages, epd/kifu v. 30.11.1994, S. 24; vgl. den Lübecker Beschluß der Medienanstalten zur Staatsvertragsnovellierung, epd/kifu v. 28.09.1994, S. 23.

[219] Vgl. *Wagner* RuF 1990, S. 165 ff.

Programmen, die für den Zuschauer erfolgreich sind und solchen Programmen, die kaum Zuschauer erreichen. Ist das *formale Kriterium* der Beherrschung zweier Programme erfüllt, so hat der Veranstalter die Grenze auch dann erreicht, wenn er mit diesen beiden wesentlich weniger Zuschauer erreicht als ein Veranstalter, der nur ein einziges, jedoch sehr erfolgreiches und damit einflußreiches Programm betreibt. § 21 RStV 1991 ist daher nicht in der Lage, den *pluralismusrelevanten Einfluß* des Veranstalters auf den Meinungsmarkt korrekt zu erfassen.

53 Ein weiterer Kritikpunkt aus verfassungsrechtlicher Sicht richtete sich gegen die in § 21 RStV 1991 enthaltene *Anteilsbegrenzung*: Die Beschränkung auf Minderheitsbeteiligungen an bundesweiten Fernsehveranstaltern geht hier bereits von einem falschen Ansatz aus, denn sie stellt das Ziel der Eindämmung wirtschaftlichen Einflusses in den Vordergrund. Der mit den Anteilsbegrenzungen verbundene Zwang zur Bildung von Anbietergemeinschaften nötigt Unternehmen und Personen dazu, ein gemeinsames Programm zu veranstalten, die sonst in publizistischem und in wirtschaftlichem Wettbewerb stehen würden. Dadurch wird eine eigenverantwortliche und unverwechselbare publizistische Leistung erschwert.[220] Der zwangsläufig erforderliche Kompromiß zwischen unterschiedlichen Ansichten führt zu einem *meinungsarmen Programm*. Im Hinblick auf die Erfüllung des Pluralismusgebotes ist dies jedoch kontraproduktiv.

Darüber hinaus führt die Anteilsbegrenzung zu *ungesunden wirtschaftlichen Strukturen*.[221] Notwendiges wirtschaftliches Wachstum wird verhindert und eigenverantwortliches Management erschwert. In den zunehmend globalisierten Medienmärkten hat dies eine Schwächung deutscher Unternehmen zur Folge,[222] die sich in letzter Konsequenz auch schädlich auf die Verwirklichung des Pluralismus in Deutschland auswirkt. Auch ist die Regelung in § 21 RStV 1991 nicht in der Lage, flexibel auf neue *technologische Entwicklungen* zu reagieren.[223] Mit der Einführung des digitalen Fernsehens ist eine Vervielfachung der Übertragungskapazitäten zu erwarten.[224] Da der Werbemarkt weitgehend gesättigt ist, bringt diese Entwicklung hauptsächlich neue pay-tv-Programme hervor, die den Rezipienten angeboten werden sollen. Für die somit absehbare Vergrößerung des Meinungsmarktes ist die Konzentrationskontrollregelung des § 21 RStV 1991 mit ihrer starren Zwei-Programme-Grenze ungeeignet. Sie behindert die aus der Sicht der Pluralismussicherung begrüßenswerte Entwicklung, ohne ihrem Regelungsziel dabei gerecht zu werden.

54 Seit dem 01.01.1997 wird der intramediären Konzentration im Rundfunkstaatsvertrag durch das in den letzten Jahren intensiv diskutierte „*Marktanteilsmodell*" für das bundesweite Fernsehen gemäß §§ 25 ff., 39 RStV begegnet.[225] Statt an die Zahl der Sender wird hier an die *Anzahl der erreichten Rezipienten,* also an den *Anteil am Zuschauermarkt* angeknüpft. Ein Veranstalter darf beliebig viele Programme betreiben, solange er eine bestimmte Prozentgrenze an Zuschauern nicht erreicht. Obwohl dieses System bisher in keinem der Bundesrepublik vergleichbaren Land erprobt ist und es daher unter dem Vorbehalt der Praktikabilität steht, erscheint das Marktanteilsmodell als eine sinnvolle Alternative zu dem System des

---

[220] Vgl. Der Rat für Forschung, Technologie und Innovation, Informationsgesellschaft, S. 27; auch BDZV, „Denkschrift zur Vorkehr gegen Konzentration im bundesweiten Fernsehen", Manuskript vom 15.02.1995, S. 4; *Otto* epd Nr. 41 v. 19.05.1993; FDP-Leitlinien zur Medienpolitik v. 11./12.06.1993, epd Nr. 41 v. 29.05.1993; *Ring* Tendenz 11/1993, S. 23.

[221] Vgl. Der Rat für Forschung, Technologie und Innovation, Informationsgesellschaft, S. 27.

[222] Vgl. *Wössner*, Vorstandssprecher der Bertelsmann AG, zit. in FAZ v. 10.01.1995, S. 16.

[223] Vgl. Der Rat für Forschung, Technologie und Innovation, Informationsgesellschaft, S. 27.

[224] Vgl. Die PROGNOS-Studie „Wirtschaftliche Chancen des digitalen Fernsehens", Basel, 1994.

[225] Vgl. §§ 26, 29 RStV; vgl. auch *Kübler*, Konzentrationskontrolle des bundesweiten Rundfunks, Gutachten i.A. der DLM, Manuskript B III; *Engel*, Medienrechtliche Konzentrationsvorsorge, Gutachten, Manuskript S. 25; *Kammann* epd Nr. 93 vom 26.11.1994, S. 3; RTL-Papier zur Novellierung des Rundfunkstaatsvertrags in epd vom 30.11.1994, S. 24; für die Beibehaltung der bestehenden Konzentrationsvorschriften hingegen „Bündnis 90/Die Grünen", „Medienpolitisches Programm" vom 01.03.1996, abgedr. im IdW-Medienspiegel Nr. 11 vom 11.03.1996.

§ 21 RStV 1991. Die Anknüpfung an die Anzahl der tatsächlich erreichten Zuschauer erfaßt den *pluralismusrelevanten Einfluß* eines Veranstalters auf die Rezipienten direkter als die Anknüpfung an die Senderzahl. Das Marktanteilsmodell ermöglicht den Medienunternehmen ausreichende Flexibilität zur Veranstaltung von Programmbündeln. Gleichzeitig ist es grundsätzlich geeignet, die Entstehung *vorherrschender Meinungsmacht* zu verhindern und damit die Anforderungen des Bundesverfassungsgerichtes an das Regelungssystem zu erfüllen.[226]

Allerdings hängt die Effizienz des Marktanteilsmodells für die Gewährleistung des Pluralismus von der Lösung einer Reihe von *Zweifelsfragen* ab. Einige waren bereits im Rahmen des § 21 RStV 1991 umstritten. Dazu gehört zunächst die *Bestimmung der Marktanteile*: Das Marktanteilsmodell kann nur dann Bestand haben, wenn die Anteile in einer rechtsstaatlich einwandfreien Weise ermittelt werden.[227] In diesem Zusammenhang ist jedoch die Feststellung von der Bewertung zu trennen. Was die Feststellung der Anteile angeht, lassen sich diese mathematisch nicht bestimmen. Vielmehr ist hierbei die *empirische Sozialforschung* heranzuziehen und durch repräsentative Umfragen der Marktanteil zu ermitteln. Die Heranziehung der empirischen Sozialforschung zur Aufklärung der Marktverhältnisse auf dem Waren- und Dienstleistungsmarkt ist allgemein anerkannt, so daß die dort entwickelten Methoden grundsätzlich keinen rechtsstaatlichen Bedenken begegnen. Im Hinblick darauf, daß auch zur Feststellung der Reichweiten für die Werbewirtschaft schon jetzt empirische Messungen vorgenommen werden, erscheint es erforderlich, daß insgesamt ein einheitliches System zur Anwendung kommt.[228] Diese Notwendigkeit erkennt auch der Rundfunkstaatsvertrag in § 27 Abs. 2 Satz 3 an. **55**

Weiterhin stellt sich die Frage, wie der *relevante Markt abzugrenzen* ist: Für die Marktabgrenzung muß festgelegt werden, welche Rundfunkbereiche in den betreffenden Markt einbezogen werden. Hier ist der *Gesamtmarkt* der Fernsehzuschauer zu wählen. Eingeschlossen sind sowohl die *öffentlich-rechtlichen* als auch die *pay-tv-Programme*.[229] Abzulehnen ist eine, zuweilen vorgeschlagene,[230] Ausnahme für Sparten- und pay-tv-Programme. Eine solche Ausnahme würde die potentielle Medienmacht nicht berücksichtigen, die aus der Möglichkeit folgt, mehrere Programme anzubieten und die auch dann besteht, wenn nicht alle angebotenen Programme in gleicher Weise meinungsrelevant sind. Das Bundesverfassungsgericht hat zudem eine Differenzierung von Sendeinhalten nach ihrer Meinungsrelevanz ausdrücklich abgelehnt,[231] da sich Einfluß auf die Meinungsbildung nicht nur über Informationsprogramme, sondern ebenfalls über Unterhaltungsangebote ausüben lasse.[232] **56**

Besonders umstritten in der medienpolitischen Diskussion ist weiterhin die *Quote des zulässigen Marktanteils*: Wie auch sonst ist hier die Grundlage der Rundfunkordnung heranzuziehen und damit zu fragen, welcher Marktanteil den Anforderungen des Meinungsmarktes genügt. Dieser wird einmal dadurch geprägt, daß möglichst alle relevanten Meinungsströme zu Wort kommen, wobei es nicht um eine *Millimeterausgewogenheit* gehen kann[233] und auch nicht darum, daß jede gedankliche *Exotik* im Rundfunk übertragen wird.[234] Außerdem **57**

---

[226] Vgl. BVerfGE 57, S. 295 ff.; 321; 73, S. 118 ff., 160, 172; 83, S. 238 ff., 323.

[227] Vgl. § 27 RStV; *Eberle* ZUM 1995, S. 249 ff., 253; *Engel* ZUM 1995, S. 653 ff, 656 ff.; *Lehr* ZUM 1995, S. 667 ff., 671 ff.; *Holzer* ZUM 1995, S. 577 ff., 585.

[228] Vgl. *Holzer* ZUM 1995, S. 577 ff., 585.

[229] Vgl. § 27 Abs. 1 Satz 1 RStV.

[230] Vgl. *Kübler*, Konzentrationskontrolle des bundesweiten Rundfunks, Gutachten i.A. der DLM, Manuskript C II.

[231] Vgl. BVerfGE 35, S. 202 ff., 220; 12, S. 205 ff., 260.

[232] Vgl. hierzu auch unten unter F Rdz. 2 ff., und oben unter B Rdz. 47 ff.

[233] Vgl. BVerfGE 57, S. 295 ff., 318 f.; *Herrmann*, Rundfunkrecht, § 23 Rdz. 10; *Maunz/Dürig/Herzog/Scholz*, GG, Art. 5 Abs. 1, 2, Rd. 215 c, 217; *Hesse*, Rundfunkrecht, S. 125; *Bethge* AfP 1979, S. 286 ff.; vgl. unten F Rdz. 26.

[234] Vgl. *Ricker* AfP 1980, S. 144; *Lerche* NJW 1982, S. 1678; *Maunz/Dürig/Herzog/Scholz*, GG, Art. 5 Rdz. 13, 40 ff.

ist bei der Betrachtung des Meinungsmarktes zu beachten, daß er nur von Unternehmen gebildet werden kann, deren *Existenz* hinreichend gesichert ist. Vor diesem Hintergrund dürfte die Anteilsobergrenze von 30 % nach § 26 Abs. 2 S. 1 RStV den Anforderungen der Rundfunkordnung durchaus entsprechen.[235]

57a   Weiterhin sieht der Rundfunkstaatsvertrag in § 26 Abs. 2 Satz 2 vor, daß bei einer geringfügigen Unterschreitung des zulässigen Marktanteils von 30 % eine vergleichbare Position vermutet wird, sofern das Unternehmen auf einem medienrelevanten verwandten Markt eine marktbeherrschende Stellung hat oder eine Gesamtbeurteilung seiner Aktivitäten im Fernsehen und auf medienrelevanten verwandten Märkten ergibt, daß der dadurch erzielte Meinungseinfluß dem eines Unternehmens mit einem Zuschaueranteil von 30 % im Fernsehen entspricht.

Die Einbeziehung von „medienrelevanten Märkten" wurde von dem Bundesverfassungsgericht in Hinblick auf die intermediäre Konzentration gesondert gewürdigt. Danach kann ein Einfluß auf den Pressemarkt dann für eine Beteiligung am Rundfunk relevant sein, wenn dort eine Marktbeherrschung festgestellt werden kann. Das Gericht hat jedoch im Zeitpunkt seiner Entscheidung eine solche Situation im überregionalen Bereich nicht erkannt. Nur für eine Beteiligung der Presse im lokalen Bereich, die jedoch im vorliegenden Zusammenhang nicht von Relevanz ist, hat es Beschränkungen gefordert.[236]

57b   Abgesehen von diesem unter dem Gesichtspunkt des Bestimmtheitsgebotes konkretisierbaren Tatbestand stellt sich aber das Problem, welcher Markt im übrigen „medienrelevant" und darüber hinaus mit dem Rundfunkmarkt als „verwandt" erscheint. Der Rundfunkstaatsvertrag entbehrt insoweit der notwendigen Konkretisierung nach Art. 20 GG,[237] aber auch des von Art. 5 GG geforderten Grundsatzes, daß das Wesentliche vom Gesetzgeber hinreichend zu regeln ist.[238]

Schließlich bestehen aber vor allem Bedenken gegen die Gleichstellung einer marktbeherrschenden Stellung auf dem medienrelevanten verwandten Markt mit „Aktivitäten", die nach einer Gesamtbeurteilung ergeben, daß der im Fernsehen und auf medienrelevanten verwandten Märkten erzielte Meinungseinfluß einem Zuschaueranteil von 30 % im Fernsehen entspräche, wenn die Unterschreitung geringfügig ist.[239] Hier sieht der Rundfunkstaatsvertrag keinerlei Anhaltspunkte für die Feststellung einer entsprechenden Markstellung vor, die den Pluralismus gefährden kann. Demgemäß gibt es für die zuständige Behörde insoweit auch keinerlei Kriterien.

57c   Selbst vor dem zuvor beschriebenen Hintergrund,[240] daß vorherrschende Meinungsmacht nicht mathematisch meßbar ist und insoweit generalklauselartige Bestimmungen nicht entbehrlich erscheinen, kann wegen des Bestimmtheitsgebotes aber auch wegen des Wesentlichkeitsgrundsatzes nicht auf jegliche Eingrenzung verzichtet werden. Dies zeigen nicht zuletzt andere Problemfelder, die sich auch einer Präzisierung entziehen, wie etwa die Feststellung der notwendigen Gebühren für den öffentlich-rechtlichen Rundfunk.

Hier hat das Bundesverfassungsgericht wegen der fehlenden Konkretisierungsmöglichkeit zum einen den Grundrechtsschutz durch Verfahren eingeführt und die Entscheidung einer unabhängigen Kommission weitgehend übertragen.[241]

---

[235] Vgl. hierzu § 26 Abs. 2 S. 1 RStV; vgl. auch BDZV, Denkschrift vom 15.02.1995, S. 8 ff., der 33% verlangt.

[236] Vgl. BVerfGE 73, S. 118 ff., 170; vgl. auch die Übersicht über die Verflechtung von Presse und privatem Rundfunk bei *Röper* Media Perspektiven 1989, S. 533 f.; *Jens* Media Perspektiven 1989, S. 23 ff.; vgl. auch unten unter E Rdz. 73a.

[237] Vgl. zum Bestimmtheitsgebot oben unter D Rdz. 37.

[238] Vgl. zum Wesentlichkeitsgrundsatz oben B Rdz. 63, 166, 249, C Rdz. 6 f., 65 ff., 73; D Rdz. 7, 105 ff.; vgl. unten F Rdz. 80, 108.

[239] Vgl. § 26 Abs. 2 S. 2 RStV.

[240] Siehe hierzu oben E Rdz. 57.

[241] Vgl. BVerfGE 90, S. 60 ff., 97 f.; siehe hierzu oben unter C Rdz. 90 ff.

Das Gericht hat es aber auch in diesem Fall nicht an Maßstäben fehlen lassen, die im Interesse einer sachgerechten Lösung unverzichtbar sind, wie etwa die Erforderlichkeit für die Grundversorgung, die Sparsamkeit und Wirtschaftlichkeit, der bereits vorgegebene Informationszugang und die Zumutbarkeit für den Teilnehmer.[242] An entsprechenden Konkretisierungen fehlt es hier aber völlig, so daß die Gefahr besteht, daß die zuständige Behörde ihre Entscheidung auf bloße medienpolitische Aspekte reduziert.

Die Grenze von 30 % Zuschaueranteil erreicht das Unternehmen gem. § 26 Abs. 2 Satz 1 **57d** RStV mit den ihm zurechenbaren Programmen. Hierzu enthält § 28 RStV ein differenziertes System von Zurechnungsvorschriften. Neben einer Zurechnung unmittelbarer Beteiligungen[243] sind ihm Programme von anderen Unternehmen zuzurechnen, an denen es mittelbar beteiligt ist. Dabei orientiert sich der RStV an § 15 AktG. [244]

Einer Beteiligung nach § 28 Abs. 1 RStV wird von dem RStV gleichgestellt, wenn ein Unternehmen allein oder gemeinsam mit anderen auf einen Veranstalter einen vergleichbaren Einfluß ausüben kann.[245] Als einen *„vergleichbaren Einfluß"* nennt der RStV als Beispiele die folgenden Sachverhalte: Dazu gehört zunächst der Tatbestand, daß ein Unternehmen oder eine ihm, etwa aufgrund der aktienrechtlichen Verflechtungsvorschriften, zurechenbare Person *„regelmäßig einen wesentlichen Teil der Sendezeit eines anderen Veranstalters mit von ihm zugelieferten Programmteilen gestaltet".* [246] Ein *„vergleichbarer Einfluß"* wird aber auch angenommen, wenn die zuzurechnende Person *„aufgrund vertraglicher Vereinbarungen, satzungsrechtlicher Bestimmungen oder in sonstiger Weise eine Stellung inne hat, die wesentliche Entscheidungen eines anderen Veranstalters über die Programmgestaltung, den Programmeinkauf oder die Programmproduktion von seiner Zustimmung abhängig macht".* [247]

Außerdem muß eine Regelung für den Fall gefunden werden, daß ein Veranstalter aus eigener Kraft[248] die Marktanteilsschwelle überschreitet. Auch hier ist die Problemlösung vor dem Hintergrund zu suchen, daß die Regelung dem Schutz des Meinungsmarktes zu dienen hat. Insoweit stellt sich die Frage des *Sanktionsinstrumentariums* für den Fall der Überschreitung der Konzentrationsschwellen. Eindeutig ist die Lage im Falle *externen Wachstums.* Ein Veranstalter, der den zulässigen Marktanteil erreicht hat, kann keine weitere Zulassung für neue Programme erhalten und darf auch bestehende Programme nicht hinzuerwerben.[249] Freilich würde eine starre numerische Festlegung nicht dem tatsächlichen Einfluß eines Veranstalters in jedem Fall entsprechen: Demgemäß erscheint es im Interesse eines sachgerecht festgestellten Pluralismus angemessen, insoweit nur eine widerlegbare Vermutung anzunehmen.[250]

Für den Fall des *internen Wachstums* werden unterschiedliche Sanktionsvarianten genannt, die von der KEK dem Unternehmen zunächst vorgeschlagen werden. Kommt keine Einigung zustande, werden die zurechenbare Programme widerrufen, bis keine vorherrschende Meinungsmacht mehr gegeben ist.[251]

Zum einen kommen *Entflechtungsmaßnahmen* in Betracht,[252] wenn ein Veranstalterunter- **59** nehmen die zulässige Marktanteilsschwelle überschreitet. Hierdurch wäre das Grundrecht auf

---

[242] Vgl. BVerfGE 90, S. 60 ff., 101 ff.; vgl. oben unter C Rdz. 93 ff.

[243] Vgl. § 28 Abs. 1 S. 1 RStV: Beteiligung von mindestens 25 % an den Kapital- oder an den Stimmrechten; vgl. unten E Rdz. 68.

[244] Vgl. § 28 Abs. 1 Satz 1 - 4 RStV.

[245] Vgl. § 28 Abs. 2 S. 1 RStV.

[246] Vgl. § 28 Abs. 2 S. 2 Ziff. 1 RStV; vgl. § 21 Abs. 1 S. 4 Erste Alt. RStV 1991.

[247] Vgl. § 28 Abs. 2 S. 2 Ziff. 2 RStV; vgl. auch § 21 Abs. 1 S. 4 2.Alt. RStV 1991; vgl. hierzu auch *v. Wallenberg* ZUM 1992, S. 387 ff.; *Huber,* Öffentliches Medienrecht, S. 71 ff.; vgl. auch unten unter E Rdz. 69.

[248] Vgl. § 28 Abs. 1 RStV.

[249] Vgl. § 26 Abs. 3 S. 1 RStV.

[250] Vgl. § 26 Abs. 2 RStV.

[251] Vgl. § 26 Abs. 4 Satz 3 RStV.

[252] Vgl. § 26 Abs. 4 Satz 1 Ziff. 1 RStV.

Eigentum eines Rundfunkunternehmens tangiert.[253] Im Falle internen Wachstums verhält sich der Veranstalter rechtskonform, da er zunächst in einer an sich zulässigen Art und Weise als Teilnehmer am Meinungsmarkt agiert. Insofern erscheint die Bestimmung in § 26 Abs. 4 Satz 5 RStV, wonach eine Entschädigung für Vermögensnachteile durch den Widerruf der Zulassung nicht gewährt wird, einen enteignenden Charakter zu haben.[254]

Darüber hinaus werden vor allem aber auch die Rechte des Veranstalters aus Artikel 5 GG betroffen. Die Entflechtung stellt sich dabei zum einen als eine *Einschränkung der Meinungsäußerungsfreiheit des Veranstalters* dar. Gerade der Zwang, ein Programm an ein konkurrierendes Unternehmen abzugeben, das in der Regel wohl eine andere Meinungsrichtung vertritt, begründet einen besonders schwerwiegenden Verstoß gegen das Recht auf Äußerung der Meinung, das auch die Verbreitung einschließt.[255] Zum anderen wäre hierdurch auch die *Informationsfreiheit des Rezipienten* betroffen, denn er würde durch einen Zwangsverkauf eines Programms in seinem Wahlrecht verletzt.[256]

Ein solcher Eingriff wäre nur dann zu rechtfertigen, wenn er geeignet wäre, das Regelungsziel zu erreichen und wenn keine *milderen Mittel* zur Verfügung stünden.[257] Ziel einer Entflechtungsmaßnahme wäre die Sicherung des Pluralismus. Doch ein pluralistischer Meinungsmarkt würde durch die Verpflichtung, ein erfolgreiches Programm entweder zu schließen oder zu verkaufen, nachhaltig geschädigt. Die Bestrafung erfolgreicher Publizistik hätte zur Folge, daß ein Veranstalter absichtlich sein Programm unattraktiv machen müßte, sobald er sich der Entflechtungsgrenze näherte. Damit erweist sich die Entflechtung bereits als ungeeignet zum Schutz des Pluralismus. Darüber hinaus dürfte es sich dann auch kaum um das mildeste Mittel handeln. Dies gilt um so mehr, als die Landesmedienanstalten soweit ersichtlich noch gegenüber keinem Veranstalter eine Beanstandung bezüglich einer tendenziösen Berichterstattung ausgesprochen haben. Dies zeigt, daß sich private Veranstalter bereits aus Gründen der Zuschauerakzeptanz und aus *publizistischer Verantwortung* einer *ausgewogenen Berichterstattung* verpflichtet fühlen.

60 Eine andere Möglichkeit zur Rückführung vorherrschender Meinungsmacht besteht nach § 26 Abs. 4 Satz 1 Ziff. 2 RStV darin, daß das betroffene Unternehmen seine Markstellung auf „medienrelevanten verwandten Märkten" vermindert oder ihm zurechenbare Beteiligungen an Veranstaltern aufgibt. In diesem Zusammenhang seien die Bedenken wiederholt, die bereits bei der Problematisierung der Tatbestandsvoraussetzungen der 30 %-Marktanteilsbegrenzung vorgetragen wurden.[258] Zum einen unterstellt der Rundfunkstaatsvertrag eine Zusammenballung von Macht auf verschiedenen Medienmärkten, obwohl das Rezeptionsverhalten unterschiedlich ist und von daher ein solcher Einfluß zweifelhaft erscheint. Zum anderen widerspricht die Einbeziehung von „medienrelevanten verwandten Märkten" auch der Rechtsprechung des Bundesverfassungsgerichts zur Teilhabe der Presse am Rundfunk.[259] Schließlich erweisen sich aber auch die Kriterien, die der Rundfunkstaatsvertrag insoweit benennt, als zu unbestimmt.[260]

61 Als Alternative steht zur Wahl, einen *internen Sicherungsmechanismus* einzurichten. Hierfür bestehen unterschiedliche Möglichkeiten: So ist vorgesehen, Sendezeiten an „unabhängige Dritte" abzugeben.[261] Diese Verpflichtung trifft auch denjenigen Veranstalter, der mehr als 10% Marktanteil hält.[262]

---

[253] Vgl. oben unter B Rdz. 202 ff.

[254] Vgl. *Maunz/Dürig/Herzog/Scholz*, GG, Art. 14 Rdz. 567; *Jarass/Pieroth*, GG, Art. 14 Rdz. 24 ff.

[255] Vgl. hierzu näher oben unter B Rdz. 43 ff. und unten unter G Rdz. 1, 3.

[256] Vgl. zur Informationsfreiheit oben unter B Rdz. 13 ff.

[257] Vgl. zu den Voraussetzungen des Verhältnismäßigkeitsgrundsatzes oben B Rdz. 169; D Rdz. 37.

[258] Siehe hierzu oben unter E Rdz. 57 a ff.

[259] Vgl. BVerfGE 73, S. 118 ff., 177; vgl. *Kübler*, Medienverflechtung, S. 33 ff.; *Jöst*, Verfassungsrechtliche Aspekte des Verhältnisses von Presse und Rundfunk, S. 71; vgl. hierzu unten E Rdz. 71.

[260] Vgl. § 26 Abs. 2 RStV.

[261] Vgl. § 26 Abs. 4 Satz 1 Ziff. 3; § 31 RStV.

[262] Vgl. § 26 Abs. 5 Satz 1; § 31 RStV.

Die Dauer des Fensterprogramms muß wöchentlich mindestens 260 Minuten, davon mindestens 75 Minuten in der Sendezeit von 19:00 Uhr bis 23:30 Uhr betragen.[263] Auf die wöchentliche Sendezeit werden Regionalfensterprogramme bis höchstens 150 Minuten pro Woche mit höchstens 80 Minuten pro Woche auf die Drittsendezeit außerhalb der oben genannten Sendezeit angerechnet; bei einer geringeren wöchentlichen Sendezeit für das Regionalfenster vermindert sich die anrechenbare Sendezeit von 80 Minuten entsprechend. Die Anrechnung ist nur zulässig, wenn die Regionalfensterprogramme in redaktioneller Unabhängigkeit veranstaltet werden und insgesamt bundesweit mindestens 50 % der Fernsehhaushalte erreichen.[264]

Es fragt sich, ob eine solche Auflage mit dem Wesen privaten Rundfunks vereinbar ist und darüber hinaus auch dem Gebot der Verhältnismäßigkeit[265] entspricht.

Danach müßte die Verpflichtung zur Öffnung von Fensterprogrammen für den privaten Veranstalter zumutbar sein. Dies erscheint fraglich, da nach § 31 Abs. 6 RStV der Fensterveranstalter eine eigene Zulassung erhält. Insofern ergibt sich die Gefahr, daß durch die Aufnahme von Programmfenstern die Einheitlichkeit des Programmprofils gestört werden könnte.

Die Struktur des privaten Rundfunks zeigt aber, daß ein spezifisches Format erforderlich ist, um die notwendige Bindung an den Zuschauer zu erreichen. Dies wird auch durch die negativen Ergebnisse bestätigt, die in Rheinland-Pfalz mit dem Koordinationsrundfunk gemacht wurden. Dort war zu Beginn, wenn auch aus anderen Gründen, eine Aufteilung der Sendezeit gesetzlich festgelegt. Es zeigte sich, daß die damit verbundene uneinheitliche Programmstruktur dazu führte, daß das Rundfunkangebot wirtschaftlich nicht tragfähig war.[266]

Um einer solchen Gefahr zu begegnen, sieht der Rundfunkstaatsvertrag in § 31 Abs. 4 vor, daß die zuständige Landesmedienanstalt mit den Hauptprogrammveranstaltern eine einvernehmliche Auswahl desjenigen trifft, der die Zulassung für das Fensterprogramm erhält. Freilich wird dieses Ziel dadurch konterkariert, daß die Landesmedienanstalt nach § 31 Abs. 4 Satz 1 RStV den Kreis der Bewerber durch Ausschreibung feststellt. Hierbei ist sie an die Vorschriften des Rundfunkstaatsvertrages sowie der sonstigen landesrechtlichen Bestimmungen gebunden.[267] Da diese jedoch Generalklauseln enthalten,[268] kommt der Landesmedienanstalt auch schon bei der Auswahl der Bewerber für die Zulassung als Fensterprogrammveranstalter ein erhebliches Gewicht zu. Aber auch dann, wenn eine einvernehmliche Auswahl mit dem Hauptprogrammveranstalter mißlingt, liegt die Entscheidung bei der Landesmedienanstalt, wer endgültig berechtigt ist, das Fenster zu veranstalten. Dabei hat die Landesmedienanstalt nach § 31 Abs. 4 Satz 4 RStV wiederum eine Generalklausel anzuwenden, indem derjenige aus einem Dreiervorschlag den Zuschlag erhält, dessen Fensterprogramm „den größtmöglichen Beitrag zur Vielfalt im Programm des Hauptprogrammveranstalters erwarten läßt".[269] Bei drei oder weniger Anträgen trifft die Anstalt sogar ohne Vorschlag die Entscheidung selbst. Damit sind aber die Voraussetzungen, ein einheitliches und damit eine

---

[263] Vgl. § 31 Abs. 2 Satz 1 RStV.

[264] Vgl. § 31 Abs. 2 Satz 2 RStV.

[265] Siehe oben unter B Rdz. 169; D Rdz. 37.

[266] Siehe hierzu unten unter F Rdz. 62.

[267] Vgl. § 31 Abs. 4 Satz 2 RStV.

[268] Vgl. § 12 HPRG; §§ 12, 17 Abs. 2 LRG Schl.Holstein; § 7 Abs. 1 Ziff. 3 PRG Sachsen; § 10 Abs. 2 RGMV; §§ 9 Abs. 2, 10 Abs. 2 LRG Nieders.; § 7 Abs. 2 LRG NW.

[269] Problematisch ist insoweit die gesetzlich nicht vorgesehene Eingrenzung in der Drittsendezeitrichtlinie der Landesmedienanstalten (Punkt 2.2.), wonach sich das Fensterprogramm auf die Bereiche Kultur, Bildung und Information zu beschränken hat, da die Unterhaltung regelmäßig durch das Hauptprogramm abgedeckt sei. § 31 Abs. 1 RStV enthält eine Zielwertbestimmung, die für den Inhalt der Fensterprogramme eine hinreichende Flexibilität erkennen läßt. Die Richtlinie setzt eine inhaltliche Prüfung und Abgrenzung voraus, die jedoch mangels geeigneter Maßstäbe unmöglich ist.
Von daher verstößt die Richtlinie gegen Art. 5 GG und das Rechtsstaatsgebot in Art. 20 GG, wonach staatliche Maßnahmen vorhersehbar sein müssen und somit auch gegen das Gebot der Rechtssicherheit.

[270] Vgl. § 31 Abs. 5 Satz 3 RStV.

hinreichende Reichweite gewährleistendes Gesamtprogramm zu erreichen, erheblich reduziert. Stattdessen ist es der Landesmedienanstalt in weitem Umfang möglich, ohne Rücksicht
auf das Programm des Hauptveranstalters gerade demjenigen die Zulassung zuzusprechen,
der ein für die Akzeptanz schädliches Kontrastprogramm in seinem „Fenster" anbietet.

Auch die Vereinbarung zwischen Haupt- und Fensterprogrammveranstalter, die nach § 31
Abs. 6 Satz 2 RStV Gegenstand der Zulassung ist, gewährleistet hier keine Abhilfe. Vor allem
enthält der Rundfunkstaatsvertrag insoweit keine Konkretisierungen für eine Sicherstellung
der notwendigen Kooperation. Im Gegenteil, im Falle schwerwiegender Vertragsverletzungen ist die Kündigung mit sofortiger Wirkung ausdrücklich ausgeschlossen und stattdessen
nur mit einer Frist von 6 Monaten zulässig.[270]

Insgesamt ist daher festzustellen, daß der Rundfunkstaatsvertrag mit seiner Verpflichtung
zur Öffnung von Sendefenstern ausschließlich auf die abstrakte Forderung nach Meinungsvielfalt gerichtet ist, ohne die tatsächlichen Verhältnisse hinreichend zu würdigen. Eine Regelung, die aber solchen aus der Praxis resultierenden Gefahren nicht begegnet, dürfte trotz
des auf Pluralismus angelegten Ziels Bedenken im Hinblick auf eine sachgerechte Ausgestaltung der Rundfunkordnung aufwerfen.

62   Kumulativ zu der Einräumung von Sendezeit für Dritte sieht § 26 Abs. 4 Ziff. 3 RStV die
Etablierung eines *Programmbeirats* anstelle von Entflechtungsmaßnahmen vor. Im Konfliktfall
mit der Geschäftsführung des Veranstalters können seine Beschlüsse nur mit einer Mehrheit
von 75 % von der Gesellschafterversammlung oder dem sonstigen Kontrollorgan über die
Geschäftsführung aufgehoben werden.[271]

Das Bundesverfassungsgericht hat die mit dem *Programmbeirat* eingeführte binnenpluralistische Struktur selbst jedoch nur als Ausnahme erkannt, um den Meinungsmarkt zu schützen.[272] Diese dem öffentlich-rechtlichen Vorbild entlehnte Kontrollvariante hat sich zudem
bereits dort nicht bewährt.[273] Zu stark wirken Partei- und damit Staatsinteressen in die Rundfunkveranstaltung ein.[274] Außerdem birgt eine zwangsweise Einrichtung von Programmbeiräten nach öffentlich-rechtlichem Muster die Gefahr in sich, daß diese ihre Kompetenzen
dadurch überschreiten, daß sie nicht nur die Ausgewogenheit des veranstalteten Programms
überwachen, sondern darüber hinaus auch die Einführung von Programmelementen verlangen, zu denen die privaten Veranstalter von Verfassungs wegen nicht verpflichtet sind. Der
Rundfunkstaatsvertrag versucht in § 32 Abs. 2 diesen Bedenken dadurch zu entgehen, daß
die Mitglieder des Programmbeirates vom Veranstalter berufen werden. Dadurch ist dieser
aber bei seiner Entscheidung keineswegs autonom. Vielmehr müssen die Mitglieder „aufgrund ihrer Zugehörigkeit zu gesellschaftlichen Gruppen in ihrer Gesamtheit die Gewähr
dafür bieten, daß die wesentlichen Meinungen in der Gesellschaft vertreten sind".[275] Der Landesmedienanstalt steht insoweit eine Kontrollbefugnis zu.[276] Dadurch ist es ihr unschwer
möglich, einen Programmbeirat abzulehnen, der ihren Vorstellungen nicht entspricht.

Auch widerspricht die Etablierung von Programmbeiräten mit Kontrollbefugnissen der
Eigenverantwortlichkeit der Rundfunkunternehmer und damit dem Wesen des privaten
Rundfunks.[277] Dies wird vor allem dadurch deutlich, daß nach § 32 Abs. 5 RStV bei Ände-

---

[271] Vgl. § 32 Abs. 4 Satz 4, Abs. 5 Satz 2 RStV; für den gebietsbezogenen Rundfunk sehen auch einzelne Länder die Einrichtung eines Programmbeirates vor, wie etwa § 6 LRG NW; § 8 Abs. 1 Satz 1
PRG Sachsen; § 12 Abs. 2 LRG Schl.-H.; § 24 LMG Bad.-Württ., wobei die Vorschriften des RStV
jedoch weitergehend sind als diese landesrechtlichen Regelungen.

[272] Vgl. BVerfGE 73, S. 118 ff., 156, 170 ff., 174.

[273] Siehe hierzu oben unter E Rdz. 20 ff.; ablehnend auch der BDZV, Denkschrift zur Vorkehr gegen
Konzentration im bundesweiten Fernsehen vom 15.02.1995, S. 6 ff.

[274] Siehe hierzu oben unter E Rdz. 32.

[275] Vgl. § 32 Abs. 2 Satz 2 RStV.

[276] Vgl. § 33 Satz 2 RStV.

[277] Vgl. BVerfGE 73, S. 118 ff., 171, 174.

[278] Vgl. *Kübler*, Konzentrationskontrolle des bundesweiten Rundfunks, Gutachten im Auftrag der

rungen der Programmstruktur, der Programminhalte oder des Programmschemas oder bei der Entscheidung über Programmbeschwerden vor der Entscheidung der Geschäftsführung die Zustimmung des Programmbeirats einzuholen ist. Vor allem das pauschale Zustimmungserfordernis bei der Änderung von Programminhalten birgt in der Praxis Konfliktstoff. Solche Entscheidungen sind vielfach schnell zu treffen, was bei der Einschaltung eines Beirats mit seiner differenzierten Abstimmungsprozedur nur schwer möglich sein wird. Darüber hinaus besteht aber die Gefahr, daß durch diese Bestimmung der Programmbeirat sich als Programmgestalter neben dem eigentlich Verantwortlichen geriert.

In der Literatur wurde vorgeschlagen, das in Nordrhein-Westfalen für den lokalen Hör- **63** funk vorgeschriebene „Zwei-Säulen-Modell" zu übernehmen.[278]

Dieses Modell sieht vor, die wirtschaftliche Verantwortung und die Programmverantwortung zwei unterschiedlichen Institutionen zu übertragen. Die Betriebsgesellschaft soll ausschließlich für Technik, Verwaltung und Finanzierung des Programms verantwortlich sein. Die Veranstaltergemeinschaft ist dagegen für den inhaltlichen Teil des Programms zuständig und soll durch die Zusammensetzung aus Vertretern gesellschaftlich relevanter Gruppen für ein pluralistisches Programm bürgen.[279]

Bereits für den lokalen Hörfunk haben sich bei der Implantierung in die Praxis aber beträchtliche Probleme gezeigt.[280] Einzelne Erfolge wurden maßgeblich dadurch ermöglicht, daß ein nicht nach diesem Prinzip organisierter überregionaler Rahmenveranstalter einen wesentlichen Teil des Programms für die lokalen Sender zuliefert und damit bereits ein attraktives publizistisches Umfeld schafft, das zu dem finanziellen Erfolg maßgeblich beiträgt.[281] Darüber hinaus wird das Zwei-Säulen-Modell in der Praxis zuweilen dadurch umgangen, daß die Veranstaltergemeinschaften die Gestaltung der Sendungen von den Betriebsgesellschaften wahrnehmen lassen.

Eine Übertragung des Modells von kleinen mittelständigen Hörfunkunternehmen mit einigen Tausend Rezipienten und nur wenigen Angestellten auf ein bundesweit operierendes Fernsehunternehmen mit mehreren hundert Angestellten und einigen Millionen Zuschauern erscheint darüber hinaus wenig praxisnah. Das Erfolgsgeheimnis dieser Programme besteht gerade in der lückenlosen Verzahnung von Programmgestaltung und wirtschaftlichem Management. Unvorstellbar wäre es hier, die Programmverantwortung einer Gruppe von ehrenamtlich tätigen Vertretern gesellschaftlich relevanter Gruppen zu überlassen. Dies würde zu einem finanziellen Fehlschlag des Programms führen. Überdies würde durch ein solches System das bedeutende publizistische Potential der Medienunternehmen ungenutzt bleiben und damit vor allem auch die internationale Konkurrenzfähigkeit der deutschen Medienindustrie beeinträchtigt. Das Zwei-Säulen-Modell erweist sich damit jedenfalls für den bundesweiten Rundfunk als ungeeignet zur Sicherung des Pluralismus. Der Rundfunkstaatsvertrag sieht diese Auflage nicht vor.

Auch die Verpflichtung, ein Redaktionsstatut zur Sicherung der journalistischen Unab- **64** hängigkeit einzurichten, wurde für das bundesweite Fernsehen diskutiert und für den gebietsbezogenen Rundfunk in einigen Ländern verwirklicht.[282] Zwar hat das Bundesverfassungsgericht in seinem 6. Rundfunkurteil die „innere Rundfunkfreiheit" als verfassungsgemäß bezeichnet.[283] Es hat diese Feststellung aber nur im Rahmen der Beurteilung der Auswahl-

---

DLM, Manuskript, S. 45 ff.; siehe zu dem Modell auch oben unter C Rdz. 52 ff.

[279] Vgl. Stock ZUM 1994, S. 306 ff.; Pieper/Hadamik (Hrsg.), Das WDR-Gesetz und das Landesrundfunk-gesetz vor dem Bundesverfassungsgericht, Dokumentation, Antragsschrift Ricker, S. 303 ff. und 508 ff. und Schriftsatz Bethge/Kübler, S. 402 ff.

[280] Vgl. Hirsch RuF 1991, S. 173 ff.

[281] Vgl. hierzu näher oben unter C Rdz. 52 ff.

[282] Vgl. den Lübecker Beschluß der Medienanstalten zur Staatsvertragsnovellierung, epd vom 28.09.1994, S. 23; vgl. zu den landesrechtlichen Regelungen § 9 Abs. 2 Ziff. 4 LRG Nieders.; § 13 LRG NW; §§ 19, 53 Abs. 2 LRG Saarland; § 17 Abs. 2 Ziff. 4 Schl.-H.; § 13 Abs. 3 Ziff. 4 LMG Bremen.

[283] Vgl. BVerfGE 83, S. 238 ff., 319.

[284] Vgl. hierzu oben unter E Rdz. 44 ff.

kriterien für die Zulassung zur Rundfunkveranstaltung getroffen und damit *keinesfalls* eine *positive Gesamtentscheidung* für dieses Regelungsmodell gefällt.

Für die Beurteilung dieser Kontrollvariante ist zwischen dem *außen-* und dem *binnen-pluralistischen System* zu unterscheiden. Charakteristisch für das *außenpluralistische Kontrollmodell* ist die publizistische Konkurrenz unterschiedlich ausgerichteter Programme. Durch die geforderten Maßnahmen der Redakteursbeteiligung würde eine eigenverantwortliche Gestaltung eines Programms jedoch erheblich erschwert.[284] Das *binnenpluralistische* Modell zeichnet sich dagegen dadurch aus, daß innerhalb eines Programmveranstalters die unterschiedlichen Meinungsrichtungen gleichgewichtig zum Ausdruck kommen. Dies wird entweder durch eine Veranstaltergemeinschaft mit unterschiedlichen Beteiligten oder durch ein aus Vertretern gesellschaftlich relevanter Gruppen zusammengesetztes Kontrollgremium gewährleistet. Wird dagegen *zusätzlich* noch einer Gruppe von Angestellten Einfluß auf die Programmtendenz eingeräumt, so entsteht ein *Ungleichgewicht* innerhalb des Programmes. Der Zweck, den Pluralismus intern zu sichern, wird dadurch vereitelt. Publizistische Interessen der Arbeitnehmer bekämen durch die redaktionelle Mitbestimmung ein überproportionales Gewicht.[285] In beiden Kontrollvarianten dienen solche Beteiligungsformen daher nicht der von dem Bundesverfassungsgericht verlangten Optimierung der objektiven Rundfunkfreiheit.[286] Auch diese Auflage ist im Rundfunkstaatsvertrag 1997 nicht verwirklicht worden.

65   Eine sachgerechte Lösung der Frage, was zu tun ist, wenn Medienmacht nicht mehr der Rundfunkordnung entspricht, ist zunächst vor dem Hintergrund der *tatsächlichen Verhältnisse* zu untersuchen. Sie werden aber vor allem dadurch geprägt, daß Rundfunkveranstalter in aller Regel bemüht sind, von sich aus ein ausgewogenes Meinungsbild in ihren Programmen zu vermitteln. Dies entspricht zum einen einer verantwortlichen Publizistik, zum anderen aber auch dem Bestreben, möglichst viele Zuschauer für sich zu gewinnen oder jedenfalls im Falle von Spartenprogrammen diese nicht durch Einseitigkeiten abzuschrecken.[287]

Daß diese Annahme richtig ist, wird nicht zuletzt dadurch bewiesen, daß es in der mittlerweile über zehnjährigen Geschichte privaten Rundfunks kaum Fälle gegeben hat, in der *Landesmedienbehörden* wegen einseitiger und damit die Meinungsvielfalt gefährdender Programme Anlaß zum Einschreiten sahen. Damit wird aber auch deutlich, daß angesichts des Verhaltens der Rundfunkpublizisten es ausreichend erscheint, den Landesmedienbehörden die Fürsorge über den Meinungsmarkt zu belassen. Hierfür steht ihnen in den Landesmediengesetzen auch jetzt schon ein Instrumentarium zur Verfügung, das gegebenenfalls noch optimiert werden kann. Der Vorteil dieses Weges ist, daß die Landesmedienbehörden als *externe Kontrollinstanz* über die Ahndung von Verstößen gegen das Gebot des Pluralismus hinaus kein Interesse an weitergehenden Programmeinflüssen besitzen dürften. Trotzdem hat sich der Rundfunkstaatsvertrag dieser Lösung nicht angeschlossen: vielmehr wird der Ausgleich für die Überschreitung des zulässigen Marktanteils, wie dargestellt, in anderer Weise gesucht.[288]

66   Nicht anders als bei der bisherigen Regelung stellt sich bei dem Marktanteilsmodell die Frage, ab welcher *Beteiligungshöhe* ein Programmveranstalter einer Person bzw. einem Unternehmen zugerechnet wird. Es wurde vorgeschlagen,[289] die Zurechnung bereits *bei 5 % bzw.*

---

[285] Vgl. hierzu *Ricker*, in: *Pieper/Hadamik* (Hrsg.), Das WDR-Gesetz und das Landesrundfunkgesetz vor dem Bundesverfassungsgericht, Dokumentation, S. 310 ff.

[286] Vgl. auch oben unter E Rdz. 44 f.

[287] Vgl. *Thoma*, in: FK vom 13.06.1992.

[288] Siehe hierzu oben E Rdz. 54 ff.

[289] Vgl. § 21 Gesetzentwurf der Staatskanzlei Rheinland-Pfalz; Lübecker Beschluß der Medienanstalten zur Staatsvertragsnovellierung, epd vom 28.09.1994, S. 23; vgl. auch § X 5 Abs. 1 des Entwurfs zur Novellierung des Rundfunkstaatsvertrages vom 16.04.1996, abgedr. in epd Nr. 38 vom 11.05.1996, S. 23 ff.; vgl. auch vorläufige Beschlüsse der Ministerpräsidenten vom 07.03.1996, abgedr. in epd Nr. 18 vom 09.03.1996, S. 24.

[290] Vgl. BVerfGE 73, S. 118 ff., 172.

10 % der Anteile oder *Stimmrechte* an einem Programmveranstalter, und zwar hinsichtlich dessen gesamten Zuschauermarktanteils, vorzunehmen.

Auch die Entscheidung der Zurechnungsfrage hat sich an dem grundrechlichen Koordinaten und deren Konkretisierung durch die Rechtsprechung des Bundesverfassungsgerichtes zu orientieren. Eine wichtige Rolle spielt hier das Pluralismusgebot. Um die Entstehung vorherrschender Meinungsmacht wirksam zu verhindern, darf der Gesetzgeber nicht nur formell auf den Veranstalter abstellen, sondern muß auch *rechtlichen und wirtschaftlichen Einfluß* auf einen anderen Veranstalter erfassen.[290] Doch dieses Ziel markiert auch die Grenze der Zulässigkeit von Beschränkungen der wirtschaftlichen Entfaltungsfreiheit. Soweit diese zur Sicherung des Pluralismus nicht erforderlich sind, darf sich der Gesetzgeber ihrer nicht bedienen. Auch wenn die Rundfunkfreiheit nicht in erster Linie der wirtschaftlichen Entfaltung der Veranstalter dient,[291] so besitzt sie doch eine individualrechtliche Dimension, die immer dann durchschlägt, wenn sie den Pluralismus nicht gefährdet.

Überträgt man diese Grundsätze auf die Frage der Beteiligungsschwellen, so ist festzustellen, daß jedenfalls eine Beteiligung von 5 % bzw. 10 % der Anteile oder Stimmrechte dem Inhaber keine Möglichkeit eröffnet, auf die Meinungstendenz des Programmes Einfluß zu nehmen.[292] Eine 5 %- bzw. 10 %-Schwelle erweist sich damit als reine Fiktion, denn ein in dieser Höhe beteiligtes Unternehmen wird behandelt wie ein anderes, das 100 % der Anteile an dem Veranstalter besitzt. Eine aus dem Pluralismusprinzip hergeleitete Begründung für eine solche Fiktion ist nicht ersichtlich. Sie erweist sich damit als *unverhältnismäßiger Eingriff* in die wirtschaftliche Entfaltungsfreiheit. Darüber hinaus begründet sie einen Verstoß gegen den Gleichheitssatz, denn ungleiche Sachverhalte - zum einen die 5 %- bzw. 10 %-Beteiligung, zum anderen die 100 % Beteiligung - würden den gleichen Rechtsfolgen unterworfen und damit gleich behandelt. Auch der im Rechtsstaatsprinzip verankerte Grundsatz der *Einzelfallgerechtigkeit* dürfte durch eine solche Regelung verletzt sein.[293]

Darüber hinaus erscheint es aus einem weiteren Grund zweifelhaft, ob eine solch niedrige **67** Zurechnungsgrenze überhaupt geeignet ist, den Pluralismus zu sichern. Die 5 %- bzw. 10 %-Anteilsgrenze würde dazu führen, daß es in Zukunft keine Anbietergemeinschaften zur Veranstaltung von bundesweitem Rundfunk mehr geben würde. Vielmehr hätte sie zur Konsequenz, daß es in der Regel nur noch Unternehmen gäbe, die ein Veranstalter ganz besitzt oder bei denen eine hohe Beteiligungsquote eingegangen wurde.

Klare Beteiligungsverhältnisse sind zwar grundsätzlich zwangsweisen Anbietergemeinschaften vorzuziehen, da sie eine eindeutig zuordenbare Publizistik ermöglichen. Dies schließt aber nicht aus, daß auch eine Anbietergemeinschaft vor dem Hintergrund des Auftrags des Gesetzgebers, den Pluralismus zu schützen, sachgerecht sein kann. Dies ist vor allem dann anzunehmen, wenn sich unterschiedliche Gruppen freiwillig und ohne Zwang zu solch einer Veranstaltergemeinschaft zusammenschließen. Gründe für diese Joint-Venture-Unternehmen können einerseits in den hohen finanziellen Investitionen liegen, die für die Etablierung eines bundesweiten Programmes erforderlich sind. Zum anderen sind mit dem Anbruch des digitalen Zeitalters mit seinen mannigfaltigen Möglichkeiten zur Veranstaltung unterschiedlicher Rundfunk- und Multimediaformen die Unternehmen unterschiedlicher Sparten daran interessiert, strategische Partnerschaften einzugehen und gemeinsam ein Programmunternehmen zu gründen.[294] Angesichts globaler Konkurrenz in diesen Märkten muß deutschen Unternehmen die Möglichkeit eröffnet werden, an solchen Allianzen mitzuwirken.

Sachgerecht erscheint dagegen eine Zurechnung nach *folgendem Muster*: Die Beteiligung **68** eines Unternehmens an einem Programmveranstalter mit über 50 % der Gesellschaftsanteile

---

[291] Vgl. BVerfGE 87, S. 181 ff., 208.
[292] Vgl. ebenso *Engel*, Medienrechtliche Konzentrationsvorsorge, Gutachten, Manuskript, S. 35 ff.
[293] Vgl. *Maunz/Dürig/Herzog/Scholz*, GG, Art. 20 Abs. 1 Rdz. 91.
[294] Vgl. den Überblick in der Süddeutschen Zeitung vom 22.12.1994.
[295] Siehe hierzu oben unter E Rdz. 49.

hat eine 100 %ige Zurechnung der Marktanteile zur Folge. Liegt die Beteiligung des Unternehmens zwischen 25 % und 50 %, so erfolgt die Berechnung des Marktanteiles anteilig nach dem Vorbild der aktienrechlichen Vorschriften. Beteiligungen unter 25 % begründen für sich genommen keinen herrschenden Einfluß und werden daher für die Berechnung des Marktanteils nicht erfaßt. Allerdings können sie über den im Folgenden zu erörternden *„vergleichbaren Einfluß"* eine Rolle spielen.

Der Rundfunkstaatsvertrag hat sich freilich für diese Lösung nicht entschieden. Wohl wurde dem unvertretbaren Vorschlag der 100 %igen Zurechnung eines bloß 5 %igen bzw. 10 %igen Anteils an einem Veranstalter nicht beigetreten. Stattdessen erfolgt nach § 28 Abs. 1 RStV die volle Zurechnung jetzt bei 25 %.

69 Wie bereits erwähnt,[295] hat das Bundesverfassungsgericht eine Regelung gefordert, die eine *Umgehung* der Vorschriften zur Verhinderung vorherrschender Meinungsmacht wirksam ausschließt. Für die Erfüllung des verfassungsrechtlichen Auftrages spielt dies eine zentrale Rolle. In der Praxis bestehen zahlreiche Möglichkeiten, auch *ohne eine nominale Mehrheit* durch Absprachen, gesellschaftsvertragliche Vereinbarungen oder faktische Abhängigkeiten die Konzentrationsschwellen zu umgehen. Eine solche Umgehung berührt bei Rundfunkunternehmen, anders als im Wettbewerbsrecht, nicht nur die Funktionsfähigkeit des Wirtschaftsmarktes. Sie stellt sich vielmehr als *Angriff auf den Meinungsmarkt* und damit auf eine Grundlage der demokratischen Ordnung dar.[296]

In § 28 Abs. 2 wird deshalb einem Unternehmen ein Programm dann zugerechnet, wenn die wesentlichen Entscheidungen eines Veranstalters über die Programmgestaltung, den Programmeinkauf oder die Programmproduktion von seiner Zustimmung abhängig sind. Wenngleich die Vorschrift generalklauselartigen Charakter besitzt, erscheint dies angesichts der Umgehungsmöglichkeiten jedoch angemessen zu sein.

Weiterhin wird nach § 28 Abs. 2 Ziff. 1 RStV einem Unternehmen ein Programm dann zugerechnet, wenn es regelmäßig einen wesentlichen Teil der Sendezeit eines Veranstalters mit von ihm zugelieferten Programmteilen gestaltet.

Gegenstand staatlicher Vorsorge kann jedoch nur die Verhinderung vorherrschender Meinungsmacht sein. Nicht dagegen genügt die bloße Programmversorgung durch einen Rechteinhaber für den rechtstaatlich gebotenen *Nachweis* einer Stellung, die dem pluralistischen Meinungsmarkt Schaden zufügt.[297] Es ist keineswegs nachgewiesen, daß eine Stellung als Zulieferer die Vermutung rechtfertigt, dieser kontrolliere den Programmveranstalter. Vielmehr ist durchaus auch ein umgekehrtes Abhängigkeitsverhältnis des Zulieferers von dem Programmveranstalter denkbar.

Auch der in § 28 Abs. 4 RStV aufgenommene Vorschlag, einen Tatbestand für die *Verwandtenzurechnung* zu begründen,[298] erscheint nicht geeignet, das Kontrollproblem zu lösen. Blutsverwandtschaftliche Beziehungen haben in der modernen Gesellschaft bei weitem nicht mehr den Stellenwert von einst. Es erscheint wenig einsichtig, allein aus einer solchen Verbindung eine Zurechnung von Meinungsmacht herzuleiten. Trifft sie dagegen mit weiteren Einflußfaktoren wie Finanzierung, Programmgestaltung oder vertraglichen Kontrollvereinbarungen zusammen, so findet die Generalklausel in § 28 Abs. 2 RStV ohnehin Anwendung.

70 Die materiellen Regelungen zur Verhütung intramediärer Meinungsmacht gelten gem. § 39 RStV für bundesweites Fernsehen. Eine abweichende Regelung durch Landesrecht ist nicht zulässig.[299] Der Gesetzgeber ist mit dieser Bestimmung seiner Verpflichtung, eine län-

---

[296] Siehe hierzu näher oben unter B Rdz. 79 ff., C Rdz. 3 f.
[297] Vgl. aber § 28 Abs. 2 Ziff. 1 RStV.
[298] Vgl. auch § 11 Abs. 7 LRG Schl.-H. und hierzu epd Nr. 66 v. 24.8.1996, S. 11.
[299] Vgl. § 39 Satz 2 RStV.
[300] Vgl. hierzu BVerfGE 12, S. 205 ff., 239 f., 254 f f., 256 f.; *Stern*, Staatsrecht Bd. I, S. 701 f.; *Bayer*,

dereinheitliche Regelung zu treffen, nachgekommen und entspricht damit den Voraussetzungen der Bundestreue.[300] Die Länder sind demnach zur Zusammenarbeit verpflichtet und müssen Probleme, die sich nur einheitlich regeln lassen, durch ein gemeinsames Verfahren im Wege des gegenseitigen Nachgebens lösen. Sie ergibt sich darüber hinaus aus der Rundfunkfreiheit der Veranstalter. Sie haben aus Art. 5 Abs. 1 GG einen Anspruch auf ein *effizientes, schnelles und widerspruchfreies Verfahren* sowohl für die Zulassung als auch für die Verbreitung ihres Programms.[301] Auch medienpolitisch ist eine *gemeinsame Vergabeentscheidung* sinnvoll. Wegen der parteipolitischen Polarisierung auch bezüglich der einzelnen Veranstaltergruppen, führt eine gemeinsame Entscheidung zu einem *Ausgleich* der medienpolitischen Vorstellungen und fördert damit nicht zuletzt einen vielfältigen und gleichgewichtigen Meinungsmarkt, wie er vom Bundesverfassungsgericht immer wieder gefordert wird.

Die Vorschrift in § 39 RStV beseitigt damit eine Reihe von Problemen, die sich bei der Anwendung der Vorschriften zur Verhütung von Medienkonzentration im Rundfunkstaatsvertrag 1991 ergeben hatten. Diese wurden vor allem bei der Vergabe terrestrischer Frequenzen aber auch in Kabelanlagen an Veranstalter bundesweiter Fernsehprogramme virulent.[302] Es war umstritten, inwieweit die in den einzelnen Bundesländern unterschiedlich vorgenommene Auslegung der Bestimmungen zur Medienkonzentration zur Anwendung kam. Ursache hierfür war die verschiedenartige Interpretation des § 35 RStV 1991, bei dem konträre Auffassungen daüber bestanden, ob dieser eine einheitliche Regelung für die Verbreitung bestimmte.[303] Zwar sah der Rundfunkstaatsvertrag 1991 Konsultationspflichten bei länderübergreifenden Entscheidungen vor.[304] Doch in der Praxis kam es häufig zu Konflikten zwischen den Behörden und Standorterwägungen spielten bei den Entscheidungen eine nicht unerhebliche Rolle.[305] Durch § 39 RStV ist nunmehr für alle Formen der Verbreitung bundesweiter Fernsehprogramme eine abschließende Lösung gefunden worden.

70a

Für die Veranstaltung der Landesprogramme einschließlich der Regional- und Lokalprogramme im Bereich des Fernsehenes und Hörfunks haben die Bundesländer eigene konzentrationsrechtliche Vorschriften erlassen.[306] Soweit diese wörtlich oder sinngemäß die Regelungen des Staatsvertrages 1991 übernehmen, gilt auch hier in gleicher Weise die bereits oben ausführlich begründete Kritik an dem gesellschaftsrechtlichen Beteiligungsmodell und die bessere Eignung des Marktanteilsmodells zur Sicherung des Pluralismus.

Der Rundfunkstaatsvertrag sieht nicht nur ein übereinstimmendes Antikonzentrationsrecht vor, sondern schafft auch eine Basis für eine abgestimmte Kontrolltätigkeit. Sowohl die Zulassung als auch die Aufsicht wird durch zwei Institutionen, die *Kommission zur Ermittlung der Konzentration im Medienbereich (KEK)* [307] und die *Konferenz der Direktoren der Landesmedienanstalten (KDLM)*, die freilich Organe der jeweiligen Landesmedienanstalt sind,[308] vereinheitlicht.[309]

Bundestreue, S. 63; *K. Hesse*, Staatsrecht, Rdz. 268 ff.; *Stern*, Bundestreue, S. 24 ff., 77 ff.; siehe hierzu auch oben unter B Rdz. 215, 233, 247 und unten unter G Rdz. 21.

[301] Vgl. hierzu, speziell auch zur Verlängerung einer Zulassung, *Stettner* ZUM 1996, S. 433 ff.

[302] Vgl. etwa VG Düsseldorf, Beschluß vom 27.08.1993, S. 16; OVG Magdeburg epd/KiRu vom 13.10.1993; VG Hannover AfP 1993, S. 693 ff.

[303] Vgl. *Engel* ZUM 1993, S. 561; *Schuler-Harms* AfP 1993, S. 634; OVG Magdeburg epd/KiRu vom 13.10.1993; OVG NW AfP 1995, S. 715; vgl. auch FK vom 15.02.1994, S. 14; siehe auch unten unter G Rdz. 20.

[304] Vgl. § 30 Abs. 2 und 3 RStV 1991.

[305] Vgl. hierzu oben D Rdz. 62 und unten G Rdz. 15, 30.

[306] Vgl. §§ 21 ff. StV Berlin-Brandenburg; § 22 f. LMG Bad.-Württ.; Art. 27 Bay. MG; § 10 LMG Bremen; § 25 Hamb. MG; § 17 HPRG; § 10 Abs. 3 RGMV; § 8 LRG MW; §§ 12 ff. LRG Rhld.-Pf.; § 51 LRG Saarl.; §§ 7 ff. Sächs. PR; § 6 PRG Sachsen-Anhalt; § 11 LRG Schl.-IIolst.; § 17 TPRG.

[307] Vgl. § 35 Abs. 2 Satz 1 RStV.

[308] Vgl. § 35 Abs. 2 Satz 2 RStV.

[309] Vgl. § 36 Abs. 1 und § 37 RStV.

[310] Vgl. § 35 Abs. 3 RStV, siehe hierzu auch oben D 50 ff.

Die *KEK* besteht aus sechs Sachverständigen des Rundfunk- und Wirtschaftsrechts, die von den Ministerpräsidenten der Länder für die Dauer von 5 Jahren einvernehmlich berufen werden.[310] Die *KEK* hat die Aufgabe, die Sicherung der Meinungsvielfalt im bundesweiten privaten Fernsehen im Zusammenhang mit der Zulassung und Aufsicht zu gewährleisten. Die zuständige Landesmedienanstalt kann von deren Feststellungen allein dadurch abweichen, daß sie die *KDLM* anruft.[311] Diese Institution kann den Beschluß der *KEK* nur mit einer Mehrheit von 75 % überstimmen und damit deren Entscheidung ersetzen.[312]

Die im Rundfunkstaatsvertrag gefundene Konstruktion stellt einen Kompromiß der unterschiedlichen Ansichten über den kooperativen Föderalismus dar. Gem. Art. 20 Abs. 1 GG haben die Länder Staatsqualität. Das Bundesverfassungsgericht hatte in einer früheren Entscheidung bei der Zusammenarbeit der Länder und einer damit verbundenen Kompetenzübertragung grundsätzlich *einstimmige* Entscheidungen für erforderlich gehalten.[313] Dennoch sind heute Mehrheitsentscheidungen bei der länderübergreifenden Zusammenarbeit allgemein anerkannt.[314]

Die Hinzuziehung der KEK und der KDLM und das damit verbundene Verfahren in Streitfällen sorgt hinreichend dafür, daß die eigene Kompetenz der Länder jedenfalls mitberücksichtigt wird. Auf der anderen Seite hat sich jedoch deutlich das Mehrheitsprinzip durchgesetzt. Sowohl die KEK als auch die KDLM treffen ihre Entscheidungen nach § 37 Abs. 1 und 2 RStV mehrheitlich und relativieren damit die Entscheidungsbefugnis der Medienanstalt des jeweiligen Landes. Dies kann aber hingenommen werden, da einerseits der Abstimmungsmechanismus die Interessen von Minderheiten berücksichtigt, zum anderen es sich aber bei der Sicherung der Meinungsvielfalt nicht um eine Angelegenheit handelt, die zu den zentralen Hoheitsaufgaben und damit zu denjenigen zählt, die in der Kompetenz des jeweiligen Landes verbleiben müssen.[315] Dies ergibt sich bereits daraus, daß die Entscheidung über die Programmzulassung und die mit ihr verbundenen Fragen prinzipiell staatsfrei zu erfolgen hat.[316] Schließlich werden die Rechte der Länder auch noch dadurch gestützt, daß jedenfalls die Außenwirkung von der Maßnahme der jeweiligen Landesmedienanstalt ausgeht.[317]

Da, wie bereits dargestellt, der *KEK* eine entscheidende Mitwirkung bei der Ausgestaltung der Rundfunkordnung zukommt, erscheint es jedoch im Hinblick auf die Staatsfreiheit des Rundfunks problematisch, daß ihre Mitglieder von den Ministerpräsidenten ausgewählt werden.[318]

bb) Intermediäre Konzentration

71   Die verfassungsrechtliche Verpflichtung des Gesetzgebers, Tendenzen zur Konzentration rechtzeitig und so wirksam wie möglich entgegenzutreten und damit vorherrschende Meinungsmacht zu verhindern, bezieht sich auch auf die Verflechtungen zwischen Presse und Rundfunk und damit die *intermediäre* Konzentration.[319]

---

[311] Vgl. § 37 Abs. 2 Satz 1 RStV.

[312] Vgl. § 37 Abs. 2 Satz 4 RStV.

[313] Vgl. BVerfGE 1, S. 315.

[314] Vgl. *Pietzcker,* in: *Starck* (Hrsg.), Die Zusammenarbeit der Gliedstaaten im Bundesstaat, Landesbericht Bundesrepublik Deutschland, S. 13 ff.; *Lerche,* Aktuelle Föderalistische Verfassungsfragen, S. 30 ff.; *Maunz/Dürig/Herzog/Scholz,* GG, Art. 83, Rdz. 113; *Feuchte* AöR 98, S. 473, 504 ff.; vgl. auch oben unter B Rdz. 247 ff.

[315] Vgl. *Maunz/Dürig/Herzog/Scholz,* GG, Art. 83, Rdz. 113; *Huber, Herbert,* zit. in: epd Nr. 17 vom 05.03.1994.

[316] Vgl. *Pietzcker,* in: *Starck* (Hrsg.), Die Zusammenarbeit, S. 61; *Böckenförde* in: FS für F. Schäfer, S. 182 ff., 186.

[317] Vgl. § 35 Abs. 2 Satz 2 RStV.

[318] Vgl. § 35 Abs. 3 Satz 2 RStV, siehe hierzu oben unter D Rdz. 52 ff.

[319] Vgl. *Jens* Media Perspektiven 1989, S. 34 ff.; *Spieler,* Fusionskontrolle im Medienbereich, S. 32 ff.; *Lerche,* Presse und privater Rundfunk, S. 24 f.; *Bullinger,* in: Isensee/Kirchhof (Hrsg.), Handbuch des Staatsrechts, Bd. VI, § 142.

[320] BVerfGE 73, S. 118 ff., 177; vgl. *Kübler,* Medienverflechtung, S. 33 ff.; *Jöst,* Verfassungsrechtliche

Nach der Rechtsprechung des Bundesverfassungsgerichts verwehrt das Grundgesetz zwar Presseunternehmen nicht den Zugang zum Rundfunk. Nach der Verfassung gebe es keinen Grundsatz einer *„publizistischen Gewaltenteilung"*, nach dem sie sich auf die Printmedien zu beschränken hätten.[320] Das Gericht hat aber hervorgehoben, daß möglicherweise größere Gefahren vorherrschenden Einflusses auf die öffentliche Meinung zu befürchten wären, wenn Meinungsmacht im Bereich des Rundfunks sich mit Meinungsmacht im Bereich der Presse verbinde. Demgemäß erfordere die verfassungsrechtliche Gewährleistung freier Meinungsbildung gesetzliche Vorkehrungen auch dagegen, daß vorherrschende Meinungsmacht sich aus einer *Kombination* der Einflüsse in *Rundfunk* und *Presse* ergebe.[321]

Insoweit verweist das Gericht auf das *Kartellrecht*, das zwar im Falle eines Zusammenschlusses **72** von Zeitungsverlagen zur Veranstaltung von Rundfunksendungen zur Anwendung komme, das jedoch nicht eingreife, wenn sich ein Presseverlag in den Bereich des Rundfunks ausdehne.[322] Pressespezifische Beschränkungen im überregionalen Rundfunk seien jedoch nicht geboten, da neben dem oder den privaten Programmen bereits die Programme der öffentlich-rechtlichen Rundfunkanstalten zu empfangen sind. Außerdem seien überregional noch keine Pressemonopole entstanden, so daß Meinungsvielfalt hier also auch im Printbereich weiterhin bestehe.[323]

Der Rundfunkstaatsvertrag sieht keine ausdrückliche Regelung gegen eine intermediäre **73** Konzentration vor.[324] Freilich werden im Rahmen der intramediären Konzentrationsregelungen *„medienrelevante verwandte Märkte"* bei der Feststellung der zulässigen Obergrenze von 30% Marktanteil im Fernsehen mitberücksichtigt.[325] Es wurde bereits dort auf die Unbestimmtheit des Begriffs *„medienrelevanter verwandter Markt"* verwiesen.[326] Daß hiermit jedoch Presseerzeugnisse gemeint sind, ist vor dem Hintergrund der Wortinterpretation und des Sinns der Vorschrift offensichtlich.

Strengere Kriterien fordert das Bundesverfassungsgericht jedoch zur Verhinderung vorherrschender multimedialer Meinungsmacht im *regionalen und lokalen Bereich*. Dabei stellt es darauf ab, daß in zahlreichen Gebieten eine Alleinstellung eines Zeitungsunternehmens besteht (*Ein-Zeitungs-Kreis*).[327] Bereits in dem 4. Rundfunkurteil hat das Gericht den noch zulässigen Rahmen eines Programmeinflusses der Presse konkretisiert. Wegen der Gefahr eines „Doppelmonopols" sei gesetzlich auszuschließen, daß lokale oder regionale Programme bzw. lokale oder regionale Fenster-Sendungen in einem landesweiten Programm zu *mehr als der Hälfte* von einem Presseunternehmen veranstaltet oder zugeliefert werden, das in diesem Verbreitungsgebiet mehr als *20% der Gesamtauflage* aller für diesen Bereich bestimmten periodischen Druckwerke (Zeitungen oder Zeitschriften) verlege. Dabei seien auch verbundene Unternehmen im Sinne des Aktienrechtes[328] einzuschließen.[329]

73a

Aspekte des Verhältnisses von Presse und Rundfunk, S. 71.

[321] Vgl. BVerfGE 73, S. 118 ff., 175; 83, S. 238 ff., 327; vgl. auch *Röper* Media Perspektiven 1994, S. 225 ff.

[322] Vgl. BVerfGE 73, S. 118 ff., 176; *Möschel* JZ 1986, S. 163; *Kübler*, Medienverflechtung, S. 63 f,; *Mestmäcker* GRUR Int. 1983, S. 553 ff.; *Jöst*, Verfassungsrechtliche Aspekte des Verhältnisses von Presse und Rundfunk, S. 73.

[323] Vgl. BVerfGE 73, S. 118 ff., 172 f., 174, 176.

[324] Vgl. aber „Medienpolitisches Programm" von Bündnis 90/Die Grünen v. 1./3.1996, abgedr. in IdW-Medienspiegel Nr. 11 v. 11.3.1996, in dem cross-ownership-Regelungen gefordert werden.

[325] Vgl. oben unter E Rdz. 57 a ff.

[326] Vgl. oben unter E Rdz. 57 c.

[327] Vgl. BVerfGE 73, S. 118 ff., 177; vgl. auch die Übersicht über die Verflechtung von Presse und privatem Rundfunk bei *Röper* Media Perspektiven 1989, S.533 ff.; *Jens* Media Perspektiven 1989, S. 23 ff.

[328] Vgl. zu den Kriterien eines verbundenen Unternehmens im Sinne der §§ 15 ff. AktG bei *Godien-Wilhelmi*, AktG § 15; *Baumbach-Hueck*, AktG § 15; Kölner Kommentar zum AktG Bd. I § 15 *Möhring-Tank*, AktG § 15; *Adler-Düring-Schmaltz*, Art. 32 vor § 311 AktG; vgl. auch Kölner Kommentar, Bd. I, § 17 Rdz. 15; DJT Konzernrecht, Rz. 117.

[329] Vgl. BVerfGE 73, S. 118 ff., 177; vgl. etwa auch § 18 TPRG; § 18 HPRG.

[330] Vgl. BVerfGE 83, S. 238 ff., 327; vgl. auch BDZV Media Perspektiven 1985, S. 769 ff., 771; *Bullinger* AfP 1983, S. 322 ff.; *Jöst*, Verfassungsrechtliche Aspekte, S. 74 f., 80; a.A. *Brinkmann* Media Perspekti-

Hingegen wäre ein *völliger Ausschluß* der Presse von dem Rundfunk auch im lokalen Bereich nicht zulässig, wie das Bundesverfassungsgericht in seinem 6. Rundfunkurteil feststellt. Dort hatte das Gericht die Absicht des Gesetzgebers, im örtlichen Bereich einen publizistisch von der Presse unabhängigen Rundfunk zu errichten, gleichzeitig aber auch eine Verdrängung der Presse von den begrenzten lokalen Werbemärkten zu verhindern, als verfassungsrechtlich legitimiertes Ziel bezeichnet.[330]

74 Diejenigen Länder, die lokalen oder regionalen privaten Rundfunk zulassen, sehen deshalb in ihren Mediengesetzen grundsätzlich *nur Zugangsbeschränkungen*, nicht aber Zulassungsverbote für die Presse vor: Verleger von Tageszeitungen etwa in Berlin und Brandenburg dürfen sich an einem Landesprogramm nur mit weniger als einem Viertel der Kapital- und Stimmrechte beteiligen und auch sonst keinen unmittelbaren oder mittelbaren maßgeblichen Einfluß haben, soweit sie am Tageszeitungsmarkt in Berlin und Brandenburg einen Anteil von mehr als 25% erreichen.[331] Eine Beteiligung bis zu 25% wird für Tageszeitungen zugelassen, die in Brandenburg bzw. in Berlin verbreitet werden und die in diesem Bereich nicht mehr als 35% Anteil an dem dortigen Tageszeitungsmarkt halten, wenn sie sich an einem Länderprogramm mit Schwerpunkt Brandenburg bzw. einem Stadt- oder Regionalprogramm mit regionaler Ausrichtung auf Berlin beteiligen.[332] Eine ähnliche Regelung gilt für die Beteiligung an einem Lokalprogramm in Brandenburg für Tageszeitungen mit einem Marktanteil von mehr als 35%. Sie dürfen sich an dem Lokalprogramm nur mit weniger als 35% der Kapital- und Stimmrechte beteiligen und darüber hinaus auf keinen Lokalveranstalter einen unmittelbaren oder mittelbaren beherrschenden Einfluß haben.[333] Weitergehende Beschränkungen sehen andere Landesmediengesetze hinsichtlich der zulässigen Quoten der Presse vor.[334] In Ländern wie Hessen, Hamburg und Thüringen ist eine Zeitung mit marktbeherrschender Stellung im gesamten oder überwiegenden Verbreitungsgebiet der Rundfunkveranstaltung sogar ausgeschlossen.[335]

Der Verpflichtung des Landesgesetzgebers, bei der Ausgestaltung der Rundfunkordnung bereits die Gefahr einer einseitigen Einflußnahme auf den Meinungsmarkt zu verhindern, genügen die Konzentrationsregelungen, wie sie das Bundesverfassungsgericht festgelegt hat.[336]

75 Weitergehende spezifische Einschränkungen für die Beteiligung der Presse oder ihr gänzlicher Ausschluß[337] könnte von daher eine von dem Zweck der Antikonzentrationsregelungen nicht mehr gedeckte und damit unzulässige Beschränkung der Presse sein. Dies gilt vor allem wie dargestellt im Hinblick auf die Einbeziehung der Printmedien im Rahmen der Regelung zur Verhinderung intramediärer Konzentration nach § 26 Abs. 2 RStV.[338] Dafür spricht zum einen, daß eine Marktbeherrschung im Meinungsmarkt der Presse nicht zwangsläufig zu einer Marktbeherrschung des Meinungsmarktes im Rundfunk führt. Dies wäre nur dann der Fall, wenn von einem *deckungsgleichen relevanten Meinungsmarkt* ausgegangen werden müßte, weil die Rezipienten die in der Presse und im Rundfunk angebotenen Nachrichten und Meinungen als vergleichbar und damit substitutiv verstehen. Dies trifft jedoch gerade nicht zu, da im örtlichen oder regionalen Bereich die Rezipienten den Rundfunk nicht als Ersatz für ihre Tageszeitung ansehen, sondern das Rundfunkangebot als zusätzliche Informationsquelle nutzen.[339]

---

[330] ven 1983, S. 677 ff.

[331] Vgl. § 24 Abs. 1 StV Berlin/Br.

[332] Vgl. § 24 Abs. 2 und 3 StV Berlin/Br.

[333] Vgl. § 24 Abs. 4 StV Berlin/Br.

[334] Vgl. § 10 Abs. 4 LMG Bremen; § 8 Abs. 7 LRG Niedersachsen; § 12 Abs. 3 LRG SH.

[335] Vgl. § 17 Abs. 8 HPRG; § 5 LMG Hamburg (als Einzelanbieter), § 17 Abs. 1 Ziff. 3 TPRG: für Vollprogramme und Spartenprogramme mit Schwerpunkt Information.

[336] Vgl. BVerfGE 73, S. 118 ff., 152; 74, S. 297 ff., 323; 83, S. 238 ff., 296.

[337] Vgl. *Herrmann* ZUM 1981, S. 837; *Kübler*, Medienverflechtung, S. 106; *Groß* DVBl. 1982, S. 570.

[338] Vgl. oben unter E Rdz. 57 a ff.

[339] Vgl. *Jens* Media Perspektiven 1989, S. 23 ff.; *Jöst*, Verfassungsrechtliche Aspekte, S. 82 f.

[340] Vgl. BVerfGE 57, S. 295 ff., 322; *Ricker*, Privatrundfunkgesetze im Bundesstaat, S. 103 f.

[341] Vgl. BVerfGE 83, S. 238 ff., 326.

Schließlich hat nach der bereits dargestellten Rechtsprechung des Bundesverfassungsgerichtes der Gesetzgeber im Rahmen seiner Ausgestaltung der Rundfunkordnung auch die von seinen Regelungen betroffenen sonstigen verfassungsrechtlich geschützten Rechtsgüter, wie etwa die *Pressefreiheit*, zu berücksichtigen.[340] Wie das Bundesverfassungsgericht in seinem 6. Rundfunkurteil herausgestellt hat, kollidiert die grundrechtlich geschützte Freiheit des Pressewesens mit dem Grundrecht der Rundfunkfreiheit insoweit, als mit der Zulassung werbefinanzierter lokaler oder regionaler Rundfunkveranstalter der im gleichen Verbreitungsgebiet verbreiteten Presse der Verlust von Anzeigeeinnahmen und damit die Gefahr einer Existenzgefährdung droht.[341]

In allen Bundesländern sieht das für den privaten Rundfunk gewählte Organisationsmodell zusätzlich zu den soeben genannten spezifischen Anforderungen an die privaten Rundfunkunternehmen deren Kontrolle durch die Landesmedienanstalten vor, auf die im folgenden einzugehen sein wird:

4. Kontrollpluralismus im privaten Rundfunk

Im Bereich des privaten Rundfunks wurden für die Zulassung und die Aufsicht von den **76** Ländern staatsunabhängige Anstalten des öffentlichen Rechts gegründet, die den öffentlich-rechtlichen Rundfunkanstalten organisationsrechtlich angenähert sind: Teilweise in identischer Zusammensetzung wie der Rundfunkrat der öffentlich-rechtlichen Anstalten besitzen auch sie ein aus Vertretern der gesellschaftlich relevanten Gruppen gebildetes *binnenpluralistisches Gremium*, das über die Zulassung privater Rundfunkbewerber anhand der gesetzlichen Auswahlkriterien[342] entscheidet und die Einhaltung der gesetzlich vorgeschriebenen *Programmgrundsätze* kontrolliert.[343]

Das Bundesverfassungsgericht geht in seiner Rechtsprechung davon aus, daß selbst bei einem Fortfall der von ihm im 1. Rundfunkurteil festgestellten technischen und finanziellen Engpässe[344] vom privaten Rundfunk ein den Anforderungen der Rundfunkfreiheit entsprechendes Programmangebot nicht mit hinreichender Sicherheit erwartet werden könnte. Zum einen mißtraut es der Selbstregulierung und damit den freien Kräften des Marktes.[345] Zum anderen sieht es bei dem Rundfunk die besondere Gefahr des Mißbrauchs zum Zwecke einseitiger Einflußnahme.[346] Schließlich sieht es als dritten Grund die Abhängigkeit von Werbeeinnahmen.[347] Das Gericht hat deshalb erklärt, daß es auch in einem dualen Rundfunksystem nicht gerechtfertigt wäre, *„für den privaten Rundfunk auf rechtliche Sicherungen der Rundfunkfreiheit ganz zu verzichten und die Entwicklung im Wege der Deregulierung den Kräften des Marktes anzuvertrauen"*.[348]

Eine staatliche Kontrolle des privaten Rundfunks kommt jedoch wegen des Gebots der **77** Staatsfreiheit und damit aus Verfassungsgründen nicht in Betracht.[349] Zwar hat das Bundes-

---

[342] Siehe hierzu oben unter E Rdz. 36 ff.

[343] Vgl. *Ricker*, Privatrundfunkgesetze im Bundesstaat, S. 36 f.; *Rüggeberg*, in: *Becker* (Hrsg.), Beiträge zum Medienprozeßrecht, S. 109 ff., 118 f.; *Jarass*, Die Freiheit des Rundfunks vom Staat, S. 317 f.; Zur Ausgestaltung der Kontrollorgane des privaten Rundfunks in Frankreich, Italien und Großbritannien s. *Schellenberg*, Pluralismus und Konzentrationskontrolle im privaten Rundfunk.

[344] Vgl. BVerfGE 12, S. 205 ff., 262.

[345] Kritisch hierzu: *Seemann* DÖV 1987, S. 844 ff.; *ders.* ZUM 1988, S. 67; *Hoppmann*, in: *Mestmäcker*, (Hrsg.) Offene Rundfunkordnung, S. 163 ff.; *Mestmäcker*, Gutachten 56. DJT Bd. II, S. 9 ff.

[346] Vgl. BVerfGE 57, S. 295 ff., 322.

[347] Vgl. BVerfGE 87, S. 181 ff., 199 f.; 90, S. 60 ff., 95 ff.

[348] BVerfGE 73, S. 118 ff., 158; 57, S. 295 ff., 323.

[349] Vgl. hierzu näher oben in D Rdz. 10 ff.; 31 ff.; BVerfGE 90, S. 60 ff., 89.

[350] Vgl. BVerfGE 57, S. 295 ff., S. 326 f.; 73, S. 118 ff., 188.

[351] Vgl. BVerfGE 57, S. 295 ff., 326; 73, S. 118 ff., 182.

verfassungsgericht die Ausübung wesentlicher Funktionen in diesem Bereich, etwa bei der Zulassung, durch die Exekutive für zulässig erklärt.[350] Jedoch hat es diese Feststellung mit der Einschränkung verbunden, daß bei der Ausführung der vom Gesetzgeber getroffenen Entscheidungen der Exekutive kein Ermessen zukommen dürfe.[351]

78   Trotz dieser zu Recht getroffenen Eingrenzung ergeben sich aber wesentliche Bedenken gegen die Kontrolle privaten Rundfunks durch die Exekutive. Der Stellenwert des Meinungspluralismus, der in dem Medium zu verwirklichen ist, und die Gefahren seines Mißbrauchs sind derart, daß es einer *„ständigen Kontrolle"* bedarf[352] und eine spezifische, oft von der konkreten Fallgestaltung her bestimmte Aufsicht unerläßlich ist.[353] Als Beispiel sei etwa die Entscheidung über das Maß an Meinungsvielfalt bei einem Lizenzbewerber oder über die Frage der Jugendgefährdung eines bestimmten Films genannt. Der Gesetzgeber wiederum kann und darf aber nur den Rahmen der Rundfunkordnung schaffen, der in diesem Bereich die wesentlichen Entscheidungen selbst zu fällen hat.[354] Dies führte bereits im Rahmen des ersten Privatrundfunkgesetzes, dem *„Gesetz über den Versuch mit Breitbandkabel",* dem Kabelpilotgesetz Ludwigshafen, zu der Lösung, hierfür eine *gesellschaftlich verankerte Verantwortung* zu begründen. Sie wurde in Form der binnenpluralistischen, aus gesellschaftlich relevanten Kräften zusammengesetzten Anstalt verwirklicht.

In seinem 4. Rundfunkurteil, in dem das Bundesverfassungsgericht konkret anhand der Regelungen in dem Niedersächsischen Landesrundfunkgesetz über die organisationsrechtlichen Vorkehrungen für den privaten Rundfunk und deren Wirksamkeit zu entscheiden hatte, hat es die *Kontrolle* des privaten Rundfunks *durch die Landesmedienanstalten* als prinzipiell mit der Rundfunkfreiheit für *vereinbar* erklärt.[355] Sowohl unter dem Aspekt der Rundfunkfreiheit der Veranstalter wie auch dem der organisatorischen Absicherung des Pluralismus hat es die in dem Niedersächsischen Landesrundfunkgesetz und damit auch die in allen anderen Ländern vergleichbar verwirklichte Kontrolle durch die Landesmedienanstalten unter den *folgenden Voraussetzungen* für verfassungsmäßig erklärt: Bei der für die Zulassung und Programmkontrolle zuständigen Landesmedienanstalt muß es sich um eine rechtlich selbständige, von dem Staat unabhängige Institution handeln. Sie muß ihre Tätigkeit innerhalb der rundfunkgesetzlichen Schranken in eigener Verantwortung ausüben. Vor allem dürfen ihr keine staatlichen Aufgaben zur Erfüllung nach Weisung übertragen sein.[356] Die Mitglieder des binnenpluralen Organs der Anstalt haben, so die weitere Feststellung des Gerichts, allein die Interessen der Allgemeinheit zu vertreten. Sie dürfen deshalb nicht an Aufträge und Weisungen der sie delegierenden Institutionen gebunden sein.[357]

79   Nach Auffassung des Gerichts steht es nicht im Widerspruch zu dem Grundsatz der Staatsfreiheit, daß das binnenplurale Gremium nicht nur aus Repräsentanten der gesellschaftlichen relevanten Organisationen und Gruppen, sondern auch aus *Vertretern des Staates* besteht. Ihr Anteil müsse aber in einem *angemessenen Rahmen* bleiben.[358] Nach den Feststellungen des Gerichts ist die Präsenz der im Landtag vertretenen *politischen Parteien* in dem Kontrollorgan zulässig. Deren Einwirkungsmöglichkeit hat es aber als mit einem *„staatlichen Einfluß"* vergleichbar angesehen.[359] Bei der Berechnung des Stimmenanteils aus dem staatlichen Bereich

---

[352] Vgl. BVerfGE 57, S. 295 ff., 333; vgl. *Ricker,* Privatrundfunkgesetze im Bundesstaat, S. 66 f.

[353] Vgl. BVerfGE 57, S. 295 ff., 333.

[354] Vgl. BVerfGE 57, S. 295 ff., 320 f., Zur Wesentlichkeitstheorie siehe *Hesse,* Grundzüge des Verfassungsrechts, S. 509; *Ossenbühl,* in: Isensee / Kirchhof, Handbuch des Staatsrechts, Band III, S. 62, Rdz. 41 ff. und näher oben unter C Rdz. 65 ff.; D 105 ff.

[355] Vgl. BVerfGE 73, S. 118 ff., 164.

[356] BVerfGE 73, S. 118 ff., 164 f.

[357] BVerfGE 73, S. 118 ff., 165.

[358] Vgl. BVerfGE 12, S. 205 ff., 363; 73, S. 118 ff., 165; vgl. auch oben unter D Rdz. 22 ff.

[359] Vgl. BVerfGE 73, S. 118 ff., 165; vgl. auch BVerfGE 90, S. 60 ff.

[360] Vgl. BVerfGE 73, S. 118 ff., 165; anders etwa das italienische Verfassungsgericht, das Parlamentarier nicht der staatlichen Sphäre zurechnet, vgl. *Schellenberg* AöR 1994, S. 428 ff.

sind deshalb auch die Vertreter der politischen Parteien einzubeziehen.[360] Im weiteren ist zu untersuchen, wie die Mitglieder des binnenpluralistischen Organs bestimmt werden und ob Parallelen zu den Rundfunkräten gezogen werden können.

a) Bestimmung der Medienräte

In der Zusammensetzung der Medienräte manifestiert sich der Pluralismus des Kontroll- **79a** gremiums. Die Bestimmung, wer konkret an dieser Aufgabe partizipiert, ist somit von wesentlicher Bedeutung. Sie kann daher nur von dem Gesetzgeber getroffen werden.[361] Die Landesmediengesetze haben dieser Forderung entsprochen und demgemäß die Auswahl im Gesetz geregelt.

Davon abweichend wird die *Kommission zur Ermittlung der Konzentration im Medienbereich (KEK)* von den Ministerpräsidenten der Länder auf die Dauer von 5 Jahren einvernehmlich berufen.[362] Wie an anderer Stelle bereits deutlich gemacht wurde,[363] widerspricht eine solche Auswahlentscheidung nicht nur dem Wesentlichkeitsgrundsatz, sondern auch der Staatsfreiheit. Hierbei ist vor allem zu berücksichtigen, daß die *Gubernative* jedenfalls dann aus der Gestaltung der Rundfunkordnung herauszuhalten ist, wenn es um Ermessensfragen geht.[364] Die in § 4 Abs. 5 RfinzStV bestimmte Berufung durch die Ministerpräsidenten gibt diesen aber eine unbeschränkte Auswahlmöglichkeit, die auch durch das Merkmal „Einvernehmlichkeit" nicht weiter im Interesse einer hinreichend bestimmten Rundfunkordnung konkretisiert wird.

Bei der Etablierung der Medienräte in den Landesmedienanstalten haben die Länder auf **80** das bei dem öffentlich-rechtlichen Rundfunk angewandte Rekrutierungsprinzip mit *Vertretern der gesellschaftlich relevanten Gruppen* und damit verbandlich organisierter Interessen[365] zurückgegriffen. Daher wiederholt sich zum einen die Kritik an der Unbestimmtheit des Begriffs der *„gesellschaftlichen Relevanz"* mit der Folge einer politisch ausgerichteten Gewichtung durch die Parlamentsmehrheit.[366] Zum anderen zeigt sich auch hier die *Staatsnähe* des Gremiums durch den Einfluß der politischen Parteien durch ihre unmittelbaren Repräsentanten oder mittelbar durch die Parteizugehörigkeit der Verbandsvertreter.[367] Ebenso auffällig ist die Modifizierung der Zusammensetzung nach Landtagswahlen, die zu einer Änderung des politischen Kräfteverhältnisses geführt haben. Dies deutet gleichfalls auf die zunehmende Staatsnähe hin.[368]

Nach den bisher vorliegenden repräsentativen Untersuchungen der empirischen Sozialwissenschaft bestehen noch keine gesicherten Erkenntnisse darüber, ob und wieweit die binnenpluralistischen Medienräte, Versammlungen oder Rundfunkausschüsse der Landesmedienanstalten in dem verfassungsrechtlich vorausgesetzten Umfange bei der Zulassung und vor allem auch bei der Programmkontrolle des privaten Rundfunks ihrer Aufgabe gerecht werden. Jedoch wurde bereits *Kritik* an der *Ausübung ihrer Kontrolle*, etwa über die Einhaltung der in ähnlicher Weise wie für den öffentlich-rechtlichen Rundfunk geltenden Jugendschutzvorschriften, laut.[369]

---

[361] Vgl. BVerfGE 57, S. 295 ff., 319; 59, S. 231 ff., 244.

[362] Vgl. § 35 Abs. 3 RStV.

[363] Vgl. oben D Rdz. 51 ff.

[364] Vgl. BVerfGE 57, S. 295 ff., 319; 83, S. 238 ff., 293.

[365] Vgl. BVerfGE 83, S. 238 ff., 316; *Wagner*, Landesmedienanstalten, S. 30 ff.; Die Gremien tragen nach den Rundfunkgesetzen zumeist die Bezeichnung „Versammlung", vgl. etwa § 45 LRG Rh.-Pf.; § 29 PRG Sachsen; §§ 31 ff. PRG Sachsen-Anhalt; vgl. oben E Rdz. 13 ff.

[366] Siehe oben unter E Rdz. 13 ff.

[367] Siehe oben unter E Rdz. 13 ff.

[368] Siehe oben unter E Rdz. 13 ff.

[369] Vgl. CDU-Generalsekretär *Peter Hintze* in TM 8/92, S. 1.

[370] Vgl. *Kepplinger/Hartmann*, Stachel oder Feigenblatt?, S. 37 ff.; *Ricker*, Rundfunkkontrolle durch Rundfunkteilnehmer?, S. 37 f.; vgl. oben E Rdz. 20 ff.

Ob die Medienräte der Landesmedienanstalten überhaupt besser als die Rundfunkräte der öffentlich-rechtlichen Anstalten ihrer Kontrollaufgaben gerecht werden können, ist zu bezweifeln, da sie *demselben Rekrutierungsprinzip* folgen und damit auch dieselben Defizite aufweisen dürften. Im Bereich des öffentlich-rechtlichen Systems gehören dazu vor allem die unzureichende Information, etwa über Programmbeschwerden von Zuschauern. Außerdem werden individuelle Gründe genannt, etwa die besondere berufliche Beanspruchung, eine zu geringe eigene Programmbeobachtung oder ein falsches Selbstverständnis über die mit diesem Ehrenamt gestellte Aufgabe.[370] Dazu kommt der Vorwurf der Ineffektivität eines solchen mitgliederstarken Gremiums mit seiner nur geringen Sitzungsperiodizität.[371] Nach der Rechtsprechung des Bundesverfassungsgerichts muß die binnenpluralistische Kontrolle jedoch *wirksam* sein. Es stellt sich damit auch im Bereich des Kontrollpluralismus privaten Rundfunks die Frage nach einer Alternative.

b) Kontrolle nach dem „Sachverständigen-Modell"

81   Anstelle einer aus Verbandsvertretern zusammengesetzten Anstaltsversammlung haben sich die Länder *Berlin und Brandenburg* nach den positiven Erfahrungen mit dem früheren Kabelrat („*Sachverständigen-Modell*") in Berlin[372] auch in ihrer gemeinsamen Rechtsgrundlage für den privaten Rundfunk, dem Staatsvertrag Berlin-Brandenburg vom 28. 4. 1992[373] für dieses Alternativmodell gesellschaftlicher Kontrolle über den privaten Rundfunk entschieden. Dieses nunmehr als *Medienrat* bezeichnete Gremium besteht aus sieben Personen, die von den beiden Landesparlamenten mit einer Zweidrittelmehrheit gewählt werden müssen. Von den Ratsmitgliedern wird verlangt, daß sie aufgrund ihrer Sachkunde und Lebenserfahrung geeignet erscheinen, ihrer rundfunkrechtlichen Aufgabe hinreichend gerecht zu werden.

82   Die Vorzüge eines solchen, mit einer qualifizierten Mehrheit des Landtags gewählten Aufsichtsgremiums liegen im wesentlichen in *zwei Besonderheiten:* Zum einen werden die beschriebenen Nachteile einer verbandlich strukturierten Interessenorganisation ausgeschlossen.[374] Daneben garantiert die geringe Anzahl der Mitglieder des Gremiums einen schnelleren Beratungs- und Abstimmungsprozeß, der die Effektivität der Arbeit dieses Organs im Rahmen seiner Kontrollaufgaben erhöht.[375] Schließlich dürfte aber auch die Auswahl der Mitglieder mit einem Stimmenquorum von zwei Dritteln und damit der qualifizierten Mehrheit aller im Parlament vertretenen Parteien besser gewährleisten, daß die ausgewählten Personen als nicht parteipolitisch festgelegt, sondern als unabhängig betrachtet werden können.

Nach seiner Struktur und dem Auswahlverfahren der Mitglieder ist ein solches Ratsmodell (wie in Berlin-Brandenburg und Sachsen) auch nach der Rechtsprechung des Bundesverfassungsgerichts *verfassungsrechtlich legitimiert*, die gesellschaftliche Kontrolle über die privaten Rundfunkveranstalter auszuüben. Danach darf dieses Zulassungs- und Aufsichtsgremium keinem einseitigen Einfluß, vor allem auch nicht dem des Staates, unterliegen.[376] Dabei hat das Gericht gleichzeitig darauf hingewiesen, daß der Rundfunk die Interessen der Allgemeinheit wahrzunehmen habe. Deshalb sei die Rekrutierung des Aufsichtsgremiums nach dem Verbandsmodell aus Vertretern der in Verbänden und Institutionen organisierten gesellschaftlich relevanten Gruppen nicht unproblematisch, da hiermit die Gefahr nicht ausgeschlossen würde, daß die partikularen Verbandsinteressen zur Geltung gebracht würden.[377]

---

[371] Vgl. *Jeske*, Kontrolle der Rundfunkräte, S. 25, 29, 32.
[372] Vgl. § 7 KPVG Berlin; LT-Ds. 9/90, S. 346.
[373] Vgl. LT-Ds. 9/92, S. 123 ff.
[374] Vgl. oben unter E Rdz. 20 ff.
[375] Vgl. oben unter E Rdz. 20 ff.
[376] Vgl. BVerfGE 73, S. 118 ff., 147.
[377] Vgl. BVerfGE 83, S. 238 ff., 334.
[378] Vgl. BVerfGE 90, S. 60 ff., 89 ff.; *Ricker* NJW 1994, S. 2199 f.; vgl. auch oben E Rdz. 31.
[379] Vgl. BVerfGE 83, S. 238 ff., 333 f.

Daneben haben die Richter in dem 8. Rundfunkurteil auf die parteipolitische und damit staatliche Einflußmöglichkeit aufgrund der Parteizugehörigkeit hingewiesen.[378] Das Gericht hat deshalb ein solches Gremium für die ihm obliegenden Aufgaben prädestiniert angesehen, da dessen Mitglieder aufgrund „ihrer unterschiedlichen gesellschaftlichen und fachlichen Erfahrungen in der Lage sind, die Erfüllung des Programmauftrages durch die Rundfunkanstalt zu kontrollieren".[379] Diese Voraussetzungen werden durch das Sachverständigenmodell zum einen durch die persönliche Voraussetzung der Unabhängigkeit und fachlichen Erfahrung gewährleistet. Außerdem kann die binnenplurale Kontrolle nur dann wirksam treuhänderisch für die Allgemeinheit ausgeübt werden, wenn die Mitglieder des Aufsichtsgremiums auch nicht mittelbar aufgrund ihrer Entsendung durch einen interessenorientierten Verband oder aufgrund ihrer Parteizugehörigkeit partikularen Zielsetzungen verpflichtet sind. Von dieser Gefahr geht das Bundesverfassungsgericht gerade bei dem üblichen Rundfunkratsmodell aus.[380]

Wie bereits dargestellt wurde, effektuiert das Medienratsmodell mit seinen unabhängigen **83** fachkundigen Persönlichkeiten das Pluralismusgebot, da vor allem auch durch das Auswahlverfahren mit einer qualifizierten Zustimmung des Landtages die Unabhängigkeit der Mitglieder besser gewährleistet wird. Damit wird die Gefahr einer möglichen einseitigen Interessenausrichtung aber auch einer parteipolitischen und damit staatlichen Orientierung, die dem Gebot der Staatsfreiheit zuwiderläuft, gemildert. Von daher und wegen der positiven praktischen Erfahrungen zuerst mit dem früheren Kabelrat in Berlin,[381] erscheint ein nach dem „Sachverständigen-Prinzip" zusammengesetztes Kontrollgremium in besonderer Weise verfassungsrechtlich legitimiert, die gesellschaftliche Kontrolle im Rundfunk auszuüben und damit an die Stelle des üblichen Modells zu treten.[382] In der medienpolitischen Diskussion wird deshalb für die Einrichtung eines solchen „schlanken Gremiums unabhängiger Persönlichkeiten" plädiert.[383]

---

[380] Vgl. BVerfGE 83, S. 238 ff., 334; BVerfG ZUM 1994, S. 181 f.

[381] Vgl. § 7 KPVG; LT-Ds. 9/90, S. 346.

[382] Vgl. oben unter E Rdz. 31 ff.

[383] So etwa der Ministerpräsident Nordrhein-Westfalens, Johannes Rau, bei dem Medienforum Köln 1994 in Anlehnung an den Vorschlag einer von dem damaligen Bundespräsidenten von Weizsäcker eingesetzten Kommission, der sich für dieses Prinzip, freilich bei der Etablierung eines nationalen Medienrats aussprach; vgl. Süddeutsche Zeitung 8. 6. 1994: „Plädoyer für Bundesmedienrat".

III. Der Programmpluralismus

1. Der Begriff

84 Das dem Grundrecht der Rundfunkfreiheit immanente Strukturmerkmal des Pluralismus findet seine entscheidende Ausprägung in der in den Rundfunkprogrammen wiederzugebenden Vielfalt der unterschiedlichen Themen und Meinungen, die in der Gesellschaft anzutreffen sind und in ihrer Gesamtheit das soziale und kulturelle Leben zum Ausdruck bringen.[384] Wie das Bundesverfassungsgericht in ständiger Rechtsprechung ausgeführt hat, ist die Rundfunkfreiheit des Art. 5 Abs. 1 Satz 2 GG eine der *„freien individuellen und öffentlichen Meinungsbildung"* dienende Freiheit. Als *„Medium und Faktor"* des verfassungsrechtlich geschützten Kommunikationsprozesses,[385] könne der Rundfunk wegen seiner herausragenden kommunikativen Bedeutung freie Meinungsbildung nur dann ermöglichen, wenn er seinerseits frei, umfassend und wahrheitsgemäß informiert. Vor allem müsse die Vielfalt der bestehenden Meinungen in möglichster Breite und Vollständigkeit Ausdruck finden.[386]

Wie das Gericht dazu näher ausgeführt hat, beschränkt sich die Meinungsbildung nicht auf Nachrichtensendungen oder politische Kommentare. Umfassende Information, ohne die es keine *„Meinungsbildung"* im Sinne der Garantie des Art. 5 GG geben könne, finde sich in allen Lebensbereichen und müsse somit auch in der thematischen Breite zum Ausdruck kommen. Deshalb umfaßt der Programmpluralismus die Sparten *Information, Bildung, Kultur und Unterhaltung,* mit deren Darstellung der klassische Programmauftrag des Rundfunks erfüllt wird.[387] Der Programmpluralismus soll somit das verfassungsrechtliche Vielfaltgebot des Art. 5 Abs. 1 Satz 2 GG und damit die der freien Meinungsbildung dienende Funktion des Rundfunks[388] verwirklichen. Zu diesem Zweck bedarf es organisatorischer und verfahrensrechtlicher Absicherungen, zu denen der Gesetzgeber als Garant der Rundfunkfreiheit verpflichtet ist und die die Vielfalt des Programms gewährleisten. Sie wurden bereits in den Kapiteln *„Organisations-"* bzw. *„Kontrollpluralismus"* näher erläutert.[389] Für die verfassungsrechtliche Beurteilung im weiteren ist zwar maßgeblich, daß der Programmpluralismus den Rundfunk insgesamt betrifft.[390] Nach der Rechtsprechung des Bundesverfassungsgerichts müssen aber im dualen Rundfunksystem die besonderen Eigenarten des öffentlich-rechtlichen Rundfunks[391] und des privaten Rundfunks[392] berücksichtigt werden, die zu einer unterschiedlichen Gewichtung bei den verfassungsrechtlichen Anforderungen führen.

2. Programmpluralismus im öffentlich-rechtlichen Rundfunk

a) Die Grundversorgung

85 In dem 4. Rundfunkurteil hat das Bundesverfassungsgericht erstmals den Begriff der „*Grundversorgung*" verwendet, die im dualen Rundfunksystem der öffentlich-rechtliche Rundfunk zu

---

[384] Vgl. BVerfGE 83, S. 238 ff., 315; 12, S. 205 ff., 262 f.; 57, S. 295 ff., 320.

[385] Vgl. BVerfGE 12, S. 205 ff., 260; 83, S. 238 ff., 314 f.

[386] Vgl. BVerfGE 13, S. 205 ff., 263 f.; 57, S. 395 ff., 320; 73, S. 118 ff., 163 f.; 83, S. 238 ff., 315.

[387] Vgl. BVerfGE 73, S. 118 ff., 155 f.; 83, S. 238 ff., 296 f.; vgl. *Rager/Weber* (Hrsg.), Publizistische Vielfalt zwischen Markt und Politik, Düsseldorf u. a. 1992, S. 7 ff.; siehe auch unten unter F Rdz. 1 ff.

[388] Vgl. BVerfGE 73, S. 118 ff., 152; 74, S. 297 ff., 323; 83, S. 239 ff., 296.

[389] Siehe oben unter E Rdz. 8 ff., 76 ff.

[390] Vgl. BVerfGE 83, S. 238 ff., 314 f.

[391] Vgl. dazu unten E Rdz. 10 ff.

[392] Vgl. dazu unten E Rdz. 34 ff.

gewährleisten hat.[393] Diesen in der rundfunkrechtlichen Literatur bereits in den 70er Jahren eingeführten Begriff[394] hatte das Gericht zunächst nicht näher präzisiert, was zu kontroversen Interpretationen führte.[395] Nach der einen Ansicht ist damit nur eine „*Mindestversorgung*" gemeint,[396] während nach anderer Auffassung darunter eine „*Vollversorgung*" einschließlich zusätzlicher Programme und unter Nutzung neuer Übertragungstechniken verstanden wird.[397]

Wohl ausgelöst durch diese Diskussion hat das Gericht in dem 5. Rundfunkurteil die erwartete *Konturierung* vorgenommen.[398] Mit der Grundversorgung umschreibt das Bundesverfassungsgericht, daß „*im Prinzip dafür Sorge getragen sein muß, daß für die Gesamtheit der Bevölkerung Programme geboten werden, die umfassend und in der vollen Breite des klassischen Rundfunkauftrages informieren und daß Meinungsvielfalt in der verfassungsrechtlich gebotenen Weise gesichert ist*".[399] Welche Angebote hierzu gehören, hat das Bundesverfassungsgericht offengelassen und festgestellt, daß die Grundversorgung „*stets eine Mehrzahl von Programmen voraussetzt*".[400]

Die Grundversorgung hat das Bundesverfassungsgericht in seinem 4. Rundfunkurteil im **86** Jahre 1986, nachdem die ersten Länder den privaten Rundfunk und damit das duale System eingeführt hatten, den öffentlich-rechtlichen Rundfunkanstalten zugewiesen.[401] An dieser Rechtsprechung hielt das Gericht auch in den folgenden Rundfunkurteilen fest, da es die dafür maßgeblichen Gründe als immer noch fortbestehend ansah.[402] Das wesentliche Kriterium besteht nach der Rechtsprechung des Bundesverfassungsgerichts darin, daß die öffentlich-rechtlichen Rundfunkanstalten aufgrund ihres Gebührenprivilegs „zu einem inhaltlich umfassenden Programmangebot in der Lage sind".[403] Darin erkannte es einen wesentlichen Unterschied zu dem privaten Rundfunk, bei dem es wegen der ausschließlichen Finanzierung aus Werbeeinnahmen eine Abhängigkeit von hohen Einschaltquoten und damit von der Massenattraktivität seiner Programme sah.[404] Ihre Verpflichtung zur Grundversorgung für alle ist nach der Beurteilung des Gerichts deshalb gerechtfertigt, da nur ihnen die gesicherten Gebühreneinnahmen zustehen und der öffentlich-rechtliche Rundfunk deshalb ebenso zu aufwendigeren Sendungen imstande ist.[405] Zudem hat das Bundesverfassungsgericht darauf abgestellt, daß es nach der von ihm im Zeitpunkt seiner Rechtsprechung vorgefundenen Ausgangslage allein die Programme der öffentlich-rechtlichen Rundfunkanstalten waren, die aufgrund ihrer terrestrischen Verbreitung „nahezu die gesamte Bevölkerung erreichen".[406]

---

[393] BVerfGE 73, S. 118 ff., 157 f.

[394] Vgl. *Herrmann*, Fernsehen und Hörfunk in der Verfassung der Bundesrepublik Deutschland, S. 297 ff., 322, 332, 345, 378, auf den der Begriff zurückzuführen ist.

[395] Vgl. *Schmitt Glaeser* DÖV 1987, S. 238; *Ring*, Medienrecht, C–Q, 4, Rdz. 7; vgl. *Stock* RuF 1987, S. 5 ff., *Kull* AfP 1987, S. 365 ff., 367 ff.; *Herrmann*, Fernsehen und Hörfunk in der Verfassung der Bundesrepublik Deutschland, S. 297 ff., 322, 332, 345, 378; *Hoffmann-Riem* AöR 1984, S. 304 ff.; *Fuhr/Krone* FUR 1984, S. 631; *Stock*, Zur Theorie des Koordinationsrundfunks, S. 96 m. w. N.; *Fuhr* ZUM 1987, S. 153; *Berg* AfP 1987, S. 461 ff.; *ders.* Mediaperspektiven 1986, S. 689, 799; 1978, S. 265; *Seemann* DÖV 1987, S. 846; *Römer* Vw-Rundschau, 1989, S. 9 ff., 13; *Niepalla*, Die Grundversorgung als Aufgabe des öffentlich-rechtlichen Rundfunks, S. 32 ff.; *Ricker* ZUM 1989, S. 331 ff.

[396] So etwa *Kull* AfP 1987, S. 365 ff., 367 ff.; *Schmitt Glaeser* DÖV 1987, S. 838 f.

[397] So etwa *Berg* AfP 1987, S. 461 ff.; *Fuhr* ZUM 1987, S. 153; *Stock* RuF 1987, S. 21 ff.; *Niepalla*, Die Grundversorgung, S. 34 ff.

[398] Vgl. *Schmitt Glaeser* DÖV 1987, S. 838.

[399] BVerfGE 73, S. 118., 187 ff.; 74, S. 295 ff., 325.

[400] Vgl. BVerfGE 74, S. 326, 327, 329.

[401] BVerfGE 73, S. 118 ff., 157 f.

[402] Vgl. BVerfGE 74, S. 297 ff., 324; 83, S. 238 ff., 276; 87, S. 181 ff., 199; 90, S. 60 ff., 87 f.

[403] BVerfGE 73, S. 118 ff., 157 f.

[404] BVerfGE 73, S. 118 ff., 157 f.; 74, S. 295 ff., 323 f.; 87, S. 181 ff., 201; BVerfG NJW 1994, S. 1942 ff., 1944; vgl. auch BVerfG AfP 1987, S. 642; zur Finanzierung des privaten Rundfunks oben unter C Rdz. 97 ff.

[405] BVerfGE 73, S. 118 ff., 165.

[406] BVerfGE 73, S. 118 ff., 157 f.

Dies waren 1986 im Zeitpunkt des 4. Rundfunkurteils die Programme von ARD und ZDF sowie die Dritten Programme.[407] Dieser Bestand bundes- und landesweiter Programme erschien dem Gericht ausreichend, um die Grundversorgung hierdurch als erfüllt anzusehen.[408] Die insoweit erfaßten beiden nationalen und das jeweilige landesbezogene Dritte Programm sind Vollprogramme, die den verfassungsrechtlichen Anforderungen des Bundesverfassungsgerichts, der umfänglichen Darstellung aller relevanten Meinungen und Sparten, genügen. Damit hat der Rezipient eine hinreichende Auswahl, welche die Grundversorgung ermöglicht. Dies zeigt auch ein Blick auf das Ausland, in dem eine vergleichbare Fernsehstruktur besteht. Auch dort erfolgt die Versorgung der Bevölkerung in der Regel mit einer begrenzten Anzahl von zwei oder drei Vollprogrammen.[409]

Bei der Erfüllung der Aufgabe der Grundversorgung genießt der öffentlich-rechtliche Rundfunk nach der Rechtsprechung in dem 6. Rundfunkurteil besonderen verfassungsrechtlichen Schutz.[410] Dabei hat das Gericht jedoch mehrfach deutlich gemacht, daß die Zuordnung der Grundversorgung situativ zu verstehen ist. Es hat explizit ausgeführt, daß diese Aufgabe „in erster Linie"[411] und noch deutlicher in dem 6. Rundfunkurteil „*unter den gegenwärtigen Umständen*"[412] den öffentlich-rechtlichen Rundfunkanstalten obliegt, „*solange und soweit*" sie es sind, die in der vollen Breite des klassischen Programmauftrags informieren und damit zu umfassender Vielfalt in der Lage sind.[413] Inhalt und Bedeutung des Begriffs der Grundversorgung hat das Gericht jedoch weiter präzisiert, indem es drei wesentliche Elemente hiermit verbindet: Dazu gehört zunächst, daß die Programme von jedermann sendetechnisch empfangen werden können. Weiterhin ist in den angebotenen Programmen die weltanschauliche Vielfalt und ebenso die in den unterschiedlichen Sparten zum Ausdruck kommende gegenständliche Vielfalt darzustellen.

aa) Die technische Erreichbarkeit

87   Eine Grundversorgung für die Gesamtheit der Bevölkerung setzt voraus, daß die Programme von jedermann sendetechnisch empfangen werden können. Nach der Rechtsprechung des Bundesverfassungsgerichtes ist deshalb eine Übertragungstechnik gefordert, bei der „*ein Empfang der Sendungen für alle sichergestellt ist*". Im Hinblick auf die im Zeitpunkt des 5. Rundfunkurteils bestehende empfangstechnische Ausstattung sieht das Gericht diese Voraussetzung „*bis auf weiteres*" nur bei der herkömmlichen terrestrischen Übertragungstechnik als gewährleistet an.[414] Daß der Begriff der Grundversorgung aber dynamisch zu verstehen ist, zeigt sich in der weiteren Feststellung, daß zukünftig stattdessen auch die Satelliten- und Kabeltechnik in Frage komme, falls im Rahmen der weiteren Entwicklung sich die Sehgewohnheiten in der Bevölkerung ändern würden und der übliche Empfang nicht mehr über terrestrische Antennen, sondern über Satellitenempfangsanlagen oder das Kabel erfolgen sollte.[415]

bb) Die weltanschauliche Vielfalt

88   Die Grundversorgung setzt nach der Rechtsprechung des Bundesverfassungsgerichtes weiterhin ein Programmangebot voraus, das inhaltlich „*gleichgewichtige Vielfalt in der Darstellung der bestehenden Meinungsrichtungen*" gewährleistet.[416] Nur für den Fall, daß „*Meinungsviel-

---

[407] Vgl. *Hesse,* Rundfunkrecht, S. 80; *Libertus,* Grundversorgungsauftrag und Funktionsgarantie, S. 54; *Seemann* DÖV 1987, S. 944, 945.

[408] Vgl. *Ricker* ZUM 1989, S. 336; Kull AfP 1987, S. 464.

[409] Vgl. *Steimer,* in: 46. DJT, Landesbericht, Beitragsband B, S. 16 ff.

[410] Vgl. BVerfGE 83, S. 238 ff., 326; 87, S. 181 ff., 198; 90, S. 60 ff., 88 ff.; zu den sich daraus ergebenden Konsequenzen siehe unten E Rdz. 117 ff.

[411] BVerfGE 73, S. 118 ff., 158; 74, S. 297 ff., 325.

[412] BVerfGE 83, S. 238 ff., 321.

[413] Vgl. BVerfGE 73, S. 118 ff., 323; 74, S. 295 ff., 325; 83, S. 238 ff., 273; 87, S. 181 ff., 199 f.; 90, S. 60 ff., 88 f.

[414] Vgl. BVerfGE 74, S. 295 ff., 326.

[415] Vgl. BVerfGE 74, S. 297 ff., 326, 329.

[416] BVerfGE 74, S. 297 ff., 326.

falt in der verfassungsrechtlich gebotenen Weise gesichert ist",[417] erfüllt die Grundversorgung die dem Rundfunk obliegende verfassungsrechtliche Funktion, der individuellen und öffentlichen Meinungsbildung zu dienen.

Das Bundesverfassungsgericht hat mehrfach festgestellt, daß dem Rundfunk vor dem Hintergrund seiner kommunikativen Bedeutung eine essentielle Funktion für den einzelnen und für die Demokratie zukommt. Er ermöglicht es jedem, sich über die bestehenden Strömungen, Tendenzen und Ansichten zu informieren und damit eine eigene Meinung zu bilden. Der Rundfunk faßt die bestehenden Meinungen zusammen und trägt sie an die im Staat Verantwortlichen heran.[418] Die gesicherte Möglichkeit für jedermann, den Meinungspluralismus zu erfahren, sich zu informieren und daraus Folgerungen für die eigene Meinungsbildung zu ziehen, verwirklicht den obersten Grundsatz der Verfassung,[419] der die Würde des Menschen und damit seine Individualität zum Gegenstand hat und den Bürger damit nicht als Objekt staatlichen Handelns sieht. Damit bekennt sich der Staat zu einer „offenen Gesellschaft", die von der Eigenständigkeit und Unterschiedlichkeit der Bürger ausgeht.[420] Insoweit besteht ein wesentlicher Unterschied zu einem totalitären Staat, der als ausschließliche Herrschaftsmacht Menschenwürde, Freiheit und Gleichheit ablehnt[421] und für sich den Anspruch auf absolute Wahrheit okkupiert und die Massenmedien als Sprachrohr gegenüber den Bürgern einsetzt.

Die Meinungs- und Medienfreiheit ist deshalb auch wesentlicher Ausdruck für die Anerkennung des *demokratischen Prinzips*. Denn dieses setzt gerade den Austausch unterschiedlicher Meinungen und damit auch deren Vervielfältigung und Verbreitung durch die Medien voraus.[422] Unter den Medien kommt dem Rundfunk neben der Presse eine herausragende kommunikative Bedeutung zu,[423] weil er die verschiedenen Meinungen, Ansichten und Strömungen in der Gesellschaft aufnimmt, zusammenfaßt und formt, indem er selbst dazu Stellung nimmt, sie für jedermann zugänglich macht und an die Repräsentationsorgane in der Demokratie als verantwortlich Handelnden heranträgt.[424] **89**

Von daher erfüllt die *Grundversorgung* mit Rundfunkprogrammen, durch die die Vielfalt der in der Gesellschaft bestehenden Meinungen allen Bürgern zugänglich gemacht wird, eine für die Demokratie konstitutive Funktion.[425] Daraus ergibt sich aber keine Verpflichtung, die Meinungsvielfalt in ihrer ganzen Breite und Vollständigkeit maßstabsgetreu darzustellen. Das Bundesverfassungsgericht hat selbst eingeschränkt, daß es einen genau nachmeßbaren Pluralismus nicht gibt und nicht geben kann. Er kann deshalb auch nicht verlangt werden.[426] Es hat aber ausdrücklich ein *Mindestmaß von Ausgewogenheit* vorgeschrieben[427] und zur Sicherung einer möglichst breiten und vollständigen Wiedergabe der bestehenden Vielfalt Vorkehrungen in Form des *Organisationspluralismus*,[428] etwa durch die Etablierung von *Gremien* aus Vertretern der gesellschaftlich relevanten Gruppen, gefordert. Von deren Zusammensetzung

---

[417] BVerfGE 73, S. 118 ff., S. 157 ff.; 74, S. 297 ff., 325.

[418] BVerfGE 57, S. 295 ff., 319.

[419] Vgl. Art. 1 Abs. 3; Art. 2 Abs. 3 GG.

[420] Vgl. BVerfGE 35, S. 79 ff., 114; 12, S. 45 ff., 51; *Stern,* Staatsrecht Bd. 1, § 3 III 8; § 16 II 3; *W. Kaegi,* Die Verfassung als rechtliche Grundordnung des Staates, S. 48.

[421] BVerfGE 2, S. 1 ff., 12; *Stern,* Staatsrecht, Bd. 1, § 16 II 3; *Zippelius,* Allgemeine Staatslehre, § 29 I; siehe hierzu oben unter B Rdz. 8 ff.

[422] BVerfGE 12, S. 205 ff; 357; 57, S. 295 ff., 319 f.

[423] BVerfGE 12, S. 205 ff., 260 ff.; 31, S. 314 ff., 325; 73, S. 118 ff., 156; *A. Arndt,* Die Rolle der Massenmedien in der Demokratie, S. 1 ff.; *K. M. Setzen,* Fernsehen: Objektivität oder Manipulation?; *Eberhard,* in: Festgabe f. G. von Eynem, S. 507 ff.; *Stern,* Staatsrecht, Bd. 1, § 10 II 6.

[424] BVerfGE 12, S. 205 ff., 262 f.; 57, S. 295 ff., 320; 73, S. 118 ff., 162 f.; vgl. *Barendt,* Freedom of Speech.

[425] BVerfGE 7, S. 198 ff., 208; 20, S. 56 ff., 97 f.; 27, S. 71 ff., 81 ff.; 34, S. 202 ff., 221; 35, S. 202 ff., 222; 73, S. 118 ff., 156; *Ricker/Müller-Malm* ZUM 1987, S. 210.

[426] BVerfGE 73, S. 118 ff., 157.

[427] BVerfGE 57, S. 295 ff., 319; siehe hierzu unten unter F Rdz. 25 ff.

[428] Siehe dazu oben unter E Rdz. 8 ff.

und Einflußnahme sei am ehesten die Gewährleistung von Vielfalt zu erwarten.[429] Um so schädlicher für die funktionsgerechte Erfüllung des Vielfaltsgebots ist deshalb ein wesentlicher staatlicher oder parteipolitischer Einfluß, der sich bei der Bestimmung der partizipationsberechtigten Gruppen und der Auswahl ihrer Vertreter in den Rundfunkräten zeigt.[430] Diese jedenfalls faktisch wirksame, grundrechtswidrige Einflußnahme wird selbst von Vertretern der politischen Parteien zunehmend beklagt.[431]

90   Weitergehende Anforderungen an die Darstellung des Meinungspluralismus stellen sich auch nicht unter dem Aspekt der *Sozialstaatsverpflichtung.* Vor allem kann nicht verlangt werden, daß die weltanschauliche Vielfalt unabhängig von dem Partizipationswillen der in Frage kommenden Gruppen künstlich herzustellen oder zu vervollständigen wäre.[432] Einer solchen *fingierten Verbreiterung des pluralen Spektrums* unter Berücksichtigung meinungsabstinenter Gruppen würde deren ebenfalls grundrechtlich geschützte negative Kommunikationsfreiheit entgegenstehen, also das Recht, sich von dem Meinungs- und Willensbildungsprozeß fernzuhalten und stattdessen zu schweigen. Daneben würde eine derart synthetisch erzeugte absolute Gleichstellung und damit Nivellierung der Kommunikationschancen die Freiheit aller in Gefahr bringen[433] und dem Ziel eines offenen Meinungsmarktes zuwiderlaufen. Eine solche Egalisierung würde mit dem Kampf der Meinungen als Wesenselement der in Art. 5 Abs. 1 GG geschützten Freiheit, der auch ihre öffentliche Artikulation und Auseinandersetzung mit Gegenansichten voraussetzt, in direktem Widerspruch stehen.[434] Davon geht auch das Bundesverfassungsgericht aus, wenn es feststellt, daß es ausreicht, wenn den partizipationswilligen Gruppen die Möglichkeit zur Darstellung ihrer Auffassung und damit Mitwirkung an dem Meinungsbildungsprozeß im Rundfunk eingeräumt ist.[435]

cc) Die Spartenvielfalt

91   Nach der Rechtsprechung des Bundesverfassungsgerichts setzt die „*Grundversorgung*" voraus, daß der klassische Auftrag des Rundfunks erfüllt wird, der „*neben seiner Rolle für die Meinungs- und politische Willensbildung, neben Unterhaltung und über laufende Berichterstattung hinausgehende Information auch seine kulturelle Verantwortung umfaßt*".[436] Insoweit besteht eine Interdependenz zwischen der Meinungs- und Spartenvielfalt. Wie das Gericht herausgestellt hat, setzt die besondere Bedeutung des Rundfunks für die Meinungs- und politische Willensbildung voraus, daß die Programme in möglichster Breite und Vollständigkeit informieren und in einem umfassenden Programmangebot die bestehende Meinungsvielfalt „unverkürzt" zum Ausdruck gebracht wird.[437] Wegen der „*schlechthin konstituierenden Funktion des Rundfunks für die freiheitlich-demokratische Grundordnung*",[438] dem sowohl für die Verbindung zwischen dem Volk und den Staatsorganen wie für deren Kontrolle als auch für die Integration der Gemeinschaft in allen Lebensbereichen eine maßgebende Wirkung zukommt, hat der Rundfunk die erforderliche umfassende Information über das Zeitgeschehen und über Entwicklungen im Staatswesen und im gesellschaftlichen Leben zu geben.[439]

---

[429] Vgl. BVerfGE 83, S. 238 ff., 318; siehe oben unter E Rdz. 13 ff.

[430] Siehe oben unter E Rdz. 13 ff., D Rdz. 9, 22 ff.

[431] Vgl. *Blank,* Medienpolitischer Sprecher der CDU/CSU-Fraktion, in: epd Nr. 52 vom 1. 8. 92; *Rüttgers,* in: CDU-Mitteilungen Nr. 34 vom 8. 6. 1993, S. 11.

[432] Vgl. *Ricker* ZUM 1987, S. 213; a. A. *Stern/Bethge,* Öffentlich-rechtlicher und privatrechtlicher Rundfunk, S. 49; siehe hierzu auch oben unter B Rdz. 78 ff., 102 ff. und E Rdz. 1 ff.; zu den Wurzeln des Pluralismusgebots im Rundfunk.

[433] Vgl. *Klein,* Die Grundrechte, S. 25; *Maunz/Dürig,* Art. 5 Rdz. 13, S. 40 ff.; *Schneider,* Pressefreiheit und Staatssicherheit, S. 93 ff.; *Ricker* AfP 1980, S. 112; *Hoppmann,* in: *Mestmäcker:* (Hrsg.) Offene Rundfunkordnung, S. 163, 182.

[434] Vgl. BVerfGE 5, S. 85 ff., 204 ff., 20, S. 56 ff., 97; *Ricker/Müller-Malm* ZUM 1987, S. 213; *Stern,* Staatsrecht, Bd. 1, § 18 II 16; *Hesse,* Grundzüge der Verfassung, § 5 II 3.

[435] Vgl. BVerfGE 57, S. 295 ff., 321; 60, S. 53 ff., 62.

[436] BVerfGE 73, S. 118 ff., 157 f.; vgl. *Ricker* ZUM 1989, S. 331.

[437] BVerfG NJW 1987, S. 241.

[438] BVerfGE 7, S. 198 ff., 208; 20, S. 56, 97 f.; 27, S. 71, 81 ff.; 34, S. 202, 221.

[439] Vgl. BVerfG NJW 1981, S. 240; BVerfGE 35, S. 202 ff., 222; *Ricker/Müller-Malm* ZUM 1987, S. 210.

Die Mitwirkung des Rundfunks als Medium und Faktor in dem permanenten Prozeß der öffentlichen Meinungs- und Willensbildung beschränkt sich nicht nur auf Nachrichtensendungen, politische Kommentare, Sendereihen über politische Probleme der Vergangenheit, Gegenwart und Zukunft,[440] sondern umfaßt auch kulturelle Sendungen (Konzerte, Fernsehspiele, Theater) und Bildungsprogramme (z.B. Schulfernsehen) sowie Sendungen aus dem Bereich der Unterhaltung, wie etwa Spielfilme, Kabarett, Revuen und Show-Sendungen.[441]

Im Rahmen der Grundversorgung wird die Programmfreiheit der Rundfunkanstalten als **92** Recht zur strukturellen Gewichtung der Sparten sowie der Art und Form der Darstellung der Sendeinhalte[442] zunächst durch die klassische Grundfunktion und ihre besondere kulturelle Verpflichtung begrenzt.[443]

Der zur Ausstrahlung zu bringenden Palette an Programmfarben in möglichster Breite und Vollständigkeit wird der öffentlich-rechtliche Rundfunk deshalb nur dann gerecht, wenn er auch *anspruchsvolle kulturelle Sendungen* anbietet, die nur für einen Teil der Zuschauer von Interesse sind, mit denen aber erst die gesamte Bandbreite umfassender Information der Teilnehmer zu erreichen ist. Sie stehen somit gleichzeitig unter der Bedingung akzeptabler Sendezeiten, die nicht zu einem Ausschluß der interessierten Zielgruppe führen. Hierfür Sendeplätze nur nach Mitternacht vorzusehen, entspräche deshalb nicht einer ordnungsgemäßen Erfüllung des Programmauftrages und der kulturellen Verantwortung des öffentlich-rechtlichen Rundfunks.[444] Dem können die Rundfunkanstalten auch nicht den Einwand der besonderen Kostenintensität und mangelnden Popularität solcher Sendungen entgegenhalten. Gerade wegen der finanziell aufwendigen Absicherung durch die *Gebühreneinnahmen*[445] hat das Bundesverfassungsgericht deren Verpflichtung auch zu finanziell aufwendigen Programmen für Minderheiten hervorgehoben.[446]

Darüber hinaus steht die Freiheit der Programmgestaltung vor allem auch insoweit nicht **93** im Belieben der Rundfunkanstalten, als sie nicht mit der Absicht einer *Duplizierung* der privaten Angebote ihre Programme zunehmend um massenattraktive Sendungen vermehren dürfen.[447] Ein solches Programmverhalten des öffentlich-rechtlichen Rundfunks ist vor allem deshalb unvereinbar mit seiner Aufgabe zur Grundversorgung, da entgegen der Verpflichtung zur Erfüllung *der klassischen Programmfunktion* mit inhaltlicher Diversifizierung ein vielfaltsverengendes „*more of the same*" angeboten wird.[448]

Dem widerspricht das Bundesverfassungsgericht auch in seinem 8. Rundfunkurteil. Im Zusammenhang mit der Ausgestaltung der Gebührenfinanzierung hat es festgestellt, daß sich die Alimentation des Gesetzgebers auf das zur Funktionserfüllung erforderliche Maß zu beschränken hat. Bei den Bedarfsanmeldungen der Rundfunkanstalten mindernd zu berück-

---

[440] Vgl. BVerfGE 35, S. 202 ff., 222; S. 205 ff., 260.

[441] Vgl. BVerfGE 35, S. 202 ff.; 73, S. 118 ff., 158; 74, S. 295 ff., 324 f.; ähnlich der italienische Verfassungsgerichtshof, Urteil Nr. 826/1988; siehe hierzu *Schellenberg,* Jahrbuch für Italien. Recht, Bd. 4, S. 129 ff.; siehe auch unten unter F Rdz. 1 ff., 14 ff.

[442] Vgl. BVerfGE 87, S. 181 ff., 203; 90, S. 60 ff., 88 f.; siehe zur Programmfreiheit unten unter F Rdz. 3 ff. und Rdz. 25 ff.

[443] Vgl. *Berg* AfP 1987, S. 460; *Badura* JZ 1987, S. 180 ff., *Grimm* VDStRL (42) 1984, S. 46 ff., 48; *Ricker* ZUM 1989, S. 334.

[444] Vgl. *Ricker* ZUM 1989, S. 334; vgl. die berechtigte Kritik zur Verlagerung kultureller Sendungen auf ungünstige Sendezeiten von *Weidner* SZ vom 6. 9. 1991; vgl. *Engel,* in: VPRT (Hrsg.), Öffentlich-rechtlicher Rundfunk, S. 12 f., 16 f.; *Gersdorf* AfP 1992, S. 338 ff., 340.

[445] Vgl. *Kull* AfP 1987, S. 468.

[446] Vgl. *Ricker* ZUM 1989, S. 335.

[447] Vgl. *Stettner* ZUM 1990, S. 336; *Kresse,* in: VPRT (Hrsg.), Öffentlich-rechtlicher Rundfunk und Werbefinanzierung, S. 79 f.; *Starck,* ebd., S. 21, 25 f.; *Mestmäcker,* Verh. 56. DJT 1986, Manuskript S. 25; FAZ vom 18. 11. 1994, Nr. 315, S. 18; *Bullinger* JZ 1990, S. 261; 928; *Merten,* Konvergenz der deutschen Fernsehprogramme, Eine Langzeitstudie 1980–1993, S. 61, 65, 67.

[448] Vgl. *Ricker* ZUM 1989, S. 335; siehe auch oben unter C Rdz. 96.

sichtigen sind dabei neben anderen Kriterien[449] der bereits vorhandene *Informationszugang* der Rundfunkteilnehmer.[450] Ein Mehr an massenattraktiven Sendungen, von denen bereits genügend verbreitet werden, liegt deshalb auch nach dieser Rechtsprechung nicht mehr im finanziellen Rahmen der Grundversorgung.

Freilich bedeutet dies nicht, daß dem öffentlich-rechtlichen Rundfunk prinzipiell Unterhaltungssendungen untersagt werden sollen.[451] Wie das Bundesverfassungsgericht in seinem 6. Rundfunkurteil verdeutlicht hat, bedeutet die Grundversorgung und ihre Zuweisung an den öffentlich-rechtlichen Rundfunk in der gegenwärtigen Situation keine Grenzziehung in dem Sinne, daß den privaten Veranstaltern vorrangig die hohe Reichweiten versprechende Unterhaltung und dem öffentlich-rechtlichen Rundfunk nur die akzeptanzschwachen Bildungs- und Kultursendungen zukommen.[452]

Dem ist insoweit zuzustimmen, als der öffentlich-rechtliche Rundfunk auf massenattraktive „*Zugnummern*", insbesondere aus dem Unterhaltungsbereich, nicht gänzlich verzichten soll. Seine Aufgabe liegt bereits aufgrund der „Vergesellschaftung" in der Veranstaltung von Rundfunk für alle, weshalb er auch weiterhin ein ins Gewicht fallendes Publikum mit seinen Sendungen erreichen können muß.[453] Ausgeschlossen ist nur seine Ausrichtung an den konkreten privaten Angeboten, mit denen er die Chance inhaltlicher Vielfalt ausschlägt,[454] die gerade den verfassungsrechtlichen Charakter des dualen Rundfunksystems ausmacht.[455]

b) Tätigkeiten der Rundfunkanstalten außerhalb der Grundversorgung

94   Das Bundesverfassungsgericht hat in seiner Rechtsprechung offengelassen, *welche Programme* der Rundfunkanstalten der *unerläßlichen Grundversorgung* zugerechnet werden können: Diese Frage lasse sich jedenfalls nicht isoliert für einzelne Programme oder Programmteile beantworten, weil Grundversorgung stets eine Mehrzahl von Programmen voraussetzt.[456] Eine Eingrenzung hat das Gericht aber insoweit vorgenommen, als nach seinen Feststellungen „*zumindest der Bestand der im Zeitpunkt des 4. Rundfunkurteils terrestrisch verbreiteten öffentlich-rechtlichen Programme*" dazugehöre.[457] Diese Feststellung steht freilich unter dem Vorbehalt, daß die Rundfunkfreiheit „situativ" zu verstehen ist und somit neuen Schlußfolgerungen offensteht.[458]
     Gerade im Programmbereich wird es schwierig sein, etwa durch eine genaue Festschreibung der Programmanzahl oder der Programmart den Rundfunkauftrag näher zu bestimmen.[459] Von daher dürfte auch der Ansatz des Bundesverfassungsgerichts im 4. Rundfunkurteil, den Umfang der Grundversorgung mit den damals verbreiteten Programmen des öffentlich-rechtlichen Rundfunks zu bestimmen, nur für den Zeitraum des Erlasses des Urteils im Jahre 1986 gelten. Dies hat das Gericht in seinem 6. Rundfunkurteil dann auch ausdrücklich bestätigt.[460]

---

[449] Dazu gehören Kosteneinsparungen durch Rationalisierungsmöglichkeiten und auch die Vermögensinteressen der Gebührenzahler; siehe hierzu näher oben unter C Rdz. 94, 96.

[450] Vgl. BVerfGE 90, S. 60 ff., 100; *Ricker* NJW 1994, S. 2199 f.; siehe auch oben unter C Rdz. 95.

[451] Zu solchen Bedenken vgl. *Berg* Media Perspektiven 1987, S. 690; zur Frage der inhaltlichen Bestimmung des Grundversorgungsauftrags vgl. auch *Libertus* ZUM 1995, S. 699 ff.

[452] Vgl. BVerfGE 83, S. 238 ff., 297; *Libertus*, Grundversorgungsauftrag und Funktionsgarantie, S. 91.

[453] Vgl. *Grimm* RuF 1987, S. 25 ff., 35; *Ricker* ZUM 1989, S. 335; *Hesse*, Rundfunkrecht, S. 34; *Libertus*, Grundversorgungsauftrag und Funktionsgarantie, S. 91.

[454] Vgl. *Brandt/Fix* Media Perspektiven 1985, S. 342 ff., 350 m. w. N.; *Bullinger* JZ 1987, S. 930; *Ricker* ZUM 1989, S. 336; *ders.* NJW 1994, S. 2199 f.

[455] Vgl. BVerfGE 73, S. 118 ff., 296; 83, S. 238 ff., 286; 90, S. 60 ff., 95 f.

[456] Vgl. BVerfGE 74, S. 326, 327, 329.

[457] BVerfGE 74, S. 326 f., 329; vgl. *Kull* AfP 1987, S. 464; *Bullinger* JZ 1989, S. 919 ff., 929; *Schmitt Glaeser* DVBl. 1987, S. 180 ff., 184; *Römer* Verwaltungsrundschau 1989, S. 356; *Ricker* ZUM 1989, S. 336; *Starck*, in: VPRT (Hrsg.), Öffentlich-rechtlicher Rundfunk und Werbefinanzierung, S. 21 f.

[458] Vgl. BVerfGE 73, S. 118 ff., 156, 163.

[459] Vgl. *Fuhr* ZUM 1987, S. 145 ff., 151 ff; *Berg* Media Perspektiven 1987, S. 265 ff., 273; *Kresse* ZUM 1995, S. 67 ff., 76; *Starck* NJW 1992, S. 3257, 3259.

[460] BVerfGE 83, S. 238 ff., 299.

Wenn also den Bestrebungen einer Präzisierung des Begriffs der Grundversorgung mit Skepsis begegnet werden muß, bedeutet dies jedoch nicht, daß dieser damit in der freien Verfügung der Anstalten stehen könnte. Vielmehr hat das Bundesverfassungsgericht vor allem in seinem 8. Rundfunkurteil zusätzliche Grenzen aufgezeigt, die freilich nicht mit einer näheren Festschreibung des Begriffs verbunden sind, sondern auf indirektem Wege erfolgen. In der Erkenntnis, daß auf dem Gebiet des Rundfunks wegen seiner Bindung an situative Gegebenheiten Konkretisierungen allenfalls für einen bestimmten Zeitpunkt gelten können oder sogar überhaupt entfallen müssen, hat das Gericht den „Grundrechtsschutz durch Verfahren" im Bereich der Rundfunkfreiheit verdeutlicht.[461] Bezogen auf die Grundversorgung bedeutet dies, daß zur Finanzierung des öffentlichrechtlichen Rundfunks neben anderen Kriterien dasjenige zählt, was „zur Grundversorgung erforderlich" ist. Die Entscheidung hierüber wird, wie dargelegt, nicht begrifflich konkretisiert, sondern an seine Stelle tritt die Bewertung durch ein sachverständiges, politikfreies Gemium.[462] Damit wird über die Finanzierung des öffentlich-rechtlichen Rundfunks jeweils von Fall zu Fall eine Entscheidung erreicht werden.

Dogmatisch mag dieses Ergebnis unbefriedigend sein. Es ist aber im Rahmen der Rundfunkordnung nicht nur hier, sondern auch an anderer durchaus bedeutsamer Stelle anzutreffen. Erinnert sei nur etwa an die Frage der Ausgewogenheit des Programms, die den Rechtsvorschriften nach auch nur in Ansätzen, inhaltlich im wesentlichen aber durch gesellschaftlich relevante Gruppen beantwortet wird.[463]

Immerhin ist aber aus der Rechtsprechung abzuleiten, daß die Aufgabe der Grundversorgung nicht sämtliche Aktivitäten der öffentlich-rechtlichen Rundfunkanstalten umfaßt. Darüber hinaus hat das Bundesverfassungsgericht aber ausdrücklich anerkannt, daß der öffentlich-rechtliche Rundfunk auch Programme veranstalten kann, die nicht Teil der Grundversorgung sind.[464]

Die Differenzierung ist deswegen rechtlich relevant, weil einerseits nur die Programme der Grundversorgung den spezifischen verfassungsrechtlichen Schutz genießen.

Zum anderen stellt sich aber auch die Frage, ob es nicht doch auch Schranken für die Veranstaltung von Programmen außerhalb der Grundversorgung gibt.

Damit ist zu erörtern, welche Programme nicht zur Grundversorgung gehören. Dabei ist zwischen eigenen zusätzlichen Programmen und weiteren Programmen in Kooperation mit anderen, vor allem mit privaten Veranstaltern zu unterscheiden.

aa) Eigene zusätzliche Programme

Vor allem im Hörfunkbereich ist der öffentlich-rechtliche Rundfunk dazu übergegangen, **95** zunehmend Spartenprogramme zu positionieren. Darüberhinaus werden von den Anstalten aber auch Fernseh-Spartenprogramme verbreitet, wie etwa 3-Sat und Arte.[465]

Das Bundesverfassungsgericht hat in seinem 5. Rundfunkurteil dargelegt, daß sich die Spartenprogramme nicht zur unerläßlichen Grundversorgung zurechnen lassen, da sie sich nur an einen begrenzten Teilnehmerkreis richten würden und auch thematisch begrenzt seien, so daß sie für sich genommen umfassende Information und Meinungsbildung nicht ermöglichten.[466] Das Gericht hat damit die integrative Funktion des öffentlich-rechtlichen Rundfunks verdeutlicht, die von Spartenprogrammen gerade nicht geleistet werden kann.

---

[461] BVerfGE 90, S. 60ff., 96.
[462] BVerfGE 90, S. 60ff., 103.
[463] Siehe hierzu unter F Rdz. 26 f.
[464] Vgl. BVerfGE 74, S. 297 ff., 332; siehe hierzu unten unter F Rdz. 18 ff.
[465] Vgl. § 19 RStV; zu der Entscheidung von ARD und ZDF zur Veranstaltung eines Ereignis- und Parlaments sowie eines Kinderkanals siehe epd/Kifu Nr. 9 v. 04.02.1996, S. 15 f.; *Kresse* ZUM 1996, S. 62 f.; *Scholz* AfP 1995, S. 357 ff., 361; FAZ v. 28.06.1996; siehe auch unten unter F Rdz. 18.
[466] Vgl. BVerfGE 74, S. 297 ff., 345.

96   Allerdings differenziert das Gericht insoweit, als Programme im Kultur- und Bildungsbereich den klassischen Auftrag des Rundfunks wahrnehmen.[467] Von daher dürften diese nach der Entscheidung des Gerichts der Grundversorgung zuzurechnen sein.

Im übrigen hat das Gericht einem „Verspartungsverbot" eine Absage erteilt.[468] Dies bedeutet freilich nicht, daß insoweit kein Gesetzesvorbehalt besteht. Selbst unter Beachtung der Programmfreiheit der Anstalten, wonach diese Art und Umfang ihrer Angebote selbst feststellen,[469] dürften jedenfalls nationale Spartenangebote wegen ihrer Auswirkung auf die Rundfunkstruktur insgesamt von wesentlicher Bedeutung sein.[470]

97   Zur Grundversorgung gehören nach der Rechtsprechung des Bundesverfassungsgerichts in dem 5. Rundfunkurteil nicht *zusätzliche* Programme der Rundfunkanstalt im *regionalen und lokalen Bereich*.[471] Dabei geht das Gericht davon aus, daß zur Sicherung der Informations- und Meinungsfreiheit eine eigene, nur auf die lokalen oder regionalen Ereignisse abstellende Grundversorgung nicht notwendig sei. Dem ist schon deshalb zuzustimmen, da sich durch die örtliche Presse, vor allem aber durch die im lokalen Bereich besonders ausgebreitete persönliche Kommunikation als direktes Kommunikationsmittel eine Grundversorgung durch Rundfunk im Dienste der Informations- und Meinungsfreiheit erübrigt.[472] Das Bundesverfassungsgericht hat aber ihre Veranstaltung unter dem Aspekt der Rundfunkfreiheit für zulässig erklärt, da sie ebenfalls zur Meinungsvielfalt beitragen und den publizistischen Wettbewerb mit den privaten Programmen effektuieren.[473] In dem 5. Rundfunkurteil hat das Gericht etwa den Süddeutschen Rundfunk für berechtigt angesehen, *Regionalprogramme* zu verbreiten, ohne daß für deren Veranstaltung eine Ermächtigung des parlamentarischen Gesetzgebers vorliegt. Freilich ist auch hier wiederum auf den Vorbehalt der Finanzierbarkeit zu verweisen.[474]

98   Nach der Rechtsprechung des Bundesverfassungsgerichts ist der Staat aufgrund seiner Verpflichtungen aus der institutionellen Garantie der Rundfunkfreiheit zu einer „*funktionsgerechten Finanzierung*" des öffentlich-rechtlichen Rundfunks verpflichtet, „*soweit und solange dieser die Grundversorgung erfüllt*".[475] Die Veranstaltung aller weiteren über die Grundversorgung hinausgehenden Programme setzt den Einsatz finanzieller Mittel voraus, die aus dem allgemeinen Haushalt gedeckt werden müssen und damit die im Rahmen der Grundversorgung bereitgestellte Finanzierung belasten. Somit wird dem Staat aufgrund seiner Gewährleistungspflicht für die funktionsgerechte Finanzierung der Anstaltstätigkeiten eine mit jedem weiteren neuen Programm der Anstalt wachsende Nachschußverpflichtung auferlegt. Wie das Bundesverfassungsgericht in seinem 8. Rundfunkurteil herausgestellt hat, hat der Staat die Finanzierung aber nur in dem Umfange sicherzustellen, der für die Grundversorgung „erforderlich" ist.[476] Andere Programme außerhalb dieses verfassungsrechtlich geschützten Bestandes sind demgemäß nicht mehr von der Finanzierungsgarantie umfaßt. Für diese muß sich die öffentlich-rechtliche Rundfunkanstalt anderer zulässiger Finanzierungsquellen bedienen.

Dabei ist anzumerken, daß finanzielle Umschichtungen zugunsten von Programmen außerhalb der Grundversorgung kaum in Betracht kommen dürften. Durch die Maßgabe der „*Erforderlichkeit*" hat das Gericht das Finanzierungsvolumen auf die Programme der Grund-

---

[467] Vgl. BVerfGE 74, S. 297 ff., 346.

[468] Vgl. BVerfGE 74, S. 297 ff., 346; siehe auch unten unter F Rdz. 18.

[469] Vgl. BVerfGE 87, S. 181 ff., 203; 90, S. 60 ff., 95 f.

[470] Vgl. hierzu unten unter F Rdz. 19 f.

[471] Vgl. BVerfGE 74, S. 297 ff., 353; vgl. *Ricker* ZUM 1989, S. 334; siehe hierzu auch unter F Rdz. 21.

[472] Vgl. *Sandmann*, in: BDZV-intern vom 6. 11. 1992, S. 2 f.

[473] Vgl. BVerfGE 74, S. 297 ff., 313 ff.

[474] Vgl. BVerfGE 74, S. 297 ff.; BVerfG ZUM 1992, S. 624; siehe auch oben unter C Rdz. 91, 93 ff.

[475] Vgl. BVerfGE 74, S. 297 ff., 342; 83, S. 238 ff.; 298.

[476] Vgl. BVerfGE 90, S. 60 ff., 95 f.; vgl. hierzu näher oben unter C Rdz. 93.

versorgung konzentriert und damit aber auch beschränkt. Bei der Festlegung des notwendigen Finanzierungsumfanges auf der Grundlage der Bedarfsanmeldungen des öffentlich-rechtlichen Rundfunks sind auch die verfügbaren *Werbeeinnahmen einzubeziehen.* Von daher werden mit den Werbeeinkünften auch diejenigen Programme mitfinanziert, die zur Grundversorgung gehören. Damit ist aber ausgeschlossen, daß der öffentlich-rechtliche Rundfunk die ihm zufließenden Werbegelder ausschließlich für weitere neben der Grundversorgung veranstaltete Programme verwendet.[477]

Eine weitere Beschränkung erfährt die Befugnis, über die Programmanzahl zu bestimmen, nach der Rechtsprechung des Bundesverfassungsgerichts in dem 5. Rundfunkurteil auch dadurch, daß bei den nur noch begrenzten terrestrischen Übertragungskapazitäten wie auch denjenigen in Kabelanlagen der öffentlich-rechtliche Rundfunk für Programme außerhalb der Grundversorgung *keinen Vorrang* beanspruchen kann und gegebenenfalls gegenüber dem privaten Rundfunk verzichten muß.[478] Insgesamt kann daher festgestellt werden, daß für solche Programme, die außerhalb der Grundversorgung liegen und für die keine ausdrückliche Ermächtigung des Landesgesetzgebers vorliegt, wenig Realisierungsmöglichkeiten bestehen dürften.

bb) Gemeinschaftsprogramme mit privaten Veranstaltern

Einigen Rundfunkanstalten sind ausdrücklich Programmkooperationen mit privaten   **99** Veranstaltern unter gesellschaftsrechtlicher Beteiligung gesetzlich gestattet.[479] Anders als bei Programmkooperationen der Rundfunkanstalten untereinander,[480] handelt es sich bei dem Träger des Gemeinschaftsprogramms, an dem sich die öffentlich-rechtliche Anstalt als Gesellschafter beteiligen darf, um ein *privates Rundfunkunternehmen.* Nach der Rechtsprechung des Bundesverfassungsgerichts hat aber der öffentlich-rechtliche Rundfunk *selbst* die Grundversorgung *ungeschmälert zu leisten.*[481] Das Gemeinschaftsprogramm wird jedoch nach den Vorschriften für das private Rundfunksystem zugelassen und beaufsichtigt. Es gehört von daher nicht zum Bereich des öffentlich-rechtlichen Rundfunks und somit auch nicht zur Grundversorgung.

Neben dieser Einschränkung, die den Stellenwert der Gemeinschaftsprogramme betrifft,   **100** hat aber das BVerfG in seinem 6. Rundfunkurteil, in dem es um die Zulässigkeit einer Beteiligung des WDR an privaten Veranstaltern ging, weitere *Schranken* einer solchen *Kooperation* bestimmt: Zunächst hat das Gericht verlangt, daß für eine Kooperation des öffentlich-rechtlichen Rundfunks mit privaten Veranstaltern zum Zweck eines Gemeinschaftsprogramms eine ausdrückliche gesetzliche Ermächtigung vorliegt.[482] Den Gesetzesvorbehalt hat das Gericht zu Recht damit begründet, daß eine solche Zusammenarbeit beider Glieder des dualen Rundfunksystems die Ausgestaltung der Rundfunkordnung und den „*Kernbereich der Rundfunkveranstaltung*" betreffe. Deshalb habe der parlamentarische Gesetzgeber selbst darüber zu entscheiden.[483]

Weiterhin hat das Bundesverfassungsgericht bei einer gemeinsamen Veranstaltung eine   **101** „*Programmsegmentierung*" gefordert. Verfassungsrechtlich geboten sei die für den Zuschauer

---

[477] Vgl. BVerfGE 87, S. 181 ff., 199 f.

[478] Vgl. BVerfGE 74, S. 295 ff., 351 f.

[479] Vgl. etwa § 3 WDR-Gesetz; § 40 a LRG-Saarland; hingegen haben andere Länder die Zusammenarbeit ausdrücklich eingegrenzt und vor allem eine unternehmensrechtliche Fusion ausgeschlossen, vgl. etwa § 4 Abs. 1, § 17 LMG Baden-Württemberg; § 11 Abs. 2 Mecklenburg-Vorpommern; *Bullinger/Gödel*, LMG Baden-Württemberg, Komm., § 13 Abs. 4; zur Abgrenzung Auftrags- und Koproduktion, Programmzuführung und -austausch sowie Gemeinschaftsprogramme siehe näher unten unter F Rdz. 39 ff.

[480] Vgl. Art. 2 § 1 RStV.

[481] Vgl. BVerfGE 83, S. 238 ff., 306.

[482] Vgl. BVerfGE 83, S. 238 ff., 286 f.

[483] Vgl. BVerfGE 83, S. 238 ff., 286.

deutlich erkennbare Trennung der von dem öffentlich-rechtlichen Rundfunk bzw. dem privaten Veranstalter verantworteten Programmbeiträge.[484] Die beiden Beteiligten des Gemeinschaftsprogrammes unterschieden sich in ihrer Organisations-, Finanzierungs- und Wirtschaftsform. Bei einer solchen Kooperation bestehe deshalb die *„Gefahr einer Umgehung oder Abschwächung der jeweiligen Bindungen und Pflichten des öffentlich-rechtlichen und des privaten Rundfunks“*.[485] Damit der öffentlich-rechtliche Rundfunk seine Grundversorgungsaufgabe ungeschmälert erfülle,[486] müsse der Gesetzgeber verhindern, daß bei einer Veranstalterkooperation oder einer sonstigen gemeinschaftlichen Programmträgerschaft der Auftrag des öffentlich-rechtlichen Rundfunks nicht auf diese Weise *„von anderen, insbesondere tendenziösen oder kommerziellen Orientierungen überlagert und schließlich ausgehöhlt werde“*.[487]

Demgemäß hat das Bundesverfassungsgericht es für rechtens aber auch für erforderlich angesehen, daß insoweit der öffentlich-rechtliche Rundfunk einen hinreichenden Einfluß auf die Geschäftsführung nehmen kann.

Andererseits hat das Gericht aber auch festgestellt, daß es nicht zu einer Vermengung der Aufgaben des öffentlich-rechtlichen und des privaten Rundfunks kommen darf. Deswegen hat es die Verfassungsmäßigkeit der Bestimmung[488] bejaht, wonach sich der WDR am privaten Rundfunk mit höchstens 33 % beteiligen darf.[489]

102 Das Gericht hatte zwar in dem 6. Rundfunkurteil nur über die rundfunkrechtliche Zulässigkeit der konkreten Regelung in Nordrhein-Westfalen zu befinden. Der Grenzwert von höchstens 33 % könnte aber aus anderen Gründen, vor allem des Kartellrechts[490], auf 25 % zu reduzieren und somit auch in denjenigen Ländern die Obergrenze sein, in denen eine solche Limitierung fehlt. Eine Beteiligungsquote von über 50 % wäre jedenfalls unzulässig, da sie statt der nach dieser Rechtsprechung vorausgesetzten *„Minderheitsrolle“* der öffentlich-rechtlichen Anstalt vorherrschenden Einfluß ermöglichen würde.[491] Aber auch bereits eine auf einen *33%igen Anteil* an dem privaten Veranstalterunternehmen beschränkte Partizipation des öffentlich-rechtlichen Rundfunks begegnet grundsätzlichen Bedenken, weil sie mit den verfassungsrechtlichen Anforderungen des dualen Rundfunksystems in unlösbarem Widerspruch steht: Die Beteiligung des öffentlich-rechtlichen Rundfunks an privaten Veranstaltern führt zu einer *„Vermischung“* beider Systeme,[492] die vor allem *aus zwei Gründen* problematisch ist:

---

[484] Vgl. BVerfGE 83, S. 238 ff., 286; siehe ausführlich zu den Voraussetzungen einer Kooperation des öffentlich-rechtlichen Rundfunks mit privaten Veranstaltern unter dem Aspekt des Segmentierungsgebotes unten unter F Rdz. 39 f.

[485] Vgl. BVerfGE 83, S. 238 ff., 305 f.

[486] Vgl. BVerfGE 83, S. 238 ff., 306 unter Verweis auf BVerfGE 73, S. 318 ff., 157 ff.; 74, S. 297 ff., 323 ff.

[487] BVerfGE 83, S. 238 ff., 306.

[488] Vgl. § 6 Abs. 2 LRG a. F. Nordrh.-Westf.; freilich hätte diese Grenze aus wettbewerbsrechtlichen Gründen noch tiefer abgesenkt werden müssen; vgl. KG Berlin in AfP 1991, S. 747; vgl. jetzt § 6 Abs. 4 LRG Nordrh.-Westf.

[489] Vgl. BVerfGE 83, S. 238 ff., 309; siehe hierzu auch unten unter F Rdz. 41.

[490] Vgl. KG Berlin AfP 1991, S. 747.

[491] Vgl. etwa § 6 Abs. 2 a. F. LRG Rh.-Pf., der eine Beteiligung bis zur Grenze des § 15 AktG und damit unter dem Vorbehalt keines sonstigen beherrschenden Einflusses bis zur Grenze der Anteilsmehrheit, vgl. § 15 i. V. m. § 16 AktG, und somit bis zu 50% erlaubte; vgl. amtl. Begr. zum Gesetzentwurf der Landesreg. in Lt-Ds. 12/930, S. 83; vgl. dazu die Stellungnahme von *Ricker* in der Anhörung vom 30. 5. 1992, der vor allem auf den Widerspruch zu dem Sinn des dualen Rundfunksystems abhebt.

[492] Vgl. *Lerche* AfP 1984, S. 183 ff.: *Schmitt Glaeser* DVBl. 1989, S. 234; *Ricker*, in: *Pieper/Hadamik*, (Hrsg.), Das WDR-Gesetz und das Landesrundfunkgesetz Nordrhein-Westfalen, 1993, S. 27 f., 325; vgl. auch die Stellungnahme von *Ricker* zu § 6 Abs. 2 LRG Rh.-Pf. in LT-Ds. 12/930, S. 84; siehe auch oben unter C Rdz. 58 ff., 62 f.

Zum einen hatte die Einführung privaten Rundfunks den Sinn, hiermit einen eigenstän- **103** digen Beitrag zum Meinungsmarkt zu ermöglichen und damit den Meinungspluralismus zu stärken. Mit den hinzugekommenen andersartig organisierten Veranstaltern soll ein *Wettbewerb* entstehen, der vor allem auch bezweckt, die wechselseitigen Defizite sichtbar zu machen und Alternativen zu eröffnen.[493] Etwa im Hinblick auf die in der Vergangenheit zu verzeichnende Unmöglichkeit, das ausufernde *Finanzgebaren* des öffentlich-rechtlichen Rundfunks in sachgerechten Grenzen zu halten, kann allein schon die Existenz konkurrierender Veranstalter wichtige Aufschlüsse für eine kostenbewußte Programmerstellung und einen angemessenen Repräsentations- und Verwaltungsaufwand der Anstalten liefern.[494] Beteiligungen des öffentlich-rechtlichen Rundfunks an privaten Veranstaltern würden dagegen die durch den publizistischen und wirtschaftlichen Wettbewerb geförderte *Transparenz* des Systems zunichte machen.

Darüber hinaus führt die „*Vermischung*" des öffentlich-rechtlichen und privaten Rund- **104** funks aber auch zu einer *Wirkweise* des Massenmediums, die dem Meinungspluralismus abträglich ist. Unter der alleinigen Herrschaft des öffentlich-rechtlichen Monopols hatten sozialwissenschaftliche Untersuchungen ergeben, daß den Sendungen der Anstalten oftmals vom Publikum ein „*quasi amtlicher Charakter*" und damit eine besondere Glaubwürdigkeit zugemessen wurde.[495] Außerdem wurde festgestellt, daß durch die beschränkte Programmauswahl des Rundfunkmonopols die Möglichkeit einer *selektiven Wahrnehmung* der Rezipienten vermindert wird, wodurch sich ein besonderes Beeinflussungspotential ergibt.[496] Gestützt auf die durchaus positiven Erfahrungen mit der Auflockerung des Sendemonopols durch die Zulassung privaten Rundfunks, etwa in Großbritannien,[497] und die publizistik-wissenschaftlichen Analysen wurde deshalb die Folgerung gezogen, daß der Meinungsfreiheit besser gedient sei, wenn durch zusätzliche, privat veranstaltete Programme die Angebotsvielfalt für die Rundfunkteilnehmer vergrößert werde.[498]

Auch das Bundesverfassungsgericht hat im 4. Rundfunkurteil ausdrücklich darauf abgehoben, daß der Sinn des dualen Rundfunksystems darin liege, daß durch den publizistischen Wettbewerb zwischen den öffentlich-rechtlichen und den privaten Programmen die Vielfalt erhöht und damit die der freien Meinungsbildung dienende Funktion effektuiert werde.[499] Diesem Ziel einer Vielfaltserweiterung durch die eigenständigen Beiträge des öffentlich-rechtlichen und des privaten Rundfunks steht aber eine gemeinsame Programmveranstaltung unter einer gesellschaftsrechtlichen Beteiligung gerade entgegen. Die Optimierung des Meinungsmarktes als causa der institutionellen Garantie des Staates für ein freies Rundfunkwesen[500] wird damit verfehlt und steht somit im Widerspruch zu Art. 5 Abs. 1 Satz 2 GG.

---

[493] Vgl. *Weirich,* in: *Ricker/Weirich,* Mediengesetz-Entwurf der CDU-Hessen, 1983, S. 9; Medienpapier der CDU/Medienkommission 1974.

[494] Vgl. etwa die Kritik des Landesrechnungshofes an der Haushaltsführung und Ausgabenpolitik des Hessischen Rundfunks, FAZ vom 16. 3. 1993, 17. 4. 1992 und 21. 9. 1990, und des Landesrechnungshofes Rheinland-Pfalz hinsichtlich der Haushaltsführung des ZDF, veröffentlicht in „Welt am Sonntag" vom 5. 11. 1989, 12. 11. 1989 und 19. 11. 1989; vgl. auch *Ricker* AfP 1990, S. 173 ff., 176.

[495] Vgl. *Stern/Bethge,* Öffentlich-rechtlicher und privatrechtlicher Rundfunk, S. 51; *Lieb,* Kabelfernsehen und Rundfunkgesetze, S. 219 m. w. N.; *Noelle-Neumann,* Öffentlichkeit als Bedrohung, S. 115 ff., 118 ff. m. w. N.; siehe oben C Rdz. 58 ff.

[496] Vgl. *Noelle-Neumann,* Öffentlichkeit als Bedrohung, S. 115 ff., 118 f. m. W. N.; siehe näher oben C Rdz. 60 f.

[497] Vgl. Report of the Committee of the Future of Broadcasting, Annan-Report HMSO 1979.

[498] Vgl. dazu näher oben C Rdz. 59 ff., Medienpapier der CDU 1974, S. 3 ff.; vgl. *Ricker/Weirich,* Mediengesetz-Entwurf der CDU Hessen, S. 5 ff.; *Schreckenberger,* Zur Entwicklung des Kabelpilotprojektes Ludwigshafen-Vorderpfalz, in Medium 1979, S. 6 ff.

[499] Vgl. BVerfGE 73, S. 118 ff., 204.

[500] Vgl. dazu näher oben B Rdz. 101.

3. Programmpluralismus im privaten Rundfunk

a) Der Grundstandard

105   Der private Rundfunk befand sich nach den Erkenntnissen des Bundesverfassungsgerichts im Zeitpunkt des 4. Rundfunkurteils im Jahre 1986 noch in der Aufbauphase und damit nicht in der Lage, die Grundversorgung zu leisten.[501] Davon geht das Gericht aber auch noch gegenwärtig aus, wobei es auf die Abhängigkeit des Rundfunks von ausreichenden Werbeeinnahmen und die damit notwendige Massenattraktivität seiner Programme abstellt.[502] Aufgrund der tatsächlichen Ausgangssituation verlangt es weiterhin die Einhaltung eines „*Grundstandards gleichgewichtiger Vielfalt*",[503] der sich von den drei wesentlichen Elementen der *Grundversorgung* wie folgt unterscheidet:

aa) Die technische Erreichbarkeit

106   Im Hinblick auf die Anforderungen an den privaten Rundfunk hat sich das Bundesverfassungsgericht zunächst von der von ihm angenommenen „*Sondersituation*"[504] leiten lassen, daß trotz der weiteren technischen Entwicklung der Übertragungsmöglichkeiten eine Versorgung für „*alle*" Teilnehmer weiterhin nur über die terrestrisch verbreiteten Programme möglich ist.[505] Unter der von ihm vorgefundenen Ausgangslage, daß allein der öffentlichrechtliche Rundfunk und nicht die hinzugetretenen privaten Veranstalter über diese terrestrischen Frequenzen verfügen, hat das Bundesverfassungsgericht die Erreichbarkeit für „*alle*" nicht als Anforderung des Grundstandards im privaten Rundfunk gestellt.

bb) Die weltanschauliche Vielfalt

107   Wegen der Abhängigkeit von Werbeeinnahmen als einzigen Finanzierungsquelle und damit der Notwendigkeit massenattraktiver Programme[506] verlangt das Bundesverfassungsgericht von dem privaten Rundfunk einen „*Grundstandard gleichgewichtiger Vielfalt*".[507] Nach dessen Rechtsprechung umfaßt dieser „*die wesentlichen Voraussetzungen von Meinungsvielfalt, die gegen konkrete und ernsthafte Gefährdungen zu schützen sind: Die Möglichkeit für alle Meinungsrichtungen – auch diejenigen von Minderheiten –, im privaten Rundfunk zum Ausdruck zu gelangen, und den Ausschluß einseitigen, in hohem Maße ungleichgewichtigen Einflusses einzelner Veranstalter oder Programme auf die Bildung der öffentlichen Meinung...*".[508] In seinem 6. Rundfunkurteil hat das Gericht zusätzlich ausgeführt, daß die unterschiedliche Finanzierungsart aus Werbeeinnahmen es rechtfertige, „*im privaten Rundfunk nicht gleichhohe Anforderungen zu stellen wie im öffentlich-rechtlichen Rundfunk*".[509] Im Ergebnis hat es die Vorgaben für den darzustellenden Meinungspluralismus *relativiert* und auf ein geringeres Maß *reduziert*.[510]

108   Was die *Angebotsbreite* von meinungsbildenden Sendungen angeht, ist dem Bundesverfassungsgericht zuzustimmen, wenn es infolge der Veranstaltung massenattraktiver Programme durch den privaten Rundfunk hier nur eingeschränkte Möglichkeiten erblickt.[511] Abgesehen von populären Diskussionsveranstaltungen und Meinungsmagazinen entzieht sich dieses Genre einer hohen Rezipientenquote.

---

[501] Vgl. BVerfGE 73, S. 118 ff., 144 f.

[502] Vgl. BVerfGE 87, S. 181 ff., 199 ff.; 90, S. 60 ff., 95 f.

[503] Vgl. BVerfGE 73, S. 118 ff., 160; weitere Anforderungen für den Gesetzgeber sind damit nicht ausgeschlossen, worauf an anderer Stelle, vgl. oben unter B Rdz. 115 ff. und E Rdz. 34 ff. einzugehen sein wird.

[504] Vgl. BVerfGE 73, S. 118 ff., 154.

[505] Vgl. BVerfGE 73, S. 118 ff., 154 f.

[506] Vgl. BVerfGE 73, S. 118 ff., 159 f.

[507] Vgl. BVerfGE 73, S. 118 ff., 159 f.; 83, S. 238 ff., 297, 316.

[508] BVerfGE 73, S. 118 ff., 160.

[509] Vgl. BVerfGE 83, S. 238 ff., 297, 316.

[510] Siehe näher oben unter E Rdz. 88 f.

[511] Vgl. BVerfGE 73, S. 118 ff., 155; 83, S. 238 ff., 287; 87, S. 181 ff.

Andererseits wird der private Rundfunk nicht unverhältnismäßig belastet, wenn von ihm der Verzicht auf *grobe Einseitigkeit*[512] verlangt wird. Sofern er also in seinen Sendungen ein meinungsbildendes Angebot macht, hat er das Gebot der Ausgewogenheit zu beachten und möglichst alle relevanten Ansichten zu Wort kommen zu lassen.[513] Dies erscheint aufgrund der besonderen Gefahren gerechtfertigt, die bei einer einseitigen und damit ungleichgewichtigen Einflußnahme durch die spezifische Artikulation einzelner Meinungsrichtungen für den grundsätzlich offenzuhaltenden Meinungsmarkt zu erwarten wären. Sie brächten die Freiheit des grundrechtlich geschützten Kommunikationsprozesses und des verfassungsrechtlich verankerten Demokratiegebots in Gefahr.[514] Weitere Anforderungen für den Gesetzgeber sind damit nicht ausgeschlossen, worauf an anderer Stelle[515] eingegangen wird.

Zusammengefaßt kann damit festgestellt werden, daß sich die Pflicht zur weltanschaulichen Vielfalt im privaten Rundfunk im Hinblick auf die *Angebotsbreite* meinungsbildender Sendungen gegenüber dem öffentlich-rechtlichen Rundfunk unterscheidet, das Gebot zum Pluralismus aber keine Einschränkung erfährt, wenn er *meinungsbildende Programme* veranstaltet.

cc) Die Spartenvielfalt

Nach der Rechtsprechung des Bundesverfassungsgerichts im 4. Rundfunkurteil kann „*vom*   **109** *privaten Rundfunk kein in seinem Inhalt breit angelegtes Angebot erwartet werden, weil die Anbieter zur Finanzierung ihrer Tätigkeit nahezu ausschließlich auf Einnahmen aus der Wirtschaftswerbung angewiesen sind.*"[516] In dem 5. Rundfunkurteil im Jahre 1987 hat das Gericht bestätigt, daß „*an die Breite des Programmangebots … nicht gleichhohe Anforderungen wie im öffentlich-rechtlichen Rundfunk gestellt werden dürfen.*"[517] Diese Vorgabe wird von den privaten Veranstaltern auch beachtet, indem sie zusätzlich zur Unterhaltung auch Informations- und Bildungssendungen bringen.[518]

Im Hinblick darauf, daß der private Rundfunk in der Aufbauphase aus finanziellen Gründen auf massenattraktive Sendungen angewiesen ist, ist dem Bundesverfassungsgericht zuzustimmen, daß der Grundstandard geringere Anforderungen an die gegenständliche Vielfalt stellt.[519] In seiner jüngeren Rechtsprechung hat das Bundesverfassungsgericht aber festgestellt, daß es dem Gesetzgeber nicht verwehrt ist, auch höhere Anforderungen an die Programmgestaltung zu stellen, worauf an anderer Stelle einzugehen sein wird.[520]

Somit kann zusammenfassend gesagt werden, daß der von den privaten Rundfunkveranstaltern verlangte Grundstandard von der gegenwärtig dem öffentlich-rechtlichen Rundfunk auferlegten Grundversorgung wie folgt abweicht: Aufgrund der unterschiedlichen Ausstattung mit technischen Übertragungswegen verlangt der Grundstandard *nicht* die „*Empfangbarkeit für alle*". Die Vorgaben sind für den darzustellenden *Meinungspluralismus relativiert* und auf ein geringeres Maß zurückgeführt, wonach die weltanschauliche Vielfalt nicht in dem Umfange wie im öffentlich-rechtlichen Rundfunk darzustellen ist. Wenn die privaten Veranstalter jedoch Meinungsbeiträge anbieten, sind sie zur Ausgewogenheit verpflichtet. Wegen der Abhängigkeit von Werbeeinnahmen und damit massenattraktiven Sendungen sind auch die Anforderungen an die *Spartenvielfalt reduziert*. Weitere Anforderungen für den Gesetzgeber sind jedoch nach der jüngeren Rechtsprechung des Bundesverfassungsgerichtes nicht ausgeschlossen.

---

[512] Vgl. BVerfGE 83, S. 238 ff., 286.

[513] Vgl. hierzu näher oben unter E Rdz. 1 f.

[514] Vgl. BVerfGE 73, S. 118 ff., 156, 158 f., 160; 83, S. 283 ff., 305 f., 316, 318; siehe oben unter E Rdz. 1 ff.; C Rdz. 3 f.

[515] Vgl. oben unter E Rdz. 34 ff.

[516] Vgl. BVerfGE 73, S. 118 ff., 155, 162.

[517] BVerfGE 74, S. 297 ff., 325.

[518] Vgl. Medienspiegel Nr. 46 vom 17. 8. 1992, S. 5.

[519] Vgl. BVerfGE 83, S. 238 ff., 318.

[520] Vgl. hierzu oben unter B Rdz. 119 ff. und unten unter F Rdz. 53.

b) Grundversorgung durch Private

110 Im Jahre 1989, im Zeitpunkt des 6. Rundfunkurteils, war die Aufbauphase des privaten Rundfunks noch nicht abgeschlossen. Deswegen hatte das Gericht wohl nochmals den qualitativen Unterschied zwischen dem öffentlich-rechtlichen und dem privaten Rundfunk hervorgehoben. Es hat die geringeren Anforderungen an die Veranstaltung privaten Rundfunks *mittelbar* mit der *Existenz der öffentlich-rechtlichen Anstalten* verbunden und diesen sogar eine besondere verfassungsrechtliche Legitimation zugesprochen, da sie die Grundversorgung gewährleisteten.[521] Dabei ist jedoch zu beachten, daß diese Vorrangstellung der Rundfunkanstalten durch das Gericht ausdrücklich situationsbezogen aufgrund des konkret zu beurteilenden damaligen Sachverhalts erfolgte. Dies kommt nicht zuletzt dadurch zum Ausdruck, daß es auch die Optimierung des Grundstandards zu einem größeren Maß an Vielfalt *ausdrücklich als Ziel* hervorgehoben hat.[522] Gleichzeitig hat es den verfassungsrechtlichen Vorrang des öffentlich-rechtlichen Rundfunks mit dem Vorbehalt versehen, „*soweit und solange von ihm die Grundversorgung gewährleistet wird*".[523]

111 Gerade vor dem Hintergrund dieser situativen Sichtweise des Bundesverfassungsgerichts stellt sich aber die Frage, ob der *private Rundfunk* ebenfalls die *Grundversorgung* leisten kann[524] und welche rechtlichen Konsequenzen sich daraus ergeben. Entscheidend für ihre Beantwortung ist zunächst, wie sich das Rundfunksystem in der Bundesrepublik Deutschland entwickelt, vor allem ob der private Rundfunk ebenfalls auf dem *Weg zur Grundversorgung* ist.

Zum einen ist festzustellen, daß eine immer größere Anzahl privater Hörfunk- und Fernsehprogramme inzwischen terrestrisch empfangen werden kann. Insoweit entspricht der private Rundfunk immer mehr der technisch definierten ersten Voraussetzung der Grundversorgung nach dem 4. Rundfunkurteil.[525]

Hinzu kommen über acht Millionen Satelliten-Empfangsanlagen sowie über 16 Millionen Haushalte, die an *Kabelanlagen* angeschlossen sind.[526] Auch diese Übertragungswege sind im Hinblick auf den Begriff der Grundversorgung von Relevanz: Wie bereits dargestellt wurde, hat das Bundesverfassungsgericht schon 1987 entschieden, daß demnächst bei einer Änderung der Sehgewohnheiten durch einen Wechsel der Bevölkerungsmehrheit von dem terrestrischen zu dem Satellitenempfang auch Satellitenprogramme der Grundversorgung zugerechnet werden könnten.[527] Entscheidend aber dürfte sein, daß die deutliche Zunahme der technischen Reichweiten dazu führte, daß auch die Akzeptanz privater Programme erheblich gestiegen ist. So lagen etwa die führenden bundesweit verbreiteten privaten Fernsehprogramme[528] bereits 1993 nach den Einschaltquoten gleichauf mit den Programmen von ARD und ZDF.[529] Nach der Medien-Nutzung gerade im Fernsehen ist somit der private Rundfunk in der Lage, Grundversorgung zu leisten.[530]

112 Damit stellt sich aber die Frage nach der Erfüllung der beiden anderen Voraussetzungen der Grundversorgung, der *weltanschaulichen Vielfalt* und der *Spartenvielfalt*[531] durch private Rundfunkveranstalter. Zunächst ist in diesem Zusammenhang zu berücksichtigen, daß die

---

[521] BVerfGE 83, S. 238 ff., 276.

[522] BVerfGE 73, S. 118 ff., 158; vgl. BVerfGE 57, S. 295 ff., 320; *Ricker/Müller-Malm* ZUM 1987, S. 208 ff., 213; siehe auch oben unter E Rdz. 1 ff., 105 ff.

[523] Vgl. BVerfGE 83, S. 238 ff., 270, 298, 310; vgl. bereits BVerfGE 73, S. 118 ff., S. 158 f.

[524] Vgl. auch *Bethge* ZUM 1996, S. 467 ff.

[525] Vgl. BVerfGE 73, S. 118 ff., 156; siehe oben E Rdz. 87.

[526] Vgl. Übersicht der MSG Media Servicve GmbH der Telekom 5/1994; Kabel & Satellit, Nr. 12 vom 21. 3. 93, S. 5; siehe hierzu auch unten unter G Rdz. 8 f.

[527] Vgl. BVerfGE 74, S. 297 ff., 353; siehe oben E Rdz. 87 f.

[528] RTL plus und SAT 1.

[529] Vgl. Tendenz 11/1993, S. 20 f.

[530] Vgl. FAZ vom 7. 10. 1992.

[531] Siehe oben E Rdz. 88 ff.

von dem Bundesverfassungsgericht geforderte *weltanschauliche Vielfalt* gerade in den national verbreiteten Programmen bereits gewährleistet sein dürfte.

Nur auf diese überall empfangbaren Angebote kommt es im Rahmen der Grundversorgung an: Wie bereits näher ausgeführt wurde, hat das Bundesverfassungsgericht ausdrücklich auf die *„gebietsbezogenen nationalen Programme"* abgehoben[532] und lokale und regionale Programme ausgeschlossen. Zur Sicherung der Informations- und Meinungsfreiheit sei eine eigene, nur auf die lokalen und regionalen Ereignisse abstellende Grundversorgung nicht notwendig.[533]

Die weltanschauliche Vielfalt der überregionalen und nationalen privaten Rundfunkprogramme wird einmal durch die Rundfunkgesetze gesichert, die zunächst den Binnenpluralismus vorschreiben und danach Außenpluralismus mit der Möglichkeit pointierter weltanschaulicher Standortbestimmung nur zulassen, wenn dadurch die Ausgewogenheit nicht gefährdet wird.[534] Daneben liegt es im eigenen Interesse der Veranstalter, ein weltanschaulich neutrales Programm auszustrahlen, weshalb sie zum Teil erhebliche organisatorische Sicherungen, wie die Festlegung von Statuten über die weltanschauliche Toleranz und die Errichtung von Programmbeiräten mit Vertretern gesellschaftlich relevanter Gruppen, geschaffen haben.[535] Der Grund liegt in dem Bestreben, eine möglichst hohe Einschaltquote und damit einhergehende größere Werbeeinnahmen zu erzielen, die durch einseitige Sendungen mit der Folge mangelnder Zuschauerakzeptanz gefährdet werden könnten.

Bei der Darstellung des Inhalts des Grundstandards wurde darauf verwiesen, daß sich die weltanschauliche Vielfalt privaten Rundfunks im wesentlichen auf die hier dargestellte weltanschauliche Neutralität beschränkt.[536] Grundversorgung wird dagegen nur geleistet, wenn auch ein angemessenes Angebot weltanschaulicher Sendungen bereitgestellt wird. Nur so kann es gelingen, die Vielfalt in möglichster Breite anzubieten.[537]

Doch auch die Angebotsbreite hat sich im privaten Rundfunk seit Beginn seiner Sen- **113** dungen vergrößert. Nach publizistikwissenschaftlichen Untersuchungen hat sich der Anteil der thematisch unter der Rubrik „Nachrichten und Meinungen" erfaßten Beiträge bis Mitte 1994 etwa verdreifacht.[538] Dem kann nicht entgegengehalten werden, daß weltanschaulich geprägte Sendungen im privaten Rundfunk in einer anderen Weise aufbereitet werden als dies bei den öffentlichen-rechtlichen Anstalten üblich ist. Selbst wenn wie etwa in Talk-Shows ein größeres Gewicht auf die Publikumsnähe gelegt werden sollte, ändert dies jedenfalls nichts aus Rechtsgründen an dem Befund, daß sich die Angebotsbreite erweitert. Hierfür spricht zum einen, daß das Bundesverfassungsgericht ausdrücklich auch das unterhaltende Moment der Rundfunkdarbietung als gleichberechtigt für die Sendetätigkeit erachtet hat.[539]

Zum anderen verlangt die Rechtsprechung hinsichtlich der weltanschaulichen Vielfalt keineswegs ein besonderes *Angebotsniveau*. Erwartet wird ein „Mindestmaß an Ausgewogenheit". Wenngleich diese Aussage eher auf die Quantität der Ausgewogenheit zielt, läßt sich aus dem Zusammenhang dieser Rechtsprechung aber auch ableiten, daß eine ohnehin unmöglich zu messende Programmqualität nicht in Betracht kommt.

---

[532] Vgl. BVerfGE 73, S. 118 ff., 156.

[533] Vgl. BVerfGE 74, S. 297 ff., 340, 353; vgl. aber auch BVerfGE 87, S. 181 ff., 203 f.; *Schmitt Glaeser* DVBl. 1991, S. 123, siehe oben E Rdz. 87 ff., 95 ff.

[534] Siehe dazu näher oben unter C Rdz. 48 ff.

[535] Siehe dazu näher oben unter E Rdz. 36 ff., 106 ff.

[536] Siehe oben unter E Rdz. 88 ff.

[537] Siehe oben unter E Rdz. 4 ff., 88 ff.

[538] Vgl. Infratest-Untersuchung in HAM (Hrsg.), Das private Rundfunkangebot in Hörfunk und Fernsehen, S. 16, 32; *Leiner/Pechinger*, Die Veränderung der Fernsehstrukturen in West- und Ostdeutschland, soziolog. Untersuchung, S. 8. 12, 14.

[539] Vgl. BVerfGE 73, S. 118 ff., 165; siehe auch unten unter F Rdz. 1 ff.

Dem ist schon deshalb zuzustimmen, da es nach sozialwissenschaftlichen Erkenntnissen gerade die Unterhaltung ist, die es erst überhaupt ermöglicht, daß auch weltanschaulich geprägte Inhalte von den Zuschauern oder Zuhörern aufgenommen werden.[540]

114   Schließlich setzt die Grundversorgung die Diversifizierung der thematischen Programminhalte, also die Spartenvielfalt, voraus. Diese war, wie dargelegt, anfangs aus betriebswirtschaftlichen Gründen wegen der finanzierungsbedingten vorrangigen Tendenz zur Massenattraktivität im privaten Rundfunk weniger ausgeprägt.

Zwischenzeitlich zeigt sich hier jedoch auch ein Wandel. Hierfür spricht vor allem, daß die Zahl massenorientierter Programme schon aus Gründen ihrer Finanzierbarkeit durch Werbung beschränkt bleiben muß. Deswegen hat es in der jüngeren Vergangenheit eine Reihe von *Neugründungen* von Spartenprogrammen[541] gegeben. Gerade vor dem Hintergrund vermehrter Übertragungswege durch die Einführung der Digitalisierung und der Glasfasertechnik werden zusätzliche Übertragungswege geschaffen, die die Möglichkeit zur Besetzung von Marktnischen eröffnen. Damit werden zunehmend „special-interest"-Programme möglich, die ihre wirtschaftliche Existenz einer größeren Zielgruppenorientierung und damit geringeren Streuverlusten bei der Werbung verdanken. Auch im Hinblick auf die Spartenvielfalt dürfte es daher konkrete Anzeichen dafür geben, daß sich der private Rundfunk auf dem Wege zur Grundversorgung befindet.

115   Damit ist der private Rundfunk in eine neue Phase getreten, in der die national verbreiteten Programme auf dem Weg sind, die Kriterien der Grundversorgung zu erfüllen. Das Sächsische Privatrundfunkgesetz hat dies bereits anerkannt, indem festgestellt wird, daß die privaten Programme „in ihrer Gesamtheit zur Grundversorgung durch Unterrichtung, Bildung und Unterhaltung beitragen".[542] Sicherlich ist dabei einzuräumen, daß allein wegen der Werbefinanzierung es sich kein einzelner privater Anbieter leisten kann, die angebotene Vielfalt der nur für Minderheiten interessanten Sparten beliebig zu vergrößern und damit auf hinreichende Akzeptanz zu verzichten.[543] Dies wird aber von dem einzelnen privaten Veranstalter auch nicht gefordert. Dies zeigt zum einen ein Vergleich mit der *überregionalen Presse*. Daß sie in der Lage ist, einen offenen allgemeinen Meinungsmarkt zu bilden, hat das Bundesverfassungsgericht ausdrücklich anerkannt.[544] Auch dort bringt nicht jedes einzelne Organ in gleicher Weise Spartenpluralismus zum Ausdruck. Vielmehr hat sich auch hier eine Aufteilung ergeben, indem Tageszeitungen mehr aktuelle Informationen und Wochenzeitungen oder Illustrierte mehr die Hintergrundberichte aus den verschiedenen Sparten liefern. Daneben ist gerade für den Rundfunkbereich darauf hinzuweisen, daß das Bundesverfassungsgericht nur „*ein Mindestmaß von Ausgewogenheit*" gefordert hat.[545] Somit kann es auch im privaten Rundfunk nicht darum gehen, die gegenständlichen Themen der Berichterstattung in absoluter Gleichgewichtigkeit zu verbreiten.[546]

116   Schließlich kann die Sicherung der Grundversorgung aber nicht nur unter dem Aspekt gesehen werden, wie sich der private Rundfunk auf dieses Ziel zubewegt. Vielmehr müssen auch die *Entwicklungen* bei dem *öffentlich-rechtlichen Rundfunk* berücksichtigt werden, vor allem die Tendenz dieses Systems, seine *Massenattraktivität* zu steigern.[547] Als Beispiele seien nur die Harmonisierung der Vorabendprogramme durch Serien, um das Programmumfeld für

---

[540] Vgl. *Noelle-Neumann,* Wirkung der Massenmedien, in: *Noelle-Neumann/Schulz/Wilke,* Publizistik-Massenkommunikation, S. 349 f.

[541] Vgl. Super-RTL (Familie), TM 3 (Frauen), Nickelodeon (Kinder), n-tv (Nachrichten und Wirtschaftsinformationen), ZAP-TV (Elektronische Programm-Zeitschrift), Der Wetterkanal (Wetter- und Reiseinformationen).

[542] Vgl. § 2 Abz. 2 Satz 2 Sächs. PRG; vgl. auch epd Nr. 50 v. 29.6.1996, S. 14 f.

[543] Vgl. *Thoma,* in: FUNK-Korrespondenz vom 13. 6. 1992.

[544] Vgl. BVerfGE 20, S. 205 ff., 260; 57, S. 322; vgl. *Ricker* NJW 1981, S. 1722; *ders.* in Privatrundfunkgesetze im Bundesstaat, S. 36 ff.

[545] Vgl. BVerfGE 57, S. 295 ff., 325; siehe dazu F Rdz. 25.

[546] Vgl. *Ricker* ZUM 1987, S. 213 ff.

[547] Vgl. *Merten,* Konvergenz der deutschen Fernsehprogramme. Langzeituntersuchung 1989–1993, passim.

Werbung zu verbessern, und die Verlagerung landesbezogener Sendungen in die Dritten Programme genannt.[548] Zwar sind Änderungen hinzunehmen, da die Grundversorgung nicht statisch, sondern dynamisch zu sehen ist.[549] Die genannten Entwicklungen lassen jedoch erkennen, daß sich beide Systeme der Rundfunkordnung aufeinanderzubewegen, indem sich die Programmunterschiede immer mehr nivellieren. Unter der Prämisse, daß auch ein zunehmend massenattraktiver öffentlich-rechtlicher Rundfunk seine Funktion der Grundversorgung noch erfüllt, kann dann aber dem ähnlich agierenden privaten Rundfunk eine Entwicklung dorthin nicht abgesprochen werden.

c) Folgerungen einer Grundversorgung durch Private

Unter der Annahme, daß künftig auch der private Rundfunk den Anforderungen der Grundversorgung genügt, ergeben sich erhebliche Folgen für das Medium insgesamt. **117**

Zunächst wäre davon auszugehen, daß die beiden Teile des dualen Systems gleichberechtigt sind. Die von dem Bundesverfassungsgericht angenommene Akzessorietät[550] des privaten Rundfunks gegenüber den öffentlich-rechtlichen Anstalten entfiele.

Da die Erfüllung der Grundversorgung zu einer besonderen verfassungsrechtlichen Absicherung führt, würde dies auch für den privaten Rundfunk Konsequenzen haben. Diese beträfen zum einen seinen verfassungsrechtlichen Status. Es wäre zu fragen, ob in einer solchen Situation nicht private Rundfunkveranstalter ein *Individualrecht* auf Rundfunkfreiheit besäßen. Dies ist an anderer Stelle erörtert worden.[551]

Im hiesigen Zusammenhang stellt sich vor allem die Frage, in welcher Weise die Privilegien, die sich aus der besonderen verfassungsrechtlichen Absicherung bei Erfüllung der Grundversorgung ergeben, auf beide Teile des dualen Systems Anwendung finden können. In diesem Zusammenhang ist zum einen daran zu erinnern, daß der gegenwärtige Vorrang des öffentlich-rechtlichen Rundfunks im Bereich der Finanzierung sich durch das Gebührenprivileg und zusätzliche Werbeeinnahmen ausdrückt, die Teil einer umfassenden Finanzierungsgarantie sind.[552] Darüber hinaus spielt aber auch der Vorrang bei der Vergabe von Übertragungswegen eine wichtige Rolle, die sich gerade in der gegenwärtigen Situation, die von Engpässen bei der terrestrischen und der Kabelübertragung gekennzeichnet ist, manifestiert. **118**

aa) Finanzierungsfragen

Im Falle einer Erfüllung der Grundversorgung durch private Veranstalter wäre zunächst daran zu denken, daß diese wie die öffentlich-rechtlichen Anstalten an den Gebühreneinnahmen partizipieren können. Dagegen spricht aber die von dem Bundesverfassungsgericht festgestellte durch „*autonome Gestaltung und Entscheidung*"[553] bestimmte privatwirtschaftliche Unternehmensform.[554] **119**

Diese unterschiedliche Form der Organisation und Arbeitsweise zwischen den privaten Anbietern und den öffentlich-rechtlichen Anstalten macht den spezifischen Wert des dualen Rundfunkssystems aus,[555] in dem beide Glieder voneinander unabhängig eigenständige Beiträge zur Optimierung der Meinungsvielfalt leisten.[556] Durch eine Gebührenfinanzierung des privaten Rundfunks würden aber die publizistischen Leistungen zum Schaden der Informations- und Meinungsvielfalt nivelliert.

---

[548] Vgl. *Facius,* in: „Die Welt" vom 25. 6. 1992.

[549] Vgl. BVerfGE 73, S. 118 ff., 196; *Niepalla,* Die Grundversorgung, S. 47 m. w. N.; siehe dazu oben E Rdz. 85.

[550] Vgl. BVerfGE 83, S. 238 ff., 268.

[551] Siehe oben unter B Rdz. 137 ff.

[552] Siehe oben unter C Rdz. 74 f.

[553] Vgl. BVerfGE 73, S. 118 ff., 171.

[654] Vgl. BVerfGE 74, S. 297 ff., S. 332.

[555] Vgl. BVerfGE 74, S. 297 ff., S. 332.

[556] Siehe hierzu oben unter C Rdz. 58 ff.

Davon ist aber vor allem auch deshalb auszugehen, da bei einer Gebührenfinanzierung der private Rundfunk sich den üblichen Kontrollen, etwa durch die Rechnungshöfe, unterwerfen müßte.[557] Dies widerspricht aber gerade dem Prinzip privatautonomer Gestaltung und Entscheidung privater Veranstalter.

120   Als weitere Konsequenz für die Finanzierung des dualen Rundfunksystems käme für den Fall der Erfüllung der Grundversorgung durch private Veranstalter in Betracht, daß der öffentlich-rechtliche Rundfunk auf die Gebühren beschränkt wird. Der private Rundfunk dürfte hingegen über die gesamten Werbeeinkünfte verfügen.

Diese Konstruktion hätte zur Folge, daß die Anstalten nicht mehr von Werbeeinschaltungen und damit von der Einschaltquote abhängig wären und somit ihren besonderen Programmauftrag[548] optimieren könnten. Durch die zunehmenden finanziellen Ressourcen wäre es dagegen den privaten Veranstaltern möglich, ihre Programmtätigkeit auszuweiten und vor allem auch zu diversifizieren. Vor dem bereits aufgezeigten Hintergrund,[559] daß die Anzahl massenattraktiver Programme beschränkt ist, würde die Verbreiterung des finanziellen Plafonds dazu führen, daß der private Rundfunk in noch weiterem Umfang spezielle Programmangebote machen könnte. Dadurch würde aber sein Beitrag zur Grundversorgung durch eine Vermehrung der weltanschaulichen- und Spartenvielfalt weiter optimiert.

Diese Alternative hätte aber auch zur Folge, daß der öffentlich-rechtliche Rundfunk in seiner Finanzierung eingeschränkt würde. Freilich sind die Werbeeinnahmen der Anstalten in den letzten Jahren drastisch gesunken, so daß diese Ressource nur noch 10 bis 15% der Gesamteinnahmen ausmacht.[560]

Vor diesem Hintergrund erscheint der Verlust der Werbeeinnahmen nicht mehr die gleiche Tragweite zu besitzen, wie dies ursprünglich der Fall gewesen ist.

121   Trotzdem stellt sich die Frage, inwieweit ein Ausgleich hier gefunden werden kann. In diesem Zusammenhang muß an die Einsparmöglichkeiten erinnert werden, zu denen sich der öffentlich-rechtliche Rundfunk in den letzten Jahren bereitgefunden hat. Gerade unter dem Aspekt der Grundversorgung ist insoweit bezeichnend, daß aus Kreisen des öffentlich-rechtlichen Rundfunks selbst eingeräumt wird, daß die „Grundversorgung" keine „Gründlichst-Versorgung" bedeutet. Dies wird auch durch die Rechtsprechung des Bundesverfassungsgerichts bestätigt, das in seinem 8. Rundfunkurteil die Rundfunkanstalten zur *„Sparsamkeit und Wirtschaftlichkeit"*[561] angehalten und den Staat nur verpflichtet hat, die für die Grundversorgung *„erforderlichen"* Mittel zur Verfügung zu stellen.

Selbst wenn Einsparungsmöglichkeiten nicht ausreichen würden, den Einnahmenausfall durch den Wegfall der Werbung zu kompensieren, könnte immer noch durch eine Gebührenerhöhung der aufgezeigte Weg einer gleichberechtigten Finanzierung beschnitten werden. Vor dem Hintergrund, daß die Werbeeinnahmen ohnehin keine ausschlaggebende Rolle für den Rundfunk mehr spielen, haben Berechnungen dazu geführt, daß allenfalls mit einer Gebührenerhöhung von etwa 3,50 DM[562] gerechnet werden muß. Ein solcher Zuwachs dürfte aber mit der Informationsfreiheit des Rezipienten noch vereinbar sein. Danach müssen Rundfunkgebühren auch vor dem Hintergrund gesehen werden, daß die allgemeine Zugänglichkeit der Informationsquelle nicht mittelbar durch eine zu hohe Gebühr beseitigt wird.[563] Dies folgt aus dem Umstand, daß der Staat sich gerade auch einer indirekten Einflußnahme auf die Medienfreiheit zu enthalten hat.[564] Allerdings dürfte sich die prog-

---

[557] Vgl. Art. 3 § 23 ZDF-StV.
[558] Vgl. BVerfGE 73, S. 118ff., 162.
[559] Siehe oben unter C Rdz. 101 ff.
[560] Vgl. *Voß* Media Perspektiven 1994, S. 331ff., 338.
[561] Vgl. etwa § 30 Abs. 2 ZDF-StV.
[562] Vgl. *Scharf* epd. Nr. 37 v. 6.8.95, S. 4.
[563] Siehe hierzu oben unter C Rdz. 96.
[564] Siehe oben unter D Rdz. 1 ff., 20 f.

nostizierte maßvolle Gebührenerhöhung als allgemeinverträglich darstellen, wobei trotzdem anfallende Härten über hinreichende Ausnahmetatbestände ausgeglichen werden könnten.

Insgesamt kann damit festgestellt werden, daß eine Aufteilung der Finanzierungsmöglichkeiten im Falle eines dualen Rundfunksystems mit gleichberechtigten Partnern dergestalt, daß der öffentlich-rechtliche Rundfunk sich alleine aus Gebühren finanziert, während der private Rundfunk die Werberessourcen alleine ausschöpft, sachgerecht ist.

bb) Die Verteilung der Übertragungswege

Nach der Rechtsprechung des Bundesverfassungsgerichts genießt der *öffentlich-rechtliche* **122** *Rundfunk*, solange und soweit er mit seinen Programmen die Grundversorgung gewährleistet, *Vorrang bei der Vergabe technischer Übertragungswege*.[565] Deswegen sind die Anstalten bisher sowohl bei der Zuweisung von Frequenzen als auch bei der Belegung von Kabelkanälen bevorzugt worden. Die grundsätzlich gebotene Besserstellung ist aber bereits unabhängig von der Frage einer von privaten Veranstaltern gewährleisteten Grundversorgung immer wieder auf Kritik gestoßen.[566] Aufgrund seiner Jahrzehnte währenden Monopolstellung konnte der öffentlich-rechtliche Rundfunk eine solche Vielzahl von Übertragungswegen erhalten, so daß eine Überversorgung mit den technisch bedingten knappen terrestrischen Frequenzen entstand.[567] Bei der später hinzutretenden Kabelverbreitung vermochte der öffentlich-rechtliche Rundfunk vor allem auch dadurch einen Vorteil zu erreichen, als die in der ARD zusammengeschlossenen Anstalten oftmals weiterhin jeweils mit ihrem 1. Fernsehprogramm eingespeist werden, obwohl sich diese nur marginal hinsichtlich des Vorabendprogramms unterscheiden. Dadurch kommt es auch hier zu Kapazitätsengpässen zu Lasten der privaten Veranstalter.[568]

Die dargestellte Entwicklung hat dazu geführt, daß vor allem neu hinzukommende **123** private Programme existentiell gefährdet sind, weil ihnen die notwendigen Reichweiten als Voraussetzung einer hinreichenden Werbefinanzierung fehlen. Dies führt zu einer Verkürzung ihrer Rundfunkfreiheit, da ihnen die Programmveranstaltung erheblich erschwert oder unmöglich gemacht wird, während Anzeichen für eine Beeinträchtigung des Grundversorgungsauftrags der Anstalten durch den Abbau technischer Überkapazitäten bei der Rundfunkverbreitung nicht zu erkennen sind.[569] Im Falle der Verwirklichung der Grundversorgung dürfte sich die rechtliche Position privater Veranstalter auch bei der Verteilung der Übertragungswege weiter festigen. Dann ist prinzipiell von einer *gleichwertigen Zuweisung* an beide Systeme auszugehen. Der Abbau von *Überkapazitäten* bei der terrestrischen Verbreitung des öffentlich-rechtlichen Rundfunks wäre dann zwingend erforderlich mit dem Ergebnis, daß den Anstalten keine besseren Übertragungswege zustehen dürfen als den privaten Grundversorgungsträgern. Öffentlich-rechtliche Programme außerhalb der Grundversorgung könnten dann gegenüber dem privaten Rundfunk nur noch *nachrangig* verbreitet werden. Hierzu gehören etwa die regionalen und lokalen Hörfunkprogramme, aber auch zusätzliche Satellitenprogramme von ARD und ZDF, die wegen der Mangelsituation etwa eine terrestrische Verbreitung nicht in dem Falle beanspruchen könnten, daß damit der private Rundfunk von dieser Übertragungstechnik ausgeschlossen wäre.[570] Für

---

[565] BVerfGE 74, S. 297 ff., 331.

[566] Vgl. etwa die Kritik an der Vergabe auch der 5. Hörfunkkette in Nordrhein-Westfalen an den WDR, Medienspiegel Nr. 31 vom 16. 7. 1991, S. 5; *Grawert* AfP 1986, S. 277 ff., 283; *Schmitt Glaeser* DÖV 1987, S. 843; vgl. *Pohl*, in: Plenarprotokoll des Hauptausschusses des LT-NRW 10/734 vom 5. 11. 1987, S. 29; *Starck*, in: VPRT (Hrsg.), Öffentlich-rechtlicher Rundfunk und Werbefinanzierung, S. 19 f.; *Kresse*, ebd., S. 75 f.

[567] Vgl. näher zur Problematik bei der Kabeleinspeisung unten G Rdz. 36 ff.

[568] Vgl. etwa FUNK-Korrespondenz vom 25. 6. 1992: „ARTE findet volle Kabelkanäle vor"; siehe zu dieser Problematik bei der Einspeisung unten unter G Rdz. 36 ff.

[569] Vgl. BVerfGE 83, S. 238 ff., 317; 73, S. 118 ff., 157; zur Problematik eingehend unter G Rdz. 36 ff.

[570] Vgl. aber § 3 Abs. 3 LMG Bremen a. F., der für die Satellitenprogramme ARD-,,Eins Plus" und ZDF-,,3SAT" einen Vorrang bei der Zuteilung terrestrischer Frequenzen bestimmte; vgl. auch § 19 RStV.

die Verbreitung von Dritten Programmen der ARD in Kabelanlagen dürfte nichts anderes gelten, soweit sie keinen landesbezogenen Versorgungsauftrag erfüllen, sondern durch Satellit herangeführt werden.[571]

In allen diesen Fällen erhält die Feststellung entscheidendes Gewicht, daß der die Grundversorgung leistende private Rundfunk gleichwertige Beiträge zur Herstellung des Meinungsmarktes erbringt und von daher auch an einem entsprechenden institutionellen Schutz seiner Rundfunkfreiheit partizipieren muß.

---

[571] Vgl. zur verfassungsrechtlichen Problematik der Aufschaltung der Dritten Programme auf Satellit: *Ricker* AfP 1992, S. 10 ff.; vgl. zur Einspeisung unten G Rdz. 44 ff.

F. Die Programmfreiheit

I. Der Begriff der Programmfreiheit

Die Programmfreiheit als *drittes Strukturprinzip* der Rundfunkfreiheit neben dem Gebot der **1** Staatsfreiheit und dem Pluralismus umfaßt den *Kernbereich* der Tätigkeiten des Rundfunkveranstalters. Hierunter wird allgemein das Recht verstanden, *Auswahl, Gestaltung und Inhalt* des Programms unbeeinflußt von dritter Seite eigenverantwortlich zu bestimmen und dieses zu verbreiten.[1] Dieser Bereich umfaßt eine Bandbreite unterschiedlicher einzelner Tätigkeiten, von denen ein großer Teil unmittelbar die Programmveranstaltung betrifft, wie etwa die redaktionelle Programmgestaltung. Daneben gehören hierzu aber auch solche *Hilfsaktivitäten*, die mittelbar für die Rundfunktätigkeit erforderlich sind und lediglich in einem mehr oder weniger engen Zusammenhang mit ihr erbracht werden.[2]

Das Bundesverfassungsgericht hat in seiner Rechtsprechung den umfassenden Schutzbereich der Programmfreiheit bestätigt, die gegenständlich alle Sparten, wie etwa Information, Bildung, Beratung und Kultur, aber auch die Unterhaltung einschließt.

Unter die Programmfreiheit fällt zunächst die Vermittlung von Tatsachen. Dies folgt bereits **2** aus dem Wortlaut des Art. 5 Abs. 1 Satz 2 GG, wonach dieses Grundrecht die *„Freiheit der Berichterstattung durch Rundfunk … gewährleistet".* Seiner der freien Information und Meinungsbildung dienenden Funktion im Interesse des einzelnen und der Gesellschaft[3] kommt der Rundfunk dann nach, wenn dem Rezipienten ein umfassender Überblick über die tatsächlichen Verhältnisse und das objektive Geschehen gegeben wird.[4] Über die bloße nachrichtliche Berichterstattung hinaus gehören zur Programmfreiheit aber auch die Äußerung von *Meinungen*, subjektive Bewertungen und die Kommentierung, da nur dann der Rundfunk seine Rolle als *„Medium"* und *„Faktor"* der Meinungs- und Willensbildung erfüllt.[5]

Die früher vertretene, am Wortlaut orientierte, enge Auslegung, wonach der Begriff *„Berichterstattung"* lediglich Tatsachenmitteilungen, nicht aber Meinungsäußerungen umfasse,[6] die maßgeblich historisch bestimmt war,[7] ist seit längerem durch die Rechtsprechung des Bundesverfassungsgerichts überholt. Das Gericht hat festgestellt, daß sich die Rundfunkfreiheit trotz der engeren Fassung des Wortlauts wesensmäßig nicht von der Pressefreiheit unterscheide, sondern gleichermaßen für *rein berichtende Sendungen* wie für Sendungen anderer Art gelte.[8] Zum einen liegt bereits in der Auswahl und der Anordnung von Meldungen innerhalb einer Nachrichtensendung eine Wertung, die notwendigerweise von der persön-

---

[1] Vgl. BVerfGE 89, S. 231ff., 260; *Ossenbühl,* Rechtsprobleme der Freien Mitarbeit im Rundfunk, S. 110; *Scholz,* Rundfunkeigene Programmpresse?, S. 25; *Maunz/Dürig/Herzog/Scholz,*GG. Art. 5 Abs. 1, 2, Rdz. 242.

[2] Vgl. BVerfG, Beschluß vom 23. 3. 1988 – 1 BvR 686/86, abgedr. AfP 1988, S. 128; BVerfG, Beschluß vom 10. 3. 1988 – 1 BvR 1542/82 –, Umdruck S. 12f.; siehe oben unter B Rdz. 47ff. und C Rdz. 86ff.

[3] Vgl. BVerfGE 73, S. 118ff., 156ff.; 74, S. 297ff., 310.

[4] Vgl. *Maunz/Dürig/Herzog/Scholz,* GG, Art. 5 Abs. 1, 2 Rdz. 212, 203, 145; *Leibholz/Rinck, GG,* Art. 5, Rdz. 146; BVerfG NJW 1993, S. 1252; BVerfG NJW 1994, S. 1148ff.

[5] Vgl. BVerfGE 12, S. 205ff., 260; 31, S. 238ff., 257; 57, S. 295ff., 318; 73, S. 118ff., 156 siehe oben unter B Rdz. 47ff.

[6] Vgl. *Bettermann,* DVBl. 1963, S. 41; *v. Mangoldt/Klein,* GG, 2. Aufl., S. 245; vgl. hierzu auch *Herrmann,* Fernsehen und Hörfunk in der Verfassung, S. 53ff.; vgl. hierzu näher oben unter B Rdz. 49.

[7] Vgl. hierzu näher oben unter B Rdz. 49.

[8] Vgl. BVerfGE 35, S. 202ff., 222.

lichen Gewichtung des einzelnen Redakteurs abhängt.[9] Zum anderen sind objektive Informationen und subjektive Meinungen oftmals so eng miteinander verknüpft, daß eine Trennung in nachrichtliche und wertende Bestandteile kaum möglich ist.[10] Schließlich kann der Rundfunk gerade nur dann seine öffentliche Aufgabe, die in der Errichtung eines allgemeinen Meinungsmarktes liegt,[11] erfüllen, wenn die bestehende Vielfalt an Meinungen, Strömungen und Tendenzen möglichst breit und vollständig wiedergegeben wird.[12]

3 Neben Nachrichten und Meinungen umfaßt die Programmfreiheit auch gegenständlich die *Beratung und Bildung*. Wie das Gericht hierzu ausgeführt hat, werden „*Information und Meinung*" ebensowohl durch Nachrichten oder politische Kommentare wie aber auch durch andere Sendebeiträge unterrichtenden, belehrenden und unterhaltenden Inhalts vermittelt".[13] Bildungssendungen, wie etwa Fernunterricht, zum Beispiel früher Telekolleg, Wissenschafts- und Techniksendungen, Medizin- und Dokumentationsbeiträge aus dem Bereich der Geschichte, aber auch Lebenshilfe und sonstige Beratung in allen Lebensbereichen sind deshalb ebenfalls unter die Programmfreiheit zu subsumieren.[14] Von dem Schutz werden ebenso *kulturelle Sendungen* erfaßt, wie etwa Konzerte, Fernsehspiele und Theateraufführungen, selbst wenn sie nur für eine Minderheit interessant sind, aber auch massenattraktive Beiträge aus dem Unterhaltungsbereich, wie etwa Spielfilme, Kabarett, Revuen und Showsendungen.[15]

4 Hingegen wurde vor allem in der älteren Kommentarliteratur die Auffassung vertreten, daß die Beiträge der geistigen Auseinandersetzung dienen müssen. Für die Unterhaltung, vor allem „*Tratsch und Klatsch*" könne dies nicht gelten, da sie zur Meinungsbildung nichts beitrage. Sie komme nur einem sich in der Massenattraktivität solcher Sendungen manifestierenden „Öffentlichkeitsinteresse" entgegen.[16] Daraus wird die Konsequenz gezogen, daß die Unterhaltung nicht dem Grundrechtschutz des Art. 5 Abs. 1 Satz 2 GG unterliege.[17]

Einem wertbezogenen und damit restriktiven Verständnis der Medienfreiheit in Art. 5 Abs. 1 GG steht vor allem entgegen, daß der *Grundrechtsschutz unteilbar* ist und sich seine Einschränkungen allein aus den in Art. 5 Abs. 2 GG benannten allgemeinen Gesetzen und den Vorschriften zum Schutze der Jugend und des Persönlichkeitsrechts ergeben. Diese Grenzen sind aufgrund des Schrankenvorbehalts von dem Gesetzgeber selbst festzulegen, was einer einschränkenden Interpretation des Grundrechtsschutzes des Art. 5 Abs. 1 GG widerspricht.[18] Ein wertbezogenes Verständnis verstößt aber nicht nur gegen Art. 5 GG, sondern auch gegen das in Art. 20 GG niedergelegte Rechtsstaatsprinzip: Welcher Grundrechtsschutz dem Massenmedium zugute kommt, bleibt mangels hierfür geeigneter Abgrenzungskriterien in der Schwebe. Dies räumen selbst die Vertreter dieser Auffassung ein, indem sie eine Differenzierung im Einzelfall vorschlagen.[19]

---

[9] Vgl. BVerfGE 12, S. 205 ff., 260; 31, S. 314 ff., 326; 35, S. 202 ff., 222.

[10] Ebenso *Maunz/Dürig/Herzog/Scholz, GG*, Art. 5 Abs. 1, 2 GG, Rdz. 51.

[11] Vgl. BVerfGE 57, S. 295 ff., 323; siehe hierzu näher unter B Rdz. 102 ff. und E Rdz. 4 ff.

[12] Vgl. BVerfGE 12, S. 205 ff., 260 f.; 31, S. 314 ff., 325 f.; *v. Mangoldt/Klein/Starck, GG*, Art. 5, Rdz. 65; *Maunz/Dürig/Herzog/Scholz, GG*, Art. 5 Abs. 1, 2 Rdz. 200 ff.; *v. Münch/Kunig, GG*, Art. 5, Rdz. 44; *Ricker* NJW 1991, S. 1739, siehe unter B Rdz. 79 ff.

[13] BVerfGE 35, S. 202 ff., 222; 12, S. 205 ff., 260; 31, S. 314 ff., 326.

[14] Vgl. *Hesse*, Rundfunkrecht, S. 65; *v. Mangoldt/Klein/Starck, GG*, Art. 5, Rdz. 66 ff.; *Ricker*, Privatrundfunkgesetze im Bundesstaat, S. 52 ff.; *v. Münch/Kunig, GG*, Art. 5, Rdz. 45 ff.; *Kresse* ZUM 1994, S. 337 f.; siehe hierzu auch oben unter E Rdz. 1 ff.

[15] Vgl. BVerfGE 73, S. 118 ff., 158; 74, S. 295 ff., 324; siehe oben unter B Rdz. 47 ff.

[16] Vgl. die Literaturnachweise bei *Herrmann*, Hörfunk und Fernsehen in der Verfassung der Bundesrepublik Deutschland, S. 83; ähnlich zur Presse: *Erdsiek* NJW 1963, S. 1392; BGHZ 24, S. 201 ff., 208; BGHSt 18, S. 182; *Franz Schneider*, Pressefreiheit und politische Öffentlichkeit, S. 117.

[17] *Franz Schneider*, Pressefreiheit und Staatssicherheit, S. 142; siehe hierzu auch oben unter B Rdz. 14, 110.

[18] Vgl. *Löffler*, Presserecht, Band 1, § 3 Rdz. 50 ff.; *Klein* DÖV 1965, S. 755; *Löffler/Ricker*, Handbuch des Presserechts, 3. Kap., Rdz. 17.

[19] Vgl. *Schüle* VVdStRL 1965 (22), S. 166; siehe hierzu auch oben unter B Rdz. 105 ff.

Unter diesem Aspekt begegnen deshalb im Bereich des Rundfunks gerade *wertbezogene Programmgrundsätze* verfassungsrechtlichen Bedenken, die den Veranstaltern für die Gestaltung ihrer Programme vorschreiben, daß diese etwa einem *„gedeihlichen Zusammenleben und der Achtung Dritter dienen müssen"*.[20] Mangels geeigneter Abgrenzungskriterien für eine schützenswerte und eine diesem Schutz unwürdige Rundfunkveranstaltung wird damit das Tor für sachwidrige Einflüsse auf dem Meinungsmarkt im Rundfunk geöffnet.[21] Ein wertbezogenes Verständnis würde zudem das Zusammenleben in der pluralistisch geprägten Gesellschaft gefährden, die keinesfalls wertneutral oder sittenlos ist, sondern sich auf die objektive Wertordnung des Grundgesetzes stützt. Dabei schätzt aber die Verfassung die Freiheit im Interesse des einzelnen und der Gesellschaft so hoch ein, daß sie nur in den engen und rechtlich fixierten Grenzen des Art. 5 Abs. 2 GG beschränkt werden darf.

Das Bundesverfassungsgericht hat deshalb zu Recht festgestellt, daß sich eine Differenzierung nach der *„Qualität der Darbietung"* nach dem Kriterium ihrer *„Seriosität"* im Sinne eines *„anerkennenswerten privaten oder öffentlichen Interesses"* verbietet.[22] Die öffentliche Aufgabe liegt deshalb in der Erfüllung der spezifischen Funktionen des Rundfunks im Interesse der für den Staat und die Gesellschaft konstitutiven *Publizitätsentfaltung*.[23]

Einer besonderen Betrachtung bedarf jedoch die *Werbung*, deren Grundrechtsschutz das **5** Gericht nur im Bereich der Presse ausdrücklich anerkannt hat.[24] Ebenso wie bei diesem Medium stellt sich auch im Rundfunk die Publizierung von Werbung als Verbreitung von Nachrichten dar. Darin liegt eine der wesentlichen Aufgaben, als *„Medium"* der individuellen und öffentlichen Meinungsbildung zu dienen.[25] Von daher könnte die Frage, ob und in welchem Umfang Werbesendungen Dritter ausgestrahlt werden, als Teil der Programmfreiheit anzusehen sein. Dabei bliebe jedoch unberücksichtigt, daß die Werbung auch eine *Finanzierungsmodalität* darstellt, über die wegen ihrer Grundrechtsrelevanz der parlamentarische Gesetzgeber zu entscheiden hat. Zum einen wird wegen der möglichen vielfaltsverengenden Einflüsse auf die Programmgestaltung aufgrund der Abhängigkeit von Werbeeinnahmen die Ausübung des Grundrechts unmittelbar berührt. Daneben können sich auch Kollisionen mit dem Schutzbereich anderer werbefinanzierter Medien, vor allem der Presse, aber auch des privaten Rundfunks ergeben, die in Ausgleich zu bringen sind.[26] Die nähere *Ausgestaltung* der Rundfunkfreiheit obliegt deshalb dem *Gesetzgeber*, dem hierbei ein *Ermessen* zukommt.[27] Wie das Grundrecht verwirklicht wird, ergibt sich aus der gesetzlich festgelegten *Rundfunkordnung*. Auf die Konsequenzen hinsichtlich der Werbung im öffentlich-rechtlichen und im privaten Rundfunk wird deshalb noch einzugehen sein.[28]

Die Programmfreiheit kann der Veranstalter nur dann verwirklichen, wenn er hierzu über **6** die notwendigen *Mitarbeiter* verfügt. Wie das Bundesverfassungsgericht festgestellt hat, läßt sich die gebotene Vielfalt in den Sendebeiträgen nicht allein durch die Vorgabe gesetzlicher Anforderungen erreichen. Vielmehr setze ihre Verwirklichung den Einsatz geeigneter Mitarbeiter voraus, die aufgrund ihrer fachspezifischen Kenntnisse, Erfahrungen und Fähigkeiten

---

[20] Vgl. § 3 SWF-StV; § 4 RB-Gesetz; § 11 LRG Saarl.; § 5 PRG Sachsen-Anhalt, vgl. hierzu näher unten unter F Rdz. 56.

[21] Siehe hierzu bereits oben B Rdz. 105 ff.

[22] Vgl. BVerfGE 35, S. 202 ff., 222; 12, S. 205 ff., 260; 31, S. 314 ff., 326.

[23] Vgl. *Gersdorf*, Staatsfreiheit des Rundfunks, S. 71; *Maunz/Dürig/Herzog/Scholz*, GG, Art. 5 Abs. 1, 2 Rdz. 238 unter Verweis auf die öffentliche Aufgabe der Presse, Rdz. 118 ff.; *Stern/Bethge*, Funktionsgerechte Finanzierung des öffentlich-rechtlichen Rundfunks, S. 22 ff., 38; *Scheuner*, in: *Listl/Rüfner*, Staatstheorie und Staatsrecht, S. 758, 760; *Saier/Moser* FuR 1983, S. 544 ff., 550; *Peter Schneider*, Staatssicherheit, S. 27 f.; *Löffler/Ricker*, Handbuch des Presserechts, 12. Kap. Rdz. 6 f.; siehe hierzu auch oben unter B Rdz. 111 ff.

[24] Vgl. BVerfGE 21, S. 238 ff., 256.

[25] Vgl. BVerfGE 57, S. 295 ff., 320; 73, S. 118 ff., 162.

[26] Vgl. hierzu näher oben unter C Rdz. 73 ff. und unten F Rdz. 34 ff.

[27] Vgl. oben unter B Rdz. 115 ff.; C Rdz. 10 ff.

[28] Vgl. hierzu näher unten unter F Rdz. 34 ff., 87 ff., 102 ff.

wie auch ihrer Kreativität dazu in der Lage sind, in das Programmangebot den vorausgesetzten Pluralismus einzubringen. Da sich ständig neue Gebiete auftun, die für die Information und Meinungsbildung der Rezipienten wichtig sind, für andere Themen umgekehrt das Interesse schwindet, umfasse die Programmfreiheit das Recht, über die *Einstellung* und auch die *Beschäftigungsdauer* der redaktionellen Mitarbeiter zu bestimmen.[29] Die Programmfreiheit der privaten Rundfunkveranstalter wird auf dem Gebiet des Betriebsverfassungsrechts zudem durch die Vorschrift des § 118 Abs. 1 Ziff. 2 BetrVG geschützt, der als Ausfluß der institutionellen Garantie des Art. 5 Abs. 1 Satz 2 GG die Mitbestimmung in Medienunternehmen, vor allem hinsichtlich der personellen Angelegenheiten der redaktionellen Mitarbeiter beschränkt.[30]

7   Neben der eigentlichen Programmgestaltung und ihren vorbereitenden Aktivitäten, deren Zuordnung zur Programmfreiheit eindeutig ist, zeigt die Praxis eine Vielzahl außerhalb liegender *Randbetätigungen*, die im weitesten Sinne als programmbegleitend angesehen werden können oder bei denen wirtschaftlich-finanzielle Gründe im Vordergrund stehen dürften. Insoweit ist nicht unumstritten,[31] ob diese Aktivitäten jeweils noch unter den Schutz der Programmfreiheit fallen. Bei ihnen stellt sich deshalb die Frage, nach welchen Kriterien ihre Zuordnung im einzelnen unter die Programmfreiheit festzustellen ist. So erscheint es beispielsweise nicht unproblematisch, ob und inwieweit der An- oder Verkauf von Sendematerial oder etwa das Vorgehen des Pförtners des Senders gegen Demonstranten, die in das Gebäude einer Rundfunkanstalt eindringen wollen, von dem medienspezifischen Schutz erfaßt wird.

8   Wie weit sich die Programmfreiheit im einzelnen erstreckt, läßt sich sachgerecht nur dann feststellen, wenn dabei auf die *causa* des besonderen Grundrechtsschutzes abgestellt wird. Der Grund liegt nach der ständigen Rechtsprechung des Bundesverfassungsgerichtes in der dienenden Funktion der Medienfreiheit in Art. 5 Abs. 1 Satz 2 GG für die freie Information und Meinungs- und Willensbildung im Interesse des einzelnen und der Gesellschaft.[32] Der Rundfunk erfüllt diese Aufgabe dadurch, daß er einen offenen Meinungsmarkt herstellt, der durch die Merkmale der Allgemeinzugänglichkeit, der Bildung und der Errichtung eines politischen Forums geprägt wird.[33] Aufgrund dieser funktionsbezogenen Maßgabe läßt sich die Programmfreiheit näher bestimmen und von anderen nicht medienspezifischen und damit auch nicht mehr dem besonderen Grundrechtsschutz unterliegenden Tätigkeiten abgrenzen.[34] Welche Folgerungen sich aus der Aufgabe der Errichtung eines Meinungsmarktes als Abgrenzungsmerkmal ergeben, wird für einzelne problematische Fälle noch näher dargestellt werden.[35]

---

[29] BVerfGE 59, S. 231 ff., 260; vgl. hierzu auch oben unter B Rdz. 160.

[30] Vgl. *Galperin/Löwisch,* § 118 BetrVG Rdz. 4; Zur entsprechenden Geltung im Pressebereich vgl. *Löffler/Ricker,* Handbuch des Presserechts, 3. Aufl., 38. Kap., Rdz. 11; siehe zur mittelbaren Drittwirkung der Grundrechte oben unter B Rdz. 122 ff.

[31] Vgl. etwa *Herrmann,* Rundfunkrecht, S. 198; *Maier,* in: *Fuhr* u. a. (Hrsg.), ZDF-Staatsvertrag, S. 78 f.; *Emmerich/Steiner,* Möglichkeiten und Grenzen der wirtschaftlichen Betätigung der öffentlich-rechtlichen Rundfunkanstalten, S. 20 f., 87 f.; *Badura,* in: *Baur/Hopt/Mailänder* (Hrsg.), FS für Ernst Steindorff, S. 835 ff.; *ders.,* Rundfunkfreiheit und Finanzautonomie, Beiträge zum Rundfunkrecht (35), S. 1 ff.; *Degenhart* ZUM 1988, S. 47 ff.; *Grundmann,* Die öffentlich-rechtlichen Rundfunkanstalten im Wettbewerb, S. 20 ff.; *Oppermann/Kilian,* Rechtsgrundsätze der Finanzierung des öffentlich-rechtlichen Rundfunks in der dualen Rundfunkverfassung der Bundesrepublik Deutschland, Beiträge zum Rundfunkrecht (41), S. 12 ff.; *Giehl,* Der Wettbewerb zwischen öffentlich-rechtlichen und privaten Rundfunkanstalten, S. 114 ff.; siehe hierzu auch unten unter F Rdz. 45 ff., 49 ff.

[32] Vgl. BVerfGE 57, S. 259 ff., 318; 73, S. 118 ff., 164; 83, S. 238 ff., 263, 315; 87, S. 181 ff., 199.

[33] Vgl. hierzu näher oben unter B Rdz. 112 ff.

[34] Zu der Frage, ob neben Art. 5 GG auch die Berufs- und Gewerbefreiheit des Art. 12 GG zur Anwendung kommen kann, siehe oben unter den Grundrechtskonkurrenzen B Rdz. 196 ff.

[35] Vgl. zu Programmkooperationen unten unter F Rdz. 39 ff; zu weiteren programmbegleitenden Aktivitäten und zu erwerbswirtschaftlichen Tätigkeiten außerhalb der Programmtätigkeit unten unter F Rdz. 45 ff.

Die Programmfreiheit stellt sich somit als der Kernbereich der Freiheit rundfunkspezifischer Betätigung dar, die als die wesentliche Ausprägung der Rundfunkfreiheit des Art. 5 Abs. 1 Satz 2 GG von dem verfassungsrechtlichen Schutz umfaßt wird. Damit stellt sich im weiteren die Frage, wie sich dieser spezifische Schutz auswirkt.

II. Die Programmfreiheit als Abwehrrecht

9 Ebenso wie bei den anderen Freiheitsgarantien der Verfassung liegt zunächst die eigentliche Bedeutung der Programmfreiheit in dem *Abwehrrecht* gegenüber dem *Staat.*[36] Zu den unter diesem Aspekt wesentlichen Konsequenzen gehört vor allem das *Verbot unmittelbarer staatlicher Programmträgerschaft*, da hiermit entgegen den verfassungsgerichtlichen Vorgaben der Meinungs- und politische Willensbildungsprozeß nicht von den Bürgern hin zu den Staatsorganen, sondern in umgekehrter Richtung verläuft.[37] Der Staat kann deshalb nicht selbst Rundfunkveranstalter sein.[38] Das Gebot der Staatsfreiheit des Rundfunks schließt nach der Rechtsprechung des Bundesverfassungsgerichts aber nicht nur die Möglichkeit eines unmittelbaren, sondern auch eines *mittelbaren Einflusses* aus.[39] Insoweit erscheint etwa die Beteiligung staatlicher Vertreter in den Aufsichtsgremien des Rundfunks nicht unproblematisch, da diese über die Sendestruktur mitentscheiden und die Programmgestaltung kontrollieren. Das Bundesverfassungsgericht hat deshalb nur eine geringe Beteiligung zugelassen.[40] Ein mittelbarer Einfluß könnte auch von der Festlegung der Rundfunkgebühr ausgehen. Das Bundesverfassungsgericht hat deswegen in dem 8. Rundfunkurteil den „Grundrechtsschutz durch Verfahren" konkretisiert und eine unabhängige Sachverständigenkommission vorgeschlagen.[41]

10 Schließlich zeigt sich der besondere Schutz der Programmfreiheit als Abwehrrecht gegenüber dem Staat auch in dem *Zensurverbot,* das eine präventive inhaltliche Kontrolle ausschließt.[42] Weiterhin ergibt sich aus dem funktionsbezogenen Schutz der Rundfunkfreiheit, daß das Medium auch von sonstigen Einflüssen Dritter freizuhalten ist, die den verfassungsrechtlich vorausgesetzten Dienst an einer freien Meinungs- und Willensbildung behindern oder ausschließen. Auch gegenüber solchen Eingriffen oder Behinderungen kann sich die Programmfreiheit als Abwehrrecht durchsetzen.

Die Medienfreiheit in Art. 5 GG ist zwar wie alle Freiheitsgarantien des Grundgesetzes zunächst staatsgerichtet. Nach allgemeiner Auffassung erlangt aber die in den Grundrechten zum Ausdruck kommende Wertordnung grundsätzliche Relevanz, die auch in den übrigen Bereichen, etwa über die Generalklauseln des Zivilrechts[43] Wirkungen im Verhältnis gegenüber anderen Privatrechtssubjekten entfaltet.[44] Zu den Bereichen, in denen die Programmfreiheit abwehrende Bedeutung gegenüber Dritten erlangen kann, gehören etwa funktionswidrige Einflüsse und Störungen mit strafrechtlicher Relevanz. Dazu wären Betriebsblockaden oder -besetzungen zu rechnen, die der Pförtner oder der Sicherheitsdienst notfalls mit Gewalt abwehren können, wenn nur auf diese Weise der Sendebetrieb gewährleistet ist. Auf die Programmfreiheit könnte sich beispielsweise auch der Fotoreporter berufen, der an Filmaufnahmen in der Öffentlichkeit ungerechtfertigt gehindert wird. Auf arbeitsrechtlichem Gebiet wäre es dem Rundfunkveranstalter erlaubt, Ansprüche auf Festanstellung abzuwehren.

---

[36] Vgl. hierzu ausführlich bereits oben unter B Rdz. 91 ff.

[37] Vgl. BVerfGE 35, S. 235 ff., 253.

[38] Vgl. zu dem Gebot der Staatsfreiheit des Rundfunks oben unter D Rdz. 1 ff.; siehe aber auch zu möglichen Beschränkungen der Programmfreiheit durch ein staatliches Verlautbarungs- und Rederecht oben unter D Rdz. 91 ff.

[39] Vgl. hierzu näher oben unter D Rdz. 1 ff.

[40] Vgl. hierzu unten unter D Rdz. 22 ff.

[41] Vgl. BVerfGE 90, S. 60 ff., 100 f.; siehe oben unter C Rdz. 96a.

[42] Siehe hierzu bereits ausführlich oben unter B Rdz. 22.

[43] Vgl. §§ 138, 242, 826 BGB.

[44] Zur „mittelbaren Drittwirkung der Grundrechte" vgl. *Maunz / Dürig / Herzog / Scholz,* GG, Art. 20 Abs. 1, Rdz. 42; *Starck* JZ 1989, S. 362; BVerfGE 16, S. 366, 371; 44, S. 222 ff., 231; vgl. hierzu auch näher oben unter B Rdz. 122 ff.

Nach den Feststellungen des Bundesverfassungsgerichts umfaßt die Programmfreiheit das Recht des Veranstalters, die zur Verwirklichung seines Rundfunkprogramms geeigneten redaktionellen Mitarbeiter auszuwählen und ihnen bestimmte Aufgaben zuzuweisen. Insoweit kann er auch über einen projektbezogenen, etwa auf eine bestimmte Sendereihe beschränkten Einsatz bestimmen. Daraus kann sich ein sachlicher Grund zu einer nur befristeten Anstellung ergeben.[45] Auf zivil- und wettbewerbsrechtlichem Gebiet könnte der Veranstalter gegen Boykottaufrufe, gegen Funkstörungen oder Senderabschaltungen oder gegen eine diskriminierende Verweigerung der Programmverbreitung in Kabelanlagen vorgehen.

Problematisch erscheinen interne Einflußnahmen, etwa auf die Auswahl des Chefredakteurs oder unmittelbar auf die redaktionelle Gestaltung der Sendungen, im Rahmen der *„inneren Rundfunkfreiheit"*. Die Mitbestimmung durch Redaktionskollektive, die als Interessenorgane auf Seiten der Arbeitnehmer stehen, verstärkt einseitig das Einwirkungspotential derjenigen Berufsgruppe, die ohnehin bereits erheblichen Einfluß auf die Programmgestaltung hat, was gerade freiheitsschädlich ist.[46] **11**

---

[45] Vgl. BVerfGE 59, S. 260; vgl. aber zu Beschränkungen der Programmfreiheit durch das Arbeitsrecht näher oben unter F Rdz. 6 und B Rdz. 157 ff.

[46] Vgl. zur „inneren Rundfunkfreiheit" näher oben unter B Rdz. 158, E Rdz. 44 f.

III. Programmfreiheit und Rundfunkordnung

12 Die besondere Bedeutung der Rundfunkfreiheit beschränkt sich nicht auf ihren abwehrenden Charakter gegenüber staatlichem und sonstigem funktionswidrigen Einfluß Dritter. Vielmehr wird mit dem spezifischen Grundrechtsschutz der Zweck verfolgt, den für die Selbstverwirklichung und damit die *Menschenwürde* des einzelnen,[47] wie auch für das *demokratische Gemeinwesen* konstitutiven Kommunikationsprozeß im Rundfunk zu sichern und auch zu fördern.[48] Der danach von den Programmveranstaltern verlangte Dienst, der in der Errichtung eines allgemeinen Meinungsmarktes liegt, soll deshalb nach der Rechtsprechung des Bundesverfassungsgerichts die bestehende Vielfalt in größtmöglicher Breite und Vollständigkeit widerspiegeln.[49] Damit wird verfassungsrechtlich vorausgesetzt, daß die Erfüllung dieser Funktion effektuiert werden muß.

Nach der Rechtsprechung des Bundesverfassungsgerichts obliegt es dem Staat als Garanten der grundrechtlich geschützten Freiheit, die Rundfunkordnung auszugestalten. Damit trifft ihn auch die Pflicht, der Programmfreiheit denjenigen Schutz zukommen zu lassen, der die Erfüllung der öffentlichen Aufgabe des Rundfunks optimiert.[50] Insoweit wird das Recht der Rundfunkveranstalter zur *eigenverantwortlichen Programmgestaltung* durch die dienende Funktion ausgestaltet.[51] Mit der bestehenden Rundfunkordnung hat sich der Gesetzgeber für einen Dualismus mit einem öffentlich-rechtlichen und einem privaten Rundfunk entschieden.[52] Seine Besonderheit besteht in den erhöhten Anforderungen an den öffentlich-rechtlichen Rundfunk, der dafür durch das Recht der Gebühreneinnahmen privilegiert wird.[53]

13 Demgegenüber unterliegen die privaten Veranstalter systembedingt wegen der Finanzierung aus Werbeeinnahmen, auf die sie beinahe ausschließlich angewiesen sind, in der Regel weniger strengen Verpflichtungen.[54] Die Besonderheiten beider Systeme, die „*Vergesellschaftung*" des öffentlich-rechtlichen Rundfunks und das *Prinzip privatautonomer Gestaltung und Entscheidung* im privaten Rundfunk, bestimmen somit auch die unterschiedlichen Rechtsfolgen für die Ausübung der Programmfreiheit.

Im weiteren wird deshalb der Frage nachzugehen sein, welchen Rahmen die Rundfunkordnung des Staates für die Programmfreiheit vorgibt und wo die Grenzen seiner Gestaltungsbefugnis liegen. Dabei ist aufgrund der bereits aufgezeigten grundsätzlichen Unterschiede beider Systeme zwischen dem öffentlich-rechtlichen und dem privaten Rundfunk zu differenzieren.

---

[47] Vgl. hierzu oben unter B Rdz. 10 ff., 78 ff.

[48] Vgl. hierzu oben unter B Rdz. 80; C Rdz. 3 f. und E Rdz. 3.

[49] Vgl. BVerfGE 57, S. 295 ff., 318; 73, S. 118 ff., 156; 83, S. 238 ff., 263; vgl. hierzu näher oben unter B Rdz. 80 ff., 101 ff.

[50] Vgl. BVerfGE 74, S. 297 ff., 309; *Ricker,* Privatrundfunkgesetze im Bundesstaat, S. 108 f.; *Degenhart* DöV 1992, S. 331; vgl. hierzu oben unter B Rdz. 115 ff.

[51] Vgl. BVerfGE 87, S. 181 ff., 201.

[52] Siehe hierzu näher und vor allem auch zu den medienpolitischen Gründen oben unter C Rdz. 58 ff.

[53] Vgl. zur Verpflichtung zur Grundversorgung unten unter F Rdz. 14 ff.; oben unter E Rdz. 85 ff.; vgl. auch zur Rundfunkfinanzierung oben unter C Rdz. 73 ff.

[54] Vgl. zu dem von dem privaten Rundfunk verlangten Grundstandard unten unter F Rdz. 50 ff.; oben unter E Rdz. 105 ff.; vgl. auch zur Problematik rigiderer Programmanforderungen an den privaten Rundfunk in einzelnen Landesgesetzen unter F Rdz. 56 ff.; E Rdz. 36 ff.

IV. Die Programmfreiheit im öffentlich-rechtlichen Rundfunk

1. Grundversorgung

In dem bestehenden dualen Rundfunksystem hat der öffentlich-rechtliche Rundfunk die **14** *Grundversorgung* zu leisten. Nach der Rechtsprechung des Bundesverfassungsgerichtes setzt dies ein Programmangebot für die Gesamtheit der Bevölkerung voraus, das umfassend und in der vollen Breite des klassischen Rundfunkauftrages informiert und Meinungsvielfalt in der verfassungsrechtlich gebotenen Weise sichert[55] und das deshalb auch sendetechnisch für jedermann empfangbar verbreitet wird.[56]

Bei der Programmgestaltung setzt die Grundversorgung *„gleichgewichtige Vielfalt in der Darstellung der bestehenden Meinungsrichtungen in möglichster Breite und Vollständigkeit"* voraus.[57] Die unterschiedlichen Strömungen, Auffassungen und Überzeugungen in der Gesellschaft müssen deshalb zum Ausdruck gelangen, auch wenn sie nicht populär sind, sondern nur von Minderheiten getragen werden. Diese haben nach den Feststellungen des Bundesverfassungsgerichtes ebenfalls zu Wort zu kommen.[58] Dem ist jedenfalls dann zuzustimmen, soweit sie auf ihre öffentliche Verbreitung angelegt sind. In anderen Fällen kann das Recht auf *negative Kommunikationsfreiheit* Bedeutung erlangen, sich von dem öffentlichen Meinungs- und Willensbildungsprozeß fernzuhalten,[59] mit der Folge, daß sich hierauf der Grundversorgungsauftrag nicht erstreckt.

Weitere Komponente der Grundversorgung ist die *Spartenvielfalt*. Wie das Bundesverfassungsgericht hierzu festgestellt hat, muß der klassische Auftrag des Rundfunks erfüllt werden, der *„neben seiner Rolle für die Meinungs- und die politische Willensbildung, neben Unterhaltung und über laufende Berichterstattung hinausgehende Information auch seine kulturelle Verantwortung umfaßt"*.[60] Die Mitwirkung des Rundfunks als Medium und Faktor in dem permanenten Prozeß der öffentlichen Meinungs- und Willensbildung beschränkt sich somit nicht nur auf Nachrichtensendungen, politische Kommentare, Sendereihen über politische Probleme der Vergangenheit, Gegenwart und Zukunft.[61] Vielmehr werden auch kulturelle Sendungen gefordert (etwa Konzerte, Fernsehspiele, Theater) und Bildungsprogramme (z.B. Sprach- und Sachunterricht) sowie Sendungen aus dem Bereich der Unterhaltung, wie etwa Spielfilme, Kabarett, Revuen und Showsendungen.[62]

Wie das Bundesverfassungsgericht zu dem Bereich der *Unterhaltung* festgestellt hat, können *„Information und Meinung ebenso durch ein Fernsehspiel oder eine Musiksendung vermittelt werden wie durch Nachrichten oder politische Kommentare ..."*. Bereits von der Auswahl und Gestaltung der Sendung gehe eine meinungsbildende Wirkung aus. Die Programmfreiheit umfasse deshalb alle Bereiche gegenständlicher Vielfalt.[63] Der Bereich der Unterhaltung wird auch deswegen von dem Schutz der Programmfreiheit umfaßt, da dieses Genre den Zuspruch

---

[55] Vgl. BVerfGE 73, S. 118 ff., 157 ff.; 74, S. 297 ff., 325.

[56] Vgl. BVerfGE 74, S. 297 ff., 326; zu den Folgerungen bei der Vergabe von Sendefrequenzen siehe unten unter G Rdz. 13 und oben unter E Rdz. 122 f.

[57] Vgl. BVerfGE 73, S. 118 ff., 157 ff.; 74, S. 297 ff., 325 f.; vgl. hierzu näher unter F Rdz. 15.

[58] Vgl. BVerfGE 73, S. 118 ff., 160 f.

[59] Siehe zu dieser Problematik bereits oben unter B Rdz. 78 ff.

[60] Vgl. BVerfGE 73, S. 118 ff., 157 f.; *Ricker* ZUM 1989, S. 331.

[61] Vgl. BVerfGE 35, S. 202 ff., 222; 12, S. 205 ff., 260; vgl. zum Ehren- und Jugendschutz auch oben unter B Rdz. 173 ff und unten unter F Rdz. 111 f.

[62] Vgl. BVerfGE 35, S. 202 ff., 222; 73, S. 118 ff., 158; 74, S. 295 ff., 324 f.; siehe auch oben unter B Rdz. 47 ff.; F Rdz. 3.

[63] Vgl. BVerfGE 35, S. 202 ff., 222 unter Verweis auf BVerfGE 12, S. 205 ff., 260; 31, S. 314 ff., 326.

größerer Bevölkerungskreise findet und der Dienst an der Meinungs- und Willensbildung bei der Ausstrahlung solcher Sendungen in besonderer Weise effektuiert wird. Dies gilt vor allem für diejenigen Zuschauer, die wegen geringeren Interesses an den anderen Sparten über den Rundfunk sonst nicht zu erreichen wären.

15 Schließlich soll der „*vergesellschaftete*" öffentlich-rechtliche Rundfunk ein Programm „*für alle*" anbieten, was *massenattraktive* Sendungen einschließt, wie etwa die Übertragung populärer Sportarten oder von Quizsendungen oder Unterhaltungsshows. Der verfassungsrechtlich vorausgesetzte Dienst, den der öffentlich-rechtliche Rundfunk mit der Grundversorgung zu erfüllen hat, schließt aber eine *überwiegende Orientierung* an der Einschaltquote und damit der Massenattraktivität der Sendungen aus. Wie das Bundesverfassungsgericht festgestellt hat, sind die Rundfunkanstalten auch zu der Ausstrahlung solcher Sendungen verpflichtet, die wie etwa die Wiedergabe von Opern und Konzertaufführungen, nur eine Minderheit der Teilnehmer ansprechen, ohne die aber die Vielfalt in möglichster Breite und Vollständigkeit nicht zu erreichen ist. Auf die üblicherweise hohen Kosten der Übertragung dieser kulturellen Veranstaltungen können sich die Anstalten wegen des Gebührenprivilegs nicht berufen.[64]

Daneben ist der Grundsatz eigenverantwortlicher Gestaltungsfreiheit auch dadurch systembedingt eingeschränkt, daß es nicht im Belieben der öffentlich-rechtlichen Rundfunkanstalten steht, sich nach Art und Format der Sendungen dem Angebot der privaten Rundfunkveranstalter immer mehr anzunähern.[65] Das „more of the same" widerspricht der Funktion der Rundfunkfreiheit, die freie Informations- und Meinungsbildung durch ein größtmögliches Maß an Vielfalt zu effektuieren.[66] Insoweit ergeben sich Einschränkungen der Programmfreiheit auch unter dem Aspekt der Gebührenfinanzierung. Das Bundesverfassungsgericht hat in dem 8. Rundfunkurteil neben den anderen Maßstäben wie dem der Erforderlichkeit, der Verpflichtung zur Wirtschaftlichkeit und Sparsamkeit und der Sozialverträglichkeit für die Gebührenzahler auch den bereits bestehenden Informationszugang genannt.[67]

Von daher erscheint es ebenso aus Gründen der Finanzierbarkeit ausgeschlossen, daß bereits bestehende Programmangebote dupliziert werden. Die Programmfreiheit umfaßt zwar grundsätzlich auch die Frage, wann welche Sendungen ausgestrahlt werden. Aufgrund der Verpflichtung zur Grundversorgung ergeben sich jedoch Einschränkungen etwa derart, daß einzelne nur für kleinere Teilnehmerkreise interessante Sparten, wie etwa kulturelle Sendungen, nicht ausschließlich nur noch zu solchen Sendezeiten angeboten werden dürfen, etwa nachts oder früh morgens, so daß sie für die meisten Zuschauer und Zuhörer nicht empfangbar sind. Wie das Bundesverfassungsgericht in seinem 8. Rundfunkurteil festgestellt hat, können die Rundfunkanstalten im Rahmen ihrer Programmfreiheit nicht nur über die Art, sondern auch die Anzahl der Programme bestimmen, mit der sie die Grundversorgung erfüllen.[68] Eine beliebige Programmvermehrung begegnet jedoch Bedenken im Hinblick auf die Gebührenfinanzierung, die sich nach den Feststellungen des Gerichts in dem 8. Rundfunkurteil auf das Erforderliche beschränkt.[69]

a) Rundfunkprogramme der Grundversorgung

16 Nach den Feststellungen des Bundesverfassungsgerichts in seinem 7. Rundfunkurteil umfaßt die Programmfreiheit der öffentlich-rechtlichen Rundfunkanstalten das Recht, über die Anzahl und die Art der Programme selbst zu bestimmen, also auch über diejenigen der

---

[64] Vgl. BVerfGE 73, S. 118 ff., 162; siehe auch oben unter C Rdz. 74 ff.

[65] Vgl. *Merten*, Konvergenz der öffentlich-rechtlichen Fernsehprogramme, Langzeituntersuchung 1988–1993, S. 24, 67, 73.

[66] Vgl. BVerfGE 87, S. 181 ff., 204 f.; 74, S. 297 ff., 320 f., 349 f.; vgl. hierzu näher oben unter E Rdz. 1 ff.; F Rdz. 14 ff.; C Rdz. 58 ff.

[67] Vgl. BVerfGE 90, S. 60 ff., 95 f.; vgl. hierzu näher oben unter C Rdz. 95.

[68] Vgl. BVerfGE 90, S. 60 ff., 93 f.; siehe hierzu näher unten unter E Rdz. 95 ff.; F Rdz. 18 ff.

[69] Vgl. hierzu näher unter C Rdz. 93; F Rdz. 18 ff.

Grundversorgung.[70] Mit welchen und mit wievielen Programmen im einzelnen die Grundversorgung betrieben werden soll, obliegt somit der Entscheidung der zuständigen Gremien der Anstalt, die sich aufgrund der wandelnden tatsächlichen Verhältnisse und damit auch Anforderungen durch die Hör- und Sehgewohnheiten der Rezipienten ändern kann.[71]

Das Bundesverfassungsgericht hat zwar im 4. Rundfunkurteil festgestellt, daß die im Zeitpunkt der Entscheidung, also 1986, verbreiteten öffentlich-rechtlichen Programme den spezifischen Auftrag des öffentlich-rechtlichen Rundfunks erfüllen.[72] Daraus kann jedoch nicht gefolgert werden, daß das Programmangebot, wie es 1986 bestanden hat, als unerläßliche Grundversorgung unverändert bleiben müsse oder gar eine zahlenmäßige Begrenzung darstelle.[73] Dem steht bereits entgegen, daß das Bundesverfassungsgericht in dem 4. Rundfunkurteil ausdrücklich den „situativen" Gehalt der Anforderungen der Rundfunkfreiheit herausgestellt hat.[74] Deshalb muß das Grundrecht im Hinblick auf die sich stetig verändernden tatsächlichen Verhältnisse dynamisch verstanden werden.[75] Das im Zeitpunkt des 4. Rundfunkurteils bestehende öffentlich-rechtliche Programmangebot kann deshalb auch keinen verfassungsrechtlichen Schutz in dem Sinne genießen, daß sich der damalige „status quo" nicht ändern könne.[76] Dies zeigt sich bereits dadurch, daß sich mit der Wiedervereinigung und damit wegen der politischen Umstände wesentliche Modifikationen ergaben: Zum einen hat sich die Anzahl der zur Grundversorgung gehörenden Programme durch diejenigen in den ostdeutschen Bundesländern erhöht. Daneben gingen mit dem Beitritt dieser Länder zu dem ARD-Staatsvertrag auch inhaltliche Veränderungen des Ersten Programms einher, das nunmehr durch zusätzliche Sendebeiträge der neugegründeten Rundfunkanstalten in Ostdeutschland bereichert wird.

Aus der Programmfreiheit kann jedoch keine Befugnis der Rundfunkanstalten gefolgert   **16a**
werden, unter Hinweis auf ihren spezifischen Auftrag zur Grundversorgung eine *beliebige Programmvermehrung* zu betreiben. Einer ausufernden Programmexpansion steht im Bezug auf das nationale Verbreitungsgebiet eines Programmes schon der Wesentlichkeitsgrundsatz entgegen. Aufgrund der föderalen Struktur der Rundfunkordnung ist es für die Grundrechtsausübung von Bedeutung, inwieweit der öffentlich-rechtliche Rundfunk zusätzliche nationale Programmangebote, die zur Grundvorsogung zählen, anbietet. Damit wird in besonderer Weise die kulturell-integrative Wirkung des Rundfunks berührt, die auch nach der Rechtsprechung des Bundesverfassungsgerichtes[77] zu den besonderen Funktionen der Grundversorgung zählt. Deswegen haben alle nationalen Angebote sowohl im Fernsehen[78] als auch im Hörfunk[79] eine staatsvertragliche Grundlage.[80]

Darüber hinaus stellt sich allgemein bei allen Programmen der Grundversorgung einer ausufernden Expansion die Frage ihrer *Finanzierbarkeit* entgegen, da die Gebührenalimentation ebensowenig unbeschränkt ist wie das Aufkommen aus Werbeeinnahmen und sonstigen Einkünften. Wie das Bundesverfassungsgericht hierzu festgestellt hat, ist der Gesetzgeber

---

[70] Vgl. BVerfGE 87, S. 181 ff., 203; 90, S. 60 ff., 95 f.; vgl. auch *Ricker* NJW 1994, S. 2199 ff.

[71] *Badura* JA 1987, S. 180 ff., 186; *Bethge* ZUM 1987, S. 199 ff., 202; *Berg* Media Perspektiven 1987, S. 737 ff., 740; *Niepalla,* Die Grundversorgung, S. 121.

[72] Vgl. BVerfGE 73, S. 118 ff., 165 f.

[73] Vgl. zu solchen Vorstellungen etwa *Niepalla,* Die Grundversorgung. S. 119; *Libertus,* Funktionsgarantie, S. 118 f.; wie hier *Schmitt Glaeser* DÖV 1987, S. 837 ff., 839; *Kull* AfP 1987, S. 568 ff., 572; *Selmer,* Bestands- und Entwicklungsgarantie, S. 107.

[74] Vgl. BVerfGE 73, S. 118 ff., 156; *Stettner* ZUM 1993, S. 112, 116.

[75] Vgl. BVerfGE 83, S. 238 ff., 296 ff., 305 f.

[76] *Fuhr,* in: *Fuhr* u. a. (Hrsg.): Recht der neuen Medien, S. 297.

[77] Vgl. BVerfGE 31, S. 314 ff., 329; 90, S. 60 ff, 90, 92; 73, S. 118 ff., 158; vgl. auch *Kresse,* ZUM 1995, S. 178 ff., 182; *Biedenkopf,* zit. in epd medien, Nr. 7 v. 01.02.1997, S. 8 f.

[78] Vgl. § 1 ARD-StV; § 2 ZDF-StV.

[79] Vgl. § 2 Deutschlandradio-StV.

[80] Vgl. hierzu auch unten F Rdz. 19.

nicht verpflichtet, jede Programmentscheidung finanziell zu honorieren[81] und damit jeden zusätzlichen Finanzierungsbedarf auszugleichen.[82]

Diese Feststellungen sind nicht nur für die Gewährleistung der Finanzierung[83] der Grundversorgung durch den Gesetzgeber von Bedeutung. Vielmehr ergeben sich aus ihnen auch unmittelbare Auswirkungen für die *Programmplanung der Anstalten* selbst. Dies folgt nicht zuletzt daraus, daß ihnen das Recht zusteht, den von ihnen berechneten Finanzierungsbedarf als Grundlage für die Entscheidungen über die Finanzausstattung des öffentlich-rechtlichen Rundfunks *anzumelden*.[84] Daraus resultiert aber andererseits auch ihre Verpflichtung, von *vornherein* ihre Bedarfsanmeldung vor dem Hintergrund der folgenden von dem Bundesverfassungsgericht in seinem 8. Rundfunkurteil[85] konkretisierten Maßstäben zu orientieren:

In dieser Entscheidung hat das Bundesverfassungsgericht festgestellt, daß nur diejenigen Programme zu finanzieren sind, die der klassischen Funktion *„nicht nur entsprechen, sondern für die Wahrnehmung dieser Funktion auch erforderlich sind"*.[86] Zur Begründung führt das Gericht aus, daß die den Rundfunkteilnehmern auferlegte Zwangsabgabe nur in dem Maße gerechtfertigt ist, wie diese zur Funktionserfüllung erforderlich erscheint.[87] Weiteres Kriterium für die Finanzierung des öffentlich-rechtlichen Rundfunks ist das Gebot der *Wirtschaftlichkeit und Sparsamkeit*, an das die Anstalten gesetzlich gehalten sind.[88] Gerade dieser Maßstab dürfte bei der Programmplanung von wesentlicher Bedeutung sein. Das wird nicht zuletzt dadurch deutlich, daß es den Rundfunkanstalten in jüngerer Zeit gelungen ist, erhebliche Einsparungen vorzunehmen.[89] Daneben hat das Bundesverfassungsgericht bei seiner Entscheidung zur Finanzierung des öffentlich-rechtlichen Rundfunks auch den bereits *vorhandenen Informationszugang* als Kriterium herangezogen.[90] Damit ist für die Programmplanung der Anstalten die Frage der Notwendigkeit des Programmangebots im Hinblick auf bereits vorhandene gleiche oder ähnliche Sendeinhalte von entscheidendem Gewicht. Dabei differenziert das Gericht nicht danach, ob es sich bei dem bereits vorhandenen Angebot um ein öffentlich-rechtliches oder privates Programm handelt. Entscheidend ist nur, ob dieses bereits in vergleichbarer Art offeriert wird.[91] Schließlich haben die Anstalten auch zu berücksichtigen, daß die Zwangsabgabe für die Teilnehmer *sozial verträglich* sein muß, so daß sich auch von daher eine Begrenzung der Programmanzahl ergibt.[92]

16 b   Damit ist zunächst festzustellen, daß die Rundfunkanstalten die genannten Kriterien für die Bemessung der Finanzausstattung bei ihrer Programmplanung zu berücksichtigen haben. Damit wird im weiteren die Frage aufgeworfen, zu welchen Konsequenzen die *Nichtbeachtung* dieser Verpflichtung führt. Der Rechtsprechung des Bundesverfassungsgerichts im 8. Rundfunkurteil ist nunmehr ausdrücklich zu entnehmen, daß es gerade nicht die Rundfunk-

---

[81] Vgl. BVerfGE 87, S. 181 ff., 201.

[82] Vgl. *Schmitt Glaeser* DÖV 1994, S. 27; *Grawert* JA 1993, S. 261.

[83] Siehe oben unter C Rdz. 74 ff., 90 ff.

[84] Vgl. BVerfG NJW 1994, S. 2242 ff., 2244; zur Finanzierung des öffentlich-rechtlichen Rundfunks siehe auch unter C Rdz. 74 ff.

[85] Vgl. BVerfGE 90, S. 60 ff., 85 ff.

[86] Vgl. BVerfGE 90, S. 60 ff., 94 f.; BVerfGE 87, S. 181 ff., 202; vgl. auch *Ricker* NJW 1994, S. 2199 f.; *Kresse* ZUM 1995, S. 67 ff., 69.

[87] Vgl. BVerfGE 90, S. 60 ff., 102; *Stettner* JZ 1994, S. 631; *Ricker* NJW 1994, S. 2199 f.; *Kresse* ZUM 1994, S. 75 f.; vgl. hierzu näher oben unter C Rdz. 93.

[88] Vgl. BVerfGE 90, S. 60 ff., 95 f.; vgl. hierzu näher oben unter C Rdz. 94.

[89] Vgl. FAZ vom 14. 3. 1995: „ARD und ZDF wollen 3,5 Milliarden einsparen", S. 25; vgl. auch *Gärtner* Media Perspektiven 1994, S. 32 ff., 36.

[90] Vgl. BVerfG NJW 1994, S. 2240 ff., 2242.

[91] Vgl. hierzu auch *Ricker* NJW 1994, S. 2199; *Immenga,* in: VPRT (Hrsg.): Die Finanzierung des öffentlich-rechtlichen Rundfunks durch Werbung, S. 63; vgl. auch oben unter C Rdz. 95.

[92] Vgl. BVerfG NJW 1994, S. 2240 ff., 2243; *Starck,* in: VPRT (Hrsg.): Die Finanzierung des öffentlich-rechtlichen Rundfunks aus Werbung, S. 42 f.; siehe hierzu auch näher oben unter C Rdz. 96.

anstalten selbst sind, die letztlich über das Finanzierungsvolumen zu befinden haben. Vielmehr obliegt es dem Gesetzgeber, im Rahmen der Ausgestaltung der Rundfunkordnung ein Verfahren vorzusehen, das in gesicherter Unabhängigkeit vom Staat zu einer den spezifischen Funktionen des öffentlich-rechtlichen Rundfunks angemessenen Alimentation führt. In diesem Zusammenhang hat das Gericht ein von politischen Einflüssen freies Gremium vorgeschlagen, wie es durch die Novellierung des Rundfunkstaatsvertrages vom 01. 09. 1994 in Form der staatsfrei organisierten Kommission zur Ermittlung des Finanzbedarfs der öffentlich-rechtlichen Rundfunkanstalten *(KEF)* verwirklicht worden ist.[93]

Aus den soeben getroffenen Darlegungen ergeben sich für die Frage der Ausübung der **17** Programmfreiheit durch die Anstalten *zwei wesentliche Konsequenzen:* Zum einem sind die Rundfunkanstalten befugt, über den Umfang ihres Programmangebotes selbst zu bestimmen, wobei sie sich jedoch an den Kriterien orientieren müssen, die das Bundesverfassungsgericht für eine angemessene Finanzierung vorgegeben hat. Das *Letztentscheidungsrecht* über den Umfang des Programmangebotes steht ihnen dagegen deswegen *nicht zu,* weil nicht sie, sondern andere Instanzen verbindlich über das verfügbare Finanzierungsvolumen entscheiden.

b) Rundfunkprogramme außerhalb der Grundversorgung

Zu denjenigen Programmen, die außerhalb der Grundversorgung veranstaltet werden, sind **18** zunächst die *Spartenangebote* zu zählen. Das Bundesverfassungsgericht hat sich in dem 5. Rundfunkurteil ausdrücklich gegen ein *„Verspartungsverbot"* ausgeprochen.[94] Diese Programme hat das Gericht von der Grundversorgung jedoch deswegen ausgenommen, weil sie sich nur an einen begrenzten Teilnehmerkreis richten und auch thematisch begrenzt sind.[95] Hinzu kommt, daß sie unter den gegenwärtigen Umständen auch nicht für jedermann empfangbar sein dürften, da sie in der Regel nicht terrestrisch verbreitet werden.

Es fragt sich freilich, ob die vom Bundesverfassungsgericht angenommene Zulässigkeit von *Spartenprogrammen* des öffentlich-rechtlichen Rundfunks als Ausfluß seiner Programmfreiheit und die Ablehnung eines Verspartungsverbots in dieser Allgemeinheit überzeugen. Zunehmend versuchen die öffentlich-rechtlichen Anstalten einzelne Sparten in bestimmten Programmen zu konzentrieren, wobei zur Begründung das veränderte Nutzungsverhalten der Teilnehmer angeführt wird.[96] Gerade im Hörfunk ist diese Entwicklung in jüngerer Zeit und hierbei vor allem in der Sparte Unterhaltung festzustellen.[97]

Somit ist zu erörtern, ob dies mit dem Programmauftrag des öffentlich-rechtlichen Rundfunks zu vereinbaren ist. Er besteht nicht nur in der Darstellung der Vielfalt sondern gerade auch in seiner integrierenden Funktion hierbei.[98] Diese würde aber dann gestört, wenn der öffentlich-rechtliche Rundfunk die Sparte Unterhaltung dadurch profiliert, daß er zum Zwecke der Akzeptanzsteigerung reine Unterhaltungprogramme veranstaltet, die nur marginale Informationsanteile enthalten.[99] Hier besteht die Gefahr, daß die Teilnehmer überwiegend solche Angebote wählen und die dem Auftrag der Anstalten entsprechenden Vollzu bloßen Minderheitenprogrammen degenerieren.[100]

Eingeschlossen in den Grundversorgungsauftrag dürften dagegen solche Spartenprogramme sein, die einen *kulturellen* oder *Bildungsschwerpunkt* besitzen.[101] Das Bundesverfas-

---

[93] Vgl. hierzu näher oben unter C Rdz. 90, 96a.

[94] Vgl. BVerfGE 74, S. 297ff., 346.

[95] Vgl. BVerfGE 74, S. 297ff., 345; *Kresse* ZUM 1995, S. 178 ff., 183.

[96] Vgl. *Scholz* AfP 1995, S. 357 ff., 361, zu dem Vorhaben von ARD/ZDF zur Einführung eines Kinderspartenprogramms, s. epd/Kifu Nr. 9 vom 04.02.1995, S. 15 f.

[97] Vgl. *Kresse* ZUM 1995, S. 183.

[98] Vgl. *Kresse* ZUM 1995, S. 178 ff., 182; *Bullinger* ZUM 1994, S. 596, 599.

[99] Vgl. *Scholz* AfP 1995, S. 357 ff., 362; *Kresse* ZUM 1995, S. 184.

[100] Vgl. *Bullinger* AfP 1995, S. 1 ff., 7; *Nowottny* epd Nr. 5 vom 21.1.1995, S. 8.

[101] Vgl. *Kresse* ZUM 1995, S. 178 ff., 183; *Ring* ZUM 1995, S. 173 ff., 175.

sungericht hat hierzu ausgeführt, daß sie die Breite des gesamten Programmangebots erhöhen und ein für das kulturelle Leben der Bundesrepublik wesentliches Element einbringen. Insofern werde der klassische Auftrag des Rundfunks damit wahrgenommen.[102] Dieser ist aber gerade in der Erfüllung der Aufgabe der Grundversorgung zu sehen.[103]

19   Entgegen der Feststellung des Bundesverfassungsgerichts, daß der öffentlich-rechtliche Rundfunk die Anzahl seiner Programme selbst festlegen darf,[104] bestehen *gesetzliche Vorschriften*, die insoweit die Programmfreiheit *beschränken*. Beispielhaft seien die Regelungen in dem Rundfunkstaatsvertrag genannt, in denen detailliert festgelegt wird, welche zusätzlichen Programme ARD und ZDF veranstalten dürfen: Danach können die ARD-Anstalten und das ZDF über Satelliten gemeinsam ein zusätzliches Fernsehprogramm mit kulturellem Schwerpunkt veranstalten; dabei können ausländische Veranstalter, vor allem aus den europäischen Ländern, beteiligt werden.[105] Darüber hinaus können die in der ARD zusammengeschlossenen Landesrundfunkanstalten und das ZDF über Satelliten gemeinsam zwei Spartenfernsehprogramme als Zusatzangebot veranstalten.[106] Daneben bestimmt der Rundfunkstaatsvertrag, daß „*weitere bundesweit verbreitete gemeinsame Fernsehprogramme der ARD-Anstalten und des ZDF nur auf Grundlage besonderer staatsvertraglicher Vereinbarungen aller Länder zulässig*" sind.[107]

Außerdem haben die Länder festgelegt, daß die in der ARD zusammengeschlossenen Landesrundfunkanstalten und das ZDF gegebenenfalls auch gemeinsam im Rahmen ihres Programmauftrages zusammen mit *ausländischen Rundfunkveranstaltern* oder Unternehmen international verbreitete Programme veranstalten oder sich an einem Veranstalter solcher Programme beteiligen können und zwar unter den folgenden Voraussetzungen: Zum einen müssen diese Programme bundesweit empfangbar sein und dürfen keine ausschließlich auf die Bundesrepublik Deutschland abzielende Werbung enthalten. Daneben darf die Beteiligung von ARD und ZDF zusammen am Programm oder am Programm und am Kapital des jeweiligen Rundfunkveranstalters 50% nicht übersteigen.[108] Schließlich bestimmt der Rundfunkstaatsvertrag, daß „*die in der ARD zusammengeschlossenen Landesrundfunkanstalten und das ZDF sich am Europäischen Fernsehkulturkanal beteiligen*".[109]

In diesem Zusammenhang stellt sich die Frage, ob die Vorschriften des Rundfunkstaatsvertrages im Widerspruch zu den Feststellungen des Bundesverfassungsgerichts über die *Programmautonomie* der Anstalten liegen. Dies hängt davon ab, ob die Regelungsmaterie ausschließlich die Programmfreiheit betrifft oder ob es sich hierbei nicht um einen Bereich handelt, der darüber hinaus zu den wesentlichen *Grundstrukturen* des öffentlich-rechtlichen Systems im Rahmen der dualen Rundfunkordnung gehört. Hierfür sprechen eine Reihe von Gründen: Zum einen handelt es sich bei *ARD* und *ZDF* nicht um öffentlich-rechtliche Anstalten, die einen landesbezogenen Programmauftrag haben und diesen in unterschiedlicher Weise auf die spezifischen Bedürfnisse der Rezipienten im Landesgebiet anpassen können. Bei den Programmen von ARD und ZDF handelt es sich vielmehr um solche *nationaler Ausrichtung*, denen eine erhebliche kulturell integrative Wirkung zukommt und die deshalb von unmittelbarem föderalem Bezug sind. Dementsprechend stehen sie in verstärkter Verantwortung der Länder, da von diesen Programmen Erscheinung und Wesen des öffentlich-rechtlichen Fernsehens in der Bundesrepublik maßgeblich bestimmt wird.

---

[102] Vgl. BVerfGE 74, S. 297 ff., 346.

[103] Vgl. BVerfGE 73, S. 118 ff., 156, 167 f.

[104] Vgl. BVerfGE 90, S. 60 ff., 91.

[105] § 19 Abs. 1 RStV.; siehe oben unter E Rdz. 95.

[106] Vgl. § 19 Abs. 2 RStV.

[107] Vgl. § 19 Abs. 3 RStV.

[108] Vgl. § 19 Abs. 4 RStV.

[109] § 19 Abs. 4 Satz 2 RStV.

Hinzu kommt, daß mit der Einführung neuer Programme auf nationaler Ebene mit **20** erheblichen *Auswirkungen* auf den *privaten Rundfunk* einhergehen.[110] Anders als im Landesbereich, wo der private Rundfunk gegenüber den öffentlich-rechtlichen Programmen im wesentlichen eine komplementäre Funktion besitzt,[111] besteht bundesweit ein effektiver Wettbewerb zwischen etwa gleichwertigen Partnern. Da auch im privaten Bereich zusätzliche Programme einer Lizenzierung bedürfen, kann es unter dem Aspekt der Gleichgewichtigkeit jedenfalls auf nationaler Ebene im Hinblick auf den öffentlich-rechtlichen Rundfunk nicht anders sein.[112]

Schließlich ergibt sich aber auch deshalb kein Widerspruch zu der Rechtsprechung des Bundesverfassungsgerichts, da danach gesetzliche Programmbegrenzungen, um die es hier in dem Rundfunkstaatsvertrag geht, nicht prinzipiell von Verfassungs wegen ausgeschlossen sind.[113]

Nicht zur Grundversorgung zählen die Angebote des öffentlich-rechtlichen Rundfunks **21** im *lokalen* oder *regionalen Bereich.* Wie das Bundesverfassungsgericht hierzu selbst festgestellt hat, „*ist eine zu der landes- oder bundesweiten Grundversorgung hinzutretende eigene Grundversorgung für diesen Bereich nicht eindeutig geboten. Denn die Zahl möglicher Themenstellungen für spezifisch regionale oder lokale Sendungen dürfte kaum hinreichen, insoweit die Notwendigkeit eines über das Programmangebot privater Veranstalter wesentlich hinausgehenden breiten und vollständigen Angebots der Landesrundfunkanstalten zu begründen. Auch könnten weder private noch öffentlich-rechtliche Regional- und Lokalprogramme ihre Sendungen ganztägig mit Gegenständen von spezifisch regionalem oder lokalem Bezug bestreiten; sie dürften sich ohnehin auf einige Stunden am Tag beschränken. Für die räumlich begrenzt zu empfangenden Programme ohne jeden Bezug ist aber die Grundversorgung bereits durch die landesweiten Programme gewährleistet*".[114]

Wenngleich solche Programme trotz des fehlenden Bezugs zur Grundversorgung nach der Rechtsprechung des Bundesverfassungsgerichts von der Programmfreiheit getragen werden, so ist jedoch dann eine Einschränkung zu machen, wenn sie *erkennbar* gegen einen bereits vorhandenen *privaten Veranstalter* positioniert werden. In einem solchen Fall wäre die Grundlage, die das Bundesverfassungsgericht zur Rechtfertigung von Programmen des öffentlich-rechtlichen Rundfunks außerhalb der Grundversorgung herangezogen hat,[115] nicht mehr gegeben. Solche Programme wären kein Beitrag zur Erweiterung des Programmspektrums. Sie wären vielmehr als eine Duplizierung anzusehen, die darüber hinaus zur Folge hätte, daß der bereits etablierte private Sender Schaden nähme. Sollte die publizistische Ausrichtung des Programms sogar dahin gerichtet sein, die Existenz des privaten Senders zu gefährden, was insbesondere dann der Fall sein könnte, wenn der öffentlich-rechtliche Rundfunk zielgruppenorientierte Programme mit Unterhaltungscharakter ohne Werbung veranstalten würde, wäre der publizistischen Vielfalt vollends widersprochen und darüberhinaus auch die Grundlage des Rundfunkstaatsvertrages mit seiner Entwicklungsgarantie für den privaten Rundfunk verletzt.[116]

---

[110] Vgl. *Rupp,* Rechtsgutachten über die Ausstrahlung zusätzlicher Fernsehprogramme durch das ZDF, ZDF-Schriftenreihe, Heft 28, S. 13; unmittelbar über Satellit und damit in ganz Deutschland empfangbare Zusatzprogramme sind von „so allgemeinpolitischer Bedeutung, daß es der Zustimmung der verantwortlichen Staatsorgane bedarf"; vgl. auch *Stettner,* Ist es öffentlich-rechtlichen Rundfunkanstalten, insbesondere dem Zweiten Deutschen Fernsehen (ZDF), gestattet, Pay-TV zu veranstalten?, Rechtsgutachten für die BLM, S. 8; a. A. *Eberle,* Digitale Kompression – Herausforderung der dualen Ordnung des Rundfunks. Referat zum Work-Shop „Ist die Zukunft des Fernsehens digital?" am 29./30. 10. 1993, LS 3, 7, 8, 9.

[111] Vgl. BVerfGE 74, S. 297 ff., 324 f.

[112] Zu der besonderen Problematik der Auflösung der ARD und einer Beteiligung derjenigen Rundfunkanstalten, die ihr nicht mehr angehören, auf freiwilliger Basis, siehe oben unter C Rdz. 42 ff.; zur Frage der Zulässigkeit von pay-tv-spartenprogrammen vgl. oben unter B Rdz. 58 ff.

[113] Vgl. BVerfGE 90, S. 60 ff., 92.

[114] BVerfGE 74, S. 297 ff., 327; siehe oben unter E Rdz. 97.

[115] Vgl. BVerfGE 87, S. 181 ff., 198 f., 204 f.; 74, S. 297 ff., 320 f., 349 f.

[116] Vgl. Präambel – 5. Abs. – des RStV, abgedr. bei *Ring,* Medienrecht, C. 0–1.

22   Schließlich kann als weiteres Beispiel für die Programmaktivitäten des öffentlich-rechtlichen Rundfunks jenseits der Grundversorgung auch die *Verbreitung der Dritten Fernsehprogramme über das gesetzlich festgelegte Versorgungsgebiet* der jeweiligen Landesrundfunkanstalt hinaus genannt werden. Die landesbezogene Verbreitung ist eine der wesentlichen Komponenten des Programmauftrages, den die Rundfunkanstalten grundsätzlich gebietsbezogen zu erfüllen haben.[117] Wird ein Programm nicht nur durch einen technisch bedingten Overspill, sondern mit Hilfe der modernen Satellitentechnik *gewollt national* verbreitet, handeln die Anstalten damit *außerhalb ihrer Aufgabe*, so daß ihm außerhalb des gesetzlich bestimmten Verbreitungsgebietes die Eigenschaft fehlt, zur Grundversorgung hinzuzuzählen. Es stellt sich vielmehr die Frage, ob die nationale Verbreitung überhaupt *zulässig* ist.

Bedenken ergeben sich unter dem Gesichtspunkt, ob bei einer nationalen Verbreitung des Programms, wie etwa bei der Satellitenaufschaltung der Dritten Fernsehprogramme, die *pluralistische Kontrolle* noch hinreichend gewährleistet ist. Die hierfür zuständigen gesellschaftlich relevanten Gruppen rekrutieren sich aus dem Land, dessen Rundfunkversorgung die Anstalt zu gewährleisten hat. Hier haben sie ihre Anbindung und schöpfen von daher ihre Legitimation zur Überwachung des Rundfunks.[118] Im Falle einer bundesweiten Verbreitung fehlt somit die notwendige nationale Anbindung, wie sie etwa bei dem ZDF als Sendeanstalt mit dem Programmauftrag für ganz Deutschland gegeben ist, die sich dann auch folgerichtig in der Zusammensetzung des Fernsehrates widerspiegelt.[119]

23   Dagegen, daß die nationale Abstrahlung des Dritten Programms von der Programmfreiheit gedeckt sei, sprechen noch zwei weitere Gründe: Die Aufschaltung der Dritten Fernsehprogramme verändert zum einen die *Akzeptanz der privaten Programme*.[120] Dies hat wegen der Abhängigkeit ihrer Erlöse von der Einschaltquote aber erhebliche finanzielle Auswirkungen für sie.[121] Zum anderen wird aber auch das *öffentlich-rechtliche Rundfunksystem erheblich verändert*. Nach dem Willen der Landesgesetzgeber soll die Unterschiedlichkeit der Länder der Bundesrepublik durch das gemeinschaftlich von den Landesanstalten getragene Erste Programm der ARD zum Ausdruck kommen, zu dem jeder Sender Programmbeiträge liefert.[122] Das nationale Moment des Fernsehens wird dagegen durch das länderübergreifende ZDF mit dem Zweiten Fernsehprogramm gewährleistet. Beide Programmgrundlagen wurden von den Ländern in Staatsverträgen verankert, weil insoweit die föderale Struktur des Fernsehens und damit eine wesentliche Frage des Rundfunks in Deutschland zu regeln war.[123]

Die bewußte und gewollte *Satellitenaufschaltung* der programmlich gebietsbezogenen *Dritten Fernsehprogramme* mit der Folge ihrer nationalen Empfangbarkeit hat zwar ebenfalls *erhebliche föderale Aspekte*. Der Rezipient kann damit zusätzlich Programme empfangen, bei denen das in ARD und ZDF in unterschiedlicher Ausprägung enthaltene integrative Moment fehlt und statt dessen die Vermittlung des gebietsbezogenen Geschehens Gegenstand des Programmauftrages ist.[124] Ob dies der Rundfunkordnung entspricht, muß aber *Sache der Landes-*

---

[117] Vgl. *Kresse* ZUM 1995, S. 74; *Hesse*, Rundfunkrecht, S. 89; *Starck,* in: VPRT (Hrsg.), Finanzierung des öffentlich-rechtlichen Rundfunks aus Werbung, S. 36.

[118] Vgl. *Hesse*, Rundfunkrecht, S. 115; *Bethge* UFITA 81, S. 75 ff.; *H.-P. Schneider* RuF 1982, S. 425 ff.; *Ricker* AfP 1992, S. 21; siehe oben unter E Rdz. 18 ff., 94 ff.

[119] Vgl. § 16 ZDF-Staatsvertrag.

[120] Vgl. *Starck,* in: VPRT (Hrsg.): Finanzierung des öffentlich-rechtlichen Rundfunks durch Werbung, S. 32 ff.; *Kresse* ZUM 1994, S. 567; *Stettner* DÖV 1993, S. 241.

[121] Vgl. *Ricker* AfP 1992, S. 21 ff.; *Immenga*, in: VPRT (Hrsg.): Finanzierung des öffentlich-rechtlichen Rundfunks durch Werbung, S. 76 ff.; *Steiner* DÖV 1992, S. 76; vgl. zur Finanzierung des privaten Rundfunks oben unter C Rdz. 97 ff.

[122] Vgl. *Bethge* JZ 1992, S. 434 f.; *Herrmann,* Rundfunkrecht, S. 112 f.; siehe auch unter C Rdz. 45.

[123] Vgl. Art. 3 RStV; Art. 2 RStV; vgl. auch Art. 1 § 19 RStV; *Bethge* JZ 1992, S. 431; *Hesse*, Rundfunkrecht, S. 26 f.; *Herrmann,* Rundfunkrecht, S. 112 f. siehe auch unter C Rdz. 45.

[124] Vgl. BVerwGE 75, S. 67; *Hesse*, Rundfunkrecht, S. 89,

gesetzgeber sein und kann von Verfassungs wegen nicht von den Rundfunkanstalten selbst entschieden werden.[125]

Ebenso wie bei der Grundversorgung ist der Entscheidungsspielraum der Rundfunkan-   24
stalt, welche und wieviele weitere Programme, die nicht zum gesetzlich fixierten Programmauftrag zählen, zusätzlich veranstaltet werden können, nicht unbegrenzt. Von besonderem Gewicht ist dabei die Frage, inwieweit die an sich zulässige Programmtätigkeit des öffentlich-rechtlichen Rundfunks auch finanziert werden kann oder muß. Eine Verpflichtung zur Finanzierung des öffentlich-rechtlichen Rundfunks besteht nach dem 8. Rundfunkurteil nur insoweit, als seine Tätigkeit für die *Grundversorgung erforderlich* ist.[126]

Damit hat das Bundesverfassungsgericht seine bisherige Rechtsprechung konkretisiert, die aufgrund des 7. Rundfunkurteils im Hinblick auf zusätzliche, nicht zur Grundversorgung zählende Programme Fragen aufgeworfen hatte.[127] Wenn sich aber die Alimentationsverpflichtung des Staates nur auf die Grundversorgung erstreckt, stellt sich die Frage, ob die Anstalten die Programme außerhalb dieses spezifischen Auftrages nicht in anderer Weise finanzieren können. Die Überlegung liegt zwar nahe, für diese die Werbeeinnahmen zu verwenden. Hierfür könnte zunächst sprechen, daß die Gebühren das Äquivalent für die Grundversorgungsaufgabe darstellen und deshalb bei der Feststellung des Finanzbedarfes die Werbeeinnahmen außer Betracht zu bleiben haben.

Dem steht jedoch entgegen, daß das Bundesverfassungsgericht sämtliche Einnahmen des öffentlich-rechtlichen Rundfunks, also die Gebühren, die Werbeerlöse und die sonstigen Einkünfte *insgesamt als Finanzierungsgrundlage* der Grundversorgung versteht. In dem 7. Rundfunkurteil hat es eine Aufspaltung der Programmfinanzierung nach den einzelnen Einnahmequellen und das Vorhaben, die Werbeeinnahmen für ein bestimmtes Programm jenseits der Grundversorgung zu verwenden, für *unzulässig* erklärt.[128] Eine andere Alternative könnte darin bestehen, daß die zusätzlichen Programme aus dem *allgemeinen Haushalt* finanziert werden. Da dieser aber die maßgebliche Grundlage für die Bemessung des Finanzierungsvolumens für die *erforderliche Grundversorgung* ist, können weitere Programme nur durch Einsparungen finanziert werden. Darauf hat das Bundesverfassungsgericht in seinem 7. Rundfunkurteil ausdrücklich hingewiesen.[129] Freilich darf durch solche Maßnahmen der eigentliche Auftrag des öffentlich-rechtlichen Rundfunks, die Grundversorgung zu leisten, nicht gefährdet oder gar vereitelt werden.[130]

Eine weitere Beschränkung erfährt die Programmfreiheit der Rundfunkanstalten bei der Entscheidung über die Veranstaltung weiterer neuer Programme dadurch, daß nach der Rechtsprechung des Bundesverfassungsgerichts bei den nur noch *begrenzt verfügbaren terrestrischen Übertragungskapazitäten* wie auch denjenigen in *Kabelanlagen* der öffentlich-rechtliche Rundfunk für Programme außerhalb der Grundversorgung *keinen Vorrang* beanspruchen kann. Dieser muß deshalb gegebenenfalls hinter dem privaten Rundfunk zurückstehen.[131]

Insgesamt kann daher festgestellt werden, daß der öffentlich-rechtliche Rundfunk berechtigt ist, zur Stärkung des publizistischen Wettbewerbs und damit zur Förderung der Meinungsvielfalt auch solche Programme zu veranstalten, die *jenseits seines eigentlichen Auftrages zur Grundversorgung* liegen. Freilich können solche Vorhaben auch an die Schranken des *Geset-*

---

[125] Vgl. *Starck*, in: VPRT (Hrsg.): Finanzierung des öffentlich-rechtlichen Rundfunks durch Werbung, S. 46 f.; *Stettner*, S. 34 f.

[126] Vgl. BVerfGE 90, S. 60 ff., 95 f.; siehe hierzu bereits oben C Rdz. 93; E Rdz. 98.

[127] Vgl. BVerfGE 87, S. 181 ff., 200 f., wonach die Rundfunkanstalt zwar die Werbeeinnahmen zur Finanzierung eines bestimmten Programms verwenden könne, andererseits diese aber auch bei dem Finanzierungsbedarf zu berücksichtigen seien; siehe hierzu oben unter C Rdz. 91 ff.

[128] Vgl. BVerfGE 87, S. 181 ff., 204.

[129] Vgl. BVerfGE 87, S. 181 ff., 210.

[130] Siehe oben unter E Rdz. 85 ff.

[131] Vgl. BVerfGE 74, S. 295 ff., 340, 351 f.; *Badura* JA 1987, S. 180 ff., 186; *Schmitt Glaeser* DÖV 1992, S. 270; vgl. hierzu näher unten unter G Rdz. 36 ff.

zesvorbehaltes stoßen, so daß der Gesetzgeber, wie schon bei der nationalen Verbreitung der Dritten Fernsehprogramme, von Verfassungs wegen über ihre Verwirklichung zu entscheiden hat. Eine weitere Grenze der Ausdehnung seiner Programmaktivitäten über die Grundversorgung hinaus dürfte sich aus seinen *Finanzierungsgrundlagen* ergeben, die vorrangig den eigentlichen Programmauftrag zum Gegenstand haben.

2. Programmgrundsätze

a) Mindestmaß von Ausgewogenheit, Sachlichkeit und gegenseitiger Achtung

25   Bei der Konkretisierung des Dienstes, den der Rundfunk für die individuelle und öffentlich-rechtliche Meinungsbildung zu leisten hat, hat es das Bundesverfassungsgericht in Bezug auf den öffentlich-rechtlichen Rundfunk nicht dabei belassen, daß dieser die Grundversorgung zu erfüllen hat. Vielmehr hat das Gericht *besondere Maßstäbe* für die Programmfreiheit festgelegt, indem es ein *Mindestmaß an Ausgewogenheit, Sachlichkeit und gegenseitiger Achtung* in den Programmen verlangt.[132]

aa) Das Gebot der Ausgewogenheit

26   Was die Ausgewogenheit angeht, so steht sie in einem engen Kontext mit dem Prinzip der Grundversorgung selbst, dessen Inhalt durch das Gebot der *weltanschaulichen und Spartenvielfalt* geprägt ist. Diesem Gebot kann der öffentlich-rechtliche Rundfunk nur dann nachkommen, wenn sich sein Programm in einem gewissen Gleichgewicht befindet.[133] Darüber hinaus steht der Begriff auch in einem engen Kontext zu der *binnenpluralen Verfassung* des öffentlich-rechtlichen Rundfunks, der davon geprägt ist, „*daß alle in Betracht kommenden Kräfte in ihren Organen Einfluß haben und im Gesamtprogramm zu Wort kommen können*".[134] Von daher ergibt sich, daß das Gebot der Ausgewogenheit zu den *fundamentalen Ausprägungen* der Ordnung des öffentlich-rechtlichen Rundfunks gehört. Wenngleich die Pflicht zur Ausgewogenheit und damit die gleichwertige Vermittlung der weltanschaulichen Vielfalt und der unterschiedlichen Programmsparten geradezu die Legitimation des öffentlich-rechtlichen Rundfunks bildet, so kann nach der Rechtsprechung des Bundesverfassungsgerichts daraus nicht folgen, *daß jedes einzelne Programm* oder gar *jede Sendung* dieser Verpflichtung entspricht.[135] Eine solche Forderung würde eine freie publizistische Entfaltung unverhältnismäßig tangieren.

Dementsprechend hat das Bundesverfassungsgericht das Gebot zur Ausgewogenheit nur auf das „*Gesamtprogramm*" bezogen.[136] Dies bedeutet zunächst, daß es auch im öffentlich-rechtlichen Rundfunk Beiträge geben kann, die einzelne Aspekte pointieren und damit etwa weltanschaulich nicht unbedingt ausgewogen wiedergeben müssen. Auch wird nicht verlangt, daß alle Sparten gleichwertig veranstaltet werden. Vielmehr kann der öffentlich-rechtliche Rundfunk als Massenmedium durchaus in einem gewissen Umfange auch den Wünschen eines breiteren Publikums entsprechen und Minderheitenprogramme demgemäß im geringeren Umfang ausstrahlen.[137]

---

[132] Vgl. BVerfGE 12, S. 205 ff., 263; 57, S. 295 ff., 325; 73, S. 118 ff., 153.

[133] Vgl. *Duden*, Stichwort „ausgewogen"; *Bosmann*, Rundfunkfreiheit und Programmgrundsätze, S. 82

[134] Vgl. BVerfGE 12, S. 262 f., sowie *Bosmann*, Rundfunkfreiheit und Programmfreiheit, S. 82; *Maunz/Dürig/Herzog/Scholz, GG*, Art. 5 Abs. 1, 2, Rdz. 216.

[135] Vgl. BVerfGE 83, S. 238 ff., 310 f.

[136] Vgl. BVerfGE 83, S. 238 ff., 311; *Maunz/Dürig/Herzog/Scholz, GG*, Art. 5 Abs. 1, 2 Rdz. 217; *Bosmann*, Rundfunkfreiheit und Programmgrundsätze, S. 83; *Herrmann*, Rundfunkrecht, § 23 Rdz. 6 ff.; vgl. auch ausdrücklich Art. 4 Abs. 2 Nr. 1 BayRdfk-G; § 5 Abs. 4 Nr. 1 WDR-G; § 9 Abs. 1 NDR-StV; vgl. aber auch § 3 Abs. 1 S. 4 SFB-Satzung.

[137] Vgl. *Ricker* ZUM 1989, S. 331 f.; *ders.*, in: *Kohl* (Hrsg.), Die Freiheit des Rundfunks, S. 29 f.; *Goerlich/Radeck* JZ 1989, S. 53 ff.; *Libertus*, Grundversorgungsauftrag und Funktionsgarantie, S. 28 f., 41 f.; *Niepalla*, Die Grundversorgung, S. 167; *Bethge* ZUM 1991, S. 337; *Kresse*, in: VPRT (Hrsg.), Öffentlich-rechtlicher Rundfunk und Werbefinanzierung, S. 70 f.

Hinzu kommt, daß nach der Rechtsprechung des Bundesverfassungsgerichts auch nur ein *„Mindestmaß"* an Ausgewogenheit verlangt wird.[138] Damit ist der Weg, die Ausgewogenheit mathematisch genau bestimmen zu wollen, versperrt. Diese weitere Reduktion des Gebots erscheint sachgerecht, da eine *„Millimeter-Ausgewogenheit"* ebenso wie ihre Verwirklichung in jeder Sendung die Programmfreiheit ad absurdum führen würde. Dies verbietet aber der auch im Bereich der Ausgestaltung der Rundfunkordnung stets zu beachtende Grundsatz der *Verhältnismäßigkeit*.[139]

Dadurch, daß das Bundesverfassungsgericht zu Recht gebietet, daß die Ausgewogenheit das Gesamtprogramm betrifft, und sie zudem nicht mit der mathematischen Elle zu messen ist, besteht andererseits jedoch die Frage, in welcher Weise dann überhaupt festgestellt werden kann, ob die immerhin ja doch verfassungsrechtlich gebotene Pflicht zur Ausgewogenheit überhaupt erfüllt ist. Das Bundesverfassungsgericht hat hierzu konkret noch nicht Stellung genommen, jedoch in anderem Zusammenhang im 8. Rundfunkurteil hierzu wesentliche Momente der Aufklärung gegeben.[140] Im Hinblick auf die *„erforderliche"Alimentation* des öffentlich-rechtlichen Rundfunks hat das Gericht dort festgestellt, daß die Grundrechtssicherung bisweilen nicht durch materielle Kriterien, sondern *„durch Verfahren"* zu erfolgen hat.[141]

Das Gericht hat damit seine Feststellungen in dem 7. Rundfunkurteil bestätigt, wonach **27** sich aus dem Grundrecht *„zwar Anhaltspunkte"* ergeben, *„die allerdings daran nichts ändern, daß der Bestimmtheitsgrad, den die aus Art. 5 Abs. 1, Satz 2 GG folgenden Grundsätze vermitteln, verhältnismäßig gering bleibt. Angesichts der Unbestimmtheit der materiellrechtlichen Kriterien verlangt das betroffene Grundrecht, daß zum Ausgleich das Verfahren der Entscheidungsfindung in einer Weise eingerichtet wird, die ein möglichst grundrechtskonformes Ergebnis gewährleistet".[142]* In diesem Zusammenhang hat es festgestellt, daß sich exakte Maßstäbe für die Programmforderungen nicht entwickeln lassen. Eine externe Definition und damit Festlegung der Art und Weise der Funktionserfüllung scheide aus, da diese gerade in den internen Freiheitsraum der Rundfunkanstalten falle.[143] Die Funktionserfüllung wäre dann nicht mehr Gebrauch einer Freiheit – so das Gericht –, sondern Vollzug eines vorgegebenen Programms und stünde damit in Widerspruch zur Freiheitsgarantie des Art. 5 Abs. 1 Satz 2 GG.[144] Das Gericht fordert deshalb für den Fall, daß das Grundrecht mangels exakter materieller Maßstäbe seine Schutzfunktion nicht hinlänglich erfüllen könnte, den Grundrechtsschutz in den Prozeß der Entscheidungsfindung zu verlagern, was eine *„adäquate verfahrensrechtliche Ausgestaltung"* verlangt.[145]

Diese *Gedanken* können auf den hier zu behandelnden Problemkreis ohne weiteres *übernommen werden*. Zum einen ist es wie dort auch hier nicht möglich, präzise Anhaltspunkte herauszuarbeiten, nach denen festgestellt werden kann, ob die Anstalten ihrem Auftrag zur weltanschaulichen und Spartenvielfalt zur Gänze entsprechen. Zum anderen hat aber der Landesgesetzgeber durch die Etablierung der Rundfunkräte dafür Sorge getragen, daß es ein Gremium gibt, das staatsfrei über die Verwirklichung des Auftrages der Anstalten wacht.[146]

Wenn auch insoweit also durchaus eine Überprüfung der Ausgewogenheit nach den soeben dargestellten Maßstäben das Bundesverfassungsgerichtes erfolgen kann, so soll damit nicht ausgedrückt werden, daß dieses Verfahren auch den tatsächlichen Anforderungen entspricht. An anderer Stelle wurde ausdrücklich darauf hingewiesen, daß die Überwachung der

---

[138] Vgl. *Herrmann,* Rundfunkrecht, § 23 Rdz. 10; *Maunz/Dürig/Herzog/Scholz,* GG, Art. 5 Abs. 1, 2, Rdz. 215 c, 217; *Hesse,* Rundfunkrecht, S. 125; *Bethge* AfP 1979, S. 286 ff.

[139] Vgl. *Herrmann,* Rundfunkrecht, § 23 Rdz. 10; siehe auch unten unter F Rdz. 66.

[140] Vgl. BVerfGE 90, S. 60 ff., 90 ff.

[141] Vgl. BVerfGE 90, S. 60 ff., 98 f.

[142] Vgl. BVerfGE 87, S. 181 ff.; vgl. auch BVerfGE 53, S. 30 ff., 65, 71.

[143] Vgl. BVerfGE 90, S. 60 ff., 95 ff.

[144] Vgl. BVerfGE 90, S. 60 ff., 95 ff.

[145] Vgl. BVerfGE 90, S. 60 ff., 100 f.; vgl. auch oben C Rdz. 96a.

[146] Siehe hierzu oben C Rdz. 27 und E Rdz. 10 ff.

öffentlich-rechtlichen Anstalten durch die dort etablierten Räte Strukturschwächen aufweist, die auch das Bundesverfassungsgericht nunmehr selbst festgestellt hat. Deswegen sind in diesem Bereich auch von Verfassungs wegen Verbesserungen durch den Gesetzgeber vorzusehen.[147] Dies ändert aber nichts daran, daß von der Anlage her die Überprüfung der Ausgewogenheit der Programme *sachgerecht* in den Händen der *Rundfunkräte* liegt.[148]

Somit ist zwar festzustellen, daß die Grundversorgung nicht arithmetisch genau überprüft werden kann und stattdessen eine Grundrechtssicherung durch das soeben beschriebene Kontrollverfahren durch Rundfunkräte tritt. Dies bedeutet jedoch *nicht, daß es gar keine Maßstäbe* für die Erfüllung des Verfassungsauftrages gibt. So hat das Bundesverfassungsgericht in seinem 1. Rundfunkurteil selbst festgestellt, daß „*alle in Betracht kommenden Gruppen im Gesamtprogramm zu Wort kommen*" sollen.[149] Damit geht das Gericht davon aus, daß eine *Programmvollständigkeit* Maßstab der Ausgewogenheit ist. Nach dem Wortlaut des Urteils bezieht sich die Wendung nur auf die im Rundfunkrat vertretenen Organisationen. Dem stehen aber andere Feststellungen des Bundesverfassungsgerichts entgegen, wonach der öffentlich-rechtliche Rundfunk verpflichtet ist, seine Sendungen so zu gestalten, daß „*die Vielfalt der bestehenden Meinungen im Rundfunk in möglicher Breite und Vollständigkeit Ausdruck findet*"[150] und der „*inhaltliche Standard der Programme im Sinne eines Angebotes*" gewährleistet ist, „*das nach seinen Gegenständen und der Art ihrer Darbietungen oder Behandlung dem dargelegten Auftrag des Rundfunks nicht nur zu einem Teil, sondern voll entspricht*".[151]

28 Darüber hinaus ist festzustellen, daß der *Rundfunkrat* im Interesse der *Allgemeinheit* existiert und seine einzelnen Mitglieder nicht die Aufgabe haben, die Interessen der hinter ihnen stehenden Organisationen in dem Gremium durchzusetzen. Die Allgemeinheit hat aber ein Interesse an umfassender Information. Nur so läßt sich der öffentlich-rechtliche Rundfunk als Einrichtung „*für alle*" überhaupt rechtfertigen.[152] Dies bedeutet konkret, daß die *Programmvollständigkeit* auch Informationen und Meinungen über Gruppen beinhaltet, die nicht im Rundfunkrat vertreten sind. Besonderes Gewicht dürfte dieser Feststellung insbesondere in solchen Rundfunkräten zukommen, die von dem Gesetzgeber unverändert belassen werden, und zwar entgegen der vom Bundesverfassungsgericht festgestellten Verpflichtung zur Nachbesserung, „*wenn einzelne Strömungen und Richtungen zurücktreten und statt dessen neue Bereiche in der Gesellschaft eine zunehmend wichtige Rolle für das Gemeinschaftsleben einnehmen*".[153] Von daher ergibt sich bei ihnen in besonderem Maße die verfassungsrechtliche Problematik der gesellschaftlichen Relevanz.

Weiterhin muß als Ausfluß der Verpflichtung des öffentlich-rechtlichen Rundfunks zur Ausgewogenheit des Gesamtprogramms festgestellt werden, daß diese Pflicht sachgerecht nur als Gebot zur *Ausgewogenheit in jeder Programmsparte* verstanden werden kann. Da das Gesamtprogramm aus den unterschiedlichsten Bereichen zusammengesetzt ist, verbietet sich oftmals ein Vergleich der einen mit der anderen Thematik. So dürfte es sicherlich nicht angehen, Sportsendungen mit politischen Inhalten zu vergleichen. Die Ausgewogenheit in jeder Programmsparte bedeutet daher, daß die Anstalten verpflichtet sind, einen relevanten Gesamteindruck der unterschiedlichen Auffassungen zu vermitteln. Konkret dürfte dies etwa dadurch zu illustrieren sein, daß im Bereich der E-Musik die Anhänger einer bestimmten Musikrichtung oder eines Komponisten nicht monopolisiert sein dürfen.

---

[147] Vgl. BVerfGE 83, S. 238 ff., 295 f., siehe hierzu näher oben unter E Rdz. 20 f.
[148] Zu den möglichen Maßstäben der Rundfunkräte, vgl. F Rdz. 25 ff.
[149] Vgl. BVerfGE 12, S. 205 ff., 263.
[150] Vgl. BVerfGE 73, S. 118 ff., 153.
[151] Vgl. BVerfGE 74, S. 294 ff., 326.
[152] Vgl. *Starck* JZ 1991, S. 351; *Schmitt Glaeser* DÖV 1992, S. 331 f.; *Kresse/Kennel* ZUM 1994, S. 159 ff., 164 f.; *Niepalla,* Grundversorgungsauftrag und Funktionsgarantie, S. 303 f.; *Ricker,* Die Partizipationsrechte gesellschaftlicher Gruppen im öffentlich-rechtlichen Rundfunk, S. 31 f.
[153] Vgl. BVerfG 1 BvR 1626/89 vom 13. 2. 92; vgl. *Ricker,* Die Partizipationsrechte gesellschaftlicher Gruppen im öffentlich-rechtlichen Rundfunk, S. 43 f.

Die Pflicht zur Gesamtausgewogenheit wird weiterhin konkretisiert durch die Forderung 29
nach *Ausgewogenheit bei jedem Schwerpunktthema*. Dies ergibt sich als Folgerung aus dem „*um-fassenden Informationsauftrag im Interesse der Allgemeinheit*"[154], der es verbietet, daß im Rahmen einer umfassenden Informationssendung relevante Sachverhalte nicht oder nur verzerrt wie-dergegeben werden.

Unsachgerecht und mit den Verpflichtungen des öffentlich-rechtlichen Rundfunks zur umfassenden Information unvereinbar wäre es, wenn wegen der Pflicht zur Ausgewogenheit eine dem Sendebeitrag entgegengesetzte Auffassung *konstruiert* werden müßte. Als Beispiel sei die Berichterstattung über eine Tagung einer maßgeblichen Partei genannt, der wegen der Ausgewogenheit kein Interview mit einem politischen Gegner gegenübergestellt werden muß, für das kein aktueller Anlaß besteht. Andererseits wäre es mit dem „*umfassenden Informationsauftrag*" aber auch nicht zu vereinbaren, daß bei hinreichendem Tatsachenangebot in den Nachrichtensendungen eine relevante Auffassung nicht zu Wort käme. Schließlich sei vor allem im Rahmen des Informationsauftrages noch darauf hingewiesen, daß es mit der Ausgewogenheit ebensowenig zu vereinbaren wäre, daß Gruppen *stets* zu Wort kämen, so sie sich nur an die Öffentlichkeit wenden. Insofern hat der öffentlich-rechtliche Rundfunk auch eine Pflicht zu *gewichten*, wie *oft eine Gruppe* ihre Ansichten bereits vorgetragen hat. Dies er-gibt sich aus der Rechtsprechung des Bundesverfassungsgerichts, daß die Gruppen „*ange-messen*" zu Wort kommen sollen.[155]

Wenn es also somit durchaus angemessen und notwendig erscheint, die Pflicht des öffent-lich-rechtlichen Rundfunks zur Ausgewogenheit im Gesamtprogramm näher zu konkre-tisieren, so sei nochmals festgestellt, daß die Funktion des Wächters über diese Aufgabe in aller Regel nicht Angelegenheit der Gerichte sein kann, sondern der gesellschaftlich rele-vanten Gruppen, die treuhänderisch für den öffentlich-rechtlichen Rundfunk die Interessen der Gesellschaft wahrnehmen.

bb) Die Gebote der Sachlichkeit und gegenseitigen Achtung

Neben der Verpflichtung des öffentlich-rechtlichen Rundfunks, ein Mindestmaß an Aus- 30
gewogenheit in seinem Gesamtprogramm zu gewährleisten, ist es ihm nach der Rechtspre-chung des Bundesverfassungsgerichts weiterhin geboten, auch ein *Mindestmaß an Sachlichkeit* und *gegenseitiger Achtung* zu gewährleisten.[156]

Formal betrachtet unterscheiden sich die letztgenannten Anforderungen von der Ausge-wogenheitsverpflichtung in *zweierlei Hinsicht*: Zum einen bezieht sich der Auftrag zur Sach-lichkeit und gegenseitigen Achtung nicht nur auf den öffentlich-rechtlichen Rundfunk, son-dern er gilt *auch* für die *privaten Veranstalter*.[157] Daneben erfassen diese beiden Gebote über das Gesamtprogramm hinaus *jede einzelne Sendung*.

Diese Unterschiede gegenüber dem Gebot zur Ausgewogenheit lassen sich bei der Her-anziehung der causa der Rundfunkfreiheit näher begründen. Aufgabe des Rundfunks ist es, der individuellen und öffentlichen Meinungsbildung dadurch zu dienen, daß ein allgemeiner Meinungsmarkt hergestellt wird.[158] Dabei unterscheidet sich der Rundfunk von anderen

---

[154] BVerfGE 60, S. 53 ff., 65 f.; 73, S. 118 ff., 165; vgl. *Jarass,* Die Freiheit der Massenmedien, S. 262; *Ricker,* Die Partizipationsrechte gesellschaftlicher Gruppen im öffentlich-rechtlichen Rundfunk, S. 239.

[155] BVerfGE 12, S. 205 ff., 261 f.

[156] Vgl. *Maunz/Dürig/Herzog/Scholz,* GG, Art. 5 Abs. 1, 2, Rdz. 215; *Bosmann,* Rundfunkfreiheit und Programmgrundsätze, S. 107 ff.; *Lüttger/Junck,* in: Gesellschaft für Rechtspolitik (Hrsg.), Rundfunkrecht, Bd. 1, S. 123 ff., 140.

[157] Vgl. BVerfGE 57, S. 295 ff., 325; 73, S. 118 ff., 153; siehe hierzu unten unter F Rdz. 55.

[158] Vgl. BVerfGE 57, 259 ff., 323; vgl. *Hesse,* Rundfunkrecht, S. 62; *Bethge* JZ 1989, S. 53; *Stender-Vorwachs,* „Staatsferne" und „Gruppenferne", S. 740; *Ricker,* Privatrundfunkgesetze im Bundesstaat, S. 32; *ders.* NJW 1981, S. 1739; *Kübler,* in: *Badura/Scholz* (Hrsg.), Wege und Verfahren des Verfassungslebens, FS für Lerche, S. 653 ff., 656; siehe hierzu näher oben unter B Rdz. 102 ff.

Massenkommunikationsmitteln dadurch, daß er leichter verfügbar ist und demgemäß seine massenkommunikative Eigenschaft in besonderer Weise hervortritt.[159]

Darüber hinaus gehört es zu der Eigenschaft des Mediums Rundfunk, daß der Rezipient nicht in dem Maße *selektiv* wahrnehmen kann, wie dies etwa bei Presse und Film der Fall ist. Vielmehr ist er darauf beschränkt, sich zu entscheiden, ob er das Rundfunkangebot annehmen will oder nicht.[160] Was ihn dort im einzelnen erwartet, bleibt ihm jedoch im Gegensatz zu Presse und Film im allgemeinen verschlossen mit der Folge, daß er Inhalte, die ihn nicht interessieren oder stören, nur in geringerem Maße ausblenden kann. Da somit das Massenmedium Rundfunk besonders leicht zugänglich ist und der Nutzer bei der Rezeption wenig Gestaltungsfreiheit besitzt, erscheint es notwendig, die Sendungen sowohl des öffentlich-rechtlichen als auch des privaten Rundfunk so auszugestalten, daß sie von einem Mindestmaß an *Sachlichkeit* und *gegenseitiger Achtung* getragen sind.

Unter Heranziehung der causa der Rundfunkfreiheit ist es dann auch möglich, den *Inhalt* der beiden Begriffe näher zu *konkretisieren.* Dabei ist zunächst einzuräumen, daß es ebenso wie bei dem Gebot der Ausgewogenheit nicht darum gehen kann, eine genau festgelegte und durch eine abschließende Kasuistik geprägte Definition zu geben. Dies ergibt sich schon aus der Feststellung des Bundesverfassungsgerichts, daß der Rundfunk ein „*Mindestmaß*" an Sachlichkeit und gegenseitiger Achtung zu verwirklichen hat.[161] Von daher verbietet es sich, eine genau ablesbare Feststellung treffen zu können, wann dem Gebot entsprochen ist und wann nicht. Angesichts der unbegrenzten Vielzahl von Fällen, bei denen das Gebot zur Geltung kommt, kann dies auch nicht weiter erstaunen. Auch hier muß die Lösung darin gesehen werden, daß es der *Rundfunkrat* beziehungsweise die für den privaten Rundfunk geschaffenen *Aufsichtsgremien* sind, die über die Einhaltung des Gebotes wachen. Durch ihre plurale Zusammensetzung und ihre Verpflichtung gegenüber der Allgemeinheit muß ihre Existenz und Funktion an Stelle einer engeren Konkretisierung treten. Auch insoweit zeigt sich hier wieder die Parallele zu dem Gebot der Ausgewogenheit. Ebenso wie dort ist der Grundsatz des *Grundrechtsschutzes durch Verfahren* der wesentliche Ansatz zur Lösung der inhaltlichen Problematik.[162]

Damit soll jedoch *nicht ausgedrückt werden,* daß es *überhaupt keine Maßstäbe* gäbe, wie die Begriffe auszufüllen sind. Gerade der zuvor gegebene Hinweis auf die causa der Rundfunkfreiheit kann hier weiterhelfen. Was die *Sachlichkeit* angeht, so ergibt sich schon aus der *Wortbedeutung,* daß es hierbei um ein Bemühen um Objektivität und damit Unvoreingenommenheit gehen muß.[163] Damit geht einher, daß die unterschiedlichen relevanten Aspekte des Sachverhalts dargestellt, grobe Einseitigkeiten vermieden werden und dem besonderen Merkmal des Mediums Rundfunk, der Aktualität, hinreichend Rechnung getragen wird.[164] Es soll damit der Gefahr begegnet werden, daß der Rundfunk zum Propaganda-Instrument verkommt. Im Hinblick auf den Umstand, daß bei diesem Medium gerade die Möglichkeit selektiver Wahrnehmung vermindert ist, kann es seinem Dienst an der individuellen und gesellschaftlichen Meinungsbildung nur unter Beachtung dieser Aspekte sachgerecht nachkommen.

Was das *Gebot gegenseitiger Achtung* angeht, steht es zunächst scheinbar im Widerspruch zu der Feststellung des Bundesverfassungsgerichts, daß der Kampf der Meinungen ein Wesens-

---

[159] Vgl. BVerfGE 35, S. 202 ff., 227.

[160] Vgl. zu den geringeren Selektionsmöglichkeiten *Gräter,* Media Perspektiven 1991, S. 334; ähnlich bereits BVerfGE 35, S. 202 ff., 222.

[161] Vgl. BVerfGE 12, S. 205 ff., 263; 31, S. 314 ff., 326; *Bosmann,* Rundfunkfreiheit und Programmgrundsätze, S. 107.

[162] Vgl. hierzu näher oben unter F Rdz. 25 ff.

[163] Vgl. *Duden,* Stichwort „objektiv"; *Bosmann,* Rundfunkfreiheit und Programmgrundsätze, S. 107; *Lüttger/Junck,* in: Gesellschaft für Rechtspolitik (Hrsg.), Rundfunkrecht Bd. 1, S. 138; *Ossenbühl,* in: Gesellschaft für Rechtspolitik (Hrsg.), Rundfunkrecht, Bd. 1, S. 1 ff.

[164] Zu dem Merkmal Aktualität vgl. auch oben unter F Rdz. 26 f.

element des Art. 5 GG ist.[165] Bei näherer Betrachtung bestätigt aber gerade diese Feststellung des Bundesverfassungsgerichts das zitierte Gebot. Aufgabe des öffentlich-rechtlichen Rundfunks ist es nicht, *selbst Teilnehmer* am Kampf der Meinungen zu sein, sondern vielmehr die *Voraussetzungen* für eine sachgerechte Auseinandersetzung des Einzelnen und der Gesellschaft zu schaffen. Insofern ist das Massenmedium nach der Rechtsprechung des Bundesverfassungsgerichts „*Faktor und Medium*" der öffentlichen Meinungsbildung.[166] Von daher dürfte mit dem Begriff der gegenseitigen Achtung vor allem das Verbot der Diffamierung und das Gebot der Toleranz, wie es im Hinblick auf private Veranstalter in § 40 Abs. 1, S. 2 RStV zum Ausdruck kommt, gemeint sein.[167]

Im Rahmen seiner Aufgabe, eine sachgerechte Rundfunkordnung zu gewährleisten, hat es der *Gesetzgeber* im weiteren übernommen, die beiden Anforderungen *näher zu konkretisieren*. Vor allem die Pflicht zur *Wahrheit*, die *journalistische Sorgfaltspflicht* oder das *Verbot grober Einseitigkeit*[168] seien an dieser Stelle nur beispielhaft erwähnt. **31**

Wenn sich das Gebot der Sachlichkeit und gegenseitigen Achtung somit im Rundfunk als Ausfluß der vom Gesetzgeber garantierten Rundfunkordnung darstellen, so ergibt sich sogleich andererseits, daß die Anforderungen *keine individuellen Ansprüche* vermitteln. Diese Auffassung wird auch von der Rechtsprechung geteilt mit dem Hinweis, daß zur Kontrolle darüber, ob die genannten Vorschriften eingehalten sind, nur die nach den Rundfunkgesetzen vorgesehenen Organe berufen sind. Dem Einzelnen kommt auch über diese Anforderungen kein subjektives Recht zur Einflußnahme auf die Programmgestaltung zu.[169]

Darüber hinaus ist festzustellen, daß der Schutz von Rechten Dritter gegenüber der Rundfunkfreiheit nach den Mechanismen des *Art. 5 Abs. 2 GG* verläuft. Danach hat es zu einem Ausgleich der kollidierenden Rechtsgüter nach den Maßstäben der *Verhältnismäßigkeit* zu kommen.[170] Es geht somit dort um die Festlegung der äußersten Grenzen der Medienfreiheit gegenüber grundrechtlich geschützten Positionen, etwa dem Persönlichkeitsrecht oder dem Eigentum. Bei den Anforderungen der Ausgewogenheit, Sachlichkeit und gegenseitigen Achtung geht es dagegen um *immanente Kriterien* der Rundfunkfreiheit mit dem Anspruch ihrer Optimierung. Konkret bedeutet dies, daß bei der Frage, ob und inwieweit die äußersten Grenzen der Medienfreiheit gegenüber Rechtsgütern Dritter vorgehen, die Freiheit des Rundfunks weiter reicht als bei solchen Normen, die die Überwachung der Funktionen und damit die sachgerechte Programmfreiheit betreffen. Deutlich wird dies etwa bei der Betrachtung der höchstrichterlichen Rechtsprechung zur Meinungsfreiheit der Massenmedien, die im Verhältnis zu Dritten nicht von dem Gebot zur Sachlichkeit und gegenseitigen Achtung geprägt sind. Vielmehr ist Maßstab für die Freiheit der Medien hier vor allem das *öffentliche Interesse* an den berührten Fragen. Wird dieses bejaht, sind sogar *scharfe Stilmittel* erlaubt.[171]

Dies hat zur Folge, daß im Einzelfall Schärfen und Übersteigerungen oder ein Gebrauch der Meinungsfreiheit in Kauf genommen werden muß, der zur sachgerechten Meinungs-

---

[165] Vgl. BVerfGE 7, S. 198ff., 212; 54, S. 202ff., 215.

[166] Vgl. BVerfGE 12, S. 205ff., 260; 57, S. 295ff., 320.

[167] Vgl. *Bosmann,* Rundfunkfreiheit und Programmgrundsätze, S. 32; *Lüttger/Junck,* in: Gesellschaft für Rechtspolitik (Hrsg.), Rundfunkrecht Bd. 1, S. 140; siehe zum Ehrenschutz auch unten unter F Rdz. 112ff. und oben unter B Rdz. 175ff.

[168] Vgl. Art. 4 BayRG; § 3 HR-G; §§ 5, 7 NDR-StV, §§ 3, 4 RB-G; §§ 3, 4 LRG-Saarl.; § 5 SFB-Satzung; § 2 SDR-Satzung; § 5 SWF-StV; §§ 4, 5 WDR-G; §§ 4, 6 ORB-G; § 5 ZDF-StV.

[169] Vgl. *Hesse,* Rundfunkrecht, S. 218 m.w. N.; VG Mainz NVwZ 1985, S. 136; vgl. auch unten unter B Rdz. 161.

[170] Vgl. BVerfGE 35, S. 202ff., 210f., 223; 12, S. 113ff., 124f.; 15, S. 223ff., 225; 21, S. 271ff., 281, 288; 43, S. 130ff., 145; 54, S. 129ff., 136ff.; vgl. hierzu oben unter B Rdz. 175 und unten unter F Rdz. 112.

[171] Vgl. BVerfG NJW 1980, S. 2069; BVerfG AfP 1990, S. 192; OLG Stuttgart GRUR 1980, S. 117; BGH NJW 1980, S. 1685.

bildung nichts beitragen kann.[172] Die Grenzen sind vielmehr erst dort überschritten, wenn das abwertende Urteil zur bloßen *Schmähung* des Gegners herabsinkt, die jeden sachlichen Bezug zu dem vertretenen Standpunkt des Kritikers vermissen läßt und nicht mehr ein adäquates Mittel des Meinungskampfes ist.[173]

Eine rechtsdogmatisch interessante Abweichung von dem Grundsatz, daß die Gebote des Mindestmaßes an Ausgewogenheit, Sachlichkeit und gegenseitiger Achtung dem Einzelnen keine Rechtspositionen verschaffen, ist jedoch nach der *Bayerischen Verfassung* gegeben, die die *Popularklage* in Art. 98 Abs. 4 eröffnet hat. Damit erhält jedermann und damit auch der Einzelne die Möglichkeit, ohne unmittelbar eigene Betroffenheit die Vereinbarkeit mit den Grundrechten der bayerischen Verfassung überprüfen zu lassen. Andererseits bestätigt die Besonderheit aber auch, daß die genannten Vorschriften im übrigen keinen subjektiv-rechtlichen Charakter besitzen.[174]

Abschließend stellt sich die Frage, ob angesichts dieser Eingrenzung die geschilderten Anforderungen *in praxi wertlos* erscheinen und allenfalls als Programmsätze für die Funktionserfüllung des Rundfunks angesehen werden müssen. Hiergegen spricht zum einen der bereits dargestellte Umstand, daß die aus der Rundfunkfreiheit entspringenden Anforderungen durch den Gesetzgeber näher konkretisiert wurden, worauf noch einzugehen sein wird.[175] Darüber hinaus sind die Anforderungen aber auch *Maßstab für Richtlinien*, welche die nach den Landesrundfunkgesetzen vorgesehenen Gremien zur Konkretisierung ihrer Aufgabe, die Einhaltung der Anforderungen zu überwachen, zu erlassen haben. Schließlich ist das Gebot der Ausgewogenheit, Sachlichkeit und gegenseitigen Achtung aber auch Maßstab für das Verhältnis des *Intendanten gegenüber den Mitarbeitern* und damit eine Konkretisierung seines Direktionsrechts.[176]

Kein Maßstab können die beschriebenen Anforderungen dagegen für die Tätigkeit der Rechtsaufsicht sein, die in den meisten Landesrundfunkgesetzen statuiert ist.[177]

b) Weitere Programmauflagen im Interesse der dienenden Funktion

32   Die *Landesgesetzgeber* haben die Programmanforderungen an den öffentlich-rechtlichen Rundfunk zur Ausgewogenheit, Sachlichkeit und gegenseitigen Achtung in den Rundfunkgesetzen und Staatsverträgen näher *konkretisiert*.[178] Hierzu sind die Länder verpflichtet. Zum einen sind sie es, die den Verfassungsauftrag besitzen, die Rundfunkordnung zu schaffen. Zum anderen stellen sich die Programmanforderungen in der Rechtsprechung des Bundesverfassungsgerichtes wie dargelegt[179] nur als äußerster Rahmen dar, der einer Ausfüllung bedarf. Wenn somit die Länder berechtigt und verpflichtet sind, eine notwendige

---

[172] Vgl. BVerfG NJW 1980, S. 2069; AfP 1982, S. 164; AfP 1992, S. 53; AfP 1992, S. 58; BVerfGE 30, S. 336 ff., 347; 34, S. 269 ff., 284.

[173] Vgl. BGH NJW 1980, S. 1085; AfP 1984, S. 153; AfP 1987, S. 597 ff., 599; OLG Düsseldorf AfP 1982, S. 235; BVerfG AfP 1993, S. 476; siehe hierzu auch oben unter B Rdz. 175 und unten unter F Rdz. 112 ff.

[174] Vgl. ebenso *Hesse*, Rundfunkrecht, S. 219 m.w. N.; *Maunz/Dürig/Herzog/Scholz*, GG, Art. 5 Abs. 1, 2, Rdz. 215.

[175] Vgl. unten unter F Rdz. 32.

[176] Siehe hierzu oben unter F Rdz. 6.

[177] Vgl. hierzu unten unter D Rdz. 12 ff.; nach den rundfunkgesetzlichen Vorschriften, etwa § 53 WDR-G, sind Maßnahmen der Rechtsaufsicht nur dann zulässig, wenn ein Rechtsverstoß vorliegt und die zuständigen Organe, in der Regel der Rundfunkrat, die ihnen obliegende Aufsicht in angemessener Frist nicht wahrgenommen haben. Da dem Rundfunkrat als zuständigem Kontrollgremium wegen der Unbestimmtheit der Rechtsbegriffe ein Beurteilungsspielraum zukommt, kann ein Rechtsverstoß nur ganz ausnahmsweise vorliegen und zwar in den Fällen einer Verkennung des Beurteilungsspielraumes, etwa weil der Sachverhalt nicht richtig oder nicht vollständig erfaßt oder eine willkürliche Entscheidung getroffen wurde.

[178] Vgl. etwa Art. 4 BayRG; § 3 HR-G, §§ 5, 7 NDR-StV; §§ 3, 4 RB-G; §§ 3, 4 LRG Saarl.; § 3 SFB-Satzung; § 2 SDR-Satzung; § 5 SWF-StV; §§ 4, 5 WDR-G; §§ 4, 6 ORB-G; § 5 ZDF-StV.

[179] Vgl. BVerfGE 90, S. 60 ff., 95 ff.; siehe oben unter F Rdz. 25 ff.

Konkretisierung des Programmrahmens für den öffentlich-rechtlichen Rundfunk zu schaffen, so bedeutet dies freilich nicht, daß sie bei der Gestaltung der Anforderungen frei sind. *Begrenzungen* für die gesetzgeberische Tätigkeit ergeben sich einmal aus denjenigen der Rundfunkordnung selbst.[180]

Nach der Rechtsprechung des Bundesverfassungsgerichts hat sich der Gesetzgeber nur mit den *wesentlichen Fragen* zu beschäftigen, im hier interessierenden Zusammenhang mit denjenigen, die für die Grundrechtsausübung *unerläßlich* sind.[181] Jenseits der damit aufgeworfenen Fragen beginnt die Programmfreiheit des öffentlich-rechtlichen Rundfunks, in die nicht eingegriffen werden darf.[182] Weiterhin stehen die Regelungen im Interesse der Rundfunkordnung auch unter dem Vorbehalt der *Verhältnismäßigkeit*. Von daher müssen die gesetzlichen Programmgrundsätze für die sachgerechte Aufgabenerfüllung geeignet und erforderlich sein, und sie dürfen die Freiheit der Informations- und Meinungsbildung, die auch im öffentlich-rechtlichen Rundfunk besteht, nicht unverhältnismäßig beschneiden.[183] Freilich bedeutet dies nicht, daß es nicht auch Programmeinschränkungen geben darf, die zum *Schutz anderer Rechtsgüter* erlassen werden. Diese sind aber nach den Grundsätzen des Art. 5 Abs. 2 und damit an anderer Stelle zu würdigen.[184]

Vor diesem Hintergrund der Möglichkeiten aber auch Beschränkungen gesetzgeberischen Handelns kann festgestellt werden, daß die Regeln im wesentlichen keinen Bedenken begegnen und auch soweit ersichtlich keine Einwände hiergegen in praxi erhoben worden sind. In Fortführung der Anforderungen des Bundesverfassungsgerichts nach Ausgewogenheit, Sachlichkeit und gegenseitiger Achtung normieren sie unter anderem die Verpflichtung zur Beachtung der Menschenwürde und der Demokratie und sie verlangen die ausgewogene Darstellung sämtlicher Programmsparten.[185] Sie postulieren eine wahrheitsgetreue sachliche Berichterstattung und konkretisieren diese danach, daß Nachrichten deutlich voneinander zu trennen sind und Tatsachenbehauptungen sorgfältig recherchiert werden müssen.[186] Aus dem Kreis der gesetzlichen Regelungen könnten allenfalls die in den Landesrundfunkgesetzen und Staatsverträgen unterschiedlichen Anforderungen als problematisch angesehen werden, wonach zum einen die *sittlichen und religiösen Gefühle* nicht verletzt werden dürfen, während in anderen Regelungen die *sittlichen und religiösen Überzeugungen* zu achten sind.[187]

Prinzipiell kann der Gesetzgeber die Verpflichtung des Rundfunks ein Mindestmaß an **33** Sachlichkeit und gegenseitiger Achtung in den Programmen zu verwirklichen, dadurch konkretisieren, daß er die Freiheit der Meinungsäußerung im Rundfunk durch die Pflicht zur Achtung der Überzeugung Andersdenkender Grenzen zieht.[188] Dies kann aber nicht dazu

---

[180] Vgl. *Hesse,* Rundfunkrecht, S. 64, 73; *Bethge* DVBl. 1983, S. 369 ff., 374; *Böckenförde,* Freiheitssicherung gegenüber gesellschaftlicher Macht, in: Staat, Gesellschaft und Freiheit, S. 336 ff., 344; *Badura,* Rundfunkfreiheit und Finanzautonomie, S. 32 f.; *Schmidt, Walter* NJW 1986, S. 1792; *Schmitt Glaeser* BayVBl. 1985, S. 97 f.; *Stettner,* Rundfunkstruktur im Wandel, S. 42 f.

[181] Zum Wesentlichkeitsgrundsatz siehe bereits oben unter B Rdz. 63, 166; C Rdz. 65 ff.; 73; D Rdz. 105 ff.

[182] Vgl. *Libertus* AfP 1992, S. 229; *Starck* NJW 1992, S. 3257; *Niepalla,* Die Grundversorgung, S. 48 f.; *Herrmann,* § 10 Rdz. 146 f.; *Hesse,* Rundfunkrecht, S. 94 f.

[183] Vgl. *Hesse,* Rundfunkrecht, S. 126 f.; *Bethge,* Die Zulässigkeit der zeitlichen Beschränkung der Hörfunkwerbung im NDR, S. 27 f.; *Bilstein,* Rundfunksendezeiten für amtliche Verlautbarungen, S. 34 f.; *Denninger* ZUM 1987, S. 479 ff., 481; *Kewenig,* Inhalt und Grenzen der Rundfunkfreiheit, S. 14 f.

[184] Vgl. hierzu BVerfGE 74, S. 297 ff., 332 f, 366; siehe hierzu näher oben unter B Rdz. 164 ff. und unten unter F Rdz. 66 ff.

[185] Vgl. § 7 Abs. 2 S. 1 NDR-StV; § 4 Abs. 1 S. 2 LRG Saarl.; § 5 Abs. 2 S. 1 WDR-G; § 8 Abs. 2 S. 1 MDR-StV; § 6 Abs. 2 S. 1 ORB-G; § 5 Abs. 3 S. 1 ZDF-StV.

[186] Vgl. etwa Art. 4 BayRG; § 3 HR-G; § 5 MDR-StV; § 3 RB-G; § 3 SFB-Satzung; § 4 ORB-G; § 5 ZDF-StV.

[187] Vgl. etwa Art. 4 Abs. 2 Ziff. 11 S. 2 BayRG; § 7 Abs. 2 S. 4 NDR-StV; § 4 Abs. 1 S. 3 LRG Saarl.; § 5 Abs. 2 S. 3 WDR-G; § 8 Abs. 2 S. 1 MDR-StV.

[188] Vgl. § 3 Ziff. 1 HR-G; § 3 Abs. 3 SFB-Satzung; § 5 Abs. 2 SWF-StV; § 6 Abs. 4 Ziff. 2 ORB-G; vgl. auch *Ricker,* Privatrundfunkgesetze im Bundesstaat, S. 89 f.

führen, daß der für die Freiheit der öffentlichen Meinungsbildung essentiell wichtige Widerstreit unterschiedlicher Auffassungen unmöglich gemacht wird, indem pointierte Aussagen zu sittlichen und religiösen Themen rechtlich stigmatisiert werden. Diese Gefahr ergibt sich aber vor allem bei den erstgenannten gesetzlichen Regelungen, die das Verbot der Verletzung religiöser und sittlicher *Gefühle* aussprechen. Die erforderliche Güterabwägung führt zu der Notwendigkeit, das Gebot restriktiv zu handhaben, was auch aus den alternativen Regeln deutlich wird. Die Achtung der religiösen Überzeugungen anderer unterscheidet sich von den erstgenannten Regeln dadurch, daß Gefühle durchaus diffus sein können, so daß eine Verletzung dieser den streitbaren Diskurs, den das Bundesverfassungsgericht gerade als Wesenselement unserer Gesellschaftsordnung ansieht[189] unmöglich macht. Die Achtung von *Überzeugungen* schließt aber einen entgegengesetzten Vortrag, der auf Diskriminierungen verzichtet, durchaus ein.

Abschließend sei noch festgestellt, daß ausgehend von dem Umstand, daß die gesetzlichen Regelungen eine Konkretisierung der Programmanforderungen, die das Bundesverfassungsgericht aus dem objektivrechtlichen Gehalt des Art. 5 GG selbst zieht, darstellen, auch insoweit eine Berufung des *Einzelnen* hierauf ausgeschlossen ist.[190]

3. Werbung als Teil der Programmfreiheit

34 Aus der Rundfunkfreiheit und der Auslegung, die ihr das Bundesverfassungsgericht gegeben hat, ergibt sich, daß die Programmfreiheit des öffentlich-rechtlichen Rundfunks *umfassend* zu sehen ist.[191] Schon von daher stellt sich die Frage, ob zur Rundfunkfreiheit auch die *Werbung* zu zählen ist.[192] Der Begriff umfaßt allgemein alle diejenigen Handlungen, die darauf gerichtet sind, mittels planmäßiger Anwendung beeinflussender Mittel andere Menschen, sei es als Individuum oder als Teil einer Gruppe, von der Richtigkeit einer konkreten Meinung oder Verhaltensweise zu überzeugen.[193] Damit fallen unter diese Definition sowohl die Werbung für Waren und Dienstleistungen als auch die sogenannte ideelle Werbung. Letztere wird im Rundfunk durch den Rundfunkstaatsvertrag ausgeschlossen.[194] Die Gründe, die den Gesetzgeber hierzu bewogen haben, und die Frage ihrer Rechtmäßigkeit stehen jedoch nicht im Zusammenhang mit der hier zu behandelnden Frage der *Werbung* als *Teil der Programmfreiheit.*[195]

Die Werbung stellt sich im Rundfunk ebenso wie in der Presse nicht als Meinungsäußerung des Veranstalters dar. Indem dieser Dritten Sendezeiten für werbliche Inhalte zur Verfügung stellt, identifiziert er sich nicht mit den präsentierten Inhalten, es fehlt also insoweit

---

[189] Vgl. BVerfGE 46, S. 112 ff., 121; 62, S. 67 ff., 89.

[190] Zu der anders gearteten Rechtssituation in Bayern vgl. VG München, Beschluß vom 11. 6. 1986, Az.: M 15 E 86.3024; zitiert in *Hesse,* Rundfunkrecht, S. 218.

[191] Vgl. BVerfGE 89, S. 231 ff., 260; *Scholz,* Rundfunkeigene Programmpresse?, S. 25; *Diestelburg,* Programmgestaltungsrecht der Rundfunkveranstalter, S. 19 ff.; *Hesse,* Rundfunkrecht, S. 94 f.; *von Mangoldt/ Klein/Starck,* GG, Art. 5, Rdz. 62 f.; *von Münch/Kunig,* GG, Art. 5, Rdz. 32 f.; vgl. hierzu auch oben unter F Rdz. 1 ff.

[192] Vgl. *Ipsen* DÖV 1974, S. 721; *Libertus* AfP 1992, S. 229 f.; *Emmerich/Steiner,* Möglichkeiten und Grenzen der wirtschaftlichen Betätigung der öffentlich-rechtlichen Rundfunkanstalten, S. 27 f.; *Kull* AfP 1992, S. 353; *Bachof/Rudolf,* Verbot des Werbefernsehens, S. 12 f.; *Herrmann,* Rundfunkrecht, § 10 Rdz. 96; *Schneider/Radeck,* Verfassungsprobleme der Rundfunkfinanzierung, S. 105 f.; *Becker, Udo,* Existenzgrundlagen öffentlich-rechtlicher und privater Rundfunkveranstaltung nach dem Rundfunkstaatsvertrag, S. 133 ff.; *Lerche,* Rechtsprobleme des Werbefernsehens, S. 4 ff.

[193] Vgl. *Ricker* ZUM 1989, S. 501; *Lerche,* Werbung und Verfassung, S. 11; *Hundhausen,* Wesen und Formen der Werbung, S. 37 ff.; *Bussmann-Droste,* Werbung und Wettbewerb im Spiegel des Rechts, S. 11; *Braun,* WRP 1982, S. 510 ff., 513; *Drettmann,* Wirtschaftswerbung und Meinungsfreiheit, S. 7 ff.

[194] Vgl. § 7 Abs. 7 RStV.

[195] Siehe näher zu dem Verbot der ideellen Werbung unten unter F Rdz. 97 f.

an einer subjektiven Positionierung.[196] Dies schließt jedoch nicht aus, daß der Veranstalter für den Inhalt des Werbebeitrags, wenngleich auch in geringem Umfang, zivilrechtlich und strafrechtlich haftet.[197] Werbung ist vielmehr als Teil der *Nachrichten* zu betrachten, wie es das Bundesverfassungsgericht auch für den *Anzeigenteil* der Presse ausdrücklich festgestellt hat.[198] Die Rechtsprechung im Anzeigenwesen ist deswegen von Bedeutung, weil das Bundesverfassungsgericht grundsätzlich den Schutzumfang von Rundfunk- und Pressefreiheit gleich ansieht.[199]

Wesentlich für die Einordnung der Werbung als Nachricht und damit als Teil der Rundfunkfreiheit dürfte aber die Heranziehung der *causa* des Grundrechts sein, die in der dienenden Funktion für die individuelle und öffentliche Meinungsbildung liegt, die durch die Herstellung eines öffentlichen Meinungsmarktes erbracht wird.[200] Diesem Dienst entspricht aber die Werbung, da sich der Rezipient durch sie unmittelbar über Angebote Dritter unterrichten kann.[201] Beispielhaft sei in diesem Zusammenhang nur die Wirtschaftswerbung erwähnt, ohne die die bestehende Wirtschaftsverfassung nicht denkbar wäre. Wenngleich somit die *Werbung* grundsätzlich *Teil der Rundfunkfreiheit* ist, so stellt sich jedoch die Frage, ob im Bereich des *öffentlich-rechtlichen Rundfunks* unter dem Gesichtspunkt etwas anderes gelten muß, als ihm die Pflicht zur *Grundversorgung* auferlegt ist und er hierfür als Äquivalent die Rundfunkgebühr erhält. Von daher könnte der objektiv-rechtliche Aspekt der Rundfunkfreiheit im Sinne des Dienstes an der individuellen und öffentlichen Meinungsbildung zu einer Ausgestaltung der Rundfunkfreiheit der öffentlich-rechtlichen Anstalt führen, die die Werbung insoweit von der Grundrechtsbetätigung ausnimmt.

Für eine solche Sicht sind *zwei Aspekte* maßgeblich: Zum einen ist der Staat aufgrund seiner institutionellen Garantie verpflichtet, den öffentlich-rechtlichen Rundfunk einzurichten, solange nicht andere in der Lage sind, die Grundversorgung für den Einzelnen und die Allgemeinheit zu leisten.[202] Nach der Rechtsprechung des Bundesverfassungsgerichts hat der öffentlich-rechtliche Rundfunk wegen seiner besonderen Verpflichtung, weltanschauliche und Spartenvielfalt in möglichster Breite in seinen Programmen zu gewährleisten, den Anspruch auf eine funktionsgerechte Alimentation.[203] Als artgerecht hat das Bundesverfassungsgericht dabei vor allem die Gebühr gesehen, die die Anstalten in die Lage versetzt, unabhängig von der Einflußnahme des Staates und Dritter ihrem Auftrag nachzukommen.[204]

Ausdrücklich hat das Bundesverfassungsgericht dagegen einen *Anspruch der öffentlich-rechtlichen Anstalten auf Werbung ausgeschlossen,* wenngleich es die gegenwärtig bestehenden Werbemöglichkeiten als geeignetes Mittel für die Unabhängigkeit der öffentlich-rechtlichen Anstalten gegenüber staatlicher Einflußnahme im Rahmen der Gebührenfestsetzung angesehen hat.[205] Dieser Festlegung des Bundesverfassungsgerichts dürfte vor dem Hintergrund **36**

---

[196] Vgl. im einzelnen *Ricker,* Anzeigenwesen und Pressefreiheit, S. 26 f.; *Löffler/Ricker,* Handbuch des Presserechts, 7. Kap., Rdz. 13; *Degenhart,* in: Bonner Kommentar, Art. 5, Rdz. 149 ff.; *von Mangoldt/ Klein/Starck, GG,* Art. 5, Rdz. 18; *Mallmann,* in: *Zehner,* Fernsehstreit Bd. 1, S. 260; *Bachof/Rudolf,* Verbot des Werbefernsehens, S. 43 ff.

[197] Siehe hierzu näher unten unter F Rdz. 112.

[198] Vgl. BVerfGE 21, S. 278 f. – Südkurier-Urteil; *Fröhler,* Verbot des Werbefernsehens?, S. 31 f.

[199] Vgl. BVerfGE 35, S. 202 ff., 221 f.

[200] Vgl. BVerfGE 57, S. 295 ff., 323; *Kübler,* in: *Badura/Scholz* (Hrsg.), Wege und Verfahren des Verfassungslebens, FS für Lerche, S. 653; *Hesse,* Rundfunkrecht, S. 62; *Bethge* JZ 1989, S. 53; *Stender-Vorwachs,* „Staatsferne" und „Gruppenferne", S. 47; *Ricker,* Privatrundfunkgesetz im Bundesstaat, S. 32; *ders.* NJW 1981, S. 1739; vgl. hierzu näher oben unter B Rdz. 102 ff., 113.

[201] Vgl. *Ricker,* Anzeigenwesen und Pressefreiheit, S. 31; *von Münch/Kunig, GG,* Art. 5, Rdz. 47; *Hoffmann-Riem,* Alternativ-Kommentar, Art. 5, Rdz. 130; *von Mangoldt/Klein/Starck, GG,* Art. 5, Rdz. 40, 66.

[202] Vgl. BVerfGE 73, S. 118 ff.; 158 f.; 74, S. 295 ff., 310 f.

[203] Vgl. BVerfGE 87, S. 181 ff., 201; BVerfGE 90, S. 60 ff., 95 ff.; *Hesse,* Rundfunkrecht, S. 87 f.; *Ricker* NJW 1994, S. 2199 f.; vgl. hierzu oben unter C Rdz. 74 ff.

[204] Vgl. BVerfGE 87, S. 181 ff., 201; BVerfGE 90, S. 60 ff., 95 ff., 102.

[205] Vgl. BVerfGE 90, S. 60 ff., 92 f.

der Rundfunkfreiheit und ihrer besonderen objektiv-rechtlichen Ausprägung zuzustimmen sein. Wohl spricht für die Werbung im öffentlich-rechtlichen Rundfunk, daß seine Programme aufgrund des Verbreitungsprivilegs[206] überall empfangbar sind, so daß sich alle Rezipienten über die für die Meinungs- und Willensbildung ebenfalls relevanten Inhalte der Werbung unterrichten können. Dieser Umstand hätte aber nur dann zur Konsequenz, daß der öffentlich-rechtliche Rundfunk von Verfassungs wegen zur Ausstrahlung von Werbung befugt wäre, wenn es sonst *keine anderen Möglichkeiten* gäbe, Werbebotschaften als Rezipient zur Kenntnis zu nehmen. Dies ist aber jedenfalls seit der Einführung des dualen Rundfunksystems nicht mehr zwingend. Zum einen kann der private Rundfunk bis zu 20% seiner Sendezeit und damit in ausreichendem Umfang Werbung ausstrahlen,[207] die durch die erheblich gesteigerten Reichweiten vom größten Teil der Teilnehmer auch rezipiert werden kann.

37   Demgegenüber könnte jedoch der Einwand erhoben werden, daß auch dann, wenn der Rezipient sich in anderer Weise über Werbeinhalte informieren kann, dem öffentlich-rechtlichen Rundfunk insoweit die *Rundfunkfreiheit versagt* bleibt.[208] Sowohl der Anspruch auf eine Einnahmequelle bleibt ausgeschlossen; aber auch über die Verbreitung von Werbung und damit von bestimmten Programminhalten kann er nicht frei entscheiden. Demgegenüber ist aber festzustellen, daß zum einen anstelle des Anspruchs auf eine ungebundene Entscheidung über seine Finanzierungsart der öffentlich-rechtliche Rundfunk mit einer Finanzierungsgarantie ausgestattet ist.[209] Zum anderen muß aber als Hauptargument für die Richtigkeit die Feststellung des Bundesverfassungsgerichtes im Hinblick auf die Programmfreiheit herangezogen werden, daß ein Anspruch auf die Veranstaltung von Werbung zu Gefahren für die Erfüllung des *besonderen Auftrags* des öffentlich-rechtlichen Rundfunks führt. Ein Anspruch der Rundfunkanstalten, Werbung zu verbreiten, würde eine Entwicklung hin zu massenattraktiven Programmen begünstigen, da diese ein geeignetes Programmfeld beansprucht.[210] Da es nicht nahe liegt, wie auch das Bundesverfassungsgericht in seinem 8. Rundfunkurteil realitätsbewußt feststellt,[211] daß der öffentlich-rechtliche Rundfunk seine finanziellen Ressourcen freiwillig beschränkt, würde ein Rechtsanspruch der Anstalten auf Werbung die soeben beschriebene Gefahr virulent werden lassen. Da es somit kein Recht des öffentlich-rechtlichen Rundfunks auf Werbung geben kann, ist die Entscheidung, ob und in welchem Umfang Werbebeiträge ausgestrahlt werden dürfen, eine Angelegenheit, die der *Gesetzgeber* zu entscheiden hat.

Dies folgt aber nicht nur daraus, daß die Entscheidung eine ganz erhebliche Auswirkung auf die Programminhalte der Rundfunkanstalten hat.[212] Daneben ist von der Entscheidung auch der sich ausschließlich aus Werbung finanzierende *private Rundfunk* und darüber hinaus auch die vom Anzeigenwesen abhängige *Presse* betroffen.[213]

---

[206] Siehe hierzu oben unter F Rdz. 16f.; E Rdz. 122.

[207] Vgl. § 45 Abs. 1 RStV.

[208] Vgl. *Schricker*, in: *Schricker* (Hrsg.) ZAW, Recht der Werbung in Europa, S. 12, 20.

[209] Siehe hierzu im einzelnen den Abschnitt Rundfunkfinanzierung oben unter C Rdz. 73 ff.

[210] Vgl. *Ricker*, Grundversorgung durch Private?, in: Dokumentation Münchener Medientage 1992, S. 57 f.; *Köhler*, in: ZDF-Jahrbuch 1993, S. 194; *Kresse*, in: VPRT (Hrsg.), Öffentlich-rechtlicher Rundfunk und Werbefinanzierung, S. 70 f.; *Engel*, in: VPRT (Hrsg.), Öffentlich-rechtlicher Rundfunk und Werbefinanzierung, S. 36 f.; *Stolte* in epd Nr. 23 vom 13. 6. 1993; vgl. auch oben unter C Rdz. 74 ff., 80.

[211] Vgl. BVerfGE 90, S. 60 ff., 87 f.

[212] Vgl. *Ricker*, in: VPRT (Hrsg.), Öffentlich-rechtlicher Rundfunk und Werbefinanzierung, S. 119 f.; *Merten*, Konvergenz der deutschen Fernsehprogramme, Langzeituntersuchung 1980–1993, S. 67 f., 84 f.; *Ridder* Media Perspektiven 1984, S. 268 ff., 273; *Krüger* Media Perspektiven 1990, S. 219; *Kresse*, in: VPRT (Hrsg.), S. 82; *Kresse/Kennel* ZUM 1994, S. 159 ff., 166; *Engel* ZUM 1994, S. 536 ff., 540 f.; *Immenga*, in: VPRT (Hrsg.), Öffentlich-rechtlicher Rundfunk und Werbefinanzierung, S. 132 f.; vgl. auch unten unter F Rdz. 103 ff.

[213] Vgl. *Ricker*, in: VPRT (Hrsg.), Öffentlich-rechtlicher Rundfunk und Werbefinanzierung, S. 120; *Stender-Vorwachs*, „Staatsferne" und „Gruppenferne", S. 258; *Kübler*, Medienverflechtung, S. 82; *Ricker*, Rundfunkwerbung und Rundfunkordnung, S. 13; *Kresse* ZUM 1995, S. 69 ff., 74.

Die *Landesgesetzgeber* sind ihrer damit verbunden Verpflichtung zur Ausgestaltung einer sachgerechten Rundfunkordnung dadurch nachgekommen, daß sie im Rundfunkstaatsvertrag die *Werbung im Fernsehen* nur für das Erste und Zweite Programm zuließen, auf 20 Minuten an Werktagen beschränkten und an Sonn- und Feiertagen verboten.[214] Im *Hörfunk* darf eine Rundfunkanstalt die Werbezeit über 90 Minuten nicht ausdehnen.[215] In den Programmen des *Deutschlandfunks* und der *Deutschen Welle* darf überhaupt nicht geworben werden.[216]

Da der Gesetzgeber den Auftrag hat, die Rundfunkordnung sachgerecht auszugestalten, verbietet es sich, daß er die Werbezeiten beliebig festlegt. Wie in allen Fragen ausgestaltender Bestimmungen im Interesse der Rundfunkordnung hat in den entsprechenden Bestimmungen der Grundsatz der *Verhältnismäßigkeit* zum Ausdruck zu kommen. Vor dem Hintergrund, daß durch den Erfolg des privaten Rundfunks die Werbeeinnahmen der öffentlich-rechtlichen Anstalten rapide zurückgegangen sind, wird vor allem die Frage virulent, ob das gegenwärtige *Werbeverbot nach 20.00 Uhr* im Ersten und im Zweiten Fernsehprogramm *beibehalten* werden muß oder ob insoweit nicht eine *geringfügige Ausdehnung*, vorgeschlagen werden 5 Minuten, oder sogar nur eine *„volumenneutrale Umschichtung"* in den Rundfunkgesetzen gestattet werden kann.[217]

In diesem Zusammenhang stellt sich die Frage, ob aufgrund der oben angesprochenen **38** Gefahren, die die Werbung für den Programmauftrag der Anstalten mit sich bringt, der Gesetzgeber als Hüter der Rundfunkordnung eine Lockerung ihrer Grenzen überhaupt vornehmen darf. Von daher ließe sich sogar auch daran denken, daß Werbung im öffentlichrechtlichen Rundfunk durch Gesetz *völlig ausgeschlossen* wird, mit der Folge, daß der Gesetzgeber die Finanzierung auf andere Weise, etwa durch eine *Erhöhung der Gebühr* zu garantieren hätte. Dies soll an anderer Stelle näher untersucht werden.[218]

Der Ausschluß des Anspruchs auf Ausstrahlung von Werbung für den öffentlich-rechtlichen Rundfunk gilt nicht nur, soweit er Grundversorgung betreibt, sondern auch in denjenigen Programmen, in denen er die besondere verfassungsrechtliche Verpflichtung *nicht erfüllt*.[219]

Hierfür spricht zum einen die Feststellung des Bundesverfassungsgerichts, das ausdrücklich bestimmt, daß die Anstalten *keinen Anspruch* auf eine *bestimmte Finanzierung* haben und eine Differenzierung nach Programmen der Grundversorgung und anderen hierbei nicht vorgenommen hat.[220] Diese Folgerung wird auch konkretisiert durch die Feststellung des Bundesverfassungsgerichts, daß der öffentlich-rechtliche Rundfunk *pay-tv* nur veranstalten darf, wenn er insoweit über eine *gesetzliche Erlaubnis* verfügt.[221] Da pay-tv Programme sich nicht an jedermann richten und zudem nur spezielle Programmelemente enthalten, werden sie von dem Gericht nicht als Teil der Grundversorgung angesehen.[222] Die insofern erforderliche Finanzierungsgenehmigung muß dann aber auch auf *alle Programme*, die nicht der Grundversorgung angehören, übernommen werden.

Eine Anerkennung eines Anspruchs auf Werbung in denjenigen Programmen, die nicht zur Grundversorgung gehören, würde den öffentlich-rechtlichen Rundfunk in die Gefahr bringen, seine besonderen Pflichten in den Grundversorgungsprogrammen zu vernachlässigen und statt dessen vermehrt solche Programme auszustrahlen, in denen er in Ermangelung der

---

[214] Vgl. § 15 Abs. 1 RStV; vgl. zu dem Werbeverbot nach 20 Uhr unten unter F Rdz. 103.

[215] Vgl. § 15 Abs. 4 RStV.

[216] Vgl. § 2 Abs. 2 des Staatsvertrages über die Körperschaft des öffentlichen Rechts Deutschlandradio; vgl. *Ring,* Medienrecht C-0.3, § 15 RStV Rdz. 24.

[217] Zu der Unzulässigkeit einer Regelung durch die Landesregierung vgl. unten unter F Rdz. 106a.

[218] Vgl. unten unter F Rdz. 103 ff. und oben unter C Rdz. 77 und E Rdz. 119f.

[219] Vgl. hierzu bereits oben unter F Rdz. 18 ff.

[220] Vgl. BVerfGE 74, S. 297 ff.; 312; 87, S. 181 ff., 201f.

[221] Vgl. BVerfGE 74, S. 297 ff., 346; 87, S. 181 ff., 198; vgl. hierzu oben unter B Rdz. 58 ff.

[222] Vgl. BVerfGE 74, S. 297 ff., 341, 345; vgl. hierzu oben unter F Rdz. 18 ff.

Verpflichtung frei werben dürfte. Hinzu kommt, daß eine solche Expansion erhebliche Folgewirkungen für den *privaten Rundfunk* und auch die *Presse* hätte. Auch im Hinblick auf die Finanzierung von Programmen, die nicht der Grundversorgung angehören, ist somit festzustellen, daß ihre Regelung von wesentlicher Natur für die Grundrechtsausübung und die Kollision mit anderen Rechtsgütern ist, so daß die Frage, ob und wie sie stattfindet, *Angelegenheit des Gesetzgebers* im Rahmen seiner Garantie für die Rundfunkordnung bleiben muß.

4. Zusammenarbeit mit Dritten im Bereich des Programms

39 Aus Gründen der Effizienz, aber auch der Wirtschaftlichkeit haben sich *verschiedene Formen* der Zusammenarbeit der öffentlich-rechtlichen Rundfunkanstalten *untereinander,* mit *privaten Produktionsunternehmen,* aber nach der Einführung des dualen Systems auch mit *privaten Rundfunkveranstaltern* im Bereich der Programmarbeit entwickelt.[223] Von verfassungsrechtlicher Bedeutung ist hierbei vor allem die Stellung der öffentlich-rechtlichen Anstalten, die einerseits einen besonderen *Programmauftrag* besitzen, andererseits aber auch bei der Finanzierung ihrer Aufgabe von der Entscheidung des *Gesetzgebers* abhängen. Diese Bindungen haben aber auf die Zusammenarbeit mit Dritten im Programmbereich erhebliche Auswirkungen.[224]

Unproblematisch, weil von der Programmfreiheit umfaßt, sind nicht nur die Eigenproduktionen, sondern auch die Auftragsproduktionen, Coproduktionen und Beteiligungen an programmherstellenden Unternehmen im Bereich der Erfüllung des Programmauftrags, soweit es ausschließlich um die Erstellung von Beiträgen für das eigene Programm und nicht um die Verwertung geht.[225] Das Bundesverfassungsgericht hat diese Aktivitäten zu Recht unter den Schutzbereich des Art. 5 GG gestellt,[226] denn es muß im Bereich der Eigenverantwortlichkeit der Anstalten verbleiben, in welcher Weise sie konkret ein Programm erstellen. Die Auslagerung der Erstellung von Programmen durch Dritte oder die Zusammenarbeit mit ihnen erfüllt insoweit vor allem die Anforderung des Bundesverfassungsgerichts an eine wirtschaftliche und sparsame Haushaltsführung des öffentlich-rechtlichen Rundfunks.[227]

a) Gesellschaftsrechtliche Beteiligung der Rundfunkanstalten

40 Als weitere Stufe einer Zusammenarbeit mit Dritten kommt die Beteiligung an deren Unternehmen im Bereich der Programmveranstaltung und -verbreitung in Betracht.[228] Zum einen bestehen Gemeinschaftsunternehmen ausschließlich im *Bereich des öffentlich-rechtlichen Rundfunks,* wo mehrere Anstalten zusammen ein Gemeinschaftsprogramm veranstalten und verbreiten. Eine solche über die oben als ausdrücklich zulässig erachtete Kooperation hinausgehende Zusammenarbeit ist vor allem aus Gründen der *Rationalisierung* naheliegend. Dabei muß jedoch beachtet werden, daß der öffentlich-rechtliche Rundfunk einen *gebietsbezogenen Auftrag* hat.[229] Es ist eine Frage seiner Grundrechtsausübung, ob er über diesen Aufgabenkreis hinausgeht oder nicht. Demgemäß unterliegen die Gemeinschaftsprogramme

---

[223] Siehe zu Kooperationen des öffentlich-rechtlichen Rundfunks bereits oben unter C Rdz. 62.

[224] Vgl. *Emmerich-Steiner,* Möglichkeiten und Grenzen der Rundfunkfinanzierung, S. 31 f.; *Emmerich* JZ 1991, S. 34; *Herrmann,* Rundfunkrecht, § 16 II; *Hesse,* Rundfunkrecht, S. 121; *Degenhart,* in: Bonner Kommentar, Art. 5 Abs. 1, 2 Rdz. 234; *Steiner* DÖV 1986, S. 72; *Schmitt Glaeser* DÖV 1993, S. 271.

[225] Siehe bereits oben unter C Rdz. 60 ff.; E Rdz. 99 ff.; vgl. *Herrmann,* Rundfunkrecht, § 16 II; *von Münch/Kunig,* GG, Art. 5 Abs. 1 Rdz. 67; *Stettner,* Wirtschaftliche Beteiligung der Rundfunkanstalten, S. 31 f.; *Maier,* in: *Fuhr* (Hrsg.), ZDF-Staatsvertrag, S. 167 f.; vgl. § 5 ZDF-StV; § 16 I NDR-StV; Art. 11 BayRG; vgl. zur Programmverwertung unten unter F Rdz. 45 ff.

[226] Vgl. BVerfGE 83, S. 238 ff., 304 f.

[227] Vgl. BVerfGE 90, S. 60 ff., 98 f.

[228] Vgl. hierzu auch oben unter E Rdz. 99 ff., C Rdz. 62 ff.

[229] Vgl. *Hesse,* Rundfunkrecht, S. 89; *Kresse,* in: ZUM 1995, S. 74; *Starck,* in: VPRT (Hrsg.), Öffentlich-rechtlicher Rundfunk und Werbefinanzierung, S. 36.

innerhalb des öffentlich-rechtlichen Rundfunks dem *Gesetzesvorbehalt.*[230] Dieses Ergebnis wird auch dadurch bestätigt, daß existierende Gemeinschaftsprogramme – zu denken ist etwa an das 1. Fernsehprogramm der ARD oder das ZDF-Programm – eine staatsvertragliche Grundlage besitzen.[231]

Von anderer Relevanz ist jedoch die Problemvariante, daß der öffentlich-rechtliche Rundfunk *zusammen mit privaten Veranstaltern* ein *gemeinsames Programm* durch Kooperation oder auch durch ein eigenständiges Unternehmen veranstaltet und verbreitet. Diese Aktivitäten gehören nach der Rechtsprechung des Bundesverfassungsgerichts zu dem *Kernbereich* der Rundfunkveranstaltung.[232] Das Bundesverfassungsgericht hat solche Kooperationen für zulässig erklärt, jedoch auch hier den *Gesetzesvorbehalt* angemeldet. Neben der Auswirkung auf die *Finanzierung* des öffentlich-rechtlichen Rundfunks, die ohnehin eine Gestattung des Gesetzgebers erfordert,[233] hat hier das Gericht die Notwendigkeit einer Gesetzesentscheidung auch darin gesehen, daß durch solche Kooperationen der *Programmauftrag* des öffentlich-rechtlichen Rundfunks *gefährdet* sein könnte. Deshalb verlangt es ausdrücklich, daß insbesondere Vorkehrungen dagegen getroffen werden, daß der Programmauftrag nicht von tendenziösen oder kommerziellen Orientierungen überlagert wird.[234]

So sich der Gesetzgeber überhaupt dazu entschließt, Kooperationen zur Veranstaltung und **41** Verbreitung eines *gemeinsamen Programms* zuzulassen, muß demgemäß organisatorisch sichergestellt sein, daß der öffentlich-rechtliche Rundfunk einen *Einfluß* erhält, der seinem besonderen Auftrag entspricht. Das Bundesverfassungsgericht hat demgemäß die Vorschrift des § 47 WDR-Gesetz ausdrücklich für verfassungsgemäß erklärt, wonach der WDR sich den „*nötigen Einfluß auf die Geschäftsführung sichern muß*". Auch andere Landesrundfunkgesetze enthalten entsprechende Bestimmungen.[235] Darüber hinaus hat das Gericht aber auch festgestellt, daß ein gemeinsam veranstaltetes und verbreitetes Programm insofern den besonderen Auftrag des öffentlich-rechtlichen Rundfunks widerspiegeln muß, als daß für den Rezipienten erkennbar wird, wer die entsprechende Verantwortung für welchen Programmteil übernimmt.[236]

Damit wird nochmals deutlich, daß der öffentlich-rechtliche Rundfunk sich nicht an einem Programmveranstalter beteiligen kann, ohne insoweit eine *eigene Programmverantwortung* zu übernehmen. Dies würde zu einer rein kommerziell begründeten Beteiligung führen, die nach den oben genannten Anforderungen des Bundesverfassungsgerichts im Interesse der Aufgabe des öffentlich-rechtlichen Rundfunks ausgeschlossen ist. Die Verdeutlichung der Verantwortlichkeit für den jeweiligen Programmteil muß nach den Anforderungen des Bundesverfassungsgericht durch eine „*Segmentierung*" erfolgen.[237] Eine solche nach außen hin feststellbare Unterscheidung durch den Rezipienten läßt sich in erster Linie durch ein „*Jingle*" verwirklichen, durch das er feststellen kann, daß die Verantwortlichkeit von dem einen auf den anderen Träger des gemeinsamen Programms überwechselt.

Die Gefahr der Selbstkommerzialisierung des öffentlich-rechtlichen Rundfunks soll weiterhin dadurch ausgeschlossen werden, daß sich die Anstalten nur mit einer Minderheit an einem Gemeinschaftsunternehmen beteiligen können. Diese „Minderheitsrolle" hat das Bundesverfassungsgericht im Hinblick auf § 47 WDR-Gesetz und § 6 Abs. 2 LRG NW (jetzt: § 6 Abs. 4) für rechtens erklärt.[238]

---

[230] Vgl. *Ring,* Medienrecht, C.0-3 zu § 18 RStV, Rdz. 67; *Stettner* JZ 1992, S. 337.

[231] Zur Problematik einer Kündigung der ARD vgl. oben C Rdz. 42 ff.

[232] Vgl. BVerfGE 83, S. 238 f., 305 f.; vgl. auch oben unter C Rdz. 62 ff., E Rdz. 99 ff.

[233] BVerfGE 83, S. 238 ff., 303.

[234] Vgl. BVerfGE 83, S. 238 ff., 304 f.

[235] Vgl. etwa § 23 Abs. 1 LRG Saarland; § 16 Abs. 1 LHG Bremen; § 32 ORL-G

[236] Vgl. BVerfGE 83, S. 238 ff., 305; siehe hierzu oben unter C Rdz. 62, E Rdz. 101.

[237] Vgl. BVerfGE 83, S. 238 ff., 304; *Bethge,* in: JZ 1989, S. 221 f.; *Ricker,* in: Pieper/Hadamik (Hrsg.), Das Landesrundfunkgesetz Nordrhein-Westfalen, S. 357; *Schmitt Glaeser* DÖV 1993, S. 242; *von Münch/Kunig,* GG, Art. 5 Abs. 1 Rdz. 231; vgl. auch oben unter E Rdz. 101.

[238] Vgl. BVerfGE 83, S. 238 ff., 306, 309; siehe auch oben unter E Rdz. 101 ff.

42   Wiewohl das Bundesverfassungsgericht es dem Gesetzgeber gestattet, daß er gemeinsame Programmveranstaltungen zwischen öffentlich-rechtlichem und privatem Rundfunk zuläßt, stellt sich doch die Frage, ob eine solche Möglichkeit mit einer *sachgerechten Ausgestaltung* der Rundfunkordnung im Einklang steht. Auch wenn davon auszugehen ist, daß der Gesetzgeber ein weites *Ermessen* bei der Gestaltung der Rundfunkordnung besitzt,[239] so hat er doch die Optimierung im Dienst der Meinungs- und Willensbildung des Einzelnen und der Gesellschaft stets vor Augen zu haben.[240]

Insofern sind aber an den Gemeinschaftsunternehmen zur Veranstaltung und Verbreitung eines Programmes zwischen privatem und öffentlich-rechtlichem Rundfunk *Zweifel* angebracht. Zum einen ist es gerade das Wesen des dualen Systems, daß die beiden *unterschiedliche Leistungen* zur Erfüllung der Rundfunkaufgabe im Rahmen eines publizistischen Wettbewerbs *erbringen*.[241] Dabei sind gerade an den öffentlich-rechtlichen Rundfunk wegen seiner spezifischen Aufgabe und der damit verbundenen Alimentation durch die Rundfunkgebühr *besondere Anforderungen* zu stellen. Auch wenn das Bundesverfassungsgericht im Hinblick auf die gesellschaftsvertraglichen Bestimmungen diesbezügliche Anforderungen stellt, fragt es sich doch, ob sie sich in der Praxis umsetzen lassen. Angesichts der auch von dem Bundesverfassungsgericht festgestellten Neigung der Anstalten, ihren Finanzierungsbedarf nicht stets an den Notwendigkeiten ihrer Aufgabe zu orientieren,[242] ist jedenfalls eine *Teilkommerzialisierung* des öffentlich-rechtlichen Rundfunks durch die Gemeinschaftsprogramme nicht auszuschließen.

43   Aber auch im Hinblick auf die *Akzeptanz* dieser Programme sind Zweifel angebracht. Unter der Prämisse, daß die von dem Bundesverfassungsgericht festgelegte *Segmentierung* innerhalb des Programms stringent angewendet wird, stellt sich die Frage, ob eine solche Form rundfunkmäßiger Betätigung den Wünschen der Rezipienten entspricht. Es handelt sich hierbei um eine Form des *Koordinationsrundfunks*, der unter anderen Bedingungen im Rahmen der Ausgestaltung des privaten Rundfunks bereits erprobt worden und dabei gescheitert ist.[243] Es hat sich gezeigt, daß der Rezipient ein Programm wünscht, das aus einer Quelle verantwortet wird, so daß es eine inhaltliche Stringenz bekommt. Auch von daher erscheint eine Optimierung des Dienstes für den Meinungsmarkt durch solche Gemeinschaftsunternehmen eher fraglich.

b) Gemeinschaftsprogramme durch Tochterunternehmen

44   Im Hinblick darauf, daß das Bundesverfassungsgericht die Veranstaltung und Verbreitung eines Gemeinschaftsprogrammes mit privaten Veranstaltern unter den Gesetzesvorbehalt gestellt hat, stellt sich die Frage, inwieweit eine solche Betätigung durch Tochterunternehmen des öffentlich-rechtlichen Rundfunks auch ohne die Gestattung des Gesetzgebers möglich wäre. *Tochterunternehmen,* die *privatrechtlich organisiert* sind, haben die öffentlich-rechtlichen Rundfunkanstalten vor allem für die Akquisition und Durchführung der Werbung, aber auch etwa im Bereich der Programmproduktion, geschaffen.[244] In diesem Zusammenhang sei eingangs festgestellt, daß die Problematik vor allem in Ländern Bedeutung hat, die Gemeinschaftsunternehmen zwischen dem öffentlich-rechtlichen Rundfunk und privaten Veranstal-

---

[239] Vgl. BVerfGE 83, S. 238 ff., 296; vgl. hierzu oben unter C Rdz. 10 ff.

[240] Vgl. *Stettner* JZ 1993, S. 241; *Ricker,* Privatrundfunkgesetze im Bundesstaat, S. 34 f.

[241] Vgl. BVerfGE 74, S. 297 ff., 321; *Kresse* ZUM 1995, S. 311 f.; *Starck,* in: VPRT (Hrsg.), Öffentlich-rechtlicher Rundfunk und Werbefinanzierung, S. 27 f.; siehe hierzu oben unter C Rdz. 58 ff.

[242] Vgl. hierzu das 8. Rundfunkurteil im Hinblick auf die Festsetzung der Gebühr; BVerfGE 90, S. 60 ff., 95 f.; siehe oben unter C Rdz. 94.

[243] Vgl. hierzu oben unter E Rdz. 37 f. und unten unter F Rdz. 62.; LT-DS. Rh.-Pf., XI, S. 251 f.; *Schneider* Media Perspektiven 1991, S. 231; *Ory* ZUM 1991, S. 147; *Prüfig,* Formatradio, S. 64, 75; vgl. auch oben unter C Rdz. 62 ff.

[244] Vgl. *Herrmann,* Rundfunkrecht, § 12 IV; *Fuhr,* in: *Fuhr* (Hrsg.), ZDF-StV, III 2 b vor § 1; *Emmerich/Steiner,* Möglichkeiten und Grenzen der Rundfunkfinanzierung, S. 32; *Maier* RuF 1989, S. 27.

tern ausschließen,[245] und in denjenigen, in denen die Gemeinschaftsveranstaltungen nicht ausdrücklich geregelt wurden.[246] Es stellt sich die Frage, ob nicht dort die *Verlagerung* der Veranstaltung und Verbreitung von Gemeinschaftsprogrammen auf Seiten des öffentlich-rechtlichen Rundfunks auf Töchterunternehmen eine *Umgehung* der Anforderungen darstellt, die das Bundesverfassungsgericht zum Schutz der Rundfunkordnung erlassen hat.

Nach allgemeinen Rechtsgrundsätzen liegt eine *Umgehung* dann vor, wenn die Beteiligten einen Zweck erreichen wollen, den sie wegen des Verbotes nicht oder nicht in dieser Weise erreichen können. Die rechtliche Beurteilung der Umgehung hängt von dem Sinn und Zweck der umgangenen Rechtsnorm ab. Danach ist das Umgehungsgeschäft dann *nichtig*, wenn gerade der Erfolg herbeigeführt wird, den zu verhindern das Verbotsgesetz beabsichtigt.[247] Der Zweck der Übertragung der Programmgestaltung auf das Tochterunternehmen liegt in dessen Veranstaltung eines Gemeinschaftsprogrammes mit einem privaten Sender. Das *Verbot* ergibt sich in diesem Fall aus dem *Gesetzesvorbehalt*, wonach der öffentlich-rechtlichen Rundfunkanstalt ein Gemeinschaftsprogramm ohne gesetzliche Gestattung untersagt ist.[248] Durch den Gesetzesvorbehalt soll der Gefahr der Kommerzialisierung begegnet und eine ungeschmälerte Erfüllung des Programmauftrags der Rundfunkanstalt, vor allem ihre Verpflichtung zur Grundversorgung, gesichert werden.[249] Die Delegation der Befugnis zur Programmgestaltung auf das Tochterunternehmen stellt demnach eine Umgehung dar, da der Rundfunkanstalt selbst diese Kooperation mit dem privaten Veranstalter in Ermangelung einer gesetzlichen Erlaubnis verboten wäre und mit dem Gemeinschaftsprogramm der tatsächliche Erfolg eintreten würde, den der Gesetzesvorbehalt einschließlich des verfassungsrechtlichen Segmentierungsgebotes verhindern will.

Von daher ist festzustellen, daß die öffentlich-rechtliche Rundfunkanstalt in Bezug auf Gemeinschaftsunternehmen mit privaten Partnern dem Gesetzesvorbehalt unterliegt. Trifft der Gesetzgeber insoweit eine positive Entscheidung, so muß das Gesetz auch die Segmentierung des Gemeinschaftsprogramms regeln. Von der Programmfreiheit wäre es nicht gedeckt, wenn die Anstalt mit der Veranstaltung des Gemeinschaftsprogramms ein (privatrechtlich organisiertes) Tochterunternehmen beauftragen würde. Dies wäre eine Umgehung der durch die Rundfunkfreiheit vorgegebenen Verbote und deshalb unzulässig.

5. Programmbegleitende und sonstige Aktivitäten im öffentlich-rechtlichen Rundfunk

Während die vorgehend dargestellten Tätigkeiten eine Zuordnung zur Programmfreiheit der **45** öffentlich-rechtlichen Rundfunkanstalt unter den geschilderten Anforderungen erlaubt, zeigt die Praxis eine Vielzahl *weiterer Aktivitäten*, bei denen fraglich ist, ob sie noch unter den *spezifischen Grundrechtsschutz* der Rundfunkfreiheit fallen.[250]

Das Bundesverfassungsgericht hat die *Verwertung von Rundfunkproduktionen* als vom Schutzbereich des Art. 5 Abs. 1 Satz 2 GG umfaßt angesehen und dabei auch die darauf gerichtete Zusammenarbeit mit und Beteiligung an dritten Unternehmen einbezogen. Freilich hat das

---

[245] Vgl. § 23 Abs. 2 Ziff. 5 LMG Bad.-Württ.; § 8 Abs. 4 LMG Bremen; § 7 Abs. 3 Ziff. 7 LRG Nieders.; § 6 Abs. 2 LRG Rh.-Pf.

[246] Vgl. PRG Sachsen, LMG Hamburg, PRG Thüringen.

[247] Vgl. RGZ 155, S. 146; BGH LM Nr. 19; BGHZ 58, S. 65; 85, S. 46; BAGE 10, S. 70; *Soergel/Hefermehl*, BGB, § 134, Rdz. 52 ff.

[248] Vgl. oben unter E Rdz. 99 ff.

[249] Vgl. BVerfGE 83, S. 238 ff., 305.

[250] Vgl. etwa *Herrmann*, Rundfunkrecht, S. 198; *Maier*, in: *Fuhr* u. a. (Hrsg.), ZDF-Staatsvertrag, S. 87 ff.; *Emmerich/Steiner*, Möglichkeiten und Grenzen der wirtschaftlichen Betätigung der öffentlich-rechtlichen Rundfunkanstalten, S. 20 ff., 87 ff.; *Giehl*, Der Wettbewerb zwischen öffentlich-rechtlichen und privaten Rundfunkanstalten, S. 114 ff.

Gericht auch festgestellt, daß die Verwertung von Produktionen dem öffentlich-rechtlichen Rundfunk eine *zusätzliche Einnahmequelle* erschließt, so daß sie zu den finanziellen Rahmenbedingungen zu zählen ist, von denen die funktionsgerechte Ausübung der Rundfunkfreiheit abhängt. Insoweit hat das Gericht ausdrücklich die *Erlaubnis* durch den *Gesetzgeber* verlangt.[251] Gegenständlich umfaßt die Anforderung des Bundesverfassungsgerichts sowohl die Verwertung von Produktionen durch private Veranstalter als auch durch jedermann, etwa in Form von Video-Kassetten. Ausgenommen von dem Gesetzesvorbehalt für die Verwertung dürfte dagegen der *Programmaustausch innerhalb des öffentlich-rechtlichen Rundfunksystems* sein. Hier ist unter dem Gesichtspunkt einer größtmöglichen Effizienz die Zusammenarbeit von Seiten des Gesetzgebers sogar erwünscht.[252] Von der Möglichkeit der Gestattung der Programmverwertung haben inzwischen eine Reihe von Landesgesetzgebern Gebrauch gemacht.[253] Aufgrund der eindeutigen Festlegung des Bundesverfassungsgerichts ist für die übrigen Rundfunkanstalten, deren gesetzliche Grundlage eine entsprechende Erlaubnis nicht enthält, die kommerzielle Verwertung von Programmen unzulässig.

46   Im Rahmen der programmbegleitenden Aktivitäten hat das Bundesverfassungsgericht nicht nur ausdrücklich die Verwertung eigener Rundfunkproduktionen verfassungsrechtlich eingeordnet, sondern sich auch zu der Zulässigkeit von *Programmzeitschriften* des öffentlich-rechtlichen Rundfunks geäußert, die in einigen Rundfunkgesetzen[254] ausdrücklich erlaubt sind. Das Bundesverfassungsgericht hat die Zulässigkeit der Herausgabe solcher Printerzeugnisse folgerichtig davon abhängig gemacht, ob hiermit die Erfüllung der Aufgaben des öffentlich-rechtlichen Rundfunks sichergestellt wird, die in der dienenden Funktion der Rundfunkfreiheit begründet sind. Damit wird an die *causa* der Rundfunkfreiheit angeknüpft.[255] Das Bundesverfassungsgericht stellte in seiner Entscheidung weiter fest, daß die Herausgabe solcher Druckerzeugnisse ihre Grundlage in der *Rundfunkfreiheit* finden, obwohl sich die Anstalt hier des Mediums *Presse* bedient. Wenngleich die Abgrenzung zwischen Rundfunk und Presse von dem gewählten Verbreitungsmittel abhänge, bedeutet dies jedoch nicht, daß die Nutzung eines bestimmten Mediums stets nur in den Schutzbereich einer einzigen der in Art. 5 GG benannten Garantien fallen könne.[256] Die Herausgabe einer *Programmzeitschrift* stelle sich als eine lediglich unterstützende *Randbetätigung* dar, da der Rezipient hinreichende Kenntnisse von der Tätigkeit und dem Programmangebot der Anstalten haben müsse und die Information hierüber auch durch eine geeignete Aufmachung und Präsentation zu erfolgen habe.[257] Das Gericht konkretisiert und begrenzt zugleich aber seine Auslegung dahingehend, daß die Herausgabe der Rundfunkzeitschrift „*eine wirtschaftliche Zielsetzung der Druckwerke ausschließt. Würden sie vorrangig oder gar allein Finanzierungszwecken dienen, wäre ihre Herausgabe gleichfalls nicht mehr von der Informationsaufgabe der Anstalt und damit von der Rundfunkfreiheit gedeckt*".[258]

Aus der verfassungsrechtlichen Einordnung der Programmzeitschriften ergeben sich aber auch Folgerungen für weitere verfassungsrechtlich relevante Fragen. Da eine Programmzeitschrift, die in den vom Bundesverfassungsgericht aufgeführten Grenzen verbleibt, von der Rundfunkfreiheit des Art. 5 GG mit umfaßt wird, dürfte sie auch in *denjenigen Ländern gestattet* sein, die eine entsprechende *Regelung* in den Rundfunkgesetzen *nicht enthalten*. Wohl ist

---

[251] BVerfGE 83, S. 238 ff., 304; 74, S. 324 f., 342, 347; siehe hierzu auch oben unter C Rdz. 65 ff.

[252] Vgl. Art. 2 § 1 RStV.

[253] Vgl. etwa § 3 S. 1 ZDF-StV; § 3 Abs. 7 ORB-G; § 3 Abs. 8 WDR-G; § 2 Abs. 3 Ziff. 5 RB-G; Art. 3 Abs. 3 BayRG; § 3 Abs. 4 LRG Saarl.

[254] Vgl. etwa § 3 Abs. 7 WDR-G; § 3 Abs. 6 ORB-G; § 2 Abs. 3 Ziff. 4 RB-G;

[255] Vgl. hierzu oben unter B Rdz. 85 ff., 102 ff.

[256] Vgl. BVerfGE 83, S. 238 ff., 309; siehe auch *Scholz*, Rundfunkeigene Programmpresse?, S. 16 ff.

[257] Vgl. BVerfGE 83, S. 238 ff., 310; siehe auch *Kübler*, Rundfunkauftrag und Programminformation, S. 21 ff.

[258] Vgl. BVerfGE 83, S. 238 ff., 310; siehe auch *Kübler*, Rundfunkauftrag und Programminformation, S. 50 ff.

einzuräumen, daß die prinzipielle Zurechnung zur Rundfunkfreiheit eine ordnende Gestaltung durch den Gesetzgeber nicht ausschließt. Als Beispiel sei hier nur die Werbung genannt, die als Nachricht ebenfalls zur Rundfunkfreiheit zählt, aber im öffentlich-rechtlichen Rundfunk aus Gründen der Rundfunkordnung doch beschränkt ist.[259] Im Gegensatz zu diesem Beispielsfall erscheint aber die Grenzziehung des Bundesverfassungsgerichtes zwischen einer zulässigen und einer unzulässigen Programmpressebetätigung des öffentlich-rechtlichen Rundfunks so deutlich, daß es einer weiteren Umsetzung durch Rundfunkgesetze nicht unbedingt bedarf.

Von Gewicht ist weiterhin, daß das Bundesverfassungsgericht folgerichtig die Zulässigkeit der Programmpresse mit der *causa* der Rundfunkfreiheit verknüpft hat, indem es danach differenziert, ob die Tätigkeit für den Aufgabenkreis unterstützend wirkt oder nicht. Von daher können aber auch Aufschlüsse gegeben werden auf *andere Aktivitäten*, die in den Landesrundfunkgesetzen nicht ausdrücklich geregelt sind, von den öffentlich-rechtlichen Anstalten aber *in praxi* in Anspruch genommen werden. Sachlich nahe zu den Programmzeitschriften könnte vor dem Hintergrund neuer technischer Entwicklungen auch die Beteiligung des öffentlich-rechtlichen Rundfunks an „*Online-Diensten*" sein.[260] Freilich sind auch hier die Grundsätze zu berücksichtigen, die das Bundesverfassungsgericht insoweit aufgestellt hat. Danach dürfte es sich lediglich um eine unterstützende Randbetätigung handeln, die eine wirtschaftliche Zielsetzung ausschließt. Daraus folgt, daß der Online-Dienst nur unterstützende Angebote zu dem eigentlichen Programm der Anstalt enthalten darf. Insofern besteht kein Unterschied zu dem Inhalt der Programmzeitschriften. Darüber hinaus dürfen Online-Dienste öffentlich-rechtlicher Anstalten nicht zu einer zusätzlichen Einnahmequelle führen sondern nur die Selbstkosten abdecken.

In einer sachlichen Nähe zu den Programmzeitschriften dürfen auch Maßnahmen des *Merchandising* stehen. Hierunter ist insbesondere die Vermarktung von Gegenständen zu sehen, die mit der Sendung im mittelbaren oder unmittelbaren Zusammenhang stehen wie etwa Filmfiguren oder Begleitbücher, aber auch reine Werbeartikel wie Buttons oder T-Shirts mit den Symbolen einer erfolgreichen Sendung.[261]

Wie schon das Beispiel des privaten Rundfunks deutlich macht, können solche Aktivitäten aus zwei Gründen erfolgen. Einerseits ist nicht zu bestreiten, daß der öffentlich-rechtliche Rundfunk sich als *Wettbewerber* auf dem Medienmarkt mit modernen Mitteln präsentieren muß. Insoweit unterscheiden sich also Objekte des *Merchandising* nicht von denjenigen der Programmzeitschrift. Die Begründung, insoweit einen zusätzlichen *Erwerbszweig* aufzutun, dürfte dem öffentlich-rechtlichen Rundfunk aus den von dem Bundesverfassungsgericht für die Programmzeitschriften entwickelten Kriterien aber versperrt sein. Jedenfalls wenn ihnen die wirtschaftliche Zielsetzung vorrangig oder gar alleine zugrunde liegt, wären sie von der Rundfunkfreiheit der Anstalten nicht mehr gedeckt. Insofern könnte sich dann allenfalls die Frage an den Gesetzgeber richten, ob er eine solche Aktivität ausdrücklich gestatten kann. Hiergegen gibt es aber deswegen Bedenken, weil ein an *wirtschaftlichen Zielen* orientiertes *Merchandising* unmittelbare Rückschlüsse auf den *Programmauftrag* mit sich bringen würde, denn nur massenattraktive und populäre Sendungen können die genannten Derivate erbringen.

Als dem Merchandising nahestehend könnte sich auch der Verkauf von Eintrittskarten für Konzerte rundfunkeigener Orchester sowie für öffentliche Schauveranstaltungen darstellen. Nach den vor dem Hintergrund der causa der Rundfunkfreiheit getroffenen Feststellungen des Bundesverfassungsgerichts ist insoweit zunächst festzustellen, daß es zur Verwirklung

47

---

[259] Vgl. oben unter B Rdz. 51 ff.; F Rdz. 34 ff., 87 ff.
[260] Vgl. hierzu ZDF erprobt „Online-Dienst" in epd Nr. 14 v. 24. 2. 1996.
[261] Vgl. *Koberger,* Productplacement, Sponsoring, Merchandising im öffentlich-rechtlichen Fernsehen, S. 150; *Lohmann* Neue Medien 6/87, S. 62; *Fuchs* merz-Medien und Erziehung 4/91, S. 207; *Fünfgeld,* in: *Saxer* (Hrsg.), Unternehmenskultur und Marketing von Rundfunkunternehmen, S. 35 ff.; *Kogel* RuF 1991, S. 237.

des Programmauftrags des öffentlich-rechtlichen Rundfunks gehört, daß er seine Programminhalte nicht nur durch die Ausstrahlung, sondern in gewissem Umfange auch *unmittelbar*
und in direktem Kontakt zu den Rezipienten öffentlich macht. Zum einen ergibt sich dies
aus der Programmaufgabe selbst dadurch, daß bestimmte Ereignisse ohne ein Publikum nicht
auskommen können, da andernfalls das Programmumfeld steril wäre und damit nicht der Le-
benswirklichkeit entspräche. Zum anderen kann, ebenso wie bei der Herausgabe von Programmzeitschriften, im Bezug auf öffentliche Veranstaltungen festgestellt werden, daß es zu
der Erfüllung der Aufgabe des Rundfunks gehört, die *Öffentlichkeit außerhalb der Studios* zu suchen, um damit seinen Stellenwert als Träger der Grundversorgung für das Publikum zu verdeutlichen. Daß er sich insoweit refinanziert ist unschädlich, da wirtschaftliche Gesichtspunkte nicht im Vordergrund stehen. Zu einer anderen Beurteilung würde nur ein Verhalten
führen, wonach der öffentlich-rechtliche Rundfunk Programm- und Showaktivitäten durchführen würde, die sich in seinen Programmen *nicht wiederfinden*, sondern einzig dem Zweck
dienen würden, sich eine *zusätzliche Einnahmequelle* zu verschaffen.[262] Wie bei jeder Finanzierungsart würde auch hier jedenfalls der Vorbehalt des Gesetzes gelten, wobei es zweifelhaft erscheint, ob solche Aktivitäten noch mit der Veranstaltung von Rundfunk und damit
seiner eigentlichen Aufgabe in Verbindung stünden.

48   Aus diesen Überlegungen folgt, daß erst recht solche Tätigkeiten außerhalb der eigentlichen Programmveranstaltung nicht mehr mit dem Auftrag des öffentlich-rechtlichen Rundfunks zu vereinbaren sind, bei denen der *Programmbezug völlig fehlt*. Prinzipiell läßt sich das
Spektrum insoweit abschließend nicht feststellen. Naheliegend ist es, daß Rundfunkanstalten
ihr know-how einsetzen, um sich insoweit eine zusätzliche Finanzierungsquelle zu schaffen.
Unter Berücksichtigung der causa der Rundfunkfreiheit, die in der Herstellung eines allgemeinen Meinungsmarktes liegt, können solche Tätigkeiten von der Rundfunkfreiheit und
von dem spezifischen Auftrag des öffentlich-rechtlichen Rundfunks nicht mehr gedeckt sein.
Hinzu kommt, daß, wie bereits dargelegt, die Frage der Finanzierungsart des öffentlich-rechtlichen Rundfunks eine Angelegenheit von *wesentlicher Bedeutung* ist, so daß hierüber der *Gesetzgeber* zu befinden hat. Aus diesem Grunde erscheint es richtig, daß nach § 3 Abs. 8 WDR-
Gesetz die Anstalt nicht Rundfunkproduktionen in erster Linie zum Zwecke wirtschaftlicher
Verwertung herstellen oder herstellen lassen darf.[263] Der Unterschied zu der schon erörterten Weiterveräußerung bereits gesendeter Beiträge oder ihres Vertriebes an jedermann auf Videokassette[264] ist darin zu sehen, daß die Rundfunkanstalt sich hier nicht anders verhält als
jeder andere Filmproduzent auch, der an dem spezifischen Grundrecht der Rundfunkfreiheit
nicht teilhat.[265] Gleiches dürfte für die *Überlassung von Studio- und technischen Kapazitäten* gelten, soweit diese nicht vorrangig zur Herstellung *eigener Produktionen* gebraucht werden. In
diesem Falle würden sie vorrangig der Finanzierung dienen und damit nicht mehr vom
Programmauftrag gedeckt sein.

Insgesamt ist daher festzustellen, daß Aktivitäten, die sich nicht unmittelbar aus dem
Programmauftrag ergeben, nur dann dem öffentlich-rechtlichen Rundfunk gestattet sind,
wenn sie die Erfüllung des Programmauftrages *unmittelbar unterstützen*. Reine Maßnahmen
zur Finanzierungsoptimierung sind hiervon jedoch nicht erfaßt.

6. Erwerbswirtschaftliche Tätigkeiten außerhalb der Programmtätigkeit

49   Von der Programmfreiheit nicht mehr erfaßt sind solche Tätigkeiten des öffentlich-rechtlichen Rundfunks, die nicht seinem Programmauftrag dienen oder bei denen *rein erwerbs-*

---

[262] Vgl. BVerfGE 83, S. 238 ff., 304; *Emmerich/Steiner,* Möglichkeiten und Grenzen der Rundfunkfinanzierung, S. 17; *Koch* NJW 1993, S. 231 f.
[263] Vgl. z. B. auch § 3 Satz 3 ZDF-StV; § 3 Abs. 7 ORB-G; Art. 3 Abs. 2 Satz 4 BayRG.
[264] Siehe hierzu oben unter F Rdz. 45.
[265] Vgl. *von Hartlieb,* Handbuch des Fernseh-, Film- und Videorechts, 31. Kap. Rdz. 6.

wirtschaftliche Ziele verfolgt werden. Nach diesen von dem Bundesverfassungsgericht selbst festgestellten Kriterien[266] erscheint es bedenklich, wenn der öffentlich-rechtliche Rundfunk über den Anstaltsbetrieb hinaus sich erwerbswirtschaftlich betätigt, indem er etwa *eigene Hotels* betreibt. Inwieweit dadurch der Rundfunkauftrag gefördert wird, ist schlechterdings nicht erkennbar. Soweit Gäste, Besucher oder Schauspieler unterzubringen sind, reicht die Anmietung entsprechender Zimmerkontingents auf dem freien Markt vollkommen aus.

Auch die *Beteiligung* der Rundfunkanstalten *an Studio-Unternehmen* erscheint unter dem Aspekt der Programmfreiheit bedenklich. Nach dem bereits genannten Abgrenzungskriterium der dienenden Funktion für den Meinungsmarkt[267] kann die Beteiligung an einem Studio-Unternehmen nur dann unter die *erlaubte Randnutzung* fallen, wenn der Sender dort eigene Beiträge produziert oder produzieren läßt, mit denen er seinen Programmauftrag erfüllt. Hingegen wäre diese spezifische Funktion nicht mehr gegeben, wenn sich die Rundfunkanstalt an solchen Studios beteiligt, deren Unternehmenszweck hauptsächlich in der Produktion von Filmen, die von ihr selbst nicht ausgestrahlt werden, liegt. Denn damit wird weder die Grundversorgung noch in sonstiger Weise der klassische Programmauftrag gefördert. Daneben kann eine solche unternehmerische Beteiligung auch deshalb nicht unter die Programmfreiheit subsumiert werden, da *erwerbswirtschaftliche Zwecke* im Vordergrund stehen und es deshalb an dem zweiten Kriterium einer zulässigen Randnutzung fehlt.

Im Ergebnis ist damit festzustellen, daß erwerbswirtschaftliche Aktivitäten außerhalb der Programmtätigkeit nicht von der Programmfreiheit gedeckt sind und in Ermangelung eines Bezugs zur Rundfunkaufgabe auch nicht vom Gesetzgeber im Rahmen seiner Verpflichtung zur Ausgestaltung der Rundfunkfreiheit gestattet werden kann.

---

[266] Vgl. BVerfGE 83, S. 238 ff., 311.
[267] Vgl. hierzu bereits oben unter F Rdz. 46.

V. Die Programmfreiheit im privaten Rundfunk

1. Grundstandard

50 Während der öffentlich-rechtliche Rundfunk davon geprägt ist, daß in seinem Gesamtprogramm alle in Betracht kommenden Kräfte zu Wort kommen,[268] ist Wesensmerkmal des privaten Rundfunks, daß seine Programme aufgrund privatautonomer Gestaltung und Entscheidung veranstaltet werden.[269] Dieser Unterschied begründet auch die unterschiedliche Organisationsform, die für den öffentlich-rechtlichen Rundfunk die Vergesellschaftung und die Alimentation durch die Gebühr, für den privaten Rundfunk die *privatrechtliche Organisationsform* und die *privatwirtschaftliche Arbeitsweise und Finanzierung* vorsieht.

Durch die Einführung des dualen Systems hat der Gesetzgeber den individualrechtlichen Gehalt der Rundfunkfreiheit effektuiert mit der Folge, daß der private Rundfunk auf dieses Grundrecht zurückgreifen kann. Daher und weil er wegen des Gebührenprivilegs nicht besonderen Verpflichtungen unterliegt, ist grundsätzlich sein *Aktionsradius größer* als der des öffentlich-rechtlichen Rundfunks.[270] Deswegen hat das Bundesverfassungsgericht auch zu Recht erkannt, daß der private Rundfunk nicht unter Voraussetzungen ermöglicht werden darf, die eine Veranstaltung privater Programme in *hohem Maße erschweren*, wenn nicht *ausschließen* würden.[271] Die Anerkennung der privatautonomen Gestaltung und Entscheidung wird freilich auch im privaten Rundfunk durch den *objektiv-rechtlichen Aspekt* der Rundfunkfreiheit überlagert.[272] Das Grundrecht stellt sich nach der Rechtsprechung des Bundesverfassungsgerichts sowohl in seinen subjektiven als auch objektiven Merkmalen als dienend für die Meinungs- und Willensbildung des Einzelnen und der Gesellschaft dar.[273] Dies bedeutet, daß auch im privaten Rundfunk Strukturprinzipien verwirklicht werden, um diesen Dienst im Interesse der Herstellung des Meinungsmarktes zu effektuieren.[274] Damit befindet sich aber die Position des privaten Rundfunks in einer *Dialektik* zwischen privatautonomer Entscheidung und objektiv-rechtlicher Verpflichtung, auf die im folgenden näher eingegangen werden soll.

51 Wie bereits dargelegt, ist das herausragende Merkmal des öffentlich-rechtlichen Rundfunks seine Vergesellschaftung, die durch die *binnenplurale Organisationsform*, aber auch durch das binnenplurale Programm bestimmt ist. Während bei dem öffentlich-rechtlichen Rundfunk dieses Strukturprinzip wesensimmanent ist, da ohne seine Beachtung der besondere Auftrag, alle in Betracht kommenden Kräfte zu Wort kommen zu lassen, nicht verwirklicht werden kann, stellt sich diese Anforderung beim privaten Rundfunk nicht als selbstverständlich, sondern nur als ein Erfordernis dar, das *Angebotsmängel ausgleichen* soll. Wenngleich der Binnenpluralismus im privaten Rundfunk durch das Bundesverfassungsgericht als verfassungsgemäß angesehen worden ist,[275] hat das Gericht aber doch ausdrücklich festgestellt, daß dieser den Strukturprinzipien privater Rundfunkveranstaltung widerspricht.[276]

---

[268] Vgl. BVerfGE 12, S. 205 ff., 262 f.

[269] Vgl. BVerfGE 73, S. 118, 171.

[270] Zum Streitstand in dieser Frage siehe oben unter B Rdz. 133 ff.

[271] Vgl. BVerfGE 73, S. 118 ff., 156 f., 182; *Schmitt Glaeser* DÖV 1993, S. 271; *Starck* DVBl. 1992, S. 331 ff., 342.

[272] Vgl. *Bethge* JZ 1992, S. 231 f.; *Fuhr,* in: Fuhr u. a. (Hrsg.) Das Recht der neuen Medien, S. 222 f.

[273] Vgl. BVerfGE 73, S. 118 ff., 161; 74, S. 295 ff., 303; 83, S. 238 ff., 265.

[274] Vgl. BVerfGE 57, S. 295 ff., 323; *Kull* AfP 1992, S. 231 f.; *Stettner* JZ 1992, S. 444; vgl. hierzu auch oben unter C Rdz. 48 ff.

[275] Vgl. BVerfGE 73, S. 118 ff., 171, 156.

[276] Vgl. BVerfGE 73, S. 118 ff., 171; siehe hierzu auch oben unter C Rdz. 48 ff.

Demgemäß haben die Landesrundfunkgesetze im Rahmen der Ausgestaltung und Opti- **52**
mierung der Rundfunkordnung den Binnenpluralismus nur dann vorgeschrieben, wenn ein
Mangel an Veranstaltern oder Übertragungswegen herrscht oder anzunehmen ist, daß sich bei
mehreren Programmen deren inhaltliche Gleichförmigkeit erweist.[277] Darüber hinausgehende Varianten, vor allem solche, die nicht im Interesse der dualen Rundfunkordnung ausnahmsweise geboten sind, dürften den verfassungsrechtlichen Anforderungen nicht genügen,
denn das Bundesverfassungsgericht sagt ausdrücklich in diesem Zusammenhang, daß privater Rundfunk nicht unter Voraussetzungen ermöglicht werden darf, die eine Veranstaltung
privater Programme in hohem Maße erschweren, wenn nicht ausschließen würden.[278]

Eine weitere Ausprägung der Rundfunkordnung, die die eigenverantwortliche und autonome Entscheidung des Programmes einschränkt, ist die Anforderung, daß im privaten
Rundfunk ein „*Grundstandard gleichgewichtiger Vielfalt*" zu gewährleisten ist.[279] Nicht nur die
Wortwahl, sondern auch die Interpretation des Bundesverfassungsgerichts zeigt, daß der Begriff nicht geeignet ist, auf alle Fragen nach der objektivrechtlichen Verantwortung des privaten Rundfunks konkret und hinreichend Antwort zu geben.

Immerhin ist der Rechtsprechung des Bundesverfassungsgerichts zu entnehmen, daß es
dem privaten Veranstalter aufgetragen ist, in den Sendungen, die *weltanschaulich geprägt* sind,
allen relevanten Gruppen die Chance zu geben, ihre Ansichten darzustellen und zu verdeutlichen.[280] Was die *Angebotsbreite* betrifft, werden an den privaten Rundfunk geringere Anforderungen gestellt, da er sich aus Werbung finanziert und demgemäß vor allem massenattraktive Programme ausstrahlen muß.[281] Weltanschauliche Inhalte zählen hierzu aber in der
Regel nicht, so daß der entsprechende Programmauftrag im privaten Rundfunk geringer ausfällt als im öffentlich-rechtlichen Rundfunk, der sich vorwiegend aus Gebühren nährt. Ebenso ist der private Rundfunk nicht verpflichtet, die Spartenvielfalt in der gesamten Breite
in seinen Programmen zu verwirklichen.[282] Auch dies hängt vor allem mit seiner Finanzierungsform zusammen. Gewisse Sparten, insbesondere im Bereich der kulturgeprägten
Programmangebote, sind nur für Minderheiten interessant und können – jedenfalls gegenwärtig[283] – die für ihre Finanzierung durch Werbung notwendige Einschaltquote nicht erbringen.[284] Von daher ist es legitim, daß im privaten Rundfunk vor allem unterhaltende Angebote dominieren.

Trotzdem werden in einigen Landesgesetzen *verschärfte Anforderungen* an die welt- **53**
anschauliche, aber auch an die Spartenvielfalt gestellt. So wird etwa im Hinblick auf die weltanschauliche Vielfalt in § 12 Abs. 3 des Nordrhein-Westfälischen Landesrundfunkgesetzes
festgestellt, daß *jedes Vollprogramm* in Erfüllung des Programmauftrages die Vielfalt der Meinungen in „*möglichster Breite und Vollständigkeit*" zum Ausdruck bringen muß. Bezogen auf die
Spartenvielfalt schreibt das Gesetz in § 11 vor, daß die Rundfunkprogramme entsprechend
der jeweiligen Programmkategorie zu einer *umfassenden Information* beizutragen, der *Bildung,
Beratung und Unterhaltung* zu dienen und dem *kulturellen Auftrag* des Rundfunks zu entspre-

---

[277] Vgl. §§ 23 I, 24 LMG Bad.-Württ.; §§ 13, 14 HPRG; § 20 III S. 1 LRG Nieders.; § 12 II LRG
Rh.-Pf.; § 22 II LRG Schl.-Holst.; § 17 III LRG Meckl.-Vorp.; § 15 PRG Sachsen; § 16 PRG Sachsen-Anhalt; §§ 15, 16 PRG Thüringen; § 20 StV Berl./Brand.
[278] Vgl. BVerfGE 73, S. 118 ff., 157, 166, 178.
[279] Vgl. BVerfGE 73, S. 118 ff., 153 f.; 83, S. 238 ff., 260; siehe hierzu auch oben unter E Rdz. 105 ff.
[280] Vgl. BVerfGE 73, S. 118 ff., 161 f.; 83, S. 238 ff., 260; vgl. hierzu auch oben unter E Rdz. 107 ff.
[281] Vgl. BVerfGE 73, S. 118 ff., 156 f.; 83, S. 238 ff., 262; *Kresse,* in: VPRT (Hrsg.), Öffentlich-rechtlicher Rundfunk und Werbefinanzierung, S. 44 f.; *Ricker,* in: VPRT (Hrsg.), Öffentlich-rechtlicher Rundfunk und Werbefinanzierung, S. 122 f.; vgl. auch oben unter C Rdz. 97 ff.
[282] Vgl. BVerfGE 73, S. 118 ff., 157; 83, S. 238 ff., 264; vgl. hierzu auch oben unter E Rdz. 109.
[283] Vgl. oben unter E Rdz. 109 und Rdz. 110 ff.
[284] Vgl. BVerfGE 73, S. 118 ff., 155 f; *Engel,* in: VPRT (Hrsg.), Öffentlich-rechtlicher Rundfunk und
Werbefinanzierung, S. 43 f.; *Starck,* in: VPRT (Hrsg.), Öffentlich-rechtlicher Rundfunk und Werbefinanzierung, S. 27; *Kresse/Kennel* ZUM 1993, S. 151 ff., 163.

chen haben.[285] Das Bundesverfassungsgericht hat diese Beschränkungen der Rundfunkfreiheit privater Veranstalter im Interesse einer Optimierung des Meinungsmarktes als mit dem *Grundgesetz vereinbar* angesehen, da Rundfunk ungeachtet der Rechtsform und Trägerschaft, in der er veranstaltet wird, Medium und Faktor des Prozesses freier Meinungsbildung und Sache der Allgemeinheit sei.[286] Diese Feststellungen des Bundesverfassungsgerichtes ändern jedoch nichts daran, daß private Rundfunkveranstalter, die ihre Programme aus Werbung finanzieren, vor der Notwendigkeit *ausreichender Akzeptanz* stehen.

Von daher muß die im Zusammenhang mit der Würdigung der nordrhein-westfälischen Regelung auch die Feststellung des Bundesverfassungsgerichts Beachtung finden, daß privater Rundfunk vom Gesetzgeber nicht unter Anforderungen gestellt werden darf, die seine Veranstaltung in hohem Maße erschweren, wenn nicht ausschließen würden. Wenngleich das Gericht auch im folgenden die gesetzlichen Anforderungen an den privaten Rundfunk für hinnehmbar erachtete, so ist – wie im Rundfunkrecht allgemein – die Abwägung der einzelnen Rechtspositionen vor allem *in praxi* wesentlich. Im Einzelfall und damit bei der konkreten Auslegung dürfte daher das Verbot des Bundesverfassungsgerichtes, den privaten Rundfunk in seiner Existenz nicht zu gefährden, von *ausschlaggebender Bedeutung* sein.

54 Anders als im vergesellschafteten öffentlich-rechtlichen Rundfunk, in dem alle in Betracht kommenden Kräfte im Gesamtprogramm zu Wort kommen sollen, stellt sich im privaten Rundfunk der *Außenpluralismus* und damit die *eigenverantwortliche Programmgestaltung als Grundelement privatautonomer Entscheidung* dar. Wie dargestellt kann demgemäß sowohl eine binnenpluralistische Organisation als auch ein binnenpluralistisches Programmangebot nur dann zulässig sein, wenn hierfür besondere Anforderungen an die plurale Rundfunkordnung sprechen.[287] Obwohl somit der Außenpluralismus *Wesensmerkmal* des privaten Rundfunks ist und damit unter der Voraussetzung einer vorhandenen Gesamtausgewogenheit des Angebots[288] dem Veranstalter Tendenzfreiheit eingeräumt ist, bestimmen verschiedene Rundfunkgesetze, daß *jedes einzelne Programm* die Bildung der öffentlichen Meinung nicht in hohem Maße ungleichgewichtig beeinflussen darf.[289]

Es stellt sich damit die Frage, ob das für den öffentlich-rechtlichen Rundfunk geltende Verfassungsgebot eines Mindestmaßes an Ausgewogenheit im Gesamtprogramm[290] einer jeden Anstalt nicht durch diese Bestimmung auch auf den privaten Rundfunk übertragen worden ist, obwohl eine diesbezügliche Anforderung vom Bundesverfassungsgericht nicht aufgestellt wurde und auch unter dem Gesichtspunkt des Außenpluralismus nicht als sachgerecht erscheint.

Demgegenüber ist aber festzustellen, daß die Vorschrift unter der Einschränkung einer „*im hohen Maße*" vorhandenen Ungleichgewichtigkeit steht.[291] Unter dieser Prämisse dürfte aber die Einschränkung der Programmfreiheit des privaten Rundfunks erforderlich sein. Im Gegensatz zu einem Presseorgan, dessen Rezeption erst nach einer Kaufentscheidung möglich wird, ist der Rundfunk besonders leicht verfügbar und demgemäß von stärkerer massenmedialer Qualität.[292] Hinzu kommt das von dem Bundesverfassungsgericht nicht zu Unrecht und gerade im hiesigen Zusammenhang wichtige Unterscheidungsmerkmal zwischen bei-

---

[285] Vgl. ebenso § 12 Abs. 1 LRG Saarl.; vgl. hingegen § 7 Abs. 2 PRG Sachsen; § 11 Abs. 2 LRG Meckl.-Vorp.; § 32 Abs. 2 LMG Bad.-Württ.; § 11 Abs. 1 LRG Schl.-Holst.
[286] Vgl. BVerfGE 74, S. 295 ff., 317; 83, S. 238 ff., 264.
[287] Vgl. hierzu etwa § 14 Abs. 2 RStV, wonach bereits bei drei bundesweiten Vollprogrammen, die von 50% rezipiert werden können, Außenpluralität herzustellen ist; siehe hierzu auch oben unter C Rdz. 48 ff.
[288] Vgl. hierzu § 14 Abs. 1 RStV.
[289] Vgl. etwa § 11 Abs. 2 LRG Rh.-Pf.; § 16 Abs. 3 PRG Sachsen-Anhalt; § 16 LRG Meckl.-Vorp.; § 32 Abs. 3 LMG Bad.-Württ.; § 22 Abs. 5 LRG Schl.-Holst.; § 17 Abs. 3 LRG Nieders.
[290] Vgl. BVerfGE 83, S. 238 ff., 305 f.
[291] Vgl. BVerfGE 74, S. 297 ff., 305 f.; 83, S. 238 ff., 163 f.
[292] Vgl. BVerfGE 35, S. 202 ff., 222.

den Massenmedien, daß der Rundfunk in Krisenzeiten ein erhebliches Beeinflussungspotential für machtinteressierte Gruppen bietet.[293]

Im Interesse einer sachgerechten Rundfunkordnung scheint damit eine *Minderung der Tendenzfreiheit* privater Rundfunkveranstalter erforderlich zu sein. Andererseits dürfte aber die Einschränkung, daß nur eine in hohem Maße ungleichgewichtige Beeinflussung ausgeschlossen wird, dazu führen, daß private Veranstalter berechtigt bleiben, unterschiedliche Tendenzen in ihren Programmen zu verwirklichen, solange sie die *Möglichkeit des Diskurses* geben und vermeiden, daß das Programm zu einer Propagandaveranstaltung verkommt. Aus den gleichen Gründen dürfte es auch gerechtfertigt sein, daß, wie bereits dargestellt,[294] das Gebot der Sachlichkeit und gegenseitigen Achtung nicht nur auf den öffentlich-rechtlichen Rundfunk bezogen ist, sondern auch für die privaten Veranstalter gilt.[295]

2. Programmgrundsätze

a) Mindestmaß an Sachlichkeit und Achtung

Unter *Sachlichkeit* wird allgemein ein Bemühen um Objektivität und damit Unvoreinge- **55** nommenheit verstanden.[296] Was das Gebot *gegenseitiger Achtung* angeht, ist damit vor allem das Verbot der Diffamierung, wie es auch in § 41 Abs. 1 RSrV zum Ausdruck kommt, und das Gebot der Toleranz gemeint.[297] Beide Anforderungen werden zu Recht auch an die privaten Veranstalter gestellt, da die Gründe in den spezifischen Eigenschaften des Massenmediums Rundfunk liegen, wobei vor allem die verminderte Möglichkeit zur Selektion für den Rezipienten bestimmend ist.[298] Auch im Hinblick auf den Wirkbereich unterscheiden sich die Anforderungen des Verbots einer in hohem Maße ungleichgewichtigen Beeinflussung sowie des Gebots der Sachlichkeit und gegenseitigen Achtung in den Programmen privater Veranstalter nicht von denjenigen des öffentlich-rechtlichen Rundfunks. Sie sind in erster Linie zur Anwendung für diejenigen gedacht, die die Verantwortung der Allgemeinheit für den Rundfunk repräsentieren. Im Bereich des privaten Rundfunks sind dies die plural zusammengesetzten Landesmedienbehörden.[299] Individuelle Ansprüche vermitteln die die Rundfunkordnung konkretisierenden Vorschriften dagegen nicht.[300]

b) Weitere Programmgrundsätze

Die Landesmediengesetze statuieren für den privaten Rundfunk eine Vielzahl weiterer **56** Programmgrundsätze, die weitestgehend inhaltlich übereinstimmen, teilweise sogar wörtlich.[301] Dazu gehört etwa das Gebot der „*Achtung der Würde des Menschen*", das als eines der grundlegenden in Art. 1 GG geschützten Verfassungsgrundsätze für alle Lebensbereiche gilt. Deshalb können gegen seine Anwendung im Bereich des privaten Rundfunks[302] keine Be-

---

[293] Vgl. BVerfGE 57, S. 295 ff., 319 f.; 73, S. 118 ff., 167; vgl. hierzu oben unter B Rdz. 79 ff., 101 ff.

[294] Vgl. hierzu oben unter F Rdz. 30.

[295] Vgl. BVerfGE 57, S. 295 ff., 318; 83, S. 238 ff., 165; *Maunz/Dürig/Herzog/Scholz*, GG, Art. 5 I, II Rdz. 204, 145; *Herrmann*, Rundfunkrecht, § 12 Rdz. 16 f.

[296] *Lüttger/Junck*, in: Gesellschaft für Rechtspolitik (Hrsg.), Rundfunkrecht Bd. 1, S. 138; *Ossenbühl*, in: Gesellschaft für Rechtspolitik (Hrsg.), Rundfunkrecht Bd. 1, S. 1 ff.; siehe auch unter F Rdz. 30.

[297] Vgl. *Bosmann*, Rundfunkfreiheit und Programmgrundsätze, S. 32; *Lüttger/Jung*, in: Gesellschaft für Rechtspolitik (Hrsg.), Rundfunkrecht Bd. 1, S. 140.; siehe auch unter F Rdz. 30.

[298] Vgl. *Gräter* Media Perspektiven 1992, S. 166; vgl. auch BVerfGE 35, S. 202 ff., 222.

[299] Vgl. hierzu oben zum öffentlich-rechtlichen Rundfunk unter F Rdz. 25 ff., C Rdz. 27 ff.

[300] Vgl. hierzu oben unter F Rdz. 25 ff.; B Rdz. 161 f.; zu der abweichenden Rechtslage im Freistaat Bayern; vgl. VG München, Beschluß vom 11. 6. 1986, zitiert in *Hesse*, Rundfunkrecht, S. 218.

[301] Zu den Regelungen im niedersächsischen LRG vom 23. 5. 1984 vgl. etwa *Bethge*, Rundfunkfreiheit und privater Rundfunk, S. 74 ff.

[302] Vgl. § 54 Abs. 1 LMG Bad.-Württ.; Art. 5 I Satz 2 BayMG; § 19 Abs. 3 Satz 1 LMG Bremen; § 8 Abs. 2 Satz 1 MG Hamburg.

denken bestehen.[303] Andere Grundsätze, wie etwa die *„Mahnung zum Frieden"*,[304] *„Zusammengehörigkeit im vereinten Deutschland"*[305] oder die *„Völkerverständigung"*[306] stellen bei genauerer Betrachtung lediglich eine Konkretisierung des Gebots gegenseitiger Achtung dar. Im Sinne des Toleranzgebotes ist die Vorgabe zu verstehen, daß die *sittlichen und religiösen Gefühle* nicht verletzt werden dürfen.[307] Vor dem Hintergrund, daß Aufgabe des Rundfunks die Ermöglichung eines Meinungsmarktes ist[308] auf dem auch der Kampf der Meinungen stattfindet,[309] kann der aus Gründen des Bestimmtheitsgebots[310] rechtsstaatlich zweifelhafte Begriff der *„Gefühle"* nur restriktiv verstanden werden.[311] Jedenfalls kann er nicht weiter interpretiert werden als die entsprechende Regelung in anderen Ländern, wonach die *„sittlichen, religiösen und weltanschaulichen Überzeugen anderer zu achten sind"*.[312]

Bedenken begegnet die Bindung der Programmveranstalter an *„die verfassungsmäßige Ordnung"*.[313] Denn die verfassungsmäßige Ordnung ist ein Schrankenvorbehalt der allgemeinen Handlungsfreiheit nach Art. 2 Abs. 1 GG, nicht aber für das *speziellere Freiheitsrecht aus Art. 5 Abs. 1 GG*, so daß eine Übertragung der Schranke der Handlungsfreiheit auf die speziellere Medienfreiheit ausscheidet.[314] Darüber hinaus ist davon auszugehen, daß die verfassungsmäßige Ordnung alle formell und materiell verfassungsmäßigen Rechtsnormen mit umfaßt.[315] Deshalb begegnet der Verweis auf die verfassungsmäßige Ordnung auch unter dem Aspekt des Art. 5 Abs. 2 GG Bedenken, da er in die Formulierung der Programmgrundsätze ein erhebliches Maß an Unbestimmtheit einfließen läßt, das mit dem rechtsstaatlichen Gebot hinreichender *Normenbestimmtheit* kaum zu vereinbaren ist.[316] Weiterhin enthalten die Programmgrundsätze besondere *Drittrechte* als Ausfluß des Art. 5 Abs. 2 GG, wie etwa die *„Achtung der Umwelt mit den natürlichen Lebensgrundlagen"*[317] und die *„Achtung von Ehe und Familie"*.[318]

c) Qualitative Programmquoten

57 Unter dem Begriff der *„qualitativen Programmquoten"* sind solche Anforderungen zu verstehen, die im einzelnen festlegen, aus welchen Inhalten sich die Programme der privaten Veranstalter anteilig zusammenzusetzen haben. Es wurde schon an anderer Stelle thematisiert,[319] daß einzelne Landesrundfunkgesetze hinsichtlich der Spartenvielfalt vorschreiben, daß die Rundfunkprogramme entsprechend der jeweiligen Programmkategorie *„zu einer umfassenden*

---

[303] Vgl. *Ricker*, Privatrundfunkgesetze im Bundesstaat, S. 126.

[304] Vgl. etwa § 19 Abs. 2 Satz 2 LMG Bremen; § 18 Abs. 2 Satz 2 LRG Nieders.; § 12 Abs. 2 Satz 3 LRG Nordrh.-Westf.

[305] Vgl. etwa § 18 Abs. 2 Satz 2 LRG Nds., § 14 Abs. 1 Satz 5 LRG Rhld.-Pf.

[306] Vgl. etwa § 54 Satz 2 LMG Bad.-Württ.; Art. 5 Abs. 1 Satz 3 BayMG; § 19 Abs. 2 Satz 2 LMG Bremen; § 11 Abs. 1 Satz 3 HPRG.

[307] Vgl. § 11 Abs. 1 Satz 2 HPRG; § 13 Abs. 1 Satz 2 PRG Thüringen.

[308] Vgl. BVerfGE 57, S. 295 ff., 323; siehe oben unter B Rdz. 102 f.

[309] Vgl. BVerfGE 57, S. 295 ff., 317 f.; 83, S. 238 ff., 261 f.

[310] Vgl. *Maunz/Dürig/Herzog, Scholz*, GG, Art. 5 Abs. 1, 2 Rdz. 273.

[311] Vgl. oben unter F Rdz. 32 f.

[312] Vgl. § 54 Satz 1 LMG Bad.-Württ.; § 19 Abs. 2 Satz 1 LMG Bremen; § 48 Abs. 1 Satz 2 StV Berl./Brand.; zu den entsprechenden Grundsätzen im öffentlich-rechtlichen Rundfunk vgl. oben F Rdz. 32 f.

[313] Vgl. Art. 5 Abs. 1 Satz 1 BayMG; § 18 Abs. 1 Satz 1 LRG Nieders.; § 14 Abs. 1 Satz 1 LRG Rh.-Pf.; § 4 Abs. 1 Satz 1 LRG Saarl.; § 48 Abs. 1 Satz 1 StV Berl./Brand.

[314] Vgl. *Maunz/Dürig/Herzog/Scholz*, GG, Art. 2 Abs. 1 Rdz. 4. siehe auch unter B Rdz. 186 ff.

[315] Vgl. BVerfGE 41, S. 116; 49, S. 181; 55, S. 165; 59, S. 278.

[316] Vgl. *Maunz/Dürig/Herzog/Scholz*, GG, Art. 5 Abs. 1, 2 Rdz. 273; *Ricker*, Privatrundfunkgesetze im Bundesstaat, S. 129; siehe hierzu auch oben unter D Rdz. 37 f.

[317] Vgl. § 4 Abs. 1 Satz 4 LRG Saarl.

[318] Vgl. § 54 Satz 1 LMG Bad.-Württ.; § 12 Abs. 2 Satz 2 LRG Nordrh.-Westf.; zu diesen Drittrechten siehe näher unten unter F Rdz. 66 ff., 71 ff.

[319] Siehe hierzu oben unter F Rdz. 52 ff.

Information beizutragen, der Bildung, Beratung und Unterhaltung zu dienen, und dem kulturellen Auftrag des Rundfunks zu entsprechen haben".[320]

Weitergehend sah der Gesetzentwurf der Landesregierung zur Änderung des Hessischen Privatrundfunkgesetzes[321] in § 11 Abs. 5 die folgende nicht in Kraft getretene Bestimmung vor: „Das landesweite Hörfunkprogramm hat zu einer umfassenden Information beizutragen, der Bildung, Beratung und Unterhaltung zu dienen und dem kulturellen Auftrag zu entsprechen. Die Anteile an Bildung und Beratung dürfen 5 vom Hundert, der Anteil an Information 10 vom Hundert des landesweiten Hörfunkprogrammes nicht unterschreiten."[322] Die Vorgabe solcher numerisch festgelegten Quoten für die Programminhalte stößt deshalb auf verfassungsrechtliche Bedenken, da der private Rundfunk nur zu einem „*Grundstandard gleichgewichtiger Vielfalt*" verpflichtet ist.[323] Gerade hinsichtlich der Angebotsbreite werden an den privaten Rundfunk nur geringere Anforderungen gestellt, da sich dieser aus Werbung finanziert und demzufolge vor allem massenattraktive Programme ausstrahlt.[324] Freilich hat das Bundesverfassungsgericht festgestellt, daß erhöhte Vielfaltsanforderungen auch im privaten Rundfunk im Interesse der Optimierung des Meinungsmarktes zulässig sein können.[325]

Es wurde aber hierzu schon an anderer Stelle dargelegt, daß die vom Bundesverfassungsgericht dem Gesetzgeber eingeräumte Möglichkeit zu einer weiteren Verschärfung der Programmanforderungen an den privaten Rundfunk *allenfalls restriktiv* ausgelegt werden kann.[326] Selbst wenn dies hier aber außer Betracht bliebe, so wären die *numerisch* festgelegten *Programmquoten* doch als ein unmittelbarer Eingriff in die Programmfreiheit privater Rundfunkveranstalter anzusehen. Das Bundesverfassungsgericht hat selbst festgestellt, daß der Gesetzgeber nur einen Rahmen zur sachgerechten Ausgestaltung der Rundfunkordnung festlegen kann. Seine Befugnis ist auf diejenigen Themenkomplexe begrenzt, die für die Grundrechtsausübung und den Ausgleich von Grundrechtskollisionen von Bedeutung sind. Die numerisch festgelegten Programmquoten gehen hierüber aber weit hinaus. Dies wird durch die Rechtsprechung des Bundesverfassungsgerichts auch insofern deutlich, als der Gesetzgeber für den öffentlich-rechtlichen aber auch für den privaten Rundfunk nur „*Leitgrundsätze*" für den Inhalt des Programms verbindlich zu machen hat.[327] Die Festlegung von Programmquoten stellt aber keine Orientierung für den Veranstalter dar, sondern ist vielmehr als *Fremdbestimmung* des Programms anzusehen. Der Staat, der sich auch als Gesetzgeber eines jeden Einflusses auf den Rundfunk zu enthalten hat,[328] verstößt damit gegen die grundrechtliche Freiheit des privaten Veranstalters. Die von dem Hessischen Landesgesetzgeber ursprünglich vorgesehene Ausgestaltung kann schon von daher nicht als geeignet angesehen werden, dem Ziel der Rundfunkfreiheit zu dienen.

Gegen die festgelegte Programmquote spricht weiterhin, daß das Bundesverfassungsgericht selbst mehrfach festgestellt hat, daß Ausgewogenheit eine *Zielgröße* ist, die jedenfalls nicht im einzelnen konkret meßbar ist.[329] Gerade damit sollte der Freiheit des Rundfunks trotz dessen Verpflichtung im Interesse der Meinungs- und Willensbildung des Einzelnen und der Gesellschaft ein ausreichend großer Spielraum zugemessen werden. Stattdessen stellt sich die Quotenbestimmung in dem Hessischen Gesetzentwurf als eine Möglichkeit dar, die Programmleistung privater Veranstalter im einzelnen genau auszumessen. Damit wird aber

---

[320] Vgl. § 11 LRG Nordrh.-Westf.; § 12 Abs. 1 LRG Saarl., siehe oben unter F Rdz. 50 ff.
[321] GVBl. Hessen I., S. 367.
[322] Vgl. § 11 Abs. 5 Entw. HPRG.
[323] Vgl. BVerfGE 73, S. 118 ff., 153 f.; 83, S. 238 ff., 260.
[324] Vgl. BVerfGE 73, S. 118 ff., 155 f.; 83, S. 238 ff., 262; *Ricker,* in: VPRT (Hrsg.), Öffentlich-rechtlicher Rundfunk und Werbefinanzierung, S. 122 ff.; vgl. auch oben unter E Rdz. 105 ff.
[325] Vgl. hierzu näher oben unter F Rdz. 50 ff.
[326] Vgl. oben F Rdz. 55 ff.
[327] Vgl. BVerfGE 57, S. 295 ff., 318; 73, S. 118 ff., 162.
[328] Vgl. BVerfGE 90, S. 60 ff., 95 f.; siehe auch oben unter D Rdz. 1 ff.
[329] Vgl. BVerfGE 73, S. 118 ff., 153 f.

der aus Art. 5 GG fließende notwendige Spielraum für die Programmgestaltung verletzt. Dies ergibt sich vor allem bei der Betrachtung des Umstandes, daß die vorgesehene numerische Quotierung die Gefahr mit sich bringt, daß das *Programmformat* bzw. die *Programmfarbe* gestört wird. Von daher muß die Regelung auch als unverhältnismäßig angesehen werden.

3. Verpflichtung zur Aufnahme von Programmteilen von Minderheiten

58 In dem nordrhein-westfälischen Landesrundfunkgesetz ist bestimmt, daß jede Veranstaltergemeinschaft bis zu *15% der Sendezeit, höchstens jedoch 2 Stunden täglich,* für Programmbeiträge von Gruppen, vor allem mit kultureller Zielsetzung vorhalten muß.[330] Das Bundesverfassungsgericht hat in seinem 6. Rundfunkurteil die Verschärfung der Programmforderungen an den privaten Rundfunk für zulässig erklärt, da damit die Meinungsvielfalt gestärkt werde.[331]

Gegen die Verpflichtung privater Rundfunkveranstalter, zusätzlich Sendebeiträge von Dritten aufzunehmen, bestehen jedoch Bedenken: Zum einen kommt eine *binnenpluralistische Struktur* des privaten Rundfunkveranstalters in Betracht.[332] Sie wird dadurch gestört, daß das nach den Grundsätzen der *Ausgewogenheit* durchstrukturierte Programm nunmehr durch Programmbeiträge belastet wird, die diesen Anforderungen nicht genügen. Außerdem erhalten die privilegierten Gruppen damit ein *stärkeres Gewicht* als diejenigen, die nur im Rahmen des Binnenpluralismus zu Wort kommen.[333]

Noch schärfer stellt sich die Problematik in dem Falle dar, daß der Veranstalter das Recht zu einem *außenpluralistisch* strukturierten Programm hat. Dieses ist notwendigerweise mit seiner *Tendenzfreiheit* verbunden.[334] Programmbeiträge Dritter könnten dann in einem direkten Widerspruch hierzu stehen und von daher die Akzeptanz seines Angebots empfindlich stören.[335] Sowohl bei einer binnenpluralistischen als auch einer außenpluralistischen Struktur ist aber auch zu bedenken, daß die Programmteile in der Regel *nicht von professionell arbeitenden Gruppen* erstellt werden. Dies ergibt sich jedenfalls aus der nordrhein-westfälischen Regelung, wonach diejenigen Gruppen, die zur Ausstrahlung von Programmbeiträgen berechtigt sind, damit keinen auf einen wirtschaftlichen Geschäftsbetrieb gerichteten Zweck verfolgen dürfen.[336]

Damit ergibt sich aber eine große Diskrepanz zwischen diesen Programmbeiträgen und denjenigen, die der Veranstalter zu verantworten hat. Die Folge hiervon ist wiederum ein Verlust von *Akzeptanz,* der angesichts der in Nordrhein-Westfalen vorgesehenen Sendezeit in Höhe von 15% nicht unerheblich sein dürfte.[337] Von daher stellen sich Programmquoten für Dritte zum einen als *Fremdkörper* in der Rundfunkstruktur dar, die nicht geeignet sind, der Effektuierung des Meinungsmarktes zu dienen. Zum anderen dürften sie aber auch wegen der nachteiligen Folgen für die Veranstalter privaten Rundfunks nicht mehr verhältnismäßig sein.

---

[330] Vgl. § 24 Abs. 4 LRG Nordrh.-Westf.
[331] Vgl. BVerfGE 83, S. 238 ff., 278.
[332] Vgl. § 24 Abs. 2 LRG Nordrh.-Westf.
[333] Vgl. *Ricker,* in: *Pieper/Hadamik* (Hrsg.), Das WDR-Gesetz und das LRG Nordrhein-Westfalen, S. 351 ff., 357.
[334] Vgl. *Hesse,* Rundfunkrecht, S. 91 f.; *Ricker,* Privatrundfunkgesetze im Bundesstaat, S. 83 f.
[335] Vgl. *Ricker,* in: *Pieper/Hadamik* (Hrsg.), Das WDR-Gesetz und das LRG Nordrhein-Westfalen, S. 351 ff., 357.
[336] § 24 Abs. 4 Ziff. 2 LRG Nordrh.-Westf.
[337] Vgl. § 24 Abs. 1 LRG Nordrh.-Westf.

4. Regionalfensterprogramme

Nach der Definition des Rundfunkstaatsvertrages handelt es sich bei einem Regionalfen-   **59**
sterprogramm um ein „zeitlich und räumlich begrenztes Rundfunkprogramm mit im wesentlichen regionalen Inhalten im Rahmen eines Hauptprogramms".[338]

Ein Regionalfensterprogramm setzt somit das Vorhandensein eines Mantelprogramms voraus, bei dem es sich um ein Vollprogramm oder um ein Spartenprogramm handeln kann, in
dessen Rahmen ein zeitlich und örtlich (lokal, regional) begrenztes Programm aufgenommen wird.[339] Keine eindeutige Festlegung haben die Länder darüber getroffen, wer Veranstalter des Regionalfensterprogramms ist, so daß zwei Varianten in Frage kommen: Zum einen kann der Veranstalter des weiterreichenden Hauptprogramms die Verantwortung für das
Regionalfensterprogramm tragen und damit auch für dieses Veranstalter sein. Daneben können die Regionalfensterprogramme aber auch von Dritten aufgrund der zeitanteiligen Zuweisung derselben Frequenz („Frequenzsplitting") veranstaltet werden, was eine entsprechende eigene Zulassung voraussetzt.[340]

Bei den Regionalfensterprogrammen handelt es sich nicht um diejenigen, die zur Verhin-
derung vorherrschender Meinungsmacht nach § 31 RStV als „Sendezeit für unabhängige
Dritte" vorgesehen sind. Die Regionalfensterprogramme treten vielmehr zu diesen hinzu.
Dies ergibt sich zum einen aus § 25 Abs. 4 RStV, wonach in bundesweit verbreiteten Fern-
sehprogrammen bei terrestrischer Verbreitung nach Maßgabe des jeweiligen Landesrechts
Regionalfensterprogramme aufgenommen werden sollen.

Weiterhin ergibt sich der anders geartete Status der Regionalfensterprogramme bei Heranziehung ihrer Anrechnung nach § 31 Abs. 2 RStV. Danach werden die Regionalfensterprogramme nur zu einem Teil auf die Sendezeiten für Dritte angerechnet.

Die Länder haben sich ebenso wie im Rundfunkstaatsvertrag 1991[341] auch in dem Rundfunkstaatsvertrag 1997 darauf verständigt, daß in nationalen Fernsehvollprogrammen bei terrestrischer Verbreitung nach Maßgabe des jeweiligen Landesrechts Fensterprogramme aufgenommen werden „sollen".[342] Damit soll die föderale Komponente des nationalen privaten
Rundfunks gestärkt werden. Dabei war sich der Gesetzgeber bewußt, daß in kleineren Ländern auf ein Fensterprogramm verzichtet werden könne und auch nicht sämtliche terrestrisch
verbreiteten Fernsehvollprogramme ein solches enthalten müßten.[343]

Somit bleibt es weitgehend den Ländern überlassen, ob sie Regionalfernsterprogramme über-   **60**
haupt und für welche Formen (Fernsehen und/oder Hörfunk, nationale oder landesweite Programme) vorsehen. Jedoch haben sie im nationalen privaten Fernsehen mit der Organisation
der Fensterprogramme zugleich deren Finanzierung durch die Veranstalter sicherzustellen.[344]

Außerdem haben sich die Landesmedienanstalten in zeitlicher und technischer Hinsicht
unter Berücksichtigung der Interessen der betroffenen Veranstalter abzustimmen.[345] Dement-

---

[338] Vgl. § 2 Abs. 2 Ziff. 4 RStV; vgl. auch § 4 Abs. 2 Ziff. 3 LRG Rh.-Pf.; § 2 Abs. 1 Ziff. 7 HPRG; §
3 Abs. 4 Schl.-Holstein.

[339] Vgl. amtl. Begründung zu § 2 RStV, abgedr. in *Ring*, Medienrecht, C-0.1, S. 3.

[340] Zum „Frequenzsplitting" unten unter F Rdz. 61ff.; vgl. amtl. Begründung zu § 2 RStV, abgedr. in
Ring, Medienrecht, C-0.1, S. 4.; im Hinblick auf die Anrechenbarkeit von Regionalfenstern schreibt §
31 Abs. 2 RStV vor, daß diese in „redaktioneller Unabhängigkeit" veranstaltet werden. Dies steht nicht
im Widerspruch zur gesellschaftlichen Struktur, sondern ist eine Frage der publizistischen Kompetenz.

[341] Vgl. § 20 Abs. 6 RStV 1991.

[342] Vgl. § 25 Abs. 4 RStV.

[343] Vgl. amtl. Begründung zu § 20 Abs. 6 RStV 1991, abgedr. in *Ring*, Medienrecht, C-0.1, S. 24f.

[344] Vgl. § 25 Abs. 4 Satz 2 RStV.

[345] Vgl. § 25 Abs. 4 Satz 3 RStV.

sprechend schreiben einige Landesrundfunkgesetze für die bundesweiten Fernsehvollprogramme die Einrichtung landesweiter Fensterprogramme vor, die mindestens 30 Minuten täglich betragen sollen und deren Finanzierung durch die nationalen Veranstalter sicherzustellen ist.[346] In Sachsen und Baden-Württemberg werden Veranstalter bundesweiter Rundfunkprogramme bei beschränkten Übertragungskapazitäten vorrangig berücksichtigt, wenn sie Fensterprogramme verbreiten.[347] In den anderen Ländern bestehen keine vergleichbaren Regelungen, weil örtliche oder regionale Veranstalter zugelassen werden wie in Bremen, Hamburg, Berlin und Brandenburg.[348] Für landesweite Vollprogramme schreiben einzelne Mediengesetze ebenfalls Regionalfensterprogramme vor[349] oder bestimmen deren Einbeziehung jedenfalls als wesentliches Kriterium bei der Bewerberauswahl.[350]

Die Verpflichtung der Ausstrahlung von Regionalfensterprogrammen ist vor allem vor dem Hintergrund zu sehen, daß die privaten Veranstalter ihre Einnahmen größtenteils aus der Werbung mit Markenartikeln beziehen, die eine möglichst flächendeckende und damit nationale Verbreitung voraussetzt.[351] Von daher sind Befürchtungen nicht unbegründet, daß sich in dem entwickelnden dualen Rundfunksystem vor allem die nationalen Rundfunkveranstalter behaupten, welche die Rezipienten flächendeckend ansprechen, so daß eine *regionale Berichterstattung* zu kurz käme. Dies wäre schon deshalb verfehlt, da Rundfunk zunächst eine landesbezogene und damit auch der ordnenden Ausgestaltung des jeweiligen Landesgesetzgebers unterliegende Angelegenheit darstellt, die nicht nur historisch bedingt, sondern auch wegen der unterschiedlichen kulturellen und landsmannschaftlichen Besonderheiten der einzelnen Länder begründet ist.[352] Da somit durch die regionalen Programmfenster die landesspezifischen Eigenarten und damit der *Föderalismus* in den Programmen zum Ausdruck kommen, liegt darin eine Optimierung der Rundfunkfreiheit, zumal diese Programmangebote auch für die Rezipienten von spezifischem Interesse sind.

Die Verpflichtung der nationalen Veranstalter zur Ausstrahlung von regionalen Programmfenstern ist jedoch auch vor dem Hintergrund der Notwendigkeit *genügender Werbeeinnahmen* als wesentlicher Finanzierungsquelle zu sehen. Der Hauptteil der Werbeeinnahmen resultiert aus den Werbeaufträgen der Hersteller von Markenartikeln, die – wie dargestellt – aber ein besonderes Interesse an der nationalen und damit flächendeckenden Verbreitung besitzen.[353] Aufgrund der geringeren Reichweite landesweit verbreiteter regionaler Fensterprogramme besteht deshalb nur wenig Neigung der werbungtreibenden Wirtschaft, vor allem der Markenartikler, an einer *regional begrenzten Werbung*. In der Praxis decken deshalb die erzielbaren Werbeeinnahmen bei weitem nicht den erforderlichen Aufwand von ca. 40–50 Mio. DM pro Jahr für ein halbstündiges Regionalprogramm.[354]

Demgemäß kann die Verpflichtung zur Ausstrahlung von Regionalprogrammen die Programmfreiheit der privaten Veranstalter nur insoweit *verhältnismäßig* beschränken, als die Zeitvorgabe für die Fensterprogramme auf ein *wirtschaftlich tragbares Mindestmaß* beschränkt ist und sich diese nach Art und Gestaltung in das *Schema* und *Sendeprofil* des *Mantelprogrammes einfü-*

---

[346] Vgl. § 12 Abs. 4 HPRG; § 12 Abs. 8 LRG Rh.-Pf.; § 17 Abs. 3 LRG Nieders.; § 10 Abs. 5 LRG. Saarl.; § 11 Abs. 3 PRG Thüringen; vgl. auch Art. 3 Abs. 1 in Bay. LMG., wonach landesweite/regionale/lokale Fensterprogramme verbreitet werden „sollen"; vgl. speziell zu NRW unten unter F Rdz. 61 ff.

[347] Vgl. § 10 Abs. 2 Ziff. 4 PRG Sachsen; § 18 Abs. 4 Ziff. 2 LMG Bad.-Württ.

[348] Vgl. § 10 Abs. 5 LMG Bremen; §§ 31 ff. LMG Hamburg; §§ 4 ff. StV Berl./Brand.

[349] Vgl. § 17 Abs. 2 LPG Nieders.; § 15 Abs. 2 LRG Schl.-Holst.; § 7 Abs. 2 LRG Rh.-Pf.; § 6 Abs. 5 LRG NW.

[350] Vgl. § 9 Abs. 2 Satz 3 HPRG; §§ 7 Abs. 2, 13 PRG Sachsen-Anhalt; vgl. auch § 10 Abs. 1 LRG Meckl.-Vorp., wonach in die „Erlaubnis die Verpflichtung zur Veranstaltung von Fensterprogrammen einbezogen werden kann".

[351] Vgl. *Kresse* WuM 1993, S. 271; *Lichtensteiner* Der Markenartikel 1993, S. 692

[352] Vgl. *Bethge*, in: *Fuhr* u. a. (Hrsg.), Recht der neuen Medien, S. 131 ff.; *Grimm* RuF 1991, S. 126 f.

[353] Vgl. *Kresse* WuM 1993, S. 271; *Lichtensteiner* Der Markenartikel 1993, S. 692.

[354] Vgl. *Kresse/Kennel* AfP 1993, S. 156 ff., 161; *Kresse* AfP 1994, S. 387 f.

gen. Dies setzt voraus, daß der nationale Veranstalter die Fensterprogramme entweder selbst veranstaltet oder bei Zulieferung durch Dritte jedenfalls redaktionell verantwortet und damit das Letztentscheidungsrecht über die Programmgestaltung besitzt.[355] Hingegen wäre es eine *unverhältnismäßige Beschränkung*, wenn die Regionalfensterprogramme eigenverantwortlich von Dritten veranstaltet werden müßten und somit der Mantelprogrammveranstalter keinen Einfluß auf die Programmgestaltung nehmen könnte. In diesem Fall würde es sich um eine Art *Koordinationsrundfunk* handeln, der wegen der bereits genannten Akzeptanzprobleme auch für das Mantelprogramm nicht mehr hinnehmbar wäre, da die private Rundfunkveranstaltung wesentlich erschwert oder gar unmöglich gemacht würde.[356]

Diesen Bedenken sieht sich auch der Rundfunkstaatsvertrag ausgesetzt, der die redaktionelle Unabhängigkeit der Fensterprogramme wohl nicht ausdrücklich verlangt, deren Anrechenbarkeit im Rahmen der Sendezeit für Dritte zur Verhinderung von Meinungskonzentration nach § 31 Abs. 2 RStV freilich hiervon abhängig macht.

Hinzu kommt, daß der Regionalfensterprogrammveranstalter im Gegensatz zu dem Fensterveranstalter nach § 31 RStV keine eigene Zulassung erhält. Damit trägt der Hauptveranstalter die rundfunkrechtliche Verantwortung für das Regionalfenster.[357] Dieser kann er nur dann nachkommen, wenn er hinreichende Einwirkungsmöglichkeiten hat, um haftungsbegründende Tatbestände zu verhindern. Der völlige Ausschluß von Mitwirkungs- und Zustimmungsbefugnissen des Hauptveranstalters, wie ihn die vorläufige gemeinsame Richtlinie der Landesmedienveranstalter über die Sendezeit für unabhängige Dritte nach § 31 RStV vom 02.01.1997 vorsieht,[358] erscheint daher ebenfalls als nicht zumutbar.

5. Frequenzsplitting

Nach dem Rundfunkgesetz des Landes Nordrhein-Westfalen kann die Zulassung für ein **61** gemeinsames Vollprogramm auch zwei Veranstaltern für einzelne Programmteile getrennt erteilt werden, wenn mit hinreichender Wahrscheinlichkeit zu erwarten ist, daß die Programmteile in ihrer Gesamtheit die Anforderungen an ein Vollprogramm erfüllen.[359] Das Gesetz zieht damit eine spezifische Form des Koordinationsrundfunks vor, bei dem mehrere Rundfunkveranstalter anteilig eigene Sendebeiträge zu festgelegten Sendezeiten auf derselben Frequenz ausstrahlen.[360]

Eine ähnliche Problematik ergibt sich aufgrund der Vorschriften zur Verhinderung vorherrschender Meinungsmacht nach dem Rundfunkstaatsvertrag. Erreicht ein Veranstalter mit einem Vollprogramm oder einem Spartenprogramm mit Schwerpunkt Information im Durchschnitt eines Jahres einen Zuschaueranteil von 10 %, so hat er Sendezeiten für unabhängige Dritte einzuräumen.[361] Die gleiche Verpflichtung trifft das Unternehmen, das mehr als 30 % der Zuschauer erreicht, damit vorherrschende Meinungsmacht im Fernsehen ausgeschlossen wird.[362] Die Sendezeit wird nach dem Rundfunkstaatsvertrag dem Hauptveran-

---

[355] Vgl. *Hesse*, Rundfunkrecht, S. 132f.; *Stettner* JZ 1993, S. 273.

[356] Vgl. BVerfGE 73, S. 118ff., 157, 171; siehe hierzu oben unter E Rdz. 36ff. und unten unter F Rdz. 61ff.

[357] Vgl. vorläufige Drittsendezeitrichtlinie der Landesmedienanstalten vom 02.01.1997, Punkt 3.5.2.

[358] Vgl. vorläufige Drittsendezeitrichtlinie der Landesmedienanstalten vom 02.01.1997, Punkt 3.5.2; vgl. auch *Reske/Berger-Delhey* AfP 1990, S. 109; *Ory* in AfP 1991, S. 693; vgl. auch *Löffler/Ricker*, Handbuch des Presserechts, 38. Kap., Rdz. 21.

[359] Vgl. § 6 Abs. 2 LRG Nordrh.-Westf.; siehe auch oben unter E Rdz. 36ff., 340; vgl. *Stock*, Zur Theorie des Koordinationsrundfunks, S. 109ff.; *Stender-Vorwachs*, „Staatsferne" und „Gruppenferne", S. 204ff.; *Frank*, Vielfalt des Wettbewerbs?, S. 19f., *Ricker*, Privatrundfunkgesetze im Bundesstaat, S. 93f.; *Bullinger/Gödel*, LMG Ba.-Württ., § 18 Rdz. 3; siehe oben unter C Rdz. 21; E Rdz. 37f., Rdz. 43.

[360] Vgl. auch oben C Rdz. 21; E Rdz. 37f.

[361] Vgl. § 26 Abs. 5 Satz 1 EStV.

[362] Vgl. § 26 Abs. 4 Ziff. 3 i.V.m. §§ 30, 31 RStV.

stalter in der Weise auferlegt, daß dem Fensterprogrammveranstalter eine eigene Zulassung durch die zuständige Landesmedienanstalt erteilt wird.[363]

Die rechtliche Würdigung des Koordinationsrundfunks hat zunächst davon auszugehen, daß bei dieser Konstruktion wohl mehrere Veranstalter eine Zulassung zur Veranstaltung von Rundfunk erhalten können, diejenigen, die die Lizenz erhalten, aber in ihrer Privatautonomie beschränkt werden. Eine solche Beschränkung könnte sich auf den ersten Blick als Schranke der Rundrunkfreiheit nach Art. 5 Abs. 2 GG darstellen. Dies würde aber voraussetzen, daß die Regelung zum Schutze eines anderen Rechtgutes getroffen worden ist.[364]

Sinn der Regelung ist jedoch eher die Ausgestaltung der Rundfunkordnung, zu der der Gesetzgeber von Verfassungs wegen gehalten ist. Durch das Frequenzsplitting kann zum einen unter der Bedingung weniger Sendefrequenzen die Programmvielfalt gesteigert werden. Zum anderen - und dies ist das verfassungsrechtlich gewichtigere Argument - kann der Gesetzgeber durch die Zuteilung an zwei oder mehrere Veranstalter seiner Verpflichtung zur Gleichbehandlung privater Lizenzbewerber nachkommen.[365] Schließlich zeigt auch der Rundfunkstaatsvertrag, daß das Ziel des Frequenzsplittings die Optimierung der Rundfunkordnung ist, da hierdurch vorherrschende Meinungsmacht reduziert werden soll.[366] Insoweit kann auf die grundsätzliche Anerkennung des Koordinationsrundfunks im 3. Rundfunkurteil verwiesen werden.[367] Freilich ist festzuhalten, daß die positive Bewertung des Bundesverfassungsgerichts nur als obiter dictum und vornehmlich als Hinweis zur Illustration der Verpflichtungen des Gesetzgebers im Rahmen seiner institutionellen Garantie erfolgte.[368] Vor allem ging das Bundesverfassungsgericht nicht auf die Folgen einer Einführung des Koordinationsrundfunks ein. Daher schließt die genannte Rechtsprechung eine verfassungsrechtliche Untersuchung des Konzepts des Koordinationsrundfunks nicht aus.

62   Auch bei der Ausgestaltung der Rundfunkordnung ist der Grundsatz der Verhältnismäßigkeit zur Richtschnur der Prüfung zu machen, wonach die getroffene Maßnahme geeignet, erforderlich und verhältnismäßig sein muß.[369] Von der Geeignetheit wäre dann auszugehen, wenn mit dem „Frequenzsplitting" der verfolgte Zweck verwirklicht würde. Die Rundfunkordnung ausgestaltende Regelungen können nur den Zweck verfolgen, die der individuellen und öffentlichen Meinungsbildung dienende Funktion des Rundfunks zu effektuieren, welche in der Herstellung eines allgemeinen Meinungsmarktes liegt.[370] Mit welchen Maßnahmen der Gesetzgeber dieses Ziel verwirklicht, steht in seinem legislativen Ermessen, das sich nur dann auf Null reduziert, wenn allein eine bestimmte Regelung in Betracht kommt und jede andere offensichtlich fehlerhaft wäre.[371] Anhand dieser Maßstäbe ist deshalb zu prüfen, ob das Modell eines Koordinationsrundfunks geeignet ist, den allgemeinen Meinungsmarkt zu fördern oder offensichtlich ungeeignet ist, weil es privaten Rundfunk erheblich erschwert oder gar unmöglich macht.[372] Zunächst ist festzuhalten, daß eine größere Anzahl von Veranstaltern grundsätzlich zu einer Erhöhung der Vielfalt führt. Das konnte auch schon im Hinblick auf die Regionalfensterprogramme näher ausgeführt werden.[373]

---

[363] Vgl. § 31 Abs. 6 Satz 1 RStV.

[364] Vgl. BVerfGE 7, S. 198 ff., 209; 28, S. 282 ff., 292; 50, S. 234 ff., 241.

[365] Vgl. zur institutionellen Garantie der Rundfunkfreiheit und der Ausgestaltungsfreiheit des Gesetzgebers oben unter B Rdz. 101 ff.

[366] Vgl. § 31 Abs. 4 Satz 2 RStV.

[367] Vgl. BVerfGE 57, S. 295 ff., 327.

[368] Vgl. BVerfGE 57, S. 295 ff., 325.

[369] Vgl. BVerfGE 24, S. 278 ff., 286; 54, S. 129 ff., 138; 71, S. 206 ff., 214; 73, S. 118 ff., 176; vgl. hierzu auch näher unten unter E Rdz 59 f.

[370] Vgl. BVerfGE 57, S. 295 ff., 323.

[371] Vgl. BVerfGE 30, S. 229 ff., 317; 77, S. 84 ff., 106; *Ricker* AfP 1990, S. 177.

[372] Vgl. BVerfGE 73, S. 118 ff., 157; 83, S. 238 ff., 317.

[373] Vgl. hierzu oben unter E Rdz. 59 f.

Auch das Bundesverfassungsgericht hat sich im bereits erwähnten 3. Rundfunkurteil dieser Sichtweise angeschlossen.[374] Zur Sicherung des Pluralismus geeignet ist der Koordinationsrundfunk jedoch nur dann, wenn die beteiligten Veranstalter zusammen ein Programm verbreiten, das von den Rezipienten akzeptiert wird und somit der Information und Meinungsbildung dient. Aufgrund der Erfahrungen mit dem früher einmal in Rheinland-Pfalz verwirklichten Koordinationsrundfunk ist allerdings festzustellen, daß eine wie dort von dem Gesetzgeber gesetzlich reglementierte Kooperation ungeeignet ist, wenn sie dazu führt, daß einzelne in ihrer Ausrichtung ganz unterschiedliche Programmteile zusammengefügt werden. Ein heterogenes Programm ohne einheitliches Profil wird von den Rundfunkteilnehmern nicht akzeptiert und kann deshalb auch zur Sicherung des Pluralismus nicht beitragen.[375] Der in Rheinland-Pfalz vorgesehene Koordinationsrundfunk wurde deshalb zu Recht im Rahmen einer Novellierung des Rundfunkgesetzes aufgehoben und durch ein Auswahlverfahren unter den Bewerbern ersetzt.[376]

Der wesentliche Unterschied der in Nordrhein-Westfalen vorgesehenen Koordinations- **63** rundfunks liegt jedoch darin, daß der Gesetzgeber ein Gemeinschaftsprogramm auf der Grundlage einer freiwilligen Vereinbarung der beteiligten Veranstalter vorsieht. So ist bestimmt, daß „die Veranstaltergemeinschaften ihre jeweiligen Programmteile im Programmschema nach Art, Umfang und Sendezeit vertraglich festgelegt haben".[377] Da das Programmschema und die Sendezeiten nicht gesetzlich oder von der Landesmedienanstalt bestimmt werden, sondern der freiwilligen Vereinbarung der Veranstaltergemeinschaft unterliegen, ist eine an einem einheitlichen Programmprofil orientierte Gestaltung der Sendungen nach Thema, Umfang und Ausstrahlungszeit möglich und auch gefordert. Von daher scheint dieses Modell auf freiwilliger Grundlage der Veranstalter geeignet, den Pluralismus zu fordern. Zusätzlich für die Geeignetheit der Regelung spricht eine weitere Bestimmung, wonach bei Mißstimmigkeiten Einigungsversuche unter Mithilfe der Landesrundfunkanstalt stattfinden. Nur wenn diese erfolglos bleiben, besteht die Möglichkeit der Trennung der Veranstaltergemeinschaften im Wege der *Kündigung*.[378] Die Kündigung durch einen der beteiligten Veranstalter führt freilich nicht zur Einstellung der gesamten Programmtätigkeit.[379] Das wäre offensichtlich ungeeignet, da damit der private Rundfunk unmöglich gemacht würde.[380] Das Rundfunkgesetz in Nordrhein-Westfalen sieht deshalb für den Fall einer berechtigten Kündigung den Widerruf der Lizenz der anderen Veranstaltergemeinschaft und die Fortführung des Programms durch den kündigenden Veranstalter vor. Da das Gemeinschaftsprogramm der freiwilligen Vereinbarung der beteiligten privaten Veranstalter unterliegt und im Konfliktfall Regelungen für eine Programmfortführung getroffen sind, kann das Koordinationsmodell in Nordrhein-Westfalen als pluralismusfördernd und somit als zur Sicherung der Rundfunkfreiheit geeignet bezeichnet werden.

Die Einräumung von Sendezeit für unabhängige Dritte nach § 31 RStV ist ebenfalls von **64** der Absicht getragen, trotz der eigenständigen Zulassung zu einer Koordination zwischen dem Hauptprogrammveranstalter und dem Fensterprogrammveranstalter zu kommen. Anhaltspunkt hierfür ist zum einen, daß der Hauptprogrammveranstalter zunächst drei Bewer-

---

[374] Vgl. BVerfGE 57, S. 295ff., 327.

[375] Vgl. *Prüfig*, Formatradio – ein Erfolgsrezept?, S. 44ff., 77; *Klinger/Walendy* Media Perspektiven 1986, S. 444ff.

[376] Vgl. § 31 Abs. 1 LRG Rh.-Pf. a.F. und § 8 Abs. 3 LRG. Rg.-Pf. n.F.; LT-Ds. Rh.-Pf. 11/3478 vom 10.1.1990, S. 19f.; *Schreckenberger*, Analysen und Perspektiven des Kabelpilotprojekts Ludwigshafen/Vorderpfalz, l987, S. 15ff.; siehe auch oben unter E Rdz. 37f., F Rdz. 43.

[377] Vgl. § 6 Abs. 3 LRG Nordrh.-Westf.

[378] Vgl. § 8 Abs. 5 LRG Nordrh.-Westf.

[379] Vgl. BVerfGE 57, S. 295ff., 327.

[380] Vgl. in diesem Zusammenhang § 8 Abs. 5 Ziff. 2 LRG Nordrh.-Westf., wonach die Zulassung der kündigenden Veranstaltergemeinschaft ohne Verpflichtung zu einem Vollprogramm fortbesteht und sie ihr Programmschema entsprechend anpassen kann.

ber für das Fensterprogramm vorschlägt und die Landesmedienanstalt den Lizenzträger auswählt. Außerdem ist eine Vereinbarung über die Ausstrahlung des Programmfensters im Rahmen des Hauptprogramms festgelegt.[381] Von daher besteht die Chance, daß Haupt- und Fensterveranstalter gemeinsam bemüht sind eine Regelung zu finden, die zu einem Mindestmaß an Programmeinheitlichkeit führt. Unter dieser Voraussetzung könnte die Geeignetheit der Regelung im Rundfunkstaatsvertrag angenommen werden.

Der Koordinationsrundfunk würde den Anforderungen an eine ausgestaltende Maßnahme im Sinne des Art. 5 Abs. 1 GG aber nur dann genügen, wenn dieser für die beteiligten privaten Veranstalter auch zumutbar ist. Insofern ist wiederum der genannte Grundsatz entscheidend, daß die Programmveranstaltung nicht wesentlich erschwert oder gar unmöglich gemacht werden darf. Davon wäre dann auszugehen, wenn eine Verständigung innerhalb der Veranstaltergemeinschaft über eine den beiderseitigen publizistischen Vorstellungen entsprechende und auch wirtschaftlich tragfähige Programmgestaltung nicht gesichert und notfalls eine Trennung von kooperationsunwilligen Partnern ausgeschlossen wäre.

65   Für einen Veranstalter wäre es etwa unzumutbar, wenn durch die Verbreitung der Programmteile der anderen Veranstaltergemeinschaft ein zusätzlicher finanzieller Aufwand oder Einnahmenverluste entstehen würden, die für ihn wirtschaftlich nicht tragbar wären. Dies wäre etwa dann der Fall, wenn sich die anderen Sendebeiträge nicht in das gewählte Programmformat einfügen lassen oder inhaltlich ausschließlich Minderheiten ansprechen mit der Folge erheblicher Akzeptanz- und damit auch Werbeeinnahmenverluste. Ebenso wäre es für den nationalen Veranstalter unzumutbar, wenn die andere Veranstaltergemeinschaft regelmäßig gegen die vertraglichen Vereinbarungen oder gegen die gesetzlichen Bestimmungen verstößt und ihm weder eine Trennung noch eine alleinige Programmfortführung ermöglicht würde.

Entsprechende Sicherungen sieht die nordrhein-westfälische Regelung aber vor, indem die Landesanstalt auf eine Fortdauer der Vereinbarungen im Rahmen der gesetzlichen und vertraglichen Bestimmungen hinzuwirken[382] und notfalls der kooperationsunwilligen Veranstaltergemeinschaft die Lizenz zu entziehen hat.[383] Somit ist festzustellen, daß von daher das in § 6 Abs. 4 LRG Nordrh.-Westf. normierte Modell den Anforderungen entspricht, die bei der Ausgestaltung der Rundfunkfreiheit zu beachten sind.

Freilich bedeutet dies nicht, daß im Einzelfall die Verhältnisse zwischen den beiden Lizenznehmern nicht zu einem Zustand führen können, der mit der Rundfunkordnung nicht mehr vereinbar ist. Dies ergibt sich einmal aus den gesetzlichen Regelungen, die für den Fall einer Auflösung der vertraglichen Verhältnisse zwischen den beiden Lizenznehmern nur generalklauselartige Bestimmungen verwenden. Zum anderen ergibt sich die Notwendigkeit einer Prüfung im Einzelfall aber auch aus der Rechtsprechung des Bundesverfassungsgerichts, die die Güterabwägung in concreto verlangt.[384] Dies ist gerade bei den Einigungsbemühungen der Landesanstalt für privaten Rundfunk zu beachten.

Im Hinblick auf die Sendezeit für Unternehmen mit mehr als 10% Zuschaueranteil und für den Fall einer Reduzierung vorherrschender Meinungsmacht nach § 26 Abs. 4 und 5 RStV erscheint die Feststellung der Zumutbarkeit der Regelung wesentlich problematischer.

Zum einen wird zur Sicherung der Kooperation zwischen Haupt- und Fensterprogrammveranstalter hier auf die Vereinbarung verwiesen, die nach § 31 Abs. 6 RStV Bestandteil der Zulassung ist. Eine nähere Konkretisierung wird jedoch von Gesetzes wegen unterlassen. Vor allem findet sich nicht die Pflicht des Fensterveranstalters wieder, sich in das Hauptprogramm einzuordnen. Damit ist aber als einzige Sicherung gegen die Akzeptanz störende Programm-

---

[381] Vgl. § 31 Abs. 5 Satz 1 RStV.
[382] Vgl. § 10 Abs. 2 LRG Nordrh.-Westf.
[383] Vgl. § 10 Abs. 5 LRG Nordrh.-Westf.
[384] Vgl. BVerfGE 7, S. 198 ff., 208; 20, S. 162 ff., 176.

disharmonien nur die Kooperationsfähigkeit zwischen Haupt- und Fensterprogrammveranstalter festzustellen. Dabei ist aber darauf hinzuweisen, daß eine solche Bereitschaft anfänglich vorhanden sein kann, sich aber im Laufe der jedenfalls nach § 31 Abs. 6 Satz 4 RStV mindestens dreijährigen Verpflichtung zur Zusammenarbeit auch wandeln kann. Von Gesetzes wegen kommt auch der Landesmedienanstalt nicht, wie in Nordrhein-Westfalen in § 8 Abs. 5 Ziff. 1 LRG, die Rolle eines Schlichters zu. Ihre Aufgabe ist es wohl, die Vereinbarungen zwischen Haupt- und Fensterprogrammveranstalter zum Inhalt der Zulassung zu machen. Darüber hinausgehende Verpflichtungen bestehen jedoch nicht.

Für die Vereinbarung über die Ausstrahlung des Programmfensters unahhängiger Dritter nach § 31 Abs. 5 RStV wird verlangt, daß eine Kündigung während der Dauer der Zulassung nur wegen schwerwiegender Vertragsverletzungen oder aus einem wichtigen Grund zum Ende des Kalenderjahres zulässig ist. In diesem Zusammenhang erscheint es zunächst problematisch, daß der Gesetzgeber von den allgemein geltenden Prinzipien zur Auflösung von Dauerschuldverhältnissen hier abgewichen ist.[385] Demgemäß müßte es bei schwerwiegenden Vertragsverletzungen die Möglichkeit einer fristlosen Kündigung geben. In einem so schwerwiegenden Fall wäre auch nicht der Rundfunkordnung gedient, wenn die Vereinbarung weiterbestünde. Von daher stellt sich die Frage nach der Erforderlichkeit der Regelung.

Insgesamt besteht in den Reglungen des RStV ein ganz erhebliches Gefährdungspotential, das sich zu den dargestellten negativen Folgen des Koordinationsrundfunks verdichten kann. Der Gesetzgeber hat insoweit die Konkretisierung seines Vorhabens unterlassen und damit jedenfalls die Gefahr erzeugt, daß es nicht zu der im Interesse der Rundfunkveranstalter, aber vor allem auch des Zuschauers, notwendigen Programmakzeptanz kommt.

---

[385] Vgl. *Palandt* § 242 BGB Anm. 4D2.

VI. Die Schranken der Programmfreiheit nach Art. 5 Abs. 2 GG

1. Der Schrankenvorbehalt des Art. 5 Abs. 2 GG

Die Rundfunkfreiheit unterliegt wie die anderen Kommunikationsgrundrechte des Art. 5 Abs. 1 GG dem Schrankenvorbehalt in Art. 5 Abs. 2 GG, der wie folgt lautet: *„Diese Rechte finden ihre Schranken in den Vorschriften der allgemeinen Gesetze, den gesetzlichen Bestimmungen zum Schutze der Jugend und in dem Recht der persönlichen Ehre."*

a) Allgemeine Gesetze

66 Als „*allgemeine Gesetze*" gelten nach der Rechtsprechung des Bundesverfassungsgerichtes diejenigen, „*die nicht eine Meinung als solche verbieten, die sich nicht gegen die Äußerung der Meinung als solche richten, die vielmehr dem Schutze eines schlechthin, ohne Rücksicht auf eine bestimmte Meinung zu schützenden Rechtsguts dienen".*[386] Die hierunter fallenden gesetzlichen Vorschriften, die ein anderes Rechtsgut schützen sollen, können jedoch nicht zu einer absoluten Beschränkung der Rechte aus Art. 5 Abs. 1 GG führen. Vielmehr müssen die allgemeinen Gesetze ihrerseits in ihrer das Grundrecht beschränkenden Wirkung im Lichte der Bedeutung der Rundfunkfreiheit gesehen werden.

Nach der Rechtsprechung des Bundesverfassungsgerichtes findet eine *„Wechselwirkung"* in dem Sinne statt, „*daß die allgemeinen Gesetze zwar dem Wortlaut nach dem Grundrecht Schranken setzen, ihrerseits aber aus der Erkenntnis der wertsetzenden Bedeutung dieses Grundrechts in ihrer begrenzenden Wirkung selbst wieder eingeschränkt werden müssen".*[387] Danach hat eine *Güterabwägung* im *Einzelfall* stattzufinden, bei der der Grundsatz der *Verhältnismäßigkeit* heranzuziehen ist.[388] Eine Beschränkung des Grundrechts ist demnach nur dann zulässig, wenn die Vorschrift zu dem mit ihr verfolgten Zweck *geeignet* ist. Daneben muß sie auch *erforderlich* sein. Es darf also kein anderes im Hinblick auf den Grundrechtseingriff milderes Mittel zur Verfügung stehen. Schließlich muß die von der Vorschrift ausgehende Beschränkung für den Betroffenen auch *verhältnismäßig im engeren Sinne* und damit für ihn individuell *zumutbar* sein.[389] Im Hinblick auf die Geeignetheit und die Erforderlichkeit des die Rundfunkfreiheit beschränkenden Gesetzes steht dem Gesetzgeber freilich ein Ermessen zu.[390]

Als andere Rechtsgüter, zu deren Schutz der Gesetzgeber die Programmfreiheit beschränkende Vorschriften getroffen hat, seien hier etwa das Persönlichkeitsrecht,[391] die Religionsfreiheit in Art. 4 GG[392] und die öffentliche Sicherheit und Ordnung genannt.[393]

---

[386] Vgl. BVerfGE 7, S. 198 ff., 209 f.; 28, S. 282 ff., 292; 50, S. 234 ff., 241; siehe näher hierzu bereits oben unter B Rdz. 164 ff.

[387] Vgl. BVerfGE 7, S. 198 ff., 209 f.; st. Rspr.; zur Kritik an dieser Rechtsprechung über die Wechselwirkung siehe oben unter B Rdz. 171 f.

[388] Vgl. BVerfGE 7, S. 198 ff., 208; 20, S. 162 ff., 176; 71, S. 206 ff., 214; st. Rspr.

[389] Vgl. BVerfGE 24, S. 278 ff., 286; 54, S. 129 ff., 138; 73, S. 118 ff., 176; BVerfG DVBl. 1991, S. 105; NJW 1990, S. 1033; zust. *Hesse,* Grundzüge des Verfassungsrechts, Rdz. 318, 399; *Lerche,* Übermaß und Verfassungsrecht, S. 152 f.; *Scholz,* Pressefreiheit und Arbeitsverfassung, S. 119; vgl. *Wendt,* in: *v. Münch/Kunig,* GG, Art. 5 Rdz. 77; *Jarass/Pieroth,* Art. 5 Rdz. 48; *Stern,* Staatsrecht, Bd. 3 1, S. 1302; *Löffler/Ricker,* Handbuch des Presserechts, 8. Kap. Rdz. 10; *v. Mangoldt/Klein/Starck,* GG, Art. 5 Rdz. 120 ff.; vgl. zur Güterabwägung auch oben unter B Rdz. 164 ff.

[390] Vgl. BVerfGE 23, S. 133.

[391] Vgl. zum Gegendarstellungsrecht als Ausfluß des Persönlichkeitsrechts BVerfG AfP 1983, S. 336; siehe auch unten unter F Rdz. 112 b.

[392] Vgl. zur Verpflichtung der Rundfunkveranstalter zur Ausstrahlung von Drittsendungen der Kirchen unten unter F Rdz. 72 ff.

[393] Vgl. zu dem Verlautbarungsrecht der Regierung zum Schutz vor allgemeinen Gefahren oben unter D Rdz. 91 ff.; vgl. hierzu auch *Ricker,* Privatrundfunkgesetze im Bundesstaat, S. 118 ff.; a. A. *Bosmann,* Rundfunkfreiheit und Programmgrundsätze, S. 43.

Im Zusammenhang mit den Beschränkungen der Programmfreiheit sind die Vorschriften über die Ordnungswidrigkeiten in § 49 RStV zu sehen. Danach kann die zuständige Landesmedienanstalt als Ordnungsbehörde Bußgelder gegen diejenigen Rundfunkveranstalter verhängen, die etwa gegen die Jugendschutz- oder Werberegelungen verstoßen.[394] Die Statuierung des Ordnungswidrigkeitenrechts im Rundfunkstaatsvertrag erscheint deshalb bedenklich, da ausschließlich die privaten Veranstalter, nicht jedoch die öffentlich-rechtlichen Rundfunkveranstalter belangt werden können und von daher eine Ungleichbehandlung gegeben ist.

b) Jugend- und Ehrenschutz

Neben den *„allgemeinen Gesetzen"* führt Art. 5 Abs. 2 GG ausdrücklich als Schranken **67** zunächst die *„gesetzlichen Bestimmungen zum Schutze der Jugend"* an. Wie das Bundesverfassungsgericht hierzu festgestellt hat, gilt der Schutz der Jugend nach der Wertordnung der Verfassung als ein wichtiges Gemeinschaftsanliegen, das den Gesetzgeber zu legislativen Maßnahmen nicht nur berechtigt, sondern auch verpflichtet,[395] mit denen Kinder und Jugendliche vor Beeinträchtigungen *„ihrer seelischen Entwicklung und ihrer sozialen Orientierung"* in den Medien geschützt werden.[396]

Für den Bereich des Rundfunks haben die *Länder* deshalb *spezifische Jugendschutzvorschriften* erlassen, mit denen die Programmfreiheit der Rundfunkveranstalter beschränkt wird. Nach dem *Rundfunkstaatsvertrag* sind sowohl im öffentlich-rechtlichen wie auch im privaten Rundfunk Sendungen verboten, die zum Rassenhaß aufstacheln, Gewalt verherrlichen oder verharmlosen (§ 131 StGB), den Krieg verherrlichen oder pornographische Darstellungen (184 StGB) enthalten.[397] Darüber hinaus haben sich die Fernsehveranstalter auf der Grundlage des Staatsvertrages auch zu einer *freiwilligen Selbstkontrolle (FSF)* entschieden, um Kinder und Jugendliche vor beeinträchtigenden Sendungen und Filme zu schützen.[398] Der Schrankenvorbehalt in Art. 5 Abs. 2 GG nennt außerdem ausdrücklich auch das *„Recht der persönlichen Ehre"*, an dem die Rundfunkfreiheit und die anderen Kommunikationsgrundrechte in Art. 5 Abs. 1 GG ihre Grenzen finden. Zu den gesetzlichen Vorschriften, mit denen die persönliche Ehre geschützt wird, gehören etwa im Bereich des Strafrechts die Tatbestände der Beleidigung, der üblen Nachrede und der Verleumdung,[399] die zivilrechtlichen Haftungsnormen der §§ 823 ff., 1004 BGB sowie die Möglichkeiten der Widerrufs- und Unterlassungsklage.[400]

c) Das Verhältnis von „allgemeinen Gesetzen" zum Jugend- und Ehrenschutz

Zu dem Schrankenvorbehalt in Art. 5 Abs. 2 GG und der besonderen Anführung des Ju- **68** gend- und Ehrenschutz neben den *„allgemeinen Gesetzen"* bestehen unterschiedliche Meinungen: Nach der einen Ansicht kommt dieser Unterscheidung insoweit rechtliche Bedeutung zu, als aufgrund der Hervorhebung der beiden Rechtsgüter spezielle, nur an die Medien gerichtete Beschränkungen zulässig seien, auch wenn sie deshalb nicht als allgemeine Gesetze begriffen werden können.[401] Nach anderer Auffassung dienen die Bestimmungen zum

---

[394] Vgl. *Herrmann*, Rundfunkrecht, § 17 Rdz., 71 ff.; *Ring*, Medienrecht, C.-0.3. zu § 32 RStV Rdz.1 ff.; siehe zum Kontrollpluralismus oben unter E Rdz. 76 ff.

[395] Vgl. BVerfGE 30, S. 336 ff., 348; 47, S. 109 ff., 117; 77, S. 346 ff., 356; BVerfG NJW 1991, S. 1472; vgl. hierzu näher oben unter B Rdz. 173 f.

[396] Vgl. BVerfGE 47, S. 109 ff., 117; BVerfG NJW 1991, S. 1471 ff., 1472; vgl. BVerwGE 23, S. 112 ff., 113; 11, S. 234 ff., 237.

[397] § 3 Abs. 1 Satz 1 RStV, vgl. *Herkströter* AfP 1992, S. 23 ff., 26; *Wagner* ZUM 1991, S. 2 ff.; *Steinmann* ZUM 1992, S. 334; *Ory* NJW 1987, S. 2967 ff.; siehe hierzu näher unten unter F Rdz. 111.

[398] Vgl. § 3 Abs. 7 RStV 1991 und § 16 RStV; vgl. hierzu auch näher oben unter F Rdz. 23 ff.

[399] Vgl. §§ 185 ff. StGB.

[400] Vgl. BVerfGE 33, S. 1 ff., 16; vgl. hierzu näher oben unter B Rdz. 173 ff.; vgl. ausführlich zu dem Persönlichkeitsrecht und Ehrenschutz als Beschränkung der Programmfreiheit auch unten unter F Rdz. 112 ff.

[401] Vgl. *v. Mangoldt/Klein/Starck*, GG, Art. 5 Abs. 1 Rdz. 117; *Maunz/Dürig/Herzog/Scholz*, GG, Art. 5 Abs. 1, 2 Rdz. 244 ff.; *Groß*, Presserecht, S. 66 ff.; vgl. hierzu bereits oben unter B Rdz. 177.

Schutze der Jugend wie auch der persönlichen Ehre anderen Rechtsgütern, weshalb sie als allgemeine Gesetze anzusehen sind.[402] Der Hervorhebung des Jugend- und Ehrenschutzes in Art. 5 Abs. 2 GG kommt deshalb insofern eine eigenständige Bedeutung zu, als hiermit die besondere Verpflichtung des Gesetzgebers zu wirksamen Schutzmaßnahmen dieser beiden Verfassungsgüter verdeutlicht wird.[403]

2. Schranken- oder Ausgestaltungsregelungen

69 Das Bundesverfassungsgericht geht in seiner Rechtsprechung davon aus, daß die *Landesrund-funkgesetze* überwiegend keine Schranken im Sinne von Art. 5 Abs. 2 GG bilden, sondern *vor allem Ausgestaltungsgesetze* im Sinne des Art. 5 Abs. 1 Satz 2 GG sind.[404] Die Zuordnung *im einzelnen* kann jedoch aus folgendem Grund dahingestellt bleiben: Wie das Bundesverfassungsgericht festgestellt hat[405] müssen nicht nur dem *Schrankenvorbehalt* des Art. 5 Abs. 2 GG unterliegende Vorschriften,[406] sondern auch die Rundfunkfreiheit *ausgestaltende Gesetze* dem Grundsatz der *Verhältnismäßigkeit* genügen und damit geeignet, erforderlich und individuell zumutbar sein.[407]

Dies ist deshalb von Bedeutung, da das Verhältnis von ausgestaltenden und beschränkenden Regelungen im Einzelfall *fließend* sein kann. Die von dem Gesetzgeber vorgesehenen Maßnahmen können eine *doppelte Wirkung* entfalten. Dies gilt etwa für die Verbreitung von Parteiensendungen im Rundfunk, die einerseits der Meinungs- und Willensbildung der Rezipienten dienen. Damit erfüllen sie die dienende Funktion der Rundfunkfreiheit und müssen von daher als Ausgestaltung begriffen werden. Andererseits beschränkt die Vorgabe, in dem Rundfunkprogramm den Parteien Sendezeiten einzuräumen, die Programmfreiheit der Veranstalter. Von daher könnte auch eine Beschränkung im Sinne des Art. 5 Abs. 2 GG vorliegen.[408]

70   In der *Rechtsprechung des Bundesverfassungsgerichtes* bleibt ebenfalls oftmals die *Zuordnung offen*. Danach dürfen ausgestaltende Maßnahmen des Gesetzgebers allein der Sicherung der Rundfunkfreiheit dienen.[409] Daran findet die Freiheit zur organisatorischen Gestaltung ebenso ihre Grenzen wie seine Befugnis, selbstgeschaffene Regelungen aufzuheben oder zu ändern. Das Gericht verlangt deshalb konkrete Gründe, daß gesetzliche Maßnahmen, welche die Rundfunkfreiheit berühren, der besseren oder zumindest gleichwertigen Sicherung dieser Freiheit dienen.[410] Als ausgestaltende Maßnahmen hat das Gericht ausdrücklich die gesetzlichen Programmgrundsätze zur Sicherung eines Mindestmaßes sachlicher und wahrheitsgemäßer Berichterstattung erachtet.[411] Andere Maßnahmen hat das Gericht jedoch sowohl im Hinblick auf Art. 5 Abs. 1 Satz 2 GG als ausgestaltende wie auch als beschränkende Regelung im Sinne des Art. 5 Abs. 2 GG überprüft. Dies gilt etwa für das in dem früheren baden-württembergischen Landesmediengesetz enthaltene Verbot der öffentlich-rechtlichen Rundfunkanstalten zur Veranstaltung regionaler und lokaler Programme.[412] Auch Werbeverbote im öffentlich-rechtlichen Rundfunk hat das Bundesverfassungsgericht einerseits als ausgestaltende Regelungen, andererseits aber zusätzlich unter dem Aspekt der Sicherung der

---

[402] Vgl. hierzu oben unter B Rdz. 177.
[403] Vgl. *Beckmann* DVBl. 1985, S. 321; *Herkströter* DVBl. 1989, S. 431; *Löffler/Ricker,* Handbuch des Presserechts, 12. Kap. Rdz. 2; siehe hierzu oben unter B Rdz. 177.
[404] Vgl. oben unter B Rdz. 101 ff., 185; BVerfGE 57, S. 295 ff., 318; 73, S. 118 ff., 172.
[405] Vgl. BVerfGE 74, S. 297 ff., 334.
[406] Vgl. hierzu oben unter B Rdz. 185.
[407] Vgl. BVerfGE 83, S. 238 ff., 286; vgl. hierzu unter B Rdz. 185.
[408] Vgl. hierzu näher unten unter F Rdz. 75 ff.
[409] Vgl. BVerfGE 73, S. 118 ff., 166; 57, S. 295 ff., 321; 74, S. 297 ff., 334.
[410] Vgl. BVerfGE 74, S. 297 ff., 334.
[411] Vgl. BVerfGE 74, S. 297 ff., 332.
[412] Vgl. BVerfGE 74, S. 297 ff., 332, 334, 336 ff.

wirtschaftlichen Grundlagen der Tagespresse und des privaten Rundfunks auch als „*allgemeines Gesetz*" gewürdigt.[413]

Daneben hat das Gericht die eingeschränkte Möglichkeit der Kooperation des öffentlich-rechtlichen Rundfunks mit privaten Veranstaltern gemäß § 13 Abs. 4 LMG Baden-Württemberg sowohl als ausgestaltende Regelung[414] wie auch unter dem Gesichtspunkt einer Beschränkung der Programmfreiheit der öffentlich-rechtlichen Rundfunkanstalten gemäß Art. 5 Abs. 2 GG geprüft, da ein volles Gemeinschaftsprogramm mit Dritten verboten werde.[415] Dabei hat das Gericht darauf abgestellt, ob die konkreten Regelungen sowohl als ausgestaltende wie auch als beschränkende Maßnahmen zu dem mit ihnen verfolgten Zweck geeignet, erforderlich und im Hinblick auf die Funktionsfähigkeit des privaten Rundfunks bzw. der Presse auch verhältnismäßig im engeren Sinne sind.[416] Gesetzliche Auflagen, die den genannten Anforderungen nicht genügen, verstoßen somit gegen die Programmfreiheit der privaten Rundfunkveranstalter, wobei es *nicht darauf ankommt*, ob sie der Ausgestaltung der Rundfunkordnung im Sinne des Art. 5 Abs. 1 GG oder dem Schutz eines anderen Rechtsguts im Sinne des Art. 5 Abs. 2 GG dienen.

---

[413] Vgl. BVerfGE 74, S. 297 ff., 343 f.

[414] Vgl. BVerfGE 74, S. 297 ff., 348 f.

[415] Vgl. BVerfGE 74, S. 297 ff., 349.

[416] Vgl. BVerfGE 74, S. 297 ff., 331, 334, 336 ff., 342, 343, 348 f.; *Stettner* JZ 1993, S. 346 f.; Münchner Kommentar, GG, Art. 5 Rdz. 331 ff.; *v. Münch/Kunig*, GG, Art. 5 Rdz. 62 f.

VII. Grenzen der Programmfreiheit im einzelnen

71 Die Programmfreiheit der Veranstalter aus Art. 5 Abs. 1 GG steht unter dem Vorbehalt der allgemeinen Gesetze, der Bestimmungen zum Schutz der Jugend und der Ehre. Der Gesetzgeber hat diese ihm in Art. 5 Abs. 2 GG zur Hand gegebene Beschränkung in vielfältiger Weise genutzt. Im gleichen Maße die Programmfreiheit der Anbieter eingrenzen können allerdings auch die Medienordnung ausgestaltende Maßnahmen, die sich dann direkt aus der institutionellen Garantie des Art. 5 Abs. 1 GG ergeben. Einige Grenzen und ausgestaltende Maßnahmen der Programmfreiheit sollen nachfolgend im einzelnen verfassungsrechtlich diskutiert werden.

1. Drittsendungen religiöser Art

72 Die öffentlich-rechtlichen Sender sind zur Bereitstellung von *Sendezeiten für Programme der Kirchen* verpflichtet. Im einzelnen wird dazu bestimmt, daß im Bereich des öffentlich-rechtlichen Rundfunks der Evangelischen und der Katholischen Kirche sowie den Jüdischen Gemeinden auf Wunsch *angemessene Sendezeit* für die Übertragung gottesdienstlicher Handlungen und Feierlichkeiten sowie sonstiger religiöser Sendungen, auch solcher über Fragen ihrer öffentlichen Verantwortung zu gewähren ist. Ebenso andere über das gesamte Bundesgebiet verbreitete Religionsgemeinschaften des öffentlichen Rechts können angemessen berücksichtigt werden.[417] Auch der private Rundfunk ist verpflichtet, den Evangelischen Kirchen, den Katholischen Kirchen und den Jüdischen Gemeinden auf Wunsch angemessene Sendezeiten zur Übertragung religiöser Sendungen einzuräumen.[418] Dafür könnten die Veranstalter die Erstattung ihrer Selbstkosten verlangen.[419] Der Drittsendeanspruch richtet sich auf ein *aktives Tun des Veranstalters*, nämlich der Bereitstellung von Sendezeit. Die Kirchen werden nicht zu Veranstaltern, sondern zu Nutzern der Programmteile. Kirchliche Drittsendungen sind nur auf Wunsch der Berechtigten zulässig. Dann unterliegen sie jedoch der *inhaltlichen Verantwortung der Kirchen.*[420]

Die Verpflichtung berührt dabei auf unterschiedliche Weise die Rundfunkfreiheit der Sender. Den öffentlich-rechtlichen Rundfunk verpflichten die Drittsenderechte zu einer sonst nicht aktzeptierten *außenpluralen Eingabe,* dem in Hinblick auf das Vielfaltserfordernis freieren privaten Rundfunk nehmen sie *Teile seiner Programmherrschaft* weg.[421]

Die Beschneidung der Rechte der Sender aus Art. 5 Abs. 1 GG könnte durch das Vorliegen eines *allgemeinen Gesetzes* gemäß Art. 5 Abs. 2 GG gerechtfertigt sein. Dann hätte die Regelung den Interessen eines anderen Rechtsgutes zu dienen. Dieses könnte vor allem in der *Religionsfreiheit* des Art. 4 Abs. 2 GG zu sehen sein. Wie die Meinungsfreiheit für den demokratischen Staat, so bedeutend ist die auch mediale Verbreitung von religiösen Inhalten für die Kirchen.[422] Gleiches ergibt sich auch staatskirchenrechtlich aus der korporationsrechtlichen Sonderstellung der Kirchen.[423]

---

[417] Vgl. § 11 Abs. 3 ZDF-StV; § 15 Abs. 2 NDR-StV; § 8 Abs. 3 WDR-G; § 10 Abs. 3 ORB-G; § 14 Abs. 3 LRG Saarland, Art. 4 Abs. 2 Nr. 3 BR-G; § 3 Nr. 7 i. V. m. Nr. 6 HR-G; § 3 Abs. 1 SDR-G i. V. m. § 2 Abs. 4 Nr. 1 SDR-Satzung; § 3 Abs. 4 RB-G; § 6 Abs. 1 SWF-StV; § 14 Abs. 3 MDR-StV.

[418] Vgl. etwa Art. 1 § 24 RStV.

[419] Vgl. Art. 1 § 24 Abs. 1 RStV.

[420] Vgl. *Dehnen* DVBl. 1986, S. 18; *Herrmann,* Rundfunkrecht, § 10 Rdz. 58 ff.

[421] Vgl. *Neumann/Werner* DVBl. 1984, S. 916; *Dehnen* DVBl. 1986, S. 18.

[422] Vgl. *Herzog,* Handbuch des Staatskirchenrechts, Bd. 2, S. 417 ff.; *Dehnen* DVBl. 1986, S. 20; OVG Hamburg vom 14. 3. 1984 – Az BF III 228/82; a. A. *Bosmann,* Rundfunkfreiheit und Programmgrundsätze, S. 43; *Rudolf/Meng,* Rechtliche Konsequenzen der Entwicklung auf dem Gebiet der Breitbandkommunikation für die Kirchen, S. 13; *Lorenz,* Das Drittsendungsrecht der Kirchen insbesondere im privaten Rundfunk, S. 58 mit Vorbehalten.

[423] Vgl. dazu auch *Glässgen,* Die Katholische Kirche und der Rundfunk in der BRD von 1945–1962, S. 43.

In den gemäß Art. 140 GG i. V. m. Art. 137 WRV verfassungsrechtlich verbürgten *Autono-* *miebereich* fällt nach kirchenrechtlicher Rechtsprechung des Bundesverfassungsgericht die Ver-kündigung der kirchenrechtlichen Lehre nach innen und außen, sowie die Pflege und För-derung des religiösen Bekenntnisses in allen Ausprägungen. Es muß daher den Kirchen allein obliegen, ihr Erscheinungsbild in der Öffentlichkeit einschließlich der eigenen Berichter-stattung zu bestimmen.[424] Diese Autonomie hat der Gesetzgeber in einer ganzen Reihe von Gesetzen berücksichtigt und Ausnahmeklauseln für die Kirchen eingefügt: Beispielhaft sei da-bei auf § 42 RStV, § 17 VersammlungsG und § 2 Abs. 2 Nr. 3 VereinsG verwiesen. Die Frei-stellungen verfolgen alle den Zweck, den Kirchen die Hoheit über Berichterstattung in eigener Sache zu sichern. Es kann festgehalten werden, daß das kirchliche Drittsenderecht nicht der rundfunkrechtlichen Ausgestaltung, sondern dem *Schutz anderer Rechtsgüter* gilt. Die Verfassungsmäßigkeit bestimmt sich demnach nach seiner Geeignetheit, Erforderlichkeit und Verhältnismäßigkeit. Während die entsprechenden Regelungen als für den Zweck geeignet angesehen werden können, ist vor allem die Erforderlichkeit problematisch.

So wird man einwenden können, daß die Kirchen bereits über das Vielfaltsgebot – sei es im Rahmen öffentlich-rechtlicher Grundversorgung oder der gleichgewichtigen Vielfalt der privaten Sender[425] – in den Programmen vertreten sind. Tatsächlich gibt es Programme, die sich eigens mit kirchlichen Fragen befassen.[426] Diese Sendungen können aber gerade nicht den Zweck erfüllen, welcher dem Rang der Kirchen entspricht. Den Kirchen muß die Mög-lichkeit eingeräumt werden, *eigenständig* über ihr *Erscheinungsbild* zu bestimmen. Redaktionell gestaltete Sendungen gehören insoweit zu einer anderen Kategorie.[427]

Neben diesem verfassungsrechtlichen Argument überzeugt vor allem die praktische These, daß *Gottesdienste* oder andere Veranstaltungen der Glaubensvermittlung dem Grunde nach *nicht journalistisch* vermittelbar sind. Es liegt im Wesen der Materie, daß die Kirche selbst zu dem Menschen redet.[428] Folgt daraus die Erforderlichkeit der Drittsenderechte an sich, muß weiter erörtert werden, welcher *inhaltliche Rahmen* zur Erreichung des Zweckes *notwendig* ist. Neben der Übertragung gottesdienstlicher Handlungen und Feierlichkeiten sehen einige Rundfunkgesetze auch die Bereitstellung von Sendezeit für sonstige religiöse Sendungen vor.[429] Dieser weiten Anwendung ist insoweit zuzustimmen, als die Erscheinungsform reli-giöser Bekenntnisse nur schwer definierbar ist. Entscheidend wird allerdings sein, daß sich die Äußerung als *Ausdruck des religiösen Bekenntnisses* darstellt, was angesichts der verfassungs-rechtlichen Situation aus Art. 5 Abs. 1, Art. 4 Abs. 1 und 2 GG wohl nur am *Einzelfall* be-stimmt werden kann.[430] Eine Interpretationshilfe dafür liefert § 11 Abs. 3 ZDF-StV, welcher die öffentliche Verantwortung der Kirchen zitiert. Auch wenn im Bereich privater Sender[431] allein von Sendezeit zur Übertragung religiöser Sendungen gesprochen wird, kann im Grunde daraus kein Minus abgeleitet werden.

Sind die Regelungen somit als verfassungsrechtlich notwendig zu bezeichnen, stellt sich die Frage der *Verhältnismäßigkeit*.[432] Kernpunkt der Diskussion ist dabei das *Drittsenderecht* im *privaten Rundfunk*.[433] Die Relativierung hat weniger vom Gesichtspunkt eines abgeschwäch-ten Vielfaltsgebots zu erfolgen als vom Erfordernis der *Werbefinanzierung*. Da Veranstalter pri-

---

[424] BVerfGE 18, S. 385 ff.; 24, S. 236 ff.; 42, S. 312 ff.; 46, S. 73 ff.; 53, S. 366 ff.; 70, S. 138 ff.

[425] Vgl. dazu ausführlich oben unter F Rdz. 50 ff.

[426] Vgl. *Dehnen* DVBl. 1986, S. 19.

[427] Vgl. BVerfGE 18, S. 385 ff.; 24, S. 236 ff.; 42, S. 12 ff.; 46, S. 73 ff.; 53, S. 366 ff.; 70, S. 138 ff.; *Lorenz,* Das Drittsendungsrecht der Kirchen, insbesondere im privaten Rundfunk, S. 39.

[428] Vgl. *Lorenz,* Das Drittsendungsrecht der Kirchen, S. 39; *Glässgen,* Die Katholische Kirche, S. 146 ff.

[429] Vgl. z. B. § 11 Abs. 3 ZDF-StV; § 15 Abs. 2 NDR-StV; § 8 Abs. 3 WDR-G; § 10, Abs. 3 ORB-G; § 14 Abs. 3 RG für das Saarland.

[430] Vgl. *Lorenz,* Das Drittsendungsrecht der Kirchen, insbesondere im privaten Rundfunk, S. 45; *Link/Pahlke* AöR 108 (1983), S. 269 ff.; vgl. hierzu auch oben unter B Rdz. 191.

[431] Art. 1 § 24 Abs. 1 RStV.

[432] Siehe hierzu bereits oben unter B Rdz. 185.

[433] Vgl. *Dehnen* DVBl. 1986, S. 18 ff.; *Lorenz,* Das Drittsendungsrecht, pass.

vaten Rundfunks keine Gebühren erhalten, muß ihnen an einem für Werbetreibende interessanten, massenattraktiven Programm liegen.[434] Bedenklich erscheint daher vor allem die Vorbedingung des Bereitstellungswunsches von Seiten der Kirchen. Dadurch ist den privaten Anbietern die *Programmdisposition* unverhältnismäßig entzogen. Denn anders als öffentlich- rechtliche Rundfunkanstalten müssen Privatsender ihr Programm als notwendiges Werbeumfeld sehr genau abstimmen. Hier wäre im Hinblick auf die Garantie der essentiellen Finanzierungsmöglichkeiten[435] an ein stärkeres Mitspracherecht der Sender zu denken.

74   Zusätzlich erscheinen unter dem Gesichtspunkt der verfassungsrechtlichen Verhältnismäßigkeit manche Landesrundfunkgesetze bedenklich. Denn während nach Art. 1 § 42 Abs. 3 RStV die Drittsenderechtsregelung des Abs. 1 allein für bundesweit verbreiteten Rundfunk gilt, haben beispielsweise die Gesetzgeber von Rheinland-Pfalz, Schleswig-Holstein und Mecklenburg-Vorpommern den Kreis der Berechtigten auf *alle dort landesweit verbreiteten Religionsgemeinschaften* des öffentlich-rechtlichen Rechts erweitert.[436]

In der Konsequenz haben die Sender daher nicht nur den drei großen Glaubensgemeinschaften, sondern zusätzlich einer Vielzahl kleiner Gemeinschaften Drittsenderechte einzuräumen. Dies kann in der Praxis zu einer unverhältnismäßigen Beeinträchtigung der Veranstalter führen, und zwar vor allem unter dem Gesichtspunkt, daß religiöse Programme nicht untereinander austauschbar sind. Die Rundfunksender sind darüber hinaus zur religiösen Neutralität verpflichtet, so daß es an hohen Feiertagen aller Konfessionen zur Häufung von kirchlichen Sendepostulaten kommen kann. Einem solchen Moment der Unzumutbarkeit kann nicht entgegengehalten werden, daß eine adäquate Lösung im Einzelfall durch Absprachen der Beteiligten getroffen werden könnte. Denn neben der bereits erwähnten Neutralitätspflicht der Sender, steht rechtsdogmatisch die Verpflichtung des Gesetzgebers, bereits in der Norm selbst für einen sachgerechten Interessenausgleich zu sorgen.

Als Ergebnis kann daher festgehalten werden, daß die Drittsendungen der großen Kirchen im Sinne der ureigenen Form religiöser Meinungsäußerung, sowohl im Rahmen der umfassenden Grundversorgung des öffentlich-rechtlichen Rundfunks als auch des verminderten Vielfaltsgebotes privater Veranstalter verfassungsrechtlich geeignet und notwendig sind. Die Regelungen für private Sender erscheinen allerdings im Hinblick auf die Verhältnismäßigkeit bedenklich.

Für diese ergibt sich ein zusätzliches Problem aus dem Umstand, daß den Kirchen nur die *Selbstkosten* für die Programmnutzung in Rechnung gestellt werden können.[437] Anders als die öffentlich-rechtlichen Rundfunkanstalten sind Privatsender auf Werbeeinnahmen als einzige relevante Finanzierungsquelle angewiesen. Vor dem Hintergrund, daß das Volumen kirchlicher Sendungen, jedenfalls der geltenden Rechtslage nach, durchaus einen beachtlichen Umfang annehmen kann, erscheint diese Vorschrift verfassungsrechtlich problematisch. Zum einen stellt sich die Begrenzung auf die Selbstkosten als ein Sonderopfer dar, daß mit einer *Sonderabgabe* durchaus vergleichbar ist. Dafür hat das Bundesverfassungsgericht jedoch strenge Maßstäbe angelegt.[438] Als Kriterium der Rechtmäßigkeit komme es insbesondere darauf an, daß es sich um ein zweckbezogenes Mittel zur Bewältigung einer besonderen Aufgabe durch Einschaltung der Beteiligten handelt.[439] Auf die vorliegende Konstellation angewandt, müßte man zu einem negativen Ergebnis kommen: Weshalb die privaten Veranstalter ein besonderes Interesse an der Verbreitung kirchlicher Nachrichten haben sollten, ließe sich bereits nicht nachweisen.

---

[434] Vgl. BVerfGE 73, S. 118 ff., 155 f.; 83, S. 238 ff., 297.

[435] Vgl. dazu ausführlich oben unter C Rdz. 97 ff.

[436] Vgl. § 21 Abs. 1 LRG Rh.-Pf.; § 33 Abs. 2 LRG Schl.-Holst.; § 26 Abs. 2 LRG Meckl.-Vorp.

[437] Vgl. Art. 1 § 42 Abs. 1 2. HS RStV.

[438] Vgl. BVerfGE 55, S. 274 ff.; 57, S. 139 ff.; 67, S. 256 ff.

[439] Vgl. BVerfGE 55, S. 274 ff., 309.

Auch die Rechtsprechung des Bundesverfassungsgerichtes zum *Pflichtexemplar für Biblio-theken* weist eine rechtlich relevante Parallele zum hiesigen Problem auf.[440] Durch die jeweiligen Gesetze sind Verlage von Druckwerken aus Gründen des öffentlichen Interesses verpflichtet, Exemplare an näher bestimmte Bibliotheken abzugeben. Entgegen der früheren Praxis besteht die Verpflichtung zur Bereitstellung aufgrund der Rechtsprechung nicht unentgeltlich. Maßgeblich kommt es auf die Verhältnismäßigkeit der finanziellen Belastung an.[441]

Betrachtet man die widerstreitenden Interessen des vorliegenden Falles, so spricht viel für eine nicht mehr verhältnismäßige Belastung. Die privaten Sender sind bereits durch die programmlichen Zwänge der Drittsenderechte in der Gestaltung des Werbeumfeldes und somit mittelbar in ihrer Finanzierung betroffen. Sie nun noch auf den Ersatz der Selbstkosten zu beschränken, bedeutet einen noch weiteren Eingriff, dem die durch die Kirchensteuer besonders herausgehobene Stellung der Kirchen gegenübersteht. Die Selbstkostenregelung ist vor diesem Hintergrund als nicht verfassungsgemäß anzusehen.

2. Parteiensendungen

Die rechtliche Herleitung und die verschiedenen Fragen zur Ausgestaltung von Wahlwerbe-sendungen politischer Parteien im Rundfunk sind immer wieder Gegenstand juristischer Diskussionen gewesen.[442] Ein Grund dafür ist die Einbettung von Wahlwerbung in das Spannungsfeld zwischen der Rundfunkfreiheit des Art. 5 Abs. 1 GG einerseits und dem *Parteien-privileg* des Art. 21 GG andererseits. Während der Rundfunk im Rahmen seiner publizistischen Vermittlungsfunktion frei, umfassend und wahrheitsgemäß zu informieren hat,[443] gibt Wahlwerbung den Parteien Raum zur Selbstdarstellung, welche einseitig und selektiv ist. Vom Bundesverfassungsgericht wurde diese Sendeform vielleicht deshalb lange als *Wahlpropaganda* bezeichnet.[444]

Die Verpflichtung der Sender zur Einräumung von Wahlwerbung ergibt sich aus *unterschiedlichen Rechtsquellen:* Für den *öffentlich-rechtlichen Rundfunk* begründen dies die jeweiligen Rundfunkgesetze oder Staatsverträge. Sie bestimmen, daß vor Wahlen zum Deutschen Bundestag den politischen Parteien Sendezeit zu gewähren ist. Einige Normen erweitern den Auftrag zusätzlich auf Wahlwerbung für Europawahlen. Erfüllen die Sender einen regionalen Sendeauftrag, so gilt die Verpflichtung regelmäßig auch für Landtagswahlen.[445] Die Rechtsgrundlagen des Senders Freies Berlin und von Radio Bremen besitzen keine ausdrückliche Regelung.[446]

75

[440] Vgl. BVerfGE 58, S. 137 ff.

[441] Vgl. BVerfGE 50, S. 340 f.; 52, S. 29 f.; 58, S. 137 ff.; *Löffler/Ricker,* Handbuch des Presserechts, 16. Kap. Rdz. 26 f.

[442] Zum Beispiel *Ossenbühl,* Rundfunk zwischen Staat und Gesellschaft; *Franke,* Wahlwerbung in Hörfunk und Fernsehen; *Kleffmann* NVwZ 1983, S. 532 ff.; *Neumann/Wesener* DVBl. 1984, S. 914 ff.; *Ricker* ZUM 1989, S. 499 ff.; *Becker* (Hrsg.), Wahlwerbung politischer Parteien – Symposium zum 65. Geburtstag von Ernst W. Fuhr; *Püschel* ZUM 1990, S. 396 f.; *Bolwin* AfP 1990, S. 165 ff.; *Klapp,* Chancengleichheit von Landesparteien im Verhältnis zu bundesweit organisierten Parteien, pass.; *Gounalakis* NJW 1990, S. 2532; *Gabriel-Bräutigam* ZUM 1991, S. 466 ff.; *Michelfelder* ZUM 1992, S. 163 ff.; *Klute* AfP 1994, S. 93 ff.; *Stumper* ZUM 1994, S. 102 f.; *Ricker* ZUM 1994, S. 352 ff.; *Schulze-Sölde,* Politische Parteien und Wahlwerbung.; siehe oben unter D Rdz. 89 ff., 111.

[443] Vgl. zuletzt BVerfGE 90, S. 60 ff., 92 f.

[444] Vgl. BVerfGE 7, S. 99 ff., 107 f.; 13, S. 204 ff., 205; 14, S. 121 ff., 131 ff.; 47, S. 198 ff., 225; siehe auch *Wieland* ZUM 1994, S. 448; *Michelfelder* ZUM 1992, S. 163 f.

[445] Einzelheiten siehe Art. 4 Abs. 2 Nr. 2 BR-Gesetz; § 3 Nr. 6 HR-Gesetz; § 14 Abs. 2 MDR-Staatsvertrag; § 15 Abs. 1 NDR-Staatsvertrag; § 10 Abs. 2 ORB-Gesetz; § 14 Abs. 2 LRG Saarland; § 6 Abs. 1 SWF-Staatsvertrag; § 3 Abs. 1 i. V. m. § 2 Abs. 4 Nr. 4 SDR-Satzung; § 8 Abs. 2 WDR-Gesetz; § 11 Abs. 1 ZDF-Staatsvertrag.

[446] Vgl. den Beschluß des Rundfunkrates von Radio Bremen, keine Sendezeiten mehr für Wahlwerbesendungen der Parteien einzuräumen, in Süddeutsche Zeitung vom 12.12.1993; generell dazu *Schulze-Sölde,* Politische Parteien und Wahlwerbung, S. 49 ff.

76 Für den Bereich der *privaten Veranstalter* bestimmt § 42 Abs. 2 RStV, daß in bundesweit verbreiteten Rundfunkprogrammen Parteien während ihrer Beteiligung an Wahlen zum Deutschen Bundestag sowie zum Europäischen Parlament angemessene Sendezeit einzuräumen ist. Die Sender können verlangen, ihre *Selbstkosten* dafür ersetzt zu bekommen. Zusätzliche, teilweise ausdifferenzierte Regelungen für Landtags- und Kommunalwahlen enthalten die Landesrundfunkgesetze. Einige Bundesländer verpflichten zur Verbreitung von Wahlwerbung in jedem Programm.[447] Andere Länder sehen die Ausstrahlung allein in lizenzierten Vollprogrammen vor.[448] Eine dritte Gruppe verweist in ihren Rundfunkgesetzen lediglich auf das Parteiengesetz[449] und den dort in § 5 Abs. 1–3 statuierten Grundsatz der abgestuften Gleichbehandlung der Parteien.[450] Die letztgenannten Regelungen vermitteln den Parteien keinen unmittelbaren Anspruch auf Zuteilung von Sendezeiten. Ihnen wird lediglich unter der Voraussetzung, daß sich die Veranstalter faktisch zur Verbreitung von Wahlwerbung entschlossen haben, die entsprechende Gleichbehandlung zugesichert.

77 Auch die *Kostenfrage* wird in den landesgesetzlichen Normen zum privaten Rundfunk nicht einheitlich gelöst. Während die Begrenzung auf den Ersatz der Selbstkosten zwar der Regelfall ist, können Veranstalter in Mecklenburg-Vorpommern die Erstattung der Kosten entsprechend bis zur Höhe der geltenden Werbeschaltpreise in Rechnung stellen.[451] Schaltpreise, die in der Regel für Wirtschaftswerbezwecke genutzt werden, schließen eine Verdienstspanne des Veranstalters mit ein und liegen dadurch erheblich höher als die Selbstkosten.[452] Ein weiteres Bundesland weicht hinsichtlich der Kosten ebenfalls von der Linie des Rundfunkstaatsvertrages ab. Nach § 23 Abs. 1 Satz 4 LRG Sachsen-Anhalt können die Veranstalter dort ein angemessenes, für alle Parteien nach gleichen Maßstäben zu bestimmendes Entgelt verlangen. Daß dies mehr als nur ein Betrag in Höhe der Selbstkosten sein kann, ergibt sich aus einem Vergleich mit der Kostenregelung für kirchliche Drittsendungen, wo ausdrücklich von der Selbstkostenerstattung gesprochen wird.[453] Keine Regelung enthält das LRG Bremen.[454]

Die grundrechtlich gesicherte Freiheit der Berichterstattung durch Rundfunk im Sinne des Art. 5 Abs. 1 GG garantiert dem Sender vor allem *Programmautonomie*. Wer Rundfunk veranstaltet, hat das Recht, die Beiträge zum Programm auszuwählen und inhaltlich zu gestalten.[455] Den so umschriebenen Schutzbereich der Rundfunkfreiheit berührt die Verpflichtung zur Bereitstellung von Sendezeit zur Parteienwahlwerbung. Die Veranstalter sind zur Verbreitung fremd gestalteter Beiträge gezwungen. Sie müssen auf entsprechende Sendezeit verzichten, die vor allem private Rundfunkveranstalter auch zu Werbezwecken hätten nutzen können. Neben der programmlichen besteht damit sogar eine *finanzielle Einschränkung*.

Weil die Regelungen zur Wahlwerbung insofern einen Eingriff in die Rundfunkfreiheit der Sender darstellen, ist das Vorliegen einer verfassungsrechtlichen Rechtfertigung im Sinne des Art. 5 Abs. 2 GG zu untersuchen. Dazu muß die in Frage stehende Beschränkung zum Schutze eines anderen Rechtsgutes erfolgt sein. Die Regelung hat hinsichtlich des Zweckes geeignet, erforderlich sowie verhältnismäßig zu sein, was im Rahmen einer Güterabwägung festzustellen ist.[456]

---

[447] Vgl. § 24 Abs. 2 LRG Hessen; § 26 Abs. 2 TPRG.; § 22 Abs. 1 LRG-Sachsen; § 26 Abs. 1 Satz 1 und 4 LRG Meckl.-Vorp.

[448] Vgl. § 25 LRG Hamburg; § 29 Abs. 2 LRG Nieders.; § 20 LRG Rhl.-Pf.; § 25 LRG Schl.-Holst.; § 23 Abs. 1 LRG Sachsen-Anh.; § 9 Abs. 2, 4 LRG Saarl.; § 19 Abs. 2 LRG Nordrh.-Westf.

[449] Vgl. Gesetz über die politischen Parteien i. d. F. vom 31. Januar 1994, BGBl. I, S. 149.

[450] Vgl. § 57 Abs. 2 StV Berlin-Brandenburg; § 26 Abs. 3 Bay. LRG; § 62 Abs. 3 LRG Bad.-Württ.

[451] Vgl. § 26 Abs. 1 LRG Mecklenb.-Vorp.

[452] Vgl. *Schulze-Sölde,* Politische Parteien und Wahlwerbung, S. 160; *Herrmann,* Rundfunkrecht, § 20 Rdz. 22.

[453] Vgl. § 23 Abs. 2 LRG Sachsen-Anhalt; siehe auch oben unter F Rdz. 72 ff.

[454] Vgl. dazu *Schulze-Sölde,* Politische Parteien und Wahlwerbung, S. 166 ff.

[455] Vgl. dazu eingehend oben unter F Rdz. 1 ff.

[456] Vgl. BVerfGE 30, S. 316 ff.; 47, S. 131 f., 198 ff.; 63, S. 115 ff.; 70, S. 286 ff.; 81, S. 192 ff.

Mit der Verpflichtung zur Ausstrahlung von Wahlwerbesendungen verfolgt der Gesetz- **78**
geber das *Ziel,* die besondere Aufgabe der politischen Parteien als Mittler und Faktoren im
Verfassungsleben zu fördern.[457] Diese Rolle ergibt sich auch aus Art. 21 Abs. 1 GG und zielt
auf die politische Willensbildung der Bevölkerung. Voraussetzung ist nicht allein die Freiheit
der Gründung, sondern maßgeblich auch die *parteipolitische Betätigung.* Es gehört insbesondere zum Wesen der Parteien, sich in Wahlkampfzeiten an die Öffentlichkeit zu wenden und
sich darzustellen. Die Aufgabe ist inhaltlich nicht vorgeformt, sondern sie zielt auf den gesamten Prozeß der Meinungsbildung in einer pluralistischen Demokratie.[458] Nach der
Rechtsprechung des Bundesverfassungsgerichtes ist eine grundrechtliche Beschränkung nur
dann geeignet, wenn der mit ihr verfolgte Zweck gefördert wird.[459] Die Verpflichtung zur
Ausstrahlung von Wahlwerbesendungen der Parteien und politischen Wählergruppen würde
die Aktivbürgerschaft des Einzelnen in der Demokratie dann fördern, wenn die wahlberechtigten Rezipienten sachgerecht über die unterschiedlichen Zielsetzungen der politischen
Richtungen informiert und zur Stimmabgabe motiviert würden.[460]

Dies mag aus verschiedenen Gründen bezweifelt werden. So werden die Beiträge wegen
der begrenzten Sendedauer meist *plakativ* gestaltet. Sie enthalten kaum Sachinformationen,
wodurch sich ihre meinungsbildende Wirkung auf ein Minimum reduziert. Eine differenzierte Darstellung und kritische Auseinandersetzung mit komplizierten Sachverhalten unterbleibt.[461] Wegen der Aufteilung der Spots auf zeitlich unregelmäßige und getrennte Sendeplätze kann der Rezipient in der Praxis zudem nur *einzelne Beiträge* wahrnehmen, so daß ein
genereller Überblick über alle politischen Richtungen nur schwer erhältlich ist.[462] In ihrem
Nutzen für die demokratische Gesellschaft sind die Wahlspots demnach geringer einzuschät-
zen als beispielsweise die journalistisch vermittelte Selbstdarstellung der Partei.[463]

Eine Sonderproblematik ergibt sich in den Bundesländern, wo der Gesetzgeber *Sparten-* **79**
programme nicht von Drittsendeansprüchen freigestellt hat.[464] Vor allem im *Hörfunk* haben die
Veranstalter bereits eine starke thematische Auffächerung betrieben. Es gibt beispielsweise
Spartenprogramme nur für Oldies oder klassische Musik. Hier Wahlwerbung einzubringen,
ist zur Förderung der Aktivbürgerschaft ungeeignet, weil die Hörerbeteiligung schon erheblich selektiert und limitiert ist. Auch wird der Zuhörer eher verschlossen für politische Aussagen sein, da er bewußt ein z. B. kulturelles Programm ausgewählt hat und Unterbrechungen als störend empfinden wird.[465] Weil Parteienspots demnach kaum den beabsichtigten
Beitrag zur Förderung der politischen Willensbildung leisten, ist der Eingriff in die Rundfunkfreiheit durch die Verpflichtung der verfassungsrechtlichen Geeignetheit nur schwer
begründbar.

Fraglich ist zudem die verfassungsrechtliche *Erforderlichkeit.* Sie setzt voraus, daß zur Errei- **80**
chung des Zieles kein milderes aber gleich wirksames Mittel als die den Eingriff bewirkende
Norm zur Verfügung steht. Dabei kommt es maßgeblich darauf an, in welcher Art und Weise
das Drittsenderecht der Parteien rechtlich ausgestaltet wurde.[466] Es fällt auf, daß sich die
Gesetzgeber in diesem Bereich tatsächlich aber eher in Enthaltsamkeit geübt haben. Nur teil-

---

[457] Vgl. BVerfGE 1, S. 208 ff., 227; 4, S. 27 ff., 28.

[458] Vgl. *Hesse,* Grundzüge des Verfassungsrechts, Rdz. 166 ff.; *Ricker* ZUM 1994, S. 353; *Wieland* ZUM
1994, S. 450; *Schulze-Sölde,* Politische Parteien und Wahlwerbung, S. 46; siehe ebenso BVerfGE 14,
S. 121 ff., 133.

[459] Vgl. BVerfGE 30, S. 316 ff.; 63, S. 115 ff.; 70, S. 286 ff.; 81, 192 ff.

[460] Vgl. BVerfGE 47, S. 198 ff., 226; *Ricker* ZUM 1994, S. 353; *Stumper* ZUM 1994, S. 101.

[461] Vgl. *Wieland* ZUM 1994, S. 451; *Ricker* ZUM 1994, S. 353.

[462] Vgl. *Ricker* ZUM 1994, S. 353.

[463] Vgl. grundlegend *Stock,* Medienfreiheit als Funktionsgrundrecht, S. 43 ff., 336 ff.

[464] Vgl. § 24 Abs. 2 LRG Hessen; § 26 Abs. 2 TPRG.; § 22 Abs. 1 LRG Sachsen; § 26 Abs. 1
Satz 1 und 4 LRG Meckl.-Vorp.

[465] Vgl. *Ricker* ZUM 1994, S. 353.

[466] Vgl. BVerfGE 30, S. 316 ff.; 70, S. 26 ff.; BVerfG NJW 1990, S. 1033; BVerfG DVBl. 1991, S. 205.

weise sprechen die Regelungen von einer angemessenen Zuteilung.[467] Eine maßvolle Interpretationshilfe bietet jedenfalls noch § 5 Abs. 1 Parteiengesetz. Für die Vergabe von Sendezeiten durch öffentlich-rechtliche Rundfunkanstalten gilt dessen Gebot abgestufter Chancengleichheit nach allgemeiner Auffassung direkt,[468] für den privaten Rundfunk ist eine entsprechende Anwendung in der Regel vorgesehen.[469] Ob dieser Zustand im Sinne der *Wesentlichkeitstheorie* ausreicht, ist jedoch fraglich. Denn aufgrund der Dimension des Eingriffs in die Programmfreiheit durch Wahlwerbesendungen wäre es geboten gewesen, daß der Gesetzgeber über alle wesentlichen Bestimmungen *selbst* entschieden hätte.[470]

Auf die praktische Gestaltung des Drittsenderechts für Parteien angewandt, bedeutet dieser Befund jedoch das Bestehen eines *Ermessensvorbehaltes für die Rundfunkveranstalter. Ihnen* muß daher die Wertung der Erforderlichkeit im Einzelfall obliegen.[471] Zur Selbstdarstellung der Parteien reicht es daher aus, die Wahlwerbespots zeitlich in etwa so zu plazieren, daß die Zielgruppe der aktiven Wahlbürger erreicht werden kann. Auf die ausschließliche Verbreitung im Hauptabendprogramm besteht jedoch kein Anspruch.[472] Es darf den Sendern nicht verwehrt werden, die Beiträge der Parteien deutlich als solche zu kennzeichnen, um inhaltlichen Abstand zu ihrem Programm zu signalisieren. Zur Zweckerfüllung ist es nicht erforderlich, daß eine Schutzzone im Umfeld der Parteienwerbung geschaffen wird. Gerade weil der politische Meinungskampf vom Widerstreit der Argumente lebt, kann es ein Verbot kritischer journalistischer Bewertung der Spots nicht geben.

81   Ein weiterer gesetzlich nicht geregelter Aspekt ist die *Anzahl der Werbespots.* Als Ausprägung des Gleichheitssatzes erhalten die Parteien Sendezeiten entsprechend ihrer politischen Bedeutung. Auf die Einzelprobleme der Verteilung kann in diesem Rahmen nicht eingegangen werden.[473] Jedoch erscheint ein Gesichtspunkt dennoch bemerkenswert. Denn als Ausfluß dieser Regelung erhalten die kleinen Gruppierungen regelmäßig etwa zwei Spots. Diese Lösung ist sachgerecht, weil sie die Sender vor weiteren unverhältnismäßigen Belastungen schützt, wenn eine große Zahl von Parteien antreten. Andererseits müssen sich die Verfechter der Wahlwerbespots fragen lassen, wie sie zwei Spots als geeignet und ausreichend für den Zweck des gesamten Eingriffs – die Selbstdarstellung der Parteien vor dem Wahlpublikum – ansehen wollen.

Zu untersuchen ist weiterhin, ob es erforderlich ist, den Sendern *nur* insoweit ein *Zurückweisungsrecht* zuzugestehen, als der Inhalt des jeweiligen Parteienwerbespots offensichtlich oder in schwerer Weise gegen ein *Strafgesetz* verstößt. Das Bundesverfassungsgericht unterstützt diese These und begründet sie mit dem Schutz der Parteien vor Beschneidungen, die nach der Wahl nicht mehr auszugleichen wären.[474] Dem Gericht ist prinzipiell zuzustimmen. Die politisch-moralische Anrüchigkeit eines Beitrages darf kein Ausschlußgrund sein, weil die Freiheit der Parteien lediglich von Straf- oder sonstigen Gesetzen begrenzt wird.[475] Außerdem ist zu bedenken, daß über die Verfassungswidrigkeit einer Partei allein das Bundesverfassungsgericht entscheidet.[476]

---

[467] Vgl. § 15 Abs. 1 NDR-StV, § 8 Abs. 2 WDR-G; § 3 Abs. 1 i. V.m. § 2 Abs. 4 Nr. 4 SDR-Satzung; § 42 Abs. 2 RStV.

[468] Vgl. BVerfGE 7, S. 99ff., 104; 69, S. 257ff., 266; *Neumann/Wesener* DVBl. 1987, S. 914; *Ladeur* ZUM 1991, S. 460.

[469] Vgl. Begr. zum RStV 1991, Media Perspektiven Dokumentation III b/91, S. 173ff., 200; ausdrücklich vgl. § 57 StV Berl.-Br.; § 26 Abs. 3 Bay. MG; § 62 Abs. 3 LMG Bad.-Württ.

[470] Vgl. BVerfGE 37, S. 197ff., 202; 43, S. 169ff., 183.

[471] Vgl. *Wieland* ZUM 1994, S. 452.

[472] Vgl. *Wieland* ZUM 1994, S. 449; *ders.* kritisch zu OVG Hamburg NJW 1994, S. 68.

[473] Vgl. hierzu *Herrmann*, Rundfunkrecht, § 10 Rdz. 83; *Schulze-Sölde,* Politische Parteien und Wahlwerbung, 1994, S. 49ff.; *Jene/Klute* AfP 1994, S. 95 f.

[474] Vgl. BVerfGE 47, S. 198ff., 233ff.

[475] Vgl. *Gounalakis* NJW 1990, S. 2532; *Tettinger* NJW 1978, S. 1047; *Friedrich* DVBl. 1980, S. 591; *von der Horst* ZUM 1993, S. 508.

[476] Vgl. § 13 Nr. 2 BVerfGG.

Schließlich muß auch die Frage erörtert werden, ob die Ausstrahlung von Wahlwerbespots außer in öffentlich-rechtlichen Sendern überhaupt auch im *privaten Rundfunk* zu erfolgen hat. Nach der Rechtsprechung des Bundesverfassungsgerichtes ist die Darstellung der bestehenden Meinungsvielfalt in möglichster Breite und Vollständigkeit Inhalt der öffentlich-rechtlichen *Grundversorgung*.[477] Dies gilt insbesondere für das parteipolitische Spektrum. Die Rundfunkanstalten kommen diesem Sendeauftrag neben den Wahlwerbesendungen durch eigene redaktionell gestaltete Beiträge nach. In diesen können die unterschiedlichen Ziele gegenübergestellt und diskutiert werden. Nur nebenbei sei festgestellt, daß diese redaktionell gestalteten Wahlsendungen vergleichsweise besser geeignet sind, die politische Willensbildung des Aktivbürgers zu fördern als die hier gegenständlichen Spots.[478] Ob die privaten Veranstalter vor diesem Hintergrund überhaupt mit der Verpflichtung zur Bereitstellung von Sendezeiten für Wahlwerbung belastet werden müssen, ist jedenfalls bedenkenswert. Denn zum einen leisten sie bereits in Erfüllung ihres Sendeauftrages im Rahmen des von ihnen verwirklichten Grundstandards einen Beitrag zur demokratischen Willensbildung.[479] Zum anderen sind die Privatsender, anders als öffentlich-rechtliche Rundfunkanstalten, auf Werbeeinnahmen als einzige relevante Finanzierungsquelle ihres Programmes angewiesen.[480]

Insofern wäre zu überlegen, ob es verfassungsrechtlich *notwendig* ist, die Sender zu Bereitstellung zu verpflichten, wenn als milderes Mittel die *kommerzielle Parteienwerbung* in Betracht zu ziehen wäre. Diese ist nach gegenwärtiger Rechtslage zwar unzulässig,[481] das Verbot ist jedoch keineswegs zwingend. Dient die Regelung dem Schutz vor politischer Einseitigkeit, so fehlt es ihr bereits an der Geeignetheit. Jedem Rezipienten wird die Einseitigkeit kommerzieller Parteienwerbung bewußt sein und er kann ihren Inhalten daher mit Distanz begegnen. Sollte das Verbot der Unterscheidbarkeit dienen, würde es ihm an der Erforderlichkeit fehlen, weil der angestrebte Zweck bereits durch das Trennungsgebot ausreichend erfüllt wird.[482] Ein denkbares Argument gegen kommerzielle Parteienwerbung könnte freilich in der Gefahr liegen, daß das Ziel der gleichgewichtigen Darstellung aufgrund unterschiedlicher finanzieller Ressourcen der Parteien verzerrt würde. Dagegen kann eingewandt werden, daß die Gleichheit der Wettbewerbschancen auch dann gewahrt wäre, wenn die einzelnen Parteien je nach ihren finanziellen und sonstigen Möglichkeiten in einem unterschiedlichen Maße bei der Rundfunkwerbung zum Zuge kämen.[483]

Ein weiterer Gesichtspunkt zur Frage der Erforderlichkeit läßt sich aus einem Beschluß des Bundesverfassungsgerichtes gewinnen, in dem dieses einer Zeitung ausdrücklich das Recht zusprach, den Abdruck einer politischen Wahlanzeige abzulehnen.[484] Geht man vom Modell des außenpluralen Privatrundfunks aus, so wäre insofern zu überlegen, ob der *gesetzliche Kontrahierungszwang* im Rundfunk notwendig ist oder ob den Sendern nicht ein Tendenzschutz zugestanden werden muß, der sich auch auf den werblichen Teil bezieht.

Als Ergebnis kann insgesamt festgehalten werden, daß die Regelungen zur Bereitstellung von Sendezeit für Wahlwerbung vor allem im Zusammenhang mit privaten Programmen als *nicht erforderlich* erscheinen.

Im Rahmen der *Verhältnismäßigkeit* ist eine Güterabwägung zwischen dem Eingriff in die Rundfunkfreiheit und dem Gewicht von Pflichtwerbezeiten für Parteien vorzunehmen. Vorliegend geht es dabei maßgeblich um einen Eingriff in die *Programmautonomie* des Senders,

---

[477] Vgl. dazu ausführlich oben unter F Rdz. 14f. und E Rdz. 88.

[478] Vgl. *Ricker* ZUM 1994, S. 353f.; siehe zu den besonderen Gleichgewichtigkeitskonflikten bei redaktionell gestalteten Wahlsendungen *Ladeur* ZUM 1991, S. 465ff.

[479] Vgl. dazu eingehend oben unter F Rdz. 50ff.

[480] Vgl. dazu ausführlich oben unter C Rdz. 97ff.

[481] Vgl. Art. 1 § 7 Abs. 7 RStV; siehe zur Rechtslage des RStV 1987 und der damaligen Diskussion *Ricker* ZUM 1989, S. 500.

[482] Vgl. *Ricker* ZUM 1989, S. 503ff.; *ders.* ZUM 1994, S. 354; siehe ausführlich unten unter F Rdz. 88.

[483] Vgl. BVerfGE 14, S. 121ff., 134.

[484] BVerfG NJW 1976, S. 1627.

welche als wesentlicher Kern der Rundfunkfreiheit anzusehen ist.[485] Vergegenwärtigt man sich, daß die verfassungsrechtliche Prüfung im Zusammenhang mit der Geeignetheit und Erforderlichkeit überwiegend negativ bewertet werden mußte, so ist auffällig, in welchem Maße die Rundfunkveranstalter tatsächlich belastet werden. Die Sender müssen für die Programmbereitstellung nicht nur von ihren Sendeplanungen abweichen, sondern sie sind zusätzlich mit organisatorischen Aufgaben beschwert. Ihnen obliegt die Überprüfung des Antragstellers und die Koordinierung der Spots nach dem Gleichheitsgebot des Parteiengesetzes.[486]

82 Hinzu kommt, daß durch die Verpflichtung zur Ausstrahlung die Sender in der Wahrnehmung ihrer rundfunkrechtlichen Programmverantwortung stark eingeschränkt werden. Dies begründet eine zusätzliche finanzielle Bürde für private Veranstalter. Denn oftmals sind die Sendebeiträge der Parteien weder inhaltlich noch produktionstechnisch geeignet, das für die Programmfinanzierung attraktive Werbeumfeld mit stetig hohen Einschaltquoten aufrechtzuerhalten. Enervierte Rezipienten wenden sich schnell anderen Kanälen zu. Besonders dramatische Auswirkungen hat dies bei *Spartenprogrammen*. Diese werden nach einem typischen Sendeformat aufgebaut und nur deshalb von den Rezipienten ausgewählt. Wird in ein solches Umfeld ein Wahlwerbespot erzwungen, so kann der Verlust wegen der schon wesensmäßig geringen Einschaltquoten zu einer existentiellen Bedrohung für den Sender werden.[487] Bewertet man dies angesichts der Forderung des Bundesverfassungsgerichtes, daß privater Rundfunk nicht unmöglich oder wesentlich erschwert werden dürfe, kann man die Rechtslage nur als *unzumutbar* ansehen.[488]

Ob es vor diesem Hintergrund verhältnismäßig ist, den Parteien die Sendezeiten auch noch *kostenlos* bzw. zum *Selbstkostenpreis* zur Verfügung zu stellen, muß vollends bezweifelt werden. Vor allem für die privaten Veranstalter, für die Werbeeinnahmen die einzige relevante Finanzierungsquelle sind, stellt die Begrenzung auf den Ersatz der Selbstkosten ein *Sonderopfer* dar, das mit einer *Sonderabgabe* durchaus vergleichbar ist.[489] Dafür hat das Bundesverfassungsgericht jedoch strenge Maßstäbe aufgestellt.[490] Als Kriterium der Rechtmäßigkeit kommt es vor allem darauf an, daß es sich um ein zweckgebundenes Mittel zur Bewältigung einer besonderen Aufgabe durch Einschaltung der Beteiligten handelt.[491] Tatsächlich scheint keines der Erfordernisse erfüllt zu sein. So fehlt es an der Gruppenhomogenität, weil andere Werbeträger und Medien nicht auf den Selbstkostenersatz beschränkt sind. Zudem sind die Parteien die eigentlichen und alleinigen Nutznießer, die durch die kostenlose Präsentation Werbeausgaben in Millionenhöhe sparen – Beträge, welche sie für Plakate, Zeitungsanzeigen und Broschüren durchaus bereitwillig ausgeben.[492] Schließlich fehlt es auch an der spezifischen Sachverantwortung: Es ist gerade nicht Aufgabe der Sender, sich in den Dienst der Parteien zu stellen; die Veranstalter verbreiten kein fremdes, sondern eigene Programme.[493] Auch die Rechtsprechung des Bundesverfassungsgerichtes zum *Pflichtexemplar für Bibliotheken*, weist eine rechtlich relevante Parallele zum hiesigen Problem der Kostenfreiheit auf.[494] Durch die jeweiligen Gesetze sind Verlage von Druckwerken aus Gründen des öffentlichen

---

[485] Vgl. BVerfGE 59, S. 231 ff., 258.

[486] Vgl. *Ricker* ZUM 1994, S. 354.

[487] Vgl. *Ricker* ZUM 1994, S. 355.

[488] Vgl. BVerfGE 83, S. 108 ff., 156.

[489] Vgl. insoweit zu den Drittsendungen religiöser Art unter F Rdz. 72 ff.

[490] Vgl. BVerfGE 55, S. 274 ff.; 57, S. 139 ff.; 67, S. 256 ff.

[491] Vgl. BVerfGE 55, S. 274 ff., 309.

[492] Nach Berechnungen des ZDF und des WDR müßten die Parteien als Werbekunden allein für die ihnen im öffentlich-rechtlichen Rundfunk eingeräumten Sendezeiten vor einer Bundestagswahl insgesamt etwa 27 Mio. DM bezahlen, vgl. *Martin,* in: FOCUS, Heft 25/1993, S. 120 zitiert bei *Ricker* ZUM 1994, S. 353.

[493] Vgl. BVerfGE 55, S. 274 ff., 309.

[494] Vgl. BVerfGE 58, S. 137 ff.

Interesses verpflichtet, Exemplare an näher bestimmte Bibliotheken abzugeben. Entgegen der früheren Praxis besteht die Verpflichtung zur Bereitstellung aufgrund der Rechtsprechung nicht unentgeltlich. Maßgeblich kommt es auf die Verhältnismäßigkeit der finanziellen Belastung an.[495]

Betrachtet man die widerstreitenden Interessen des vorliegendes Falles, so spricht viel für eine nicht mehr verhältnismäßige Belastung. Die privaten Sender sind bereits durch die programmlichen Zwänge der Drittsenderechte in der Gestaltung des Werbeumfeldes und somit mittelbar in ihrer Finanzierung betroffen. Sie nun auch noch auf den Ersatz der Selbstkosten zu beschränken, bedeutet einen noch weiteren Eingriff, dem eine entsprechende Notwendigkeit für die Parteien nicht gegenüber steht. Die in den meisten Bundesländern geltende Selbstkostenregelung ist aus diesen Gründen als nicht verfassungsgemäß anzusehen.[496]

Zusammenfassend ist festzustellen, daß die Verpflichtung von Rundfunksendern zur Ausstrahlung von Wahlwerbespots für Parteien und Wählervereinigungen nicht in dem Maße geeignet ist, den angestrebten Zweck der politischen Willensbildung und Förderung des Aktivbürgers zu fördern. Die Regelung erscheint zudem als nicht erforderlich, weil andere effektive Möglichkeiten wie z. B. redaktionelle Wahlsendungen praktiziert werden oder aber in Gestalt kommerzieller Parteienwerbung denkbar sind. Selbst wenn man dem Gesetzgeber hinsichtlich Geeignetheit und Erforderlichkeit noch einen Gestaltungsspielraum zugesteht,[497] so stellen die Regelungen doch eine unverhältnismäßige Belastung der Sender dar. Dies gilt in besonderem Maße für private Rundfunkveranstalter, welche zugunsten der Parteien Reichweitenverluste hinnehmen müssen.

3. Kurzberichterstattung

Mit dem Aufkommen privater Rundfunkveranstalter verschärfte sich auch der Wettbewerb **83** um attraktive Programme. Neben Spielfilmen ging es dabei vor allem um Senderechte von Sportveranstaltungen oder anderen Ereignissen. Werden diese exklusiv an einen Sender vergeben, stellt sich die Frage, ob und in welchem Umfang die anderen Fernsehveranstalter noch darüber berichten könnten. Um Abhilfe zu schaffen, wurde das Institut der *Kurzberichterstattung* geschaffen, welches zu Beginn äußerst umstritten war,[498] und im Rundfunkstaatsvertrag[499] und in den Landesmediengesetzen geregelt ist.[500]

Das Recht der Kurzberichterstattung steht allen in Europa zugelassenen Fernsehveranstaltern zu und betrifft Veranstaltungen bzw. Ereignisse, die öffentlich zugänglich und von allgemeinem Informationsinteresse sind. Das Recht schließt die Befugnis zum Zugang, der kurzzeitigen Direktübertragung bzw. der Aufzeichnung ein. Das Material darf lediglich zu einem einzigen Beitrag im eigenen Sendebetrieb verwandt werden.[501] Gegenständlich ist das Recht auf Kurzberichterstattung auf eine dem Anlaß entsprechende informatorische Berichterstat-

---

[495] Vgl. BVerfGE 50, S. 340 ff.; 52, S. 29 f.; 58, S. 137 ff.; *Löffler/Ricker,* Handbuch des Presserechts, 16. Kap. Rdz. 26 f.; zu der gleichen Problematik bei den Drittsenderechten der Kirchen oben unter F Rdz. 72 ff.

[496] Vgl. *Ricker* ZUM 1994, S. 355; a. A. *Schulze-Sölde,* Politische Parteien und Wahlwerbung, S. 164; *Ukena* ZUM 1991, S. 76.

[497] Vgl. BVerfGE 70, S. 26 ff.; BVerfG NJW 1990, S. 1033; BVerfG DVBl. 1991, S. 205.

[498] Vgl. *Badura* ZUM 1989, S. 317; *Doepner/Spieth* AfP 1989, S. 23 ff.; *Fuhr,* Das Recht des Fernsehens auf freie Berichterstattung über öffentliche Veranstaltungen, in FS für Hubert Armbruster, S. 117 ff.; *Fuhr* ZUM 1988, S. 327 ff.; *Hartstein/Kuch* ZUM 1988, S. 503 ff.; *Kübler* ZUM 1989, S. 326 ff.; *Ricker/Becker* ZUM 1988, S. 311 ff.; *Tettinger* ZUM 1986, S. 497 ff.; *Rehbinder* ZUM 1989, S. 337 ff.

[499] Vgl. Art. 1 § 5 RStV.; die Regelungen gelten nicht für den Hörfunk, vgl. AG *Münster* ZUM 1995, 220.

[500] Vgl. Art. 7 BayMG; § 5 LMG Hamburg; § 4 LRG Nieders.; § 3a LRG Nordrh.-Westf.; § 16 LRG Rh.-Pf.; § 6 LRG Saarl.; § 5 LRG Schl.-Holst.

[501] Art. 1 § 4 Abs. 1 RStV.

tung beschränkt. Die Dauer bemißt sich dabei nach der Länge der Zeit, die notwendig ist, um den nachrichtenmäßigen Informationsgehalt der Veranstaltung zu vermitteln. Allein bei kurzfristig oder regelmäßig wiederkehrenden Veranstaltungen, wie z. B. Fußballbundesligaspielen, wird als zeitliche Obergrenze die Dauer von 90 Sekunden genannt.[502] Schließlich ist der Fernsehveranstalter, welcher das unentgeltliche Kurzberichterstattungsrecht wahrnimmt, verpflichtet, das Signal und die Aufzeichnung unmittelbar denjenigen Sendern, welche am Ort der Veranstaltung nicht zugelassen werden konnten, gegen einen angemessenen Aufwendungsersatz zur Verfügung zu stellen.[503]

Zu untersuchen ist, inwieweit die beschriebene Regelung in die Programmfreiheit der Beteiligten eingreift. Im Hinblick auf den *Inhaber exklusiver Verwertungsrechte* ist dies fraglich. Wie das Bundesverfassungsgericht festgestellt hat, fallen auch *medienexterne Hilfstätigkeiten* unter den Grundrechtsschutz des Art. 5 Abs. 1 GG. Dies ist insbesondere der Fall, wenn eine derartige Medientätigkeit typischerweise medienbezogen und in enger organisatorischer Bindung an die Medien erfolgt.[504] Die privaten Rechteverwerter sind für die Funktionsfähigkeit des Rundfunksystems unentbehrlich, weil sie zu einer gleichmäßigen Entwicklung und Distribution von Senderechten beitragen und damit die Öffnung des Medienmarktes effektuieren.[505] Das Recht der Kurzberichterstattung greift somit in die rundfunkrechtlich geschützten Aktivitäten der Verwertungsgesellschaften ein. Aber auch die *Sender,* welche Senderechte auf exklusiver Basis erworben haben, sind durch das Recht der Kurzberichterstattung in ihrer Rundfunkfreiheit berührt. Denn mit einem solchen Kauf verbinden vor allem private Rundfunkveranstalter finanzielle Erwartungen. Das einzigartige Programm soll Zuschauer binden und damit ein attraktives Werbeumfeld schaffen. Wenn bei einer attraktiven Rennsportveranstaltung das Finish nun auf allen Kanälen zu sehen ist, schwächt dies die Position des besagten Senders.[506]

Fraglich ist, ob es sich bei der Regelung um eine Norm zum Schutz anderer Rechtsgüter im Sinne des Art. 5 Abs. 2 GG handelt, oder ob das Recht der Kurzberichterstattung als ausgestaltende Maßnahme im Rahmen der institutionellen Garantie des Gesetzgebers aus Art. 5 Abs. 1 GG zu verstehen ist. Die Rundfunkfreiheit enthält nicht nur ein Abwehrrecht gegen staatliche Eingriffe, sondern auch die Verpflichtung zur Schaffung und Sicherung einer positiven Ordnung, in welcher die Vielfalt der bestehenden Meinungen und Informationen in möglichster Breite und allseitiger Vollständigkeit zum Ausdruck kommt.[507] Gerade der letztgenannte Aspekt unterstützt die These, daß es sich um eine die *Rundfunkfreiheit ausgestaltende Maßnahme* handelt: Durch sie soll verhindert werden, daß obwohl eine wichtige Veranstaltung offen zugänglich ist, sie nur von einem begrenzten Zuschauerteil verfolgt werden kann. Die anderen Sender sollen jedenfalls in Kurzform darüber berichten können, um damit die inhaltliche Vielfalt zu fördern.[508] Ferner soll damit sichergestellt werden, daß jeder Rundfunkveranstalter in der Lage ist, seiner gesetzlichen Programmverpflichtung nachzukommen.[509]

Ist der Zweck der Regelung somit ausreichend bestimmt, hängt die Verfassungsmäßigkeit weiter von ihrer Geeignetheit, Erforderlichkeit und Verhältnismäßigkeit ab. An der *Geeignetheit* bestehen keine Zweifel. Denn für die meisten Veranstaltungen wird gelten, daß sich die Höhepunkte und entscheidenden Vorgänge auch in Kurzform und Ausschnitten verständlich präsentieren lassen.[510]

---

[502] Art. 1 § 5 Abs. 4 RStV.

[503] Art. 1 § 5 Abs. 9 RStV.

[504] Vgl. BVerfG AfP 1988, S. 16.

[505] Vgl. *Papier* AfP 1989, S. 514; *Ricker/Becker* ZUM 1988, S. 317.

[506] Vgl. *Papier* AfP 1989, S. 514; *Ricker,* in: „Horizont" vom 18. 5. 1990, S. 32.

[507] Vgl. BVerfGE 57, S. 295 ff., 318 ff.; 73, S. 118 ff., 159; 74, S. 297 ff., 323 f.; 83, S. 322; siehe auch *Stettner* ZUM 1991, S. 443.

[508] Vgl. *Jarass* AfP 1993, S. 456; *Ring,* Medienrecht Art. 1 § 4 RStV 1991, Rdz. 4, 11.

[509] Vgl. *Ring,* Medienrecht, Art. 1 § 4 RStV 1991, Rdz. 4.

[510] Vgl. *Ricker/Becker* ZUM 1988, S. 317.

Unklar ist allerdings, ob das Recht der Kurzberichterstattung den Anforderungen an die verfassungsrechtliche *Erforderlichkeit* genügt. Dabei bedarf sowohl das Konzept an sich, als auch ihr Regelungsinhalt einer eingehenden Bewertung. Tatsächlich wäre zu überlegen, ob mit einer Änderung in *§ 50 Abs. 2 UrhG*, welcher dann die Übernahme bestimmter Programminhalte unter Quellenangabe zuließe, das angestrebte Ziel auf eine für die Betroffenen weniger belastende Weise erreicht werden könnte. Mit einer solchen Lösung etwa bräuchte den anderen Sendern kein Zutritt zu den Veranstaltungen mehr verschafft werden.[511] Gegen die These sprechen jedoch zwei wesentliche Argumente. Zum einen ist dem für die Ausgestaltung der Rundfunkordnung allein zuständigen Landesgesetzgeber eine Novellierung des Urheberrechtsgesetzes verwehrt. Der Gesetzgeber kann daher nur auf die Instrumente zurückgreifen, welche ihm nach der *Kompetenzordnung* des Grundgesetzes zustehen. Da die entsprechende Novellierung des Urheberrechtsgesetzes durch den Bund bis heute nicht erfolgte, ist die gesetzgeberische Tätigkeit der Länder innerhalb ihrer Möglichkeiten als erforderlich anzusehen.[412] Neben diesem kompetenzrechtlichen Aspekt schiene die Regelung über § 50 UrhG selbst inhaltlich nicht zu dem gestellten Ziel zu führen. Indem nämlich allein Filmbeiträge mitgeschnitten würden, könnte die *notwendige Vielfalt* rundfunkmäßiger Information kaum garantiert werden. Anstatt auf die unterschiedliche Sichtweise mehrerer Sender bauen zu können, müßten die Veranstalter jede bildliche Vorauswahl des Rechteinhabers hinnehmen – schlagwortartig läßt sich dies als Gefahr der Hofberichterstattung charakterisieren.[513]

Ist das Recht der Kurzberichterstattung somit dem Wesen nach als notwendig anzusehen, sind nachfolgend einige der Einzelregelungen zu untersuchen. Bedenken bestehen schon hinsichtlich derjenigen Tatbestände, die das Recht auf Kurzberichterstattung gewähren. Als solche gelten *Veranstaltungen und Ereignisse.*[514] Die amtliche Begründung führt weiter aus, daß es sich bei Veranstaltungen um vorher bestimmte Zusammenkünfte handelt, während zu Ereignissen unvorhersehbare Geschehnisse gerechnet werden. Wenn der Staatsvertrag dort zudem vom allgemeinen Informationsinteresse spricht, wird nur zum Ausdruck gebracht, daß kein besonderes, d. h. qualitativ gesteigertes Interesse erforderlich ist.[515]

Umstritten ist in diesem Zusammenhang vor allem, ob es zur Erreichung des Zweckes notwendig ist, auch *unterhaltende Veranstaltungen* unter die Kurzberichterstattung fallen zu lassen. Dazu wird ausgeführt, daß es ein Zweck der Regelung sei, den *Programmauftrag* der Sender zu sichern. Dieser umfasse Information, Bildung und auch Unterhaltung.[516] Der Programmauftrag kann im Ergebnis aber kein sachgerechtes Kriterium sein, weil dies zu einem Mehr an Kurzberichterstattungsrechten bei den unter der Vorgabe der Grundversorgung stehenden öffentlich-rechtlichen Sendern gegenüber den nur zum Grundstandard verpflichteten privaten Veranstaltern führen würde. Ebenfalls einen weiten Ansatz wählt, wer den *verfassungsgerichtlichen Rundfunkbegriff* heranzieht. Danach unterliegt Art. 5 Abs. 1 GG jeder Programmbeitrag gleich ob politischer, künstlerischer oder unterhaltender Natur.[517] Wegen der auch von den Vertretern der obengenannten Auffassung erkannten wirtschaftlichen Folgen für die Veranstalter, soll eine Eingrenzung deshalb über das Kriterium der Nachrichtenmäßigkeit erfolgen. Diese Grenze sei dann überschritten, wenn die Übermittlung ganz oder überwiegend auf den Unterhaltungswert der Veranstaltung abziele.[518]

---

[511] Vgl. den Alternativentwurf des Bundesministeriums des Innern zu § 50 UrhG – siehe dazu: *Papier,* FS für Lerche, S. 685 f.; *Lauktien,* Der Staatsvertrag zur Fernsehkurzberichterstattung, S. 145.

[512] Vgl. *Jarass* AfP 1993, S. 461; *Roth* AfP 1986, S. 294; sowie generell: BVerfGE 12, S. 205 ff., 225; 57, S. 295 ff., 321; siehe auch oben unter B Rdz. 210 ff.

[513] Vgl. *Hartstein* ZUM 1989, S. 344; *Jarass* AfP 1993, S. 461 f.; *Ring,* Medienrecht, Art. 1 § 4 RStV 1991, Rdz. 13.

[514] Vgl. Art. 1 § 5 Abs. 1 RStV.

[515] Vgl. amtliche Begründung zu Art. 1 § 5 RStV 1991, in: *Ring,* Medienrecht, S. 352 f.

[516] Vgl. dazu ausführlich *Seither,* Rundfunkrechtliche Grundversorgung und Kurzberichterstattung, S. 131.

[517] Vgl. BVerfGE 35, S. 202 f., 223; 83, S. 238 ff., 297 f.; *Brandner* AfP 1990, S. 282; *Kübler,* Massenmedien und öffentliche Veranstaltungen, S. 39 f.; *Jarass* AfP 1993, S. 456.

[518] Vgl. *Ring,* Medienrecht, Art. 1 § 4 RStV 1991, Rdz. 40.

Diese Eingrenzung erscheint nicht sachgerecht, weil die nachrichtenmäßige Darstellung bereits eine Ausführung des Rechts auf Kurzberichterstattung darstellt und somit die *Erforderlichkeit des Eingriffs* selbst nicht ausreichend würdigt. Ein Lösungsansatz bietet sich vielmehr aus der Rechtsprechung des Bundesverfassungsgerichts. Danach werden Inhalt und Charakter von Kommunikationsinhalten relevant, wenn Art. 5 GG wie hier mit anderen Rechtsgütern in Konflikt steht. In einem solchen Falle kommt es darauf an, wie *gewichtig der Inhalt* der betreffenden Äußerung für die Öffentlichkeit ist.[519] Auf den vorliegenden Fall angewandt, bedeutet dies, daß am Einzelfall geprüft werden muß, ob eine an sich unterhaltende Veranstaltung von so *großer Bedeutung* für den *Informationsauftrag* ist, daß der finanziell einschneidende Eingriff in Gestalt der Kurzberichterstattung gerechtfertigt sein kann. Die große Vielzahl der Sportveranstaltungen wie z.B. Fußballspiele wird darunter nicht fallen. Sie bleiben Amüsement und die schönste Nebensache der Welt. Nur in wenigen Fällen, wie Sportveranstaltungen von nationaler Bedeutung, kann das Informationsinteresse überwiegen.[520] Man kann daher feststellen, daß es hinsichtlich des gesetzlichen Zweckes nicht erforderlich ist, *jede* für das Publikum interessante Veranstaltung mit einem Recht auf Kurzberichterstattung zu belegen. Vielmehr kommt es bei im Grunde unterhaltenden Darbietungen darauf an, daß sie die Öffentlichkeit *wesentlich berühren*. Nur in diesem Rahmen ist das Recht auf Kurzberichterstattung verfassungsrechtlich erforderlich.[521]

Die Kurzberichterstattung schließt nach dem Gesetzestext das Recht auf *Zugang*, auf *kurzzeitige Direktübertragung* und auf *Aufzeichnung* der Veranstaltung bzw. des Ereignisses ein, um diese dann entsprechend auszuwerten.[522] Das Zugangsrecht erscheint als Voraussetzung zur Wahrnehmung des Rechts dem Grunde nach erforderlich. Allerdings braucht für die Kurzberichterstattung nicht der technische und personelle Aufwand getrieben zu werden, wie bei längeren Übertragungen üblich – dies betrifft beispielsweise die Anzahl der eingesetzten Kameras. Da die Regelung dennoch zu praktischen Problemen führen kann, hat der Gesetzgeber verschiedene Voraussetzungen zum Schutz der Veranstalter statuiert.[523]

84   Eine bedenkliche Sonderregelung dazu enthält § 5 Abs. 9 RStV. Danach sind Fernsehveranstalter, die die Kurzberichterstattung wahrnehmen, zur *Weitergabe der Aufzeichnung* bzw. des Signals an die Sender verpflichtet, welche aufgrund räumlicher oder technischer Gegebenheiten nicht zugelassen werden konnten. Zwar dient jede Weiterverbreitung dem gesetzlichen Zweck, doch ist fraglich, ob eine Verbreitung durch eine unbegrenzte Anzahl von Sendern verfassungsrechtlich wirklich *erforderlich* ist. Auf je mehr Kanälen das ursprünglich exklusive Programm – selbst in Kurzfassung – erscheint, desto weniger läßt sich der Eingriff als *mildestes Mittel* darstellen. Den notwendigen Informationsbeitrag kann nämlich schon ein zusätzlicher Rundfunkveranstalter allein erfüllen.[524] Hinzu kommt, daß bei gesteigerter Weitergabe das Fehlen von Mißbrauchsabsicherungen zur realen Gefahr wird: So ist es praktisch ausgeschlossen zu kontrollieren, ob das für die Kurzberichterstattung aufgezeichnete Material tatsächlich nur zur Erstellung nachrichtenmäßiger Kurzberichte verwandt wird.[525]

Gesetzgeberisch ungenau ist in diesem Zusammenhang auch, daß der die Kurzberichterstattung wahrnehmende Sender zwar dem Veranstalter die „*notwendigen*" Aufwendungen ersetzen muß,[526] von den Sendern, an welche er die Aufzeichnung oder das Signal abtritt, aber Ersatz der „*angemessenen*" Aufwendungen verlangen darf. Es wäre demnach theoretisch denkbar, daß er aus seiner Zulassung sogar *Kapital schlägt*. Als verfassungsrechtlich erforderlich wird man hingegen das Recht ansehen können, die *gesamte Veranstaltung* aufzuzeichnen. Sinn der

---

[519] Vgl. BVerfGE 54, S. 129 ff. 137; 71, S. 206 ff., 220.
[520] Vgl. *Ricker/Becker* ZUM 1988, S. 316.
[521] Vgl. *Ricker*, in: „Horizont" vom 18. 5. 1990, S. 32.
[522] Vgl. Art. 1 § 5 Abs. 1 Satz 2 RStV.
[523] Vgl. Art. 1 § 5 Abs. 2 bis 11 RStV.
[524] Vgl. *Lauktien*, Der Staatsvertrag zur Fernsehkurzberichterstattung, S. 170.
[525] Vgl. *Ricker*, in: „Horizont" vom 18. 5. 1990, S. 32.
[526] Vgl. Art. 1 § 5 Abs. 6 RStV.

Regelung ist nämlich die Übermittlung von Bildern mit Informations- und Nachrichtenwert und nicht allein die szenische Übertragung. Will der Sender daher sein zeitlich begrenztes Recht nicht vorzeitig verbrauchen, muß er den Gehalt aller Bilder analysieren können.[527]

Fragwürdig ist aber das Recht zur *kurzzeitigen Direktübertragung*. Zu bedenken sind hier **85** einerseits die möglichen Auswirkungen auf der Seite des Hauptrechteinhabers. Für ihn ist es von besonderer Bedeutung, mit erstmals gezeigten, exklusiven Bildern Zuschauer an sein Programm zu binden.[528] Daneben wird durch eine Direktübertragung in bestimmten Fällen auch der *nachrichtenhafte Charakter* verlorengehen. Die mit der Sendung eines solchen Berichts verbundene Wirkung zielt oft eher auf das Sensationsinteresse der Zuschauer, live dabei zu sein, als auf die Erfüllung von Informationspflichten.[529]

Damit tritt die Kurzberichterstattung aber in eine mit dem Zweck nicht zu vereinbarende direkte *Konkurrenz zur eigentlichen Verwertung*. Extrem kann sich dies bei der Vermittlung nur sehr kurzer Ereignisse auswirken. Wird z. B. ein 100-Meter-Lauf im Rahmen der Kurzberichterstattung direkt übertragen, besteht für den Zuschauer weder ein Anreiz zum persönlichen Besuch der Veranstaltung noch zum Genuß der „*vollen*" Veranstaltung.[530] Die direkte Übertragung im Sinne einer zeitgleichen Sendung ist daher nur insoweit erforderlich, als es durch *Aktualitätserwägungen zwingend* erscheint.[531]

Schließlich ist es auch fraglich, ob die *Unentgeltlichkeit* erforderlich erscheint. Geht man nämlich davon aus, daß jeder Sender dem Grunde nach die exklusiven Sonderrechte erwerben kann, ist kaum begründbar, weshalb sein Desinteresse damit belohnt werden soll, daß er möglicherweise die Highlights kostenlos verbreiten kann. Dies käme im Extremfall einer *indirekten Alimentation* des Senders durch den Rechteinhaber gleich.[532] Mit dem Zweck der Kurzberichterstattung wäre es vereinbar und aus Verhältnismäßigkeitsgründen geboten, wenn die übertragenden Sender einen *prozentualen Anteil* an den eigentlichen Rechteinhaber zahlen würden. Damit könnte auch dem Mißbrauch vorgebeugt werden, daß mehrere Kurzbeiträge zu einer *Gesamtberichterstattung* geschnitten werden.[533] Des weiteren könnte mit einer – auch geringfügigen – Abgabe die Entwertung der Exklusivsenderechte durch die Kurzberichterstattung aufgefangen werden, über deren Höhe, die jedenfalls den Ersatz von Aufwendungen übersteigen müßte, eine gesetzliche Regelung zu treffen wäre, die die beteiligten Rechtspositionen hinreichend berücksichtigt. Unter diesen Gesichtspunkten ist die gegenwärtige Regelung als verfassungsrechtlich *nicht erforderlich* anzusehen.

Im Rahmen der Verfassungsmäßigkeit des Rechts auf Kurzberichterstattung ist nachfol- **86** gend auf die *Verhältnismäßigkeit* der Regelung einzugehen. Das Recht auf Kurzberichterstattung greift, indem es Art. 5 Abs. 1 Satz 2 GG ausgestaltet, in andere Rechtsgüter ein. Namentlich seien hier die *Vertragsfreiheit* und die *Eigentumsgarantie* nach Art. 14 GG zu nennen. Die in Art. 2 Abs. 1 GG enthaltene allgemeine Handlungsfreiheit umfaßt auch die aus der Privatautonomie folgende Vertragsfreiheit des Veranstalters, die sich – wie dargelegt – zu einer Rechtsposition aus Art. 5 GG verdichten kann, wenn die Interessen eines Rundfunkveranstalters mit Exklusivrechten oder eines Rechteverwerters durch die Kurzberichterstattung tangiert sind.[534] In der Duldungspflicht, welche sich aus dem Kurzberichterstattungs-

---

[527] Vgl. *Lauktien,* Der Staatsvertrag zur Fernsehkurzberichterstattung, S. 139.

[528] Vgl. dazu *Kruse* Media Perspektiven 1990, S. 3; *Ricker,* in: „Horizont" vom 18. 5. 1990, S. 32.

[529] Siehe auch zu der Frage der Zeitversetzung: *Kruse* Media Perspektiven 1990, S. 3; *Fuhr* ZUM 1988, S. 327 ff.; *Kübler,* Massenmedien und öffentliche Veranstaltungen, in Beiträge zum Rundfunkrecht Bd. 19, S. 82.

[530] Vgl. *Lauktien,* Der Staatsvertrag zur Fernsehkurzberichterstattung, S. 140.

[531] Vgl. *Tettinger* ZUM 1986, S. 507.

[532] Vgl. *Ricker/Becker* ZUM 1988, S. 316, 318.

[533] Vgl. *Ring,* Medienrecht, Art. 1 § 4 1991 Rdz. 41.

[534] Vgl. auch oben unter B Rdz. 186 ff.; vgl. *Flume,* Allgemeiner Teil des Bürgerlichen Rechts, Bd. 2, S. 12 ff.; *Ricker/Becker* ZUM 1988, S. 313; *Seither,* Rundfunkrechtliche Grundversorgung und Kurzberichterstattung, S. 178.

recht ergibt, liegt zumindest ein Eingriff in seine Möglichkeiten, den Informationswert seiner Veranstaltung mittels eines Exklusiv-Vertrages *wirtschaftlich* zu nutzen. Er kann zwar weiterhin derartige Vereinbarungen abschließen, doch ist wegen der Einbruchsstelle des Art. 1 § 5 RStV die geldwerte uneingeschränkte Exklusivität nicht mehr zusicherbar.[535] Dies wäre verhältnismäßig, wenn Exklusivvereinbarungen generell hinter das Recht des Kurzberichterstatters zurücktreten müßten.[536]

Bereits in den 60er Jahren hat sich der *BGH* mit der Frage der *Wirksamkeit* vertraglich vereinbarter *Exklusivrechte* auseinandergesetzt. Das Gericht führte damals aus, daß es in bestimmten Situationen nicht hinnehmbar sei, daß durch Exklusiv-Verträge die einzige Informationsquelle über Ereignisse verstopft werde, an deren zuverlässiger Unterrichtung die Öffentlichkeit ein erhebliches und berechtigtes Interesse habe.[537] Daraus folgt aber das Erfordernis einer *Interessenabwägung* auch im Zusammenhang mit Exklusivvereinbarungen. Es kann *kein genereller Vorrang* des Rechts auf Kurzberichterstattung gelten, vielmehr muß im Einzelfall untersucht werden, ob der Meinungsmarkt verstopft wird und die Medien ihre dienende Funktion für die sachgerechte Ausübung des Grundrechts nicht wahrnehmen können.[538] Vor diesem Hintergrund ist die geltende Regelung als verfassungsrechtlich unverhältnismäßig anzusehen. Des weiteren schmälert das gewährte Recht auf kurzzeitige Direktübertragung die Verwertung von Übertragungsrechten erheblich, vor allem, wenn der Exklusivrechteinhaber eine zeitversetzte Ausstrahlung geplant hatte. So führt gerade das direkte Einblenden in ein laufendes Ereignis – beispielsweise der Schlußphase einer Rennsportveranstaltung – zu einem *beträchtlichen Wertverlust* der späteren Ausstrahlung.[539]

Vor diesem Hintergrund scheint die Regelung mit der gebotenen Güterabwägung – auch vor dem Hintergrund *des Art. 14 GG* – nur schwer vereinbar. Von einer geringfügigen und damit hinnehmbaren Belastung[540] kann angesichts der finanziellen Auswirkungen keine Rede sein. Als enteignende Maßnahme könnte die Regelung allein zum Wohle der Allgemeinheit zulässig sein. In ihrer Abstraktheit träfe sie aber auch die rein unterhaltenden Seiten des Fernsehens, was im Hinblick auf die hohen Anforderungen des Bundesverfassungsgerichts aber nicht ausreicht.[541]

Zusammenfassend läßt sich daher feststellen, daß das in Art. 1 § 5 RStV statuierte Recht auf Kurzberichterstattung sowohl im Hinblick auf seine verfassungsrechtliche *Erforderlichkeit* als auch auf die *Verhältnismäßigkeit* der verfassungsrechtlich gebotenen Bewertung und Abwägung *nicht entspricht.*

4. Werbebeschränkungen

87   Wenngleich Werbung den Schutz der Rundfunkfreiheit des Art. 5 Abs. 1 Satz 2 GG genießt,[542] hat der Gesetzgeber diesen Bereich doch einer Reihe von Beschränkungen unterworfen. Dabei kann es sich sowohl um die Rundfunkordnung ausgestaltende Regelungen als

---

[535] Vgl. *Seither*, Rundfunkrechtliche Grundversorgung und Kurzberichterstattungsrecht, S. 178.

[536] Vgl. i. d. S.: *Fuhr*, Das Recht des Fernsehens auf freie Berichterstattung über öffentliche Veranstaltungen, in FS für H. Armbruster, S. 117 ff., 125 f.; *Kübler*, Massenmedien und öffentliche Veranstaltungen, S. 64 f.

[537] Vgl. BGH GRUR 1968, S. 209 f.

[538] Vgl. *Ricker/Becker* ZUM 1988, S. 315 f.; *Tettinger* ZUM 1986, S. 505.

[539] Vgl. *Ricker/Becker* ZUM 1988, S. 318 – a. A.: *Seither*, Rundfunkrechtliche Grundversorgung und Kurzberichterstattungsrecht, S. 171 ff.; *Kruse*, Wirtschaftliche Wirkungen einer unentgeltlichen Sport-Kurzberichterstattung im Fernsehen, S. 96.

[540] Vgl. BVerfGE 5, S. 144 ff., 145; 7, S. 297 ff., 299; 11, S. 68 ff., 75; 15, S. 1 ff., 2; 19, S. 94 ff., 98; 32, S. 173 ff., 179; siehe auch *Leistner*, Sozialbindung des Eigentums, S. 147 ff.

[541] Vgl. BVerfGE 74, S. 264 ff., 284 f., *Ricker/Becker* ZUM 1988, S. 318.

[542] Vgl. dazu oben unter F Rdz. 34 f. und B Rdz. 51 ff.

auch um Normen zum Schutz anderer Rechtsgüter gemäß Art. 5 Abs. 2 GG handeln. Nachfolgend werden die verschiedenen Regelungen, die *Darstellungsform, Inhalt und Umfang* von Werbung betreffen, verfassungsrechtlich gewürdigt.

a) Formale Werbebeschränkungen/Trennung von Programm und Werbung

Sowohl die öffentlich-rechtlichen als auch die privaten Rundfunkveranstalter sind ver- **88** pflichtet, ihre Werbung vom übrigen Programm zu trennen.[543] Der Trennungsgrundsatz ist bei jeder werbewirksamen Sendung zu beachten. Er erfaßt also nicht nur die *instrumentale Werbung*, sondern bietet zugleich einen Maßstab für die Bewertung *medialer Werbung*.[544] Der Begriff der instrumentalen Werbung kennzeichnet die herkömmliche Form der Spotwerbung, bei der gegen Zahlung eines Entgeltes in sich geschlossene Sendezeiten zur Verfolgung wirtschaftlicher Interessen überlassen werden. Unter medialer Werbung hingegen versteht man die werbende Wirkung, die von einem redaktionell verantworteten Fernsehprogramm selbst ausgehen kann.[545] Indem die Sender ihr Programm zu segmentieren und zu unterteilen haben, sind diese in ihrer *Programmfreiheit* berührt. Aufgrund des Trennungsgebotes müssen es die Rundfunkveranstalter nicht nur unterlassen, Produkte im normalen Programm anzupreisen, auch werden sie bei der Verwendung von Markenprodukten in Informations- oder Unterhaltungssendungen eingeschränkt. Erschwerend kommt hinzu, daß der Verstoß gegen das Gebot der Trennung als *Ordnungswidrigkeit* geahndet wird.[546]

Hinsichtlich der Verfassungsmäßigkeit kommt es darauf an, ob das Trennungsgebot als *allgemeines Gesetz* im Sinne des Art. 5 Abs. 2 GG anzusehen oder vielmehr als *ausgestaltende Maßnahme* im Rahmen des Art. 5 Abs. 1 GG einzuordnen ist. Die Verpflichtung wäre als allgemeines Gesetz anzusehen, wenn sie dem Schutz eines anderen Rechtsgutes dient. Durch das Trennungsgebot soll der Rezipient des Rundfunkprogramms zum einen vor einer Irreführung und Täuschung hinsichtlich des Werbezweckes bewahrt werden.[547] So enthält Wirtschaftswerbung regelmäßig Aussagen Dritter über den Wert von Produkten oder Dienstleistungen. Über den Sender verbreitet, treffen die Inhalte der Werbung mit den redaktionell aufbereiteten Aussagen auf einem gemeinsamen Meinungsmarkt zusammen.[548] Möchte sich der Bürger unter diesen Umständen wahrheitsgemäß und umfassend informieren, muß er die Herkunft und den publizistischen Hintergrund der entsprechenden Aussagen kennen. Für die persönliche Gewichtung und Abwägung der Aussagen macht es etwa einen großen Unterschied, ob ein Produkt in einer Ratgebersendung unabhängig vorgestellt oder in einem vom Hersteller finanzierten Werbebeitrag angepriesen wird.

Als weiterer Zweck des Trennungsgebotes kommt die Sicherung der redaktionellen Unabhängigkeit in Betracht.[549] Durch die Einbeziehung wirtschaftlicher Interessen bei der inhaltlichen und redaktionellen Gestaltung von Rundfunksendungen würde die Verpflichtung des Rundfunks zur umfassenden und zutreffenden Information und der unabhängigen Kritik am öffentlichen und wirtschaftlichen Geschehen unmöglich.[550]

---

[543] Vgl. Art. 1 § 7 Abs. 3 Satz 2 RStV.

[544] *Sack* ZUM 1987, S. 117; *ders.* AfP 1991, S. 704 f.; *Bork,* Werbung im Programm, S. 82; *ders.* ZUM 1988, S. 326; *Henning-Bodewig* GRUR Inter. 1987, S. 543; *Bosmann* ZUM 1990, S. 548; *Becker, Udo,* Existenzgrundlagen öffentlich-rechtlicher und privater Rundfunkveranstaltung nach dem Rundfunkstaatsvertrag, S. 132; a. A. *Kühn* ZUM 1986, S. 373; *Fuhr,* ZDF-StV, S. 326 ff.

[545] Vgl. grundlegend zur Begrifflichkeit: *Krause-Ablaß* RuF 1962, S. 116 ff.

[546] Vgl. Art. 1 § 7 Abs. 3 Satz 2 RStV.

[547] Vgl. *Fuchs* GRUR 1988, S. 738 f.; *Löffler/Ricker,* Handbuch des Presserechts, 14. Kap. Rdz. 3; *Bork,* Werbung im Programm, S. 94; *Bosmann* ZUM 1990, S. 548; vgl. auch BGH GRUR 1975, S. 75; OLG Frankfurt NJW 1985, S. 483; zum wettbewerbsrechtlichen Aspekt siehe *Baumbach/Hefermehl,* Wettbewerbsrecht, § 1 UWG Rdz. 40 ff.; *Sack* AfP 1991, S. 713.

[548] *Ipsen* NJW 1963, S. 2054; *Lerche,* Werbung und Verfassung, S. 17 f.; vgl. auch BVerfGE 21, S. 271 ff., 278.

[549] BGHZ 81, S. 247 ff., 251 f.; *Henning-Bodewig* GRUR Int. 1987, S. 543; *Löffler/Ricker,* Handbuch des Presserechts, 14. Kap. Rdz. 2; *Bork,* Werbung im Programm, S. 94; *Ricker* AfP 1986, S. 190.

[550] Zur öffentlichen Aufgabe des Rundfunks vgl. ausführlich B Rdz. 102 ff.

Das Trennungsgebot dient daher zum einen dem Schutz der Informationsfreiheit des Rezipienten und zum anderen dem Schutz der redaktionellen Arbeit vor Einflußversuchen der werbetreibenden Wirtschaft.[551] Insofern handelt es sich aber eher um eine *ausgestaltende Maßnahme* als um ein allgemeines Gesetz. Denn Zweck der Regelung ist weniger der Schutz eines anderen Rechtsgutes als die Errichtung und Aufrechterhaltung eines funktionierenden Meinungsmarktes. Auch im Bereich der Ausgestaltung im Sinne des Art. 5 Abs. 1 GG hängt die Verfassungsmäßigkeit der Maßnahmen von ihrer *Geeignetheit, Erforderlichkeit und Verhältnismäßigkeit* ab.[552] Der Trennungsgrundsatz ist geeignet, den angestrebten Zweck der Maßnahme zu erfüllen. Fraglich ist allerdings die Erforderlichkeit einer umfassend zu vollziehenden Trennung von Werbung und Programm. Denn würde man den Grundsatz uneingeschränkt durchsetzen, könnte kein Fußballspiel mit Bandenwerbung, kein Krimi mit nicht-anonymisierten Kraftfahrzeugen und keine Ratgebersendung mit Warentests gesendet werden. Dies stünde im krassen Widerspruch zum Recht bzw. der Verpflichtung[553] der Sender, ein umfassendes Bild der realen Welt zu vermitteln, einer Welt, die nun einmal Produkte und Werbung für diese enthält.[554]

Dieses Spannungsverhältnis könnte im Rahmen einer Interessenabwägung aufgelöst werden, die sich notwendigerweise an den Gegebenheiten des Einzelfalls zu orientieren hätte. Aufgrund der überragenden Bedeutung des in Frage stehenden Rechtsgutes der Rundfunkfreiheit wäre dies allerdings ein unbefriedigender Zustand. Insofern ist es verständlich, daß der Gesetzgeber das Trennungsgebot durch eine Reihe von Einzelregelungen konkretisiert hat, an welchen sich dann auch die Frage der Verhältnismäßigkeit zu entscheiden hat.

aa) Kennzeichnungspflicht

89   Um als Werbung klar erkennbar zu sein, muß sie vom Programm durch im Fernsehen optische bzw. im Hörfunk akustische Mittel abgesetzt sein.[555] Dauerwerbesendungen im Stil der Spielshows „Glücksrad" oder „Der Preis ist heiß" müssen am Beginn und während der gesamten Sendung als Werbung gekennzeichnet werden.[556] Die Vorgaben des Rundfunkstaatsvertrages werden im Bereich des privaten Rundfunks durch Richtlinien der Landesmedienanstalten weiter ausgeformt. Danach hat im Fernsehen ein dafür ausschließlich genutztes Werbelogo den gesamten Bildschirm für die Dauer von drei Sekunden zu füllen.[557]

Während das Kennzeichnungsgebot als wesentliche Umsetzung des Trennungsgebotes *geeignet* ist, sowohl vor Irreführung als auch vor Programmbeeinflussung zu schützen,[558] bedarf die Frage der verfassungsrechtlichen *Erforderlichkeit* einer genaueren Überprüfung. Maxime muß dabei sein, daß die Kennzeichnung überall dort notwendig ist, wo es für den Zuschauer

---

[551] *Bosmann* ZUM 1990, S. 548; *Bethge*, Rundfunkfreiheit und öffentlich-rechtlicher Organisationsvorbehalt, S. 133 f.; vgl. auch *Ricker*, Unternehmensschutz und Pressefreiheit, S. 91; *ders.*, Privatrundfunkgesetze im Bundesstaat, S. 144; *Bruhn/Mehlinger*, Rechtliche Gestaltung des Sponsoring, S. 129.

[552] Vgl. BVerfGE 23, S. 271 ff., 290; 56, S. 284 ff., 289.

[553] Zum Beispiel Art. 3 § 5 Abs. 1 ZDF-StV; siehe im Zusammenhang zum Programmauftrag auch *Herlemann*, Die Regelung der Hörfunk- und Fernsehwerbung in den Mitgliedstaaten der Europäischen Gemeinschaft, S. 97 f.

[554] Vgl. BGH WRP 1990, S. 626 ff.; *Sack* ZUM 1987, S. 115 ff. m. w. N.; *ders.* AfP 1990, S. 707.

[555] Art. 1 § 7 Abs. 3 RStV.

[556] Art. 1 § 7 Abs. 4 RStV, vgl. zur Unterscheidung von Werbespots und Dauerwerbesendungen: *Ring*, Medienrecht, Art. 1 § 6 1991 Rdz. 33 ff.; *Becker, Udo*, Existenzgrundlagen öffentlich-rechtlicher und privater Rundfunkveranstaltung, S. 145 f.; *Hochstein* AfP 1991, S. 696 ff., 700 f.

[557] Ziff. 5 Gemeinsame Richtlinien der Landesmedienanstalten für Werbung, zur Durchführung der Trennung von Werbung und Programm und für das Sponsoring im Fernsehen vom 26. 1. 1993, in: *Ring*, Medienrecht, Art. 1 § 6 1991 Rdz. 102 ff.; die Richtlinien von ARD und ZDF beschränken sich auf eine Wiederholung der rundfunkstaatsvertraglichen Anforderungen.

[558] *Ring*, Medienrecht, Art. 1 § 6 1991 Rdz. 27; a. A. *Bruhn/Mehlinger*, Rechtliche Gestaltung des Sponsoring, S. 139, die in der Kennzeichnungspflicht keinen die Unabhängigkeit des Senders schützenden Aspekt erblicken wollen.

oder Zuhörer nicht zweifelsfrei erkennbar ist, ob er ein intendiertes Werbeprogramm oder eine redaktionell gestaltete Sendung vor sich hat.

Nicht zu beanstanden ist daher die Verpflichtung zur optischen bzw. akustischen Kennung selbst. Dies gilt vornehmlich für den Beginn der Werbung; aber auch zur Kennzeichnung des Werbeschlusses ist ein Logo oder Werbejingle jedenfalls dann einzusetzen, wenn die nachfolgende redaktionelle Sendung nicht ihrerseits besonders – in Form z. B. einer Ansage – hervorgehoben wird. Dem Zuschauer muß die eindeutige Qualifizierung des Programms möglich sein.[559] Vor diesem Hintergrund wird auch klar, daß Banden- oder Trikotwerbung bei der Übertragung von Sportveranstaltungen nicht gesondert als Werbung gekennzeichnet werden müssen. Da diese sofort als solche erkennbar ist, besteht zumindest kein Kennzeichnungsbedarf.[560]

Fraglich ist allerdings, ob die weiter konkretisierte Kennzeichnungsvorgabe, wie sie sich aus den Richtlinien der Landesmedienzentralen für den privaten Rundfunk ergibt,[561] zulässig ist. Denn über das optische Mittel des Art. 1 § 7 Abs. 3 Satz 2 RStV hinausgehend, fordert sie eine kurze Volleinblendung des Werbelogos. Im Rahmen der Frage nach der Verhältnismäßigkeit dieser Regelung ist eine Abwägung der widerstreitenden Interessen vorzunehmen. Gegenüber den Aspekten der Informationsfreiheit und der redaktionellen Unabhängigkeit tritt hier das verfassungsrechtliche Erfordernis einer sachgerechten Finanzierung privaten Rundfunks.[562] Denn jede Sendezeit, die nun für das Drei-Sekunden-Werbelogo aufgebracht werden muß, hätte dem Grunde nach als Werbeplatz verkauft werden können. Die privaten Sender werden dadurch in ihrer finanziellen Ausstattung berührt. Wenn dem flüchtig aufmerksamen Zuschauer die Trennung klar werden muß,[563] würde deshalb auch eine gleichermaßen deutliche Ein- oder Überblendung des Logos in die Werbung hinein ausreichen.

Andererseits ist zu bedenken, daß die einschlägigen Richtlinien der Landesmedienanstalten hinsichtlich der Einblendung nur eine Sollvorschrift enthalten. Außerdem wäre die Werbewirtschaft sicherlich kaum von den Vorteilen einer Ein- oder Überblendung des deutlich sichtbaren Logos in ihrem Spot zu überzeugen. Aufgrund dieser Umstände wird man die bestehenden Kennzeichnungspflicht im Rundfunk allgemein als verfassungsgemäß ansehen können.

bb) Blockwerbung

Nach Art. 1 § 4 Abs. 2 und § 44 Abs. 2 RStV darf Fernsehwerbung nur in Blöcken verbreitet werden. Auch in dieser Vorschrift konkretisiert sich das Trennungsgebot. Sie dient der individuellen Informationsfreiheit hinsichtlich einer klaren Programmaufteilung sowie dem Schutz der Rundfunkveranstalter dahingehend, daß eine Überfrachtung des Programms mit Streuwerbung grundsätzlich zu unterbleiben hat.[564] Das Gebot der Blockwerbung ist zur Erreichung seines Zweckes verfassungsrechtlich *geeignet*. Bedenken bestehen aber hinsichtlich der *Erforderlichkeit*. Es geht dabei vor allem um die Frage, ob ein Werbeblock stets aus mindestens *zwei Spots* bestehen muß. Die Befürworter begründen dies mit der sonst akuten Gefahr auseinandergezogener Werbeeinblendungen.[565]

90

---

[559] Vgl. *Bosmann* ZUM 1990, S. 549; *Bork,* Werbung im Programm, S. 17.

[560] *Sack* AfP 1991, S. 707 – siehe jedoch unten unter F Rdz. 92 f.

[561] Ziff. 5 Gemeinsame Richtlinien der Landesmedienanstalten für Werbung, zur Durchführung der Trennung von Werbung und Programm und für das Sponsoring im Fernsehen vom 26. 1. 1993, in *Ring,* Medienrecht, Art. 1 § 6 1991 Rdz. 102 ff.

[562] Vgl. BVerfGE 73, S. 118 ff., 154.

[563] *Bork,* Werbung im Programm, S. 17; *Kühn* ZUM 1986, S. 374; *Bruhn/Mehlinger,* Rechtliche Gestaltung des Sponsoring, S. 142.

[564] Vgl. *Ricker,* Privatrundfunkgesetze im Bundesstaat, S. 144; *Bullinger* ZUM 1985, S. 127; *Sack* ZUM 1987, S. 117; *Bosmann* ZUM 1990, S. 549; *Bruhn/Mehlinger,* Rechtliche Gestaltung des Sponsoring, S. 144 f.

[565] Vgl. *Bosmann* ZUM 1990, S. 549; LG Hamburg ZUM 1993, S. 664; *Becker, Udo,* Existenzgrundlagen öffentlich-rechtlicher und privater Rundfunkveranstaltung, S. 151 f.

Diese Ansicht ist abzulehnen, weil die Blockwerbung in diesem Maße nicht notwendig ist. Bereits in der theoretisch denkbaren Situation, daß lediglich ein einziger Spot für den Werbeplatz gebucht ist, offenbart sich ihr Mangel. Zudem ist es der werbetreibenden Wirtschaft dadurch verwehrt, die gesamte Werbezeit eines Blockes zu erwerben. Darin liegt eine Beschränkung der Werbemöglichkeiten, die unter dem übergreifenden Gesichtspunkt der Trennung von Werbung und Programm nicht erforderlich ist.[566] Das Gebot der Blockwerbung entspricht daher nur insoweit den verfassungsmäßigen Vorgaben, als an den Werbeblock keine quantitativen, sondern allenfalls zeitliche Anforderungen[567] gestellt werden. Bereits dadurch kann die Gefahr der Streuwerbung wirksam gebannt werden.

cc) Unterbrecherwerbung

91   Eng mit dem Gebot der Blockwerbung ist die Regelung der Unterbrecherwerbung verbunden. So darf der *öffentlich-rechtliche Rundfunk* nur Fernsehsendungen von mehr als 45 Minuten Dauer mit einer Werbeeinschaltung unterbrechen.[568] Die *privaten Veranstalter* unterliegen einer komplexeren Aufteilung. Werbung darf in Fernsehsendungen nur eingefügt werden, wenn der Abstand zwischen zwei aufeinanderfolgenden Unterbrechungen mindestens 20 Minuten beträgt, hingegen bei der Übertragung von Sportereignissen ausnahmsweise auch in den Pausen.[569] Weiter sind Werbeunterbrechungen zulässig, wenn die Sendung selbst aus eigenständig gegliederten Darbietungen besteht, in welche die Blöcke eingeplant werden können. Abweichend davon dürfen Fernseh- und Kinospielfilme (außer Serien, Reihen u. a.) über 45 Minuten Länge nur einmal pro 45 Minuten unterbrochen werden. Sind derartige Filme hingegen über 120 Minuten lang, so ist eine zusätzliche Unterbrechung zulässig.[570]

Im hier interessierenden Zusammenhang soll nicht auf die *Problematik der Zeitberechnung* eingegangen werden,[571] sondern eine Bewertung der Unterbrecherwerbung unter dem Gesichtspunkt des Trennungsgrundsatzes erfolgen. Wie die Blockwerbung, so dient die Beschränkung auf generell eine Werbeunterbrechung pro 45 Minuten dem Schutz der Informationsfreiheit des Zuschauers, dem der inhaltliche Zusammenhang des Programmes erhalten bleiben soll und der Freiheit der redaktionellen Arbeit von Einflußnahmeversuchen der Werbewirtschaft, die gerade populäre Programme gehäuft unterbrechen würde.

Im Rahmen der Prüfung der *Erforderlichkeit* der Regelung wird augenfällig, daß die Vermengung redaktioneller und werblicher Aussagen innerhalb eines Rundfunkprogramms spezifische Probleme aufwirft. Im Unterschied zu anderen selektiv wahrnehmbaren Medien, kann sich der Rezipient der Werbeeinblendung kaum entziehen, wenn er das Programm weiterverfolgen will. So ist es bei der Presse ohne weiteres möglich, Anzeigen zu überblättern. Die Gefahr eines fließenden Übergangs ist beim Rundfunk besonders groß.[572] Im Rahmen der *Verhältnismäßigkeit* muß der Gesichtspunkt der sachgerechten Finanzierung und damit die Notwendigkeit von Werbung im privaten Rundfunk hinreichend mit berücksichtigt werden. Dabei ist festzustellen, daß gerade fiktive Sendungen ein besonders geeignetes Werbeumfeld bieten. Dem hat der Gesetzgeber entsprochen, als er bei Serien bereits eine Unterbrechung nach 20 Minuten zuläßt. Die Unterbrechung von Spielfilmen erst nach 45 Minuten wird damit begründet, daß dort der dramaturgische Ablauf in einem bestimmten Zeitrahmen gestaltet wird, welcher nicht übermäßig unterbrochen werden darf.

Dieses Argument gilt jedoch bei *Serien gleichermaßen*. Auch dort ist die Dramaturgie im allgemeinen in einen bestimmten zeitlichen Rahmen gesetzt. Von daher gibt es keinen Grund,

---

[566] Vgl. *Bork,* Werbung im Programm, S. 20; *Ring,* Medienrecht, Art. 1 § 13 1991 Rdz. 11.

[567] *Bork,* Werbung im Programm, S. 20 nennt als Anhaltspunkt die Dauer von 30 Sekunden.

[568] Art. 1 § 4 Abs. 3 RStV.

[569] Vgl. § 4 Abs. 4 RStV.

[570] Art. 1 § 44 Abs. 3, 4 RStV.

[571] Siehe dazu unten F Rdz. 108.

[572] Vgl. *Ricker,* Privatrundfunkgesetze im Bundesstaat, S. 146; *Bork,* Werbung im Program, S. 22; siehe hierzu auch oben unter F Rdz. 88 f.

private Veranstalter bei der Ausstrahlung von Werbung in Kinofilmen[573] schlechter zu stellen als bei Serien. Hinzu kommt, daß der TV-Veranstalter nur dann hinreichend Werbung akquirieren kann, wenn sein Programmfeld für den Rezipienten attraktiv ist. Gerade bei Spielfilmen wird der Sender also aus eigenem Interesse die Sensibilität der Zuschauer berücksichtigen. In diesem Zusammenhang mag der Hinweis von Interesse sein, daß moderne Spielfilme bereits bei der Herstellung für Unterbrechungen konzipiert sind. Auch unter diesen Gesichtspunkten wird nicht erklärlich, warum der Veranstalter bei Kinofilmen strengeren Maßstäben unterworfen ist als bei Serien. Für die erforderliche Abwägung mit der Programmfreiheit ist deshalb davon auszugehen, daß das Schutzbedürfnis insoweit auf Mißbräuche der unterbrechenden Werbung zu beschränken ist. Einen solchen Mißbrauch würde es darstellen, wenn mehrmalige Unterbrechungen innerhalb kurzer Abstände zulässig wären.[574]

dd) Schleichwerbung und Product Placement

Eine weitere Konkretisierung des Trennungsgrundsatzes von Programm und Werbung findet sich im Verbot der Schleichwerbung.[575] Danach ist u. a. die Erwähnung oder Darstellung von Waren, Dienstleistungen oder Namen im Programm untersagt, wenn sie zu Werbezwecken erfolgen und die Allgemeinheit hinsichtlich des eigentlichen Zwecks irreführen können. Der Werbezweck muß im Regelfall dann angenommen werden, wenn die Darstellung oder Erwähnung gegen Entgelt oder eine sonstige Gegenleistung erfolgte. **92**

Die Regelung entfaltet ihre Wirkung vor allem im Bereich der *medialen Werbung*, also dort, wo sich eine werbliche Wirkung aus dem Programm heraus ergeben kann. Als wichtiges Beispiel aus der Praxis ist hierzu das *Product Placement* zu nennen. Meist wird darunter die werbewirksame Plazierung von Markenprodukten als Requisite in die reale Handlung eines Filmwerkes verstanden. Die Produkte können aber auch selbst zur Thematik der Sendung werden.[576] Als Ausprägung des Trennungsgrundsatzes dient das Verbot der Schleichwerbung zum einen dem Schutz der Informationsfreiheit des Rezipienten und zum anderen dem Schutz der redaktionellen Arbeit vor Einflußversuchen der werbetreibenden Wirtschaft. Insofern handelt es sich um eine Art. 5 Abs. 1 GG *ausgestaltende Regelung*, weil es vor allem die Errichtung und Aufrechterhaltung eines funktionierenden Meinungsmarktes bezweckt.[577] Das Verbot ist verfassungsrechtlich geeignet und erforderlich, weil Schleichwerbung sich als der Inbegriff für die Vermengung von Werbe- und Programminhalten darstellt. Wie bereits der Name sagt, schleicht sich die Werbeaussage unerkannt in den Erkenntnishorizont des Rezipienten hinein: Er meint, Programm zu schauen, sieht tatsächlich jedoch Werbung.

Das Verbot bedarf allerdings einer Relativierung unter dem Gesichtspunkt der *Verhältnismäßigkeit*, weil nicht jede Erkennbarkeit von Produkten und Marken rechtlich mißbilligenswert erscheint. Denn wollen die Rundfunkveranstalter ein umfassendes Bild der Wirklichkeit zeigen, so können sie auf bekannte Exponate der Warenwelt nicht verzichten.[578] Daher ist im Einzelfall zwischen den Anforderungen des Trennungsgebotes einerseits und dem Recht der Rundfunkveranstalter auf Darstellung einer *realen Welt* eine Interessenabwägung vorzunehmen. Grundsätzlich wird man in der mit einer konkreten Szene verbundenen Werbewirkung dann einen Verstoß gegen den Trennungsgrundsatz und somit das Verbot der

---

[573] Vgl. dazu *Hartel* ZUM 1996, S. 129 ff.

[574] *Ricker,* Privatrundfunkgesetze im Bundesstaat, S. 146 f.; *Bosmann* ZUM 1990, S. 550.

[575] Vgl. Art. 1 § 7 Abs. 5 RStV.

[576] Vgl. hierzu im einzelnen *Völkel* ZUM 1992, S. 55 ff.; *Bruhn,* Sponsoring: Unternehmen als Mäzene und Sponsoren, 1987, S. 71; *Bosmann* ZUM 1990, S. 551 ff.; *Hennig-Bodewig* GRUR Intern. 1987, S. 542 ff.; *Becker, Udo,* Existenzgrundlagen öffentlich-rechtlicher und privater Rundfunkveranstaltung nach dem Rundfunkstaatsvertrag, S. 206 ff.; *Ring,* Medienrecht, RStV, Art. 1 § 6 1991 Rdz. 47 ff.

[577] Vgl. dazu eingehend oben F Rdz. 88 f.

[578] Vgl. zum umfassenden Programmauftrag § 5 I ZDF-StV; *Herlemann,* Die Regelung der Hörfunk- und Fernsehwerbung in den Mitgliedstaaten der Europäischen Union, S. 97 f.; *Sack* AfP 1991, S. 707; *Ring,* Medienrecht, Art. 1 § 6 1991 Rdz. 48.

Schleichwerbung erblicken können, wenn die Plazierung weder redaktionell noch dramaturgisch notwendig war. Dieses Kriterium findet sich auch in den Werberichtlinien der öffentlich-rechtlichen Anstalten und der Landesmedienanstalten.[579]

In vielen Fällen wird der Werbeeffekt *generell vermeidbar* sein. So gibt es regelmäßig weder redaktionelle noch dramaturgische Gründe dafür, daß ein Moderator einen Pullover mit deutlich sichtbarem Werbesignet zur Schau trägt oder ein Fernsehkommissar stets die Bonbontüte einer bestimmten Marke kameragerecht öffnet.[580] Ist die Abbildung eines Produktes als solches nicht zu vermeiden, so stellt sich die weitergehende Frage, ob redaktionelle oder dramaturgische Gründe auch die *Intensität* der Werbewirkung erfordern. Schauspieler müssen im Film normale Kraftfahrzeuge fahren dürfen, allerdings wird der notwendige Wirklichkeitsbezug keine Werbefahrten erforderlich machen. Dies gilt auch für die Werbung bei Sportveranstaltungen. Daß Trikot- und Bandenwerbung mitübertragen wird, läßt sich nicht vermeiden. Es ist aber nicht erforderlich, daß die Kamera zielgerichtet bei bestimmten Reklameflächen innehält.[581]

93   Ein ähnliches Ergebnis wird man auch im Zusammenhang mit *Bildungssendungen* oder *Ratgeberprogrammen* anerkennen können. In Erfüllung seiner Informationsaufgabe muß sich der Rundfunk auch im günstigen Sinne mit Unternehmen, Waren oder Dienstleistungen auseinandersetzen können. Solange dabei die *sachliche Unterrichtung* statt der Wahrung von Einzelinteressen im Vordergrund steht, ist die werbende Wirkung als Nebenfolge in Kauf zu nehmen.[582] Je stärker das Thema im öffentlichen Interesse ist, desto weniger wird man dabei einen Verstoß gegen das Verbot der Schleichwerbung annehmen können.[583] Aber auch im Rahmen von Ratgebersendungen gilt, daß eine im Sinne des Informationszwecks erforderliche werbende Darstellung von Waren oder Unternehmen sich bezüglich der Intensität der Präsentation trotzdem am Normzweck des Trennungsgebotes zu orientieren hat.[584]

Weiterhin sind Fälle denkbar, in denen die Werbewirkung praktisch nur dadurch vermieden werden könnte, daß auf eine Ausstrahlung der Sendung ganz verzichtet würde. Es wäre vor dem Hintergrund des Trennungsgebotes abzuwägen, ob ein *Verzicht auf die Sendung zumutbar* wäre. Dabei sind die dramaturgischen bzw. redaktionellen Aspekte, aber auch die Interessen der Zuschauer und der Veranstalter zu bedenken. In diesem Sinne zumutbar wäre der Verzicht auf den Kurzbesuch eines Stargastes in einer Talkshow sicher dann gewesen, als diese Person darauf bestand, in einem Kraftfahrzeug bayerischer Herkunft auf die Bühne zu fahren.[585]

Unter gewissen Umständen bleibt jedoch kein Raum mehr für eine entsprechende Interessenabwägung. Wird beispielsweise dem Sender von einem Unternehmen ein Entgelt oder ein sonstiger vermögenswerter Vorteil dafür gewährt, daß eine bestimmte Ware eine positive Darstellung im Rahmen des Programms erfährt, so ist darin regelmäßig ein Verstoß gegen das

---

[579] Vgl. Ziffer 5.1. ARD-Richtlinien für die Werbung, zur Durchführung der Trennung von Werbung und Programm und für das Sponsoring vom 24. 6. 1992, in: *Ring*; Medienrecht, Art. 1 § 6 Rdz. 100; Ziffer 5.1. ZDF-Richtlinien für Werbung und Sponsoring vom 19. 3. 1993 i. d. F. vom 7. 10. 1994, in: *Ring,*; Medienrecht, RStV, Art. 1 § 6 RStV 1991 Rdz. 101; Ziffer 7 Gemeinsame Richtlinien der Landesmedienanstalten für die Werbung, zur Durchführung der Trennung von Werbung und Programm und für das Sponsoring im Fernsehen, in: *Ring,* Medienrecht, Art. 1 § 6 RStV 1991 Rdz. 102 – siehe auch OLG München in AfP 1986, S. 350; *Henning-Bodewig* GRUR Intern. 1987, S. 542 ff.; *Sack* ZUM 1987, S. 115 ff.; *ders.* AfP 1991, S. 707; *Bork,* in: Werbung im Programm, S. 84.

[580] *Bork,* Werbung im Programm, S. 84.

[581] *Bosmann* ZUM 1990, S. 552; *Sack* AfP 1991, S. 708; *Ring,* Medienrecht, Art. 1 § 6 RStV 1991 Rdz. 51.

[582] Vgl. OLG Düsseldorf AfP 1987, S. 419; BGH GRUR 1968, S. 646 f.; OLG Hamm AfP 1992, S. 379; *Ring,* Medienrecht Art. 1 § 6 RStV 1991 Rdz. 53; zur Bildberichterstattung im Sportteil einer Zeitung vgl. auch KG AfP 1994, S. 131.

[583] Vgl. OLG Hamm AfP 1992, S. 256.

[584] *Sack* AfP 1991, S. 705; *Becker* ZUM 1991, S. 48 f.; *Bosmann* ZUM 1990, S. 553.

[585] Vgl. *Sack* AfP 1991, S. 705; *Bork,* Werbung im Programm, S. 86.

Trennungsgebot zu sehen.[586] Dies soll übrigens auch dann gelten, wenn die Werbewirkung selbst nicht vermeidbar war. So kann die Wahl eines bestimmten Kraftfahrzeuges dramaturgisch begründet und somit zulässig sein. Wenn die Entscheidung dafür aber auf der Zuwendung beruht, ist die redaktionelle Unabhängigkeit in einem Maße beeinträchtigt, welche im Hinblick auf den Schutzzweck des Trennungsgebotes nicht mehr hinnehmbar wäre.[587] Nicht ohne Grund greift Art. 1 § 7 Abs. 5 Satz 3 RStV gerade diesen Fall heraus, um ihn als falltypisch dem Verbot der Schleichwerbung zu unterstellen.

ee) Sonderregelung des Sponsoring

Neben dem bereits angesprochenen Product Placement, bedient sich die werbende Wirt- **94** schaft in neuerer Zeit auch der Form des Sponsoring.[588] Sponsoring ist gesetzlich einheitlich für den gesamten Rundfunk geregelt. Danach versteht man unter Sponsoring die *direkte* oder *indirekte Finanzierung* von Sendungen, um den Namen, die Marke oder das *Erscheinungsbild* des *Sponsors* zu fördern.[589] Bei Sendungen, die ganz oder teilweise gesponsert werden, muß in vertretbarer Kürze zu Beginn und am Ende der Sendung deutlich auf die Finanzierung durch den Sponsor hingewiesen werden. Dazu kann auch das Firmenemblem eingeblendet werden. Der Hinweis darf statt einer reinen Einblendung auch in Form bewegter Bilder erfolgen.[590] Der Begriff des Firmenemblems wird in diesem Zusammenhang sehr weit ausgelegt. Da es um eine Frage der bestmöglichen Identifizierung des Unternehmens und seiner Produkte geht, soll der Sponsor auch einen Produktzusatz oder ein Warenzeichen zeigen dürfen. Aus diesem Grund dürfte eine Sendung als von „TESA" finanziert genannt werden, obwohl der eigentliche Sponsor die Beiersdorf AG ist.[591]

Die verfassungsrechtliche Würdigung des Sponsoring in Fernsehsendungen setzt ein Aussage darüber voraus, ob Sponsoring begrifflich als *Werbung* einzustufen ist. Teilweise wird argumentiert, daß Sponsoring eine finanzielle Förderung ohne Werbecharakter darstelle. Selbst die Sponsorenhinweise am Beginn und am Ende der Sendung dienten allein der *Transparenz* über Finanzierungszusammenhänge.[592] Diese Ansicht könnte eine Unterstützung in der amtlichen Begründung zu Art. 1 § 8 RStV finden. Dort wird Sponsoring als eine eigenständige Finanzierungsform neben der Werbung eingeführt.[593]

Aus verschiedenen Gründen kann diese Auffassung aber nicht überzeugen. Wenn die amtliche Begründung von der Sonderform spricht, besagt dies im Grunde nur, daß Art. 1 § 8 RStV als *lex specialis* insoweit anderslautenden Regeln des allgemeinen Werberechts vorgehen soll. Während durch Werbung über die Bekanntmachung und Produktinformation die Kaufhandlung ausgelöst werden soll, wird beim Sponsoring zum selben Zweck das Image des Herstellers positiv gefördert.[594] Beide Formen der Absatzförderung dienen aber der Förderung wirtschaftlicher Interessen[595] was auch durch die Neufassung des Rundfunkstaatsvertrages zum Ausdruck kommt.[596] Der werbende Charakter wird weiterhin dadurch

---

[586] Vgl. *Ricker* NJW 1988, S. 456 f.; *Sack* ZUM 1987, S. 116; siehe in diesem Zusammenhang auch BGH WRP 1990, S. 626 ff.

[587] *Bork* ZUM 1991, S. 53.

[588] Vgl. ausführlich *Bruhn,* Sponsoring: Unternehmen als Mäzene und Sponsoren; *Ring,* Medienrecht, Art. 1 § 7 RStV 1991 Rdz. 9 f.

[589] Vgl. Art. 1 § 8 Abs. 1 RStV.

[590] Vgl. Art. 1 § 8 Abs. 2 RStV.

[591] Vgl. *Sack* AfP 1991, S. 710; *Ring,* Medienrecht, Art. 1 § 7 RStV 1991 Rdz. 34; *Bruhn/Mehlinger,* Rechtsprobleme des Sponsoring, S. 151.

[592] *Bork* ZUM 1988, S. 325; grundsätzlich ebenso: *Bruhn/Mehlinger,* Rechtliche Gestaltung des Sponsoring, S. 155 f.

[593] Abgedruckt in: *Ring,* Medienrecht, S. 528.

[594] Vgl. dazu *Kroeber-Riel* Marketing ZFP 1988, S. 182; *Bruhn/Mehlinger,* Rechtliche Gestaltung des Sponsoring, S. 1 ff.

[595] Vgl. *Sack* AfP 1991, S. 710; *Weiand* ZUM 1993, S. 82; *Ricker* NJW 1988, S. 457.

[596] Vgl. die noch anders lautende Einschränkung in Art. 1 § 3 Abs. 7 RStV 1987 – abgedruckt in: *Ring,* Medienrecht, Synopse S. 69.

unterstützt, daß der Sponsorhinweis in einer bewegten Filmsequenz dargestellt werden darf. Durch das unvermittelte Auftauchen scheint dieser gar mit einer besonders starken Suggestivkraft ausgestattet. Während klassische Wirtschaftswerbung mit einer Kennzeichnungspflicht belegt ist, wird der Zuschauer der Werbewirkung eines solchen Sponsorhinweises viel ungeschützter ausgesetzt.[597]

95   Ein weiteres wesentliches Argument ergibt sich schließlich aus dem Regelungsbedürfnis von Hinweisen auf *Ereignissponsoring.* Art. 1 § 8 RStV spricht allein vom Sponsoring einer Rundfunksendung. Unter Ereignissponsoring hingegen versteht man die Unterstützung einer Veranstaltung oder eines Ereignisses sportlicher oder kultureller Natur, das dann von einem Rundfunkveranstalter übertragen wird. Da eine direkte Anwendung der Sponsoring-Normen nicht möglich ist, wird teilweise über eine *entsprechende Geltung* nachgedacht.[598] Dem kann nicht gefolgt werden, da sich beide Sponsoringformen inhaltlich unterscheiden. Während bei der Unterstützung einer Sendung mit einer bestimmten Einflußnahme des Sponsors auf die Programminhalte gerechnet werden muß, bestehen zwischen dem Sponsor eines Ereignisses und dem Rundfunksender regelmäßig keine Verbindungen. Der Rundfunkveranstalter entscheidet selbst, ob und in welchem Umfang und zu welchen Kosten er überträgt. Daß diese niedriger ausfallen können, weil der Veranstalter anderweitige Zuschüsse bekommt und Übertragungsrechte deshalb billiger abgeben kann, ist dabei unerheblich.[599] Unterfällt das Ereignissponsoring im Ergebnis demnach nicht Art. 1 § 8 RStV, müssen die allgemeinen Regelungen für Werbung einschlägig sein. Dies hat zahlreiche praktische Auswirkungen auf die Kennzeichnung gesponserter Ereignisse im Rundfunk, welche im Rahmen der verfassungsrechtlichen Würdigung aber vorliegend nicht behandelt werden können.[600] Die so begründete Zuordnung unterstützt wiederum die These, daß Sponsoring allgemein als Werbung im rundfunkrechtlichen Sinne zu verstehen ist.

Fraglich ist vor diesem Hintergrund, ob die Sponsoringaktivitäten für den öffentlich-rechtlichen Rundfunk verfassungsgemäß gefaßt sind. Dabei geht es insbesondere um die Rolle des *öffentlich-rechtlichen Rundfunks* im dualen System. Darin weist das Bundesverfassungsgericht dem öffentlich-rechtlichen Rundfunk die besondere Aufgabe der Grundversorgung zu. Ihm obliegt es, umfassend und in voller Breite des klassischen Rundfunkauftrages zu informieren und die Meinungsvielfalt in der verfassungsrechtlich gebotenen Weise herzustellen.[601]

96   Daraus folgen wichtige Grundsätze zur *Finanzierung.* So wird die Gebührenfinanzierung als die dem öffentlich-rechtlichen Rundfunk angemessene Einnahmequelle bezeichnet, weil sie ein von Einschaltquoten unabhängiges Programm erlaube, das den verfassungsrechtlichen Anforderungen gegenständlicher und meinungsmäßiger Vielfalt entspricht. Die Werbung tritt allenfalls subsidiär hinzu.[602] Trifft der Gesetzgeber daher eine Werberegelung, so bedarf sie vor allem dort einer angemessenen Beschränkung, wo sich Interessen der Werbewirtschaft auf die Erfüllung der *Grundversorgung* auswirken.[603] Eine solche Beschränkung zur Sicherung der Meinungsvielfalt wäre als ausgestaltende Maßnahme im Rahmen der institutionellen Garan-

---

[597] Der öffentlich-rechtliche Rundfunk räumt mittlerweile selbst ein, daß Sponsoring als Werbung zu sehen sei und damit sein Image geschädigt werde, vgl. *Schmid-Ospach,* stv. Fernsehdirektor des WDR, zit. in epd Nr. 18 v. 9. 3. 1996, S. 17.

[598] KG Berlin AfP 1987, S. 713; *Ladeur* ZUM 1987, S. 500.

[599] *Bork* ZUM 1988, S. 325; *ders.,* Werbung im Programm, S. 115, 118; *Kresse,* Markenartikel 1987, S. 387; *Weiand* ZUM 1993, S. 82.

[600] Vgl. *Sack* AfP 1991, S. 711 m. w. N.; *Henning-Bodewig* AfP, S. 489; *Gummig* ZUM 1991, S. 133 ff.; *Bosmann* ZUM 1990, S. 554 f.; *Bork,* Werbung im Programm, S. 110 ff.

[601] BVerfGE 73, S. 118 ff., 157 f.; 74, S. 297 ff., 325; 83, S. 238 ff., 276; 87, S. 161; BVerfG ZUM 1994, S. 172 ff.

[602] Letztmalig BVerfG ZUM 1994, S. 181; vgl. aber auch *Ricker* NJW 1994, S. 2199 f.; zur Finanzierung siehe auch oben unter C Rdz. 74 ff., 77 ff.

[603] BVerfGE 83, S. 238 ff., 311; BVerfG ZUM 1994, 181; vgl. auch *Starck,* in: VPRT (Hrsg.), Öffentlich-rechtlicher Rundfunk und Werbefinanzierung, S. 13 ff.; siehe auch oben unter C Rdz. 74 f.

tie i. S. d. Art. 5 Abs. 1 GG zu verstehen. Fraglich ist, ob der Gesetzgeber vorliegend die geeigneten und erforderlichen Maßnahmen ergriffen hat.

Wie bereits festgestellt wurde, handelt es sich beim Sponsoring generell um eine Form der Werbefinanzierung. Sie ermöglicht den öffentlich-rechtlichen Rundfunkanstalten eine gewisse finanzielle Unabhängigkeit, die jedoch den Vorrang der Gebührenfinanzierung nicht in Frage stellt. Die tatsächlichen Erträge des Sponsoring bewegten sich für die ARD im Jahre 1992 bei 10 Mio. DM brutto im Vergleich zu einem Gesamtwerbevolumen von 1,18 Mrd. DM. Insofern ist eine finanzielle Abhängigkeit vom Sponsoring nicht zu befürchten, so daß eine quantitative Beschränkung nicht erforderlich ist.[604]

Dennoch geht vom Sponsoring eine Gefahr für das Gebot der Vielfaltsicherung aus. Dem Sponsor ist daran gelegen, das Programm in seinem Sinne zu beeinflussen, weil er nur so das erwünschte *positive Image* erzielen kann. Dieser Gefahr war sich der Gesetzgeber bewußt. Allerdings normierte er – anders als in der amtlichen Begründung intendiert – kein Verbot, sondern eine Beschränkung dahingehend, daß die Beeinflussung nicht in einer Weise erfolgen dürfe, die die Verantwortung und die redaktionelle Unabhängigkeit des Rundfunkveranstalters beeinträchtige.[605] Diese Norm mag zwar als spezialgesetzliche Anpassung des allgemeinen Werbegrundsatzes der verbotenen Beeinflussung an die Besonderheiten des Sponsoring verstanden werden. Den verfassungsrechtlichen Anforderungen im Hinblick auf den *Grundversorgungsauftrag* wird sie allerdings nicht gerecht. Auch wenn die redaktionelle Unabhängigkeit als solche gewahrt werden könnte, ließe sich doch nicht vermeiden, daß zur Erzielung der vom Sponsor erhofften Einschaltquoten die Vielfaltsanforderung zurückgedrängt würde.[606] Es ließe sich nicht verhindern, daß ein Hundefutterhersteller sich eine massenattraktive Hundesendung als Gegenstand seiner Unterstützung wünschen wird, selbst wenn er sie redaktionell dann nicht vorbestimmen könnte. Es ist anzunehmen, daß Sponsoren nur solche Sendungen unterstützen, welche ihren eigenen wirtschaftlichen Zielen entsprechen.[607]

Damit wäre aber ein wichtiges Kriterium zur Aufrechterhaltung des öffentlich-rechtlichen Rundfunks berührt. Die Gefahr besteht darin, daß der öffentlich-rechtliche Rundfunk bei seinen Programmentscheidungen nicht mehr die gebotene gegenständliche und meinungsmäßige Vielfalt, sondern Gesichtspunkte der *Massenattraktivität* in den Vordergrund stellt, um den wirtschaftlichen Interessen Dritter zu entsprechen. Die Regelung des Sponsoring im Rundfunkstaatsvertrag erscheint somit hinsichtlich des öffentlich-rechtlichen Rundfunks verfassungsrechtlich bedenklich.

b) Inhaltliche Werbebeschränkungen

aa) Verbot der ideellen Werbung

Eine weitere Werbebeschränkung, die sowohl den öffentlich-rechtlichen als auch den privaten Rundfunk trifft, bestimmt der Rundfunkstaatsvertrag in § 7 Abs. 7, wonach Werbung *politischer, weltanschaulicher oder religiöser Art* unzulässig ist. Damit wird das Verbot der *„ideellen Werbung"* statuiert.[608] Die Vorschrift, die in dem Rundfunkstaatsvertrag in der Fassung vom **97**

---

[604] Vgl. zur wirtschaftlichen Bedeutung des Sponsoring im öffentlich-rechtlichen Rundfunk: *Ring,* Medienrecht, Art. 1 § 7 RStV 1991 Rdz. 10.

[605] Vgl. Art. 1 § 8 Abs. 3 RStV.

[606] Wie vom öffentlich-rechtlichen Rundfunk selbst eingeräumt wird, erhält der Zuschauer den Eindruck der Finanzierung durch Werbung und nicht durch Gebühren, womit ein entsprechender Imageschaden einhergehe, vgl. den stv. Fernsehdirektor des WDR, *Schmid-Ospach,* zit. in: epd Nr. 18 v. 9. 3. 1996, S. 17.

[607] Vgl. *Bruhn/Mehlinger,* Rechtliche Gestaltung des Sponsoring, S. 151; anders *Ring,* Medienrecht, Art. 1 § 7 RStV 1991 Rdz. 37, der eine solche Tendenz wegen der Selbstachtung der Rundfunkanstalten ablehnt.

[608] Mit diesem Begriff wird diejenige Werbung umschrieben, die keine Wirtschaftswerbung ist. Lediglich die Wirtschaftswerbung soll aber nach dem RStV zugelassen werden, vgl. amtl. Begrdg. zu § 6 Abs. 7 RStV 1991, abgedr. in *Ring,* Medienrecht, Bgrdg. zum RStV, C-0.1., S. 14; zu dem Begriff vgl. Art. 2 f. Europaratskonvention („zur Unterstützung einer Sache oder Idee").

15.3.1990 noch nicht enthalten war, sondern erst durch die Novellierung vom 1.8.1994 festgelegt wurde, stellt sich nach dem Willen der Gesetzgeber als Ausgestaltung der Rundfunkordnung dar.

Hierzu wird vor allem geltend gemacht, daß im Falle der Zulassung idealer Werbung politischen Parteien, aber auch ideologischen Gruppen über den Umweg der Werbezeiten die Möglichkeit einer eigenen rundfunkmäßigen Betätigung eröffnet würde, ohne daß diese den strengen Zulassungsregeln für Rundfunkveranstalter unterliegen.[609] Praktische Bedeutung hat das Verbot idealer Werbung vor allem im Hinblick auf die *kommerzielle Parteienwerbung*.[610] Dadurch, daß die unmittelbare Ansprache der Bevölkerung durch Wahlversammlungen aber auch durch Plakataktionen wegen des geschwundenen Interesses hieran zunehmend schwieriger wird, sind die politischen Parteien daran interessiert, über die Pflichtsendezeiten nach § 42 Abs.2 RStV hinaus Werbezeiten bei den Rundfunkveranstaltern einzukaufen, um damit ihren Wahlkampf zu optimieren.[611] Einerlei, ob eine Begrenzung der Rundfunkfreiheit als ausgestaltende Maßnahme oder als Schranke gem. Art.5 Abs.2 GG aufzufassen ist, muß der Gesetzgeber den Grundsatz der Verhältnismäßigkeit achten, so daß auch hier wiederum zu prüfen ist, ob die Regelung *geeignet, erforderlich und verhältnismäßig* ist.[612]

Der Zweck der Regelung des § 7 Abs.7 Rundfunkstaatsvertrag ist es wie dargestellt, den Prozeß freier Meinungsbildung zu gewährleisten. Dem ist schon entgegenzuhalten, daß Werbung grundsätzlich als Teil der Rundfunkfreiheit zu betrachten ist, da sie sich zum einen als Nachricht und damit als wesentlicher Teil rundfunkmäßiger Betätigung darstellt.[613] Zum anderen entspricht sie aber auch der *causa* der Rundfunkfreiheit, da sie einen ganz selbstverständlichen Beitrag zur individuellen und öffentlichen Meinungsbildung leistet.[614] Der Ausschluß der idealen Werbung stellt sich vor dem verfassungsrechtlichen Hintergrund der Rundfunkfreiheit somit als eher *kontraproduktiv* dar. Durch das Verbot ist es den Rezipienten nicht oder im Hinblick auf Werbespots der politischen Parteien nur in eingeschränktem Maße möglich, sich unmittelbar über die Inhalte der idealen Gruppen zu informieren. Der *Meinungsmarkt* wird somit für ihn *beschränkt*.

Der Hinweis, daß durch Werbesendungen die *Zulassungsregeln* umgangen werden könnten, bedarf demgemäß einer besonderen Rechtfertigung. Diese ist aber aus den folgenden Gründen nicht ersichtlich: Der Rezipient dürfte sich in der Regel der Einseitigkeit idealer Werbung ebenso wie aller anderen Werbeinhalte bewußt sein und die Möglichkeit besitzen, ihnen gegenüber Distanz entgegenzubringen. Schon deshalb hat das Bundesverfassungsgericht die von ihm aufgestellten Anforderungen an die Ausgewogenheit lediglich auf den redaktionell gestalteten, nicht jedoch auf den Werbeteil bezogen.[615] Letzterer ist vielmehr nach dem Verständnis des Rezipienten immer unausgewogen, denn Werbung ist unabhängig von dem von ihr verfolgten materiellen oder ideellen Zweck stets darauf gerichtet, den Umworbenen mit einseitigen Mitteln zu beeinflussen. Eine Ausgewogenheit im Sinne der Rechtsprechung des Bundesverfassungsgerichts läßt sich von daher im Bereich der Rundfunkwerbung ohnehin nicht herstellen und wird auch nicht erwartet.[616] Sollte der Rezipient entgegen der hier vertretenen Auffassung dennoch nicht in der Lage sein, die ideale Werbung als solche zu erkennen und würde dies zu einer *Verwechslung* von Werbung und redaktionellen Inhalten führen, wäre die Ausgewogenheit des Programms und damit letztlich auch die freie individuelle und öffentliche Meinungsbildung gefährdet. In diesem Falle würde die Werbung

---

[609] *Ring,* Medienrecht, C-0.3. zu § 6 RStV 1991, Rdz. 6, S. 427.

[610] Vgl. auch VG Hannover, Urteil v. 8.8.1996 (Az: 6A 4538/93), das einen Werbespot des Deutschen Gewerkschaftsbundes als ideelle Werbung ansah.

[611] Vgl. hierzu *Ricker* AfP 1989, S. 499 ff.

[612] Vgl. hierzu oben unter B Rdz. 185; F Rdz. 69.

[613] Vgl. hierzu oben unter B Rdz. 47 ff.; F Rdz.

[614] Vgl. hierzu oben unter F Rdz. 34 ff.

[615] BVerfGE 74, S. 324 ff.; 73, S. 153 f., 161; 57, S. 320 f.

[616] Vgl. *Ricker* AfP 1989, S. 504.

tatsächlich dem redaktionellen Inhalt gleichgestellt und damit der Gedanke einer Umgehung der Zugangsregelungen bei der Zulassung ideeller Werbung schlüssig. Allein aber nur dann ließe sich die Geeignetheit der gesetzgeberischen Maßnahmen bejahen.

Es ist allerdings zu fragen, ob das Verbot der ideellen Werbung auch als *erforderlich* anzusehen ist. Die Erforderlichkeit eines gesetzlichen Verbots politischer Werbung ergibt sich nicht aus der unzureichenden Unterscheidbarkeit derartiger Sendungen vom übrigen Programm und den insoweit bestehenden Umgehungsmöglichkeiten von Zulassungsregeln. Die Direktoren der Landesmedienanstalten haben mit ihren Richtlinien zur Werbung das Trennungs- und Kennzeichnungsgebot des § 7 Abs. 3 und Abs. 4 RStV in hinreichendem Maße konkretisiert. Vor allem mit der dort enthaltenen Verpflichtung, länger als 90 Sekunden dauernde oder mit redaktionellem Inhalt vermischte Werbesendungen unmittelbar vor Beginn als „Dauer-Werbesendung" anzukündigen und während des gesamten Verlaufs durch die Einblendung des Schriftzuges „(Dauer)Werbesendung" zu kennzeichnen, schließen die Aufsichtsbehörden eine Verwechslung von programmlichen und Werbeinhalten durch die Rezipienten von vorneherein aus.[617] Sollten sich die Werberegeln der Landesmedienanstalten für eine klare Trennung von ideeller Werbung und Programm und damit die Verhinderung einer Verwechslung durch den Rezipienten wider Erwarten doch nicht als ausreichend erweisen, so bestünde die Möglichkeit, die *Richtlinien zu verschärfen*. Ein Ausschluß ideeller Werbung aus den Rundfunkprogrammen erscheint aber somit nicht erforderlich, da die dargestellten Maßnahmen ausreichend sind, um bei den Rezipienten dem Irrtum vorzubeugen, bei der Werbesendung handele es sich um einen redaktionell verantworteten Inhalt, dem dann auch eine Zulassung zugrunde liegen müsse.

Hinzu kommt, daß die *Presse* den im Rundfunkstaatsvertrag enthaltenen Restriktionen **98** nicht unterliegt. Im Gegenteil, im Hinblick auf die Werbung politischer Parteien hat das Bundesverfassungsgericht sogar ausdrücklich entschieden, daß die Printmedien in ihrer Entscheidung, ob und in welchem Umfang sie entsprechende Anzeigen abdrucken, völlig frei sind.[618] Es ist aber kein Grund einzusehen, warum im Rundfunk das Werbeverbot erforderlich sein sollte, in der Presse dagegen nicht. Hier wie dort erscheint die Vorsorge gegen schädliche Auswirkungen für die Meinungsbildung ausreichend, wenn dem *Trennungsgebot* zwischen redaktionell verantwortetem Inhalt und der Werbung genügt wird.

Vor allem aber wirft es Bedenken auf, ob die Vorschrift des Rundfunkstaatsvertrages über den Ausschluß ideeller Werbung *verhältnismäßig* ist. Dies ergibt eine Gegenüberstellung des mit der Regelung für die Meinungsfreiheit erzielten Nutzens und der durch sie entstehenden Nachteile. In diesem Zusammenhang ist zunächst erneut darauf zu verweisen, daß das Verbot ideeller Werbung zum *Ausschluß von Nachrichten* führt, die integraler Bestandteil des Meinungsmarktes sind. Im Hinblick auf den privaten Rundfunk kommt der Umstand hinzu, daß private Veranstalter zur *Finanzierung* ihrer Tätigkeit nahezu vollständig auf Einnahmen aus der Werbung angewiesen sind.[619] Eine gesetzliche Einschränkung dieser werblichen Möglichkeiten in der Form eines Verbotes ideeller Werbung führt aber zu einer nicht unerheblichen Beeinträchtigung der finanziellen Ressourcen privater Veranstalter. Demgegenüber ist die Gefahr einer Beeinträchtigung freier individueller und öffentlicher Meinungsbildung durch ideelle Werbung nur als gering anzusehen.

---

[617] Vgl. zu § 7 Abs. 4 RStV die gemeinsamen Richtlinien der Landesmedienanstalten für die Werbung, zur Durchführung und Trennung von Werbung und Programm und für das Sponsoring im Fernsehen vom 26. 1. 1993, abgedr. in: *Ring*, Medienrecht, Komm. zu § 6 RStV C-0.3., Rdz. 102.

[618] Vgl. BVerfG NJW 1976, S. 1627; vgl. auch LG Nürnberg-Fürth AfP 1984, S. 174 f.; LG Passau AfP 1982, S. 118 ff., 119; LG Dortmund AfP 1982, S. 120 f.; *Rath-Glawatz* WRP 1982, S. 625, 628; *Löffler/Ricker*, Handbuch des Presserechts, 47. Kap. Rdz. 21; *Ricker*, Anzeigenwesen und Pressefreiheit, S. 62 ff., 67 f.; *von Münch/Kunig*, GG, Art. 5 Rdz. 32; *Schulze-Sölde*, Politische Parteien und Wahlwerbung, S. 172, 174.

[619] Vgl. BVerfGE 74, S. 297 ff., 326 f.; *Bullinger* ZUM 1985, S. 128 f.; *Ricker*, in: VPRT (Hrsg.), Öffentlich-rechtlicher Rundfunk und Werbefinanzierung, S. 120.

Aufgrund der detaillierten Trennungs- und Kennzeichnungsregeln, die bei Bedarf verschärft werden könnten, ist eine Verwechslung von Werbung und Programm und damit eine Irreführung des Rezipienten nicht zu befürchten. Deshalb dürfte auch die vermutete Gefahr, daß ideologisch orientierte Gruppen oder auch politische Parteien quasi durch die Hintertür durch den Ankauf von Sendezeiten ohne entsprechende Zulassung einem Veranstalter gleich ihre Sendungen ausstrahlen könnten, nicht schlüssig sein. Das Wesen der Zulassung ist es ja ge- rade, daß nur solche Gruppen von der Rundfunkfreiheit Gebrauch machen können, die den Anforderungen der Rundfunkordnung entsprechen. Hierzu gehört einmal die Notwendig- keit, daß der Rezipient erfährt, von wem der Beitrag stammt. Dies wird aber durch die Kennzeichnungspflicht der Werbung im hier zu entscheidenden Fall ausreichend gewährleistet.

Das weitere Merkmal der Rundfunkordnung, die *Ausgewogenheit des Programms,* wird aber durch die Zulassung ideeller Werbung nicht verletzt, da sich diese Verpflichtung nur auf das *Programm* und nicht auf *werbliche Inhalte* bezieht. Wenn somit die Grundlagen für die Notwendigkeit einer Zulassung nicht tangiert sind, kann in der ideellen Werbung im Rundfunk auch nicht eine Umgehung dieser Zulassungsregeln gesehen werden. Abgesehen davon spricht gegen diese Begründung auch, daß der Erwerb von Sendeminuten in der Regel erhebliche Kosten für die Werbungtreibenden verursacht. Ferner ist die Werbezeit sowohl im öffentlich-rechtlichen als auch im privaten Rundfunk begrenzt und schließlich wird es sich kaum ein Veranstalter schon aus Image-Gründen leisten können, die von ihm verplante Werbezeit lediglich mit ideellen Inhalten zu füllen.

Im Ergebnis ist somit festzustellen, daß ein gesetzliches Verbot ideeller Werbung eine *unangemessene Erschwernis* der Rundfunkfreiheit bedeutet. Es verstößt gegen den Grundsatz der Verhältnismäßigkeit und entspricht daher nicht den Anforderungen der Verfassung an eine sachgerechte Ausgestaltung der Rundfunkfreiheit durch den Gesetzgeber.

99   ### bb) Reglementierung der Alkohol- und Tabakwerbung

Sowohl im öffentlich-rechtlichen wie auch im privaten Rundfunk unterliegt die Werbung für alkoholische Getränke Beschränkungen. Zu problematisieren ist neben den Verbotsinhalten vor allem die Frage der verfassungsgemäßen Eingriffsgrundlage. Für den Bereich des *Fernsehens* ist über die europäischen Regelungen eine ausreichende Eingriffsgrundlage vorhanden. Die Europaratskonvention enthält detaillierte Ausführungen und ist mit Inkrafttreten für die Bundesrepublik Deutschland Bestandteil des Landesrechts geworden.[620] Auch die EU-Richtlinie sieht Werbebeschränkungen für alkoholische Getränke vor.[621] Nach diesen Normen darf sich Werbung für alkoholische Getränke u. a. nicht eigens an Minderjährige richten und darf den Alkoholkonsum weder mit körperlicher Leistung, Autofahren, therapeutischer Wirkung noch mit sozialem oder sexuellem Erfolg in Verbindung bringen.[622] Die Beschränkung dient zum einen dem *Jugendschutz* und zum anderen der *Volksgesundheit.*[623]

Im Hinblick auf Art. 5 Abs. 2 GG muß die Beschränkung zur Erfüllung des Zweckes *geeignet, erforderlich* und *angemessen* sein. Eine Wirkung des Alkohols besteht darin, daß die Grenze zwischen maßvollem und mißbräuchlichem Genuß eher schwer zu definieren ist[624] und Alkohol dann sehr schnell zur Senkung von Hemmschwellen und einer Beeinträchtigung der Selbsteinschätzung führt. Das Verbot von Werbung ist zur Erreichung des Schutz-

---

[620] Art. 15 Abs. 2 Europäische Konvention über das grenzüberschreitende Fernsehen vom 16. 3. 1989, in: *Ring,* Medienrecht, E-I 1.2.; siehe auch unten H Rdz. 3 ff., 77 ff.

[621] Art. 15 Richtlinie des Rates zur Koordinierung bestimmter Rechts- und Verwaltungsvorschriften der Mitgliedstaaten über die Ausübung der Fernsehtätigkeit vom 3. 10. 1989, ABlEG Nr. L 289/23 vom 17. 10. 1989; siehe auch unter H Rdz. 77 ff.

[622] Vgl. dazu auch *Ring,* Medienrecht, Art. 1 § 6 RStV 1991 Rdz. 73.

[623] Vgl. dazu amtliche Begründung zu Art. 1 § 6 RStV 1991, in: *Ring,* Medienrecht, S. 416.

[624] Vgl. dazu die Präambel der Verhaltensregeln des Deutschen Werberates über die Werbung für alkoholische Getränke i. d. F. von 1992, in: *Ring,* Medienrecht, Art. 1 § 6 RStV 1991 Rdz. 107.

zweckes *geeignet,* weil es gerade auf die sozialen Handlungen in diesbezüglich sensiblen Bereichen zielt. Die Regelung ist auch *notwendig,* weil das Fernsehen wegen der besonderen Suggestionskraft erheblichen Einfluß auf die Einschätzung der Folgen von Alkoholkonsum haden würde. Die Beschränkung ist schließlich auch *verhältnismäßig.* Denn verantwortungsvoller Alkoholgenuß mag zwar das Leben der Menschen bereichern.[625] Doch sind die Gefahren für den Jugendschutz und die Volksgesundheit übermäßig groß. Schließlich handelt es sich auch nur um eine Beschränkung, welche den Herstellern noch eine Vielzahl an Werbemöglichkeiten außerhalb des sensiblen Bereiches läßt. Gegen eine Werbebeschränkung für alkoholische Getränke im Fernsehen bestehen somit keine verfassungsrechtlichen Bedenken.

Die genannten Normen europäischen Ursprungs gelten nur für das Fernsehen. Zu untersuchen ist daher, woraus sich die Beschränkung der Alkoholwerbung im *Hörfunk* ableitet. Der *Rundfunkstaatsvertrag* selbst bietet dazu keine ausreichende Rechtsgrundlage. Festgestellt wird darin lediglich, daß Werbung keine gesundheitsschädlichen Verhaltensweisen der Verbraucher fördern darf.[626] Selbst nach der Intention des Gesetzgebers soll dieser Norm nur ein appellativer Charakter zukommen.[627] Aufgrund der vielfältig denkbaren Einzelprobleme überließ der Gesetzgeber die Ausgestaltung den öffentlich-rechtlichen Sendern und Landesmedienanstalten im Rahmen ihrer Richtlinienkompetenz aus § 46 Rundfunkstaatsvertrag. Tatsächlich enthalten sich die Werberichtlinien[628] aber genauerer Ausführungen und verweisen allein auf die *Verhaltensregeln des Deutschen Werberates* über die Werbung für alkoholische Getränke.[629] Teilweise wird argumentiert, daß mit diesem Verweis die Beschränkung *vollzugsfähig* sei, da sie insoweit ausreichend konkret genug ausgestaltet und zudem justiabel erscheine. Verstöße könnten gemäß dem Verfahren des Deutschen Werberates überprüft werden.[630]

Diese Ausführung übergeht jedoch die Frage, ob die so gewählte Konstruktion überhaupt *verfassungsrechtlich* akzeptabel ist. Bedenken bestehen insbesondere hinsichtlich des *Wesentlichkeitsgrundsatzes.* Bei einer Werbebeschränkung für Alkohol handelt es sich um eine der Grundrechtsausübung bzw. dem Ausgleich kollidierender Grundrechtspositionen dienende Regelung. Der Rundfunkveranstalter kann danach nicht ungehindert für ein ansonsten frei verkäufliches Produkt werben. Bei einer in diesem Sinne bedeutenden Frage sind alle wesentlichen Entscheidungen durch das Parlament selbst zu entscheiden.[631] Selbst wenn man anerkennt, daß Einzelprobleme sinnvoll durch Richtlinien gelöst werden können, kann sich eine Programmbeschränkung, wie die der Alkoholwerbung, nicht allein auf die Verhaltensregeln eines Selbstverwaltungsgremiums gründen. Es bleibt daher festzuhalten, daß es gegenwärtig keine verfassungsrechtlich ausreichende gesetzliche Regelung für Werbebeschränkungen hinsichtlich alkoholischer Getränke im *Hörfunk* gibt.

Gesetzliche Grundlage des *Verbotes* für die *Tabakwerbung* im Rundfunk sind die Bestimmungen des Lebensmittel- und Bedarfsgegenständegesetzes (LMBG).[632] Weil von diesem Gesetz aber Zigarren, Schnupftabakerzeugnisse und Pfeifentabak nicht erfaßt sind, ist zusätz-

100

---

[625] Vgl. so die Präambel der Verhaltensregeln des Deutschen Werberates über die Werbung für alkoholische Getränke i. d. F. von 1992, in: *Ring,* Medienrecht, Art. 1 § 6 RStV Rdz. 107.

[626] Art. 1 § 7 Abs. 1 Satz 1 RStV.

[627] Vgl. amtl. Begr. zu Art. 1 § 6 Abs. 1 RStV 1991 in: *Ring,* Medienrecht, S. 416.

[628] Vgl. Ziff. 3.2. ARD-Richtlinien für die Werbung, zur Durchführung der Trennung von Werbung und Programm für das Sponsoring vom 24. 6. 1992, in: *Ring,* Medienrecht, Art. 1 § 6 Rdz. 100; Ziffer 2 Gemeinsame Richtlinien der Landesmedienanstalten für die Werbung, zur Durchführung der Trennung von Werbung und Programm und für das Sponsoring im Fernsehen, in: *Ring,* Medienrecht, Art. 1 § 6 Rdz. 102.

[629] Verhaltensregeln des Deutschen Werberates über die Werbung für alkoholische Getränke i. d. F. von 1992, in: *Ring,* Medienrecht, Art. 1 § 6 Rdz. 107.

[630] *Ring,* Medienrecht, Art. 1 § 6 Rdz. 15.

[631] Vgl. *Herkströter* ZUM 1992, S. 407; siehe auch BVerfGE 37, S. 197 ff., 202; 43, S. 169 ff., 183 und allgemein zum Wesentlichkeitsgrundsatz unter C Rdz. 65; D Rdz. 63 ff.

[632] § 22 I LMBG vom 15. 8. 1974 i. d. F. des PflSchÄndG vom 15. 8. 1975 (BGBl. I, S. 2172) und des Gesetzes zur Neuordnung des Arzneimittelrechts vom 24. 8. 1976 (BGBl. I, S. 2445, 2448).

lich das absolute Werbeverbot für alle Tabakerzeugnisse im Sinne der Europaratskonvention zu beachten.[633] Auch Art. 13 der europäischen Fernsehrichtlinie[634] sieht ein derartiges Verbot
101   vor. Beide Normen gelten wiederum nur für das *Fernsehen.*

Im Rahmen einer verfassungsrechtlichen Würdigung des Verbotes gemäß Art. 5 Abs. 2 GG ist zu untersuchen, welches andere Rechtsgut damit geschützt werden soll. Es kann festgestellt werden, daß das Verbot der *Volksgesundheit* dient, für welche der Tabakkonsum eine anerkannte Gefahr darstellt. Das Verbot ist für die Erreichung des Zweckes *geeignet,* weil anderenfalls ein Verhalten zur Nachahmung anempfohlen würde, welches sehr leicht zu Gewöhnung oder Sucht führt.[635] Das Verbot ist zudem *erforderlich,* weil sich mit einer rein sendezeitlichen Werbebeschränkung das Ziel nicht erreichen ließe; der Tabakkonsum bedroht in gleichem Maße Kinder, Jugendliche wie auch Erwachsene. Die Maßnahme erscheint zudem *verhältnismäßig,* weil den Tabakproduzenten der Zugang zur Werbung in den anderen Medien weiter offen ist. Von der Verfassungsmäßigkeit des Werbeverbotes für Tabak ist somit auszugehen. Allerdings ist erneut auf die Diskrepanz der europäischen Regelungen mit dem LMBG hinzuweisen – das Werbeverbot ist im *Hörfunk* verfassungsgemäß allein für die im LMBG *aufgeführten Tabakwaren.*

Im Zusammenhang mit dem Werbeverbot für Tabak ist noch eine andere Frage kurz anzusprechen. Aufgrund der vorgenannten Reglementierung ist auch das *Sponsoring* von Sendungen durch z. B. *Tabakwarenhersteller verboten.*[636] Wenngleich damit auch dem Schutz der Volksgesundheit gedient und eine Umgehung des Verbotes aus § 22 LMBG verhindert werden soll, so ist vor allem die verfassungsrechtliche Erforderlichkeit der Reglementierung fraglich. Zwar geht auch von Sponsoringsendungen eine Werbewirkung für das Unternehmen aus,[637] doch hat vor allem der *Suggestiveffekt* des Rundfunks als Begründung des allgemeinen Tabakwerbeverbotes herzuhalten. Dieser Effekt tritt im Sponsoring aber nur in vergleichbarer Intensität auf, wenn der Sponsoringhinweis in Form bewegter Bilder erfolgt. Wird lediglich auf den Namen des Sponsors hingewiesen, muß etwas anderes gelten. Es scheint somit, daß das umfassende Sponsoringverbot in diesem Maße *nicht erforderlich* ist. Der angestrebte Zweck könnte auch erreicht werden, wenn eine weniger drastische Restriktion – z.B. das Verbot der Markennennung in Form eines bewegten Sponsoringhinweises – gewählt werden würde.[638]

102   ### cc) Werbung an Kinder

Ein weiterer Regelungsbereich, der nicht in erster Linie auf den Inhalt der Werbung selbst, sondern auf den Inhalt des Programmfeldes und seine Zielgruppe abstellt, befaßt sich mit Beschränkungen zum Schutz von Kindern. So darf Werbung, die sich auch an Kinder oder Jugendliche richtet oder bei der diese eingesetzt werden, nicht ihren *Interessen schaden* oder ihre *Unerfahrenheit ausnutzen.*[639] Zudem ist *Unterbrecherwerbung* bei Sendungen für Kinder *verboten.*[640] Auch in diesem Zusammenhang formulieren die Werberichtlinien der öffentlich-

---

[633] Art. 15 I Europäische Konvention über das grenzüberschreitende Fernsehen vom 16. 3. 1989, in: *Ring,* Medienrecht, E-I 1.2.

[634] Richtlinie des Rates zur Koordinierung bestimmter Rechts- und Verwaltungsvorschriften der Mitgliedstaaten über die Ausübung der Fernsehtätigkeit vom 3. 10. 1989, ABlEG Nr. L 298/23 vom 17. 10. 1989.

[635] Vgl. *Baumbach/Hefermehl,* Wettbewerbsrecht, 1993, § 1 Rdz. 198; *Brädel,* FS für Friedrich Wilhelm von Gamm, S. 19, 24 ff.

[636] Vgl. Art. 1 § 8 Abs. 5 RStV.

[637] Vgl. oben F Rdz. 94 ff.

[638] Vgl. auch *Bruns/Mehlinger,* Rechtliche Gestaltung des Sponsoring, S. 153 f.

[639] Art. 1 § 7 Abs. 1 Satz 2 RStV.

[640] Vgl. Art. 1 § 14 Abs. 1 und § 44 Abs. 1 RStV.

[641] Vgl. Ziffer 3.3. ARD-Richtlinien für die Werbung, zur Durchführung der Trennung von Werbung und Programm und für das Sponsoring vom 24. 6. 1992, in: *Ring,* Medienrecht, Art. 1 § 6 RStV 1991 Rdz. 100; Ziffer 3.3. ZDF-Richtlinien für Werbung und Sponsoring vom 19. 3. 1993 i. d. F. vom 7. 10. 1994, in: *Ring,* Medienrecht, Art. 1 § 6 RStV 1991 Rdz. 101; Ziffer 3 Gemeinsame Richtlinien der Landesmedienanstalten für die Werbung, zur Durchführung der Trennung von Werbung und Programm und für das Sponsoring im Fernsehen, in: *Ring,* Medienrecht, Art. 1 § 6 RStV 1991 Rdz. 102.

rechtlichen Sender und der Landesmedienanstalten[641] das Verbot weiter aus und verweisen auf die entsprechenden Verhaltensregeln des *Deutschen Werberates*.[642] Mit der Begrenzung erkennt der Gesetzgeber den hohen Rang des Jugendschutzes an, wie ihn das Grundgesetz in Art. 5 Abs. 2 GG als Schranke neben dem Vorbehalt der allgemeinen Gesetze ausdrücklich normiert hat. Auch das Bundesverfassungsgericht hat ausgeführt, daß alle Rundfunkveranstalter namentlich für den Jugendschutz Sorge zu tragen haben.[643] Die Werberegelungen adaptieren insoweit die generellen Jugendschutzbestimmungen[644] auf die besonderen Gegebenheiten der Werbung. Die Beschränkung ist als verfassungsrechtlich *geeignet* anzusehen. Auch erscheint sie *erforderlich*, zumal sich Kinder neben ihrer Unerfahrenheit vor allem durch Leichtgläubigkeit auszeichnen, welche von der Werbeindustrie ansonsten gar zu einfach ausgenutzt werden könnte. Im Rahmen der Verhältnismäßigkeit bestehen jedoch noch eine Reihe von Einzelproblemen, die bereits mit der Frage anfangen, wann sich ein Werbeprogramm überhaupt an Kinder und Jugendliche richtet.[645] Es kommt zur Bestimmung der *Verhältnismäßigkeit* daher maßgeblich auf die Abwägung im *Einzelfall* an. Die Entscheidung, wann die Beeinflussung über das normale Maß hinausgeht,[646] kann aufgrund des hohen Verfassungsranges der widerstreitenden Interessen daher nicht generell festgelegt werden.

c) Beschränkungen im Umfang der Werbung

aa) Die 20.00 Uhr-Werbegrenze im öffentlich-rechtlichen Rundfunk 103

Zu den Fragen, die in besonderer Weise medienpolitisch kontrovers diskutiert werden, gehört die Regelung des Rundfunkstaatsvertrages, wonach im öffentlich-rechtlichen Rundfunk nach 20.00 Uhr und an Sonn- und nationalen Feiertagen keine Werbesendungen ausgestrahlt werden dürfen.[647] In jüngerer Zeit hat sich die Diskussion vor allem dadurch verschärft, daß sich der Anteil der Werbeeinnahmen der Rundfunkanstalten seit 1989 immer weiter verringert hat.[648] Daher wird von den öffentlich-rechtlichen Rundfunkanstalten die *Aufhebung* des Verbotes nach 20.00 Uhr gefordert.[649] Neben einer Ausdehnung des Werbeumfangs von täglich 20 Minuten[650] um weitere 5 Minuten, wird auch eine „*volumenneutrale Umschichtung*" in die Zeit nach 20.00 Uhr bei gleicher Werbedauer angestrebt.[651]

Die verfassungsrechtliche Betrachtung hat sich zunächst der Frage zuzuwenden, worauf die 20.00 Uhr-Werbegrenze im öffentlich-rechtlichen Rundfunk basiert. Zum einen könnte es sich bei der Regelung des Art. 1 § 15 Abs. 1 RStV um eine *beschränkende Maßnahme* im Sinne des *Art. 5 Abs. 2 GG* handeln oder andererseits um eine die Rundfunkfreiheit *ausgestaltende Regelung*. Als Schranke im Sinne des Art. 5 Abs. 2 käme diejenige eines allgemeinen

---

[641] Vgl. Verhaltensregeln des Deutschen Werberates für die Werbung mit und vor Kindern im Werbefunk und Werbefernsehen i. d. F. v. 1992, in: *Ring*, Medienrecht, RStV, Art. 1 § 6 Rdz. 19.

[642] Vgl. BVerfGE 57, S. 295 ff., 326; siehe hierzu auch oben unter B Rdz. 173 f.

[643] Vgl. unten F Rdz. 111.

[644] Vgl. *Aufenanger/Charlton/Hoffmann-Riem*, Fernsehwerbung und Kinder; FAZ vom 3. 4. 1995, S. 34.

[646] Vgl. *Hartstein/Ring/Kreile*, RStV, Art. 1 § 6 Rdz. 16.

[647] Vgl. Art. 1 § 15 Abs. 1 Satz 2 RStV; siehe hierzu auch oben unter dem Aspekt der Rundfunkfinanzierung C Rdz. 80 ff., D Rdz. 20 f.

[648] Bei dem ZDF sank der Anteil von 1989 bis 1994 von 40% auf 20%, bei der ARD von 20% auf 7%; vgl. *Ridder* Media-Perspektiven 6/94, S. 268.

[649] Vgl. FAZ vom 19. 9. 1994, Nr. 218, S. 17.

[650] Vgl. § 15 Abs. 1 Satz 1 RStV.

[651] „10 + 10-Modell", vgl. FAZ vom 12. 7. 1994, Nr. 159, S. 11 *Stolte*, in: Werbung im öffentlich-rechtlichen Rundfunk ZDF-Schriftenreihe, Bd. 51, 1994, vgl. aus der reichhaltigen Literatur: *Hainer*, Media-Perspektiven 2/94, S. 54 ff.; *Kiefer*, Media Perspektiven 2/93, S. 46 ff.; *Maier*, Media-Perspektiven 6/90, S. 64 ff.; *Radeck* Media-Perspektiven 6/94, S. 278 ff.; *Ridder* Media-Perspektiven 6/94, S. 268 ff.; *Unholzer*, Media-Perspektiven 6/90, S. 370 ff.; *Voß*, Media-Perspektiven 2/94, S. 50 ff.

Gesetzes in Betracht, so daß das Werbeverbot dem Schutz eines anderen Rechtsguts dienen müßte.[652] Hierbei könnte an den grundrechtlich geschützten Bestand der *Presse* gedacht werden, da die Vorschrift eine Ausdehnung der Werbeeinnahmen des öffentlich-rechtlichen Rundfunks verhindert und damit die Presse begünstigt. Gleiches kann im Hinblick auf den privaten Rundfunk festgestellt werden.

Für eine Einordnung der Werberestriktion als *ausgestaltende Maßnahme* im Rahmen der institutionellen Garantie aus Art. 5 Abs. 1 GG spricht jedoch die Verpflichtung des Gesetzgebers, eine Ordnung zu schaffen, in der die Medien in der Lage sind, ihren spezifischen Dienst an der individuellen und öffentlichen Meinungsbildung zu leisten.[653] Diese Vorgabe zielt zum einen auf die *funktionsgerechte Finanzierung* des öffentlich-rechtlichen Rundfunks unter dem Gesichtspunkt der umfassenden *Grundversorgung* ab.[654] Werbeeinnahmen sollen neben der Gebührenfinanzierung allein in dem Maße zulässig sein, als sie für den öffentlich-rechtlichen Rundfunk ein zweites finanzielles Standbein eröffnen.[655] Letztlich kommt es aber auf die Frage, ob es sich bei der Werbegrenze um eine Maßnahme im Rahmen des Schrankenvorbehalts oder um eine Ausgestaltung der Rundfunkordnung handelt, nicht entscheidend an. Auch wenn der letzteren hier der Vorzug gegeben wird, ist festzuhalten, daß sowohl bei der Ausgestaltung als auch bei der Schrankenregelung des Art. 5 Abs. 2 GG die Maßnahme *geeignet, erforderlich und verhältnismäßig* sein muß.[656]

104   Im folgenden ist daher zunächst zu prüfen, ob die gegenwärtige 20.00 Uhr-Grenze *geeignet* ist, das Ziel der Effektuierung der Rundfunkordnung zu erreichen. Dabei ist freilich zu beachten, daß dem Gesetzgeber prinzipiell bei der Entscheidung, mit welchen Maßnahmen er das Regelungsziel erreichen will, ein *Ermessensspielraum* zusteht. Dieser reduziert sich jedoch dann auf Null, wenn wegen der besonderen Umstände nur eine Entscheidung in Betracht kommt und andere offensichtlich fehlerhaft wären.[657]

Dies wäre dann der Fall, wenn nur ein striktes Werbeverbot nach 20.00 Uhr *geeignet* wäre, das Regelungsziel zu erreichen. Hierfür spricht zum einen, daß eine Beschränkung der Werbung auf 20.00 Uhr den *Grundversorgungsauftrag* des öffentlich-rechtlichen Rundfunks sichert.[658] Ohne Beschränkung müßte wie im Vorabendprogramm ein werbegeeignetes Umfeld geschaffen werden, was zum Vorrang massenattraktiver Programme führen würde.[659] Daß diese Annahme berechtigt ist, ergibt sich schon daraus, daß die Programme des öffentlich-rechtlichen Rundfunks in der werbefreien Zeit einen anderen Charakter haben als in derjenigen, in der ihm Werbeunterbrechungen gestattet sind. Dies wird aber auch durch Aussagen von Programmverantwortlichen der Anstalten selbst bestätigt, die die Notwendigkeit der Einblendung von Werbespots in ein attraktives Programmumfeld eingeräumt haben.[660]

Zum anderen ist die Begrenzung geeignet, das für die *Presse* und die *privaten Rundfunkveranstalter* notwendige *Werbevolumen* abzusichern. Aufgrund eines kaum noch wachsenden

---

[652] Vgl. *Dörfler,* Productplacement im Fernsehen, S. 56; *von Mangoldt/Klein/Starck,* GG, Art. 5 Rdz. 9, 52 ff.; *Badura* JA 1987, S. 180 ff., 182; a. A. *Eberle,* Rundfunkübertragung: Rechtsfragen der Nutzung terrestrischer Rundfunkfrequenzen, S. 41.

[653] Vgl. BVerfGE 57, 292 ff., 318; 73, 118 ff., 156; *Ricker,* Privatrundfunkgesetze im Bundesstaat, S. 32; *Bork,* Werbung im Programm, S. 24; siehe hierzu auch oben unter B Rdz. 101 ff.; C Rdz. 65 ff.; 74 ff.

[654] Vgl. auch die amtl. Begründung zu § 16 RStV 1991 *Ring,* in: Medienrecht, C-0.1., S. 20.

[655] Vgl. BVerfGE 87, 181 ff., 199 f; BVerfG ZUM 1994, S. 181 f.; *Ricker* NJW 1994, S. 2199 f.; *Starck,* in: VRPT (Hrsg.), Öffentlich-rechtlicher Rundfunk und Werbefinanzierung, S. 171; vgl. aber oben C Rdz. 74 ff.

[656] Vgl. BVerfGE 23, S. 271 ff., 290; 56, S. 384 ff., 389, vgl. F Rdz. 69.

[657] Vgl. BVerfGE 30, S. 292 ff., 317; 77, S. 84 ff., 106; *Maunz/Dürig/Herzog/Scholz,* GG, Art. 19 Abs. 2, Rdz. 29; Art. 20 Abs. 2, Rdz. 115 ff.; *Leibholz/Rinck,* GG, Art. 1, Rdz. 79.

[658] Vgl. hierzu auch oben C Rdz. 74 ff., 91.

[659] Vgl. *Merten,* Konvergenz der deutschen Fernsehprogramme, Langzeituntersuchung 1980–1993, 1994, passim.

[660] Vgl. der Intendant des ZDF, *Stolte,* zit. in: epd Nr. 23 vom 23. 6. 1993.

Gesamtwerbeumsatzes sichert die 20.00 Uhr-Grenze den gegenwärtigen Verteilungsschlüssel der Werbemittel. Jede Verschiebung müßte als Gefahr für die finanziellen Grundlagen der Presse angesehen werden.[661] Gleiches gilt für die privaten Rundfunkveranstalter, die gerade im abendlichen prime-time-Bereich den Hauptanteil ihrer Werbeeinnahmen erzielen.[662] Das Werbeverbot im öffentlich-rechtlichen Rundfunk ist geeignet, den privaten Veranstaltern die existentiell notwendigen Finanzierungsmöglichkeiten zu sichern. Nach der Rechtsprechung des Bundesverfassungsgerichts verbietet es die Rundfunkfreiheit, daß der private Rundfunk wesentlich erschwert oder gar unmöglich gemacht wird.[663] Davon wäre aber bei einer Öffnung der Werbegrenze auszugehen, da unter dem Aspekt einer zielgruppenorientierten Werbung die werbungtreibende Wirtschaft besonderes Interesse an Spots nach 20.00 Uhr in den öffentlich-rechtlichen Programmen hätte. Denn die konsumstarke und werbeattraktive Altersgruppe der 30–49jährigen wird dort durch die bisher zulässige TV-Werbung vor 20.00 Uhr kaum erreicht. Nur 6% dieser Zielgruppe nutzen das Vorabendwerbeprogramm von ARD und ZDF.[664] Ebenso würde die Werbung Zuschauer mit einer höheren Schulbildung bei einem Wegfall der 20.00 Uhr-Grenze besser als bisher erreichen. Denn von den Zuschauern des Vorabendprogramms hat nur jeder Vierte einen weiterführenden Schulabschluß. Hingegen steigt diese Quote in der Zeit bis 22.00 Uhr auf über 40% an.[665]

Zudem würde für die besondere Attraktivität der Werbung nach 20.00 Uhr auch die **105** weitere Überlegung sprechen, daß die Aufmerksamkeit der Zuschauer für das Programm und damit auch für Werbespots nach 20.00 Uhr höher ist als während der Sendungen am Vorabend. Tagesablaufstudien von Programmplanern haben ergeben, daß die Zuschauer der Vorabendprogramme nebenbei oft andere Tätigkeiten, wie Kochen, Zeitung lesen oder der Einnahme von Mahlzeiten nachgehen.[666] Aufgrund der höheren Sehbeteiligung in den öffentlich-rechtlichen Programmen nach 20.00 Uhr wäre deshalb damit zu rechnen, daß die werbungtreibende Wirtschaft teilweise von den privaten Veranstaltern zum öffentlich-rechtlichen Rundfunk abwandern würde, um diese attraktiven Werbezeiten zu besetzen.[667]

Die 20.00 Uhr-Werbebeschränkung ist im Hinblick auf ihren Zweck auch *erforderlich*. Eine gleich wirkungsvolle Alternative ist nicht ersichtlich, auch eine angeblich *„volumenneutrale"* Ausdehnung der Werbung[668] müßte zu einer nicht vertretbaren Verschiebung führen. In diesem Zusammenhang ist zunächst darauf hinzuweisen, daß der Rundfunkstaatsvertrag die Blockwerbung vorschreibt, nicht aber deren zeitlichen Umfang.[669] Dies führt dazu, daß selbst bei einer *„volumenneutralen"* Umschichtung von allein 10 Minuten eine ganze Reihe von Werbeinseln hintereinander geschaltet werden könnten. Die Ausschöpfung der gesetzlichen Möglichkeiten ist deswegen zu erwarten, da Interesse und Aufmerksamkeit des Rezipienten mit zunehmender Länge des Werbeblocks abnehmen, weshalb auch die werbetreibende Wirtschaft ein erhebliches Interesse an kürzeren Werbeunterbrechungen besitzt, da sie auch die Gefahr eines Umschaltens auf ein anderes werbefreies Programm verringern. Dies belegt ebenso das intensive Bemühen der privaten Rundfunkveranstalter, im Rahmen des Streits mit den Landesmedienanstalten über die Anwendung des Brutto- oder Nettoprinzips[670] bei der Berechnung der Anzahl der zulässigen Werbeunterbrechungen zu häufigeren Einschal-

---

[661] Vgl. *Stender-Vorwachs,* „Staatsferne" und „Gruppenferne", S. 258; *Kübler,* Medienverflechtung, S. 82.

[662] Vgl. *Engel,* in: VPRT (Hrsg.), Öffentlich-rechtlicher Rundfunk und Werbefinanzierung, S. 48 f.; *Kresse,* in: VPRT (Hrsg.), Öffentlich-rechtlicher Rundfunk und Werbefinanzierung, S. 76.

[663] Vgl. BVerfGE 73, S. 118 ff., 157, 178.

[664] Vgl. GfK-Fernsehforschung Media-Perspektiven 1990, S. 277.

[665] Vgl. *Halefeldt,* Funkkorrespondenz Nr. 16 vom 21. 10. 1989, S. 3.

[666] Vgl. *Stolte,* KuR Nr. 37 vom 16. 5. 1979, S. 1.

[667] Vgl. BVerfGE 73, S. 118 ff., 154 ff.; vgl. *Kresse,* in: VPRT (Hrsg.), Öffentlich-rechtlicher Rundfunk und Werbefinanzierung, S. 81 f.; *Engel* AfP 1994, S. 187.

[668] Vgl. *Stolte,* in: Werbung im öffentlich-rechtlichen Rundfunk, ZDF-Schriftenreihe 51, 1994.

[669] Vgl. § 4 Abs. 2 RStV.

[670] Vgl. hierzu unten unter F Rdz. 108.

tungen zu kommen.[671] Vor diesem Hintergrund muß aber befürchtet werden, daß selbst bei der Zulassung einer „*volumenneutralen*" Ausdehnung der Werbung auf die Zeit nach 20.00 Uhr den Wünschen der Werbewirtschaft durch den öffentlich-rechtlichen Rundfunk dadurch entsprochen würde, daß möglichst *viele Werbeeinschaltungen* erfolgen.

106   Dabei müßte hinzukommen, daß diese in ein werbegeeignetes Programmumfeld eingebettet werden. Die Notwendigkeit hierzu zeigen die bereits genannten Aussagen der Vertreter des öffentlich-rechtlichen Rundfunks selbst,[672] aber auch die ebenfalls schon angeführte bisher übliche Praxis der Programmgestaltung in der für Werbung freigegebenen Zeit vor 20.00 Uhr.[673] Dagegen überzeugt auch nicht das Argument, daß eine Auflockerung der zulässigen Werbezeiten den Druck der werbungtreibenden Wirtschaft auf die Art der Programmgestaltung vermindern würde.[674] Dieser Druck wird nicht im Hinblick auf den Zeitpunkt der Werbeausstrahlung, sondern in erster Linie auf ihre Wirksamkeit ausgeübt, die jedenfalls auch von der Programmgestaltung, vor allem von ihrer Massenattraktivität beeinflußt wird.[675]

Auch im Hinblick auf die *Presse* erscheint die Beschränkung der Werbung im öffentlich-rechtlichen Rundfunk *erforderlich,* da die Anzeigeerlöse die Haupteinnahmequelle der Printmedien darstellen. Daher lassen sich die Kostensteigerungen fast nur über diesen Bereich auffangen, höhere Vertriebserlöse sind dagegen am Markt kaum durchsetzbar. Gerade im lokalen Bereich ist die finanzielle Ertragslage oftmals angespannt, so daß jede Ausdehnung der Werbezeit zu einer ernsthaften Gefährdung der Pressefreiheit führen würde.[676]

Die Werbebeschränkung darf auch nicht dadurch *umgangen* werden, daß die Anstalten ihre Werbeblöcke *nach Mitternacht* schalten und argumentieren, man verstoße damit nicht gegen das Verbot. Aus den angeführten Gründen ist es vielmehr *erforderlich,* den Programmtag und nicht den Kalendertag als Maßstab für die Begrenzung zu nehmen. Die Werbebeschränkung hat sich daher auf *alle Sendungen* des Abendprogramms nach 20.00 Uhr und derjenigen der Nacht zu erstrecken.[677]

106a   Unter dem Gesichtspunkt der *Verhältnismäßigkeit* ist zu überprüfen, ob die mit der Werbegrenze einhergehenden Nachteile für den öffentlich-rechtlichen Rundfunk vor dem Hintergrund des gesetzgeberischen Zwecks der Regelung *zumutbar* sind. In diesem Zusammenhang ist festzustellen, daß vor allem durch die Existenz des privaten Rundfunks die Werbeeinnahmen der öffentlich-rechtlichen Anstalten stark rückläufig sind.[678] Eine Aufhebung der 20.00 Uhr-Grenze würde deshalb zwar die finanzielle Situation des öffentlich-rechtlichen Rundfunks entspannen. Demgegenüber ist jedoch darauf zu verweisen, daß vor allem die „*volumenneutrale*" Ausdehnung der Werbezeit nur einen geringfügigen Mehrerlös erbringen würde.[679] Die aufgelaufenen Gesamtverluste des öffentlich-rechtlichen Rund-

---

[671] Vgl. OVG Koblenz AfP 1994, S. 77 ff., VG Schleswig-Holstein AfP 1994, S. 86 ff.; *Ricker,* in: VPRT (Hrsg.), Öffentlich-rechtlicher Rundfunk und Werbefinanzierung, S. 122.

[672] Vgl. der Intendant des ZDF, *Stolte,* in: epd Nr. 23 vom 23. 6. 1993.

[673] Vgl. insoweit die Verpflichtung der ARD-Werbetöchter, am Vorabend ein „qualitativ hochstehendes Rahmenprogramm für das Werbefernsehen" zu liefern, vgl. Programmbeitragsvertrag vom 13. 7. 1977; vgl. auch *Engel,* in: VPRT (Hrsg.), Öffentlich-rechtlicher Rundfunk und Werbefinanzierung, S. 48 f.; *Kresse,* in: VPRT (Hrsg.), Öffentlich-rechtlicher Rundfunk und Werbefinanzierung, S. 81 f.

[674] Vgl. *Stolte,* in: Werbung im öffentlich-rechtlichen Rundfunk, ZDF-Schriftenreihe 51, 1994.

[675] Vgl. *Immenga,* in: VPRT (Hrsg.), Öffentlich-rechtlicher Rundfunk und Werbefinanzierung, S. 135, 139.

[676] Vgl. *Zohlnhöfer,* in: *Schenk/Donnerstag,* Medienökonomie, S. 46 ff.; *Engel,* in: VPRT (Hrsg.), Öffentlich-rechtlicher Rundfunk und Werbefinanzierung, S. 49; vgl. auch *Kull* AfP 1992, S. 355.

[677] Vgl. *Ring,* Medienrecht, Art. 1 § 15 RStV, Rdz. 9; vgl. auch *Gersdorf* AfP 1992, S. 338.

[678] Die Mindereinnahmen aus Werbung betragen allein für die ARD 800 Mio. DM; vgl. *Voß* Media Perspektiven 2/94, S. 50 ff.; für 1994 werden Nettowerbeeinnahmen für das ZDF von 370 Mio. DM und für die ARD von 445 Mio. DM veranschlagt, vgl. ZAW-Jahrbuch 1994, S. 12 f.; vgl. auch oben unter C Rdz. 80 ff.

[679] Es wird von einem Betrag von jeweils etwa 160 Mio. DM bei ARD und ZDF ausgegangen; vgl. *Ridder* Media Perspektiven 6/94, S. 268 ff., 277.

funks kumulieren sich dagegen in den Jahren 1990–1994 auf etwa 3,5 Milliarden DM.[680] Von daher erscheint die Verbesserung der finanziellen Situation des öffentlich-rechtlichen Rundfunks durch eine Ausdehnung der Werbegrenze nach 20.00 Uhr doch eher *bescheiden* zu sein. Im Rahmen der *Zumutbarkeit* ist außerdem darauf zu verweisen, daß der öffentlich-rechtliche Rundfunk in der Vergangenheit aufgrund der angespannten finanziellen Situation zu *erheblichen Einsparungen* in der Lage gewesen ist.[681] In diesem Zusammenhang stellt sich die Frage, ob nicht weitere Einsparungen der Anstalten möglich sind, ohne daß sie ihren Grundversorgungsauftrag dadurch vernachlässigen müßten.[682] Dabei ist darauf zu verweisen, daß sie ihren Auftrag *sparsam* und *wirtschaftlich* und unter Einbeziehung aller Rationalisierungs- und sonstigen Einsparungsmöglichkeiten zu erfüllen haben.[683]

Im Rahmen der Zumutbarkeit der Regelung ist aber als wesentlicher Gesichtspunkt zu berücksichtigen, daß die Finanzierung des öffentlich-rechtlichen Rundfunks nicht dessen autonomer Entscheidung unterliegt, sondern sich als *Teil* der *Ausgestaltung* der Rundfunkordnung durch den *Gesetzgeber* darstellt.[684] Dieser ist aber nach der Rechtsprechung des Bundesverfassungsgerichts verpflichtet, für eine ausreichende Finanzierung zu sorgen,[685] weshalb die Landesparlamente gegebenenfalls die Gebühren zu erhöhen haben.[686] Die Frage der Zumutbarkeit der Werbegrenze kann daher aber nur *nachrangig* sein, da nach den weiteren Feststellungen des Gerichts ein Anspruch der öffentlich-rechtlichen Anstalten auf Gestattung der Werbung überhaupt nicht besteht.[687] Mit anderen Worten bedeutet dies, daß selbst für den Fall, daß die Finanzmittel für den öffentlich-rechtlichen Rundfunk tatsächlich nicht ausreichen, der *Staat* für eine andere *Finanzierungsquelle* zu sorgen hat, mithin die Frage seiner Existenzfähigkeit von daher zu beantworten ist.[688]

Insgesamt ist daher festzustellen, daß die Frage einer Ausdehnung der Werbung im öffentlich-rechtlichen Rundfunk nach 20.00 Uhr von dem Gesetzgeber zu entscheiden ist, da es sich insoweit um eine wesentliche Materie der Medienordnung handelt. Ein Ermessen steht dem Gesetzgeber insoweit nicht zu, da die jetzige Regelung sich jedenfalls im Hinblick auf die Obergrenze als derzeit einzig geeignet darstellt, um das gesetzliche Ziel zu erreichen. Schließlich ist die jetzige Regelung auch für den öffentlich-rechtlichen Rundfunk zumutbar. Dabei fällt vor allem ins Gewicht, daß seine Existenzfähigkeit von der institutionellen Garantie der Rundfunkfreiheit mit umfaßt und damit von dem Gesetzgeber in jedem Fall sicherzustellen ist.[689] Von daher steht als Ergebnis fest, daß es die Rundfunkordnung dem Gesetzgeber verbietet, trotz seines Ermessens bei deren Ausgestaltung die Werbegrenzen weiter zu lockern.

Damit ist jedoch noch nicht entschieden, ob nicht der Gesetzgeber für den öffentlich- **107** rechtlichen Rundfunk die Werbung *völlig ausschließen* könnte.[690] Grundlegend für diesen Gedanken ist die bereits zitierte Rechtsprechung des Bundesverfassungsgerichts, wonach dem öffentlich-rechtlichen Rundfunk kein Anspruch auf eine bestimmte Finanzierung

---

[680] Vgl. *Voß* Media Perspektiven 2/94, S. 50 ff., 52.

[681] Mitteilung der ARD, abgedr. in: IDW-Nachrichten Nr. 17 vom 20. 3. 1994, S. 16, wonach sich das Potential auf 3 Milliarden DM belief.

[682] Vgl. *Scharf* FAZ vom 24. 3. 1995, S. 22, wonach für die nächsten sieben Jahre Einsparungen von weiteren 5 Mio. DM vorgesehen sind.

[683] Vgl. BVerfGE 87, S. 181 ff., 206; vgl. auch BVerfG ZUM 1994, S. 173 ff., 181 f.; vgl. *Starck*, in: VPRT (Hrsg.), Öffentlich-rechtlicher Rundfunk und Werbefinanzierung, S. 25.

[684] Hierzu oben C Rdz. 73 ff.

[685] Vgl. BVerfGE 87, S. 181 ff., 199 f.; 90, S. 60 ff., 97 ff.

[686] Vgl. hierzu *Immenga*, in: VPRT (Hrsg.), Öffentlich-rechtlicher Rundfunk und Werbefinanzierung, S. 148; *Kresse/Kennel* ZUM 1994, S. 153 ff., 161.

[687] Vgl. oben unter C Rdz. 80 ff., 101 ff.; sowie BVerfGE 87, S. 181 ff., 199 f.; 90, S. 60 ff., 95 f.

[688] Vgl. *Engel,* in: VPRT (Hrsg.), Öffentlich-rechtlicher Rundfunk und Werbefinanzierung, S. 38.

[689] Vgl. *Engel,* in: VPRT (Hrsg.), Öffentlich-rechtlicher Rundfunk und Werbefinanzierung, S. 38.

[690] Siehe hierzu oben unter B Rdz. 137 ff.; C Rdz. 101 ff.; E Rdz. 119 ff.

zukommt, sondern ihm nur eine *funktionsgemäße Finanzierung* gewährleistet ist. In diesem Zusammenhang ist freilich zu konstatieren, daß das Bundesverfassungsgericht die *doppelgleisige Finanzierung,* bestehend aus der vorrangigen Gebühr und nachrangigen Werbeeinnahmen, durchaus im Interesse der Funktion bestehend erachtet. Es begründet seine Ansicht damit, daß die teilweise Finanzierung aus Werbung die Unabhängigkeit des öffentlich-rechtlichen Rundfunks gegenüber dem Staat als Gewährsträger der Gebührenfinanzierung stärkt.

Grundsätzlich ist dem Bundesverfassungsgericht zuzustimmen, daß eine staatliche Entscheidung über die Gebühren auch die Gefahr eines entsprechenden Einflusses mit sich bringt. Dieser Gefahr ist das Bundesverfassungsgericht mit seiner Rechtsprechung im 8. Rundfunkurteil aber gerade begegnet. Indem es dort sehr detaillierte Voraussetzungen für die Festlegung der Gebührenhöhe getroffen hat,[691] hat es aber die Bedingungen dafür geschaffen, daß *staatlicher Einfluß* nicht nur in der Form exekutiver sondern auch parlamentarischer Art unterbleibt. Von daher erscheint ein Schutz vor staatlicher Intervention durch die Gestattung von Werbung *nicht mehr notwendig* zu sein.[692] Zum anderen wurde dargestellt, daß durch die Existenz der privaten Veranstalter ohnehin ein ganz erheblicher Werberückgang bei dem öffentlich-rechtlichen Rundfunk zu verzeichnen ist. Von daher ist das „*zweite Standbein*" für die Finanzierung erheblich geschwächt worden. Als Ausgleich für einen etwaigen Staatseinfluß dürften daher diese Ressourcen ohnehin kaum mehr in Betracht kommen.

Schließlich ist mit dem Bundesverfassungsgericht selbst darauf zu verweisen, daß die Freiheit des Rundfunks nicht nur durch den Staat, sondern vielmehr auch durch *gesellschaftliche Gruppen* gefährdet werden könnte. Dies ist ja gerade der Grund für die besondere Vorkehr in Gestalt der pluralistischen Rundfunkordnung.[693] Zu dem nicht-staatlichen Einfluß ist aber auch derjenige der *werbungtreibenden Wirtschaft* zu zählen, die wie dargestellt entsprechende Aufträge an den öffentlich-rechtlichen Rundfunk nur dann vergibt, wenn ein entsprechendes werbegeeignetes Programmumfeld geschaffen ist.[694] Gerade eine solche Gefahr ist aber *ebenso* wie die des staatlichen Einflusses auszuschließen.

Von daher dürfte es dem Gesetzgeber im Rahmen seines Ermessens für die Ausgestaltung einer sachgerechten Rundfunkordnung durchaus gestattet sein, daß er die Werbung im öffentlich-rechtlichen Rundfunk *völlig ausschließt*. Freilich muß er dabei bedenken, daß nach der Rechtsprechung des Bundesverfassungsgerichtes die finanzielle Belastbarkeit des Teilnehmers Maßstab für die Gebührenhöhe ist.[695] Sollten Berechnungen,[696] die von einer Erhöhung von etwa 3.50 DM der Gebühr bei Ausschluß der Werbung bei Zugrundelegung der Mischfinanzierung ausgehen, richtig sein, so dürfte sich diese noch in einem adäquaten Rahmen bewegen.[697] Dabei kann auch nicht der Vorteil außer Acht gelassen werden, daß mit einem Ausschluß der Werbung die Anstalten in die Lage versetzt werden, sich ungehindert auf den Grundversorgungsauftrag zu konzentrieren.

bb) Die Brutto-Netto-Problematik im privaten Rundfunk

108   Wie bereits im Zusammenhang mit den Grundsätzen des Trennungsgebotes bei der Unterbrecherwerbung angesprochen,[698] dürfen Fernseh- und Kinospielfilme in Programmen privater Sender nur einmal je vollständigem *45 Minutenzeitraum* durch Werbung unterbrochen werden.[699] Zu heftigen Diskussionen gab dazu die Frage Anlaß, ob bei der Bemessung

---

[691] Vgl. BVerfGE 90, S. 60 ff., 67 ff.

[692] Vgl. zur umstrukturierten KEF oben unter C Rdz. 90 ff. vgl. auch *Ricker* NJW 1994, S. 2199 f.

[693] Vgl. BVerfGE 57, S. 295 ff., 318 f.

[694] Vgl. *Kresse*, in: VPRT (Hrsg.), Öffentlich-rechtlicher Rundfunk und Werbefinanzierung, S. 28 f.; *Engel*, in: VPRT (Hrsg.), Öffentlich-rechtlicher Rundfunk und Werbefinanzierung, S. 34 f.

[695] Vgl. BVerfGE 90, S. 60 ff., 102 f.; siehe hierzu auch oben unter C Rdz. 96

[696] Vgl. *Sieber*, zit. in AfP 1994, S. 331.

[697] Vgl. oben unter C Rdz. 96 ff.

[698] Vgl. oben unter F Rdz. 91.

[699] Vgl. Art. 1 § 44 Abs. RStV.

der Dauer einer eigenständigen Fernsehsendung die *zwischengeschaltete* Werbung *mitzurechnen* sei oder *unberücksichtigt* bleibe.[700]

Hintergrund dieses Streites ist zum einen die geänderte *Wortwahl* im Rundfunkstaatsvertrag 1991 gegenüber der Normierung von 1987 und zum anderen der Richtungswechsel, welchen die Landesmedienanstalten in ihren *Werberichtlinien* zum Ausdruck brachten. Denn auf der Basis von Art. 7 Abs. 6 RStV 1987[701] war die Anwendung des Bruttoprinzips, d.h. die Einbeziehung der Werbung zur Berechnung der Filmlänge, unbestritten.[702] Auch die Novellierung im Rundfunkstaatsvertrag 1991 legten die Landesmedienanstalten zu Beginn entsprechend aus, änderten mit Verabschiedung der neuen Richtlinien aber ihre Ansicht und verlangten nun die *Ausklammerung der Werbezeiten* zur Berechnung der erlaubten Unterbrechungen.[703]

Im Rahmen der hier vorzunehmenden verfassungsrechtlichen Würdigung kann nicht auf die zahlreichen europarechtlichen Aspekte eingegangen werden.[704] Vielmehr soll untersucht werden, ob das Nettoprinzip gemäß der Richtlinie der Landesmedienanstalten einer Überprüfung im Hinblick auf Art. 5 Abs. 1 GG standhält. Problematisch könnte die Regelung unter dem Gesichtspunkt der *Wesentlichkeitstheorie* sein. Nach der Rechtsprechung des Bundesverfassungsgerichtes hat der Gesetzgeber selbst die Grundlinien der Rundfunkordnung verbindlich auszugestalten. Dazu gehören insbesondere die Regelungen zur Finanzierung, welche in maßgeblicher Weise zur Effektuierung der Rundfunkfreiheit beitragen.[705] Tatsächlich scheint die Entscheidung zum Nettoprinzip aber bereits vom Gesetzgeber vorgezeichnet zu sein. Dies läßt sich schon an den Unterschieden des Art. 1 § 44 Abs. 4 RStV 1997 zum Rundfunkstaatsvertrag 1987 erkennen. Überzeugend ist jedoch vor allem die eindeutige Wortwahl: Wenn der Gesetzgeber formuliert, daß Werke, welche eine bestimmte Zeit dauern, ein oder mehrmals unterbrochen werden dürfen, kann er diese Unterbrechung nicht gleichzeitig als Bestandteil des Werkes ansehen. Eine insofern wörtlich eindeutige Regelung ist aber für andere Auslegungen nicht zugänglich.[706] Festzuhalten ist daher, daß im Zusammenhang mit der Durchsetzung des Nettoprinzips kein Verstoß gegen den Wesentlichkeitsgrundsatz vorliegt.

Im folgenden ist die Zulässigkeit des Nettoprinzips im *Verhältnis* zur verfassungsrechtlich geschützten *Rundfunkfreiheit* des Art. 5 Abs. 1 GG zu überprüfen. Bei der Beschränkung auf die Unterbrecherwerbung einschließlich der Berechnungsmethode handelt es sich um eine

---

[700] Vgl. *Dörr* ZUM 1994, S. 342 ff.; *Engel* ZUM 1994, S. 335 ff.; VG Schleswig-Holstein AfP 1994, S. 86 ff.; VG Neustadt vom 17. 12. 1993 – Az 3 L 5678/93. NW; OVG Koblenz AfP 1994, S. 77 ff.; *Hoffmann/Schardt,* Zur Definition der Programmdauer in § 26 Abs. 4 RStV 1991 sowie im Rahmen der Werberichtlinien der Landesmedienanstalten, Rechtsgutachten 1993; *Tschentscher,* Gutachterliche Stellungnahme zur Rechtmäßigkeit der „Gemeinsamen Richtlinien der Landesmedienanstalten für die Werbung, zur Durchführung der Trennung von Werbung und Programm, und für das Sponsoring im Fernsehen" vom 26. 1. 1993 und zur Vereinbarkeit der Anwendung des sog. Nettoprinzips bei der Bestimmung zulässiger Werbeschaltungen mit höherrangigem Recht.

[701] Vgl. Synopse, in: *Ring,* Medienrecht, Rundfunkstaatsvertrag, C-0.1., S. 86: „… Fernsehsendungen von mehr als 60 Minuten Dauer dürfen (…) einmal Werbeschaltungen enthalten …".

[702] Vgl. *Engel* ZUM 1994, S. 335; *Hoffmann/Schardt,* Zur Definition der Programmdauer in § 26 Abs. 4 RStV sowie im Rahmen der Werberichtlinien der Landesmedienanstalten, Rechtsgutachten, S. 10 f.; VG Schleswig-Holstein AfP 1994, S. 87.

[703] Vgl. Ziffer 10 Abs. 4, 5 Gemeinsame Richtlinien der Landesmedienanstalten für die Werbung, zur Durchführung der Grundsätze von Werbung und Programm und für das Sponsoring im Fernsehen vom 26. 1. 1993, in *Hartstein/Ring/Kreile,* Rundfunkstaatsvertrag, Art. 1 § 6 Rdz. 102.

[704] Vgl. *Dörr* ZUM 1994, S. 342 ff.; *Engel* ZUM 1994, S. 335 ff. – es geht dabei vor allem um die Frage, ob sich aus dem Europäischen Übereinkommen über das grenzüberschreitende Fernsehen bzw. der EG-Rundfunkrichtlinie eine vorrangige Auslegung zu Gunsten der einen oder anderen Berechnungsart ergibt; vgl. zu den europarechtlichen Aspekten der Rundfunkfreiheit unten unter H Rdz. 52 ff.

[705] Vgl. *Ricker,* Rundfunkwerbung und Rundfunkordnung, S. 15; BVerfGE 57, S. 295 f., 324; 73, S. 118 ff., 178 und allgemein zum Wesentlichkeitsgrundsatz unter C Rdz. 65; D Rdz. 63 ff.

[706] Vgl. VG Neustadt vom 17. 12. 1993 – Az 3 L 5678/93. NW, S. 7; OVG Koblenz AfP 1994, S. 78; VG Schleswig-Holstein AfP 1994, S. 87; LG Stuttgart, Urteil v. 10. 10. 1996 (Az: 17-0-198/96), zit. in epd, Nr. 80 v. 12. 10. 1996, S. 13 f.

Ausgestaltung der Rundfunkfreiheit. Dieser dient die Regelung insofern, als sie der Informationsfreiheit des Zuschauers zugute kommt, dem der inhaltliche Zusammenhang der Programme erhalten bleiben soll und der Freiheit der redaktionellen Arbeit von Einflußnahmeversuchen der Werbewirtschaft, die gerade populäre Programme gehäuft und lange unterbrechen würden.[707] Die Regelung wird als zur Zweckerreichung *geeignet* angesehen werden können, fraglich ist jedoch die *Erforderlichkeit*. Teilweise wird argumentiert, daß eine Netto-Regelung notwendig sei, weil anderenfalls die Sendedauer zur ungehinderten Manipulation freigegeben sei.[708] Diese Auffassung übersieht aber die Vorschrift des Rundfunkstaatsvertrages, wonach die Sendezeit für Werbespots auf maximal 12 Minuten pro Stunde begrenzt ist und der Abstand zwischen zwei aufeinanderfolgenden Werbeeinblendungen mindestens 20 Minuten zu betragen hat.[709] Eines weiteren Mißbrauchsregulariums bedarf es nicht. Das Nettoprinzip wäre zur Erreichung des Zieles insoweit also gar *nicht erforderlich*.[710]

Bedenken ergeben sich auch hinsichtlich der *Verhältnismäßigkeit*. Geht man davon aus, daß etwa ein Drittel der Spielfilme eine Länge von knapp unter 90 Minuten hat,[711] so ließen sich in einem derartig großen Umfang nur einmalige Werbeunterbrechungen plazieren. Dies stellt eine extreme finanzielle Belastung für die privaten Sender dar, weil deren Einkünfte maßgeblich von der Positionierung von Werbung in attraktiven Spielfilmen bestimmt werden. Die Regelung scheint daher *unverhältnismäßig*, weil sie über die Grenze dessen geht, was dem Gesetzgeber an Gestaltungsfreiheit zur Finanzierung des privaten Rundfunks zugebilligt wird.[712] Davon abgesehen wird aber auch dem Zuschauer und seinen Interessen auf zusammenhängende Spielfilmdarbietungen nicht geholfen, weil der Sender zur Maximierung seiner Einkünfte innerhalb des Nettoprinzips die einzig erlaubte Werbeinsel bis an die Grenzen des Art. 1 § 45 Abs. 2 RStV ausnutzen muß. Es kann daher als Ergebnis festgehalten werden, daß das Nettoprinzip keine sachgerechte Ausgestaltung der Rundfunkordnung nach Art. 5 GG darstellt.

5. Gerichtsberichterstattung

109 Weitere Beschränkungen der Programmfreiheit bestehen im Zusammenhang mit der Berichterstattung über Gerichtsverfahren. Statt der Form oder des Inhalts wird diese in räumlicher Hinsicht reglementiert.

a) Verbot der Gerichtsberichterstattung

Ein Verbot der Gerichtsberichterstattung bestimmt *§ 169 Satz 2 GVG*, wonach keine Rundfunkaufnahmen in Ton und Bild von Verhandlungen einschließlich der Urteilsverkündung der ordentlichen Gerichte gemacht werden dürfen. Regelungen der anderen Gerichtsbarkeiten enthalten gleichlautende Einschränkungen oder nutzen die vorgenannte Norm in entsprechender Anwendung.[713] *Nicht* von diesem Verbot erfaßt sind Aufnahmen *vor* und *nach* der Verhandlung[714] und die Berichterstattung im *geschriebenen* Wort und der *Zeichnung*.[715]

---

[707] Vgl. dazu ausführlich oben unter F Rdz. 91 ff.

[708] Vgl. *Herkströter* ZUM 1992, S. 403; VG Schleswig-Holstein AfP 1994, S. 87.

[709] Vgl. Art. 1 § 44 Abs. 3 und § 45 Abs. 2 RStV.

[710] Vgl. *Hoffmann/Schardt*, Zur Definition der Programmdauer in § 26 Abs. 4 RStV 1991 sowie im Rahmen der Werberichtlinien der Landesmedienanstalten, Rechtsgutachten, S. 7.

[711] Vgl. *Hoffmann/Schardt*, Zur Definition der Programmdauer in § 26 Abs. 4 RStV 1991 sowie im Rahmen der Werberichtlinien der Landesmedienanstalten, Rechtsgutachten, S. 18 unter Verweis auf Aussagen von Fernsehveranstaltern.

[712] Vgl. *Ricker*, Privatrundfunkgesetze im Bundesstaat, S. 137 f.; BVerfGE 83, S. 238 ff., 311.

[713] Vgl. § 52 ArbGG; § 55 VwGO; §§ 61, 202 SGG; § 48 Abs. 1 JGG; § 17 BVerfGG, in diesem Zusammenhang bestehen allerdings Besonderheiten, auf die gesondert einzugehen ist.

[714] Vgl. BGH NJW 1970, S. 63; siehe dazu allerdings die nachfolgenden Ausführungen zu § 176 GVG; vgl. auch *Ernst* ZUM 1996, S. 187 ff.

[715] Vgl. *Baumbach/Lauterbach*, ZPO, § 169 GVG, Rdz. 6.

Das Verbot von Rundfunkaufnahmen beschränkt den Veranstalter in seiner Programmfreiheit und damit in seinem Grundrecht auf Rundfunkfreiheit.[716] Der Eingriff könnte gerechtfertigt sein, wenn § 169 GVG als *allgemeines Gesetz* im Sinne des Art. 5 Abs. 2 GG zu verstehen wäre. Um einer verfassungsrechtlichen Überprüfung standzuhalten, müßte das Verbot der Berichterstattung dem Schutz eines anderen Rechtsgutes dienen.[717] Die Regelung dient zum einen dem *Persönlichkeitsrechtsschutz* des Angeklagten bzw. der Parteien. Es soll verhindert werden, daß der Angeklagte in einem Strafverfahren dadurch bloßgestellt wird, daß die Verhandlung im Rundfunk übertragen und damit die Verfehlung in breitester Öffentlichkeit bekannt wird.[718] Das Verbot dient aber auch dem Interesse der *Wahrheitsfindung* selbst.[719] In diesem Zusammenhang wird stets darauf hingewiesen, daß durch das gleißende Licht des Rundfunks die Beteiligten oder Zeugen verschüchtert oder emotional aufgeladen würden. Sie könnten nicht mehr unbefangen bei der Sache sein, sondern müßten sich um ihre mediale Präsenz sorgen.[720] Ähnliche Gefahren werden auch im Hinblick auf das Verhalten der Richter gesehen.[721] Die eigenständige und wichtige Bedeutung dieses Zwecks neben dem Persönlichkeitsrechtsschutz zeigt sich insbesondere darin, daß die Beteiligten ihre Rechte nicht preisgeben können.[722]

Im Rahmen der verfassungsrechtlichen Überprüfung ist die *Geeignetheit,* die *Erforderlichkeit* und die *Verhältnismäßigkeit* des Berichterstattungsverbotes gegenüber den Rechten aus Art. 5 Abs. 1 GG zu untersuchen. Das Verbot scheint *geeignet,* den verfolgten Zweck der Norm zu erreichen. Die Regelung ist auch als *erforderlich* anzusehen, weil eine Beschränkungsform minderer Qualität nicht erkennbar ist.[723] Im Rahmen der Verhältnismäßigkeit ist allerdings zu fragen, ob das Verbot der Gerichtsberichterstattung dem *Wertgehalt* der Rundfunkfreiheit gerecht wird. Wenn der Rundfunkfreiheit in ständiger Rechtsprechung eine für die demokratische Gesellschaft konstitutive Bedeutung zugemessen wird, wenn sie erst den allgemeinen Meinungsmarkt schafft, der Voraussetzung für die Meinungsbildung des einzelnen ist,[724] dann ist zumindest fraglich, ob die Verhandlungen eines Gerichts zu jedem Zeitpunkt dem Verbot unterfallen müssen.

Gerade wenn man anerkennt, daß sich die Ausgestaltung der gerichtlichen Öffentlichkeit verändert,[725] muß es auch erlaubt sein, den Umfang des Verbotes kritisch zu betrachten. Denn tatsächlich hat in den vergangenen Jahren eine deutliche Verlagerung der Öffentlichkeit stattgefunden. Nicht mehr der einzelne interessierte Zuhörer im Gerichtssaal als sektoraler Repräsentant einer abstrakten Öffentlichkeit ist das Typische, sondern die Berichterstattung für die Allgemeinheit über die *Massenmedien,* welche eine *mittelbare Öffentlichkeit* schafft.[726] Ist die Medienöffentlichkeit demnach bereits der Regelfall, so muß dies auch bei der Interessenabwägung zwischen dem Schutz der Persönlichkeit, dem Gebot der Wahrheitsfindung und der Rundfunkfreiheit berücksichtigt werden.

---

[716] Vgl. *Hillig,* in: *Becker* (Hrsg.), Beiträge zum Medienprozeßrecht, S. 28; *Kresse,* Die Rundfunkordnung in den neuen Bundesländern, 1992, S. 133; *Bethge,* in: *Fuhr* u. a. (Hrsg.), Die neuen Medien, S. 134 f. m. w. N.; BVerfG NJW 1995, S. 185.

[717] Vgl. BVerfGE 32, S. 354 ff.; 62, S. 31 ff., 42.

[718] Vgl. *Schäfer,* in: *Loewe/Rosenberg,* StPO und GVG, Einl. Kap. 13 Rdz. 105 ff.; *Kissel,* GVG, § 169 Rdz. 14 f.; *Baumbach/Lauterbach,* ZPO, § 169 GVG Rdz. 5; *Herrmann,* Rundfunkrecht, § 25 Rdz. 83; *Maul* MDR 1970, S. 287; *Huff* NJW 1996, S. 572 f.

[719] Vgl. BVerfG NJW 1996, S. 310 f.; BGHSt. 16, S. 111 ff.; 19, S. 193 ff.; 22, S. 83 ff.; *Kissel,* GVG, § 169 Rdz. 16, 62.

[720] Vgl. BVerfG NJW 1996, S. 310 f.; *Dahs* NJW 1965, S. 86; *Schmidt* NJW 1968, S. 804.

[721] Vgl. *Schäfer,* in: *Loewe/Rosenberg,* StPO und GVG, 24. Auflage, Einl. Kap. 13 Rdz. 111 m. w. N.

[722] Vgl. BGH NJW 1961, S. 1761; *Kissel,* GVG, § 169 Rdz. 19.

[723] Vgl. zur früheren Rechtslage *Loewe/Rosenberg,* StPO und GVG, Einl. Kap. 13 Rdz. 105 ff.

[724] Vgl. BVerfGE 12, S. 205 ff., 260; 57, S. 295 ff., 319; 74, S. 297 ff., 323.

[725] Vgl. zur verfassungsrechtlichen Bedeutung der Öffentlichkeit, BVerfG DÖV 1984, S. 889.

[726] Vgl. *Kissel,* GVG, § 169 Rdz. 1; *Eberle* NJW 1994, S. 1638.

Es wäre daher zu befürworten, wenn jedenfalls die Berichterstattung von der *Urteilsverkündung* und *Begründung* in denjenigen Fällen, in denen Personen der Zeitgeschichte Verfahrensbeteiligte sind, zulässig wäre. Die Unbefangenheit der Beteiligten wäre nur in Einzelfällen berührt, weil sich allenfalls der vortragende Richter auf die Medienpräsenz einstellen müßte. Dies wäre aber zumutbar, weil lediglich eine zuvor getroffene Entscheidung referiert würde.[727]

Eine besondere Problemkonstellation stellt die Berichterstattung von Verhandlungen und *Urteilsverkündungen des Bundesverfassungsgerichtes* dar.[728] Umstritten ist dabei vor allem, ob die Verweisungsvorschrift in § 17 BVerfGG eine vorbehaltlose Anwendung des § 169 Satz 2 GVG verlangt. Teilweise wird argumentiert, daß nur eine unveränderte Anwendung denkbar sei, weil der Gesetzgeber im BVerfGG keine eigene Sonderregelung für das Bundesverfassungsgericht vorgesehen habe.[729] Dagegen wird zu Recht eingewandt, daß gerade die Wortwahl des BVerfGG, welches nur eine „*entsprechende*" Anwendung vorsieht, für eine differenzierte Handhabung spricht. Entsprechende Anwendung deute bereits vom Wortsinn auf einen Spielraum hin, welchen der Gesetzgeber der Rechtsanwendung lassen wolle.[730] Diese Auffassung scheint auch vom Bundesverfassungsgericht selbst geteilt zu werden, denn im Mai 1993 leitete der Präsidialrat des Zweiten Senats den Rundfunkveranstaltern schriftlich verfaßte „*Einstweilige Rahmenbedingungen für Pressevertreter sowie Rundfunk- und Fernsehanstalten*" zu.[731] Darin werden Bild- und Tonaufnahmen im Rahmen der mündlichen Verhandlung bis zum Abschluß der Feststellung der anwesenden Verfahrensbeteiligten erlaubt. Zusätzlich darf die Verkündung des Urteilstenors übertragen werden. Dem Hörfunk wird sogar das Recht zugebilligt, die Urteilsgründe insgesamt aufzunehmen und zeitversetzt zu verbreiten. Darüber hinaus bleibt die Gerichtsberichterstattung im Rundfunk auch vor dem Bundesverfassungsgericht untersagt.[732]

Fraglich ist die Verfassungsmäßigkeit des so interpretierten § 17 BVerfGG i. V. m. § 169 Satz 2 GVG im Sinne des Art. 5 Abs. 2 GG. Auch eine Beschränkung der Gerichtsberichterstattung berührt die Veranstalter in ihrer Rundfunkfreiheit, weil sie in ihrer publizistischen Vorbereitungstätigkeit eingeengt werden.[733] Wie bereits ausgeführt dient die Vorschrift des § 169 GVG grundsätzlich dem Schutz des Persönlichkeitsrechts der Beteiligten und dem Gebot der Wahrheitsfindung.[734]

Hinsichtlich der Geeignetheit ergeben sich aber bereits Bedenken, ob der mit § 169 Satz 2 GVG verfolgte Zweck in Verfahren vor dem Bundesverfassungsgericht überhaupt erreicht werden kann. So wird man annehmen können, daß allein in *Ausnahmefällen* die Absicherung von *Persönlichkeitsrechten* eines Beteiligten eine Rolle spielen wird. Dies hängt schon damit zusammen, daß es beim Bundesverfassungsgericht vornehmlich um die Klärung von *Rechtsfragen* geht.[735] Allerdings erscheint es selbstverständlich, den Schutz des Gebots der Wahrheitsfindung auch in Verfahren vor dem Bundesverfassungsgericht anzuerkennen.[736] Auch bei

---

[727] Vgl. *Eberle* NJW 1994, S. 1638; vgl. *Maul* MDR 1970, S. 287; *Wolf* NJW 1994, S. 684.

[728] Aktuell wurde diese Frage, als im Jahre 1993 ein privater Nachrichtensender die gesamte Verkündung der Entscheidungsgründe des Gerichts über die Verfassungsmäßigkeit der Teilnahme deutscher Soldaten an militärischen Aufklärungsflügen außerhalb des eigentlichen NATO-Auftrages live übertrug; siehe dazu *Wolf* NJW 1994, S. 682.

[729] Vgl. *Geiger*, BVerfGG, § 17 Anm. 2; *Maunz/Schmidt/Bleibtreu*, BVerfGG, § 17 Rdz. 2.

[730] *Eberle* NJW 1994, S. 1638; *Umbach/Clemens*, BVerfGG, § 17 Rdz. 10, 15; vgl. BVerfGE 60, S. 311 ff., 317; zu den rechtstheoretischen Grundlagen dieser Interpretation vgl. *Larenz*, Methodenlehre der Rechtswissenschaft, 1983, S. 250 f.; *Karpen*, Die Verweisung als Mittel der Gesetzestechnik, S. 78; *Canaris*, Die Feststellung von Lücken im Gesetz, S. 24.

[731] Abgedruckt bei *Wolf* NJW 1994, S. 682 m. w. N.

[732] Vgl. I.1 und II.2, 4 der Einstweiligen Rahmenbedingungen.

[733] Vgl. BVerfGE 50, S. 205 ff., 260; BVerfG NJW 1995, S. 185.

[734] Vgl. *Loewe/Rosenberg*, StPO und GVG, 24. Auflage, Einl. Kap. 13 Rdz. 105 ff.; *Kissel*, GVG, § 169 Rdz. 14 f.; BGHSt. 16, S. 111 ff.; 19, S. 193 ff.

[735] Vgl. *Eberle* NJW 1994, S. 1638.

[736] Vgl. *Umbach/Clemens*, BVerfGG, § 17 Rdz. 20.

der Klärung von Rechtsfragen kann dieser Aspekt von Relevanz sein. Die Beschränkung in der vorliegenden Form ist *geeignet,* den genannten Zweck zu erfüllen. Der Wahrheitsfindung würde gedient, weil eine für die Beteiligten störende Medienpräsenz verhindert wird.

Es stellt sich aber die Frage, ob das Ausmaß der Beschränkung verfassungsrechtlich *erforderlich* ist. Zweifel sind insbesondere im Hinblick auf das Verbot, die Verlesung der Urteilsbegründung im Bild zu übertragen, angebracht. Es ist bereits kein sachlicher Grund für die unterschiedliche Behandlung von *Ton- und Filmaufnahmen* erkennbar. Die so praktizierte mediale Differenzierung könnte in anderen Verfahren durchaus sinnvoll sein, weil sie vor allem dem Persönlichkeitsschutz dient – im Zusammenhang mit Urteilen des Bundesverfassungsgerichts ist dieser Aspekt jedoch nur sekundärer Natur.[737] Im Hinblick auf das Gebot der Wahrheitsfindung ist eine Standkamera nicht gefährlicher als ein Mikrophon. Gegebenenfalls ließen sich Schutzmechanismen vor allem zugunsten solcher Verfahrensbeteiligter, die nicht *Personen der Zeitgeschichte* sind, einbauen. Das Verbot der Fernsehaufzeichnung der Urteilsbegründung ist verfassungsrechtlich also nicht erforderlich.[738]

Schließlich unterstützt auch die Abwägung der widerstreitenden Interessen im Rahmen der *Verhältnismäßigkeit* die Auffassung, daß die Übertragung der gesamten Urteilsverkündung erlaubt sein muß. Denn gerade die Entscheidungen des Bundesverfassungsgerichtes sind für den Meinungsmarkt von herausragender Bedeutung.[739] Meist handelt es sich um *wesentliche Rechtsentscheidungen*, die über den konkreten Anlaß hinaus von allgemeiner, für das Gemeinschaftsleben mitbestimmender Relevanz sind. Dies resultiert aus dem hohen Rang des Verfassungsrechts, etwa wenn es um die Konkretisierung des Inhalts und der Tragweite von Grund- und Menschenrechten geht. Wesentlich sind die Entscheidungen auch deshalb, weil sie häufig eine breite politische Diskussion auslösen oder prägen. Die These wird zusätzlich durch die herausragende Stellung dieses Gerichts als Verfassungsorgan der Bundesrepublik Deutschland unterstützt.[740] Ein Filmaufnahmeverbot schränkt daher die der freien Meinungsbildung dienende Funktion des Fernsehens unverhältnismäßig ein. Hinzu kommt, daß die Beschränkung auf die Übertragung der Verlesung des Tenors gar zu Mißverständnissen und Fehleinschätzungen führen kann. Oft wird der Tenor überhaupt erst durch die Begründung verständlich.

Als Ergebnis wird man daher festhalten können, daß die vom Bundesverfassungsgericht erstellten „Einstweiligen Rahmenbedingungen" kein ausreichendes Maß an medialer Öffentlichkeit zulassen und somit den Stellenwert des Art. 5 GG nicht genügend berücksichtigen.

b) Sitzungspolizeiliche Anordnungen

Die Programmfreiheit der Rundfunkveranstalter kann über das Verbot der Gerichtsberichterstattung aus § 169 Satz 2 GVG *hinaus* auch durch sitzungspolizeiliche Anordnungen gemäß § 176 GVG eingeschränkt werden. Danach obliegt die Aufrechterhaltung der Ordnung in der gerichtlichen Sitzung dem Vorsitzenden Richter. Im Gegensatz zum Begriff der Verhandlung im Sinne des § 169 GVG umfaßt die Sitzung auch die Zeiten *unmittelbar vor* Beginn und *nach Schluß der Verhandlung* sowie *Verhandlungspausen*, auf die sich üblicherweise die Bild- und selteneren Tonaufnahmen beschränken.[741] Gerade in Verfahren mit großem publizistischem Interesse besteht häufig ein großer Andrang von Seiten der Medien.[742] Erläßt der

110

---

[737] Vgl. *Eberle* NJW 1994, S. 1639 hier abweichend.

[738] Vgl. aber *Wolf* NJW 1994, S. 683, der die Regelung des BVerfG für insgesamt unzulässig hält.

[739] Vgl. *Eberle* NJW 1994, S. 1639.

[740] Vgl. § 1 BVerfGG.

[741] Zur Entstehungsgeschichte vgl. *Gerhardt,* Zur Frage der Verfassungsmäßigkeit des Verbots von Rundfunk- und Fernsehaufnahmen im Gerichtssaal, S. 23 ff.

[742] Aktuell wurde die vorliegende Problematik im Zusammenhang mit dem Prozeß gegen u. a. Erich Honecker vor dem Landgericht Berlin – vgl. BVerfG NJW 1992, S. 3288 f.; BVerfG NJW 1993, S. 915; BVerfG NJW 1995, S. 185.

Richter dann Maßnahmen für den geordneten Ablauf, können Rundfunksender dadurch in ihrer Programmfreiheit aus Art. 5 Abs. 1 GG betroffen sein.[743] § 176 GVG ist als *allgemeines Gesetz* im Sinne des Art. 5 Abs. 2 GG zu verstehen, weil es dem Schutz einer geordneten Rechtspflege, d. h. einer umfänglichen Rechts- und Wahrheitsfindung unter Achtung der Persönlichkeitsrechte der Beteiligten, dient.[744]

Wichtig in diesem Kontext ist, daß sich auch die richterliche Normanwendung an den Grundsätzen der *Geeignetheit, Erforderlichkeit und Verhältnismäßigkeit* zu orientieren hat.[745] So mag eine die Berichterstattung beschränkende Anordnung für das Erreichen des Zweckes zwar geeignet sein, die Frage der Erforderlichkeit aber dennoch nicht ausreichend berücksichtigt sein. Das Persönlichkeitsrecht kann nicht herangezogen werden, wenn es sich um Personen der Zeitgeschichte handelt, welche gemäß § 23 Abs. 1 Nr. 1 KUG eine größere Duldungspflicht haben.[746] Soweit die Gefährdungen des Normzwecks darauf beruhen, daß die vielen Sender im Gerichtssaal um möglichst eindrucksvolle Bilder wetteifern würden, begründet auch dies kein völliges Drehverbot, wenn eine Poollösung (ein Sender filmt und stellt sein Material den anderen Rundfunkveranstaltern zur Verfügung) insoweit Abhilfe schaffen kann.[747]

Schließlich muß eine so geartete Anordnung immer auch die widerstreitenden Interessen berücksichtigen. Gerade in Verfahren von weitreichender politischer und gesellschaftlicher Bedeutung ist die freie Rundfunkberichterstattung von besonderer Bedeutung für den Meinungsmarkt einer demokratischen Gesellschaft. Es muß also versucht werden, die anerkannten Rechte der Beteiligten durch geringere Maßnahmen als ein Filmverbot zu schützen. Hier wäre an Anweisungen über den Standort oder die Dauer der Aufnahmen zu denken.[748]

6. Jugendschutz

111 Bereits an der Hervorhebung im Rahmen der Schrankenvorbehalte des Art. 5 Abs. 2 GG, läßt sich die *besondere Stellung* des Jugendschutzes innerhalb der Wertordnung der Verfassung ablesen.[749] Auch das Bundesverfassungsgericht hat den Schutz der Jugend immer wieder als ein wichtiges Gemeinschaftsanliegen und ein Verfassungsgut von bedeutsamen Rang bezeichnet,[750] das den Gesetzgeber nicht nur berechtigt, sondern verpflichtet, Maßnahmen gegen Beeinträchtigungen der seelischen Entwicklung und sozialen Orientierung von Kindern und Jugendlichen zu ergreifen.[751] Dies gilt besonders auch für den Bereich des Rundfunks.[752] Der Gesetzgeber ist diesen Vorgaben gefolgt und hat in Art. 1 § 3 Rundfunkstaatsvertrag Regelungen festgelegt, welche sowohl für öffentlich-rechtliche als auch private Rundfunkveranstalter gelten.

Neben einem *völligen Verbot* von pornographischen und gewaltverherrlichenden Sendungen und solchen, die zum Hass gegen Teile der Bevölkerung oder gegen eine nationale, rassische, religiöse oder durch ihr Volkstum bestimmte Gruppe aufstacheln,[753] dürfen

---

[743] Vgl. BVerfG NJW 1995, S. 185.

[744] Vgl. BVerfGE 50, S. 234 ff., 241.

[745] Vgl. BVerfGE 19, S. 232 ff., 244; 76, S. 130 ff., 156 f.

[746] Vgl. BVerfG NJW 1995, S. 186.

[747] Vgl. BVerfG NJW 1995, S. 186.

[748] Vgl. BVerfG NJW 1995, S. 186.

[749] Zum Verhältnis des generellen Vorbehalts der allgemeinen Gesetze und der besonderen Nennung des Jugend- und Ehrenschutzes vgl. *Löffler/Ricker,* Handbuch des Presserechts, 12. Kap. Rdz. 2, sowie oben unter B Rdz. 163 ff., 177.

[750] Vgl. BVerfGE 30, S. 336 ff.; 348; 47, S. 109 ff., 117; 77, S. 346 ff., 356.

[751] Vgl. BVerfGE 47, S. 109 ff., 117; BVerwG NJW 1987, S. 1430; BVerfG NJW 1991, S. 1472; *Scholz/Joseph,* Gewalt- und Sexdarstellungen im Fernsehen, S. 74 ff., 93 ff.

[752] Vgl. BVerfGE 57, S. 295 ff., 326; BVerfG NJW 1971, S. 1555 f.

[753] Vgl. § 3 Abs. 1 RStV.

auch keine Programme gesendet werden, die offensichtlich geeignet sind, Kinder und Jugendliche sittlich schwer zu gefährden.[754] Zudem dürfen Sendungen, die das körperliche, geistige oder seelische Wohl von Kindern und Jugendlichen beeinträchtigen können, nur dann verbreitet werden, wenn der Veranstalter aufgrund der Sendezeit oder auf andere Weise Vorsorge trifft, daß Kinder und Jugendliche die Programme üblicherweise nicht wahrnehmen. Dies könne ab 23.00 Uhr angenommen werden. In diesem Zusammenhang sind weitere zeitliche Sendebeschränkungen statuiert, welche sich zu diesem Zweck die Altersgrenzen und Filmklassifikationen des Gesetzes zum Schutz der Jugend in der Öffentlichkeit[755] zu Nutze machen.[756] Auch Sendungen, welche ganz oder im wesentlichen Schriften entsprechen, welche in die Liste nach § 1 des Gesetzes über die Verbreitung jugendgefährdender Schriften[757] aufgenommen wurden, dürfen erst nach 23.00 Uhr ausgestrahlt werden. Voraussetzung ist jedoch, daß der Film nicht bereits unter das Sendeverbot des Art. 1 § 3 Abs. 1 Rundfunkstaatsvertrag fällt.[758]

Als wichtiger Regelungsinhalt mag schließlich noch auf die *Ermächtigung* der öffentlich-rechtlichen Rundfunkanstalten und der Landesmedienzentralen hingewiesen werden, nach der diese die *zeitlichen Beschränkungen verschärfen* oder *abschwächen* können.[759]

Die dargestellte Regelung greift in ihrer Konzeption auf Merkmale vorhandener Jugendschutzbestimmungen zurück, die sie an die Besonderheiten des Rundfunks anpaßt.[760] So ist die Kategorie der generell untersagten Sendungen mit den Verbotsnormen der §§ 1 Abs. 1 und 6 GjS vergleichbar: Programme, welche die Straftatbestände der Gewaltdarstellung, des Aufstachelns zum Rassenhaß, der Kriegsverherrlichung oder der Pornographie erfüllen, sind untersagt. Gleiches gilt für Sendungen, die wie in § 6 Nr. 3 GjS offensichtlich eine schwere sittliche Gefährdung für Kinder und Jugendliche darstellen. Die Programme mit Sendezeitregelungen, die zweite Kategorie des Rundfunkstaatsvertrages, werden von Kriterien bestimmt, die dem JÖSchG entnommen sind. Wie dort unter § 6 Abs. 3 JÖSchG wird von der Beeinträchtigung der Kinder und Jugendlichen gesprochen sowie dessen Altersstufenkonzept übernommen.[761]

Im Rahmen einer verfassungsrechtlichen Würdigung soll im folgenden untersucht werden, ob Art. 1 § 3 Rundfunkstaatsvertrag den Anforderungen eines *allgemeinen Gesetzes* genügt. Unstreitig greift die Norm durch ihre Sendeverbote und Beschränkungen in die Programmfreiheit der Veranstalter ein. Dies geschieht, wie bereits ausgeführt, zum Zwecke des Jugendschutzes im Sinne des Art. 5 Abs. 2 GG. Man wird davon ausgehen können, daß das Sendeverbot zur Erreichung des Zweckes *geeignet* ist. Dies gilt in seiner ganzen Breite, weil vom Jugendschutz nicht allein die sittliche Gefährdung Jugendlicher in sexueller Hinsicht, sondern zugleich anreizende Einwirkungen zu Gewalttätigkeit, Kriegslust oder Rassenhaß erfaßt sind.[762] Auch hinsichtlich der verfassungsrechtlichen *Erforderlichkeit* und *Verhältnismäßigkeit* ist das Verbot in Art. 1 § 3 Abs. 1 Rundfunkstaatsvertrag unproblematisch.

---

[754] Vgl. Art. 1 § 3 Abs. 1 Rundfunkstaatsvertrag.

[755] JÖSchG vom 25. 2. 1985, BGBl. I, S. 425.

[756] Vgl. Art. 1 § 3 Abs. 2 Rundfunkstaatsvertrag.

[757] GjS – i. d. F. der Bekanntmachung vom 12. 7. 1985 – BGBl. I, S. 1502.

[758] Vgl. Art. 1 § 3 Abs. 3 RStV.

[759] Vgl. Art. 1 § 3 Abs. 5 RStV.

[760] Zur Problematik der Anwendbarkeit des GjS auf Rundfunksendungen vgl. VG Köln NJW 1987, S. 274; *Ricker*, Privatrundfunkgesetze im Bundesstaat, S. 121; *Meyer-Hesemann* DVBl. 1986, S. 1181 ff.; *Weides* NJW 1987, S. 224 ff.; *Ory* NJW 1987, S. 2967; *Hartstein/Ring/Kreile*, Rundfunkstaatsvertrag, Art. 1 § 3 Rdz. 16; *Löffler/Ricker*, Handbuch des Presserechts, Kap. 60 Rdz. 5.

[761] Vgl. *Ory* NJW 1987, S. 2971; *v. Hartlieb*, Handbuch des Film-, Fernseh- und Videorechts, 1991, S. 20 m. w. N.

[762] Vgl. BVerfGE 30, S. 336 ff., 347; *Maunz/Dürig/Herzog/Scholz*, GG, Art. 5, Rdz. 282; *Ricker*, Privatrundfunkgesetze im Bundesstaat, S. 132.

Die *Sendezeitenregelung* des Art. 1 § 3 Abs. 2 Rundfunkstaatsvertrag ist hingegen einer besonderen Würdigung zu unterziehen. Ausgangspunkt der Regelung ist, daß Sendungen von Kindern und Jugendlichen besonders leicht wahrgenommen werden können. Die in anderen Bereichen, etwa bei Filmtheatern, beim Video-Verleih oder beim Erwerb von Presseerzeugnissen gegebenen Hindernisse des Kaufvorgangs beziehungsweise des Eintritts entfallen. Die Beschränkung muß demnach auf der Anbieterseite erfolgen.[763] Weil aber eine vorherige Kontrolle der Programme selbst für den Zweck des Jugendschutzes wegen des *Zensurverbotes*[764] nicht möglich ist, kann eine geeignete Regelung nur in einer Sendebeschränkung liegen.[765]

Ist die Sendezeitbeschränkung somit als verfassungsrechtlich *geeignet* anzusehen, ist die *Erforderlichkeit* zu untersuchen. Seinen Anforderungen wäre nicht genügt, würde eine starre Zeit für alle Fälle angesetzt werden. Die Beschränkung ist auf die tatsächlichen Verhältnisse abzustimmen.[766] Indem zum einen auf Altersgruppen und zum anderen auf Zeitspannen abgestellt wird, zu der nach den gewöhnlichen Umständen Kinder und Jugendliche als Rezipienten nicht mehr in Frage kommen, wird die notwendige *Flexibilität* gewahrt. Dabei sollte jedoch darauf bestanden werden, daß nicht allein die für Kinder und Jugendliche ungeeigneten Szenen, sondern der ganze Beitrag erst nach der jeweiligen Zeitgrenze gesendet wird. Denn oft ergibt sich die sittliche Beeinträchtigung erst aus dem Gesamtkontext. Auch könnten Kinder andernfalls animiert werden, den Film über die jugendfreien Sequenzen hinaus, ganz anzusehen.[767]

Wichtig ist außerdem, daß die Sendezeitenbeschränkung nur in dem Maße als notwendig angesehen wird, als der Rundfunkveranstalter nicht auf andere Weise Vorsorge treffen kann, daß Kinder und Jugendliche die Sendungen üblicherweise nicht wahrnehmen. Es ist jedoch fraglich, ob allein die *Codierung* eines *pay-tv-Kanals* hierzu ausreicht. Stellt sich der Schutz nur in der Form dar, daß nicht abonnierte Zuschauer ausgeschlossen sind, mit der Freischaltung jedoch allen die Wahrnehmung jederzeit ermöglicht wird, müßte dies zu verneinen sein. Notwendig ist eine ähnlich *effektive Selektion* wie die Sendezeitenregelung.[768]

Eine weitere Begrenzung der Sendezeitenregelung auf das im Sinne der Erforderlichkeit notwendige Maß stellt die *Ermächtigung* der öffentlich-rechtlichen Rundfunkanstalten und der Landesmedienanstalten dar, durch Richtlinien von Sendeklassifikationen des JSchÖG und des GjS *abzuweichen*.[769] Ausgangspunkt dieser dem Übermaßverbot dienenden Ermächtigung war die Überlegung, daß Moralvorstellungen dem Wandel unterworfen sind und alte Filme heute nicht in jedem Fall mehr als anstößig empfunden werden.[770]

Ist die Sendezeitenregelung in seiner vorliegenden Ausprägung demnach *erforderlich,* so ist abschließend nach der *Verhältnismäßigkeit* der Regelung zu fragen. Vorliegend stehen die Werte des Jugendschutzes gegen die Rundfunk- und Kunstfreiheit.[771] Während die Kunstfreiheit aus Art. 5 Abs. 3 GG wohl regelmäßig so weit hinter den Jugendschutz zurücktreten

---

[763] *Ricker,* Die Einspeisung von Rundfunkprogrammen, S. 89.

[764] Vgl. oben unter B Rdz. 22 ff.

[765] Vgl. *Maunz/Dürig/Herzog/Scholz,* GG, Art. 5 Rdz. 284; *Ricker,* Privatrundfunkgesetze im Bundesstaat, S. 134.

[766] Vgl. BVerfGE 30, S. 336; *Löffler/Ricker,* Handbuch des Presserechts, Kap. 60 Rdz. 2.

[767] Vgl. *Ory* NJW 1987, S. 2972; *Hartstein/Ring/Kreile,* Rundfunkstaatsvertrag, Art. 1 § 3 Rdz. 40; *Landmann,* in: *Fuhr* (Hrsg.), ZDF-Staatsvertrag, 1985, S. 242.

[768] Vgl. *Ory* NJW 1987, S. 2972; *Hartstein/Ring/Kreile,* Rundfunkstaatsvertrag, Art. 1 § 3 Rdz. 41.

[769] Vgl. Art. 1 § 3 Abs. 4 RStV.

[770] Zum Beispiel war sowohl der Film „Die Sünderin" als auch der Film „Bettgeflüster" vor 30 Jahren mit einer Beschränkung bis zu 18 Jahren versehen, selbst „Casablanca" war einst erst ab 16 Jahren freigegeben und konnte ohne die obengenannte Ermächtigung erst ab 22:00 Uhr gesendet werden – vgl. *Ory* NJW 1987, S. 2972; BVerwG in UFITA 67, S. 294.

[771] Siehe hierzu oben unter B Rdz. 173 f.

muß, als die zeitlichen Anforderungen des Rundfunkstaatsvertrages erfüllt werden,[772] kann die Abwägung mit den Interessen einer aktuellen Berichterstattung durchaus zu einer Durchbrechung der Norm führen. Dies kann man bereits daraus schließen, daß selbst der Straftatbestand der § 131 StGB nicht einschlägig ist, wenn unter gewissen Umständen damit der Berichterstattung über Vorgänge des Zeitgeschehens gedient wird.[773] Gilt dies somit bereits dem Grunde nach für Inhalte einer generell verbotenen Sendung, so muß erst recht in wenigen begrenzten Einzelfällen eine Abwägung gegen die jugendschützenden Sendezeiten und für eine aktuelle Berichterstattung im Sinne des Art. 5 Abs. 1 GG möglich sein.[774] Im Rahmen dieser Relativierung sind die Sendezeitenregeln des Rundfunkstaatsvertrages daher als verfassungsmäßig anzusehen.

7. Ehrenschutz

Die Programmfreiheit wird durch die Rechte Dritter, vor allem des *Persönlichkeitsrechts* der   **112** von der redaktionellen Berichterstattung Betroffenen begrenzt. Als Schranke im Sinne der allgemeinen Gesetze hebt Art. 5 Abs. 2 GG neben dem Jugendschutz auch den Schutz der *Ehre* ausdrücklich hervor.[775] Da Eingriffe in Freiheitsrechte grundsätzlich nur auf gesetzlicher Grundlage möglich sind, kann auch das Recht der persönlichen Ehre die Programmfreiheit des Art. 5 Abs. 1 GG nur *durch Gesetz* einschränken.[776] *Rundfunkspezifische Regelungen* sind in diesem Zusammenhang so gut wie nicht vorhanden. Art. 1 § 41 Abs. 1 S. 4 RStV spricht nur davon, daß die gesetzlichen Bestimmungen zum Schutz der persönlichen Ehre in privaten Programmen einzuhalten sind. Einige Gesetze für Landesrundfunkanstalten enthalten vergleichbare Aussagen.[777] Andere Normen zielen mit ähnlichen Formulierungen im Bereich der Programmgrundsätze auf denselben Tatbestand.[778] Lediglich das Recht der *Gegendarstellung* wird speziell in den Rundfunkgesetzen normiert.[779]

Der Ehrenschutz ist weit zu fassen. Nach der Rechtsprechung des Bundesverfassungsgerichtes sind unter den die Ehre regelnden Bestimmungen die *persönlichkeitsrechtsschützenden Normen der §§ 823 ff. BGB* und die *Strafgesetzvorschriften der §§ 185 ff. StGB* zu verstehen.[780] Seinem Wortlaut nach schützt § 823 Abs. 1 BGB zunächst nur die dort genannten absoluten Rechte. Die Ehre ist in diesem Zusammenhang nicht genannt, doch findet sie über die Generalklausel des *sonstigen Rechts* in Gestalt des allgemeinen Persönlichkeitsrechts Eingang in die Norm.[781] Das allgemeine Persönlichkeitsrecht leiten Rechtsprechung und Lehre aus Art. 1

---

[772] Vgl. *Ring,* Medienrecht, Art. 1 § 3 Rdz. 43; zur Frage des Verhältnisses der Kunstfreiheit zum Jugendschutz siehe BVerwGE 23, S. 104 ff.; 39, S. 197 ff., 199; BVerfGE 30, S. 173 ff.; BVerfG ZUM 1988, S. 142; BVerfG ZUM 1991, S. 310; *Maunz/Dürig/Herzog/Scholz,* GG, Art. 5 Abs. 3 Rdz. 26 ff.; siehe oben B Rdz. 142 f.

[773] Vgl. *Dreher/Tröndle,* StGB, § 131 Rdz. 9; *Schönke/Schröder,* StGB, § 131 Rdz. 8.

[774] Vgl. *Hartstein/Ring/Kreile,* Rundfunkstaatsvertrag, Art. 1 § 3 Rdz. 43.

[775] Zum Verhältnis des generellen Vorbehalts der allgemeinen Gesetze und der besonderen Nennung des Jugend- und Ehrenschutzes vgl. *Löffler/Ricker,* Handbuch des Presserechts, 12. Kap. Rdz. 2, sowie oben unter B Rdz. 164 ff., 177; zur mittelbaren Drittwirkung oben unter B Rdz. 122 ff.

[776] Vgl. BVerfGE 33, S. 1 ff., 16.

[777] Vgl. z. B. § 7 Abs. 3 NDR-StV; § 5 Abs. 2 WDR-Gesetz; siehe zu den Programmgrundsätzen oben unter F Rdz. 25 ff.; 55 ff.

[778] Vgl. z. B. § 4 Abs. 1 S. 3 RB-Gesetz: Keine Person darf in einer ihre Persönlichkeit, ihr Ansehen und ihre Menschenwürde schädigenden Weise angegriffen werden".

[779] Vgl. §§ 18 BayMG; § 28 Nr. 8 f. HPRG; § 15 MDR-StV; § 12 NDR-StV; § 11 ORB-G; § 24 RB-G; § 7 SWF-StV; § 9 WDR-G; § 9 ZDF-StV; § 9 DR-StV; § 61 LMG Bad.-Württ.; § 17 BayMG; § 56 Berlin/Br.-StV; § 23 LMG Bremen; § 14 LMG Hamburg; § 22 HPRG; § 24 RGMV § 26 LRG Nieders.; § 18 LRG Nordr.-Westf.; § 24 LRG Rh.-Pf.; § 12 LRG Saarl.; § 19 PRG Sachsen; § 20 PRG Sachsen-Anhalt; § 31 LRG Schl.-Holst.; § 24 PRG Thüringen; § 25 DW-G.

[780] Vgl. BVerfGE 33, S. 1 ff., 16.

[781] Vgl. BVerfGE 7, S. 198 ff.; zur mittelbaren Drittwirkung des Art. 5 GG siehe oben unter B Rdz. 122 ff.

Abs. 1 GG und Art. 2 Abs. 1 GG ab. Es handelt sich dabei um ein einheitliches und umfassendes subjektives Recht auf Achtung und freie Entfaltung der Person.[782] Da sein Schutzumfang nicht *abschließend* festgelegt ist, fungiert das Persönlichkeitsrecht als *Rahmen- oder Quellrecht*.[783] Die tatbestandliche Offenheit führt allerdings zu der Notwendigkeit, den Schutzumfang zu begrenzen. Im allgemeinen geschieht dies dadurch, daß die Rechtswidrigkeit im Einzelfall erst durch eine *Güter- und Interessenabwägung* begründet werden muß.[784] In der Praxis wurde jedoch versucht, den Abgrenzungsschwierigkeiten durch Herausbildung verschiedener *typischer Tatbestände* zu begegnen. Auf einige dieser Gruppen soll nachfolgend eingegangen werden.

Das Konzept findet sich in der Bewertung der persönlichkeitssichernden Schutzbereiche wieder. Danach vollzieht sich das Leben des Einzelnen in *Sphären* unterschiedlicher Schutzbedürftigkeit. Die *Individualsphäre* umfaßt den Menschen in seinen Beziehungen zur Umwelt. Sofern der in Frage stehende Sachverhalt dieser der Öffentlichkeit zugewandten Sphäre angehört, darf grundsätzlich darüber berichtet werden.[785] Die *Privatsphäre* betrifft den Menschen in seinem häuslichen, familiären Kreis. Solange keine Einwilligung des Betroffenen vorliegt, ist eine Berichterstattung aus diesem Bereich unzulässig. Aber bereits hier wirkt sich die Wechselwirkung der verfassungsrechtlichen Interessen aus. Die schutzwürdige Privatsphäre kann hinter den Belangen des Art. 5 Abs. 1 GG zurücktreten müssen, wenn ein überwiegendes öffentliches Interesse an der Mitteilung privater Angelegenheiten einer Person der Zeitgeschichte besteht. Die Güterabwägung ist unter Berücksichtigung aller *Einzelumstände* vorzunehmen.[786] In den Schutzbereich der *Intimsphäre* fällt die innere Gefühls- und Gedankenwelt, der Gesundheitszustand und der sexuelle Bereich. Insoweit herrscht ein grundsätzliches Verbot ungenehmigter Verbreitung.[787] Eine Verletzung des Persönlichkeitsrechts ist weiterhin dann gegeben, wenn bewußt *unwahre Tatsachenbehauptungen* über den Betroffenen aufgestellt werden.[788] An Fehlinformationen besteht kein anerkennenswertes Interesse.[789] Allerdings kann im Einzelfall die Abgrenzung zur Meinungsäußerung bzw. zum Werturteil zu Schwierigkeiten führen. Diese fallen in der Regel unter den Schutz des Art. 5 Abs. 1 GG und sind mit den Maßstäben von Wahrheit und Unwahrheit nicht greifbar.[790]

Im Zusammenhang mit unrichtigen Tatsachenbehauptungen hat das Bundesverfassungsgericht zwei weitere Fallgruppen entwickelt. Zum einen ist das Unterstellen *nicht getaner Äußerungen* bereits als solches unzulässig, da es den sozialen Geltungsanspruch des Einzelnen beeinträchtigt.[791] Die zweite Fallgruppe ist die Haftung für *fehlerhafte Zitate*.[792]

Untersteht die Meinungsäußerung grundsätzlich dem besonderen Schutz des Art. 5 Abs. 1 GG,[793] kann durch ein grob herabsetzendes Werturteil ebenfalls das Persönlichkeitsrecht

---

[782] Vgl. BGHZ 13, S. 334ff.; BGHZ 95, S. 212f.; BVerfGE 34, S. 281; 68, S. 231; *Palandt-Thomas*, BGB, § 823 Rdz. 175 m. w. H.; *Walter* JZ 1986, S. 614; *Helle*, Besondere Persönlichkeitsrechte im Privatrecht, S. 71ff.

[783] Vgl. BGHZ 24, S. 78; BGH NJW 1987, S. 2667.

[784] Bei bewußt unwahren Tatsachenbehauptungen erfolgt eine Güterabwägung im Hinblick auf die Rechtsfolgen, vgl. Grimm NJW 1995, S. 431 f., 437.

[785] Vgl. *Löffler/Ricker*, Handbuch des Presserechts, 42. Kap., Rdz. 7; BVerfG AfP 1980, S. 150; BGH ZUM 1992, S. 39.

[786] Vgl. BVerfGE 35, S. 302ff.; 320ff.; BHGZ 13, S. 334; 24, S. 72ff.; siehe dazu m. w. H. *Wenzel*, Das Recht der Wort- und Bildberichterstattung, Rdz. 5.46ff.; *Löffler/Ricker*, Handbuch des Presserechts, 42. Kap. Rdz. 8.

[787] Vgl. *Löffler/Ricker*, Handbuch des Presserechts, 42. Kap. Rdz. 17; *Ricker* NJW 1990, S. 2098.

[788] Vgl. *Grimm*, NJW 1995, S. 431ff., 437.

[789] Vgl. BVerfG NJW 1980, S. 2070; BVerfG AfP 1982, S. 216; BVerfG 12, S. 113ff.

[790] Vgl. dazu ausführlich *Wenzel*, Das Recht der Wort- und Bildberichterstattung, Rdz. 4.38ff.; *Löffler/Ricker*, Handbuch des Presserechts, 42. Kap. Rdz. 33ff.

[791] Vgl. BVerfGE 34, S. 269ff.; 282f.; BVerfG AfP 1980, S. 150f.

[792] Vgl. BVerfG NJW 1980, S. 2072.

[793] Vgl. BVerfGE 7, S. 198ff., 212; BVerfG AfP 1982, S. 215; BVerfG AfP 1992, S. 53; BVerfG AfP 1991, S. 387.

verletzt werden. In solchen Fällen hat eine eingehende Güterabwägung zwischen Art. 5 GG und dem Persönlichkeitsrecht zu erfolgen. Dabei müssen Schärfen und Übersteigerungen – vor allem im politischen Meinungskampf – hingenommen werden, soweit die Auseinandersetzung in der Sache noch im Vordergrund steht. Die Grenze zur unzulässigen Schmähkritik ist jedoch überschritten, wenn das abwertende Urteil zur bloßen Verächtlichmachung des Gegners absinkt.[794]

Das allgemeine Persönlichkeitsrecht wird ebenfalls im Bereich der *Bildberichterstattung* als **112a** Quellrecht angesehen. Eine besondere Erscheinungsform ist das *Recht am eigenen Bild*, welches in den §§ 22–24 KUG geschützt wird. Schutzobjekt ist die Erkennbarkeit der Person in einer Abbildung. Regelmäßig ist eine Einwilligung zur Verbreitung oder Zurschaustellung erforderlich.[795] Medienrechtlich relevant ist vor allem eine Ausnahme von der Verpflichtung zur Einwilligung: § 23 Abs. 1 Nr. 1 KUG erlaubt eine umfassende bildliche Darstellung von *Personen der Zeitgeschichte.* Die Veröffentlichung muß aber auch dann unterbleiben, wenn das Persönlichkeitsrecht des Betroffenen auf über den Bildnisschutz hinausgehende Weise tangiert würde.

Unter den strafrechtlichen Ehrenschutz fallen zum einen Meinungsäußerungen, die eine *Beleidigung* im Sinne der §§ 185 ff. StGB darstellen. Darunter ist die Herabsetzung des Betroffenen im Zusammenhang mit seinem sittlichen, personalen und sozialen Achtungs- und Geltungsanspruch zu verstehen.[796] Ebenso werden *unwahre Tatsachenbehauptungen* sanktioniert. § 186 (Beleidigung) und § 187 (Verleumdung) StGB definieren den Angriff auf die Ehre als Verächtlichung oder Herabwürdigung in der öffentlichen Meinung. Die beiden Normen unterscheiden sich im Tatbestandsmerkmal der Absicht, das bei § 187 StGB erforderlich ist. Geschütztes Rechtsgut der Ehrdelikte ist dabei sowohl die dem Menschen als Träger geistiger und sittlicher Werte zukommende sogenannte innere Ehre, als auch sein guter Ruf in der Gesellschaft als Bestandteil der äußeren Ehre.[797] Ob eine Kundgabe ehrverletzend ist, bestimmt sich nach den konkreten Umständen des *Einzelfalles,* sowie den Anschauungen der beteiligten Kreise. Bereits bei der Auslegung der kritischen Meinungsäußerung selbst ist Art. 5 GG zu berücksichtigen.[798]

Wegen der Grundrechtsrelevanz der genannten strafgesetzlichen Regelungen muß eine Abwägung der widerstreitenden Interessen des Einzelnen gegenüber den Rechten des Rundfunks erfolgen. Der Gesichtspunkt der *Verhältnismäßigkeit* des Eingriffes findet sich in § 193 StGB verkörpert. Mit der *Wahrnehmung berechtigter Interessen* entfällt die Rechtswidrigkeit der Äußerung. Wegen ihrer Funktion des Ausgleiches wird § 193 StGB als „*magna charta*" der Meinungsfreiheit auf dem Gebiet des Beleidigungsrechts bezeichnet.[799]

Ist durch eine Rundfunkberichterstattung in eines der gemäß § 823 Abs. 1 BGB, der §§ 22 ff. KUG geschützten Rechte eingegriffen worden, so gewährt die Rechtsordnung verschiedene Abwehransprüche. Der *Unterlassungsanspruch* zielt auf die Abwehr künftiger Verletzungen, der *Widerruf* auf die Beseitigung der Ehrverletzung.[800] Daneben sind auch *Schadensersatzansprüche* denkbar. Diese setzen allerdings voraus, daß weder ein öffentliches Interesse an der Thematik bestand, noch der Rechtfertigungsgrund des berechtigten Interesses greift. Die Anforderungen sind zusätzlich gesteigert, wenn es um *Schmerzensgeld,* d. h. um Wiedergutmachung eines immateriellen Schadens, geht.[801]

---

[794] Vgl. BVerfGE 12, S. 113 ff., 131; BVerfG NJW 1980, S. 2069; BVerfG AfP 1990, S. 192; *Löffler / Ricker,* Handbuch des Presserechts, 42. Kap. Rdz. 30 ff.

[795] Vgl. dazu *Löffler / Ricker,* Handbuch des Presserechts, 43. Kap. Rdz. 1 ff.

[796] Vgl. *Löffler / Ricker,* Handbuch des Presserechts, 43. Kap. Rdz. 7; BVerfGE 60, S. 234 ff., 242; 66, S. 116 ff., 151; 82, S. 272 ff., 282 ff.

[797] Vgl. BGHSt 16, S. 63 ff.; BayObLGSt. 86, S. 92 ff.

[798] Vgl. BVerfGE 43, S. 130; OLG Düsseldorf JR 1990, S. 345.

[799] Vgl. BGH NJW 1965, S. 1476.

[800] Vgl. zu Einzelheiten siehe *Damm / Kuner,* Widerruf, Unterlassung und Schadensersatz, passim.

[801] Vgl. *Prinz* NJW 1996, S. 953 ff.

Von zentraler Bedeutung ist generell die Abwägung zwischen den Interessen der Geschädigten und der Medien. Es darf kein – wie man im angelsächsischen Rechtskreis sagt – „chilling effect" auf das Handeln der Medien ausgeübt werden. Demnach ist zu verhindern, daß die Medien im Hinblick auf Schmerzensgeldsummen bestimmte Recherchen nicht durchführen oder sogar direkt in ihrer finanziellen Existenz bedroht werden.[802] Eine Sonderrolle bei den Ansprüchen zum Persönlichkeitsschutz nimmt das Gegendarstellungsrecht ein.[803] Der Gegendarstellungsanspruch dient dem Schutz des Persönlichkeitsrechts, indem es dem Betroffenen erlaubt, einer ihn betreffenden Tatsachendarstellung seine Sicht der Dinge entgegenzuhalten.[804] Der besondere Eingriff in die Rundfunkfreiheit besteht darin, daß einem Dritten Anteile an der eigentlich knappen Sendezeit gewidmet werden und der Anspruch ohne eine auch nur summarische Richtigkeitsprüfung der Erstmitteilung gewährt wird.[805] Dies bedeutet, daß Regelungen zum Gegendarstellungsrecht die Anforderungen an ein allgemeines Gesetz im Sinne des Art. 5 Abs. 2 GG zu erfüllen haben. Im vorliegenden Zusammenhang soll dazu auf zwei Aspekte hingewiesen werden.

112b Das *Gegendarstellungsrecht* wurde als besonderer Anspruch gegen die Presse geschaffen und erst mit Aufkommen des Rundfunks auf diesen übertragen. Wie im Bereich der Printmedien wird die Gegendarstellung verlesen, es kann auch ein Bild gezeigt werden. Nun geht es im Fernsehen aber meist um Tatsachenbehauptungen, welche in einer filmischen Sequenz enthalten waren. Für die Erfüllung des Zwecks macht es aber einen großen Unterschied, ob der Rezipient eine Gegendarstellung in der Presse konzentriert lesen kann oder ob sie ihm im laufenden Fernsehprogramm von einem Sprecher nähergebracht wird. Insofern wird damit die verfassungsrechtliche Geeignetheit in Frage gestellt.[806] Verfassungsrechtliche Zweifel kommen zudem auf, wenn eine direkte Stellungnahme des Rundfunkveranstalters zur verbreiteten Gegendarstellung untersagt wird. Einige Landesgesetze sehen ein solches Verbot unmittelbarer Entgegnung vor.[807] Es stellt sich schon die Frage, ob dies überhaupt für den Zweck des Gegendarstellungsrechts geeignet ist. Denn die Ergänzung oder Korrektur einer Tatsachenbehauptung setzt einen aufnahmebereiten Rezipienten voraus. Wird der aus Gegendarstellung und Entgegnung bestehende Sachverhalt aber willkürlich auseinandergerissen, ist der Rundfunkteilnehmer eher abweisend eingestellt.

Auch die Erforderlichkeit der Verbote ist zweifelhaft. Es ist keineswegs zwingend, daß durch eine zeitgleiche Entgegnung die Gegendarstellung entwertet würde. Stellt man dabei nur auf das sogenannte „letzte Wort" ab, so müßte die Erwiderung ganz untersagt werden. Die Zeitversetzung könnte die angenommene Entwertung insofern gar nicht verhindern und ist deshalb auch nicht erforderlich. Schließlich muß man die Regelung auch als unverhältnismäßig ansehen, weil gegenüber dem Zweck eine zu starke Beschränkung der Äußerungsfreiheit erfolgt. Die Rundfunkveranstalter sind nämlich nicht allein gezwungen eine – zumindest nicht als wahr bewiesene – Gegendarstellung kostenlos ins Programm zu nehmen, sondern sie müssen zur Ausübung ihres Erwiderungsrechts auch noch eigentlich zusammenhängende Themenbereiche auseinanderreißen, wodurch erheblich in ihre Programmfreiheit eingegriffen wird.[808]

---

[802] Vgl. BGH NJW 1995, S. 861.

[803] Vgl. eingehend: *Seitz/Schmidt/Schoener*, Der Gegendarstellungsanspruch in Presse, Film, Funk und Fernsehen; *Wenzel,* Das Recht der Wort- und Bildberichterstattung, Rdz. 11.1 ff.; *Löffler/Ricker,* Handbuch des Presserechts, Kap. 23 ff.

[804] Vgl. BGHZ 66, S. 182 ff., 195.

[805] Vgl. dazu *Wenzel,* Das Recht der Wort- und Bildberichterstattung, Rdz. 11.28 ff.

[806] Vgl. zur filmischen Gegendarstellung: *v. Dewall,* Das Gegendarstellungsrecht und right of reply, S. 40; *Wenzel,* Das Recht der Wort- und Bildberichterstattung, Rdz. 11.262.

[807] Vgl. § 55 LMG Bad.-Württ.; § 17 BayMG; § 14 LMG Hamburg; § 18 LRG Nieders.; § 20 PRG Sachsen-Anhalt.

[808] Vgl. zur gleichgelagerten Problematik im Presserecht: *Ory* ZUM 1994, S. 424 ff.; *Pöppelmann* AfP 1994, S. 100.

8. Abgabenpflicht im privaten Rundfunk

In einigen Bundesländern sind die Veranstalter privater Rundfunkprogramme zur Leistung **113** besonderer *finanzieller Abgaben* verpflichtet.[809] Andere Landesmediengesetze enthalten jedenfalls eine Rechtsgrundlage zum Erlaß entsprechender Abgabensatzungen, ohne daß bisher davon Gebrauch gemacht wurde.[810] Zudem wird in manchen Bundesländern erwogen, eine derartige Abgabe einzuführen.[811] Meist dienen die Leistungen als *Konzessionsabgabe* der Deckung des Finanzbedarfes der Landesmedienanstalten,[812] teilweise werden sie als Beitrag zur Finanzierung von *regionalen Fensterprogrammen* verstanden.[813] Außerdem werden in manchen Bundesländern damit die Medienforschung, kulturelle Projekte oder lokale Kommunikationsversuche (Offener Kanal) gefördert.[814] Unterschiedlich fallen die Bemessungsgrundlagen und die Höhe der Abgaben aus. Soweit nicht ein Betrag pro Haushalt entsprechend des anhand der terrestrischen Reichweite berechneten Marktanteiles verlangt wird,[815] richtet sich die Abgabe meist nach den Werbeeinnahmen bzw. sonstigen Einkünften der privaten Rundfunkveranstalter, von denen zwischen 1 % bis 4 % abgeführt werden müssen.[816]

Die Abgaben beeinträchtigen die privaten Rundfunkveranstalter in ihrer Rundfunkfreiheit, weil sie zur Erfüllung ihres Programmauftrages auf Werbeeinnahmen angewiesen sind. Die zu leistenden Beiträge gehen vom Finanzvolumen ihrer Sendevorhaben ab.[817]

Fraglich ist, ob es sich bei den Vorschriften um Normen zum *Schutz anderer Rechtsgüter* im Sinne des Art. 5 Abs. 2 GG handelt oder die Abgabenpflicht als *ausgestaltende Maßnahme* im Rahmen der institutionellen Garantie des Gesetzgebers gemäß Art. 5 Abs. 1 GG zu verstehen ist.[818] Die Regelungen dienen vorrangig der Finanzierung der Landesmedienzentralen und nicht-kommerzieller Lokalfenster beziehungsweise Offener Kanäle. Insoweit ließen sie sich als Maßnahme zur Entlastung öffentlicher Haushalte sowie kultureller Daseinsfürsorge verstehen. Andererseits scheinen die Regelungen in gleichem Maße der Ausgestaltung einer pluralistischen Medienordnung gemäß Art. 5 Abs. 1 GG verschrieben. Durch die Normen legt der Gesetzgeber die Finanzierungsgrundlagen des Rundfunks fest.[819] Auf eine endgültige Zuordnung zu Art. 5 Abs. 1 oder 2 GG kommt es jedoch nicht an, da sich die Regelungen in jedem Fall an den Maßstäben zur *Verhältnismäßigkeit* messen lassen müssen, von welchen die Verfassungsmäßigkeit der Maßnahmen abhängt.[820] Die Normen haben hinsichtlich

---

[809] Vgl. § 27 Abs. 5 BayMG i. V. m. § 23 Fernsehsatzung; § 33 Abs. 2 LMG Hamburg i. V. m. §§ 5 ff. Gebühren- und Abgabensatzung, die jedoch noch auf das alte Gesetz verweist; § 52 Abs. 2 LMG Meckl.-Vorp. i. V. m. §§ 3 ff. Gebühren- und Abgabensatzung; § 64 Abs. 3 LMG Nieders. i. V. m. Abgabensatzung, die noch auf das alte Gesetz verweist; siehe in diesem Zusammenhang auch Beschluß Bundesverfassungsgerichts vom 19. 10. 94 – 1 BvR 2103/93, das die Verfassungsbeschwerde privater Rundfunkanbieter verworfen hat; § 58 LRG Saarl. i. V. m. § 9 Abgaben- und Gebührensatzung, die jedoch noch auf das alte Gesetz verweist; § 53 Abs. 3 LRG Schl.-Holst. i. V. m. §§ 6 ff. Gebühren- und Abgabensatzung.

[810] Vgl. § 52 PRG Sachsen-Anhalt; siehe auch § 41 LMG Bremen, wo die bestehende Hauptsatzung keine Ausführungen zur Höhe oder Bemessungsgrundlage der Abgabe macht.

[811] Vgl. etwa Novellierungsvorschlag zu § 23 PRG Sachsen, in: Kabel & Satellit, Nr. 19, 9. Mai 1995, S. 7.

[812] Vgl. § 41 LMG Bremen; § 33 Abs. LMG Hamburg; § 64 Abs. 3 LRG Nieders.; § 65 LRG Schl.-Holst.; vgl. insoweit auch § 35 Abs. 7 RStV, wonach die Kosten der KEK und der KDLM „in angemessenem Umfang" von der Verfahrensbeteiligten zu tragen sind.

[813] Vgl. § 27 Abs. 5 BayMG i. V. m. § 23 Fernsehsatzung.

[814] Vgl. § 58 Abs. 4 LRG Saarl.; § 64 Abs. 3 i. V. m. §§ 45, 48 LRG Nieders.; siehe auch § 33 Abs. 3 LMG Hamburg im Zusammenhang mit Mitteln, welche für die Landesmedienanstalt nicht benötigt werden; § 53 LRG Schl.-Holst. i. V. m. §§ 6 ff. Gebühren- und Abgabensatzung.

[815] Vgl. § 27 Abs. 5 LMG Bayern i. V. m. § 23 Fernsehsatzung.

[816] Vgl. § 33 Abs. 2 LMG Hamburg; § 52 Abs. 2 LRG Meckl.-Vorp.; § 64 Abs. 3 LRG Nieders.; § 58 Abs. 2 LRG Saarl.; § 53 Abs. 3 LRG Schl.-Holst.

[817] Vgl. zur Finanzierung oben unter C Rdz. 97 ff.

[818] Vgl. zu der Unterscheidung oben unter F Rdz. 69.

[819] Vgl. BVerfGE 74, S. 237 ff., 324 f.; 83, S. 238 ff., 304.

[820] Vgl. BVerfGE 23, S. 271 ff., 290; 56, S. 284 ff., 289; siehe oben unter F Rdz. 69.

des Zweckes *geeignet, erforderlich sowie verhältnismäßig* zu sein, was im Rahmen einer Güterabwägung festzustellen ist.[821]

Während die Abgaben als *geeignet* für den angestrebten Zweck angesehen werden können, ist bereits die *Erforderlichkeit* fraglich. Sie setzt voraus, daß zur Erreichung des Zieles kein milderes, aber gleich wirksames Mittel als die betreffende Regelung zur Verfügung steht.[822] Mit den Erlösen der Abgabe sollen regelmäßig die jeweilige Landesmedienanstalt mitfinanziert sowie Mittel für nicht-kommerzielle Medienprojekte geschaffen werden. Ob es dazu aber der Zwangsabgabe bedarf, muß aus rechtlichen Erwägungen bezweifelt werden. Die verfassungsrechtliche Erforderlichkeit läßt sich jedenfalls nicht aus der *institutionellen Garantie* des Rundfunks gemäß Art. 5 Abs. 1 GG herleiten. Denn allein der Staat ist nach ständiger Rechtsprechung des Bundesverfassungsgerichtes verpflichtet, für den Bestand einer pluralistischen Rundfunkordnung zu sorgen und die materiellen Kriterien hierfür zu schaffen.[823] Er kann eigene Pflichten zur Sicherung der Medienfreiheit nicht auf die abwälzen, zu deren Schutz er einzutreten hat. Demgemäß kann es nicht der Erforderlichkeit entsprechen, private Rundfunkanbieter mit einer Abgabenpflicht für Medienversuchsprojekte zu belegen.

114   Im Rahmen der Verfassungsmäßigkeit der Konzessionsabgaben ist des weiteren auf die *Verhältnismäßigkeit* der Regelungen einzugehen.[824] Die Abgabenregelung greift, indem sie Art. 5 Abs. 1 GG ausgestaltet, in die Finanzierungsgrundlagen der Sender ein. Als *Sonderabgabe* hat sie deshalb den besonderen Voraussetzungen zu genügen, welche das Bundesverfassungsgericht in seiner Entscheidung zum *Künstlersozialversicherungsgesetz* aufgestellt hat.[825] Danach muß es sich bei dem Kreis der Abgabenpflichtigen zunächst einmal um eine *homogene Gruppe* handeln. Zweitens wird vorausgesetzt, daß das Abgabenvolumen im Interesse der Leistungspflichtigen und damit *gruppennützig* verwandt wird. Drittens müssen diese zu dem mit den Einnahmen verfolgten Zweck eine *besondere Verantwortung* und *Sachnähe* aufweisen.

Hinsichtlich der Gruppenhomogenität der Verpflichteten steht es dem Gesetzgeber keineswegs frei, beliebige Gruppen normativ zu bilden. Vielmehr hat er die Vorgaben in der bestehenden Sozial- und Rechtsordnung zu beachten.[826] Eine Heranziehung allein der privaten Rundfunkveranstalter scheint davon jedoch nicht getragen zu sein. Denn bereits hinsichtlich der sozialen Umstände ist festzustellen, daß sich die unterschiedlichen Massenmedien nur in der technischen Verbreitungsform unterscheiden. Inhaltlich bestehen keine Unterschiede: Alle liefern Informationen, Meinungen und Unterhaltung für den Rezipienten auf dem gemeinsamen Meinungsmarkt.[827] Auch aus rechtlicher Hinsicht lassen sich die Privatrundfunkveranstalter nicht als homogene Gruppe im Sinne der Rechtsprechung auffassen. Sowohl aus der Funktion des Art. 5 GG als Abwehrrecht gegen staatliche Eingriffe[828] als auch aus seiner institutionellen Garantie für einen pluralistischen Meinungsmarkt[829]

---

[821] Vgl. BVerfGE 30, S. 316 ff.; 47, S. 198 ff., 131 f.; 63, S. 115 ff.; 70, S. 286 ff.; 81, S. 192 ff.; siehe oben unter F Rdz. 69; B Rdz. 185.

[822] Vgl. BVerfGE 30, S. 316 ff.; 70, S. 26 ff.

[823] Vgl. BVerfGE 57, S. 295 ff., 320; 73, S. 118 ff., 159, 198; 74, S. 297 ff., 323 f.; 83, S. 238 ff., 322; 87, S. 181 ff., 198.

[824] Siehe zu diesem Grundsatz bereits oben unter B Rdz. 185.

[825] Vgl. BVerfGE 55, S. 274 ff., 310 f.; siehe auch BVerfGE 82, S. 159 ff.

[826] Vgl. BVerfGE 55, S. 274 ff., 305 f.; 82, S. 159 ff., 180 f.

[827] Vgl. *Ricker*, Filmabgabe und Medienfreiheit, S. 30 ff.; *Noelle-Neumann/Schulz/Wilke*, Publizistik-Massenkommunikation, S. 68 ff.; *Wilke*, Nachrichtenauswahl und Medienrealität in vier Jahrhunderten, S. 117.

[828] Vgl. BVerfGE 7, S. 189 ff., 204 f.; 13, S. 312 ff., 325 f.; 59, S. 231 ff., 255; 68, S. 193 ff., 205; *Jarras*, Die Freiheit des Rundfunks vom Staat, S. 11; *A. Hesse*, Rundfunkfreiheit, S. 69.

[829] Vgl. BVerfGE 57, S. 295 ff., 323; *Lerche*, in: *Bullinger/Kübler*, (Hrsg.) Rundfunkorganisation und Kommunikationsfreiheit, S. 23 ff., 90, *Ricker*, Verfassungsrechtliche Aspekte eines Mediengesetzes für Rheinland-Pfalz, S. 23 f.

erscheint die Auswahl allein der privaten Veranstalter nicht begründbar. Vielmehr greift der Gesetzgeber mit der Leistungsverpflichtung *dirigistisch* in die Struktur des Meinungsmarktes ein.[830] Verschärfend tritt der Umstand hinzu, daß die anderen Medien wie etwa die *Presse* durch die Reduktion der Mehrwertsteuer auf die Betriebserlöse oder die Filmindustrie durch die staatliche Filmförderung mit hohen Beträgen unterstützt werden.[831]

Über die Gruppenhomogenität hinaus fehlt es auch an der *gruppennützigen Verwendung* des Abgabenvolumens als zweiter Voraussetzung. Das Bundesverfassungsgericht verlangt eine *sachgerechte Verknüpfung* zwischen der Sonderabgabe und den mit ihr finanzierten Aufgaben. Diese liegt nur vor, wenn das Aufkommen im Interesse gerade der Verpflichteten verwendet wird.[832] Die Finanzierung des allgemeinen Finanzbedarfs einer Landesmedienanstalt stellt jedoch keine ausschließlich gruppennützige Verwendung dar. Aus der Tätigkeit einer Aufsichtsbehörde läßt sich für die Verpflichteten kein Vorteil ableiten. Soweit die Anstalten nämlich konkret für einen Veranstalter tätig werden, stellt dies Verwaltungshandeln dar, für welches eine *selbständige Gebühr* zu entrichten ist. Davon abgesehen ist es auch sonst allgemein anerkannt, daß die Finanzierung der eigenen Kontrolleure nicht gruppennützig für die Abgabenverpflichteten ist. Dies gilt beispielsweise für die Bundesprüfstelle für jugendgefährdende Schriften, für Gewerbeaufsichts- und für die Gesundheitsämter.[833]

Die Gruppennützigkeit kann auch nicht dann anerkannt werden, wenn die Mittel zur Förderung nicht-kommerzieller lokaler oder regionaler Sender bzw. eines Offenen Kanals genutzt werden sollen. Es handelt sich dabei bereits um eine *willkürlich herausgehobene Gruppe* von Medien, deren Förderung den privaten Rundfunkveranstaltern sogar *schädlich* ist. Zwar ist diesen Medienprojekten Werbung meist untersagt, so daß sie nicht in einem unmittelbaren Wettbewerb um existentielle Werbeeinnahmen stehen. Doch mindern zusätzliche Programme prinzipiell die Einschaltquoten der anderen Sender, an denen sich letztlich die Werbeeinnahmen orientieren. Auch der von einigen Landesmediengesetzen angegebene Zweck, die Finanzierung der Kommunikationsforschung, ist für den privaten Veranstalter nicht von besonderer Relevanz. Soweit sogar kulturelle Projekte damit gefördert werden sollen, scheint der Gesichtspunkt der *gruppennützigen Verwendung* gar vollständig ignoriert.[834]

Schließlich fehlt es auch an der *spezifischen Sachverantwortung* der Abgabenschuldner für die zu finanzierende Aufgabe. Dies stellt die dritte Voraussetzung zur Erhebung einer Sonderabgabe dar. Die privaten Rundfunkveranstalter müßten dem der Erhebung verfolgten Zweck evident näher stehen als jede andere Gruppe oder die Allgemeinheit der Steuerzahler.[835] Für die Finanzierung der öffentlich-rechtlichen Landesmedienanstalten ist aber eine besondere Verantwortung gerade nicht erkennbar. Die den Anstalten übertragenen Aufgaben der Sicherung der Rundfunkfreiheit erfolgt um ihrer der individuellen und öffentlichen Meinungsbildung dienenden Funktion willen und somit im Interesse der Gesellschaft insgesamt.

Gegen eine entsprechende Zahlungsverpflichtung der privaten Sender gegenüber nicht-kommerziellem Lokalfunk, einem Offenen Kanal oder kulturellen Projekten oder Aktivitäten der Medienforschung spricht vor allem, daß eine zusätzliche finanzielle Belastung der Funktion der Massenmedien zuwiderläuft. Die Medien und damit auch die privaten Rundfunkveranstalter kommen ihrem verfassungsrechtlichen Auftrag allein durch ihren Beitrag zur individuellen und öffentlichen Meinungsbildung nach. Ihre Aufgabe ist somit ausschließlich **115**

---

[830] Vgl. BVerfGE 20, S. 175 f.

[831] Vgl. §§ 14 ff., 47 ff., 53 ff. Gesetz über Maßnahmen zur Förderung des deutschen Films (FFG); *Ricker,* Filmabgabe und Medienfreiheit, S. 2; *Löffler* AfP 1978, S. 6 ff.; *Löffler/Ricker,* Handbuch des Presserechts, 90. Kap. Rdz. 9.

[832] Vgl. BVerfGE 67, S. 265 ff., 276 f.; BVerfG NVwZ 1991, S. 54.

[833] Vgl. § 8 Abs. 3 GjS; § 139 b GewO.

[834] Vgl. § 58 LRG Saarl.

[835] Vgl. BVerfG NVwZ 1991, S. 54.

funktional zu sehen.[836] Demnach beschränkt sich der Auftrag privater Sender auf die Leistung eigener publizistischer Beiträge. Finanzielle Zuwendungen an Dritte liegen außerhalb ihrer Aufgabe. Im Gegenteil widerspricht eine Verpflichtung hierzu sogar der öffentlichen Funktion, da eine Reduzierung der finanziellen Ressourcen die redaktionelle Leistungsfähigkeit der Veranstalter verringert. Die vorgesehene Förderung kann daher nur eine *originäre Aufgabe des Staates* selbst sein, da diesen die institutionelle Garantie aus Art. 5 GG für eine freie und pluralistische Medienlandschaft trifft.

Abschließend läßt sich daher feststellen, daß die Regelungen zu Konzessionsabgaben privater Rundfunkveranstalter die verfassungsrechtlichen Vorgaben an die die Rundfunkfreiheit ausgestaltenden Maßnahmen im Sinne des Art. 5 Abs. 1 GG nicht erfüllen. Dies gilt vor allem im Hinblick auf die Verhältnismäßigkeit, weil die Normen den Anforderungen der Rechtsprechung des Bundesverfassungsgerichtes für die Erhebung von Sonderabgaben nicht genügen.

---

[836] Vgl. BVerfGE 57, S. 295 f., 323; *Faller* AfP 1986, S. 432; *Ricker* NJW 1981, S. 1789 f.; *Starck* ZRP 1989, S. 251; *Bullinger* JZ 1988, S. 435.

G. Rundfunkverbreitung

I. Grundlagen

1. Veranstaltung und Verbreitung

Wie bereits oben dargestellt[1] ist das Merkmal der Verbreitung integraler Bestandteil des **1** Rundfunkbegriffes. Zum Rundfunk gehört zum einen die *„Veranstaltung"* im Sinne der studiotechnischen Herstellung, der inhaltlichen Gestaltung und der Zusammenstellung der Abfolge der Beiträge[2] und zum anderen die *„Verbreitung"* im Sinne der fernmeldetechnischen Weiterleitung des Programmes und des Zugänglichmachens an die Allgemeinheit.[3] Dies folgt aus dem Wortsinn des Art. 5 Abs. 1 Satz 2 GG und dessen Regelungsziel.[4] Darüber hinaus ergibt sich dies auch aus dem systematischen Zusammenhang der Rundfunkfreiheit mit der Pressefreiheit in Art. 5 GG. Beiden Gewährleistungen kommt nach der Rechtsprechung des Bundesverfassungsgerichts eine konstituierende Funktion für die demokratische Willensbildung zu.[5]

Insofern können die Aussagen des Gerichts zum *Pressevertrieb* für die Rundfunkverbreitung herangezogen werden. Für die Pressefreiheit führt das BVerfG aus, daß Art. 5 GG nicht nur die Produktion des Presseprodukts schütze. Untrennbar verbunden sei damit auch der Vertrieb, denn die grundrechtliche Garantie liefe leer, wenn der Zugang der Presse zum Leser verhindert werden könnte.[6] Entsprechendes muß für den Rundfunk gelten. Garantiert Art. 5 Abs. 1 Satz 2 GG die Freiheit der Berichterstattung durch Rundfunk, so ist damit zugleich die Freiheit der *Verbreitung* der entsprechenden Sendungen ausgesprochen. Denn die Berichterstattungsfreiheit liefe leer, wenn der Veranstalter keinen Zugang zu den Rezipienten hätte.

2. Verbreitungsarten

Der Begriff der Verbreitung erfaßt jede Art der Weiterleitung eines Rundfunkprogrammes an **2** die Allgemeinheit, unabhängig, ob sie über *terrestrische Frequenzen, Kabel* oder *Satellit* erfolgt.[7] Obwohl der Rundfunkbegriff nach seinem Wortsinn eigentlich nur die Verbreitung über *„Funk"*, also über terrestrische Wellen erfaßt, kann es aus verfassungsrechtlicher Sicht auf das Verbreitungsmittel nicht ankommen. Das Bundesverfassungsgericht hat immer wieder betont, daß die Rundfunkfreiheit *situativ* zu verstehen ist, d. h. daß der Gesetzgeber die rechtlichen Vorgaben an die technische Entwicklung anzupassen hat.[8]

Die vergangenen Jahre haben im Bereich der Verbreitungstechnik zahlreiche *Neuerungen* gebracht. Insbesondere die Möglichkeit des *Satellitendirektempfangs* mit geringerem finanziel-

---

[1] Vgl. B Rdz. 34, 43 ff.

[2] Vgl. *Ricker,* Die Einspeisung, S. 55; *Herrmann,* Fernsehen und Hörfunk, S. 28.

[3] Vgl. *Ricker,* Die Einspeisung S. 56; a. A. VG Hannover in AfP 1993, S. 691 f., das unter Veranstaltung auch bereits die Verbreitung eines Programmes faßt.

[4] Vgl. hierzu oben unter B Rdz. 35 ff., 43 ff.

[5] Vgl. BVerfGE 12, S. 113 ff., 125; 35, 202 ff., 222 ff., vgl. oben B Rdz. 101 ff.

[6] Vgl. BVerfGE 77, S. 346 ff., 354; 66, S. 116 ff., 134.

[7] Vgl. oben unter B Rdz. 43 ff.

[8] Vgl. BVerfGE 12, S. 205 ff., 262; 73, S. 118 ff., 166; 74, S. 297 ff., 351.

len und technischen Aufwand[9] muß sich auch auf die Dogmatik auswirken. Was Verbreitung ist, muß vom Regelungsziel[10] der Rundfunkfreiheit her bestimmt werden. Maßgebliches Kriterium hierfür ist das Zugänglichmachen eines Programmes für die Allgemeinheit. Ob dies über den terrestrischen Verbreitungsweg, über das Kabel oder über Satellit geschieht, ist von sekundärer Bedeutung. Unter die Verbreitung fällt demnach nicht nur die *Kabeleinspeisung*, sondern ebenso die Übertragung mittels *terrestrischer Frequenzen* und *Satellit*.[11] Bestätigt wird dies durch Art. 2 des Europäischen Fernsehübereinkommens, das als Verbreitung die „Erstausstrahlung von Fernsehprogrammen, die zum Empfang durch *die Allgemeinheit* bestimmt sind, über terrestrische Sender, über Kabel oder über Satelliten jeder *Art...*" definiert.

3. Betroffene Grundrechte

3   Verfassungsrechtliche Bedeutung für die Verbreitung von Rundfunk hat zum einen die *Rundfunkfreiheit* aus Art. 5 Abs. 1 Satz 2 GG als *institutionelle Garantie* sowie im Rahmen ihrer individualrechtlichen Dimension und zum anderen die Informationsfreiheit gem. Art. 5 Abs. 1 Satz 1 2. Alt. GG. Die einzelnen Gewährleistungen können hierbei in Konflikt geraten.

a) Die institutionelle Garantie der Rundfunkfreiheit

4   Die Rundfunkfreiheit ist nach der Rechtsprechung des Bundesverfassungsgerichts vor allem eine institutionelle Gewährleistung zum Schutz der individuellen und öffentlichen Meinungsbildung. Dies begründet eine Pflicht für den Gesetzgeber, dafür zu sorgen, daß der Zuschauer über ein vielfältiges Programmangebot verfügt.[12] Ihm obliegt es, das Bestehen eines allseits offenen Meinungsmarktes sicherzustellen. Diese Gewährleistungspflicht dient dem Ziel, den Prozeß der freien Kommunikation zu ermöglichen. Zwar beziehen sich diese Strukturerfordernisse in erster Linie auf die *Veranstaltung* von Rundfunk. Diesen Wertungen hat aber auch die *Verbreitung* Rechnung zu tragen. Art. 5 GG garantiert sowohl die Freiheit Meinungen zu äußern, als auch diese zu verbreiten. Rundfunkfreiheit als ein dem Prozeß der Meinungsbildung dienendes Grundrecht schützt nicht nur die Freiheit der Veranstaltung von Rundfunk, sondern auch die Kenntnisnahme. Ein Meinungsmarkt, der dem Bürger nicht zur Kenntnis gebracht werden kann, ist verfassungsrechtlich gesehen wertlos.[13]

b) Der subjektivrechtliche Gehalt der Rundfunkfreiheit

5   Daneben entfaltet Art. 5 Abs. 1 Satz 2 GG auch Schutzwirkung für den *einzelnen Rundfunkveranstalter*. Zwar erkennt das Bundesverfassungsgericht ein subjektives Recht auf Rundfunkveranstaltung nur in beschränktem Umfang an.[14] Zugelassene Veranstalter haben jedoch im Rahmen des technisch Möglichen ein Recht auf die Verbreitung ihrer Programme. Der

---

[9] Vgl. *Ahrens*, Astra S. 150 ff.; gleiches gilt für die Entwicklung im Glasfaserbereich; vgl. *Schneider*, in: SZ vom 3.2.1994, S. 29.

[10] Vgl. oben unter B Rdz. 78 ff.

[11] Vgl. ebenso *Engel* ZUM 1993, S. 557 ff., 561.

[12] Vgl. BVerfGE 12, S. 205 ff., 243; 57, S. 295 ff., 320; vgl. oben unter B Rdz. 115 und E Rdz. 1 ff., 84 ff.

[13] Vgl. *Ricker*, Die Einspeisung S. 59; *H. H. Klein*, Die Rundfunkfreiheit, S. 38 f.; unter diesem Aspekt ist auch § 53 RStV zu sehen, wonach Anbieter von Diensten mit Zugangsberechtigung (etwa Dekoder) allen Veranstaltern zu chancengleichen, angemessenen und nicht diskriminierenden Bedingungen technische Dienste anbieten müssen, damit die Zuschauer die entsprechenden Sendungen empfangen können. Sinn der Zugangsfreiheit ist die Optimierung der Rundfunkordnung, wobei es problematisch erscheint, daß die Pflicht für Anbieter unabhängig davon besteht, ob sie eine marktbeherrschende Stellung besitzen oder nicht; vgl. hierzu auch „Positionspapier des VPRT zur Einführung von DVB in Deutschland", abgedr. in epd, Nr. 77 v. 2.10.1996, S. 21 ff., 25.

[14] Vgl. oben unter B Rdz. 130 ff.

Gesetzgeber hat hierfür die Voraussetzungen zu schaffen. Insoweit entfaltet die Rundfunk-freiheit bei der Verbreitung auch subjektive Wirkung.[15]

c) Die Informationsfreiheit

Rundfunkprogramme sind immer dann *allgemein zugängliche Quellen* i. S. v. Art. 5 Abs. 1 **6** Satz 1 GG, wenn sie mit *durchschnittlichem Aufwand* im jeweiligen Verbreitungsgebiet emp-fangbar sind. Auch hier wird wieder der situative Charakter des Rechts[16] deutlich. Bis vor einigen Jahren konnten lediglich die im Verbreitungsgebiet empfangbaren terrestrischen Pro-gramme und die ins Netz eingespeisten Kabelprogramme als allgemein zugängliche Quellen bezeichnet werden. Der Empfang von Satellitenprogrammen war sowohl wegen des finan-ziellen als auch wegen des bautechnischen Aufwandes nicht allgemeinzugänglich. Mit der Entwicklung kleiner, preiswerter Empfangsanlagen änderte sich die Situation. Der *Satelliten-empfang* ist heute vom Grundrechtsschutz der *Informationsfreiheit* umfaßt. Dies haben sowohl der Europäische Gerichtshof für Menschenrechte[17] als auch das Bundesverfassungsgericht[18] bestätigt. Auch spielt es keine Rolle, ob es sich bei dem verbreitenden Satelliten um einen Rundfunk- oder Fernmeldesatelliten handelt, wie dies früher von der Deutschen Bundes-post/Telekom behauptet wurde.[19]

d) Das Verhältnis der Rundfunkfreiheit zur Informationsfreiheit

Bei der Berücksichtigung der beschriebenen Schutzgüter für die Verbreitung können **7** *Grundrechtskonflikte* entstehen. So ist z. B. bei der Kabeleinspeisung und bei der Zuteilung terrestrischer Frequenzen von der Informationsfreiheit her gesehen ausschließlich der Rezi-pientenwunsch ausschlaggebend. Die institutionelle Seite der Rundfunkfreiheit erfordert dagegen eine pluralistische Programmlandschaft, die u. U. dem konkreten Zuschauerwunsch zuwiderläuft. Zu lösen sind solche Grundrechtskonflikte im Rahmen einer Güterabwägung und durch das Herstellen *praktischer Konkordanz*.[20]

Wie diese Abwägung ausfällt, kann *nicht generell* für die Rundfunkverbreitung festgelegt werden. Sie ist jeweils abhängig von den einzelnen Verbreitungsmitteln, die im folgenden dar-gestellt werden.

---

[15] Vgl. oben unter B Rdz. 156; hierzu gehört auch die in § 52 RStV normierte „Zugangsfreiheit" ge-genüber Anbietern von Diensten mit Zugangsberechtigung.

[16] Vgl. oben unter B Rdz. 90, 136 f.

[17] Vgl. EGMR, „Autronic" NJW 1991, S. 620 ff.; s. hierzu *Ricker* NJW 1991, S. 602 ff.

[18] Vgl. BVerfG NJW 1992, S. 493 f.

[19] Vgl. *Ahrens,* Astra, S. 124 ff.

[20] Vgl. *Hesse,* Grundzüge des Verfassungsrechts Rdz. 317 f.; vgl. auch B Rdz. 164 ff., 171.

II. Terrestrische Verbreitung

1. Bedeutung und verfassungsrechtliche Grundlagen

8 Die Verbreitung über terrestrische Frequenzen hat zwar angesichts der zunehmenden Ausstattung der Haushalte mit Kabelanschluß und Satellitenempfangsanlage nicht mehr die Bedeutung, die ihr in der Vergangenheit zukam. Sie ist jedoch noch immer das Hauptverbreitungsmittel von Rundfunk. Dies gilt uneingeschränkt für den Hörfunk. Im Fernsehbereich ist dagegen der Satellitenempfang in einzelnen Gebieten (insbesondere in Ostdeutschland) bereits heute wichtiger als der Empfang über Stabantenne.[21]

Technisch gesehen erfolgt die terrestrische Verbreitung der im Studio produzierten Programme über sog. Modulationsleitungen zu einem oder mehreren Sendern im Ausstrahlungsgebiet, die gewöhnlich zu Senderketten zusammengefaßt werden, um einen flächendeckenden Empfang zu gewährleisten. Die von dort ausgestrahlten hochfrequenten Wellen werden vom Rezipienten über Stabantenne empfangen und am Empfangsgerät in Schallwellen bzw. Bildsignale umgewandelt.[22] Unter einer Frequenz ist nach dem Wortsinn die Anzahl der Schwingungen pro Sekunde zu verstehen.[23] Im rundfunkrechtlichen Sprachgebrauch bezeichnet man als Frequenz den für die Übertragung eines Programmes vorgesehenen Schwingungsbereich. Die Verteilung der Frequenzen an die einzelnen Staaten ist durch den Genfer Wellenplan international festgelegt.[24]

Die verfassungsrechtliche Bedeutung einer Frequenz ist weitgehend ungeklärt. Ist sie *res communis* wie Wasser oder Luft und damit grundsätzlich von jedermann im Rahmen seiner allgemeinen Handlungsfreiheit nutzbar, oder handelt es sich um *staatliches Eigentum* und kann bereits aus diesem Grund nur aufgrund einer staatlichen Genehmigung genutzt werden? Möglich wäre es jedoch auch, Frequenzen als *rechtliches nullum* einzustufen, ein an sich rechtlich irrelevantes Naturphänomen.[25] Für die Dogmatik der Rundfunkverbreitung ist die Bedeutung dieser Frage gering. Sicherlich ist der Staat nicht Eigentümer der Frequenzen und ist daher auch nicht berechtigt, sie gegen Gebühren an Veranstalter zu übertragen. Die Nutzung von Frequenzen durch Rundfunkveranstalter muß jedoch unabhängig von ihrer Rechtsnatur bereits aufgrund der Gefahr von Interferenzen einem staatlichen Verteilungsmechanismus unterliegen, der auch gebührenpflichtig sein kann.

2. Notwendigkeit der Frequenzverteilung

9 *Ordnungsrechtliche Vorgaben* sind erforderlich, um ein *Frequenzchaos,* wie es mangels gesetzlicher Regelungen beispielsweise über Jahrzehnte in Italien bestand, zu vermeiden.[26] Darüber hinaus zwingen verfassungsrechtliche Gründe zu einem staatlichen Verteilungsmechanismus, denn bestimmendes Merkmal der terrestrischen Verbreitung ist nach wie vor die *Knappheit* terrestrischer Frequenzen. Trotz einer beträchtlichen Erweiterung der verfügbaren Frequen-

---

[21] Vgl. *Schmitt-Beck* Media Perspektiven 1992, S. 470 ff.

[22] Zu den technischen Einzelheiten vgl. *Herrmann,* Fernsehen und Hörfunk, S. 34 ff.; *Bauer/Detjen/Müller-Römer/Posewang,* Die Neuen Medien, Bd. 3, 2.2.1.

[23] Vgl. *Bauer/Detjen/Müller-Römer/Posewang,* Die Neuen Medien, Bd. 3, 1.0.

[24] Vgl. hierzu *Eberle,* Rundfunkübertragung, S. 2 f.; *Bauer/Detjen/Müller-Römer/Posewang,* Die Neuen Medien, Bd. 3., 2.1.2.

[25] Vgl. zur Diskussion in Frankreich: *Delcros, Truchet,* Controverse: les ondes appartiennent elles au domaine public?, Revue francaise du Droit administrativa 1989, S. 251, 255 ff.

[26] Vgl. *Wagner* ZUM 1989, S. 221 ff.

zen dank einer verfeinerten Modulationstechnik übersteigt sowohl im Hörfunk- als auch im Fernsehbereich die Nachfrage das Angebot bei weitem. Daher unterliegt nicht nur die Entscheidung, wer Rundfunk veranstalten darf, den verfassungsrechtlichen Grundsätzen des Art. 5 Abs. 1 GG. Auch für die Zuteilung von Frequenzen an die einzelnen Veranstalter sind die Vorgaben des Bundesverfassungsgerichts zur Rundfunkfreiheit zu beachten.[27] Hierbei geht es zunächst um die Frage, wer für die Verteilung von terrestrischen Frequenzen zuständig ist.

3. Kompetenz zur Frequenzverteilung

Hier ist zu unterscheiden zwischen der Feststellung der terrestrischen Übertragungskapa- **10** zitäten, ihrer Zuordnung an den öffentlich-rechtlichen oder privaten Rundfunk und der konkreten Entscheidung, eine Frequenz an einen privaten Veranstalter zu vergeben.[28] Als Entscheidungsebenen sind hier zunächst Bundes- und Landeskompetenzen abzugrenzen.

a) Kompetenz im förderalen Bundesstaat

Der Bund, so das Bundesverfassungsgericht bereits in seiner ersten Rundfunkentscheidung[29], **11** ist ausschließlich für die technische Seite des Rundfunks zuständig. Hierunter fallen *„die technischen Voraussetzungen, deren Regelung für einen geordneten Ablauf des Betriebs der Rundfunksender und des Empfangs ihrer Sendungen unerläßlich ist.“*[30] Sie gehören zur Fernmeldekompetenz des Bundes.[31] Die Entscheidung über die Zuordnung, Verteilung bzw. Zuteilung vorhandener Übertragungskapazitäten fällt allein in die Rundfunkregelungskompetenz der *Länder*.[32]

b) Funktionale Kompetenz

Die funktionale Zuständigkeit behandelt die Frage, wer *innerhalb des Landes* für die **12** Frequenzzuteilung und -vergabe zuständig ist. Auch hier hat das Bundesverfassungsgericht aus Art. 5 Abs. 1 Satz 2 GG konkrete Vorgaben abgeleitet. Zu beachten ist in erster Linie das Gebot der *Staatsfreiheit*.[33] Wie das Bundesverfassungsgericht in seinem 6. Rundfunkurteil festgestellt hat, verbietet der Grundsatz der Staatsfreiheit des Rundfunks nicht nur eine unmittelbare, sondern auch eine mittelbare Einflußnahme des Staates auf Auswahl, Inhalt und Gestaltung der Programme.[34]

Problematisch kann dabei die *Aufteilung* der von der Telekom ausgewiesenen Frequenzen zwischen öffentlich-rechtlichen und privaten Veranstaltern sein, wenn die Landesregierung über die Zuordnung von freien Frequenzen an die Landesmedienanstalt und an den öffentlich-rechtlichen Rundfunk entscheidet. Das Bundesverfassungsgericht hat zu einer inzwischen geänderten Regelung in Nordrhein-Westfalen ausgeführt, daß sich hier die Gefahr mittelbaren Programmeinflusses nicht ausschließen lasse, da so über den Anteil der öffentlich-rechtlichen und privaten Veranstalter am Gesamtprogramm entschieden werde.[35] Da es in der Regel um die Zuteilung einer einzelnen freiwerdenden Frequenz gehe, würde die Landesregierung nicht allein *„abstrakt über die öffentlich-rechtliche oder private Nutzung einer Frequenz befinden, sondern zugleich eine Auswahl zwischen konkreten Bewerbern um die freiwerdende Übertragungsmöglichkeit sowie deren Programmangebot“* treffen.[36] Hier kann das Gebot der Staatsfreiheit

---

[27] Vgl. oben unter B Rdz. 97 ff., 119 ff., D Rdz. 63 ff.
[28] Vgl. D Rdz. 35 ff., 63 ff.
[29] Vgl. BVerfGE 12, S. 205 ff., 227.
[30] BVerfGE 12, S. 205 ff., 267.
[31] Vgl. §§ 44 ff. TKG v. 25.7.1996, BGBl. I S. 1120; *Scherer*, Frequenzverwaltung, S. 31; *Eberle*, Rundfunkübertragung, S. 20 f.; vgl. auch oben B Rdz. 208 f.
[32] Vgl. BVerfGE 12, S. 205 ff., 227; siehe oben unter D Rdz. 63 ff.
[33] Vgl. hierzu ausführlich Kap. D.
[34] Vgl. BVerfGE 83, S. 238 ff., 323; vgl. auch BVerfGE 73, S. 118 ff., 182 f.
[35] Vgl. BVerfGE 83, S. 238 ff., 323; bedenklich etwa § 3 Abs. 3 HPRG, § 4 Abs. 2 PRG Sachsen.
[36] Vgl. BVerfGE 83, S. 238 ff., 323.

mit dem ebenfalls vom Bundesverfassungsgericht[37] betonten Gesetzesvorbehalt für rundfunkrechtlich relevante Bereiche kollidieren.

Wie die Mediengesetze anderer Länder zeigen, bestehen für die Frequenzzuordnung Regelungsmöglichkeiten, die dem Gebot der Staatsfreiheit und dem Gesetzesvorbehalt genügen.[38] Ein sachgerechtes Modell besteht etwa darin, daß die abstrakten Kriterien für die Frequenzzuordnung durch den Gesetzgeber festgelegt werden und die konkrete Zuordnungsentscheidung einem Schiedsverfahren überlassen bleibt. Ein solches Verfahren sehen etwa Rheinland-Pfalz[39] und Niedersachsen[40] vor.

Die Vergabe der einzelnen Frequenz an private Veranstalter ist durch die Landesmediengesetze generell den Landesmedienanstalten zugewiesen, die durch ihre gremienpluralistische Zusammensetzung[41] die Gewähr für eine staatsfreie Entscheidung bieten. Jedoch müssen für die Frequenzvergabe an bundesweite Veranstalter Sonderregelungen gelten.[42]

4. Die Auswahlentscheidung

a) Kriterien

13   Angesichts der Knappheit terrestrischer Frequenzen insbesondere im Fernsehbereich und der Vielzahl von Interessenten erhält die Frage nach verfassungsgemäßen Auswahlkriterien bei dieser Verbreitungsart eine besondere Brisanz. Wie oben dargestellt, ist dabei eine Abwägung zwischen der Informationsfreiheit und den subjektiven und objektiven Komponenten *der Rundfunkfreiheit* zu treffen.[43]

Hierbei ist zu berücksichtigen, daß die terrestrische Ausstrahlung nach wie vor wesentlich für die Rundfunkverbreitung ist. Sie erhält damit eine besondere Affinität zur *Grundversorgung*, wie sie vom Bundesverfassungsgericht in ständiger Rechtsprechung gefordert wird. Die flächendeckende Versorgung der Bevölkerung mit Rundfunkprogrammen ist nur über den terrestrischen Verbreitungsweg möglich. Insoweit treten die subjektive Komponente der Rundfunkfreiheit und die Informationsfreiheit des Einzelnen jedenfalls derzeit noch hinter die institutionelle Garantie zurück. Die Auswahlentscheidung für die Frequenzvergabe hat demnach weniger nach den Präferenzen der Rezipienten und den Ansprüchen einzelner Veranstalter zu fallen, sondern sie ist in besonderem Maße der *Sicherung einer pluralistischen Programmlandschaft* verpflichtet. Dies hat der Gesetzgeber bei der abstrakten Formulierung der Vergabekriterien zu beachten. Daran ist auch die Landesmedienanstalt bei der Vergabeentscheidung gebunden.

b) Präferenzfolge

14   *Erste Präferenz* bei der Vergabe terrestrischer Frequenzen haben daher die *öffentlich-rechtlichen Grundversorgungsprogramme*. Für sie ist eine flächendeckende Verbreitung sicherzustellen. Das Pluralismusgebot[44] erfordert den Vorrang derjenigen öffentlich-rechtlichen Programme, die aufgrund Landesrechts veranstaltet werden (ARD, ZDF und das Dritte Programm des jeweiligen Bundeslandes).[45] Hierzu gehören auch die beiden Hörfunkprogramme des

---

[37] Vgl. BVerfGE 12, S. 205 ff., 225.

[38] Vgl. § 7 f. LMG Bad.-Württ.; § 3 f. LMG Bremen; § 3 HPRG; § 4 ff. RGMV; § 3 LRG Nieders.; § 3 LRG NW; § 4 PRG Sachsen; § 2 PRG Sachsen-Anhalt; § 4 LRG Schleswig-H.; § 3 TPRG; § 5 StV Berlin/Br., § 38 LRG Rh.-Pf.; siehe oben unter D Rdz. 64 ff.

[39] Vgl. § 38 Abs. 3 LRG Rh.-Pf.

[40] Vgl. § 3 Abs. 4 LRG Nieders.

[41] Vgl. oben unter E Rdz. 76 ff.

[42] Vgl. unten unter G Rdz. 16.

[43] Vgl. oben unter G Rdz. 7.

[44] Vgl. oben unter E Rdz. 1 ff., B Rdz. 97 ff.

[45] Vgl. BVerfGE 74, S. 297 ff., 333, 340 f.; siehe zur Grundversorgung oben E Rdz. 85 ff. und zur Programmfreiheit F Rdz. 14 f.

„Deutschlandradio".[46] Dies ergibt sich aus § 3 Abs. 1 StV über das „Deutschlandradio", wonach „bundesweit eine möglichst gleichwertige terrestrische Versorgung für die beiden Programme" erreicht werden soll. In einigen Landesmediengesetzen wird das „Deutschlandradio" auch ausdrücklich als vorrangig oder als Teil der Grundversorgung angeführt.[47] In den anderen Ländern folgt die Präferenz daraus, daß der Staatsvertrag in Landesrecht transformiert wurde und damit die beiden Hörfunkprogramme zu den „für das Land gesetzlich bestimmten Rundfunkprogrammen" gehören, die bei der Frequenzzuordnung an erster Stelle stehen.[48]

Die genannten öffentlich-rechtlichen Programme bringen alle vorhandenen Meinungen möglichst gleichgewichtig zum Ausdruck und bilden insoweit die Grundlage für das duale Rundfunksystem.

An zweiter Stelle stehen die *im Lande veranstalteten privaten Programme*[49] und die öffentlich-rechtlichen Regionalprogramme:[50] Auch für den privaten Rundfunk hat der Gesetzgeber nach der verfassungsgerichtlichen Rechtsprechung einen pluralistischen Grundstandard zu gewährleisten.[51] Dies erfordert jedoch zwingend, daß die Veranstalter über die erforderlichen Verbreitungsmittel verfügen. Dies folgt aus der Rechtsprechung des Bundesverfassungsgerichts, daß auch der private Rundfunk eigenständige Beiträge zur Meinungsvielfalt zu leisten hat und leistet.[52] Nichts anderes folgt aus der subjektiven Rundfunkfreiheit: Wenn zur Veranstaltung begriffsnotwendig die Verbreitung des Programmes gehört, so muß ein im Lande zur Veranstaltung zugelassenes Programm eine Möglichkeit zur Verbreitung haben.[53] Gleichrangig sind die öffentlich-rechtlichen Regionalprogramme zu berücksichtigen. Sie betreiben zwar keine Grundversorgung, wie das Bundesverfassungsgericht im 5. Rundfunkurteil ausgeführt hat,[54] sie sind jedoch ebenfalls Landesprogramme und profitieren damit von der Verbreitungsgarantie und sie tragen zur Meinungsvielfalt bei.[55] Damit ist in der Regel das Frequenzangebot erschöpft.

Nachrangig bei der Frequenzvergabe zu berücksichtigen sind öffentlich-rechtliche Veranstalter aus fremden Bundesländern (Dritte Programme). Sie zählen im Zulassungsland nicht zur Grundversorgung. Keine Präferenz bei der terrestrischen Verbreitung genießen auch solche privaten Programme, die keine Veranstalterlizenz des jeweiligen Landes oder nur eine sogenannte „Satellitenstellung" besitzen.[56]

---

[46] Vgl. Staatsvertrag über das „Deutschlandradio" vom 01.01.1994, abgedr. in *Bauer/Ory*, Recht in Hörfunk und Fernsehen, 4.9.

[47] Vgl. § 5 Ziff. 2, § 6 StV Berlin/Br.; Protokollerklärung des Landes Berlin zu § 1 StV über das „Deutschlandradio"; § 3 Abs. 1 HPRG; § 3 Abs. 2 S. 2 LRG Nieders.; § 4 Abs. 2 Satz 1 und 4 PRG Sachsen; § 4 Abs. 1, Abs. 2 Ziff. 4, Abs. 3 LRG SH und Abs. 5.

[48] Vgl. § 5 Abs. 2 RGMV; § 3 Abs. 4 LRG NW.

[49] Darunter fallen nicht solche über Satellit verbreiteten Programme, für die nach einigen Landesmediengesetzen eine sogenannte „Satellitenzulassung" möglich ist. Einen Vorrang bei der Vergabe terrestrischer Frequenzen haben Hessen (vgl. § 10 Abs. 1 HPRG), Nordrhein-Westfalen (§ 4 Abs. 1, 4 LRG NW), Rheinland-Pfalz (§ 8 Abs. 6 LRG Rh.-Pf.), Sachsen (§ 4 Abs. 5 Sächs.PRG), Schleswig-Holstein (§ 9 Abs. 5, § 17 LRG Schl.-Holst.) und Thüringen (§ 9 Abs. 4, § 11 Abs. 2 TPRG) gesetzlich ausgeschlossen.

[50] Vgl. § 7 f. LMG Bad.-Württ.; § 9 f. Kanalbelegungssatzung Bayern; § 3 f. LMG Bremen; § 3 HPRG; §§ 4 ff. RGMV; § 3 LRG Nieders.; § 3 LRG NW; § 4 PRG Sachsen; § 2 PRG Sachsen-Anhalt; § 4 LRG Schl.-H.; § 3 TPRG; § 5 f. StV Berlin/Br., § 38 LRG Rhld.-Pfalz.

[51] Vgl. oben unter E Rdz. 105 und F Rdz. 50 ff.

[52] Vgl. hierzu näher oben unter E Rdz. 105 ff., 110 ff.

[53] Vgl. *Ricker*, Die Einspeisung, S. 17 f.; dies gilt freilich nicht für die bereits oben (FN 46a) angeführten „Satellitenzulassungen" nach einzelnen Landesmediengesetzen, die gerade voraussetzen, daß der Veranstalter bereits über Übertragungskapazitäten auf einem Satelliten und somit über eine Verbreitungsmöglichkeit verfügt, etwa durch die Anmietung bei einem ausländischen Satellitenbetreiber.

[54] Vgl. BVerfGE 74, S. 298 ff., 327; 83, S. 238 ff., 327.

[55] Vgl. oben E Rdz. 97 ff. und F Rdz. 21 ff.

[56] Vgl. hierzu oben unter G Rdz. 7.

c) Auflagen der Zulassungsbehörde für die Frequenzvergabe

15 Regelmäßig ist die Entscheidung für die Zuteilung einer Frequenz in den Landesmediengesetzen *an Auflagen* geknüpft. In sämtlichen Gesetzen ist hierbei der Pluralismusschutz erwähnt.[57]

Aufgrund der besonderen Bedeutung einer terrestrischen Zulassung für die Rundfunkfreiheit sind *Auflagen zum Schutze der Meinungsvielfalt* nicht nur zulässig, sondern auch verfassungsrechtlich *geboten*.[58] *Unzulässig* dagegen sind Auflagen, die den Veranstaltern Zahlungen und Investitionen im entsprechenden Land abverlangen. Hierbei handelt es sich um sachfremde Kriterien, die nicht der freien öffentlichen und individuellen Meinungsbildung dienen. Sie sind demnach nicht mehr durch den Ausgestaltungsauftrag des Art. 5 GG gedeckt und bilden eine unzulässige Beschränkung der Rundfunkfreiheit.[59]

5. Frequenzvergabe an bundesweite Veranstalter

16 Nach derzeit geltendem Recht richtet sich die terrestrische Verbreitung eines bundesweiten Programms nach den Regeln für die *Veranstaltung*. Der Rundfunkstaatsvertrag sieht in den §§ 37 Abs. 1 und 39 Satz 3 eine eigene Regelung für die Zulassung und die Frequenzvergabe an bundesweite Fernsehveranstalter im Zusammenhang mit Fragestellungen der Sicherung von Meinungsvielfalt vor, im Übrigen verweist er in § 38 Abs. 1 auf das Landesrecht. Für die Zulassung zur Veranstaltung ist diejenige Landesmedienanstalt zuständig, in deren Bereich der betreffende Veranstalter seinen *Geschäftssitz* genommen hat („Sitzlandprinzip)."[60]

In allen Landesmediengesetzen ist mit der Zulassung zur Veranstaltung in der Regel die Genehmigung für eine Verbreitungsart verknüpft. Diese kann in der Zuteilung einer terrestrischen oder einer Satellitenfrequenz bestehen. Dieses Verfahren entspricht den Anforderungen des Art. 5 GG: Da die Rundfunkveranstaltung mit der Verbreitung untrennbar zusammenhängt,[61] hat ein zugelassener Veranstalter aus Art. 5 Abs. 1 Satz 2 GG ein *subjektives Recht* auf Zuteilung einer Verbreitungsmöglichkeit seines Programmes im Rahmen der technischen Möglichkeiten. Sie kann jedoch auf Wunsch des Veranstalters auch unterbleiben, etwa weil er sein Programm lediglich über Kabelnetze verbreiten möchte oder weil er im Rahmen eigener Verträge mit einem privaten Satellitenbetreiber einen Transponder angemietet hat.[62]

17 Mit der Zulassung ist jedoch *nicht* die Genehmigung für terrestrische Frequenzen in einem anderen Bundesland verbunden. Hier unterscheidet sich die Zuteilung einer terrestrischen Frequenz von der *Kabelverbreitung*. Die in den Landesgesetzen enthaltenen Weiterverbreitungsregelungen[63] beziehen sich explizit auf die Kabelverbreitung und sind auf die terrestrische Verbreitung nicht anwendbar.

---

[57] Vgl. § 15, 21 LMG Bad.-Württ.; Art. 4 BayMG; §§ 10 30 ff. BremLMG; §§ 6, 24, 36. LMG Hamburg; § 12 ff. HPRG; §§ 17 ff. PRG Meckl.-Vorp.; § 6; 20 LRG Nieders.; § 6a ff. LRG Nordrh.-Westf.; §§ 12 f. LRG Rh.-Pf.; § 10, 51ff. LRG Saarl; § 2 PRG Sachsen; § 7 PRG Sachen-Anhalt; § 8, 11 LRG Schl.-Holst.; § 14 PRG Thüringen.

[58] Vgl. oben unter E Rdz. 34 ff.

[59] Vgl. hierzu oben unter D Rdz. 35 ff.; E Rdz. 36 ff.; F Rdz. 113.

[60] Vgl. *Engel* ZUM 1993, S. 559.

[61] Vgl. oben unter B Rdz. 43 ff.; vgl. *Ricker,* Die Einspeisung, S. 12.

[62] Im letzteren Fall kann nach einigen Landesmediengesetzen eine Satellitenlizenz beantragt werden, vgl. § 26 Abs. 5 StV Berlin-Br.; § 22 Abs. 8 Hamb.MG; § 10 Abs. 1 HPRG; § 8 Abs. 3, 12a RGMV; § 4 Abs. 1, 8 Abs. 2 Satz 2 LRG NW; § 8 Abs. 6 LRG Rh.-Pf.; § 5 Abs. 2 S. 2 Sächs.PRG; § 9 Abs. 5 LRG Schl.-Holst.; § 9 Abs. 4 TPRG.

[63] Vgl. § 11 LMG Bad.-Württ.; Art. 2 Abs. 3, 39 ff. BayMG; §§ 36 ff. StV Berlin/Br.; §§ 30 ff. LMG Bremen; §§ 47 ff. LMG Hamburg; § 41 ff. HPRG; §§ 42 f. PRG Meckl.-Vorp.; § 50 LRG Nds.; §§ 37 ff. LRG Nordrh.-Westf.; §§ 40 ff. LRG Rh.-Pf.; §§ 60 f. LRG Saarl.; §§ 37 f. PRG Sachsen; §§ 45 ff. PRG Sachsen-Anhalt; §§ 36 ff. LRG Schl.-Holst.; §§ 37 ff. PRG Thüringen.

Der *Rundfunkstaatsvertrag* enthält in § 52 ebenfalls eine Bestimmung über die „*Weiterver-* **18** *breitung*". Das Landesrecht habe die „*zeitgleiche und unveränderte Weiterverbreitung von bundesweit empfangbaren Fernsehprogrammen*" zu gestatten. Hier wird dem Wortlaut nach der Anwendungsbereich nicht auf die Kabelübertragung beschränkt. Weder die frühere Fassung des Staatsvertrages noch die Materialien enthalten Hinweise auf den Geltungsbereich der Vorschrift.[64] Auch aus dem systematischen Zusammenhang ergibt sich keine Beschränkung des Anwendungsbereiches auf das Kabel. Abs. 2 legt zwar fest, daß Einzelheiten, insbesondere die Rangfolge bei der Belegung der Kabelkanäle durch das Landesrecht zu regeln seien. Damit ist jedoch die Geltung für den terrestrischen Bereich nicht ausgeschlossen. Doch das Landesrecht enthält, wie gezeigt, keine Sonderregelungen für den Fall der Frequenzvergabe an einen bereits zugelassenen Veranstalter.

In der medienrechtlichen Praxis werden bereits zugelassene Veranstalter, die eine weitere **19** Frequenz für dasselbe Programm in einem anderen Bundesland beantragen, regelmäßig nach dem Verfahren für die Neuzulassung behandelt. Bei der Prüfung der inhaltlichen Anforderungen nach dem RStV 1991 wurden von den Landesmedienanstalten gem. § 30 RStV 1991 wohl gemeinsame Stellen gebildet. Die Letztentscheidung traf jedoch jede Landesmedienanstalt eigenständig.[65] Konflikte ergaben sich, wenn die einzelnen Anstalten zu widersprüchlichen Ergebnissen bei der Zulassungsprüfung kamen. Dies war vor allem bei der Prüfung der Konzentrationsregelungen des Rundfunkstaatsvertrags 1991 der Fall, die von den einzelnen Medienanstalten unterschiedlich vorgenommen wurde.[66] Auf diese Weise konnte ein Veranstalter etwa gezwungen sein, aufgrund einer Auflage für die Vergabe einer terrestrischen Frequenz seine Veranstalterstruktur zu ändern. Dann hätte jedoch die ursprünglich zuständige Behörde die Möglichkeit gehabt, die Sendelizenz wegen der ungenehmigten Änderung der Beteiligungsstruktur zu widerrufen.

Diese Problematik dürfte sich mit der neuen Zuständigkeitsregelung in § 36 Abs. 1 RStV **20** für die Beurteilung von Fragen der Sicherung der Meinungsvielfalt im Zusammenhang mit der Zulassung gelöst haben. Danach bedient sich die zuständige Landesmedienanstalt der Kommission zur Ermittlung der Konzentration im Medienbereich (KEK).[67] Der KEK ist von der zuständigen Landesmedienanstalt der Lizenzantrag vorzulegen.[68] Deren Beurteilung von Fragestellungen zur Sicherung von Meinungsvielfalt ist gegenüber dem für die Zulassung zuständigen Organ bindend.[69]

Eine Abweichung ist nur aufgrund eines Beschlusses der Konferenz der Direktoren der **21** Landesmedienanstalten (KDLM) möglich.[70] Diese Vereinheitlichung des Zulassungsverfahrens hat der Rundfunkstaatsvertrag ausdrücklich in § 39 Satz 3 auf die Vergabe von terrestrischen Frequenzen in den Ländern ausgedehnt.

Nach § 35 Abs. 1 RStV kommt die Prozedur nur im Hinblick auf Fragen in Betracht, die **22** die Sicherung der Meinungsvielfalt und damit Gefahren der intramediären Konzentration betreffen. Im Hinblick auf andere Fragestellungen sieht § 38 RStV dagegen nur eine Abstimmung der zuständigen Landesmedienanstalten mit dem Ziel einer ländereinheitlichen Verfahrensweise vor. Da sich die Problematik unterschiedlicher Entscheidungen überwiegend bei der Beurteilung der Sicherung der Meinungsvielfalt entzündete, könnte der Eindruck entstehen, daß insoweit eine ausreichende Regelung zum Zwecke einer länder-

---

[64] Vgl. die Analyse des VG-Düsseldorf, Beschluß vom 27.8.1993.

[65] Vgl. *Engel* ZUM 1993, S. 557 ff, *Schuler-Harms* AfP 1993, S. 629 ff.

[66] Vgl. VG-Düsseldorf, Beschluß vom 27.08.1993, OVG Magdeburg, Beschluß vom 22.09.1993 in epd/KiRu vom 13.10.1993; hierzu: *Engel* ZUM 1993, S. 557 ff.; *Schuler-Harms* AfP 1993, S. 629 ff.; *v. Wallenberg* ZUM 1993, S. 276 ff.

[67] Vgl. § 35 Abs. 2 S. 2 RStV.

[68] Vgl. § 37 Abs. 1 S. 1 RStV.

[69] Vgl. § 37 Abs. 1 S. 4 RStV.

[70] Vgl. § 37 Abs. 2 RStV.

übergreifenden Lösung geschaffen wurde. Zweifel hieran bestehen aber hinsichtlich von Auflagen, die sich als wirtschaftliche Belastung darstellen.[71] Insofern werden die Veranstalter nach wie vor unterschiedlich behandelt, was sich vor allem auf das Gebot der Chancengleichheit negativ auswirken könnte.[72]

---

[71] Vgl. z.B. Die Verpflichtung, Rundfunksendungen im bestimmten Umfang im Zulassungsland zu produzieren, siehe hierzu oben unter D Rdz. 35 ff., 55, E Rdz. 36 ff., F Rdz. 113.

[72] Vgl. zum Gebot der Chancengleichheit im Rundfunk BVerfGE 57, S. 295 ff., 326.

III. Satellitenverbreitung

Die Verbreitung von Rundfunk über Satellitendirektempfang hat in den letzten Jahren einen **23** beispiellosen Aufschwung genommen. Während die achtziger Jahre noch völlig von der terrestrischen Verbreitung mit zunehmendem Ausbau der Kabelnetze geprägt waren, wird in den neunziger Jahren der Empfang über eine Satellitenanlage zunehmend zum Standard der deutschen Haushalte.[73] Dies hängt zum einen mit den erheblich gesunkenen Verkaufspreisen von Satellitenanlagen[74] im Vergleich mit den nicht unerheblichen laufenden Kabelnutzungsgebühren zusammen,[75] wie auch mit der unzureichenden terrestrischen Versorgung in einzelnen Regionen vor allem Ostdeutschlands, die dort durch den Satellitenempfang substituiert wird.[76] So standen bereits 1996 16 Mio. verkabelten Haushalten weitere 9 Mio. Haushalte mit eigenem Satellitenanschluß gegenüber.[77]

Von verfassungsrechtlicher Bedeutung ist hier, daß die Verbreitung in der Praxis kaum mehr durch *inländische Satellitenbetreiber* vorgenommen wird. Satelliten, die der Verfügungsgewalt der Telekom als einzigem deutschen Satellitenbetreiber unterliegen (etwa ECS, Intelsat, Kopernikus, TV-Sat 2), spielen allenfalls noch für die Einspeisung von Programmen in Kabelanlagen eine Rolle. Praktisch bedeutungslos sind sie mittlerweile für den Bereich des Satellitendirektempfangs der privaten Haushalte.[78]

1. Verbreitung über Satellitenkapazitäten, die der deutschen Verfügungsgewalt unterliegen

Die der deutschen Verfügungsgewalt unterliegenden Kapazitäten werden allein von der Telekom (früher der Deutschen Bundespost) verwaltet.[79] Ebenso wie bei der Verteilung terrestrischer Frequenzen[80] ist bei der Verteilung von Satellitenkapazitäten zwischen der *Zuordnung* und der *Zulassung* zu unterscheiden.

a) Zuordnung

Die Entscheidung über die Zuordnung betrifft die Frage, ob die freien Satellitenkapazitä- **24** ten dem öffentlich-rechtlichen oder dem privaten Rundfunk zugewiesen werden. Für diese Entscheidung sieht *§ 51 RStV* ein *detailliertes Verfahren* vor. Zuständig für die Zuordnung sind die Länder. Freie Kapazitäten sind den öffentlich-rechtlichen Veranstaltern und einer gemeinsamen Stelle der Landesmedienanstalten zunächst bekanntzugeben und, falls sie für den Bedarf ausreichen, entsprechend zuzuordnen.

---

[73] Vgl. die Zahlen bei *Röper* Media Perspektiven 1996, S. 211 ff.; *Wolfgang,* Die elektronischen Medien, S. 163 ff.; *Fleck,* in: *Fuhr/Rudolf/Wasserburg,* Recht der neuen Medien, S. 21 ff.; *Dimitru,* Die neuen Medien, 1989, S. 91 ff.

[74] Vgl. Kabel & Satellit, Nr. 24 v. 16.4.96, wonach die unterste Preisgrenze etwa bei 350–400 DM liegt.

[75] Vgl. Kabel & Satellit, Nr. 24 v. 16.4.96: Monatlich etwa ab 25–45 DM.

[76] Vgl. Übersicht der MSG Media Service GmbH der Telekom vom Juli 1996, Tab. 3.

[77] Vgl. Übersicht der MSG Media Service GmbH der Telekom vom Juli 1996, zit. in IdW Nr. 27 vom 1.7.1996.

[78] Vgl. *Röper* Media Perspektiven 1996, S. 211 ff; nur etwa 900 000 bundesdeutsche Haushalte verfügen über entsprechende Empfangsanlagen, die übrigen etwa 8 Mio Haushalte empfangen die Programme über die Luxemburger Astra-Satelliten; vgl. IdW Nr. 27 vom 1.7.1996, S. 5; europaweit sind es etwa 16 Mio. Haushalte.

[79] Vgl. *Müller-Römer,* Programmverbreitung über Rundfunksatelliten, in: *Bauer/Detjen* (Hrsg.), *ders.* in „Satelliten- und Kabelrundfunk, in: Int. Handbuch für Rundfunk und Fernsehen 1992/93, A S. 1 ff.; *Schmidt-Beck* Media Perspektiven 1992, S. 470 f.

[80] Siehe hierzu oben unter G Rdz. 12.

Für den (derzeit nicht realistischen) Fall, daß die vorhandenen Kapazitäten nicht ausreichen, sind die *Ministerpräsidenten* beauftragt, zunächst auf eine Verständigung zwischen den Beteiligten hinzuwirken und bei Erfolgslosigkeit *selbst* eine Entscheidung zu treffen. Dabei haben sie die Sicherung der Grundversorgung, die gleichgewichtige Berücksichtigung des privaten Rundfunks, die Teilhabe des öffentlich-rechtlichen Rundfunks an neuen Technologien, die Vielfalt des Programmangebots und die Zahl der Satellitenkanäle, die bereits einem Lande zugeordnet wurden, zu berücksichtigen.

Ebenso wie bei der Vergabe terrestrischer Frequenzen ist die Letztentscheidung durch die *Ministerpräsidenten* und damit durch die *Exekutive* mit der Rechtsprechung des Bundesverfassungsgerichts nicht vereinbar, da hierdurch eine unzulässige Einflußmöglichkeit des Staates auf den Rundfunk begründet wird. Der Gesetzgeber hat bereits im Vorfeld durch prozedurale Regelungen auszuschließen, daß bei der Vergabe der Übertragungsmittel *staatliche Einflußnahmemöglichkeiten* entstehen.[81] Dies ist bei einer Letztentscheidung durch die Ministerpräsidenten jedoch deswegen der Fall, da die *Unbestimmtheit* der gesetzlichen Vorgaben ihnen dabei weitgehenden Entscheidungsspielraum einräumt. Insoweit verstößt die Zuordnungsregelung in § 51 RStV gegen das Gebot der Staatsfreiheit. Dieses wäre jedoch dann gewahrt, wenn ausschließlich die Landesmedienanstalten gemeinsam über die Zuordnung und zwar mehrheitlich entscheiden würden.

b) Zulassung

25 Den Ländern für den privaten Rundfunk zugewiesene Kapazitäten werden von den *Landesmedienanstalten* vergeben. Hier ist zu unterscheiden zwischen einer Zulassung für Programme, die zum ersten Mal der Öffentlichkeit zugänglich gemacht werden sollen und solchen Programmen, die bereits über eine terrestrische oder Kabelzulassung verfügen und nun auch über Satellit verbreitet werden sollen.[82] Für bisher nicht zugängliche Programme gelten die Zulassungsregelungen nach den Landesmediengesetzen.[83] Handelt es sich um Programme, die bereits über eine landesrechtliche Zulassung verfügen und die nun über Satellit bundesweit zugänglich gemacht werden sollen, so besteht grundsätzlich eine Pflicht, die Verbreitung auch über Satellit zu ermöglichen, da nach dem Sitzlandprinzip eine Zulassung gem. § 52 RStV auch für die Weiterverbreitung gilt.

26 Ein *Nachfrageüberhang* bei den der deutschen Verfügungsgewalt unterliegenden und deshalb von der Telekom betriebenen Satellitenkapazitäten erscheint zwar nicht ersichtlich: Einerseits eröffnet zukünftig das „Multiplex-Verfahren"[84] die Möglichkeit, auf einem „Satelliten-Kanal" statt bisher einem nunmehr mehrere Programme zu übertragen. Ein Satellit, über dessen Transponder heute noch nur 5 oder 10 Programme abgestrahlt werden, könnte dann etwa 25 bzw. 50 verschiedene Programmsignale verbreiten.[85] Daneben sind die verfügbaren deutschen Satellitenkapazitäten für Rundfunkveranstalter wegen der relativ geringen Reichweiten nicht sonderlich attraktiv: Nur wenige private Haushalte besitzen für den Empfang von deutschen Satelliten geeignete Empfangsanlagen. Darauf wurde bereits hingewiesen.[86]

Sollte wider Erwarten doch ein Engpaß bei den inländischen Satellitenkapazitäten auftreten, so hat die Vergabe der Kapazitäten nach den für die Kabelverbreitung entwickelten Grundsätzen unter besonderer Berücksichtigung der Informationsfreiheit zu erfolgen. Denn

---

[81] Vgl. BVerfGE 90, S. 60 ff., 103.

[82] *Kreile,* Kompetenz und kooperativer Förderalismus im Bereich des Kabel- und Satellitenrundfunks, S. 227 ff.; *Schmidt-Beck* Media Perspektiven 1992, S. 470 ff.; *Wagner,* Landesmedienanstalten, S. 72 ff.

[83] Siehe hierzu näher oben unter D Rdz. 35 ff.; E Rdz. 34 ff.; vgl. *Fleck,* in: *Fuhr/Rudolf/Wasserburg,* Das Recht der neuen Medien, S. 21 ff., 23; *Birkert,* LMG Bad.-Württ. zu § 1 Rdz. 1 f.

[84] Vgl. *Müller-Römer,* Digitalisierung und audiovisuelle Möglichkeiten, S. 6 f.; *Stammer,* FK Nr. 43 v. 6.10.1995, S. 13.

[85] Vgl. *Müller-Römer,* Digitalisierung und audiovisuelle Möglichkeiten, S. 6 f.; *Stammer,* FK Nr. 43 v. 6.10.1995, S. 13 f.; *Schmidt-Beck* Media Perspektiven 1995, S. 134 ff.

[86] Vgl. hierzu oben unter G Rdz. 23.

solange die Grundversorgung und die Empfangbarkeit für jedermann als eine ihrer wesentlichen Voraussetzungen die terrestrische Verbreitung verlangt, stellen die Satellitenprogramme eine Ergänzung der Vielfalt dar, für die die strengen Pluralismusanforderungen nicht gelten. Dies hat zur Folge, daß wie bei den Kabelprogrammen die Zuschauerwünsche vorrangig zu berücksichtigen sind.[87]

2. Verbreitung über Satellitenkapazitäten, die der deutschen Verfügungsgewalt entzogen sind

Nicht anwendbar sind die deutschen Regelungen über die Verbreitung, soweit die Programme über einen *ausländischen Satelliten* abgestrahlt werden. Dies ist in der Praxis mittlerweile zum Regelfall geworden.[88]

a) Anwendbares Rundfunkrecht

Programme, die über einen Satelliten nach Deutschland einstrahlen, der vom europäischen **27** Ausland aus betrieben wird, unterliegen zwar lediglich den rundfunkrechtlichen Bestimmungen des Sitzlandes des ausländischen Veranstalters[89] und den europäischen Regelungen, die sich aus der Richtlinie der Europäischen Gemeinschaft über grenzüberschreitendes Fernsehen und aus der Konvention des Europarates ergeben.[90]

In der bisherigen Praxis handelt es sich jedoch bei der Verbreitung von deutschen Programmen über einen ausländischen Satelliten meist um Programme, die in einem Bundesland nach *Landesmedienrecht zugelassen* sind, weil es gleichzeitig auch *terrestrisch* verbreitet wird. Doch dies ist nicht zwingend. Auch ein Programm, das in Deutschland sendetechnisch gestaltet und inhaltlich zusammengestellt wird[91] mit der Absicht, es lediglich über eine ausländische Satelliteneinrichtung zu verbreiten, unterliegt *keiner Zulassungspflicht* nach dem deutschen Medienrecht. Dies ergibt sich daraus, daß die Lizenzierung an den Tatbestand der *Veranstaltung* von Rundfunksendungen anknüpft.[92]

Zur *Veranstaltung* gehört zwingend die Verbreitung.[93] Ein Programm wird nicht bereits dann im Lande veranstaltet, wenn das Programmunternehmen seinen Geschäftssitz im Geltungsbereich des Gesetzes hat. Die sendetechnische Herstellung und die Zusammenstellung des Programmes, also die Veranstaltung im engeren Sinne, sind zwar Voraussetzung für die Rundfunkveranstaltung, für sich gesehen sind sie jedoch rundfunkrechtlich irrelevant. Wer einen Spielfilm, eine Nachrichtensendung oder eine Show *produziert,* veranstaltet damit noch keinen Rundfunk. Auch das *Zusammenstellen* der einzelnen produzierten Sendeinhalte erfüllt nicht den Begriff der Rundfunkveranstaltung. Hierbei handelt es sich lediglich um eine *präoperationelle Phase.* Erst wenn diese Sendeinhalte als *Programm verbreitet* werden, z. B. in den

---

[87] Siehe hierzu oben unter G Rdz. 14 f., 44 f.

[88] Für den Satellitendirektempfang in Europa ist das luxemburgische Unternehmen SES (Société Européenne des Satellites) mit ihren ASTRA-Satelliten weitgehend marktführend, vgl. Cable and Satellite Europe, S. 88 ff.; *Schmidt-Beck* Media Perspektiven 1992, 470 ff.; *Zimmer* Media Perspektiven 1993, S. 358; *Ahrens,* Astra, Fernsehen ohne Grenzen, Eine Chronik; *Geppert,* Europäischer Rundfunkraum und nationale Rundfunkaufsicht, S. 35 ff.; *Ory* ZUM 1994, S. 315 f.

[89] Vgl. BVerfGE 73, S. 118 ff., 173 f.

[90] Vgl. *Engel,* Privater Rundfunk vor der Europäischen Menschenrechtskonvention; *Schmittmann,* Infosat 11/1993, S. 110 ff.; *Pfeiffer,* DWW 1990, S. 353 ff.; *Guradze,* Kommentar zur EMRK passim; Astheimer, Rundfunkfreiheit – ein europäisches Grundrecht passim; *Müller* NJW 1994, S. 101 ff.; *Höfling/Möwes/ Pechstein,* Europäisches Medienrecht, S. 215 ff.; *Dörr/Bender/Eisenbeis/Jost,* EMR-Schriftenreihe Bd. 4 passim; *Hesse,* Rundfunkrecht, S. 235; vgl. näher unten unter H Rdz. 1 ff.

[91] Siehe hierzu näher oben unter G Rdz. 4.

[92] Vgl. § 2 Ziff. 6 LMG Bad.-Württ.; § 2 Abs. 11 LMG Bremen; § 2 Ziff. 3 HPRG; § 2 Abs. 9 LRG Nordrh.-Westf.; § 3 Abs. 7 PRG Meckl.-Vorp.; § 1a LRG Saarl.; § 2 Abs. 1 Ziff. 1 PRG Thüringen.

[93] Vgl. hierzu oben unter B Rdz. 43.

Post/Telekomübergaberaum gebracht und damit einer unbestimmten Anzahl von Rezipienten zugänglich gemacht werden, ist der Veranstalterbegriff erfüllt.[94]

Im Satellitenbereich ist unter Verbreitung der Up- und Downlink zu verstehen, der den Empfang des fertigen Programms ermöglicht. Dieser muß derart erfolgen, daß das Programm ohne weitere Zwischenschritte einer unbestimmten Anzahl von Rezipienten zugänglich gemacht wird. Es genügt also nicht, wenn das Programm verschlüsselt über Satellit oder Richtfunk zu einer dritten Stelle im Ausland übermittelt und von dieser in eigener Verantwortung auf den Satellit überspielt wird, dessen Signale direkt von der Öffentlichkeit empfangen werden können. In diesem Fall erfolgt die Rundfunkveranstaltung im Drittland.[95] Auch eine Standleitung vom Ort der Herstellung zum Ort des Up- und Downlink erfüllt noch nicht den Tatbestand der Verbreitung, wenn der Empfänger dort vor der Aufschaltung auf den Satellit das zugelieferte Programm eigenverantwortlich verändern kann.[96]

Ausschlaggebend ist demnach das „*auf Sendung gehen*". Es erfolgt erst mit derjenigen Tätigkeit, die den Kontakt mit der Öffentlichkeit unmittelbar herstellt und damit adäquat kausal für die Verbreitung ist.[97] Erst hierin besteht der massenkommunikative Akt, der die Individualkommunikation zur Massenkommunikation macht und den durch Art. 5 Abs. 1 GG garantierten Schutz auslöst.

b) Inländischer Regelungsvorbehalt

28   Ein Rundfunkprogramm, das lediglich im Geltungsbereich des Landesgesetzes hergestellt wird, ohne dort auch in obengenanntem Sinne verbreitet zu werden, bedarf *keiner landesrechtlichen Zulassung* und unterliegt *keiner landesrechtlichen Kontrolle*.[98] Dies folgt auch aus dem Geltungsbereich des entsprechenden Landesrechts. Der Gesetzgeber ist hier auf die Verwaltungs- und Gesetzgebungshoheit seines Landes beschränkt.[99] Gesetze eines Bundeslandes können daher nur Sachverhalte innerhalb des Hoheitsbereiches regeln. Im Rundfunkbereich knüpfen sie an die Veranstaltung an. Erfolgt die Veranstaltung nicht innerhalb ihres Zuständigkeitsbereiches, da der Verbreitungsakt außerhalb durchgeführt wird, so besteht keine Regelungskompetenz im betreffenden Bundesland.[100]

Allerdings berücksichtigen die meisten Landesmediengesetze außerhalb veranstaltete Programme bei der *Konzentrationskontrolle* von Bewerbern für eine Landeszulassung. Veranstaltet ein Bewerber außerhalb des Landes bereits ein Programm, das im Verbreitungsgebiet des beantragten Programmes ortsüblich empfangbar ist, so wird ihm dieses *zugerechnet*.[101] Mit diesen Regelungen überschreiten die Landesgesetzgeber nicht ihre Kompetenz. Anknüpfungspunkt ist hier kein Sachverhalt außerhalb des Hoheitsbereiches. Vielmehr geht es um die Zulassung eines Landesprogrammes und damit um einen Vorgang des Landesrechts, und zwar unabhängig davon, ob dieses Programm ebenfalls über Satellit verbreitet wird und damit bundesweit empfangbar ist.[102]

29   Fraglich ist, ob deutsche Behörden gegen solche Veranstalter vorgehen können, die ein *auf Deutsche zugeschnittenes Programm* in Deutschland produzieren, sich jedoch den gesetzlichen

---

[94] Siehe hierzu auch oben unter B Rdz. 35 ff.

[95] Vgl. VG Hannover AfP 1993, S. 691 ff.; *Ring,* Medienrecht, RStV Allg. Erl. Rdz. 97 ff.

[96] Vgl. *Birkert,* LMG Bad.-Württ. zu § 1 Rdz. 2; *Ring,* Medienrecht, RStV-Allg. Erl. Rdz. 98; vgl. auch § 30 LRG Nordrh.-Westf., wonach der Mantelprogrammanbieter einer Veranstalterlizenz bedarf.

[97] Vgl. *Hillig,* in: *Fuhr/Rudolf/Wasserburg* (Hrsg.): Recht der neuen Medien, S. 415; *Hesse,* Rundfunkrecht, S. 233 f.; vgl. auch *Klinter,* Satellitenrundfunk, S. 213 f.; *Fleck,* in: *Fuhr/Rudolf/Wasserburg* (Hrsg.): Das Recht der neuen Medien, S. 21 ff.; *Engel* ZUM 1993, S. 557, 560 f.

[98] Vgl. ebenso VG Hannover AfP 1993, S. 691 ff.; *Hesse,* Rundfunkrecht, S. 235.

[99] Vgl. *Stern,* Staatsrecht, Bd. 2 § 48 II; VG Hannover AfP 1993, S. 692.

[100] Vgl. *Hesse,* Rundfunkrecht, S. 235.

[101] Vgl. etwa § 19 Abs. LMG Hamburg; § 54 Abs. 2 LRG Nieders.; vgl. oben B Rdz. 98 ff. und ausführlich E Rdz. 49 ff.

[102] Vgl. *Ring,* Medienrecht, C-I.O. zu § 21 RStV Rdz. 6.

Regelungen durch eine Verbreitung im Ausland entziehen wollen. Für Programme, die innerhalb der Europäischen Union aufgeschaltet werden, haben sich die Veranstalter zunächst nach den Maßstäben zu richten, die die europäischen Regelungen setzen.[103] Diese sind aufgrund der Harmonisierung des deutschen Rechts mit der EG-Fernsehrichtlinie und der Europaratskonvention weitgehend angeglichen. Es bleiben jedoch Differenzen:

Zum einen betrifft dies etwa Fragen der Auslegung tatbestandlicher Begriffe, die beispielsweise im Bereich der Pornographie in den einzelnen Mitgliedstaaten unterschiedlich sind.[104] Daneben kann es etwa auch um eine Umgehung deutscher Konzentrationskontrollvorschriften gehen. In diesem Bereich bestehen keine Regelungen auf Gemeinschaftsebene.[105]

c) „Forum-Shopping"

Durch sog. „*Forum-Shopping*", d. h. durch Wahl des Verbreitungsstandorts nach dem für den **30** Veranstalter vorteilhaften Recht, könnten die deutschen Regelungen, die im Vergleich mit den Nachbarländern eher restriktiv sind,[106] unterlaufen werden.

Zwar kann nach der Rechtsprechung des EuGH inländisches Recht grundsätzlich auch dann auf Personen in einem anderen EU-Staat angewandt werden, wenn sich diese bewußt durch die Wahl ihres Aufenthaltsortes dem inländischen Recht entziehen.[107] Ein Nachweis, daß der Verbreitungsstandort zur Umgehung von Rechtsvorschriften in Deutschland gewählt wurde, dürfte jedoch gerade bei deutschsprachigen Programmen schwierig sein. Deutschsprachige Programme, die über Satellit verbreitet werden, richten sich kaum ausschließlich an Rezipienten in Deutschland. Empfangbar wird ein solches Programm regelmäßig auch für die österreichischen und schweizerischen Zuschauer sein. Es wird also in der Regel kein Programm speziell für deutsche Zuschauer vorliegen.[108] Damit ist jedoch dem Umgehungstatbestand bereits der Boden entzogen.

In krassen Fällen wäre auch an eine Heranziehung des im internationalen Privatrecht verankerten Ordre-Public-Grundsatzes zu denken.[109] Hiernach kann ein Staat, dessen Recht an sich für auf einen ausländischen Sachverhalt nicht eingreift, dieses jedenfalls dann zur Anwendung bringen, wenn das anwendbare ausländische Recht in einem derart krassen Gegensatz zu fundamentalen inländischen Rechtsprinzipien steht, daß seine Geltung schlechthin nicht hinnehmbar erscheint. Es handelt sich hier um eine „*Einbruchstelle der Grundrechte*".[110]

Ungeklärt ist, wie eine Ausstrahlung verhindert werden kann, wenn ein solcher Fall eintritt. Liegen Straftatbestände vor, so können die deutschen Strafverfolgungsbehörden zwar unter gewissen Umständen gegen die Veranstalter vorgehen. Soweit sich die Tatbestandsmerkmale auf die Verbreitung strafbarer Inhalte beziehen, ist das Vorliegen einer verfolgbaren Auslandstat jedoch an Voraussetzungen des ausländischen Rechts geknüpft.[111]

---

[103] Vgl. unten H Rdz. 63 ff., 72 ff.

[104] Vgl. *von der Horst* ZUM 1993, S. 227.

[105] Vgl. Kommission der EU, Pluralismus und Medienkonzentrationskontrolle im Binnenmarkt; *Wagner* AfP 1992, S. 1, 7 f.; Europäisches Parlament RuF 1993, S. 106 ff.; *Schwartz* AfP 1993, S. 409 ff., 411; *Eberle* AfP 1993, S. 422 ff., 426; *Schellenberg* DZWir 1994, S. 226 f.

[106] Vgl. Europarat, Etude sur les concentrations du media en Europe (analyse juridique) – Note du Secrétariat Général pr'parée par la Direction des Droits de l'homme, Comité directeur sur les moyens de communication de masse, Straßburg 1992, S. 11 f.; Kommission der EG, Grünbuch: Pluralismus und Medienkonzentration im Binnenmarkt, Kom (92) 480 endg.; *Schellenberg*, Konzentrationskontrolle zur Sicherung des Pluralismus im privaten Rundfunk, Eine rechtsvergleichende Untersuchung in Deutschland, Frankreich, Italien und Großbritannien, im Erscheinen.

[107] Vgl. EuGH „Van Binswangen", Slg. 1974, 1299; Kommission der EU, Pluralismus und Medienkonzentrationskontrolle im Binnenmarkt, S. 70.

[108] Vgl. *Hesse*, Rundfunkrecht, S. 232.

[109] Vgl. *Engel* ZUM 1993, S. 562.

[110] Vgl. *Kropholler*, Internationales Privatrecht, S. 216 ff.; BGHZ 60, S. 68 ff.

[111] Vgl. *von der Horst* ZUM 1993, S. 228.

3. Empfang von Satellitenprogrammen

a) Allgemeinzugängliche Quellen

31   Programme, die über einen *Satelliten* übertragen werden und für den Empfang durch die Allgemeinheit bestimmt und kraft ihrer tatsächlichen Zugänglichkeit auch geeignet sind, sind grundsätzlich als „*allgemeinzugängliche Quellen*" zu werten. Sie fallen daher nach der Rechtsprechung des Bundesverfassungsgerichts[112] in den Schutzbereich des Art. 5 Abs. 1 Satz 2 GG.[113] Auch der Europäische Gerichtshof für Menschenrechte hat entschieden, daß die Freiheit des Satellitenempfangs von Rundfunkprogrammen unter den Schutz des Art. 10 EMRK fällt und zwar unabhängig davon, über welche Satellitenart (Fernmelde- oder Direktfunksatelliten) die Übertragung erfolgt.[114]

b) Schranken der Informationsfreiheit

32   Weder das Grundgesetz noch die EMRK gewährleisten die Informationsfreiheit jedoch schrankenlos. Art. 5 Abs. 2 GG sieht eine Einschränkbarkeit aufgrund *allgemeiner Gesetze*[115] vor. Art. 10 EMRK nennt in Abs. 1 Satz 2 als mögliche Einschränkungsgründe u. a. die *Rechte anderer*.[116] Beide Gerichte betonen dabei den besonderen Vorrang der Informationsfreiheit,[117] der im Rahmen eines *Abwägungsprozesses* mit den anderen betroffenen Rechtsgütern zum Ausgleich gebracht werden muß, wobei der Grundsatz der *Verhältnismäßigkeit* zu beachten ist. Nach der übereinstimmenden Rechtsprechung des Bundesverfassungsgerichtes wie auch des EGMR greift das beschränkende Gesetz nur dann durch, wenn es zu dem mit ihm verfügten Zweck nicht nur *geeignet* und *erforderlich,* sondern bei Berücksichtigung aller Umstände, vor allem der individuellen Zumutbarkeit für die Betroffenen, auch *verhältnismäßig* ist.[118] Verstößt ein Programm gegen gesetzliche Vorschriften in der Bundesrepublik und kann der Veranstalter deshalb nicht zur Rechenschaft gezogen werden, da die deutschen Behörden im Ausland nicht auf ihn zugreifen können, so bleibt nur noch das Mittel der Empfangsverhinderung.

Denkbar wäre eine *Störung* der Satellitenausstrahlung. Diese ist jedoch zum einen technisch schwierig,[119] da der Störstrahl sich nicht nur auf die Abstrahlung dieses Programms auf das Gebiet der Bundesrepublik, sondern ebenso auf die Abstrahlung für andere Länder auswirkt und auch andere von derselben oder einer eng benachbarten Orbitalposition abgestrahlte Programme treffen kann. Zum anderen ist die Störung eines allgemeinzugänglichen Rundfunkprogrammes ein *schwerer Eingriff* in die Informationsfreiheit der Rezipienten im eigenen Land. Sie ist, wenn nicht gänzlich unzulässig,[120] so doch in jedem Fall verfassungs- und völkerrechtlich problematisch und käme nur in *extremen Fällen* in Betracht, etwa wenn

---

[112] Vgl. BVerfG NJW 1993, S. 1252; vgl. hierzu: *Müller* NJW 1994, S. 101 ff.; BVerfG NJW 1994, S. 1148 f.; OLG Düsseldorf NJW 1993, S. 1274; OLG Karlsruhe NJW 1993, S. 2815; OLG Frankfurt NJW 1993, S. 2817; *Krafczyk,* Ausländische Rundfunksendungen als „allgemein zugängliche Quellen" im Sinne des Art. 5 Abs. 5 Satz 1 GG; *Maunz/Dürig/Herzog/Scholz,* GG, Art. 5, Rdz. 81 ff.; *von Mangoldt/Klein/Starck,* Art. 5 Rdz. 26 ff., *Herrmann,* Rundfunkrecht, S. 119 f.; *Herrmann, Burkhard,* Öffentlich-rechtliche Antennenverbote, S. 8 ff., *Steinig* DWW 1993, S. 330.

[113] Zur Diskussion um Empfangsfreiheit und Rundfunkbegriff: *Schwarz-Schilling* ZUM 1989, S. 487 ff.; *Ring* ZUM 1990, S. 279 ff.; *Schmidt* NJW 1989, S. 257 ff.

[114] Vgl. EGMR „Autronic" in NJW 1991, S. 620 ff.; vgl. hierzu *Ricker* NJW 1991, S. 602 ff.; vgl. auch H Rdz. 56 ff., 65 ff.

[115] Siehe hierzu oben unter B Rdz. 164 ff.

[116] Vgl. *Frowein* AfP 1986, S. 197; *Engel,* Privater Rundfunk vor der Europäischen Menschenrechtskonvention, S. 12 f.; vgl. unten H Rdz. 74 ff.

[117] Vgl. EGMR NJW 1991, S. 620 ff.; BVerfGE 71, S. 206 ff., 214.

[118] Vgl. BVerfG 71, S. 206 ff., 214; EGMR „Groppera" in EuGRZ 1990, S. 255 ff., 259; EGMR „Autronic" EuGRZ 1990, S. 261 ff., 265; *Ricker* NJW 1991, S. 602 f.

[119] Vgl. *Engel* ZUM 1993, S. 559.

[120] So *Maunz/Dürig/Herzog/Scholz,* GG, Art. 5 Abs. 1,2 Rdz. 225.

die *Grundlagen der Demokratie* oder die *Integrität des Staates* durch die Programminhalte existentiell bedroht wären.[121] Ebenso verhält es sich mit einer Empfangsverhinderung über ein Antennenverbot für den Rezipienten, das angesichts der mittlerweile kaum noch auffälligen modernen Empfangsgeräte auch kaum zu kontrollieren wäre.

Ungeachtet dieser *Extremfälle* bestehen jedoch derzeit noch *weitere* rechtliche *Hindernisse* für den Satellitendirektempfang. Öffentlich-rechtliche Restriktionen der Deutschen Bundespost aus der Anfangszeit des Direktempfangs wie Gebühren und Zulassungsregeln[122] sind zwar mittlerweile zurecht aufgegeben worden. Sie wären mit der zitierten Rechtsprechung auch kaum vereinbar, da sie offensichtlich nicht erforderlich und zudem unverhältnismäßig waren.[123]

Nach wie vor können jedoch *miet- und bauordnungsrechtliche Vorschriften* der Installation von **33** Satellitenempfangsanlagen entgegenstehen. Einzelne Landesbauordnungen sehen die Möglichkeit genereller Antennenverbote aus ästhetischen Gründen, etwa zum Schutz des historischen Stadtbildes oder von Kulturdenkmälern, vor.[124] Fragen der Bausicherheit dürften dagegen angesichts der heute üblichen leicht montierbaren Empfangsanlagen mit einem Durchmesser von 50–70 cm keine Rolle mehr spielen.

Im *Mietrecht* stellt sich die Frage, ob die Installation einer Parabolantenne von dem vertragsgemäßen Gebrauch der Mietsache i. S. der §§ 535, 536 BGB umfaßt ist.[125] Bei der Abwägung mit dem Grundrecht der Informationsfreiheit spielen demnach zum einen öffentliche Interessen an der Erhaltung des Stadtbildes eine Rolle, zum anderen müssen die Rechte des Eigentümers an der „optisch ungeschmälerten Erhaltung des Wohnhauses", das aus Art. 14 Abs. 1 GG folgt,[126] einbezogen werden.

Bei der Abwägung zwischen *Eigentümer- und Mieterinteresse* ist zu beachten, daß beide Interessen durch *Grundrechte* geschützt sind, von denen keines dem anderen generell vorgeht. Es muß demnach eine praktische Konkordanz hergestellt werden. Die Entscheidung hängt davon ab, welche Beeinträchtigung im Rahmen des vom Gesetzgeber abstrakt vorgenommenen Interessenausgleiches im konkreten Fall schwerer wiegt.[127] Mittlerweile weitestgehend übereinstimmend gehen die Zivilgerichte grundsätzlich davon aus, daß das Recht des Rezipienten dann nachrangig sein soll, wenn ein *Kabelanschluß* besteht oder ein solcher in unmittelbarer Zukunft installiert werden soll. Da dem Anspruch auf Informationsfreiheit damit Genüge getan sei, seien das Recht des Vermieters bzw. bauordnungsrechtliche Vorschriften grundsätzlich vorrangig.[128]

Das Bundesverfassungsgericht hat diese Rechtsprechung grundsätzlich bestätigt.[129] In der Bereitstellung eines Kabelanschlusses liegt demnach generell ein sachbezogener Grund zur Versagung einer Parabolantenne.[130] Nach seinen Feststellungen geht jedoch die Informa-

---

[121] Vgl. *Ricker,* Die Einspeisung von Rundfunkprogrammen in Kabelanlagen aus verfassungsrechtlicher Sicht, S. 69 ff.; *Delbrück,* Direkter Satellitenrundfunk und nationale Regelungsvorbehalt, S. 52 ff.; *Schwarze,* Rundfunk und Fernsehen in der Europäischen Gemeinschaft, S. 11 ff., 14 ff.; *Hesse,* Rundfunkrecht, S. 235; *Grabitz,* EWG-Vertrag, Art. 60 Rdz. 15 f.; *Seidel* NVwZ 1992, S. 120 ff., 124; *Steindorff,* Grenzen der EG-Kompetenzen, S. 96 ff.
[122] Vgl. hierzu *Schmittmann* ZUM 1990, S. 263 ff.; *Ricker* NJW 1991, S. 603 f.
[123] Vgl. hierzu näher oben unter B Rdz. 16 ff.; 95 ff.; *Ricker* NJW 1991, S. 603.
[124] Zu den bauordnungsrechtlichen Bestimmungen vgl. *Ricker* NJW 1991, S. 604.
[125] Vgl. hierzu *Ricker* NJW 1991, S. 605 f.; *Müller* NJW 1994, S. 101; *Schmittmann* NJW 1989, S. 265.
[126] Vgl. BVerfG NJW 1994, S. 1147.
[127] Vgl. BVerfG NJW 1994, S. 1147, 1148.
[128] OLG Karlsruhe NJW 1993, S. 2815; OLG Frankfurt NJW 1993, S. 2817; OLG Düsseldorf NJW 1993, S. 1275 f.; AG Dortmund ZAP 92, S. 717; AG Bonn, 6 C 350/92; AG Tauberbischofsheim NJW-RR 1992, S. 1098, BayVerfGH Media Perspektiven Dok., 1985, S. 9 ff.; OLG Hamm NJW 1993, S. 1276.
[129] Vgl. BVerfG NJW 1993, S. 1252; BVerfG NJW 1994, S. 1147.
[130] Vgl. auch OLG Frankfurt WuM 1992, S. 458.

tionsfreiheit des Mieters vor, wenn dieser *Ausländer* ist und Programme seines Heimatlandes im Kanal nur ungenügend berücksichtigt werden. Aus Art. 5 Abs. 1 Satz 2 GG folge demnach ein Recht auf die Anbringung einer Satellitenanlage.[131] Hierin liege auch keine verfassungswidrige Bevorzugung von Ausländern. Ein Verstoß gegen Art. 3 Abs. 3 GG scheide aus, da hier nicht nach dem Kriterium Heimat differenziert werde, sondern im Rahmen der Abwägung auf die *besonderen Informationsinteressen* des Mieters auch im Hinblick auf die kulturelle Identifikation Rücksicht genommen werde. Hierin liege jedoch keine Ungleichbehandlung zwischen Deutschen und Ausländern.[132]

Dieser Rechtsprechung ist grundsätzlich zuzustimmen. Freilich berücksichtigt sie nicht, daß ein besonderes nachweisbares Interesse an dem Empfang ausländischer Programme auch bei deutschen Rezipienten bestehen kann, etwa aus beruflichen oder privaten Gründen, wie dem Erlernen von Fremdsprachen und vor allem wegen familiären Beziehungen zu dem Sendeland, ohne daß der Empfänger oder ein Familienmitglied ausländischer Nationalität sind. In diesen Fällen stellt sich die Frage, ob nicht eine weitere Ausnahme und damit Gleichstellung gerechtfertigt wäre.

---

[131] Vgl. BVerfG NJW 1993, S. 1252; BVerfG NJW 1994, S. 1147 ff.; BVerfGE 90, S. 27 ff., 35 ff.; BVerfG NJW 1996, S. 2858; OLG Düsseldorf NJW E-MietR 1996, 62 L; OLG Karlsruhe NJW 1993, S. 2815; OLG Frankfurt NJW 1993, S. 2817; OLG Düsseldorf NJW 93, S. 1275 f.; AG Dortmund ZAP 92, S. 717; AG Bonn, 6 C 350/92; AG Tauberbischofsheim NJW-RR 1992, S. 1098.

[132] Vgl. BVerfG NJW 1994, S. 1148; BVerfG NJW 1995, S. 1665, 1666 f.; BVerfG NJW 1996, S. 2858 f.

IV. Kabelverbreitung

1. Technische Voraussetzungen

Während in der Anfangszeit des privaten Rundfunks in den Kabelnetzen ein Überangebot **34** freier Plätze bestand,[133] ist aufgrund der gestiegenen Anzahl von Anbietern auch hier mittlerweile ein *Engpaß* eingetreten.[134] Dies gilt nicht nur für die Situation in den neuen Bundesländern, wo viele Kabelnetze noch mit der 230-MHz-Technik nach DDR-Standard ausgestattet sind. Dort ist der Empfang von lediglich acht bis zehn Programmen möglich.[135]

Auch in den übrigen Bundesländern, in denen regelmäßig 28–30 Kanäle empfangen werden können, reicht inzwischen das Angebot nicht mehr aus, um die Nachfrage der Veranstalter zu befriedigen. Neben deutschen drängen auch zahlreiche ausländische Anbieter in die deutschen Kabelnetze. Diese haben mittlerweile eine große wirtschaftliche Bedeutung erlangt. Während Ende 1983 insgesamt 605 000 Teilnehmer an Breitbandkabelanlagen angeschlossen waren, waren es Ende 1995 bereits 15 Millionen Haushalte. Die Telekom verfügt weltweit gesehen über das Kabelnetz mit den meisten Teilnehmern.[136] Ein Ende des Engpasses ist absehbar: Die technische Entwicklung im nächsten Jahrtausend wird zu einer Vervielfachung der Kabelkapazitäten führen. In den Vereinigten Staaten bestehen in einigen Städten bereits heute Kabelnetze mit über 100 Kanälen.[137]

Für die gegenwärtige rechtliche Lage der Kabelverbreitung ist dagegen noch kennzeichnend, daß eine Verteilung der *knappen Kapazitäten* stattzufinden hat. Die früheren von einer ausreichenden Anzahl von Kabelkanälen ausgehenden Regelungen in den Landesmediengesetzen bieten hierfür keine adäquate Lösung mehr. Zunächst soll jedoch die Zuständigkeit für die Rangfolgeregelungen im Kabelnetz geklärt werden.

2. Zuständigkeit

Ebenso wie bei der Zulassung eines Rundfunkveranstalters und bei der Zuteilung von Frequenzen **35** handelt es sich bei der Vergabe von Übertragungsmöglichkeiten im Kabelnetz nicht um einen rein *funktechnischen Vorgang* mit der Folge, daß dem Bund gem. Art. 73 Nr. 7 GG die Gesetzgebungskompetenz zustünde. Die Kabelverbreitung ist ein rundfunkrechtlicher Vorgang, der in die *Alleinzuständigkeit der Länder* fällt.[138]

Die Rangfolge der Einspeisung von Rundfunkprogrammen in Kabelanlagen betrifft einen grundrechtsrelevanten Bereich. Sie berührt sowohl die Informationsfreiheit als auch die Rundfunkfreiheit gem. Art. 5 Abs. 1 GG. Der Gesetzgeber ist daher verpflichtet, die Grundlagen selbst zu regeln. Einzelheiten können jedoch auf die Satzungskompetenz der

---

[133] Vgl. zur Geschichte der Kabelverbreitung: *Scherer*, Telekommunikationsrecht und Telekommunikationspolitik, S. 531 ff.; *Hesse* ZUM 1987, S. 19 ff., 21; *Ricker*, Die Einspeisung von Rundfunkprogrammen in Kabelanlagen aus verfassungsrechtlicher Sicht, passim.

[134] Vgl. *Ricker* ZUM 1992, S. 521; *Castendyk* ZUM 1993, S. 464 f.

[135] Vgl. Thüringer Landesanstalt für Privaten Rundfunk, Erster Erfahrungsbericht, S. 61; *Henle*, Neue Bundesländer – neue Wege im dualen System. Der ungleich-gleiche Thüringer und Hessische Löwe, in: DLM-Jahrbuch 1992, S. 68 ff., 73.

[136] Vgl. Medienspiegel vom 31.1.1994, S. 8.

[137] Vgl. Die Welt vom 20.1.1994, S. 36.

[138] Vgl. BVerfGE 73, S. 118 ff., 196; BayVerfGH Bay VBl. 1995, S. 116 f.; *Ricker* ZUM 1992, S. 521; *Hesse* ZUM 1987, S. 19.; vgl. hierzu oben B Rdz. 208 f.

Aufsichtsbehörden übertragen werden. Zur Entscheidung über die Einspeisung eines Programmes ist die *Landesmedienanstalt* berufen.[139]

3. Verfassungsrechtliche Vorgaben für die Auswahlentscheidung

36 Wie bereits oben ausgeführt,[140] müssen bei Erlaß normativer Vorgaben für die jeweiligen Verbreitungsarten die betroffenen Verfassungsgüter abgewogen werden. Bei der Kabelverbreitung ist zu beachten, daß diese für die Mehrzahl der an eine Kabelanlage angeschlossenen Benutzer die *einzige Möglichkeit* ist, Rundfunkprogramme zu empfangen.[141] Die zusätzliche Installation einer Satellitenempfangsanlage oder einer terrestrischen Antenne stößt regelmäßig auf baurechtliche oder mietrechtliche Hindernisse.[142] Ein Recht auf den Direktempfang von Satellitenprogrammen neben dem Kabelanschluß in Wohnanlagen wird von der Rechtsprechung nur in Ausnahmefällen anerkannt.[143]

Dies bedeutet für das Verfassungsgut „*institutionelle Rundfunkfreiheit*", daß die Anforderungen des Bundesverfassungsgerichts bezüglich der Grundversorgung aber auch in gewissem Umfang des Pluralismus im Kabelbereich gewährleistet sein müssen. Hierbei ist jedoch nicht von einem „Kabelgesamtprogramm" auszugehen, das bei einheitlicher Betrachtung die von dem Bundesverfassungsgericht gestellten Vielfaltsanforderungen zu erfüllen hätte.[144] Die Kabelbetreiber betätigen sich nicht als Veranstalter von Rundfunk, indem sie eine Auswahl von Sendungen in ihre Netze einspeisen und dem Rezipienten zugänglich machen. Sie fungieren grundsätzlich lediglich als Träger für die Verbreitung bereits veranstalteter Programme.

37 Die *subjektive Rundfunkfreiheit* ist insoweit betroffen, als zugelassene Veranstalter grundsätzlich aus Art. 5 Abs. 1 Satz 2 GG das Recht besitzen, ihre Programme zu verbreiten, denn, wie oben aufgeführt[145], gehört zu dem Recht der Veranstaltung notwendig das *Recht der Verbreitung*. Dies gilt im Grundsatz auch dann, wenn der Veranstalter bereits eine andere Verbreitungsmöglichkeit besitzt, etwa über terrestrische Frequenzen, über Satellitenkanäle oder über andere Kabelnetze. Wegen des Engpasses im Kabelnetz kann das Recht auf Verbreitung eines Programmes über Kabel jedoch nicht unbeschränkt gewährleistet sein.

38 In besonderem Maße ist schließlich die *Informationsfreiheit* des Rezipienten bei der Kabelverbreitung tangiert.[146] Allgemeinzugänglich und damit von Art. 5 Abs. 1 Satz 1 GG geschützt sind alle diejenigen Quellen, die nach ihrer technischen Eignung und dem Willen des Betreibers dazu bestimmt sind, der Allgemeinheit Informationen zu verschaffen.[147]

Hier haben nun die Entwicklung der Satellitenempfangstechnik, die zunehmende Verbreitung der Empfangsanlagen und die drastische Senkung der Anschaffungskosten für eine Empfangsvorrichtung weitreichende Konsequenzen für die Gewährleistung der Informationsfreiheit im Kabel. Während in der Vergangenheit der Empfang von Satellitenprogrammen nur einem kleinen Kreis besonders ausgerüsteter Rezipienten möglich war, muß heute aufgrund der obengenannten Faktoren von einer Allgemeinzugänglichkeit

---

[139] Vgl. *Ricker* ZUM 1991, S. 19; vgl. auch OVG Niedersachsen, Beschluß v. 18.4.1996, 6 B 6463/95; OVG Berlin, Beschluß v. 30.5.1996, OVG Münster S 393.95; zur Problematik der Aufteilung von Kabelkanälen („Kanalsplitting") vgl. *Wille* ZUM 1996, S. 356 ff.

[140] Siehe hierzu oben G Rdz. 7.

[141] Vgl. oben Rdz. 34; dies verkennt der BayVerfGH in seiner Entscheidung vom 3.2.1994, Bay VBl. 1995, S. 114 f.

[142] Siehe hierzu bereits oben unter Rdz. 33.

[143] Siehe oben unter Rdz. 33.

[144] Vgl. ebenso *Castendyk* ZUM 1993, S. 464 ff., 468.

[145] Vgl. oben unter G Rdz. 4.

[146] Vgl. *Ricker*, Die Einspeisung von Rundfunkprogrammen in Kabelanlagen aus verfassungsrechtlicher Sicht, S. 15, 18, 20, 36 ff.; 47 f., 72 ff.; *Castendyk* ZUM 1993, S. 464 ff., 468.; siehe oben B Rdz. 16.

[147] Vgl. BVerfGE 27, S. 71 ff., 84.; siehe hierzu bereits oben B Rdz. 15.

ausgegangen werden.[148] Zudem ist festzustellen, daß die meisten Rundfunkprogramme zusätzlich über Satellit ausgestrahlt werden. Dies bedeutet, daß der einzelne Rezipient grundsätzlich ein Recht darauf hat, daß das von ihm gewünschte, bereits über Satellit empfangbare Programm auch in das Kabelnetz eingespeist wird. Ebenso wie das Recht des Rundfunkveranstalters kann jedoch auch dieses Recht nicht unbeschränkt gewährleistet sein.

Damit sind die Verfassungspositionen abgesteckt, die für die Beurteilung der Einspeisungsregelungen relevant sind. Vor diesem Hintergrund sollen im folgenden die bestehenden Regelungen der Landesmediengesetze zur Kabeleinspeisung beurteilt werden.

4. Beurteilung der Rangfolgeregelungen in den Landesmediengesetzen

Die Landesmediengesetze sehen in ihren Weiterverbreitungsregelungen eine Reihenfolge für **39** die Einspeisung von Rundfunkprogrammen in Kabelanlagen vor.[149] An die erste Stelle ihrer Rangliste setzen die Landesgesetzgeber regelmäßig die für das Land gesetzlich bestimmten oder *aufgrund Landesgesetz veranstalteten Programme.* Hierzu zählen zum einen *die öffentlich-rechtlichen Programme:* ARD, ZDF, das Regionalprogramm der ARD-Anstalt des jeweiligen Landes, aber auch 3-Sat und arte.[150] Zum anderen gehören hierzu diejenigen privaten Programme, die über eine *landesrechtliche Zulassung* verfügen. Dabei ist zu beachten, daß RTL und SAT1 in mehreren Ländern eine separate Zulassung beantragt haben, die auch die von ihnen veranstalteten Regionalprogramme umfaßt.

Zu billigen ist an dieser Regelung zunächst die *Bevorzugung der Grundversorgungsprogramme* **40** *ARD, ZDF* und des jeweiligen ARD-Landesprogramms. Wie oben bereits aufgeführt,[151] beinhaltet die Zulassung zur Veranstaltung von Rundfunk regelmäßig eine Garantie der Verbreitung. Beides fällt in den Schutzbereich der Rundfunkfreiheit.

Eine Präferenz bei der Einspeisung ergibt sich darüber hinaus zwingend aus der Garantie der *institutionellen Rundfunkfreiheit.*[152] Die Gewährleistung der *Grundversorgung* durch den öffentlich-rechtlichen Rundfunk wird vom Bundesverfassungsgericht als unbedingt erforderlich für die Rundfunkordnung gesehen.[153] Außerdem ist sie Voraussetzung für die Zulassung privaten Rundfunks unter geringeren Vielfaltsanforderungen.[154] Diese Garantie gilt insbesondere auch für die *Kabeleinspeisung.*[155] Fraglich ist allerdings, ob diese Rechtfertigung für eine absolute Präferenz bei der Einspeisung auch für weitere gesetzlich bestimmte öffentlich-rechtliche Programme[156] gilt. Hier sind Zweifel angebracht, da diese Programme nach der

---

[148] Vgl. *Castendyk* ZUM 1993, S. 464 ff.; verneinend für die technische Situation Mitte der Achtzigerjahre, *Hesse,* Rundfunkrecht, S. 23.

[149] Vgl. §§ 7, 10 LMG Bad.-Württ. i.V. mit §§ 2, 5 Abs. 1 Nutzungsplanverordnung; Art. 40 BayMG i.V.m. der Kanalbelegungssatzung § 9; § 38 StV Berlin/Br.; §§ 36 ff. LMG Bremen; §§ 51 ff. LMG Hamburg; §§ 42 ff. HPRG; §§ 38 ff. PRG Meckl.-Vorp.; §§ 42 ff. LRG Nordrh.-Westf.; §§ 41 ff. LRG Rh.-Pf.; §§ 48 ff. LRG Saarl.; §§ 10 f. PRG Sachsen; §§ 45 ff. PRG Sachsen-Anhalt; §§ 41 ff. RfG SchlHs; §§ 50 ff. PRG Thüringen.

[150] Vgl. z.B.: § 41 LRG Nordrh.-Westf.; § 38 LRG Rh.-Pf., § 42 HPRG, die auf die „gesetzlichen Programme" verweisen.

[151] Vgl. oben unter G Rdz. 4.

[152] Vgl. *Hesse,* Rundfunkrecht, S. 215 f.; *Groß* NJW 1984, S. 409 ff., 412; BayVerfGH Entscheidung vom 3.2.1994; Bay VBl 1995, S. 114 f.; *Ricker* ZUM 1992, S. 521 ff., 526; *ders.,* Die Einspeisung von Rundfunkprogrammen in Kabelanlagen aus verfassungsrechtlicher Sicht, S. 44 ff.; siehe oben unter B Rdz. 119 ff.

[153] Vgl. BVerfGE 57, S. 295, 321; 73, S. 118, 152; 74, S. 297, 324; 83, S. 238, 296; zur Grundversorgung siehe oben unter E Rdz. 85 ff.; F Rdz. 14 ff.

[154] Vgl. BVerfGE 83, S. 238 ff., 297; siehe hierzu oben E Rdz. 105 ff.

[155] Vgl. BVerfGE 73, S. 118, 196 ff., 198.

[156] Etwa für Spartenprogramme wie z.B. den Kinderkanal oder den Ereignis- und Dokumentationskanal („Phoenix") gem § 19 Abs. 2 RStV.

Rechtsprechung des Bundesverfassungsgerichts *keine Grundversorgungsprogramme* sind.[157] Zum einen werden diese Spartenangebote über Satellit und nicht terrestrisch verbreitet, so daß es bereits an der vorausgesetzten Empfangbarkeit für alle Rundfunkteilnehmer fehlt. Daneben dürfte aber vor allem entscheidend sein, daß die beiden Spartenprogramme begrenzt auf Kindersendungen bzw. auf die Dokumentation zeitgeschichtlicher Ereignisse ausgerichtet und nach § 19 Abs. 2 auch nur als „Zusatzangebot" vorgesehen sind. Somit kommt ihnen gerade nicht das den Grundversorgungsprogrammen wesenseigene integrative Element zu, das sich in einer ausgewogenen inhaltlich umfassenden Darstellung der thematischen Vielfalt in einem Programm zeigt.[158] Aus dem Gesichtspunkt der institutionellen Garantie ist ihre erstrangige Berücksichtigung also nicht erforderlich.

Eine vorrangige Berücksichtigung aller öffentlich-rechtlichen Programme wird zwar zuweilen auch mit dem Gegenleistungscharakter der Rundfunkgebühr gerechtfertigt. Da das Kabel den Individualempfang substituiere, habe der Rezipient im Kabel Anspruch auf den Gegenwert der Gebühr.[159] Hiergegen spricht jedoch folgendes: Die Rundfunkgebühr fällt an mit dem Bereithalten der Geräte zum Empfang.[160] Sie besitzt damit grundsätzlich Gegenleistungscharakter.[161] Allerdings bedeutet dies nicht, daß die Gebühr *ausschließlich* für die Inanspruchnahme öffentlich-rechtlicher Programme geschuldet wird, denn das Bundesverfassungsgericht hat die Rundfunkgebühr auch als *„Mittel zur Finanzierung der Gesamtveranstaltung Rundfunk"* beschrieben.[162] Dies legt den Schluß nahe, daß sich der Gegenleistungscharakter der Gebühr jedenfalls nicht zwangsläufig auf die Möglichkeit der Inanspruchnahme aller öffentlich-rechtlichen Programme des Landes beziehen muß. Es genügt vielmehr, wenn die Grundversorgung gesichert ist und wenn der Gesetzgeber insgesamt eine pluralistische Rundfunklandschaft zur Verfügung stellt. Zusätzliche öffentlich-rechtliche Programme werden von dem Gegenleistungscharakter Gebühr – Gesamtveranstaltung demnach nicht erfaßt.

Die Einspeisung der zusätzlich zur Grundversorgung von den öffentlich-rechtlichen Rundfunkveranstaltern angebotenen Programme genießt aus diesem Grund nicht die erste Priorität. Auch aus dem *subjektivrechtlichen Aspekt* der Rundfunkfreiheit folgt keine bevorzugte Einspeisung der öffentlich-rechtlichen Programme ohne Grundversorgungscharakter. Zwar werden auch die Zusatzprogramme aufgrund von in Landesrecht umgesetzten Staatsverträgen veranstaltet.[163] Im Gegensatz zu den integrativen Grundversorgungsprogrammen handelt es sich jedoch hier um Gemeinschaftsproduktionen, teilweise in Zusammenarbeit mit ausländischen Veranstaltern, die thematisch eingegrenzt auf einen eng umgrenzten Zuschauerkreis beschränkt sind. Ihnen kommt daher nur ein Status als additive Programme zu, die nicht vorrangig an der Rundfunkfreiheit der Anstalten partizipieren. Ein eigenes subjektives Veranstalterrecht kommt diesen Programmen insoweit nicht zu.

---

[157] Vgl. BVerfGE 74, S. 326, 327, 329; *Ricker* ZUM 1989, S. 331 ff., 336.; siehe auch E Rdz. 95 f., F Rdz. 18.

[158] Siehe oben Kap. F Rdz. 16a, 18 f.

[159] Vgl. *Hesse* ZUM 1987, S. 19 ff.; *v. Holtzbrinck,* Definitions- und Rangfolgeprobleme bei der Einspeisung von Rundfunkprogrammen in Kabelanlagen, S. 133 ff.; a. A.: *Mook* AfP 1986, S. 188 ff.

[160] Vgl. BVerfGE 90, S. 60 ff., 108.

[161] Vgl. BVerfGE 22, S. 299 ff., 305; *Kirchhof,* Die Höhe der Gebühr, S. 34 ff.; *Grupp,* Grundfragen des Rundfunkgebührenrechts, S. 42; *Lerche,* Rechtsprobleme des Werbefernsehens, S. 26; *Rühl* Media-Perspektiven 1984, S. 589 ff., 595; *Kollek,* Rechtsfragen der Rundfunkfinanzierung, S. 70 f.; *Ipsen,* Die Rundfunkgebühr, S. 62.

[162] Vgl. BVerfGE 31, S. 314 ff., 320.

[163] Vgl. § 19 RStV; Vereinbarung über das Satellitenfernsehen des deutschen Sprachraums 3sat vom 08.07.1993 zwischen dem ORF, der SRG, dem ZDF und den ARD-Landesrundfunkanstalten, abgedr. in *Ring,* Medienrecht, C-0.3, Kommentar zu § 18 Rdz. 12; Vertrag zwischen den Ländern und der Französischen Republik über den europäischen Kulturkanal (ARTE), vgl. *Ring,* Medienrecht, C-0.3, Kommentar zu § 12 RStV Rdz. 55.

Ebenso wie bei den Grundversorgungsprogrammen rechtfertigt sich die bevorzugte Ein- **41**
speisung der *im Lande zugelassenen privaten Programme*[164] direkt aus ihrer *subjektiven Rundfunkfreiheit.* Das *Recht auf Veranstaltung* beinhaltet das *Recht zur Verbreitung* dieser Programme.[165]

An nächster Stelle sehen die meisten Landesmediengesetze die Einspeisung der sog.
„ortsüblichen Programme" vor. Hierunter sind solche Programme zu verstehen, die mit
ortsüblichem Antennenaufwand empfangen werden können. Dem Rangstellenkriterium der
Ortsüblichkeit liegt folgender Gedanke zugrunde: Programme, die mit durchschnittlichem
Antennenaufwand empfangen werden können, sind allgemeinzugänglich im Sinne von Art.
5 Abs. 1 Satz 1 GG. Da die Kabelübertragung vielerorts den Individualempfang über Antenne
rechtlich ausschließt, würde eine Nichtberücksichtigung dieser Programme zu einer *Verletzung* des Rechts auf *Informationsfreiheit* führen.[166]

Dieses Argumentationsmuster reicht bis in den Anfang der Kabelverbreitung zurück. Als
ortsüblich werden danach alle diejenigen Programme verstanden, die auch über terrestrische
Stabantenne im Verbreitungsgebiet empfangen werden können. Dies führt zu teils eigen-
artigen Ergebnissen bei der Belegung der Kabelplätze. So wurden etwa in Nordrhein-Westfalen drei holländische und vier belgische Programme in das Kabelnetz eingespeist, da diese
auch auf terrestrischem Wege empfangbar sind. Nicht unter den 28 Programmen waren
jedoch mehrere deutsche Veranstalter.[167]

An nächster Rangstelle folgen nach den Weiterverbreitungsregelungen teilweise noch die **42**
„ortsmöglichen Programme".[168] Unter ortsmöglich werden solche Programme verstanden, die
mit geringerer Feldstärke als die ortsüblichen Programme im Verbreitungsgebiet empfangen
werden können.[169] Schließlich sehen die Rundfunkgesetze an letzter Stelle die Einspeisung
„herangeführter Programme" vor, zu denen diejenigen gehören, die im Bereich der Kabelanlage
nicht oder nur mit überdurchschnittlichem Antennenaufwand rezipiert werden können.[170]

Aufgrund der technischen Entwicklung sind mittlerweile statt der früheren Stabantennen
für den terrestrischen Empfang Satellitenempfangsanlagen üblich.[171] Anfang 1996 waren es
bereits über 25 Mio. Haushalte in der Bundesrepublik Deutschland, die über einen Anschluß
an eine Gemeinschaftsantennen- oder Kabelanlage bzw. über eine eigene Empfangsanlage
Satellitenprogramme empfangen konnten.[172] Anders als Anfang der achtziger Jahre, als noch
eine entsprechende Empfangsanlage für mehrere Haushalte einen überdurchschnittlichen

---

[164] Vgl. § 41 Abs. 1 Ziff. 1 und 2 LRG Rh.-Pf.; § 52 Abs. 1 Ziff. 1 LRG Nieders.

[165] Um bei der Verbreitung in Kabelanlagen vorrangig berücksichtigt zu werden, haben einige Veranstalter von der Möglichkeit in einzelnen Landesmediengesetzen Gebrauch gemacht, eine sogenannte
„Satellitenzulassung" für das von ihnen über Satellit verbreitete Programm zu erwerben. Das damit verbundene abgekürzte Zulassungsverfahren führt dazu, daß der Veranstalter, der die formellen und inhaltlichen Voraussetzungen entsprechend den Kriterien für bundesweite Programme erfüllt, für das nunmehr
gesetzlich bestimmte Programm einen Vorrang im Kabel beanspruchen kann. Freilich haben einige Länder eine solche Präferenz bei der Rangfolge für diese Satellitenprogramme ausdrücklich ausgeschlossen;
vgl. §§ 26 Abs. 5, 40 Abs. 2 StV BerlinBr.; § 41 Abs. 1, 2 LRG NW; § 5 Abs. 2 S. 2, § 4 Abs. 5 Sächs.PRG;
§ 50 Abs. 1 Ziff. 1 LRG Schl.-Holst.; § 9 Abs. 3, 4 TPRG; vgl. auch oben G Rdz. 4; *Ricker,* Die Einspeisung, S. 12 f.; vgl. zur terrestrischen Frequenzvergabe oben FN 49; vgl. auch OVG Nordrhein-Westf. Beschluß vom 16.07.1996, Az. 5 B 2028/95; OVG Nieders. ZUM 1996, S. 712 ff.

[166] Vgl. *Ricker,* Die Einspeisung von Rundfunkprogrammen, S. 33 ff.

[167] Änderungen der Kanalbelegung wurden jedoch durch die Kabelbelegungssatzung für NRW
herbeigeführt; vgl. § 41 Abs. 2 Ziff. 4 LRG Nordrh.-Westf.

[168] Vgl. etwa § 51 Abs. 1 LRG Saarl.; § 37 Abs. 1 PRG Sachsen; § 38 Abs. 1 PRG Thüringen.

[169] Vgl. *Ricker,* Die Einspeisung von Rundfunkprogrammen in Kabelanlagen, S. 32 ff.; *Groß* NJW
1984, S. 409 ff., 413.

[170] Vgl. etwa § 41 Abs. 1 LRG Nordrh.-Westf.; § 47 Abs. 1 PRG Sachsen-Anhalt; § 7 Abs. 2 LMG
Bad.-Württ.; vgl. *Ricker,* Die Einspeisung von Rundfunkprogrammen in Kabelanlagen, S. 32 ff.; *Groß*
NJW 1984, S. 409 ff., 413.

[171] Vgl. Astra-Jahrbuch 1993, S. 56 f.; Medienspiegel vom 16.3.1994, Nr. 16, S. 25.

[172] Vgl. Astra-Jahrbuch 1996, S. 42 f.

finanziellen Aufwand bedeutete,[173] sind die Kosten für eine individuelle Satellitenempfangs-anlage inzwischen unter diejenigen für eine herkömmliche Dachantenne gesunken.[174] Die technischen Verbesserungen der Empfangssituation haben auch rechtliche Konsequenzen. Da die überwiegende Anzahl der Satellitenprogramme nunmehr direkt empfangbar und damit *„ortsüblich"* sind, scheiden die Merkmale „ortsmöglich" und „herangeführt" insoweit als weitere Differenzierungskriterien für die Rangfolge bei der Kanalbelegung aus,[175] da auf-grund der Satellitenübertragung nunmehr mit normalem und nicht überdurchschnittlichem Antennenaufwand ihr individueller Empfang gewährleistet ist.[176]

43   Die *landesgesetzlichen Rangfolgeregelungen für die Weiterverbreitung* können deshalb aufgrund der grundlegend geänderten Empfangssituation *keinen rechtlichen Bestand* haben. Dies ergibt sich gerade vor dem Hintergrund der Rechtsprechung des Bundesverfassungsgerichts. Es hat hervorgehoben, daß das Grundrecht der Rundfunkfreiheit nicht statisch, sondern *„dyna-misch"* zu verstehen sei.[177] Faktische Änderungen der Ausgangssituation *beeinflußten* deshalb auch den Gehalt des Grundrechts und die sich aus ihm ergebenden normativen Anforde-rungen.[178] Speziell zu der Kabeleinspeisung stellte das Gericht fest, daß die *„Entwicklung zu grenzüberschreitendem Rundfunk bei der rechtlichen Regelung der Verbreitung nicht unberücksichtigt bleiben dürfe"*. Insoweit betont das Gericht, daß *„außerhalb des Landes gesendete, mit durch-schnittlichem Antennenaufwand empfangbare Programme als „allgemein zugängliche Quellen" (Art. 5 Abs. 1 Satz 1 GG) der landesgesetzlichen Regelung prinzipiell unzugänglich sind".*[179] An anderer Stelle stellt das Gericht in dieser Entscheidung fest, daß *„die unmittelbar empfangbaren, also mit durchschnittlichem Antennenaufwand auch direkt empfangbaren Programmen in Kabelanlagen dem Einfluß des Gesetzgebers … entzogen"* sind.[180]

Damit bestätigt das Gericht, daß sich aus der *unmittelbaren Empfangbarkeit der Satelliten-gramme* ihre Qualität als *allgemeinzugängliche Informationsquellen* und damit auch der Vorrang des Grundrechts der Informationsfreiheit ergibt. Das Grundrecht der Informationsfreiheit, das Recht sich aus allgemein zugänglichen Quellen zu unterrichten, ist wie das Grundrecht der Meinungsfreiheit eine der wichtigsten Voraussetzungen der freiheitlichen Demokratie.[181]

Der Vorrang der Informationsfreiheit für alle direkt empfangbaren Satellitenprogramme hat daher auch Auswirkungen auf die *Belegung der Breitbandkanäle* bei *Kapazitätsengpässen,* da der Kabelanschluß den grundrechtlich geschützten Individualempfang substituiert. Da die fakti-sche Gegebenheit des Direktempfangs über den Charakter der Satellitenprogramme als *„all-gemeinzugängliche Informationsquellen"* entscheidet, ist es dem Gesetzgeber verwehrt, durch technisch überholte Kriterien, wie etwa die Ortsüblich- oder Ortsmöglichkeit, und damit willkürlich über die Auswahl der im Kabel weiterverbreiteten Programme zu entscheiden. Vielmehr greift er damit in unzulässiger Weise in die Informationsfreiheit der Rezipienten ein.

Vor dem Hintergrund, daß bis zu einer Durchsetzung der kapazitätsvervielfachenden neuen Techniken einschließlich der Digitalisierung im Rundfunk weiterhin Engpässe in den Kabelanlagen bestehen, stellt sich die Frage, nach welchen Vorgaben die Kabelbelegung verfassungsgemäß optimiert werden könnte.

---

[173] Vgl. *Schmidbauer,* Satellitenfernsehen ohne Grenzen, Rdz. 355: Kosten von rund 12 000,- DM.

[174] Vgl. Medienspiegel, Nr. 44, vom 16.09.1993, S. 27: Kosten rund 1000,- DM, mittlerweile rund 400,- DM.

[175] Vgl. *Castendyk* ZUM 1993, S. 464 ff., 467; *Ricker* ZUM 1992, S. 521 ff., 525; *v. Holtzbrinck,* Defi-nitions- und Rangfolgeprobleme bei der Einspeisung von Rundfunk-Programmen in Kabelanlagen, S. 133 f.; die Differenzierung ist etwa in Nordrh.-Westf. entfallen; vgl. § 41 LRG Nordrh.-Westf.

[176] Vgl. *Ricker,* Die Einspeisung von Rundfunkprogrammen in Kabelanlagen, S. 32 ff.; *Groß* NJW 1984, S. 409 ff., 413.

[177] Vgl. BVerfGE 73, S. 118 ff., 152, 165 f.

[178] Vgl. BVerfGE 73, S. 118 ff., 156, 166.

[179] Vgl. BVerfGE 73, S. 118 ff., 197.

[180] Vgl. BVerfGE 73, S. 118 ff., 196, 199.

[181] Vgl. BVerfGE 7, S. 198 ff., 208; 27, S. 17 ff., 81 f., siehe zur Informationsfreiheit oben unter B Rdz. 13 ff.

5. Verfassungsrechtliche Anforderungen an eine Rangfolgeregelung

Eine verfassungsgemäße Rangfolgeregelung hat sich am Ausgleich der drei obengenannten **44** Rechtsgüter, institutionelle und subjektive Rundfunkfreiheit und Informationsfreiheit, zu orientieren.[182] Dabei ist zunächst zu berücksichtigen, daß nach der Rechtsprechung des Bundesverfassungsgerichts die Gewährleistung der institutionellen Garantie im Rahmen der Pluralismussicherung im Vordergrund steht.[183] Wie oben ausgeführt, sind deshalb die öffentlich-rechtlichen *Grundversorgungsprogramme* des Landes *vorrangig* zu berücksichtigen.[184] Die subjektive Rundfunkfreiheit privater Veranstalter führt dazu, daß diejenigen, die im Lande eine Zulassung als Veranstalter haben, nach den Programmen der Grundversorgung vorrangig zu berücksichtigen sind. Dies folgt aus dem Umstand, daß ohne Verbreitungsmöglichkeit die Eigenschaft als Veranstalter gar nicht vorliegt. Dies zeigt schon der Rundfunkbegriff, dem das Moment der Verbreitung inhärent ist.[185] Einem Unternehmer, der über eine Veranstalterlizenz ohne Verbreitungsmöglichkeit verfügte, wäre aber privater Rundfunk unmöglich gemacht.[186] Eine solche Situation hat der Gesetzgeber aber nicht nur zu vermeiden.[187] Vielmehr ist er aus den dargestellten Gründen gehalten, die Verbreitung des lizenzierten Programms hinreichend und damit vorrangig zu gewährleisten.

Von großer Bedeutung ist auch die *Informationsfreiheit des Rezipienten*. Unter den gegen- **45** wärtigen rechtlichen Voraussetzungen[188] ist sie dadurch beschränkt, daß er bei Anschluß an eine Kabelanlage, von Ausnahmen abgesehen, gehindert ist, sich über Satellitenantenne als allgemeinzugänglicher Quelle zu informieren. Der Individualempfang wird insoweit *substituiert*. Eine eigenständige Auswahlentscheidung der Aufsichtsbehörde im Hinblick auf diese ortsüblichen Programme wäre daher als Eingriff in die Informationsfreiheit zu bewerten, der nicht den Anforderungen des Art. 5 Abs. 2 GG genügte.[189] Wegen dieser Beschränkung des Informationsrechts muß das Interesse des Rezipienten bei der Auswahl seiner Informationsquellen in der Rangfolgeregelung der Kabelanlage besondere Berücksichtigung finden. Neben dem Pluralismus ist der *Zuschauerwunsch* also Maßstab für die Rangfolgebestimmung.

Hierbei ist zu bedenken, daß die Gewährleistung des Pluralismus bereits durch die **46** vorrangig einzuspeisenden öffentlich-rechtlichen Grundversorgungsprogramme berücksichtigt ist. Für die Auswahl der nachfolgenden Programme dürfte daher der Rezipientenwunsch zum *Hauptkriterium* werden. Dabei ist jedoch festzuhalten, daß dem Zuschauerwunsch nur dann umfänglich entsprochen wird, wenn die notwendigen Kabelkapazitäten zur Verfügung stehen.[190] In geringerem Maße hat die Auswahl jedoch auch einem vielfältigen Angebot im Kabel Rechnung zu tragen. Einzelne Spartenprogramme, wie etwa Nachrichtenprogramme, oder neue Programmformen wie das pay-TV dürften daher ebenfalls zu berücksichtigen sein. Die Präferenz neuer Programmformen ergibt sich auch aus folgender Überlegung: Bereits im 3. Rundfunkurteil

---

[182] Siehe hierzu oben unter G Rdz. 4 ff.

[183] Vgl. BVerfGE 87, S. 197 ff., 201; siehe zur institutionellen Garantie oben unter B Rdz. 101 ff.

[184] Vgl. hierzu oben unter G Rdz. 40.

[185] Vgl. BVerfGE 74, S. 297 ff., 352; siehe oben unter B Rdz. 43 f.

[186] Vgl. BVerfGE 73, S. 118 ff., 157, 171; 83, S. 238 ff., 304.

[187] Vgl. BVerfGE 83, S. 238 ff., 304, 317; *Ricker* ZUM 1995, S. 824 ff., 826; vgl. etwa auch § 39 Hamb HG; § 27 LMG Bremen; § 37 PRG Sachsen-Anhalt; § 42 Abs. Ziff. 1, 2 HPRG; § 52 Abs. 1 Ziff. 1 LRG Nieders.

[188] Siehe hierzu oben unter G Rdz. 33.

[189] Vgl. BVerfGE 73, S. 118 ff., 196 f.

[190] Vgl. Internes Diskussionspapier des VPRT zur Weiterentwicklung der Kabelnetze und zu den Rahmenbedingungen der Gestaltung und Nutzung der Übertragungskapazitäten vom 29.10.1996.

hat das Bundesverfassungsgericht betont, daß die rechtlichen Vorgaben mit der technischen Entwicklung Schritt halten müßten.[191] Angesichts der schnellen Entwicklung in Richtung einer Individualisierung der Programmangebote und einer Integration unterschiedlicher Medienbereiche spielt insbesondere das *pay-tv* eine wichtige Rolle in diesem Prozeß. Es

47 ist daher verfassungsrechtlich nicht zu beanstanden, wenn diesem Bereich insoweit eine Priorität auch in den Kabelnetzen eingeräumt wird. Auch die nicht der Grundversorgung angehörenden Satellitenprogramme der öffentlich-rechtlichen Veranstalter können im Rahmen der Auswahlentscheidung berücksichtigt werden. Anders zu behandeln sind jedoch die dritten Programme landesfremder öffentlich-rechtlicher Veranstalter,[192] soweit sie nicht aufgrund ihrer terrestrischen Verbreitung ortsüblich empfangbar sind. Dies ergibt sich aus dem Umstand, daß die Grundsätze der Rundfunkordnung bei der Einspeisung zur Anwendung zu kommen haben. Das Bundesverfassungsgericht hat hierzu festgestellt, daß *„die Freigabe der Einspeisung die Verantwortung des Gesetzgebers dafür begründet, daß die durch Kabel verbreiteten Programme der Rundfunkfreiheit nicht zuwiderlaufen.“*[193] Deshalb dürfen solche Programme nicht eingespeist werden, die nach ihrem Inhalt mit der Rundfunkordnung nicht in Einklang stehen.[194] Der Rundfunkbegriff umfaßt aber nicht nur die Veranstaltung und damit die inhaltliche Gestaltung der Sendungen, sondern auch deren Verbreitung. Diese Komponente muß deshalb ebenfalls mit der Rundfunkordnung übereinstimmen. Diese Feststellung hat zur Folge, daß die landesfremden Dritten Programme nicht eingespeist werden dürfen, da ihre Verbreitung durch Satellit den rechtlichen Anforderungen der

48 Rundfunkordnung widerspricht.[195]

Inzwischen sind aufgrund von Engpässen im Rahmen der analogen Kabelverbreitung aber auch wegen der Forderungen der Kabelverbreiter nach einer besseren Refinanzierung ihrer Investitionen Überlegungen entstanden, nur noch einen „Grundbestand von Programmen - must carry“ als vorrangig bei der Einspeisung zu bestimmen und im übrigen die Auswahl den Kabelbetreibern zu überlassen.[196]

In den dabei anfallenden zivilrechtlichen Vereinbarungen dürften die dargestellten Rechtsgüter wegen ihrer mittelbaren Drittwirkung weiterhin von Erheblichkeit sein. Von daher ist die hier vorgenommene Abwägung auch für eine Liberalisierung der Kabelbelegung weiter relevant.

6. Verbreitung von ausländischen Programmen

49

Auch die verfassungsrechtliche Bewertung der Einspeisung *ausländischer Programme* bewegt sich im Spannungsfeld der *institutionellen,* der subjektiven Rundfunkfreiheit und der Informationsfreiheit.

Bezüglich der institutionellen Rundfunkfreiheit hat das Bundesverfassungsgericht im 4. Rundfunkurteil jedoch[197] ausgeführt, daß für die Weiterverbreitung ausländischer Programme im Inland nicht die deutschen Vielfaltsanforderungen gelten. Es könne nicht verlangt werden, daß sie die Vielfalt der Öffentlichkeit zusammen mit den deutschen Programm-

---

[191] Vgl. BVerfGE 57, S. 295ff., 321 f.

[192] A.A.: OVG Berlin ZUM 1993, S. 495 ff. zur Rangfolge im Berliner Kabelnetz; *Henle,* Neue Bundesländer – neue Wege im dualen System. Der ungleich-gleiche Thüringer und Hessische Löwe in DLM-Jahrbuch 1992, S. 68 ff.; vgl. zur Einspeisung des 3. Programms des NDR (N3) in Nordrh.-Westf., epd Nr. 65 v. 21.8.1996.

[193] Vgl. BVerfGE 73, S. 118 ff., 200.

[194] Vgl. BVerfGE 73, S. 118 ff., 200.

[195] Vgl. hierzu oben unter E Rdz. 95 ff., F Rdz. 18 ff.

[196] Erstmalig gesetzlich geregelt in § 38 Sächs. PRG, vgl. hierzu epd Nr. 55 v. 17.07.1996, S. 13 f.; epd Nr. 7 v. 08.11.1996, S. 14; Stellungnahme der Bayerischen Landeszentrale für neue Medien zu Art. 41 BayMG; Entwurf für must-carry-Vorschriften in Berlin/Brandenburg v. 25.09.1996; vgl. auch *Beucher/von Rosenberg* ZUM 1996, S. 643 ff.

[197] Vgl. BVerfGE 73, 118ff., S. 196 ff.

angeboten widerspiegeln. Jedoch seien auch hier die Anforderungen an sachgerechte, umfassende und wahrheitsgemäße Information zu beachten. Insbesondere das Recht auf Gegendarstellung und der Schutz des Persönlichkeitsrechts müsse gewahrt sein. Eine Vielfaltsprüfung ausländischer Programme muß vor der Einspeisung in ein deutsches Kabelnetz demnach nicht erfolgen. Auch kann der Beitrag zum Pluralismus, den ein ausländisches Programm leistet, nicht zum Kriterium einer bevorzugten Einspeisung gemacht werden.

Veranstalter aus den Mitgliedsstaaten der europäischen Gemeinschaft haben aufgrund der Art. 2 Abs. 2 EG-Fernsehrichtlinie und Veranstalter aus den Signaturstaaten der Europaratskonvention über grenzüberschreitendes Fernsehen gem. Art. 4 der Konvention grundsätzlich Anspruch auf *Gleichbehandlung* mit inländischen Anbietern.[198] Eine Umsetzung dieser Regelung sieht § 52 Abs. 1 RStV vor. Insofern steht ihnen ein subjektives Recht auf Rundfunkverbreitung zu. Dies bedeutet jedoch nicht, daß die deutschen Kabelbetreiber gezwungen sind, ortsüblich empfangbare ausländische Programme, wie z. B. die belgischen und niederländischen Programme, einzuspeisen. Die europarechtlichen Regelungen geben nur einen Anspruch auf Gleichbehandlung innerhalb der technischen Möglichkeiten.[199]

Das Informationsinteresse des Rezipienten ist jedenfalls im Falle unzureichender Kabelkapazitäten also auch für die Einspeisung der Programme ausländischer Anbieter aus Herkunftsstaaten der EG oder Signaturländern der Konvention des Europarates über grenzüberschreitendes Fernsehen maßgeblich. Eine
Diskriminierung liegt diesbezüglich nicht vor, da inländische und ausländische Veranstalter nach den gleichen Maßstäben beurteilt werden.[200]

---

[198] Vgl. zum Verhältnis beider Regelungen: *Schwartz,* Fernsehen ohne Grenzen: Zur Effektivität und zum Verhältnis von EG-Richtlinie Europaratskonvention, Europarecht, S. 1 ff.; *Delbrück* ZUM 1989, S. 373 ff.; siehe auch unten unter H Rdz. 62 ff., 65 ff.

[199] Vgl. ebenso *Castendyk* ZUM 1993, S. 474.

[200] Zu den europarechtlichen Aspekten der Rundfunkfreiheit, siehe unten unter H Rdz 41 ff.

H. Europarechtliche Aspekte der Rundfunkverfassung

1 In diesem Kapitel sollen einige europarechtliche Aspekte der Rundfunkverfassung bzw. des Rundfunkverfassungsrechts angesprochen werden. Deutsches Verfassungsrecht, insb. auch Rundfunkverfassungsrecht, kann heute nicht mehr isoliert betrachtet werden. Vielmehr ist es eingebettet in eine vielfältige *internationale Rechtsordnung* und mit dieser auf das engste verflochten. Neben einer Reihe klassischer völkerrechtlicher Abkommen, insbesondere aus dem Bereich des Europarates, wie z. B. der Europäischen Konvention zum Schutze der Menschenrechte und Grundfreiheiten („Europäische Menschenrechtskonvention"-EMRK)[1] oder dem Europaratsabkommen über das grenzüberschreitende Fernsehen vom 5. Mai 1989,[2] aber auch Abkommen globaler Natur, wie z. B. dem Übereinkommen über die Internationale Fernmeldesatellitenorganisation INTELSAT[3], dem Betriebsübereinkommen über die Internationale Fernmeldesatellitenorganisation INTELSAT[4] oder dem Internationalen Pakt über bürgerliche und politische Rechte,[5] der in seinem Art. 19 eine rundfunkrechtliche Verbürgung enthält, ist hier in erster Linie das Recht der *Europäischen Gemeinschaften* (EG) zu nennen. Ihm ist im gegebenen Zusammenhang besondere Bedeutung beizumessen. Nicht nur hält es, unter quantitativen Gesichtspunkten, mittlerweile eine breite Palette einschlägiger Rechtsvorschriften bereit. Vielmehr kommt ihm auch insofern ein besonderer Stellenwert zu, als es unmittelbar in die Rechtsordnungen der einzelnen Mitgliedstaaten der EG hineinwirkt und ihm dabei, aufgrund des grundsätzlichen Anwendungsvorranges des EG-Rechts im innerstaatlichen Rechtsbereich der EG-Mitgliedstaaten, dort *Vorrang vor dem einzelstaatlichen Recht* zukommt,[6] und zwar nach der Rechtsprechung des Europäischen Gerichtshofes (EuGH) auch vor dem jeweiligen Verfassungsrecht.[7] Hier stellt sich dann in weiterer Folge die Frage nach der *Wechselwirkung* der jeweiligen Rechtssphären, insbesondere auch nach der Bestandskraft der einzelstaatlichen Rundfunkverfassungen, was etwa in einem Staat wie Deutschland, das über eine besonders hochentwickelte und ausdifferenzierte Rundfunkordnung verfügt, keine leichtgewichtige Frage ist. Umgekehrt kann man aber auch konstruktiv den Blick auf die EG-Rechtsordnung richten und die Frage stellen, ob und inwieweit nicht diese Rechtsordnung neue Komponenten für die Rundfunkverfassung bereitstellt und sich hier nicht so etwas wie eine „europäische Rundfunkverfassung" herausbildet, die in der Folge gegebenenfalls an die Stelle der mitgliedstaatlichen Rundfunkverfassungen tritt bzw. diese überlagert, sie in jedem Falle aber ergänzt.

Das vorliegende Kapitel wird sich speziell mit den angesprochenen EG-rechtlichen Normen beschäftigen und versuchen – ohne daß damit zu hohe, insbesondere dogmatische Ansprüche formuliert werden sollen –, einige solcher *Komponenten einer europäischen rundfunkverfassungsrechtlichen Ordnung* zu erörtern und zu skizzieren.

2 Erste *Voraussetzung* aber dafür, daß die EG überhaupt einschlägige Normen entwickeln kann, die in der Folge in den Mitgliedstaaten ihren Regelungsanspruch entfalten können, ist, daß der *EG* in dem konkreten Fall auch tatsächlich eine *Regelungskompetenz* zukommt. Es ist daher zunächst die Kompetenzlage daraufhin zu untersuchen, ob und inwieweit die EG bezüglich des Rundfunks eine Regelungskompetenz, insbesondere abgesetzt gegenüber diesbezüglichen Kompetenzen der EG-Mitgliedstaaten, besitzt.

---

[1] BGBl. 1952 II, S. 686.
[2] BGBl. 1994 II, S. 638.
[3] BGBl. 1973 II, S. 249.
[4] BGBl. 1973 II, S. 308.
[5] BGBl. 1973 II, S. 1534.
[6] Vgl. EuGH, Rs. 26/62 „Costa/E. N. E. L.", Slg. 1964, S. 1251; Rs. 14/68 „Walt Wilhelm", Slg. 1969, S. 1; Rs. 11/70 „Internationale Handelsgesellschaft", Slg. 1970, S. 1125; Rs. 106/77 „Simmenthal II", Slg. 1978, S. 629; st. Rspr.; vgl. auch *Weirich*, in: *Weirich* (Hrsg.), Europas Medienmarkt von morgen, S. 11ff.
[7] EuGH, Rs. 11/70 „Internationale Handelsgesellschaft", a. a. O.

I. Regelungskompetenz der EG für das Rundfunkwesen

1. Die Regelungstätigkeit der EG im Bereich des Rundfunkwesens

Die EG hat eine Reihe von Rechtsakten erlassen, die Regelungen für den Rundfunk **3** treffen. Hier ist an erster Stelle die im Jahre 1989 erlassene „Richtlinie des Rates zur Koordinierung bestimmter Rechts- und Verwaltungsvorschriften der Mitgliedstaaten über die Ausübung der Fernsehtätigkeit" (im folgenden: *Fernsehrichtlinie*) zu nennen.[8] Richtlinien sind gemäß Art. 189 EG-Vertrag (EGV) generell-abstrakte Regelungen, die für jeden Mitgliedstaat der EG, an den sie gerichtet sind, hinsichtlich des in der Richtlinie genannten, zu erreichenden Zieles verbindlich sind, es jedoch den einzelnen Mitgliedstaaten in der Regel überlassen, in welcher Form und mit welchen Mitteln die innerstaatlichen Stellen die Zielvorgabe im einzelnen umsetzen und deren Verwirklichung sicherstellen.[9] Im einzelnen enthält die Fernsehrichtlinie zum einen Regelungen zur Harmonisierung der Vorschriften für *Fernsehwerbung* und *Sponsoring* (Art. 10-21), zum *Jugendschutz* (Art. 22) sowie zum *Gegendarstellungsrecht* (Art. 23); zum anderen Vorschriften betreffend die *Förderung* der Verbreitung und Herstellung europäischer Fernsehprogramme („*Quotenregelung*"; Art. 4-9).[10] Unter Fernsehen bzw. einer „Fernsehsendung" versteht die Richtlinie hierbei gemäß ihrem Art. 1 lit. a) jeweils die „drahtlose oder drahtgebundene, erdgebundene oder durch Satelliten vermittelte, unverschlüsselte oder verschlüsselte Erstsendung von Fernsehprogrammen, die zum Empfang durch die Allgemeinheit bestimmt sind." Der Begriff schließt die Übermittlung an andere Veranstalter zur Weiterverbreitung an die Allgemeinheit ein. Nicht eingeschlossen sind in den Begriff ausdrücklich Kommunikationsdienste, die auf individuellen Abruf hin Informationen oder andere Inhalte übermitteln, wie Fernkopierdienste, elektronische Datenbanken und ähnliche Dienste.

Neben der Fernsehrichtlinie hat die EG auch noch auf anderen Gebieten eine Reihe von Rechts- **4** akten erlassen, die sich – direkt oder indirekt – auf Rundfunk, insb. Fernsehen beziehen bzw. beziehen lassen. Hier sind etwa eine Reihe von spezifisch auf das *Filmwesen* bzw. die *Filmindustrie* gemünzten Rechtsakten zu nennen;[11] oder die zahlreichen Rechtsakte über die *kommerzielle Werbung*, die auch Bestimmungen enthalten, die für die Werbung im Rundfunk einschlägig sind;[12]

---

[8] RL 89/552/EWG vom 3. 10. 1989, ABl. EG L 298 vom 17. 10. 1989, S. 23; zur Novellierung vgl. *Berger* ZUM 1996, S. 119 ff.

[9] Zum Rechtscharakter der EG-Richtlinien vgl. statt vieler nur *Oppermann*, Europarecht, Rdz. 455 ff.

[10] Zum Inhalt der Fernsehrichtlinie siehe ausführlicher, statt vieler, nur *Dörr/Beucher/Eisenbeis/Jost*, Einflüsse, S. 72 ff.; *Kugelmann*, Dienstleistungsfreiheit, S. 41 ff.; *Mestmäcker/Engel/Gabriel-Bräutigam/Hoffmann*, Einfluß, S. 46 ff.; *Möwes/Schmitt-Vockenhausen* EuGRZ 1990, S. 121, 122 ff.; speziell zu den Werberegelungen auch noch *Kreile/Straßer* ZUM 1990, S. 174 ff.

[11] Vgl. beispielsweise RL 63/607/EWG vom 15. 10. 1963 zur Durchführung der Bestimmungen des Allgemeinen Programms zur Aufhebung der Beschränkungen des freien Dienstleistungsverkehrs auf dem Gebiet des Filmwesens, ABl. EG L 159 vom 2. 11. 1963, S. 2661; RL 70/451/EWG vom 29. 9. 1970 über die Verwirklichung der Niederlassungsfreiheit und des freien Dienstleistungsverkehrs für selbständige Tätigkeiten der Filmproduktion, ABl. EG L 218 vom 3. 10. 1970, S. 37; Beschluß des Rates 90/685/EWG vom 21.12.1990 über die Durchführung eines Aktionsprogramms zur Förderung der Entwicklung der europäischen audiovisuellen Industrie (MEDIA) 1991–1995, ABl. EG L 380 vom 31. 12. 1990, S. 37.

[12] Vgl. RL 84/450/EWG vom 10. 9. 1984, ABl. EG L 250 vom 19. 9. 1984, S. 17; RL 79/112/EWG vom 18. 12. 1978, ABl. EG L 33 vom 8. 2. 1979, S. 1; RL 92/28/EWG vom 31. 3. 1992, ABl. EG L 113 vom 30. 4. 1992, S. 13; VO 2073/92/EWG vom 30. 6. 1992, ABl. EG L 215 vom 30. 7. 1992, S. 67; RL 92/C 129/04-KOM (92) 196 endg., auch in: ABl. EG C 129 vom 21. 5. 1992, S. 5 – Entwurf für eine Tabakrichtlinie.

Rechtsakte zu *wettbewerbsrechtlichen*[13] oder *urheberrechtlichen* Fragestellungen;[14] Vorschriften über *technische* Regelungen im Bereich des Fernsehens;[15] oder die Richtlinien zur *Standardisierung* von Telekommunikationsendgeräten bzw. zur *Liberalisierung des Marktes* für solche Geräte.[16] Alle diese Regelungen prägen mittlerweile die rundfunkrechtliche Lage in erheblichem Maße; sie *harmonisieren* den betreffenden Rechtsbereich über weite Strecken und wirken dabei auch auf die jeweiligen nationalen Rundfunkordnungen der einzelnen EG-Mitgliedstaaten ein.

5   Vor allem der Erlaß der *Fernsehrichtlinie* und die damit verbundene Annahme einer *Regelungskompetenz für die EG* im Rundfunkwesen war und ist in wissenschaftlichem Schrifttum[17] und Staatspraxis *nicht unumstritten*. So haben am Ende Belgien und Dänemark im Rat gegen die Annahme der Richtlinie gestimmt,[18] was deren Verabschiedung wegen der in diesem Fall gemäß Art. 57 Abs. 2 Satz 3 EWGV a. F. geltenden Mehrheitsregel aber nicht verhindern konnte. Darüber hinaus haben sich namentlich die deutschen Bundesländer vehement gegen die Verabschiedung der Richtlinie gestemmt. Sie sehen darin einen Einbruch speziell in ihre Kompetenz zur Regelung des Rundfunkwesens.[19]

---

[13] Vgl. VO 4046/89/EWG vom 21. 12. 1989 über die Kontrolle von Unternehmenszusammenschlüssen, ABl. EG L 395 vom 30. 12. 1989, S. 1, insb. deren Art. 21 Abs. 3 UAbs. 2 zur Medienkonzentration.

[14] RL 92/100/EWG vom 19.12.1992 zum Vermiet- und Verleihrecht sowie zu bestimmten Schutzrechten im Bereich des geistigen Eigentums, ABl. EG L 346 vom 27. 11. 1992, S. 61; RL 93/83/EWG vom 28. 9. 1993 zur Koordinierung bestimmter urheber- und leistungsschutzrechtlicher Vorschriften betreffend Satellitenrundfunk und Kabelweiterverbreitung, ABl. EG L 248 vom 6. 10. 1993, S. 15.

[15] Zum Beispiel RL 86/529/EWG vom 3. 11. 1986 über die Annahme gemeinsamer technischer Spezifikationen der MAC/Pakete-Normenfamilie für die Direktausstrahlung von Fernsehsendungen über Satelliten, ABl. EG L 311 vom 6. 11. 1986, S. 28; Beschluß des Rates 89/337/EWG vom 27. 4. 1989 über das hochauflösende Fernsehen (HDTV), ABl. EG L 142 vom 25. 5. 1989, S. 1; Beschluß des Rates 89/630/EWG vom 7. 12. 1989 über ein gemeinsames Vorgehen der Mitgliedstaaten bei der Annahme einer weltweit einheitlichen Produktionsnorm für das hochauflösende Fernsehen, ABl. EG L 363 vom 13. 12. 1989, S. 30; RL 92/38/EWG vom 11. 5. 1992 über die Übernahme von Normen für die Satellitenausstrahlung von Fernsehsignalen, ABl. EG L 137 vom 20. 5. 1992, S. 17; Beschluß des Rates 93/424/EWG vom 22. 7. 1993 über einen Aktionsplan zur Einführung fortgeschrittener Fernsehdienste in Europa, ABl. EG L 196 vom 5. 8. 1993, S. 48.

[16] Vgl. RL 86/361/EWG vom 24. 7. 1986, ABl. EG L 217 vom 5. 8. 1986, S. 21; RL 91/263/EWG vom 29. 4. 1991, ABl. EG L 128 vom 23. 5. 1991, S. 1; RL 88/301/EWG vom 16. 5. 1988, ABl. EG L 131 vom 27. 5. 1988, S. 73.

[17] Dazu im einzelnen im gleich folgenden Rdz. 9 ff.

[18] Vgl. Pressemitteilung des Rates zur 1349. Sitzung (Allgemeine Angelegenheiten) vom 3.10.1989 (Dok. 8774/89).

[19] Siehe dazu noch ausführlicher unten unter Rdz. 16ff.; zu den den Ländern durch das GG gegenüber dem *Bund* eingeräumten Kompetenzen, insb. zur Regelung des Rundfunkwesens, siehe ausführlicher bereits oben unter B Rdz. 207 ff.; zur Umsetzung der EG-Richtlinie in der Praxis vgl. *Schardt* ZUM 1995, S. 735 f.

2. Der Kompetenzgrundsatz der begrenzten Einzelermächtigung

Grundsätzlich bestimmen sich die *Regelungskompetenzen der EG* gemäß Art. 3 b UAbs. 1 EGV **6** zunächst nach dem sog. *Prinzip der begrenzten Einzelermächtigung.* Demzufolge verfügt die EG lediglich über diejenigen Kompetenzen, die ihr in den Gründungsverträgen und allen anderen einschlägigen Primärrechtsakten, die insgesamt die „Verfassung" der EG bilden, als solche ausdrücklich zugewiesen worden sind.[20] Daneben gibt es im Gemeinschaftsrecht noch die ausnahmsweise Möglichkeit der Ableitung *impliziter* Kompetenzen aus einzelnen *ausdrücklich* zugewiesenen Kompetenzen[21] sowie aufgrund der „Abrundungsklausel" des Art. 235 EGV.[22]

In den angesprochenen EG-"Verfassungsbestimmungen" ist der Rundfunk als Regelungsgegenstand nirgends ausdrücklich erwähnt; insbesondere erfolgt auch keine diesbezügliche Zuweisung einer Regelungskompetenz an die EG gemäß dem „Prinzip der begrenzten Einzelermächtigung". Demgemäß könnte die EG keine Regelungen zum Rundfunkwesen erlassen, die in der Folge – wegen des insoweit gegebenen Anwendungsvorrangs für das EG-Recht – in den einzelnen Mitgliedstaaten, ggfs. auch entgegen einschlägigem innerstaatlichem Rundfunkrecht, anzuwenden wären.

3. Kompetenzen der EG zur Regelung wirtschaftlicher Aspekte des Rundfunks aufgrund „wirtschaftsrechtlicher" Bestimmungen des EG-Vertrages?

Bis zum Abschluß bzw. Inkrafttreten des Vertrages von Maastricht und zu den durch diesen **7** Vertrag bewirkten Veränderungen im EG-Primärrecht war die seinerzeitige Europäische Wirtschaftsgemeinschaft (EWG) – seit Maastricht: EG – eine Organisation mit primär wirtschaftlicher Zielsetzung. Entsprechend enthielt der EWG-Vertrag in erster Linie „wirtschaftsrechtliche" Vorschriften, d. h. Vorschriften, die die Regelung wirtschaftlicher Sachverhalte bezwecken. Doch auch nach Maastricht liegt das *Schwergewicht* des nunmehrigen *EG-Vertrages* – trotz einer Reihe von Regelungen, die auf die Herstellung einer politischen Union der EG-Mitgliedstaaten zielen – unverkennbar weiter im *wirtschaftlichen* Sektor.[23] Da dem Rundfunk ohne Zweifel eine gewisse wirtschaftliche Dimension innewohnt,[24] ist versucht worden, die insoweit einschlägigen Vorschriften des EWG/EG-Vertrages auf den Rundfunk anzuwenden und eine diesbezügliche Regelungskompetenz der EG für das Rundfunkwesen zu begründen.

a) Der Standpunkt der EG

Die EG selbst hat sich diese Argumentation zu eigen gemacht und seinerzeit den Erlaß der **8** Fernsehrichtlinie – und damit ihre Regelungskompetenz – u. a. auf Art. 66 i. V. m. Art. 57 Abs. 2 EWGV gestützt.[25] Darin kommt die Auffassung der EG zum Ausdruck, daß es sich bei der Veranstaltung und Verbreitung von *Fernsehen* (in den Worten der Richtlinie: „Fernsehtätigkeit") um eine *wirtschaftliche Tätigkeit*, genauerhin um die Erbringung einer *Dienstleistung* i. S. des EG-Vertrages handelt.[26] Diese Auffassung war zuvor schon vom EuGH in sei-

---

[20] Vgl. *Oppermann,* Europarecht, Rdz. 432 ff.; *Nicolaysen,* Europarecht, S. 128 ff.; *Bleckmann,* Europarecht, Rdz. 108 ff.

[21] „Implied powers"; entspricht in etwa der dem deutschen Verfassungsrecht bekannten Rechtsfigur der „Kompetenz kraft Sachzusammenhangs"; zu „implied powers" im Rahmen des EG-Rechts *Nicolaysen* EuR 1966, S. 129 ff.; zur Kompetenz kraft Sachzusammenhangs und zur Kompetenz kraft Natur der Sache im deutschen Verfassungsrecht oben B Rdz. 229 ff.

[22] Vgl. *Oppermann,* Europarecht, Rdz. 437 f.

[23] So auch BVerfGE 89, S. 155, 190 – „Maastricht-Urteil".

[24] Dies streicht zutreffend das Grünbuch der EG-Kommission „Fernsehen ohne Grenzen", KOM (84) 300 endg. vom 14. 6. 1984, S. 39, heraus.

[25] Vgl. Begründungserwägungen, a. a. O., S. 23.

[26] Begründungserwägungen, a. a. O., S. 23.

ner Rechtsprechung entwickelt und fortlaufend bestätigt worden.[27] Sofern und soweit Fernsehsendungen grenzüberschreitend seien, sei somit in der Folge der EG-Vertrag einschlägig und eine diesbezügliche Regelungskompetenz der EG gemäß Art. 59 ff. i. V. m. Art. 2, 3 und 4 EGV gegeben. Art. 59 EGV statuiert die sog. *Dienstleistungsfreiheit*. Diese besagt, daß der grenzüberschreitende Dienstleistungsverkehr innerhalb der EG für Angehörige der Mitgliedstaaten, die in einem anderen Staat der Gemeinschaft als demjenigen des Leistungsempfängers ansässig sind, grundsätzlich frei ist und keinen Beschränkungen unterliegen darf.[28] Gemäß Art. 60 EGV sind Dienstleistungen Leistungen, die in der Regel gegen Entgelt erbracht werden, soweit sie nicht den Vorschriften des EG-Vertrages über den freien Waren- und Kapitalverkehr und über die Freizügigkeit der Personen unterliegen.

b) Meinungsstand im Schrifttum

9   Im einschlägigen Schrifttum hat die Fernsehrichtlinie und die mit ihr beanspruchte Regelungskompetenz im Rundfunkbereich seitens der EG bzw. die hierfür gegebene Begründung kontroverse Diskussionen ausgelöst. Grob gesprochen, lassen sich *drei Argumentationsrichtungen* identifizieren. Eine Denkrichtung im Schrifttum lehnt eine entsprechende EG-Regelungskompetenz mehr oder weniger kategorisch ab. Daneben gibt es eine große Anzahl von Befürwortern einer diesbezüglichen, und zwar umfassenden EG-Kompetenz. Dazwischen haben sich verschiedene vermittelnde Meinungen herausgebildet.

aa) Gegner einer Rundfunkkompetenz der EG

10   Die Gegner einer Rundfunkkompetenz der EG nehmen ihren Ausgangspunkt zum einen bei der Feststellung, daß der EG-Vertrag – jedenfalls in derjenigen Fassung, die er vor Maastricht hatte – den Rundfunk als EG-Regelungsgegenstand nicht nenne;[29] sowie zum anderen bei der Feststellung, daß der EG-Vertrag ausschließlich Regelungen für den Wirtschaftsbereich treffe.[30] *Rundfunk* indes könne dem Schwerpunkt seiner Tätigkeit nach nicht dem wirtschaftlichen Bereich zugeordnet werden, vielmehr erfülle er *primär* eine *kulturelle und gesellschaftliche Funktion*[31] und sei er eine originär kulturelle Veranstaltung, für deren Regelung die EG als Wirtschaftsgemeinschaft keine Zuständigkeit habe.[32] Wenn der Rundfunk dem Bereich des Dienstleistungsverkehrs zugeordnet werde, werde er unzulässigerweise zu einem originär wirtschaftlichen Sachverhalt gemacht.[33] Gegen eine Rundfunkkompetenz der EG spreche des weiteren auch, daß der Rundfunk zur Wahrnehmung seiner publizistischen Aufgaben nach anderen Grundsätzen als denen des Marktes zu betreiben sei.[34] Begründbar

---

[27] EuGH, Rs. 155/73 „Sacchi", Slg. 1974, S. 409, 428; Rs. 52/79 „Debauve", Slg. 1980, S. 833, 855; Rs. 62/79 „Coditel I", Slg. 1980, S. 881, 904; Rs. 352/85 „Kabelregeling/Bond van Adverteerders", Slg. 1988, S. 2085, 2131; Rs. 260/89 „ERT", Slg. 1991, S. 2925; Rs. 288/89 „Stichting Collectieve Antennevoorziening Gouda u. a./Commissariaat voor de Media", Slg. 1991, S. 4007, 4040; Rs. C-353/89, Kommission/Niederlande („Nederlandse Omroepproductie Bedrijf"), Slg. 1991, S. 4069; Rs. C-148/91 „Vereniging Veronica Omroep Organisatie/Commissariaat voor de Media", Slg. 1993 I, S. 487, 519f., Rdz. 15;

Rs. C-23/93 „TV 10 SA/Commissariaat voor de Media", Slg. 1994 I, S. 4795, 4831, Rdz. 16; st. Rspr.

[28] Ausführlicher hierzu unten Rdz. 43 ff.

[29] Vgl. *Koszuszek* ZUM 1989, S. 541, 546; *Delbrück*, Rundfunkhoheit, S. 26, 28; *Seidel* NVwZ 1991, 120, 124.

[30] Vgl. *Koszuszek* ZUM 1989, S. 546; *Seidel* NVwZ 1991, S. 124; *A. Pieper* EG-Magazin 11/1989, S. 9; vgl. auch *Delbrück*, Rundfunkhoheit, S. 29.

[31] ARD und ZDF zu „Fernsehen ohne Grenzen", in: ZUM 1985, S. 314 f.; *R. Scholz*, in: *Friauf/Scholz*, Europarecht, S. 72; *Seidel* NVwZ 1991, S. 124; *Koszuszek* ZUM 1989, S. 546; *Delbrück*, Rundfunkhoheit, S. 47; *A. Pieper*, EG-Magazin 11/1989, S. 9.

[32] *Koszuszek* ZUM 1989, S. 546; *Seidel* NVwZ 1991, S. 125; *Delbrück*, Rundfunkhoheit, S. 47; *Bethge* ZUM 1991, S. 344; Regierungschefs der Länder, Beschluß zum Vorschlag für eine EG-Rundfunkrichtlinie, in: ZUM 1986, S. 600; ARD und ZDF, in: ZUM 1985, S. 315.

[33] *R. Scholz*, in: *Friauf/Scholz*, Europarecht, S. 71 f.; *Koszuszek* ZUM 1989, S. 546; *Seidel* NVwZ 1991, S. 125; *Bethge* ZUM 1991, S. 344; ARD und ZDF in: ZUM 1985, S. 315; Regierungschefs der Länder, in: ZUM 1986, S. 600.

[34] *A. Hesse*, Rundfunkrecht, S. 253.

sei demnach *allenfalls* eine *Randkompetenz der EG* für einzelne *wirtschaftliche* Bezüge und die allgemeine Wirtschaftsordnung, innerhalb derer sich auch der Rundfunk bewege,[35] bzw. für einzelne Teilbereiche der wirtschaftlichen Betätigung des Rundfunks wie z. B. Werbefernsehen.[36] Unzulässig seien dagegen Regelungen, die unter dem Vorwand wirtschaftlicher Bezüge unmittelbar etwa die Programmgestaltung regeln würden.[37]

Soweit, in groben Strichen, der Kern der Argumentation, die eine Kompetenz der EG zur Regelung des Rundfunks aufgrund der „wirtschaftsrechtlichen" Vorschriften des EG-Vertrages ablehnt. Im übrigen ist hier darauf hinzuweisen, daß das diesbezügliche Schrifttum nicht einheitlich ist und es hier *unterschiedlich strikte Auffassungen* gibt. Gerade die letztzitierten Stellungnahmen enthalten Ansätze für eine differenzierende Sicht der Dinge, und zwar für eine Auffassung, die den Rundfunk sowohl als kulturelles als auch als wirtschaftliches Phänomen begreift und insoweit den Bogen schlägt zu den vermittelnden Auffassungen, die aufgrund einer solchen differenzierenden Sicht auch eine entsprechende differenzierte Aussage zur Kompetenzlage im Rundfunkbereich zwischen EG und Mitgliedstaaten treffen.[38]

bb) Befürworter einer allgemeinen und umfassenden Rundfunkkompetenz der EG

Die Befürworter einer EG-Regelungskompetenz im Rundfunkbereich gehen davon aus, **11** daß *Rundfunk* – trotz unbestreitbarer kultureller Aspekte – durchaus auch eine *genuin wirtschaftliche Veranstaltung* sei.[39] Konkret stelle die Veranstaltung von Rundfunk eine *Dienstleistung* dar, die unter die Dienstleistungsfreiheit der Art. 59 ff. EGV falle. Die den Gemeinsamen Markt konstituierenden Grundfreiheiten gelten aber für den gesamten Wirtschaftsverkehr. Allein die kulturelle Dimension eines Erzeugnisses oder einer Dienstleistung jedenfalls bewirke keine Beschränkung der Grundfreiheiten in ihrem sachlichen Anwendungsbereich.[40] Da es zudem im EG-Vertrag keine ausdrückliche Bereichsausnahme zugunsten der Kultur gebe, stehe es außer Zweifel, daß die Freiheiten des Vertrages auch für kulturelle Tätigkeiten gelten, soweit sie zugleich wirtschaftlicher Natur seien.[41] Daher habe die EG eine generelle Zuständigkeit zur Gewährleistung von Freizügigkeit und freiem Dienstleistungsverkehr auch im Sachbereich von Rundfunk und Fernsehen. Da der EG-Vertrag die Kompetenzen der EG, bis auf wenige Ausnahmen (z. B. Agrarpolitik – Art. 38 ff., Verkehrspolitik – Art. 74 ff. EGV), nicht nach Sachgebieten, sondern funktional, nämlich an den in Art. 2 i. V. m. Art. 3 EGV genannten Vertragszielen ausgerichtet, bestimmt[42], komme es nämlich nicht auf den Sachbereich als solchen, sondern nur darauf an, was konkret geregelt werde.[43] Das heißt, es kommt darauf an, ob es sich bei der betreffenden Tätigkeit um eine solche handelt, die entgeltlich ausgeübt wird und somit wirtschaftlicher Natur ist, gleichgültig, in welchem „Sachbereich" (z. B. Kultur) sie ausgeübt wird.[44] Insoweit könne auch kein Gegensatz zwischen kulturellen Leistungen und Dienstleistungen gesehen werden.[45]

---

[35] *A. Hesse,* Rundfunkrecht, S. 253; *Delbrück,* Rundfunkhoheit, S. 52.

[36] ARD und ZDF, in: ZUM 1985, S. 314.

[37] *A. Hesse,* Rundfunkrecht, S. 253; in diesem Sinne auch *Delbrück,* Rundfunkhoheit, S. 53.

[38] Vgl. dazu gleich noch ausführlicher im folgenden unter Rdz. 12 ff.

[39] Vgl. etwa *Deringer* ZUM 1986, S. 627, 633; *Bueckling* EuGRZ 1987, S. 97, 100.

[40] *Roth* ZUM 1989, S. 101, 103; *Kewenig* JZ 1990, S. 458, 464; *Schwartz* ZUM 1991, S. 155, 164; *Niedobitek,* Kultur, S. 196; *Oppermann,* Europarecht, Rdz. 1509; vgl. auch *Mestmäcker/Engel/Gabriel-Bräutigam/ Hoffmann,* Einfluß, S. 38.

[41] *Roth* ZUM 1989, S. 103; *Deringer* ZUM 1986, S. 633 f.; *Kewenig* JZ 1990, S. 465; *Niedobitek,* Kultur, S. 196; *von Bogdandy* EuZW 1992, S. 9, 13.

[42] *Niedobitek,* Kultur, S. 194 f., 196 f.; siehe auch *Deringer* ZUM 1986, S. 634 f.; *Kewenig* JZ 1990, S. 465; *von Bogdandy* EuZW 1992, S. 13.

[43] *Kewenig* JZ 1990, S. 465.

[44] *Mestmäcker/Engel/Gabriel-Bräutigam/Hoffmann,* Einfluß, S. 38.

[45] *Schwartz* ZUM 1991, S. 164; *Mestmäcker/Engel/Gabriel-Bräutigam/Hoffmann,* Einfluß, S. 37.

cc) Vermittelnde Auffassungen

12   Den einzelnen vermittelnden Auffassungen ist gemein, daß sie zunächst *beide Dimensionen des Rundfunks*, die *kulturelle* wie die *ökonomische, gleichermaßen* in den Blick nehmen und ihnen ihren je eigenen Stellenwert zuerkennen, ferner der Auffassung sind, daß beide Dimensionen auch in rechtlicher Hinsicht jeweils gemäß ihrem Stellenwert zu berücksichtigen seien und schließlich auch die Kompetenzfrage entsprechend differenziert zu beantworten sei. Dies heißt konkret, daß dann, wenn wirtschaftliche Aspekte des Rundfunks betroffen sind, in der Tat der EG eine einschlägige Regelungskompetenz zukomme, während bezüglich des kulturellen Aspekts die Regelungskompetenz grundsätzlich bei den Mitgliedstaaten verbleibe.[46]

c) Eigene Stellungnahme

13   Im Ergebnis ist den *vermittelnden* Meinungen zu folgen. Unhaltbar ist zum einen diejenige Auffassung, die eine Regelungskompetenz der EG im Rundfunkbereich wegen des kulturellen Charakters von Rundfunk rundweg ablehnt. Sie unterbewertet den eminent – im übrigen, gerade auch im Zuge des weiteren Vordringens privater Rundfunkveranstalter, ständig anwachsenden – *wirtschaftlichen Charakter des Rundfunks* und verkennt in diesem Zusammenhang auch die Reichweite der der EG im wirtschaftlichen Sektor eingeräumten Regelungsbefugnisse. Zweifellos kommt hier der *EG* die primäre *Regelungskompetenz* vor den einzelnen EG-Mitgliedstaaten zu. Sofern wirtschaftliche Komponenten des Rundfunks betroffen sind, erstreckt sich die EG-Regelungskompetenz demnach auch auf diese und greifen insbesondere auch – soweit die Veranstaltung und Verbreitung von Rundfunk als (wirtschaftliche) Dienstleistung aufzufassen ist – die Vorschriften des EG-Vertrages über die *Dienstleistungsfreiheit* (Art. 59 ff. EGV). Allein der Umstand, daß Rundfunk auch noch eine andere Komponente, etwa eine kulturelle, aufweist, kann an der insoweit gegebenen grundsätzlichen Regelungskompetenz der EG nichts ändern, zumal im weiteren im EG-Vertrag auch *keine* – generelle – *Bereichsausnahme zugunsten des Rundfunks* verankert ist.

Auch die bezüglich der Dienstleistungsfreiheit zugelassenen, im konkreten Einzelfall zu aktivierenden *Bereichsausnahmen* der Art. 55 und 56 i. V. m. Art. 66 EGV führen im gegebenen Zusammenhang zu keinem anderen Ergebnis. Zum einen ist dort ebenfalls der Rundfunk als möglicher Ausnahmebereich nicht genannt. Zum anderen wäre eine Anwendung des Art. 56 Abs. 1 i. V. m. Art. 66 EGV, der vorsieht, daß die einschlägigen Bestimmungen des EG-Vertrages über die Dienstleistungsfreiheit nicht die Anwendbarkeit der Rechts- und Verwaltungsvorschriften der Mitgliedstaaten beeinträchtigen, die eine Sonderregelung für Ausländer vorsehen und aus Gründen u. a. der öffentlichen Ordnung und Sicherheit gerechtfertigt sind, auf den Rundfunk grundsätzlich zwar denkbar. Diese Vorschrift ermächtigt die einzelnen Mitgliedstaaten allerdings nur dazu, im konkreten Fall bestimmte Regelungen zu erlassen, die Beschränkungen der Dienstleistungsfreiheit für Dienstleister aus anderen Mitgliedstaaten enthalten; dies wäre auch im Hinblick auf grenzüberschreitenden Rundfunk denkbar. Nicht jedoch verkürzt die Ausnahmevorschrift der Art. 66, 56 Abs. 1 EGV die *grundsätzliche* Regelungskompetenz der EG in Hinblick auf wirtschaftliche Sachverhalte.

14   Unhaltbar ist zum anderen jedoch auch die Auffassung der Befürworter einer weitreichenden, wenn nicht unumschränkten Regelungskompetenz der EG im Rundfunkbereich. Hiergegen spricht schon das Prinzip der begrenzten Einzelermächtigung (Art. 3 b UAbs. 1 EGV). Demzufolge ist es der EG lediglich dann gestattet, regelnd tätig zu werden, wenn ihr einschlägige konkrete Handlungsbefugnisse eingeräumt worden sind. Da ihr im EG-Vertrag jedoch bezüglich des Rundfunks jedoch keine derartigen Handlungsbefugnisse ausdrücklich zuge-

---

[46] Vgl. etwa *Bullinger* VBlBW 1989, S. 161, 168; *Eberle* AfP 1993, S. 422, 425; *Hartstein/Ring/Kreile*, in: Medienrecht, C-O.3, Rdz. 93, S. 178; *Degenhardt* ZUM 1992, S. 449, 452 f.; *Ossenbühl*, Rundfunk, S. 13 ff., 62; *Frohne* ZUM 1989, S. 390, 394 f.; *Dörr* EWS 1991, S. 259, 265; *Dörr/Beucher/Eisenbeis/Jost*, Einflüsse, S. 18; *Engel*, in: *Dauses*, Handbuch, E.V. Rdz. 61–63; *Herrmann*, Rundfunkrecht, § 8, Rdz. 51 ff., 80 ff.; *Jarass* EuR 1986, S. 75, 91 ff.; *Ress*, Kultur, S. 46 ff.; *Eberle* ZUM 1996, S. 763; vgl. auch *Hoffmann-Riem* RuF 1988, S. 5, 6 f.

sprochen worden sind, scheidet eine Kompetenz der EG insofern aus. Eine solche kann sich dann – vorbehaltlich der mit dem Vertrag von Maastricht neu eingeführten Kulturkompetenzen des Art. 128 EGV[47] – nur bezüglich *wirtschaftlicher* Aspekte des Rundfunks ergeben, indem an einzelne konkrete, im EG-Vertrag enthaltene EG-Kompetenzen zur Regelung bestimmter wirtschaftlicher Sachverhalte, z. B. die Dienstleistungsfreiheit, angeknüpft wird. Weiterreichende, auch in einzelne nicht-wirtschaftliche Bereiche des Rundfunks hinübergreifende Regelungen ließen sich im vorliegenden Zusammenhang in Anschluß an eine ausdrücklich gegebene Regelungskompetenz der EG für Wirtschaftsangelegenheiten lediglich noch auf die, allerdings eng auszulegende Doktrin der „*implied powers*" stützen.[48] Nicht gerechtfertigt hingegen wäre ein sich nicht in den engen Grenzen von „implied powers" haltender Übergriff der EG in nicht-wirtschaftliche Regelungsbereiche des Rundfunks, der den Umstand, daß im konkreten Fall Rundfunk *auch* eine wirtschaftliche Komponente aufweist, zum Anlaß nimmt, auch gleich andere wesentliche, z. B. kulturelle Aspekte des Rundfunks oder den Rundfunk schlechthin einer europarechtlichen Regelung zu unterwerfen. Hier würde die EG, sofern nicht noch eine andere Kompetenzgrundlage wie z. B. Art. 235 EGV zum Zuge käme, eindeutig ultra vires handeln. Auch *Art. 235* indes hat im gegebenen Kontext eine geringere Tragweite als angenommen werden könnte. Er ermächtigt die EG in dem Fall, daß ein Tätigwerden der EG erforderlich erscheint, um im Rahmen des Gemeinsamen Marktes eines der Ziele der EG zu verwirklichen, und desweiteren die entsprechenden, hierfür erforderlichen Befugnisse im EG-Vertrag nicht vorgesehen sind, einschlägige Vorschriften zu erlassen. Wie indes der Text des Art. 235 deutlich macht, beziehen sich die betreffenden, außerordentlichen Handlungsmöglichkeiten der EG auf Ziele *im Rahmen des Gemeinsamen Marktes*. Also auch hier steht die *wirtschaftliche Zielsetzung* des Vertrages im Vordergrund. Das heißt, die EG könnte auf der Grundlage dieser Bestimmung ebenfalls wieder nur Regelungen erlassen, die sich auf wirtschaftliche Komponenten des Rundfunks oder allenfalls auf nicht-wirtschaftliche Komponenten des Rundfunks beziehen, die jedoch für die Verwirklichung des genuin wirtschaftlichen Zieles der Verwirklichung des Gemeinsamen Marktes von Belang sind. Auch Art. 235 EGV ist demnach kein Instrument, mittels dessen die EG die Regelungsgewalt über den gesamten Rundfunk usurpieren könnte.

Die *vermittelnden Meinungen* hingegen werden der – mehrschichtigen – Rechtslage in Hinblick auf die Verteilung der Regelungskompetenzen im Rundfunkbereich zwischen EG und EG-Mitgliedstaaten durchaus gerecht. Sie beachten sowohl den der *EG* durch den EG-Vertrag zugewiesenen Kompetenzbereich, insb. in Hinblick auf *wirtschaftliche* Sachverhalte, als auch den den *Mitgliedstaaten* belassenen, nicht vergemeinschafteten Sachbereich. Hierunter fällt in erster Linie das, was die „*kulturelle*" Seite des Rundfunks ausmacht. Bei dieser Differenzierung wird grundsätzlich davon ausgegangen, daß die beiden genannten Komponenten von Rundfunk, die kulturelle wie die wirtschaftliche, jeweils voneinander unterscheidbar und auch trennbar sind. Im Grunde findet sich hier die gleiche Problematik – und Annahme – wieder, wie sie – mutatis mutandis – auch aus der kompetenzrechtlichen Diskussion im deutschen Verfassungsrecht bekannt ist. Dort geht es um die kulturelle Komponente von Rundfunk einerseits und um die fernmelderechtliche, wirtschaftsrechtliche, urheberrechtliche usw. Komponente andererseits.[49] Auch dort wird im Prinzip die Trennbarkeit der jeweiligen Komponenten angenommen und entsprechend eine differenzierende Kompetenzzuweisung zwischen Bund und Ländern vorgenommen. **15**

d) Regeln für die Kompetenzabgrenzung im Einzelfall

Fraglich könnte im konkreten Fall die Abgrenzung der Kompetenzen im einzelnen sein. Dabei ist es zunächst sicherlich so, daß dort, wo eine scharfe *Trennung* der beiden Aspekte von Rundfunk tatsächlich möglich ist, eine solche auch vorzunehmen ist und die Kompetenzen **16**

---

[47] Vgl. dazu ausführlicher unten Rdz. 30 ff.
[48] Zu dieser Rechtsfigur vgl. oben unter Rdz. 6.
[49] Vgl. oben B Rdz. 209 ff.

entlang der Trennlinie jeweils der EG bzw. den Mitgliedstaaten zuzuweisen sind. Sollte im konkreten Fall allerdings die Situation so sein, daß die beiden Aspekte so miteinander verwoben sind, daß eine strikte Trennung nicht möglich erscheint, muß eine andere Lösung gefunden werden.

aa) Abgrenzung nach dem Schwerpunkt der Regelungsmaterie

17   Eine solche könnte darin liegen, sich an dem Schwerpunkt zu orientieren, den die betreffende Materie aufweist.[50] Liegt der Regelungsschwerpunkt im wirtschaftlichen Bereich, ist die EG-Kompetenz gegeben; liegt er dagegen im kulturellen Bereich, die der Mitgliedstaaten.[51] Als Beispiele solcher Aspekte von Rundfunk, die schwerpunktmäßig im wirtschaftlichen Bereich lägen, werden etwa genannt urheberrechtliche Fragen, Fragen des Erwerbs und/oder der Verwertung von Senderechten, des Erwerbs von Werbezeiten sowie der Angleichung von Werberegeln[52] bzw., unspezifiziert, der Regelung der Fernsehwerbung überhaupt.[53] Nicht dagegen sei der wirtschaftliche, sondern vielmehr der kulturelle Schwerpunkt von Rundfunk betroffen, wenn es um Fragen der Programmgestaltung, insb. um Programminhalte gehe.[54] Entsprechend wäre im ersteren Fall eine Kompetenz der EG, im zweiten Fall dagegen eine solche der Mitgliedstaaten gegeben.

Zweifellos vermögen derartige Beispielsbildungen gewisse Anhalte für die genauere Aufteilung der Kompetenzen zwischen EG und Mitgliedstaaten zu geben. Allerdings sind auch sie nicht der Weisheit letzter Schluß, mag auch in Anschluß an sie die konkrete Unterscheidung und Entscheidung im Einzelfall noch Schwierigkeiten bereiten.[55] Hier sind in weiterer Folge ggfs. noch *zusätzliche Abgrenzungskriterien* heranzuziehen, um die richtige Kompetenzzuweisung im Einzelfall zu gewährleisten und um insbesondere zu verhindern, daß ein Kompetenzträger unzulässigerweise in den Kompetenzbereich des anderen übergreift. Hier ist einmal an den sog. Grundsatz der *Gemeinschaftstreue* zu denken, zum anderen an das *Subsidiaritätsprinzip*. Allerdings ist auch hier vor übertriebenen Erwartungen, was die Eignung dieser Prinzipien als Hilfsmittel zur Kompetenzabgrenzung betrifft, zu warnen, da auch sie, wie gleich noch zu zeigen sein wird, nicht ohne Mängel sind.

bb) Grundsatz der Gemeinschaftstreue

18   Was den sog. Grundsatz der Gemeinschaftstreue betrifft, so ist zunächst festzuhalten, daß der EG-Vertrag diesen Begriff an sich nicht verwendet. Vielmehr ist der Terminus eine Schöpfung insbesondere der deutschen Europarechtslehre, deren Absicht es war, mittels dieser Wortwahl *Assoziationen* zu dem aus dem deutschen Verfassungsrecht geläufigen Begriff der *Bundestreue* zu wecken.[56] Auch der EuGH, der in seiner Rechtsprechung den mit dieser Begrifflichkeit gemeinhin verknüpften Gedanken durchaus Raum gibt, verwendet den Begriff selber nirgends, sondern spricht statt dessen von *„loyaler Zusammenarbeit"* oder *„Solidarität"*.[57]

Inhaltlich ist zu differenzieren. Zunächst ist auf *Art. 5 EGV* abzuheben. Er enthält drei konkrete, den einzelnen Mitgliedstaaten auferlegte, gegenüber der EG zu erfüllende Pflich-

---

[50] Vgl. *Degenhardt* ZUM 1992, S. 452; *Hailbronner* JZ 1990, S. 149, 153; *Delbrück,* Rundfunkhoheit, S. 43; *Hartstein/Ring/Kreile,* Rdz. 99, S. 186, Rdz. 101, S. 188; *Dörr/Beucher/Eisenbeis/Jost,* Einflüsse, S. 60 ff., 68; *Dörr* EWS 1991, S. 265; *Kugelmann* Die Verwaltung 1992, S. 515, 529; ablehnend, wenngleich auch von falschen Prämissen ausgehend, etwa *Niedobitek,* Kultur, S. 197; allgemein zu diesem Kompetenzabscheidungskriterium *Stettner,* Kompetenzlehre, S. 420 ff.

[51] So auch *Hartstein/Ring/Kreile,* Rdz. 99, S. 186; *Dörr/Beucher/Eisenbeis/Jost,* Einflüsse, S. 61.

[52] Vgl. *Degenhardt* ZUM 1992, S. 453; *Kugelmann* Die Verwaltung 1992, S. 529.

[53] *E. Klein* VVDStRL 50 (1991), S. 56, 65.

[54] Vgl. *Degenhardt* ZUM 1992, S. 453; *Kugelmann* Die Verwaltung 1992, S. 529; *E. Klein* VVDStRL 50 (1991), S. 65; *A. Hesse,* Rundfunkrecht, S. 253.

[55] Kritisch insofern auch *Ress,* Kultur, S. 48; *Dörr/Beucher/Eisenbeis/Jost,* Einflüsse, S. 62; *Hartstein/Ring/Kreile,* Rdz. 99, S. 186.

[56] Vgl. *Bleckmann* DVBl. 1976, S. 483 ff.; *ders.* RIW/AWD 1981, S. 653 ff.

[57] Vgl. EuGH, Rs. 230/81, Luxemburg/Parlament, Slg. 1983, S. 255, 287; Rs. 14/88, Italien/Kommission, Slg. 1989, S. 3677, 3706; Rs. 39/72, Kommission/Italien, Slg. 1973, S. 101, 115.

ten, nämlich: alle geeigneten Maßnahmen zur Erfüllung der Verpflichtungen zu treffen, die sich für die Mitgliedstaaten aus dem EG-Vertrag oder aus den Handlungen der EG-Organe ergeben; ferner diesen die Erfüllung ihrer Aufgaben zu erleichtern; sowie schließlich alle Maßnahmen zu unterlassen, welche die Verwirklichung der Ziele des EG-Vertrages gefährden könnten. Diese Pflichten werden in der Folge als normative Grundlage für bestimmte weitere konkrete *Verhaltenspflichten der Mitgliedstaaten* gegenüber der EG i. S. „*gemeinschaftsfreundlichen*" Verhaltens gesehen.[58] Hierunter fallen auch *Rücksichtnahmen* im kompetenziellen Geflecht zwischen EG und EG-Mitgliedstaaten. Im einzelnen kann sich hier z. B. eine *Konsultationspflicht* ergeben, eine *Koordinierungspflicht* oder gar eine *Stillhalteverpflichtung* i. S. einer Pflicht der Mitgliedstaaten, auf die Ausübung einzelstaatlicher Kompetenzen zu verzichten.[59] Zu berücksichtigen ist in diesem Zusammenhang allerdings, daß diese Pflichten, wie auch immer sie im einzelnen ausgestaltet sein mögen, nur ein *ein*seitiges Pflichtenverhältnis begründen in dem Sinne, daß lediglich die Mitgliedstaaten gegenüber der EG verpflichtet werden, und nicht auch umgekehrt.

Zu einer *all*seitigen Pflicht, also zu einer Pflicht, die gleichermaßen auch für die EG **19** gegenüber ihren Mitgliedstaaten gilt, ausgeformt worden ist der Gedanke der – dann: wechselseitigen – Rücksichtnahme bzw. der – wechselseitigen – Pflicht zur „loyalen Zusammenarbeit" („Gemeinschaftstreue") durch die Rechtsprechung des EuGH. Abgeleitet wird eine solche Pflicht gelegentlich aus Art. 5 EGV.[60] Dies erscheint allerdings angesichts des insoweit doch eindeutigen Wortlautes des Art. 5 als verfehlt. Vielmehr wird man einen derartigen Grundsatz nur auf die allgemeine Überlegung stützen können, daß es in jedem bündisch strukturierten System zum Ausgleich etwaig konfligierender Interessen und Kompetenzen als gleichsam ungeschriebenen „Verfassungsgrundsatz" so etwas wie eine *Pflicht zum wechselseitigen gemeinschaftsfreundlichen Verhalten* geben muß. Insoweit wird man durchaus auch eine Parallele zu der u. a. in der deutschen Staatsrechtslehre entwickelten Begründung eines Grundsatzes der Bundestreue ziehen dürfen.[61]

Zusammenfassend und konkret bezogen auf die vorliegende Fragestellung wird man also **20** feststellen können, daß der gemeinschaftsrechtliche *Grundsatz der „Gemeinschaftstreue"* bzw. der „loyalen Zusammenarbeit" zwischen EG und EG-Mitgliedstaaten durchaus zur weiteren näheren Bestimmung der Kompetenzverhältnisse herangezogen werden kann. Im einzelnen wird der Grundsatz, ähnlich wie der Grundsatz der Bundestreue im deutschen Verfassungsrecht, als *Kompetenzausübungsschranke* insoweit zur Geltung kommen können, als er den einzelnen Kompetenzträgern ein *Gebot der Rücksichtnahme* auf die Interessen der jeweils anderen Seite auferlegt und sie insbesondere dazu anhält, in Fällen, in denen die eigene Kompetenz in Zweifel steht, auf eine rücksichtslose Wahrnehmung der Kompetenz zu verzichten. Er statuiert insoweit also ein *Mäßigungsgebot bei der Ausübung von Kompetenzen*. Dies würde im vorliegenden Fall bedeuten, daß die EG bei ihrer Regelungstätigkeit, soweit spezifische – und wesentliche – kulturelle Aspekte von Rundfunk berührt werden, im Zweifelsfall danach trachtet, sich soweit wie möglich zurückzuhalten und die betreffenden kulturellen Aspekte nicht unnötigerweise einer Gemeinschaftsrechtsregelung unterwirft. Eine Regelung z. B., die unter Zugrundelegung der Regelungskompetenzen der EG im wirtschaftlichen Bereich gleich auch Regelungen für die Programmgestaltung des Rundfunks trifft, würde insoweit, falls nicht etwa noch eine andere Kompetenzgrundlage hinzukäme (z. B. „implied powers", eigene Kulturkompetenz der EG), gegen das Prinzip der Gemeinschaftstreue verstoßen und somit unzulässig sein. Umgekehrt, also wenn Mitgliedstaaten in den Regelungsbereich der EG eingreifen, stellt sich die Problematik weniger scharf, da in einem solchen Fall selbst dann,

---

[58] Siehe im einzelnen *von Bogdandy*, in: *Grabitz/Hilf*, Kommentar, Art. 5, Rdz. 32 ff.

[59] Vgl. dazu *von Bogdandy*, in: *Grabitz/Hilf*, Kommentar, Art. 5, Rdz. 67 ff., m. w. N. insb. zur Rspr. des EuGH.

[60] EuGH, Rs. 230/81, Luxemburg/Parlament, a. a. O., S. 287; Rs. C-2/88 Imm. „Zwartveld", Slg. 1990, S. 3367, 3372; ebenso BVerfGE 89, S. 155, 202 – „Maastricht-Urteil".

[61] Vgl. hierzu an dieser Stelle nur *Stern* I², S. 699 ff.

wenn die Mitgliedstaaten in der Tat eine überschießende Regelung treffen, diese durch eine entgegenstehende Regelung seitens der EG wegen des Grundsatzes des Vorrangs des Gemeinschaftsrechtes vor mitgliedstaatlichem Recht außer Kraft gesetzt werden könnte.

Ob und inwieweit über das eben dargestellte Mäßigungs- bzw. Zurückhaltungsgebot hinaus der EG aufgrund des Prinzips der „Gemeinschaftstreue" noch weitere konkrete Handlungspflichten erwachsen, ist fraglich. Man könnte allerdings daran denken – und es ist nichts ersichtlich, was dagegen spräche –, die den Mitgliedstaaten aufgrund des Art. 5 EGV erwachsenden Handlungspflichten, wie z. B. eine *Konsultationspflicht*, auch auf den nunmehr zum allseits wirkenden Grundsatz ausgebauten allgemeinen Grundsatz der Gemeinschaftstreue zu übertragen. In diesem Sinne erwüchse der EG in dem Fall, daß ihre Regelungskompetenz in Zweifel steht, die Pflicht, mit den betroffenen Mitgliedstaaten in bona fide geführte Konsultationen einzutreten, um ggfs. den Geltungsbereich der umstrittenen Kompetenzen auszuloten und gemeinsam festzustellen.

cc) Subsidiaritätsprinzip

21   Als weiteres Instrument zur genaueren Abgrenzung der Kompetenzen zwischen EG und EG-Mitgliedstaaten könnte das sog. Subsidiaritätsprinzip dienen. Es ist nun anläßlich des Abschlusses des Maastrichter Vertrages in dem neuen Art. 3 b UAbs. 2 EGV verankert worden. Dort wird bestimmt, daß die EG in den Bereichen, die nicht in ihre ausschließliche Zuständigkeit fallen, nur tätig wird, sofern und soweit die Ziele der in Betracht gezogenen Maßnahmen auf Ebene der Mitgliedstaaten nicht ausreichend erreicht werden können und daher wegen ihres Umfangs oder ihrer Wirkungen besser auf Gemeinschaftsebene erreicht werden können.

22   Bei näherem Hinsehen zeigt sich jedoch, daß in dem neuen Art. 3 b UAbs. 2 EGV *nicht nur* das *Subsidiaritätsprinzip* als solches, sondern *zusätzlich* und mit dem Subsidiaritätsprinzip auf eigenartige Weise verknüpft, noch ein gegenläufiges[62] *Effektivitätsprinzip* verankert worden ist. Als Ausprägung des Subsidiaritätsprinzips kann lediglich die erste Satzhälfte der zitierten Bestimmung angesehen werden. Sie besagt im Kern, daß bei konkurrierenden Kompetenzen grundsätzlich zunächst die untere Kompetenzebene, also die Mitgliedstaaten, zuständig für etwaige Regelungen sind. Es ist dies das Subsidiaritätsverständnis, wie es in der Maastricht-Debatte insbesondere von einigen EG-Mitgliedstaaten wie Deutschland, vor allem aber von den deutschen Bundesländern vertreten worden ist.[63] Die höhere Kompetenzebene, also die EG, kommt demnach nur zum Zuge, wenn die untere Ebene das angestrebte Ziel mit ihren Mitteln nicht erreichen kann und deshalb ein Eingreifen der höheren Ebene notwendig wird. Entscheidendes Kriterium ist hier die Erforderlichkeit.[64] Für den vorliegenden Fall würde dies bedeuten, daß selbst dann, wenn der EG in der Tat eine konkurrierende Kompetenz im Rundfunkbereich zukäme, aufgrund des Subsidiaritätsgedankens zunächst gleichwohl die Mitgliedstaaten zuständig blieben und die Kompetenz erst dann zur EG wandern bzw. dort aufleben würde, wenn die Mitgliedstaaten nicht in der Lage wären, das angestrebte Ziel in hinreichender Weise zu erfüllen.

Dem Gedanken des Subsidiaritätsprinzips, welches grundsätzlich stets die untere Ebene in einem hierarchisch aufgebauten Kompetenzschema bevorteilt, steht in gewisser Weise die in der zweiten Satzhälfte des Art. 3 b UAbs. 2 EGV niedergelegte Regelung entgegen. Zwar wird auch sie, insbesondere im Sprachgebrauch der EG selbst, unter dem Etikett des Subsidiaritätsprinzipes gehandelt; tatsächlich aber ist sie Ausdruck eines gegenläufigen, d. h. zugunsten der höheren Ebene wirkenden *Effektivitätsprinzipes*.[65] Sicherlich ist die Annahme

---

[62] So auch *Jachtenfuchs* Europa-Archiv 1992, S. 279, 281.

[63] Vgl. ausführlicher dazu *Heintzen* JZ 1991, S. 317, 318; *Hochbaum* DÖV 1992, S. 285, 290; *Faber* DVBl. 1991, S. 1126, 1134; *Kahl* AöR 118 (1993), S. 414, 422, 426 f.; vgl. auch *Dörr/Beucher/Eisenbeis/Jost,* Einflüsse, S. 64.

[64] So auch, statt vieler, *Kahl* AöR 118 (1993), S. 426; *Dörr/Beucher/Eisenbeis/Jost,* Einflüsse, S. 64.

[65] Vgl. zu dem Ganzen ausführlicher *Kahl* AöR 118 (1993), S. 423, 428; *Heintzen* JZ 1991, S. 318; *Hochbaum* DÖV 1992, S. 289; *Faber* DVBl. 1991, S. 1134.

der Effektivitätsvermutung zugunsten der höheren Ebene nicht zwingend. In der Mehrzahl der Fälle jedoch werden Gründe, die für die größere Effektivität der höheren Kompetenzebene sprechen, welche aufgrund reicherer Ressourcenausstattung, besseren Überblicks, strafferer zentraler Entscheidungsfindung usw. im Zweifel Aufgaben effektiver wahrnehmen kann als die, noch dazu in 15 Einzelkomponenten fragmentierte untere Ebene der Mitgliedstaaten, schnell gefunden sein.[66] Abgesehen davon aber ist festzuhalten, daß der Effektivitätsgrundsatz an sich eine Funktion als Kompetenzabscheidungskriterium durchaus, wenngleich in den meisten Fällen eben zugunsten der höheren Kompetenzebene, zu erfüllen vermag.

Die letztlich in Art. 3 b UAbs. 2 EGV gefundene Formulierung stellt einen *Formelkompromiß* dar,[67] der die unterschiedlichen Standpunkte einiger Mitgliedstaaten der EG sowie insbesondere der deutschen Bundesländer einerseits und der EG andererseits auf einen Nenner bringen sollte. Es stellt sich aber die praktisch eminent wichtige Frage, *in welchem Verhältnis* die beiden genannten *Prinzipien zueinander* stehen. Man könnte vielleicht der Auffassung sein, die beiden Prinzipien *neutralisierten* sich gegenseitig, und zwar insofern, als das Subsidiaritätsprinzip zugunsten der Mitgliedstaaten wirkt, das Effektivitätsprinzip – in der Regel – zugunsten der EG, und die beiden Prinzipien somit – wie zwei entgegengerichtete Vektoren – einander diametral entgegenwirken und dabei ihre jeweilige Wirkung wechselseitig aufheben. Man könnte aber auch – weiter unter der Annahme, die beiden Prinzipien seien einander entgegengerichtet – einem der beiden Prinzipien *Vorrang* gegenüber dem jeweils anderen einräumen, also das Subsidiaritätsprinzip gegenüber dem Effektivitätsprinzip obsiegen lassen oder umgekehrt.[68] Im ersteren Fall hätte man damit eine Kompetenzentscheidung zugunsten der Mitgliedstaaten, im letzteren Fall – im Zweifel – zugunsten der EG gefällt. Der Nachweis allerdings, daß einem der beiden Prinzipien Vorrang gegenüber dem jeweils anderen gebühre, und welches ggfs. das vorrangige sein solle, fiele schwer. Aus der Vorschrift selbst ergibt sich diesbezüglich jedenfalls kein Hinweis. Vielmehr gibt der Wortlaut der Vorschrift nur weitere Rätsel auf. Es heißt dort nämlich, daß die Gemeinschaft nach dem Subsidiaritätsprinzip nur tätig wird, „sofern und soweit die Ziele der in Betracht gezogenen Maßnahmen auf Ebene der Mitgliedstaaten nicht ausreichend erreicht werden können *und daher* wegen ihres Umfangs oder ihrer Wirkungen besser auf Gemeinschaftsebene erreicht werden können".[69] Verwirrend ist hier die Anbindung der zweiten Satzhälfte an die erste – und damit des Effektivitätsprinzips an das Subsidiaritätsprinzip – mittels des Wortes „daher". Die mit dem Wort „daher" suggerierte Logik scheint hier nicht gegeben. Denn wenn die Mitgliedstaaten eine Aufgabe nicht hinreichend erfüllen können, wandert die Aufgabenerfüllung schon aufgrund des Subsidiaritätsprinzips automatisch auf die nächsthöhere Ebene der EG; für die Anwendung des Effektivitätsprinzips ist dann kein Platz mehr, sie ist überflüssig.

Man könnte, um dem Ganzen zu einem Sinn zu verhelfen, allenfalls darangehen und die zweite Satzhälfte und damit das Effektivitätsprinzip nicht als Gegensatz zur ersten Satzhälfte und dem dort genannten Subsidiaritätsprinzip verstehen, sondern – im Sinne einer *harmonisierenden Auslegung* – den in der zweiten Satzhälfte des Art. 3 b UAbs. 2 EGV formulierten *Effektivitätsgedanken als spezifische Ausprägung des Subsidiaritätsprinzips* begreifen.[70] Dann ergäbe wenigstens das Wort „daher" einen Sinn. Eine solche Interpretation des Art. 3 b UAbs. 2 EGV *widerspricht* allerdings der *Entstehungsgeschichte* der Norm. Diese macht nämlich deutlich, daß die beiden Prinzipien von ihren jeweiligen Proponenten – Mitgliedstaaten bzw. EG –

23

---

[66] In diesem Sinne auch *Pechstein* DÖV 1991, S. 535, 537; *Konow* DÖV 1993, S. 405, 409; *Möschel* NJW 1993, S. 3025, 3027; *Dörr/Beucher/Eisenbeis/Jost*, Einflüsse, S. 65; *Eberle* AfP 1993, S. 426.

[67] So auch *Jachtenfuchs* Europa-Archiv 1992, S. 279, 281; *Kahl* AöR 118 (1993), S. 425; *Dieter Grimm*, Subsidiarität ist nur ein Wort, F. A. Z. vom 17. 9. 1992, S. 38.

[68] Zu dieser Interpretationsmöglichkeit, obwohl er sie selber zurückweist, und m. w. N. *Kahl* AöR 118 (1993), S. 435; vgl. auch *Faber* DVBl. 1991, S. 1134 f.; *Schink* DÖV 1992, S. 385, 387.

[69] Hervorhebung durch Verf.

[70] Einer solchen Auffassung scheint auch das BVerfG in seinem Maastricht-Urteil anzuhängen, a. a. O., S. 210 f.

durchaus als gegeneinandergerichtete Prinzipien und Wirkmechanismen verstanden wurden.[71] Gleichwohl vertritt in der Zwischenzeit der größere Teil des Schrifttums die eben dargestellte *harmonisierende*, „synthetisierende"[72] *Auffassung*. Ihrzufolge bezeichnet die Vorschrift des Art. 3 b UAbs. 2 EGV einen *zweistufigen Wirkmechanismus*, demzufolge erst eine Prüfung zu erfolgen habe, ob eine ausreichende Lösung auf der Ebene der Mitgliedstaaten gefunden worden sei/werden könne, und danach zu prüfen sei, ob eine Lösung besser auf der Ebene der EG machbar sei,[73] wobei klar sei, daß die beiden Prüfvoraussetzungen *kumulativ* gegeben sein müßten, um letztlich eine Kompetenz der EG begründen zu können.[74] Keinesfalls könne aber in der Vorschrift des Art. 3 b UAbs. 2 EGV die Verkörperung eines reinen, im übrigen einseitig zugunsten der EG wirkenden Effektivitätsprinzipes gesehen werden.[75]

24   Dem steht die *kritische Auffassung* gegenüber, daß hier, anstatt des Subsidiaritätsprinzipes, mit Hilfe eines „*Etikettenschwindels*" in Wirklichkeit doch das Effektivitätsprinzip eingeführt werde.[76] Im Zweifel werde die Vorschrift in der Kompetenzauseinandersetzung zwischen EG und Mitgliedstaaten diesen nichts nützen,[77] vielmehr zu einer Kompetenzverlagerung zur EG führen.[78] In jedem Falle aber werde die Vagheit der beiden in Art. 3 b UAbs. 2 EGV genannten Kriterien („ausreichende Zielerreichung auf der Ebene der Mitgliedstaaten", „größere Effektivität der EG") die praktische Arbeit mit dieser Vorschrift sehr schwierig gestalten,[79] wenn sie nicht ohnehin nur als eine nichtssagende und damit untaugliche Leerformel anzusehen sei.[80]

Insgesamt betrachtet ist wohl in der Tat ein eher kritisches Urteil angebracht. Das in Art. 3 b UAbs. 2 EGV verankerte Subsidiaritätsprinzip dürfte wegen der Eigenarten der Formulierung der Vorschrift, insb. der auf eigenartige Weise erfolgenden Verknüpfung mit dem Effektivitätsprinzip, als Kompetenzabgrenzungskriterium nur *bedingt tauglich* sein. Im übrigen wird man abwarten müssen, welche Präzisierungen der etwas unklaren Lage der EuGH ggfs. leisten wird.

Allerdings kann auch festgehalten werden, daß das Subsidiaritätsprinzip, *wenn* es als solches ungeschmälert zum Zuge käme, sehr wohl als – relativ eindeutiges – Kompetenzabscheidungskriterium, und zwar zugunsten der EG-Mitgliedstaaten, wirken könnte.

dd) Grundsatz der Verhältnismäßigkeit

25   Gelegentlich wird als weitere Kompetenzausübungsschranke, die im Verhältnis zwischen EG und ihren Mitgliedstaaten wirksam werden soll, der Grundsatz der Verhältnismäßigkeit angeführt.[81] Danach dürften EG-Kompetenzen vor mitgliedstaatlichen Kompetenzen nur

---

[71] Vgl. die Nachweise bei *von Bogdandy*, in: *Grabitz/Hilf*, Kommentar, Art. 3 b, Rdz. S. 23, 32.

[72] So *Kahl* AöR 118 (1993), S. 425: „Synthese bzw. Kombination".

[73] Vgl. *Konow* DÖV 1993, S. 408; *Schmidthuber/Hitzler* NVwZ 1992, S. 720, 722; *St. U. Pieper* DVBl. 1993, S. 705, 709.

[74] Vgl. *Kahl* AöR 118 (1993), S. 435; *Konow* DÖV 1993, S. 409; *St. U. Pieper* DVBl. 1993, S. 709; *Schmidthuber/Hitzler* NVwZ 1992, 722; *Goppel* EuZW 1993, S. 367; Schlußdokument der Tagung des Europäischen Rats in Edinburgh am 11./12. 12. 1992, Bull. BReg. Nr. 140, 28. 12. 1992, S. 1277, 1281.

[75] *Schmidhuber/Hitzler* NVwZ 1992, S. 723; *Goppel*, EuZW 1993, S. 367; *St. U. Pieper* DVBl. 1993, S. 709.

[76] *Schink* DÖV 1992, S. 387; vgl. auch *Faber* DVBl. 1993, S. 1134.

[77] *Hochbaum* DÖV 1992, S. 292; *Konow* DÖV 1993, S. 411; *Heintzen* JZ 1991, S. 318; *Faber* DVBl. 1993, S. 1135; *Grimm* DÖV 1993, S. 38.

[78] *Stauffenberg/Langenfeld* ZRP 1992, S. 252, 255; *Bohr/Albert* ZRP 1993, S. 61, 65; *Konow* DÖV 1993, S. 409, 411; *Hochbaum* DÖV 1992, S. 291; *Dörr/Beucher/Eisenbeis/Jost*, Einflüsse. S. 65 ff.; *Eberle* AfP 1993, S. 426; *Hartstein/Ring/Kreile*, Rdz. 100, S. 187; *Jachtenfuchs* Europa-Archiv 1992, S. 282, 283; a.A. *St.U. Pieper* DVBl. 1993, S. 710, 711; *Jarass* EuGRZ 1994, S. 209, 213.

[79] *Stauffenberg/Langenfeld* ZRP 1992, S. 255; *Bohr/Albert* ZRP 1993, S. 65; *Jachtenfuchs* Europa-Archiv 1992, S. 283; *Konow* DÖV 1993, S. 409, 411; *Hochbaum* DÖV 1992, S. 291.

[80] *Bohr/Albert* ZRP 1993, S. 65; *Möschel* NJW 1993, S. 3027, 3028; *Heintzen* JZ 1991, S. 409; *Konow* DÖV 1993, S. 409; *Grimm* DÖV 1993, S. 38.

[81] *Hans Peter Ipsen*, in: GS *Wilhelm Karl Geck*, S. 339, 353 f.; *Delbrück*, Rundfunkhoheit. S. 57 ff.; *Ossenbühl*, Rundfunk. S. 49; *Jarass* EuR 1986, S. 93; *Bullinger* VBlBW 1989, S. 168; *Hailbronner* JZ 1990, S. 152.

insoweit in Anspruch genommen werden, als dies für die Erreichung des betreffenden Zieles *geeignet, erforderlich und verhältnismäßig i. e. S.* erscheint. Insbesondere dürfe die Beeinträchtigung der mitgliedstaatlichen Kompetenzen nicht in einem Mißverhältnis zum gemeinschaftspolitischen Nutzen stehen.[82]

Fraglich ist, ob dieser Grundsatz, der im EG-Rechtsbereich bislang primär als allgemeiner Rechtsgrundsatz zum Schutz des Marktbürgers vor ungerechtfertigten Eingriffen der EG-Organe in den Grundrechtsbereich Anwendung gefunden hat, auch zur Kompetenzabscheidung zwischen EG und Mitgliedstaaten herangezogen werden kann.[83] In diesem Zusammenhang darf indes nicht übersehen werden, daß nunmehr aufgrund des Vertrages von Maastricht in Art. 3 b UAbs. 3 EGV das Verhältnismäßigkeitsprinzip ausdrücklich im EG-Vertrag verankert worden ist. Allerdings stellt sich auch hier die Frage, ob dieses Prinzip nicht primär für das Beziehungsgeflecht EG–Marktbürger geschaffen worden ist,[84] nicht hingegen für das Kompetenzbeziehungsgeflecht zwischen EG und Mitgliedstaaten. Hierfür kommt in jedem Falle das in Art. 3 b UAbs. 2 EGV verankerte Subsidiaritätsprinzip zum Tragen. Im übrigen würde sich diesbezüglich, nämlich was das Kriterium der Erforderlichkeit betrifft, eine Deckungsgleichheit bzw. Parallelität der beiden Prinzipien ergeben, so daß jedenfalls in Hinblick darauf das Verhältnismäßigkeitsprinzip überflüssig wäre.

Ein zusätzliches Element brächte das Verhältnismäßigkeitsprinzip jedoch mit den Kriterien der Geeignetheit sowie vor allem mit dem der Verhältnismäßigkeit i. e. S. ein. Insoweit könnte die Anwendung des Prinzipes durchaus sinnvoll sein. Begründet werden müßte es mit der auch z. B. im deutschen Verfassungsrecht gültigen allgemeinen Erwägung, daß *jegliche* hoheitliche Maßnahme, auch gegenüber einem anderen Kompetenzträger, grundsätzlich dem Verhältnismäßigkeitsgebot unterliegt.[85] Ein Rückgriff auf den Grundsatz der Gemeinschaftstreue zur weiteren dogmatischen Begründung[86] erscheint hier nicht notwendig; vielmehr trägt jenes Gebot aus sich heraus.

ee) Mitgliedstaatliche Verfassungsbestimmungen als Kompetenzausübungsschranke?

Es stellt sich, besonders mit Blick auf das deutsche Verfassungsrecht, die Frage, ob und **26** inwieweit ggfs. über die eben genannten gemeinschaftsrechtlichen Kompetenzabgrenzungs- und -begrenzungskriterien hinaus grundsätzlich auch die jeweiligen *Verfassungsordnungen der EG-Mitgliedstaaten* eine *Barriere* bilden für den kompetenziellen Zugriff der EG, und zwar eine Barriere, die die EG nicht übersteigen dürfte und die dann als *Kompetenzabgrenzungskriterium* zugunsten der Mitgliedstaaten wirken würde. In diesem Sinne haben insbesondere die deutschen Bundesländer im Zuge der Auseinandersetzung um den Erlaß der Fernsehrichtlinie argumentiert.

Wie oben erwähnt, haben sich vor allem die deutschen *Bundesländer* gegen den Erlaß der **27** Richtlinie bzw. gegen die Annahme einer diesbezüglichen Kompetenz der EG gewandt mit dem Argument, mittels der Richtlinie würde die EG in das deutsche Verfassungsgefüge eingeifen und den Ländern, ohne daß diese dem zugestimmt hätten, Kompetenzen in einem Bereich entziehen würden, die ihnen im Rahmen der bundesstaatlichen Kompetenzaufteilung zwischen Bund und Ländern zur ausschließlichen eigenständigen Regelung belassen worden seien, ja die geradezu das „*Hausgut*" ihrer Kompetenzen ausmachten.[87] Unmittelbarer Adressat ihrer Vorstöße war seinerzeit die Bundesregierung, die einen Kabinettsbeschluß dahinge-

---

[82] So *Jarass* EuR 1986, S. 93.

[83] Kritisch bzw. ablehnend etwa *Dörr/Beucher/Eisenbeis/Jost,* Einflüsse, S. 54.

[84] Vgl. *Schmidhuber/Hitzler* NVwZ 1992, S. 722; *von Bogdandy,* in: *Grabitz/Hilf,* Kommentar, Art. 3 b, Rdz. 43.

[85] *Paul Kirchhof,* in: *Isensee/Kirchhof,* HdbStR III, S. 121 ff., Rdz. 13; vgl. auch *Lerche,* Übermaß; *Stern* I², S. 861; *Maunz/Dürig/Herzog/Scholz,* GG, Art. 20, Abschnitt VII, Rdz. 71 f.

[86] So *Ossenbühl,* Rundfunk, S. 48.

[87] Vgl. Regierungschefs der Länder, in: ZUM 1986, S. 600; Beschluß des Bundesrates vom 20. 2. 1987, BR-Drs. 259/86.

hend gefaßt hatte, dem Erlaß der Richtlinie im EG-Rat zustimmen zu wollen. Hiergegen richtete sich ein von Bayern beim Bundesverfassungsgericht eingebrachter Antrag auf Erlaß einer einstweiligen Anordnung, in der vom Gericht zum einen festgestellt werden sollte, daß der Kabinettsbeschluß die Rechte der Länder aus Art. 30 GG verletze, also gegen die in dieser Vorschrift zugunsten der Länder normierte grundsätzliche verfassungsrechtliche Kompetenzzuweisung verstoße, sowie der Bundesregierung aufgegeben werden sollte, den betreffenden Kabinettsbeschluß vorläufig nicht zu vollziehen. Dem Antrag auf Erlaß einer einstweiligen Anordnung ist vom Bundesverfassungsgericht nicht stattgegeben worden[88], wodurch eines der Anliegen der Länder, die Verabschiedung der Richtlinie zu verhindern, vereitelt wurde.

Der *Fall* ist *mehrschichtig* gelagert. Ihm wohnt sowohl eine deutsche *verfassungsrechtliche* als auch eine genuin *europarechtliche Problematik* – sie interessiert hier primär – inne. Aus spezifisch deutscher Sicht handelt es sich zunächst um einen *verfassungsrechtlichen Streit über* die *Kompetenzverteilung zwischen Bund und Ländern* im Bereich der auswärtigen Gewalt. Konkret geht es dabei um die Frage, ob Art. 24 Abs. 1 GG, der dem Bund das Recht einräumt, durch Gesetz Hoheitsrechte auf zwischenstaatliche Einrichtungen zu übertragen, es dem Bund hierbei erlaubt, außer Hoheitsrechten des Bundes auch solche der Länder mit zu übertragen.[89] Zu dieser Frage gibt es verschiedene Auffassungen. Die h. M. in der Verfassungsrechtslehre bejaht ein solches Recht des Bundes,[90] ohne indes überzeugende Begründungen für diese Auffassung zu liefern.[91] Eine Mindermeinung hingegen verwehrt hier dem Bund, mit durchaus beachtlichen Begründungen, eine solche Kompetenz.[92]

28   Eine autoritative Entscheidung in dem Meinungsstreit steht noch aus. Auch das jüngst ergangene *Urteil des Bundesverfassungsgerichts* im Fernsehrichtlinienstreit zwischen Bayern und einer Reihe anderer Bundesländer einerseits sowie der Bundesregierung andererseits[93] bringt hier *nur bedingt Aufklärung.* Zu der hier interessierenden Frage, ob und inwieweit der Bund ggfs. auch Hoheitsrechte der Länder auf die EG übertragen darf, enthält es sich jeglicher Aussage. Zwar stellt es fest, daß die Bundesregierung hinsichtlich der in der Fernsehrichtlinie enthaltenen Quotenregelung durch ihre Zustimmung im Rat der EG „durch die Art der Wahrnehmung der Mitgliedschaftsrechte der Bundesrepublik Deutschland im Rat die Rechte der Länder verletzt" habe.[94] Konkret habe die *Bundesregierung* die *Rechte der Länder* dadurch *verletzt,* daß sie, nachdem sich in den Verhandlungen im Rat eine neue, von der zuvor zwischen Bund und Ländern vereinbarten Verhandlungsposition abweichende Entscheidungslage ergeben habe, vor einer Entscheidung über ihr weiteres Vorgehen im Rat den Bundesrat nicht über das – neue – Verhandlungsergebnis unterrichtet und auch nicht für das weitere Vorgehen mit dem Bundesrat eine Verständigung gesucht habe.[95] Das Bundesverfassungsgericht erkennt den *Rechtsverstoß* der Bundesregierung also *im Verfahrensrechtlichen* und nicht in der materiell-verfassungsrechtlichen Problematik, *ob* die Bundesregierung überhaupt zulassen bzw. daran mitwirken durfte, daß die EG den Bereich der Quotenregelung, der jedenfalls schwerpunktmäßig dem kulturellen Aspekt des Rundfunks zuzuordnen ist und hinsichtlich dessen somit zumindest arge Zweifel bestehen, ob er zu denjenigen Materien gehört, die der EG zur Regelung offen stehen, ihrer Regelungsgewalt unterstellt. Mehr noch: Das Bundesverfassungsgericht stellt noch nicht

---

[88] BVerfGE 80, S. 74.

[89] Für die Übertragung von Hoheitsrechten auf die EG/EU ist nunmehr, nach einer im Jahre 1993 erfolgten Grundgesetzänderung, nicht mehr Art. 24 Abs. 1, sondern Art. 23/neu GG einschlägig.

[90] Vgl. die zahlreichen Nachweise zum einschlägigen Schrifttum bei *Randelzhofer,* in: *Maunz/Dürig/Herzog/Scholz,* GG, Art. 24 I, Rdz. 37.

[91] Vgl. dazu *Schütz* Der Staat 28 (1989), S. 201 ff., 204 ff.; kritisch insoweit auch *Randelzhofer,* in: *Maunz/Dürig/Herzog/Scholz,* GG, Art. 24 I, Rdz. 38; *Dörr/Beucher/Eisenbeis/Jost,* Einflüsse, S. 157 ff.

[92] Vgl. *Schütz* Der Staat 28 (1989), S. 204 ff., m. w. N.; vgl. auch die Nachweise bei *Randelzhofer,* in: *Maunz/Dürig/Herzog/Scholz,* GG, Art. 24 I, Rdz. 39.

[93] BVerfGE 92, S. 203; vgl. *Lerche* AfP 1995, S. 632 ff.

[94] BVerfGE 92, S. 203, 243.

[95] BVerfGE 92, S. 203, 245.

einmal die Frage, ob es sich im gegebenen Fall möglicherweise um eine *Übertragung neuer Hoheitsrechte* auf die EG gehandelt habe. Wenn nämlich der kulturelle Aspekt des Rundfunks bislang nicht zu denjenigen Materien gehörte, die der EG durch frühere Übertragungen der diesbezüglichen Hoheitsrechte seitens der Mitgliedstaaten als Regelungsfeld eröffnet worden sind, so hätte sie dafür keine Regelungskompetenz besessen bzw. hätte der diesbezügliche Zustimmungsakt der Mitgliedstaaten im EG-Rat als ein solcher Übertragungsakt angesehen werden können, wenn nicht sogar müssen. Dann aber hätte mit aller Schärfe die Frage nach der Zulässigkeit der Übertragung einschlägiger Hoheitsrechte, die in die ausschließliche Gesetzgebungskompetenz der Länder fallen, durch den Bund gestellt werden müssen.

Offen geblieben ist in dem Urteil des Bundesverfassungsgerichts im übrigen die weitere Frage, ob durch einen reinen *Akt der Exekutive* (Kabinettsbeschluß bzw. auf diesem beruhender Abstimmungsakt im Rat der EG) Hoheitsrechte auf die EG übertragen werden konnten, wo – ausweislich des Wortlautes des Art. 24 Abs. 1 GG – ein Bundesgesetz, also ein Akt der Legislative, erforderlich gewesen wäre.

Von der rein deutschen verfassungsrechtlichen Komponente des Falles zu unterscheiden **29** ist die *europarechtliche*. Aus der Sicht des Europarechts sind etwaige mitgliedstaatliche verfassungsrechtliche Vorgaben zunächst irrelevant, jedenfalls insoweit, als die EG, *sofern sie zuständig ist*, Regelungen treffen darf. Diese können nämlich in der Folge wegen des supranationalen Charakters des EG-Rechts Vorrang auch vor mitgliedstaatlichem Verfassungsrecht beanspruchen, dieses ggfs. verdrängen.[96]

Differenziert zu sehen ist das Problem, soweit es um die Frage geht, *ob* die EG in einem bestimmten Fall zuständig ist. Hier kann mitgliedstaatliches Verfassungsrecht sehr wohl beachtlich werden und der EG Grenzen aufzeigen. Als Regel gilt, daß Mitgliedstaaten – aus der Sicht ihres jeweiligen Verfassungsrechts – Hoheitsrechte nur in dem Maße auf die EG übertragen können, als dies ihre jeweiligen Verfassungen erlauben.[97] Aus der Sicht der EG wiederum bedeutet dies, daß diese auch nur davon ausgehen durfte, daß die Mitgliedstaaten ihr lediglich diejenigen Kompetenzen überantworten wollten und konnten, die sie gemäß Verfassungsrecht zulässigerweise aus der Hand geben durften. *Nicht* hingegen darf die EG annehmen, daß die Mitgliedstaaten eine *Kompetenzübertragung* vornehmen wollten bzw. vorgenommen haben, die *vom* jeweiligen *Verfassungsrecht nicht gedeckt* war.[98] Hier gleichwohl eine Kompetenz beanspruchen zu wollen, hieße für die EG ultra vires zu handeln.

In jedem Fall aber wird man ein entsprechendes Verhalten der EG als Verstoß gegen den Grundsatz der *Gemeinschaftstreue* zu werten haben, der der EG wie den Mitgliedstaaten eine Pflicht zur wechselseitigen Rücksichtnahme aufgibt.[99] Hierzu zählt sicherlich auch die *Rücksichtnahme* auf die jeweiligen *Verfassungsordnungen*, auch und insbesondere soweit Kompetenzübertragungen betroffen sind.[100]

4. Die Kulturkompetenz der EG als Anknüpfungspunkt für eine Rundfunkkompetenz der EG?

Aufgrund des Maastrichter Vertrages hat in Art. 3 EGV, der die Tätigkeitsfelder der EG **30** beschreibt, ein neuer Buchstabe p) Eingang gefunden, der als neues Tätigkeitsfeld der EG die

---

[96] H. M., st. Rspr. des EuGH, vgl. oben Rdz. 1.

[97] Vgl. BVerfGE 37, S. 271, 279 f. – „Solange I"; 58, S. 1, 30 ff. – „Eurocontrol I"; 59, S. 63, 86 – „Eurocontrol II"; 68, S. 1, 96 – „Nachrüstungsbeschluß"; 73, S. 339, 375 f. – „Solange II"; 75, S. 223, 235, 242; siehe zu dem Ganzen ausführlich auch *Randelzhofer,* in: *Maunz/Dürig/Herzog/Scholz,* GG, Art. 24 I, Rdz. 68 ff.

[98] Vgl. hierzu auch *Randelzhofer,* in: *Maunz/Dürig/Herzog/Scholz,* GG, Art. 24 I, Rdz. 131, 133, 137.

[99] In diesem Sinne auch BVerfGE 89, S. 155, 202 – „Maastricht"; *Hailbronner* JZ 1990, S. 152; *Dörr/Beucher/Eisenbeis/Jost,* Einflüsse, S. 58 f., m. w. N.; *Hartstein/Ring/Kreile,* Rdz. 99, S. 185; *Stauffenberg/Langenfeld* ZRP 1992, S. 256; a. A. *Randelzhofer,* in: *Maunz/Dürig/Herzog/Scholz,* GG, Art. 24 I, Rdz. 131.

[100] *Hailbronner* JZ 1990, S. 152; *Dörr/Beucher/Eisenbeis/Jost,* Einflüsse, S. 58 f.; *Hartstein/Ring/Kreile,* Rdz. 99, S. 185; *Stauffenberg/Langenfeld* ZRP 1992, S. 256; ähnlich BVerfGE 89, S. 155, 202 – „Maastricht".

„Entfaltung des Kulturlebens in den Mitgliedstaaten" nennt. Außerdem wurde in den EG-Vertrag ein neuer *Art. 128* eingefügt. Er ist der einzige Artikel im IX. Titel, welcher mit „Kultur" überschrieben ist, des Dritten Teiles des EGV, welcher wiederum den Politiken der Gemeinschaft gewidmet ist. Im einzelnen sieht Art. 128 vor, daß die Gemeinschaft einen Beitrag zur Entfaltung der *Kulturen der Mitgliedstaaten* unter Wahrung ihrer nationalen und regionalen Vielfalt sowie gleichzeitiger Hervorhebung des gemeinsamen kulturellen Erbes leistet (Abs. 1). Desweiteren fördert gem. Abs. 2 die EG durch ihre Tätigkeit die Zusammenarbeit zwischen den Mitgliedstaaten und unterstützt und ergänzt erforderlichenfalls deren Tätigkeit u. a. im Bereich des künstlerischen und literarischen Schaffens, einschließlich des *audio-visuellen* Bereichs. Gemäß Abs. 4 trägt die EG den kulturellen Aspekten bei ihrer Tätigkeit aufgrund anderer Bestimmungen des Vertrages Rechnung. Schließlich kann der Rat der EG gem. Abs. 5 als Beitrag zur Verwirklichung der Ziele des Art. 128 zum einen einstimmig *Fördermaßnahmen,* allerdings unter Ausschluß jeglicher Harmonisierung der Rechts- und Verwaltungsvorschriften der Mitgliedstaaten, treffen, sowie zum anderen *Empfehlungen* erlassen. Es fragt sich, ob die genannten Vorschriften als Anknüpfungspunkt für eine Regelungskompetenz der EG im Rundfunkbereich herangezogen werden können, und zwar nun nicht mehr nur bezüglich der wirtschaftlichen Aspekte von Rundfunk, sondern darüber hinaus auch in Hinblick auf die kulturelle Komponente des Rundfunks.

31   In Beantwortung dieser Frage ist zunächst festzustellen, daß in der neuen, Maastrichter Fassung der EG-Vertrag in den genannten Bestimmungen der EG in der Tat den *Kulturbereich* als Tätigkeitsfeld zuweist.[101] Was indes speziell den Rundfunk betrifft, so nennt auch keine der neuen Bestimmungen diesen expressis verbis. Sofern man aber den *Rundfunk* als einen wesentlichen *Bestandteil der Kultur* insgesamt ansieht, können die Regelungen, die sich auf die Kultur im allgemeinen beziehen, durchaus auch speziell auf den Rundfunk in Anschlag gebracht werden. Ein wichtiger Stellenwert kommt in diesem Zusammenhang Art. 128 Abs. 2 EGV zu. In dieser Bestimmung wird als ein Bereich, in dem sich die Fördertätigkeit der EG entfaltet, u. a. der *audio-visuelle Bereich* genannt. Zwar wird auch hier der Rundfunk als solcher wiederum nicht ausdrücklich erwähnt; darüber hinaus ist der audio-visuelle Bereich sicherlich weiter als der des Rundfunks. Gleichwohl umfaßt der audio-visuelle Bereich aber zweifellos *auch* den Rundfunk.[102] Allerdings macht der Wortlaut des Art. 128 Abs. 2 deutlich, daß sich Fördermaßnahmen der EG im Rahmen des Art. 128 nur insoweit auf den audio-visuellen Bereich und somit auch auf den Rundfunk erstrecken können, als damit *künstlerisches und literarisches Schaffen* gefördert wird. Andere Komponenten des Rundfunks – als Beispiel bietet sich hier ein europäischer Nachrichtenkanal an[103] – bzw. Rundfunk schlechthin hingegen werden demzufolge von der Regelung des Art. 128 Abs. 2 nicht erfaßt.[104]

32   Es fragt sich, ob sich darüber hinaus eine weitere grundsätzliche *Beschränkung* des diesbezüglichen *Handlungsspielraums der EG* nicht auch noch aus Art. 2 und 3 EGV ergibt. Art. 3 lit. p) EGV nennt einerseits ausdrücklich die Kultur als eigenes Regelungsfeld der EG. Allerdings bezieht andererseits der Eingangssatz des Art. 3 EGV alle die genannten Tätigkeiten ausdrücklich auf die in Art. 2 genannten Aufgaben der EG („Die Tätigkeit der Gemeinschaft im Sinne des Artikels 2 EGV umfaßt …"). Dort aber werden so gut wie ausschließlich *wirtschaftliche Aufgaben* und Zielsetzungen der EG genannt und wenn schon andere, nichtwirtschaftliche Aufgaben wie z. B. ein hohes Maß an sozialem Schutz oder die Hebung der Lebenshaltung angeführt werden, dann doch Aufgaben, die unverkennbar einen direkten Bezug zu den übrigen dort genannten, wirtschaftlichen Aufgaben haben. Aus dieser Einbettung des Art. 3 lit. p) EGV und dem folgend des Art. 128 EGV in die allgemeine Aufgabenbeschreibung des Art. 2 EGV könnte eine gewisse Beschränkung der Kultur/Rundfunkkompetenz

[101] So auch *Engelhard,* in: *Lenz,* Kommentar, Art. 128, Rdz. 1, 4.
[102] So auch *Eberle* AfP 1993, S. 425.
[103] *Eberle* AfP 1993, S. 425.
[104] *Eberle* AfP 1993, S. 425; *Selmer/Gersdorf,* Finanzierung, S. 60.

der EG einschließlich der Förderung künstlerischen und literarischen Schaffens auf solche Aspekte der Kultur, des Rundfunks bzw. des diesbezüglichen künstlerischen und literarischen Schaffens abgeleitet werden, die einen Konnex zu den in Art. 2 EGV genannten – vornehmlich wirtschaftlichen – Aufgaben der EG haben.

Allenfalls die ebenfalls in Art. 2 EGV genannte Aufgabenstellung für die EG der *Hebung der Lebensqualität* könnte in einem weiteren, d. h. nicht eng wirtschaftlichen Sinn verstanden werden und der EG im Kultur- und insb. Rundfunkbereich, sofern man diesen auf jene Aufgabenstellung bezieht, ein weiterreichendes Betätigungsfeld eröffnen.

Fraglich ist in diesem Zusammenhang auch die *Tragweite des Art. 128 Abs. 4 EGV.* Die dort **33** getroffene Bestimmung, wonach die EG bei ihrer Tätigkeit aufgrund anderer Bestimmungen des Vertrages den kulturellen Aspekten Rechnung trägt, kann zweierlei bedeuten. Zum einen könnte sie so verstanden werden, daß die EG bei all ihren sonstigen Tätigkeiten die kulturellen Aspekte derart berücksichtigt, daß sie sie so wenig wie möglich in ihren Tätigkeitsbereich miteinbezieht, Art. 128 Abs. 4 EGV also als *kompetenzbeschränkende* Vorschrift verstanden wird.[105] Dies würde die eben anhand der Art. 2 und 3 EGV angestellten, die Kompetenz der EG einengenden Überlegungen unterstützen.

Sie könnte zum anderen umgekehrt aber auch *kompetenzerweiternd* derart verstanden werden, daß der EG hierdurch der Auftrag erteilt worden sei, bei all ihrer sonstigen Tätigkeit stets auch die kulturellen Aspekte in dem Sinne miteinzubeziehen, daß diese nicht ungeregelt gelassen werden.[106] Folgte man dieser Ansicht, wären die zuvor zu Art. 2 und 3 EGV angestellten Erwägungen, die zu einer restriktiven Interpretation geführt haben, hinfällig.

Ungeachtet derartiger Auslegungsfragen zeigt sich jedoch bei einem Blick auf die *konkreten* **34** *Handlungsermächtigungen*, die Art. 128 EGV der EG gibt, daß der Handlungsspielraum der EG hier doch – wie weit auch immer das Tätigkeitsfeld als solches letztlich bemessen sein mag – relativ eng ist. Zwar räumt Art. 128 Abs. 2 EGV der EG zunächst noch das Recht ein, die Zusammenarbeit zwischen den Mitgliedstaaten im kulturellen Bereich einschließlich des audiovisuellen Bereichs zu fördern, zu unterstützen und ggfs. zu *ergänzen.* Abs. 5 indes begrenzt hier die Handlungsoptionen der EG sehr streng: Zum einen erlaubt er der EG, *rechtlich unverbindliche Empfehlungen* zu verabschieden;[107] zum anderen ermächtigt er die EG, *Fördermaßnahmen* zu ergreifen. Unter Fördermaßnahmen sind hier in erster Linie solche *finanzieller Natur* zu verstehen;[108] daneben kann aber auch an Maßnahmen organisatorischer Hilfestellung, insb. zur Koordinierung mitgliedstaatlicher Aktivitäten, gedacht werden.[109] Entscheidend hierbei ist – und dies hebt Art. 128 Abs. 5 EGV ausdrücklich hervor –, daß im Zuge der Durchführung solcher Fördermaßnahmen jegliche Harmonisierung der Rechts- und Verwaltungsvorschriften der Mitgliedstaaten seitens der EG ausgeschlossen ist. Damit ist der EG in diesem Bereich insb. der Erlaß einschlägiger Richtlinien oder gar Verordnungen verwehrt.[110] Zusammenfas-

---

[105] In diesem Sinne auch *Ress* DÖV 1992, S. 944, 947 f.; *Hartstein/Ring/Kreile,* Rdz. 92, S. 177; *Selmer/Gersdorf,* Finanzierung, S. 62 f.; *Eberle* AfP 1993, S. 426; *Astheimer/Moosmayer* ZUM 1994, S. 395, 396 f.; *Dörr* ZUM 1995, S. 14, 20.

[106] In diesem Sinne *Schwartz* AfP 1993, 409, 417, 418; wohl auch *Engelhardt,* in: *Lenz,* Kommentar, Art 1, Rdz. 6; *Selmer/Gersdorf,* Finanzierung, S. 64, insoweit allerdings ihrer gerade im Vorstehenden zitierten gegenläufigen Aussage widersprechend. Bemerkenswert und wichtig in diesem Zusammenhang auch die Stellungnahme der EG-Kommission, Mitteilung der Kommission an das Europäische Parlament und den Rat der Europäischen Union – Die Aktion der Europäischen Gemeinschaft zugunsten der Kultur, vom 27. 7. 1994, KOM (94) 356 endg., S. 3 ff., insb. S. 5, in der ganz klar das „offensive" Verständnis der EG von ihren diesbezüglichen Kompetenzen zum Ausdruck kommt!

[107] Zum Rechtscharakter von Empfehlungen siehe statt vieler nur *Oppermann,* Europarecht, Rdz. 479 ff.

[108] *Eberle* AfP 1993, S. 426; *Bohr/Albert* ZRP 1993, S. 65; *Geiger,* Kommentar, Art. 128, Rdz. 8; *Engelhardt,* in: *Lenz,* Kommentar, Art. 1, Rdz. 7; vgl. auch Tagung des Europäischen Rates in Edinburgh, a. a. O., S. 1281.

[109] *Ress* DÖV 1992, S. 947; *Bohr/Albert* ZRP 1993, S. 65; *Geiger,* Kommentar, Art. 5, Rdz. 8; Europäischer Rat, a. a. O., S. 1281.

[110] Vgl. hierzu auch *Engelhardt,* in: *Lenz,* Kommentar, Art 128, Rdz. 7 f.

send kann demnach festgestellt werden, daß die EG in dem Kulturbereich bzw. in dem Bereich des Rundfunks, soweit er als Teil des Kulturbereiches anzusehen ist, jedenfalls auf der Grundlage des Art. 128 EGV *keine Kompetenz* zum Erlaß von Rechtsakten, die die Mitgliedstaaten binden und deren eigenen Kompetenzbereich schmälern könnten, insbesondere von *Richtlinien,* hat.

35   Eine weiterreichende Möglichkeit für die EG böte möglicherweise aber *Art. 235 EGV.* Er räumt den EG-Organen, insbesondere dem Rat, die Möglichkeit ein, einschlägige Vorschriften (d. h. auch Richtlinien oder Verordnungen) zu erlassen, wenn ein Tätigwerden der Gemeinschaft erforderlich ist, um im Rahmen des Gemeinsamen Marktes eines ihrer Ziele zu verwirklichen, und im Vertrag die hierfür erforderlichen Befugnisse nicht vorgesehen sind. Die in Art. 3 lit. p) EGV genannten Kulturziele könnten i.V. m. Art. 2 EGV als solche Ziele i. S. des Art. 235 aufgefaßt werden. Insoweit wäre dann in der Tat eine weitergehende Regelungskompetenz der EG im Kulturbereich, auch zum Erlaß z. B. einschlägiger – die Mitgliedstaaten verpflichtender – Richtlinien etc. gegeben. Zu beachten ist hierbei jedoch, daß die diesbezügliche Befugnis der EG zur außerordentlichen Kompetenzbegründung ihrerseits beschränkt ist und sich, ausweislich des Wortlautes des Art. 235 EGV, lediglich auf *Ziele im Rahmen des Gemeinsamen Marktes,* also auf primär *wirtschaftliche Ziele,* erstreckt.[111]

5. Ergebnis und Folgerungen insbesondere für die Fernsehrichtlinie

36 Als Ergebnis in Hinblick auf die Kompetenzfrage kann folgendes festgehalten werden: Der *EG* kommt eine *Regelungskompetenz* zunächst insoweit zu, als *wirtschaftliche Aspekte des Rundfunks* zu regeln sind. Hierbei darf es jedoch grundsätzlich *keinen „spill-over"* in andere, *nicht-wirtschaftliche Dimensionen* des Rundfunks geben, jedenfalls insoweit nicht, als er nicht durch zusätzliche „implied powers"-Überlegungen oder aufgrund der Maßgabe des Art. 235 EGV (Abrundungskompetenz) gerechtfertigt ist. Aufgrund der neuen, durch den Maastrichter Vertrag in den EG-Vertrag eingefügten Bestimmungen der Art. 3 lit. p) und 128 EGV kommt der EG darüber hinaus nunmehr auch in dem genuin *„kulturellen" Bereich des Rundfunks* eine ansatzweise Regelungskompetenz zu. Diese ist gemäß Art. 128 Abs. 5 EGV auf den Erlaß von *Fördermaßnahmen* und von – rechtlich unverbindlichen – *Empfehlungen* beschränkt. Allerdings könnten Art. 128 Abs. 4 sowie Art. 3 lit. p) i.V. m. Art. 235 EGV, wie zuvor beschrieben, das Potential für weitaus weiter reichende Kompetenzen der EG im Kulturbereich in sich bergen. Eine definitive Aussage hierzu erscheint wegen des doch relativ jungen Datums dieser Vorschriften zur Zeit noch verfrüht. Man wird hier auch abwarten müssen, wie sich insbesondere die diesbezügliche EG-Praxis entwickeln wird.

37   Eine Überprüfung und Bewertung der verschiedenen, eingangs[112] angeführten Regelungsakte, die die EG für den Rundfunk bzw. zumindest mit Bezug auf den Rundfunk erlassen hat, unter Kompetenzgesichtspunkten anhand der im Vorstehenden im einzelnen aufgezeigten Linien kann hier aus Platzgründen nicht erfolgen. Dies soll, ansatzweise, nur bezüglich der *Fernsehrichtlinie,* deren Erlaß die meisten und heftigsten Widerstände und Diskussionen ausgelöst hatte, versucht werden. Was nun konkret die Fernsehrichtlinie betrifft, so ist folgendes festzustellen: Die *Kompetenz der EG* zum Erlaß der Fernsehrichtlinie und damit zur Regelung des betreffenden Teilbereiches des Rundfunkwesens ist, zumindest *in Teilen,* begründet. Unbeschadet des kulturellen Aspekts der Veranstaltung und Verbreitung von Fernsehsendungen wohnt dieser Tätigkeit zweifellos auch eine starke *wirtschaftliche Komponente* inne. Insoweit ist es zutreffend, Fernsehtätigkeit – zumindest auch – als *Dienstleistung* einzustufen, fällt diese insoweit von vornherein grundsätzlich in die in Art. 2 EGV näher umschriebene Aufgabenstellung der EG, insbesondere in die der Errichtung eines Gemeinsamen

---

[111] Vgl. dazu auch noch einmal oben bei Rdz. 14 f.
[112] Vgl. noch einmal oben Rdz. 3 ff.

Marktes (und die, nach dem Erlaß der Fernsehrichtlinie aufgrund des Vertrages von Maastricht in den EG-Vertrag aufgenommene weitere Aufgabenstellung der Errichtung einer Wirtschafts- und Währungsunion). Allerdings muß – gemäß dem Prinzip der begrenzten Einzelermächtigung – noch eine weitere, *ausdrückliche Ermächtigungsnorm* hinzutreten, um hier eine konkrete Handlungskompetenz für die EG zu begründen. Eine solche ist jedoch in der Tat in Art. 57 Abs. 2 i. V. m. 66 EGV zu sehen, jedenfalls was die Regelungen der Fernsehrichtlinie bzgl. *Werbung, Sponsoring und Jugendschutz* betrifft.[113] Rechtsvorschriften der Mitgliedstaaten, die der Werbung Beschränkungen auferlegen[114] oder solche im Interesse eines Jugendschutzes normieren, können Hindernisse für den freien Dienstleistungsverkehr i. S. des Art. 3 lit. c) sowie der Art. 59 und 57 Abs. 2 i. V. m. 66 EGV darstellen. Daraus erwächst der EG die Kompetenz, Vorschriften zu erlassen, die auf die Beseitigung solcher Hindernisse zielen. Hierzu kommt, daß speziell Werbung und Sponsoring als solche schon genuin wirtschaftliche Sachverhalte darstellen und somit in der Folge als Komponenten der Dienstleistungsfreiheit aufgefaßt werden können. Die einschlägigen Regelungen der Fernsehrichtlinie sind demnach grundsätzlich kompetenzmäßig begründet.[115]

Nicht so einfach fällt die Antwort indes hinsichtlich der in der Fernsehrichtlinie enthaltenen Regelungen über das Recht der *Gegendarstellung*. So ist nur schwer vorstellbar, wie innerstaatliche Vorschriften über das Gegendarstellungsrecht Fernsehveranstalter derart beschränken könnten, daß hier von einem Hindernis für den freien Dienstleistungsverkehr i. S. des EG-Vertrages gesprochen werden könnte.[116] Auch hat der Sachverhalt der Gegendarstellung an sich, anders als z. B. Werbung oder Sponsoring, *keinen wirtschaftlichen Charakter.* Demzufolge scheint dann auch eine diesbezügliche *Regelungskompetenz der EG* i. S. der zuvor genannten Vorschriften des EG-Vertrages *nicht gegeben.*[117]

Eine gewisse *Kompetenzgrundlage* ergeben die genannten Vorschriften allerdings wohl bzgl. **38** der *Förderung europäischer Fernsehprogramme,* sofern man hier primär den *Wirtschaftsförderungsgedanken* in den Vordergrund stellt[118] und nicht – was ebenso denkmöglich erscheint und in der Tat ja von vornherein eine wesentliche Rolle bei den Diskussionen in der EG über die Fernsehrichtlinie gespielt hat – den kulturellen Aspekt, insbesondere den Gedanken der Stärkung der kulturellen Potenz und Identität im Filmsektor, vor allem gegenüber der US-amerikanischen Konkurrenz. Für letzteres, also eine Förderung i. S. der Stärkung der *kulturellen Dimension* des Rundfunks, hingegen ergeben die genannten Kompetenzbestimmungen *keine Grundlage.*[119] Eine solche würde für den Fall, daß die Richtlinie *jetzt* erlassen würde, noch nicht einmal Art. 128 i. V. m. Art. 3 lit. p) EGV zur Verfügung stellen. Art. 128 EGV ermächtigt die EG zwar, wie oben dargestellt, zum Erlaß von Rechtsakten im Rundfunksektor. Dies

---

[113] So jetzt auch BVerfGE 92, S. 203, 241. – „Fernsehrichtlinie"; bejahend etwa auch *Kugelmann,* Dienstleistungsfreiheit, S. 152 f., 153 f.; a. A. *Delbrück,* Rundfunkhoheit, S. 57 ff.

[114] Vgl. EuGH, Rs. 52/79 „Debauve", a. a. O.

[115] Dies hat nicht zu bedeuten, daß die Kompetenzausübung durch die EG im konkreten Einzelfall, z. B. wegen eines Verstoßes gegen das Verhältnismäßigkeitsprinzip, gleichwohl unzulässig sein kann. Vgl. dazu gleich im folgenden am Ende dieses Abschnittes.

[116] Vgl. in diesem Zusammenhang auch das 4. Rundfunkurteil, BVerfGE 73, S. 118, 201, in dem das Gericht die Aufnahme einer Gegendarstellungspflicht in das niedersächsische Landesrundfunkgesetz speziell auch für ausländische, in Niedersachsen verbreitete Rundfunkprogramme gefordert hat und darin offensichtlich kein Hindernis für die Veranstaltung und Verbreitung von Rundfunk an sich gesehen hat.

[117] A. A. aber offensichtlich das BVerfG in seinem Fersehrichtlinien-Urteil, BVerfGE 92, S. 203, 241. wo es – allerdings unreflektiert – das Recht der Gegendarstellung in den der EG durch Art. 57 Abs. 2 und Art. 66 EGV eröffneten Regelungsbereich einbezieht; a. A. auch etwa *Kugelmann,* Dienstleistungsfreiheit, S. 153 f.

[118] Dies tut ausdrücklich die Fernsehrichtlinie, vgl. a. a. O., Begründungserwägungen; für eine diesbezügliche Kompetenz der EG etwa auch *Kugelmann,* Dienstleistungsfreiheit, S. 150.

[119] Zum Streit, ob und inwieweit die Quotenregelung der Fernsehrichtlinie überhaupt verbindlich ist, vgl. *Dörr/Beucher/Eisenbeis/Jost,* Einflüsse, S. 88 ff.; *Engel,* in: *Dauses,* Handbuch, E.V. Rdz. 41; gegen Verbindlichkeit etwa *Möwes/Schmitt-Vockenhausen* EuGRZ 1990, S. 123; für die Verbindlichkeit etwa *von Bogdandy* EuZW 1992. S. 12 f.; wohl auch BVerfG im Fernsehrichtlinien-Urteil, BVerfGE 92, S. 203, 243.

können ausweislich des Textes der Bestimmung allerdings nur – unverbindliche – Empfehlungen sein, nicht aber z. B. Richtlinien. Ein anderes Ergebnis wäre allenfalls dann vertretbar, wenn man den Art. 128 Abs. 4 EGV in Hinblick auf die EG als kompetenz*begründende* Norm interpretierte oder – zweite Variante – eine Kompetenzbegründung auf der Grundlage von Art. 235 i.V. m. Art. 2 und 3 lit. p) EGV als zulässig erachtet.

39   Kann somit festgehalten werden, daß der EG aufgrund des EG-Vertrages grundsätzlich in der Tat eine Kompetenz zum Erlaß der Fernsehrichtlinie erwachsen ist, so könnte diese im konkreten Fall aufgrund besonderer Umstände in Frage gestellt sein. Ein solcher Umstand könnte darin gesehen werden, daß der Erlaß der Richtlinie – dies gilt für die Richtlinie insgesamt – nicht erforderlich war, um die angegebenen Regelungsziele zu erreichen, und somit gegen das *Verhältnismäßigkeitsprinzip* verstoßen worden sei,[120] und zwar vor allem vor dem Hintergrund, daß zur gleichen Zeit das über weite Strecken mit der Richtlinie inhaltlich deckungsgleiche Europaratsabkommen über das grenzüberschreitende Fernsehen verabschiedet worden war. Ein Teil des Schrifttums vertritt diese Auffassung.[121] Allerdings hat z. B. die Bundesregierung in dem Verfahren vor dem Bundesverfassungsgericht über die Fernsehrichtlinie vorgetragen, daß die Verabschiedung gleichwohl – zum einen aus integrationspolitischen Gründen, zum anderen aber auch wegen eines gewissen Zusammenhangs zwischen dem Erlaß der Richtlinie einerseits und der Verabschiedung bzw. Nichtverabschiedung der Europaratskonvention andererseits – erforderlich gewesen sei. Es wird schwer fallen, diese Argumentation zu widerlegen. In diesem Sinne entspricht dann aber der Erlaß der Richtlinie wohl dem Grundsatz der Verhältnismäßigkeit.

40   Ein etwas anderer Ansatz wird in der Literatur[122] bezogen speziell auf die in der Fernsehrichtlinie enthaltene Quotenregelung verfolgt. Diese Regelung könnte u.U. als nicht mehr hinnehmbarer Eingriff in den Schutzbereich des Grundrechtes der Rundfunkfreiheit (hier: Programmfreiheit) aus Art. 5 Abs. 1 Satz 2 GG angesehen werden. Hier wird die Kompetenz demnach unter Rückgriff auf den – oben unter Rdz. 26 ff. diskutierten – Gedanken der mitgliedstaatlichen Verfassungen als Kompetenzausübungsschranken in Frage gestellt. In weiterer Folge verneint diese Ansicht aber, u. a. wegen der relativen Geringfügigkeit des Eingriffs in den Schutzbereich des Grundrechts durch die Quotenregelung, einen Verstoß gegen jene Kompetenzausübungsbeschränkungsregel.[123]

---

[120] Da zur Zeit der Verabschiedung der Fernsehrichtlinie der neue Art. 3 b UAbs. 3, der nunmehr den Verhältnismäßigkeitsgrundsatz ausdrücklich formuliert, noch nicht in den E(W)G-Vertrag eingefügt war, kann zur Bewertung der Rechtmäßigkeit des Erlasses der Fernsehrichtlinie hier nur der allgemeingültige Rechtsgrundsatz der Verhältnismäßigkeit herangezogen werden; vgl. hierzu noch einmal oben Rdz. 25. In gleicher Weise müßte man argumentieren, wollte man das Subsidiaritätsprinzip als Maßstab heranziehen.

[121] Vgl. *Delbrück*, Rundfunkhoheit, S. 62 ff.; *Bullinger* VBlBW 1989, S. 168; a. A. etwa *Kugelmann*, Dienstleistungsfreiheit, S. 150 ff.

[122] *Randelzhofer* in: *Maunz/Dürig/Herzog/Scholz*, GG, Art. 24 I, Rdz. 148.

[123] Vgl. aber oben F Rdz. 57 sowie unten Rdz. 69 und Rdz. 80.

II. Europäisches Grundrecht der Rundfunkfreiheit

Neben den kompetenziellen Vorschriften bilden vor allem diejenigen Rechtsnormen einen **41** wesentlichen Bestandteil des verfassungsrechtlichen Rahmens der Rundfunkordnung, welche einschlägige grundrechtliche Verbürgungen gewährleisten. Im nationalen Verfassungsrahmen ist hier, wie in den vorstehenden Kapiteln dargelegt wurde,[124] das Grundrecht der Rundfunkfreiheit mit seinen weiteren Ausprägungen etwa in Gestalt des Grundsatzes der Staatsfreiheit oder des Pluralismusgebotes[125] eine zentrale Kategorie. Ähnliches sollte, wenn sich tatsächlich so etwas wie eine *„Europäische Rundfunkverfassung"* herausbilden sollte, für den europarechtlichen Bereich gelten. In der Tat lassen sich hier gewisse Ansätze für ein *europäisches Grundrecht der Rundfunkfreiheit* ausmachen. Sie sollen im folgenden in ihren Grundzügen skizziert werden.

1. Das Fehlen eines ausdrücklich normierten Grundrechts der Rundfunkfreiheit im EG- und EU-Vertrag

Zunächst ist hierzu allerdings festzustellen, daß *weder EG- noch EU-Vertrag* einen *Grund-* **42** *rechtskatalog* enthalten, wie dies etwa das Grundgesetz tut. Insbesondere findet sich in den genannten Verträgen, die gewissermaßen die „Verfassung" der EG bzw. EU darstellen, auch keine ausdrückliche Grundrechtsverbürgung, wie sie Art. 5 Abs. 1 Satz 2 GG für den Bereich des deutschen Verfassungsrechts trifft.

2. Die Dienstleistungsfreiheit der Art. 59 ff. EG-Vertrag

Als nächster Ansatzpunkt für die Identifikation eines Grundrechts der Rundfunkfreiheit auf **43** europarechtlicher Ebene bietet sich die in Art. 59 EGV verankerte *Dienstleistungsfreiheit* an. Sie könnte zumindest ein *Teilelement eines Grundrechts der Rundfunkfreiheit* auf europarechtlicher Ebene abgeben. Zwar ist sie kein Grundrecht im strengen, klassischen Sinne; im Rahmen des durch den EG-Vertrag und das übrige EG-Primärrecht gebildeten Verfassungssystems kommt ihr aber – wie auch den anderen, im folgenden ebenfalls noch zu behandelnden „Freiheiten" des EG-Vertrages – jedenfalls ein *grundrechtsähnlicher Charakter* zu.[126]

Im einzelnen sieht die Dienstleistungsfreiheit vor, daß der *Dienstleistungsverkehr innerhalb der EG* für Angehörige der EG-Mitgliedstaaten, die in einem anderen Mitgliedstaat der EG als demjenigen des Leistungsempfängers ansässig sind, nicht beschränkt werden darf, also *frei* fließen kann (Art. 59 EGV). Als Dienstleistung ist gem. Art. 60 EGV jede grenzüberschreitende[127] entgeltliche Leistung zu verstehen, soweit sie nicht Waren- oder Kapitalverkehr darstellt bzw. unter die Freizügigkeit von Arbeitnehmern zu subsumieren ist. Wesensmerkmal der *Entgeltlichkeit* ist hierbei nach der st. Rspr. des EuGH, daß für die betreffende Leistung eine entsprechende *wirtschaftliche Gegenleistung* entboten wird.[128] Dienstleistung muß folglich

---

[124] Vgl. insb. Kap. B Rdz. 1 ff., 10 ff., 33 ff, 85 ff.

[125] Oben Kap. D und E.

[126] Vgl. *Bleckmann*, Europarecht, Rdz. 453 ff., 1142; *ders.* DVBl. 1986, S. 69 ff.; *ders.*, in: GS *Sasse*, S. 665 ff.; *ders.* EuGRZ 1981, S. 257, 258 ff.; EuGH, Rs. 344/87 „Bettray", Generalanwalt *Jacobs*, Slg. 1989, S. 1621, 1637; *Troberg*, in: *Groeben / Thiesing / Ehlermann*, Kommentar, Vorbemerkung zu Art. 52-58, Rdz. 2; *Beutler*, Grundrechtsschutz, ebenda, S. 6199 ff. Rdz. 10, 42 f.; *Randelzhofer*, in: *Grabitz / Hilf*, Kommentar, vor Art. 52, Rdz. 3; *Dörr / Beucher / Eisenbeis / Jost*, Einflüsse, S. 143; *H. P. Ipsen*, Rundfunk, S. 56; *Schwartz*, in: *Schiwy / Schütz*, Medienrecht, S. 103; *Hans-Ernst Folz*, in: FS *Ludwig Fröhler*, S. 127, 132.

[127] EuGH, Rs. 52/79 „Debauve", a. a. O., S. 855.

[128] EuGH, Rs. 263/86 „Humbel u. Edel", Slg. 1988, S. 5364, 5388.

einen *Teil des Wirtschaftslebens* i. S. der Aufgabenstellung des Art. 2 EGV darstellen.[129] Es leuchtet unmittelbar ein, daß die grenzüberschreitende Veranstaltung und Verbreitung von Rundfunk, jedenfalls soweit sie dem Entgeltlichkeitskriterium entspricht, von der Dienstleistungsfreiheitsverbürgung des Art. 59 EGV erfaßt wird.[130] Entsprechend hat auch der *EuGH* in st. Rspr. die Veranstaltung und Verbreitung von *Rundfunk* stets *als Dienstleistung* i. S. des Art. 59 EGV aufgefaßt.[131] Das Kriterium der *Entgeltlichkeit* ist hierbei sicherlich dann gegeben, wenn der Empfänger einer Rundfunksendung dem Veranstalter von Rundfunk für die betreffende Leistung ein direktes Entgelt entrichtet wie dies etwa bei *pay-TV* der Fall ist,[132] desgleichen aber auch, wenn das Entgelt in allgemeiner Weise in Form von *Gebühren*, Beiträgen u.ä. entrichtet wird. Entgeltlichkeit i. S. der EG-Vertragsvorschriften liegt jedoch zweifellos auch dann vor, wenn nicht der Empfänger der Rundfunksendung selbst, sondern ein Dritter die Leistung, d. h. die Rundfunksendung, finanziert, etwa ein *Werbeträger* oder *Sponsor*. Dies gilt dann nicht nur für die betreffenden Werbesendungen als solche,[133] sondern für das gesamte Programm, in welches die Werbesendungen eingebettet sind. Werbung und Veranstaltung von Rundfunk stehen in den betreffenden Fällen nämlich in einem engen, wenn nicht unauflöslichen Zusammenhang, indem – jedenfalls, wenn es sich um private Rundfunkanbieter handelt – die Einnahmen durch Werbung die Voraussetzung dafür sind, daß überhaupt Rundfunk veranstaltet werden kann. Ein völlig anderer Anknüpfungspunkt für die Bestimmung der Entgeltlichkeit wiederum ist etwa dann gegeben, wenn sich ein *Kabelnetzbetreiber* dazwischenschaltet, welcher Rundfunksendungen aus einem EG-Mitgliedsstaat in sein Netz einspeist und die Rundfunksendung dann in einem anderen EG-Mitgliedsstaat als dem, aus dem die Rundfunksendung stammt, weiterverbreitet. Hier ist dann entweder die *Gebühr*, die der Rundfunkveranstalter dem Netzbetreiber dafür bezahlt, daß dieser die Rundfunksendung einspeist und weiterverbreitet, oder aber die Gebühr, die der Rundfunkempfänger dem Netzbetreiber für den Empfang der Sendung entrichtet, der Vorgang, der die Entgeltlichkeit begründet.

Konkret ermöglicht die Dienstleistungsfreiheit des Art. 59 EGV einem Veranstalter von Rundfunk, der in einem EG-Mitgliedsstaat ansässig ist, seine Rundfunkprogramme – sofern nicht einer der Ausnahmetatbestände der Art. 55, 56 i.V. m. 66 EGV greift – frei in jedem anderen Mitgliedsstaat zu verbreiten.[134] Des weiteren fällt darunter das Recht der *Weiter*verbreitung von Rundfunksendungen in Kabelnetzen.[135] Auch die Einspeisung von Werbesendungen eines werbenden Wirtschaftsunternehmens in ein Kabelnetz durch den Kabelbetreiber wird wohl von Art. 59 EGV erfaßt.[136]

44   Im *Vergleich* dieser Rechte mit der grundrechtlichen Verbürgung, die *Art. 5 Abs. 1 Satz 2 GG* leistet, zeigt sich, daß *Art. 59 EGV* hier *einerseits umfassendere Rechte* gewährt als Art. 5

---

[129] EuGH, Rs. 36/74 „Walrave u. Koch", Slg. 1974, S. 1405, 1418.

[130] Vgl. hierzu auch ausführlicher *Kugelmann*, Dienstleistungsfreiheit, S. 67 ff.; *Dörr/Beucher/Eisenbeis/Jost*, Einflüsse, S. 9 ff., insb. 13, 48; *Mestmäcker/Engel/Gabriel-Bräutigam/Hoffmann*, Einfluß, S. 39 ff., 41; *H. P. Ipsen*, Rundfunk, S. 84 f., 85 f., 86 f.; *Schwarze*, in: ders., Fernsehen ohne Grenzen, S. 11, 25 ff.; *Roth* ZHR 149 (1985), S. 679, 684 ff.; a.A. *Delbrück*, Rundfunkhoheit, S. 39 ff.; anders aber noch *ders.*, Satellitenrundfunk, S. 63 ff., insb. S. 65.

[131] Vgl. nur Rs. 155/73 „Sacchi", a. a. O., S. 428; Rs. 52/79 „Debauve", a. a. O., S. 855; Rs. 62/79 „Coditel I", a. a. O., S. 904; Rs. 352/85 „Kabelregeling/Bond van Adverteerders", a. a. O., S. 2131; Rs. 260/89 „ERT", a. a. O., S. 2959 f.; Rs C-288/89 „Stichting Collectieve Antennevoorziening", a. a. O., S. 4040;
Rs. C-353/89, Kommission/Niederlande, a. a. O., passim, insb. S. 4095; Rs. C-148/91 „Veronica", a. a. O., Rdz. 15; Rs. C-23/93 „TV 10", a. a. O., Rdz. 16.

[132] Siehe hierzu sowie zum folgenden auch ausführlicher *Kugelmann*, Dienstleistungsfreiheit, S. 96 ff., 103 ff., 115 ff.

[133] So aber *Kugelmann*, Dienstleistungsfreiheit, S. 120.

[134] Vgl. hierzu *Kugelmann*, Dienstleistungsfreiheit, S. 75.

[135] EuGH, Rs. 352/85 „Kabelregeling/Bond van Adverteerders", a. a. O., S. 2131; siehe ausführlicher auch *Kugelmann*, Dienstleistungsfreiheit, S. 75 ff.

[136] So *Kugelmann*, Dienstleistungsfreiheit, S. 80.

GG, indem er einem Rundfunkveranstalter ohne weiteres den Anspruch einräumt, Rundfunksendungen – grenzüberschreitend – zu verbreiten,[137] er *andererseits* aber auch wieder *enger* angelegt ist, da seine Gewährleistungen stets nur im Rahmen der engen wirtschaftlichen Zielsetzung des gesamten Systems der Freiheiten im EG-Vertrag zu sehen sind. Gleichwohl sichert Art. 59 EGV EG-verfassungsrechtlich diesbezüglich eine wesentliche Komponente der Veranstaltung und Verbreitung von Rundfunk *grundrechtsähnlich* ab. Soweit man hier mit der h. M.[138] einen individualrechtlichen Abwehrcharakter der Grundfreiheit annimmt, ergibt sich insoweit im übrigen ein bemerkenswerter *Unterschied zu Art. 5 GG* und in der Folge eine interessante *Rückwirkung auf das deutsche Recht.* Die Verbürgung der Rundfunkfreiheit in Art. 5 GG wird nämlich von der h. M. in der deutschen Verfassungsrechtslehre nicht so sehr als subjektives Recht des Individuums, Rundfunk veranstalten zu dürfen, als vielmehr als objektiv-rechtliche Garantie aufgefaßt.[139] Hier bringt dann Art. 59 EGV für das Individuum, welches Rundfunk veranstalten und sich auf eine entsprechende rechtliche Anspruchsnorm berufen möchte, ein Mehr. Da Europarecht vor nationalem Recht einschließlich Verfassungsrecht aber Vorrang genießt[140], kommt es hier zu einer *Verdrängung bzw. Überlagerung* des insoweit schwächeren Anspruches aus *Art. 5 GG* durch den weitergehenden aufgrund von Art. 59 EGV. Ein Rundfunkveranstalter, dem ein individualrechtlicher Anspruch auf *Zulassung zur Veranstaltung von Rundfunk* unter Berufung auf den eher objektiv-rechtlichen Charakter der Verbürgung des Art. 5 GG verwehrt würde, könnte einen solchen Anspruch also, sofern die Voraussetzungen des Art. 59 EGV gegeben sind, unter Rückgriff auf die in *Art. 59 EGV* enthaltene *individualrechtliche Verbürgung der Dienstleistungsfreiheit* geltend machen.

Als *Träger* des grundrechtsähnlichen Rechts der Dienstleistungsfreiheit kommt im vorliegenden Kontext der *Veranstalter von Rundfunk* in Frage,[141] aber auch der *Betreiber von Kabelnetzen.*[142] Hierbei sind aufgrund von Art. 66 i. V. m. Art. 58 EGV juristische Personen mit natürlichen Personen gleichgestellt.

Fraglich ist, ob auch der – tatsächliche oder potentielle – *Empfänger* einer – direkt empfangenen/empfangbaren oder durch Weiterverbreitung in einem Kabelnetz vermittelten – Rundfunksendung[143] die grundrechtsähnliche Verbürgung des Art. 59 EGV in Anspruch nehmen kann. Ein solches Recht würde einen bemerkenswerten Unterschied zur Grundrechtsverbürgung der Rundfunkfreiheit des Art. 5 Abs. 1 Satz 2 GG markieren, welche den einzelnen Rundfunkempfänger insoweit nicht berechtigt,[144] ihn diesbezüglich allenfalls auf das in Art. 5 Abs. 1 Satz 1 GG normierte Grundrecht der Informationsfreiheit verweist. Im Ergebnis wird man die oben gestellte Frage zu bejahen haben. Insbesondere in Analogie zu der Ausgestaltung der sog. passiven Dienstleistungsfreiheit – dies ist die Konstellation, daß der Empfänger einer Dienstleistung sich grenzüberschreitend zu dem Dienstleistungsanbieter begibt – wird man auch für den Empfänger einer „Korrespondenzdienstleistung" – mit diesem Begriff wird der Fall beschrieben, daß, wie eben bei einer Rundfunksendung, nur die Dienstleistung als solche die Grenze überschreitet[145] – ein *individuelles, subjektives Recht* auf die entsprechende Dienstleistung annehmen können. Somit würde die grundrechtliche/grundrechtsähnliche Verbürgung der als Teilkomponente eines europäischen Grundrechts der Rundfunkfreiheit verstandenen Dienstleistungsfreiheit des Art. 59 EGV, jedenfalls was die

45

---

[137] Zu dem Umfang der diesbezüglichen Verbürgungen des Art. 5 vgl. noch einmal oben B Rdz. 43 ff.

[138] Vgl. dazu auch noch einmal eingehender unten Rdz. 64.

[139] Vgl. dazu noch einmal oben B Rdz. 101.

[140] Vgl. noch einmal oben Rdz. 1.

[141] Vgl. hierzu auch *Kugelmann,* Dienstleistungsfreiheit, S. 75, 90, 91, 92.

[142] Hierzu *Kugelmann,* Dienstleistungsfreiheit, S. 77, 79, 90 f., 92.

[143] Zu den diesbezüglichen Leistungsbeziehungen vgl. nur *Kugelmann,* Dienstleistungsfreiheit, S. 75, 77, 79, 84 ff., 87 ff.

[144] Vgl. noch einmal oben bei B Rdz. 161 f.

[145] Zu den verschiedenen Möglichkeiten der Ausgestaltung von Dienstleistungen vgl. statt aller *Troberg,* in: *Groeben/Thiesing/Ehlermann,* Kommentar, Art. 60, Rdz. 12 ff.

Träger eines solchen Rechtes betrifft und bezogen auf *grenzüberschreitende* Rundfunksendungen, *weiter* reichen *als* das entsprechende, verfassungsrechtlich verbürgte Grundrecht der Rundfunkfreiheit des *Art. 5 Abs. 1 Satz 2 GG.*

46   Der EG-Vertrag sieht in der Folge allerdings auch einige zulässige *Ausnahmen* von der Dienstleistungsfreiheit des Art. 59 EGV vor. Hier ist zum einen Art. 55 i. V. m. Art. 66 EGV zu nennen, der bestimmt, daß die Vorschriften über die Dienstleistungsfreiheit keine Anwendung finden auf Tätigkeiten in *Ausübung öffentlicher Gewalt,*[146] sowie zum anderen Art. 56 EGV, der die Anwendung von Rechts- und Verwaltungsvorschriften der Mitgliedstaaten zuläßt, die *Sonderregelungen für Ausländer* vorsehen und aus *Gründen der öffentlichen Ordnung, Sicherheit und Gesundheit* gerechtfertigt sind.[147] Ebenfalls zu nennen ist im gegebenen Zusammenhang schließlich Art. 90 Abs. 2 EGV, der vorsieht, daß die Bestimmungen des EG-Vertrages (Art. 90 Abs. 2 hebt hier besonders die Wettbewerbsregeln des Vertrages hervor) auf *Unternehmen,* die mit *Dienstleistungen von allgemeinem wirtschaftlichem Interesse* betraut sind oder den Charakter eines Finanzmonopols haben, dann nicht auf jene Unternehmen angewandt werden müssen, wenn und soweit die Anwendung jener Bestimmungen die Erfüllung der den Unternehmen übertragenen besonderen Aufgabe rechtlich oder tatsächlich verhindert.[148] Unter die als erste Variante genannten Unternehmen könnten im Hinblick auf den Auftrag der *Grundversorgung* die *öffentlich-rechtlichen Rundfunkanstalten* in Deutschland gezählt werden.[149] Art. 55 und Art. 90 Abs. 2 EGV sind demnach als Bereichsausnahmen anzusehen,[150] die verhindern, daß bestimmte oder alle Vorschriften des EG-Vertrages überhaupt Anwendung auf einen Sachverhalt finden, der an sich der Dienstleistungsfreiheit unterfiele, während Art. 56 EGV Rechtfertigungsgründe für Maßnahmen der Mitgliedstaaten nennt, die den freien Dienstleistungsverkehr beschränken. Im letzteren Fall sind also die Vorschriften des EG-Vertrages über die Dienstleistungsfreiheit grundsätzlich anwendbar. Sowohl Art. 55[151] als auch Art. 90 Abs. 2[152] als auch Art. 56 EGV[153] sind, wegen ihres Charakters als *Ausnahmebestimmungen,* jeweils grundsätzlich *eng auszulegen.* Zusätzlich zieht das *Verhältnismäßigkeitsgebot* der Anwendbarkeit Grenzen.[154] Von daher ist in der Tat der Schluß nicht von der Hand zu weisen, daß der praktische Effekt der genannten Ausnahmevorschriften eher gering sein wird.[155]

Die *Praxis* bestätigt diesen Befund. So hat der *EuGH* zwar als einen im Interesse der öffentlichen Ordnung liegenden Grund i. S. des Art. 56 EGV grundsätzlich z. B. das Bestreben eines Mitgliedstaates anerkannt, den nichtkommerziellen und pluralistischen Charakter

---

[146] Ausführlicher hierzu *Kugelmann,* Dienstleistungfreiheit, S. 185 ff.; *Deringer* ZUM 1986, S. 634; *Astheimer/Moosmayer* ZUM 1994, S. 399; *Jarass* EuR 1986, S. 82; *Randelzhofer,* in: *Grabitz/Hilf,* Kommentar, Art. 55, Rdz. 1 ff.

[147] Siehe hierzu sowie zum folgenden ausführlicher *Kugelmann,* Dienstleistungsfreiheit, S. 190 ff.; *Dörr/Beucher/Eisenbeis/Jost,* Einflüsse, S. 90 ff.; *Delbrück,* Satellitenrundfunk, S. 65 ff.; *Schwartz,* in: *Schiwy/Schütz,* Medienrecht, S. 103 ff.; *Hartstein/Ring/Kreile,* Rdz. 97, S. 183; *Koszuszek* ZUM 1989, S. 547; *Deringer* ZUM 1986, S. 629 f.; *Herrmann,* Rundfunkrecht, § 8, Rdz. 58; *Schwarze,* in: *ders.,* Fernsehen ohne Grenzen, S. 31 f.; *Randelzhofer,* in: *Grabitz/Hilf,* Kommentar, Art. 56, Rdz. 1 ff.

[148] Vgl. zu dem Ganzen ausführlicher *Kugelmann,* Dienstleistungsfreiheit, S. 227 ff.; *Dörr/Beucher/Eisenbeis/Jost,* Einflüsse, S. 48 ff.; *H. P. Ipsen,* Rundfunk, S. 60 ff.; *Selmer/Gersdorf,* Finanzierung, S. 38 ff.

[149] Vgl. dazu auch EuGH, Rs. 155/73 „Sacchi", a. a. O., S. 430 f.; Rs. C-260/89 „ERT", a. a. O., S. 2962.

[150] In Bezug auf Art. 90 Abs. 2 str.; wie hier *Hochbaum,* in: *Groeben/Thiesing/Ehlermann,* Kommentar, Art. 90, Rdz. 43; vgl. auch *Kugelmann,* Dienstleistungsfreiheit, S. 227; a. A. *Pernice,* in: *Grabitz/Hilf,* Kommentar, Art. 90, Rdz. 51.

[151] Statt vieler *Randelzhofer,* in: *Grabitz/Hilf,* Kommentar, Art. 55, Rdz. 8; *Kugelmann,* Dienstleistungsfreiheit, S. 186.

[152] *Pernice,* in: *Grabitz/Hilf,* Kommentar, Art. 90, Rdz. 51, 53.

[153] *Randelzhofer,* in: *Grabitz/Hilf,* Kommentar, Art. 56, Rdz. 3; *Dörr/Beucher/Eisenbeis/Jost,* Einflüsse, S. 51; *Hartstein/Ring/Kreile,* Rdz. 97, S. 183; *Schwartz,* in: *Schiwy/Schütz,* Medienrecht, S. 104.

[154] *H. P. Ipsen,* Rundfunk, S. 90; *Hartstein/Ring/Kreile,* Rdz. 97, S. 183; *Dörr/Beucher/Eisenbeis/Jost,* Einflüsse, S. 51; *Kugelmann,* Dienstleistungsfreiheit, S. 209, 241.

[155] *Dörr/Beucher/Eisenbeis/Jost,* Einflüsse, S. 50, 51; *Hartstein/Ring/Kreile,* Rdz. 97, S. 183; *Kugelmann,*

des inländischen Rundfunks aufrechtzuerhalten.[156] Im gegebenen Fall sei allerdings das zur Verfolgung des genannten Zweckes gewählte Mittel, nämlich ein generelles Verbot, Werbesendungen auszustrahlen, bzw. ein Verbot der Untertitelung ausländischer Sendungen, die Werbung enthielten, unverhältnismäßig gewesen, so daß hier die an sich gemäß Art. 56 EGV gegebene Rechtfertigungsmöglichkeit im konkreten Fall letztlich nicht greifen konnte. Im selben Urteil hat der EuGH im übrigen klargestellt, daß z. B. ein rein wirtschaftliches Ziel, wie etwa das Ziel, einer inländischen öffentlichen Stiftung die Gesamtheit der Einnahmen zu sichern, die daraus stammen, daß Rundfunkveranstalter, die Werbesendungen ausstrahlen dürfen, hierfür an die besagte Stiftung Gebühren abzuführen haben, *kein* im Interesse der öffentlichen Ordnung liegender Grund i. S. des Art. 56 EGV sei.[157] In einem anderen Urteil hat der EuGH des weiteren die zur Begründung eines Rundfunkausstrahlungs- und -übertragungsmonopols durch ein staatliches Gesetz angeführte Absicht, Störungen im Rundfunkverkehr, die sich wegen der beschränkten Zahl verfügbarer Kanäle ergeben könnten, zu verhindern, grundsätzlich als einen Rechtfertigungsgrund i. S. des Art. 56 EGV anerkannt.[158] Im konkreten Fall sei die auf das Monopol gestützte Weigerung, einem Rundfunkveranstalter die Verbreitung aus dem Ausland herangeführter Sendungen zu gewähren, allerdings deswegen nicht auf Art. 56 EGV zu stützen gewesen, da das Monopolunternehmen zum gegebenen Zeitpunkt nur einen Teil der verfügbaren Kanäle genutzt hatte, eine Störung des Rundfunkverkehrs aufgrund der Nutzung eines weiteren Kanals durch den betreffenden zusätzlichen Rundfunkveranstalter also nicht zu besorgen war.[159] Nicht als Rechtfertigungsgrund i. S. des Art. 56 EGV anerkannt hat der EuGH hingegen die Pflege und Entwicklung des künstlerischen Erbes gegenüber der Weiterverbreitung ausländischer privater Fernsehsendungen in fremder Sprache,[160] die Bewahrung der Lebensfähigkeit innerstaatlicher Fernsehanstalten[161] oder den Schutz der inländischen Filmproduktion.[162]

Über die in den Art. 55 und 56 sowie Art. 90 EGV ausdrücklich normierten Ausnahmen **47** hinaus anerkennt der EuGH in st. Rspr., offenbar angelehnt an seine in Hinblick auf die Warenverkehrsfreiheit entwickelte „Cassis de Dijon"-Rechtssprechung,[163] gleichsam als „*immanente Schranke*" der Dienstleistungsfreiheit des Art. 59, „*zwingende Gründe des Allgemeininteresses*"[164] als weitere zulässige *Ausnahmen* von der Freiheitsverbürgung des Art. 59 EGV. Im Unterschied insbesondere zu Art. 56 EGV, mittels dessen relativ eng definierten Ausnahmetatbeständen lediglich diskriminierende, d. h. die Angehörigen anderer EG-Mitgliedstaaten *unterschiedlich* behandelnde Maßnahmen erfaßt und gerechtfertigt werden können, sollen die „immanenten Schranken" der „zwingenden Gründe des Allgemeininteresses", die im übrigen vom EuGH weitaus großzügiger definiert werden, dazu dienen, Maßnahmen zu rechtfertigen, die in der Lage sind, den freien Dienstleistungsverkehr zu beschränken, die jedoch auf ausländische und inländische Dienstleistungen gleichermaßen, d. h. *unterschiedslos* angewandt werden.[165] Als derartige im Allgemeininteresse liegende Gründe, aufgrund derer ggfs. die Einschränkung der Dienstleistungsfreiheit speziell in Hinblick auf die Veranstaltung und Verbreitung von Rundfunksendungen gerechtfertigt sein könnte, hat der EuGH etwa

---

[156] Rs. 352/85 „Kabelregeling/Bond van Adverteerders", a. a. O., S. 2135.

[157] Rs. 352/85 „Kabelregeling/Bond van Adverteerders", a. a. O., S. 2135; ähnlich zu wirtschaftlichen Zielen als Rechtfertigungsgrund Rs. C-17/92 „Distribuidores Cinematográficos/Spanien", Slg. 1993 I, S. 2239, 2273, Rdz. 21.

[158] Rs. C-260/89 „ERT", a. a. O., S. 2960.

[159] Rs. C-260/89 „ERT", S. 2960.

[160] Rs. C-211/91 Kommission/Belgien, Slg. 1992 I, S. 6757, 6776f., Rdz. 7–11.

[161] Rs. C-211/91 Kommission/Belgien, a. a. O.; Rdz. 7–11.

[162] Rs. C-17/92 „Distribuidores Cinematográficos/Spanien", a. a. O. Rdz. 18–20.

[163] Rs. 120/78 „Cassis de Dijon", Slg. 1979, S. 649.

[164] Vgl. Rs. C-288/89 „Stichting Collectieve Antennevoorziening", a. a. O., S. 4040.

[165] Siehe dazu *Troberg*, in: *Groeben/Thiesing/Ehlermann*, Kommentar, Art. 56, Rdz. 1, 2; *Kugelmann*, Dienstleistungsfreiheit, S. 217 ff.; *Schwartz*, in: *Schiwy/Schütz*, Medienrecht, S. 104, 106 ff.; *Schwarze*, in: *ders.*, Fernsehen ohne Grenzen, S. 32 f.; *Deringer* ZUM 1986, S. 629.

den *Schutz geistigen Eigentums* anerkannt;[166] oder die Schaffung und Aufrechterhaltung eines *pluralistischen und nicht-kommerziellen Rundfunkwesens*, mittels dessen die Meinungsfreiheit der verschiedenen gesellschaftlichen, kulturellen, religiösen und geistigen Strömungen innerhalb der Bevölkerung eines Mitgliedsstaates der EG geschützt werden soll.[167] Mittels der genannten Ausnahmetatbestände sollte z. B. die Ausstrahlung von Werbesendungen verhindert werden. Einmal führte dieses Bemühen zum Erfolg;[168] ein anderes Mal, wegen der hierbei nicht gegebenen Verhältnismäßigkeit der Mittel, allerdings nicht.[169] Desgleichen wurde mittels der genannten Ausnahmetatbestände die Ausstrahlung der Programme eines nach kommerziellen Kriterien betriebenen Rundfunkveranstalters verhindert.[170]

3. Die Niederlassungsfreiheit (Art. 52 ff. EG-Vertrag), Arbeitnehmerfreizügigkeit (Art. 48 ff. EG-Vertrag) und Warenverkehrsfreiheit (Art. 9 ff., 30 ff. EG-Vertrag)

48   Auch die *übrigen Freiheiten* des EG-Vertrages können grundsätzlich in dem Sinne, wie dies eben für die Dienstleistungsfreiheit dargestellt worden ist, für Rundfunkveranstalter einschlägig werden und als *Elemente eines europarechtlichen Grundrechts der Rundfunkfreiheit* fungieren.

Hier ist zunächst die *Niederlassungsfreiheit* der Art. 52 ff. EGV zu nennen. Ihrzufolge hat jeder Staatsangehörige eines EG-Mitgliedstaates – vorbehaltlich wieder der in Art. 55 und 56 EGV genannten Ausnahmen – das Recht, sich zum Zwecke der Aufnahme einer *selbständigen Erwerbstätigkeit frei* in jedem anderen Mitgliedstaat der EG *niederzulassen*. Dies schließt ausweislich des Wortlautes des Art. 52 UAbs. 2 EGV – und diese Bestimmung erscheint für die Veranstaltung von Rundfunk besonders relevant – die Gründung und Leitung von Unternehmen, insb. von Gesellschaften, ein. Gemäß Art. 58 EGV kommt die Niederlassungsfreiheit neben natürlichen Personen ausdrücklich auch juristischen Personen zu.[171]

Die *Freizügigkeit der Arbeitnehmer* wiederum (Art. 48 ff. EGV) kann u. a. auch *Rundfunkpersonal* aus EG-Mitgliedstaaten, die in einem anderen Mitgliedstaat Beschäftigung suchen, zugutekommen. Gemäß Art. 48 Abs. 3 EGV hat jeder Arbeitnehmer – und dies betrifft auch jeden Arbeitnehmer, der im Rundfunksektor Beschäftigung sucht – u. a. das Recht, sich um etwaig angebotene Stellen zu bewerben, sich zu diesem Zweck im Hoheitsgebiet der EG-Mitgliedstaaten, und zwar auch und insbesondere in dem eines anderen als seinem eigenen Heimatstaat, frei zu bewegen und schließlich sich in dem betreffenden EG-Mitgliedstaat aufzuhalten, um dort nach den für die Arbeitnehmer dieses Staates geltenden Rechts- und Verwaltungsvorschriften die betreffende Beschäftigung auszuüben. Hierbei darf gemäß Art. 48 Abs. 2 EGV keinerlei auf der Staatsangehörigkeit beruhende unterschiedliche Behandlung (Diskriminierung) des Arbeitnehmers in bezug auf Beschäftigung, Entlohnung und sonstige Arbeitsbedingungen im Vergleich zu Arbeitnehmern, die Staatsangehörige desjenigen Staates sind, in dem der Arbeitnehmer aus einem anderen EG-Mitgliedstaat seiner Beschäftigung nachgeht, Platz greifen.[172]

---

[166] Vgl. Rs. 62/79 „Coditel I", a. a. O., S. 904.

[167] Rs. C-288/89 „Stichting Collectieve Antennevoorziening", a. a. O., S. 4043; Rs. C-353/89 Kommission/Niederlande, a. a. O., S. 4097; Rs. C-148/91 „Veronica", a. a. O., Rdz. 9 f.; Rs. C-23/93 „TV 10", a. a. O., Rdz. 18 f.

[168] Rs. 52/79 „Debauve", a. a. O.

[169] Rs. C-288/89 „Stichting Collectieve Antennevoorziening", a. a. O., S. 4044; im Ergebnis ebenso Rs. C-353/89, Kommission/Niederlande, a. a. O., S. 4097.

[170] Rs. C-148/91 „Veronica", a. a. O.; Rs. C-23/93 „TV 10", a. a. O.

[171] Siehe hierzu ausführlicher *H. P. Ipsen*, Rundfunk, S. 41, 88 f., 99 ff.; allgemein auch *Randelzhofer*, in: *Grabitz/Hilf*, Kommentar, Art. 52, Rdz. 1 ff., 25; Art. 58, Rdz. 1 ff.

[172] *Randelzhofer*, in: *Grabitz/Hilf*, Kommentar, Art. 48, Rdz. 1 ff.; vgl. auch *H. P. Ipsen*, Rundfunk, S. 115 f.

Die *Warenverkehrsfreiheit* schließlich, wie sie im I. Titel des Dritten Teiles des EG-Vertrages **49** (vor allem Art. 9 f., 12 ff., 30 ff. EGV) festgelegt worden ist, kann für einen Rundfunkveranstalter, der ein europäisches Grundrecht der Rundfunkfreiheit wahrnehmen möchte, z. B. insoweit einschlägig sein, als von ihr der *Handel mit Tonträgern, Filmen* und sonstigen Erzeugnissen, die für die Ausstrahlung von Fernsehsendungen erforderlich sind, erfaßt wird bzw. ermöglicht wird.[173]

Auch die eben genannten Freiheiten unterliegen wiederum gewissen *Einschränkungen.* So **50** sind als *ausdrückliche Ausnahmen* von der Niederlassungsfreiheit, wie bereits erwähnt, die Tatbestände der Art. 55 (Ausübung öffentlicher Gewalt), 56 (Öffentliche Ordnung, Sicherheit oder Gesundheit) und 90 EGV (öffentliche und monopolartige Unternehmen) vorgesehen.[174] Als ausdrückliche Ausnahmen von der Arbeitnehmerfreizügigkeit sieht zum einen Art. 48 Abs. 3 EGV vor, daß die Mitgliedstaaten in bestimmten Fällen Maßnahmen ergreifen dürfen, die die Freizügigkeit beschränken, wenn dies aus Gründen der öffentlichen Ordnung, Sicherheit und Gesundheit gerechtfertigt ist, sowie Art. 48 Abs. 4 EGV, der die Freizügigkeitsregelung als auf die Beschäftigung in der öffentlichen Verwaltung nicht anwendbar erklärt.[175] Zu Recht ist jedoch in bezug auf letzteres hervorgehoben worden, daß – zumindest in Deutschland – wegen des staatsfernen Charakters selbst des öffentlich-rechtlichen Rundfunks,[176] Rundfunk gerade nicht unter den Begriff der „öffentlichen Verwaltung" subsumiert werden könne und somit die Ausnahme des Art. 48 Abs. 4 EGV hinsichtlich des Rundfunks nicht greife.[177] Als ausdrückliche Ausnahme von der Warenverkehrsfreiheit sind schließlich die Bestimmungen des Art. 36 EGV konzipiert, denenzufolge beschränkende Maßnahmen ausnahmsweise aus Gründen der öffentlichen Sicherheit und Ordnung, der öffentlichen Sittlichkeit, des Gesundheitsschutzes, des Schutzes nationalen Kulturgutes sowie des gewerblichen und kommerziellen Eigentums gerechtfertigt sein können.[178]

Zu diesen ausdrücklichen Ausnahmetatbeständen treten, speziell bezüglich der Warenverkehrsfreiheit, „*immanente Schranken*" aus zwingenden Erfordernissen des Allgemeininteresses gemäß der „Cassis"-Rechtsprechung.[179] In diesem Sinne hat der EuGH etwa ein gesetzliches Verbot der gleichzeitigen Verwertung von Filmen in Filmtheatern und auf Videokassetten für die Dauer eines Jahres mit der Begründung als zulässige Einschränkung des Art. 30 EGV erklärt, daß damit die Verwertung von Filmen in Filmtheatern geschützt und damit in der Folge, wegen der hieraus resultierenden höheren Einnahmen, die Filmproduktion gefördert werde.[180]

---

[173] Rs. 155/73 „Sacchi", a. a. O., S. 428; Verb. Rs. 60 und 61/84 „Cinéthèque", Slg. 1985, S. 2605, 2623; Rs. C-260/89 „ERT", a. a. O., S. 2958 f.; vgl. aber auch Rs. 62/79 „Coditel I", a. a. O., S. 902 f., und Rs. 262/81 „Coditel II", Slg. 1982, S. 3381, 3400 f., in der der EuGH feststellt, daß der Film, da er, anders als ein Buch oder eine Schallplatte, nicht in körperlicher Form in Verkehr gebracht werde, unabhängig davon, ob er im Kino oder im Fernsehen öffentlich ausgestrahlt werde, zu derjenigen Gruppe der literarischen und künstlerischen Werke gehöre, die der Allgemeinheit durch beliebig oft wiederholbare Vorführungen zugänglich gemacht werde und deren Vertrieb daher in den Bereich des *Dienstleistungsverkehrs* falle. Mit dieser Aussage scheint sich der EuGH in gewisser Weise in Widerspruch zu setzen mit den anderen zuvor zitierten Urteilen. Allerdings ist hierzu erklärend darauf hinzuweisen, daß es in den „Coditel"-Verfahren nicht eigentlich um den Handel mit Filmen in körperlicher Form (Rollen, Videokassetten) ging, sondern um Fragen des an den einzelnen Filmen haftenden Urheberrechts. Insofern scheint eine Subsumption unter die Dienstleistungsfreiheit des Art. 59 EGV in den gegenständlichen Fällen vertretbar. Vgl. hierzu auch *H. P. Ipsen*, Rundfunk, S. 65 f., 106 f.; *Schwarze*, in: *ders.*, Fernsehen ohne Grenzen, S. 33 f.

[174] Vgl. zu diesen Ausnahmen noch einmal ausführlicher Rdz. 46 f. sowie *H. P. Ipsen*, Rundfunk, S. 100 ff.

[175] Siehe allgemein dazu *Randelzhofer*, in: *Grabitz / Hilf*, Kommentar, Art. 48, Rdz. 48 ff.; sowie speziell auf den Rundfunk bezogen *H. P. Ipsen*, Rundfunk, S. 117 f.

[176] Zur Staatsfreiheit des Rundfunks vgl. oben D.

[177] *Herrmann*, Rundfunkrecht, § 8, Rdz. 45; siehe auch *H. P. Ipsen*, Rundfunk, S. 118; *Schwarze*, in: *ders.*, Fernsehen ohne Grenzen, S. 34.

[178] Siehe allgemein dazu *Matthies*, in: *Grabitz / Hilf*, Kommentar, Art. 36, insb. Rdz. 12 ff.

[179] Vgl. oben Rdz. 47.

[180] Verb. Rs. 60 und 61/84 „Cinéthèque", a. a. O., S. 2626 f.

4. Rundfunkfreiheit als allgemeiner Rechtsgrundsatz des Europarechts

Als nächstes ist der Frage nachzugehen, ob und inwieweit ein Grundrecht der Rundfunkfreiheit im EG-Rechtsraum möglicherweise in Gestalt eines entsprechenden allgemeinen Rechtsgrundsatzes nachzuweisen ist.

a) Der Normtyp des allgemeinen Rechtsgrundsatzes im Europarecht

51   Als *allgemeine Rechtsgrundsätze* werden im Europarecht[181] Rechtsnormen verstanden, die sich als *Rechtsnorm* in einer spezifischen Ausprägung *in allen Rechtsordnungen* der EG-Mitgliedsstaaten wiederfinden und die insoweit als *rechtliches Gemeingut der Mitgliedstaaten* gelten können. Beispiele für solche allgemeinen, d. h. in allen Einzelrechtsordnungen nachweisbaren Rechtsnormen sind etwa der Verhältnismäßigkeitsgrundsatz, der Grundsatz der Rechtmäßigkeit der Verwaltung, das Prinzip des Vertrauensschutzes, aber auch – speziell im Kreise der EG-Mitgliedstaaten – bestimmte Grundrechte. Der Nachweis derartiger allgemeiner, d. h. allen Rechtsordnungen gemeinsamer Rechtsnormen wird im Wege der Rechtsvergleichung geführt: Der Rechtsanwender, in erster Linie der EuGH, vergleicht die Rechtsordnungen der einzelnen EG-Mitgliedstaaten miteinander und prüft, ob und inwieweit dort eine bestimmte Rechtsnorm in einer bestimmten Ausformung vorhanden ist. In der Folge werden diese, in allen Rechtsordnungen der Mitgliedstaaten der EG vorhandenen Rechtsnormen, vornehmlich zum Zwecke der Schließung etwaiger, im Europarecht gegebener Lücken, von der Ebene der nationalen Rechtsordnungen, der sie ursprünglich angehören, auf die Ebene des Europarechts transferiert. Sie gelten dann im übrigen, wiewohl ursprünglich *innerstaatlichen* Charakters, als Regeln des *Europarechts*.[182]

b) Keine Geltung eines Grundrechts der Rundfunkfreiheit in den Rechtsordnungen aller 15 EG-Mitgliedstaaten

52   Wirft man einen Blick in die Rechtsordnungen der einzelnen EG-Mitgliedstaaten,[183] so wird man schnell feststellen, daß es ein Grundrecht der Rundfunkfreiheit als allgemeinen Rechtsgrundsatz des Europarechts in dem eben dargelegten Sinne nicht gibt. Zwar gibt es in den Rechtsordnungen eine Reihe von EG-Mitgliedstaaten Verfassungsrechtsvorschriften, die als Ausprägung eines – im einzelnen wie auch immer gearteten – Grundrechts der Rundfunkfreiheit angesehen werden können.[184] Allerdings finden sich nicht in *allen* mitgliedstaatlichen Verfassungsordnungen entsprechende Vorschriften, so daß von einem „allgemeinen" Rechtsgrundsatz in dem zuvor beschriebenen Sinne nicht gesprochen werden kann. Hinzu kommt, daß in bezug auf diejenigen Rechtsordnungen, in denen sich Bestimmungen finden, die grundsätzlich als Grundrecht der Rundfunkfreiheit angesprochen werden könnten, hinsichtlich der jeweiligen konkreten inhaltlichen Ausgestaltung der betreffenden Norm keine Einheitlichkeit gegeben ist, vielmehr jeweils große inhaltliche Unterschiede festzustellen sind, und somit auch unter inhaltlichen Gesichtspunkten das Kriterium der „Allgemeinheit" der Ausrichtung des einschlägigen Normenbestandes nicht gegeben ist.

---

[181] Zu den allgemeinen Rechtsgrundsätzen im Völkerrecht vgl. *Verdross / Simma*, Universelles Völkerrecht, S. 380 ff.

[182] Siehe zu dem Ganzen ausführlich *Oppermann*, Europarecht, Rdz. 404 ff.

[183] Vgl. hierzu nur den Überblick bei *Rengeling*, Grundrechtsschutz, S. 86 ff.

[184] Im einzelnen, neben dem deutschen GG, Irland, Niederlande, Portugal, Spanien; *Rengeling*, Grundrechtsschutz; in Österreich gilt gemäß dem Bundesverfassungsgesetz vom 4. 3. 1964, östBGBl. 1964/59, die Europäische Menschenrechtskonvention von 1950, in deren Art. 10 nach h. M. ein Grundrecht der Rundfunkfreiheit niedergelegt ist – vgl. dazu unten Rdz. 53 –, im Range von Verfassungsrecht.

c) Entwicklung eines europäischen Grundrechts der Rundfunkfreiheit auf der Grundlage der Europäischen Menschenrechtskonvention

Eine Möglichkeit zur Entwicklung eines einschlägigen Grundrechts der Rundfunkfreiheit auf europarechtlicher Ebene ergibt sich jedoch u. U. auf der Basis des Art. 10 der Europäischen Menschenrechtskonvention (EMRK).

aa) Die Verankerung eines Grundrechts der Rundfunkfreiheit in Art. 10 EMRK

Art. 10 Abs. 1 Satz 1 EMRK statuiert zunächst in allgemeiner Form ein *Grundrecht der* **53** *Meinungsäußerungsfreiheit* („Jedermann hat Anspruch auf freie Meinungsäußerung."). Satz 2 normiert in weiterer Folge, daß dieses Recht „die Freiheit der Meinung und die Freiheit zum Empfang und zur Mitteilung von Nachrichten oder Ideen ohne Eingriffe öffentlicher Behörden und ohne Rücksicht auf Landesgrenzen" einschließe (Meinungsbildungsfreiheit, passive und aktive Informationsfreiheit). In Satz 3 schließlich heißt es dazu: „Dieser Artikel schließt nicht aus, daß die Staaten Rundfunk-, Lichtspiel- oder Fernsehunternehmen einem Genehmigungsverfahren unterwerfen."

Wie aus den zitierten Textstellen ersichtlich, formuliert Art. 10 Abs. 1 EMRK *nicht ausdrücklich* ein *Grundrecht der Rundfunkfreiheit* etwa nach dem Vorbilde des Art. 5 Abs. 1 Satz 2 GG. Allerdings vertritt die h. M. im Schrifttum die Auffassung, daß Art. 10 Abs. 1 EMRK *gleichwohl* ein *Grundrecht der Rundfunkfreiheit* verbürge, und zwar *implizit*. Sie schließt dies vor allem aus der Erwähnung des Rundfunks (d. h. des Hörfunks) und des Fernsehens in Art. 10 Abs. 1 Satz 3 EMRK, und des weiteren insbesondere auch aufgrund der Verknüpfung dieser Bestimmung mit den in den vorhergehenden Sätzen des Art. 10 Abs. 1 EMRK genannten Grundrechten der Meinungsbildungs-, Meinungsäußerungs- und Informationsfreiheit.[185]

Sie findet ihre *Stütze* in der *Spruchpraxis* sowohl der Europäischen Kommission für Menschenrechte[186] als auch des Europäischen Gerichtshofes für Menschenrechte,[187] die jeweils ein Grundrecht der Rundfunkfreiheit aus Art. 10 Abs. 1 EMRK ableiten.

bb) Unmittelbare Geltung des Art. 10 EMRK für die EG?

Voraussetzung für die *unmittelbare* Geltung des in Art. 10 EMRK niedergelegten Grund- **54** rechts der Rundfunkfreiheit für die EG und ihren Rechtsraum wäre allerdings, daß die EG als Völkerrechtssubjekt an die EMRK gebunden wäre. Eine solche Bindung würde durch Ratifikation bzw. Beitritt erfolgen. Gemäß Art. 66 Abs. 1 EMRK können jedoch nur Mitglieder des Europarates die Konvention ratifizieren bzw. ihr beitreten. Gemäß Art. 4 der Satzung des Europarates[188] können nur Staaten Mitglieder des Europarates sein. Die EG ist weder Staat noch sonstwie Mitglied des Europarates geworden. Insofern scheidet auch die Ratifikation der bzw. der Beitritt zur EMRK und demzufolge desweiteren die unmittelbare Geltung der EMRK für die EG aus.

cc) Geltung des Grundrechts des Art. 10 EMRK im EG-Rechtsbereich als allgemeiner Rechtsgrundsatz

Fraglich ist jedoch, ob die Grundrechtsverbürgung des Art. 10 EMRK nicht auf *mittelbare* **55** Art und Weise Geltung für die EG und ihre Rechtsordnung entfalten kann. Ausgangspunkt dieser Überlegung ist die Tatsache, daß alle 15 Mitgliedstaaten der EG auch Vertragsparteien der EMRK sind. Damit ist Art. 10 EMRK bzw. sein Inhalt Bestandteil der Rechtsordnungen

---

[185] Vgl. *Frowein,* in: *Frowein/Peukert,* Kommentar, Art. 10, Rdz. 19 ff; *Villiger,* Handbuch, Rdz. 606; *van Dijk/van Hoof,* Theory, S. 419; *Lester,* in: *Macdonald/Matscher/Petzold,* System, S. 465, 482; *Engel,* Rundfunk, S. 39 f., 439 ff.; *Astheimer,* Rundfunkfreiheit, S. 53 ff., 135; *Schwartz,* in: *Schiwy/Schütz,* Medienrecht, S. 92 f.; *Dörr/Beucher/Eisenbeis/Jost,* Einflüsse, S. 130; *Delbrück,* Satellitenrundfunk, S. 49.

[186] Vgl. EKMR, Rs. 6452/74 „Sacchi", Dec. & Rep. 5 (1976), S. 43, 50, 52; Rs. 10890/84 „Groppera Radio", para. 137 f.; Rs. 12726/87 „Autronic", para. 49.

[187] EuGHMR, Fall „Groppera Radio", Ser. A, Judg. & Dec., Bd. 173, Urteil vom 28. 3. 1990, paras. 55, 70; Fall „Autronic", Ser. A, Judg. & Dec., Bd. 178, Urteil vom 22. 5. 1990.

[188] BGBl. 1954 II, S. 1126.

aller 15 EG-Mitgliedstaaten geworden, in Deutschland nach noch h. M.[189] aufgrund von Art. 59 Abs. 2 Satz 1 GG im Range einfachen Gesetzesrechtes. In weiterer Folge könnte hier ein, durch den Inhalt des Art. 10 EMRK näher bestimmter *allgemeiner Rechtsgrundsatz der Rundfunkfreiheit* angenommen werden.[190]

Auf einer entsprechenden Argumentationslinie bewegt sich auch der *EuGH*. Zwar stellt er zunächst ebenfalls fest, daß die EG nicht Vertragspartei der EMRK ist und insofern eine unmittelbare, völkervertragsrechtliche Bindung der EG an die Vorschriften der EMRK nicht in Frage kommt. In der Folge bekundet der Gerichtshof jedoch, dabei der Vorstellung von den allgemeinen Rechtsgrundsätzen verhaftet, daß die *EMRK,* insb. *im Grundrechtsbereich,* durchaus „*orientierende Funktion"* für das EG-Recht habe.[191] Dem entspricht jetzt auch der, durch den Vertrag von Maastricht eingeführte Art. F Abs. 2 des EU-Vertrages, in dem es heißt: „Die Union achtet die Grundrechte, wie sie in der … Europäischen Konvention zum Schutze der Menschenrechte und Grundfreiheiten gewährleistet sind und wie sie sich aus den gemeinsamen Verfassungsüberlieferungen der Mitgliedstaaten als allgemeine Grundsätze des Gemeinschaftsrechts ergeben."

Speziell zur Geltung des *Art. 10 EMRK* hat der EuGH ausgeführt, daß die *Grundrechte* nach st. Rspr. zu den *allgemeinen Rechtsgrundsätzen* gehören, deren Geltung der EuGH zu wahren habe. Dabei gehe der EuGH „von den gemeinsamen Verfassungstraditionen der Mitgliedsstaaten aus sowie von den Hinweisen, die die völkerrechtlichen Verträge über den Schutz der Menschenrechte geben, deren Vertragspartei die Mitgliedstaaten sind". Hierbei komme der EMRK eine besondere Bedeutung zu.[192] Insbesondere die durch Art. 10 EMRK garantierte *Meinungsfreiheit* gehöre diesbezüglich zu den von der Gemeinschaftsrechtsordnung geschützten Grundrechten.[193] Eine entsprechende Aussage speziell zum Grundrecht der *Rundfunkfreiheit* hat der EuGH allerdings *noch nicht getroffen.*

dd) Der Inhalt („Schutzbereich") des Grundrechts

56   Die Konturen dessen, was unter *inhaltlichen* Gesichtspunkten unter ein solches europäisches Grundrecht der Rundfunkfreiheit – oder, wie dies in Anlehnung an den diesbezüglichen innerstaatlichen verfassungsrechtsdogmatischen Sprachgebrauch gelegentlich formuliert wird, was in den „Schutzbereich" dieses Grundrechtes[194] – fallen könnte, sind indes vage. Dies rührt hauptsächlich daher, daß – im Gegensatz etwa zur intensiven Beschäftigung in deutscher Staatspraxis und Verfassungsrechtslehre mit dem Rundfunk und insbesondere mit dem in Art. 5 Abs. 1 Satz 2 GG enthaltenen Grundrecht der Rundfunkfreiheit – im Rahmen der EMRK und der Tätigkeit der zu ihrer Anwendung und Auslegung berufenen Organe, Europäische Kommission für Menschenrechte und Europäischer Gerichtshof für Menschenrechte, sowie erst recht in der Rechtsprechungspraxis des EuGH das in Art. 10 Abs. 1 EMRK niedergelegte Grundrecht nur selten Anlaß für eingehendere Erörterungen war.

Immerhin geben aber der *Wortlaut* des Art. 10 Abs. 1 EMRK sowie die *Praxis,* so geringfügig sie auch sein mag, einige, zumindest *rudimentäre Hinweise* auf den möglichen konkre-

---

[189] Vgl. BVerfGE 10, S. 271, 274; *Geiger,* Grundgesetz und Völkerrecht, S. 407; *Frowein,* in: *Frowein/Peukert,* Kommentar, Einführung, Rdz. 6; *Giegerich* ZaöRV 50 (1990), S. 865 ff., 852; *Astheimer,* Rundfunkfreiheit, S. 31; jeweils m. w. N., auch zu den gegenläufigen Meinungen; a.A. etwa *Bleckmann* EuGRZ 1994, S. 149 ff.

[190] Siehe hierzu auch *Astheimer,* Rundfunkfreiheit, S. 46 f.; *Astheimer/Moosmayer* ZUM 1994, S. 402; *Ossenbühl,* Gemeinschaftsrecht, S. 16; *Dörr/Beucher/Eisenbeis/Jost,* Einflüsse, S. 144; *Schwartz,* in: *Schiwy/Schütz,* Medienrecht, S. 101 ff.

[191] Vgl. Rs. 4/73 „Nold", Slg. 1974, S. 491, 507; Rs. 36/75 „Rutili", Slg. 1975, S. 1219; Rs. 44/79 „Hauer", Slg. 1979, S. 3727.

[192] Rs. C-260/89 „ERT", a. a. O., S. 2963; Rs. C-23/93 „TV 10", Rdz. 24.

[193] Rs. C-288/89 „Stichting Collectieve Antennevoorziening", a. a. O., S. 4043.

[194] So etwa *Schwartz,* in: *Schiwy/Schütz,* Medienrecht, S. 92; *Engel,* Rundfunk, S. 39, 94, 98, 440; *Dörr/Beucher/Eisenbeis/Jost,* Einflüsse, S. 133.

ten Inhalt des in Art. 10 EMRK angesprochenen Grundrechts der Rundfunkfreiheit. Zum besseren Verständnis der Bestimmung ist hier ein vergleichender Blick auf Art. 5 Abs. 1 GG hilfreich. Dort ist die Rundfunkfreiheit selbständig *neben* eine Reihe weiterer Kommunikationsgrundrechte (Meinungsäußerungsfreiheit, passive Informationsfreiheit, Pressefreiheit, Freiheit der Berichterstattung durch den Film, Zensurverbot) gestellt worden; sie stellt sich dort gleichsam als ein „aliud" zu den anderen Kommunikationsgrundrechten dar. Und auch wenn diese einzelnen Grundrechte jeweils in einem gewissen inneren Zusammenhang zueinander stehen und sich in ihrem Schutzbereich teilweise auch überschneiden,[195] so wurden sie von Rechtsprechung und Verfassungsrechtslehre doch nicht *als solche* benutzt, um die konkrete inhaltliche Reichweite des Grundrechts der Rundfunkfreiheit in Art. 5 GG näher zu bestimmen und das Grundrecht der Rundfunkfreiheit mit konkreten Inhalten aufzufüllen. Hierfür wurden vielmehr andere, zusätzliche Elemente wie Veranstaltungsfreiheit einschließlich Darbietungs- und Verbreitungsfreiheit, Freiheit der Berichterstattung, Freiheit der Informationsbeschaffung, Programmfreiheit[196] entwickelt. Die interpretative Ausgangslage in Art. 10 Abs. 1 EMRK dagegen gestaltet sich grundlegend anders. Hier läßt sich die, ausdrücklich gar nicht angeführte, jedoch implizit in Art. 10 Abs. 1 EMRK hineingelesene Rundfunkfreiheit[197] jeweils auf die anderen dort genannten Kommunikationsgrundrechte *beziehen*; diese können in der Folge umgekehrt ihrerseits auf den Rundfunk bezogen sowie als inhaltliche Konkretisierungen des Grundrechts der Rundfunkfreiheit verstanden bzw. herangezogen werden. In diesem Sinne wäre dann z. B. das Recht, seine Meinung oder Meinungen überhaupt zu äußern bzw. zu verbreiten, und zwar eben über das Medium Rundfunk, gleichzeitig als Konkretisierung des Grundrechts der Rundfunkfreiheit anzusehen; desgleichen z. B. das Recht, Meinungen oder auch Tatsachenmitteilungen – per Rundfunk – zu empfangen. Daraus könnte sich in weiterer Folge ein Recht auf die Veranstaltung und Verbreitung von Rundfunkprogrammen, zum Empfang solcher Programme usw. ableiten lassen.

In der Tat wird dieser interpretative Weg in der *Spruchpraxis* der Europäischen Kommis- **57** sion für Menschenrechte und des Europäischen Gerichtshofes für Menschenrechte auch so beschritten. So wurde das in Art. 10 Abs. 1 EMRK verortete Grundrecht der Rundfunkfreiheit als das Recht, Rundfunksendungen zu verbreiten[198] bzw. als das Recht zur Mitteilung von Nachrichten und Ideen mittels Rundfunk[199] definiert.[200] Daraus wird allgemein ein *Grundrecht* auf *Freiheit der Rundfunkveranstaltung* abgeleitet,[201] und zwar durchaus und vor allem auch für *private Rundfunkveranstalter*.[202] Umgekehrt wurde auch das *Recht auf den Empfang von Rundfunksendungen* als eine Ausprägung des Grundrechts der Rundfunkfreiheit i. S. d. Art. 10 EMRK gewertet.[203]

---

[195] *Wendt*, in: *v. Münch*, GG, Rdz. 1 zu Art. 5.

[196] Siehe ausführlicher oben B Rdz. 21, 22 ff., 39 ff., 43 ff.; F Rdz. 1 ff., 9 ff.

[197] Vgl. noch einmal im Vorstehenden unter Rdz. 53.

[198] EKMR, Rs. 6452/74 „Sacchi", a. a. O., S. 50, 52: „freedom to broadcast".

[199] EKMR, Rs. 10890/84 „Groppera Radio", a. a. O., para. 137: „right to impart information and ideas by means of broadcasting"; ebenso Rs. 13914/88 (u. a.) „Lentia u. a.", para. 61, abgedruckt auch in: EuGHMR, Fall „Lentia u. a.", Ser. A, Judg. & Dec., Bd. 276, Urteil vom 24. 11. 1993, S. 23; EuGHMR, Fall „Lentia u. a.", a. a. O., para. 27; ähnlich EuGHMR, Fall „Groppera Radio", a. a. O., para. 55: „broadcasting of programmes over the air and cable retransmission of such programmes".

[200] Vgl. dazu auch *Schwartz*, in: *Schiwy/Schütz*, Medienrecht, S. 92, 93, 95; *Engel*, Rundfunk, S. 441 f.

[201] *Astheimer*, Rundfunkfreiheit, S. 55 ff., 59, 135, 137; *Engel*, Rundfunk, S. 39 f., 440; *Dörr/Beucher/ Eisenbeis/Jost*, Einflüsse, S. 134 ff.

[202] *Astheimer*, Rundfunkfreiheit, S. 135, 137; *Dörr/Beucher/Eisenbeis/Jost*, Einflüsse, S. 134; *Mestmäcker/ Engel/Gabriel-Bräutigam/Hoffmann*, Einfluß, S. 80; *Bullinger* GYIL 28 (1985), S. 88, 116.

[203] EKMR, Rs. 12726/87 „Autronic", a. a. O., para. 49; EuGHMR, Fall „Autronic", a. a. O., S. 47; siehe dazu auch *Dörr/Beucher/Eisenbeis/Jost*, Einflüsse, S. 134, 136 ff.; *Schwartz*, in: *Schiwy/Schütz*, Medienrecht, para. 95; *Engel*, Rundfunk, S. 441; *Rudolf/Abmeier* AVR 21 (1983), S. 1 ff., 14 f.; *Ricker* NJW 1991, S. 602.

58   An dieser Stelle ist ein *Vergleich mit Art. 5 Abs. 1 Satz 2 GG* angebracht. Hier ist nämlich zum einen auf eine gewisse *Parallelität* der Ergebnisse, zum anderen aber auch auf gewisse *Unterschiede* zwischen der Rechtslage aufgrund des deutschen Verfassungsrechts einerseits sowie des europäischen Rechts andererseits zu verweisen.

Zum einen, was ein *Individualgrundrecht auf Rundfunkveranstaltungsfreiheit für private Veranstalter* betrifft, wird in der deutschen Verfassungsrechtslehre ein solches Grundrecht mittlerweile ebenfalls, wenn auch noch recht vorsichtig, postuliert,[204] zumindest dann, wenn ein Veranstalter privaten Rundfunks bereits als Veranstalter zugelassen worden ist, wenngleich der Schwerpunkt der Einordnung des Grundrechtes aus Art. 5 Abs. 1 Satz 2 GG durch Verfassungsrechtslehre und insb. die Rechtsprechung des Bundesverfassungsgerichtes nach wie vor beim objektiv-rechtlichen Charakter des Grundrechts liegt.[205] Sofern man hier in der Tat eine Wendung der deutschen Verfassungslehre und -praxis hin zu einem mehr individualrechtlichen Verständnis des Grundrechts der Rundfunkfreiheit des Art. 5 GG erblicken kann, würde sich insoweit eine Deckung der grundrechtlichen Verbürgungen aus Art. 5 GG und Art. 10 EMRK (sowie desgleichen der, soweit grenzüberschreitender Rundfunk betroffen ist, gleichlaufenden grundrechtsähnlichen Verbürgung des Art. 59 EGV) ergeben.

Für den Fall aber, daß Art. 5 GG *nicht i. S. einer Verbürgung eines individualrechtlichen Anspruches* auf Rundfunkveranstaltungsfreiheit aufgefaßt würde, würde sich diesbezüglich ein wesentlicher *Unterschied* zu der Grundrechtsposition, die Art. 10 EMRK (sowie Art. 59 EGV) gewährleistet, ergeben. Da indessen der in Anlehnung an Art. 10 EMRK entwickelte allgemeine Rechtsgrundsatz der Rundfunkfreiheit insoweit (wie auch Art. 59 EGV) zu den mit Anwendungsvorrang gegenüber entgegenstehendem mitgliedstaatlichem Recht ausgestatteten Europarechtsnormen zählt, wäre auch hier wiederum (wie schon zuvor bei Art. 59 EGV dargestellt) eine *Verdrängung bzw. Überlagerung der* enger gefaßten mitgliedstaatlichen *Verfassungsrechtsnorm* die Folge. Das heißt, ein Rundfunkveranstalter, dem unter Berufung auf den objektiv-rechtlichen Charakter des Grundrechtes der Rundfunkfreiheit des Art. 5 GG die Zulassung zur Veranstaltung von Rundfunk verwehrt würde, könnte sich hier u.U. mit Hilfe des aus Art. 10 EMRK abgeleiteten europäischen Grundrechts auf Rundfunkfreiheit den Zugang zur Veranstaltung von Rundfunk gegen entgegenstehendes Verfassungsrecht erstreiten.

59   Was wiederum das *Recht* der Empfänger von Rundfunksendungen *auf den Empfang der Sendungen* betrifft, so wird ein solches Recht auf der Grundlage von Art. 5 Abs. 1 Satz 2 GG, anders als in Hinblick auf Art. 10 Abs. 1 EMRK, verneint. Auch hier ergibt sich demnach eine umfangreichere Grundrechtsverbürgung aufgrund europäischen Rechts, der ggfs. der Vorrang vor dem enger gefaßten Verfassungsrecht gebührte. Allerdings ist hier darauf zu verweisen, daß ein subjektives Recht auf den freien Empfang von Rundfunksendungen im deutschen Verfassungsrecht durch das in Art. 5 Abs. 1 Satz 1 GG normierte Grundrecht der Informationsfreiheit gewährleistet wird.[206]

60   Im gegebenen Zusammenhang ist noch auf einen *weiteren Unterschied* hinzuweisen. Während im deutschen Verfassungsrecht lange umstritten war, ob die Verbürgung des Art. 5 Abs. 1 Satz 2 GG auch die Verbreitung von *Tatsachenmitteilungen* erfasse,[207] ist diese Frage in Hinblick auf das in Art. 10 Abs. 1 EMRK verbürgte Recht der Rundfunkfreiheit von vorneherein uneingeschränkt bejaht worden. Hier macht nämlich schon der Wortlaut der einschlägigen Bestimmung („*information* and *ideas*", „*Nachrichten* oder Ideen" – Hervorhebung durch Verf.) unmißverständlich klar, daß von der Grundrechtsverbürgung auch Tatsachenmitteilungen erfaßt sein sollen. Im übrigen ist es, auch wenn die Europäische Kommission für Menschenrechte oder der Europäische Gerichtshof für Menschenrechte dazu bislang

---

[204] Vgl. noch einmal oben B Rdz. 132 ff., 156; vgl. aber auch *Dörr/Beucher/Eisenbeis/Jost,* Einflüsse, S. 148.
[205] Vgl. dazu noch einmal oben B Rdz. 101 f. sowie unten Rdz. 63 ff.
[206] Vgl. dazu oben B Rdz. 13 ff., 161 f.
[207] Siehe ausführlich oben B Rdz. 47, F Rdz. 2 ff.

keine ausdrücklichen Festlegungen getroffen haben,[208] herrschende Meinung, daß der Schutzbereich des aus Art. 10 EMRK abgeleiteten Grundrechts auf Rundfunkfreiheit grundsätzlich auch *Informationen wirtschaftlicher Natur*, insb. *Werbung,* erfassen kann.[209]

Was etwaige *weitere Konkretisierungen* des in Art. 10 Abs. 1 EMRK verankerten Grundrechts **61** der Rundfunkfreiheit betrifft, so ist die diesbezügliche *Anwendungspraxis* allerdings *unergiebig.* Insbesondere ist zu konstatieren, daß sich so etwas wie ein Grundsatz bzw. Grundrecht der Programmfreiheit, welches im deutschen Verfassungsrecht als eine der wichtigsten konkreten Ausprägungen des Grundrechts der Rundfunkfreiheit gilt,[210] in dem hier interessierenden Zusammenhang bislang nicht entwickelt hat, sieht man einmal von dem in Art. 10 Abs. 1 Satz 2 EMRK enthaltenen Verbot von Eingriffen öffentlicher Behörden in die Rundfunkveranstalter- und -empfangsfreiheit ab.[211] Hingegen kann der Rechtsprechung des Europäischen Gerichtshofes für Menschenrechte zur Meinungsfreiheit allgemein, konkret bezogen zunächst auf Druckmedien,[212] was den Umfang dieser Freiheit betrifft, der vorsichtige Hinweis entnommen werden, daß der Medienkonsument auf der Grundlage von Art. 10 EMRK zumindest ein *Recht auf umfassende und ausgewogene Information* hat. Diese Aussage kann in weiterer Folge sicherlich, was nunmehr den Umfang der Rundfunkempfangsfreiheit betrifft, in Analogie auch auf den Empfänger von Rundfunksendungen übertragen werden.[213] Möglicherweise anerkennt der Europäische Gerichtshof für Menschenrechte darüber hinaus auch ein Recht der Empfänger von Rundfunk auf ein politisch ausgewogenes, breit gefächertes und kulturell hochstehendes Rundfunkprogramm überhaupt.[214]

ee) Träger des Grundrechts

Während in Hinblick auf das in Art. 5 Abs. 1 Satz 2 GG niedergelegte Grundrecht der Rund- **62** funkfreiheit die Frage des Trägers dieses Grundrechts von der Verfassungsrechtslehre eingehend und umfassend behandelt worden ist,[215] sind die diesbezüglichen systematisierenden und dogmatischen Versuche, was die Trägerschaft des in Art. 10 EMRK verankerten Grundrechts der Rundfunkfreiheit betrifft, über ein gewisses Anfangsstadium nicht hinausgekommen.[216]

Gewisse Umrisse zeichnen sich jedoch ab. So ist klar, daß das Recht auf Empfangsfreiheit ein Jedermann-Grundrecht ist.[217] Ebenfalls unbestritten ist, daß sich auf die Rundfunkver-

---

[208] Offen gelassen in EuGHMR, Fall „Barthold", Ser. A., Judg. & Dec., Bd. 90, Urteil vom 25. 3. 1985, para. 42; vgl. aber auch EKMR, Rs. 7805/77 „Church of Scientology", Dec. & Rep. 16 (1979), S. 68, 72 ff., para. 5; EuGHMR, Fall „Markt Intern", Ser. A., Judg. & Dec., Bd. 165, Urteil vom 20. 11. 1989, para. 26; ausführlicher EKMR, Rs. 10572/83 „Markt Intern", auszugsweise abgedruckt als Annex zum vorzitierten Urteil des EuGHMR, a. a. O., paras. 194 ff., 203 f.; bei all den genannten Entscheidungen handelt es sich im übrigen um solche zu Druckmedien, deren Aussagen aber analog auch auf die elektronischen Medien übertragen werden können.

[209] Vgl. *Engel,* Rundfunk, S. 115 ff., 440, m. w. N.; *Schwartz,* in: *Schiwy/Schütz,* Medienrecht, S. 94 f.; *Astheimer,* Rundfunkfreiheit, S. 54; *Friauf,* in: Arbeitskreis Werbefernsehen der deutschen Wirtschaft (Hrsg.), Europafernsehen und Werbung, S. 23, 34. Zur Rechtsnatur der Werbung vgl. auch oben C Rdz. 80 und F Rdz. 34 ff.

[210] Vgl. ausführlich oben unter F Rdz. 1 ff.

[211] Vgl. hierzu auch *Frowein,* in: *Frowein/Peukert,* Kommentar, Art. 10, Rdz. 20; *Astheimer,* Rundfunkfreiheit, S. 52.

[212] EuGHMR, Fall „Sunday Times I", Ser. A, Judg. & Dec., Bd. 30, Urteil vom 26. 4. 1979, para. 65; Fall „Lingens", Bd. 103, Urteil vom 8. 7. 1986, para. 41; Fall „Observer/The Guardian", Bd. 216, Urteil vom 26. 11. 1991, para. 65; Fall „Sunday Times II", Bd. 217, Urteil vom 26. 11. 1991, para 50.

[213] In diesem Sinne auch *Dörr/Beucher/Eisenbeis/Jost,* Einflüsse, S. 139.

[214] Vgl. EuGHMR, Fall „Groppera Radio", a. a. O., para. 69; Fall „Autronic", a. a. O., para. 58; ablehnend aber etwa *Engel,* Rundfunk, S. 76.

[215] Vgl. oben B Rdz. 150 ff.

[216] Einen breit angelegten und tiefschürfenden Versuch in diese Richtung stellt aber z. B. die Arbeit von *Engel,* Privater Rundfunk vor der Europäischen Menschenrechtskonvention, dar; vgl. auch *Astheimer,* Rundfunkfreiheit.

anstaltungsfreiheit nicht nur *natürliche* Personen, sondern auch *juristische Personen des Privatrechts* berufen können.[218]

Zweifel hinsichtlich der Grundrechtsträgerschaft könnten bei *juristischen Personen des öffentlichen* Rechts entstehen. Eine Lösung könnte hier entlang der auch aus dem deutschen Verfassungsrecht bekannten Linien gefunden werden: So könnte die Grundrechtsträgerschaft bzgl. des Grundrechts der Rundfunkfreiheit bestimmten *staatsfernen juristischen Personen des öffentlichen Rechts*, wie z. B. Kirchen oder öffentlich-rechtlichen Rundfunkanstalten, so wie es sie in Deutschland gibt,[219] und soweit das Grundrecht seinem Wesen nach auf sie anwendbar ist, zuerkannt werden; nicht jedoch dem Staat selbst bzw. juristischen Personen des öffentlichen Rechts, die in einem starken Näheverhältnis zu ihm stehen, in ihn eingegliedert sind usw.[220] Eine solche Folgerung ergibt sich insbesondere aus dem grundsätzlichen Charakter des Grundrechts als *Abwehrrecht gegen den Staat*.[221] Ein *Grenzfall* sind *politische Parteien*, insbesondere vor dem Hintergrund des Bildes, das sie etwa in Deutschland als quasi-staatliche Organe abgeben. Die Europäische Menschenrechtskommission hat ihnen in einschlägigen Fällen zugestanden, sich auf das Grundrecht aus Art. 10 EMRK berufen zu dürfen.[222] Dies erscheint angebracht, insbesondere in Fällen, in denen anderen Parteien im Rundfunk, etwa zur Wahlwerbung, Sendezeit eingeräumt worden ist und unter Gleichbehandlungsgesichtspunkten eine Zulassung auch anderer Parteien geboten erscheint.[223]

Eine weitere Frage ist, ob und inwieweit sich *Journalisten* auf das in Art. 10 EMRK enthaltene Grundrecht auf Rundfunkfreiheit berufen können. Unproblematisch ist der Fall, soweit das *Verhältnis zum Staat* betroffen ist; hier kommt dem Journalisten zweifellos Grundrechtsträgerschaft zu.[224] Problematisch hingegen könnte diesbezüglich das *Verhältnis des Journalisten zu dem Rundfunkveranstalter* sein, für den er arbeitet. Angesprochen ist hier die Problematik der „*inneren Rundfunkfreiheit*". Die Spruchpraxis von Europäischer Kommission für Menschenrechte und Europäischem Gerichtshof für Menschenrechte ist hierzu unergiebig. Im Schrifttum ist keine feste Linie auszumachen, wenngleich der Trend eher ablehnend zu sein scheint.[225] Ähnlich, wie dies im deutschen Verfassungsrecht hinsichtlich der Presse vertreten wird,[226] ist hier dem konkurrierenden Grundrechtsanspruch des Rundfunkveranstalters Vorrang einzuräumen.

5. Die Wirkweise des europäischen Grundrechts der Rundfunkfreiheit

63 Als nächstes interessiert die Frage der Wirkweise des europäischen Grundrechtes der Rundfunkfreiheit. Damit ist die Frage gemeint, ob und inwieweit das Grundrecht als *(subjektives) Abwehrrecht des Einzelnen* oder als *objektiv-rechtliche Grundsatznorm*, gar als institutionelle Garantie zu begreifen sei.[227] Die Frage der Grundrechte als subjektiven Abwehrrechten oder objektiv-rechtlichen Verbürgungen spielt vor allem in der deutschen Verfassungsrechtslehre

---

[218] Siehe EKMR/EuGHMR, Rs./Fall „Groppera Radio", a. a. O.; Rs./Fall „Autronic", a. a. O.; Rs./Fall „Lentia u. a.", a. a. O.

[219] So *Astheimer*, Rundfunkfreiheit, S. 58; *Engel*, Rundfunk, S. 72 f.

[220] Bsp. Gemeinden, Kammern; vgl. *Engel*, Rundfunk, S. 72.

[221] Siehe hierzu im gleich folgenden Rdz. 64.

[222] EKMR, Rs. 4515/70 „X. and the Association of Z./Vereinigtes Königreich" („BBC"), Yearbook of the European Convention on Human Rights 1971, S. 538, 544 f.; Rs. 9297/81 „X. Association/Schweden" („Schwedischer Rundfunk"), Dec. & Rep. 28 (1982), S. 204, 206.

[223] EKMR, Rs. 4515/70 „BBC", a. a. O., S. 546; Rs. 9297/81 „Schwedischer Rundfunk", a. a. O., S. 206, para. 2; vgl. auch *Engel*, Rundfunk, S. 230 ff., sowie oben F Rdz. 75.

[224] EKMR, Rs. 10799/84 „X., S., W. & A./Schweiz" („Radio 24"), Dec. & Rep. 37 (1984), S. 236; Rs. 10890/84 „Groppera Radio", a. a. O., para. 2. Vgl. auch oben B Rdz. 157 ff.

[225] Vgl. *Engel*, Rundfunk, S. 317; *Astheimer*, Rundfunkfreiheit, S. 149; *Bullinger* GYIL 28 (1985), S. 114.

[226] Siehe *Wendt*, in: *v. Münch*, GG, Art. 5, Rdz. 39; vgl. auch oben E Rdz. 44 ff.

[227] Zur diesbezüglichen Anlage des in Art. 5 GG verankerten Grundrechts der Rundfunkfreiheit siehe oben B Rdz. 92 ff., 101 ff.

eine große Rolle.[228] Dort ist die Frage in allen ihren Facetten zwar noch nicht zu Ende diskutiert; gleichwohl ist man sich jedoch, anknüpfend an entsprechende Ausführungen des Bundesverfassungsgerichts im Lüth-Urteil,[229] darüber einig, daß den Grundrechten grundsätzlich jeweils stets beide Dimensionen innewohnen, sie also sowohl subjektive Freiheits- und Abwehrrechte des einzelnen Grundrechtsträgers gegenüber dem Staat als auch objektive Grundsatznormen sind, die eine objektive Wertordnung errichten und aus denen in der Folge Gesetzgebung, Verwaltung und Rechtsprechung Richtlinien und Impulse empfangen bzw. aus denen sich für die staatlichen Handlungsträger, insbesondere für den Gesetzgeber, Schutzpflichten und Handlungsaufträge zur Ausgestaltung und Absicherung des Grundrechts ergeben, u. U. bis hin zur Maßgabe einer institutionellen Garantie.[230] Dies gilt grundsätzlich auch für das in Art. 5 GG enthaltene Grundrecht der Rundfunkfreiheit, wenngleich sich diesbezüglich, wie oben bereits ausführlicher dargestellt worden ist[231] und worauf auch im gleich folgenden, im Vergleich mit der europarechtlichen Situation, ebenfalls noch einmal kurz zurückzukommen sein wird, doch einige Besonderheiten ergeben.

Was nun den *Bereich des Europarechts* betrifft, so ist hierzu grundsätzlich zunächst festzustellen, daß es eine ausgefeilte Grundrechtsdogmatik, wie sie z. B. die deutsche Verfassungsrechtslehre kennt, hier – noch – nicht gibt, weder in Hinblick auf die Grundfreiheiten des EG-Vertrages, noch in Hinblick auf die Grundrechte der EMRK und hier speziell etwa bezogen auf Art. 10 EMRK. In Sonderheit gibt es auch *keine festgefügte Dogmatik* dahingehend, ob und inwieweit die besagten Grundrechte bzw. grundrechtsähnlichen Rechte als Abwehrrechte aufzufassen sind oder ob und inwieweit sie nicht auch im Sinne objektiv-rechtlicher Verbürgungen, gar einer institutionellen Garantie konzipiert werden können. Allerdings lassen sich doch auch gewisse Tendenzen ausmachen.[232]

a) Abwehrrecht

Bislang lag der *Schwerpunkt der dogmatischen Einordnung* der Grundfreiheiten bzw. der **64** europäischen Grundrechte, insbesondere auch des Art. 10 EMRK, im Schrifttum wie auch in der Judikatur des EuGH und in gewissem Ausmaße auch des Europäischen Gerichtshofes für Menschenrechte, bei der Konzeption des Grundrechts als eines *Abwehrrechts*.[233] Was die Grundfreiheiten und speziell auch Art. 10 EMRK betrifft, so ergibt sich hier in weiterer Folge ein gewisser *Unterschied zu Art. 5 Abs. 1 Satz 2 GG*.[234] Die h. M. in der deutschen Verfassungsrechtslehre betrachtet nämlich das Grundrecht des Art. 5 Abs. 1 Satz 2 GG in erster Linie i. S. einer objektiv-rechtlichen Garantie,[235] wenngleich nicht zu übersehen ist, daß die Zahl derjenigen, die das Grundrecht der Rundfunkfreiheit des Art. 5 GG als genuin subjektives Recht des Individuums, primär auf Zulassung zur Veranstaltung von Rundfunk sehen, wächst.[236] Jene h. M. fußt dabei auf der einschlägigen Rechtsprechung des Bundesverfassungsgerichtes, welche – klassisch formuliert etwa im 3. Rundfunkurteil[237] – der Rundfunk-

---

[228] Zu den betreffenden dogmatischen Kategorien und Differenzierungen vgl. an dieser Stelle nur *Stern* III/1, S. 473 ff.; *K. Hesse*, Rdz. 279 ff.; *v. Münch/Kunig*, GG, Vorbemerkung zu Art. 1–19, Rdz. 16 ff.

[229] BVerfGE 7, S. 198, 205.

[230] Als jüngere Beiträge zu jener Debatte vgl. etwa *Böckenförde* Der Staat 29 (1990), S. 1 ff.; *J. P. Müller* Der Staat 29 (1990), S. 33 ff.; *Alexy* Der Staat 29 (1990), S. 49 ff.

[231] B Rdz. 101.

[232] Vgl. hierzu allgemein nur *Rengeling*, Grundrechtsschutz, insb. S. 203 ff.; *Pernice*, Grundrechtsgehalte, passim; *Gersdorf* AöR 119 (1994), S. 400 ff.

[233] Vgl. hierzu ausführlicher *Gersdorf* AöR 119 (1994), S. 402, 404 f.; speziell zu den Grundfreiheiten auch *Bleckmann*, Europarecht, Rdz. 453; speziell zu Art. 10 EMRK auch *Astheimer/Moosmayer* ZUM 1994 S. 404; *Degenhardt* EuGRZ 1983, S. 205, 212.

[234] Vgl. hierzu auch *Dörr/Beucher/Eisenbeis/Jost*, Einflüsse, S. 145 ff., 149; *Gersdorf* AöR 119 (1994), S. 415 f.

[235] Siehe ausführlich oben B Rdz. 101 f.; vgl. auch *Astheimer*, Rundfunkfreiheit, S. 200 ff., m. w. N.

[236] Nachweise bei *Astheimer*, Rundfunkfreiheit, S. 205 ff.; sowie ausführlich oben B Rdz. 132 f.

[237] BVerfGE 57, S. 295, 320.

freiheit, wie den anderen klassischen Freiheitsrechten, zunächst eine gegen den Staat gerichtete abwehrende Bedeutung durchaus einräumt, sodann aber die Notwendigkeit des Verständnisses des Grundrechts der Rundfunkfreiheit i. S. einer objektiv-rechtlichen Verbürgung, aus der sich der Auftrag zur weiteren positiv-rechtlichen Ausgestaltung und Absicherung des Grundrechtes ergebe, betont. Diese Linie wird auch noch etwa im 6. Rundfunkurteil eingehalten, in welchem das Bundesverfassungsgericht das Verständnis des Grundrechts des Art. 5 Abs. 1 Satz 2 GG als Abwehrrecht hintanstellt und stattdessen erneut das Erfordernis einer durch den Staat zu gewährleistenden positiven Ordnung in den Vordergrund stellt.[238] In jedem Fall hat das Gericht es vermieden, ausdrücklich ein subjektives Individualrecht auf Zulassung zur Veranstaltung von Rundfunk für Private zu konstatieren; vielmehr hat es sich lediglich zu der Äußerung durchgerungen, daß „die Zulassung privaten Rundfunks ... verfassungsrechtlich nicht zu beanstanden" sei.[239] Dementsprechend hat es auch noch im 7. Rundfunkurteil festgestellt, daß die Rundfunkfreiheit nicht der freien Selbstverwirklichung des Einzelnen diene.[240] Auf die Konsequenzen dieser unterschiedlichen Sichtweisen des Charakters der jeweiligen Grundrechtsverbürgungen im Europarecht und im deutschen Verfassungsrecht, insbesondere auch vor dem Hintergrund des prinzipiellen Anwendungsvorranges des Europarechts, ist im Vorstehenden bereits mehrfach hingewiesen worden.[241]

b) Objektiv-rechtliche Verbürgung

65   Wird demnach im deutschen Verfassungsrecht prinzipiell nach wie vor von dem primär objektiv-rechtlichen Charakter der grundrechtlichen Verbürgung des Art. 5 Abs. 1 Satz 2 GG ausgegangen, wenngleich eine Stärkung der Auffassung des Grundrechtes der Rundfunkfreiheit als einem als Abwehrrecht gegen den Staat gestalteten Individualgrundrecht zu beobachten ist, so ist im europarechtlichen Bereich der umgekehrte Vorgang festzustellen. Hier wird das einschlägige *Grundrecht des Art. 10 EMRK* nicht mehr länger lediglich als Abwehrrecht begriffen, sondern ihm darüber hinaus ebenfalls eine gewisse *objektiv-rechtliche Komponente* zugemessen.[242] Dies entspricht dem Trend, die europäischen Grundrechte allgemein, insbesondere die EMRK-Grundrechte,[243] unter Einschluß möglicherweise auch der Grundfreiheiten des EG-Vertrages,[244] in zunehmendem Maße auch als objektiv-rechtliche Normen zu begreifen.

Als Konsequenz eines solchen Verständnisses ergeben sich in weiterer Folge gewisse Schutzpflichten und *Handlungsaufträge zur Ausgestaltung* und *Absicherung* der einschlägigen Grundrechte bzw. grundrechtsähnlichen Rechte, insbesondere auch des europäischen Grundrechts der Rundfunkfreiheit. Hier ist primär an den Erlaß einschlägiger rechtlicher Regelungen zu denken, die geeignet sind, das Grundrecht i. S. einer objektiv-rechtlichen Verbürgung auszugestalten und abzusichern. Aufgrund des besonderen Charakters der europäischen Verfassungsordnung, der durch eine Gemengelage klassischer intergouvernmentaler und neuartiger supranationaler Elemente gekennzeichnet ist, sind *Adressaten* jener Schutz- und Handlungspflichten zum einen die *Mitgliedsstaaten* der EG/EU bzw. des Europarates, zum anderen aber auch die *europäischen Institutionen* selbst, in erster Linie die *EG*. Letztere wiederum können ihrer Pflicht derart Genüge tun, daß sie entweder – man könnte hierin eine besondere Akzentuierung des Subsidiaritätsgedankens sehen – ihren Mitgliedsstaaten den

---

[238] BVerfGE 83, S. 238, 296.

[239] BVerfGE 83, S. 238, 297.

[240] BVerfGE 87, S. 181, 186.

[241] Vgl. Rdz. 43 ff., 56 ff.

[242] Vgl. etwa *Selmer/Gersdorf,* Finanzierung, S. 67 f.; *Gersdorf* AöR 119 (1994), S. 411 ff.; ebenso, wenn auch in sich widersprüchlich, *Astheimer/Moosmayer* ZUM 1994, S. 404.

[243] Vgl. hierzu *Frowein,* in: *Frowein/Peukert,* Kommentar, Art. 1, Rdz. 10, 12; *Gersdorf* AöR 119 (1994), S. 403, 411 ff.; speziell zu den EG-Grundrechten auch noch *Rengeling,* Grundrechtsschutz, S. 205 ff.

[244] In diesem Sinne *Rengeling,* Grundrechtsschutz, S. 205; *Bleckmann,* Europarecht, Rdz. 461 ff.; *Gersdorf* AöR 119 (1994), S. 404 ff.

Erlaß einschlägiger Regelungen auftragen;[245] sie könnten die notwendigen Maßnahmen aber auch selbst ergreifen.[246]

In der *Praxis* haben sich *EG/EU* bzw. *Europarat* die Verantwortlichkeiten, die sich aus dem **66** objektiv-rechtlichen Verständnis des Grundrechts der Rundfunkfreiheit ergeben, durchaus angelegen sein lassen und eine Reihe von Initiativen ergriffen, die jenes Verständnis in die Realität umsetzen sollen. Im Vordergrund ihrer Bemühungen standen hierbei Regelungen, die – i. S. der gebotenen Ausgestaltung und Absicherung des Individualrechtes der Rundfunkfreiheit – den *Pluralismus* im Rundfunkbereich[247] sichern sollen. In diesem Sinne spricht etwa die *Fernsehrichtlinie* der EG in einer ihrer Begründungserwägungen davon, daß es unerläßlich sei, daß die Mitgliedstaaten dafür Sorge tragen, daß Handlungen unterbleiben, die den freien Fluß von Fernsehsendungen beeinträchtigen bzw. die Entstehung beherrschender Stellungen begünstigen könnten, welche zu Beschränkungen des Pluralismus und der Freiheit der Fernsehinformation sowie der Information in ihrer Gesamtheit führen würden. Dies ist deutlich als eine *Aufforderung an die Mitgliedstaaten* zu werten, in ihrem Bereich, dort, wo dies noch nicht geschehen ist, diejenigen objektiv-rechtlichen Rahmenbedingungen zu schaffen, die den Pluralismus im Rundfunkbereich gewährleisten und die in weiterer Folge das zunächst als Individualgrundrecht ausgestaltete Grundrecht auf Rundfunkfreiheit um eine entsprechende, als Auftrag primär an die nationalen Gesetzgeber zu verstehende objektiv-rechtliche Komponente ergänzen sollen.

Konkrete Ausformungen einer solchen, Pluralismus sichernden objektiv-rechtlichen Rahmenordnung sind dann zum einen beispielsweise sicherlich die in den einzelnen *Mediengesetzen der deutschen Bundesländer* verankerten *Vorschriften* über den *Außen- oder Binnenpluralismus* deutscher Rundfunkveranstalter[248] oder etwa auch die von der Nederlandse Omroepprogramma Stichting, einer öffentlich-rechtlichen Stiftung mit der Aufgabe der Koordinierung der Rundfunkprogramme in den *Niederlanden*, erlassenen *Programmkoordinierungsregeln,*[249] die Regelungen über den Programmeinkauf und die Programmproduktion enthalten, welche dazu beitragen sollen, den vielgestaltigen Charakter des öffentlich-rechtlichen Rundfunks in den Niederlanden zu wahren.

Bemerkenswerterweise findet eine derartige objektiv-rechtliche Sicht des europäischen **67** Grundrechts der Rundfunkfreiheit mittlerweile ihre Deckung auch in der einschlägigen europäischen *Rechtsprechung.* So haben sowohl der EuGH mit Bezug auf die Dienstleistungsfreiheit des Art. 59 EGV[250] als auch der Europäische Gerichtshof für Menschenrechte mit Bezug auf Art. 10 EMRK[251] den Mitgliedstaaten der EG bzw. des Europarates das Recht eingeräumt, staatliche Regelungen zugunsten des (gesellschaftlichen, kulturellen, religiösen, politischen und informationellen) Pluralismus zu erlassen. Zwar sind derartige Regelungen in den betreffenden Fällen von den Gerichten jeweils als mögliche Schranken der genannten Grundrechte bzw. grundrechtsähnlichen Rechte geprüft worden;[252] gleichzeitig lassen

---

[245] Dieser Weg ist von der EG etwa in der Fernsehrichtlinie beschritten worden. Vgl. auch die entsprechenden Vorschriften im Europaratsabkommen über das grenzüberschreitende Fernsehen. Siehe hierzu auch noch im gleich folgenden.

[246] Diese Möglichkeit hat die EG für sich etwa in ihrem Grünbuch „Pluralismus und Medienkonzentration im Binnenmarkt", KOM (92) 480 endg. vom 23. 12. 1992, S. 12, vorgesehen.

[247] Siehe hierzu ausführlich oben E Rdz. 1 ff.

[248] Siehe hierzu ausführlich oben C Rdz. 48 ff., E Rdz. 34 ff.

[249] Siehe dazu ABl. EG C 257 vom 3. 10. 1991, S. 7.

[250] Rs. 352/85 „Kabelregeling/Bond van Adverteerders", a. a. O., S. 2135; Rs. C-288/89 „Stichting Collectieve Antennevoorziening", a. a. O., S. 4043; Rs. C-353/89, Kommission/Niederlande, a. a. O., S. 4097; Rs. C-148/91 „Veronica" a. a. O., Rdz. 10; Rs. C-23/93 „TV 10", a. a. O., Rdz. 19.

[251] Fall „Groppera Radio", a. a. O., para. 70; Fall „Autronic", a. a. O., para. 59; Fall „Lentia u. a.", a. a. O., para. 38.

[252] Zu dieser Janusköpfigkeit objektiv-rechtlicher Ausgestaltungen von Grundrechten siehe auch noch im gleich folgenden unter Rdz. 72 ff.

sich diese Regelungen aber eben auch als objektiv-rechtliche Ausgestaltungen der jeweiligen Individualgrundrechte begreifen.[253]

68   Als genuine Ausprägungen eines objektiv-rechtlichen Rahmens zur Sicherung des Pluralismus wird man aber zweifellos auch die von den einzelnen EG/Europaratsmitgliedstaaten erlassenen wettbewerbsrechtlichen *Vorschriften zur Fusionskontrolle* bzw. *gegen Unternehmenskonzentrationen,* insb. im Medien/Rundfunkbereich, ansehen können.[254] Ob diesbezüglich nun seinerseits bereits von einem allgemeinen Rechtsgrundsatz des (hier: wettbewerbsrechtlich akzentuierten) Pluralismusgebotes gesprochen werden kann,[255] mag hier einstweilen dahinstehen. In jedem Falle aber stellen die betreffenden Vorschriften eine objektiv-rechtliche Rahmenordnung dar, die der weiteren Konkretisierung, Ausgestaltung und wohl auch Absicherung des Grundrechtes der Rundfunkfreiheit dient.

In diesem Sinne wird man auch die *wettbewerbsrechtlichen Vorschriften des EG-Vertrages* selbst (insb. Art. 85 ff. – Vorschriften über Unternehmen, Art. 85 – Verbot wettbewerbsbehindernder Vereinbarungen oder Beschlüsse, Art. 86 – Mißbrauch einer den Markt beherrschenden Stellung) grundsätzlich als derartige objektiv-rechtliche Ausgestaltungsgarantien des Grundrechts, jedenfalls soweit der grenzüberschreitende Rundfunk betroffen ist, ansehen dürfen.[256]

69   Ebenfalls im vorliegenden Zusammenhang genannt werden müssen des weiteren die Vorschriften der Art. 92 ff. EGV über wettbewerbsverfälschende *staatliche Subventionen.*[257] Staatliche Subventionen haben im vorliegenden Zusammenhang einen *ambivalenten Charakter:* Einerseits können sie den *Pluralismus* insofern *gefährden,* als sie den *Konkurrenten* eines Medienunternehmens, welches einer staatlichen Subvention teilhaftig wird, benachteiligen und ihn seiner Wettbewerbschancen berauben, ihn gar vom Markt verdrängen können und somit in weiterer Folge das publizistische Angebot auf dem Medienmarkt verringern können.[258] Andererseits kann aber ggfs. gerade erst eine staatliche Subvention – auf einem bis dahin monopolistisch strukturierten Markt – einem Rundfunkveranstalter zur Konkurrenzfähigkeit verhelfen, somit einen weiteren Anbieter ins Spiel bringen und hierdurch *Pluralismus herstellen.* In jedem Falle aber sind die jeweiligen staatlichen Beihilfen an den Beihilfevorschriften der Art. 92 ff. EGV zu messen. Entsprechend sind sie demnach auch als objektiv-rechtliche Rahmenbedingungen des Grundrechtes der Rundfunkfreiheit i. S. der vorliegenden Fragestellung zu werten.

In dem zuletzt beschriebenen Sinne vermögen auch die in Art. 4 ff. der EG-Fernsehrichtlinie enthaltene *Quotenregelung* bzw. die in dem entsprechenden Art. 10 des Europaratsabkommens über das grenzüberschreitende Fernsehen vom 5. Mai 1989[259] verankerte *Förderungsregelung* zugunsten europäischer Werke, ebenso wie Art. 128 Abs. 2 EGV, der eine Förderung des künstlerischen und literarischen Schaffens, einschließlich des audio-visuellen

---

[253] In diesem Sinne, in Hinblick auf das EuGH-Urteil in der Rs. „Stichting Collectieve Antennenvoorziening", etwa auch *Degenhardt* JZ 1992, S. 1125, 1127.

[254] Für den Bereich der EG vgl. hierzu das Grünbuch der EG-Kommission „Pluralismus und Medienkonzentration im Binnenmarkt", a. a. O., insb. S. 36 ff. und die dort gegebene Zusammenstellung einschlägiger mitgliedstaatlicher Regelungen.

[255] In diesem Sinne aber wohl *Selmer/Gersdorf,* Finanzierung, S. 65 f.

[256] Siehe zu diesem Zusammenhang, konkret bezogen auf die als Teilkomponente eines europäischen Grundrechts der Rundfunkfreiheit verstandene Dienstleistungsfreiheit des Art. 59 EGV, EuGH, Rs. 155/73 „Sacchi", a. a. O., S. 430 f.; Rs. 262/81 „Coditel II", a. a. O., S. 3401; Rs. C-260/89 „ERT", a. a. O., S. 2961 f.; vgl. auch Grünbuch „Pluralismus und Medienkonzentration", a. a. O., S. 79 ff.; *H. P. Ipsen,* Rundfunk, S. 110 ff.

[257] Siehe hierzu auch *Selmer/Gersdorf,* Finanzierung, S. 68 ff.; *H. P. Ipsen,* Rundfunk, S. 108 f.

[258] Vgl. etwa die im März 1993 bei der EG-Kommission von dem französischen Privatsender „TF 1" auf der Grundlage des Art. 92 i. V. m. Art. 90 EGV gegen den französischen Staat wegen dessen Förderung der beiden staatlichen Fernsehsender „France 2" und „France 3" erhobene Beschwerde.

[259] BGBl. 1994 II, S. 638.

Bereichs vorsieht, die Grundlage abzugeben für eine den Pluralismus stärkende Fördertätigkeit. Auch diese Vorschriften zählen insoweit zu dem objektiv-rechtlichen Rahmen, innerhalb dessen sich das europäische Grundrecht der Rundfunkfreiheit entfaltet. Allerdings ist an
dieser Stelle darauf hinzuweisen, daß sich in Hinblick auf die Quote auch gravierende
Bedenken ergeben, und zwar was ihre Verhältnismäßigkeit betrifft,[260] die sich letztlich als
durchgreifend darstellen. Durch die Quote wird nämlich unmittelbar die Programmfreiheit
des Rundfunkveranstalters tangiert und in der Folge wegen nicht ausreichend vorhandener
europäischer Produktionen die Gefahr einer erheblichen Akzeptanzminderung der Programme und damit die Gefahr existentieller Finanzierungsschwierigkeiten der auf Werbung
angewiesenen Sender heraufbeschworen.

In eine völlig andere – aber aus der deutschen Rundfunkverfassungsrechtsdoktrin durch- **70**
aus bekannte – Richtung führt der in Art. 7 der Europaratskonvention über das grenzüberschreitende Fernsehen aus dem Jahre 1989 enthaltene Auftrag an die Vertragsparteien, in
ihrem Hoheitsbereich dafür zu sorgen, daß die einzelnen Sendungen eines Programms in
Hinblick auf ihre Aufmachung und ihren Inhalt jeweils die *Menschenwürde* und die *Grundrechte anderer* achten, sie insbesondere nicht *unsittlich* sind und namentlich keine *Pornographie*
enthalten, *Gewalt* nicht unangemessen herausstellen und nicht geeignet sind, zum *Rassenhaß*
aufzustacheln, sowie die Rundfunkveranstalter anzuhalten, in Nachrichtensendungen *Tatsachen und Ereignisse sachgerecht darzustellen*. Dieser Auftrag entspricht über weite Strecken den
durch das Bundesverfassungsgericht für den deutschen Gesetzgeber zum Zwecke der Verwirklichung der objektiv-rechtlichen Garantie der Rundfunkfreiheit entwickelten Vorgaben,
„Leitgrundsätze verbindlich zu machen, die ein Mindestmaß an inhaltlicher Ausgewogenheit, Sachlichkeit und gegenseitiger Achtung gewährleisten".[261]

Allein eine kursorische Übersicht zeigt also schon, daß es auch auf der Ebene des Europarechts durchaus bereits eine Reihe konkreter Ansatzpunkte und Elemente für eine Ausgestaltung des Grundrechts der Rundfunkfreiheit i. S. einer objektiv-rechtlichen Verbürgung
gibt. Dabei mag hier einstweilen dahingestellt bleiben, ob und inwieweit das europäische
Grundrecht der Rundfunkfreiheit den Rang einer Einrichtungsgarantie eingenommen
hat,[262] zu deren Ausgestaltung und vor allem Absicherung die genannten Regelungen dienen
könnten. Entscheidend ist, daß es überhaupt einen objektiv-rechtlichen Rahmen gibt,
innerhalb dessen sich das Grundrecht entfalten kann. In diesem Zusammenhang kommt den
Maßgaben und Regelungen, die die EG trifft, ein besonderer Stellenwert zu. Sie sind nämlich aufgrund des Anwendungsvorranges des Europarechts in der Lage, etwaige entgegenstehende nationale Regelungen außer Kraft zu setzen. Damit besteht die Möglichkeit, eine
europäische (Rundfunk)Grundrechtsverfassung an die Stelle der jeweiligen mitgliedstaatlichen zu setzen.

c) Drittwirkung

Eine Frage, die sich sofort stellt, wenn man Grundrechte als objektiv-rechtliche Grund- **71**
satznormen versteht, die eine objektive Wertordnung errichten, ist die ihrer möglichen Drittwirkung im Rechtsverkehr zwischen Privatrechtssubjekten. Auch zu dieser Frage gibt es im
Europarecht kein dogmatisches Gerüst, das dem des deutschen Verfassungsrechts vergleichbar
wäre.[263] Im Kern jedoch besteht im Schrifttum, gestützt teilweise auf eine entsprechende
Rechtsprechung des EuGH, Einigkeit darüber, daß die europäischen Grundrechte bzw. grundrechtsähnlichen Rechte eine – zumindest mittelbare – Drittwirkung entfalten. Dies gilt im

---

[260] Vgl. zu Programmquoten nach deutschem Recht oben F Rdz. 57; vgl. auch *Niewiarra* ZUM 1995,
S. 759.
[261] BVerfGE 12, S. 205, 263; 57, 295, 325; vgl. ausführlicher hierzu oben F Rdz. 25 ff., 55 ff.
[262] Bzgl. der Grundfreiheiten des EG-Vertrages – und damit einiger Teilkomponenten des europäischen Grundrechts der Rundfunkfreiheit i. S. der hier vertretenen Konzeption – wird dies gelegentlich
angenommen; vgl. *Bleckmann* EuGRZ 1981, S. 269.
[263] Vgl. oben B Rdz. 122 ff.

einzelnen für die Grundfreiheiten des EG-Vertrages[264] ebenso wie für die europäischen Grundrechte, seien sie ausdrücklich im EG-Vertrag verankert wie z. B. in Art. 119 EGV[265] oder erst vom EuGH als allgemeine Rechtsgrundsätze entwickelt,[266] einschließlich der in der EMRK enthaltenen Grundrechte.[267] Entsprechend ist auch von einer Drittwirkung des europäischen Grundrechts der Rundfunkfreiheit auszugehen.

6. Schranken des europäischen Grundrechts der Rundfunkfreiheit

72   Im Vorstehenden war festgestellt worden, daß in Hinblick auf europäische/europarechtliche Grundrechte, wie auch immer sie im einzelnen inhaltlich ausgestaltet sein mögen, eine Grundrechtsdogmatik, wie sie etwa das deutsche Verfassungsrecht kennt, (noch) nicht entwickelt worden ist. Dementsprechend gibt es auch *keine* einschlägige *Schrankendogmatik.* Gleichwohl könnte versucht werden, die verschiedenen Ausnahmen und Beschränkungen, die im geltenden Europarecht in Hinblick auf das im Vorstehenden skizzierte europäische Grundrecht der Rundfunkfreiheit normiert worden sind, in einen solchen dogmatischen Zusammenhang zu stellen, sie gewissermaßen als Grundrechtsschranken zu konzeptualisieren.

a) Die Beschränkungen der vier Freiheiten des EG-Vertrages

73   Als solche Ausnahmen und Beschränkungen des europäischen Grundrechts der Rundfunkfreiheit sind einmal die bezüglich der verschiedenen Freiheiten des EG-Vertrages niedergelegten Ausnahmen der Art. 66, 55, 56, 48 und 36 EGV einschließlich der „immanenten" Schranken vor allem der Art. 30, 52 und 59 EGV, sowie die Verbotsvorschriften der Art. 85 ff. und 92 ff. EGV anzuführen.[268] Hervorzuheben ist an dieser Stelle, daß die genannten Beschränkungen („*Schranken*") ihrerseits nicht schrankenlos zur Anwendung gebracht werden können, sondern vielmehr selbst wiederum Schranken („*Schrankenschranken*") unterliegen. Bei den Beschränkungen der Art. 66, 56, 48 und 36 EGV ist es, abgesehen davon, daß zunächst die in den Vorschriften jeweils genannten Ausnahmetatbestände gegeben sein müssen, primär der *Verhältnismäßigkeitsgrundsatz,* der hier Grenzen setzt. Bei den „immanenten" Schranken der Freiheiten müssen zunächst „zwingende Erfordernisse des Allgemeininteresses" nachgewiesen werden; sodann ist hier ebenfalls der Verhältnismäßigkeitsgrundsatz zu beachten. Beschränkungen schließlich, die sich für die Freiheiten aus den Art. 85, 86 und 92 EGV ergeben können, sind nur dann zulässig, wenn sie auf die Beseitigung von Beeinträchtigungen des Handels zwischen den EG-Mitgliedstaaten bzw. von Hindernissen, Einschränkungen oder Verfälschungen des Wettbewerbs innerhalb des Gemeinsamen Marktes zielen sowie wenn sie dem Verhältnismäßigkeitsgebot entsprechen.

b) Die Beschränkungen des Art. 10 EMRK

74   Des weiteren ist auf die in Art. 10 EMRK festgelegten Beschränkungsmöglichkeiten zu verweisen.

Die Rundfunkfreiheit des Art. 10 Abs. 1 EMRK kann gemäß Art. 10 Abs. 1 Satz 3 EMRK einem *Lizenzierungsverfahren* sowie des weiteren gemäß Art. 10 Abs. 2 EMRK *Beschränkungen* unterworfen werden, wie sie *in einer demokratischen Gesellschaft* im Interesse der nationalen Sicherheit, der Aufrechterhaltung der Ordnung und der Verbrechensverhütung, des Schutzes

---

[264] Vgl. EuGH, Rs. 36/74 „Walrave und Koch", Slg. 1974, S. 1405, 1419 f; Rs. 13/76 „Dona/Mantero", Slg. 1976, S. 1333, 1340 f.; *Bleckmann,* Europarecht, Rdz. 455; *Pernice,* Grundrechtsgehalte, S. 87 ff., 144 ff.; *Steindorff,* in: *FS Peter Lerche,* S. 575 ff.; *Hailbronner/Nachbaur* EuZW 1992, S. 105, 112; jeweils m. w. N., insb. zur EuGH-Judikatur.

[265] EuGH, Rs. 43/75 „Defrenne II", Slg. 1976, S. 455, 476; *Oppermann,* Europarecht, Rdz. 1588; *Pernice,* Grundrechtsgehalte, S. 202 ff.; *Jansen,* in: *Grabitz/Hilf,* Kommentar, Art. 119, Rdz. 7.

[266] Vgl. hierzu *Gersdorf* AöR 119 (1994), S. 420.

[267] Hierzu *Frowein,* in: *Frowein/Peukert,* Kommentar, Art. 1, Rdz. 12.

[268] Vgl. noch einmal oben unter Rdz. 46 f., 50.

der Gesundheit und der Moral, des Schutzes des guten Rufes oder der Rechte anderer, um die Verbreitung von vertraulichen Nachrichten zu verhindern oder das Ansehen und die Unparteilichkeit der Rechtsprechung zu gewährleisten, *unentbehrlich* sind.

Der Blick auf diese Vorschriften zeigt sofort, daß das durch Art. 10 Abs. 1 EMRK grundsätzlich gewährleistete Grundrecht der Rundfunkfreiheit, wie auch immer es ansonsten im einzelnen inhaltlich auszugestalten sein mag, von vornherein weitaus *weiter reichenden Schrankenbestimmungen* unterworfen ist als dies bzgl. des Grundrechtes des Art. 5 Abs. 1 Satz 2 GG gilt. Hinzu kommt, daß einige der in Art. 10 Abs. 2 EMRK genannten Ausnahmetatbestände, wie z. B. der der nationalen Sicherheit, der des Schutzes der Moral oder der des Ansehens und der Unparteilichkeit der Rechtsprechung,[269] äußerst weit und vage gefaßt sind, so daß sich hier die Gefahr einer zu starken Einschränkung der Freiheitsverbürgung ergeben könnte.

Im einzelnen müssen gem. Art. 10 Abs. 2 EMRK *drei Bedingungen* erfüllt sein, damit eine **75** auf diese Norm gestützte Beschränkung des Grundrechts der Rundfunkfreiheit aus Art. 10 Abs. 1 EMRK als zulässig erachtet werden kann.[270] Zunächst muß der betreffende *Eingriff* in das Grundrecht „*vom Gesetz vorgesehen*" sein. Der Begriff „Gesetz" wird hierbei allerdings nicht technisch als Gesetz im formellen Sinne verstanden. Hinreichend ist nach st. Rspr. des Europäischen Gerichtshofes für Menschenrechte, daß es sich um eine allgemeinverbindliche Rechtsnorm handelt, die für die Betroffenen ausreichend zugänglich ist, damit diese erkennen können, was im konkreten Fall als Recht gilt, sowie daß die Norm so präzise gefaßt ist, daß die Betroffenen ihr Verhalten entsprechend einrichten können.[271] Zweitens muß der Eingriff einem *legitimen Zweck* dienen. Als solche gelten die in Art. 10 Abs. 2 genannten Ausnahmetatbestände. Drittens erfolgt eine *Erforderlichkeitsprüfung*, d. h. der Eingriff muß unentbehrlich für die Verfolgung der besagten Zwecke „in einer demokratischen Gesellschaft" („necessary in a democratic society") sein. Es ist dieses letzte Kriterium, auf dessen Prüfung sich die Rechtsprechungsorgane der EMRK in aller Regel konzentrieren. Dabei ist es der Europäischen Kommission für Menschenrechte und dem Europäischen Gerichtshof für Menschenrechte in ihrer bisherigen Spruchpraxis gelungen, auch wenn den Mitgliedstaaten diesbezüglich ein gewisser Beurteilungsspielraum eingeräumt wird, die an sich und von Haus aus recht weit gefaßten Ausnahmebestimmungen einigermaßen restriktiv zu interpretieren[272] und somit den Grundrechtsverbürgungen zu weitestmöglicher Geltung zu verhelfen. Beispiele mögen das eben Gesagte veranschaulichen. So hat der Europäische Gerichtshof für Menschenrechte etwa das Verbot der Weiterverbreitung von Fernsehsendungen im Kabelnetz bzw. des Empfangs von ausländischen Rundfunksendungen über Satellit zum Zwecke der Verhütung von Unordnung im Fernmeldebereich[273] oder zum Zwecke des Schutzes der Rechte anderer, insb. zur Gewährleistung von Pluralismus,[274] grundsätzlich als zulässige Beschränkungen i. S. der zuvor zitierten Ausnahmevorschriften anerkannt, sie aber im konkreten Fall wegen eines Verstoßes gegen den Verhältnismäßigkeitsgrundsatz nicht zum Zuge kommen lassen.

Unklar ist das *Verhältnis* der beiden Schrankenbestimmungen des *Art. 10 Abs. 1 Satz 3* und **76** des *Art. 10 Abs. 2 EMRK* zueinander. Fraglich war hier insbesondere, ob Art. 10 Abs. 1 Satz 3 EMRK als Totalvorbehalt aufzufassen sei, neben dem Art. 10 Abs. 2 EMRK kein An-

---

[269] Vgl. zu dieser spezifischen Ausnahmebestimmung EuGHMR, Fall „Sunday Times I", a. a. O., paras. 54 ff.

[270] Siehe zu dem Ganzen ausführlicher *Frowein*, in: *Frowein/Peukert*, Kommentar, Art. 10, Rdz. 23 ff.; *Engel*, Rundfunk, S. 61 ff.; *Astheimer*, Rundfunkfreiheit, S. 139 ff.; *Dörr/Beucher/Eisenbeis/Jost*, Einflüsse, S. 141 ff.; *Schwartz*, in: *Schiwy/Schütz*, Medienrecht, S. 97 ff.; *Magiera*, in: Eine Rundfunkordnung für Europa – Chancen und Risiken, S. 51, 59 ff.; *Hauschka* ZUM 1987, S. 559, 563.

[271] EuGHMR, Fall „Sunday Times I", a. a. O., para. 49.

[272] Vgl. die Nachweise bei *Schwartz*, in: *Schiwy/Schütz*, Medienrecht, S. 98 ff.; *Frowein*, in: *Frowein/Peukert*, Kommentar, Art. 10, Rdz. 23 ff.; a. A. aber wohl *Engel*, Rundfunk, S. 68 f.

[273] Fall „Groppera Radio", a. a. O., para. 70; Fall „Autronic", a. a. O., para. 58.

[274] Fall „Groppera Radio", a. a. O.

wendungsraum mehr verbleibe, oder ob die beiden Bestimmungen nebeneinander anwendbar seien.[275] Ein Urteil des Europäischen Gerichtshofes für Menschenrechte aus jüngster Zeit hat hierzu nunmehr einige Klarstellungen gebracht.[276] Demnach ist die Ausnahmeklausel des Art. 10 Abs. 1 Satz 3 EMRK im Lichte der Bestimmungen des Art. 10 Abs. 2 EMRK auszulegen. Das heißt, Staaten können auf der Grundlage des Art. 10 Abs. 1 Satz 3 EMRK das Rundfunkwesen durchaus weiterhin Lizenzierungsmaßnahmen unterwerfen, was letztlich, wie im gegenständlichen Fall, sogar in ein Monopol eines staatlichen/öffentlich-rechtlichen Rundfunkveranstalters münden kann. Dabei müssen sich jedoch auch derartige, aufgrund von Art. 10 Abs. 1 Satz 3 EMRK ergriffene Maßnahmen an den Maßstäben des Art. 10 Abs. 2 EMRK messen lassen, also vom Gesetz vorgesehen sein, einem legitimen Zweck i. S. des Art. 10 Abs. 2 EMRK dienen und verhältnismäßig sein. Demnach kommt also *Art. 10 Abs. 2 EMRK* im Verhältnis zu Art. 10 Abs. 1 Satz 3 EMRK eine *gewisse Vorrangstellung* zu. Im gegebenen Fall hat der Europäische Gerichtshof für Menschenrechte die österreichischen Rundfunkmonopolregelungen wegen ihres unverhältnismäßigen Charakters als unvereinbar mit Art. 10 EMRK erklärt.

Zusätzlich zu den von den EMRK-Organen entwickelten Kriterien für den Wirkungsbereich der Grundrechte und deren Schranken sind bei der Bewertung von Einschränkungen der Grundrechte, soweit diese als allgemeine Rechtsgrundsätze des EG-Rechts aufzufassen sind, die vom EuGH diesbezüglich entwickelten Grundsätze zu beachten. Hier ist es, neben dem allgemeinen Verhältnismäßigkeitsgrundsatz, eine Art Wesensgehaltssperre,[277] die gewisse „Schrankenschranken" errichtet.[278]

c) Werbeverbote, Jugendschutz

77 Ebenfalls in den vorliegenden Zusammenhang gehören die in der EG-Fernsehrichtlinie, aber auch in einer Reihe weiterer EG-Richtlinien ausgesprochenen Beschränkungen der Werbetätigkeit im Rundfunk[279] sowie die in der EG-Fernsehrichtlinie enthaltenen Vorgaben zum Jugendschutz. Zweifellos sind diese Vorschriften geeignet, die Freiheiten des EG-Vertrages zu beschränken. Es stellt sich die Frage, wie diese Beschränkungen dogmatisch zu begründen und damit zu rechtfertigen sind. Diese Frage stellt sich hier mit besonderer Schärfe, da es sich bei der Fernsehrichtlinie, in der sie enthalten sind, um EG-Sekundärrecht handelt, welches in jedem Fall dem EG-Primärrecht, hier: dem EG-Vertrag, in Einklang zu bringen ist.

Noch relativ unproblematisch erscheint diesbezüglich die *dogmatische Einordnung* der Bestimmungen über den *Jugendschutz.* In Hinblick auf die Warenverkehrsfreiheit und die Möglichkeit ihrer Beschränkung könnten die Jugendschutzbestimmungen des Art. 22 der Fernsehrichtlinie sicherlich unter einen oder mehrere der in Art. 36 EGV genannten Ausnahmetatbestände subsumiert werden, und zwar unter den der öffentlichen Sittlichkeit, der öffentlichen Ordnung und Sicherheit und/oder des Schutzes der Gesundheit.[280] In Hinblick auf die Dienstleistungsfreiheit, ggfs. auch die Niederlassungsfreiheit,[281] läßt sich eine Subsumtion der Jugendschutzbestimmungen des Art. 22 der Fernsehrichtlinie zum einen

---

[275] Siehe ausführlicher hierzu *Dörr/Beucher/Eisenbeis/Jost,* Einflüsse, S. 139 ff.; *Engel,* Rundfunk, S. 43 ff.; *Schwartz,* in: *Schiwy/Schütz,* Medienrecht, S. 96 f.; *Astheimer/Moosmayer* ZUM 1994, S. 403 f.

[276] EuGHMR, Fall „Lentia u. a.", a. a. O., paras. 30 ff.

[277] Vgl. Rs. 4/73 „Nold", a. a. O., S. 508.

[278] Siehe dazu *Beutler,* Grundrechtsschutz, in: *Groeben/Thiesing/Ehlermann,* Kommentar, S. 6199 ff., Rdz. 33 ff.; *Pernice,* Grundrechtsgehalte, S. 58 ff.

[279] Zu den Fundstellen der einschlägigen Richtlinien siehe oben unter Rdz. 3 ff.

[280] Art. 22 der Fernsehrichtlinie spricht davon, daß keine Programme ausgestrahlt werden dürften, die „die körperliche, geistige und sittliche Entwicklung von Minderjährigen schwer beeinträchtigen können". Man kann hier ohne weiteres den Bogen zum Schutzgut der Gesundheit schlagen, die im übrigen sicherlich sowohl eine körperliche als auch eine geistige und sittliche Komponente umfaßt.

[281] Eine Beschränkung der Arbeitnehmerfreizügigkeit durch die Vorschriften des Art. 22 erscheint sachlich kaum möglich.

eventuell unter die in Art. 56 EGV genannten Ausnahmetatbestände der öffentlichen Ordnung und Sicherheit sowie des Schutzes der Gesundheit, darüber hinaus aber in jedem Falle unter die „zwingenden Erfordernisse des Allgemeininteresses" i. S. der Rechtsprechung zu den „immanenten Schranken" der Vertragsfreiheiten denken.

Etwas schwieriger gestaltet sich die dogmatische Einordnung der in Art. 10-21 der Fernsehrichtlinie enthaltenen Vorschriften über *Fernsehwerbung* und *Sponsoring*. Eine Subsumtion unter einen der in den Art. 36, 48 und 56 EGV genannten Ausnahmetatbestände erscheint prima facie nur schwer möglich. Somit blieben hier in weiterer Folge lediglich die „zwingenden Erfordernisse des Allgemeininteresses" übrig. Allerdings ergeben sich auch hiergegen Bedenken, jedenfalls solange, als nicht ein zusätzliches Kriterium zur Begründung benannt wird. Ein solches könnte die Bewahrung des Pluralismus im Rundfunkwesen sein. Jedenfalls hat der EuGH[282] dieses Argument grundsätzlich als Rechtfertigung für ein mitgliedstaatliches Verbot der Ausstrahlung von Werbesendungen i. S. „zwingender Erfordernisse des Allgemeininteresses" gelten lassen. Im selben Urteil hat er auch den *Schutz der Verbraucher* vor einem Übermaß an kommerzieller Werbung als ein solches zwingendes Erfordernis anerkannt. Davor hatte der EuGH in einer Entscheidung[283] die Einrede der „zwingenden Erfordernisse" zur Rechtfertigung eines Verbotes der Ausstrahlung von Werbesendungen sogar ohne weitere zusätzliche Konkretisierung akzeptiert. Mag man letzteres, etwa im Lichte der rechtsstaatlichen Maxime des Bestimmtheitsgebotes, auch für problematisch halten, so zeigt die Rechtsprechung des EuGH insgesamt doch recht deutlich, daß Beschränkungen der Werbung im Fernsehen grundsätzlich als zulässige Ausnahmen von den Vertragsfreiheiten – und somit als deren Schranken – anerkannt werden können. Insoweit können demnach auch die Werberegelungen der Fernsehrichtlinie grundsätzlich als zulässige und mit dem Primärrecht des EG-Vertrages vereinbare Beschränkungen der Marktfreiheiten angesehen werden.

Die Jugendschutz- und Werbebeschränkungsregelungen der Fernsehrichtlinie sind jedoch **78** nicht nur als Schranken der grundrechtsähnlichen Grundfreiheiten denkbar und an diesen zu messen, sondern auch gegenüber dem anhand von Art. 10 EMRK entwickelten Grundrecht der Rundfunkfreiheit, welches aufgrund seines Charakters als allgemeiner Rechtsgrundsatz des Europarechts ebenfalls zum EG-Primärrecht zählt. Im Prinzip ist hier ähnlich zu verfahren wie in bezug auf die Grundfreiheiten und zu prüfen, ob und inwieweit die beiden genannten Beschränkungsregelungen in den Bereich der zulässigen Ausnahmen zu Art. 10 Abs. 1 EMRK, die Art. 10 Abs. 2 EMRK im einzelnen bezeichnet, fallen und insoweit ihrerseits als zulässige *Schranken des Grundrechts aus Art. 10 Abs. 1 EMRK* gewertet werden können.

Bezüglich der *Jugendschutzvorschriften* fällt eine positive Antwort wiederum relativ leicht. Ohne größere Schwierigkeiten lassen sich diese als Maßnahmen darstellen, die den in Art. 10 Abs. 2 EMRK genannten Schutzgütern der Moral, ggfs. auch der (öffentlichen) Ordnung sowie der Gesundheit dienen. Probleme der Rechtfertigung als zulässige Schranke bereiten dagegen erneut die Regelungen der Fernsehrichtlinie über *Werbeverbote*. Mögen die Vorschriften des Art. 15 lit. a) sowie des Art. 16 der Richtlinie, die bestimmte Formen der Werbung zugunsten des Schutzes Minderjähriger verbieten, oder des Art. 12 der Richtlinie, der Fernsehwerbung verbietet, die die Menschenwürde verletzt, Diskriminierungen nach Rasse, Geschlecht oder Nationalität enthalten, religiöse oder politische Überzeugungen verletzen usw., noch mittels der in Art. 10 Abs. 2 EMRK genannten Schutzgüter Moral und Gesundheit bzw. öffentliche Ordnung und „Rechte anderer" eine dogmatische Begründung als zulässige Schranken des Grundrechts des Art. 10 Abs. 1 EMRK erfahren, so ist bezüglich einer Reihe anderer Werbebeschränkungen, die die Richtlinie statuiert, wie beispielsweise hinsichtlich der Unterbrecherwerbung (Art. 11), der Kontingentierung von Werbezeiten (Art. 18) oder des Sponsoring (Art. 17), einfach kein Schutzgut ersichtlich, das den relativ strengen Kriterien

---

[282] Rs. C-288/89 „Stichting Collectieve Antennenvoorziening", a. a. O., S. 4043.
[283] Rs. 52/79 „Debauve", a. a. O., S. 856 f.

der Schrankendogmatik des Art. 10 EMRK gerecht würde.[284] Folglich wären die betreffenden Bestimmungen der Fernsehrichtlinie als unzulässige Einschränkungen des in Art. 10 Abs. 1 EMRK normierten und als allgemeiner Rechtsgrundsatz in das EG-Recht übernommenen europäischen Grundrechts der Rundfunkfreiheit zu werten. Im übrigen ergibt sich hier als weitere Folge, daß auch entsprechende Bestimmungen in nationalen Rechtsvorschriften als Verstoß gegen das derart definierte europäische Grundrecht der Rundfunkfreiheit zu werten wären[285] und, soweit man dieses Grundrecht zum Bestand des EG-(Primär-) Rechts rechnen kann, aufgrund des Anwendungsvorrangs des EG-Rechts unanwendbar wären.

79   Zu dem gleichen Ergebnis wird man letztlich auch bezüglich der in der Fernsehrichtlinie enthaltenen Verbote für *Werbung* bei Übertragungen von Gottesdiensten (Art. 11 Abs. 5) oder für Werbung für Zigaretten (Art. 13), Arzneimittel (Art. 14) oder alkoholische Getränke (Art. 15), soweit sie nicht für Minderjährige bestimmt ist, gelangen müssen. Zwar böten sich hier zunächst möglicherweise Schutzgüter i. S. der Schrankendogmatik des Art. 10 Abs. 2 EMRK in Gestalt der religiösen Empfindungen bzw. des Verbraucherschutzes, jeweils als „Rechte anderer" in der Terminologie des Art. 10 Abs. 2 EMRK, an. Fraglich ist jedoch, ob die angesprochenen Vorschriften auch den in der Schrankendogmatik des Art. 10 EMRK zwingend vorgeschriebenen *Verhältnismäßigkeitstest* bestehen. Zweifel sind hier angebracht.[286] Wenn nämlich die Europäische Kommission für Menschenrechte selbst die Nichtzulassung eines blasphemischen Videos als unverhältnismäßig und damit als Verstoß gegen das in Art. 10 EMRK garantierte Recht auf Meinungsfreiheit einstuft,[287] so kann erwartet werden, daß den religiösen Empfindungen als „Rechten anderer" im Fall der Werbung bei Gottesdienstübertragungen, die diese Rechte anderer weit weniger beeinträchtigen, erst recht kein Vorzug gegenüber dem Recht auf Rundfunkfreiheit eingeräumt wird.

Als letztes gilt es darauf hinzuweisen, daß – wie in dem zuletzt dargestellten Beispiel deutlich geworden ist – in jedem Fall, sei es im Hinblick auf die Grundfreiheiten des EG-Vertrages, sei es im Hinblick auf das anhand des Art. 10 EMRK entwickelte Grundrecht der Rundfunkfreiheit, Regelungen wie die Jugendschutz- und Werbebeschränkungsbestimmungen der Fernsehrichtlinie, auch wenn sie in ihrer Gesamtheit grundsätzlich als zulässige Schutzgutklassifizierungen i. S. der Schrankendogmatik angesehen werden können, *im konkreten Fall* auch noch dem *Verhältnismäßigkeitskriterium* genügen müssen. Erst wenn sie auch diesen Test bestehen, können sie insgesamt als zulässige Schrankenbestimmungen angesehen werden.

d) Die Quotenregelung der Fernsehrichtlinie

80   Auch die Quotenregelung der Fernsehrichtlinie kann als Beschränkung der grundrechtsähnlichen Rechte der Marktfreiheiten bzw. des europäischen Grundrechts der Rundfunkfreiheit überhaupt und somit als „Grundrechtsschranke" aufgefaßt werden. Dementsprechend wäre wiederum ihre Zulässigkeit i. S. einer europarechtlichen Schrankendogmatik zu prüfen, wie dies im Vorstehenden bzgl. der Jugendschutz- und Werbebeschränkungsregelungen der Fernsehlinie angerissen worden ist.

Was zunächst die *Marktfreiheiten* betrifft, so erscheint die Einordnung Quotenregelung unter keine der in den Art. 66, 56, 48 und 36 EGV angeführten Rechtfertigungstatbestände denkbar. Dies gilt auch, angesichts der restriktiven Bedeutung, die dieser Vorschrift in Schrifttum und Rechtsprechung gegeben wird,[288] für die in Art. 36 EGV normierte Ausnahme zugunsten „nationalen Kulturguts von künstlerischem etc. Wert". Dagegen bestehen keine Be-

---

[284] So bemerkenswerterweise auch, bezogen auf entsprechende Bestimmungen in *deutschen* Mediengesetzen und Rundfunkstaatsverträgen, *Hauschka* ZUM 1987, S. 563 ff.

[285] In diesem Sinne auch *Hauschka* ZUM 1987, S. 563 ff.

[286] Vgl. zu ähnlichen Zweifeln bzgl. der in deutschen Mediengesetzen enthaltenen allgemeinen Werbeverbote für Sonn- und Feiertage, *Hauschka* ZUM 1987, S. 564; *Ricker*, Privatrundfunk-Gesetze, S. 143.

[287] EKMR, Rs. 17419/90 „Wingrove", Entscheidung vom 10. 1. 1995.

denken, sie grundsätzlich als zulässige Schrankenbestimmung i. S. der „immanenten Schranken" zur Befriedigung „zwingender Erfordernisse des Allgemeininteresses", hier: zur Bewahrung und Förderung des kulturellen Pluralismus, einzustufen.

Problematisch hingegen erscheint die Quotenregelung als Beschränkung im Hinblick auf das aus Art. 10 EMRK abgeleitete Grundrecht der Rundfunkfreiheit, jedenfalls soweit das Recht des Rundfunkveranstalters betroffen ist, Rundfunkprogramme zu verbreiten bzw. weiterzuverbreiten. Zulässig als Schranke wäre die Quotenregelung nur, wenn sie sich mit einem der in Art. 10 Abs. 2 EMRK genannten Ausnahmetatbestände zur Deckung bringen ließe. Viele Möglichkeiten eröffnen sich hier indes nicht. In Frage kommt allenfalls die Klausel von den „Rechten anderer" i. S. eines Rechtes des Rundfunkempfängers auf ein kulturell vielfältiges und hochstehendes Programm, wie es mittlerweile in der Rechtsprechung des Europäischen Gerichtshofes für Menschenrechte vorsichtig angedeutet wird.[289] In jedem Fall ist auch hier wiederum die Verhältnismäßigkeit der Regelung zu prüfen. Ob sie im vorliegenden Fall gegeben ist, kann angezweifelt werden. Immerhin wird durch die Quotenregelung ein gewisser Eingriff in die Programmfreiheit des Rundfunkveranstalters[290] bewirkt, der in der Folge zu schwerwiegenden finanziellen Problemen für die Veranstalter führen kann.[291]

---

[289] Vgl. Fall „Groppera Radio", a. a. O., para. 69; Fall „Autronic", a. a. O., para. 58.
[290] Vgl. zu den Programmquoten nach deutschem Recht oben F Rdz. 57 f.
[291] Vgl. auch oben Rdz. 69.

III. Schluß

81   Abschließend läßt sich nach einem, wenn auch nur kursorischen Blick auf das Europarecht folgendes Fazit ziehen: In Umrissen werden *Grundzüge einer „europäischen Rundfunkverfassung"* sichtbar. Zunächst ist hier das *Regelwerk über die Kompetenzen* von EG und EG-Mitgliedstaaten für die Regelung des Rundfunkwesens zu nennen. Es erinnert vom Grundsätzlichen her an das, vom deutschen Verfassungsrecht her bekannte föderale Kompetenzverteilungsschema, mit einer gewissen Tendenz allerdings, der zentralen Regelungsebene (EG) vergleichsweise umfassendere und tiefergreifende Regelungskompetenzen zuzusprechen als dies hinsichtlich der zentralen Regelungsebene in Deutschland (Bund) der Fall ist.

Zum zweiten lassen sich Grundzüge eines *„europäischen Grundrechts der Rundfunkfreiheit"* ausmachen. Zusammen mit dem Individualrechtsschutzsystem des EuGH, der Europäischen Kommission für Menschenrechte sowie des Europäischen Gerichtshofs für Menschenrechte ergibt sich hier insgesamt eine beachtliche Grundrechtsgewährleistung. Über weite Strecken weist dieses europäische Grundrecht der Rundfunkfreiheit Züge auf, die dem des deutschen Verfassungsgrundrechts der Rundfunkfreiheit nahekommen. Allerdings unterscheidet es sich in einigen Punkten nicht unwesentlich von dem, was aus dem deutschen Verfassungsrecht bekannt ist.

Die *systematische und dogmatische Erfassung* und Aufarbeitung des Grundrechts steht allerdings, trotz einzelner bemerkenswerter Ansätze in dieser Richtung, *noch am Anfang*. Hier ergibt sich weiterer wissenschaftlicher Forschungsbedarf. Vor dogmatischem Übereifer ist hier indes zu warnen. Stets im Auge zu behalten ist nämlich, daß eine europäische Grundrechtsdogmatik europaweit konsensfähig, d.h. für alle der 15 Mitgliedstaaten der EG und ihre Rechtsordnungen nachvollziehbar und akzeptabel sein muß. Hier sind große Niveauunterschiede festzustellen, was den Entwicklungsgrad der jeweiligen dogmatischen Systeme betrifft. Das deutsche System, das sich durch einen höchst entwickelten und ausdifferenzierten Charakter auszeichnet, kann hier sicherlich nicht als allgemeiner Maßstab gelten. Vielmehr wird ein „mittlerer" Standard zu entwickeln sein, der möglicherweise weniger ausdifferenziert ist als der deutsche, deswegen aber nicht weniger praktikabel zu sein braucht.

Eine weitere Aufgabe, die noch der Bearbeitung harrt, ist die *weitere inhaltliche Auffächerung, Konkretisierung und Anreicherung des europäischen Grundrechts*. Hier wäre z.B. an die weitere Stärkung der aus dem deutschen Verfassungsrecht bekannten Komponenten des Grundrechts der Rundfunkfreiheit wie Programmfreiheit, Pluralismus oder Staatsfreiheit zu denken.

In jedem Fall ist die weitere Beschäftigung mit den europarechtlichen Aspekten der Rundfunkfreiheit angezeigt. Dies erscheint auch deshalb geboten, weil das Europarecht bzw. die europäische Dimension für den Rundfunk in Zukunft zweifellos noch wichtiger werden, als sie dies jetzt schon sind. Im übrigen wird es interessant sein zu beobachten, welche Anstrengungen die EG selbst für die Errichtung einer europäischen Rundfunkverfassung unternimmt. Die bislang sichtbar gewordenen Ansätze weisen darauf hin, daß dies eine Rundfunkordnung sein wird, die sich nicht unwesentlich von der in Deutschland zur Zeit gültigen Ordnung unterscheiden wird.

Sachregister

Abgabenpflicht im privaten Rundfunk F 113ff.

Abrufdienste B 38, 46, 67 ff.

Alkoholwerbung s. Werbung

Allgemeine Gesetze B 125, 164 ff.; **F** 66

Allgemeines Persönlichkeitsrecht s. Persönlichkeitsrecht

Allgemeinzugängliche Quellen G 31

Anbietergemeinschaft s. Veranstalter

Antikonzentrationsregelungen s. Konzentrationskontrolle

ARD (Arbeitsgemeinschaft der Rundfunkanstalten Deutschland) **A** 51 ff., 71; **B** 23, 53; **C** 37, 42 ff., 77; **D** 108

Aufklärung B 4

Aufsichtsgremien s. Rundfunkkontrolle

Ausgestaltungsregelung B 185

Ausgewogenheit C 50; **F** 26 ff.

Ausländische Satelliten s. Rundfunkverbreitung

Auslandsrundfunk B 218; **D** 11

Außenpluralismus s. Pluralismus

Bayerische Landesmedienzentrale (BLM) **B** 154 f.; **C** 30 ff.

BBC A 40; **C** 104

Bekenntnisfreiheit B 189 ff.

Berichterstattung B 47 ff.

Berliner Radio Stunde AG A 8, 17

Berufsfreiheit B 196 ff.

Besatzungsmächte s. Geschichte des Rundfunks

Bestimmtheitsgrundsatz D 37

Betriebsverfassungsgesetz B 196 ff.

Bildnisschutz F 112a

Bildschirmtext B 241 f.

Bildtelefon B 69

Binnenpluralismus s. Pluralismus

Bundesfilmförderungsgesetz B 228

Bundeskartellamt C 69

Bundeskompetenzen s. Regelungskompetenz

Bundespost A 60 ff.

Bundesprüfstelle für jugendgefährdende Schriften (BPS) **B** 23 ff.; s. auch Jugendschutz

Bundestreue B 215, 233, 247 f.

Bundesverband der Zeitungsverleger (BDZV) **A** 67, 73

Darbietung B 39 ff.

DDR A 1, 43 ff.

Dekoder G 4

Demokratie B 80, 109; **C** 3 ff.; **E** 3

Deutsche Fernsehen GmbH A 22

Deutsche Reichspost A 3 ff.

Deutsche Stunde GmbH A 3 f.

Deutsche Stunde in Bayern GmbH A 6 ff.

Deutsche Welle B 217; **D** 11

Deutscher Bund B 5

Deutscher Rundfunkverband A 63

Deutscher Werberat F 100

Deutsches Fernsehen A 54

Deutschland-Fernseh-GmbH A 63 ff.

Deutschlandfunk B 217

Deuschlandradio B 217; **C** 24, 77; **D** 9, 13

Dezentralisierung s. Geschichte des Rundfunks

Digitaler Rundfunk (DAR) **B** 144

Dritte Programme A 39ff., 48; **C** 41, 45; **F** 22 f.

Drittes Reich s. Nationalsozialismus

Drittsendungen D 97; **F** 72 ff.

Drittwirkung, mittelbare B 122 ff.

Duales Rundfunksystem B 90; **C** 10ff., 42, 58ff

Effektivitätsprinzip H 22

EG s. Europarecht

Ehrenschutz B 175 f.; **F** 67, 112f.

Eigentum E 59

Eigentumsgarantie öffentlich-rechtliche Anstalten **B** 203 ff.; private Rundfunkunternehmen **B** 202

Elektronische Zeitung B 45

Enteignungsgleicher Eingriff E 59

Erster Weltkrieg A 3, 8

Europarecht Anwendungsvorrang **H** 1; Dienstleistungsfreiheit **H** 43 ff.; Effektivitätsprinzip **H** 22 ff.; Europäische Menschenrechtskonvention (EMRK) **H** 1, 53 ff.; Europäischer Gerichtshof für Menschenrechte **G** 36; Fernsehrichtlinie **B** 206; **H** 3, 5, 28, 36 ff., 77 ff.; Freizügigkeit **H** 48; Gemeinschaftstreue **H** 18 ff.; Jugendschutz **H** 77 ff.; Kulturkompetenz **H** 30 ff.; Niederlassungsfreiheit **H** 48 ff.; Quotenregelung **H** 80; Regelungskompetenz **B** 206; **H** 3 ff, 16 ff.; Rundfunkfreiheit **H** 41 ff.; Subsidiaritätsprinzip **H** 21 ff.; Verfassungen der EG-Mitgliedstaaten **H** 26 ff.; Verhältnismäßigkeitsprinzip **H** 25; Warenverkehrsfreiheit **H** 49; Werbung **H** 77 ff.

Exklusivberichterstattung B 127

Fahndungsmeldungen D 93

Faksimile-Zeitung B 227, 240; s. auch elektronische Zeitung

Fensterprogramme F 59 f.

Fernmeldeanlagengesetz A 14

Fernseh-Funk; Anfänge **A** 36; s. auch Rundfunk

Fernsehrat B 27; s. auch Kontrolle; s. auch Rundfunkrat

Fernsehrichtlinie, europäische s. Europarecht

Fernsehwerbung s. Werbung

Filmselbstkontrolle (FSK) **B** 23

Finanzkontrolle D 20 f.

Föderalismus C 45

Forum-Shopping G 30

Freies Fernsehen GmbH A 68

Frequenzen s. Rundfunkverbreitung

Frequenzsplitting s. Rundfunkverbreitung

Funkstunde AG A 17

Fusionskontrolle s. Kartellrecht

Gebührenfinanzierung C 75 ff.

Gebührenprivileg C 59; s. auch Gebührenfinanzierung

Gebührenstaatsvertrag s. Gebührenfinanzierung

Gefängnisrundfunk B 184

Gegendarstellung B 170; **F** 112b; **H** 37

Gemeinden D 81

Generalklausel B 186; s. Drittwirkung der Grundrechte

Genfer Wellenplan A 25

Gerichtsberichterstattung F 109 f.

Geschichte des Rundfunks Anfänge **A** 3 ff.; **D** 3 ff.; s. Besatzungsmächte **A** 38 ff.; **D** 3; Dezentralisierung **A** 10; Entwicklung bis zur Gegenwart **A** 71 ff.; Grundgesetz, Entstehung **A** 49 ff.; s. Nationalsozialismus **A** 1, 30 ff.; **B** 106 f.; **D** 3; Propaganda **A** 30 ff.; Rechtsgrundlagen **A** 9ff; Rundfunkordnung von 1926 **A** 17 ff.; Rundfunkordnung von 1932 **A** 25 ff.; **D** 3; Volksempfänger **A** 35; **B** 7, 13; Weimarer Republik **A** 3 ff.; **B** 6, 44, 106, 168; Werbung **A** 15f.; Zentralisierung **A** 25 ff.

Gesellschaft drahtloser Dienst AG A 7

Gesetzgebungskompetenz s. Regelungskompetenz

Gewaltenteilung publizistische **E** 71 ff.

Glaubensfreiheit B 189 ff.

Gleichheitssatz D 36

Gleichschaltungsgesetz A 32 ff.

Gleichwellenrundfunk A 25

Gottesdienstübertragungen F 72 ff.

Grenzen der Rundfunkfreiheit allgemeine Gesetze **B** 18 ff., 164 ff.; **D** 98; **F** 66.; Ehrenschutz **B** 175 ff.; **F** 67 f.; Einordnungsverhältnisse **B** 183 f.; Jugendschutz **B** 173 f.; **F** 67 f.; Landesrundfunkgesetze **B** 185; Wesensgehaltstheorie **B** 178 ff.

Grundgesetz, Entstehung s. Geschichte des Rundfunks

Grundrechtsträger freie Mitarbeiter **B** 157 ff.; juristische Personen des öffentlichen Rechts **B** 150 ff.; **D** 82; Landesmedienanstalten **B** 153 ff.; öffentlich-rechtliche Rundfunkanstalten **B** 150 ff.; politische Parteien **D** 90; private Veranstalter **B** 156; redaktionelle Mitarbeiter **B** 157 ff.; Rezipienten **B** 161 f.

Grundstandard B 138 ff.; **E** 105 ff.; **F** 50 ff.

Grundversorgung B 138 ff., 146 ff., 178 ff.; **C** 11 ff., 84; **D** 101, 109; **E** 87 ff., 177 ff.; **F** 14 ff.; **G** 14 f.

Güterabwägung B 169.

Handlungsfreiheit B 186 ff.

Hauptfunkstation König Wusterhausen A 38

Hörfunk Geschichte **H** 3 ff., 30 ff., 38 ff.; s. auch Rundfunk

„Implied powers"-Doktrin H 14

Individualkommunikation B 74ff., 238

Individualsphäre F 112

Informations- und Kommunikationsdienste-Gesetz B 244a

Informationsfreiheit B 2, 13ff.; **G** 7 f.; 38 ff.

Informationsgesellschaft B 78

Innere Rundfunkfreiheit s. Rundfunkfreiheit

Institutionelle Garantie des Rundfunks s. Rundfunk

Intendant C 25, 28 f.

Interaktive Dienste B 74 ff.

Intermediäre Konzentration B 54; **E** 71 ff.

Intramediäre Konzentration E 46ff.

Jugendschutz B 23 ff., 77, 173 f., 224; **F** 67, 99 ff., 111; **H** 77 ff.

Juristische Personen s. Grundrechtsträger

Kabelfernsehen s. Rundfunkverbreitung

Kabelgroschen A 77; **C** 79

Kabelpilotprojekte A 77; **C** 61

Kabelrat C 23, 38; **E** 31, 81; s. auch Medienrat

Kabeltext B 239 f.

Kabelverbreitung G 40 ff.

Kartellrecht B 205; **C** 69 ff.; **E** 48, 72; s. auch Konzentrationskontrolle

KDLM – Kommission der Direktoren der Landesmedienanstalten **D** 50 f.; **E** 70aff.

KEF – Kommission zur Ermittlung des Finanzbedarfs der öffentlich-rechtlichen Rundfunkanstalten **C** 90, 92; **D** 108; **F** 16b

KEK – Kommission zur Ermittlung der Konzentration im Medienbereich, **D** 50 ff.; **E** 70aff.

Kinder s. Jugendschutz

Kirche B 191; **F** 72 ff.

Kirchenfunk D 97

Kommunikationsgrundrechte B 1, 188; **C** 4

Kompetenz s. Regelungskompetenz

Kontrolle Fachaufsicht **B** 155; **D** 12, 15; beim öffentlich-rechtlichen Rundfunk **D** 22 ff.; beim privaten Rundfunk **D** 31 ff.; **E** 76 ff.; Fachaufsicht s. Landesmedienanstalten als Grundrechtsträger; Rechtsaufsicht **D** 12

Kontrollpluralismus s. Pluralismus

Konzentrationskontrolle B 54 , 97, 116 ff., 220 f.; **E** 1, 46 ff.; **G** 28 f; s. auch Kontrolle; s. auch Pressebeteiligung

Konzessionspflicht A 8

Kooperationen C 62 ff.; **E** 99 ff.

Koordinationsrundfunk C 21; **E** 37 f.; **F** 43, 61

Krankenhausfunk B 184

Künstlersozialversicherung F 114

Kulturhoheit A 54; **B** 36

Kunstfreiheit B 193 f.

Kurzberichterstattung F 83 ff.

Landesmedienanstalten Finanzkontrolle **D** 20 ff.; Frequenzverteilung **D** 68 ff.; Medienrat **E** 80 ff.; Organisation **D** 10; Programmkontrolle **B** 29; Rechtsaufsicht durch Staat **D** 13 ff.; als Träger der Rundfunkfreiheit **B** 153 ff.; als Zulassungs- und Aufsichtsbehörde **B** 120, 155 **E** 62

Landesmediengesetze B 185; **E** 37

Landespressegesetze B 199

Maastricht-Vertrag H 7 ff.

Mantelprogramme F 59

Marktanteilsmodell E 54 ff.

Massenkommunikation B 237 ff.

Massenmedien B 36 ff.

MDR-Staatsvertrag D 24

Mediendienste-Staatsvertrag B 76, 244a

Meinungsäußerung B 126, 190

Meinungsfreiheit Abgrenzung: Meinung und Tatsachen **B** 10; Bedeutung **B** 8; geschichtliche Entwicklung **B** 2 ff.; Inhalt **B** 10 ff.; als Menschenrecht **B** 2; im Nationalsozialismus **B** 7; und Persönlichkeitsrecht **B** 8; Rolle der Kirche **B** 3; Schmähkritik **B** 12; Weimarer Reichsverfassung **B** 6; Zensur **B** 3

Meinungsmacht B 97 ff., 114; **C** 17

Meinungsmarkt B 112 f.; **D** 5 ff.

Menschenwürde B 192

Merchandising F 47

Mietrecht G 33

Militärfunk A 5

Minderheiten Programmanteile von **F** 58

Mitbestimmung s. Personalvertretungsgesetz; s. Rundfunkfreiheit, innere

Mittelbare Drittwirkung der Grundrechte B 122

Mitteldeutsche Rundfunk AG (Mirag) **A** 17

Modellkonsistenz C 16, 39

Movie-on-demand s. Video-on-demand

Must-carry-Regelungen G 48

Nationalsozialismus s. Geschichte des Rundfunks; s. auch Volksempfänger

near-video-on-demand B 62 f., 243

Neue Medien Regelungskompetenz für – **B** 236 ff.

Neutralität weltanschauliche **B** 138 ff.

Nordische Rundfunk AG (Norag) **A** 17

Nordwestdeutscher Rundfunk A 40

Notverordnungsrecht A 13

Öffentliche Aufgabe des Rundfunks B 102 ff.; **D** 2

Öffentlich-rechtlicher Rundfunk C 11 ff.; alternative Modelle **C** 36 ff.; Finanzierung **C** 74 ff.; Finanzkontrolle **D** 20 ff.; Gebührenfinanzierung **C** 75ff. Gebührenprivileg **C** 59; und Grundrechtsträgerschaft **B** 203 f.; Grundversorgung **D** 101; **E** 85 ff.; **F** 14 ff.; Haushaltsgrundsätze **C** 74 ff.; **F** 115; institutionelle Garantie **B** 178; integrative Funktion, **F** 16a, 18, Intendant **C** 25, 28 f.; Kooperation mit anderen öffentlich-rechtlichen Anstalten **F** 40 ff.; Kooperation mit privaten Veranstaltern **C** 62 ff.; **E** 99; Organisation der Anstalten **D** 9; Pluralismus **B** 138; **C** 27; **E** 10 ff., 85 ff.; Programmautonomie **C** 65 ff.; **F** 19; programmbegleitende Aktivitäten **F** 45 ff.; Programmexpansion **F** 15; Programmgrundsätze **F** 25 ff.; Rechtsaufsicht durch Staat **D** 13 ff.; Rundfunkrat **C** 27 ff.; **D** 22; **E** 12 ff.; Selbstverwaltung **C** 24; **D** 13; Spartenprogramme **F** 18; Tochterunternehmen **F** 44; als Träger der Rundfunkfreiheit **B** 150; Vergesellschaftung **C** 24; Wahlwerbung **F** 75 ff.; Werbung **A** 73 ff.

Offener Kanal C 7 f.

Online-Dienste B 64, 68, 74; **F** 46

Ordre-Public-Grundsatz G 30

Ostmarken-Rundfunk AG (Orag) **A** 17

Pariser Februar-Revolution B 5

Parlamentsdebatten D 94

Parlamentsvorbehalt D 104; s. auch Wesentlichkeitsgrundsatz

Parteien politische **D** 27 ff.; Gleichbehandlung **D** 116; im Rundfunk **D** 97; **F** 75 ff.; s. Wahlwerbung

Parteienprivileg F 75 ff.

Paulskirche B 5

pay-per-view B 58 ff., 243; **C** 87 ff.

Persönlichkeitsrecht B 126, 176; **F** 109, 112

Personalvertretungsgesetz B 196

Pluralismus B 97, 138ff., 152; **C** 2 ff., 18; **D** 5; **E** 1 ff., 26 ff.; **G** 14, 51; Außenpluralismus **C** 20 f., 50; **E** 34 ff., 61; Begriff **E** 4 ff.; Binnenpluralismus **C** 39, 50; **E** 10 ff.; **F** 51 ff.;

Kontrolle des ... **E** 27 ff.; der Kontrollorgane **E** 76 ff.; im öffentlich-rechtlichen Rundfunk **B** 138; **C** 27; **E** 10 ff., 85 ff.; Organisationspluralismus **E** 8 ff.; 34 ff.; in der Presse **B** 148, 159, **E** 1, 34 ff., 105 ff.; im privaten Rundfunk **B** 139 ff; **E** 4, 34 ff., 105 ff.; Programmpluralismus **E** 7, 84 ff., 105 ff.; und Sozialstaatsgebot **C** 5 ff.; s. Spartenvielfalt; Veranstalterpluralismus **E** 34 ff.

Polizeifunk A 5

Pornographie F 111

Post A 16; **B** 246

Pressebeteiligung am privaten Rundfunk E 71 ff.

Pressefreiheit und Anzeigenteil **B** 51; Kampf um **B** 3 ff., 164; Konzessionspflicht **B** 5; s. auch Meinungsfreiheit; im Nationalsozialismus **B** 7; Pressekodex **B** 200; Reichspreßgesetz **B** 5; religiöse Presse **B** 191; Sozialistengesetz **B** 5; des Verlegers **B** 158; Vertrieb **B** 23

Preußische Verfassung B 164

Privatautonomie B 123, 147; **C** 13

privater Rundfunk A 76 f.; **C** 12, 48 ff.; Abgabepflicht **F** 113 ff.; Betriebsgesellschaft **C** 53; Fensterprogramme **F** 59 f.; Fernsehen **C** 50; Finanzierung **C** 18, 97 ff.; Frequenzsplitting **F** 61 ff.; Frequenzvergabe **D** 63 ff.; und Grundrechtsträgerschaft **B** 202; Grundstandard **C** 18; **E** 105 ff.; **F** 50 ff.; Hörfunk **C** 51; Konzentrationskontrolle **E** 46 ff.; Kooperation mit öffentlich-rechtlichem Rundfunk **C** 62 ff.; Koordinationsrundfunk **F** 61; s. auch Landesmedienanstalten; s. auch Landesmediengesetze; Lizenz **D** 35 ff.; Machtkontrolle **D** 31 ff.; Minderheiten **F** 58; Pluralismus **B** 160; **C** 49ff.; **E** 34 ff., 105 ff.; **F** 51 ff.; Pluralismuskontrolle **E** 76 ff.; Programmfreiheit **F** 50 ff.; Programmgrundsätze **F** 55 ff.; Programmkompetenz **B** 160; Selbstregulierung **C** 17; staatliche Kontrolle **D** 31 ff.; staatliches Verlautbarungsrecht **D** 102; Veranstaltergemeinschaft **C** 53ff.; Wahlwerbung **F** 75 ff.; wirtschaftliche Leistungsfähigkeit **D** 60 ff.; Zugang zum **D** 37 ff.; Zulässigkeit **C** 13; Zulassung von Veranstaltern **D** 35 ff.; **E** 36 ff., 46 ff.; Zulassungskriterien **D** 59 ff.; Zwei-Säulen-Modell **C** 22, 52 ff.; **E** 63 f.

Privatsphäre F 112

Product Placement s. Werbung

Programmauflagen F 32 f.

Programmaufsicht A 23

Programmbeirat A 28; **E** 35

Programmfreiheit C 46; **D** 117; als Abwehrrecht **F** 9 ff.; Ausgestaltung **F** 69 f.; Begriff **F** 1 ff.; Ehrenschutz **F** 112; Gerichtsbericht-

stattung **F** 109 f.; Jugendschutz **F** 111; Kurzberichterstattung **F** 83 ff.; öffentlich-rechtlicher Rundfunk **F** 14 ff.; privater Rundfunk **F** 50 ff.; Programmauflagen **F** 32 f.; s. auch Rundfunkfreiheit; Schranken **F** 66 ff.; s. auch Staatsfreiheit; Werbung **F** 5, 34 ff.; Zensurverbot **F** 10

Programmgesellschaften A 6

Programmgrundsätze Ausgewogenheit **F** 26 ff.; Sachlichkeit **F** 30 f.

Programmkooperationen E 99 ff.

Programmquoten qualitative **F** 57; s. auch Europarecht

Programmzeitschriften F 46

Propaganda A 7

Publizistische Gewaltenteilung E 71

Publizistische Relevanz B 39 ff., 70

Quotenregelung s. Europarecht

Radio-Stunde AG A 3

Rassenhaß F 111

Ratgebersendungen D 96

Rechnungshof D 20 f.

Rechtsaufsicht D 6, 12 ff.

Rechtsstaatsprinzip B 110

Redakteure Detailkompetenz **B** 158

Regelungskompetenz B 206 ff., 249 f.; für Auslandsrundfunk **B** 217ff.; für Bildschirmtext **B** 241 ff.; auf dem Gebiet des Bürgerlichen Rechts **B** 223; des Bundes **B** 208 ff.; Bundestreue **B** 233 ff.; für die Deutsche Welle **B** 217; s. Europarecht; für Faksimile-Zeitung, Elektronische Zeitung **B** 227; für den Film **B** 228; für Frequenzverteilung **G** 10 ff.; für Kabelfunk **G** 41; Kulturkompetenz **H** 30 ff.; der Länder **B** 214; während des Nationalsozialismus **A** 32 ff.; kraft Natur der Sache **B** 229 ff.; für neue Medien **B** 236 ff.; für Rahmenbedingungen der Presse **B** 225 f.; für das Recht der Wirtschaft **B** 220; für Rundfunkwerbung **B** 222; kraft Sachzusammenhang **B** 232; für Satellitenfunk **B** 230 f.; technische Aspekte **B** 213; für das Urheberrecht **B** 216; in der Weimarer Republik **A** 10 ff., 22

Regionalfensterprogramme F 59 f.

Reichsfunkbetriebsverwaltung A 4

Reichsfunkkommission A 4 f.

Reichsinnenministerium A 7; **D** 3

Reichspost A 3 ff.; **D** 3

Reichspreßgesetz 1874 **B** 5

Reichspropagandaministerium A 31

Reichsrundfunkgesellschaft A 21 ff.; **D** 3

Reichsrundfunkkammer A 34

Reichs-Telegraphenverwaltung (RTV) **A** 8

Relevanter Markt E 56

Religionsfreiheit B 189 ff.; **F** 72 ff.
Rheinland-Kommission A 18
Rücksichtnahmegebot B 214
Rundfunk; Bedeutung für Demokratie **D** 1; Begriff **B** 33 ff.; Darbietung **B** 39; in der DDR **A** 43 ff.; dienende Funktion **B** 85ff.,111; als Dienstleistung **H** 10, 43 ff.; fernmelderechtlicher Rundfunkbegiff **B** 213; Genehmigungspflicht für Empfang **A** 12; s. auch Geschichte des Rundfunks; institutionelle Garantie **B** 50, 101 ff., 119 ff.; **C** 65; **D** 2; Kompetenzstreit zwischen Bundesländern **A** 49 ff.; Konzessionspflicht **A** 8; kulturelle Komponente **H** 10; Kunst **B** 193f.; als Machtfaktor **A** 1; Machtkontrolle **D** 22 ff.; s. auch öffentlich-rechtlicher Rundfunk; Politik **A** 49 ff.; politische Neutralität **A** 7; Parteien im **F** 75 ff.; Programmrichtlinien **D** 17; s. auch privater Rundfunk; s. auch Regelungskompetenzen; Staatsfreiheit **A** 27 ff.; **D** 1; Technik **A** 1 f.; wirtschaftliche Komponente **H** 7 ff.; Zugang zum **C** 7
Rundfunkähnliche Dienste B 66, 74 ff.
Rundfunkfinanzierung C 73 ff.; **D** 104 ff.; alternative Finanzierungsmodalitäten **C** 100 ff.; s. auch öffentlich-rechtlicher Rundfunk; s. auch privater Rundfunk; pay-tv **C** 87 ff.; privater Rundfunk **C** 97 ff.; s. auch Rundfunkgebühren; Spenden **C** 97; Sponsoring **C** 97; Staatsvertrag über die **C** 76 ff.; durch Werbung **C** 80 ff.;
Rundfunkfreiheit A 50; als abgeleitetes Recht **B** 131; als Abwehrrecht **B** 86, 91 ff.; **D** 4 f., 43; Bedeutung für die Rundfunkverbreitung **E** 5 f.; Berichterstattung **B** 47., dienende Funktion **B** 85 ff., 129, 178; **D** 2, 23, 40, 60; **E** 5; europarechtlich **H** 41 ff.; Funktionen **B** 78 ff.; Garantie durch den Staat **B** 115 ff.; **C** 1 ff.; **D** 43; **F** 12 ff.; geschichtliche Entwicklung **D** 2 ff.; s. auch Grenzen der Rundfunkfreiheit; Individualrecht **B** 130 ff; **G** 5; innere **B** 157 ff.; **E** 44 f.; **F** 11; institutionelle Garantie **B** 50, 101ff.; **D** 1, 5; **E** 3, 43; **G** 4, ; Kurzberichterstattung **F** 83 ff.; Mantelprogramm **F** 59; Minderheiten **F** 58; Mißbrauchsmöglichkeiten **B** 163; mittelbare Drittwirkung **B** 122 ff.; öffentlicher Rundfunk **D** 22 ff.; für programmbegleitende Randbetätigungen **F** 7 f.; s. Programmfreiheit; Programmquoten **F** 57; privater Rundfunk **D** 31 ff.; redaktionelle Mitarbeiter als Träger **B** 157ff.; und Rundfunkfinanzierung **C** 87; Schranken s. Grenzen der Rundfunkfreiheit; Schutzzweck **B** 38; situativer Gehalt

B 90, 136, 179; **C** 44; **G** 3; s. Staatsfreiheit; status negativus **B** 91ff. 101; als subjektives Recht **B** 132; **C** 15; **G** 5; Träger der **B** 150 ff.; Verhältnis zu anderen Grundrechten **B** 186 ff.; Verlautbarungsrecht des Staates **D** 91; Werbung **F** 5, 34 ff., 87 ff.; s. Zensurverbot; Zweckbindung **B** 82 ff., 136
Rundfunkgebühr A 13, 74 ff.; **B** 17; **C** 76 ff.; **D** 108 ff.; Höhe **C** 90 ff.; Kabelgroschen **C** 79; s. auch Rundfunkfinanzierung; Sozialverträglichkeit **C** 96; Staatsvertrag über **A** 75 ff.; **C** 76 ff.; Zulässigkeit **C** 78
Rundfunkkommissar A 29 ff.
Rundfunkkontrolle B 26 ff.; **D** 22 ff.; **E** 12 ff.; s. auch Kontrolle; s. auch Zensurverbot
Rundfunklizenz D 35 ff.
Rundfunkmodelle Gestaltungsspielraum des Gastgebers **C** 10 ff.; Grundversorgung **C** 11; Modellkonsistenz **C** 39; Sicherung des Pluralismus **C** 2 ff.; Veränderungen der Fernsehstruktur **C** 42 ff.
Rundfunkmonopol öffentlich-rechtliches **C** 34
Rundfunknachrichtenagentur A 23
Rundfunkorganisation D 8 ff.
Rundfunkrat B 27; **C** 27 ff.; **D** 23 ff., 33; s. auch Kontrolle; Effektivität **E** 31; Rechte **E** 16 ff.; Staatsfreiheit **E** 31; Zusammensetzung **E** 13 ff.
Rundfunkstaatsvertrag C 97; **G** 18; s. auch Rundfunkgebühr
Rundfunkverbreitung G 1 ff.; Arten der Verbreitung **G** 2; ausländische Satelliten **G** 27 ff.; Empfang von Satellitenprogrammen **G** 31 ff.; Forum-Shopping **G** 30; Frequenzknappheit **G** 9; Frequenzsplitting **C** 21; **E** 37 f.; **F** 61 ff.; Frequenzverteilung **D** 63 ff.; **G** 8 ff.; Grundrechtsbezüge **G** 4; durch Kabel **G** 34 ff.; Rangfolgeregelungen für Kabelverbreitung **G** 44 ff.; Satellitenverbreitung **F** 22; **G** 23ff., 38 f.; Satellitenzulassung **G** 25; Satellitenzuordnung **G** 24; terrestrische **G** 8 ff.
Rundfunkwerbung s. Werbung
Saalfunk A 5 f.
Saarländischer Rundfunk (SR) **A** 48
Sachlichkeit F 30 ff.
Sachverständigenrat C 38; **E** 81 ff.
Satellitenempfangsanlage B 19, **G** 33
Satellitenrundfunk s. Rundfunkverbreitung
Schleichwerbung s. Werbung
Schlesische Funkstunde AG A 17
Schmähkritik B 12, 126; **F** 112
Schmerzensgeld F 112
Schulfunk B 184
Sendekonzession A 8

Sendungen auf Zugriff **B** 62
Servicedurchsagen **D** 92
Sozialistengesetz **B** 5
Sozialstaatsprinzip **B** 197; **C** 5 ff., 96
Spartenprogramme **E** 95; **F** 18, 79
Spartenvielfalt **B** 138 ff.; **C** 11; **E** 91 ff., 109; **F** 14
Spenden **C** 97
Sponsoring s. Werbung
Staatsaufsicht **D** 6, 12 ff.
Staatsfreiheit **B** 92 ff., 251; **D** 1, 22 ff.; **F** 10; Auslandsfunk **D** 11; Einfluß der Gemeinden **D** 81 ff.; Einfluß der Länder und des Bundes **D** 74 ff.; Einfluß der Parlamente **D** 78 ff.; Einfluß der Parteien **D** 89; Finanzkontrolle **D** 20 f.; Frequenzvergabe **D** 63 ff.; organisatorische Absicherung **D** 8 ff.; **E** 31 f.; Programmgestaltung **D** 73 ff.; s. auch Rundfunkfreiheit; Wahlwerbesendungen **D** 111 f.;
Staatsrundfunk **B** 95
Ständige Kommission für Rundfunkfragen **A** 56
Standeszwang, Verbot des **B** 199 ff.
Subsidaritätsprinzip **B** 109; **H** 21 ff.
Suchmeldungen **D** 93
Süddeutsche Rundfunk-AG (Sürag) **A** 17
Südwestdeutscher Rundfunkdienst AG (SWR) **A** 17
Tabakwerbung s. Werbung
Tabuzonen **B** 126
Tatsachenbehauptungen, unwahre **B** 126
Technik **A** 1 f.; **B** 16
Telefonansagedienst **B** 36
Telegraphengeheimnis **A** 12
Telegraphische Union **A** 3
Telekom **G** 26f., 34
Telekommunikationsgesetz **B** 246
Teleshopping **B** 70
Teletext **B** 56 f.
Tendenzschutz **B** 196
Terrestrischer Rundfunk s. Rundfunkverbreitung
Veranstalter s. privater Rundfunk
Verbreitung s. Rundfunkverbreitung
Vereinigungsfreiheit **B** 195
Verhältnismäßigkeitsgrundsatz **D** 37
Versailler Vertrag **A** 18
Verwaltungskompetenzen **B** 245 ff.
Verwaltungsrat **A** 28; **C** 26
Verwertungsrecht s. auch Kurzberichterstattung

Video-on-demand **B** 64 ff.
Videotext **B** 239 f.
Volksempfänger s. Geschichte des Rundfunks
Volkssouveränität **B** 80
Wahlwerbung, politischer Parteien **D** 111 ff.; **F** 75 ff.
Wechselwirkungstheorie **B** 169 ff.; **D** 100; **F** 66
Weimarer Reichsverfassung **B** 164; **F** 73
Weimarer Republik s. Geschichte des Rundfunks
Werbung **B** 51 ff., 201; **E** 2; **F** 5, 34 ff.; Alkoholwerbung **F** 99 ff.; Anfänge der Rundfunkwerbung **A** 15 f.; Beschränkungen **C** 81; **F** 87 ff.; Blockwerbung **F** 90; Dauerwerbesendungen **F** 89; europarechtliche Schranken **H** 77 ff.; im Fernsehen **F** 37; Grundrechtsschutz für … **F** 5; im Hörfunk **F** 37; ideelle **F** 97 ff.; Informationswert **B** 201; Kennzeichnungspflicht **F** 89; für Kinder **F** 102; im öffentlich-rechtlichen Rundfunk **A** 73 ff.; **C** 80 ff.; **D** 104; im privaten Rundfunk **C** 17 ff.; Regelungskompetenz **B** 222; Product Placement **F** 92; Schleichwerbung **F** 92; Sponsoring **C** 97; **F** 94 ff., 101; Tabakwerbung **F** 99 ff; Trennungsgebot **F** 88 ff.; Umfang **D** 104 ff.; **F** 108 ff.; Unterbrecherwerbung **F** 91; s. Wahlwerbung; Zeiten **C** 81; **D** 104; **F** 103 ff.
Wesensgehaltstheorie **B** 178 ff.
Wesentlichkeitsgrundsatz **B** 63, 166, 249; **C** 6 f., 65 ff., 73; **D** 7, 105 ff.; **F** 80, 108
Westdeutsche Funkstunde AG (Wefag) **A** 17 f.
Westdeutsche Rundfunk AG (Werag) **A** 18
Widerruf einer Ehrverletzung **F** 112
Wiener Kongreß **B** 5
ZDF (Zweites Deutsches Fernsehen) **A** 71; **B** 23, 53; **C** 42 f., 77; Aufbau **A** 71; Fernsehrat **A** 71; Staatsvertrag **C** 24; Werbung im **D** 104
Zeitgeschichte, Personen der **F** 112
Zeitungsanzeigen **B** 51
Zensurverbot **A** 11; **B** 22 ff.; **F** 10; Inhalt **B** 22; Jugendschutz **B** 23 ff.; Nachzensur **B** 22; Rundfunkkontrolle **B** 23 ff.; Vorzensur **A** 11; **B** 22
Zentralisierung s. Geschichte des Rundfunks
Zeugnisverweigerungsrecht **B** 121, 136
Zitiergebot **B** 182
Zugang zu Medien; Berufsfreiheit **B** 198 ff.; zum Rundfunk **B** 86, 132; **C** 7; zur Presse **B** 86, 148
Zugriffsdienste s. Sendungen auf Zugriff – Zuschauerbeteiligung **E** 27 ff.
Zwei-Säulen-Modell s. privater Rundfunk